今日北大

邓小平

1987年10月，邓小平同志为《北京大学年鉴》的前身《今日北大》题写书名。

北京大学年鉴

PEKING UNIVERSITY YEARBOOK 2017

《北京大学年鉴》编委会 编

图书在版编目(CIP)数据

北京大学年鉴.2017/《北京大学年鉴》编委会编.—北京：商务印书馆,2022
ISBN 978-7-100-21180-2

Ⅰ.①北… Ⅱ.①北… Ⅲ.①北京大学—2017—年鉴　Ⅳ.①G649.281-54

中国版本图书馆 CIP 数据核字(2022)第 081617 号

权利保留,侵权必究。

北京大学年鉴(2017)
《北京大学年鉴》编委会　编

商 务 印 书 馆 出 版
(北京王府井大街36号　邮政编码100710)
商 务 印 书 馆 发 行
北京虎彩文化传播有限公司印刷
ISBN 978-7-100-21180-2

| 2022年7月第1版 | 开本 889×1194　1/16 |
| 2022年7月北京第1次印刷 | 印张 44½　插页 8 |

定价：500.00元

7月14日,教育部党组书记、部长陈宝生到北京大学调研。(宣传部 供)

12月13日,举行全校教师干部大会,宣布中共中央关于学校党委书记职务任免的决定,郝平同志任北京大学党委书记,朱善璐同志不再担任北京大学党委书记职务。(王天天 摄)

6月24日,北京大学庆祝中国共产党成立95周年暨表彰大会在百周年纪念讲堂举行。(李香花 摄)

1月，北京大学发布并启用首次自主设计的学位证书。（宣传部 供）

2月，科技部公布"2015年度中国科学十大进展"遴选结果，科维理研究所吴学兵团队成果"探测到宇宙早期最亮、中心黑洞质量最大的类星体"入选。（宣传部 供）

5月3日至7日，举行北京大学首届化石文化周活动。（宣传部 供）

9月16日至20日,由国际艺术史学会与中央美术学院、北京大学共同主办的第34届世界艺术史大会在北京举行。这是该大会第一次在亚洲和非西方国家举办。(宣传部 供)

10月15日,《中华文明史》外译本工作研讨会暨大雅堂启用仪式举行。启用仪式后,《中华文明史》日译本首发式随即召开。(宣传部 供)

12月25日,屠呦呦在86岁生日之际,向北京大学捐资设立"北京大学屠呦呦医药人才奖励基金"。(黄大无 摄)

1月20日,举行王选纪念陈列室创新历程厅揭幕仪式。(宣传部 供)

4月29日,北京大学南南合作与发展学院揭牌成立仪式在朗润园举行。(宣传部 供)

9月20日,北京大学人文社会科学研究院揭牌仪式在英杰交流中心举行。(李香花 摄)

11月19日,心理与认知科学学院建院暨心理学系建系90周年庆典举行。(宣传部供)

2月28日,云南省党政领导率团访问北京大学,参观国家工程实验室,并与学校签署战略合作协议。(宣传部供)

3月12日,江苏省人民政府与北京大学战略合作协议签约仪式在英杰交流中心举行。(宣传部供)

3月21日至25日，校长林建华率领师生代表团赴台湾进行工作访问。（艾昀宏 摄）

4月11日，北京大学守仁楼命名仪式举行。（宣传部 供）

5月2日，陈发树向北京大学捐赠1亿元人民币，用于国家发展研究院的建设和发展。（刘燕 摄）

8月29日,深圳市人民政府与北京大学关于合作举办北京大学深圳校区备忘录签署仪式在广州市举行。(宣传部供)

9月2日,中国泛海控股集团有限公司捐助设立"张世英美学哲学学术奖励基金"。(宣传部供)

3月21日,耶鲁大学校长苏必德访问北京大学并发表演讲。(李香花 摄)

5月26日,印度共和国总统普拉纳布·慕克吉率团访问北京大学,出席"中印大学校长圆桌会议",并发表演讲。(宣传部 供)

9月30日,白俄罗斯共和国总统亚历山大·格里戈里耶维奇·卢卡申科到访北京大学,并发表演讲。(李香花 摄)

9月20日,早稻田大学校长镰田薰北京大学名誉博士学位授予仪式在英杰交流中心举行。(宣传部 供)

7月5日、6日,北京大学2016年毕业典礼暨学位授予仪式分两场即本科生专场和研究生专场先后在邱德拔体育馆隆重举行。(李香花 摄)

7月1日,北京大学在英杰交流中心举行欢送会,为全校2016届442名即将赴基层和西部地区毕业生送行。(李香花 摄)

2月17日,艺术学院师生与弥渡县密祉花灯、密祉民歌的国家非物质文化遗产传承人进行了互动和交流。(尤宇川 摄)

4月28日,"新诗百年"诗歌朗诵会在百周年大讲堂举办。(李佳仪 摄)

5月4日,北京大学举行珠峰攀登活动启动仪式,宣布北大山鹰社队员将联合富有登山经验的部分校友于120周年校庆之际攀登珠穆朗玛峰。(李香花 摄)

9月5日,中国国家女子排球队到访北京大学,受邀参加纪念"团结起来,振兴中华"提出35周年暨开学第一课主题活动。(李香花 摄)

《北京大学年鉴（2017）》编辑委员会

主　　任：郝　平　林建华
副 主 任：于鸿君　吴志攀　柯　杨　王　杰　安钰峰　敖英芳
　　　　　叶静漪　李岩松　高　松　王仰麟　田　刚
委　　员：郭　海　肖　渊　雷　虹　余　浚　胡新龙　胡少诚
　　　　　李　航

《北京大学年鉴（2017）》编辑部

主　　编：安钰峰
副 主 编：郭　海　肖　渊　胡少诚
编　　辑（按姓氏笔画为序）：
　　　　　王天天　王丽雅　冯　路　曲一铭　任一丁　任嘉庆
　　　　　刘凡子　刘　钊　刘津汀　刘语潇　刘　鹏　汤继强
　　　　　孙启明　李天鹏　李　净　杨　凌　杨凌春　杨　超
　　　　　杨颖晨　利冠廷　余侨林　张子瑞　张昕扬　张　琳
　　　　　邵琳琳　罗小廷　罗天灵　单凯雯　段陶然　姚大伟
　　　　　贺俊峰　秦晓蒙　徐聪颖　韩　耕　傅翰文　温俊君
　　　　　谢　婷　鞠　晓

编辑说明

《北京大学年鉴》是全面、客观、系统记述北京大学发展基本情况的大型专业性工具书，汇辑了北京大学一年内各方面、各层次的重要信息、资料和数据。

《北京大学年鉴（2017）》是北京大学建校以来的第十九本年鉴，反映了北京大学 2016 年度在教学改革、学科建设、科学研究、社会服务、对外交流等方面的发展进程和最新成就。

本年鉴以文章和条目为基本体裁，以条目为主，文字力求客观准确、简明扼要。全书共分特载，专文，北大概况，机构与干部，学部、院系及实体研究机构，教育教学，科研管理，党政管理与群团工作，后勤管理与保障，社会服务与联络，医院，其他直属附属单位，人物，党发、校发文件目录，表彰与奖励，毕业生名单，附录等基本栏目。

本年鉴主要收录了各单位 2016 年 1 月 1 日至 12 月 31 日期间发生的重大事件，部分内容依据实际情况，在时限上略有延伸。统计图表附在相关内容之后。本年鉴所刊内容由各单位确定专人负责提供，并经本单位领导审定。读者可以通过书前目录、书口梯标检索相关资料。

《北京大学年鉴（2017）》由北京大学党委办公室、校长办公室组织编写，在编写过程中，得到了各有关单位和部门的大力支持，在此谨表示衷心感谢。由于年鉴内容繁杂，众手成书，难免存在错漏之处，欢迎读者批评指正。

《北京大学年鉴》编辑部
2017 年 12 月

目 录

特 载

四月的嘱托——李克强总理考察北京大学纪实 …… 002
中共中央任命郝平为北京大学党委书记 …………… 004

专 文

担负起从严管党治党主体责任 深入推进党风廉政建设工作——在2016年北京大学党风廉政建设工作会议上的讲话 ………………………… 008
守正创新，引领未来 ………………………………… 010
在北京大学庆祝中国共产党成立95周年暨表彰大会上的讲话 ……………………………… 011
网络时代更需要理性——在北京大学2016年毕业典礼上的致辞 ………………………………… 015
在北京大学教师干部大会上的讲话 ………………… 016

北大概况

2016年发展概况 ……………………………………… 020
2016年大事记 ………………………………………… 023
2016年基本数据 ……………………………………… 030

机构与干部

学校领导机构 ………………………………………… 036
校务委员会 …………………………………………… 036
学术委员会 …………………………………………… 037
学科建设委员会 ……………………………………… 038
专业技术职务评审委员会 …………………………… 038
学位评定委员会 ……………………………………… 038
教职工代表大会执行委员会 ………………………… 039
学部负责人 …………………………………………… 039
各院、系、所、中心负责人 ………………………… 040
机关各部门、工会、团委负责人 …………………… 043
直属、附属单位负责人 ……………………………… 045
各民主党派和归国华侨联合会负责人 ……………… 046

学部、院系及实体研究机构

理学部 ·········· 050
    数学科学学院 ·········· 051
    物理学院 ·········· 052
    化学与分子工程学院 ·········· 054
    生命科学学院 ·········· 057
    城市与环境学院 ·········· 060
    地球与空间科学学院 ·········· 062
    心理与认知科学学院 ·········· 063
    建筑与景观设计学院 ·········· 065
    统计科学中心 ·········· 066

信息与工程科学部 ·········· 067
    信息科学技术学院 ·········· 067
    工学院 ·········· 069
    计算机科学技术研究所 ·········· 072
    软件与微电子学院 ·········· 074
    环境科学与工程学院 ·········· 075
    高能效计算与应用中心 ·········· 077

人文学部 ·········· 077
    中国语言文学系 ·········· 078
    历史学系 ·········· 079
    考古文博学院 ·········· 081
    哲学系（宗教学系） ·········· 084
    外国语学院 ·········· 086
    对外汉语教育学院 ·········· 090
    艺术学院 ·········· 092
    歌剧研究院 ·········· 094

社会科学学部 ·········· 095
    国际关系学院 ·········· 096
    法学院 ·········· 099
    信息管理系 ·········· 102
    社会学系 ·········· 104
    政府管理学院 ·········· 106
    马克思主义学院 ·········· 109
    教育学院 ·········· 111

    新闻与传播学院 ·········· 115
    体育教研部 ·········· 116
    中国社会科学调查中心 ·········· 119
    新媒体研究院 ·········· 122
    教育财政科学研究所 ·········· 124

经济与管理学部 ·········· 126
    经济学院 ·········· 127
    光华管理学院 ·········· 129
    人口研究所 ·········· 133
    国家发展研究院 ·········· 135

医学部 ·········· 136
    基础医学院 ·········· 136
    药学院 ·········· 138
    公共卫生学院 ·········· 140
    护理学院 ·········· 142
    医学人文研究院（公共教学部） ·········· 144
    医药卫生分析中心 ·········· 146
    中国药物依赖性研究所 ·········· 149
    实验动物科学部 ·········· 150
    医学教育研究所 ·········· 152
    中国卫生发展研究中心 ·········· 152
    医学信息学中心 ·········· 153

跨学科类 ·········· 154
    元培学院 ·········· 154
    燕京学堂 ·········· 156
    前沿交叉学科研究院 ·········· 158
    分子医学研究所 ·········· 162
    科维理天文研究所 ·········· 163
    北京国际数学研究中心 ·········· 164
    海洋研究院 ·········· 166
    现代农学院（筹） ·········· 167
    人文社会科学研究院 ·········· 168

深圳研究生院 ·········· 171

教育教学

本科生教育 …… 178	继续教育学院 …… 332
医学本科生教育 …… 180	医学继续教育 …… 333
研究生教育 …… 315	医学网络教育学院 …… 334
医学研究生教育 …… 320	**留学生与港澳台学生教育** …… 335
继续教育 …… 330	**教师教学发展** …… 335

科研管理

理工医科科研管理 …… 338	**人文社科科研管理** …… 360
《北京大学学报（自然科学版）》 …… 340	《北京大学学报（哲学社会科学版）》 …… 361
《北京大学学报（医学版）》 …… 340	

党政管理与群团工作

纪检监察工作 …… 370	财务工作 …… 401
组织工作 …… 371	实验室与设备管理 …… 403
宣传工作 …… 372	审计工作 …… 413
统战工作 …… 373	网络安全与信息化管理 …… 415
学生工作 …… 375	信息化建设与管理 …… 415
学生就业指导服务中心 …… 377	计算中心 …… 417
青年研究中心 …… 378	医学部信息通讯中心 …… 422
学生资助中心 …… 379	工会与教代会工作 …… 424
学生心理健康教育与咨询中心 …… 380	共青团工作 …… 426
保卫工作 …… 381	机关党建 …… 430
保密工作 …… 383	后勤党建 …… 431
政策法规研究 …… 384	医学部后勤党建 …… 433
学科建设 …… 385	直属单位党建 …… 436
对外交流 …… 387	产业系统党建 …… 437
人事管理 …… 390	医学部产业系统党建 …… 439
离退休工作 …… 400	

后勤管理与保障

总务工作 …… 444	**餐饮中心** …… 448
会议中心 …… 446	**动力中心** …… 449

公寓服务中心	450	基建工作	457
校园服务中心	451	肖家河项目建设	458
医学部总务工作	453	昌平校区管理	461
房地产管理	455		

社会服务与联络

国内合作	464	北大青鸟集团	475
首都发展研究院	465	北京北大未名生物工程集团	475
科技开发	467	北京北大维信生物科技有限公司	476
校办产业管理	470	北京北大英华科技有限公司	477
北大科技园	471	医学部国内合作与产业管理	477
北大方正集团有限公司	472	筹资与基金管理	479
北大资源集团有限公司	474	校友工作	480

医 院

医院管理	484	第六医院	498
第一医院	485	深圳医院	502
人民医院	488	首钢医院	503
第三医院	490	国际医院	504
口腔医院	493	滨海医院	505
肿瘤医院	496	校医院	508

其他直属附属单位

图书馆	512	医学出版社	522
医学图书馆	516	燕园街道办事处	523
档案馆	518	燕园社区服务中心	524
医学部档案馆	519	附属中学	525
校史馆	520	附属小学	527
出版社	521		

人 物

在校院士名录	530	哲学社会科学资深教授名录	531

长江学者名录 ………………………………… 531	2016年授予的名誉博士 ……………………… 560
具有正高级职称的教师及专业技术人员名单 ……… 534	2016年授予的名誉教授 ……………………… 560
2016年逝世人员名单 ………………………… 557	2016年聘请的客座教授 ……………………… 560

党发、校发文件目录

2016年部分党发文件目录 …………………… 562	2016年部分校发文件目录 …………………… 563

表彰与奖励

党建与思想政治工作奖励 …………………… 570	学生奖励 ……………………………………… 595
集体和教师奖励 ……………………………… 583	学生奖学金 …………………………………… 626
教师奖教金 …………………………………… 591	共青团系统奖励 ……………………………… 646

毕业生名单

本科生毕业生名单 …………………………… 658	研究生毕业生名单 …………………………… 674

附　录

2016年部分媒体报道索引 …………………… 694	校历 …………………………………………… 704

特 载

四月的嘱托
——李克强总理考察北京大学纪实

4月的燕园，春风拂柳，芳草茵茵，一派生机盎然。4月15日下午，中共中央政治局常委、国务院总理李克强来到北京大学，亲切看望广大师生员工，考察指导学校工作，并在高等教育改革创新座谈会上发表重要讲话。

中央政治局委员、国务院副总理刘延东，中央政治局委员、北京市委书记郭金龙，北京市委副书记、市长王安顺，国务院副秘书长肖捷，国务院副秘书长江小涓，教育部部长、党组书记袁贵仁，国务院研究室党组书记、副主任黄守宏，国务院研究室副主任、总理办公室主任石刚等领导陪同考察。北京大学党委书记朱善璐、校长林建华全程陪同。

下午3点，总理一行从西侧门进入校园。在湖光塔影中，汽车缓缓驶过燕园古建筑群，来到位于朗润园区的国家发展研究院。

穿过古色古香的庭院，在北京大学"十二五"成就展板前，朱善璐向李克强汇报了近年来北京大学整体发展情况。校长助理、社会科学部部长王博汇报了北大智库工作开展情况。总理仔细询问了中国家庭追踪调查（CFPS）数据库建设，并强调，追踪调查很重要，不管调查对象走到哪里都一定要跟踪到，通过年报的方式，才能充分了解中国社会变化过程。

在万众楼一层大厅，国家发展研究院院长姚洋向李克强详细介绍了学院动态、科研成果和学术著作有关情况，并着重汇报了新经济研究和南南学院建设情况。李克强与林毅夫、周其仁等著名学者以及沈艳等青年学者进行了交流。李克强对国家发展研究院的全面发展予以充分肯定，并对北大的新经济研究表示赞赏。他强调，传统经济的动能在减弱，要发展经济，必须从旧有经济中成长出新的动力动能。没有新经济提供就业岗位，传统产能的改造就很难进行。北大做了一件很好、具有开创意义的工作。

随后，李克强总理来到自己硕士、博士期间就读的经济学院。经济学院院长孙祁祥向总理介绍学院二十多年来的发展概况。在电视屏幕前，李克强认真观看了短片《北大学术故事》，并仔细翻阅了人文社科研究成果展品。经济学院学生将手书的一幅书法作品《经纬中国 善济天下》和《经济学院百年院庆图史》赠送给总理。经院还向李克强总理赠送了萧灼基教授的个人影集，总理专门向学院的老先生们表达了深情的问候。

得知总理来校的消息，越来越多的师生聚集在道路两旁，人群中打出"总理您好""欢迎总理回母校"的条幅。李克强总理还与众多国际学生玩起了"自拍"，并与学校社团棒垒协会、山鹰社的同学们亲切交谈，在山鹰社的社旗上签名，勉励山鹰社的同学们早日登顶珠峰。

总理走到自己本科期间就读的法学院门口，听取了法学院院长张守文关于法学院发展情况的汇报，问候了法律诊所师生代表并了解了法律诊所教学工作情况，得知学院教学科研环境大大改善时，非常感慨。法学院赠送了包含与总理读书期间学习生活相关的珍贵照片的纪念册和法律诊所师生以"教学应当理论联系实际"为主题制作的纪念册，并随同李克强的"北大校友卡"一起交到他手中。虽然时间紧迫，克强总理仍然坚持走进学院，详细了解科学研究成果情况。

随后，总理来到数学科学学院门前，听取了副校长高松院士关于理工科科学研究情况的汇报，并亲切接见了迎候在那里的十余位院士学者，与他们合影留念。总理饶有兴致地了解了北大数学学科发展历史，他强调，数学是自然科学的皇冠，地位重要，对科学发展具有最主要的功绩。他希望科研工作者能够再接再厉，早日获得"菲尔兹"奖这个"数学界的诺贝尔奖"。

总理对纯数学研究的情况非常关切，屡次问到从事纯数学研究的人员情况和学生培养情况。他谈道，访问俄罗斯时参观了俄罗斯大学的纯数学研究，对他触动很大。他再三强调，纯数学研究是我国科学研究的薄弱环节，应该创造条件让一批人静下心来搞纯数学研究，把冷板凳坐热，希望北大能够继续发扬纯数学研究这一传统优势。

李克强走进数学图书馆，与正在课堂讨论的学生亲切交谈。他详细询问了超级计算机应用状况，以及基础理科招生情况、人才引进情况。得知数学、化学等基础学科招生情况非常理想、科研人才引进力度很大时，李克强很高兴。他表示，数学学科有条件打破常规科研体制束缚，解决好教师科研待遇问题。他对放弃海外稳定优厚待遇回到北大从事研究的学术人员表示感谢。

考察调研结束后，高等教育改革创新座谈会在北大英杰交流中心阳光大厅召开。除陪同考察人员外，科技部党组书记、副部长王志刚，人力与资源保障部部长、党组书记、中央组织部副部长尹蔚民，中央机构编制委员会办公室主任张纪南等领导出席，教育部党组成员、北京大学全体党政领导班子成员，在京中管高校、部属高校、市属部分高校、民办高校等单位的主要负责人、知名专家、中青年学者代表等共计近200人参加了座谈会。座谈会由刘延东副总理主持。

林建华代表北大党委行政，向总理作了题为"以问题为导向 探寻教育规律"的汇报，围绕"面向未来的教育"和"遵循教育规律、破解发展瓶颈"两方面，重点阐述了北京大学改革发展的基本思想、理念和做法。清华大学校长邱勇、北京科技大学校长张欣欣、中国人民大学经济学院教授刘元春、北京第二外国语大学酒店管理学院教授谷慧敏先后发言。

座谈会进行当中，李克强不时地就汇报中涉及到的关键问题进行追问，现场讨论气氛活跃。

听完大家的汇报后，李克强发表了重要讲话。他表示，通过到清华、北大先后的调研、考察，看到了一些重点学科和已有的科研成果，深受鼓舞；在和师生的交流中，也感受到高校蕴藏着很强的动力。

李克强指出，教育改革是建设中国特色社会主义的战略抉择，教育优先是全社会的共识。教育在社会经济发展与进步当中起到极其重要的基础性作用，中国要保持经济中高速长期的发展，必须越上中高端水平，需要发展高等教育。

李克强指出，高等教育要为建设创新型国家提供有力的支撑。提高经济困难家庭的入学比例，不仅体现公平，更是促进创新。实施创新发展战略，高校责无旁贷。首先是培养人才的创新意识，从引进、吸收、消化到集成创新，真正做到原始创新，要把基础科学搞扎实。另一方面是培养学生的实践能力、工匠精神。中国的发展走向中高端，学生要有动手能力，应当围绕人才培养进行教育改革。

李克强强调要为高等学校的改革营造必要的条件和良好的环境。要推进高校"双一流""双一百"建设特别是一流学科建设。要推进高等教育领域的"放、管、服"的改革。要充分调动广大教育、教学和科研人员的积极性。

刘延东指出，李克强总理从创新发展的理念出发，系统回答了当前在全面建成小康社会的决胜阶段，在国家发展的关键时期，教育改革发展的重要性和紧迫性，阐述了高等教育究竟怎么改革、怎么创新等重要的理论和现实问题，展示了党中央、国务院坚定不移地建设高等教育强国、实施创新驱动发展战略的信心和决心。

刘延东要求，迅速地学习、传达克强总理的讲话精神，进一步提高对推进高等教育改革创新重要性、紧迫性的认识；加快深化改革，以更大的决心和勇气，有针对性地解决高校反映强烈的突出问题，加大政府职能的转变和简政放权的力度；抓紧制定符合高等教育实际、可检查、可落实的各项政策举措，把总理的要求一项一项落到实处，努力回应师生的期盼。

座谈会结束后，李克强前往农园食堂一层大厅，与北大师生共进晚餐。闻讯赶来的师生在道路两旁打出了"强哥您好！"的条幅。步入食堂，他在食堂一层的自选区域选取饭菜，并热情问候食堂工作人员。他看着琳琅满目的菜品，连声称赞。最后，他挑选了凉拌木耳、清蒸小鱼、清炒河虾、一个冬菜包共18元的菜品，端着饭菜来到学生们中间，边用餐边和同学们热烈交谈。他仔细地向同学们询问每月生活费多少、每天伙食支出多少，能否感受到农产品涨价的影响；并从生活关心到学术交流，漫谈能源建设、论文写作等话题，讲述了"天下大事必作于细"的道理，并希望同学们立足实际、扎根工作，为提高国家科技工业核心竞争力作贡献，为西部落后地区发展建设作贡献。李克强也对食堂的饭菜赞不绝口，叮嘱一定要向食堂师傅们问好，感谢他们的辛苦付出。

时间过去得很快，转眼就到了话别的时候。在第二教学楼门口，李克强收到了北大学生会、常代会送出的题为《印迹——北大校园媒体记录克强总理与北大》的报摘画册以及两份校刊原刊纪念品。李克强与大家一一握手话别。临上车时，"欢迎总理回家！""总理再回来看看！"的声音此起彼伏，在场的同学们自发地唱起了校歌——《燕园情》，"红楼飞雪，一时英杰"的歌声在夜幕中久久飘荡。

当晚7时，校领导班子第一时间在英杰交流中心星光厅召开会议，回顾李克强总理考察北京大学全过程，学习领会李克强总理在高等教育改革创新座谈会上的重要讲话精神。班子成员谈见闻、谈认识、谈体会，一致认为，总理考察北京大学并发表重要讲话，是站在新的历史起点上对北大改革发展提出的新要求，对加快推进一流大学和一流学科建设、实现北大三步走战略第一步宏伟目标具有极其重要的指导意义，发人深省。学校将迅速组织多层次的学习贯彻行动，深刻领会总理考察讲话精神，牢记总理嘱托，为早日实现几代北大人扎根中国大地创建世界一流大学的梦想而不懈奋斗！

（《北京大学校报》2016年4月15日第1408期）

中共中央任命郝平为北京大学党委书记

12月13日下午，北京大学在英杰交流中心阳光大厅隆重举行全校教师干部大会，宣布中共中央关于北京大学党委书记职务任免的决定。郝平同志任北京大学党委书记，朱善璐同志不再担任北京大学党委书记职务。中组部副部长周祖翼，教育部党组书记、部长陈宝生，北京市委常委、市委教育工委书记林克庆等领导，中组部干部三局、教育部人事司、市委教育工委有关负责同志出席了会议。北京大学新任党委书记郝平、前任党委书记朱善璐、校长林建华以及校党政领导班子全体成员，学校老领导代表，各院系及附属医院党政班子成员，职能部门、直属附属单位副职以上干部，院士、资深教授和中青年教师代表，各民主党派负责人，离退休老同志代表，教代会代表，校办产业负责人等共400余人参加了会议。会议由林建华校长主持。

受中央领导委派，周祖翼副部长宣读了中共中央关于郝平同志任北京大学党委书记，朱善璐同志不再担任北京大学党委书记职务的决定。周祖翼指出，这是中央从中管高校党委书记队伍建设全局和北京大学实际出发，经过反复酝酿、通盘考虑、慎重研究做出的调整决定。北京大学是我国高校的排头兵。近年来，学校坚持正确改革方向，落实人才强校战略，全面深化综合改革，优化学科结构部署，推动内涵式发展，在学科建设、人才培养、教学科研和文化传承、创新等各方面取得了显著的成绩，办学实力和国际影响力不断提升，这些成绩的取得，是党中央、国务院正确领导，教育部、北京市委直接领导和大力支持，学校党政领导班子和广大师生员工共同奋斗的结果，其中也凝聚着朱善璐同志的心血和探索。朱善璐同志任北大党委书记以来，认真贯彻落实习近平总书记考察北大时的重要讲话精神，组织开展办学思想大讨论，以总书记指示要求引领学校发展，不断加强和改进学校党建和思想政治工作，深入开展社会主义核心价值观教育，为北京大学、为我国高等教育事业作出了重要贡献。周祖翼指出，郝平同志政治立场坚定，熟悉高等教育规律和高校情况，任教育部副部长期间，在指导和推动高校治理、大学章程制定，落实办学自主权，完善内部治理结构，促进依法治校，推动高等教育国际合作和交流等方面做了大量工作。中央认为，郝平同志担任北京大学党委书记是合适的。希望学校领导班子和广大师生员工认真贯彻落实党的十八大和十八届三中、四中、五中、六中全会精神，深入学习贯彻习近平总书记系列重要讲话，特别是在刚刚召开的全国高校思想政治工作会议上的重要讲话精神，紧紧团结在以习近平同志为核心的党中央周围，紧紧围绕"五位一体"总体布局和"四个全面"战略布局，牢固树立新发展理念，扎实开展"两学一做"学习教育，继续加强基层党组织建设和教师队伍建设，弘扬爱国、进步、民主、科学的光荣传统，秉承思想自由、兼容并包的学术精神，进一步加快中国特色、北大风格的世界一流大学的建设步伐，为决胜全面建成小康社会、实现中华民族伟大复兴的中国梦作出新的更大贡献！

陈宝生部长指出，教育部党组完全拥护中央关于北京大学党委书记职务任免的决定，对朱善璐同志对我国教育事业、为北大的改革发展作出的贡献给予充分肯定，并表示感谢。郝平同志身上有非常宝贵的品格，有北大情结、北大感情、北大素质、北大风格。党中央决定郝平同志来北大工作是英明正确的。他希望全校师生员工支持郝平同志的工作，把思想和行动统一到中央关于北大党委书记变动的决定上来。陈宝生部长代表教育部党组对北京大学提出了三点希望：一是学校党委要集中组织全校师生学习贯彻好高校思想政治工作会议特别是习近平总书记在会上发表的重要讲话精神，根据部党组的统一安排，开展系统式、体系式学习，进行融合式讨论、案例式教学、项目式研究，还要对院系和基层党组织的学习进行操作性指导，实现责任化落实；二是北大的各项具体工作在郝平同志为首的党委领导下要狠抓落实，无论改革发展、日常管理，还是各项教学科研工作，都要落实在实际行动上，落细落小落具体，只有这样才能高质量地推进北大的改革发展；三是学校党委要抓好领导班子建设，把党委班子建设成为扎根中国大地、建设社会主义世界一流大学的坚强指挥部，把各级党组织领导班子建设成为创建世界一流大学的前线指挥部，要牢固树立四个意识，与以习近平同志为核心的党中央保持高度一致，尽好管党治党主体责任，把北京大学的各级党组织建设成为创建世界一流大学、推进改革发展的坚强保障。

林克庆书记指出，北京市委、市政府坚决拥护中央决定，充分肯定朱善璐同志为北京大学的建设与发展，为首都高等教育事业发展作出的重要贡献。林克庆表示，相信在郝平同志和林建华同志的带领下，学校领导班子一定能够团结带领广大师生员工继往开来，奋发有为，开创学校改革发展新局面、新气象。北京市委、市政府将一如既往地关心、支持北京大学的建设和发展，一如既往地支持学校党政领导班子开展工作，努力为北京大学的发展建设服务好、保障好。

朱善璐同志在讲话中表示坚决拥护中央决定，欢迎郝平同志回母校工作，并向中央领导同志，向中组部、教育部党组、北京市委、北京大学党委表达最衷心的感谢。他回忆了五年来在北京大学工作和生活的难忘经历，这五年正是北京大学完成"十二五"奋斗目标的五年，是北京大学贯彻落实党的十八大精神、扎根中国大地办北大、朝着走在世界一流大学前列的长远目标和在2018年前后实现三步走战略的第一步目标奋斗的五年。他表示加入中国共产党，选择了马克思主义信仰和选择到北京大学求学、工作是他终身不悔的两个情结。他相信并祝福北大创建中国特色世界一流大学的宏伟事业必将取得新的更大的成就。

郝平书记表示，坚决拥护中央决定，坚决服从中央安排，并将坚决贯彻落实中央的决策部署。中央的任命决定体现了对北京大学的高度重视和亲切关怀，也是对自己的充分信任。回到北大担任党委书记，担负起了重大的政治责任，担负起了与大家一起奋斗的历史使命，深知责任重大。郝平高度肯定了朱善璐同志作为党委书记为学校改革发展和维护稳定作出的重要贡献，表示将和林建华校长以及学校党政领导班子紧密团结、同心奋斗。郝平指出，第一，要深入学习贯彻习近平总书记系列重要讲话精神，贯彻落实党中央治国理政新理念新思想新战略，以党的最新理论成果为指导，站在党和国家事业发展的大局中谋划和推动北大的各项工作。第二，要把加强党对北大的领导落到实处，不断加强和改进党建和思想政治工作，按照中央的要求，坚持党委对学校工作实行全面领导，承担管党治党、办学治校的主体责任，把方向、管大局、作决策、保落实。第三，坚持发展是第一要务，继续全面深化综合改革。要进一步把全校师生的智慧和力量凝聚到加快创建中国特色世界一流大学上来，再接再厉、奋勇开拓，继续坚定不移走好我们自己的路。第四，更加尊重师生的主体地位，激发全校师生员工的积极性、主动性和创造活力。第五，对自己严格要求，做到公道正派、清正廉明，谦虚谨慎、求真务实。郝平强调，我们既要有只争朝夕的精神，又要沉得住气，要尊重教育规律、久久为功，始终守住办学的根本。要扎根中国大地，树立更强的道路自信和文化自信，认准了方向就百折不回地砥砺前行；要拿出"筚路蓝缕，以启山林"的勇气，拿出一股子创业的激情，上下求索，努力开辟出新的局面、新的境界。

林建华校长代表学校党政领导班子以及全校师生员工对中央的决定表示坚决拥护，对朱善璐同志给母校事业发展作出的突出贡献表示感谢。林建华指出，郝平同志担任北京大学党委书记，必将承前启后、继往开来，把创建中国特色世界一流大学的历史任务推向前进。学校党政领导班子将进一步继承和发扬团结和谐的优良传统，主动配合、相互支持，把北大办得更好！林建华强调，面对新形势，必须加强党的领导，全面落实党的教育方针，加强和改进学校党的建设和思想政治工作，扎实办好中国特色社会主义高校；必须坚持走自己的高等教育发展道路，扎根中国、融通中外、立足时代、面向未来，扎根中国大地创建世界一流大学；必须围绕人才培养这一核心使命，坚持育人为本、人才为本、师生为本，培养德智体美全面发展的社会主义事业合格建设者和可靠接班人；必须坚持培育和弘扬社会主义核心价值观，培育优良校风、教风、学风、医风，高扬大学精神的旗帜，追求有灵魂的卓越。学校党委行政以及全校师生员工将在思想上、政治上和行动上同以习近平同志为核心的党中央保持高度一致，以习近平同志系列重要讲话精神为指导，坚持正确方向、坚持立德树人、坚持服务大局、坚持改革创新，紧紧围绕"两个一百年"奋斗目标，把北大建设好，为实现中华民族伟大复兴的中国梦，为国家发展和人类进步作出更大的贡献！

(《北京大学校报》2016年12月15日第1432期)

专　文

担负起从严管党治党主体责任　深入推进党风廉政建设工作
——在 2016 年北京大学党风廉政建设工作会议上的讲话

（2016 年 3 月 18 日）

朱善璐

同志们：

今天召开会议，对下一阶段党风廉政建设工作进行部署。这是坚持党要管党、从严治党的具体举措，是落实党风廉政建设主体责任的重要方式，是加强领导班子建设的有效手段，对于保持党的先进性和纯洁性具有重要意义。

2016 年，国家将对"十三五"时期中国经济社会发展大布局进行进一步的战略谋划，并积极推动"十三五"时期经济社会发展实现良好开局。我们要以"四个全面"战略布局为统领，落实全面从严治党新要求，坚持从严守政治纪律和政治规矩抓起，真正落实党风廉政建设主体责任，从严从实持续深入推进作风建设，为新常态下北大的改革发展提供坚强有力保证。

中纪委十八届六次全会上，习近平总书记做了重要讲话，王岐山同志做了工作报告。我们要认真学习传达贯彻落实总书记的重要讲话和全会精神。全校党员要深刻认识到，党中央坚定不移反对腐败的决心没有变，坚决遏制腐败现象蔓延势头的目标没有变。要坚持全面从严治党、依规治党，创新体制机制、强化党内监督。持之以恒落实中央八项规定精神，推动党风民风向善向上。要坚持标本兼治，净化政治生态，坚决遏制腐败现象滋生蔓延势头。全校各级党组织要担负起全面从严治党主体责任，把纪律建设摆在更加突出位置，坚持高标准和守底线相结合，使管党治党真正从宽松软走向严紧硬。

当前和今后一个时期，对国家和对北大来说，都正处于发展的战略机遇期、改革的攻坚期，也处于矛盾的凸显期三期叠加的状态。今年是学校全面实施综合改革，全面推进依法治校，全面从严治党，全面推进"三步走"战略的关键之年。2016 年，学校党委工作的主要任务包括两个方面，一是切实发挥好党委的领导核心作用，把方向、抓大事、管全局，统领学校的改革发展稳定的大局；二是切实加强党组织自身建设，坚持思想建党与制度治党密切结合，党要管党、从严治党，抓好凝心聚力的统领工作。在这两方面任务中，党风廉政建设都是必不可少的关键环节，我们要牢牢把握新机遇，激发新活力，实现新跨越，以风清气正的校园环境干事创业。

刚才，静漪同志代表党委对具体工作进行了部署，请各单位认真贯彻，抓好落实。下面，我就今年的党风廉政建设工作再谈三点要求：

一、牢固树立政治意识、大局意识、核心意识、看齐意识，严守党的政治纪律和政治规矩，认真反思疏漏、查摆问题，把思想和行动统一到中央对党风廉政建设的工作部署上来

党的十八大以来，以习近平同志为总书记的党中央着眼于新的形势任务，把全面从严治党纳入"四个全面"战略布局，把党风廉政建设和反腐败斗争作为全面从严治党的重要内容，正风肃纪，反腐惩恶，取得了新的重大成效，反腐败斗争的压倒性态势正在形成。在十八届中央纪委六次全会上，习近平总书记强调，全面从严治党是我们立下的军令状，要保持坚强政治定力，坚持全面从严治党、依规治党，使管党治党真正从宽松软走向严紧硬，不断取得党风廉政建设和反腐败斗争新成效。王岐山同志提出，监督执纪问责是全面从严治党的必然要求，要把纪律挺在前面，忠诚履行党章赋予的职责。中央领导同志的重要讲话，为我们进一步做好工作指明了方向、提供了遵循。教育部党组召开了党风廉政建设工作（视频）会，对今年的党风廉政建设作出了部署，强调今年要紧紧围绕"四个全面"，强化"两个责任"落实，强化纪律建设，坚决从严管治党，坚决纠正"四风"，严格执行八项规定，坚决查处腐败案件，遏制腐败蔓延势头，不断净化育人环境和政治生态。

一直以来，全校各级党员干部和广大师生员工埋头苦干、改革创新，朝着学校第十二次党代会提出的"2018 阶段性目标"冲刺奋进。按照《北京大学章程》和《北京大学综合改革方案》要求，加快推进依法治校进程，着力深化综合改革，聚力科学发展，力争当好教育改革的排头兵。

在前一阶段，学校党风廉政建设工作取得了新的成绩，工作成效得到了上级领导机关的较高评价。通过"三严三实"专题教育，学校各级领导班子和领导干部找准"不严不实"问题，制定了整改落实方案和台账，解决了一批师生反映强烈的问题。全校上下正在呈现出更加风清气正、共促发展的良好局面。但我们必须清醒地认识到，我校党风廉政建设还面临许多新情况、新问题，腐败形势依然严峻、任务依然艰巨。我们要不断提高思想认识，切实增强党风廉政建设的责任感和使命感，加强对新情况、新问题的研究分析，深化对党风廉政建设工作的认识。

结合中央反腐倡廉要求以及党代会精神，当前及今后一段时间内，各单位领导干部要把思想和行动统一到中央党风廉政建设的工作部署上来，扎实推进我校党风廉政建设，以实实在在的成效取信于师生员工。

二、把纪律和规矩挺在前面，巩固和发展党风廉政责任制专项检查成果，进一步加强立规执纪、未巡先改工作力度，真正做到边学边改、立查立改、即知即改，抓好党风廉政建设工作的制度保障

党的十八大以来，党中央以党章为根本遵循，坚持纪严于法、纪在法前，修订印发了《中国共产党廉洁自律准则》《中国共产党纪律处分条例》等党内重要法规，明确了党员追求的高标准和管党治党的戒尺。新修订的《中国共产党廉洁自律准则》和《中国共产党纪律处分条例》将党的十八大以来从严治党的一系列实践成果转化为道德和纪律要求，实现了党内法规建设的与时俱进，为进一步加强党的纪律建设、深入推进全面从严治党提供了重要保障。落实中央关于"把党的纪律刻印在全体党员特别是党员领导干部的心上"的要求，必须强化高标准、底线和准线意识，切实把党的纪律和规矩记在脑中、刻在心上。我们必须把党的纪律刻印在全体党员特别是党员领导干部的心上，坚持高标准和守底线相结合，把纪律挺在前面，真正把党章党规党纪的权威性、严肃性树立起来。

纪律是党的生命。党员守住了纪律，就不至于滑向违法犯罪的深渊。中央纪委六次全会指出，要把纪律和规矩挺在前面，强化纪律约束。把纪律挺在前面，首要的是严明政治纪律和政治规矩。政治纪律是最重要、最根本的纪律。任何一名党员，不论职务高低、资历深浅，都必须自觉遵守党的政治纪律和政治规矩。党纪红线不可逾越，政治底线不可触碰。广大党员特别是领导干部必须始终把同党中央保持高度一致变成实实在在的行动。要做严守政治纪律和政治规矩的表率，做政治上的清醒人、明白人，始终在思想上政治上行动上同以习近平同志为总书记的党中央保持高度一致。不能认为自己是领导干部，就不存在政治意识淡薄问题；不能认为业务工作忙忙碌碌，就不再重视政治方面的锤炼。

要深化学习宣传教育，唤醒纪律规矩意识。内化于心，才能外化于行。要将学习两项法规作为"两学一做"教育活动的重要内容，组织党员学深悟透，开展研讨交流，剖析典型案例以案释纪，促进纪律规矩入脑入心。

要严格日常管理，用党规党纪约束言行。天下大事，必作于细。贯彻落实两项法规必须在落细落小上下功夫、在点滴之间见成效。培养一名好干部不容易。把纪律严在平时，成本最小、效果最好，是对党员干部最大的爱护。要对恪守八项规定精神一抓到底，从维护中央权威、保证政令畅通抓起，从严格个人有关事项报告等具体事项做起，真正把纪律和规矩立起来、严起来，使纪律和规矩成为管党治党的尺子、党员不可逾越的底线。

要抓好纪律建设和制度建设，明规矩于前，建立起切实有效的监督机制，全面落实学校党委《关于落实党风廉政建设主体责任的实施细则》《关于落实党风廉政建设监督责任的实施细则》等制度，围绕"四种形态"做好监督执纪问责一系列工作。

要把讲纪律守规矩与正风肃纪相结合。要推进校纪校风建设，重视师德师风培养，把师德表现作为教师绩效考核、职务聘任和评优奖励的首要内容。各单位要把师德师风建设工作列入重要事情来抓，常抓不懈，并纳入主体责任制度体系，对于违反校风校纪、给学校造成恶劣影响的个人要加以严肃处理，决不姑息。

三、把方向、抓大事、促全局，进一步坚持和完善党委领导下的校长负责制，充分发挥党委领导核心作用，切实担负起全面从严治党主体责任

全面从严治党是各级党组织的职责所在。从党风廉政建设主体责任到全面从严治党主体责任，不只是字面上的变化，更是实践的发展、认识的深化。党风廉政建设和反腐败工作是全面从严治党的一部分，党的建设必须全面从严，各级党组织及其负责人都是责任主体。

落实全面从严治党主体责任，关键是要把加强党的领导落实到教育改革发展稳定各方面，落实到办学治校各环节，落实到日常管理监督工作中。

一是要提高党委领导能力和水平。要以学习重温《党委会的工作方法》为契机，把握基本思想，指导和改进党委工作，"在学习掌握科学的工作方法和领导艺术、学习掌握其中蕴含的政治纪律和政治规矩上下功夫"；要全面加强党委领导班子思想政治建设、作风建设和能力建设，切实提高贯彻执行民主集中制自觉性，更好发挥党总揽全局、协调各方的领导核心作用。牢固确立"围绕创建抓党建、抓好党建促创建"的工作主线，进一步明确基层党委在完成政治任务和创建世界一流大学中心工作中的责任，主动地融入全局、服务中心，把基层党建工作放到学校整体建设的大局来思考，切实发挥基层党委在院系改革发展中的思想、政治和组织保证作用。

二要强化责任担当。各级党组织要肩负起主体责任，发挥领导核心和战斗堡垒作用。要强化看齐意识，向党中央看齐，向党的重大理论和路线方针政策看齐，自觉地在思想上政治上行动上与以习近平同志为总书记的党中央保持一致。把抓好党建作为最大的政绩，坚持党建工作同业务工作一起谋划、一起部署、一起考核，把党建工作抓具体抓深入。

三要健全责任体系。党组织主要负责人要做管党治党的书记，切实履行第一责任人的职责，管好自己、抓好班子、带好队伍，从严从实开展管党治党各项工作，做到对党负责、对本单位政治生态负责、对干部健康成长负责。行政主要负责人要旗帜鲜明地坚持政治原则、坚定政治方向、强化政治担当，与党组织主要负责人共同抓好从严治党，落实"党政同责"。班子其他成员要坚持"一岗双责"，把抓工作同抓管理结合起来，管好职责范围内的党的建设、要抓压力传导，推动全面从严治党向基层延伸，形成一级抓一级、层层抓落实的责任体系。

四要严肃追责问责。有权必有责、失责必追究。要牢固树立不管党治党就是严重失职的观念，把问责作为从严治党的重要抓手，以强有力的问责倒逼各级党组织和广大党员干部履行好管党治党责任。对学校党委、纪委交办的党风廉政建设责任范围内的事项不传达贯彻、不安排部署、不督促落实或拒不办理的；反腐倡廉制度存在明显漏洞，纪委提出整改建议仍不进行有效整改的；对领导班子成员或者直接管辖下属失教失管失察导致发生严重违纪违法问题的；不履行或不正确履行党风廉政建设主体责任，不及时纠正、处理或责任追究不力的部门和单位，要实行"一案双查"，既追究主要责任人的责任，也倒查追究相关领导的责任。

同志们，创建世界一流大学，靠的不是漂亮的口号，而是实实在在的业绩。大家要高度重视抓党建、抓廉政的重要意义，不断提升抓党建、抓廉政的能力和素质，坚决贯彻落实学校重大战略决策，按照学校综合改革方案等总体规划，深入落实党风廉政建设主体责任。一定要从关系学校发展命运的高度，担负起全面从严治党的政治责任，以坚定不移的态度和坚强有力的措施，扎实推进学校党风廉政建设和反腐败工作，为学校改革发展稳定提供更加坚实有力的保障！

谢谢大家！

守正创新，引领未来

《人民日报》（2016年3月11日第5版）

林建华

今天的科学和教育事业，只有转变发展模式，大胆地、自信地走出自己的路子，才能实现跨越式发展，站到世界最前沿。

"大学之道，在明明德，在亲民，在止于至善"，儒家经典《大学》里有这样一句话。彼时的"大学"，一有"博学"之意，二是相对于基础学问和基本礼仪的"小学"而言。古代的"大学"虽与今天的大学所指不同，但其精神内核却有相通之处。"大学"就是要为国为民求学问，"大学"就是要有道德和精神层面的更高追求，"大学"就是要探求真理、培育英才——此"大学"之所以为大也。

审视当下，知识、科技与经济社会的融合渗透空前紧密，大学发展与社会进步的互动影响同样空前紧密。在这个高度竞争、机遇无限、跨越发展的时代，北京大学应当如何回应时代需求、承担时代责任？在高等教育呈现新趋势、肩负新使命的大背景下，北京大学应该扮演怎样的社会角色、助力社会进步？加快创建中国特色世界一流大学，不仅是国家的重大战略，也已成为社会公众的共同期盼，在这样的背景下，北京大学应该集中精力和资源干什么、怎么干？这些问题归结为一个，当代北京大学的使命是什么?

首先,北大必须坚持以立德树人为根本,为青年学生提供最好的教育,培养能够引领未来发展的人才。要有清晰的价值导向,明确大学是培养人和实践人类创造的场所,必须严守学术独立和学术尊严,坚持和追求真理。

第二,作为中国基础最雄厚、思想最活跃的大学之一,北大要致力于基本思想理论和科学技术前沿的创新,努力为人类文明进步、国家发展和民族振兴作出杰出贡献。

第三,北大应当继续担负起引领中国高等教育的责任,带头推进综合改革,为完善中国特色现代大学制度作出重要探索,努力营造更加宽松和谐的学术和文化氛围,真正使北大成为世人向往和敬仰的学术殿堂,有更高的精神追求和道德境界,重塑大学的公信与尊严。

我们把以上这些使命,凝练为"守正创新、引领未来"。所谓"守正",就是要遵循高等教育的发展规律,尊重和坚守大学的传统尤其是北京大学创办百余年来的光荣传统,正道而行、弘扬正气,重塑大学的公信与尊严;所谓"创新",就是要始终保持"敢为天下先"的勇气和魄力,全面深化大学综合改革,始终挺立时代潮头。所谓"引领未来",就是要主动融入国家发展的全局,突出自身的主动性与首创性,积极推动改造现实和开创未来。

当然,要完成这样的使命,还必须加快转变发展模式。近代以来,中国的现代科学和高等教育事业由于起步晚、底子薄,照着发达国家的样子来摸索自己的道路,发展模式一直未能摆脱"跟踪模仿"的定势。人家走了弯路,我们也跟着走了弯路,人家的那一套并不完全适应中国的情况,但我们也搬过来用了。今天的科学和教育事业,只有转变发展模式,大胆地、自信地走出自己的路子,才能实现跨越式发展,站到世界最前沿。鲁迅先生说:"北大是常为新的,改进的运动的先锋,要使中国向着好的,往上的道路走。"北京大学应以创新发展为方向指引,努力摆脱原来的以"跟踪模仿"为主的发展模式,实现大胆跨越、后来居上、前沿引领。

习近平总书记到北大考察时特别强调,要"办好中国的世界一流大学""扎根中国大地办大学"。于北京大学而言,就是要在守正的基础上创新,在创新的过程中守正,服务、支撑和引领国家社会的未来发展,脚踏实地走出一条中国特色的世界一流大学创建道路。

在北京大学庆祝中国共产党成立 95 周年暨表彰大会上的讲话

(2016 年 6 月 24 日)

朱善璐

同志们:

今天,北京大学的共产党人在这里庄重集会,隆重庆祝伟大的中国共产党成立 95 周年,并对全校优秀共产党员和先进党支部进行表彰。一批新党员还将在此参加庄严的入党宣誓仪式。这是一次总结大会、表彰大会,更是一次吹响北大党组织和共产党人集结号的动员大会。首先,我代表学校党委,向全校共产党员致以节日的祝贺和亲切的问候!向受到表彰的先进集体和优秀个人致以崇高的敬意!向刚刚加入到党的队伍中来的新党员表示最热烈的欢迎!

95 年前,嘉兴南湖红船上的中国共产党人,胸怀救国报民的崇高理想,披荆斩棘,破浪前行,开始指引中华民族走向复兴的航程。95 年来,我们党由小到大,由弱变强,从巍巍井冈山到滚滚延河水,从小山村西柏坡到大都市京城,几经艰辛,历经坎坷,一路风雨兼程。无数共产党人不计荣辱得失,不惧流血牺牲,把自己的青春和热血投入到民族复兴的宏伟事业中,团结带领广大中国人民突破重重难关,夺取新民主主义革命的胜利,建立人民当家作主的新中国,确立社会主义基本制度,实行改革开放的基本国策,在建设中国特色社会主义道路上不断取得辉煌成就。当前,在以习近平同志为总书记的党中央坚强领导下,我们党确立了"四个全面"战略布局,吹响治国理政新号角,团结带领全国各族人民为实现"两个一百年"奋斗目标和中华民族伟大复兴的中国梦而奋勇前进。

回顾党的光辉历程，我们更加坚信：没有中国共产党就没有新中国，只有中国共产党才能领导中国人民开创社会主义革命和建设的新胜利，谱写实现民族伟大复兴的中国梦的辉煌篇章。过几天，习近平总书记将在中央庆祝中国共产党成立95周年大会上发表重要讲话。我们要及时学习讲话精神，并认真贯彻落实。

对于北大党组织而言，今年也是特殊的一年。北京大学是中国最早传播马克思主义的发祥地，也是中国共产党最早的活动基地，在中国共产党的创建和发展壮大过程中，发挥了特殊的重要作用。中国最早的马克思主义者和一批进步师生，中国共产党的主要创始人和一些早期的著名活动家，包括陈独秀、李大钊、毛泽东、邓中夏、高君宇、张太雷等，都在北大学习和工作过。从1920年秋冬之交，李大钊等同志在北大组建第一个共产党组织算起，北京大学开展党的活动已经96年了。

纵观北大历史，不论是在党的早期创建阶段，还是在党发展壮大的进程中，不论是在革命战争年代，还是和平建设时期，北大始终与党的发展融为一体，共产党员始终引领着北大的方向，支撑着民族的脊梁。党的一大以前，全国8个地方党组织负责人中，北大师生和校友有6人；1921年7月，中国共产党召开第一次全国代表大会时，全国共有党员53人，其中正在或曾在北京大学工作和学习过的党员有21人。从那之后，北京大学共产党员一直作为全国共产党员中的一股重要力量在发展壮大。在这些看似简单的数字的背后，更值得大家去体会的，是一代代北大人和北大共产党员在96年的艰苦奋斗中所生发、所凝练、所传承、所发扬的光荣传统和优秀品质。2014年5月4日，习近平总书记在视察北大时的重要讲话中特别指出，"追本溯源，我们要到北大红楼看一看"，"长期以来，北京大学广大师生始终与祖国和人民共命运、与时代和社会同前进，在各条战线上为我国革命、建设、改革事业作出了重要贡献。"这些光辉历史和优良传统，构成了北大精神的核心部分，也是全体北大共产党员，乃至全体北大人最宝贵的精神财富和力量之源。每当在北大庆祝党的生日，我们不仅为中国共产党人所取得的伟大成就而自豪，也为北大的光荣革命传统而骄傲。今天的北大共产党人和全体北大人更应当发扬传统、传承薪火，把这份自豪与骄傲转化成为创建中国特色世界一流大学和实现"中国梦"的强大动力。

要办好北大，创建中国特色世界一流大学，关键在党。十八大以来，以习近平同志为总书记的党中央，谋划了中国特色社会主义建设事业的蓝图，也对中国高等教育的发展指明了前进方向。在2014年视察我校时的重要讲话中，习近平总书记强调，全国高等院校要走在教育改革前列，紧紧围绕立德树人的根本任务，加快构建充满活力、富有效率、更加开放、有利于学校科学发展的体制机制，当好教育改革排头兵。总书记还特别希望北京大学通过埋头苦干和改革创新，早日实现几代北大人创建世界一流大学的梦想，并强调要抓好学校党的建设。2015年，国务院发布了"双一流"方案，明确了"坚持以一流为目标，坚持以学科为基础，坚持以绩效为杠杆，坚持以改革为动力"的创建道路，为北大下一步的发展提供了基本遵循和强大动力。

根据习近平总书记的重要讲话精神，按照国家"十三五"规划和"双一流"方案的要求部署，我们进一步明确了学校发展蓝图和规划。在党中央、国务院的坚强领导下，经过全校师生员工团结奋斗，首先在2018年建校120周年前后，努力率先跻身世界一流大学行列，实现在本世纪头20年基本建成世界一流大学的阶段性目标；到2030年前，继续加快创建，巩固提升，将北大进一步建设成为更高水平的世界一流大学，并且要走在世界一流大学的前列。为了实现这一目标，学校党委和行政团结带领师生员工进一步升华"使命自觉、创建自信、差距自省、奋斗自强"的境界，坚持"围绕创建抓党建，抓好党建促创建"，以立德树人为根本任务，以综合改革和依法治校为重要抓手，以全面从严治党为政治保障，加快转变学校发展方式，推进学校治理结构和治理能力现代化，切实提高学校内涵式发展质量。

当前，全校上下正在按照中央部署，深入开展"两学一做"学习教育。中央的学习教育方案中明确提出，全体党员都要"着眼党和国家事业的新发展对党员的新要求，坚持以知促行，做讲政治、有信念，讲规矩、有纪律，讲道德、有品行，讲奉献、有作为的合格党员"。可见，"四讲四有"已经成为检验一名当代共产党员是否合格的明确标准。其实，回首我们北大党组织96年的历史，各个时期的先贤早就为我们指明了努力的方向。这里，我想围绕"四讲四有"和大家分享几个北大共产党员的故事。

"讲政治、有信念"是爱党之源。习近平总书记指出："对马克思主义的信仰，对社会主义和共产主义的信念，是共产党人的政治灵魂，是共产党人经受住任何考验的精神支柱。"我们的老校友朱克靖同志是我们学习的楷模。朱克靖1919年考入北京大学，1922年加入中国共产党。抗日战争和解放战争期间，朱克靖随新四军转战大江南北，后不幸被捕。蒋介石亲自在总统府三次宴请朱克靖，并许以高官厚禄，朱克靖对蒋介石说："我有两个生命，一个是肉体生命，一个是政治生命。我虽跨党从事革命，但我是为共产党打天下。现在我已成阶下囚，我宁愿牺牲我的肉体生命。我为共产主义理想奋斗了大半生，我不能牺牲我的政治生命。"和平年代，我们不会再面临如此严峻的考验，但也经常会面临个人利益与组织需要的冲突，面临政治谎言的蛊惑，做合格党员，首先要强化政治意识，保持政治本色，把理想信念时时处处体现为行动的力量。

"讲规矩、有纪律"是护党之要。习近平总书记多次强调，没有规矩不成其为政党，更不成其为马克思主义政党，绝不允许"吃共产党的饭，砸共产党的锅"。严明党的纪律，最主要的是严明政治纪律和组织纪律。我们北大党史上有一位老支部书记，名为赵作霖。他1926年考入北京大学预科，同年加入中国共产党。后来，他辗转山西、察哈尔、武汉等地从事兵运和统战工作。其间曾四次入狱，三次失掉组织关系，在狱中坚贞不屈，在失掉关系和极端困难时，都能坚持党的原则，积极工作。今天我们向赵作霖同志学习，最主要的就是要坚定自觉地在思想上政治上行动上同以习近平同志为总书记的党中央保持高度一致，经常主动向党中央看齐，向党的理论和路线方针政策看齐，做政治上的明白人。

"讲道德、有品行"是兴党之本。在北京大学，"讲道德、有品行"首先是要求每一名师生党员在实际工作中坚守高尚的职业操守。讲到这点，就不得不提到当代的优秀共产党员李小凡老师。32年的任教经历，他始终坚守"课比天大""学生比天大"的承诺，为学生上好课，带学生们做好研究。2014年4月，李小凡被确诊为低分化腺癌，为了参加自己指导学生的博士生论文答辩，李小凡特意把腹水引流手术推后一周，全程参加四个小时的答辩之后才入院治疗。如果说"课比天大"是李小凡在讲台上镌刻的铭文，那么，"学生比天大"就是他作为导师的基本信条。李小凡忠诚于教师的本职和平凡而神圣的职责，恪尽一位教师的职守，热爱教育，热爱教学，热爱学生，几十年如一日，无怨无悔，默默奉献，这种精神值得我们每位党员特别是教师党员认真学习。

"讲奉献、有作为"是立党之基。党章关于党员的义务规定中有一条，"坚持党和人民的利益高于一切，个人利益服从党和人民的利益，吃苦在前，享受在后，克己奉公，多做贡献"。这就要求党员一心为公，培育公而忘私的牺牲精神，静得下心，俯得下身，无私无畏、默默无闻地勤奋工作，将事业进行到底。1975年，王选先生为了掌握国外激光照排领域的研究现状和发展动向，常常挤公共汽车到科技情报所查阅外文资料，常常靠手抄资料来节省复印费。当时他没有课题经费，每月工资只有四十多元，还是多年的老病号，条件艰苦，可想而知。经过几年的努力，在1979年7月，汉字激光照排系统的原理性样机终于研制成功。后来，王选先生说："从1975年到1993年这十八年中，我一直有种'逆潮流而上'的感觉，这个过程是九死一生的，哪怕松一口气都不会有今天的成功。"可贵的是，王选先生把这种一心为公、创业要实的精神一直保持到了生命的最后关头。同志们，这就是"讲奉献、有作为"的典范！我们每一个人都应当向王选先生学习，始终保持干事创业、开拓进取的精气神，平常时候看得出来，关键时刻冲得上去，发扬不干好、不干出成绩就誓不罢休的韧劲，在"十三五"规划开局起步、决胜全面建成小康社会、实现第一个百年奋斗目标中奋发有为、建功立业。

讲到这里，大家应该已经明确了"四讲四有"的基本要求。今天，我们北大党员在现实中是否做到了这些要求呢？党的十八大以来，全校党组织和党员深入开展群众路线教育实践活动、"三严三实"专题教育和"两学一做"学习教育，作风建设适应新的实践要求，取得了新的进步，学校党员队伍的作风总体上也是好的，今天表彰的先进集体和优秀个人就是代表。但也必须清醒地认识到，我们的党员干部队伍中依然存在一些不容乐观、亟待解决的现实问题。为了找准这些问题，并针对性地加以解决，学校准备在全校开展大讨论，研讨如何在完成学校中心任务中切实发挥党组织的作用？党建和思想政治工作中还有哪些问题要解决？

我们要通过讨论活动和"两学一做"学习教育，首先解决政治合格的问题，彻底解决好理想信念这个总开关问题，使每个党员、每个干部、每个党组织从政治思想上得到真正的教育和升华，锤炼坚强的党性，增强影响力、凝聚力、战斗力和政治定力。要坚持要管党、从严治党，以正在开展的"两学一做"学习教育为重要契机，聚精会神抓好党的建设各项工作，全力打造学习型、创新型、服务型党组织，不断提高党的建设科学化水平，总揽全局，协调各方，更好地发挥党委和各级党组织的领导核心、政治核心、战斗堡垒作用，以及党员的先锋模范作用。

首先，要把党的思想政治建设抓在日常严在经常，不断提高广大党员、干部的思想政治水平。

思想政治建设具有基础性和先导性，是我们党的重要政治优势。北京大学是我国思想文化的重镇，我们务必要坚持把思想政治建设放在首位，推动党内教育由集中性教育向经常性教育延伸，把思想政治教育融入日常的党内政治生活之中。要认真学习党章，用习近平总书记系列讲话精神武装头脑，牢记入党誓词，"志愿加入中国共产党，拥护党的纲领，遵守党的章程，履行党员义务，执行党的决定，严守党的纪律，保守党的秘密，对党忠诚，积极工作，为共产主义奋斗终身，随时准备为党和人民牺牲一切，永不叛党，"切实增强"政治意识、大局意识、核心意识、看齐意识"。要用社会主义核心价值观等科学理论为指导，不断改造主观世界，增强党性修养，树立正确的世界观人生观价值观，培植共产党人的精神家园。要大力发扬北大学习、研究、宣传马克思主义的光荣传统，充分发挥我们的学科和科研优势，把学校建设成为马克思主义学习、研究、宣传的重要阵地。

今天参加表彰大会的有许多新党员。目前学校正在开展专题学习研讨、讲党课等活动，对于新党员而言，是难得的学习机会。大家要抓住这个契机，认真学好党章党规和习近平总书记系列重要讲话精神特别是2014年来校视察时的重要讲话精神，并以之武装自身，补好共产党人的精神之"钙"，避免"先天不足"，增强自身抵御、防范各项风险和问题的能力，做一名合格的共产党员。

第二，要切实加强党的组织建设，落实全面从严治党责任，切实发挥党委和基层党组织特别是党支部的领导核心、政治核心和战斗堡垒作用。

党要管党，党组织和党员首先要姓党，党员首先要讲党性。全校党组织特别是每一个党支部首先要在政治上思想上抓好组织建设工作，认真解决一些基层党组织不能发挥政治思想建设这个根本功能，解决弱化党员教育、组织纪律松弛的问题，绝不能淡化党员的第一身份；其次是不能搞"两张皮"，要围绕中心工作建设支部；第三是要在有担当、有作为，充分发挥好战斗堡垒和党员先锋模范作用上见实效，建成符合党章要求，有价值观引领和政治导向，党内政治生活严肃认真、生动活泼的党支部。党支部是党的最基层组织，是党的所有工作的基础，必须聚精会神地把每一个党支部建设好。在此基础上，各基层党委要发挥好自身在学校党建责任体系中的枢纽作用，选好配强党支部书记，抓好提升党支部活力和组织生活质量、发展青年教师和高层次人才入党等重点难点工作，围绕教育综合改革等中心工作抓好党的组织建设，充分发挥政治保障作用。

第三，要坚持将制度建设作为支撑，推进党内民主建设，不断提高学校党的建设科学化水平。

制度问题带有根本性、全局性、稳定性和长期性。要以党章为根本依据，以民主集中制为基本原则，将制度建设贯穿于学校党的思想、组织、作风和反腐倡廉建设全过程，努力构建充分体现党的领导、扩大民主、依法办事有机统一的制度体系。坚持党委领导下的校长负责制，坚持集体领导、民主集中、个别酝酿、会议决定的原则和"三重一大"的决策制度，完善党委常委会议事规则和决策程序，落实常委会向全委会报告工作和接受监督的制度，健全各级党组织征求党员、群众意见的制度。积极推进党务公开，进一步完善党内情况通报、领导班子年度民主评议和党内民主选举制度，充分发挥党代会在学校党建中的重要地位和作用，落实好党代会代表任期制。建立健全党内督查制度，加强对制度执行过程的监督检查。

第四，要狠抓作风建设和反腐倡廉建设，力争使党风校风进一步实现更显著的转变和提升。

要坚持党的理论联系实际的作风。学校大政方针的制定和执行，都要建立在深入实际、调查研究的基础上，求真务实，不讲空话，不讲套话；坚持党的密切联系群众的作风，反对官僚主义、形式主义；坚持党的批评和自我批评的作风，反对文过饰非，常怀反思之心，增强忧患意识，保持清醒头脑。要坚定不移地贯彻落实党风廉政建设责任制，强化"一岗双责"意识，坚持一手抓发展、一手抓廉政、两手都要硬，落实标本兼治、综合治理、惩防并举、注重预防的方针，建立健全与学校实际情况相适应的惩治和预防腐败体系。要下大气力，求真务实抓落实，把提高工作执行力作为作风建设的重点任务，敢于负责，敢于担当，动真碰硬，真抓实干，务见成效。

第五，要切实抓好党建工作创新。

创新是灵魂，也是党的十八大提出的明确要求。北大的党组织有着光荣的传统，北大也一直是"常为新"的改进运动的先锋，因此，当代的北大共产党人，应该以改革创新精神抓好党的建设，用党建新成果、新成效带动和促进创建工作科学发展。解放思想永无止境。学校党委和全校各级党组织、党员干部，都要以更强烈的自觉和更大的胆略来抓改革创新。要在深入调查研究和科学论证、集思广益的基础上，抓住重点推进改革。比如，要着力提高党内民主建设的制度化、规范化和程序化水平，进一步完善学校党的代表大会制度，积极探索、不断健全党代会代表任期制和提案制的具体工作机制，包括在部分院系试点建立院系一级的党代表任期制，通过创新，为学校党建工作的科学发展夯实基础、筑牢根基。要尊重和发扬基层党组织的首创精神，及时发现先进典型，总结提炼并推广基层创新的鲜活经验。

同志们！

伟大的中国共产党已经走过了95年的光辉历程。95年来，几代中国共产党人坚持把马克思主义基本原理同中国具体实际相结合，团结带领全国各族人民不懈奋斗，战胜各种艰难险阻，不断取得革命、建设、改革的伟大胜利。特别是党的十八大以来，以习近平同志为总书记的党中央接过历史的接力棒，高举中国特色社会主义伟大旗帜，以对党、对人民、对民族高度负责的精神，总揽全局、运筹帷幄、励精图治、奋发有为，汇聚起实现中华民族伟大复兴的强大力量，带领全党全军全国各族人民开创了党和国家事业发展的崭新局面。

当前，我们正身处一个前所未有的伟大时代。今后几年，我们将迎来北京大学建校120周年、中华人民共和国建国70周年、五四运动100周年、北京大学早期党组织成立100周年、伟大的中国共产党建党100周年等重要历史节点。一百多年来，我们离梦想从来没有这么近过！习近平总书记在哲学社会科学座谈会上说，"当代中国正经历着我国历史上最为广泛而深刻的社会变革，也正在进行着人类历史上最为宏大而独特的实践创新"，"自古以来，我国知识分子就有'为天地立心，为生民立命，为往圣继绝学，为万世开太平'的志向和传统"。作为具有光荣革命传统的党组织和共产党人，"我们不能辜负了这个时代"！

同志们！

让我们高举中国特色社会主义伟大旗帜，深入贯彻落实党的十八大和十八届三中、四中、五中全会精神，大力弘扬北大的光荣传统，倍加珍惜学校发展面临的战略机遇，倍加维护学校建设的大好形势和局面，倍加埋头苦干、改革创新，振奋精气神，扎根中国大地，沿着中国特色社会主义道路加快推进创建世界一流大学步伐，为率先实现几代北大人创建世界一流大学的梦想和中华民族伟大复兴的"中国梦"而共同奋斗！

谢谢大家！

网络时代更需要理性
——在北京大学2016年毕业典礼上的致辞

（2016年7月5日）

林建华

各位嘉宾，老师们、同学们：

大家上午好！

几年前，同学们踌躇满志、带着忐忑和喜悦来到这里。今天，你们将怀着梦想和期待离开燕园，步入激动人心和充满挑战的未来。作为校长，我要向同学们表示祝贺，也希望借这个机会，向为你们的成长辛勤付出的老师、员工和家长们，送上最美好的祝福和敬意！

今年的毕业致辞，我想和大家谈一个稍微严肃一点的话题：网络时代，更需要理性。

大家可能已经注意到了，就在你们将要毕业的这段时间，世界发生了不少事情。一向严谨持重甚至有点保守的英国人，通过公投，决定脱离欧盟；备受瞩目的美国总统大选，一反常态，没有了关于社会价值和社会问题的理性探讨，陷入了哗众取宠和相互指责；还有，在里约奥运会的前夕，巴西的总统遭到弹劾，拉美和中东的一些国家动荡不安，以种族和宗教为借口的战争和冲突不断，极端主义蔓延，难民潮、恐怖主义让所有善良的人都不能"隔岸观火"了。一些悲观的学者甚至认为，也许我们这代人，将会目睹"罗马帝国崩溃"一样的动荡历史。二战结束70年、冷战结束20多年之后，世界好像又转入了某种"新常态"。

世界上发生的这些事情与我们并不遥远。我们是这个世界的一部分，也是这个时代的一部分。我们所有人的生活，甚至未来的人生轨迹，都可能因此而改变。世界所发生的这些事情，当然有其深刻社会根源。但大家是否想过，网络和人们社交方式的变化，也为这些事情的发生起到了推波助澜的作用。

大家知道，信息和网络技术为知识的获取和传播创造出了前所未有的便利。人们可以从网上方便地学习和获取任何知识，也可以自由地发表自己的观点和思想。网络技术也改变了我们的生活和社交方式，人们可以即时地与成百上千的人交换信息，这些无疑是人类文明史上最伟大的进步。但是，大家是否发现，伴随而来的还有一些其他社会效应。大量鱼龙混杂、真假难辨的信息，侵占了人们的静心与沉思，也阻碍了令人感动的眼神与关切。在虚拟的社区里，人们的猎奇心态被放大，善良，因为习以为常而不受关注，而那些超乎常理的奇闻逸事、耸人听闻的传言被广为传播。缺少了当面的观点交锋和理性思考，肤浅的、迎合的、偏激的甚至粗鲁的观点大行其道。这些在传统的社交体系中，也许算不了什么，但在网络时代，信息的传播更加扁平化了，你在微信朋友圈中的一个不经意的转发，也许会像蝴蝶翅膀，在远方煽起一场飓风。网络使这个世界变得更加任性了！

同学们，一百年前，蔡元培先生来北大担任校长时，提出了"思想自由，兼容并包"的主张，打破了当时北大的陈腐风气，奠定了现代中国大学的思想基础。蔡元培校长当时还对学生提出三点要求：一曰抱定宗旨，二曰砥砺德行，三曰敬爱师长。一百年来，他的这些主张一直为我们所坚守，滋养了一代又一代北大人，也形成了北大"爱国、进步、民主、科学"的优良传统。在信息高度发达的今天，这些思想更显得弥足珍贵。

在信息时代，大学已经不再能够垄断知识了，但大学所代表的人类理性思维，变得更加重要，更加不可或缺！大学帮助学生学习和了解人类文明的精髓，培养跨文化、跨文明的思维能力与交流能力，使他们具有宽广的视野和正确的历史观；大学培养学生独立思考，使他们明辨是非、坚持真理，而不是人云亦云、随波逐流；大学应当使学生牢固树立核心价值观和社会责任感，让学生们懂得，简单的拿来主义并不能解决中国的问题，民粹和狭隘民族主义也不行，我们要探索出一条中国自己的道路。

同学们，你们在北大、在燕园度过了最美好的几年时光。这几年，你们付出了，也收获了。从燕园眺望世界，我们不只一次地问自己：这个世界会更好吗？今天，当你们将要从燕园走向世界的时候，请一定要告诉自己，北大人的一生都是努力使这个世界朝着好的、向上的、光明的方向发展。

在这分别的时刻，我希望伴随你们的不仅有专业知识和生存能力，还有经过激烈思想碰撞所形成的坚定信念和价值观；不仅有真诚的同学情谊，还有北大人的家国情怀；不仅有对燕园生活的美好记忆，还有守正、奉献、超越和"敢为天下先"的使命感。我相信，你们在北大收获的一切，都将激励你们，始终站在时代的最前沿，去弘扬正气，去坚守正道，去不断创新，去引领未来。

这是一个伟大的时代，一个充满机遇、孕育梦想的时代，一个瞬息万变、荆棘丛生的时代。我们都是被历史所塑造的，但我们也正在和将要创造历史。勇敢地融入时代，是每个北大人最好的选择。

北大精神将生生不息，与你们同在！

在北京大学教师干部大会上的讲话

（2016年12月13日）

郝 平

尊敬的各位领导，各位老师、同志们：

刚才，中组部副部长周祖翼同志宣布了中央决定，教育部党组书记、部长陈宝生同志作了重要讲话，对北京大学党委行政和我个人，提出了明确要求，也表达了殷切期望。朱善璐同志的讲话让我深受感动。我坚决拥护中央决定，坚决服从中央安排，并将坚决贯彻落实中央的决策部署。中央的任命决定，体现了对北京大学的高度重视和亲切关怀，也是对我的充分信任。在这里，我衷心感谢中组部、教育部党组和北京市委的信任与支持，感谢北京大学党政班子各位同事、全校师生员工和广大校友的信任与支持！

党的十八大以来，以习近平同志为核心的党中央，始终高度重视北大的发展建设。在几天前召开的全国高校思想政治工作会议上，总书记在讲话中又几次专门提到了北京大学。我在会场里再一次深切感受到总书记对北大的特别重视、格外关注和殷切期望。习近平总书记和中央领导同志对北大的关怀、对我们所作出的重要指示，为学校的发展提供了根本遵循和强大动力，是对我们巨大的激励和鞭策。

近年来，在党中央、国务院的关怀、领导下，北大的事业取得了新的长足进步。学校党政领导班子齐心合力，师生员工团结奋斗，这其中，朱善璐同志作为党委书记，在五年多的时间里，恪尽职守，勤勉奉献，为学校改革发展和维护稳定倾注了大量心血，做出了重要贡献。在这里，我要向善璐同志致以崇高的敬意和深深的感谢！我相信，善璐同志一定会继续关注和支持我们的工作。

各位领导，老师们、同志们，

北大是我的母校，是我长期学习、工作和生活的地方，有我熟悉的领导、同事、老师和同学。从2005年我离开北大至今，已经过去十一个年头，但无论在什么岗位上，无论走到哪里，我无时无刻不关注着母校，关注着北大的每一点进步，为学校所取得的成绩感到欢欣鼓舞。我也一直在思考，北大到底应该怎样坚持中国特色，加快世界一流大学建设的步伐。

回到北大担任党委书记，也就担负起了重大的政治责任，担负起了与大家一起奋斗的历史使命，我深知责任重大。从今

天起,我将决不辜负中央和全校师生员工的信任与重托,团结带领党委一班人,和同志们一起,做好以下几项工作:

第一,**深入学习贯彻习近平总书记系列重要讲话精神,贯彻落实十八大以来党中央治国理政新理念新思想新战略**,以党的最新理论成果为指导,站在党和国家事业发展的大局中谋划和推动北大的各项工作。学校党委要带领全校各级党组织和全体党员,更加牢固地树立政治意识、大局意识、核心意识、看齐意识,在思想上、政治上、行动上与以习近平同志为核心的党中央保持高度一致。当前和今后一个时期,学校党委的首要政治任务,就是学习宣传贯彻党的十八届六中全会精神和全国高校思想政治工作会议精神,以此指引我们的事业。学校的改革发展各项工作,都要紧紧围绕迎接党的十九大来谋划,要遵照中央对北大的要求和教育部党组的部署,聚焦聚力,抓紧抓实,为党的十九大胜利召开营造良好政治氛围。

第二,**不断加强和改进党建和思想政治工作**。党的领导是中国特色社会主义教育的灵魂,党委对学校工作实行全面领导,承担管党治党、办学治校的主体责任,把方向、管大局、作决策、保落实。要坚持思想建党和制度建党相结合,提高党建科学化水平,加强基层党组织建设;要坚持和完善党委领导下的校长负责制,全校师生员工要共同维护宪法和法律的尊严,坚持依法治校、依章办学;要加强党风廉政建设,落实党委的主体责任和纪委的监督责任,让正气充盈,让不正之风和腐败无藏身之地;要保持政治定力,坚持社会主义办学方向,牢牢把握意识形态工作领导权主动权话语权,守土有责、守土尽责;要把思想政治工作贯穿教育教学全过程,实现全程育人、全方位育人;要把抓党建和思想政治工作与推进一流大学建设的各项工作一起部署、一起推进,把党建和思想政治工作的优势转化为学校的发展优势。

第三,**坚持发展是第一要务,继续全面深化综合改革**。要进一步把全校师生的智慧和力量凝聚到加快创建中国特色世界一流大学上来,再接再厉、奋勇开拓,继续坚定不移走好我们自己的道路。从1998年百年校庆至今,我们已经朝着创建世界一流大学的目标持续奋斗了十八年,今后仍然要紧紧围绕着这一中心工作不动摇不松懈,推动学校更好更快地发展。改革是办好中国特色社会主义大学的关键所在和动力所在,北大要紧紧围绕立德树人的根本任务,加快构建充满活力、富有效率、更加开放、有利于学校科学发展的体制机制,当好教育改革排头兵。

第四,**更加尊重师生的主体地位,激发全校师生员工的积极性主动性和创造活力**。大学归根到底是培养人才、研究学问和探索真理的地方,人才是第一资源。因此,办学必须坚持以人为本、以育人为本、以师生为本,任何时候都不能走偏了。我将带头落实好党的知识分子政策,做好统一战线工作、群众工作和学生工作,做好老干部和离退休工作。学校的各项工作,一定要想师生所想、急师生所急,要让大家心情舒畅,在北大更好地施展才华、实现抱负。要让老师们在组织上有依靠、工作上很安心、生活上有尊严。要爱护青年学生,千方百计为他们的成长创造良好条件,把北大学生真正培养成为既胸怀远大理想,又脚踏实地;既有更高的精神追求,又有过硬的本领;善于创新、勇于奉献,吃苦在前、享乐在后、引领未来的社会主义事业合格建设者和可靠接班人。要用实实在在的、聚精会神的工作来回应师生关切,把我们心爱的燕园爱护好、建设好,让北大更加宁静、和谐,要让老同志老教授们老有所养、老有所为。要建立公平、合理、可持续的待遇增长机制,让师生员工有更强的幸福感、成就感、获得感。这不仅是理念或者愿景,更是学校党委的责任所在!

第五,**按照中央的要求,努力以社会主义政治家和教育家的标准要求自己,做到公道正派、清正廉明,谦虚谨慎、求真务实**。我将和建华校长以及学校党政领导一班人紧密团结、同心奋斗,坚持正确的政治方向,善于把握大局、驾驭复杂形势。始终坚守共产党员崇高的精神追求,树立正确的使命观、事业观、权力观,坚持实干兴校,坚持党的群众路线,自觉接受大家的监督,虚心听取各方面意见,扎扎实实抓好顺民意、解民忧、惠民生的实事,让师生员工共享学校改革发展成果;善于做思想政治工作,与师生共同营造北大良好的政治生态、学术生态、育人生态和高等教育改革发展生态,以优良的党风带动学风、教风、政风、校风的建设,让北大成为安定团结的模范之地,做到治理有方、管理到位、风清气正。

老师们、同志们,

我们肩负着重大的使命和责任,我们所为之奋斗的事业有着光明的前途,几代中国人、北大人的梦想要在我们手中实现。而有着光荣革命传统的北大的党组织和共产党人,更应该在新的历史条件下书写新的篇章。

今天,北大必须更加强调脚踏实地,更加强调艰苦奋斗,更加强调危机意识、忧患意识和担当精神。只有实干才能兴校,办大学和做学问一样,都来不得半点虚假和浮躁。要像爱护自己的眼睛一样,爱护北大的社会声誉与形象,维护北大的公信力。我们既要有只争朝夕的精神,又要沉得住气,要尊重教育规律、久久为功,始终守住办学的根本;要继承和发扬北大爱国、进步、民主、科学的传统,植根于中华文化的深厚土壤和当代中国的国情,办人民满意的大学;要有更开阔的国际视野,借鉴世界上一切先进的办学经验,吸收人类文明的一切优秀成果;上下求索,努力开辟出新的局面、新的境界。

同志们,让我们更加紧密地团结在以习近平同志为核心的党中央周围,牢记使命、不忘初心,埋头苦干、继续前进,以优异的成绩迎接党的十九大胜利召开!

谢谢大家!

北大概況

2016年发展概况

北京大学创办于1898年，初名京师大学堂，是中国第一所国立综合性大学，也是当时中国最高教育行政机关。辛亥革命后，于1912年改为现名。

作为新文化运动的中心和"五四"运动的策源地，作为中国最早传播马克思主义和民主科学思想的发祥地，作为中国共产党最早的活动基地，北京大学为民族的振兴和解放、国家的建设和发展、社会的文明和进步做出了不可替代的贡献，在中国走向现代化的进程中起到了重要的先锋作用。爱国、进步、民主、科学的传统精神和勤奋、严谨、求实、创新的学风在这里生生不息、代代相传。

1917年，著名教育家蔡元培出任北京大学校长，他"循思想自由原则，取兼容并包主义"，对北京大学进行了卓有成效的改革，促进了思想解放和学术繁荣。陈独秀、李大钊、毛泽东以及鲁迅、胡适等一批杰出人才都曾在北京大学任职或任教。

1937年卢沟桥事变后，北京大学与清华大学、南开大学南迁长沙，共同组成长沙临时大学。不久，临时大学又迁到昆明，改称国立西南联合大学。抗日战争胜利后，北京大学于1946年10月在北平复学。

中华人民共和国成立后，全国高校于1952年进行院系调整，北京大学成为一所以文理基础教学和研究为主的综合性大学，为国家培养了大批人才。据不完全统计，北京大学的校友和教师有400多位两院院士，中国人文社科界有影响的人士相当多也出自北京大学。

改革开放以来，北京大学进入了一个前所未有的大发展、大建设的新时期，并成为国家"211工程"重点建设的大学之一。1998年5月4日，在北京大学百年校庆之际，国家主席江泽民题词："发扬北京大学爱国进步民主科学的优良传统为振兴中华做出更大贡献"，并在庆祝大会上发出了"为了实现现代化，我国要有若干所具有世界先进水平的一流大学"的号召。北京大学积极响应号召，适时启动"创建世界一流大学计划"（"985计划"），自此开启了北京大学建设发展的新篇章。

2000年4月3日，原北京大学与原北京医科大学合并，组建了新的北京大学。原北京医科大学的前身是国立北京医学专门学校，创建于1912年10月26日，并于1946年7月并入北京大学。1952年在全国高校院系调整中，北京大学医学院脱离北京大学，独立为北京医学院。1985年更名为北京医科大学，1996年成为国家首批"211工程"重点支持的医科大学。两校合并进一步拓宽了北京大学的学科结构，为促进医学与人文社会科学及理科的结合、改革医学教育奠定了基础。

近年来，在"211工程"和"985工程"的支持下，北京大学进入了一个新的历史发展阶段，在学科建设、人才培养、师资队伍建设、教学科研等各方面都取得了显著成绩，为将北大建设成为世界一流大学奠定了坚实的基础。今天的北京大学已经成为国家培养高素质、创造性人才的摇篮、科学研究的前沿、知识创新的重要基地、国际交流的重要桥梁和窗口。

2016年，北京大学设68个直属院系。开设本科专业123个，覆盖文、理、医等11个学科门类。全校有48个博士学位授权点一级学科点、50个硕士学位授权点一级学科点、251个博士点、275个硕士点、18个国家重点学科（一级）、25个国家重点学科（二级）、3个国家重点（培育）学科，以及47个博士后流动站。全年博士后研究人员在站1319人，累计进站6659人。有11个国家重点实验室、2个国家工程实验室、2个国家工程研究中心、115个省部级研究院（所、中心、重点实验室）、6所附属医院、14所教学医院。在职教职工20,569人，其中专任教师7079人。有教授2173人、副教授2167人，中国科学院院士75人，中国工程院院士17人，"长江学者奖励计划"特聘教授和讲座教授210人，"973"项目首席科学家92人，国家杰出青年科学基金获得者225人。毕业生22,494人，学历教育学生中全日制研究生6787人（博士生1839人，硕士生4948人），普通本专科生3418人（本科生3392人，专科生26人），成人教育本专科生2562人（本科生2562人），网络教育本专科生9727人（本科生7263人，专科生2464人）。招生28,701人，学历教育学生中全日制研究生8137人（博士生2463人，硕士生5674人），普通教育本专科生3932人（本科生3932人），成人教育本专科生2491人（本科生2491人），网络教育本专科生14,141人（本科生11,472人，专科生2669人）。学历教育学生中全日制研究生25,489人（博士生10,401人，硕士生15,088人），普通教育本专科生15,260人（本科生15,260人）。成人教育本专科生9085人（本科生9085人）。网络教育本专科生39,826人（本科生29,400人，专科生10,426人）。本科毕业生就业率95.93%。留学生毕业2853人，招生2975人，在校3608人。图书馆建筑面积67,462平方米，图书馆藏书718.58万册。校园占地面积为2,741,118平方米，校舍建筑面积为2,735,916平方米，固定资产总额1,185,119.38万元，其中教学科研仪器设备资产为544,341.17万元。

2016年，是北京大学统筹推进世界一流大学和一流学科建设、全面深化综合改革的关键一年。学校以党的十八大精神为指导，认真贯彻落实全国高校思想政治会议工作要求，坚持正确方向、坚持立德树人、坚持服务大局、坚持改革创新，不断探索建设"中国特色世界一流大学"。学校按照守正创新、引领未来的理念，全面梳理了大学的逻辑，凝聚了广泛的共识，在深入推进教育教学改革、人事制度改革、管理架构改革基础上，持续加强学术和科研体系改革，逐步完善资源调配体系建设，取得了一定的阶段性成果。2016年，全校全体师生员工埋头苦干、改革创新，坚定不移地朝着创建世界一流大学的目标冲刺奋进，在人才培养、科学研究、学科建设、队伍建设、对外合作、社会服务、后勤保障、基础设施建设等各方面都取得了明显进步。学校的办学实力和国内国际竞争力显著加强，建设世界一流大学事业稳步向前推进。

一、人才培养

以学生成长为中心，以"培养引领未来的人"为目标，按照"加强基础、促进交叉、尊重选择、卓越教学"的方针，努力使本科生获得最好的学习和成长体验，使北大的本科教育成为"师生共同探索、发现和创造之旅"。制定实施《北京大学本科教育综合改革指导意见》，促进学生在知识、能力、品格等方面的全面成长。融通识教育理念于培养全过程，把思想政治理论课纳入通识教育核心课程范畴，重点建设37门"通识教育核心课程"。全面优化培养方案，对课程体系的总体框架进行了调整。各院系重新梳理凝练专业核心课程，鼓励学生进行个性化学习和跨学科学习。设立"荣誉学士学位"，激励学生选修更具挑战性的荣誉课程并积极参与实践创新。在学部内自由转专业，在全校范围内自由选课，将资源配置与院系教学状况挂钩，促进院系和教师更加关注教学、更加关注学生。鼓励学部、院系、研究中心及教师团队建设多层次、有特色的跨学科本科人才培养项目，建立跨学科课程组、跨学科项目、跨学科专业、双学位/辅修项目等多层次的跨学科项目，培育跨学科人才。

研究生教育方面，稳妥推进奖助体系改革，完善助教、助研等岗位的设置与管理，使奖助体系更好地与学校发展和学科建设紧密联系，发挥资源配置和调控作用，提高人才培养质量。推动学术型研究生与专业型研究生分类管理，深化专业学位研究生教育改革，初步建立适合专业学位的质量评价和保障体系。进一步做好研究生导师遴选机制改革，强化导师责任意识、明确导师工作职责、提高导师指导能力，督促导师自觉把更多精力投入到研究生的培养当中。加强研究生课程体系建设，加大研究生必修课程建设力度，支持培育研究生英文授课课程和MOOC课程建设。设立研究生事务中心，推广"一站式"服务和自助式服务。

成立北京大学医学部本科教学评价委员会，完善课程体系，优化学科内大课安排，增加自主选修课比例，适当减少PBL案例数量，结合效果调整实验教学的模式和内容。完成《北京大学医学部教师教学发展中心发展规划（2016—2020）（草案）》。完善临床医学博士专业学位人才培养模式，延长临床/口腔医学专业学位博士研究生学制时间，启动医学技术应用型人才培养试点工作和高级应用型人才培养试点工作。与南加州大学、澳门理工学院签署协议，分别启动康复医学研究生教育合作项目、药学专业硕士合作项目。首次招收"健康传播学"硕士研究生。

二、学科建设与科学研究

学科建设坚持"队伍建设为核心、院系建设为基础、交叉学科融合为重点、体制机制改革为动力"的基本方针，编制《北京大学学科总体规划（2016—2020）》，探索加强临床医学+X、材料科学、区域与国别研究、大数据科学等领域建设，稳步推进冷冻电镜、高性能计算、球差矫正电镜等重大项目。成立人文社会科学研究院，搭建以基础学科为主、推动跨学科交叉研究的重要平台。"未来基因诊断"获得北京市高精尖创新中心支持。在医学领域，加强科研基地建设，建立了国家口腔临床医学研究中心、药物评价中心、孤独症研究中心、卫生政策与技术评估中心、生殖健康研究中心等一批研究基地。组织申报教育部转化医学与临床研究国际联合研究中心。成立北京大学青年医学科技创新发展联盟。

2016年，"中央高校建设世界一流大学（学科）和特色发展引导专项资金"预算经费16.13亿元。其中，校本部实施学科建设项目164项，安排资金5.86亿元。国家自然科学基金637项、5.6亿元，其中重点项目38项、创新研究群体2个，国家杰出青年科学基金13项，优秀青年科学基金19项，均居全国首位。获得国家重点研发计划的试点专项和重点专项33个，立项数居全国首位。承担课题140多个，经费近7亿元。北大主持的"生物医学成像国家重大科技基础设施"项目，已进入国家"十三五"建设指南，总投资约15亿元。由原子能研究院牵头、北大参与共建的"在线同位素分离装置"项目也纳入"十三五"建设指南，项目总投资约35亿元。获得国家社科基金重大攻关项目6项、教育部人文社科重大攻关项目1项。

根据基本科学指标数据库（ESI），2016年北大有21个学科进入全球前1%，是中国大陆入选前1%学科数最多高校。作为第一完成单位获得国家科学技术奖6项，其中自然科学奖4项，科技进步奖2项；作为第一完成单位获得"高等学校科学研究优秀成果奖"14项，其中一等奖11项。2项成果入选高校十大科技进展，1项成果入选中国科技十大进展。中国古代史研究中心、中国语言学研究中心、中国经济研究中心获教育部"优秀高校人文社科重点研究基地"。27项成果获北京市哲学社会科学优秀成果奖，获奖数位居申报单位之首。李零教授、俞孔坚教授当选美国艺术与科学院院士，朱青生教授当选国际艺术史学会新一任主席，董强教授当选法兰西道德与政治科学院外籍终身通讯院士，张平文教授、郑晓瑛教授当选发展中国家科学院院士。厉以宁先生获第五届吴玉章人文社会科学终身成就奖，曹文轩教授获国际安徒生奖，余淼杰教授论文获得英国皇家经济学会奖，龚旗煌教授获2016年度何梁何利基金科学与技术进步奖，吴云东院士获德国洪堡基金会洪堡研究奖。药学院天然药物及仿生药物国家重点实验室主任周德敏与中科院院士张礼和课题组在流感疫苗领域取得重大突破性研究进展。

三、师资队伍

新老教师人事体系融合取得实质进展，"博雅人才计划"和薪酬体系调整持续推进。完成了《教师手册》，为教师队伍建设提供了制度保障。出台了《教职工处分暂行规定》《师德教育实施办法》《师德考核实施办法》《关于促进教师教学发展的若干意见》等一系列文件，明确教师职责、职业操守和行为规范。出台和实施了《关于进一步加强博士后队伍建设的意见》。进一步改善教职工生活福利待遇，建立和完善考核、培训、聘任、待遇、晋升等人事管理环节之间的逻辑体系，新引进人才的质量有了显著的提高，晋升和评价体系不断完善。已经形成了一支总数约700人的高层次人才梯队。2016年，入选长江特聘教授15人，万人计划领军人才20人，青年千人计划29人，青年长江学者13人。国家青年人才计划入选人数处于领先水平，人才队伍竞争力进一步提升。

四、管理架构

完成学部换届，加强学部职能，建立学部办公系统，加强学部在学科建设、教学改革、教师评价等方面的职能。调整学术委员会、教学指导委员会、学科建设委员会以及各学部学术委员会，进一步完善内部治理结构，增加了学者对学校学术管理的权重。梳理职能部门工作职责和管理服务流程，优化管理服务部门职能配置，实现职业化和专业化发展。坚持分类管理的原则，制定《教学科研单位领导人员管理暂行办法》，推进院系行政领导人员聘任制改革，实现"责权利"统一，努力释放活力、提升效能。完成学校党政管理部门整体换届，强化岗位职责，完善履职评价，实现干部"能上能下"，激发干部队伍活力，为学校发展提供有力的组织保证。

五、社会服务

2016年，学校社会服务事业快速发展，先后与云南省、江苏省、青岛市签署战略合作协议，积极推进苏南分子工程研究院、华东生命科学研究院建设。积极推动与深圳市的战略合作，规划深圳校区的长远发展。与山东达成了共建现代农业研究院的合作意向。积极推进定点帮扶云南省大理白族自治州弥渡县工作，学校相关单位赴弥渡参加帮扶工作的共计300余人次。继续加强对口支援石河子大学和西藏大学工作。各附属医院积极参与医疗人才组团式援藏工作。加强国内合作决策机制建设，明确国内合作委员会职能定位和议事规则，《国内合作委员会工作条例》等规章制度顺利运行。

六、交流合作

学校的国际交流和对港澳台地区的交流保持高速增长势头，全年累计接待各类代表团195个，港澳台来访团组64个。"留学北大"品牌质量持续提升，有来自128个国家的3584名海外留学生，来校短期研习者约4100人次。积极响应"一带一路"国家发展战略，建设南南合作与发展学院，完成首批国际招生。拓展学生海外学习交流规模，全校本科生交流规模约1960人次。共聘请来自60多个国家的外籍专家和教师达700多人次。生命科学创新、分子科学、基础医学、区域生态与环境等创新引智基地在相关学科建设中发挥了积极作用。积极筹建或参与国际研究型大学联盟、环太平洋大学联盟、生态文明国际大学联盟等国际大学组织，积极参加中俄大学校长峰会、东亚研究型大学联盟及东亚四国大学校长论坛活动。举办第34届世界艺术史大会，启动"一带一路"国家诗歌经典文库项目，与剑桥大学共同建设"剑桥-北大中国中心"，落成北京大学全球大学生创新创业中心，在台湾大学举办"北京大学日"活动。

七、校园建设与资源保障

坚持"绿色、智慧、共享"理念，推进"品质校园"建设。以"湖光山色塔影建设工程"为抓手，通过水系、绿化、文物保护等基础设施硬件建设，努力营造"优雅、美丽、整洁、有序"的校园环境。利用餐厅、公共教室、宿舍楼宇等公共空间，为师生提供休闲交流场所。推进"无车校园"建设，完善校园交通管理办法，控制机动车和电动车进校，推广使用公共自行车，倡导绿色低碳生活。学生公寓二期已经在2016年暑期开学后投入使用。12月，肖家河教师住宅正式签约配售工作启动。

（傅翰文、徐聪颖）

2016年大事记

1月

1月8日 中共中央、国务院在人民大会堂举行2015年度国家科学技术奖励大会。北京大学共有13项成果获得2015年度国家科学技术奖，其中6项是北京大学作为第一完成单位所获奖项，包括3项自然科学奖、2项技术发明奖和1项科技进步奖。

1月19日 北京大学2016年春节团拜会在英杰交流中心阳光大厅举行。王学珍、陈佳洱、闵维方、王恩哥等学校老领导，校党委书记朱善璐、校长林建华等学校领导班子成员，各院系和职能部门负责人、师生员工代表及离退休老干部代表出席了团拜会。团拜会由常务副校长吴志攀主持。

2月

2月7日 北京大学留校过春节的教职员工和学生在艺园食堂聚餐联欢，在欢声笑语中迎接猴年的到来。校长林建华、党委副书记叶静漪、副校长高松以及相关职能部门负责人与留校人员共度佳节。

2月16日至17日 北京大学在中关新园科学报告厅召开领导班子2016年寒假战略研讨会。会议主题是深入贯彻党的十八届五中全会精神和习近平总书记系列重要讲话精神，全面深化推进《北京大学综合改革方案》，深入探讨重点改革项目，布局2016年改革和行政工作重点，谋划北京大学的"十三五"规划。北京大学党委书记朱善璐、校长林建华分别主持会议，学校领导班子成员和相关职能部门负责人参加了研讨会。

2月22日 2016年北京大学党外知识分子元宵节座谈会在英杰交流中心月光厅举行，来自各院系的40多位党外中科院院士、长江学者、杰出青年科学基金获得者、"千人计划"学者、海外归国人才等各方面教师代表参加了座谈。校党委书记朱善璐、校长林建华、校党委副书记敖英芳以及相关职能部门负责人出席了座谈会。会议由朱善璐主持。

2月28日 云南省委书记李纪恒、省长陈豪率团访问北京大学，参观国家工程实验室，并与北京大学签署战略合作协议。校党委书记朱善璐、校长林建华等校领导出席签约仪式。

2月29日 北京大学2016年春季全校干部大会在办公楼礼堂举行。校党委书记朱善璐、校长林建华分别对学校党委和行政2015年度工作进行了回顾总结，并对2016年的工作作了部署。

3月

3月8日 北京大学党委理论中心组举行学习会，学习贯彻习近平总书记重要批示精神，研究加强党委领导班子建设。

3月10日 新加坡南洋理工大学校长安博迪（Bertil Andersson）一行来访北京大学。校党委书记、校务委员会主任朱善璐在校长办公楼会见了新加坡南洋理工大学代表团一行。副校长兼教务长高松、副教务长李晓明等陪同会见。

3月11日 河仁慈善基金会发起人、福耀集团董事长曹德旺先生北京大学名誉校董授予仪式暨"财智人物，北大讲堂"演讲会在百周年纪念讲堂多功能厅举行。校党委书记朱善璐出席活动。

3月12日 北京大学与江苏省人民政府战略合作协议签约仪式在英杰交流中心阳光大厅举行，江苏省委书记、省人大常委会主任罗志军，省委副书记、省长石泰峰，校党委书记朱善璐、校长林建华出席。林建华和石泰峰分别代表北京大学与江苏省人民政府签署了战略合作协议。

3月18日 北京大学党委在办公楼礼堂召开2016年党风廉政建设工作会议。在校的党政领导班子成员，校党委委员、纪委委员，各单位党政领导班子主要负责人及成员、纪检委员，医学部及附属医院领导干部500余人参加了会议。会上还下发了《北京大学2016年纪检监察工作要点》《北京大学纪检监察干部监督工作暂行办法》等文件。

3月21日 耶鲁大学校长、著名心理学家苏必德一行访问北京大学。校党委书记、校务委员会主任朱善璐，校长林建华分别会见了苏必德，双方就两校长期合作发展的方向进行了讨论。林建华和苏必德代表两校签署合作协议。

3月21日至25日 校长林建华率领北京大学师生代表团赴台湾进行工作访问。代表团前往台湾大学、政治大学和"中研院"等高校和科研院所进行交流访问，拜会在台友人和"十大杰出青年基金会"等有关机构，看望在台校友。代表团于3月24日在台湾大学举办了"北京大学日"等系列交流活动，林建华发表"分享与畅想"主题演讲，并与台湾大学签署了《北京大学光华管理学院与台湾大学管理学院MBA双学位合作协议书》，并续签了《北京大学与台湾大学关于合办学生社会服务计划备忘录》。

3月24日至27日 北京大学党委书记、校务委员会主任朱善璐率领代表团出席在埃及开罗举行的中埃大学校长论坛。该届论坛以"一带一路与中埃人文交流"为总主题，朱善璐在开幕式上代表中方大学致辞。正在埃及出访的中国国务院副总理刘延东以及埃及高教科研部长希哈、埃及开罗大学校长加伯尔·纳赛尔共同参加了开罗大学示范孔子学院大楼奠基仪式。奠基仪式结束后，刘延东为"中国高教展"剪彩并参观了北大展台。朱善璐向刘延东介绍了北京大学留学生情况及与埃及高校交流情况。

3月25日至28日 香港罗氏慈善基金主席罗嘉穗一行11人到访北京大学，探访"罗定邦励志奖学金"受助学生，了解学生学习成长情况。219名受助学生和毕业校友参加了活动。26日上午，校长林建华在办公楼会见了罗氏慈善基金一行。

4月

4月4日 北京大学师生代表在静园北大革命烈士纪念碑前举行清明公祭活动。校长林建华，校党委副书记叶静漪，南京市市委宣传部副部长曹劲松，话剧《雨花台》编剧高城教授及主要演员，学校相关职能部门负责人，教职工代表和学生代表200余人参加了公祭活动。

4月15日 中共中央政治局常委、国务院总理李克强来到北京大学，亲切看望广大师生员工，考察指导学校工作，并在高等教育改革创新座谈会上发表重要讲话。中央政治局委员、国务院副总理刘延东，中央政治局委员、北京市委书记郭金龙，北京市委副书记、市长王安顺，国务院副秘书长肖捷，国务院副秘书长江小涓，教育部部长、党组书记袁贵仁，国务院研究室党组书记、副主任黄守宏，国务院研究室副主任、总理办公室主任石刚等领导陪同考察。北京大学党委书记朱善璐、校长林建华全程陪同。

4月21日 北京大学党委召开全校中层正职干部大会。校党委书记朱善璐传达了习近平总书记关于"两学一做"学习教育讲话的重要指示精神和李克强总理在高等教育改革创新座谈会上的重要讲话精神。

4月24日至28日 校长林建华率北京大学代表团赴英国牛津大学参加国际研究型大学联盟（International Alliance of Research Universities, IARU）校长年会，顺访英国合作学校，并参加北京大学英国校友会活动，随后赴德国出席柏林自由大学孔子学院建院十周年庆祝活动。

4月26日 北京大学在校内信息门户网站发布通知，公布《北京大学本科教育综合改革指导意见》及《北京大学2016年本科教育改革实施方案要点（试行）》，首次提出设立"荣誉学士学位"、学部内可自由转专业、在完成各专业毕业所需最低专业学分要求的基础上可开展自主性深度学习等改革举措，将北大本科教育综合改革的基本理念明确为坚持以立德树人为根本，坚持以学生成长为中心和"加强基础、促进交叉、尊重选择、卓越教学"的教育理念。

4月29日 南南合作与发展学院揭牌成立仪式在北京大学国家发展研究院朗润园举行。揭牌成立仪式由北京大学副校长李岩松主持，商务部副部长张向晨，校党委书记朱善璐，联合国驻华系统协调员兼开发计划署驻华总代表诺德厚（Alain Noudehou），非洲国家驻华使团长、马达加斯加共和国驻华大使维克托·希科尼纳（Victor Sikonina），财政部与教育部代表，多位驻华使节代表以及北大师生代表出席了该次仪式。

5月

5月2日 时值北京大学118周年纪念日及校友返校日，著名企业家陈发树宣布向北大捐赠1亿元人民币，用于北京大学国家发展研究院的承泽园新校区建设、支持国发院教学科研及双方共建研究中心。北京大学授予陈发树先生名誉校董。

5月4日 "践行社会主义核心价值观，书写奉献青春的时代篇章"五四主题团日活动在英杰交流中心举行。北京大学党委书记朱善璐，相关职能部门负责人，院系青年教师和学生代表、团委机关干部、团校学员以及青年职工代表等200余人参加活动。该次主题团日活动邀请到6位不同身份、不同岗位的青年学生和教职工代表分享体会。

5月4日 北京大学在百周年纪念讲堂举行珠峰攀登活动启动仪式，宣布北大山鹰社队员将联合富有登山经验的部分校友于2018年5月，即北大120周年校庆之际攀登世界最高峰珠穆朗玛峰。教育部、共青团中央、西藏自治区政府、中国登山协会、北京市委教育工委、北京团市委等单位负责人，北京大学校领导、相关职能部门负责老师、学生代表以及各界校友代表参加活动。

5月10日 中国共产党北京大学第十二届委员会第十次全体会议在办公楼103会议室举行。在校党委委员出席会议，纪委委员列席会议。

5月11日 夏曙东校友向北京大学捐赠仪式在教育基金会北大之友报告厅举行。校党委书记朱善璐会见了北京千方科技股份有限公司董事长兼总经理、地空学院2003届博士夏曙东校友一行。校长林建华代表学校向夏曙东颁发了北京大学杰出教育贡献奖并赠送纪念品。

5月17日 中共中央总书记、国家主席、中央军委主席习近平17日上午在京主持召开哲学社会科学工作座谈会并发表重要讲话。北京大学国家发展研究院教授林毅夫作了发言。北京大学学者厉以宁、沙健孙、马戎、顾海良、王浦劬、曹文轩、韩毓海，社会学系2013级本科生陈叙同，马克思主义学院2013级博士生裴植也参加了座谈会。

5月21日 北京大学2016年校园开放日暨本科生招生咨询会在邱德拔体育馆及北广场举办。活动主要分为招生信息发布会、招生组政策解答与各院系咨询、校园参观和院系实验室深度体验三部分。

5月26日 印度共和国总统普拉纳布·慕克吉率团访问北京大学，出席"中印大学校长圆桌会议"，并发表演讲，这是慕克吉第二次在北大演讲。抵达北大后，慕克吉首先向英杰交流中心南侧广场上的泰戈尔铜像敬献花环，随后以《印中关系：加强民间合作的八个步骤》为题发表了演讲。

教育部部长袁贵仁，外交部副部长刘振民，北京大学校长林建华，来自印度政府、印度驻华大使馆、中国教育部、中国外交部和中印高校的嘉宾出席演讲会。

6月

6月5日至7日 由北京大学、斯坦福大学共同主办的2016中美大学智库论坛在国际关系学院和斯坦福中心举行。该次论坛是为了落实国家主席习近平2015年9月到美国进行国事访问时，双方达成的对未来人文交流层面长期投资的共识而举办的，是第七轮中美人文交流高层磋商机制的重要配套活动之一。论坛以"全球政治新秩序：中美合作的视角"为主题，专家学者聚焦当下的中美关系，围绕全球政治经济的热点问题，讨论新形势下如何促进中美合作、建立国际政治新秩序。

6月7日 由国家留学基金委、北京大学、圣芭芭拉加州大学和圣克鲁兹加州大学共同举办的"我们的宇宙，无边的世界"中美大学天文合作高峰论坛在陈守仁国际会议中心举行，该次论坛作为第七轮中美人文交流高层磋商会议的一部分，吸引了中美近20所顶尖高校的参与。

6月15日 教育部社科司发布了"关于公布2015年高校人文社会科学重点研究基地测评结果的通知"，北大13个重点研究基地全部通过测评，其中，中国古代史研究中心、中国语言学研究中心、中国经济研究中心获评优秀基地。此次测评还显示了社会服务能力单项排名，北大政治发展与政府管理研究所排名全国第7，中国经济研究中心进入前50名。

6月24日 北京大学庆祝中国共产党成立95周年暨表彰大会在百周年纪念讲堂举行。全体在校领导，校党委委员、纪委委员，各民主党派负责人，学校各单位党政负责人，受到表彰的党员和党支部代表以及参加宣誓的新党员参加大会。

6月22日至29日 北京大学校长林建华率代表团赴马来西亚马来亚大学参加环太平洋大学联盟（APRU）校长年会，会前顺访新加坡姊妹院校和相关机构，并在新、马两地分别参加校友会活动。在新加坡，林建华一行先后访问了新加坡国立大学、新加坡-北京大学可持续低碳研究中心及南洋理工大学博云搜索实验室、南洋理工大学、新加坡科技研究局、中国驻新加坡大使馆、新加坡教育部，出席了北京大学新加坡校友见面会暨新加坡金融校友会成立仪式，并发表演讲。在马来西亚，林建华出席了北京大学马来西亚校友会年会，访问了马来亚大学，并在环太平洋大学联盟校长年会"APRU愿景"分议题中作了主题发言。

6月29日 "向建党95周年献礼——电影《柴生芳》全国上映仪式"在北京大学百周年纪念讲堂举行。

6月29日 北京大学党委书记朱善璐到深圳研究生院调研，并与深研院中层干部召开座谈会。会上，深研院院长吴云东向朱善璐汇报了办学进展与办学成果，并介绍了下阶段的工作安排。

7月

7月1日 北京大学在英杰交流中心月光厅举行欢送会，为全校2016届442名即将赴基层和西部地区就业的毕业生送行。河北省委组织部常务副部长回建，北京市教育委员会副主任叶茂林，广西壮族自治区玉林市福绵区副区长、北大地球与空间科学学院构造地质学专业2013届博士毕业生周印章等出席欢送会。校党委书记朱善璐，相关职能部门负责人及校系两级毕业生就业工作负责教师代表等共同为毕业生送行。

7月2日至6日 北京大学党委书记、校务委员会主任朱善璐率团赴莫斯科参加主题为"中俄教育科学合作战略"的"中俄大学校长峰会"，访问莫斯科国立大学，并会见在莫斯科的北大校友和友好人士。朱善璐与莫大校长萨多夫尼奇分别在峰会上致辞。双方分别作为中俄高校代表在两国领导人的见证下签署了《关于成立中华人民共和国与俄罗斯联邦综合性大学联盟的共同宣言》，共同发起成立中华人民共和国与俄罗斯联邦综合性大学联盟，通过联合中俄综合性大学，推进中国和俄罗斯各地区间的科学、教育与社会文化发展，提升中俄综合性大学在世界教育领域的竞争力。

7月4日 北京大学2016届毕业生代表座谈会在办公楼103会议室举行。校长林建华、校党委副书记叶静漪与来自17个学院的18位毕业生代表谈心，倾听他们在毕业之际的成长感悟和建议心声。

7月5日 北京大学2016年本科生毕业典礼暨学位授予仪式举行，校长林建华等在校领导班子成员出席典礼。校友代表北京生命科学研究所副所长、化学与分子工程学院1991级校友邵峰院士，教师代表社会学系张静教授，各学部、院系主要负责人，奖助学金捐赠方代表，全国百余所重点中学校长代表等应邀参加了典礼。毕业典礼由校党委副书记叶静漪主持。林建华校长发表了题为"网络时代更需要理性"的讲话。

7月6日 北京大学2016年研究生毕业典礼暨学位授予仪式在邱德拔体育馆举行。校长林建华等在校领导班子成员、校务委员会副主任、学部负责人、学位评定委员会学科分会主席以及相关职能部门负责人和学校教职工代表等参加了毕业典礼。典礼由副校长高松主持。

7月11日至15日 第29届国际真空纳米电子学大会（IVNC）在加拿大英属哥伦比亚大学举行。在该届会议中，北京大学信息科学技术学院特聘研究员魏贤龙指导的博士研究生吴功涛凭学术论文《石墨烯微型电子源和微型真空三极管》获SGS奖，由此成为首位来自中国的获奖者。

7月12日 北京大学学科建设委员会第一次会议召开。校长林建华出席并讲话，他指出，学科建设委员会作为学校最高的学科建设机构，要面向未来主动思考问题，构建北大未来五年到十年的发展愿景。学科建设办公室主任张平文汇报了学科建设办公室的工作进展与下一步的工作设想。

7月14日 教育部党组书记、部长陈宝生到北京大学调研。陈宝生一行首先来到办公楼103会议室，与校党委书记朱善璐等校领导班子成员座谈，随后到哲学系、中文系、历史学系和国家发展研究院调研。

7月21日 北京大学校长林建华一行赴山东省青岛市访问，会见山东省委常委、青岛市委书记李群等青岛市党政班子成员，并举行校地全面战略合作协议签约仪式。北京大学副校长王杰等校领导及相关职能部门负责人参加了签约仪式。

7月至8月 北大学子"信仰补钙"主题暑期社会实践系列活动顺利开展。该次暑期实践立项报名共4130人，团队410支，实践地涵盖全国34个省级行政区。

8月

8月2日至4日 北京大学四个学部先后召开工作会议，讨论并布置学科规划等工作。校长林建华、副校长王杰、副校长高松、校长助理王博、各学部主任和副主任、各院系和相关职能部门负责人分别参加了会议。

8月3日 中国奥运代表团在里约热内卢奥运村举行升旗仪式，并宣布男子花剑奥运冠军、北京大学光华管理学院2014级研究生雷声将担任开幕式中国代表团旗手。

8月9日 在由香港浸会大学举办的中医药规范研究学会第五届年会（GP-TCM）上，北京大学药学院天然药物学系屠鹏飞教授获得世界中医药学会联合会颁发的"中药分析与标准杰出贡献奖"，表彰其在中药分析领域的学术成就，特别是为推动中药标准制定和产业发展所作出的杰出贡献。该奖项由世界中医药学会联合会中药分析专业委员会颁发，每年授予一位在本领域作出重要贡献的科学家。

8月16日至29日 北京大学2016年学生军训工作顺利开展。

8月23日 教育部"毛泽东思想和中国特色社会主义理论体系概论"分教学指导委员会与"中国近现代史纲要"分教学指导委员会联合在北京大学召开了高校思想政治理论课贯彻落实习近平总书记"七一"重要讲话精神高层学术研讨会。来自全国70多所高校的近120名专家、学者参加。

8月23日至24日 北京大学2016年领导班子暑期战略研讨会召开。

8月26日至28日 北京大学党委书记朱善璐、副书记叶静漪一行赴广西南宁出席2016定向选调生及引进高水平大学博士座谈会，看望北大在桂选调生及校友。

8月29日 北京大学与深圳市人民政府关于合作举办北京大学深圳校区备忘录签署仪式在广州市举行。中共中央政治局委员、广东省委书记胡春华，北京大学党委书记朱善璐，深圳市委书记马兴瑞等见证签约。根据备忘录内容，双方计划将北大深圳校区及其附属医院建设成为具有现代大学治理结构、合理学科布局、鲜明国际特色、世界一流水准的教育、学术研究和医疗机构。

9月

9月2日 全国政协常委、中国民间商会副会长、中国泛海控股集团有限公司董事长卢志强先生一行在北京大学李兆基人文学苑出席"中国泛海向北京大学捐赠仪式"。北大哲学系张世英教授在家人陪同下亲临现场。海淀区政协主席彭兴业，中国文联理论研究室主任庞井君，北京大学党委书记、教育基金会理事长朱善璐，哲学社会科学资深教授叶朗等，以及来自哲学系、教育基金会的师生代表共同参加捐赠仪式。中国泛海控股集团有限公司决定捐助设立"张世英美学哲学学术奖励基金"，以发扬北京大学哲学系张世英教授的学术精神，奖励在哲学、美学、艺术学等领域作出突出学术贡献的著名学者和具有开创性研究的青年学者。

9月5日 中国国家女子排球队到访北京大学，受邀参加在邱德拔体育馆举行的纪念"团结起来，振兴中华"提出35周年暨北京大学开学第一课主题活动。国家体育总局排球运动管理中心副主任、中国排球协会副主席李全强，北京大学党委书记朱善璐、校长林建华等领导和嘉宾出席活动，北大校友代表、部分在校师生以及2016级新生共4000余人参加活动。

9月8日 在中华医学会第21次全国眼科学术大会暨第5届全球华人眼科学术大会上，北京大学人民医院眼科黎晓新教授荣获中华医学会眼科学分会设立的最高学术奖——"中华眼科终身成就奖"，以表彰她对中国眼科事业发展作出的杰出贡献。

9月9日 北京大学2016级新生开学典礼在邱德拔体育馆拉开帷幕。数千名新入学的2016级本科新生和研究生新生齐聚一堂，共同开启燕园之旅。校长林建华发表讲话。

9月9日 商务部和北京大学共同在北大国家发展研究院朗润园为南南合作与发展学院首期学员举行了开学典礼。

9月9日 2016年北京高校新生引航工程启动仪式在北京化工大学科学会堂举行，会上宣布了2015—2016学年北京高校优秀辅导员获奖名单，并为北京高校十佳辅导员获得者颁发证书。北京大学辅导员贾润东荣获"2015—2016学年北京高校十佳辅导员"荣誉称号。

9月9日 在第32个教师节来临之际，北京大学在百周年纪念讲堂多功能厅举行2016年教师节庆祝大会。校党委书记朱善璐等校领导班子成员，原校党委书记王德炳、原校长陈佳洱等出席庆祝大会。获奖教师代表，各院系和部门负责人，民主党派负责人，工会、教代会代表和学生代表参会。会议由常务副校长吴志攀主持。

9月14日 国际纯粹与应用物理学联合会（IUPAP）原子核物理委员会（C12）在澳大利亚召开三年一度的国际

核物理大会。北京大学物理学院2010届博士毕业生梁豪兆凭借在原子核结构理论领域的突出贡献获颁本年度的IUPAP青年科学家奖，这是中国培养的学者在核物理领域首次获此殊荣。

9月15日　第34届世界艺术史大会国际艺术史学会理事会与全体会员会在北京大学召开。会员大会上，经过全体会员投票，国际艺术史学会理事、北京大学教授朱青生当选新一任国际艺术史学会主席。这是国际艺术史学会历史上首位中国籍主席。

9月16日至20日　第34届世界艺术史大会在北京举行。此次大会由国际艺术史学会（简称CIHA）与中央美术学院、北京大学共同主办，故宫博物院、吴作人国际美术基金会协办。大会在北京大学和中央美术学院持续进行21个分会场的专题会议。

9月19日　"胡适与北大"专题展在北大图书馆展出。该次展览是北大人文社会科学研究院揭牌仪式的系列学术活动之一，由人文社科研究院和图书馆共同主办。

9月20日　北京大学人文社会科学研究院揭牌仪式在英杰交流中心阳光大厅举行。全国政协副主席韩启德，教育部社会科学司副司长徐青森，北京大学党委书记朱善璐、校长林建华等领导、嘉宾以及中外学者代表共同参加了该次揭牌仪式。

9月20日　杜维明先生捐赠文献藏品仪式在北大图书馆举行。捐赠仪式由图书馆馆长朱强主持，杜维明先生、北大常务副校长吴志攀、哲学系张学智教授、高等人文研究院执行副院长倪培民教授、信息管理系王子舟教授等出席了仪式。杜维明先生在其夫人等亲属的支持下，将个人所藏全部文献资料及其他藏品等约1万5千余册（件）无偿捐赠给北大图书馆。

9月20日　早稻田大学校长镰田薰北京大学名誉博士学位授予仪式在英杰交流中心阳光厅举行。早稻田大学代表团与北京大学校长林建华、副校长李岩松、国际关系学院院长贾庆国以及北大师生代表出席了授予仪式。

9月21日　北京大学中层干部大会在办公楼礼堂举行。会上，校党委书记朱善璐、校长林建华分别代表学校党委和行政班子全面总结了上一学期的各项工作，并对下一阶段学校的重点工作任务进行了部署。大会由朱善璐主持。

9月22日至27日　北京大学校长林建华率团访问美国芝加哥和旧金山市，出席第七届北京大学北美校友代表大会、泰晤士世界学术高峰论坛并顺访合作院校。代表团访问了芝加哥大学、加州大学伯克利分校及斯坦福大学，出席了方李邦琴北京大学人文学科文库出版基金捐资仪式。

9月23日　基本科学指标数据库（ESI）更新数据，北大多学科进入全球前1%。在ESI总计22个学科中，北大已有21个学科进入全球前1%，学科数位列中国高校之首。此外，北大按总被引数指标排名全球127位，高居中国大陆高校首位。

9月29日　北京高校思想政治理论课建设专题会暨"名家领读经典"活动启动仪式在北大办公楼礼堂举行。北京市委副书记、教育工委书记苟仲文，教育部社科司副司长徐艳国，北京市委宣传部副部长韩昱，人民网副总编辑刘红，北京市委教育工委常务副书记张雪、副书记郑登文，北京市教委副主任叶茂林，北京大学副校长高松，"名家领读经典"授课专家，北京市各高校主管思想政治理论课工作的校领导，马克思主义学院院长（思政部主任）和2016年新入职思想政治理论课教师，以及北京大学、清华大学、中国人民大学、北京师范大学、北京科技大学、北京交通大学、中国地质大学（北京）、北京林业大学等8所高校"名家领读经典"市级思政课本校班主任和大学生代表共计600余人参加了活动。

9月30日　白俄罗斯共和国总统亚历山大·格里戈里耶维奇·卢卡申科到访北京大学，在英杰交流中心发表演讲，并与青年学生开展交流活动。白俄罗斯第一副总理马秋舍夫斯基·瓦西利及白俄罗斯多位部长、中国驻白俄罗斯大使崔启明等陪同到访。

10月

10月9日　2016北京大学未名湖划骑跑三项校园挑战赛暨教职工户外协会6周年庆典在未名湖畔举行，110余名北大师生参加了比赛。校党委书记朱善璐到场，并划船为师生们加油助威。

10月13日至19日　北京大学校长林建华率代表团访问韩国、日本友好高校及机构，并与当地校友见面。13日，林建华一行访问了SK集团、韩国高等教育财团。14日至15日，林建华访问了首尔国立大学、高丽大学和成均馆大学，并在首尔国立大学出席东亚研究型大学联盟（AEARU）第39届理事会暨第22届全体大会。16日至19日，林建华一行先后访问了东京大学、早稻田大学、日本理化学研究所、日立集团和京都大学。

10月15日　北京大学国学研究院、北京大学国际汉学家研修基地和北京大学出版社联合主办的《中华文明史》外译本工作研讨会暨大雅堂启用仪式在大雅堂举行。在启用仪式后，《中华文明史》日译本首发式随即召开。

10月21日　澳大利亚前总理陆克文（Kevin Michael Rudd）来校访问，接受北京大学名誉教授称号并发表了主题演讲。校长林建华在英杰交流中心会见来宾。

10月22日　北京大学2016年秋季田径运动会暨新生趣味运动会在五四体育场举行。来自36个院系的2000多名学生参加了48个项目的比赛。此为北京大学第一次举办全校性的秋季运动会和新生趣味运动会。该次运动会由北京大学体育运动委员会主办，体育教研部和校团委共同承办。

10月23日　北京大学第十三届国际文化节在百周年纪

念讲堂广场开幕。该届国际文化节以"视野：声音与行动"为主题，来自60多个国家和地区的北大在校留学生和600余名中国学生志愿者成为今年国际文化节上的主角。

10月24日 北京大学2016级新生代表座谈会在办公楼103室举行，校长林建华、校党委副书记叶静漪与24名新生代表进行了交流。

10月26日 英国伦敦国王学院举行荣誉博士授予典礼，授予北京大学常务副校长、肿瘤医院教授柯杨荣誉博士学位，表彰其在医学教育、科研和临床领域所作出的重要贡献，以及在推动英国伦敦国王学院和北京大学医学部建立战略合作伙伴关系中所发挥的重要作用。

10月28日 北京大学党政管理部门整体换届工作动员大会召开。校党委书记朱善璐、校长林建华、校党委副书记叶静漪出席会议。全校党政管理部门正副职负责人、直属附属单位主要负责人120人参加会议。

10月31日 北京大学党委书记朱善璐一行到软件与微电子学院进行调研，大兴区委书记谈绪祥、副区长陈晓君，国家新媒体产业基地管委会主任闫德强，及北京大学部分职能部门领导一同参加了调研。

11月

11月3日 北京大学国际关系学院建院20周年暨建系56周年庆祝大会在学院秋林报告厅举行。前国务委员、北京大学国际战略研究院名誉院长戴秉国，全国政协外事委员会副主任、文化部前部长、北京大学国际关系学院院友会会长蔡武，意大利前总理、法国巴黎政治大学巴黎国际事务学院院长恩里克·莱塔，蒙古国前总理阿马尔扎尔嘎勒·林钦尼亚木，国务院台湾事务办公室副主任李亚飞，中央外办前副主任、察哈尔学会国际咨询委员会主席吕凤鼎，北京大学国际政治系原党总支书记、北京市委统战部原部长沈仁道，全国工商联第十届副主席、国际关系学院院友会常务副会长沈建国，以及来自全国政协、教育部、兄弟院校和北京大学的领导、嘉宾、中外学者以及历届院友代表共同参加庆祝大会，大会由国际关系学院党委书记李寒梅主持。

11月3日 经教育部社科司组织专家严格评审和面向社会公示，2016年度教育部人文社会科学重点研究基地重大项目公布立项结果，全国151个基地共有353个项目获得立项。北京大学13个基地共获得立项38个，共批准经费2457万元，立项数居全国首位。

11月4日至6日 第十三届北京论坛在北京隆重召开。该届论坛以"文明的和谐与共同繁荣——互信·合作·共享"为主题，来自世界各地的三百余名专家学者相聚金秋时节的北京，共同探讨文明在促进全球互信合作、资源共享中的重要作用。

11月5日 为纪念北京大学阿拉伯语专业建立70周年，著名伊斯兰学者、北京大学前东方语言文学系教授马坚先生诞辰110周年，阿拉伯语系师生、毕业校友代表，关心阿拉伯语系发展的各界人士汇聚一堂，于外国语学院新楼举行学术研讨及纪念活动。校党委书记朱善璐出席活动并致辞。

11月7日至10日 以南京大学校长陈骏为组长、四川大学副校长步宏为副组长的21人评估专家组对北京大学本科教学情况进行了进校考察。

11月13日 "青年服务国家"2016年首都大学生暑期社会实践总结分享会在北京大学英杰交流中心阳光大厅举行。共同参加该次分享会的有来自北京大学、清华大学、中国人民大学、北京师范大学等"青年服务国家"十大专题行动牵头高校的优秀成果展示团队成员，还有来自北京市50余所高校的300多位师生代表。

11月14日 发展中国家科学院第27届院士大会在卢旺达基加利市举行，大会宣布了40位来自17个国家和地区的新增院士名单。北京大学数学科学学院张平文教授，人口研究所郑晓瑛教授在该届大会中被选为发展中国家科学院院士。

11月18日 北京大学党委召开全校宣传思想工作会议，会议主题为"深入学习贯彻十八届六中全会精神，牢记使命，勇于担当，进一步加强和改进宣传思想工作，为创建世界一流大学提供思想动力和政治保障"。校党委书记朱善璐，各基层党委、党工委、党总支、直属党支部书记、宣传委员，各职能部门负责人，校工会、校团委负责人，医学部各部门的相关负责同志参加会议。会议由校党委常务副书记于鸿君主持。

11月19日 心理与认知科学学院建院暨心理学系建系90周年庆典在中关新园群英厅举行。北京大学党委书记朱善璐，北京师范大学校长董奇，教育部体育卫生与艺术教育司司长、院友会会长王登峰，北京大学副校长王杰，90岁高龄的北大心理学系老教授孟昭兰，北京大学理学部主任饶毅，欧洲科学院院士、慕尼黑大学教授蒲安石（Ernst Poeppel），中国心理学会理事长白学军，中国认知科学学会秘书长马原野，院友会理事王宇宏等嘉宾出席庆典活动。

11月22日 由北京大学主办、北京大学台湾研究院承办的第二届中华文化论坛在英杰交流中心开幕，论坛的主题是"中华文化的守本与创新"。全国人大常委会副委员长、民进中央主席严隽琪，中共中央台办主任张志军，文化部前部长蔡武，中华全国台湾同胞联谊会会长汪毅夫，中国国民党副主席胡志强，北京大学党委书记朱善璐等领导与嘉宾出席了开幕式。开幕式由北京大学校长助理王博主持。

11月22日 北京大学校长办公会通过了一项惠及全校师生的重大举措：自2016年12月1日起，学校将取消国际网收费，除基本月租外，全体师生访问互联网将不再收取其他费用。

11月24日至27日 北京大学校长林建华赴德国柏林

参加"中德高等教育与科技创新论坛",并访问柏林自由大学,签订两校联合博士后培养协议。

11月30日 北京大学中国社会科学调查中心十周年庆典暨国家自然科学基金-北京大学管理科学数据中心成果发布会在英杰交流中心月光厅隆重举行。校长林建华,为中心创立做出特殊贡献的国家发展研究院林毅夫教授,调查中心首届主任邱泽奇教授,美国国家科学院院士、中国家庭追踪调查(CFPS)项目国际学术顾问罗伯特·豪塞教授等教师、员工代表共100余人参加了庆典活动。庆典由中国社会科学调查中心副主任任强副教授主持。

12月

12月2日 北京大学2016年奖教金、奖学金颁奖典礼在英杰交流中心阳光厅举行。40多家设奖单位代表,全国资助中心副主任马建斌,北京大学校长林建华等领导和嘉宾出席典礼。

12月3日 "区域与国别战略合作论坛——一带一路沿线区域与国别研究研讨会"在北京大学第二体育馆B101报告厅召开。北京大学校长林建华、中华人民共和国外交部前副部长杨福昌、香港城市大学前校长张信刚,以及来自北大外国语学院、历史学系、考古文博学院、国际关系学院等校内单位的师生和在京兄弟院校的学者百余人参加了论坛。

12月6日 伊朗伊斯兰共和国外交部部长穆罕默德·贾瓦德·扎里夫(Mohammad Javad Zarif)一行来北大访问,并发表了题为"中伊合作·抓住机遇应对地区和国际挑战"的主题演讲。校长林建华会见了来宾。

12月9日 北京大学纪念建党95周年、红军长征胜利80周年暨"一二·九"运动81周年师生歌会在百周年纪念讲堂举行。该次歌会的主题为"弘扬长征精神,筑梦伟大复兴",共有来自26个院系的23支代表队参赛。

12月10日至11日 北京大学艺术学科100周年暨艺术学院建院20周年系列活动"第十一届全国艺术院校院(校)长高峰论坛"在北大举行。来自全国200余家艺术院校、院系的院(校)长、专家、学者汇聚一堂,围绕"中国艺术学学科的发展和创新——北大艺术教育100年对话"和"艺术学学科建设如何适应人才培养机制"等议题,展开了深入讨论。

12月13日 北京大学在英杰交流中心阳光大厅隆重举行全校教师干部大会,宣布中共中央关于学校党委书记职务任免的决定,郝平同志任北京大学党委书记,朱善璐同志不再担任北京大学党委书记职务。中组部副部长周祖翼,教育部党组书记、部长陈宝生,北京市委常委、市委教育工委书记林克庆等领导,中组部干部三局、教育部人事司、市委教育工委有关负责同志出席了会议。北京大学新任党委书记郝平、前任党委书记朱善璐、校长林建华以及校党政领导班子全体成员,学校老领导代表,各院系及附属医院党政班子成员,职能部门、直属附属单位副职以上干部,院士、资深教授和中青年教师代表,各民主党派负责人,离退休老同志代表,教代会代表,校办产业负责人等共400余人参加了会议。会议由林建华校长主持。

12月16日 北京大学召开党委常委(扩大)会暨学校党委理论中心组学习会议,传达学习全国高校思想政治工作会议精神。校党委书记郝平、校长林建华等领导班子成员,党委委员、纪委委员、党委职能部门负责人参加会议。

12月16日 北京大学深圳研究生院15周年总结大会在深圳市大学城体育馆隆重举行。深圳市、北京大学、兄弟院校领导,社会各界人士,北大深圳研究生院院友及全体师生参加了此次大会。

12月17日 北京大学政府管理学院建院15周年庆祝大会在廖凯原楼学术报告厅顺利举行。中央编办副主任吴知论、北京大学副校长李岩松等领导嘉宾及院友代表、在校生代表参加大会。

12月18日 校党委书记郝平带队到肖家河教职工住宅项目工地进行调研。此为郝平到任后安排的第一次调研活动。副校长王仰麟、校长助理张宝岭及相关职能部门负责人参加调研。

12月19日 北京大学在办公楼103会议室举行师生座谈会,学习全国高校思想政治工作会议和习近平总书记重要讲话精神。

12月25日 全国政协副主席韩启德、校党委书记郝平一行来到2015年诺贝尔生理学或医学奖获得者、北大杰出校友屠呦呦家中,亲切看望了屠呦呦,并签署了"北京大学屠呦呦医药人才奖励基金",同时代表北大师生向她送去生日祝福。陪同看望的还有北京大学常务副校长柯杨、医学部主任詹启敏、医学部党委书记刘玉村等领导及师生代表。

(秦晓蒙、孙启明、程绍涵)

2016年基本数据

（2016年12月）

一、总体数据

			其中，医学部
（一）校园面积		2,741,118 平方米 （约 4112 亩）	392,305 平方米 （约 588 亩）
	其中，绿化用地面积	1,233,576 平方米 （约 1850 亩）	114,703 平方米 （约 172 亩）
	运动场地面积	153,389 平方米 （约 230 亩）	27,300 平方米 （约 41 亩）
（二）校舍建筑面积		2,735,916 平方米	460,685 平方米
（三）固定资产总额		1,185,119.38 万元	134,980.33 万元
	其中，教学科研仪器设备资产值	544,341.1683 万元	114,692.5 万元
（四）图书馆藏书：		718.5849 万册	48.5722 万册
（五）电子图书：		630.0509 万册	16.3265 万册
（六）设立奖学金项数		113 项	33 项
	奖学金总额	5739 万元	451.13 万元

二、教职工情况（含5家附属医院，单位：人）

		其中，医学部
（一）教职工数（不包含博士后）	20,569[1]	11,470
专任教师数	7079	4507
其中，按职称划分：		
正高级	2173	962
副高级	2167	1212
其中，按学历划分：		
博士学历	5177	2908
其中：		
中国科学院院士	75[2]	6
中国工程院院士	17[3]	6
发展中国家科学院院士	23	1
北大哲学社会科学资深教授	13	0
北大博雅教授	79[4]	9
"千人计划"入选者	68	5
"青年千人计划"入选者	123	9
"万人计划"入选者	30	2
"青年拔尖人才计划"入选者	33	4
"长江学者奖励计划"特聘教授、讲座教授、青年学者	210[5]	19
"973"首席科学家	92	19
国家重点研发计划项目负责人	33	10
国家杰出青年基金获得者	225	37
国家基金委创新群体	38	7
国家基金委优秀青年基金	118	21
国家级教学名师	16	2

			其中，医学部
	博士生导师	2417	513
行政人员		1900	965
	其中：专职辅导员人数	226	115
教辅人员		7756	5521
工勤人员		2270	386
科研机构人员		986	71
校办企业职工		145	20
附属医院教职工		9870	9870
（二）其他人员			
离退休人员		10,062	5497

三、在校学生情况（单位：人）

			其中，医学部
（一）全日制学生[6]		40,749	8450
	其中：共产党员	12,743	2086
	少数民族	3350	716
	华侨港澳台	983	149
	本科学生	15,260	3620
	一年级	3991	840
	二年级	3691	830
	三年级	3633	792
	四年级	3497	738
	五年级及以上	448	420
	硕士研究生	15,088	2584
	一年级	5557	923
	二年级	5491	907
	三年级	3638	754
	四年级	402	0
	博士研究生	10,401	2246
	一年级	2452	705
	二年级	2396	678
	三年级	2440	677
	四年级	1480	91
	五年级及以上	1633	95
（二）成人教育学生		9085	1739
（三）网络本专科学生		39,826	18,705
（四）外国留学生		3608	377
	其中：本科生	1536	321
	硕士生	804	6
	博士生	331	1
	培训	937	49
（五）普通本专科毕业生一次就业率		95.93%	95.3%

四、博士后人数（单位：人）

		其中，医学部
在站人数	1319	109
累计进站人数	6659	750

五、学科情况（单位：个）

		其中，医学部
本科专业[7]	123	10
博士学位授权一级学科点	48	--
博士学位点（含一级学科覆盖）	251	--
硕士学位授权一级学科点	50	--
硕士学位点（含一级学科覆盖）	275	--
国家重点学科（一级）	18	--
国家重点学科（二级）	25	--
国家重点（培育）学科	3	--

省部级重点学科（一级）	5	--
省部级重点学科（二级）	12	--
博士后流动站[8]	47	8
全球前1%的学科（美国基本科学指标数据库（ESI）的统计）[9]	21	--

六、教学科研（单位：个）

		其中，医学部
院系[10]	68	14
国家实验室（筹）[11]	1	0
国家重点实验室[12]	9	1
国家工程实验室[13]	3	1
国家工程研究中心[14]	2	0
省部级设置的研究（院、所、中心）、实验室	115	44
定期出版的专业刊物[15]	27	13
医院[16]	10	10

1. 教职工总数包括专任教师、教辅人员、行政人员、工勤人员、科研机构人员、校办企业职工、其他附设机构人员，不包含离退休人员和博士后。
2. 其中人事关系在本校的中国科学院院士47人。
3. 其中人事关系在本校的中国工程院院士8人。
4. 其中博雅讲席教授68人，博雅荣休教授11人。
5. 其中特聘教授153人，讲座教授42人，青年学者15人。
6. 全日制学生包括普通本专科学生、硕士研究生、博士研究生，不包含成人教育、网络教育及外国留学生（单列）。
7. 本科专业名录：

    校本部（113个）：数学与应用数学、信息与计算科学、统计学、应用统计学、物理学、应用物理学、核物理、天文学、大气科学、核工程与核技术、化学、应用化学、化学生物学、材料化学、核化工与核燃料工程、生物科学、生物技术、微电子科学与工程、电子信息科学与技术、计算机科学与技术、智能科学与技术、通信工程、软件工程、集成电路设计与集成系统、理论与应用力学、工程力学、材料科学与工程、能源与动力工程、勘查技术与工程、航空航天工程、生物医学工程、地球物理学、空间科学与技术、地质学、地球化学、地理科学、自然地理与资源环境、人文地理与城乡规划、地理信息科学、生态学、城乡规划、环境科学、环境工程、心理学、应用心理学、汉语言文学、汉语言、古典文献学、应用语言学、历史学、世界史、外国语言与外国历史、哲学、逻辑学、宗教学、考古学、文物与博物馆学、文物保护技术、新闻学、广播电视学、广告学、编辑出版学、国际政治、外交学、科学社会主义、国际事务与国际关系、经济学、资源与环境经济学、财政学、保险学、国际经济与贸易、金融学、工商管理、市场营销、会计学、财务管理、人力资源管理、法学、知识产权、信息管理与信息系统、图书馆学、政治学与行政学、行政管理、城市管理、社会学、社会工作、英语、俄语、德语、法语、西班牙语、阿拉伯语、日语、波斯语、朝鲜语、菲律宾语、梵语巴利语、印度尼西亚语、印地语、缅甸语、蒙古语、泰语、乌尔都语、希伯来语、越南语、葡萄牙语、公共事业管理、艺术史论、广播电视编导、政治学经济学与哲学、古生物学、经济统计学、数据科学与大数据技术。

    医学部（10个）：临床医学、口腔医学、基础医学、药学、预防医学、护理学、生物医学英语、医学实验、医学检验、口腔医学技术。

8. 博士后流动站名录：

    校本部（39个）：数学、统计学、物理学、化学、天文学、地理学、地质学、大气科学、地球物理学、生物学、力学、电子科学与技术、信息与通信工程、计算机科学与技术、软件工程、生态学、环境科学与工程、核科学与技术、心理学、中国语言文学、中国史、世界史、考古学、哲学、理论经济学、应用经济学、工商管理、法学、社会学、外国语言文学、政治学、教育学、公共管理、图书情报与档案管理、马克思主义理论、测绘科学与技术、新闻传播学、艺术学、生物医学工程。

    医学部（8个）：口腔医学、公共卫生与预防医学、药学、基础医学、临床医学、生物学、中西医结合、护理学。

9. 进入ESI前1%的学科名录：化学、物理、临床医学、地球科学、材料科学、分子生物学与遗传学、生物学与生物化学、环境科学/生态学、工程科学、神经科学与行为学、药学与毒理学、动物和植物学、社会科学、数学、精神病学/心理学、免疫学、经济学/商学、计算机科学、微生物学、农学、多学科（21个）。

10. 院系名录：

    理学部（8个）：数学科学学院、物理学院、化学与分子工程学院、生命科学学院、城市与环境学院、地球与空间科学学院、心理与认知科学学院、建筑与景观设计学院。

    信息与工程学部（5个）：信息科学技术学院、工学院、计算机科学技术研究所、软件与微电子学院、环境科学与工程学院。

人文学部（8个）：中国语言文学系、历史学系、考古文博学院、哲学系（宗教学系）、外国语学院、艺术学院、对外汉语教育学院、歌剧研究院。

社会科学学部（10个）：国际关系学院、法学院、信息管理系、社会学系、政府管理学院、马克思主义学院、教育学院、新闻与传播学院、体育教研部、新媒体研究院。

经济与管理学部（4个）：经济学院、光华管理学院、人口研究所、国家发展研究院。

医学部（14个）：基础医学院、药学院、公共卫生学院、护理学院、医学人文研究院／公共教学部、医学网络教育学院、第一医院、人民医院、第三医院、口腔医院、第六医院、北京肿瘤医院、深圳医院、首钢医院。

跨学科类（11个）：元培学院、燕京学堂、先进技术研究院、前沿交叉学科研究院、中国社会科学调查中心、分子医学研究所、科维理天文研究所、核科学与技术研究院、北京国际数学研究中心、海洋研究院、现代农学院（筹）。

深圳研究生院（8个）：信息工程学院、化学生物学与生物技术学院、环境与能源学院、城市规划与设计学院、新材料学院、汇丰商学院、国际法学院、人文社会科学学院。

11 国家实验室（1个）：北京分子科学国家实验室（筹）。

12 国家重点实验室（9个）：人工微结构和介观物理国家重点实验室、湍流与复杂系统研究国家重点实验室、核物理与核技术国家重点实验室、蛋白质工程及植物基因工程国家重点实验室、生物膜与膜生物工程国家重点实验室（北大分室）、天然药物及仿生药物国家重点实验室、环境模拟与污染控制国家重点实验室（北大分室）、区域光纤通信网与新型光纤通信系统国家重点实验室（北大实验区）、微米／纳米加工技术国家级重点实验室（北大分室）。

13 国家工程实验室（3个）：数字视频编解码技术国家工程实验室、口腔数字化医疗技术和材料国家工程实验室、大数据分析与应用技术国家工程实验室。

14 国家工程研究中心（2个）：电子出版新技术国家工程研究中心、软件工程国家工程研究中心。

15 定期出版的专业刊物（27个）：

校本部（14种）：《北京大学学报（哲学社会科学版）》、《中外法学》、《经济科学》、《国外文学》、《国际政治》、《大学图书馆学报》、《人口与发展》、《北京大学教育评论》、*Peking University Law Journal*、《北京大学学报（自然科学版）》、《物理化学学报》、《大学化学》、《数学进展》、《经济学季刊》。

医学部（13种）：《北京大学学报（医学版）》、《中国生育健康杂志》、《医院管理论坛》、《中国药物依赖性杂志》、《中国疼痛医学杂志》、《中国新生儿科杂志》、《中国微创外科杂志》、《中国斜视与小儿眼科杂志》、《中国介入心脏病学杂志》、《中国妇产科临床杂志》、《中国糖尿病杂志》、《中国生物化学与分子生物学报》、《生理科学进展》。

16 医院：包括5家附属医院（第一医院、人民医院、第三医院、口腔医院、第六医院），1家与北京市双重管理医院（肿瘤医院），4家共建医院（首钢医院、深圳医院、滨海医院、国际医院）。

（傅翰文、孙启明）

机构与干部

学校领导机构

党委书记　　　　朱善璐（12月免）
　　　　　　　　郝　平（12月任）
党委常务副书记　于鸿君
党委副书记　　　敖英芳　叶静漪
党委常委　　　　朱善璐（12月免）郝　平（12月任）林建华　于鸿君　吴志攀　柯　杨　王　杰　敖英芳　叶静漪
　　　　　　　　李岩松　高松

校　长　　　　　林建华
常务副校长　　　吴志攀　柯　杨
副　校　长　　　王　杰（正局级）李岩松　高　松　王仰麟　田　刚（12月任）

纪委书记　　　　于鸿君（兼）
秘书长　　　　　杨开忠
总会计师　　　　闫　敏
校长助理　　　　李晓明（1月免）张宝岭　邓　娅　程　旭　黄桂田　马化祥　孙　丽　陈宝剑　王　博（1月任）
纪委副书记　　　孔凡红　周有光　龚文东
副秘书长　　　　李　鹰　张晓黎　白志强
教务长　　　　　高　松（兼）
副教务长　　　　关海庭（5月免）李晓明　生玉海　方新贵　张平文　王维民　龚旗煌　李沉简（挂）
总务长　　　　　王仰麟（兼）
副总务长　　　　张宝岭（兼）崔芳菊（6月免）张西峰

校务委员会

主　任　　郝　平（12月任）朱善璐（12月免）
副主任　　林毅夫　田　刚　海　闻　饶　毅　李　鸣　王　杰　敖英芳　杨开忠
秘书长　　杨开忠（兼）
委　员　　（按姓氏笔画为序）
　　　　　王　杉　王　博（哲学系）王　博（学生会，7月免）王缉思　甘子钊　厉以宁　叶　朗　朱卫国　乔　杰
　　　　　任庆鹏　刘玉村　刘俊义　阮　草　孙　丽　孙祁祥　李　强　杨芙清　吴　明　吴　凯　张东晓　张守文
　　　　　张颐武　陈跃红　季加孚　周晓林　袁行霈　高　毅　郭建宁　唐晓峰　涂　平　陶　澍　黄　如　鄂维南
　　　　　程朝翔　鲁安怀　谢心澄　蔡洪滨

学术委员会

校学术委员会
主　任　林建华
副主任　吴志攀
委　员　（按姓氏笔画为序）
　　　　王　博　方精云　田　刚　申　丹　朱苏力　朱良志　刘玉村　刘国恩　汤　超　杨　河　李立明　吴云东
　　　　张平文　张礼和　张远航　张宏权　张国有　柯　杨　饶　毅　俞可平　敖英芳　夏定国　高　文　高　松
　　　　曹文轩　龚旗煌　彭小瑜　彭练矛　谢　宇　詹启敏

理学部学术委员会
主　任　饶　毅
副主任　方精云　吴　凯　沈　波
委　员　（按姓氏笔画为序）
　　　　王世强　王学军　文　兰　朱作言　刘　瑜　刘小博　刘忠范　严纯华　周　专　周晓林　宗秋刚　胡永云
　　　　俞大鹏　耿　直　席振峰　龚旗煌　鄂维南　韩宝福　颜学庆

信息与工程科学部学术委员会
主　任　高　文
副主任　张远航　任秋实
委　员　（按姓氏笔画为序）
　　　　汤　帜　杨　槐　吴中海　张世秋　陈章渊　郝一龙　查红彬　段慧玲　夏定国　倪晋仁　彭练矛　程　旭

人文学部学术委员会
主　任　申　丹
副主任　阎步克　张旭东　李四龙
委　员　（按姓氏笔画为序）
　　　　丁宏为　王一丹　王中江　付志明　刘元满　孙　华　孙庆伟　李道新　荣新江　秦海鹰　袁毓林　曹文轩
　　　　彭　锋　彭小瑜　韩水法　褚　敏　漆永祥

社会科学部学术委员会
主　任　杨　河
副主任　关海庭　汪建成　文东茅
委　员　（按姓氏笔画为序）
　　　　王子舟　王丽萍　王继民　叶自成　朱苏力　孙代尧　杨开忠　吴　靖　沈　岿　张小明　陈向明　周飞舟
　　　　俞　虹　郭志刚　唐士其　董进霞　魏　波

经济与管理学部学术委员会
主　任　张国有
副主任　平新乔　刘国恩　张志学
委　员　（按姓氏笔画为序）
　　　　马　浩　王汉生　王跃生　刘　怡　刘晓蕾　余淼杰　陈　功　周黎安　郑　伟

医学部学术委员会

名誉主任委员　韩启德

顾问委员（按姓氏笔画为排序）

　　王志珍　王志新　王　夔　庄　辉　沈渔邨　陆道培　陈慰峰　秦伯益　郭应禄　强伯勤　童坦君
　　韩济生

主任委员　柯　杨

委　　员（按姓氏笔画为排序）

　　丁　洁　万远廉　马大龙　方伟岗　王　宪　王海燕　王培玉　卢　炜　刘忠军　张大庆　张礼和
　　张　岱　李若瑜　李萍萍　陈贵安　尚永丰　林三仁　林东昕　俞光岩　柯　杨　敖英芳　郭　岩
　　郭继鸿　顾　江　高学军　黄晓军　黎晓新　魏丽惠

学科建设委员会

主　任　林建华

副主任　高　松

委　员（按姓氏笔画为序）

　　王　杰　王　博　王仰麟　申　丹　闫　敏　杨　河　吴志攀　张平文　张国有　柯　杨　饶　毅　高　文
　　詹启敏

专业技术职务评审委员会

主　任　林建华

副主任　朱善璐　吴志攀　柯　杨

委　员（按姓氏笔画为序）

　　于鸿君　王仰麟　王　杰　王明舟　王　博　云　虹　方伟岗　叶静漪　朱　强　刘克新　刘　波　闫　敏
　　严纯华　李沉简　张平文　张新祥　林久祥　高　松　郭　海

学位评定委员会

第十届校学位评定委员会

主　席　林建华

副主席　刘　伟　柯　杨

委　员（按姓氏笔画为序）

　　吴志攀　王建祥　王　博　申　丹　刘俊义　严纯华　张平文　张立飞　陈平原　周志忍　郑晓瑛　胡永华
　　段丽萍　顾红雅　高　松　郭传瑸　陶　澍　龚旗煌　阎步克　彭练矛　鲁凤民　蔡洪滨

教职工代表大会执行委员会

第六届教职工代表大会执行委员会
主 任 委 员　高　松
副主任委员　孙　丽　姜保国　张宝岭　王　磊
委　　　员　（按姓氏笔画为序）
　　　　　　王　磊　王一川　朱卫国　刘　力　刘穗燕　孙　丽　苏都莫日根　李淑静　宋春伟　张大成　张汉平
　　　　　　张庆东　张宝岭　陈　红　郝卫东　姜保国　聂　华　高　松　韩毓海

学部负责人

理学部
主　任　　饶　毅
副主任　　方精云　吴　凯　沈　波

信息与工程科学部
主　任　　高　文
副主任　　张远航　任秋实

人文学部
主　任　　申　丹
副主任　　阎步克　张旭东　李四龙

社会科学学部
主　任　　杨　河
副主任　　关海庭　汪建成　文东茅

经济与管理学部
主　任　　张国有
副主任　　平新乔　刘国恩　张志学

医学部
主　　任　　詹启敏
党委书记　　刘玉村
副 主 任　　段丽萍　宝海荣　王维民　冒大卫　肖　渊
党委副书记　李文胜　戴谷音　徐善东
纪委书记　　范春梅

各院、系、所、中心负责人

数学科学学院	党委书记	张平文
	院长	田　刚（兼）
	常务副院长	陈大岳
物理学院	党委书记	陈晓林
	院长	谢心澄
化学与分子工程学院	党委书记	刘虎威（12月免）
		马玉国（12月任）
	院长	高毅勤
生命科学学院	党委书记	柴　真（3月免）
		刘德英（3月任）
	院长	吴　虹
城市与环境学院	党委书记	刘耕年
	院长	傅伯杰（11月免）
		贺灿飞（11月任）
	常务副院长	贺灿飞（11月免）
地球与空间科学学院	党委书记	傅绥燕
	院长	张立飞
心理与认知科学学院	党委书记	吴艳红（5月任，撤系成立学院；12月免）
		谢晓非（12月任）
	院长	方　方（5月任，撤系成立学院）
心理学系	党委书记	吴艳红（5月免，撤系成立学院）
	主任	方　方（5月免，撤系成立学院）
建筑与景观设计学院	院长	俞孔坚
信息科学技术学院	党委书记	魏中鹏
	院长	黄　如
工学院	党委书记	孙智利
	院长	张东晓
计算机科学技术研究所	直属党支部书记	叶志远
	所长	郭宗明
软件与微电子学院	党委书记	陈向群
	院长	张　兴
环境科学与工程学院	党委书记	胡建信（1月免）
	院长	朱　彤
中国语言文学系	党委书记	金永兵
	主任	陈跃红（9月免）
		陈晓明（9月任）
历史学系	党委书记	王元周
	主任	张　帆
考古文博学院	党委书记	王幼平
	院长	杭　侃
哲学系（宗教学系）	党委书记	仰海峰
	主任	王　博

	常务副主任	仰海峰（兼）（11月任）
外国语学院	党委书记	李岩松（兼）
	院长	宁　琦
艺术学院	党委书记	邹　惠
	院长	王一川
对外汉语教育学院	党委书记	王海峰（1月免）
		汲传波（1月任）
	院长	赵　杨
歌剧研究院	院长	金　曼
国际关系学院	党委书记	李寒梅
	院长	贾庆国
经济学院	党委书记	章　政（5月免）
		董志勇（5月任）
	院长	孙祁祥
光华管理学院	党委书记	冒大卫
	院长	蔡洪滨
法学院	党委书记	潘剑锋
	院长	张守文
信息管理系	党委书记	王继民（7月免）
		张久珍（7月任）
	主任	李广建
社会学系	党委书记	查　晶
社会学系/社会学人类学研究所	主任/所长	张　静
政府管理学院	党委书记	周志忍（7月免）
		李海燕（7月任）
	院长	俞可平
	常务副院长	傅　军（1月免）
		燕继荣（1月任）
马克思主义学院	党委书记	孙蚌珠
	院长	于鸿君（兼）
	执行院长	孙熙国
教育学院	党委书记	阎凤桥
	院长	陈晓宇
新闻与传播学院	党委书记	陈　刚
	院长	陆绍阳
人口研究所	所长	郑晓瑛
国家发展研究院	党委书记	胡大源
	院长	姚　洋
体育教研部	直属党支部书记	张　锐
	主任	李　宁
元培学院	党委书记	孙　华
	院长	鄂维南
	常务副院长	李沉简（12月任）
深圳研究生院	党委书记	谭文长
	院长	吴云东（3月任）
	代理院长	海　闻（3月免）

	常务副院长	白志强
分子医学研究所	所长	肖瑞平
科维理天文与天体物理研究所	所长	何子山
北京国际数学研究中心	主任	田　刚
软件工程国家工程研究中心	主任	张世琨
前沿交叉学科研究院	院长	韩启德
	执行院长	汤　超
	常务副院长	方　竞（3月免）
燕京学堂	院长	刘　伟（1月免）
		袁　明（1月任）
	执行副院长	姜国华（4月任）
海洋研究院	院长	张东晓（兼）
人文社会科学研究院	院长	刘　伟（8月免）
		邓小南（8月任）
	常务副院长	王　博（8月免）
		渠敬东（8月任）
基础医学院	党委书记	万　有
	院长	尹玉新
药学院	党委书记	徐　萍
	院长	刘俊义（1月免）
		周德敏（1月任）
公共卫生学院	党委书记	郝卫东
	院长	孟庆跃
护理学院	党委书记	陆　虹
	院长	尚少梅
公共教学部	党委书记	王　玥
	主任	张大庆
医学网络教育学院	院长	高澍苹（1月免）
		张海澄（3月任）
第一医院	党委书记	刘新民
	院长	刘玉村（8月免）
		刘新民（8月任）
人民医院	党委书记	陈　红（11月免）
		赵　越（11月任）
	院长	王　杉（1月免）
		姜保国（1月任）
第三医院	党委书记	金昌晓
	院长	乔　杰
口腔医院	党委书记	周永胜
	院长	郭传瑸
肿瘤医院	党委书记	朱　军
	院长	季加孚
精神卫生研究所	党委书记	王向群
	所长	陆　林

机关各部门、工会、团委负责人

党委办公室校长办公室	主任	郭　海
国内合作委员会办公室	主任	雷　虹
督查室（信访办公室）	主任	冯支越（11月免）
		余　浚（11月任）
发展规划部	部长	陈宝剑（兼）（7月免，机构整合撤销）
政策法规研究室	主任	陈宝剑（兼）（7月任，成立机构）
党委政策研究室	主任	陈宝剑（兼）（7月任）
	常务副主任	任羽中（7月任）
纪委办公室	主任	龚文东（兼）（11月任）
监察室	主任	周有光（兼）
党委组织部	部长	严纯华（11月免）
	副部长（主持工作）	柴　真（11月起）
党委宣传部	部长	蒋朗朗
党委统战部	部长	张晓黎
学生工作部、人民武装部	部长	张庆东
保卫部	部长	安国江（7月免）
		冯支越（7月任）
保密委员会办公室	主任	刘旭东
党委教师工作部	部长	刘　波（11月任，成立机构）
教务部	部长	董志勇（5月免）
		傅绥燕（5月任）
科学研究部	部长	周　辉
学科建设办公室	主任	张平文
社会科学部	部长	王　博（兼）
先进技术研究院	院长	程　旭（兼）
	常务副院长	白树林（兼）
研究生院	院长	高　松（兼）
	常务副院长	龚旗煌（兼）
继续教育部	部长	刘力平
人事部	部长	刘　波
师资人才办公室	主任	刘　波（兼）（1月任，成立机构）
	常务副主任	戴长亮（1月任）
离退休工作部	部长	马春英
财务部	部长	闫　敏（兼）（1月免）
		冒大卫（1月任）
国有资产管理委员会办公室	主任	张贵龙（12月免）
		冒大卫（兼）（12月任）
后勤财务核算中心	主任	闫　敏（兼）（1月免）
		冒大卫（1月任）
国际合作部	部长	夏红卫
总务部	部长	张西峰（兼）
房地产管理部	部长	殷雪松

实验室与设备管理部	部长	张新祥
基建工程部	部长	莫元彬（12月免）
		白利明（12月任）
审计室	主任	王　雷
校办产业管理委员会办公室	主任	黄桂田（兼）
产业技术研究院／科技开发部	院长／部长	陈东敏
	常务副院长／常务副部长	姚卫浩
信息化建设与管理办公室	主任	柳军飞
工会	主席	孙　丽（兼）
团委	书记	阮　草（3月免）
		陈永利（3月任）
校友工作办公室	主任	李宇宁
机关党委	书记	刘力平（3月免）
		霍晓丹（3月任）
后勤党委	书记	刘宝栓
直属单位党委	书记	束鸿俊（兼）
产业党工委	书记	孟庆焱（11月免）
		萧　群（11月任）
	副书记（主持工作）	胡新龙（11月免）

医学部

主任办公室党委办公室	主任	肖　渊
监察室	主任	范春梅
党委组织部	部长	戴谷音
党委宣传部	部长	王春虎
党委统战部	部长	王军为
研究生院医学部分院	常务副院长	段丽萍（11月免）
		徐　明（11月任）
研究生工作部	部长	段丽萍
教育处（学生工作部、武装部）	处长（部长）	王维民
学生工作部	常务副部长	李　红
人事处	处长	朱树梅
离退休工作处	处长	丁　磊（11月任）
科学研究处	处长	沈如群
国际合作处	处长	孙秋丹
医院管理处	处长	张　俊
继续教育处	处长	姜　辉
保卫处	处长	赵成知
设备与实验室管理处	处长	徐善东
审计室	主任	安　宇
计划财务处	副处长	冯丹妹（主持工作）
总务处	处长	陈斌斌
基建工程处	处长	余　也
后勤党委	书记	王运生
产业管理办公室	主任	吴问汉
产业党总支	书记	吕廷煜

工会	主席	顾　芸（兼）
工会	常务副主席	刘穗燕
团委	书记	焦　岩（1月免）
		沈　鹏（1月任）
机关党委	书记	郭艾花

直属、附属单位负责人

图书馆	党委书记	萧　群
	馆长	朱　强
档案馆、校史馆	馆长	马建钧
计算中心	主任	张　蓓
教师教学发展中心	主任	方新贵（兼）
教育基金会	秘书长	邓　娅（兼）
出版社	党委书记	金娟萍
	社长	王明舟
	总编辑	张黎明
校医院	党委书记	王秋生（1月免）
		朱建华（1月任）
	院长	张宏印（2月免）
		云　虹（2月任）
首都发展研究院	院长	李国平
燕园街道办事处	党工委书记	严敏杰
	主任	严敏杰
附属中学	党委书记	生玉海（兼）
	校长	王　铮
附属小学	党委书记	尹　超
	校长	尹　超
体育馆	馆长	李　宁（兼）
	常务副馆长	李　杰
昌平校区管理办公室	主任	白树林（12月免）
		张新祥（12月任）
	常务副主任	卢永祥
会议中心	主任	张胜群
餐饮中心	主任	王建华
动力中心	主任	李　钟
公寓服务中心	主任	姜晓刚
校园服务中心	主任	张丽娜
燕园社区服务中心	主任	严敏杰
特殊用房管理中心	主任	姜晓刚（兼）
继续教育学院	党总支书记	李　胜
	院长	关海庭（兼）（5月免）
		章　政（5月任）
	常务副院长	张　虹（5月免）

医学部

图书馆	馆长	张大庆
信息通讯中心	主任	种连荣
医药卫生分析中心	主任	吴　明
	常务副主任	孙　崎
出版社	社长	王凤廷
学报（医学版）编辑部	主任	曾桂芳
医学教育研究所	名誉所长	柯　杨（5月任）
	所长	王　宪（1月免）
		王维民（1月任）
中国药物依赖性研究所	所长	陆　林
实验动物科学部	主任	郑振辉
中国卫生发展研究中心	常务副主任	孟庆跃
医学信息学中心	常务副主任	胡永华
健康医疗大数据研究中心	主任	李金政（11月任）

各民主党派和归国华侨联合会负责人

中国国民党革命委员会北京大学支部委员会
主 任 委 员　关　平
副主任委员　丁　昱　李美仙

中国国民党革命委员会北大医院支部
主 任 委 员　涂　平
副主任委员　张诗杰

中国民主同盟北京大学委员会（4月换届）
主 任 委 员　李　玮（4月任）
副主任委员　宋春伟（4月继任）楼建波（4月任）苏　剑（4月任）李少华（4月任）刘岳峰（4月任）

中国民主同盟北京大学医学部委员会
主 任 委 员　季加孚
副主任委员　卫　燕　晋长伟　杨晓达

中国民主建国会北京大学委员会
主 任 委 员　陈效逑
副主任委员　李　虹　陈少峰　孙卫玲

中国民主促进会北京大学委员会（6月换届）
主 任 委 员　佟　新（6月任）
副主任委员　肖鸣政（6月继任）陈旭光（6月任）　龚六堂（6月任）

中国农工民主党北京大学委员会（1月换届）
主 任 委 员　顾　晋（1月继任）
副主任委员　熊　辉（1月任）吴晓英（1月任）李　东（1月继任）邓旭亮（1月任）沈如群（1月任）
　　　　　　刘富坤（1月继任）

中国农工民主党北京大学支部委员会
主 任 委 员　刘富坤
副主任委员　陈变珍　裴剑峰

中国致公党北京大学支部委员会
主 任 委 员　王若鹏
副主任委员　刘阳生　张向英
中国致公党北京大学医学部支部
主 任 委 员　陈仲强
中国致公党北大医院支部
主 任 委 员　胡　晓
副主任委员　周常青
中国致公党北大人民医院支部
主 任 委 员　关振鹏
九三学社北京大学委员会
主 任 委 员　沈兴海
副主任委员　种连荣（常务）　夏壁灿　郭召杰　徐爱国
九三学社北京大学第二委员会
主 任 委 员　吴　明
副主任委员　屠鹏飞　昌晓红　阙呈立　崔　涛　李子健
北京大学归国华侨联合会
主　　　席　周力平
副　主　席　龚旗煌　曲振卿　吴　跃
北京大学医学部归国华侨联合会（12月换届）
主　　　席　周德敏（12月任）
副　主　席　黄河清（12月继任）　王培玉（12月继任）　林剑浩（12月任）　鲁凤民（12月任）

（组织部、学科办、人事部、工会、统战部、研究生院、医学部）

学部、院系及实体研究机构

理学部

【发展概况】 2016年4月12日,北京大学颁布《关于北京大学理学部班子任职的通知》(校发〔2016〕57号),聘任饶毅为理学部主任,方精云、吴凯、沈波为理学部副主任,聘期3年,原班子成员自然免职。

理学部目前包括数学科学学院、物理学院、化学与分子工程学院、生命科学学院、城市与环境学院、地球与空间科学学院、心理与认知科学学院、建筑与景观设计学院等8个学院,涵盖数学、物理学、化学、生物学、天文学、大气科学、地球物理学、地理学、地质学、生态学、核科学与技术、心理学、统计学、测绘科学与技术等14个一级学科。

【组织机构】 理学部设部务会、学术委员会、教学指导委员会,并成立理学部办公室,形成日常工作运行的组织机构支撑体系。

部务会由学部领导班子成员和所属学院院长组成,名单如下:饶毅、方精云、吴凯、沈波、田刚、谢心澄、高毅勤、吴虹、贺灿飞、张立飞、方方、俞孔坚。

2016年6月30日,北京大学颁布《关于调整北京大学各学部学术委员会的通知》(校发〔2016〕139号)。饶毅为理学部学术委员会主任,方精云、吴凯、沈波为副主任,王世强、王学军、文兰、朱作言、刘瑜、刘小博、刘忠范、严纯华、周专、周晓林、宗秋刚、胡永云、俞大鹏、耿直、席振峰、龚旗煌、鄂维南、韩宝福、颜学庆为学术委员会委员(以姓氏笔画为序)。

成立教学指导委员会,吴凯任主任,王宇钢、史宇光、朱守华、李双成、李本纲、李沉简、李迪华、李培军、吴艳红、张进江、陈兴、柳彬、蒋争凡、裴坚为委员(以姓氏笔画为序)。

2016年7月12日,北京大学颁布《关于成立北京大学理学部办公室的通知》(校发〔2016〕153号),任命向妮为理学部办公室主任(试用期1年)。

【学科规划】 在充分征求各院系意见的基础上,理学部完成2016—2020学科规划。理学部学科规划的基本思路可以概括为:夯实基础,引领前沿;重点发展,引进人才;调整学科,理顺机制;放眼世界,培育精英。在对各学科现状进行分析后,理学部进一步凝练学科规划的重点工作,即推动交叉型人才联合招聘;增加对非共识前沿研究项目的投入,营造鼓励特色创新的学术环境;整合资源与环境相关学科,促进学科结构调整与优化;加强教学工作,培养具有国际视野和竞争力的精英人才。

【教育教学改革】 2016年12月20日,理学部教学指导委员会召开第一次全体大会,审议通过《北京大学理学部教学指导委员会工作章程》,并就教学指导委员会的职责进行重点讨论。

理学部与燕京学堂合作,联合开设科学与社会课程,邀请9位理科院系名师,为燕京学堂学生讲授数学、物理、生命、环境、心理等相关领域的前沿科学问题,并就相关的国内、国际社会热点展开讨论。该课程已于2016—2017春季学期开课。

【职称评审】 2016年9月29日,理学部学术委员会组织召开会议,审议2016年老体制教学科研人员专业技术职务聘任工作。理学部所属各单位共推荐教授候选人10人,副教授候选人6人,经审议全部通过。

【学术交流】 2016年,理学部策划组织高端学术讲座2场。2016年11月11—14日,理学部与化学学院合作,邀请2013年诺贝尔化学奖得主Arieh Warshel做学术报告,并访问国家自然科学基金委化学部,与北京大学化学学院师生进行座谈交流。

2017年1月14日,理学部与"未来论坛"合作举办"生命的礼赞"学术报告会,邀请2016年度未来科学大奖——生命科学奖获奖人、香港中文大学卢煜明教授,以及清华大学施一公教授、北京大学邓兴旺教授和谢晓亮教授做学术报告,来自校内外近300名师生参加报告会,4000余名观众通过腾讯视频网络直播观看讲座。

【深圳校区建设】 深圳健康科学研究院是北京大学深圳校区的建设内容之一。在学校统筹规划下,理学部主任饶毅作为专项工作小组负责人,理学部办公室提供部分行政支撑,配合政策研究室等学校相关职能部门,共同推进深圳健康科学研究院的建设进程。

2016年11月9—10日,深圳市科技创新委员会党组书记邱宣等一行4人到北京大学考察。理学部协助学校相关职能部门,组织考察团与化学学院、生命科学学院、心理与认知科学学院、分子医学研究所、医学部基础医学院等相关院系的教师代表进行座谈交流,并到磁共振成像平台、生物动态光学成像中心、化学分析平台等实验室和大型设备平台参观。

【跨学科人才引进】 2016年8—9月,针对跨学科、跨学部、跨院系的联合人才招聘项目,理学部接待约翰斯·霍普金斯大学的王小勤教授2次,安排他在医学部、生命科学学院、实验动物中心等校内各相关院系、部门进行会谈和参观,为下一步引进工作做好铺垫。

【管理运行】 2016年,理学部共计召开部务会2次、主任办公会4次、学术委员会1次、教学指导委员会1次。本着精简会议的原则,理学部办公室通过邮件、微信工作群等方式,建立起各委员会的日常工作沟通机制。理学部网站(fs.pku.edu.cn)也在学科建设办公室的组织和计算中心的实施下,完成内容架构和页面的设计。

理学部办公室作为学科建设办公室的挂靠机构,协助学科建设办公室重点开展与理学部紧密相关的业务,例如:负责联络现代农学院(筹),协助其推进"去筹"、落实二期规划建设等工作；参与校级公共平台（如冷冻电镜平台、灵长类动物房维修、实验动物中心四期建设）的建设；负责生命科学委员会的日常运行与会务组织，并及时向学科建设委员会汇报工作；参与和协助相关院系的国际评估工作；参与学科建设办公室组织的部分专题研究（如校属学术实体机构的情况梳理）。

（理学部办公室）

数学科学学院

【发展概况】 北京大学数学科学学院现有包括数学系、概率统计系、科学与工程计算系、信息科学系、金融数学系在内的5个下设机构。

学科建设。数学科学学院现有2个一级学科：数学、统计学。3个本科专业：数学与应用数学、统计学、信息与计算科学。4个博士专业：基础数学、应用数学、计算数学、概率统计，4个博士专业都设有博士后流动站并全部被评为重点学科。

队伍建设。目前数学科学学院共有教学科研人员118人，其中事业编制教授38人、副教授27人、讲师20人，新体制教授24人、长聘副教授2人、助理教授7人。2016年数学科学学院入职15人，包括事业编制2人、博士后9人、劳动合同制4人。续聘10人，包括新体制1人、事业编制8人、劳动合同制1人。退休2人。减离8人，包括博士后6人、事业编制2人。

2016年，张平文当选发展中国家科学院院士；田刚论文在顶尖数学期刊 Acta Mathematica 发表；应隆安获苏步青应用数学奖；范辉军获国家自然科学二等奖；范辉军入选新一批国家创新人才推进计划；李若入选长江学者特聘教授；关启安入选长江学者青年学者并入选2016年"求是杰出青年学者奖"；胡俊获2016年国家自然科学基金委国家杰出青年科学基金项目资助；史宇光、李若入选第二批国家"万人计划"科技创新领军人才。

【教学工作】 学生人数。2016年，数学科学学院共有学生1267人，其中本科生714人，硕士研究生246人，博士研究生307人。2016年招收本科新生171人，其中普通入学23人，自主招生95人，保送35人，国防定向生15人，留学生3人。国际奥赛金牌获得者4人，银牌获得者1人，省状元2人。2016年，普通本科毕业生总计183人，双学位108人，辅修29人。毕业166人。2016年共招收研究生177人（硕士109人、博士68人），毕业141人（硕士94人、博士47人）。

课程设置。数学科学学院2015—2016学年共开设本科生课程167门，研究生课程89门、研究生讨论班107门。

教学获奖。在教育战线工作满30年：伍胜健、刘张炬、莫小欢。正大奖教金教师奖：徐茂智。杨芙清-王阳元院士奖教金教师优秀奖：王保祥。宝钢奖教金教师优秀奖：刘建明。宝洁奖教金教师奖：蒋达权。嘉里集团郭氏基金树人奖教金：李铁军。方正奖教金教师优秀奖：程雪。黄廷芳/信和青年杰出学者奖：孙猛。

【科研工作】 人才队伍。数学科学学院现有院士7人、长江特聘教授8人、长江讲座教授1人，长江青年学者1人，海外高层次人才引进计划3人，海外高层次人才引进计划（青年项目）3人。国家杰出青年科学基金项目22人，"新世纪百千万人才工程"国家级人选2人，"新世纪优秀人才支持计划"9人。

项目数量。2016年，在研项目总数为125项。同年新获批的横向项目11项，纵向项目有16项，包括国家杰出青年科学基金项目"非标准有限元方法"（负责人：胡俊）、重点项目"融合系与群表示"（负责人：张继平）。

科研成果。2016年，数学科学学院共有SCI收录的第一作者和通信作者的148篇论文，SCI收录的非第一作者和通信作者的78篇论文，37篇非SCI论文。出版专著 Automated Inequality Proving and Discovering（夏壁灿、杨路，World Scientific）、《数学天书的证明（译）》（冯荣权、宋春伟、宗传明、李璐，高等教育出版社）、Invariant Theory and Appell Hypergeometric Functions（Lei Yang, Hessian Polyhedra, World Scientific）。申请专利《图像质量的客观评价方法》（蒋婷婷、黄晨、姜明，发明专利：201610345192.9）、《基于多FPGA的医学图像分块重建系统及其方法》（罗国杰、张文泰、姜明，发明专利：201610811444.2）、《一种生物神经环路活体成像系统》（毛珩、陶乐天、姜明，发明专利：CN104083146B）、《一种大视场高分辨率多亿像素遥感相机》（贾惠柱、毛珩、文湘鄂、陈瑞、解晓东、高文，发明专利：201610773148.8）、《一种线虫实时自动追踪成像系统》（毛珩、陶乐天、乔晗、李宣成、姜明，发明专利：CN103941752B）。

经费情况。2016年，数学科学学院科研拨款总计4267.65万元，其中973项目经费389.98万元，自然科学基金经费1835.18万元，教育改革拨款经费308万元，学科建设经费211万元，万人计划经费240万元，横向经费573万元，博士后科研经费7.94万元，其他科研拨款150万元，人才启动经费94万元，重点研发专项经费56.1万元，自主科研经费35.8万元，转入863经费15万元，其他基金115.48万元，其他经费236.17万元。

学术活动。2016年1—12月，数学科学学院接待学校主请的国外访问学者12人次，共66周，使用校拨经费270,229.19元。同时学院接待109位顺访国外教授及学者，实验室接待9位国内访问学者，这些经费来源于科研基金以及数学研究所与重点实验室给予的支持。学院还参与接待4次校级国际交流参访活动。

【党建工作】 组织建设。数学科学学院党委设书记1人、副书记2人，党委委员12人，按照职责分设组织委员、宣传委员、纪检委员、统战委员、青年委员和保卫委员。学院共有教师党员102人，其中在职教师56人，离退休教师39人，博士后6人，劳动合同制1人。设教工党支部6个，按照教学方向划分，分别为几何代数微分方程党支部、计算数学信息科学党支部、函数论数学物理党支部、概率统计金融数学党支部、行政实验室党支部、数学中心党支部。学院有学生党员251人，其中本科生51人，硕士生81人，博士生119人。设学生党支部14个，各支部设支部书记1名、组织委员1名、宣传委员1名。

党建活动。数学学院党委"两学一做"学习教育在学院党委领导下进行，学院党委负首要责任，党支部承担主要责任，学院和数学中心整体统筹推进。把学习教育同做好中心工作结合起来，同落实数学学科的各项任务结合起来，做到两手抓、两促进。结合数学学科实际，学院党委制定《数学科学学院"两学一做"学习教育工作方案和学习安排方案》，增强学习教育针对性。

学院党委按照学校安排，于2016年4月和5月两次组织师生党支部书记参加学校"两学一做"专题培训，在党委会、师生党支部书记会议上传达学校精神，下发学院工作方案。加强组织领导，安排每名党委委员对接1—2个党支部，要求党委委员指导党支部开展"两学一做"学习教育，亲自参加支部活动，例如党员评议党支部考核、支部的学习教育活动等。

2016年，数学科学学院共发展党员32人（12本科，15硕士，5博士），共有32名预备党员转为正式党员（9本科，8硕士，13博士，1教工，1博士后）。学院组织学生积极参加北京大学第24、25期党性教育读书班和第29期党的知识培训班，第24期党性教育读书班共有1人顺利结业，第25期党性教育读书班共有19人顺利结业，第28期党的知识培训班共有36人顺利结业，34位同学报名参加第29期党的知识培训班。2016年11月，学院党委推荐13名学生党支书参加北京大学第15期学生党支部书记培训班。2016年4月21日、10月15日，学院党委组织学生党支部书记实务培训，分别有14名、13名党支书参加学习。

2016年10月，学院20个到届党支部顺利完成换届工作。一年来，各个党支部围绕深入学习宣传贯彻党的十八大精神、"两学一做"学习教育开展形式多样的主题活动，例如"砥砺强国梦，助力十三五"和"弘扬长征精神，奋力铸就卓越"党团日活动，"立足岗位，恪尽职守，做新时期合格党员"大讨论活动。学院党委"核心价值薪火留，舌灿莲花著春秋"活动和本科生党支部"凝聚老少正能量，奏响时代主旋律"活动分别被列为北京大学关心下一代工作委员会2015—2016学年创新重点项目和一般项目，3个教工支部和4个学生支部申报北京大学2016—2017学年度基层党建创新立项活动。

学院严格执行国家、教育部和北京大学关于党风廉政建设的相关规定，制定完善《北京大学数学科学学院党风廉政建设责任制实施细则》，围绕创建世界一流学科的目标，坚持"两手抓，两手都要硬"，坚持从严治党、依法治院，坚持标本兼治、综合治理、惩防并举、注重预防，保证党风廉政建设的贯彻落实。学院成立党风廉政建设责任制领导小组，学院党委书记和院长任组长，党委副书记、副院长任成员。明确责任范围、内容、考核和追究机制。

学院现有民主党派教师22人，其中民革1人，民盟16人，致公党1人，九三学社4人。

【学生工作】 学生活动情况。2016年2月，组织参加美国大学生数学建模竞赛。3月，召开学生代表大会、研究生会换届、院团委学生骨干换届，挑战杯竞赛院内初评。5月，组织北京大学"江泽涵杯"数学建模竞赛。6月，数学科学学院团校第八期培训班结业。7月，学生暑期社会实践（4支团队）。8月，2015级本科生军训。9月，数学科学学院团校第九期培训班开学，2016级新生入学教育，组织参加全国大学生数学建模竞赛和全国研究生数学建模竞赛。10月，组织参加全国大学生数学竞赛，举办第十九届数学文化节。12月，组织参加"一二·九"合唱比赛。2016年，青年志愿者协会开展25次大型志愿服务活动，院刊《心桥》出刊3期，院报《数学风采》改用微信平台推送形式，每周推送2篇。组织学生参加北大杯、新生杯等体育比赛，获2项冠军、3项亚军、3项季军。

毕业生去向。2016年，本科生182人毕业、12人就业、76人出国留学、75人国内深造；研究生133人毕业，101人就业、17人出国留学、10人国内深造。

（数学科学学院）

物理学院

【发展概况】 物理学院有11个实体单位：普通物理教学中心、基础物理实验教学中心、理论物理研究所、凝聚态物理与材料物理研究所、现代光学研究所、重离子物理研究所、技术物理系、天文学系、大气与海洋科学系、电子显微镜专业实验室、等离子体物理与聚变研究所；1个协同创新中心；3个挂靠研究机构：李政道高能物理中心、国际量子材料研究中心、科维理天文学与天体物理研究所。

物理学院有4个一级学科：物理学、大气科学、天文学、核科学与技术；12个二级学科（均为国家重点学科）：理论物理、粒子物理与原子核物理、凝聚态物理、光学、原子分子物理、天体物理、大气物理学及大气环境、气象学、物理海洋学、气候学、核技术及其应用、等离子体物理；2

个国家重点实验室：人工微结构和介观物理国家重点实验室、核物理与核技术国家重点实验室；1个教育部重点实验室：北京现代物理中心教育部重点实验室；1个北京市重点实验室：医学物理和工程北京市重点实验室；3个理科基地：物理学、核物理学和大气科学国家基础研究和教学人才培养基地。

物理学院教职员工共300人，包括19位中国科学院院士（含7位与科学院双聘院士）、48位海外高层次人才引进计划学者（其中海外高层次人才引进计划青年项目37位）、13位长江学者、8位长江讲座教授、28位国家杰出青年基金获得者、13位973及重大研究计划首席科学家、4位国家重大研发专项首席科学家、2位国家级教学名师、6位北京市教学名师；有3个基金委创新研究群体、2个教育部创新研究团队。

【科研工作】 人才队伍建设。2016年引进教职工6人。其中海外高层次人才引进计划（青年项目）3人，工程师2人，助研1人。林金泰、傅宗玫通过届满评估，获聘无固定期限副教授。晋升教授2人，副教授1人，教授级高工1人，高级工程师2人。14名教职工获得2016年度奖教金。招收博士后29位，28位博士后出站。现在站博士后63人。

【科研成果】 2016年物理学院发表SCI论文约430篇。申请国家发明专利29项，授权18项。王恩哥和江颖团队首次揭示水的核量子效应，其成果入选2016年中国十大科技进展新闻。孟杰科研团队"发现原子核手征对称性和空间反射对称性的联立自发破缺"入选2016年度"中国高等学校十大科技进展"。龚旗煌获2016年度"何梁何利基金科学与技术进步奖"电子信息技术奖。张树霖被授予"拉曼终身成就奖"（Raman Lifetime Award）。王恩哥、俞大鹏、王新强、赵春生获国家重点研发计划项目首席。吴成印获杰出青年基金。何琼毅、赵清获批优秀青年科学基金资助。王健入选2016年长江学者计划，何琼毅、廖志敏、江颖入选青年长江，刘富坤获政府特殊津贴，刘运全获北京市青年拔尖团队项目。颜学庆等获2016年度高等学校科学研究优秀成果奖（科学技术）自然科学奖二等奖。赵凯华教授获得国际物理教育奖章（ICPE-Medal），为亚洲学者个人首次获得此项奖励。2016年物理学院在 PRL、Science、PNAS、Nature Communications、Nature Materials、Nature Physics、Nature Geoscience、Nature Nanotechnology、Nature Climate Change、Nano Lett、Advanced Materials、ACS Nano 等重要刊物上发表论文23篇。

【科研项目】 2016年在研项目427项：主持科技部973和国家重大科学研究计划项目12项、主持和参与973课题及重大科学研究计划课题及其他专项90项、863项目4项；主持国家重点研发计划项目4项，主持国家研发计划课题9项；主持基金委杰出青年基金、优秀青年基金、重大仪器专项、重大重点基金、面上及青年基金221项；海外高层次人才引进计划（青年项目）启动项目、博士点基金及其他专项27项，北京市科技项目8项，其他公益专项、协作委托及海外合作52项。2016年获批国家自然科学基金48项，其中江颖、沈波、朱守华、刘征宇、乔宾获批重点基金，肖云峰获批应急管理重点项目，冒亚军获批国际（地区）合作与交流重点项目。2016年到校科研经费约3.60亿元。

【交流合作】 2016年度执行海外交流项目：海外名师1项、高端外专2项、海外名家2项、海外学者计划49项，获批拨款60余万元人民币，支出款项约45万元人民币。聘请长期外籍专家（含外籍博士后）5人次，短期外籍专家约100人次。办理聘请外国人来华申报约20人次。举办2016年高等物理教育国际会议（PHE16），来自中美近百名物理教育专家参加。

全院研究生各种层面出国交流约300人次，其中研究生院出资的国际学术交流基金资助近80位博士生参加本专业的重点国际会议、资助6位博士生出国进行3个月的短期学术交流；其中留学基金委出资的"国家建设高水平大学公派研究生项目"选派22名在读博士研究生到国外大学或研究所联合培养。

5月筹办"北京大学百年物理讲坛"第十五讲，邀请到法国南巴黎大学固体物理实验室荣誉教授、2007年诺贝尔物理学奖获得者 Albert Fert 教授来校作报告并与师生交流。11月筹办"北京大学百年物理讲坛"第十六讲，邀请到美国科学院院士、哈佛大学 David A. Weitz 教授来校作报告并与师生交流。

组织重要外事接访活动共14次，其中包括美国物理联合会、巴黎高科、英国物理学会首席执行官代表团、巴黎萨克莱大学校长等来访。

2016年由校友捐赠设立的院级奖教金、奖学金和助学金一共奖励、资助教师和学生160人，金额30余万元。

接待52级毕业60周年，56级入学60周年，技物系82级、物理系82级毕业30年、86级入学30周年等校友返校活动。举办20余次校友沙龙，校友企业宣讲会、校友企业参访等活动，以及校友新年、校庆报告交流会等。

入选第十三期中组部海外高层次人才引进计划（青年项目）的物理学院校友共16人。

【学生工作】 1.本科招生与培养。2016年学院招收本科生191名；3位国际物理奥赛金牌得主和6位亚洲物理奥赛金牌得主进入北大。举办北京大学2016年物理科学营和物理金秋营。承担2016年物理奥林匹克竞赛国家集训队的集训、选拔工作。2016届本科毕/结业218人，其中授予理学学士学位200人，为75位同学授"未名物理学子"荣誉学位。完成《本科生教学手册（2016版）》的修订工作；配合学校教务部完成《普通高等学校本科教学审核评估教学状态数据分析报告》和《北京大学本科教学工作审核评估自评报告》。5项教材入选2016年北京大学优秀教材。举办"天体与宇宙物理"优秀大学生暑期学校，来自全国18所高校的72名同学参加。

2016年立项参加学校各项基金资助的本科生科研项目的14级同学共111人，101个项目；2015年开始的13级本科生科研项目于10月结题，参加61个科研项目的67名学生获得研究型学习的学分。在国际国内重要学术刊物发表论文58篇。全年有近100人次出国交流。

闻新宇获第十五届全国多媒体课件大赛高教理科一等奖。穆良柱获2016年北京大学十佳教师荣誉称号。穆良柱、曹庆宏和曲波获得北京大学教学优秀奖。宋雪洋同学获得北京大学2016年度人物荣誉称号。

2. 研究生招生和培养。2016年共招收研究生239人，其中博士研究生196人、硕士研究生43人。123人被授予博士学位，42人被授予硕士学位。9人获北京大学优秀博士学位论文奖。7月举办"2016年北京大学物理学院优秀大学生暑期夏令营"。来自全国80多所重点高校的600多名同学报名、410名同学参加。

第十四届"钟盛标教育基金"研究生学术论坛共评出特等奖1名、一等奖5名、二等奖10名、三等奖30名、最佳报告奖3名、最佳POSTER奖3名、优秀奖72名。举办2期"萃英"研究生学术沙龙。ROOT数据处理暑期学校和钟盛标研究生学术论坛、萃英学术沙龙项目获批"北京大学2016年研究生创新计划"并成功举办。

3. 奖助学工作。全院429人获学校奖励，其中创新奖20人、三好学生标兵28人、三好学生168人、优秀学生干部7人，单项奖226人。本科14级1班，15级4班、3班、5班、6班均获得北京大学优秀、先进班级称号。本科生获校级奖学金485,000元，研究生为348,500元。本科生获奖人数为112人，研究生获奖人数为88人。本科生12人获国家奖学金奖，研究生30人获该奖，该项奖金额达996,000元。学院获助学金的本科生共83人，金额计计907,000元。

4. 毕业生去向。2016年本科毕业生保研80人，就业9人，出国深造95人。硕士毕业生出国深造14人，就业27人，博士毕业生出国做博士后6人，国内博士后11人。

【行政及其他工作】 2016年1月1日—12月31日，物理学院共购置仪器2267台（其中量子中心337台），其中大型仪器（大于40万）共15台（其中量子中心5台），大于100万的仪器11台（其中量子中心4台）。

2016年基本上完成物理南北中楼的电力扩容改造工程，供电功率由原来的800kVA提高到3000kVA。

全年订购中、外文期刊150种，中、外文图书300册，接受捐赠100余册。

完成新书、赠书、学位论文（400余册）的整理及条目上网工作。

2016年基本上完成物理北楼一至五层，中、南楼一至三层的电力扩容改造工程，原低温变电所新增9台低压柜，物理北楼各层均增加一台低压配电柜。此外，拆除物理中楼一层配电室原有的8台低压柜，新安装5台低压柜。改造区域的供电功率由原来的800kVA提高到2800kVA。

完成思源多功能厅和夏廷康视频会议室装修和设备调试。

开展实验室安全教育和培训，进行多次安全检查，并对安全隐患进行整改。

2016年度物理学院被评为安全管理标准化建设先进单位。

截至2016年12月31日，共有离退休教职工398人。2015年新增离退休人员2人，去世9人。

【党建工作】 2016年共发展预备党员14人，17人按期转为正式党员。转入组织关系87人，转出组织关系103人。

（物理学院）

化学与分子工程学院

【发展概况】 化学与分子工程学院设有化学系、材料化学系、高分子科学与工程系、应用化学系、化学生物学系，以及无机化学研究所、分析化学研究所、有机化学研究所、物理化学研究所和理论与计算化学研究所，北京大学合成与功能生物分子中心、北京大学软物质科学与工程中心、北京大学分析测试中心和化学基础教学实验中心，并有2个国家重点实验室和2个教育部重点实验室，1个国防重点学科实验室。分别受中国化学会和高等学校化学教育研究中心委托，负责编辑出版《物理化学学报》和《大学化学》2种刊物。

截至2016年底，化学学院共有教职工203人，其中中科院院士10人、教授64人、副教授58人，有10人入选中组部"海外高层次人才引进计划（青年项目）"，23人被教育部聘为"长江特聘教授"。雷晓光获得"国家杰出青年科学基金"，马玉荣、刘小云获得"优秀青年科学基金"。

有2门课程（分析化学、无机化学）被评为国家级精品课，1门课程（有机化学）被评为北京市精品课。现有无机、有机、分析、物化和综合五大基础课实验室，总面积为4000平方米。2006年，化学基础实验教学中心被评为第一批国家级实验教学示范中心。全院拥有总价值3.25亿元的各种仪器设备。学院自1986年起建立博士后流动站，共进站博士后679人（截至2016年底）。

学院注重基础理论与应用基础研究，开展多项应用与开发研究，2016年化学学院从国家和省部委获得纵向科研经费1.69亿元。主持和参加33项国家科技部重点基础研究发展规划项目（973项目）和重大科学研究计划，主持和参加1

项国家863高科技项目和攻关项目，以及194项国家自然科学基金项目和省部级项目。1994—2016年有40人获得国家自然科学杰出青年基金资助，获得5个国家自然科学基金委创新群体资助（稀土功能材料化学，有机合成化学与方法学，表面纳米工程学和分子固体的磁性及相关物理、化学性质研究和细胞命运调控的化学生物学研究）；16人获得教育部跨/新世纪人才基金。1978—2016年共获科研成果奖210余项（不含北京大学校级奖），其中国家自然科学奖和国家科技进步奖共28项。1994—2016年在国内外核心学术刊物上发表论文9880余篇，其中被SCI收录8155篇（从1999年起使用SCI扩展版）。

2016年度化学学院共录取统招本科生151人（含国防生2人），留学生2人，港澳台学生1人。实际入学统招本科生150人（含国防生2人），留学生1人，港澳台学生1人。离校本科生146人，其中129人获毕业证书和学士学位证书，1人获得毕业证书，2人结业，8人暂结业，2人获大专毕业证书。2016年度化学学院共录取研究生141人，其中硕士研究生11人，博士研究生130人，含留学生1人，港澳台学生4人。毕业研究生共106人，其中12人获得硕士学位，92人获得博士学位。

【教学工作】 2016年，北京大学本科教育综合改革开始实施，在建立和完善"通识教育与专业教育相结合"的本科教育体系的目标下，化学学院按要求修订2016级本科生教学计划。

1. 2016年出版教材：邢其毅、裴伟伟、徐瑞秋、裴坚，《基础有机化学》（第4版）（上册），北京大学出版社，2016。

2. 2016年获北京高等教育精品教材、北京大学优秀教材：

严宣申、王长富，《普通无机化学》（第2版），北京大学出版社，1999；

林建华、荆西平等，《无机材料化学》，北京大学出版社，2006；

周公度、段连运，《结构化学基础》（第4版）、《结构化学基础（第4版）习题解析》，北京大学出版社，2008。

李娜、John J. Hefferren、李克安，*Quantitative Chemical Analysis*，北京大学出版社，2009；

北京大学化学与分子工程学院分析化学教学组，《基础分析化学实验（第3版）》，北京大学出版社，2010；

北京大学化学与分子工程学院普通化学实验教学组，《普通化学实验（第3版）》，北京大学出版社，2012；

裴坚，《中级有机化学》，北京大学出版社，2012；

华彤文、王颖霞、卞江、陈景祖，《普通化学原理（第4版）》，北京大学出版社，2013；

彭崇慧、冯建章、张锡瑜、李克安、赵凤林，《分析化学——定量化学分析简明教程（第3版）》，北京大学出版社，2014。

3. 2016年教学获奖：（1）化学基础国家级实验教学示范中心获2016年度北京大学实验室工作先进集体。扶晖、陈明星、牛佳莉、耿金灵等4人获2016年度北京大学实验室工作先进个人。

（2）杨娟、王初获北京大学第十五届青年教师教学基本功比赛理工类二等奖，马玉荣获北京大学第十五届青年教师教学基本功比赛理工类三等奖。

（3）张亚文、王剑波、赵美萍、裴坚、席振峰、张锦、刘忠范、贾欣茹、陈兴、赵达慧等10位老师被评为北京大学优秀博士学位论文指导教师。

（4）刘忠范获北京大学2016年方正教师奖。张文雄获2016年杨芙清-王阳元院士教师奖。童廉明获北京大学2016年正大教师奖。张奇涵获2016年北京大学宝钢教师奖。刘小云获2016年北京大学宝洁教师奖。李琦、林坚、张洁、郑捷等4位老师获北京大学2016年绿叶生物医药杰出青年奖。

（5）高毅勤、杨娟获2015—2016年度北京大学教学优秀奖。

【学生工作】 2016届毕业生工作。2016年化学学院2016届毕业生中，共有本科生144人，研究生98人，在完成离校、归档、派遣等手续性工作之外，学院还开展毕业生座谈、毕业晚会、毕业典礼等内容丰富的毕业活动。

毕业生就业去向。化学学院2016届本科毕业生144人，其中，直接就业19人，占13%；出国60人，占42%；国内深造65人，占45%。2016届研究生毕业生98人，其中直接就业68人，占69%；出国18人，占19%；国内深造12人，占12%。

学生资助工作。2016年化学学院组织家庭经济困难生的春季和秋季两次助学金评审工作，学院共计发放本科生校设助学金62人共777,400元，院设助学金11人共44,000元；发放研究生校设助学金2人共10,000元，院设助学金12人共60,000元。另发放国防生专项助学金4人共8000元，研究生院专项奖助学金10人共50,000元，院设特困补助2人共2000元，保障困难生的学习和生活。此外，学院积极宣传落实资助代偿工作，完成贷后管理工作，贷款还款率达到100%。学院荣获北京大学学生资助工作先进单位。

学生军训工作。2016年，化学学院一共142名本科生参加北京大学学生军训，化学学院所在连队累计共获得优秀军训连队、优秀军训党支部等10项集体荣誉，2人获评北京大学军训优秀学生干部，33人获评北京大学军训优秀学员。

新生入学教育工作。2016年化学学院迎来2016级新生，其中本科生152人，研究生140人。为此，学院开展一系列迎新及新生教育活动：新生家长会、开学典礼、趣味运动会、新生适应性心理测评、国防安全教育讲座、实验室安全讲座等,帮助大家顺利实现角色转换,尽快适应大学生活。

奖学评优工作。化学学院组织开展2015—2016学年度奖学金、奖励评审工作。在奖学金评审方面,化学学院共评选出本科生校设奖学金93人共474,000元,院设奖学金38人共197,000元;研究生校设奖学金87人共917,135元,院设奖学金88人共347,000元。在奖励方面,学院共有146名本科生,195名研究生获评校级奖励,其中16人获评创新奖。另有39人获评北京大学优秀毕业生,14人获评北京市优秀毕业生,1人获评北京大学学生"五四奖章"。1个班级获评北京大学班级"五四奖杯",1个班级获评校优秀班集体,2个班级获评校先进学风班。此外,学院还评选出"化学之星"、学术honors奖、社会工作奖、学习进步奖等一系列院级奖励。

学生福利保障工作。在2016年9月学生保险工作方面,北京大学首次采用网上投保形式,通过化学学院学工办的积极宣传和督促,学院共有437名本科生、517名研究生同学顺利参保。为保障同学在校期间的学习和生活,12月学院学工办还承担寒假火车票办理及新生公交卡办理服务工作,为64位寒假返乡报名的同学统一办理学生火车票,为33名同学办理北京公交卡。

校园文化建设。2016年3月31日,北京大学-英国皇家化学会学生俱乐部(PKU-RSC Student Club)成立,并举办RCS系列第一次讲座"化学家在新药研发中的挑战和机遇"。2016年5月,化学学院团校集体参观钱思亮纪念展。2016年5月,"新青年,新化学"中国化学青年论坛成功举办,来自全国各地20所高校的114名本科生代表参加活动。2016年6月25日,化学学院研究生会主办的第一次"Happy Hour"活动成功举办,为化院师生提供一个开放的交流平台。2016暑假,化学学院共有五支实践团82人次分赴烟台万华、四川绵阳等地开展暑期社会实践活动。2016年10月15日,化学学院成功举办第六届"化学之星"评选活动,该活动旨在展示化学学院学生科研成果和学术水准,激励青年学子不断进取,勇攀科学高峰。2016年12月9日,化学与分子工程学院在"一二·九"活动中获得甲组第二名的好成绩,并包揽"最具院系特色""最富感染力""最受喜爱视频"3项大奖。2016年度,化学学院共举办师生面对面5期、学生咨询室7期、校友沙龙6期、Happy-Hour 5期、心理工作坊4期、课程15次,充分搭建师生交流平台。

【科研工作】 雷晓光研究员获国家自然科学基金委杰出青年基金资助;马玉荣、刘小云老师获国家自然科学基金委优秀青年基金资助;马丁研究员入选英国皇家化学会会士;蒋尚达副研究员入选中国化学会"青年人才托举工程";付雪峰副教授入选2016年度中青年科技创新领军人才。

表5-1 化学与分子工程学院2016年部分科研获奖情况

成果名称	获奖类型(及等级)	全部作者
具有重要生物活性的复杂天然产物的全合成	国家自然科学奖二等奖	杨震
世界首例真实稳定可控的单分子电子开关器件	中国高等学校十大科技进展	郭雪峰
福井奖章	亚太理论与计算化学家协会	刘文剑
陈嘉庚青年科学奖	陈嘉庚科学奖基金会	陈鹏
DDS烟道气除尘脱硫脱硝技术	第44届日内瓦国际发明展特别金奖	魏雄辉 王珺
David Y. Gin New Investigator Award	美国化学会	陈兴
四面体青年科学家奖	Elsevier	雷晓光
Emerging investigator in Bioinorganic Chemistry	美国化学会	张俊龙
青年化学奖	中国化学会	王婕妤

2016年共发表高水平文章(IF>18)17篇,共申请专利46项。

2016年化学学院共承担纵向科研项目293项,其中国家科技部重大基础研究973项目和重大科学研究计划33项,国家863项目1项,国家自然科学基金委重大、重点项目26项、国家自然科学基金委杰出青年基金项目6项、基金委创新群体2项,国家重大仪器研制专项3项,国家自然科学基金委面上基金(含青年基金和优青基金)108项。教育部博士点等各类基金3项。申请专利49项,获授权专利46项。2016年度学院横向合作到校经费2638万元,签订横向合作合同35项;北大先锋公司实现销售收入2.5亿元,利润约4千万元;学院与常熟市多次沟通协商,就共同成立北京大学分子工程苏南研究院达成框架协议,地方政府支持资金3亿元和1.3万平米研发大楼,为学院师生及校友研究成果技术转化拓展空间和资金支持;北大明德科技有限公司业务进一步理顺,完成第二轮4000万元融资,相关业务顺利开展。

【交流合作】 课程与合作研究。

1. 2016年3月7日,以色列理工学院Technion-Israel Institute of Technology来访进行学术交流,组织小型学术论坛,并与学生展开讨论。

2. 2016年4月7日至4月11日,芬兰阿尔托大学(Aalto University)的Patrick Rinke教授来访进行学术交流和合作研究,在访问期间,一方面就固体和表面电子结构理论前沿做"理论化学系列讲座",同时与理论与计算化学研究所课题组开展深入学术交流,开展科研合作。

3. 2016年4月13日,韩国首尔国立大学的Jwa-Min Nam教授来访交流。就纳米材料的光学和光谱学研究展开热烈讨论,并做学术报告。

4. 2016年4月23日,意大利佛罗伦萨大学教授、意大利CIRMMP中心主任Claudio Luchinat教授来访交流。通过此次访问，Claudio Luchinat教授与相关领域的研究人员建立长期合作机制，进行多项实质性的合作研究，并为教学工作及课程设计提供建设性的意见。

5. 2016年4月22日至4月29日，英国剑桥大学的Mark Welland教授来访交流，开展合作研究，并做兴大报告。Mark Welland教授曾经是世界上第一台扫描隧道显微镜的研发团队成员之一，致力于纳米科技的基础研究和应用开发，并且热心于推广纳米科技的发展以及开展国际领先团队之间的合作。

6. 2016年5月20日，美国南加州大学的F. N. Castellano教授来访交流。Castellano教授是南加州大学无机化学专业的教授，是美国光化学领域年轻一代中的一个领军人物。此次来访为进一步的合作打下基础。

7. 2016年6月至2016年9月，澳大利亚Deakin University的Roger Graham horn教授，来访进行3个月的访问交流，主要开展物质表界面的性质研究方面的讲学，并联合指导博士研究生。

8. 2016年8月15日，美国印第安纳大学化学系David E. Clemmer教授来访交流，为从事相关领域的师生带来交流和指导意见。

9. 2016年8月至2017年2月，苏黎世联邦理工大学Jörg Scheuermann博士来访，进行为期6个月的访问交流，着重就发展用于治疗肿瘤等疾病的化学抗体药物进行指导，并展开合作。

国际及双边学术研讨会。1. 2016年北京大学-东京大学碳纳米夏令营（2016年7月23—28日）。20名来自东京大学和北京大学碳纳米领域的研究生在北京大学化学与分子工程学院参加2016年北京大学-东京大学碳纳米夏令营。

2. "北京大学药明康德有机化学讲座"（2016年10月21—23日）。首届"北京大学药明康德有机化学讲座"于2016年10月21—23日在北京大学化学学院成功举办。会议邀请中国科学院院士唐勇、A. Stephen K. Hashmi、Michael M. Haley、Dirk Trauner和Masayuki Inoue 5位教授前来讲学。参会的还有北京大学化学学院席振峰院士等多位教授以及药明康德新药开发公司国内新药研发服务副总裁黎健博士和化学医药部执行理事钱文远博士。本次学术研讨会吸引北京大学化学学院、北京大学药学院及其他兄弟院校100余名教授、研究员、博士后和研究生的积极参与。

【行政工作及其他】 2016年5月4日，钱思亮纪念展揭幕仪式暨钱煦"我的父亲——他对我一生的影响"演讲会在北大举行。钱思亮的次子、华裔科学家钱煦院士携夫人胡匡政等亲属出席揭幕仪式并发表演讲。北京大学常务副校长柯杨、副校长高松、港澳台办公室主任夏红卫、医学部国际合作处处长孙秋丹、图书馆馆长朱强等北大师生参加此次活动。

2016年9月30日，校长林建华作为特邀嘉宾主讲"兴大科学报告"第500期——北京大学研究生教育的再思考。北京大学校友、北京市兴大科学系统公司董事长杨旭清教授，以及来自全校各院系的师生代表近400人参加报告会。报告会由化学与分子工程学院吴凯教授主持。

2016年新设立化学学院安全发展基金、药明康德有机化学讲座基金等2项捐赠基金；新续签陶氏化学可持续发展大赛、Horiba（物理化学、无机化学）奖学金、彤程化学（物理化学所、纳米中心）奖学金等5项基金协议；另有2项奖学金尚在洽谈中，并有多项基金项目获得新的注资。

2016年，工会会员数：事业编283人，其中在编职工202人，博后81人。非在编会员25人。积极推动教职工的民主参与和民主监督。组织学院校教代会代表参加学校教职工代表大会，积极参加讨论并提出建议。2016年校运动会化学学院团体总分第三名（连续4年院系第一名），教职工参与率达60%以上。校游泳比赛连续4年团体冠军。羽毛球团体赛派出2支代表队参赛，取得甲级保级的好成绩。校足球比赛"化学元素"队挺进8强；乒乓球比赛派出男女2支代表队，战绩较前一年有所提升；组建化学学院毽球队，并首次参加校毽球比赛，多项体育赛事合计参加人数200多人。

（化学与分子工程学院）

生命科学学院

【发展概况】 生命科学学院现有2个国家重点实验室（蛋白质与植物基因研究国家重点实验室、生物膜与膜生物工程国家重点实验室），1个教育部重点实验室（细胞增殖与分化教育部重点实验室），2个国家人才培养基地（国家理科生物学研究与教学人才培养基地、国家生命科学与技术人才基地），1个国家实验教学示范中心（生物基础实验教学中心），5个国家重点学科（植物学、动物学、细胞生物学、生理学、生物化学与分子生物学），8个博士学科点（植物学、动物学、生理学、生物化学与分子生物学、生物物理学、生物技术、生物信息和细胞生物学）。

2016年3月17日，经学校研究决定，任命刘德英为北京大学生命科学学院党委委员、书记，免去柴真的北京大学生命科学学院党委书记、副院长职务；任命蒋争凡为北京大学生命科学学院副院长。

截至2016年12月31日，学院共有中国科学院院士5人，"海外高层次人才引进计划"6人，长江特聘教授9人，国家重大科学研究计划及国家重点研发计划项目首席科学家14人，"海外高层次人才引进计划（青年项目）"12人，"国家杰出青年科学基金"获得者17人，教育部"新世纪优秀人才支持计划"10人，教育部跨世纪人才计划4人。国家级教学名师1人、全国模范教师1人。

2016年，学院新入职教职工5人，调入1人，退休5人，离职或调出4人，去世3人。截至2016年底，学院在职教职工164人，其中教授和研究员72人，副教授和副研究员31人，讲师和助理研究员11人，工程技术系列和行政人员共50人；离退休教职工185人。陈浩东、高歌和肖俊宇获得绿叶生物医药杰出青年学者奖，陈建国获得正大教师奖，冯仁青、王大军和王青松获得东宝教师奖。翟中和、朱作言和邓宏魁被聘为北京大学博雅讲席教授。

2016年学院新入职劳动合同制职工40人，离职27人。截至2016年年底，学院劳动合同制职工共计131人。

2016年学院共有33名博士后进站，32名博士后出站，5名博士后退站。截至2016年底，在站博士后共计94人。2016年博雅博士后项目获得者12人，其中在站博士后11人，拟入站博士后1人；北京大学优秀博士后获得者1人；中国博士后科学基金面上资助项目获得者一等2人，二等5人；中国博士后科学基金特别资助项目获得者1人。

【教学工作】 2016年学院招收本科生117人（含留学生5人）；本科毕业88人，暂结业7人，转大专毕业2人；双学位/辅修毕业2人；上一届换发毕业证书2人，其中2人换发学位证书。截至2016年底，学院在校本科生406人，其中留学生12人，港澳台学生7人、少数民族地区生源13人。另有元培班学生15人，国内访问学者1人，双学位/辅修35人。

完成"生命科学强化挑战班暨拔尖人才培养计划"年度审核工作，10人退出，17人毕业，目前共有学生48人。已毕业同学中，14人出国读研，去向学校包括哈佛、MIT等，2人国内读研，1人继续申请出国。

完成第四次本科生自主招生工作，最终核定将在2017年招生录取中给予加分者40人。对2015、2016级学生继续实行track制度，由学生选track、定导师。韩冰舟、康博熙2名同学进入2016年"本-博直通车"项目。

秋季学期，现代生命科学基础实验开课，融合生物化学与分子生物学、遗传学、细胞生物学、动物生理学、植物学、微生物学、生物信息学等八类实验的核心技术，形成workshop方式的研究式学习路径，与以往的分类实验课程制度并行存在。

MOOC方面，张文霞、辛广伟主讲的遗传学实验和陶乐天主讲的生物数学建模已上线，王世强、柴真和周辰主讲的生理学、生理学实验正在制作中，预计2017年上线。

李毓龙、龙玉、佟向军三位老师荣获2015—2016年度北京大学教学优秀奖。

2016年学院招收博士研究生96人，硕士毕业生9人，博士毕业生79人。截至2016年年底，在校硕士研究生3人，在校博士研究生582人，合计585人。在校研究生中，留学生4人，港澳台学生2人。

7月，举办"全国优秀大学生暑期夏令营"活动，评选出优秀营员92名。

8月，组织2014级研究生统一资格考核，共有64名学生参加，58人通过考核。

郭红山、白冬梅、李显龙荣获"2016年北京大学优秀博士学位论文"奖。

【科研工作】 2016年，学院科研经费到账总数约1.66亿元，其中纵向科研经费约1.21亿元，横向科研经费约0.45亿元。

2016年，学院在研纵向项目233项，申请获批国家级项目40项；国家自然科学基金结题项目27项。在新获批项目中，邓兴旺获国家自然科学基金创新群体，汤富酬获国家杰出青年科学基金资助，魏平获优秀青年科学基金项目资助，白书农、陈建国、王世强、张研获国家自然科学基金重点项目，瞿礼嘉、孔道春、徐冬一获国际（地区）合作与交流项目。新立项目国家重点研发计划2016年度申请中，王世强、张传茂、张泽民获批项目首席科学家，钟上威获批青年项目首席科学家，白凡、伊成器、高歌、苏晓东、刘琰、郑晓峰获批课题负责人。

2016年，学院新增横向项目11项，出版专著4本，申请专利7项。

截至2016年12月31日，以生命科学学院为第一作者或通讯作者单位发表的论文被SCI收录166篇，平均影响因子7.1，最高影响因子43.113。

表5-2 2016年生命科学学院部分科研成果统计表

发表时间	课题组负责人	杂志名称	影响因子	文章题目
2016.1.15	汤富酬	Cell Research	14.812	SIRT6 Safeguards Human Mesenchymal Stem Cells from Oxidative Stress by Coactivating NRF2
2016.2.10	伊成器	Nature Chemical Biology	12.709	Transcriptome-Wide Mapping Reveals Reversible and Dynamic N-1-methyladenosine Methylome
2016.2.23	汤富酬	Cell Research	14.812	Single-Cell Triple Omics Sequencing Reveals Genetic, Epigenetic, and Transcriptomic Heterogeneity in Hepatocellular Carcinomas
2016.2.23	孙育杰	Acs Nano	13.334	Study of RNA Polymerase II Clustering inside Live-Cell Nuclei Using Bayesian Nanoscopy

（续表）

发表时间	课题组负责人	杂志名称	影响因子	文章题目
2016.4.	白 凡	Gastroenterology	18.187	Variable Intra-Tumor Genomic Heterogeneity of Multiple Lesions in Patients With Hepatocellular Carcinoma
2016.4.21	白 凡 谢晓亮	Molecular Cell	13.958	Enhanced Efflux Activity Facilitates Drug Tolerance in Dormant Bacterial Cells
2016.4.28	陆 剑	Molecular Biology and Evolution	13.649	MicroRNAs in the Same Clusters Evolve to Coordinately Regulate Functionally Related Genes
2016.4.8	瞿礼嘉	Cell Research	14.812	Crystal Structure of PXY-TDIF Complex Reveals a Conserved Recognition Mechanism among CLE Peptide-Receptor Pairs
2016.5.26	汤富酬	Nature	38.138	Tracing Haematopoietic Stem Cell Formation at Single-Cell Resolution
2016.6.16	陈丹英	Embo Reports	7.739	RNF123 Has an E3 Iigase-Independent Function in RIG-I-like Receptor-Mediated Antiviral Signaling（封面文章）
2016.6.20	朱 健	Developmental Cell	9.338	Stuxnet Facilitates the Degradation of Polycomb Protein during Development（封面文章）
2016.8.19	孙育杰	Acs Nano	13.334	GMars-Q Enables Long-Term Live-Cell Parallelized Reversible Saturable Optical Fluorescence Transitions Nanoscopy（封面文章）
2016.10.13	伊成器	Angewandte Chemie-International Edition	11.709	Base-Resolution Analysis of Cisplatin-DNA Adducts at the Genome Scale
2016.10.31	魏文胜	Nature Biotechnology	43.113	Genome-Scale Deletion Screening of Human Long Non-coding RNAs Using a Paired-Guide RNA CRISPR–Cas9 Library
2016.11.23	钟上威	Developmental Cell	9.338	The Red Light Receptor Phytochrome B Directly Enhances Substrate-E3 Ligase Interactions to Attenuate Ethylene Responses（封面文章）
2016.12.29	伊成器	Nature Methods	25.328	Epitranscriptome Sequencing Technologies: Decoding RNA Modifications

吴虹教授当选 EMBO Member；谢晓亮教授当选美国医学科学院院士、荣获 CBIS 吴瑞奖；王世强教授获得第七届全国优秀科技工作者荣誉称号、科研成果"细胞钙信号原理及病理调控"荣获2016年度高等学校科学研究优秀成果奖自然科学奖一等奖；魏文胜课题组专利"利用 CRISPR/Cas9 系统构建真核基因敲除文库的方法"入选第十八届中国专利优秀奖；魏文胜研究员和汤富酬研究员获得第九届谈家桢生命科学创新奖；汤富酬研究员荣获2016年普洛麦格生物化学奖、2015年度未名杰出科研奖；杨竞研究员荣获2016年求是杰出青年学者奖；伊成器研究员获得第十届药明康德生命化学研究奖，2016年度中国化学会青年化学奖；博士生侯宇、张兴荣获2016年度吴瑞奖奖学金。

2016年学院举办28场系列学术讲座，特邀 Rudolf Jaenisch、Michael Rosbash、John Kuriyan、詹启敏、高福等国内外教授做讲座。

2016年，公共仪器中心新增大型仪器包括1台高分辨显微镜、3台电镜、2台超高分辨液质联用质谱仪。截至2016年底，公共平台增至8个：测序、蛋白质、电镜、光学成像、离心机、流式、同位素室及质谱平台。2016年公共仪器中心被评为"北京大学实验室工作先进集体"。

【产学研工作】 学院与江苏省启东市人民政府合作共建"北京大学生命科学华东产业研究院"的协议获得学校批准；11月10日，研究院在江苏启东揭牌；11月11日，"北京大学生命科学产业启东论坛"举办。学院与启东市人民政府进一步签署共建总值1亿元的"北京大学生命科学学院启东产业创新基金"协议。

5月和10月，学院与拜耳医药保健有限公司举办两次"新药研发及转化研究论坛"。11月，北京大学-拜耳战略合作续约签署仪式举行，涵盖2017—2019年的第二期框架协议合同金额2000万元人民币。即将入职生命科学学院的高宁教授获评"拜耳讲席教授"，苏晓东教授、徐冬一研究员荣获"拜耳学者奖"。

【党建工作】 学院有党支部22个，其中学生党支部14个，在职教工党支部7个，离退休党支部1个；共有党员626名，其中在职党员122名，离退休党员81名，学生党员423名。2016年学院共发展党员14人；预备党员按期转正16人；延长预备期1人；取消预备党员资格3人。

郝雪梅、蒋争凡、阮小娟、郑晓峰、郭红山、纪玉锶、焦航、袁野等8人获评"北京大学优秀共产党员"，郝雪梅等1人获评"北京大学优秀共产党员标兵"；植物生物学与生物技术党支部、2013级研究生第一党支部获评"北京大学先进党支部"；学院党委获评"2015年度党内统计工作优秀单位"。

学院严格按照相关要求组织开展"两学一做"专题教育工作，效果明显。2016年12月，修订《生命科学学院党政领导班子落实"三重一大"决策制度实施办法》。

【行政工作及其他】 截至2016年12月31日，学院行政工作在编人员11人，选留学工干部2人，合同制人员3人。

1. 网站建设。学院内网各类功能逐步完善，定制开发的全院通讯录、会议室预约系统V2.0、重大活动提醒等功能模块陆续上线，并将逐步实现安全知识的网络培训和考试功能。

2. 楼宇管理工作。11月，新楼全楼拆除脚手架对外亮相，标志着第一标段的主要建设任务的完成。截至2016年底，已经完成第一标段内装建设所有可以先期完成的工作，第二标段实验室建设也基本完成准备工作。

以理科四号楼的管理模式辐射老生物楼、熊猫馆和生物技术楼，逐步将这4座楼宇的安全运行标准化、一体化，同时，推动成立王克桢楼和设备一号楼业主委员会。2016年共完成学院所属楼宇内各类小型以上的工程15项，生命园建设和理科四号楼改建已通过学校的专家论证。

组织开展2次消防演习活动。继2015年获得北京大学安全管理标准化先进单位后，2016年再次荣获北京大学安全工作先进单位。

3. 工会工作。学院教职工大会分会的常态化运作制度继续推行，全年学院教职工大会分会共举行5次活动，议题覆盖有关学院发展的多个方面。

组织教职工参与学校各项体育活动，连获佳绩，获教职工运动会全校第九名、教职工游泳比赛全校第四名、教职工乒乓球团体赛男子组冠军、羽毛球"北大杯"比赛第二名等。

在北京大学第十六届青年教师教学基本功比赛中，李晴荣获理工类二等奖，宋艳荣获理工类优秀奖，学院荣获优秀组织奖。

4. 校友工作。2016年学院先后举办各类校友聚会27场次，接待校友800余人次。首创"尊师送健康"校友医师健康咨询活动与"生命情怀2016"校友子女暑期体验营，举办纪念张龙翔100周年诞辰座谈会。

10月16日，学院校友会第二届理事会第二次会议召开，共有61个年级的119名校友代表参会。会议选举柴真担任学院校友会第二届理事会副会长、刘德英担任秘书长。

新设张龙翔基金、新标本馆发展基金、庭芳奖助基金等3项基金。

【学生工作】 2016年学院本科毕业生就业6人，出国留学31人，国内深造32人；研究生毕业生就业47人，出国读博士后21人，国内读博士后23人。

开展本科生学业促进计划，加强本科生学业同伴辅导，百余名学生获益。重视多元评价的奖学金改革拉动70%的学生申请，更多学生充满自信。新设立"庭芳奖学金"，重点奖励积极参与学习互助的优秀分子。

举办第二届"i创达人"创业计划大赛，京津两地多校参与；第二届生命科学产业工作坊举办，惠及校内8个院、所的学员，第七届Interesting科普征文顺利举办。新设立"庭芳科普与知识产权奖学金"，奖励在科普与知识产权有工作成就的同学。

邀请颜宁、康乐、刘双江、邵峰、高福等学者主讲"展望事业，探讨人生"系列讲座。第七届"校友杯"暑期社会实践覆盖98%本科生新生，足迹遍布2个国家、15个省市。第四届两岸三地生命科学文化节，第六届生物交叉学科学术论坛联合举办。

郭红山获评北京大学"学生五·四奖章"，朱诗优获评"2016·北京大学学生年度人物"，高瑀泽荣获北京大学2016"网络新青年"一等奖，李嘉冕获评"北京大学十佳团支书"。2014级研究生一班、2014级研究生二班获评"北京大学优秀班集体"，2014级研究生三班获评"北京市先进班集体"。学院获评北京大学"学生工作先进单位""志愿服务优秀组织单位""北京大学学生发展与创新创业协同创新基地"。

（生命科学学院）

城市与环境学院

【发展概况】 城市与环境学院以地理学为主体，2007年建院，目前包含环境科学、生态学、城乡规划等多个相关学科，具有理、工、文多学科交叉的综合优势。学院拥有地理学国家一级重点学科，自然地理和人文地理两个国家二级重点学科，并与校内其他学院联合建设首批生态学一级学科。学院下设5个系和1个研究所，即城市与区域规划系、城市与经济地理系、自然地理与资源环境系、生态学系、环境学系和历史地理研究所。另有地理科学研究中心、中法地球系统科学中心、气候变化研究中心、城市规划设计中心十多个研究中心。美国林肯基金会支持的北京大学-林肯研究院城市发展与土地政策研究中心挂靠城市与环境学院。城市与环境学院现有教学科研系列教师75人，其中51人为教授（含研究员），22人为副教授职称，2人为讲师。

【教学工作】 学生人数。截至2016年12月，城市与环境学院有在读学生889名，其中本科生403名，硕士生232名，博士生254名，延期学生51名，留学生5名（本科生2名，研究生3名），港澳台学生11名（本科生0名，研究生11名）。本科生2016级108人，2015级79人，2014级95人，2013级96人，2012级25人。硕士研究生2014级78人，2015级74人，2016级77人。博士研究生2016级51人，2015级52人，2014级58人，2013级39人，2012级28人，2011级及以前13人。本科毕业生共87人，硕士毕业生78人，博士毕业生33人。

课程设置。2015—2016学年春季学期方精云、秦大河等43名教师开设生态学与环境变化、全球变化科学概论等本科生课程46门，2016—2017学年秋季学期陶澍、邓辉等46名教师开设应用数理统计、世界文化地理等本科生课程50门。

2015—2016学年春季学期刘鸿雁、柴彦威32名教师开设生态学研究进展、城市社会专题等研究生课程42门，2016—2017秋季学期彭建、曹广忠等34名教师开设自然地理学进展、城市地理专题等研究生课程42门。

培养方案。为进一步推进本科教育教学改革，推进"通识教育与专业教育相结合"的本科教育模式，培养在各领域"引领未来的人"，遵循学校《北京大学本科教育综合改革指导意见》和《北京大学2016年本科教育改革实施方案》指导思想，城市与环境学院于2016年9月制定2016版本科生教学计划。课程体系划分为公共与基础课程、核心课程、限选课程、通识与自主选修课程，分别占毕业总学分的30%、20%、30%和20%。公共必修课中的大学英语，根据入学分级考试结果，改为2—8学分，缩减的2—6学分部分用于修读除全校公共必修课外的其他类课程；计算机课程3—6学分，"计算概论"为必修。

学院研究生培养重视科研训练和实践教学。2016年继续加强研究生培养的制度建设，重视研究生的课程教学，通过对学院地理学科研究生课程的深入调研，形成《地理学科研究生课程建设调研报告》，进一步加强研究生课程体系建设。同时，学院积极鼓励研究生参与国家与地方政府的政策咨询活动，重视研究生的高水平学术训练，通过国家级重大研究项目，带动研究生的科研训练，主要通过导师承接国家科技支撑等纵向课题、参与地方政府规划编制等横向课题，指导学生学以致用、学有所得。

教学获奖。城市与环境学院教师积极投身教学工作，蔡运龙、蒙吉军、陈效逑、杨景春、李有利等老师编写的教材被评为2016年北京大学优秀教材奖；童昕老师获得2015—2016年度北京大学教学优秀奖；陶澍老师获得2016年度北京大学教学优秀奖（研究生部分）。

【科研工作】人才队伍。截至2016年12月31日，城市与环境学院有教学科研系列教师75人，其中51人为正高职称，22人为副高职称，2人为中级职称。在人才引进方面，2016年引进海外高层次人才引进计划（青年项目）1人。

科研项目。2016年，学院获得年度国家自然科学基金各类新批项目总计22项，重点项目3项，面上项目11项，青年科学基金2项，国家优秀青年基金1项，国际（地区）合作与交流基金4项，海外及港澳学者合作研究基金1项。截至12月31日，全院在研项目共计153项（经费额在200万人民币以上的有36项），其中基金委85项（其中创新群体1项，杰出青年3项、重大项目1项、重点项目11项），科技部22项，教育部3项，环保部1项，海外政府委托1项，北京市2项，其他及企事业委托39项。科研经费超过2亿元。

科研成果。2016年度全院老师发表SCI/SSCI论文142篇，全院老师共出版著作11部，发表中文核心期刊论文178篇。李本纲教授在Nature杂志发表文章"The Contribution of China's Emissions to Global Climate Forcing"，揭示在系统评估中国排放对全球气候变化影响的贡献方面取得重要进展，Nature还专门邀请气候变化研究专家Dominick V. Spracklen教授撰写对该文的评述并同期发表。朴世龙教授在Nature Communications杂志发表文章"Field Warming Experiments Shed Light on the Wheat Yield Response to Temperature in China"，阐述该团队在气候变暖对中国小麦产量影响方面取得的最新研究进展。方精云院士在生态学百年权威期刊Ecology杂志发表文章"Global Patterns and Determinants of Forest Canopy Height"，研究成果推翻一直以来学界在该科学问题上的认识，发现水分对森林高度的"负效应"。

【交流合作】北京大学与国外教学科研机构强强联合，搭建多个国际合作交流平台，如北京大学-法国气候与环境国家实验室地球系统科学联合研究中心成立4年来，已在两国举办6次学术研讨会和3次春季学校，且双方合作在Nature等刊物发表多项研究成果，2016年12月，中心获得科技部认定的"国家级国际科技合作基地"；北京大学-林肯研究院城市发展与土地政策研究中心以及北京大学-北卡罗来纳大学城市与区域管理研究中心，将面向中国的地理学问题与北美的地理学思想有机结合，带给学生深度的思维碰撞；学院申报的"区域生态与环境（污染与气候变化）创新引智基地"（高等学校学科创新引智计划，简称"111计划"）2016年度继续顺利执行，为进一步推动北京大学建设世界一流的资源与环境学科提供有力保障。

【党建工作】截至2016年12月31日，城市与环境学院党委共有党员565人，共有21个党支部。

2016年，学院党委制定城市与环境学院"两学一做"学习教育工作方案，组织广大师生党员结合本职工作认真开展"两学一做"学习教育。2016上半年学院"两学一做"活动的重点是抓学院领导班子、党委委员、党支部书记、学生骨干等关键少数党员的率先学习。2016下半年是推动"两学一做"学习教育活动从党内"关键少数"向广大党员拓展、从集中性教育向经常性教育延伸的阶段。

2016年共有45名优秀青年发展成为中共预备党员，有43名预备党员按期转为中共正式党员。曹广忠、武欣玫等6位师生获得优秀共产党员称号，人文地理党支部和2014硕士党支部获得先进党支部称号。学院党委在北京大学"三严三实"专题教育活动中，获得"优秀组织奖"，2015级硕士生党支部、人文地理教工、2014—2015级本科生联合党支部等分别获得活动一、二、三等奖，同时学院党委还获得北京大学2015年度党内统计工作优秀单位等荣誉。

【院友工作】在广大院友的大力支持下，2016年度学院院友以及筹资方面的工作取得进一步的进展。2016年新设立北京大学城市与环境学院"杨春波、范晋生"学生实践就业基金，发放院友捐赠奖学金28万元。协助56级自然地理专业、56级经济地理专业、59级、86级、96级、01级等毕业的院友返校聚会，密切院友与学院之间的联系，助力院友们的事业发展。为了更好地传承学院文化，院友会制作完成《燕园地理人——王恩涌先生》《燕园地理人——刘水院友》两部纪录片。为了更好地为院友服务，院友会网站重新改版上线，微信公众平台号燕园地理人正式发布，院友数据管理系统也在设计开发中。北京大学城市与环境学院院友大会暨城环发展论坛系列活动于12月11日在英杰交流中心的阳光大厅隆重召开，深圳市铁汉生态环境股份有限公司董事长88级院友刘水等200余位嘉宾齐聚一堂，共话发展。

【学生工作】 先后举办优秀班集体创建活动、"我与社会主义核心价值观"党团日活动、"城环集体奖"评选等。在发展辅导方面，学院举办"城市与环境新生讲堂"系列讲座、"说出你的学问"学术演讲比赛；针对就业需求，学院通过建立就业微信服务平台、举办经验交流会，积极与用人单位对接，提升精准服务水平。在管理服务方面，学院修订《城市与环境学院学生事务指南》，将"以人为本"理念贯彻学生日常事务的每一细节。在第二课堂活动方面，学院举办"城环文化节"系列活动和丰富的文体比赛，注重立足学科特色的育人实践，其中，中国大学生环境教育基地举办的"林歌"校园回收项目和甘肃文县百人计划获得北京大学2015—2016年优秀志愿服务项目和优秀青年工作项目称号。

就业工作。城市与环境学院2016年共毕业学生188人，其中本科毕业生86人，就业率100%，毕业研究生102人，就业率100%。2015年本科毕业生中在国内读研深造的37人，占本科毕业生总人数的43.02%，出国深造的34人，占本科毕业生总人数的39.53%；研究生毕业生中硕士研究生76人，在国内继续读博的12人，出国深造的10人，占毕业硕士总人数的13.16%，参加就业的66人，占毕业硕士总人数的86.84%；博士毕业生中定向生0人，占毕业博士研究生总人数的0%，毕业后已回原单位工作，在国内继续做博士后研究的9人，占毕业博士总人数的34.62%，出国深造的2人，占毕业博士总人数的7.69%，参加就业的15人，占毕业研究生总人数的57.69%。

（城市与环境学院）

地球与空间科学学院

【发展概况】 学院现设有5个本科生专业：地质学、地球化学、地球物理学、空间科学与技术和地理信息系统；10个硕士研究生专业和10个博士研究生专业：构造地质学、矿物学岩石学矿床学、材料与环境矿物学、古生物学与地层学、地球化学、固体地球物理学、空间物理学、地图学与地理信息系统、石油地质学、摄影测量与遥感，并设有地质学、固体地球物理学、测绘科学与技术和地图学与地理信息系统4个博士后流动站，国家理科基础科学人才培养基地1个（地质学），国家基金委创新群体2个（日地空间高能带电粒子的加速、传输及效应研究，变质作用与造山带演化）。学院"造山带与地壳演化实验室"为教育部重点实验室，"空间信息集成与3S工程应用"为北京市重点实验室；"构造地质学"和"固体地球物理学"2个学科为国家重点学科，"矿物、岩石、矿床学"为国家重点培育学科，"空间物理学"为北京市重点学科。地球与空间科学学院有7个研究所：大陆动力学与资源工程研究所，史前生命与环境研究所，矿物、岩石、矿床学研究所，地球化学研究所，理论与应用地球物理研究所，空间物理应用技术研究所，遥感与地理信息系统研究所。

截至2016年12月，地球与空间科学学院教职工140人，其中教授45人、副教授37人，在站博士后30人，聘请院士6人。

引进海外高层次人才引进计划1人、海外高层次人才引进计划（短期项目）1人。

2016年地球与空间科学学院新进教工3人，退休3人，去世1人。

2016年地球与空间科学学院在校本科生391人，硕士生286人、博士生387人，共1064人。

2016年共招生本科新生113人，其中贫困专项26人，通过地学夏令营录取13人；毕业学生109人，其中结业3人。

2016年学院共招收研究生186人，其中博士生88人，硕士生98人。

毕业研究生共168人，其中博士生80人（春夏）、硕士生88人；共160人获得学位，其中博士生76人、硕士生84人。

2016年地球与空间科学学院本科、硕士和博士毕业生均达到100%的就业率。

【教学工作】 1.本科生工作。课程开设总计109门本科生课程，其中包括全校通选课程11门，公选课程4门，理科平台课程1门，暑期学校7门。

开设小班讨论课程2门，地球科学概论（二）和普通地质实习A。

为2016级新生开设地球科学前沿（新生研讨班）课程，平行开设5个班级，15位授课教师，同时5名班主任教师协同参与。

2016年本科毕业生中共有5人被评为北京市优秀毕业生，40人被评为北京大学优秀毕业生。本科生科研共立项35项，其中国家创新项目8项，北京创新计划项目3项，校级项目24项；2016年度共有34人次本科生进行国际交流；有4名本科生在各类期刊以第一作者发表论文，且均为英文SCI。

2.研究生工作。研究生教学通过完善制度、修订培养方案、加强博士论文匿名评审和答辩、激励开展高水平研究等方案，逐步实施分类培养，不断提高教学质量。

2016年获北京大学优秀博士论文4篇。

2016年共有21人获批"国家建设高水平大学公派研究生项目"，4人获批北京大学"博士生短期出国（境）研究项目"。

获立创新项目3项（暑期学校）：定量遥感（秦其明）、地震活动性统计建模与应用（周仕勇）、日地空间能量粒子加速与传输（宗秋刚）；才斋讲堂1项：地球科学与社会发展（张立飞）；课程建设立项2项：刘曦、李琦；与澳大利亚国立大学（ANU）签署联合培养博士生的协议；27人获校长奖学金；韩宝福、秦其明、宗秋刚获得北京大学教学优秀奖（研究生）。

【科研工作】 科研项目。地球与空间科学学院在研科研项目326项，其中科研部主管项目216项、科技开发部主管项目110项，其中空间物理研究所的宗秋刚老师获得重大仪器项目资助。

遥感与地理信息系统研究所刘瑜老师获得"杰出青年科学基金"，地球化学研究所的张贵宾老师获得"优秀青年科学基金"资助。遥感与地理信息系统研究所任华忠入选2017年度北京市科技新星。

科研经费。2016年到账的科研经费总数1.05775亿元。获批国家自然科学基金27项，金额为3043.32万元。

科研成果。2015年地空学院发表SCI论文总数222篇，其中高水平论文篇数77篇，SCI奖励经费总额为58.1876万元。

地球与空间科学学院江大勇教授国际合作团队有关中生代鱼龙起源及其古环境背景和大绝灭后生物复苏的最新系列研究成果在Scientific Reports上在线发表。

薛进庄等发表PNAS封面文章揭示早期维管植物的成土作用，该文揭示早期维管植物在促进土壤圈形成以及增强地貌稳定性方面的显著作用。

沈冰课题组在PNAS发表文章揭示6.35亿年前雪球地球结束过程中的化学风化作用，这一研究成果于近日在《美国国家科学院院刊》（Proceedings of the National Academy of Sciences USA）上在线发表。

由陈衍景为第一完成人的"古元古代大氧化事件与成矿响应研究"项目获得教育部高等学校科学研究优秀成果奖一等奖；黄清华教授获得2016年度中国地球物理科学技术奖科技创新一等奖。

在第44届日内瓦国际发明展览会上，陈斌副教授研究组的发明成果"一种基于无线网络技术的分布式信息采集与检索系统"获得银奖，该项目是专门面向学生野外实习的实验教学系统，也是由本科生参与并作为主要完成人的项目。

其他工作。北京大学环境矿物学实验室正式成立，目前用房面积400平方米，拥有仪器设备300多台件，总值900余万元。

2016年成立行星与空间科学研究中心（虚体），中心的定位目标是在中国的行星空间科学探测计划中起引领作用。

【交流合作】 樱花计划。与日本东京大学地震研究所联合申报"樱花计划"并获批。

外事接待。5月12日，巴黎索邦城际联盟大学（USPC）校长代表团成员Benedetti教授访问交流；10月19日爱丁堡大学Wyn Williams教授和Anton Ziolkowski教授（爱丁堡皇家院士）来访，双方就本科生、研究生教育以及科研合作等进行讨论，就深化双边交流与合作达成初步共识；11月25日，乌克兰国立基辅大学地理系主任、乌克兰国家科学勋章获得者、乌克兰教育部功勋奖章获得者雅罗斯拉夫-奥利尼克院士访问交流。

【党建工作】 北京大学李四光讲师团2016年共赴江苏、湖北、四川、山东、福建等5个省份宣传地球科学知识，受众达千余人，李四光讲师团项目于11月获评教育部全国高校年度辅导员精品项目。

【学生工作】 地球与空间科学学院荣获2016年北京高校德育工作先进集体和北京大学2015—2016学年学生工作先进单位第一名。

【行政工作及其他】 地球与空间科学学院工会荣获北京市先进教职工小家、北京大学模范工会委员会称号。

2016年筹得院友捐款9000万元，由学院2003届博士生夏曙东捐资用于学院大楼改造工程。院友会于2016年7月正式创刊院友会会刊《天地人——地空学院院友通讯》，并发行第一期。

（地球与空间科学学院）

心理与认知科学学院

【发展概况】 北京大学"心理学系"于2016年5月24日正式更名为"北京大学心理与认知科学学院"。心理与认知科学学院包括原心理学系、麦戈文脑科学研究所、行为与心理健康北京市重点实验室、脑科学与认知科学中心、盖洛普-北京大学成功心理学中心、北京大学-香港理工大学儿童发展与学习研究中心等。

截至2016年12月31日，心理与认知科学学院在职教工52人，包括教授12人，研究员7人，副教授17人，讲师6人，行政教辅人员10人。在站博士后8人（2016年进站博士后4名，出站博士后1名）。

心理与认知科学学院现为一级学科博士学位授予权单位，可授予理学学士、硕士、博士学位，并设有博士后流动站。基础心理学是心理与认知科学学院的传统优势学科，是国家重点学科、北京市特色专业（2008）、国家理科基础科学研究和教学人才培养基地（2009）和北京市一级重点学科（2012）。心理学学科方向设置围绕国际学术发展趋势以及国家社会发展需求，逐渐形成自己的特色，涵盖探索行为和精神过程的脑机制的认知神经科学、研究企业管理和组织建设的工业与经济心理学、针对婴幼儿和青少年成长的发展与教育心理学、关注心理异常与临床治疗的临床心理学等。

【教学工作】 2016年，心理与认知科学学院在校学生共计410人，其中本科生159人，硕士研究生132人，博士生119人，国防定向生5人，留学生13人，港澳台地区学生10人，少数民族学生21人。另有元培学生9人，国内访问学者11人，双学位/辅修334人。

2016年，心理与认知科学学院录取学术型硕士研究生18人，专业硕士23人，博士研究生27人，本科生33人，辅修双学位学生120人。心理学专业夜大学共招生231人。在北京开设的应用心理学专业高级专门人才研修班招收学员117人；在北京、深圳开设临床心理学专业高级专门人才研修班，分别招收学员36人和43人。2016年，首次启动2017年应用心理学专业博士研究生的招生。

2016年，心理与认知科学学院毕业并获得学位的心理学专业本科生45人（含留学生3人），获心理学双学位75人，心理学辅修毕业18人；毕业硕士研究生52人；博士研究生毕业19人；同等学力获硕士学位70人；夜大毕业学生204人。

朱滢教授主编的《实验心理学》和钱铭怡教授主编的《心理咨询与心理治疗》被评为2016年北京大学优秀教材。

【科研工作】 2016年心理与认知科学学院在研科研项目61项，2016年新获批科研项目23项。其中获得国家自然科学基金委重点项目支持1个、获得优秀青年科学基金项目支持1个、国家基金委国际合作与交流项目支持1个；纵向项目5个。2016年心理与认知科学学院年度累计进账科研经费1852万元人民币。其中新获批横向科研经费为1583.73万元人民币。

心理与认知科学学院为第一单位（或通讯单位）发表的SCI和SSCI收录期刊论文87篇，发表在SCI一区或高水平SSCI期刊的文章共5篇、发表PNAS文章2篇、Psychotherapy and Psychosomatics 文章1篇、eLife 文章1篇、Developmental Science 文章1篇。

表5-3 心理与认知科学学院人才队伍一览表

项目	人数
万人计划领军人才	1人
教育部长江特聘教授	5人
国家杰出青年基金获得者	3人
中国青年科技奖获得者	3人
科技部中青年科技创新领军人才	1人
国务院政府特殊津贴专家	3人

（续表）

项目	人数
百千万人才工程国家级人选	2人
国际心理科学联合会青年科学家获奖者	1人
求是青年科学家获得者	1人
教育部青年长江学者	2人
国家优秀青年基金获得者	4人
海外高层次人才引进计划（青年项目）	2人
青年973首席科学家	1人
教育部新世纪优秀人才	4人
国务院学科评议组成员	1人
北京市教学名师	2人
北京市科技新星	1人

【交流合作】 2016年度，心理与认知科学学院共有125人次出访，其中教师出访61人次，本科生、研究生出访64人次。2016年，学院共举行38次公开科研讨论会。学院在2016年使用《北京大学海外学者讲学计划》9人次。

2016年3月，耶鲁大学校长、心理学家苏必得教授到访北大，并与心理与认知科学学院师生进行学术交流；2016年4月，应心理与认知科学学院邀请，以"斯坦福监狱实验"闻名于世的心理学家、美国心理学会原主席、美国斯坦福大学教授菲利普·津巴多教授在北京大学作大型主题公益演讲；2016年6月，心理与认知科学学院主办的第十七届国际多感觉通道会议在苏州成功举办；2016年11月，美国德保罗大学（DePaul University）心理学系师生一行来访北京大学心理与认知科学学院；2016年12月，南美洲厄瓜多尔瓜亚基尔大学的副校长Sonia Ordóñez教授来访心理与认知科学学院。

【党建工作】 心理与认知科学学院现有党支部6个，其中学生党支部4个，离退休党支部1个，教工党支部1个。截至2016年12月，共有党员171人。其中学生党员128人，教工党员30人，离退休党员13人。2016年发展党员15人，预备党员转为正式党员10人。

2016年4月18日，心理与认知科学学院召开领导班子专题民主生活会。5月25日，召开党支部书记"两学一做"学习教育工作部署会暨党支部书记第一次集体学习活动。5月30日，学院领导班子专题学习教育活动，围绕党章党规和习近平总书记系列重要讲话进行专题学习。6月27日下午，学院开展"两学一做"学习教育专题党课。学院党委邀请北京大学马克思主义学院执行院长孙熙国教授，做"增强看家本领，做合格共产党员"的主题讲座。

【行政工作与其他】 心理与认知科学学院工会和行政办公室组织多种关心爱护教职工的活动。其中包括：在固定时段预约邱德拔体育馆的羽毛球场地，在王克桢楼摆放乒乓球台和健身器材；在教师节发放精美实用的家居用品；在元旦、春节前夕登门看望慰问离退休教师；陪同90岁高龄的姜德珍等老师看病十余次；工会福利委员定期为会员办理公园年票。

团委工作方面，院团委重点完成对院学生会、院研究生会的建章立制工作，进一步规范团委和学生会工作，建立例会制度，端正工作作风，积极与其他院系联谊交流。

【学生工作】 学生奖学金评审方面，召开奖学金评审委员会会议，进一步落实和完善各项规章制度，完成85个奖励项目、46个奖学金项目的评选工作，共有8位同学获得国家奖学金。2014级本科班荣获优秀班集体奖，2015级本科班获评先进学风班。

学生就业指导方面，召开专硕、学硕、博士、本科生4四场全体应届毕业生工作介绍会议，及时完成就业信息推送和就业资源整合。指导研究生会举办就业经验交流会一场，职业素养拓展讲座一场，毕业优秀校友访谈多次并撰写简报发放心理与认知科学学院全体同学观看学习。

学生访谈工作启动，分批与各年级学生约谈。约谈内容涉及学习生活各方面，帮助大家解决好现实问题和未来规划。确保每周都与学生有接触，经过访谈发现部分危机学生并提早进行干预，接触家长，充分做好危机预案，降低风险。

2016年3月，"面向21世纪的心理学"第二届全国心理学本科生学术论坛在北京大学王克桢楼顺利举办；2016年5月，"2016年两岸三地心理学系学生学术交流活动"在台湾大学心理学系顺利召开；2016年度以"心理学，让生活更美好"为主题的心理学文化节顺利举办。2016年度的心理学文化节突出"心理学，让生活更美好"这一主题，既强调校园日常心理健康教育的重要性，又普及灾后心理重建等领域的新知识。

【社会服务】 2016年，心理与认知科学学院与万寿康医院、万明医院等医疗机构建立长期合作关系，定期带领志愿者前往医院陪伴老人，以专业知识为依托，向老人提供高质量的社会支持，以慰藉其心灵、驱散其寂寞；2016年秋季学期，心理与认知科学学院与燕东园社区合作，走进社区，实地开展"启蒙晨晖"科学早教活动；此外，学院青协与化院青协合作，在肖家河风华爱心希望小学开展长期支教活动，为学生开设音乐、美术、品德等课程。

【90年院庆和发展心理学方向60周年纪念活动】 2016年11月，北京大学心理与认知科学学院建院暨心理学系建系90周年庆典在中关新园群英厅举行。北京大学心理学科经过90年曲折向上的发展历史，才有心理与认知科学学院今天在学科建设、人才培养等多方面的进展和成果。

2016年6月，心理学院举行发展心理学方向60周年纪念活动，来自国内外的80余名发展心理学老前辈、专家、学者、院友代表齐聚一堂，一起回顾、追忆、感恩这60年来发展心理学带给他们的成长和变化，探讨当下重大学术问题，畅想发展心理学的未来。60年前，孙国华在北京大学建立第一个儿童心理学实验室。心理学家吴天敏、许政援、孟昭兰教授都在儿童心理发展领域做出了巨大贡献。经历60年的风雨变迁，北大发展心理学从最初集中在婴幼儿阶段的心理研究，扩展到涉及从新生儿、婴儿、幼儿、青少年一直到老年期的毕生发展研究。

（心理与认知科学学院）

建筑与景观设计学院

【发展概况】 2016年，学院继续按照创建世界一流景观学科、再造秀美河山的发展目标，以师资人才队伍建设、景观学科研究生培养改革和生态城市研究为中心，开展一系列教学、科研和设计实践工作。

在师资人才建设上，2016年10月从美国麻省理工学院引进许立言博士担任学院助理教授，聘请毕业于俄罗斯列宾美院的青年设计师郑昌辉担任学院设计表达课程教师，并积极进行一系列人才引进工作。2016年，在职称评审工作中，汪芳晋升为教授，李溪晋升为副教授。2016年4月，俞孔坚教授当选美国艺术与科学院院士。

在行政队伍的建设上，2016年学院通过劳动合同制聘任方式，进一步配备学院外事科研秘书，并引进2位哈佛大学毕业生在北大-哈佛生态城市联合实验室担任研究员。

【教学工作】 2016年学院在读全日制风景园林硕士研究生58人，全日制地理学（景观设计学）研究生6人，在职专业学位硕士研究生187人。学院教师开设景观设计学：核心设计、景观文献阅读与独立研究、景观社会学等20余门专业课程，并在全校开设景观美学、西方建筑导论等公选课。

【科研工作】 2016年，学院主要围绕"海绵城市""城市双修"和生态城市建设等问题开展景观设计、人文地理、城市规划和景观美学等相关研究，承担国家重点项目2项，发表SCI论文3篇，有重要影响的期刊论文20余篇。学院教师出版《海绵城市》《北京生态社区：北京市海淀区南沙河区域"反规划"》等中文专著3部，*Constructed Wetlands and Sustainable Development* 等英文专著6部。

学院还主办以"生态城市与生态安全"为主题的北京论坛（2016）城镇化分论坛，以"城市生态系统规划与生态修复"为主题的第三届城市生态与节能论坛等学术会议。

学院主办的学术期刊《景观设计学》杂志入选中国高校科技期刊研究会组织的2016年度中国高校杰出百佳优秀科技期刊。

【社会服务】 学院与全国多个省市的地方政府合作，为政府规划、环境保护等部门提供咨询建议。俞孔坚教授为海南省海口市、三亚市政府开展多次"海绵城市""城市双修"理念及关键技术的讲授。汪芳教授为住建部提供《全国特色景观旅游名镇名村建设指南》。学院科研团队还与海南省三亚市、陕西省西安市、广东省广州市和云南省大理市开展合作，为地方政府提供生态城市建设、城市生态修复等问题的技术指导和理论支撑。

【交流合作】 2016年7月，学院与德国汉诺威大学建筑与景观学院共同设立中德城镇化与地方性研究实验室，致力于研究中德两国的城镇化和地方性问题。北京大学建筑与景观设计学院教授汪芳为中方负责人，德国汉诺威大学建筑与景观学院Martin Prominski教授任德方负责人，并于暑期选取大运河沿线3个典型城市——枣庄、无锡、杭州，进行城镇化、地方性和遗产保护等问题的实地调研工作。

学院与美国南加州大学、荷兰阿姆斯特丹大学在校领导的指导及学校教务部、元培学院的大力支持下，共同磋商在北京大学设立地理设计本科生联合培养项目。

学院邀请多位海外学者来学院开设讲座和设计课程。2016年3月，西班牙阿尔坎特大学教授Javier Sanchez Medina和英国独立设计师Peter Fink分别在学院开设设计工作坊。

10月，俞孔坚教授代表学院出席德国慕尼黑工业大学景观设计与规划学院成立60周年庆典并发表演讲。此后，应邀在美国景观设计师协会（ASLA）2016年年会、美国杜兰大学、美国布法罗大学、美国哈佛大学"解码亚洲城市化"研讨会做主题演讲，结合近年来开展的多项学术研究与设计实施，以"生存的艺术及其深层形式"为主题，介绍他领导的科研、设计团队的理论探索及景观设计实践。

【党建工作】 学院在城市与环境学院党委的领导下开展党建工作，设有教工党支部1个，学生党支部1个，党员33人，师生党员积极参加城市与环境学院举办的党员活动。

【行政工作及其他】 行政队伍保持稳定，包括行政副院长1名，事业编制行政工作人员1人，劳动合同制5人。工会会员10人，工会工作在城市与环境学院工会的管理下开展。

除完成各项常规工作外，进一步规范公章管理、公文报送管理、保密工作和安全保卫工作的各项规章制度。加强日常考勤管理和节假日值班待办制度管理。

（建筑与景观设计学院）

统计科学中心

【发展概况】 北京大学统计科学中心成立于2010年7月，由数学科学学院、光华管理学院以及北京大学医学部从事统计研究的相关教师构成，是北京大学实行特殊机制的跨学院交叉学科研究机构。

统计科学中心设国际顾问委员会、科学委员会、执行委员会和指导委员会。国际顾问委员会负责提出有关统计科学中心发展方向等方面的建议，评估统计科学中心的工作和成果；科学委员会在人才引进和学术研究等方面给予意见和建议；执行委员会负责统计科学中心的日常管理工作。

【科研工作】 2016年统计科学中心教员共发表53篇高质量学术论文。统计科学中心2016年举办学术报告56场，其中来自海外的学者31场，国内的学者25场。

陈松蹊教授团队研究报告深度解析五大城市PM2.5数据。继2015年3月发布《空气质量评估报告：北京城区2010—2014年PM2.5污染状况研究》后，由陈松蹊教授率领的北京大学光华管理学院和北京大学统计科学中心团队，正式发布《空气质量评估报告（二）：中国五城市空气污染状况之统计学分析》。研究团队运用统计学方法交叉验证美国使领馆和邻近的环保部站点数据的可靠性，并结合天气条件、冬季供暖影响等因素对所获取的数据进行多方面、多层次的对比和分析。

大数据时代下的高维统计建模与分析研讨会。2016年5月17日至18日，"大数据时代下的高维统计建模与分析研讨会"在北京大学光华管理学院2号楼阿里巴巴报告厅举办。本次会议由北京大学统计科学中心和北京大学数量经济与数据金融教育部重点实验室联合主办、北京大学光华管理学院承办。

第一届北大-清华统计论坛。2016年12月16日，第一届北大-清华统计论坛在北京大学国际数学中心举办。本届论坛由北京大学统计科学中心、清华大学统计学研究中心、北京大学数学科学学院、北京国际数学中心联合举办。论坛上，北京大学统计科学中心科学委员会主席、美国加州伯克利大学统计系郁彬教授和清华大学统计学研究中心主任、美国哈佛大学统计系刘军教授做大会报告，百余名来自北大清华及其他院校的师生参加论坛。

【交流合作】 2016年2—3月，统计科学中心邀请哥本哈根大学生物统计部副教授Theis Lange博士在北京大学开设题为"Causal Inference Based on Counterfactuals"的短期课程。

2016年6月23—26日，由北京大学统计科学中心组织的"高维统计与网络分析"夏季短期课程在北京大学光华1号楼成功举办。

2016年7月8—10日，北京大学统计科学中心举办第三届优秀大学生夏令营活动，来自国内十几所高校的31名三年级本科生参加本次夏令营。

2016年10月2—29日，新西兰统计局资深研究员John Bryant访问统计科学中心。

2016年12月12日—2017年1月5日，韩放教授在统计科学中心开设基础的机器（统计）学习理论，作为冬季短期课程。

（统计科学中心）

信息与工程科学部

【发展概况】 2016年4月12日，北京大学印发《关于北京大学信息与工程科学部班子任职的通知》（校发〔2016〕58号），聘任高文为信息与工程科学部主任，张远航、任秋实为信息与工程科学部副主任，聘期3年，原班子成员自然免职。

信息与工程科学部目前包括信息科学技术学院、工学院、环境科学与工程学院、计算机科学技术研究所、软件与微电子学院、软件工程国家工程研究中心等6个实体机构，涵盖力学、电子科学与技术、信息与通信工程、计算机科学与技术、环境科学与工程、生物医学工程、软件工程、管理科学与工程等8个一级学科。

【组织机构】 信息与工程科学部设部务会、学术委员会、教学指导委员会，并成立信息与工程科学部办公室，形成日常工作运行的组织机构支撑体系。

部务会由学部主任、副主任及学部内各学院（系、所、中心）主要负责人组成，成员包括：高文、张远航、任秋实、黄如、张东晓、朱彤、郭宗明、张兴、张世琨。

2016年6月30日，北京大学颁布《关于调整北京大学各学部学术委员会的通知》（校发〔2016〕139号）。高文为信息与工程科学部学术委员会主任，张远航、任秋实为副主任，委员包括（以姓氏笔画为序）：汤帜、杨槐、吴中海、张世秋、陈章渊、郝一龙、查红彬、段慧玲、夏定国、倪晋仁、彭练矛、程旭。

教学指导委员会由张远航担任主任，委员包括（以姓氏笔画为序）：王奇、王建祥、刘永、汤帜、李文新、李影、吴文刚、陈峰、陈徐宗、林金龙、林慧苹、唐少强、彭宇新、谢昆青。

2016年7月12日，北京大学发布《关于成立北京大学信息与工程科学部办公室的通知》（校发〔2016〕155号），任命刘小鹏为信息与工程科学部办公室主任（试用期1年）。

【学科规划】 在充分调研座谈、广泛征求意见的基础上，信息与工程科学部制订2016—2020年学科规划。为做好学科规划的制订工作，凝练学部工作重点，学部围绕材料学科、临床医学+X、计算科学等主题，先后组织多次讨论会，邀请学部内相关领域的学术带头人参与讨论，对下一步开展工作的具体措施初步达成共识。信息与工程科学部在"十三五"期间的重点工作包括：（1）完善体制机制，服务国家战略需求；（2）大力发展人工仿脑智能与智能硬件，增强信息领域学科优势；（3）围绕临床医学关键技术问题，促进学科交叉融合；（4）优化整合，建设材料科学与工程学科。

【教育教学改革】 2016年，信息与工程科学部成立教学指导委员会，并在部务会上多次开会讨论教学改革工作。参考兄弟院校的教学改革方案，初步制订符合学部实际的本科生转系转专业工作方案，将按照学校统一部署逐步落实到位。

【职称评审】 信息与工程科学部学术委员会于2016年9月27日召开会议，组织审议2016年老体制教学科研人员专业技术职务聘任工作。2016年，学部所属各单位共推荐教授候选人6人，副教授（副研究员）候选人4人，均经审议通过学部的聘任程序。

【筹建前沿计算科学中心】 前沿计算科学中心是经学校组织专家论证，将在信息与工程领域启动建设的新体制教学科研机构。信息与工程科学部积极支持该中心的筹备工作，2016年12月19日邀请图灵奖获得者约翰·霍普克罗夫特（John Hopcroft）教授访问北大并与林建华校长会谈。霍普克罗夫特教授将担任前沿计算科学中心主任。

【与微软亚洲研究院讨论战略合作】 2017年1月13日，在信息与工程科学部的组织协调下，林建华校长会见微软公司全球执行副总裁沈向洋博士一行，双方就北京大学与微软亚洲研究院的未来战略合作进行深入讨论并初步达成共识。双方的合作内容将包括共同开展人工智能、大数据等领域的合作研究，共建北京大学前沿计算科学中心。

【管理运行】 信息与工程科学部领导班子明确分工，高文全面负责学部工作，张远航主管教育教学改革，任秋实主管科研和学科建设。2016年，学部共召开4次部务会，讨论学部学科规划、教学改革、队伍建设等重大问题。

学部办公室为学部履行职责提供行政支撑与服务，协助学部主任、副主任组织多次工作会议，通过公共邮箱、微信群等多种方式加强与学部内各学院（系、所、中心）的联系，在学科建设办公室与计算中心的支持下启动建设学部网站，于2016年底正式上线（fies.pku.edu.cn）。

（信息与工程科学部办公室）

信息科学技术学院

【发展概况】 目前学院涵盖计算机科学与技术、电子科学与技术、信息与通信工程及软件工程4个一级学科及其相关的计算机软件与理论、计算机系统结构、计算机应用技术、计算机科学与技术（智能科学与技术）、信号与信息处理、通信与信息系统、微电子学与固体电子学、物理电子学、电磁场与微波技术、电路与系统和电子科学与技术（量子电子学）等11个二级学科。学院有计算机科学与技术、电子信息科学与技术、微电子科学与工程、智能科学与技术和通信工程5个本科生专业，实行按学院统一招生。

学院拥有2个国家级重点实验室、1个国家级工程实验室，12个省部级重点实验室（或工程研究中心），并与多家知名中心组建联合研究机构。15年来，学院承担一批立足于国家需求、面向国际前沿的重大科研项目，到账纵向科研经费超过29亿（29,841万）元人民币，并取得一批重要研究成果，获得国家级科技奖励24项（其中第一完成单位11项）和省部级科技奖励47项（其中第一完成单位33项），发表A类论文5773篇。

学院目前包含基础教育部、研究生教育部和继续教育部等3个教学管理单位，电子学系、微电子学系、计算机科学技术系和智能科学系等4个学科建设单位，以及基础实验教学研究所、物理电子学研究所、量子电子学研究所、应用电子学研究所、现代通信研究所、微电子学研究院、系统结构研究所、网络与信息系统研究所、软件研究所、计算语言学研究所、数字媒体研究所、高能效计算与应用中心、信息科学中心和信息技术创新研究院等14个教学科研实体单位。

学院院长黄如，副院长查红彬、候士敏、李文新、谢冰、蒋云，新一届党委书记魏中鹏，副书记冯梅萍、卢亮。学院学术委员会主任何新贵，副主任迟慧生、梅宏，委员陈徐宗、程旭、高文、胡小龙、黄如、焦秉立、李红滨、李晓明、彭练矛、魏中鹏、杨芙清、吴文刚、查红彬、张兴。学院学位评定委员会主席杨芙清，副主席黄如、彭练矛，委员陈向群、陈章渊、代亚非、郭弘、郭宗明、候士敏、刘晓彦、吴文刚、谢昆青、查红彬、张盛东、金芝。

学院2016年在职教学科研人员276人，含发展中国家科学院院士1人，两院院士10人（含双聘院士4人），正高级职称114人，副高级职称113人，中级及以下职称20人，以及百人/新体制人员29人。2014年调入教师1人（熊校良），调出教师4人（王千祥、彭波、李妍、卢亮），退休1人（杜景文）。

【教学工作】 2016年在校学生总数2716人，其中本科生1337人，硕士研究生736人，博士研究生643人。2016年新生总数728人，其中本科新生357人，硕士新生240人，博士新生131人。

2016年授予学士学位300人，硕士学位254人，博士学位108人。在取得博士学位的108人中，王天宇（导师宋令阳）、付梦琦（导师陈清）、孟博（导师张海霞）、高睿鹏（导师丛京生）、王晨光（导师张铭）、徐畅（导师许超）、王子南（导师李正斌）、黄芊芊（导师黄如）、宁志远（导师陈清）、段一舟（导师郭宗明）、黄文灏（导师谢昆青）、徐哲（导师吴文刚）获北京大学优秀博士学位论文。

2016年，学院完成新一轮本科生培养方案，通识与专业兼顾；成立4个核心专业课程教学组，启动课程改革，即计算机组织与体系结构及实习（程旭、易江芳、孙广宇、刘先华、刘锋）、操作系统及实习（陈向群、管雪涛、王韬、周明辉、曹东刚）、编译技术及实习（郭耀、梁云、刘先华、黄骏）、计算机网络及实习（严伟、边凯归、刘志敏、许辰人、赵通）。

2016年学院继续开展小班教学和本科新生导师制。在原有4门"小班课教学"课程基础上，2016年新增半导体物理、半导体器件物理2门课程。2016级本科新生导师由89名各系教授及部分优秀副教授担任。2016年本科生发表国际期刊论文7篇，国际会议论文33篇，国内期刊论文2篇，国内会议论文1篇，授权专利1项，申请专利1项。

本科生竞赛方面，2016年ACM竞赛大连赛区学院3支队伍全部获金奖，其中1支队伍同时获得最快解题奖；沈阳赛区学院4支队伍1支队伍同时获得冠军、金奖和最快解题奖，2支队伍获金奖，1支队伍获铜奖；青岛赛区学院3支队伍均获得金奖，其中1支队伍同时获得最快解题奖；上海赛区学院4支队伍均获得金奖；亚洲日本筑波赛区学院获得最快解题奖；泰国曼谷赛区学院代表队获得冠军、最快解题奖；缅甸仰光赛区学院代表队获得最快解题奖。

11月在美国盐湖城举办的大学生超级计算竞赛总决赛中，学院学生取得总成绩第六名。7月举办的"中国高校计算机大赛-团体程序设计天梯赛"大赛决赛中学院30名本科生组成的3支团队表现优异，SolidGround团队获"团队特等奖"，3支团队共同获得"高校一等奖"。全国大学生电子设计竞赛——嵌入式系统专题竞赛，学院3支代表队分别获得一、二、三等奖。

教师工作成绩方面，11月教育部教学评估，访谈学院1场、调取学院期末试卷及相关材料3门、听课3门、查阅学生毕业论文36本。11月承办第41届国际大学生程序设计竞赛（ACM-ICPC）亚洲区预选赛。"中国高校计算机大赛-团体程序设计天梯赛"大赛，团队教练特聘研究员罗国杰获"最佳教练奖"。学院网络与信息系统研究所张铭教授主讲的"数据结构与算法"课程被评为联盟优秀课程。此外，截至12月26日的统计，2016年学院教师教学团队任职1项，获奖精品教材1本，授权专利1项，申请专利1项，参加教学会议6场，教学出访8场，接待教学来访3场。

【科研工作】 2016年学院人才团队建设得到进一步的加强，海外高层次人才引进计划（青年项目）入选者3名，教育部"长江学者奖励计划"特聘教授1名（崔斌），青年学者1名（郝丹）。林宙辰、宋令阳、王亦洲获国家杰出青年科学基金资助（项目"图像处理与模式识别""无线协作通信""图像结构的感知机制与计算"），程翔获国家自然科学基金（NSFC）优秀青年科学基金资助（项目"无线信道建模和应用"）。

2016年学院共承担国家级、省部级、科技开发等各类科研项目441项，所获纵向经费约2.43亿元，签署技术服务、技术咨询、技术转让合同113项，所获横向经费约4273.12万元，纵向和横向科研经费总计约2.85亿元。由彭练矛、谢冰担任负责人的国家重点研发计划专项"碳基纳米电子器件与集成"和"基于大数据的软件智能开发方法和环境"获批；由张兴、彭练矛担任首席科学家的国家重点基础发展研究计划/重大科学研究计划项目"超低功耗高性能集成电路器件与工艺基础研究"和"新型纳米光电子器件"验收获优评；由彭练矛担任负责人的NSFC创新研究群体项目"纳米尺度的高性能电子与量子器件的理论与方法"获延续资助。学院进一步致力于开展交叉学科合作研究，与医学部联合主办北京大学医学交叉学科发展总结与成果交流研讨会。

在科研成果方面，彭练矛、张志勇、丁力、王胜、梁学磊完成的项目"碳基纳米电子器件及集成"获2016年度国家自然科学二等奖；段凌宇、高文、黄铁军、张史梁等完成的项目"视觉特征紧凑表示方法及高性能图像搜索技术"和陈中建、于民、张雅聪、金玉丰、鲁文高、田大宇、王玮、郭俊敏等完成的项目（题目内部公布）分获2016年度高等学校科学研究优秀成果奖技术发明一等奖、科技进步一等奖。

此外，黄如当选美国电气电子工程师学会会士（IEEE fellow）；张志刚当选美国光学学会会士（OSA fellow）；梅宏、高文当选中国电子学会会士；张志勇获第19届茅以升北京青年科技奖；罗国杰入选中国计算机学会-英特尔青年学者提升计划；林宙辰获日本大川研究助成奖。

在对外交流合作方面，查红彬、周治平、王兴军、魏中鹏先后随学校代表团出国出境访问；早稻田大学、成均馆大学、爱丁堡大学、巴黎高等师范学校、伊利诺伊大学厄巴纳-香槟分校、耶鲁大学、剑桥大学、加州大学伯克利分校、维多利亚大学、维也纳大学、屯特大学、海德堡大学、斯伦贝谢公司、福特汽车公司等海外机构，以及数位美国国家科学院、国家工程院、艺术与科学院院士，法国国家科学院院士，奥地利科学院院士等到访；与高通公司正式启动合作研究项目；组织北京大学海外名家讲学计划项目2个、海外学者讲学/访问研究计划项目11个。

【党建工作】 中共北京大学信息科学技术学院委员会截至2016年12月实有党员1277人，其中在职教职工党员156人，离退休教职工党员116人，学生党员843人，其他党员（组织关系未转出等情况）162人。学院党委下属党支部44个，其中在职教职工党支部9个，离退休教职工党支部2个，学生党支部33个。

2016年发展党员104名（其中教职工1人）；转正党员49名；青年骨干培训2人（崔斌、宋令阳）。党的知识培训班（初级党校）37名同学结业；党性教育读书班（高级党校）15名同学结业；2人次获得优秀学员称号。

2016年，王阳元获得"北京大学优秀共产党员标兵"荣誉称号；吴玺宏、薛增泉、边凯归、杨川川、丁雪芹、陆俊林、赖舜男、关淘淘、黄鑫玉、栾添、廖凯、郑峰屹等12人获得"北京大学优秀共产党员"荣誉称号；学院信息科学中心与数字媒体教工党支部、学院行政党支部、电子学离退休党支部、计算机软件所2014级硕士生党支部等4个支部获得"北京大学先进党支部"荣誉称号。学院获得学工部党团日联合主题教育活动优秀组织奖。学院获得2015年度党内统计工作优秀单位奖。

在学校评选的基础上，学院党委评选审核出杜朝海、米古月等68位院级优秀共产党员和电子教工一支部等5个院级先进党支部。

【行政工作及其他工作】 2016年，学院工会获得北京大学第十五届青年教师教学基本功和现代教育技术应用演示竞赛优秀组织奖，2015年度北京大学工会群众体育工作先进单位一等奖，北京大学第二十三届体育文化节暨运动会教职工团体总分第五名及精神文明奖，北京大学第三届教职工游泳比赛团体总分第六名，北京大学教职工乒乓球团体赛男子组第六名，女子组第三名；工会策划组织的"温馨快乐的生日party"获2014、2015年精品活动，"趣味运动会"获2014、2015年优秀活动。2016年，院工会还积极参与组织海淀区第十六届人大代表选举的投票工作，学院教工投票率达85.8%，张海霞教授连任。

在离退休工作方面，现有离退休人员227位，年龄80岁以上有51人，70岁—80岁的有95人。其中，空巢、长居国外、独居、孤寡老师30多人。2016年，学院成立离退休工作办公室，超过95%的离退休人员参加海淀区人大代表选举投票，95%离退休人员参加与在职职工同步的查体，过半人数参加"九九重阳"郊游活动。此外，还召开老同志新年茶话会，发放教师节、中秋节和国庆节节日慰问费、慰问品；共计34人次获得学校党委系统、学校离退休工作部以及学院慰问，15位80岁以上老师领取红围巾，新退休的老师收获学院给予的一份感谢。

【学生工作】 在学生工作方面，学院2016年获得北京大学学生工作先进单位、先进团委荣誉称号；2013级本科6班获得北京大学学生集体最高荣誉五四奖杯，2013级本科4班被评为北京市先进班集体，2014级本科1班、2014级本科3班、2015级本科1班被评为北京大学优秀班集体；软件所2014级硕士生党支部获评北京大学先进党支部。

（信息科学技术学院）

工学院

【发展概况】 工学院下设6个系和近20个研究机构：工业工程与管理系、力学与工程科学系、航空航天工程系、能源与资源工程系、生物医学工程系、材料科学与工程系；近20个研究机构中包括国家重点实验室2个，湍流与复杂系统国家重点实验室、国家湿地保护与修复技术中心，省部级重点实验室4个，高能量密度物理数值模拟教育部重点实验室、城市固体废弃物资源化技术与管理北京市重点实验室、先进电池材料理论与技术北京市重点实验室、先进北京市智能康复技术研究中心。

【队伍建设】 根据2016年学院的工作计划及学校总体工作安排，在主管领导及党政班子的领导下，围绕人才引进、开发、聘任、考核、评估等工作，完成日常人事管理和服务工作。

截至2016年底，学院在编人员138人，其中院士10人，海外高层次人才引进计划12人，长江学者18人，国家杰出青年科学基金24人，海外高层次人才引进计划（青年项目）13人，教育部跨世纪和新世纪人才16人，青年拔尖人才3人，国家优秀青年科学基金12人。

2016年，完成海外高层次人才引进计划申报、海外高层次人才引进计划（青年项目）申报及聘任（3人获批，4人到岗）、长江申报（1人获长江特聘教授，2人获长江青年学者），引进杰青1人，长江学者1人。同时，根据学校精神，完成2015—2016年度专项岗位考核、年度考核与2016—2017年度专项岗位聘任工作。

在获奖方面，王启宁获黄廷芳/信和青年杰出学者奖，陈璞获曾宪梓优秀教学奖，杨莹获正大教师奖。

博士后工作方面，完成流动站评估工作。15年进站39人，出站50人，办理延期9人。1人获优秀博士后奖。积极配合博士后管理工作的改革，完成博雅博士后申报。

2016年完成相关报告撰写、规章制定、考核评估、绩效奖励、岗位聘任、各类人员的工资考勤、招聘计划制定、职称评审、学术委员会换届、学术委员会议相关工作及落实；教育系统满30年统计、奖教金申报、不计工龄统计、拟退人员申报、人事归档、福利费发放、子女互助医疗统计等工作，并撰写相关新闻数篇。特别是制度建设上，完成新老体制融合改革方案、机构设置及职员制定编定岗方案。

【教学工作】 本科生教学。1. 招生情况。2016年招收本科新生130人，实际报到126人。其中，国防生6人，留学生3人。

2. 毕业生情况。2012级84名本科毕业生中，共计79人毕业，5人暂结业。78人获得学位，17人获得理学学士学位，61人获得工学学士学位。

3. 在校生情况。目前在校本科生共420人，其中，留学生8人，港澳台地区学生1人。2013级共有42名学生获得免试推荐研究生资格。2016年共计57人次赴境外出访或交流。

4. 专业划分。2015级106名学生顺利完成专业选择，其中，理论与应用力学专业32人，工程力学（工程结构分析方向）专业8人，能源与动力工程（能源与资源工程方向）专业20人，航空航天工程专业12人，生物医学工程专业11人，材料科学与工程专业18人。

5. 教育部本科教学评估。2016年11月7—10日教育部专家组对北京大学的整体本科教学进行评估，工学院积极配合，在评估前完成相关资料整理、核查及数据报送。评估期间与专家进行座谈，并顺利通过课程试卷及论文等教学资料的检查。

6. 课程管理情况。工学院2015年度春季开设69门课程，暑期学校开设19门课程，秋季开设70门课程。

7. 培养方案及招生宣传。按学校教学改革要求，讨论并完成2016年工学院本科生培养方案的全面调整及修订，完成2016年北京大学招生宣传册和工学院招生宣传册的资料收集及修订等相关工作。

8. 本科生科研训练。工学院2014级本科生科研立项项目中，莙政基金2项，国家创新训练项目5项，北京市创新计划2项，华宝基金2项，毛玉刚基金2项，钟夏校际科研基金2项，校长基金6项，学院共有23名学生参与课题研究。2016年10月，工学院14个2013级本科生科研项目顺利完成结题。2016年5月，2012级1人获得2015年度"校长基金"优秀论文，1人获得"钟夏校际科研资助基金"优秀论文。

9. 国家基础科学人才培养基金。2016年学院"国家基础科学人才培养基金"资助17个科研训练课题，共有22名本科生参与课题研究。2名学生获得国家基础科学人才培养基金奖学金，2名学生获得短期出国交流资助。

10. 北京大学2016年中学生暑期课堂（工学）。2016年7月15—20日举办北京大学2016年中学生暑期课堂（工学），收到来自全国25个省市自治区共计1822份有效报名材料，经选拔评审委员会评审及学校招办审核，选拔出270名学员，最终229名学员报到。

11. 获奖情况。工学院黄克服老师获得北京大学2015—2016年度教学优秀奖。工学院2012级理论与应用力学专业的王梦泽同学荣获"2016年中国力学学会全国徐芝纶优秀力学学生"优秀奖。

研究生教学。1. 基本情况。在校研究生人数869人，其中，博士生604人，硕士生265人。2016年，工学院共招收研究生235人，其中博士生141人、硕士生94人；2016年毕业研究生共137人，其中博士生70人、硕士67人；2015年共开设111门研究生课程。

2. 国际交流。2016年共有186人次申请出国参加国际会议或合作研究，其中28人获得北京大学国际会议资助，14人获得"国家建设高水平大学公派研究生项目"支持到国外大学做合作研究。

3. 夏令营工作。2016年7月17—19日，工学院成功举办第8届全国优秀大学生夏令营，来自北京大学、清华大学、浙江大学、中国科学技术大学、武汉大学、上海交通大学、南开大学、四川大学等全国76余所高校的约310名同学参加本次活动。

4. 工学院第三届博士生学术论坛及全国力学博士生论坛。2016年10月29—30日，由北京大学工学院力学与工程科学系主办，清华大学、北京航空航天大学、北京理工大学、北京科技大学、北京交通大学和中科院力学研究所六个兄弟单位协办，第一届北京力学博士生论坛暨第四届北京大学工学院博士生论坛在北京大学举行。

【科研工作】 2016年，工学院共举办各类学术报告会205场，其中125场的报告人来自境外，新获批科研项目190项，获批经费2.5亿元。2016年工学院到校科研经费达到2.84亿元。工学院发表文章的数量保持基本稳定，2016年全年发表SCI检索论文814篇（2017年初检索，非最终结果），其中408

篇第一作者或第一通讯作者的第一署名单位为工学院。

2016年工学院SCI文章（第一作者或第一通讯作者）的平均影响因子为4.40（2011年2.29，2012年2.74，2013年3.08，2014年3.26，2015年3.72）。高水平论文的数量在不断增加，2016年影响因子超过5的文章有108篇，其中45篇超过10，3篇超过20（均指第一作者或第一通讯作者文章）。

2016年，工学院的科学研究工作在多个不同的领域取得重要的研究成果。工学院郭少军和苏州大学、美国Brookhaven国家实验室相关研究人员的联合团队、侯仰龙课题组、席建忠课题组、占肖卫课题组、张珏课题组、席鹏课题组、董蜀湘课题组、杨越课题组、李法新课题组、罗莹课题组等均在各自领域取得重要研究成果。

2016年，工学院在科研领域获得各类重要的荣誉和奖项。"复杂耦合动态系统控制与应用"（段志生、黄琳等）荣获国家自然科学二等奖，"特种液晶材料及调光膜制备技术"（杨槐等）荣获国家技术发明二等奖。工学院有3个项目荣获2015年度高等学校科学研究优秀成果奖自然科学一等奖（其中2项主持，1项参与），2个项目荣获2016年度高等学校科学研究优秀成果奖自然科学一等奖（均为主持，目前公示阶段）。郭少军连续三年（2014—2016）入选美国汤森路透集团公布的世界高被引科学家名单，并荣获2016年度国际电化学会-Elsevier应用电化学奖。爱思唯尔发布2015中国高被引学者榜单，工学院9位教师进入榜单。

2016年，北京大学工学院主办或协办一系列重要的学术会议，在国内外的学术影响力得到充分展示，其中包括：国际机器人发展前沿研讨会、第三届中美"能源、水资源、环境与大气污染可持续发展"论坛、国际流体物理研讨会、世界机器人大会（谢广明担任主办方国际水中机器人联盟主席，也是该赛事的创办人）、第三届高能量密度物理国际会议、先进制造仿真领域关键性科学问题研讨会、第一届北京力学博士生论坛、先进制造领域数值仿真技术与工程科学软件开发研讨会、第五届液晶光子学会议、管理科学青年学者研讨会、第二届亚洲大学生物医学工程论坛、第八届可生物降解金属的生物医学应用国际研讨会等。

【党建工作】 2016年，工学院共组织38人参加学校党课班的学习，新发展党员18人，有10人转为正式党员。学院根据院系情况，重新进行支部划分，现共有党支部49个，其中教工党支部9个，学生党支部40个。截至2016年底，工学院共有党员968人，其中学生党员818人，教职工党员106人，离退休党员44人。

2016年，工学院党委共有9人被评为"北京大学优秀共产党员"，分别是荣起国、朱若珊、魏朋、杨婷云、李应龙、代冲、张晏硕、王绍鑫、田永路；共有4个党支部被评为"北京大学先进党支部"，分别是2014级本科生党支部、2014级硕士生党支部、2014级博士1班党支部、生命联合中心2012级硕博党支部。

2016年，工学院党委按照学校要求，结合学院实际，积极开展"两学一做"学习教育。

2016年，工学院党政班子严格执行党风廉政建设方面的各项规定，全年未发现违规违纪现象。

【学生工作】 2016年，在学院党委的领导下，工学院学生工作办公室以育人服务为宗旨，坚持从学院各项事业迅速发展和学生规模不断扩大的实际出发，充分考虑学院理工医交叉的多学科背景，围绕教育、指导、服务、管理、研究五位一体的工作内容，继承传统、开拓创新，在做好机制规范和平台完善的基础上积极探索育人力量的拓展和整合。坚持"育人为本"思想和"精致化、人性化"指导原则，秉承"工之道，实为本，新为上"的育人理念，以学生思想政治教育与理想信念教育为基础，以学生资助、心理、就业、评优和日常管理指导为依托，以创新创业实践教育为抓手，做多方面的努力和探索。

【交流合作】 2016年度工学院结合学校要求，制定严格的工学院教职工申报规则和流程。

出国（境）共399人次，涉及美国、英国、法国、荷兰、比利时、加拿大、日本、澳大利亚、新加坡、意大利、德国、韩国以及我国港澳台地区等。其中赴港澳人数为45人次，赴台人数为16人次。

2016年，本着外事工作为教学科研服务的宗旨，积极开展国际学术交流方面的工作，交流渠道多元化。全年共接待知名高校来宾200余人次。

2016年工学院利用北大"海外学者讲学计划"和"海外学者研究计划"项目共26万元先后聘请专家约30人次来学院讲课、讲座及科研合作。

2016年度工学院协助申请的北京大学"海外名家讲学计划"，申报1人，获批经费4万元。该项目邀请著名生物学家、美国国家科学院、医学院院士Jennifer Lippincott-Schwartz博士访问北大讲座并交流，受到全校及附近院校的生物医学工程专业教师及学生的普遍关注。

在留学生招生工作方面，2016年入学留学生9人，分别来自巴基斯坦、印度和伊朗。

2016年度是"国际化示范学院推进计划"试点学院项目执行的第一年，外专局向学院拨款270万元。

【社会服务】 2016年，继续利用多种渠道、采用多种形式向校内外和国内外进行正面宣传（中英文网站、《工学快讯》期刊、中英文宣传册、中英文电子报和微信公众平台等）。其中，中英文网站发布新闻247则，网站各栏目更新及时。《工学快讯》印刷4期，每期发放300册；中英文宣传册按对外交流的需要正常发放；电子报全年发行6期中英文，每期共发送12,000人；微信平台定期推送新闻和通知消息，目前关注人数从2015年的900人增至1600人。

2016年工学院的产学研工作又拓展新的资源，不断夯实科技开发的基础。主要的工作内容有：

1. 院地合作。在"院地合作"方面，与寿光、泰兴、广州科技局、鞍山科技局、内蒙古残联、中关村发展集团、襄阳市政府、德州政府、山东安丘市政府等10余个政府机构接洽，以平台搭建为主要的合作模式，建立长期的互动关系。

2. 院企合作。学院深化与新奥、京东方、方正集团、德稻等企业的产学研合作关系，并与常州瑞声、九鼎投资、浩德科技、建科股份、太库、宏泰、郎世坤成、万丰奥特、恒天天鹅中诚创业园等一批以具体项目为合作出发点的企业建立可持续的科技成果承接关系。

与新奥的深度合作中，确认联合研发的科技项目有15项，涉及材料、能源等领域，双方科研开发人员达30余人。

3. 科技开发部横向合作合同及入账情况统计。2016年工学院老师对外签署的横向课题数量有76项，合同金额总计3331.50万元；学院老师从科技开发部签署横向课题数量116项，入账金额总计4092.20万元。

2016年新设立创新教育中心发展基金、北京大学国际人才基金共2个基金项目。2016年学院捐款合同总额为1182.69万元，到账金额为1182.69万元。组织筹划并参与学院重大活动，包括朱棣文北京大学名誉博士授予仪式、第三届工业理事会第三次会议、北京大学工学院与寿光市人民政府签约仪式等。

学院院友会在2016年组织五四返校院友活动及各年级值年返校活动。组织第三届"工行天下"业界导师项目。召开北京大学工学院第二届院友理事会第一次常务理事会暨学研会十周年庆典活动、北平大学北京大学工学院校友会常务理事会。筹办中国创业女性年度人物揭榜典礼、吴康铭奖学金颁奖典礼、第五届本科实习奖学金评审及颁奖典礼、北京大学"协鑫奖"奖学金颁奖典礼暨《大学生社交礼仪》公益讲座等活动。

创新教育中心作为学院的创新人才培养平台，负责专业硕士及创新创业人才的培养。中心目前负责2个专业硕士的招生、培养和教学工作，以及高端培训等继续教育工作。

创客实践教育中心2016年初筹建，共组织学生创客活动8场，主要负责组织日常学生团队在中心项目管理及项目所需支持的协调；组织日常学生项目的征集工作等。同时根据学院、学校对创新实践教育工作任务部署，配合完善中心平台的服务。

（工学院）

计算机科学技术研究所

【发展概况】 北京大学计算机科学技术研究所（以下简称计算机所）2016年教师队伍总人数31人，其中正高职称9人、副高职称17人，新体制助理教授2名，新晋升正高职称1人、副高职称1人。另有博士后1人、教辅人员4人、劳动合同制14人，引进海外高层次人才引进计划（青年项目）1名，教职员工共计50名。

【教学工作】 2016年毕业博士研究生6名、硕士研究生22名；入学博士研究生6名、硕士研究生21名；在读博士研究生31名、硕士研究生65名、软微工程硕士生6名。

博士生发表期刊论文8篇，会议论文14篇；硕士生发表期刊论文2篇，会议论文38篇。本科实习生发表会议论文5篇。

在学校共讲授15门课程，其中6门研究生课程、9门本科生课程。

【科研工作】 2016年在研项目63项，到账经费1200余万元，其中纵向科研经费约1000万元。发表学术论文91篇，其中会议论文71篇，期刊论文16篇，影响因子最高的为2.536，SCI论文11篇。

获得国内发明专利授权7项，国际发明专利授权1项，申请并被受理的国内发明专利34项。

"互联网多模态内容分析与识别关键技术与应用"获北京市科学技术奖一等奖。

刘志红被评为"第七届全国优秀科技工作者"。

邹磊获北京大学"王阳元院士教师奖优秀奖"。

孙俊获2015年度中关村视听产业技术创新联盟数字音视频编解码技术标准工作组（AVS工作组）"AVS产业技术创新奖"。

图像、视频内容理解与检索研究方向针对图像重建问题，特别是高缺失率情况下修复分析与特征建模等方面取得高效重建效果，在TMM、ECCV等国际期刊发表多篇论文；针对视频的动作预测、分类与识别问题，通过利用深度神经网络时域建模构建特征进行高效识别，在AAAI 2016、ECCV 2016等国际会议发表多篇论文，并在ACCV 3D行为识别比赛中获得第一名；通过对HTTP/2动态流媒体技术的研究，提出一种PUSH反馈机制，解决推送流媒体的动态决策问题，降低网络视频启动延迟。该Fast-start技术已经申请发明专利，相关提案被国际标准MPEG-DASH Part 6采纳。

在跨媒体检索上，提出基于多深度网络结构、分割和半监督统一超图规约等的跨媒体统一表示学习方法，有效提高检索准确率，相关工作论文发表在IJCAI 2016、TCSVT 2016；在视觉目标检测上，针对行人检测中较难的低分辨率样本问题提出一种新的多分辨率处理模型，使得训练得到的模型可以更好应对多分辨率下的行人检测，相关工作的论文发表在AAAI 2016。

语言计算与互联网挖掘研究方向在语义分析、观点挖掘、文本摘要与生成等方面提出基于图分解的深层依存分析方法、基于直播文字的新闻自动构建方法、基于双语表示学习的跨语言情感分类方法等，效果显著，相关工作论文发表在 Computational Linguistics、ACL2016、TKDE、AAAI2016、EMNLP2016；参加由美国国家标准技术局 NIST 举办的国际权威评测 TRECVID 2016，在视频搜索比赛（Instance Search）的自动搜索和交互式搜索中，均获得第一名。

网络内容保护与文档处理技术研究方向设计的公式检索系统（WikiMirs3.0）可同时支持公式检索和传统的文本检索，在 2016 年的国际检索评测会议-公式检索竞赛（NTCIR 12-MathIR）中，在 Wikipedia 数据集和 ArXiv 数据集上分别获得第一名和第二名。

网络信息处理技术研究方向在智能问答技术方面，提出结合结构化知识库与非规范化文本知识资源的智能问答技术，实现基于大规模、非规范化的、以文本关系表述为基础的知识资源实现复杂问题的解析和表示，在欧盟 2016 年的智能问答评测（QALD-6）中获得第一名。

【社会服务】 1. 电子出版新技术国家工程研究中心。中心于 2016 年成立专家委员会，并召开专家委员会会议，教育部科技司高新处处长张建华、北京大学副校长王杰等 20 余人出席会议。

基于直播文字的新闻自动构建技术，与今日头条合作研制推出 AI 写稿机器人 -Xiaomingbot，在奥运期间共发布奥运新闻 456 篇，服务 100 多万读者，单篇报道阅读量最高达 11 万。该款写稿机器人在奥运结束后继续为各类足球赛事自动进行赛事新闻创作，被国内外 80 多家媒体和网站所报道。

研发的 AVS2 解码器在 Android、iOS 平台上实现高清实时解码，在中国网络电视台（CNTV）通过线上测试，并应用于 AVS2 节目试播。

研发的互联网图像视频分析与识别系统，已应用于国家新闻出版广电总局和西藏宣传部，正在公安部等部门进行推广应用。

研制的数字喷墨印刷机 P 系列，采用自主设计的平台，并通过对系统优化，整机成本降低 30%，提升产品的竞争力。

研发成功分辨率 1200dpi、速度 150 米 / 分钟的高速喷印系统原型，分辨率及速度与原系统相比有大幅提高，应用范围更广，有望在烟包二维码、软包装二维码的应用领域率先获得应用。

2. 中国文字字体设计与研究中心。中心的专家工作委员会进行换届，新一届专家工作委员会由 2 名顾问和 13 名专家委员组成。中心于 7 月 25 日召开新一届专家工作委员会议，教育部语言文字信息管理司司长田立新、北京大学副校长王杰、原国家语委副主任傅永和（委员会顾问）、北京师范大学教授王宁、中国书法家协会主席苏士澍等专家，以及字体中心的其他专家和老师 30 余人参加会议。

提出一种基于风格学习的大规模手写体中文字库自动生成系统，用户只需书写少量汉字（可低至 200 个），系统便可自动生成包含 27,533 个汉字的具备该用户书写风格的 GB18030 手写体中文字库。目前，该系统已接入方正手迹开发的方正字工场 APP 中，自动生成的部分字库产品已经对外销售，已产生一定的经济效益。

开发一个矢量中文字库自动压缩系统，能够自动将给定的手写体或印刷体矢量中文字库按照笔画复用或部件复用的方式压缩到原来数据量的 10%—20%，减少压缩字库的人工干预工作量，有效提高制作效率。

"中国教科书专用字体研究与设计教科书体项"通过教育部组织的专家鉴定。

成功举办第八届"方正奖"字体设计大赛，新增英文字体设计单元，在国家大剧院举办"字道 2016"系列展览和字体设计论坛，引起社会广泛关注。

鲁迅先生诞辰 135 周年之际，字体中心与鲁迅文化基金会共同发布"方正鲁迅体"，旨在为社会各界应用鲁迅字体、传播"鲁迅精神"提供实用上的便利。

3. 新闻出版智能媒体技术重点实验室。2016 年 12 月 23 日，由计算机科学技术研究所作为牵头单位建设的"新闻出版智能媒体技术重点实验室"，成为新闻出版广电总局批准建设的首批新闻出版业科技与标准重点实验室之一。该重点实验室将致力于知识挖掘与服务、数据管理与运营、版权保护与应用、高新技术跟踪与应用等关键技术的研究与开发。

【交流合作】 出国参加国际学术会议 70 余人次，邀请校外专家来所做学术交流报告 14 场，承办或协办学术会议 1 次。

组织召开"知识库管理平台与知识服务服务接口"专家研讨会，针对"大数据时代的数据管理，尤其是面向大数据分析的数据管理需求有别于传统的数据管理问题"这个核心研究点，与会专家从不同的角度进行阐述。

【党建工作】 2016 年共有党员 28 人，其中离退休党员 8 人。

举行以"缅怀王选精神，努力开拓创新"为主题的组织生活会，组织党员和部分教师参观新建成的王选纪念陈列室"创新历程厅"。

根据《北京大学关于在全体党员中开展"学党章党规、学系列讲话，做合格党员"学习教育工作方案》的通知要求，结合计算机所教学科研工作实际，制定"两学一做"学习教育工作方案，举行以"开展'两学一做'，争创世界一流：人工智能——从 AlphoGO 说起"为主题的组织生活会；组织观看新华社向建党 95 周年献礼拍摄的微电影《红色气质》；及时组织学习习总书记的最新讲话，宣传、贯彻党的思想理论、方针政策；组织"立足岗位，恪尽职守，做新时期合格党员"的大讨论。

认真开展党风廉政建设工作，贯彻落实党风廉政建设主体责任与监督责任，做到"党政同责、一岗双责"，严格执行"八项规定"，坚决纠正"四风"问题，以积极、主动的服务意识围绕科研教学工作开展行政管理工作，坚持公开、公平、公正的原则，严格执行民主决策、"三重一大"、所务公开等制度。

【王选纪念陈列室】 修订出版专著科学与人生：中国科学院

院士传记书系之一——《王选传》，作"王选的世界"主题报告10余场。

王选纪念陈列室第二展厅"创新历程厅"建成，于2016年1月举行揭幕仪式。

组织王选纪念陈列室的接待和讲解工作，共接待各方参观人员1200余人。

为纪念2017年王选院士诞辰80周年，联合方正集团，与中央电视台科教频道《大家》栏目合作，制作3集纪录片《王选》。

【行政工作及其他工作】 行政人员共有10人，其中事业编制人员3人、合同制人员7人。

计算机所工会青年委员刘家瑛被评为"北京大学优秀工会干部"；计算机所工会组织的"珠联璧合，巧夺天工——女子手工沙龙"被评为"北京大学2014、2015年工会精品活动"；计算机所被评为"北京大学二级单位安全管理标准化建设先进单位"。

【学生工作】 2016年毕业博士研究生6名、硕士研究生26名。其中在国内知名企业就业的有1名博士、6名硕士，在国企及事业单位就业的有3名博士、5名硕士，在知名外企就业的有1名博士、9名硕士，在国内互联网创新企业就业的有1名博士、3名硕士。

（计算机科学技术研究所）

软件与微电子学院

【发展概况】 2016年，软件与微电子学院在北京大学和学院理事会领导下，以深化落实《北京大学章程》《北京大学综合改革方案》为契机，教育教学改革进一步深化，工程博士教育分阶段稳步推进；高质量科研项目稳步增长，承担国家科技项目和社会服务工作较以往有所增多；校园文化建设和行政服务水平努力朝着精致化的方向推进；学生就业水平和质量仍然保持较高水准，位居北大前列。

【教学工作】 2016年，软微学院学科结构呈现交叉融合的特色，软件工程一级学科工学博士点、电子与信息领域工程博士点、软件工程工学硕士点、专业硕士点、工程管理硕士点，招收软件工程一级学科博士研究生、电子与信息领域工程博士研究生、软件工程工学硕士研究生，以及软件工程、集成电路工程、电子与通信工程、计算机技术、项目管理、工业设计等6个领域的工程硕士。2016年还新启动工业设计、工程科技创新管理、文化创意产业管理招生。2016年，学院继续面向领域凝练学科方向，建立5个系：软件工程与数据技术系、集成电路与智能系统系、金融信息与工程管理系、数字艺术与技术传播系、网络软件与系统安全系；成立2个教育中心：工程管理硕士教育中心、国际与港澳台学术交流与教育中心。

2016年，学院累计开展13场素质教育讲座，参加学生达7000人次，学生自我规划、自主发展，组织33场读书会。

软微学院坚持构建注重知识、能力、素质综合提高的开放式工程技术领军人才培养体系。根据国家对高新技术人才的需求，学院制定电子与信息领域工程博士研究生培养实施方案，对培养目标、培养模式、课程体系、学习年限、进度安排及学籍管理等做详细的规定。2016年，学院共录取工程博士研究生9人，其中软件工程4人，集成电路工程3人，软硬结合2人。

2016年，学院加强工程管理硕士的招生和培养，成立工程管理硕士教育中心。

【科研工作】 2016年，软微学院承担各类科研项目103项，申请发明专利28项，登记软件著作权11项，公开发表论文130余篇。承担的科研任务多以云计算、物联网、移动互联网、新媒体等前沿技术和交叉融合技术为主攻方向，形成软件、微电子、新媒体、金融与管理等多学科交叉融合的项目群。各类科研项目执行情况良好，项目评估、验收、审计均符合要求及管理规范，部分科技成果得到实际应用。学院新版综合信息管理系统上线。

【学生工作】 2016年，共录取各类学生1062人，其中工程硕士843名。第一志愿统考报名人数位列全校第三，推免生源报考踊跃，质量明显提升，大部分来自985高校。2016年，学院双证硕士毕业生达729人，100%就业，就业综合情况在北大名列前茅。毕业生综合素质高，实践能力强，受到用人单位的高度欢迎；学院已连续6年被评为"北京大学就业工作先进单位""北京大学创新集体"。

在国家积极倡导"大众创业、万众创新"的新形势下，学院结合办学优势，通过多项举措全面提升学生创新创业能力。通过发挥北京大学软件与微电子融合的学科优势，进一步结合计算机技术、金融信息、数字艺术、工业设计等多个领域，开设跨学科、跨专业的交叉课程，并聘请行业知名专家担任导师，促进教学科研与产业对接，满足国家软件产业、集成电路产业、互联网+、中国制造2025对人才的迫切需求；创新性地引导学生按照兴趣爱好自愿组成各类兴趣小组，邀请教师和企业专家参与指导，很多学生在校期间就组成"天然的创新创业团队"；开展常态化的综合素质教育，广泛开展讨论式、参与式教学，依托校内外文、史、哲、经、管、法等多领域优势资源开设素质教育讲座，将学术前沿发展和实践经验融入教学；逐步挖掘和利用学院大兴校区和无锡校区的校园空间资源，采用政产学研用相结合的模式，凝聚国内外优质资源建设创新创业与人才培养平台；多路径搭建创新创业平台，通过创新创业大赛、校友沙龙等活动，使学生通过虚拟创业，增强创新意识，提高创业能力。2016年，学院组织北大软微创新创业新年论坛，参加校友超过700人；代表北京大学参加2016国际创新创业博览会双创展，近30家校友创业企业参加展览；举办5期北大软微学院创新创业训练营，共有来自全国各地的100余所高校600多位大学生参加。

（软件与微电子学院）

环境科学与工程学院

【发展概况】 学院现有环境科学系、环境工程系、环境管理系3个教学实体单位，设立环境模拟与污染控制国家重点实验室联合分室（北京大学分室）、水沙科学教育部重点实验室、北京市新型污水深度处理工程技术研究中心3个科研平台，拥有中国持续发展研究中心、环境工程研究所、环境与健康研究所、环境与经济研究所4个虚体研究机构。

学院现设2个本科专业：环境科学、环境工程；4个硕士专业：环境科学、环境工程、大气物理学与大气环境、环境健康；3个博士专业：环境科学、环境工程、环境健康；1个博士后流动站。

截至2016年12月，学院教职员工69人（包括长江特聘教授2人），其中，教授25人（含新体制研究员12人）、副教授18人、讲师1人。2016年新晋升教授1人，新进教师2人。2016年在站博士后22人（含深圳研究院4人），其中进站9人（含深研院3人），出站6人（含深研院2人）。

2016年，学院继续秉持"国际一流的研究平台、国际视野的高层次人才培养基地、卓越的基础与应用科学研究中心、重大环境政策思想库"的基本发展目标，以规划为引领，推进人才培养、团队建设、科学研究、社会服务及党团、工会等组织建设，并参与编写《北京大学信息与工程科学部学科规划（2016—2020）》。

2016年7月，环境绿色大楼竣工，8月底，学院师生陆续从老地学楼、技物楼、英杰交流中心等地搬至环境大楼办公科研，2016年学院开学典礼首次在环境大楼举行，学院公共研究平台和实验教学中心等正在逐步建设。

【教学工作】 学院现有本科生126人，硕士生145人，博士生154人。2016年招收本科生39人（留学生5人），硕士生39人，博士生40人。2016年本科毕业33人（含3人结业），硕士毕业44人，博士毕业17人（含1人结业）。

2016年学院共开设本科生课程54门，包括专业必修课22门、专业选修课20门、校通选课6门、校公选课3门，暑期课3门（含专业必修课2门，校公选课1门）；2016年共设研究生课程53门，其中必修课23门，选修课30门。

2016年共有20名学生参加本科生科研训练，参与率达62%。

2016年学院按照教务部要求，组织教学工作小组讨论并完成制定新的培养方案，根据培养方案要求首次开展必修课程"环境科学综合实习二"，第二次组织本科生去珠海实习基地完成必修课程"环境科学综合实习一"；本科生导师制工作有序推进，学院提供各种服务支持保证导师制活动的定期开展；2016年继续聘请外国专家在学院开设英文课程，邀请多位专业领域外国专家为学生开设专题讲座，讲述学术前沿；2016年按照学校教务部要求梳理培养理念、教学目标、整理教学档案，顺利完成教育部的本科教学评估；学院教学实验中心实验室建设逐步落实，建立符合学院本科教学需要的实验环境；研究生整体工作仍以"过程管理与提高质量"为基本原则，以选择优秀的学生、进行悉心的培养与执行严格的标准为主线；继续推进博导遴选改革，对符合要求的副教授进行审核通过其博导资格。为满足学科需求，向校研究生院申请硕士生指标以2∶1的标准置换博士生指标，2016年硕士生招生减少16人，博士生名额增加8个。学科建设方面，学院新增二级学科环境健康专业将于2017年开始招收研究生。学院温东辉教授被评选为第二十一届北京大学"十佳教师"。

学院举办第四届"全国优秀大学生夏令营活动"，共有来自全国各地45所高校的123名优秀大学生参加，最终55人被评选为优秀营员。为扩大北京大学的学术影响与践行社会服务宗旨，学院于7月10—20日继续举办"生态文明与环境管理"暑期学校，来自全国各校的53名优秀研究生参加学习。7月15—19日成功举办第一届北京大学全国优秀中学生环境暑期课堂，引导学生建立对环境保护事业及环境学科清晰的认识，激发学生对环境学科的兴趣与关注。

学院继续推进与国外知名大学和研究机构的研究生学术交流和联合培养工作，共有78人参加出国出境交流访学，其中获得学术交流基金资助30余人。

【科研工作】 2016年学院共发表SCI收录论文160篇，中文核心期刊论文89篇。其中，倪晋仁课题组在 PNAS 上发文揭示中国水土流失引发的 CO_2 通量效应，胡敏课题组在 PNAS 上发文揭示黑碳对雾霾和气候变化的双重作用机制，朱彤课题组在 PNAS 发文指出冬季居民源对空气污染的重要贡献，朱彤在 Science 上发表城市与未来交通展望论文。获授权专利12项，出版专著13部；获批多项国家重点研发专项，其中学院牵头2项，承担的863课题、973课题、科技支撑计划课题、国家重大科学仪器设备开发专项、国家科技重大专项、国际合作项目及基金委项目进展顺利。全年到账科研经费9572万元。

多项科研成果获得奖励。学院作为第一单位完成的项目"挥发性有机物来源及在大气二次污染生成中的作用"获教育部高等学校科学研究优秀成果一等奖；"实时在线甄别空气中的致病微生物系统"获第44届日内瓦国际发明展览会特别嘉许金奖。

学院在基础研究方面注重原创性突破，在应用研究方面立足于面向国家重大需求的共性关键技术开发，进一步促进相关科技成果的实质性转化。国家自然基金委重大项目"大气二次污染形成的化学过程及其健康影响"结题评审"特优"。为建立学校层面相关研究和教学的交流平台，学院承办北京大学"中国大气污染成因与控制对策"研讨会。进一步夯实科研基地建设，北京市新型污水深度处理工程技术研究中心绩效考评结果优秀。

【交流合作】 学院进一步搭建广泛的合作网络，成功举行北京大学-于利希大气化学国际联合实验室启动暨揭牌仪式，并制定联合实验室未来的发展方向、建设方案和科研计划；与美国国家海洋和大气管理局（NOAA）地球系统研究实验室签署谅解备忘录，计划在大气科学与技术领域，包括化学与气溶胶、太阳与地球辐射、气象与动力学过程等方面开展合作。

学院通过开放性学术平台，促进学术交流，增强学院的学术影响。学院现有46人次在国际学术组织中任职，66人次在国际学术期刊中任职。2016年聘请外国专家30余人。接待外宾来访，拓宽合作渠道，代表团分别来自密歇根大学、日本东洋纺株式会社等。

进一步搭建学生海外交流桥梁，培养国际视野，举办首届北京大学环境学科赴美暑期学术交流及美国纽约巴德学院可持续发展项目宣介会等。

【党建工作】 学院党委紧密结合时事、政治、校园热点，利用学习党的十八大、十八届三中全会、十八届四中全会、十八届五中全会精神和习近平总书记一系列重要讲话精神的相关工作开展一系列主题教育活动。

结合学校"两学一做"工作分类指导手册，针对不同党员群体的不同层次要求，发挥基层党委和党支部的积极性和创造性。制定基层党委和党支部学习计划，着重提升学生党支部组织生活质量；开好班子民主生活会，注重引导教师党员立足岗位作贡献；基础党务不放松，做好党员组织关系集中排查，保证组织关系调转及时，党员统计全面，党费收缴清晰，认真配合开展2008年4月至今党费补缴工作，及时指导和督导教师党支部、学生党支部开展新学期的换届工作；在全院党员中开展"立足岗位，恪尽职守，做新时期合格党员"大讨论，学院党委在各支部讨论的基础上，进一步总结凝练形成学院的合格党支部建设规范和合格党员行为规范；举办系列主题学习会：十八届五中全会精神学习会，"两会报告深度回头看"主题学习会，学习贯彻李克强总理考察北大讲话精神主题会等。

深入开展"两学一做"主题党日学习教育活动，党团共建，学用相长，传播理念，提升环境素养：搭建与江苏省宿迁市教育局共建平台，成功举办首届宿迁市优秀高中生"环境文化节"；通过调研绿色校园，垃圾智慧分类回收，共建绿色大楼；深入推进与燕园街道党委共建活动，选派学生到7个社区担任居委会主任助理，开辟学生日常专业实践。2015级硕士研究生党支部与中关园社区党支部共建开展"两学一做"学习教育主题党日活动；赴山东菏泽开展环保进学校主题党日教育活动；与海淀建委、国土局举行"五四精神牢记，爱国情怀融心"主题党团日活动；举办"学楷模，做先锋"书法比赛；组织参与"阅享夏日"主题党日读书交流活动；参访卢沟桥抗日战争纪念馆等。

【学生工作】 学院2015级硕士班依托党、团支部开展一系列思想建设和团队内部建设的党团日活动，荣获"我为中国精神代言"学生党团日联合主题教育活动一等奖，党支部和团支部分别在学校和北京市的评选中获得"先进党支部"和"优秀团支部"的荣誉称号，班级荣获北京大学"优秀班集体"。

学院青年志愿者协会发扬"用我智慧奉献爱"的北大青年志愿服务精神，相继开展"大手牵小手·你我相伴共成长"关爱河北兴隆县留守儿童系列活动以及"学长的火炬"书籍流传活动。协会荣获北京大学志愿服务优秀组织单位，其组织的"河北雾灵山留守儿童帮扶系列活动"荣获北京大学优秀青年志愿服务项目金奖。

【行政工作及其他工作】 学院工会注重加大源头参与力度，发挥桥梁纽带作用。为广泛听取大家的建议和意见，发挥工会民主监督和沟通桥梁的作用，促进学院的发展建设，工会召开座谈和调研，征询大家对学院管理和学院发展等方面的意见建议，为全院教职工提供畅所欲言、交流倾诉的机会。

将工会工作与党委工作、学生工作、团委工作相结合，有效统筹校内外资源，形成工会各项工作建设的合力。学院工会传承开展燕园街道共建及留守儿童帮扶活动；结合专业，发挥高校全方位育人作用，举办宿迁市优秀高中生"环境文化节"；传递绿色发展理念，促进生态文明校园建设，构建环境大楼垃圾分类回收体系。

学院羽毛球队坚持每周训练，2016年在44支队伍中脱颖而出，获得乙组团体第6名的好成绩。学院舞蹈团共有20余名教师参与，先后编排古典舞、民族舞、爵士舞、健美操等多个舞种的舞蹈，排演节目10余支，参演学生毕业晚会、新年晚会。

学院工会多次举办亲农耕体验、野生动物园踏青、亲子植树等系列活动，同时，在新年晚会时，组织学院20余位教工子女，排演诗歌朗诵、歌曲联唱、亲子舞蹈、小提琴齐奏等多种类型的节目。

【校友工作】 2016年学院院友会采访15位不同领域不同行业的杰出院友，推送院友通讯15篇；完善并更新2016年毕业院友的通讯录；先后举办"菁英计划"创业大赛、E20环境平台参访活动，与北控环境投资（中国）有限公司联合举办北京市高校环境创业大赛，院友会影响力不断扩大；结合校庆日，举办院友返院系列活动，暑假举办环境校友子女暑期夏令营，活动形式丰富多彩；举办校友沙龙2期、环境大讲堂2期，搭建院友交流与合作新平台。

学院党政班子继续大力推动基金募集工作，成效显著。

2016年到账捐赠为3212.26万元。受学校邀请，朱彤院长出任北京大学教育基金会第六届理事会理事。

（环境科学与工程学院）

高能效计算与应用中心

【发展概况】 北京大学高能效计算与应用中心（Center for Energy-Efficient Computing and Applications，CECA，以下简称"中心"）成立于2010年底，是北京大学在"985工程"中建设的开展国际先进水平高能效计算与应用研究的科研机构。该中心既是北京大学计算机系统结构学科的重要组成部分，又是一个交叉研究机构。

中心为北京大学信息科学技术学院下辖的一个实体单位，实行主任负责制。中心实行特殊机制，在教师聘用和管理上具有相当大的灵活性，为杰出教师提供有竞争力的待遇和启动经费，有效推动科研力量的发展，建立具有世界先进水平的研究环境，以吸引国际高水平人才。

中心目前研究领域包括：第一，高能效体系结构相关探索研究。例如面向可重构多加速器新型体系结构的编译与综合；面向异构计算系统的编译技术；高可靠的非易失性存储体系结构与面向大数据的存储系统设计；高能效无线局域网硬件体系结构；三维芯片技术以及低功耗电路技术的自动设计方法等。第二，高能效应用相关研究。例如针对深度学习及视频图像处理的定制计算；无线电子医疗；移动环境感知；非易失存储器件在数据中心的应用；智能、高能效的传感器网络与物联网等。

中心的领军人物（暨中心主任）为丛京生教授，1985年本科毕业于北京大学计算机科学与技术系，1987、1990年分别获得美国伊利诺大学香槟校区（UIUC）计算机科学系硕士、博士学位。目前任美国加州大学洛杉矶校区（UCLA）计算机系校长讲席教授（Chancellor's Professor）、同时也兼任该校电子工程系教授。他曾在2005—2008年任UCLA计算机科学系主任，目前是领域特定计算中心（Center for Domain-Specific Computing，CDSC）主任，以及超大规模集成电路体系结构、综合与技术实验室（VLSI Architecture, Synthesis, and Technology Laboratory，VAST）主任。2009年至今，任UCLA协理副教务长，主管国际合作，并任北京大学-UCLA理工联合研究所共同主任。

2016年因"为FPGA的高层次综合建立的算法基础"获IEEE计算机分会技术成就奖。中心2016年在建立一套和世界一流大学接轨的新体制教授招聘、评估、晋升的管理体制机构的工作上进一步完善。该体制的实施已初见成效，并在学校方面被考虑使用和推广。中心建设工作包括：聘请2名海外一流大学教授任中心兼职教授；聘请1名国际著名科学家任中心荣誉客座教授；聘任国际一流水平的预聘制教学科研人员5名；培养博士后1名，赴美国著名大学继续深造；培养博士生1名，硕士生1名；已完成中心学术委员会组建，成员包括：主任丛京生，副主任罗国杰，委员吕松武、谢源、黄骏、梁云、孙广宇、王韬、许辰人。

【科研工作】 中心已取得高能效计算与应用领域研究的若干初步成果，2016年中心项目新增省部级项目5项、企业合作项目4项；累计申请"863"子课题3项，教育部高等学校博士学科点专项科研基金项目3项，国家自然科学基金项目11项，北京市自然科学基金项目1项，中国博士后科学基金项目1项。此外，中心与百度、华为、基伍国际、AMD等知名企业合作项目19项，项目总金额1000余万元。2016年中心发表论文40篇，其中22篇为中心A类论文（计算机体系结构及相关领域顶级会议、期刊论文），累计发表文章156篇（年人均超过6篇），其中68篇为中心A类论文）。

【国际合作】 2016年中心邀请国外知名专家、学者来中心访问及做学术报告13人次，完成"北京大学海外名家讲学计划"项目1个，邀请计算机体系结构领域国际著名专家、美国工程院院士William Gropp教授来中心做专题讲座及指导中心工作。2016年8月25日，中心年度学术研讨会成功举办，共有来自国内外院校、科研单位的师生近百人参加。

【教学工作】 2016年中心在信息科学技术学院开设课程共8门，其中4门为英文授课，具体请见学院教学工作。2016年中心共有70名学生，其中博士生19名，硕士生7名，本科生44名。2016年中心毕业博士生1名，硕士生1名，本科生23名，其中多数赴美国或留在中心继续深造。中心累计毕业博士生2名，硕士生2名，本科生55名，几乎全部选择前往世界知名学府继续深造，包括北京大学、美国麻省理工学院、斯坦福大学、加州大学伯克利分校、康奈尔大学、卡耐基梅隆大学、加拿大滑铁卢大学等。中心本科毕业生自2013年起，3年获得信息科学技术学院本科生"十佳"毕业论文荣誉称号。未来几年内，中心计划招收学生规模在100人左右。中心根据学生在中心的学习进展和未来发展方向，已推荐学生到包括美国斯坦福大学、加州大学洛杉矶校区等国际知名大学进行短期和长期学术交流（3个月到1年）。

（高能效计算与应用中心）

人文学部

【发展概况】 1999年7月11日，北京大学印发《北京大学关于成立学部学术委员会的通知》（校发〔1999〕86号），设立人文学部。2016年4月12日，学校印发《关于人文学部班子任职的通知》（校发〔2016〕59号），聘任申丹为人文学部主任，阎步克、张旭东、李四龙为人文学部副主任，聘期

3年，原班子成员自然免职。

截至2016年底，人文学部由中国语言文学系、历史学系、考古文博学院、哲学系（宗教学系）、外国语学院、艺术学院、对外汉语教育学院、歌剧研究院等8个实体院系组成，涵盖哲学、中国语言文学、外国语言文学、考古学、中国史、世界史、艺术学理论、戏剧与影视学、美术学等9个一级学科，以及科技史1个理学一级学科。

【组织机构】 人文学部设部务会、学术委员会、教学指导委员会，并成立了人文学部办公室，形成了日常工作运行的组织机构支撑体系。

2016年6月30日，北京大学印发《关于调整北京大学各学部学术委员会的通知》（校发〔2016〕139号），申丹为人文学部学术委员会主任，阎步克、张旭东、李四龙为副主任，委员包括丁宏为、王一丹、王中江、付志明、刘元满、孙华、孙庆伟、李道新、荣新江、秦海鹰、袁毓林、曹文轩、彭锋、彭小瑜、韩水法、褚敏、漆永祥。

按照学校统一要求，人文学部成立部务委员会，委员包括申丹、阎步克、张旭东、李四龙、陈晓明、张帆、杭侃、王博、仰海峰、宁琦、王一川、赵杨、金曼；成立教学委员会，李四龙为主任，成员包括宋亚云、孙庆伟、吴飞、吴杰伟、杨立华、张弛、张辉、陈旭光、付志明、何晋、黄春高、蒋一民、刘元满、彭锋。

2016年7月12日，北京大学颁布《关于成立北京大学人文学部办公室的通知》（校发〔2016〕154号），任命魏巍为人文学部办公室主任（试用期一年）。

【学科规划】 2016年，人文学部联合各院系完成人文学科规划的撰写工作，其中明确从学部层面重点建设三个领域：一是建设古典学平台、夯实人文基础学科；二是推进区域与国别研究；三是建设"北京大学人文学科文库"。

人文学部于2016年10月18日、11月24日2次召开部务会，专题讨论古典学平台建设方案，决定创办《中国古典学》和《古典与中世纪研究》2份学术集刊，并将跨学科组织立项，出版1套学术新作"北大古典学研究丛书"，加入"北京大学人文学科文库"。

2016年，北京大学人文学科文库第一批立项16套丛书（140余部著作），包括中国文学研究、中国语言学研究、比较文学与世界文学研究、批评理论研究、中国史研究、世界史研究、考古学研究、马克思主义哲学研究、中国哲学研究、外国哲学研究、东方文学研究、欧美文学研究、外国语言学研究、艺术学研究、对外汉语研究、古典学研究等。

【教育教学改革】 人文学部致力于本科教学改革，积极建设"古典语文学""外国语言与外国历史"等跨院系项目。2016年，人文学部教学委员会先后召开4次会议，就"本科教学评估""本科联合项目建设规划与审议""通识教育与联合课程建设规划""各院系本科生培养上限、转院系转专业方案""研究生教育与培养"等议题进行深入探讨。9月，人文学部为2016级学部新生制作了《北京大学人文学部新生手册》。

【职称评审】 2016年9月29日，人文学部召开学术委员会会议，认真听取申请教授候选人的述职报告、各单位介绍及院长（系主任）独立意见，经充分讨论后进行投票表决。人文学部所属各单位共推荐教授候选人10人、副教授（副研究员）10人，经审议全部通过。

【评奖评优】 2016年7月10日，人文学部召开学术委员会会议，听取各院系申报北京市第十四届哲学社会科学优秀成果奖汇报材料。经学部评选，北大上报18项，最终经北京市评选，人文学部钱乘旦教授、申丹教授、段晴教授等获评一等奖，先刚教授、陈波教授、刘浦江教授、钱志熙教授、顾永新教授、王洪君教授、刘勇强教授、王一川教授等获评二等奖。

【学术交流】 2016年9月19日，经人文学部部务会讨论，决定以院系为依托，采取院系和学部协同主办的模式，组织"北大人文讲座""北大人文论坛"和"北大人文高端工作坊"。9月至12月，人文学部联合各院系共举办人文系列讲座22讲、人文论坛4场，内容涵盖语言学、区域与国别研究、古典学、欧美文学、艺术学、历史学等诸多领域。

【管理运行】 人文学部办公室2016年完成《人文学部手册》的编制和发放，建立人文学部网站（fh.pku.edu.cn），以及人文学部部务会、学术委员会、教学委员会和各院系领导的邮件群、微信群，增强了学部各院系领导和教职员工的沟通与联络。

（人文学部办公室）

中国语言文学系

【发展概况】 在2016年3月公布的"QS世界大学学科排名"中，中文系"现代语言"学科列第8位，"语言学"学科列第10位，占据目前全国进入世界前10名一流方阵的5个学科中的2席。

2016年，中文系新增长江学者1人、青年长江学者1人，新增美国艺术与科学院院士1人，新晋教授3人，新聘教师张一南，新进站博士后王恩旭、韩志华、范莹等，为教学和学生管理工作增添新的活力。同时，延续全职返聘学科领军人物的措施，有利于保障各学科的人才优势。

【教学工作】 在学人数。2016年，中文系学生总数1291人，其中留学生305人。本科生660人，其中留学生244人；硕士研究生343人，其中留学生32人；博士研究生288人，其中留学生29人。

优化本科生教学。本科教学的规范化、课程设置的合理化是近年来中文系教学工作的关注重点。2016年，中文系进行了针对全校通识课程大学国文的教学质量调研，就提升教学质量、稳定教学队伍、提高学生整体满意度采取有针对性的措施；完成通识教育核心课程申报工作，共有 5 名教师的 6 门课程申报通识教育核心课程；继续推进本科生"一对一导师制"的落实，激发低年级本科生的学术兴趣，拓宽学术视野；坚持本科生学年论文、毕业论文写作制度，抓好高年级本科生写作能力训练。

创新研究生教育。重新修订博士研究生和硕士研究生培养方案，明确研究生培养计划，优化专业课程设置，对研究生的培养和管理更加规范化和科学化。根据新的培养方案，稳步推进推荐免试攻读研究生、研究生答辩和学术交流等工作。2016 年，共有 119 名硕士生参加学位论文答辩，均全票通过，获得学位；博士生共 51 人通过答辩获得学位。

在规范教学的基础上，中文系创新研究生教育，通过每月一次的"青年学者论坛"，带领学生跟踪国内外中文学科发展的最新动态、前沿问题、核心问题，介绍学科研究的新概念、新方法、新领域、新趋势，培养学生系统的学术知识储备，扩大学术视野，启发研究思路。

顺利完成教学评估。中文系遵循教育部的评估原则和学校的具体指导，认真准备，上下动员，全面总结自查。经过近半年的准备，中文系顺利完成教育部本科教学审核评估工作，精心准备的自评报告、数据报告和支撑材料获得教育部专家高度评价。

【科研工作】 2016 年，在系列扶持科研政策和科研立项激励措施的推动下，中文系科研工作延续多年来良好的发展势头，取得显著成绩：科研成果共计 400 项，其中专著 31 部、编著或教材 14 部、科普读物 1 部、古籍整理著作 5 部、论文 344 篇、译文 2 篇、译著 3 部；获得 2016 年度国家社科基金项目立项 1 项、教育部社科基金项目立项 1 项、北京市社会科学基金项目 2 项。

【交流合作】 2016 年，中文系继续加大交流合作力度，先后举办 2 场大型学术活动和 20 余场海外名家讲座。2016 年暑期，北京大学与香港大学、澳门大学、台湾大学联合举办第二届四校中文研究生学术营，来自 4 所高校的师生齐聚北大中文系，交流中文研究领域的学术动态。10 月，中文系与威尼斯大学（Università Ca' Foscari Venezia）亚洲和北非研究学院以及北京大学人文学部联合主办第二届"北京大学-威尼斯大学学术会议"，会议主题为"人文传统与方法分梳：多元文化视野下的中国语言文学"。在举办大型学术会议的同时，中文系先后邀请到美国、日本、新西兰等国家和地区研究机构的专家学者，共举办 20 余场精彩讲座。

此外，中文系大力支持教师前往国外研究机构访问深造。2016 年，先后有项梦冰、潘建国、姜涛、钱志熙、李铎等 5 人前往美国、法国、新西兰等地高校访问交流。

【党建工作】 中文系党委在学校党委的统一部署下，持续开展"两学一做"学习教育，组织广大党员干部深入学习习近平总书记系列讲话，尤其是"七一讲话"精神，深入学习贯彻党的十八大精神。10 月 21 日，中文系党员大会——"两学一做"报告会在二教 207 教室举行，系党委书记金永兵就中文系的支部工作进行了集中汇报，韩毓海教授就学习习近平总书记"七一讲话"精神进行了深入报告。经过全系党员大会以及一系列相关活动，中文系各级党组织充分实现内部沟通，明确了工作任务，推动思想建设和组织建设工作落到实处。

【行政工作及其他工作】 2016 年，进一步为全系师生教学、科研、学生活动等做好各项保障工作。一年来，行政工作克服人手短缺的困难，不但保证办事、办会、办文等日常行政工作的高效运行，尤其是推进办公楼管理进一步规范化，提高了空间利用效率。

行政换届。在换届过程中，中文系按照学校党委的部署和要求，经过征求意见、个别访谈等严谨、规范的测评程序，于 2016 年 9 月召开全系大会，选举陈晓明、张辉、杜晓勤、宋亚云、金永兵等 5 人为中文系新一届行政领导班子成员。

工会工作。2016 年，中文系工会积极组织教职工参与全校教职工游泳锦标赛、羽毛球赛、足球比赛以及 2016 年度教职工运动会。同时，完善中文系教师"工会之家"建设，新增运动设备 20 余项，丰富了教职工的文娱生活，加强了单位精神文明建设。

【学生工作】 2016 年，中文系以"立德树人"的根本任务为导向，以健康向上的氛围凝聚和引导学生，有效提升学生综合素质，帮助学生巩固专业所学，砥砺品格，健全人格。一方面，规范日常管理，提升各类服务质量，在学生新媒体建设、职业生涯规划、资助育人、留学生管理等方面不断完善。另一方面，积极创新第二课堂建设，本着思想性与趣味性相结合的原则开展党团日活动；以专业教育为基础，开展丰富多样的学术文化活动；扎实开展社会实践，大力支持志愿服务；促进学生组织蓬勃发展，建设特色院系文化。

（中国语言文学系）

历史学系

【发展概况】 历史学系始创于 1899 年京师大学堂设立之史学堂，是近代中国最早的国立史学高等教育机构。1903 年开设中国史学门和万国史学门，民国初年增设历史地理学、考古学、史学理论与方法、专门史等课程体系。北京大学历史学系 1998 年即获全国首批一级学科博士学位授予权，目前设立有中国史、世界史 2 个一级学科博士点/硕士点，历史学、世界史 2 个本科专业；拥有历史学一级国家重点学科，中国古代史、中国近现代史、世界史3个二级国家重点学科。历史学系现有1个教育部人文社科重点研究基地（中国古代史研究中心），1个博士后流动站，10个教学科研实体，20个挂靠的虚体研究机构，2个藏书达30余万册并有珍本、善本等特藏的专业图书分馆。

2016年，历史学系共有在编教职工79人，其中教师63人（老体制教授29人、副教授14人、讲师1人，新体制人文讲席教授1人、长聘正教授10人、长聘副教授2人、助理教授5人，教学系列人员1人），教辅人员3人，行政职员4人，博士后9人。劳动合同制聘用人员5人。离退休人员57人。调出人员：桥本秀美（教授）、井上亘（新体制助理教授）、管晓宁（职员）。退休人员：杨奎松（教授）、王红生（教授）、荣力（职员）。新入职人员：程炜（新体制助理教授）、林丽娟（新体制助理教授）、苗思安（职员）。职称晋升：陆扬（新体制长聘教授）、法恩瑞（新体制长聘副教授）、李新峰（老体制教授）。在册学生684人：本科生304人，其中留学生51人，另有3人为校际交换学生；硕士研究生162人，其中留学生8人、港澳台学生11人、香港树仁大学合作项目21人；博士研究生218人，其中留学生13人、港澳台学生11人。

【教学工作】 历史学系进一步深化教学与招生改革，走通识教育与专业教育相结合的道路，推动学术发展，努力创建世界一流学科。2016年，历史学系召开"小班教学成果研讨会"，深入研讨试点情况，总结经验，解决问题。自学校启动"小班教学"试点工作以来，历史学系高度重视这一新举措，抽调优秀师资力量，开设一系列低年级研讨课，讲授基本理论和研究方法，激发同学们的科研兴趣，强化原始创新意识，为学年论文和毕业论文的写作进行了扎实有效的铺垫。

积极参与学校本科生教学改革，阎步克、张帆、叶炜、昝涛等老师先后参与教务部主办的"通识教育沙龙"活动，与学生进行交流与沟通。

教学成果方面硕果颇丰。荣新江教授入选北京大学第二批国家高层次人才特殊支持计划领军人才。朱孝远老师所开的课程西方文明史导论与邓小南老师所开的课程中国古代的政治与文化入选第一批"国家级精品资源共享课"。《新编中国历史文选》（何晋）、《简明中国古代史（第五版）》（张传玺）、《中国史纲要（增订本）》（上、下）（原主编：翦伯赞；增订本：吴宗国）、《国学教程》（张衍田）、《20世纪的中国与世界》（臧运祜）与《欧洲文艺复兴史（政治卷）》（朱孝远）荣获2016年北京高等教育精品教材。荣新江、桥本秀美与郭卫东为2016年北京大学优秀博士学位论文指导教师。

【科研工作】 科研成果。历史学系在北京市第十四届哲学社会科学优秀成果奖评选中收获颇丰，钱乘旦《世界现代化历程（10卷）》荣获一等奖，刘浦江《契丹小字词汇索引》荣获二等奖。在2016年新立项科研项目中，李新峰《明前期军事制度研究》入选国家社科基金项目。

【党建工作】 历史学系领导班子严格按照上级部门和学校党委的指示，在党的群众路线教育实践活动的基础上，结合历史学系的实际工作，认真开展"三严三实"专题教育活动。活动开展以来，历史学系组织师生系统学习"三严三实"相关内容，突出问题导向，坚持以知促行、知行合一，把学习教育和解决问题结合起来。系领导班子广泛征求师生意见，自查自纠、整改落实，着力解决工作中存在的"不严不实"的问题，努力提升教育质量与管理能力。在此基础上召开"三严三实"专题民主生活会，严肃开展批评和自我批评，对于问题不遮掩、不回避，深刻剖析思想根源，明确今后的努力方向和改进措施，认真进行整改，达到了改进作风、凝心聚力的效果。

【学生工作】 2016年度，历史学系除做好常规学生工作外，还在如何促进专业教育和学生工作融合以及如何更好提升学生学习体验与生活体验方面进行了有益的探索，针对学生的发展需求，开展了一系列的学生活动及党团日活动。

1. 鼓励学生尝试历史学科的专业"科普工作"。引导学生利用微信公众平台，以通俗的文字、专业的水准将其所知所学向大众推广，这一尝试取得了良好效果，不仅推动了历史学科的普及，更激发了学生的自信心、好奇心和进取精神。

2. 培育学生学术能力。指导历史学系研究生会、学生会成功举办"第十二届北京大学史学论坛"，论坛下设8个分论坛，分别对应不同主题，以进一步聚焦学术前沿，增强论坛的学术性、专业性与思辨性，提高对话的质量与效果。

3. 开展内容充实的社会实践活动。充分利用"河西走廊一线教学考察"和"社会调研专题课程"两项资源，组织学生赴敦煌莫高窟、山东济宁和河南邓州等地进行社会实践。2016年度，历史学系有4个项目获得校团委社会实践"优秀团队"称号，历史学系也被评为"优秀组织单位"。

【对外交流合作】 2016年，历史学系对外交流工作继续平稳开展。在海外学者讲学计划项目、人文基金高级访问学者项目等项目的大力支持下，共邀请并接待来自美国、德国、英国、韩国、日本等国家和地区的30余位学者开展长期教学或短期讲座，均取得良好效果。据不完全统计，2016年历史学系教师累计出访31人次。在学生交流方面，接收日本二松学舍大学交换生1名、澳门大学交换生1名。

【其他工作】 2016年度，历史学系工会工作、离退休工作、安全保卫工作等均实现有序开展。

历史学系工会在系党政领导班子的指导下，各项活动有声有色，极大地丰富了教职工的文体生活。开展青年教师技能提高和特色活动，慰问生病年轻教师，维护教职工合法权益，提高了广大教师的满意度，在密切党群关系方面迈上新台阶。

目前,历史学系共有离退休教职工57人,2016年改选了离退休支部,重组了新一届关工委。结合离退休教师的需求开展相关活动,在改善与提升离退休教职工生活条件方面,历史学系与美国康德基金会续签资助协议,在原有捐赠的基础上又获得5万元的资助,并订立《离退休基金管理细则》,确保资金使用规范有效,进一步加大了对生活困难离退休教职工的帮扶力度。

在系党委领导下,安全保卫工作常抓不懈,平均每季度进行一次大范围的自查工作。组织多场消防安全宣传讲座,提高防范意识,贯彻落实"消防安全四个能力"建设,在师生关注的许多重大问题上做出积极反应。

(历史学系)

考古文博学院

【发展概况】 考古文博学院下设考古学系和文化遗产学系,分辖中国考古学、外国考古学、考古学技术与方法教研室,以及博物馆学、文物保护、文物建筑教研室。作为教学科研的基础设施,学院拥有国内高校第一座考古专业博物馆——赛克勒考古与艺术博物馆以及旧石器、陶瓷标本室、科技考古实验室、文物保护实验室、文化遗产记录与监测实验室、图书资料室及其附属的张政烺文库和苏秉琦书屋,为师生的学习研究提供极大的便利。

2016年度,学院外国考古教研室李水城教授、文物建筑教研室方拥教授、行政办公室杨飚和博物馆周海防、马力等5人退休。博士后吴昊和尹曦娜入站,佟珊出站。新增合同制人员3名:行政办公室商晨雯(院聘),文物保护实验室张烨亮、王鑫。科技考古实验室闫欣、陶瓷考古与艺术研究所侯琰霖离职。资料室秘密续签无固定期限劳动合同。董珊晋职教授。吴小红教授晋职三级教授。陈凌研究员完成新体制中期评估。赵辉教授入选博雅讲席教授计划。

完善《北京大学考古文博学院专项岗位绩效奖励实施暂行办法》《考古文博学院年度考核办法》,新制定《考古文博学院合同制人员管理暂行办法》。

完成红一楼、红五楼的改造、验收工作,启动办公用房分配、调整、管理和使用。截至2016年底,红一楼教师办公用房和红五楼行政办公用房已投入使用。会议室和教室预计2017年春季学期可投入使用。经向学校申请,学院4部越野公车获批继续使用,原则上仅用于京外考古工地。

重视安全管理工作,学院获评2016年度安全管理标准化建设先进单位。

【党建工作】 考古文博学院2016年度党员组织关系转入18名,转出19名,新发展学生党员15名,现有党员123名。

学院党委按照上级党委部署,深入开展"两学一做"专题学习,借鉴和运用"三严三实"教育实践活动的成功经验,进一步抓好党风廉政建设,持续抓好整改落实,完成组织关系排查、党费收缴补缴等专项工作,圆满完成院级领导班子民主生活会。

【教学工作】 学科评估。学院组成评估小组全面收集数据信息,认真据实填报各项材料。借此契机,总结4年工作,注意从中发现不足。

本科教学。2016年11月,教育部对北京大学本科生教育进行评估。学院积极配合学校工作,提供统计数据,整理教学档案,总结近年来本科教学改革工作,圆满完成评估工作。

随着本科教学改革工作的展开,在"加强基础、促进交叉、尊重选择、卓越教学"的思想指导下,按照学校的要求对本科生课程进行梳理,明确学科基础课、核心课和选修课的课程层次,顺利完成2016版本科生教学计划的修订。

加强本科新生工作指导。近年来,学院更加重视新生入学教育工作,在暑假前即已成立新生工作小组,筹备新生工作。从2016年开始,学院为每一位新生配备学术导师,增设入门导学课程感悟考古,工地实地参观活动的内容也较往年更加丰富。

学生数量。学院现有学生357人,其中本科生183人,硕士研究生56人,博士研究生118人。2016年共招收本科新生50人,其中大陆学生45人,其中2人生源地为少数民族地区,港澳台学生1人,留学生4人;硕士研究生25人;博士研究生27人,其中直博生10人。本科生毕业32人;硕士研究生毕业30人,其中学术型硕士1人,文物与博物馆专业硕士29人;博士研究生毕业5人。

课程设置。新开设本科生课程:考古学与古史重建、感悟考古、战国文字通论、文物保护材料学、考古学与社会记忆。新开设研究生课程:旧石器时代考古文献研读、冶金考古专题、中国古代化学史研究、中国近代建筑的西方源流:结构、风格、功能和意义,中国古代建筑技术史专题,中国建筑考古,三夷教考古研究,考古纪录片基础与拍摄。

2016年度,学院举办非学历教育培训项目5个。

【科研工作】 科研项目。2016年度学院在研课题64项,其中国家级项目32项(国家社科基金重大项目6项、社科基金项目8项、自然科学基金1项、教育部基地项目8项、北京市社科基金2项、国家文物局项目7项),政府部门企事业单位委托项目32项,入账科研经费总计9,206,913元。

2016年度,学院田野考古工地共3处,包括河南平粮台、新疆通古斯巴什古城、河南洛阳龙门唐代香山寺遗址考古工地。

学术成果。2016年度,考古文博学院教师出版学术专著8部、译著1部,发表论文159篇。

表5-4　2016年考古文博学院学术成果表

成果名称	作者	出版单位	成果形式
丝绸之路的古城	陈凌	三秦出版社	专著
丝绸之路与古代东西方世界的物质文化交流	陈凌、莫阳	三秦出版社	专著
丝绸之路的宗教遗存	陈凌、马健	三秦出版社	专著
安禄山服散考	沈睿文	上海古籍出版社	专著
万荣稷王庙建筑考古研究	徐怡涛、徐新云、彭明浩、俞莉娜、张梦遥	东南大学出版社	专著
山西长子成汤庙	徐怡涛、王书林、彭明浩	天津大学出版社	专著
舶来与本土——1926年法国传教士所撰中国北方教堂营造手册的翻译和研究	高曼士（比）、徐怡涛	知识产权出版社	专著
中国古代金属建筑研究	张剑葳	东南大学出版社	专著
成为黄种人——亚洲种族思维简史	方笑天	浙江人民出版社	译著

获奖情况。北京大学考古文博学院和郑州市文物考古研究院合作主持的河南省郑州市东赵遗址考古发掘项目获田野考古奖一等奖；考古文博学院参与的陕西宝鸡周原遗址考古发掘项目获2015年全国十大考古新发现；考古文博学院和广东省文物考古研究所合作主持的广东郁南磨刀山遗址考古发掘项目获田野考古奖三等奖。

陈铁梅、陈建立《简明考古统计学》获北京大学优秀教材。中国考古学研究中心编著《权力与信仰：良渚遗址群考古特展》被评为2015年度全国文化遗产十佳图书。崔剑锋获首届中国考古学大会青年学者奖（金爵奖）；徐怡涛参与的"邛窑遗址保护规划"项目获首届"考古资产保护金尊奖"；秦岭参加的由云南省文物考古研究所主持的"云南省宾川县白羊村遗址考古发掘项目"获田野考古奖二等奖；陈建立参加的"中国古代车舆价值挖掘及复原研究"获文物保护科学和技术创新奖。

资质管理。完成国家文物局考古团体领队资质、不可移动文物保护勘察设计甲级资质、可移动文物保护修复资质的日常管理、年度检查和更换证书等工作。

【交流合作】教学基地建设。依托考古实验实践教学中心，学院整合各专业虚拟实验教学工作，成功获批国家级虚拟仿真实验教学中心。

学术活动。2016年1月15日至17日，由北京大学考古文博学院、长江流域矿冶考古联盟等单位联合举办的"冶金技术与中华文明发展暨长江流域矿冶考古联盟第一次学术研讨会"在北京大学召开，来自全国20余家学术机构的60余位学者参加会议。经讨论，与会代表普遍认可长江流域矿冶考古联盟这一"突破行政地域限制构建区域互动的学术团体对矿冶遗址与冶金生产进行专题研究"的模式，并建议联盟下一步工作要更大范围地吸引其他相关省市和高校的研究力量，完善组织架构，充分挖掘学术潜力，有针对性地涉及学术课题联合攻关，建立统一的发掘、采样和分析标准，设计建立可共享的数据库，进行大数据分析，培养相对固定的研究团队，为推动中国矿冶遗址和冶金考古的发展探索新的研究道路。

2月27日，为配合在赛克勒考古与艺术博物馆举办的"闲事与雅器——泰华古轩藏宋元精品"展，考古文博学院与香港泰华古轩联合策划并举办"闲事与雅器：宋人的生活与器用"学术论坛。海内外160余位知名学者汇聚一堂，共同探讨有关宋人清雅生活的宏观意念和精微细节。本次论坛既是学者们探讨宋代社会经济的盛会，也成为公众考古的飨宴。"闲事与雅器"系列活动从"展览""茶事"与"论坛"三方面入手，全方位展示了宋元时期的茶事生活，为学界和文化爱好者提供了研讨和学习的契机，也将宋人涵韵风雅的生活美学带入人们心中。

5月13日，"渚水萦回——2015年度全国十大考古新发现进校园·良渚文化专题"学术之夜在北京大学李兆基人文学苑举行。活动由中国文物报社与北京大学中国考古学研究中心联合主办，北京大学考古文博学院信息资料中心承办。2016年是北京大学第三年作为"全国十大考古新发现进校园"系列活动的首站。当晚的活动由北京大学考古文博学院秦岭主持。上海博物馆陈杰介绍了上海松江广富林遗址近年的发掘情况、主要发现及其考古学意义，南京博物院甘恢元报告了江苏兴化、东台蒋庄遗址的情况，浙江省文物考古研究所王宁介绍了浙江余杭良渚古城外围的大型水利系统，详尽讲述了水坝的发现过程和研究思路。浙江省文物考古研究所所长刘斌、南京博物院考古研究所所长林留根、上海博物馆考古部主任陈杰和北京大学考古文博学院教授赵辉、张弛、孙庆伟，就这三个项目共同展开讨论，夏正楷、李零、渠敬东、方勤、李政、杭侃、吴小红、陈建立、崔剑锋等学者和众多师生也参与了活动。

5月13日至15日，首届中欧建筑考古国际研讨会在北京大学成功举办。会议由北京大学考古文博学院、北京大学中国考古学研究中心和比利时鲁汶大学工学院、鲁汶大学雷蒙德·勒迈尔国际保护中心联合发起，中国建筑设计研究院有限公司、成都博物院、故宫研究院古建筑研究所、清华大学建筑学院和中国社会科学院考古研究所等国内知名学术机构合办。会议筛选出来自中、比、德、法、意、奥、荷、美等国的数十名学者提交的论文并进行现场发表，吸引了各界学者与相关从业人员500余人次到场参会。为期3天的主论坛共分11场演讲和讨论，内容涵盖建筑史、考古学、艺术史、科技史、古典学和遗产保护等学科，发表论文37篇，充分展现了建筑考古学科的多元关注。4场青年论坛发表论文32篇，体现了青年学者在这一领域的关注焦点和研究水准。

5月26日，"玄同忘我之境的美景——《博物馆与古希腊文明》"藏书讲谈在北京大学第二体育馆地下报告厅举行。讲谈由北京大学考古文博学院教授杭侃担任学术主持，特邀上海博物馆副馆长胡江、上海博物馆教育部主任陈曾路、首都博物馆馆长郭小凌、北京大学历史学系教授朱孝远、北京大学考古文博学院教授魏正中，为大家呈现古希腊文明及其相关研究中的诸多"美景"。

9月7日，"投稿国际学术期刊的几种打开方式——如何在国际期刊发表学术文章"学术讲座在北京大学顺利举办。讲座邀请Elsevier出版集团考古类杂志资深编辑Dr. Ilaria Meliconi作为主讲嘉宾，北京大学考古文博学院吴小红、崔剑锋、曹大志、张剑葳等作为分享嘉宾。大家共同探讨了在国际学术期刊发表考古类文章的方法与经验，涉及如何准备论文、如何投稿、论文版权及学术伦理、开放获取、知识共享许可协议（Creative Commons licenes）、文献计量（如影响因子）等议题。

9月22日，"考古与科技：与生俱来的伙伴还是若即若离的盟友？"学术讲座在北京大学成功举办。讲座回顾了考古与科学一同走过的重要时刻，通过回溯多个经典案例，对何谓科学、何谓考古以及科学与考古之间的相互关系展开讨论。国际著名科技考古专家Mark Pollard教授担任主讲嘉宾，牛津大学教授Jessica Rawson、伦敦大学学院教授Thilo Rehren、耶路撒冷希伯来大学东亚研究教授Louis Freiberg、中国科学院研究生院教授王昌燧和北京大学考古文博学院教授陈铁梅、李伯谦、徐天进参与讨论，吴小红教授主持讲座。

10月10—11日，"陆疆与海疆：考古所见内陆与边疆的文化互动"博士生学术会议在北京大学顺利举办。会议由北京大学考古文博学院主办，共分6场演讲和讨论，发表论文16篇。与会者围绕内陆与边疆的文化互动、中外文化交流两大主题发表主题演讲，对多个时代和研究领域的问题进行了讨论。国家文物局水下遗产保护中心水下考古研究所所长姜波、吉林大学边疆考古研究中心教授潘玲、兰州大学历史文化学院考古学及博物馆学研究所所长魏文斌、广东省博物馆馆长魏峻、四川大学历史文化学院副教授赵德云、北京大学考古文博学院教授林梅村、北京大学考古文博学院研究员陈凌做了专业点评。

11月26—27日，由中国社会科学院考古研究所、北京大学考古文博学院和佛教考古学会（Society for Buddhist Art and Archaeology，简称SBAA）联合主办的"中国与南亚佛教考古国际学术研讨会"在中国社会科学院考古研究所和北京大学考古文博学院成功举行。参会学者共计50余人，来自印度、巴基斯坦、斯里兰卡、日本、美国等国家以及中国内地与港澳地区的科研院所。本次会议共收到学术论文59篇，内容包括中国与南亚佛教考古和佛教艺术等诸多方面。本次会议的成功召开，加深了中国与南亚佛教考古学术界的互动与交流，也拓展了中国与南亚佛教考古的学术讨论。

12月25日，"高明先生九秩华诞庆寿座谈会"在考古文博学院101室顺利举办。来自国内多家科研院所、高等院校的30余位高明先生的朋友、弟子与高明先生的家人共聚一堂，以座谈会的形式为高老祝寿。

【学生工作】 推进基层党建，探索制度创新。结合学院特点和实际情况，继续实施实习基地党团共建，建立临时党支部，由临时党支部开展支部创新活动。继续开展"红色1+1"地方共建活动。以"两学一做"为抓手，做好党建团建工作。

完善奖助工作，推进育人工程。继续完善评优制度，鼓励人才的多元化成长；推进资助工作，共覆盖全院43名贫困生（42名本科生、1名研究生）。2016年度，学院继续招收国家贫困地区计划学生11名。

学院高度关注就业工作，积极拓宽就业渠道，2016届毕业生就业率高达100%。

加强思想教育，关注心理健康。利用人人网、微博、微信等新媒体平台加强与学生的沟通交流，及时了解学生的意见和要求。在做好学生心理健康全面普查工作的同时，对特殊群体和问题学生给予特别关注。2016年度，共开设"成长成才课"6次，取得良好反响。加强心理排查力度，完善学生心理档案。

开辟第二课堂，丰富育人手段。通过团学联、研究生会、文物爱好者协会等学生组织，先后开展"源流·首届高校学生文化遗产创意"设计赛、"感受文化遗产之美"展览、文化遗产创意互动站、"文化遗产的现代生命力"分享会、"丝路透视"系列讲座等学术实践活动，取得校内外广泛赞誉。举办一系列丰富多彩的文体活动，丰富同学们的课余生活。

为促进师生交流，2016年，考古文博学院学生工作办公室组织开展探望老教授系列活动，邀请老教授们为学生答疑解惑，帮助学生解决大学生活中的困惑、学术上的难题和专业选择上的疑惑。

【资料建设】 图书资料建设。2016年度共采购中文图书1135册、外文图书946册，中文期刊93种846册、外文期刊40种123册。新增学位论文77册，实习报告2种60册。受赠图书260册。馆内阅览2148人次，借阅2118册书、2313册刊，归还2108册书、1367册刊。

在"双一流"建设方案的指导下，结合本学科的专业特点和发展方向，重新规划资源采购的布局，立足重点、弥补缺失、拓展领域。为此，2016年度资源建设方案为全面加强考古学各专业方向的资源，增加文化遗产各专业的资源，加强与中国历史文化和世界古代文明相关的外文图书资源建设。

2016年度，除学院图书馆自采图书，学院还获得多笔图书捐赠。接收学院赵辉、宋向光、陈建立、秦大树、孙庆伟、李崇峰、李伯谦等老师的赠书，接收达微佳、蔡庆良、荣新江、李雨声、孟原召、郑建明、孟繁之等校友的赠书。与深圳市博物馆、成都市文物考古研究所等机构建立正式的书刊交换关系。

【信息建设】 院内刊物。编辑出版《古代文明研究通讯》2016年第1—4期，《陶瓷考古通讯》2016年第1—2期，《玉器考古通讯》2016年第1—2期。

网站建设。继续做好学院门户网站的维护和运行，新建设"活动报名"板块。做好虚拟考古实验中心网站的建设和运行。持续建设和完善学院OA系统，开通微信服务端口。建设和试运行赛克勒考古与艺术博物馆官方网站。

讲座资源。关注学院各类讲座，做好每场讲座前期宣传和后期纪要的推送工作，对经过授权的讲座进行录像、录音和现场拍照，收录完备的多媒体资源，并进行后期的整理、保存和发布。

微信公众号管理。建设、维护和运行"北京大学考古文博学院""赛克勒考古与艺术博物馆""纸上考古""考古团学""PKU考古教务"等5个微信公众号。

【工会工作】 2016年度，学院工会在上级工会的指导下，积极组织教职工参加爱心捐助、运动会、青年教师基本功大赛等活动；积极推进和完善全体教职工大会制度建设；为女职工办理互助保险，为合同制职工办理入会，给退休教师购置新春礼物。此外，在运动会期间，工会圆满完成团体操、入场式和比赛等工作。

（考古文博学院）

哲学系（宗教学系）

【发展概况】 2016年，哲学系（宗教学系）有哲学和科技史等2个一级学科。包括马克思主义哲学、中国哲学、外国哲学、逻辑学、伦理学、美学、宗教学以及科学技术哲学等8个二级学科。其中，马克思主义哲学、中国哲学、外国哲学、美学等4个学科被评为国家重点学科。在2016年QS世界大学哲学专业的排名中，北京大学哲学系位列第35位，继续领跑亚洲第一名。现任哲学系主任王博，党委书记仰海峰。

【人事工作】 截至2016年12月31日，哲学系在职教职工67人，其中教学科研人员61人（教授36人，副教授18人，讲师1人，新体制人员6人），行政人员6人。博士后在站19位，其中本系14位，挂靠单位5位。

方博入职新体制助理教授；聘请外籍人文讲席教授2名，其中新入职1名（安乐哲），聘请外籍博士后1名。王颂晋升教授职称。延聘张学智教授、尚新建教授。

孙尚扬获评享受政府特殊津贴人员；仰海峰、韩林合完成长江学者奖励计划特聘教授公示。叶朗、赵敦华、丰子义、朱良志等4人获评博雅讲席教授，王宗昱、何怀宏、周北海、朱良志、叶闯、张志刚、陈波、韩林合等8人获评人文特聘教授，刘华杰、聂锦芳、李四龙、仰海峰、杨立华、吴增定、吴飞、先刚、李猛、周学农、刘哲、吴天岳、程乐松等13人获评人文杰出青年学者。

2016年，增补仰海峰、韩林合为哲学系学术委员会委员，聘任程乐松、吴天岳、王彦晶、孟庆楠、李林为系主任助理。学校任命仰海峰为哲学系（宗教学系）常务副主任。

减员情况。Schafer离职；Maier辞职；陈鼓应人文讲席教授合同到期；马仁邦客座教授聘期到期；吴国盛调离。

2016年6月，完成《哲学系人事综合改革方案》；11月，完成全系教职工的年度考核、岗位考核及聘任工作。

【教学工作】 在2015年基础上，进一步推动北大人文基础学科本科人才跨院系培养计划"古典语文学"项目，进入该项目的总人数达到66人。2016年7月，共有14位同学毕业，全部继续读研深造。

孟庆楠、王彦晶获2015—2016年度北京大学教学优秀奖。

2016年7月21日至25日，北京大学第五届优秀中学生哲学夏令营成功举办。经选拔，来自全国各地各重点中学的294名学员参加了夏令营。本期夏令营为期5天，通过聆听7场精彩的报告和参与小组讨论，营员们了解了不同专业方向的研究内容和培养方式，充分感受到哲学的魅力。

【科研工作】

表5-5　2016年哲学系（宗教学系）部分科研项目

项目名称	起止时间		负责人	总经费（万）	任务来源
国外马克思主义哲学基础理论问题研究	2016.6.30	2019.12.31	仰海峰	35	国家社科基金项目（重点）
中国本土宗教与外来宗教关系研究	2016.6.30	2020.12.31	李四龙	35	国家社科基金项目（重点）
儒家女性伦理研究	2016.6.30	2019.8.30	王堃	20	国家社科基金项目（青年）
身体、不死与神秘主义	2016.6.30	2017.4.31	程乐松	20	国家社科基金项目（后期）

表5-6 2016年哲学系（宗教学系）部分科研成果

成果名称	作者	出版社	成果形式
一苇杭之	何怀宏	北京师范大学出版社	专著
贺麟思想研究	张学智	人民出版社	专著
崇礼野花	刘华杰	中国科学技术出版社	专著
《逻辑哲学论》研究	韩林合	商务印书馆	专著
明末天主教与儒学的互动（韩文版）	孙尚扬	首尔：文史哲出版社	专著
庄子哲学讲记	郑开	广西人民出版社	专著
游外以冥内	韩林合	商务印书馆	专著
中华思想文化术语3	孟庆楠	外语教学与研究出版社	编著
品读《沉思录》	何怀宏	生活·读书·新知三联书店	译注、专著
奥古斯丁的新世界	李猛	上海三联书店	编著
从博物的观点看	刘华杰	上海科学技术文献出版社	专著
博物人生（第2版）	刘华杰	北京大学出版社	专著
华严法界观门校释研究	王颂	宗教文化出版社	专著
Order in Early Chinese Excavated Texts	王中江	Palgrave Macmillan	专著
佛教与印度哲学研究	姚卫群	中国大百科全书出版社	专著
社会的构成	李猛	中国人民大学出版社	译著

表5-7 2016年哲学系（宗教学系）部分获奖情况

成果名称	获奖类型	获奖等级	全部作者
柏拉图的本原学说：基于未成文学说和对话录的研究	北京市第十四届哲学社会科学优秀成果奖	二等奖	先刚
悖论研究	北京市第十四届哲学社会科学优秀成果奖	二等奖	陈波

【党建工作】 哲学系党委现有党员263人，其中正式党员242人，预备党员21人；现有党支部16个，其中教工支部7个（离退休同志与在职同志混合组建党支部），学生支部9个。

哲学系党委的党建工作以支部建设为基础，以组织队伍建设为重点，着力做好党支部换届、党支书选拔培养以及党员教育和发展工作。系党委班子带头坚持"三会一课"制度，各支部坚持每月至少开展一次集体活动，每学期至少召开一次组织生活会，并定期举行"党委书记讲党课"活动。

哲学系党委积极响应并努力做好上级组织下达的任务，认真组织开展"三严三实"专题组织生活会、党支部评议考核、民主评议党员和"两学一做"工作，部署"立足岗位，恪尽职守，做新时期合格党员"大讨论等。此外，哲学系积极组织"共产党员献爱心"捐款活动，认真完成党内半年统计、年度统计工作，做好统战、宣传、保密、老干部等工作。

哲学系党团支部还就"高校新媒体平台与党建"进行立项研究，并形成完善的相关报告。在理论与实际的交汇点上，"南湖北事"微信公众号作为哲学系党员新媒体平台应运而生。"南湖"寓意党的诞生地嘉兴南湖，"北事"寓意北大学子思考和实践。通过"博学""慎思""笃行""审问"4个板块，"南湖北事"致力于成为在新的历史和时代环境下展现共产党员的责任、北大学子的情怀、当代青年共同理想和使命的平台。

2016年，王博、李林、王莳等3人获得"北京大学优秀共产党员"荣誉称号，李想获评"北京大学十佳学生党支部书记"，哲学系本科生党支部获评"北京大学先进党支部"。此外，在评选表彰"三严三实"专题教育党支部优秀活动中，哲学系党委获评"优秀组织奖"，哲学系本科生党支部、中国哲学党支部（教师）获评"优秀活动奖一等奖"，2014级博士生党支部、2014级硕士生党支部获评"优秀活动奖二等奖"，2015级博士生党支部获评"优秀活动奖三等奖"。

【学生工作】 2016年，哲学系学生工作办公室继续扎实开展对学生的思想政治教育、服务管理等工作，全面贯彻落实各级主管部门指导意见，通过举办丰富多样的活动，活跃了学术氛围。

2016年，哲学系积极开展13场学生党团日联合主题教育活动。3月至6月，全系开展"砥砺强国志，聚力十三五"学生党团日联合主题教育活动；3月，2015级博士生党支部组织开展"两学一做"党团日联合主题教育活动，结合"三严三实"主题教育活动，每名党员结合党规畅谈自身感想，表达严于律己、增强党性、做合格党员、做优秀党员的决心；2015级硕士生党支部以"弘扬长征精神，奋力铸就卓越"为主题，组织全体支部同学观看两套以纪念长征胜利80

周年为主题的纪录片——《长征》和《永远的长征》。12月,组织哲学系本科党支部与府学胡同小学党支部进行共建,并与青年教师进行座谈。

2016年,共组织7名同学参加学校第24、25期党性教育读书班,其中2人被评为"优秀学员"。

2016年,共举办4场"社会·文化·心灵"系列讲座;组织第二十四届全国"爱智杯"征文比赛;召开首届"爱智杯青年学术论坛"。全年发行12期学生刊物《生生》;编辑《共青苑》25周年纪念刊。

志愿服务。自2015年9月起,哲学系青年志愿者协会帮扶海淀区残联一所幼儿园的弱听及自闭儿童,组织开展"薪火相传哲学人"送书活动。此外,系青协不定期组织志愿者对哲学系图书馆的书籍进行整理。

继续开展"传薪文献"计划,2016年度拜访了张翼星、阎国忠、赵家祥、宋文坚等四位德高望重的老教授。

新生入学教育活动。8月29日至31日,首次组织开展哲学系新生训练营,52名本科新生全部参加;11月28日,举办2016级本科新生座谈会,系领导以及相关老师到会听取学生心声,并进行答疑解惑。

【交流合作】 在对外学术交流方面,哲学系教师有25人次出国出境参加学术会议、讲学或访问;学生有25人次出国出境参加学术会议、学习或访问;23名学生参加外校交换学习、联合培养。2016年度,外国专家来访交流、开设讲座13人次。

2016年,举办"北京大学海外名家计划"4次,分别邀请美国南加州大学哲学学院Scott Soames教授、英国剑桥大学John Alexander Marenbon教授、美国加州大学圣迭戈分校Gila Sher教授和赫尔辛基大学Ilkka Niiniluoto教授来校进行授课和公开演讲。

人文基金高级访问学者项目来访4人(沃尔法特、摩尔斯、扬森、叶启政),出访4人(赵敦华、尚新建、刘哲、吴天岳)。

哲学系党委副书记杨弘博赴伦敦政治经济学院交流。

【学术交流】 重点学术会议。2016年5月20日,举办"'境界与文化'暨张世英先生学术思想研讨会",张世英先生与来自全国各地高校、研究机构的一百多位专家学者参加会议,北京大学校长林建华出席会议;8月27日至28日,由北京大学哲学系与全国古希腊与罗马哲学学会合办的"第三届全国古希腊与罗马哲学学术研讨会"在北京大学召开,主题为"理性与自然",来自全国各高校的50多位学者参加研讨会;11月27日,北京大学哲学系、北京大学马克思主义哲学研究中心、北京大学中国特色社会主义理论体系研究中心等五单位共同举办第56届"21世纪哲学创新论坛",论坛以"哲学创新的迫切问题"理论研讨为主,同时举办了《黄枬森文集》出版学术座谈会;12月10日至11日,北京大学哲学系承办"第九届南北五校哲学博士生论坛",来自北京大学、复旦大学、武汉大学、中山大学、台湾政治大学等5所高校哲学院系的70余位师生就哲学中的经典文本、思想方法、核心范畴和当代意义等问题展开陈述,并进行热烈的讨论。

讲座与论坛。2016年,哲学系定期举行各二级学科学术论坛,其中,由马克思主义哲学教研室主办的"马哲论坛"举办5讲;由科技哲学教研室主办的"北大科学史与科学哲学论坛"举办1讲;由外国哲学教研室主办的"周五哲坛"举办5讲;由佛教、道家教研室主办的"佛教文献、历史与哲学工作坊"举办3讲、"虚云讲座"举办5讲;由逻辑学教研室主办的"逻辑学讲座"举办1讲。

【继续教育】 短期培训。2016年,共举办短期培训班8期,结业331人。举办首届北京大学民族宗教工作干部培训班,共招收50位学员。培训班得到了中央统战部和各级领导的一致好评。中央统战部决定在2017年进一步扩大规模,把民族宗教干部培训班项目长期做下去。另有7期培训班延续2015年项目:北京大学乾元国学教室共3期,北京大学乾元国学教室《周易》共1期,北京大学乾元西学教室共1期,北京大学管理哲学与企业文化董事长高级研修班共1期,北京大学国学与国医班共1期。

高级人才研修。2016级宗教学佛教专业高级人才研修班招生24人。

(李少华)

外国语学院

【发展概况】 外国语学院现设阿拉伯语系、朝韩语系、德语系、东南亚系、俄语系、法语系、南亚系、日语系、西葡语系、西亚系、亚非系、英语系、外国语言学及应用语言学研究所、世界文学研究所、翻译硕士教育中心等15个系、所、中心,35个研究机构和学术团体,1个教育部人文社科研究基地(北京大学东方学研究中心),1个国家外语非通用语种本科人才培养基地,2个教育部区域和国别研究培育基地(南亚研究中心、大洋洲研究中心),1个部属高校国家大学生校外实践教育基地。2016年,7个系(所、中心)完成行政班子换届。

学院现有英语、俄语、法语、德语、西班牙语、葡萄牙语、日语、阿拉伯语、蒙古语、朝鲜语、越南语、泰国语、缅甸语、印尼语、菲律宾语、印地语、梵巴语、乌尔都语、波斯语、希伯来语等20个招收本科生的语种;1个一级学科博士点,11个二级学科博士点(其中1个与中文系合建),1个应用型硕士学位点,1个博士后流动站。

截至2016年12月,外国语学院共有在职人员270人,其中教师220人,行政教辅人员50人(含劳动合同制职工

26 人）。教师队伍中，教授 64 人，副教授 90 人，讲师 54 人（含博士后 5 人），助理教授 12 人。离退休人员 238 人，其中离休人员 24 人。2016 年新入职助理教授 3 人。

2016 年，在 QS 发布的 2016 年世界大学学科排名中，外国语学院三个相关学科的排名继续保持世界前列，"现代语言"学科排名世界第 8 位、"语言学"学科排名第 10 位、"英语语言文学"学科排名在全球 100 名以内。

2016 年，外国语学院扎实推进北京大学外国语言文学一流学科建设，发挥学科优势，积极践行国家"一带一路"战略，依托北京大学丝路沿线区域与国别研究中心，牵头组织北京大学"一带一路"国家诗歌经典文库项目，举办"一带一路"国家诗歌经典翻译研讨会，主办数期"北京大学人文讲座——区域与国别"系列。10 月，北京大学区域与国别研究委员会成立，工作办公室设在外国语学院。12 月初，由北京大学区域与国别研究委员会、学科建设办公室主办，外国语学院承办的"区域与国别战略合作论坛——'一带一路'沿线区域与国别研究研讨会"成功举办。

2016 年是北京大学东方学科建立 70 周年，外国语学院及相关系所举行了系列纪念活动。

【教学工作】 截至 2016 年 12 月，外国语学院共有学生 1386 人，其中本科生 813 人、硕士研究生 378 人、博士研究生 195 人。2016 年，录取本科生 214 人，含外语类高中保送生 61 人；录取硕士研究生 147 人，含学术型硕士 81 人、应用型硕士 66 人（英汉笔译方向 32 人，日汉笔译口译方向 34 人）；录取博士研究生 40 人，另有 5 名港澳台博士生。

2016 年，毕业本科生 196 人，除 5 人暂结业外，全部取得学士学位。此外，辅修专业招生 200 人，毕业 45 人。

外国语学院除承担全校非英语专业学生的英语教学任务外，还开设了除英语以外 20 个语种的公共外语课 26 门（法语、德语、日语、西语、俄语、韩语、阿拉伯语、希伯来语、西里尔蒙古语、波斯语、伊博语、斯瓦西里语、孟加拉语、土耳其语、乌尔都语、菲律宾语、葡萄牙语、缅甸语、越南语、库尔德语等）。英语授课课程包括院系课程 48 门和国际暑期学校课程 3 门。

重新修订教学计划，凝练核心课程。新开设 7 门研究生课程，授课教师包括外国学者。东南亚上座部佛教文献研究、泰戈尔学术史研究、东南亚文化个案研究与田野调查、中越关系研究、外语教育理论与实践、蒙古国现当代文学批评研究、马格里布研究等课程的开设对学科建设意义重大。

2016 年，外国语学院与元培学院、历史学系联合开设的本科专业"外国语言与外国历史专业"共有 16 名学生选修，分别在阿拉伯语、波斯语、德语、俄语、日语、泰语、法语、西班牙语、菲律宾语专业学习。2016 年，外国语学院 2 名学生毕业。

经过学位评定分委员会评定，苏琪被批准为相关学科博士生指导教师，王旭、张幸、万悦容、胡旭辉、郑萱等 5 人被增补为硕士生指导教师。

2016 年，外国语学院继续与学校同步颁发"年度教学优秀奖"，奖励 2 名出色完成教学任务的教师徐哲平、万悦容。李强、黄必康、辜正坤、张敏等 4 名教师获"北京大学教学优秀奖"。18 项教材获得北京大学教材建设立项支持，有 11 项教材获"2016 年北京大学优秀教材奖"。6 门研究生课程通过学校的课程立项和资助。2016 年 5 月至 11 月，学院参加全国一级学科评估。11 月，参加教育部本科生教学评估。

【科研工作】 外国语学院现有北京大学文科资深教授 2 人、教育部长江学者特聘教授 1 人、"百千万人才工程"入选者 1 人、教育部跨世纪人才 2 人、教育部新世纪优秀人才 6 人。

2016 年，学院获得立项国家社科基金重大项目 1 项，青年项目 3 项，国家社科基金中华学术外译项目 1 项；教育部人文社会科学研究一般项目 1 项。

表 5-8　2016 年外国语学院重要科研项目

项目名称	起止时间	负责人	总经费	任务来源
古代东方文学插图本史料集成及其研究	2016 年 12 月至 2021 年 12 月	陈 明	80 万	2016 国家社科基金重大项目
日本近代象征派文学的研究	2016 年 9 月至 2020 年 12 月	解 璞	20 万	2016 年度国家社科基金青年项目
高校"海归"英语教师职业认同建构的叙事探究	2016 年 9 月至 2019 年 12 月	孟 玲	20 万	2016 年度国家社科基金青年项目
明末清初回儒舍起灵（蕴善）汉译作品研究	2016 年 9 月至 2019 年 12 月	沈一鸣	20 万	2016 年度国家社科基金青年项目
丝绸之路考古十五讲（韩文）	2016 年 6 月至 2018 年 12 月	张 敏	35 万	2016 年国家社科基金中华学术外译项目
莱辛文论和戏剧中的市民教育	2016 年 11 月至 2019 年 12 月	卢白羽	10 万	2016 年教育部人文社会科学研究一般项目

据不完全统计，2016 年，学院教师成果共计 264 项，其中出版学术专著 15 部，译著 30 部，编著及教材 14 部，工具书和参考书 4 部。在国内外学术刊物及著作上发表论文 188 篇，译文 13 篇。

表5-9　2016年外国语学院代表性科研成果

成果名称	作者	出版单位	成果形式
印度佛教神话：书写与流传	陈明	中国大百科全书出版社	专著
当代俄语现状研究	褚敏	北京大学出版社	专著
西班牙当代女性成长小说	王军	北京大学出版社	专著
自我、社会与人文：玛格丽特·阿特伍德小说的文化解读	丁林棚	北京大学出版社	专著
启蒙与建构：策·达木丁苏伦蒙古文学研究	王浩	北京大学出版社	专著
蒙古族青年与蒙古文化	陈岗龙	内蒙古人民出版社	专著
What Are Unnatural Narratives? What Are Unnatural Elements?	申丹	美国A & HCI源刊STYLE	论文A & HCI
全世界是一个舞台	秦海鹰	国外文学	论文
科塔萨尔，或作为字母C的游击队员	范晔	世界文学	论文
黄金布地给孤独：祇园的故事	王邦维	文史知识	论文
"心灵的交流"：民国时期中国的济慈研究	卢炜	外国文学研究	论文
中产阶级审美幻象与全球化的阶级冲突	周小仪	外国文学	论文
古代东方文学的图像传统初探	陈明	国外文学	论文
言语的野花	丁宏为	外国文学	论文

表5-10　2016年外国语学院获得北京市社科理论著作出版资助项目

项目名称	起止时间	负责人	总经费
现当代俄罗斯语言学研究的流变与走向	2016年6月至2019年12月	宁琦	4.2万
东方文艺创作的他者化倾向	2016年6月至2019年12月	林丰民	4.5万
东南亚宗教艺术研究	2016年6月至2019年12月	吴杰伟	6.0万
西班牙语习语研究	2016年11月至2019年12月	张慧玲	3.75万

2016年，法语系董强教授当选法兰西道德与政治科学院外籍终身通讯院士，并获颁布鲁塞尔自由大学"荣誉博士"。

据不完全统计，2016年，外国语学院共主（合）办国际（含境外、双边）学术研讨7次、国内学术研讨会3次。

【继续教育】2016年，外国语学院成功举办非学历培训项目10余个，包括未名英语培训班、韩语培训班、日语培训班、英澳培训班、德语培训班、新概念英语班、外教英语口语培训班、西方戏剧体验青少年精品课堂等，以及云南民族大学、解放军相关单位委托举办的培训班3个，同时为西班牙、泰国、埃及、以色列等国家的大学孔子学院大学生举办"中国语言文化营"6期。目前在校的非学历培训学员400余人。

英语系承办的英语专业专升本（业余）成人高等学历教育（英语夜大），经学校继续教育部批准从2017年开始停止招生。目前在校的3个年级（2014级、2015级和2016级）学生共计600余人。

日语系作为北京市日语自考主考单位，2016年共进行网上阅卷957人次，非笔试项目考试207人次，毕业综合考试35人次。

【交流合作】2016年，本科生约有212人次出国参加交流，其中为期3个月以上的有136人次，短期出国参观访问、暑期学校、实习培训等76人次；研究生出国交流96人次，其中短期34人次，长期62人次。澳门理工学院2人、台湾淡江大学2人、东京外国语大学2人来校交流学习。

研究生留学与国内外学术交流不断发展，24人入选国家公派研究生项目，其中攻读博士学位11人、联合培养13人。学院继续通过"百人青年科研基金"和学院资助体系2个项目以及国际学术交流基金项目，为研究生提供参与国内学术会议的机会，共资助10人，资助金额近2.4万元。

据不完全统计，2016年，出国参加学术交流的教师达84人，分别前往美国、英国、德国、俄罗斯、西班牙、奥地利、以色列、伊朗等国家，参加学术会议、开展合作研究和工作访问。

2016年，"北京大学外国语言文学文化讲席项目"从24个国家聘请外籍教师65人，其中讲席教授6人次、专业教授8人次、语言教师51人次，承担了近200多门外国语言文学文化学科（本科生和研究生）的专业课程以及面向全校的辅修和公选外语课程。学院专门聘任19位外籍教师承担全校博士研究生和非英语专业本科生的英语课程。此外，还单独邀请16位外教承担面向全校学生的暑期英语课程，聘任15位外教承担"北京大学'一带一路'外国语言与文化系列公共课程"。

学院积极践行"一带一路"倡议，举行关于波斯、印度、马来西亚、阿曼、以色列、约旦、沙特阿拉伯、缅甸、泰国、菲律宾、越南等国家和地区的国际学术研讨会和各种形式的外事活动，充分发挥学院在"一带一路"倡议上的特殊作用。2016年度，外国语学院共举办43场外事活动，成果突出。

2016年，学院在学生互访等方面进一步加强与国外大学的合作。更新与澳大利亚格里菲斯大学关于双学位培养项目的协议。

学院持续鼓励和支持外籍专家服务北京大学和社会。Donald Stone教授继续以个人的名义捐赠艺术品，并举办北京大学"艺术之都"系列讲座，其赠品"人与自然的瑰宝：从提香到伦勃朗——文艺复兴与17世纪版画"在北京大学赛克勒考古与艺术博物馆展出。学院聘请的外籍专业教授Joseph Graves Burnett先生，在"2016莎士比亚戏剧节"活动中应邀在国家大剧院做关于莎士比亚戏剧的讲座，其中《莎翁绝唱：暴风雨》应邀参加第九届北京国际青年戏剧节。其自编自导自演的话剧《一个人的莎士比亚》在全国多个城市巡回演出，并多次参加中国的国际戏剧节演出。

【党建工作】 截至2016年底，学院共有586名党员，其中在职教工党员117名、离退休教工党员134名、学生党员335名；共有26个党支部，其中在职教职工支部13个、离退休教职工支部4个、学生支部9个。2016年新发展党员62名，其中学生党员60名、教工党员2名，转正预备党员48名。朝韩语系党支部、俄语离退休党支部等6个支部完成换届改选。朝加明教授荣获"北京大学优秀共产党员标兵"称号，王邦维教授等7人荣获"北京大学优秀共产党员"称号，俄语系党支部等2个党支部被评为"北京大学先进党支部"。

2016年，学院党委和各党支部把"两学一做"学习教育作为党建工作的龙头任务，结合学习"七一"讲话、党的十八届六中全会精神和全国高校思想政治工作会议精神，扎实推进面向学院党政班子和全体党员两个层次的学习教育。

学院党委研究制定实施计划，先后召开四次党委扩大会进行专题部署，借助党政联席院务会等契机组织召开学院班子成员专题学习会。各党支部通过读书会、系务会、专题讲座、知识竞赛等多种形式，组织党员师生与入党积极分子开展"两学一做"学习教育。为提升教育效果，学院党委推行7种模式的"党员讲党课"制度。此外，策划开展"同文传情，志愿暖心"——党员老教授的人生分享活动。结合"七一"和学习长征精神主题，学院党委于5月和10月分别组织党员和部分群众赴卢沟桥中国人民抗日战争纪念馆和平北抗日战争纪念馆接受爱国主义教育。教职工党支部和学生党支部分赴国家博物馆、焦庄户地道战遗址纪念馆等进行实地实习，把党课学习搬到了革命遗址。学院党委和各党支部按照"立足岗位，恪尽职守，做新时代合格党员"大讨论的活动要求，聚焦党员如何"做"这一主题，进一步强化师生党员的责任担当。

学院"两学一做"学习教育开展卓有成效，得到上级部门的肯定和认可。2014级本科生党支部的专题活动被学校推荐参加全国高校"两学一做"风采展示活动。

【行政工作及其他工作】 学院行政队伍现有在编人员21名，合同制人员8名，工作岗位包括学院办公室、业务办公室、教务办公室、学生工作办公室、继续教育办公室和图书分馆。2016年，学院有针对性地加强行政队伍各项业务能力的培训，不断提高服务水平。1月19日，学院组织行政人员进行"讲规矩、守纪律"的人事专项业务培训。7月12日，组织"做好数据更新和网页完善，为一流学科建设服务"的培训，推动各办公室信息联动，实现数据共享。

2016年，外国语学院荣获"北京大学二级单位安全管理标准化建设先进单位"称号，图书分馆荣获"北京大学图书馆优秀分馆"称号。

截至2016年底，学院共有工会会员近500名（含离退休员工和合同制员工会员）。在学院党委的领导下，学院工会围绕中心，服务大局，积极完成学校工会布置的工作，如慰问全国劳模、学校运动会、各种球赛、集体健步走、爱心基金募捐、各类评优活动等。同时，自主开展常规特色活动，包括组织教职员工健康体检、参加羽毛球锻炼、新春联欢会、春秋游活动。主要面向全院青年教师和研究生的"外国语学院学科建设沙龙"已成功开展八期活动。学院工会牵头，积极组织教职工参加各项教学技能、课程网站比赛，西葡语系宋扬荣获北大第十六届青年教师教学基本功比赛（人文社科组）一等奖和最佳教案奖。

【学生工作】 学院学生工作以立德树人为根本任务，扎实做好常规学生工作，同时在加强学生党建、深化志愿服务、推进协同共建三方面深入思考，不断创新：覆盖97名困难学生，提供多角度资助帮扶；面向400余名毕业生做细生涯辅导，召开毕业生大会，精准投放优质招聘信息。2016届360名毕业生中，本科生195人，39%选择国内升学，30%选择出国留学，30%选择就业；研究生165人，76%选择就业，12%出国留学，5%选择国内升学。

继续坚持党支书兼任年级负责人机制，结合全面筛查和重点关注，做细做深辅导工作。指导9个学生党支部深化思想引领，作为北京高校党建难点项目试点院系之一，着力试行党员讲党课制度，探索党课试讲、"同文传情"老教授传授、师生党员共话、实地讲解、实践授课以及跨越重洋的党课学习等六种模式。

指导学院学生会、研究生会，以及10余家学生社团，开展外院文化节、新同文讲坛、外院学生新年晚会等活动；连续八年开展"教授福利院老人英语"等常规志愿服务活动，连续两年服务"宋庆龄国际青少年交流营"，连续三年与国家开发银行合作开展专题志愿服务，连续四年参加"中国-东盟博览会"的语言志愿服务，探索创新学生国际化志愿服务模式；深化学工、教学在育人环节上的协同，共建学术科研、文体活动、支部工作、学生助理4个平台，在北京大学第二十四届"挑战杯"中，外院学子获五四青年科学奖竞赛一等奖、特别贡献奖竞赛一等奖等多个奖项。

遵循育人机理促进学生集体建设，选评优秀学生团队，对各类团队、班级进行适时指导和提供资源支持。2013级阿语本科班获评北京市优秀班集体，5个班级获评北京大学优秀班集体和先进学风班，外国语学院被评为北京大学学生工作先进集体；外院男足获得北大杯冠军，慢垒队获得北大杯乙组冠军，学院在一二·九合唱比赛中获得冠军以及最美声音奖；由学院党委副书记郑清文牵头成功申报教育部辅导员骨干专项课题"高校优秀班集体形成的特征及其影响因素"。

（张冬梅、倪丽慧）

对外汉语教育学院

【发展概况】 组织机构。学院现设汉语及应用研究室、习得与测试研究室、文化与跨文化交际研究室、课程与教师发展研究室等4个研究室，另有研究中心和学术刊物各1个：北京大学汉语教学研究中心和《汉语教学学刊》。此外，学院设有长期项目教研室、短期项目教研室、特别项目教研室、商务汉语强化项目教研室、研究生教研室等5个教研室。行政教辅方面，设有综合办公室、研究生事务中心、留学生事务中心、信息技术服务中心。

队伍建设。2016年，学院现有在编教师53人，其中教授9人、副教授37人、讲师6人、助理研究员1人；在编行政教辅人员5人；另有合同制职工13人，其中专职教师6人、行政教辅人员7人。2016年，晋升副教授2人。实行全员年度考核，全体教师首次以研究室为单位进行述职。配合学校启动人事综合改革，学院多次召开会议研讨方案，稳妥推进新老体制融合。

【教学工作】 留学生语言教学。2016年，春季学期学生714人，其中长期项目347人，预科86人，商务汉语强化项目76人，特别项目89人，燕京学堂63人，短期53人；共开设81个班级，授课12,802学时。暑期项目17个，学生578人，授课2119学时。秋季学期学生697人，其中长期项目351人，预科90人，商务汉语强化项目40人，燕京学堂100人，特别项目61人，悉尼项目38人，庆熙冬令营17人；共开设83个班级，授课12,512学时。

成功研发留学生汉语分级考试"自评测试"系统。学院自评研发组经过多次测试、修订，首创"自评测试"分班办法代替传统"汉语水平考试"办法，并实现网络化测试。2016年暑期项目招生过程中试行"网上自评"，实现合理规划招生人数，充分利用教学资源；长期项目采用学生报到前完成"网上自评"，以便在大量学生报到前做好初、中、高水平人数预估，合理制定排课预案。

取消月考，增设期中考试周。为更好地落实各项目"教学计划"，学院取消月考，增设期中考试周。各班增加作业频率，以督导留学生的日常学习。合理的日程安排，受到师生广泛赞许。留学生出勤率逐步提高，补考人数日益减少。

安排丰富多样的语言实践活动。2016年度，学院推出3大类（文化体验、文化考察、美食文化）8个项目（风筝、剪纸、中国结；颐和园、植物园、天坛、北海；包饺子）的语言实践活动，得到师生的积极响应。

研究生教学。2016年秋季学期，学院有硕士研究生155人（汉语言31人，汉语国际教育硕士124人），博士研究生35人，共计190人，其中外国留学生45人，分别来自14个国家。

博士生招生名额增加，中国内地博士生招生名额达到5名。

"互联网+汉语国际教育硕士"项目获得"深化专业学位研究生教育综合改革"立项资助，资助经费20万元。

管理制度进一步完善。学院规定每名导师所带硕博生总数不超过15人，每年不超过5人。其中，所带博士生总数不超过10人（含延期）；每年所带学生中，外国博士留学生不超过2人。修订博士生培养方案，建立导师指导小组，由教师自行组队或研究室指导组队，在论文写作阶段共同把关，提高论文质量。

课程设置。学院留学生课程包括普通语言进修生课程、预科班课程、高级选修课程。

教学获奖。徐晶凝获唐立新奖教金，刘晓雨获方正教师奖，张文贤获曾宪梓优秀教学奖，邓丹获黄廷芳/信和青年杰出学者奖。

【科研工作】 科研成果。2016年，学院共取得学术成果53项，其中发表期刊论文42篇，会议论文2篇。学院教师参加科研活动66人次（参加人数27人），其中参加会议52次，讲学培训14次。目前，在研各类科研项目共17个。

表5-11 2016年对外汉语教育学院部分专著出版情况

著者	类别	书名	出版时间	出版社
鹿士义	译著	认知语言学与第二语言习得	2016.3	世界图书出版公司
钱旭菁	专著	英语背景学习者汉语身体动作词习得研究	2016.3	北京大学出版社
杨德峰、姚骏	专著	韩国学生学汉语常见语法错误释疑	2016.6	商务印书馆
刘颂浩	专著	汉语阅读教学研究	2016.8	北京语言大学出版社

表 5-12　2016 年对外汉语教育学院期刊论文发表情况（举要）

作者	成果名称	期刊名称	成果类别
汲传波	职前汉语教师语法教学信念变化初探	语言教学与研究	核心/CSSCI
汲传波	职前国际汉语教师语言教学信念发展研究	华文教学与研究	核心/CSSCI
汲传波	韩国学生汉语学术论文中文言结构使用初探	汉语学习	核心/CSSCI
孔令跃	Are Chinese Correlative Conjunctions and Corpus-extracted Conjunction Combinations Psychologically Real? Investigating the Combination Frequency Effect	Psychological Reports	SSCI
刘颂浩	缩写练习在对外汉语教学中的应用研究	世界汉语教学	核心/CSSCI
刘颂浩	教学模式讨论和对外汉语教学学术环境建设	华文教学与研究	核心/CSSCI
王添淼	关于建立国际汉语教师档案袋评价体系的思考——基于美国的经验	东北师范大学学报	核心/CSSCI
王添淼	构建国际汉语教师资格认证制度——基于美国的经验	语言教学与研究	核心/CSSCI
王添淼	汉语国际教育硕士专业学生学情调查分析与建议	学位与研究生教育	核心/CSSCI
徐晶凝	对外汉语口语教学语法大纲的构建	语言教学与研究	核心/CSSCI
杨德峰	也说饰句副词和饰谓副词	汉语学习	核心/CSSCI
张雁	兴替与选择："下雨""落雨"的历史比较考察	湖北大学学报	核心/CSSCI
赵昀晖	章太炎政治思想的学理溯源	东岳论丛	核心/CSSCI

表 5-13　2016 年对外汉语教育学院科研项目（举要）

项目名称	来款单位	负责人
国家社科基金一般项目	国家社会科学基金委	王添淼
"北大研究"重点课题	北京大学	王添淼
语音轻化视角下汉语韵律句法互动的实验研究	国家社科基金	邓丹
北京大学汉语考试（BHK）	北京大学	刘超英
汉语作为外语在美国的发展研究	国家社科基金一般项目	刘元满
基于语篇与语体的连词主观性研究	教育部	张文贤
汉语作为第二语言的界面关系习得研究	国家社科基金	赵杨
汉考国际 BCT 项目	汉考国际	赵杨
清代来华西方人汉语教育史	国家社会科学基金	施正宇
《汉语第二语言教学论》学位基础课程建设	北大研究生院	李红印

学术活动。4月2日至3日，与中文系合办国际词汇学会议。5月7日至8日，举办第六届东亚汉语教学研究生论坛暨第九届北京地区对外汉语教学研究生学术论坛。7月2日至3日，与北京语言大学合办第二届语言学与汉语教学国际论坛。10月29日，举办北京大学"黉门对话——汉语教材与学科建设"。12月17日至18日，举办第六届中青年学者汉语国际学术研讨会。举办剑桥大学、香港中文大学和北京大学"作为二语的汉语普通话问题"工作坊。

举办4场汉语国际讲坛，主讲嘉宾分别为：剑桥大学袁博平教授、捷克科学院东方研究所廖敏研究员、美国普林斯顿大学中文部主任周质平教授、中国社会科学院语言所词典编辑室主任谭景春研究员。

同时，各研究室开展了多种形式的研讨和沙龙活动，已经初步建立起学术共同体。

【信息化建设】　组织与规划。2016年1月，成立信息化工作委员会、信息技术中心和资源建设中心；4月23日，召开信息化建设动员会，提出"服务北大师生、服务合作伙伴、服务全球汉语教师和汉语学习者"的战略定位；6月20日，召开信息化与技术培训交流会，展示录播系统、虚拟系统、录屏软件等技术手段的操作方法；9月16日，召开信息化专题工作会议，提出留学生教材配套资源、师资培训基础课程、留学生语言文化讲座等微课建设计划；10月22日至23日，召开汉语资源建设与管理战略研讨会。

产品与保障。录制文化课12课时、心理讲座2课时、慕课情景对话13部、慕课样课4门；於斌、刘立新、陈莉、路云等4位老师主讲的 Chinese for HSK 系列慕课陆续上线；徐晶凝、李海燕、刘元满、赵延风等老师的师资培训基础课程录制工作启动；录制编辑《初级听力》上、下册音频54部，听力试题音频4部；同时，为学院各类教学、科研活动提供录制服务和技术保障。

网站和微信公众号。2016年，学院网站内容编辑上传共计183篇（其中新闻69篇、公告46篇、学生工作33篇、其他更新35篇）。学院公众微信平台顺利运行，平台上传新闻公告等共计60篇。

【社会服务】 2016年，学院多门慕课陆续上线和完善，包括施正宇老师的初级汉字、徐晶凝老师的中级语法、杨德峰老师的汉语和文化交际等。刘晓雨老师的基础汉语（Chinese for Beginners）已经有来自200多个国家或地区的73万人注册，活跃的学习者超过33万人。

学院举办的"北京大学2016年对外汉语教学暑期高级研讨班"，报名者共计550人，其中一线汉语教师200人；最终录取140人，其中一线汉语教师40人。研讨班每天授课情况在学院网站和微信公众号发布，使更多师生受益。

【交流合作】 2016年，学院加强教师因公出国（境）管理，包括护照管理、出访申报和行前公示等。7月，剑桥大学-北京大学-香港中文大学合作研究项目正式启动。此外，学院接待重要国际来访十余次。

2016年，学院共派出汉语教师11人、派出汉语教师志愿者17人。

【党建工作】 2016年1月11日，学院党委换届完成，由黄立、汲传波、李红印、刘立新、王添淼、杨德峰、詹成峰等7人组成新一届党委。新一届党委确立了党委委员联系党支部的工作原则，创新支部组织生活形式，调动师生党员参与活动的积极性。

在"两学一做"学习教育中，学院党委先后开展党员自学、专题党课、参观学习、"合格党员"大讨论、知识竞赛、优秀党员经验交流会等活动。

2016年，发展新党员7名，另有12名入党积极分子党课结业。12月底，顺利完成党内年度统计和党费专项检查等工作。

2016年，学院加强宣传工作，共有10条新闻在北京大学新闻网主页发布，其中思想宣传类3条、学术类4条、教学类3条。

【行政工作】 2016年，在大力推进信息化建设的形势下，学院补充了行政教辅人员力量。全体行政教辅人员坚持以服务教学科研为中心，以信息化建设为着力点，以精细化管理为目标，以安全管理标准化建设为基础，努力做好各项服务工作。2016年，学院获得北京大学"安全管理先进单位"称号，综合管理绩效评估为A+。

【工会工作】 2016年，学院召开4次中层扩大会，就学院工作思路、信息化建设、人事综合改革方案、行政职能调整等征求意见，学院工会通过参加学院征求意见会，加强工会参与民主管理与监督的力度。同时，继续开展春节走访慰问离退休人员的工作，组织全员健康体检，组织青年教师参加教学基本功大赛，开展健康向上的文体活动。

【学生工作】 深入开展理想信念教育，扎实推进学生党建、团建工作；精致服务，挖掘特色，构建学生服务工作新格局；搭建成长成才平台，促进学生全面发展。2016年，学院学工组举办"汉苑听潮"师生沙龙、第六届东亚汉语教学研究生论坛、学生发展辅导系列讲座、师生羽毛球交流赛、元旦晚会等活动。

（詹成峰）

艺术学院

【发展概况】 北京大学艺术学院成立于2006年1月11日，其前身是1997年4月成立的北京大学艺术学系和1986年成立的北京大学艺术教研室，除承担艺术学门类的专业课外，还面向全校开设艺术类公共选修课和大类平台课程，并担任北京大学学生艺术团的指导和管理工作。

艺术学院于1999年开始招收艺术学硕士研究生；2001年开始招收广播电视编导（影视编导）本科生，增设电影学硕士点；2003年增设美术学硕士点；2004年开始招收艺术学博士研究生；2005年被批准设立艺术学一级学科博士点；2006年增设艺术硕士专业学位（广播电视艺术专业）；2009年被批准设立艺术学一级学科博士后流动站；2011年，增设艺术学（艺术史论）本科。2011年艺术学升格为学科门类后，艺术学院获批艺术学理论一级学科博士点，以及艺术学理论、戏剧与影视学、美术学等3个一级学科硕士点；2014年增设艺术硕士美术方向；2015年增设艺术硕士音乐剧方向。

艺术学院下设艺术学理论系、影视学系、美术学系、音乐学系等4个系，以及北京大学影视戏剧研究中心、北京大学书法艺术研究所、北京大学昆曲传承与研究中心、北京大学艺术学院民族音乐与音乐剧研究中心等4个研究机构。学院还设有北京大学数字媒体实验教学中心（教育部领导型媒体创新人才培养实验区），同时得到北京大学文化产业研究院（国家文化产业创新与发展研究基地）和北京大学美学与美育研究中心（教育部文科重点研究基地）的强力支持。2015年，"文化部国家对外文化交流基地"和"中国文联文艺评论研究基地"2个国家级科研基地在学院设立。

艺术学院现有教职员工39人，其中教授13人，副教授10人，讲师2人，博士后8人，行政教辅人员6人。现有本科生167人，艺术学双学位学生182人，共计349人。现有研究生181人，其中博士生98人，硕士生83人。

【党建工作】 学院现有党支部6个，其中教工党支部1个，学生党支部5个。2016年度，共有15人参加党课学习，发展预备党员11人，完成党员转正17人。

学院党委深入开展"两学一做"专题教育学习活动，精心准备，细致做好动员部署。认真组织开展党章党规和习近平总书记系列重要讲话学习、组织关系排查、民主评议党员和党支部评议考核、支部书记讲党课和"立足岗位，恪尽职守，做新时期合格党员"大讨论活动。加强组织工作，按照相关要求完成支部换届，并对所有新上岗党支部书记进行培训。组织全体党员深入学习贯彻习近平总书记在全国高校思想政治工作会议上的讲话等会议文件精神。

学院党委组织与艺术学科相关、贴近师生工作学习的参观、演出、展览活动累计20余次，取得了良好的育人效果。学院教工党支部荣获"北京大学优秀党支部"荣誉称号，2012级本科生王京晶荣获"北京大学优秀共产党员"荣誉称号。

【教学工作】 2016年，学院继续承担全校本科生艺术类通选课、公选课。全校学生艺术素质课程通选选课人数5300余人，任选课选课人数650余人。继续实行本科生导师制，为每位学生配备一位导师，指导学生选课、学习和参与社会实践。顺利完成教育部评估专家2016年11月6日至10日对北京大学进行的本科教学工作审核评估。王一川教授于2016年7月入选国家高层次人才特殊支持计划第二批教学名师计划。

学院继续积极支持并鼓励学生参与或举办学术活动。2013级本科生和双学位学生合作以优异的成绩完成3项校长基金课题。15名本科生到英国、俄罗斯和香港、台湾等国家和地区的大学进行交流，1名香港地区本科生来院交流。举办美术史、电影学、文化产业等3场博士生国际论坛以及艺术管理与文化产业暑期学校、"欧洲当代哲学与艺术理论"簧门对话，获得良好效果。

继续教育办公室积极做好艺术硕士、研究生课程进修班等项目的学生培养与学位授予工作。

【科研工作和学术交流】 获奖情况。学院教师在国内外各级期刊发表论文129篇，出版著作27部。王一川著《革命式改革：改革开放时代的电影文化修辞》获北京市第十四届哲学社会科学优秀成果奖二等奖。叶朗著《美学原理》、彭吉象著《影视美学》、陈旭光著《影视鉴赏》获得"2016年北京大学优秀教材奖"。陈旭光的论文《近年中国电影的类型化路向与相关问题思考：本土化、杂糅性与体制内的"作者性"》获第25届中国金鸡百花电影节"优秀学术论文"称号，《论中国电影对传统文化资源的"现代转化"》获中国文艺评论2016年度优秀作品奖。

学院申报国家社科基金一般项目1项，获得批准。圆满完成国家艺术基金"文艺评论人才培养"项目，音乐剧《元培校长》获评"第五届中国校园戏剧节优秀展演剧目"。学院纵向与横向在研项目共有23个，集中在文化产业发展、电影电视传播、艺术理论、艺术教育等领域。

国内学术活动。学院充分发挥学科优势，为实现国家文化发展繁荣献计献策。2016年全年累计举办各类学术活动60余次。叶朗教授担任首席专家的国家社科基金重大课题"人文学导论"举行开题报告会。林一教授担任首席专家的国家社科基金艺术学重大课题举办"中国文化艺术'走出国门'战略与策略研究"2016年阶段性成果研讨会。文化产业研究院定期举办美学散步沙龙；影视与戏剧研究中心定期举办批评家周末文艺沙龙；民族音乐与音乐剧研究中心制作的音乐剧《元培校长》在北京、上海等地巡演，并举办"第三届中关村国际音乐剧节暨研讨会"；昆曲传承与研究中心共举办17次讲座、8次"戏曲与中国传统文化"沙龙，并举办苏州昆剧院青年演员专场演出3场，以及《想古今——昆曲大师侯少奎、梁谷音、计镇华清唱雅聚》演唱会等。

国际学术交流。2016年，学院教师出境参与国际学术会议和研究项目共计12人次，接待海外专家讲学15人次，其中康奈尔大学人文学部与学院部分教授共同参与的工作坊取得较好进展。学院师生赴欧洲访问考察共3批次（法国、德国、俄罗斯），取得良好效果。

【学生工作】 学院学生工作办公室、团委紧紧围绕学院育人为本的中心工作，以践行社会主义核心价值观为中心，以十八届六中全会、纪念红军长征胜利80周年为契机，不断加强学生思想政治教育工作。

创新宣传手段，继续坚持办好学院微信公众号等贴近学生的阵地。关注学生思想动态，加强心理排查，学院专职辅导员和兼职辅导员每周和学生谈话。做好毕业生指导服务工作，2016届毕业生升学、就业率达到100%。

创新奖学金评审及发放制度，近12万元的学生创作扶持基金已经发放。在不断探索的同时，及时总结院系自筹奖学金的制度创新经验，发表相关理论研究文章，并申报教育部的辅导员精品项目。

【校园文化】 推进"北京大学校园艺术长廊"活动的开展，同时结合学院开展的扶贫工作，举办"从燕园到弥渡"中国画写生作品展。继续推进举办院长沙龙，举办多期"艺术知行课堂活动"。2016年暑期，组织奖学金获奖学生团队赴德国柏林、瑞士巴塞尔、奥地利维也纳、法国巴黎等地进行考察学习。

2014级博士生李雨谦指导的短片《疼痛无声》获得第三届亚洲大学生电影节金奖。在暑期扶贫社会实践志愿服务中完成的体现当地风土人情特色的微电影纪录片，取得2015—2016年优秀青年志愿服务项目银奖。学院的"艺术创造力训练营"项目荣获北京大学2016"网络新青年"一等奖。2015级硕士生李尽沙荣获第十届北京大学"学生五·四奖章"。

【校友工作】 2016年，召开院友会成立大会暨首届院友工作研讨会，邀请参会院友代表33余人，审议通过《北京大学艺术学院院友会章程》。

【工会工作】 学院美术学系青年教师贾妍在2016年北京大学第十六届青年教师教学基本功比赛中，获得人文社科类三等奖、优秀教案奖，学院获得优秀组织奖。

【学生艺术团】 北京大学学生艺术总团目前下设合唱、民乐、交响、舞蹈、戏剧、朗诵、影视和曲艺等8个分团，由艺术学院与校团委共同指导。其中，合唱、民乐、交响、舞蹈4个分团的日常管理和指导工作一直由艺术学院教师负责，戏剧、影视两个分团由艺术学院教师指导。

2016年，学生艺术总团在校内外举行各类演出几十场，并积极参与与国内外各类艺术团体的交流活动。合唱团赴台湾大学参加"北京大学-台湾大学民歌之夜"文艺演出，舞蹈团参加北京大学-芝加哥大学联合演出，民乐团赴北京雁栖湖国际会展中心参加第33届国际半导体物理大会闭幕晚宴演出，交响乐团在北京大学与剑桥大学耶稣学院交流演出等活动中表现出色。

学生艺术总团合唱团、民乐团、交响乐团在"2016年北京大学生音乐节"中荣获合唱、民乐合奏、民乐室内乐多声部混合组合、西乐室内乐弦乐合奏、西乐室内乐木管五重奏等五项金奖，充分展示了北大学生的艺术形象和良好风貌。

（艺术学院）

歌剧研究院

【发展概况】 歌剧研究院2012年开设歌剧表演专业，2014年增设歌剧史论研究方向，2015年增设歌剧制作与管理及音乐剧表演。2016年，招收戏剧（歌剧表演）专业艺术硕士9人，其中歌剧表演方向6人，歌剧史论1人，歌剧制作与管理2人；大陆考生8人，台湾学生1人。

歌剧研究院从国内外延聘一流艺术家、教育家、理论家和歌剧艺术多领域专家讲学执教。教师队伍20余人，其中教授3人（金曼、蒋一民、戴玉强），新增副教授1人（王晨），研究员1人（周笑莉），讲师1人（李鸿），新增兼职教授3人（陈平、杨小勇、田军利），其余为体制外聘用教师。

建院六年来，歌剧研究院坚持把教学体系和课程建立在"产学研用"的基础上，创作推出五部优秀歌剧《青春之歌》《钱学森》《宋庆龄》《王选之歌》《武则天》，在全国音乐表演专业率先实现专业硕士毕业考试与评价体系改革，开创了"中国美声"理论的新学说，培养的学生多次在国内外重要音乐赛事中获奖。

自2016年起，歌剧研究院加强与国际歌剧院团、院校的合作，成功举办"中国美声伦敦音乐会"，参加一批有影响力的国际声乐赛事，向世界弘扬"中国美声"，以实际行动贯彻落实习近平总书记在中国文联十大、中国作协九大开幕式上的讲话精神——"坚定文化自信，面向世界、面向人类文化前行的方向，让我国文艺以鲜明的中国特色、中国风格、中国气派屹立于世"。

歌剧研究院实行在理事会领导下的院长负责制，以新体制运行和管理。院长金曼，名誉院长乔羽。

【教学工作】 学生人数。硕士研究生33人，其中2013级8人，2014级5人，2015级11人，2016级9人。

课程设置。2016年度，学院开设剧目实践、表演艺术、声乐、中国美声、艺术指导、形体与舞蹈、歌剧文化史、歌剧选材与艺术决策、音乐会表演指导、歌剧音乐的结构与分析、合唱排练、宣叙调、导演工作概论、作品分析、歌剧文献精读、歌剧美学等20门研究生课程和歌剧的魅力、声乐演唱及表演、虚拟舞台与真实人生等6门本科生公选课。

培养方案。学院所设戏剧（歌剧艺术）专业，旨在培养能够适应社会需求，掌握本学科的基础理论和专业知识，具有良好职业素养的复合型、应用型人才，能够胜任国内外歌剧院团、高等院校、文化艺术研究、管理等机构的歌剧及音乐剧表演、创作、教学、科研、制作与管理等工作。

教学获奖。李鸿讲师获北京大学第十六届青年教师教学基本功比赛人文社科类一等奖。

【科研工作】 科研成果。蒋一民教授发表论文4篇：《站在世界的舞台展现中国的力量》，载《国家大剧院杂志》2016年第1期（国家大剧院8周年特刊）；《上海人的〈茶花女〉》，载《歌剧》2016年第4期；《国际视野中的"中国美声"与"中国歌剧"》，载《中国歌剧研究》总第2期；"Should Chinese Opera Westernize to Find Global Audience?"，载 Sixth Tone, 2016年12月12日。

李鸿讲师初步建立《中国歌剧数据库》项目，具体内容：国际歌剧信息库和国内特色艺术库的调研分析，为中国歌剧数据库进行了经验准备；中国歌剧的分类与元数据设计，根据歌剧节目的常见描述字段，同时参考国内外数据库设计的标准字段，形成中国歌剧的描述性数据；数据库软件平台的研发与试运行，该软件包括后台数据管理和前端信息展示与查询两个部分；原创中国歌剧的搜集整理，初步完成97部歌剧的信息整理与入库和122部歌剧部分信息的搜集；2001—2016年中国歌剧研究、创作与演出数据分析，形成了数据报告。

学术活动。蒋一民教授参加复旦大学"音乐与中国外交"学术论坛，主讲"中国歌剧走向世界的文化使命"讲座。

贾清云研究员开展《跨文化艺术品种与中国歌剧》课题研究。

【社会服务】 金曼教授在北大文化产业创新创业发展论坛上发表演讲，带领歌剧研究院师生参与"北京大学企业家论坛——中国创业者2016峰会暨北京大学全球大学生创新创业中心落成仪式"演出燕园歌剧音乐会，还在多地举办"中国美声音乐会"。

蒋一民教授担任《国家大剧院杂志》特约评论员、北京天桥艺术中心顾问，在中央文化管理干部学院举办的"2016文化部艺术司文艺评论人才培训班"讲授课程"歌剧美学与评论"。

戴玉强教授、李卫导演在全国举办多场歌剧讲座。

李鸿讲师分别在喀纳斯科学与艺术论坛、中国劳动关系学院做题为"歌剧的魅力"的讲座，为北医三院执导并排练新年演出，为物理学院排练"一二·九"合唱并担任指挥。

徐鸣涧、刘莺歌多次为校内单位参加声乐比赛和活动提供指导。

【交流合作】 2016年5月，北京大学歌剧研究院与英国皇家北方音乐学院（RNCM）达成合作协议，将就人才培养、剧目创作、演出实践、声音和戏剧培训等开展专业合作。

邀请英国导演指导2016年度毕业大戏意大利唐尼采蒂歌剧《爱之甘醇》，并于6月11日、12日在福建大剧院演出。

【党建工作】 歌剧研究院现有党员14人。2016年度新增教职工党员1人（孙冰慧）。

【行政工作】 行政队伍现有13人，其中在编1人，合同制12人。

【学生工作】 学生活动情况。2016年度，歌剧研究院遵循公开、公平、公正的原则，顺利完成年度评奖、评优工作，共评出国家奖学金1名、三好学生标兵1名、三好学生2名、学习进步奖1名、学习优秀奖1名、五四奖学金2名、研究生科学实践创新奖3名、研究生专项学业奖学金5名。

毕业生去向。2016年度，歌剧研究院共有4人毕业，均在国内就业。

校园文化。4月28日晚，《新诗百年——繁星》诗歌朗诵会在北京大学百周年纪念讲堂举行，歌剧研究院师生应邀参加演出，表演歌曲《我们相信理想》（选自原创歌剧《青春之歌》）、诗歌《永远的校园》，获得一致好评。7月6日上午，歌剧研究院师生在北京大学研究生毕业典礼上用"美声快闪"的方式为3000名毕业生送上美好的祝福。"快闪"视频在网上迅速传播，点击量超1亿。

学生获奖。8月20日，歌剧研究院2015级硕士研究生张龙作为唯一进入决赛的亚洲选手，荣获2016年罗马尼亚布加勒斯特歌剧院国际声乐大赛冠军，获得意大利佛罗伦萨歌剧院总监詹尼·坦古奇设立的奖学金。

【学术活动】 2016年7月11日晚，歌剧研究院师生赴中国驻英国大使馆成功举办"中国美声伦敦音乐会"。该次音乐会是北京大学120周年校庆活动的重要内容，北京大学常务副校长吴志攀出席并致辞。中国驻英大使刘晓明评价"中国美声"是中国吸取借鉴西方优秀文化，"开放包容、兼收并蓄"地推动本国文化事业发展的典范。

9月15日晚，第34届世界艺术史大会中秋音乐会及招待酒会在北京大学赛克勒考古与艺术博物馆中庭举行。歌剧研究院师生为来自世界各地的艺术家和学者献上了精彩的"中国美声"音乐会。音乐会以"中国美声"演绎歌剧选段、艺术歌曲、戏曲等中西方声乐作品，为中西方交流与世界艺术的交融起到了积极的推动作用。

由北京大学歌剧研究院主办的第三届"德国Gut Immling国际声乐比赛"，于10月21日至23日在电教楼报告厅举行。来自全国各地的60余名选手参加比赛，最终决出青年组、成年组多个奖项。北京大学常务副校长吴志攀出席颁奖仪式并致辞。该次比赛作为2016年北京大学国际文化节的组成部分，评委由国内外一流歌剧表演艺术家、指挥家组成，歌剧研究院金曼教授担任组委会主席、戴玉强教授担任评委会主席。

11月25日至26日，北京大学歌剧研究院联合北京大学人文学部、中国歌剧研究会、中国文化报、人民音乐出版社共同举办"首届北大歌剧论坛"。论坛以"中国歌剧"和"中国美声"为核心主题，以学术研讨结合音乐会为特色，旨在为中国歌剧真正成为国家"软实力"并产生世界影响搭建平台。12月7日，《中国文化报》第四版整版以"探寻中国歌剧的世界形态——北京大学首届中国歌剧论坛述评"为题，报道论坛举办情况。其他进行专题报道的重要媒体有中央电视台、《人民音乐》、《歌剧》等。

（歌剧研究院）

社会科学学部

【发展概况】 1999年7月11日，北京大学印发《北京大学关于成立学部学术委员会的通知》（校发〔1999〕86号），设立社会科学学部。2016年6月14日，学校印发《关于北京大学社会科学学部、经济与管理学部班子任职的通知》（校发〔2016〕117号），聘任杨河为北京大学社会科学学部主任，关海庭、汪建成、文东茅为北京大学社会科学学部副主任，聘期三年，原班子成员自然免职。

社会科学学部目前包括国际关系学院、法学院、信息管理系、社会学系、政府管理学院（及中国政治学研究中心）、马克思主义学院、教育学院、新闻与传播学院（及新媒体研究院）、体育教研部、中国社会科学调查中心、教育财政科学研究所等实体单位，涵盖法学、公共管理、教育学、马克思主义理论、社会学、体育学、图书情报与档案管理、新闻传播学、理论经济学、应用经济学、政治学等11个一级学科，下设50个二级学科。

【组织机构】 社会科学学部设部务会、学术委员会、教学指导委员会，形成了日常工作运行的组织机构支撑体系。社会科学学部办公室的工作在2016年由学科建设办公室指定专人协助。

部务会由学部主任、副主任及学部内各学院（系、所、中心）主要负责人组成，成员包括杨河、关海庭、汪建成、文东茅、贾庆国、张守文、李广建、张静、燕继荣、孙熙国、陈晓宇、陆绍阳、李宁、谢新洲。

2016年6月30日，北京大学颁布了《关于调整北京大学各学部学术委员会的通知》（校发〔2016〕139号）。杨河为社会科学学部学术委员会主任，关海庭、汪建成、文东茅为副主任，委员包括王子舟、王丽萍、王继民、叶自成、朱苏力、孙代尧、杨开忠、吴靖、沈岿、张小明、陈向明、周飞舟、俞虹、郭志刚、唐士其、董进霞、魏波。

关海庭为教学指导委员会主任，委员包括李常庆、周飞舟、俞虹、潘剑锋、包万超、唐士其、宇文利、岳昌君、吴昊、刘德寰。

【学科规划】 在广泛征求学部内各院系意见的基础上，社会科学学部制订了2016—2020年学科规划。学部学科规划的重点建设领域包括围绕思想政治课程改革，促进重点院系的优化整合；关注区域与国别研究，加强相关学科队伍建设；建设新体制机构和跨学科平台，促进学科交叉与融合；论证和筹建北京大学哲学社会科学智库。

【教育教学改革】 按照学校关于学部内本科生转系转专业工作的有关部署，社会科学学部于2016年10月19日召开教学指导委员会会议，专门讨论学部内转系转专业等工作。为了推动学部内不同院系之间的相互了解与融合，社会科学学部设计课程《社会科学的经典与前沿》，拟作为面向学部内所有院系本科新生开设的通识教育课程，由学部内6个招收本科生的院系推荐的13位学术带头人主讲，于2017年春季学期开始授课。

【职称评审】 按照学校要求，社会科学学部学术委员会于2016年9月30日召开会议，组织审议2016年老体制教学科研人员专业技术职务聘任工作。2016年，学部所属各单位共推荐教授候选人10人，其中，正常晋升教授9人，受理申诉1人；副教授（副研究员）候选人8人。经审议，全部通过学部的聘任程序。

【管理运行】 社会科学学部2016年召开多次会议，讨论学部学科规划、教学改革、队伍建设等重大问题。学校事业规划委员会批准成立社会科学学部办公室，2017年将启动办公室主任的招聘工作。学部办公室通过公共邮箱、微信群等多种方式加强与学部内各学院（系、所、中心）的联系，在学科建设办公室与计算中心的支持下建设学部网站（fss.pku.edu.cn）并上线运行。

（社会科学学部办公室）

国际关系学院

【发展概况】 国际关系学院由国际政治系、外交学与外事管理系、国际政治经济学系、比较政治学系等4个系和国际关系研究所、亚非研究所、世界社会主义研究所等3个研究所组成。此外，还管理有20余个科研中心。教学辅助和行政机构包括行政办公室、教务办公室、党委办公室、财务办公室、学生工作办公室、国际项目办公室、继续教育办公室、网络办公室、《国际政治研究》编辑部和北京大学图书馆国际关系学院分馆等。

学院现有3个本科专业（国际政治、外交学、国际政治经济学），7个硕士研究生专业（国际政治、国际关系、外交学、国际政治经济学、中外政治制度、中共党史、科学社会主义与国际共产主义运动）和6个博士研究生专业（国际关系、国际政治、外交学、科学社会主义与国际共产主义运动、中外政治制度、国际政治经济学）对外招生。其中，国际政治、科学社会主义与国际共产主义运动是全国重点学科。学院还与政府管理学院、马克思主义学院共同设立了政治学博士后科研流动站。

学院现有在职教师55人，其中教授30人，副教授22人，助理教授3人。2016—2017学年，本科生共有816人，其中留学生134人，辅修/双学位313人。2016年新入学硕士研究生193人，博士研究生36人，毕业硕士研究生134人，博士研究生31人。招生规模特别是研究生、留学生数量呈逐年递增趋势。

【教学工作】 2016年，教学方面，除完成常规的工作任务、进一步完善新成立的国际公共政策专业硕士培养机制之外，主要包括以下4个方面的工作：

1. 完善本科课程体系。配合学校本科教育综合改革，进一步完善学院本科课程体系，梳理本科课程结构，明确本科核心课、专业基础课的构成，调整整合相关课程。

2. 完善本科教学管理体系。结合教育部本科教育审核评估，进一步完善学院本科教学管理体系，先后制订并实施《北京大学国际关系学院教育职责规范》《北京大学国际关系学院本科生成长手册》，从2016级新生开始全面实行本科生导师制度，实行更严格的本科生毕业论文写作流程管理办法。学院在审核评估中的表现得到学校的高度认可，获得A++评级。

3. 建立新的博士研究生培养机制。制定并通过《北京大学国际关系学院博士研究生培养流程》，从2016级博士生开始实施，重点有两方面：（1）为每一位博士生制定培养方案，为此，学院从横向和纵向两个方面全面打通学院博士生的课程，为有效利用院内教育资源、增加博士生选课的灵活性、增强课程吸引力提供了条件；（2）对博士生培养进行全过程、分时段的严格质量管理，以期真正有效地提高博士生的学术水平。

4. 参与完成第四次一级学科评估的工作。

【科研工作】 学术成果。出版学术著作18部；获得国家社科基金青年项目1项（南海安全合作机制研究，主持人李忠林），北京市社科基金项目1项（日本侵华战争遗孤口述历史资料与研究，主持人印红标）；2016年学院课题横向项目27项，总金额270万元；韦民《小国与国际关系》获北京市第十四届哲学社会科学优秀成果奖二等奖。

学术交流活动。2016年，学院共举行14期教授午餐会，举办11次博士生论坛。9月，召开全院博士生科研工作大会。11月，成功举办"第九届全国国际关系、国际政治博士生论坛"，论坛前期共收到来自国内外14所高校的近30篇博士生论文，经论坛学术委员会的匿名评审，最后共有来自10所高校的16篇博士生论文入选本届论坛。此外，学院还举办了青年教师座谈会、博士后茶座、悦读会等学术交流活动。

研究中心。12月23日，学院举办2016年研究中心工作经验交流会，美国中心、非洲研究中心、中美人文交流基地等20余个研究中心的负责人或代表出席会议，各中心就2016年工作总结、2017年工作计划及发展中面临的问题进行深入交流。

《国际政治研究》杂志。2016年，杂志策划了"西方民主反思""中国的外交转型与外交投入""中国的地区国别政治研究：历史、理论与方法"等系列专题。目前，《国际政治研究》杂志入编《中文核心期刊要目总览（2014年版）》、《中国人文社会科学核心期刊要览（2015年版）》和南京大学CSSCI来源期刊（2015—2016年）。杂志还被评为国家社科基金资助期刊，2017年度资助额度60万元。

【交流合作】 2016年，学院对外交流与合作工作继续秉承"讲政治、重服务、促发展"的原则，以学院的教学、科研为服务主体，提高外事工作质量。

学术交流。2016年，学院及挂靠研究中心参与、主办10次重要国际学术会议，如北京大学-东京大学论坛、中日韩三边对话（"首尔进程"）、全球南方问题博士生论坛、2016中美大学智库论坛等。同时，学院开展了大量的对外交流活动，以座谈、演讲、对话等多种形式接待美国、日本、俄罗斯、韩国、泰国、德国、匈牙利、法国、意大利等国的代表团或学者来访，学院教师也赴国外参加各种高水平的学术活动。

国际办学。国际办学是学院国际合作的重点之一。学院与伦敦政治经济学院（LSE）合办的双硕士项目共招收29名学生，已完成学位论文开题工作，2015级北大-LSE项目28名学生全部顺利通过答辩；北大-巴黎政治学院项目共录取14人，其中有来自8个国家的国际学生13人，该项目2014级共有10名学生毕业并获得学位；国际关系硕士（MIR）项目2016年共招收11名学生，2014级MIR学生共有9人（含1名东京大学双硕士）参加答辩并获得硕士学位；亚洲校园项目2016年共派出20名学生分赴东京大学、首尔国立大学；派出9名学生赴东京大学法政学部、早稻田大学、日内瓦高等国际关系及发展研究院参加相关项目交流。

【党建工作】 学院党委认真开展"两学一做"学习教育，进一步落实"三重一大"决策制度实施办法。根据学校党委2016年4月关于"两学一做"学习教育总体工作方案的部署，学院于5月4日召开党委扩大会议，对基层党支部书记进行"两学一做"学习教育的动员，按照区分层次、分类指导的原则，面向党员干部、教职工党员和学生党员三个不同群体分别制定学习教育方案，并为全体党员配发党章党规和习近平总书记系列讲话等学习材料。9月23日，再次召开党委扩大会议，结合学校党委9月下发的工作要点，进行下半年"两学一做"学习教育的动员和布置。

鼓励基层党支部大胆创新，尝试包括"微党课"在内的各种学习教育方式，形成了一批颇具特色的活动，例如2013级本科生党支部的"微党课"以及2013级本科生党支部、2014级博士生党支部和比较政治学教工党支部的"世界各国政党比较"联合支部党建创新项目等。

强调以问题为导向，把学习教育与学院常规工作相衔接，与学科发展建设、人才培养相结合。学院在2016年7月1日召开教学工作研讨会，深入探讨在学校综合改革的大背景下学院教学工作的调整，进一步明确学院深化改革的方向和路径。结合10—11月开展的"立足岗位，恪守职责，做新时期合格党员"讨论，在各支部制订本支部《党员行为规范》的同时，学院行政管理各部门陆续制订《学生工作流程》《财务工作指引》《博士生培养手册》《教师手册》等。

十八届六中全会召开后，学院党委邀请杨朝晖老师分别于11月11日、17日，面向博士生党员、教工党员做了六中全会精神宣讲和《关于新形势下党内政治生活的若干准则》《中国共产党党内监督条例》的专题讲座。以学习教育为基础，全院教工党员积极响应号召，支持云南大理州弥渡县红岩镇对口扶贫，热心参与捐资助学；中国战略研究中心等也积极调动各方资源支持扶贫工作。学院2012、2013级博士生党支部也牵头组织"学习信仰在我心，合格党员看我行"的学生联合支部扶贫支教活动，到内蒙古赤峰巴林右旗开展民情及教育现状调研、为当地中学捐书等活动。学院2011级本科生（2016级硕士生）程浩然和2014级硕士生邵子剑分别在云南大理州弥渡一中和西藏拉萨中学支教一年，邵子剑荣获第11届中国青年志愿者优秀个人奖。

截至2016年12月，全院党员总数354人（其中学生党员232人）。2016年度，学院共有25名入党积极分子（含1名教工）发展入党，13名预备党员转正。比较政治学系党支部、行政党支部、2014级硕士生党支部被评为北京大学先进党支部；许振洲、雷少华、曲一铭、吴珊被评为"北京大学优秀共产党员"。

【学生工作】 2016年，国际关系学院围绕自身人才培养目标，以学生党建工作为龙头，以多样化育人手段整合为重点，以学工队伍建设为保障。

1.以学生团班建设为依托，切实做好学生思想政治教育工作。目前，学院共有9个学生党支部，学生党员185人，其中研究生144人，本科生41人。2016年新发展学生党员24人，其中研究生9人，本科生15人。2016年，进一步规范推优入党工作，完善推优入党考核内容，实行各项指标量化评分管理。同时，加强入党积极分子党性教育环节的过程管理，认真组织学校党校办公室规定的党课培训活动。在2016

年度北京大学共青团系统评优中，国际关系学院团委书记高静荣获"北京大学优秀基层团委书记"荣誉称号，团委副书记段陶然荣获"北京大学共青团标兵"荣誉称号，另有团支部1个荣获"北京大学优秀团支部"奖项，各级团员14人荣获先进个人奖项。

2. 坚持党建带团建，开展学生党团日联合主题教育活动。在党支部建设上，按照学校部署，积极开展"两学一做"主题党日活动。6月，2013级本科生党支部举办"两学一做"微党课，学校党委书记朱善璐全程出席并给予高度评价。11月，博士生党支部邀请学院资深教授杨朝晖，为支部党员、积极分子解读十八届六中全会精神。

3. 鼓励开展丰富多样的社会实践和志愿服务活动。利用学院学科优势和相关资源，继续开展"外交零距离"对话使馆系列活动，举办学生职业发展系列讲座与参访活动。积极组织各项志愿服务活动，在"爱国关天下"微信平台推出"益暖燕园"系列推送，提供志愿服务信息。学院依托丰富的留学生资源，面向新生启动"语伴计划"，建立中外学生一对一的交流配对机制。2015—2016学年寒假，学院启动第二期海外实践团暨第一期国际志愿者实践团，前往斯里兰卡开展义工服务活动，在实践中践行"爱国关天下"。

4. 丰富平台，打造贴近青年的文体品牌。学院积极举办"新生杯"辩论赛、"超级国关"师生运动会、新年联欢晚会、棋牌之夜、多院新生联谊舞会以及院系联谊"风采达人秀"等文体活动。同时，学院各学生代表队在学校的多项赛事中取得优异成绩，包括"新生杯"女篮四强、男足八强、网球冠军，北大杯女篮亚军、男足八强、男排（国哲联队）乙组八强等。为配合20周年院庆活动，开展"百年寰宇志，廿载天下心"主题文化活动，2016年春季举办第十五届国关文化节。

5. 做实做细，关注学生心理健康。学院高度重视学生心理健康教育，专门设立心理健康辅导员岗位，结合学校的心理排查与学生朋辈助理制度，建立并不断完善心理危机排查机制，在对朋辈助理的人力资源进行合理分配之后，及时督促各位学生助理，特别是初次担任朋辈辅导助理的学生，积极参加学校组织的各项培训。对高危学生密切关注，与专业机构联合制定应对方案，对一般心理问题个案帮助安排后续治疗。在处理危机事件中，与高危学生家长建立紧急联系机制，从学校、家庭、个体三方面同时着手，帮助学生走出心理困境。

6. 完善奖助工作体系，发挥激励引导作用。2016年，学院共评选校级奖励204人，其中本科生109人，研究生95人；校级奖学金（含国家奖学金）108人，其中本科生67人，研究生41人；院设奖学金共4项，本科生和研究生各22人获奖。本科2015级1班、2班获得"北京大学先进学风班"称号。在助学金方面，学院成立了以党委主管副书记为组长的资助工作领导小组，经与学生资助中心协商，认定经济困难学生共49人，助学金总额达505,000元。

7. 继续扎实做好学生就业指导与服务工作。完善就业信息化建设，充分发挥网络优势，建立短信平台服务和就业信息发布制度。建立就业见习基地，从大一开始引导学生树立职业生涯规划理念，注重学生职业发展教育和职业素养的培养。2016年，学院共举办"创新与职业发展""从国际关系到公关关系-PR职业发展讨论""'交'点访谈——外交工作面面观"等3场大学生职业生涯规划系列讲座。2016届毕业生就业质量与就业率继续保持相对较高水平，就业地域分布多元化特征更趋显著，六成以上毕业生仍集中于北京、上海等经济发达地区。从行业分布来看，七成以上签约毕业生的就业去向为中国经济建设、科技教育及社会管理事业的重要行业和关键领域。其中，去往国家和地方党政机关就业的人数占24.10%；去往国企、事业单位就业的人数占18.07%；去往全国重点高校就业的人数占14.46%；去往新闻媒体就业的人数占2.41%；去往各类银行、金融监管部门和基金证券等金融单位就业的人数占24.50%；去往外企、管理咨询公司就业的人数占7.23%。

【国际战略研究院】 目前，研究院常驻研究人员5名，特约研究员6名，工作人员10名，名誉院长为原国务委员戴秉国。2016年1月，国际战略研究院再次获聘"外交部政策研究课题重点合作单位"（2016—2018年度）。在美国宾夕法尼亚大学"智库与公民社会项目"（TTCSP）主导并发布的《全球智库报告2016》中，北京大学国际战略研究院在全球高校智库排名第11位。2016年，国际战略研究院出版著作《战略对话：戴秉国回忆录》（戴秉国）、《大国战略》（王缉思）、《中国国际战略评论2015》（英文版）、《中国国际战略评论2016》（中文版）、《意外的游击战》（系"北京大学国际战略研究丛书"），编发《国际战略研究简报》14期、《智库热点新闻追踪》7期、《海外智库观点要览》9期，形成《研究报告》3本，研究人员发表文章数十篇。2016年，主持外交部、公安部等部门的课题项目12个。

2016年，研究院举办了一系列有影响的国际学术会议：1月，与欧洲外交委员会联合举办以"危机时代中的中国、欧洲与联合国"为主题的第二期中欧智库对话研讨会；5月，与美中关系全国委员会联合举办"全球政治中的战略问题"中美中青年学者对话；10月，召开第三届北京大学"北阁对话"年会，主题为"全球治理：国际机制作用的强化与改革"，这是北京大学落实习近平总书记关于"建设有中国特色新型智库"指示的举措之一。2016年，研究院共举办6期"北阁论衡"系列研讨会，以展望全球大趋势、探求中国大战略为宗旨，为国际问题研究领域的专家学者和学生提供平台。

（国际关系学院）

法学院

【发展概况】 2016年，法学院在QS全球法学院排名中位列第21位，连续两年位居我国大陆地区第一名及亚洲前三名。

学院院长张守文，副院长潘剑锋（兼）、王锡锌、杨晓雷、薛军、郭雳。党委书记潘剑锋，党委副书记朴文丹、路姜男，党委委员王成、朴文丹、杨晓雷、汪建成、沈岿、张骐、张守文、郭雳、潘剑锋、路姜男。

工会主席钱明星，副主席张双根、粘怡佳。

学术委员会主席陈兴良，副主席陈瑞华、沈岿，委员张守文、潘剑锋、朱苏力、贺卫方、钱明星、龚刃韧、刘凯湘、刘燕、梁根林、张骐、马怀德、崔建远。

学位委员会主席潘剑锋，副主席宋英，委员郭雳、甘培忠、汪建成、王磊、傅郁林、徐爱国、王慧、易继明、王新、楼建波、薛军。

教学委员会主席陈瑞华，委员车浩、傅郁林、葛云松、郭雳、李红海、刘剑文、楼建波、潘剑锋、宋英、王磊、汪劲、王新、肖江平、杨明、张骐、张智勇。

院务委员会主席杨晓雷，委员张守文、潘剑锋、朴文丹、王锡锌、杨晓雷、薛军、郭雳、钱明星、路姜男、殷铭、乔玉君、陈志红、张骐、徐爱国、李红海、凌斌、湛中乐、沈岿、甘培忠、肖江平、白桂梅、宋英、王慧、张智勇、葛云松、许德峰、易继明、楼建波、王新、车浩、汪建成、江溯、史诗、粘怡佳。

人事工作委员会主任潘剑锋，委员朱苏力、沈岿、张守文、陈兴良、陈瑞华、郭雳、龚刃韧、薛军。

【人事工作】 法学院已经形成了涵盖全部9个法学二级学科，年龄和职称结构科学合理的高素质师资队伍。通过多层次的人才项目，充分发挥优秀教师的作用。2016年，法学院引进1位新体制副教授、2位新体制助理教授；招聘2位博士后；招聘1位应届毕业生，负责学生实习就业及校友工作。现有在编教师86人，包括教授44人，百人计划研究员2人，副教授34人，讲师/助理教授6人；另有在站博士后5人。现有事业编制教辅、党政管理人员16人，另有21名院聘行政教辅人员。学院共有教育部长江学者奖励计划特聘教授4人（陈兴良、朱苏力、陈瑞华、张守文），长江青年学者2人，中组部青年拔尖人才项目获得者2人，教育部跨世纪人才计划入选者5人，教育部新世纪人才计划入选者9人，全国十大杰出青年法学家4人。2016年，陈瑞华、强世功、沈岿、王慧、张骐、朱苏力等6人获北京大学奖教金，朱苏力被聘为北京大学"博雅讲席教授"，张守文入选教育部长江学者特聘教授。

学院邀请包括原香港律政司司长、全国人大常委会香港特别行政区基本法委员会委员梁爱诗，原香港终审法院首席法官李国能，耶鲁大学法学院葛维宝教授（Paul Gewirtz），日本东京大学法学院山口厚教授，香港大学法学院陈弘毅教授，美国廖凯原基金会主席和美国国际软件屋公司创办人廖凯原先生，德国法兰克福大学贡塔·托依布纳教授，德国维尔茨堡大学法学院埃里克·希伦布杜夫教授，德国慕尼黑大学法学院班德·许内曼教授，德国马普外国刑法与国际刑法研究所乌尔里希·齐白教授等若干学界和社会知名人士担任客座教授、名誉教授和兼职教授，充实学院人才队伍，并直接为学院教学科研水平的提高发挥了重要的作用。

【教学工作】 截至2016年底，法学院共有学生2261人，其中本科生719人，硕士研究生1287人（含在职法律硕士248人），博士研究生255人。2016年度招收本科生172名，法学硕士93名，"中国法"项目硕士17名，法律硕士（法学）51人，法律硕士（非法学）230名，在职法律硕士97名，博士52名。2016年度，完成184名本科生、90名法学硕士、17名"中国法"项目硕士、37名法律硕士（法学）、263名法律硕士（非法学）、58名在职法律硕士、62名博士的毕业论文答辩和离校工作。

完成2016年度研究生校长奖学金、学业奖学金和专项学业奖学金、助学金、助研津贴、助教的评选和费用发放工作。协助组织研究生教育创新计划、"黉门对话"、研究生课程立项建设、规划教材、国家公派研究生、博士生短期出国（境）交流、博士生导师短期出国交流项目的申报和评选。

继续深化教学改革。召开"第三届全国法学教育高端论坛"暨"亚太法学院院长论坛2016"；举办首届研究生招生开放日活动、"中国法"英文硕士项目十周年纪念活动；北京大学法学院招生教学信息平台（官方微信）正式上线；设立英文博士生项目，实现国际化教学一大突破；开设非全日制法律硕士（法学）项目，并轨全国统一入学考试；完善学院课程建设，启动教学案例库建设；更新《法学院研究生课程汇编》；增聘2位客座教授及第六期法律硕士校外兼职导师。

认真完成国家及校级项目任务。顺利完成教育部"全国第四轮学科评估""本科教学评估""专业学位水平评估"工作；配合教务部完成"北京大学本科综合教育改革"；配合研究生院完成"继续深化专业学位综合改革"，启动"以实践能力为培养中心的法律硕士综合改革""奖助体制改革"，开展助教岗位及管理制度建设；协助学院学生工作办公室完成"学生工作与教学工作协同机制研究"课题。

【科研工作】 2016年，全院教师共发表各类文章约280篇，其中，中文核心刊物论文122篇；外文学术论文26篇，其中收录SSCI论文2篇。出版各类学术图书约60本，其中，独著中文专著新版8部、再版3部、合著7部，独著外文专著2部；独译、合译译著7部；出版各类教材10部。2016年6月，朱苏力教授承担的国家社科基金中华学术外译项目成果 Sending Law to the Countryside: On China's Basic-level Judicial System 由外语教学与研究出版社和Springer联合出版、全球发行。

在国家级、省部级科研项目申报中，法学院共有21项参与申报，11项立项。其中，国家社科基金重大项目1项、年度项目4项，国家重点研发计划子课题1项，教育部后期资助项目1项，北京市哲学社会科学规划项目1项，中国法学会重点课题1项、后期资助1项，司法部课题1项。全年有12项省级课题获得结项证书。国家社科基金申报数在近5年中保持稳定，立项数经历2013、2014年的下滑后，2015、2016年已有明显回升。2016年，立项率达80%，在全校名列前茅。

2016年，学院教师科研成果荣获众多省部级、校级、学会奖励。在第六届"钱端升法学研究成果奖"评选中，蒋大兴的三卷本专著荣获唯一的一等奖，沈岿、湛中乐的专著分获二、三等奖，李启成的论文荣获提名奖。在第十四届"北京市哲学社会科学优秀成果奖"评选中，李启成的专著和车浩的论文分获二等奖。在第十九届"安子介国际贸易研究奖"评选中，郭雳的英文论文荣获二等奖。张平荣获"中国科技法学会科技法学奖"。在"第十一届中国法学家论坛主题征文"比赛中，蒋大兴、薛军荣获一等奖，叶姗和博士后李佳伦也分获奖项。在北京大学优秀教材奖的评选中，学院有7本教材获奖。

2016年，学院、科研中心、各个学科共举办学术论坛30余场，其中包括长期举办的系列论坛。各类论坛中，由学院主办的学术研讨会3场。2016年5月18日至19日，第十三届亚洲法律学会年会（13th Asian Law Institute Conference）在北京大学法学院成功召开，主题为"法律全球化下的亚洲视角"。来自亚洲及欧美22个国家和地区的120余位高校学者、法律专家、法律实务从业者齐聚北大法学院。这是学院近年来举办的规模最大、影响最深远的国际研讨会。10月21日，成功举办第18届"北京大学-香港大学法学年会"，主题为"法律交叉学科与法律多元"。香港大学法学院院长何耀明教授等12位学者在年会上发表学术报告，北京大学法学院院长张守文教授等20位学者担任报告评议人。"北京大学-香港大学法学年会"自1999年起至今已经成功举办18届，为两校的法学研究提供了深入交流的平台，对促进双方法学研究的发展与进步具有重大意义。从2014年9月起，学院着力推出"法治与发展系列论坛"，每周定期举办。截至2016年底，已成功举办57期，为学院的学术交流搭建了优质的平台，实现院内教师学术交流的定期化、长期化。

由法学院主办或由学院教师担任主编的正式出版刊物共23本。其中，期刊3本，包括《中外法学》《科技与法律》、*Peking University Law Journal*；集刊20本，包括《金融法苑》《刑事法评论》《北大法律评论》《法律和社会科学》《行政法论丛》、*Peking University Journal of Legal Studies*、《法律书评》《北大国际法与比较法评论》《月旦财经法杂志》《私法》《网络法律评论》《经济法研究》《刑事法判解》《财税法论丛》《房地产法前沿》《政治与法律评论》《北大知识产权评论》《北大法律和金融评论》《中德私法研究》《世界宪法评论》。其中，《中外法学》长期收录于CSSCI来源期刊；《金融法苑》《刑事法评论》《北大法律评论》《法律和社会科学》《行政法论丛》收录于CSSCI来源集刊（2014—2015）。

科研机构推进科研项目、组织科研活动、提供交流平台，是学院科研工作的载体。学院共设有虚体科研机构36个，此外，设有1个教育部人文社科重点研究基地"北京大学宪法与行政法研究中心"。2016年，北京大学法治与发展研究院（虚体科研机构）继续深入开展对策性研究工作。

【社会服务】 罗玉中、吴志攀、刘剑文、李鸣等教授曾先后为中央政治局和全国人大授课。2016年，为《民法总则》（草案）、《专利法》（修订草案）、《红十字会法》（修订草案）、《环境保护税法》（草案）、《海洋环境保护法修正案》（草案）、《中小企业促进法》（修订草案）、《核安全法》（草案）等国家重要立法出具专家立法意见，提交全国人大常委会法制工作委员会、全国人大环境与资源保护委员会；对《碳排放交易管理条例》（送审稿）、《人类遗传资源管理条例》（审议稿）出具专家意见，提交国务院法制办公室；同时，受全国人大财政经济委员会的委托，深度参与国家近期重要立法《电子商务法》的起草工作。2016年，薛军教授受聘担任全国人大财政经济委员会立法专家顾问，刘银良教授受聘担任国家知识产权局"国家知识产权专家库专家"。学院学者不仅重视法学基础理论研究，同时在国家立法、司法、行政机关长期承担重要的兼职、挂职工作，持续为国家法治建设、社会治理发挥智囊作用。

【对外交流合作】 2016年，学院先后接待17个来自世界各地法学院的访问团，成功举办"当代刑法特别思潮"论坛、亚洲法学年会、北大-港大法学年会等高端学术会议。美国联邦最高法院大法官塞缪尔·阿利托、荷兰议会一院议长H.E. Ms. Ankie Broekers-Knol女士先后到访北大法学院并发表演讲。

2016年，法学院合作院校覆盖的国家和地区不断扩大、数量不断增加、方式不断创新。学院大力推进针对本科生的4+1项目，拓宽本科生的留学途径，积极开展如"Happy Hour"等加强中外学生交流的活动。全力推广国际交流无纸化模式，简化师生申请交换流程。截至2016年底，学院合作伙伴院校已达92所，包括2016年度新增的13所；其中，与学院签署交流合作协议、备忘录的海外、港澳台院校共85所，包括2016年度新增合作院校9所。2016—2017学年，有31名学生通过学院合作项目赴国外交换学习，13名学生赴国外攻读学位项目。同时，2016学年秋季学期，学院还迎来来自9个国家的12名国际交换生，国际学生总数达86名。

【党建工作】 深入学习中央精神和大政方针，积极开展党性教育活动。学习贯彻党的十八届六中全会精神，深入开展"学党章党规、学系列讲话，做合格党员"学习教育工作，迎接李克强总理考察北京大学，学习高等教育改革创新座谈会重要讲话。夯实"三严三实"专题教育成果，集中开展党员组织关系排查、党费专项检查和集中收缴，开展民主评议和党支部考核。

抓好基层党建工作，做好党建创新立项。学院党委下属39个党支部，其中8个在职教职工党支部，2个离退休教职工党支部，29个学生党支部。学生党支部共发展57名预备党员，55名预备党员按期转正。51名学生参加入党积极分子培训班，42人顺利结业；81名学生参加党性教育读书班，77人顺利结业。申报"高校党支部制度建设探索"基层党建创新立项3项。

开好学院党政领导班子民主生活会。结合学校"两学一做"学习安排，召开党政班子民主生活会，班子成员认真撰写发言材料，开展严肃的自我批评与相互批评，并制定整改方案和整改措施。

做好离退休教职工工作。召开离退休教职工荣休表彰会、座谈会，安排体检，进行走访慰问，设立"阳华基金"，用于大病重病的专项补助。

做好教职工思想工作。通过设立意见箱、服务咨询电话，召开全院大会、教职工代表座谈会、学科座谈会等，使得教职工心声得以上达。

提高工会工作水平，积极服务教职员工。为女教工缴纳安康互助保险，为患病女教师申请保险理赔；为5名教职工申请"爱心基金"，申报组织"送温暖"慰问活动；组织太极拳班、学校运动会团体操、羽毛球比赛、"一二·九"合唱比赛等活动；为教职工办理京卡、公园年票。

【行政工作及其他工作】2016年，学院严格执行财务预算，做到收支基本平衡。在培训工作方面，学院与15家各类型单位合作，共举办26期培训班，其中系统委托23期，院系独立招生3期，共培训1384人。学院图书馆在馆藏资源建设方面，获得大量图书捐赠，购买大量电子数据库和检索资源；改革实现内部工作与购买服务相结合的管理机制。校友会初步完成校友信息录入、更新和整理建设工作，接待大批校友返校，成立知识产权校友分会，着手建设校友信息交互和流通平台。筹资工作方面，增设7项奖助学金、1项楼宇文化发展基金，获得北京国双科技有限公司捐赠的学院科研与人才培养工作建设发展基金。继续教育与创收工作完成人员队伍和工作机制建设。物业公司继续进行严格管理并探索新的合作发展机制，加强基础设施的修缮，装修改造两处会议室和教室。官网发布中文新闻公告696篇，英文140篇。微信平台发布新闻224篇，关注人数由6387人增加为12,562人，完成自定义菜单开发和微信平台整合工作。设计开发9期电子邮件工作简报，优化工作机制和方式。多媒体信息发布系统日益规范完备，累计播放时长3000小时，累计播放各类宣传视频海报共计208张，LED累计播放新闻简讯200余条。建成网络存储NAS（Network Attached Storage）系统。建设远程视频教室并投入使用。

【学生工作】2016年，学院积极学习贯彻十八届五中、六中全会精神，紧密围绕"我眼中的中国精神"和"我为中国精神代言"主题教育活动，进一步深化推进"中国梦"和社会主义核心价值观宣传教育工作，开展形式多样的理想信念教育，学习、宣传、贯彻习近平总书记系列重要讲话精神，并着力引导广大青年认真参与"三严三实""两学一做"等主题学习活动。学院始终强调"思想指导，调研先行"的工作方法，一年来进行了包括新生调研、基层党支部成员建言献策、毕业生职场初期发展导向等系统性调研。利用《北大法律人》、法学院学生工作网等传统网络平台和"法律人"微信公众号、ILAWPKU论坛等新媒体加强宣传引导工作，建设独特的青年法律人精神文化。学院多个党团支部在主题教育活动中获奖，学院多次荣获"优秀组织奖"。

2016年，学院紧密围绕习近平总书记"勤学、修德、明辨、笃实"的要求，扎实推进实践育人工作，将"大学生素质拓展计划"与"第二课堂成才计划"紧密结合，全面顺利完成北京大学第十九届研究生支教团选拔、爱乐传习、挑战杯等校团委部署的系列活动。在志愿活动方面，学院进一步完善志愿服务体系，以青年志愿者协会、法律援助协会等学生社团、组织为依托，设立了"青春船长"青少年法制宣传教育活动、志愿嘉年华普法宣传活动、"3·15"消费者权益日宣传活动等志愿服务项目。在实践活动方面，学院积极开展"挑战杯"等学术实践活动，注重训练学生实务能力，学院代表队获第十四届贸仲杯国际商事仲裁模拟仲裁庭辩论赛一等奖、第十届红十字国际人道法模拟法庭竞赛冠军，在第57届杰赛普国际法模拟法庭比赛中获得循环赛全球第8名。在组织建设方面，学院健全工作机制、整合工作资源，针对基层党团组织和班级的不同属性与特点，对党团班干部换届、推优入党、党团班联合活动等工作提出具体要求和标准，为践行"党建带团建、团建促党建"的工作要求奠定体制基础，并以法学院学生俱乐部为基地开展"老乔茶座"等一系列拓展活动。在学生骨干培养方面，圆满完成2015—2016年法学院团校培训，通过读书沙龙、政治理论和学术讲座、双学位经验交流会等理论类课程和寒暑假社会实践、法院参访座谈及实习、素质拓展等实践类课程，强化学生骨干的自我教育学习意识，引导学生骨干塑造健全人格。在文化氛围营造方面，全力支持各项文体活动的开展，并取得丰硕成果，先后获得北京大学纪念建党95周年、红军长征胜利80周年暨"一二·九"运动81周年师生歌会一等奖和北京大学2016学年度"硕博杯"篮球赛决赛冠军等。

2016年度共设有奖学金51项，惠及学生450人次。其中，校级奖学金11项，奖励人数216人次；院级奖学金40项，奖励人数234人次。相较上一学年，奖励学生人数有所增长。法学院院级助学金增至18项，资助名额97人，资助群体从本科生扩展至研究生，已覆盖全部学生类别。

学院始终坚持"立足中国、胸怀世界"的开放精神，与众多海外知名大学法学院联合建立了多样化的海外游学项目。现有海外游学项目71项,参加交流的学生约37人;设立6项游学奖学金,鼓励学生积极参与海外游学项目。2016年秋季学期向44所合作院校派出76名交换生。

2016年,学院各类毕业生588人,其中本科生166人,法学硕士86人,法律硕士(非法学)258人,法律硕士(法学)33人(首届毕业生),法学博士45人。法学院全力推进就业创业指导,完善管理服务,邀请并接待多家用人单位举办招聘宣讲、发布相关招聘信息。截至2016年9月,学院毕业生总体就业率为98.8%,其中本科生97.59%,法学硕士98.84%,法律硕士(非法学)99.22%,法律硕士(法学)、法学博士100%。各层次毕业生与2015年9月平均就业率相比,在总体就业落实上稳中有进。

(法学院)

信息管理系

【发展概况】 信息管理系,前身为图书馆学系,始建于1947年。1987年5月改名为图书馆学情报学系,1992年为适应国民经济信息化和社会信息化的需求,改为信息管理系。

信息管理系现有学术委员会、学位委员会、教学指导委员会、考核聘任委员会、创新创业孵化基地管理委员会、研究生工作小组及6个研究室。目前设有图书馆学(本、硕、博)、情报学(硕、博)、信息管理与信息系统(本)、编辑出版学(硕、博士点为自设)等两个本科专业与3个硕、博士点。图书馆学是国家重点学科,拥有"图书馆、情报与档案管理"一级学科授予权及博士后流动站。

2016年,信息管理系承担教学科研工作的专职教师共30人,其中资深教授1人,教授15人,副教授10人,讲师3人,新体制助理教授1人。行政教辅人员共6人,其中劳动合同制职工1人。博士后在站人员3人。教师主要研究领域包括信息资源管理与知识管理,信息存储、组织、检索、传播与数据挖掘,图书馆学理论,图书馆管理,数字图书馆,文献目录学,阅读文化,出版产业、政策与管理,政府与企业信息化管理,信息资源产业,网络技术与应用,情报分析与咨询,信息政策与法规等。

【教学工作】 2016年,信息管理系在校生总人数341人,其中本科生215人(本科一年级59人、二年级56人、三年级57人、四年级43人),硕士研究生66人(硕士一年级34人、硕士二年级30人、延期毕业2人),博士研究生60人(博士一年级14人、二年级12人、三年级16人、四年级18人、延期毕业23人)。

本科教学方面,按照学校教务部要求,启动新一轮本科教学改革。经过全系教员、系教学指导委员会和学位委员会的多次讨论,对本科教学计划进行修订。接受教育部本科教学评估检查,组织并配合完成全国第四轮学科评估工作。制定《信息管理与信息系统双学位教学计划》与《信息管理系有关本科生导师相关规定》并已报批学校,计划每年招收双学位或辅修学生30名;调整专业基础课程,例如人类信息行为改为信息行为导论,办公自动化改为信息技术基础与应用,计算机网络改为互联网基础与应用,WEB信息构建理论与实践改为信息架构设计与实践。新开设1门课程文本信息分析技术。

研究生教学方面,为了进一步加强研究生的培养,制定《2016—2017学年北京大学博士研究生校长奖学金评定方案》和《信息管理系学业奖学金评定方案》,并评选出王晓迪、苗美娟两位同学为校长奖学金获奖者。

日常教学管理方面,拟定本科和硕博士研究生的招生计划方案,组织免试推荐研究生,组织硕博士研究生命题、阅卷和复试,组织编制2016—2017年教学执行计划,组织申请新课审核与认定工作,安排组织各类精品课程、教学奖项和教材立项审批和组织评审工作,布置期末考试、毕业论文选题与答辩、学位汇报与授予等。

2016年,招收本科生66名(其中留学生10名),是近三年中增长最多的一年,转出学生数继续保持较低水平(转出2名,转入2名留学生);为支持本系教学实践活动,鼓励教员组织学生(本科生与研究生)积极参与教学实践活动,提高教学质量,资助多名教师带领学生赴济南、保定、顺义等地进行教学实践活动;推荐刘畅副教授为2015—2016年度北京大学教学优秀奖获奖者,推荐刘兹恒教授为唐立新奖教金获奖者,推荐张浩达为2015—2016年度北京大学教学优秀奖(研究生部分)获奖者,推荐张伟为北京银行奖教金获奖者。

【学术科研】 2016年,在全系教师的共同努力下,信息管理系在科研项目申报立项、研究成果发表、学术交流等方面取得丰硕成果。全年各类项目立项共计49项,其中国家社科基金项目3项(含1项重点项目),国家自然科学基金项目3项,教育部项目1项,省、自治区、直辖市社科基金项目1项,到校经费6,140,372.24元,项目和经费数比2015年均有所提高。2016年全年发表期刊论文97篇,出版专著教材14部。作为学术支持单位,与上海科技文献出版社合作共建《信息与管理》杂志,由信息管理系负责刊物的选题、组稿和学术评审等工作,刊物第一期已经出版。信息管理系和文化部全国公共文化发展中心联合申报创建的"公共文化服务大数据应用文化部重点实验室"获得通过。

2016年,成功举办"2016年全国情报学博士生学术论坛""2016年全国图书馆学博士生学术论坛""图书馆创客——中外大师对谈"等学术活动。

【交流合作】 2016年,信息管理系加大对研究生和本科生开展国际交流的支持力度,设立专项资金用于资助学生参加学术会议。2016年参加国外(境外)召开的国际研讨会15人次,对于开拓学生的国际视野、促进与专业前沿研究者的交流与合作具有重要意义。10月，刘畅、张鹏翼2位老师与2015级硕士研究生张璐、周翔、宋筱璇、王哲和2013级本科生黄唯等5位学生参加第79届信息科学与技术学会年会并宣讲会议录用的5篇学术论文。邀请来自美国、日本等国家大学和研究机构的专家，为全系师生或硕博士研究生就当前本学科的热点问题举办讲座，并与教师进行交流，取得了较好的效果。与美国印第安纳大学信息学院、韩国成均馆大学信息学院的硕士双学位和学生交换项目基本完成。支持多名学生作为国际交换生赴国外（境外）的大学进修学习半年。

国内合作方面，8月，"北京大学信息管理系公共文化研究实践基地"落户浙江省宁波市。

【继续教育】 自1956年函授班开办以来，至今已有近50年的历史，为国家培养了近万名函授毕业生，为图书馆界输送了大批实用人才，并为函授教育摸索和积累了许多有益的经验。2016年夜大新入学人数为84人，2015、2014级在学150人，另有2012、2013级在校未毕业和未拿到学位的学生约120人。

【党建工作】 2016年，信息管理系党委紧紧围绕学校提出的各项奋斗目标，紧密联系实际，以"从严治党、立德树人"的根本任务开展教育实践活动，在扎实推进基层服务型党组织建设、充分发挥党组织战斗堡垒作用的基础上，不断完善党组、党建、党风建设。现有党支部6个，党员123人。2016年6月，信息管理系完成党委换届选举工作，选举产生张久珍、王继民、李广建、刘畅、周庆山、徐扬、李杨等7名党委委员，张久珍同志任系党委书记。本硕博3个学生党支部于2016年5月完成换届，12月完成离退休党支部、图书馆学党支部换届工作。

认真做好同离退休教师党支部的联系，10月，离退休党支部组织全体离退休教职工参观抗日战争纪念馆、汽车博物馆等活动；12月，组织召开离退休老师座谈会，系党政领导班子向与会老师汇报了信息管理系发展情况。

2016年，信息管理系深入学习领会习近平总书记系列重要讲话以及学校党委和系党委的各种文件精神，认真贯彻落实《北京大学信息管理系党风廉政建设责任制》的具体内容，坚持实行民主集中制原则，定期召开党政领导班子民主生活会，认真开展批评与自我批评，进一步增强政治意识、大局意识、廉洁自律意识和遵纪守法观念，增强干事创业的责任心和推动改革发展的自觉性。

在广泛征求全系教职工意见的基础上，进一步理清信息管理系的发展目标、战略定位，制定具体的整改方案，明晰学科发展的目标，加快建设世界一流信息管理学科的步伐。12月，完成修订《北京大学信息管理系党政领导班子落实"三重一大"决策制度实施办法》，进一步完善党内制度建设。

【行政工作】 2016年，信息管理系完善行政人员的打卡制度、周值班制度。进一步明确行政人员的职责，牢固树立服务意识，多次召开行政人员会议督促落实相关行政工作。制定《信息管理系虚体研究机构管理细则》。

【学生工作】 在奖学金、奖励评审过程中，在北京大学奖学金奖励评审相关规定的基础上修订完成新的《北京大学信息管理系本科生综合测评标准》《北京大学信息管理系硕士研究生综合测评标准》《北京大学信息管理系博士研究生综合测评标准》，并于2016年正式施行。资助20余名学生参加学校"挑战杯"竞赛活动，多名学生获奖。

2016年，信息管理系创新创业孵化基地运行步入正轨，暑期学生创新创业实践团队前往北京大学信息管理系大数据产业创新创业（上海浦东）基地进行了为期三周的实习实践。举办"薪火创咖午餐沙龙"，邀请到陶宁、于信、李锦香、张向东等知名创业系友。

表5-14 2016年信息管理系部分代表性科研项目

项目名称	起止时间	负责人	总经费（万元）	任务来源
学术图书馆参与数字出版的角色和模式研究	2016-2019	刘兹恒	33	国家社会科学基金重点
"一带一路"沿线国家互联互通水平综合评价研究	2016-2016.12	王继民	19	国家社科基金项目
创新驱动战略的情报保障研究	2016-	王延飞	20	国家社科基金项目
图书馆数字参考咨询服务	2016-	张久珍	1.5	国家社科基金项目
信息技术数字资源的创建与组织方法研究	2016-	陈文广	12	企事业单位委托项目
新三板投资数据分析	2016-	黄文彬	10	企事业单位委托项目
网络化社会服务管理理论与实践研究	2016-	化柏林	8	企事业单位委托项目
电子商务大数据开放实验室建设	2016-	韩圣龙	10	企事业单位委托项目
张家港市少儿阅读服务研究	2016-	李国新	7	地、市、厅、局等政府部门项目
创建国家公共文化服务体系示范区制度设计研究课题	2016-	李国新	12.5	地、市、厅、局等政府部门项目
图书馆分馆制课题研究	2016-	李国新	10	中央其他部门社科专门项目
新一代互联网环境下移动用户体验研究	2016-	李世娟	3	企事业单位委托项目
新疆亚心竞争情报分析重点实验室建设	2016-	李广建	20	企事业单位委托项目

（信息管理系）

社会学系

【发展概况】 社会学系开创于20世纪初，最早的"社会学"课程设置，出现在1910年的京师大学堂时期，1922年燕京大学社会学系正式成立，成为国内最早培养社会学研究生的机构。1952年院系调整一度中断后，在费孝通、雷洁琼等前辈的努力下，北京大学于1980年重建社会学专业及硕士点，这是改革开放以来我国高校最早恢复的社会学专业之一。1982年4月9日，北京大学社会学系恢复重建，1983年起开始招收社会学专业本科生，1985年成为国内第一个具有博士学位授予权的社会学系。

2007年，社会学被教育部确认为国家一级重点学科，系北京大学现有的18个国家一级重点学科之一。社会学学科教学科研涉及的二级学科领域，包含理论社会学、应用社会学、人类学、人口学、民俗学、社会工作以及社会管理与社会政策。社会学系现有1个教育部人文社会科学研究基地，2个博士后流动站，11个专业研究中心，"中国社会工作教育协会""全国社会工作硕士专业学位教育指导委员会"等国家一级学会秘书处也挂靠在社会学系。

社会学系设有社会学和社会工作等2个本科专业，社会学、人类学、人口学和社会保障等4个学科学位硕士点，1个专业学位（社会工作硕士专业学位）硕士点，社会学、人口学和人类学等3个博士点。现有社会学专业、人类学专业和社会工作专业等3个专业团队。

截至2016年12月，社会学系在职教学科研、教辅行政人员52人，其中专任教师39人（教授24人、副教授10人、讲师2人、助理教授3人），行政和教辅人员10人（含劳动合同制3人）。

【教学工作】 截至2016年12月31日，社会学系在册本科生288人，其中留学生66人（不含港澳台）。2016年新入学本科生77人（包括转入4人），其中留学生14人；招收社会学辅修及双学位69人。目前双学位在读179人，辅修在读1人。2016年，本科学生毕业并授予学位57人，暂结业1人；留学生毕业并授予学位24人，暂结业2人；社会学双学位毕业57人；社会学辅修毕业2人。

截至2016年12月31日，社会学系在册研究生379人，其中本部博士106人，本部硕士157人，深圳研究生院硕士116人。硕士留学生5人，港澳台3人；博士留学生3人，港澳台4人。

2016年，招收研究生125人，其中博士生22人，硕士生103人（含深圳研究生院39人）。通过推荐免试方式接收学术型硕士和专业硕士56人（含深圳研究生院16人），通过全国统考招收硕士47人；少数民族骨干计划4人，港澳台2人，留学生1人。招收博士研究生全日制12人，非全日制4人，硕博连读2人；少数民族骨干计划1人，港澳台2人，留学生1人。2016年夏季，授予博士学位15人，硕士学位85人。

奖学金情况。硕士生方面，闳材奖学金获得者4人，共计2万元；科学实践创新奖5人，共计2.5万元；硕士专项学业奖学金15人，共计12万元；硕士学业奖学金一等2014级6人、2015级7人、2016级7人，共计29.35万元；硕士学业奖学金二等2014级22人、2015级25人、2016级29人，共计102.41万元；少数民族骨干计划4人，共计5.23万元；港澳台5人，共计6.44万元。博士生方面，校长奖学金3人，共计7.2万元；专项学业奖学金12人，共计12万元；学业奖学金一等9人，共计22.5万元；学业奖学金二等35人，共计73.5万元；少数民族骨干计划4人，共计8.11万元；港澳台3人，共计5.97万元。此外，外国留学生学习优秀奖3人。

建立并推行本科生科研导师制。为解决本科生与教师长期以来交流机会较少、缺乏系统规范的科研指导问题，切实提高本科生科研能力，社会学系建立本科生科研导师制，对高年级本科生的选课咨询、阅读、调查实习、科研和毕业论文写作提供一体化指导，建立长效机制。

设置"社会调查与政策评估"专业硕士。为完善学位体系，回应巨大的市场就业需求，经过前期调研和充分论证，经批准，社会学系设置"社会调查与政策评估"专业硕士并已启动2017年招生。

博士生课程体系改革。2016级博士研究生新增必修课前沿领域——博导系列讲座、阅读讨论课：人类学经典选读、阅读课：劳工研究，为研究生同学提供接触不同方向和领域专业知识的机会。

设立教学科研实践基地。2016年，为深入实地调研，服务基层社会，贡献国家发展，社会学系在浙江省温州市永嘉县珠岙村、安徽淮南市凤台县店集村、宁夏固原市原州区河东村、浙江省海宁市许村镇设立4个教学科研实践基地，并举行挂牌仪式。这是社会学系在京外建设的首批教研基地，为师生观察农村社会变迁、进行教学实践和科学研究提供重要平台。

【科研工作】 截至2016年12月31日，社会学系2016年度新增入账项目41项，新增科研经费6,319,290.95元。

2016年，社会学系制定《社会学系资助教师主办国内学术会议》《社会学系资助教师参加国内学术会议》《社会学系资助学生参加国内学术会议》等3个管理办法，分别给予20万元、10万元、10万元年度资助。2016年，共资助教师主办会议6项，资助教师和学生参会30余项。10月，与南京大学社会学院联合举办"纪念费孝通教授江村调查八十周年学术研讨会"，会议论文已结集出版。此外，举办"午间学术报告会"7场。

表 5-15 2016 年社会学系部分科研项目（纵向项目）

项目名称	起止时间	负责人	总经费	任务来源
构建全民共建共享的社会治理格局研究	2016年6月-2019年6月	高丙中	35万	全国哲学社会科学规划办公室
基层综合性文化服务中心建设理论与实践研究	2016年9月-2019年12月	高丙中	80万	文化部
20世纪前期中国社会学实践的演变机制研究	2016年6月-2019年6月	田 耕	20万	国家社科基金
北京街头流浪现象研究	2016年7月-2019年12月	刘 能	12万	北京社科基金

获奖情况。《性别观念现状及其影响——基于第三期全国妇女地位调查》（刘爱玉、佟新）获北京市第十四届哲学社会科学优秀成果二等奖。《化边之困：20世纪上半期川边康区的政治、社会与族群》（王娟）被社会科学文献出版社评为"2016社科文献十大好书"。2016年10月，北京大学社会学系获得《社会学研究》创刊三十周年"最高产机构奖"。

【党建工作】 基本情况。截至2016年12月31日，社会学系党委共设有党支部14个，其中学生党支部11个，教工党支部3个；共有党员221人，其中在职教职工党员35人（含中国社会科学调查中心7人），离退休党员11人，学生党员161人，组织关系暂存党员14人。2016年度新发展党员28人，预备党员按期转正14人。

组织建设。1. 加强领导班子自身建设。2016年，社会学系领导班子认真学习文件精神，注重提高班子成员的思想政治素质。系党委以"两学一做"专题学习教育为契机，结合时政和学科发展重要事件，带头学习习近平总书记系列讲话精神，加强政治理论修养和工作作风建设。2. 加强基层党支部建设。2016年，撤销5个党支部，成立4个党支部。离退休党支部书记换届后由吴宝科教授担任。系党委组织召开党支部书记专题培训会，发放《基层党支部书记工作手册》，督促检查"三会一课"《党支部工作记录》，建立党支部书记微信群，通过组织基层党建创新立项活动和"两学一做"特色活动，锻炼党支部书记队伍。3. 开展党支部考核和党员民主评议。2016年，各党支部开展党支部评议考核和党员民主评议工作，系党委委员深入各党支部检查考核评议过程。经系党委审核，确定2012级本科生党支部等3个支部考核优秀，确定于晓萌等55位党员民主评议为"优秀"，并推荐参加校级先进党支部、优秀党员评选。

思想建设。1. 开展"两学一做"专题教育系列活动。2016年5月，社会学系党委制定《北京大学社会学系"两学一做"学习教育工作方案》，正式启动"两学一做"学习教育。系领导班子结合习近平总书记在哲学社会科学工作座谈会上的重要讲话精神、《中国共产党章程》、"七一"讲话精神、《中国共产党问责条例》、十八届六中全会精神等进行专题学习。各党支部有层次有重点，先后围绕党章和《中国共产党廉洁自律准则》《中国共产党纪律处分条例》以及习近平总书记在北京师范大学师生座谈会上的讲话精神等开展理论学习，开展"踏野寻梦，笃行志学"暑期实践、"七一"讲话精神学习、"党支部建设规范、合格党员行为规范"大讨论和十八届六中全会精神学习等。在学习教育活动中，系党委号召各党支部丰富活动形式，积极开展特色活动，例如制作"合格党员标准"专题教育微视频、开展"不忘初心 继续前行"——"两学一做"教育学习知识竞赛和"观看主旋律影片，接受党性教育，争做合格党员"观影活动等。2. 开展党的知识培训。2016年，系党委组织15名入党积极分子参加北京大学第29期党的知识培训班，组织28名重点发展对象参加北京大学第24期、第25期党性教育读书班，系党委书记查晶以"北大历史与北大精神"为题讲授专题党课，培养学生的爱校荣校之情。

制度建设。2016年，在坚持党政联席例会制和党委委员例会制的基础上，修订《社会学系党员发展规范》，建立"党员领导干部与党外代表人士联谊交友制度""党委委员联系学生党支部制度"等，为做好党建工作建立完善的制度保障。

党风廉政建设。2016年，认真贯彻落实党风廉政建设责任制，结合"两学一做"专题教育学习内容，在加强科研经费管理、完善出国（境）报备和审批、认真落实财务规定、规范津补贴发放等方面深入开展正风肃纪行动。在专题教育活动和评优评先等工作中，加强反腐倡廉教育，不断增强师生党员的廉洁自律意识和拒腐防败的能力。

日常工作。2016年度接收党员组织关系38人，转出党员组织关系77人。获学校基层党建创新立项4项，关工委创新项目立项2项，资助总额13,000元，系党委按照"1∶1"的比例匹配资助金额。在庆祝中国共产党建党95周年表彰大会上，2012级本科生党支部获"北京大学先进党支部"荣誉称号，谢立中教授获"北京大学共产党员标兵"称号，焦长权获"北京大学优秀党员"称号。2015级社会工作专业硕士生党支部获"三严三实"优秀活动三等奖。社会学系党委获"2015年度党内统计工作优秀单位"。

【学生工作】 常规工作。2016年，社会学系48人参加军训，并获评优秀连队等称号，夺得拔河比赛冠军，连续获得内务卫生流动红旗。2016年度，46名同学获得资助，较上一年度有所下降。个人奖励方面，全系共67人获评奖学金，110人获得奖励。集体奖励方面，2014级本科班获评"北京大学优秀班集体"称号，2015级本科班获评"北京大学先进学风班"称号。2016届毕业生共计151人（不含留学生），总计就业率94.7%，其中国内升学占23.17%，出国（境）留学占16.56%，签订就业协议占33.77%，灵活就业占21.19%，另有

8名同学待就业。2012级韩国留学生金昭美在校期间多次荣获留学生奖学金，被破格评为"北京大学优秀毕业生"。

第二课堂工作有序推进。1. 2016年，系团委对团校课程和形式进行改革，规定团校学员至少参加校内2场有关社会科学或国家时政热点的讲座，组织学生骨干学习习近平总书记在全国高校思想政治工作会议上的讲话精神，集体前往北大沙滩红楼参观。2. 在北京大学第24届"挑战杯"赛事中，社会学系夺得团体一等奖，六年内第五次获"王选杯"，社会学系团委获"优秀组织奖"。3. 2016年，社会学系男篮夺得北大杯冠军，实现社会学系体育运动的历史性突破；社会学系女排夺得北大杯甲组季军；顺利组织毕业典礼、"一二·九"师生歌会和新年晚会等大型活动。

创新性工作。1. 2016年度，成功举办第二届首都高校社会学学生论坛，来自北京大学、中国人民大学等八所高校的社会学相关院系参加论坛。该论坛是社会学系在搭建社会学学科交流平台、扩大社会学影响力方面的一次重要尝试。2. 2016年暑期，系团委组织30余名学生分赴3个科研与实践基地开展第一届"踏野寻梦"学生实践活动。3. 2016年，系研究生会与系友会合作推出"社会人·职场路"系列活动，邀请系友代表召开专场经验分享会。4. 国际交流活动逐渐成熟。2016年，系学生会组织第三次假期短期出访活动"从新出发"，与新加坡国立大学、南洋理工大学学生深入交流，拓宽了同学们的国际视野，为高校间的学科交流打下基础。

【继续教育】 2016年度，成功举办4个研修班："北京市社区工作者理论与实践研修班（第五期）"，培训北京市社区干部100名；"2016海外侨领中国国情研修班（第四期）"，培训海外侨领62名；"广东禁毒办主任研修班（第一期）"，培训广东省禁毒办主任57名；"港澳海外侨领国情研修班（第三期）"，培训港澳及海外侨领59名。研修班主要培训基层工作人员，取得良好的社会效益。

【行政工作及其他工作】 2016年，社会学系制作"百年北大社会学"系列展板，进行百年系史展览。在包陪庆基金会和静瞳投资公司的资助下，北京大学社会学系与芝加哥大学社会服务管理学院、香港理工大学应用社会科学系签订三方合作协议，在社会工作的教学与科研领域进行合作。另外，北京大学社会学系还与英国卡迪夫大学社会科学学院签订交流协议，将在欧盟Erasmus+框架下，互派两名教师和两名博士生进行学术交流。

（社会学系）

政府管理学院

【发展概况】 政府管理学院现有政治学与行政学、行政管理、城市管理等3个本科专业，7个硕士专业以及政治学、公共管理学2个一级学科博士授予点，3个博士后流动站。学院下设政治学系、行政管理学系、政治经济学系、公共政策系、公共经济学系、城市与区域管理系等6个系，拥有公共管理硕士教育中心，以及以本院教授为主体设立的北京大学中国政治学研究中心、北京大学公共管理研究中心、北京大学城市治理研究院、电子政务研究院、中国国情研究中心等18个校级研究所（中心）。其中，教育部人文社会科学重点研究基地——北京大学政治发展与政府管理研究所（2016年更名为国家治理研究院）与学院有着密切的学术协作关系。

2016年，学院行政班子换届。院长俞可平教授，常务副院长燕继荣教授，副院长陆军教授、白智立副教授（同年9月辞去副院长职务）、常志霄副教授、姚静仪（兼）。党委书记先后为周志忍（2016年1—6月）、李海燕（2016年7月至今），副书记李国平教授、姚静仪、姚奇。

2016年，学院学术委员会换届，成员15人：杨开忠教授（主任）、包万超教授、顾昕教授、何增科教授、黄恒学教授、金安平教授、沈体雁教授、王丽萍教授、萧鸣政教授、燕继荣教授、俞可平教授、周志忍教授、时和兴教授（外聘委员）、张小劲教授（外聘委员）。学院学位委员会换届，成员13人：王浦劬教授（主席）、王丽萍教授（副席）、白智立副教授、包万超教授、常志霄副教授、段德敏副教授、封凯栋副教授、顾昕教授、何增科教授、李永军副教授、陆军教授、萧鸣政教授、燕继荣教授。

截至2016年12月，学院共有教师53人，其中教授27人，副教授24人，助理教授1人；行政人员8人；离退休教师20人。

【教学工作】 本科生教学。截至2016年底，学院在校本科生367人（2016级72人、2015级65人、2014级65人、2013级77人），其中留学生22人，港澳台学生7人，少数民族学生47人。2016年毕业88人。

根据学校教学改革的指导精神，对学院2016级本科生教学计划进行重新修订。本科生培养以本科教学计划为准，毕业总学分为136学分。学院本科生一、二年级学习专业基础课程，三年级进行专业分流。2016年11月，2014级本科生分流为3个专业：政治学与行政学专业11人，行政管理专业34人，城市管理专业20人。

2016年，学院共开设49门课程，其中专业必修课程27门，专业限选课程18门，通选课程2门，全校任选课程2门。参与讲授本科课程的任课教师共42名，其中教授18名，副教授23名，外聘教师1名。

2016年7月，2013级本科生张远等在沈体雁指导下发表期刊文章《长江中游城市群经济联系测度研究——基于引力模型的社会网络分析》；2013级本科生郑思尧在严洁指导下完成"北京市创新计划"科研项目，成果被推荐为"优秀论文"和"优秀案例"。

2016年9月，学院组织2017届本科生推荐免试研究生工作，共49名学生通过复试获得攻读硕士研究生的资格。11月，学院圆满完成教育部专家对本科生教学的评估工作。

研究生教学。2016年，在校博士研究生191人，其中2008级9人（含留学生2人），2009级4人（含港澳台学生1人、留学生1人、少数民族骨干计划1人），2010级3人（含少数民族骨干计划1人），2011级7人（含港澳台学生1人），2012级36人（含港澳台学生2人、留学生4人、少数民族骨干计划2人），2013级38人（含港澳台学生2人、留学生2人），2014级34人（含港澳台学生4人、留学生1人），2015级29人（含港澳台学生1人），2016级27人（含留学生2人、少数民族骨干计划1人）。毕业生36人，其中区域经济学专业6人，行政管理专业11人，政治学理论专业11人，中外政治制度专业8人。授予博士学位28人。

2016年，在校硕士研究生316人，其中2013级11人（含留学生4人、香港学生1人、少数民族骨干计划1人），2014级71人（含留学生11人、香港学生3人、少数民族骨干计划2人），2015级120人（含香港学生2人、澳门学生2人、台湾学生4人、留学生43人、少数民族骨干计划3人），2016级114人（含香港学生3人、澳门学生3人、台湾学生9人、留学生45人）。毕业生81人，其中区域经济学专业8人，行政管理专业21人，政治学理论专业9人，中外政治制度专业3人，公共管理专业（公共政策）34人，公共管理专业（发展管理）6人。授予硕士学位75人。

2016年，公共管理硕士（Master of Public Administration，MPA）在校人数397人，其中2015级单证学生79人，2016级单证学生73人，2015级双证学生120人，2016级双证学生125人。毕业生125人。

组织学院教师和学生参加中国专业学位案例中心案例库建设、中国研究生公共管理案例大赛和全国公共管理硕士优秀学位论文评选工作。成功举办MPA招生咨询会。成功举办"拾伍韶光，春华秋实——北大MPA十五周年座谈会"。

2016年，国际英文授课项目招生48人，分别来自全球31个国家和地区。其中发展中国家公共管理硕士项目26人，公共政策英文硕士项目8人，北大-伦敦政经双硕士项目14人。

获奖情况。2016年，句华老师获得北京大学教学优秀奖。燕继荣老师的《政治学十五讲（第二版）》和王浦劬老师的《政治学基础（第二版）》获评校级优秀教材。袁刚老师获得嘉里集团郭氏基金树人奖教金，苗庆红老师获得杨芙清-王阳元院士奖教金，包万超老师获得正大奖教金，李国平老师获得北京银行奖教金。

【科学研究】 2016年，政府管理学院进一步积极动员和组织全院教师和博士后申请国家、部委纵向项目。申请批准立项国家和省部级纵向科研项目5项，其中国家社科基金项目2项、国家自然科学基金项目2项、北京市社科基金重点项目1项；获得北京市第十四届哲学社会科学优秀成果奖一等奖1项、二等奖1项。

2016年，学院教师承担项目总经费1560余万元，其中横向课题到账经费为1469余万元，纵向课题到账经费为90余万元。

2016年，学院教师发表核心期刊索引期刊论文128篇，其中SSCI期刊4篇；出版专著9部。国际（SSCI）发表作者分别为何增科、周志忍、封凯栋、沈体雁。

【交流合作】 2016年3月下旬，俞可平院长一行3人随林建华校长赴台湾大学参加"北大日"活动。

4月初，伦敦政治经济学院副校长Paul Kelly教授访问学院。

4月下旬，韩国首尔大学行政大学院代表团来访，并举办"国家治理：中央政府和地方政府的角色"学术论坛。

4月21日，香港大学社会科学院一行访问学院，俞可平院长与卜约翰教授签署关于"MPA项目"的合作备忘录。

4月27日至30日，国际项目学生赴贵州省黔西南州兴义市参加2016年第四届"中国美丽乡村·万峰林峰会"开幕式及"乡村梦想——美丽乡村建设与发展国际论坛"。

5月17日上午，哈佛大学肯尼迪政府学院学生代表团一行20人来访，俞可平院长会见代表团并发表主题为"十八大以后中国政治的新发展"的英文演讲。

5月28日至29日，"地方治理现代化：现状、趋势与挑战"国际研讨会顺利举行。

9月8日，由北京大学政府管理学院主办的"两岸地方治理研讨会"举行，俞可平院长及台湾"中研院"朱云汉院士等出席会议。

9月，学院配合学校完成授予罗蒙诺索夫莫斯科大学政治学院国家政治系主任、世界公共论坛"文明的对话"创始主席弗拉基米尔·亚库宁博士"客座教授"的工作。

9月26日下午，俞可平院长为学院新一届国际学生做了题为"什么是中国两个'百年目标'中的优先事项"的讲座。

10月11日，柏林自由大学副校长Brigitta Schütt教授等一行6人来访。学院党委书记李海燕，党委副书记、副院长姚静仪，院长助理张健副教授及城市与区域管理系主任薛领教授一同会见代表团。

10月20日，国家治理论坛"治理创新：理论与实践"国际研讨会在北京大学英杰交流中心阳光大厅开幕。本次研讨会由北京大学国家治理协同创新中心和美国哥伦比亚大学国际关系与公共事务学院共同举办。

10月21日至22日，由政府管理学院主办的"中西代表制比较：概念、制度与实践"国际研讨会召开，来自多个国家的30多名专家学者参加研讨会。

11月4日，俞可平院长应邀出席2016北京论坛开幕式并做大会主旨演讲。

11月8日，学院与台湾东华大学签署学生交换协议，支持学生参加对外交流学习计划。

11月25日，美国驻华大使馆公使衔参赞柯有为（William Klein）与政府管理学院师生就中美关系问题进行座谈。

【继续教育】 2016年，学院继续做好高级专门人才研修班有关工作。5月和9月，行政管理专业研究生课程班共10名学员参加同等学力硕士论文答辩并获得硕士学位。

2016年，学院进一步强化规范管理，办学层次、效益和辐射能力稳步提升，共计为全国18个省、自治区、直辖市的100多家党政机关和企事业单位举办培训班130期，培训各级领导干部和企业高管7120多名，赢得了全国委托单位及广大培训学员的广泛认可和一致好评。学院始终如一秉承北大的人文精神，肩负"天下为公，报国为怀"的政管责任，探索社会主义核心价值观融入干部教育培训，探索建立"官德"教育培训体系，为国家部委和省市地方政府提供一流人文内涵的教育培训服务，成为终身教育高端化、高端培训综合化、培训教育规范化的优质平台。

【党建工作】 根据学校部署，做好学院"三严三实"工作总结和整改方案落实，以制订方案、大会动员部署、书记院长讲党课、组织关系排查、党员评议评优、整改落实、党费补缴等为重点环节，逐步扎实推进"两学一做"学习教育工作，建立学院领导班子成员联系支部制度。配合学校党委组织做好干部调整工作，在学院职称评审、人才招聘、岗位聘任、虚体机构规范管理、审计整改等关键领域加强监督。

学院高度重视反腐倡廉建设工作，强化一岗双责，严密制度网络，截至2016年底，学院新出台近30项管理制度，完成小金库自查等工作；先后接待、协调调查处理、上报回复来信来访12件次。

截至2016年12月，学院共有在校学生党员243人，团员550余人。学院重视学生基层组织规范化，每月定期同全院党支书举行座谈会，强化党支书培训，定期核查各支部开展工作情况。学院全年新发展学生党员27人，确定积极分子120人；组织支部书记座谈会7次，各党支部民主评议1次，开展主题教育活动2次，完成基层党支部书记培训25人次，基层党组织党员培训160人次，4名师生荣获"北京大学优秀共产党员"称号。

学院高度重视学生党员的教育培养工作，认真学习贯彻"两会"精神，继续贯彻落实习近平总书记"五四"讲话精神，引领学生培育践行社会主义核心价值观，在广大学生中定期开展形式多样、内容充实的主题教育活动，通过论坛、交流会、座谈会等生动活泼的形式为思想政治教育工作注入新鲜气息。2016年，学院本科生党员参与北京市党建课题，完成党的基本知识梳理，整理超过40万字的党史材料。

学院重视管理育人与思想引领，注意结合自身学科特点开展品牌活动。在学院党委领导、团委指导下，学生会组织开展2016年中国青年政治人论坛及2016北京大学政治人论坛。论坛紧紧把握时代潮流，聚力北大综合改革与世界一流大学建设。自2014年创立以来，已覆盖全国开设公共管理学科的多所院校，参会人数超过1050人次，为学院内外的学生提供了广阔的交流平台，不仅有助于充分激发青年学子的积极性和主动性，也对青年政治人的成长成才具有重要意义。

学院高度重视党员同学的素质培养，积极联系院外社会实践资源，以期让学生骨干在实践中增长才干。2016年，在学院党委的领导和支持下，共有3支实践团分赴各地开展实践。6月26日至30日，政府管理学院2013、2014、2015级本科生联合党支部赴黄山市进行以"创新创业环境研究"为主题的研究。6月28日至7月2日，政府管理学院赴贵州贵阳实践团进行了以"走近数据之都、探索经济转型、调研新区发展"为主题的实践。8月23日至29日，政府管理学院赴厦门市实践团以"探索华侨之城，探寻文化之源"为主题，对厦门多元文化存续情况及模式进行调研。暑期社会实践团为青年学生骨干建立了校园与社会之间的纽带，有助于提升学生骨干"理论联系实际"的修养水平，培养学生骨干脚踏实地的实践意识与求实精神。

【学生工作】 2016年，学院学生工作进展顺利，根据学校、学院相关规定和程序，顺利完成迎新入学、学生资助、评奖评优等多项工作，针对学生的心理辅导、就业创业等工作也在持续开展中。

学院重视学生培养的连贯性，坚持推进新生教育体系化，特别是在本科生入学教育方面，学院结合学校入学教育周的契机，根据新生教育的实际需求，逐渐丰富完善新生教育的内容，拓展教育平台，突出院系特色，重视校院互补，建立起以爱校荣校教育为核心，以心理健康、普法守法、生涯发展、班级建设等为主题的新生教育活动，覆盖全体本科学生，为新生进入学校学习生活打下良好基础。

在开展新生教育的同时，学院完成2016年度学生资助认定、生源地贷款处理及贷后管理的相关事宜。截至2016年12月，学院共有家庭经济困难（经学校资助中心认定）学生85人，均为本科生，已获得不同程度的资助；同时，学院非常重视困难生的心理及学业辅导，各年级均有相当数量的受资助同学获得学校的奖学金奖励。

2016年，政府管理学院共142名同学获得学校各种奖励，85名同学获得校级奖学金，10人次获得院级奖学金，8名同学获评学校学术类、体育类、社会工作类创新奖，孙玉洁同学同时荣获北京大学学生年度人物称号。在1987级院友的支持下，学院制定奖学计划，主要用于支持实习实践、自主创业等学生日常学术生活之外的活动。

2016年，学院本科生就业率达到98%以上，研究生就业率达到95%以上。学院注意将人才培养同学生自身专业相结合，通过举办"为未来导航"系列活动加强对毕业班级的就业培养。2016年，"为未来导航"专题讲座邀请学校学生就业指导服务中心吕媛老师为学生讲解就业政策和就业形势；启动"政享会"院友返校系列沙龙项目，邀请优秀院友流春蕊、郝胜斌、侯玉婧、武岩，重返学院传授就业心得，帮助在校生进一步了解就业形势，进行职业规划，提高在校生的求职技能。继续开办公务员成长成才平台，2016年活动覆盖人群达800人次左右，为同学们备考提供助力。

2016年9月，校团委任命汪帆同志担任共青团北京大学政府管理学院团委常务副书记，贾润东同志自然免职。2015—2016学年政府管理学院学生会、研究生会在学院团委指导下平稳完成过渡，根据学院两会章程，经民主投票，学生会、研究生会完成换届：学生会执委会主席邹瑞阳、副主席梁贞情，常委会主任岑松皓；研究生会执委会主席徐梓原，副主席杨舟、王华伟，常代表郑晗。

2016年，政府管理学院结合专业特色、学生特点，坚持完善制度、坚持特色、深化品牌和学习育人的理念，开展了形式丰富内容多样的学生活动。

"博雅家·乐创"系列活动是学院自2010年开始举办的一项旨在提升学生全方面素质、发掘学生创造性、培养学生团队精神和自主意识的品牌学生活动。2016年，"博雅家·乐创"系列活动共举办6场，通过举办趣味定向、素质拓展、登山植树、学术知识竞赛等，促进了学生内部的交流，有利于学生自我管理和自我提高。

【行政工作及其他工作】 2016年，学院启动并初步完成行政中心改革。学院设立行政中心，下设院务办公室、人事办公室、教务办公室、科研外事办公室、学生工作办公室、财务办公室、院友办公室。党委副书记、副院长姚静仪兼任行政中心主任，胡华任副主任。为进一步提高行政效能，学院制定并实施《政府管理学院行政人员考勤管理办法》《政府管理学院职员招聘管理办法》《政府管理学院职员绩效管理办法》等一系列规章制度。

2016年，学院进一步落实北京大学二级单位安全管理标准化建设，加强大楼安全"技防"设施。协调和监督物业服务处工作，定期进行工作检查、楼宇检查。在确保学院大楼安全、有效运行的前提下，学院积极改善办公条件，按规定标准建立学院办事大厅，提供教学、科研、外事相关一站式服务；顺利完成学院第二次教师教研室调整，改善部分教师教研空间条件；布置完成"1986CLUB"书吧，为师生提供交流新空间新模式。

【院友工作】 2016年，学院积极推进院友联络工作。重新梳理并与各年级建立联系，恢复登记院友信息；建立院友微信群，加强与院友的联系，方便院友与学院的信息沟通，并及时将学院信息、活动通知、问卷征集等向院友发布。截至目前，已有35个地方群、14个职业群、8个联络群和3个理事会群，共计58个。

应院友要求，5月4日，举办1986级、1992级、1996级返校活动日活动，并举办毕业院友座谈会，学院常务副院长燕继荣教授、党委副书记、副院长姚静仪参加座谈。1987级毕业院友于5月29日和6月12日开展两次"政享会"，分别以"行业从业角度分析"和"廉政教育——走好人生关键的每一步"为题，与同学们交流了自己的心得和体会。9月23日，北京大学政府管理学院院友会和北京大学MPA联谊会联合举办北大"政思·悦享"读书活动，北京大学政治发展与政府管理研究所所长、国家治理协同创新中心联合主任王浦劬教授应邀做了题为"国家治理现代化解析"的读书导讲。

12月17日，学院召开院友代表大会，对院友理事会进行换届。会议讨论通过院友理事会章程，选举产生院友会第二届理事会，并召开第二届理事会第一次会议。同日，还召开了纪念学院成立15周年大会。

（政府管理学院）

马克思主义学院

【发展概况】 发展历程。北京大学是中国最早传播和研究马克思主义的发源地。早在1920年，李大钊先生就在北京大学开始讲授唯物史观、社会主义与社会运动、工人的国际运动与社会主义的将来等3门课程，把马克思主义理论课纳入现代大学教育和课程体系，标志着马克思主义理论学科在中国大地诞生。中华人民共和国成立后，北京大学先后成立了新民主主义论教学委员会、政治课教学委员会、马列主义基础教研室、中国革命史教研室、公共政治理论课研究室、马列主义基础研究室、马列主义研究所、马克思主义理论课教学指导委员会等机构。1992年3月17日，北京大学通过《关于建立北京大学马克思主义学院的决定》。同年4月2日，中国第一个马克思主义学院在北京大学成立。

组织机构。马克思主义学院现有马克思主义基本原理、马克思主义发展史、马克思主义中国化、国外马克思主义、思想政治教育、中国近现代史、政治经济学、科学社会主义等8个研究所，以及中国道路与中国化马克思主义协同创新中心、教育部人文社会科学重点研究基地——中国特色社会主义理论体系研究中心、北京市哲学社会科学重点研究基地——中国化马克思主义发展研究基地等3个研究机构。

学科建设。学院现有马克思主义理论一级学科硕士、博士学位授权点，下设马克思主义基本原理、马克思主义中国化、国外马克思主义、思想政治教育和中国近现代史基本问题研究等5个二级学科。此外，学院还设有科学社会主义与国际共产主义运动（全国重点学科，与国际关系学院共建）、政治经济学等2个二级学科硕士和博士学位授权点。

队伍建设。马克思主义学院现有事业编制教职员工50人，其中教师40人（教授20人、副教授17人、新体制预聘副教授1人、讲师2人），党政管理人员6人，博士后4人。

2016年退休1人，晋升教授1人，晋升副教授1人，进站博士后3人，出站博士后2人。

现有行政人员17人，其中事业编制6人，劳动合同制11人。

【教学工作】 学生人数。马克思主义学院现有学生141人，其中硕士研究生59人：2015级硕士生30人，2016级硕士生29人；博士研究生82人：2012级博士生24人（含思想政治理论课教师专项计划4人、西部计划1人、少数民族骨干计划1人），2013级博士生25人（含思想政治理论课教师专项计划1人、少数民族骨干计划1人），2014级博士生19人（含少数民族骨干计划1人），2015级博士生16人（含思想政治理论课教师专项计划1人），2016级博士生22人（含少数民族骨干计划1人）。

课程设置。学院承担着全校学生的思想政治理论课教学工作。2016年为本科生开设5门思想政治理论课：思想道德修养与法律基础、中国近现代史纲要、马克思主义基本原理概论、毛泽东思想和中国特色社会主义理论体系概论、形势与政策；为硕士生开设1门思想政治理论课：马克思主义与社会科学方法论；为博士生开设1门思想政治理论课：中国马克思主义与当代。

2016年开设中华民族伟大复兴的历史与理论课程，融合了既有毛泽东思想和中国特色社会主义理论体系概论和中国近现代史纲要的内容，以百年来中华民族伟大复兴的诉求为主线，以中国共产党带领人民进行革命、建设和改革，特别是以改革开放和党的十八大以来中国特色社会主义得到推进的历史事实为依据，沿着重大事件、客观事实、思想理论、历史关头和转变节点的脉络，讲述中华民族是怎样走到今天的，以及中国共产党领导中国人民实现中华民族伟大复兴的历程、思想、经验和规律。

教学获奖。2016年，马克思主义学院李翔海教授获得"北京大学方正奖教金"，张炳奎副教授获得"北京大学正大奖教金"，林锋副教授获得"北京大学黄廷方/信和青年杰出学者奖"，魏波教授、王在全教授获得"北京大学教学优秀奖"。

【科研工作】 人才队伍。马克思主义学院现有中央马克思主义理论研究和建设工程首席专家3人，国务院学科评议组成员1人，教育部社会科学委员会委员2人，教育部高等学校马克思主义理论类专业教学指导委员会委员4人，国家社科基金学科评审组专家4人，国家高层次人才特殊支持计划第一批哲学社会科学领军人才1人，国家"新世纪百千万人才工程国家级人选"1人，教育部跨（新）世纪优秀人才3人，中宣部"四个一批"人才1人，国务院政府特殊津贴获得者6人。

2016年，孙熙国、孙蚌珠、程美东、魏波等4位老师入选首批北京高校思政课特级教授，李健、张会峰、林锋、李旸等4位老师入选首批北京高校思政课特级教师。

项目数量。2016年，马克思主义学院在研项目20个。

科研成果。2016年马克思主义学院发表学术论文162篇，出版专著1部、编著7部、译著1部。郇庆治教授《"碳政治"的生态帝国主义逻辑批判及其超越》（《中国社会科学》2016年第3期）、陈占安教授《高校思想政治理论课"05方案"实施十年来的回顾与展望》（《思想理论教育》2015年第9期）、顾海良教授《全面建成小康社会的战略进程与决胜纲领》（《思想理论教育导刊》2015年第12期）荣获"2015年度高校马克思主义理论影响力论文"称号，林锋《1844年经济学哲学手稿劳动观辨析》（《学术研究》2015年第2期）荣获北京市第十四届哲学社会科学优秀成果奖二等奖。

由顾海良教授组织编写的国家出版基金项目《新编经济思想史》（十一卷），把经济思想的演变置于人类历史发展的广泛文化背景中，探讨了17世纪40年代以来世界范围内经济思想的进展，全面、系统地展示了它们的全貌、发展轨迹和演变规律。

由学院组织编写的《马克思主义理论学科学术发展报告》（2015）是马克思主义理论学科学术发展的第一个年度报告。报告内容分为三大板块：一是当年马克思主义理论学科建设和发展的重要事项；二是当年马克思主义理论学科学术发展的主要成就和成果；三是当年马克思主义理论学科发展的综合情况。

学术活动。2016年，在学校服务国家战略，坚持科学发展，加快推进创建世界一流大学步伐的总体要求下，学院进一步推进学术交流活动。

表5-16 2016年马克思主义学院重要学术活动

活动名称	活动时间
北京大学第六届未名论坛暨全国马克思主义理论及相关学科博士研究生高级研讨班	2016年1月16日
"我国宏观经济态势与供给侧改革"报告会	2016年4月9日
第五届全国高校马克思主义学院院长论坛	2016年4月28日
"社会主义、技术与生态"专题讲座	2016年5月13日
"供给侧政策与中国经济问题"学术讲座	2016年6月1日
"当前俄罗斯关于斯大林历史定位问题的争论"讲座	2016年10月19日
"俄罗斯关于中国特色社会主义的研究"讲座	2016年10月19日
"重返世界之巅"报告会	2016年10月25日
全国马克思主义中国化研究学科学术规范建设研讨会	2016年12月4日

【交流合作】 2016年10月22日至23日，"消除贫困与实现全面小康的中国道路"小型高层国际学术研讨会在北京大学马克思主义学院举行。来自美国、英国、加拿大、俄罗斯、奥地利等国家的12位国际学者和来自北京大学、中共中央党校、中国社会科学院、武汉大学等单位的15位中国学者参加会议并发言。会议就5个方面的分议题进行了深入研究

和讨论：一是"改革开放以来消除贫困问题的中国道路"；二是"目标2020：共同富裕与全面小康"；三是"当代世界发展图景中的中国经济社会发展态势和减贫行动"；四是"经济发展中的不平衡与社会全面进步问题"；五是"全面深化改革与中国消除贫困道路的创新"。

2016年，受学校国际合作部"海外名家讲学计划"资助的英国肯特大学哲学系荣休教授肖恩·塞耶斯先生，莫斯科国立大学教授、经济学博士亚历山大·布兹加林先生及其夫人莫斯科国立大学教授、哲学博士路迪米拉·布拉夫卡女士，分别来学院进行为期10天的讲学活动。

【党建工作】 组织建设。马克思主义学院现有党员210人，其中在职教工党员48人，离退休教工党员49人，学生党员113人。现有党支部12个，其中教工党支部6个，以研究所为单位设置；学生党支部6个，以班级为单位设置。

党建活动。学院深入学习贯彻习近平总书记系列重要讲话和党的十八届六中全会精神，认真落实全面从严治党要求，全面推进党建工作。组织学院全体师生党员和入党积极分子通过各种形式认真学习习近平总书记在哲学社会科学工作座谈会、庆祝中国共产党成立95周年大会和纪念红军长征胜利80周年大会上的重要讲话精神以及党的十八届六中全会和全国高校思想政治工作会议精神。召开学生骨干座谈会集中学习习近平总书记关于知识分子工作、致清华大学建校105周年贺信和考察中国科技大学时的重要讲话精神；邀请南开大学马克思主义学院师生党员联合开展"两学一做"党团日主题教育活动。举办高校思想政治理论课贯彻落实习近平总书记"七一"重要讲话精神学术研讨会。召开全院教职工大会和党委扩大会，传达学习党的十八届六中全会精神；召开党委扩大会，专题学习全国高校思想政治工作会议精神。

进一步加强基层党支部建设和党员的日常教育管理。开展党组织关系排查、党支部考核和民主评议党员、党费缴纳专项检查等工作，按期完成党支部换届，开展"立足岗位，恪尽职守，做新时期合格党员"大讨论等活动。

认真组织第29期党的知识培训班、第24、25期党性教育读书班。严格党员发展标准，发展党员执行公示制度和无记名投票制度。2016年，发展学生预备党员9人，10名预备党员按期转正。2015级硕士生党团支部"砥砺中国梦，聚力十三五"党团日联合主题教育活动获得学校二等奖，2016级硕士生、博士生党支部积极申报学校基层党建立项。

组织党政班子成员和师生党员认真学习《关于新形势下党内政治生活的若干准则》《中国共产党党内监督条例》等文件制度，严肃党内政治生活，强化纪律意识和规矩意识，新修订《"三重一大"实施办法》。

【学生工作】 学生活动。结合"两学一做"学习教育，开展形式多样、内容丰富的党团日主题教育活动。2016年4月至5月，2012级、2013级博士生党支部参观沙滩红楼新文化运动纪念馆，2015级博士党支部举办"在马学马、在马用马——'两学一做'专题党课"，2015级硕士生党团支部参观国家博物馆《复兴之路》大型展览。6月，学院成功主办主题为"马克思主义与当代中国发展"的第十七届北京大学、清华大学、中国人民大学、北京师范大学四校马克思主义学院博士生学术论坛。7月，2015级硕士生党支部到福建省宁德市开展红色"1+1"共建活动；组织硕博学生党员前往甘肃陇南，开展基层党建和精准扶贫暑期社会实践活动；选派8名硕士生赴宁波机关及企事业单位参加就业见习。9月，召开学院第二十五次研究生代表大会。10月至11月，2013级博士生党支部参观红军长征胜利80周年主题展；2016级博士生党支部与校团委支部启动支部共建活动并进行长征精神专题学习；2016级全体新生党团员开展"弘扬长征精神，奋力铸就卓越"党团日联合主题教育活动和"努力做新时期合格党员"党委书记讲党课活动。12月，举办研读理论经典，坚定理想信念——学生党支部"两学一做"读书交流会。

毕业生去向。2016届50名统招统分毕业生全部实现就业或升学，其中45人就业（到西部或基层20人），5人继续在学院读博深造。

校园文化建设。在2016年学校春季、秋季两次运动会上，学院一年级研究生全员参加，分别获得乙组总分第三名和第四名。4月，举办研究生宿舍文化节。9月，召开中秋迎新生茶话会。10月，开展2016级全体新生素质拓展活动。11月，举办第九届"师生乒羽友谊赛"。12月，举办学生新年联欢会。

2014级硕士生班获得北京市先进班集体称号。2015级硕士生班获得北京大学优秀班集体、先进党支部、优秀团支部、首都大学中专院校"先锋杯"优秀团支部荣誉称号。2015级博士生班获得北京大学先进学风班称号。

（马克思主义学院）

教育学院

【发展概况】 组织机构。教育学院下设教育与人类发展系、教育经济与管理系、教育技术系和教育领导与政策系等4个系，高等教育研究所和教育经济研究所等2个研究所，教育质性研究中心（原基础教育与教师教育中心，2014年6月更名）、中国教育与人力资源研究中心、企业与教育研究中心、数字化学习研究中心、国际高等教育研究中心、教育信息化国际研究中心、博士后研究中心和教育发展研究中心等8个中心，其中，教育经济研究所为教育部人文社会科学重点研究基地。

教育学院内设的教学科研辅助机构包括图书资料室、编辑部。教育学院编辑部承办全国中文核心期刊、中文社会科学引文索引来源期刊、国家社科基金资助期刊《北京大学教育评论》（季刊）。

学科建设。教育学院拥有教育学、公共管理等2个一级学科博士学位授予权，设有高等教育学、教育经济与管理、教育技术学等3个硕士点，高等教育学、教育经济与管理、教育学原理、教育技术学（2015年新增）、教育博士专业学位（Ed.D.）等5个博士点，其中教育经济与管理学科为国家重点学科，高等教育学专业为北京市重点学科。学院还设有教育学、公共管理（教育经济与管理）2个博士后流动站。

队伍建设。截至2016年底，学院共有在职教职工80人，其中教师37人（全部拥有博士学位），行政和教辅人员8人，博士后6人，劳动合同制人员23人，返聘人员2人，人事关系在学校其他单位的人员4人。

截至2016年底，学院教学科研队伍中有教授16人，副教授17人，研究员1人，副研究员1人，"新体制"助理教授1人，"新体制"助理研究员1人，副编审2人。2016年，1位教师晋升教授。

2016年，学院新增教职工10人，其中在编研究员1人，博士后2人，教师个人聘用的科研助理4人，院聘培训办公室行政人员1人，学生工作办公室工作人员1人，院聘综合办公室工作人员1人；减离10人，其中退休1人，教师个人聘用的科研助理离职3人，博士后出站1人，院聘培训办公室工作人员离职1人，学工办工作人员离职1人，院聘网络办公室工作人员离职1人，去世2人。

【教学工作】学生人数。2016年，教育学院结束学业的研究生共70人，其中获硕士学位的34人，获博士学位的20人；招收研究生90名，其中硕士研究生49名，博士研究生41名。截至2016年底，学院共有在读研究生406人，其中博士生275人，硕士生131人。学院还于暑期成功举办"质性研究方法与社会科学研究""公共事业部门的公私伙伴关系改革：国际经验与中国道路""教育技术前沿"暑期学校，共招收学员230名。

课程培养。学院高度重视提高教学质量，不断完善课程体系。2016年，经学院学术委员会审议通过的新课程8门。截至2016年底，学院为研究生开设的课程有209门。除为本院研究生开设课程外，学院还积极参与学校的本科教学工作。根据博士点和硕士点分别按年级、专业/方向（高等教育学、教育经济与管理、教育技术学、教育学原理、高级教育行政管理和教育博士专业学位），分层次（博士生、硕士生）、分类别（硕博连读生、考试生）制定培养方案。

教学获奖。在中国高等教育学会第十二届"高等教育学"优秀博士学位论文奖评选活动中，杨中超的博士学位论文《教育扩张对代际流动的影响研究》被评为优秀博士学位论文，王海迪同学获优秀博士学位论文提名奖；张恺的博士学位论文《城乡背景给高校毕业生带来了什么？——基于就业差异的实证研究》被评为北京大学优秀博士学位论文；郭文革老师荣获2015—2016年度北京大学"教学优秀奖"。

【科研工作】人才队伍。截至2016年，学院现有教育部"新世纪优秀人才支持计划"入选者文东茅、岳昌君、蒋凯、贾积有、李文利、郭文革、鲍威、刘云杉。

项目数量。2016年，学院新立项项目共计61个，其中纵向项目16个，横向、委托及国际合作项目45个。

科研成果。据不完全统计，2016年，学院教师发表文章（期刊、报纸、文集收录、专著章节、著作、会议论文）255篇，其中中文期刊论文112篇，顶级及权威期刊20篇，中文社会科学引文索引来源期刊98篇，全国中文核心期刊35篇；英文期刊论文18篇；发表会议论文58篇，其中外文会议论文24篇；撰写研究报告21篇，出版著作12部，参与撰写的著作章节12篇。

获奖情况。2016年，教育学院获得各种科研荣誉及奖励近30项。鲍威副教授《未完成的转型：高等教育影响力与学生发展》获中国高教学会第九次高等教育科学研究优秀成果奖学术著作类一等奖、北京市第十四届哲学社会科学优秀成果奖一等奖、全国教育科学研究优秀成果三等奖；陈向明教授《搭建实践与理论之桥——教师实践性知识研究》获第七届高校人文社会科学优秀成果二等奖；陈向明教授获得北京大学唐立新奖教金教学名师奖；陈晓宇教授等撰写的"全国高等理科教育改革研究"课题研究报告获中国高教学会第九次高等教育科学研究优秀成果奖一等奖；郭文革副教授获得北京大学教学优秀奖，其著作《中国网络教育政策变迁——从现代远程教育试点到MOOC》获北京市第十四届哲学社会科学优秀成果奖二等奖；贾积有教授论文"Effects of a vocabulary acquisition and assessment system on students' performance in a blended learning class for English subject"获第五届全国教育科学研究成果一等奖；蒋凯教授著作《全球化时代的高等教育：市场的挑战》获第七届高等学校科学研究优秀成果奖（人文社会科学）二等奖，论文《知识商品化及其对高等教育公共性的侵蚀》获第五届全国教育科学研究优秀成果二等奖；马莉萍副教授论文《高校毕业生基层就业：从中央政策到地方政策》获得第五届教育科学研究优秀成果三等奖；尚俊杰副教授获得北京大学平民学校"优秀老师志愿者"称号；沈文钦副教授获树仁学院教师奖；杨钋副教授获方正教师优秀奖；展立新副教授论文《理性的视角：走出高等教育"适应论"的历史误区》获第五届教育科学研究优秀成果三等奖；赵国栋教授著作《网络调查研究方法概论》被评为"2016年北京大学优秀教材"。

经费情况。2016年，学院纵向项目科研经费到账52.2499万元，横向项目科研经费到账968.5083万元。

学术活动。2016年1月16日，第三届北京大学教育信息化创新论坛在教育学院隆重召开。论坛主题为"人是如何学习的——技术回归教育本质"，由学习的本质、课程与课堂、技术·生活·未来三个讨论板块组成，来自教育部、高等院校、科研机构、中小学、其他教育机构和企业界的近两百位代表参与论坛。

3月18日，北京大学教育发展研究中心、北京大学考试研究院和MIT BLOSSOMS在教育学院联合举办"BLOSSOMS与中国教学改革"研讨会。来自北大附中、人大附中、北师大二附中等多所中学的校长和任课教师共计50余人参加研讨会，并就在教学过程中使用视频教学的经验进行分享。

4月28日，亚洲开发银行（以下简称亚行）"促进高校毕业生就业政策"技术援助项目结题会在北京大学隆重举行。教育部综合改革司副司长向明灿致会议辞，亚行总部高级教育专家Sofia Shakil对技术援助项目进行了回顾，闵维方教授对当前中国经济背景下学生就业问题进行了说明，课题组成员、北京大学教育学院研究员哈巍代表北京大学课题组作报告。

5月13日，美国佩珀代因大学教育与心理学院访问团到访北京大学教育学院，与学院教育技术系师生开展学术交流活动。

6月18日至19日，中国教育发展战略学会高中教育专业委员会成立大会暨"高中教育的现状、挑战与未来"高层论坛在北京大学邱德拔体育馆隆重举行。来自全国各地近500名高中校长、教师和专家学者共聚一堂，围绕多个重要论题展开了深入的交流和探讨。中国教育发展战略学会会长、北京大学原党委书记、北京大学教育学院名誉院长闵维方教授，北京大学副校长、教务长、研究生院院长高松院士以及多家单位的领导和专家出席大会并发表演讲。

7月19日至21日，混合学习国际会议暨教育技术国际研讨会在北京大学成功举行。本次会议由北京大学教育学院与香港城市大学合作举办，主旨是探索计算机科学技术与传统学习的融合方式，利用新技术创设真实学习环境，从而提高学习效率并丰富学习体验。来自海内外的200余名嘉宾、专家学者和研究生参加会议，围绕混合学习的理论、设计、开发与评价等相关议题展开讨论。

10月15日至16日，"一带一路"倡议与中国高等教育发展论坛在洛阳举行。本次论坛由北京大学国际高等教育研究中心与洛阳师范学院共同举办。北京大学国际高等研究中心主任马万华教授做了题为《"一带一路"倡议与高等教育发展》的大会报告。

11月4日，第二届北大-斯坦福论坛暨2016年北京论坛教育分论坛在北京大学斯坦福中心隆重举行。本届北大-斯坦福论坛的主题为"建设世界一流大学：制度的视角"。在为期两天的会议中，来自中国内地、中国香港和澳门地区以及美国、加拿大、澳大利亚、英国、俄罗斯、芬兰、日本、韩国、菲律宾、巴基斯坦等国家和地区的40余位大学校长、学者和国际组织专家汇聚一堂，共同探讨世界一流大学的产生、组织、管理和发展等重要问题。与会大学校长和专家学者围绕"不同制度环境下高等教育系统的分化与世界一流大学的产生""制度背景与世界一流大学的组织结构"、"制度环境形势下世界一流大学的管理特征"和"世界一流大学与社会、经济和政治发展"等4个议题开展深入交流和探讨。

11月17日至18日，"互联网+"时代的游戏化学习与教育创新大会暨中国教育技术协会教育游戏专业委员会2016年会在北京市顺义区仁和中学报告厅隆重召开。大会由中国教育技术协会教育游戏专业委员会主办，北京大学教育学院和北京市顺义区教育委员会承办。高校学者、中小学教师以及教育游戏产业界人士400余人参加了会议。此次大会是中国教育技术协会教育游戏专委会成立以来的第一届年会。

【社会服务】 学院在开展教学、科研工作之外，还承担着重要的社会服务功能，为教育机构和教育管理决策部门提供项目评估、咨询服务和决策支持。学院与教育部、科技部、财政部、国家发展和改革委员会、国务院学位委员会办公室、北京市教育委员会等政府部门保持着良好的合作关系，承担了一系列重大委托课题，并提供政策咨询。同时，教育学院多名教师在北京大学各部门承担服务工作，包括参加学校发展规划委员会、本科课程改革战略发展小组、元培计划委员会等，并承接学校职能部门（如研究生院、教务部、教务长办公室、国际合作部、人事部、财务部、发展规划部等）委托的调研课题。

2016年5月16日，北京大学教育学院南宁市"云国学"捐赠仪式暨专题报告会在南宁市中小学校外教育活动中心观演厅隆重举行。南宁市教育局局长潘永钟、北大教育学院院长陈晓宇、北大教育学院培训中心主任胡松涛、"云国学"项目组负责人王建出席会议。南宁市教科所所长戴启、南宁市教育局局长潘永钟、陈晓宇、受捐代表衡阳路小学校长许必丰相继发言。

2016年度，《北京大学教育评论》继续获得国家社科基金学术期刊资助。编辑部在办刊过程中坚持正确的政治方向，加强业务学习，强化制度管理，注重专题策划，保证学术质量。刊发的论文整体水准较高，得到学界的广泛关注，被《新华文摘》《中国社会科学文摘》《高校文科学报文摘》以及人大资料中心多种教育文摘刊物转载，在"人大复印资料"教育学科中的转载率继续排名第一。

【交流合作】 2016年，教育学院邀请国内外专家讲座24次（港澳台专家讲座2次）。教师出国访问、考察、合作研究、参加国际会议45人次，赴港澳台9人次；学生出国访问、考察、合作研究、参加国际会议25人次，赴港澳台5人次。派送教师出国（境）访问（一个月以上的）、进修1人次（汪琼以高级研究学者身份赴美国访问6个月）。

【党建工作】 组织建设。截至2016年12月31日，教育学院党委共有200名党员，其中在职教职工党员58名，学生党员124名，离退休党员18名；下辖11个党支部，其中教工党支部6个，学生党支部4个，离退休党支部1个。2016年度，学院认真组织"北京大学党的知识培训班""北京大学党性教育读书班"，认真完成半年及年度党内统计工作，配合学校认真开展每学期新发展党员材料、党支部工作手册专项检查工作。2016年，共发展党员10名，转正党员21名。

党建活动。1.理论学习。学院党委继续开展领导干部"三严三实"专题教育，积极开展"两学一做"专题教育。2016年，紧扣"两学一做"专题，先后开展领导班子和支部专题研讨、"北京大学与中国共产党的创建"党课、领导班子意见征集、领导班子民主生活会以及各支部组织生活会，并在全体师生党员和群众范围内组织老北大沙滩红楼校址参观等活动。2.活动开展和党内评优。2016年度，学院党委先后开展组织关系排查、支部评议、党费补缴等工作。在学校党委的统一部署下，学院开展了北京大学先进党支部和优秀共产党员的评选工作。学院2015级普硕党支部被评为"北京大学先进党支部"；魏建国、杨亚晨2位同志被评为"北京大学优秀共产党员"。3.党风廉政建设。学院领导班子在落实党风廉政建设工作中，定期召开院长办公会、党委会、党政联席会或扩大会议，对学院有关重要事项进行集体讨论决策；对于与学术有关的决策，定期召开学术委员会、学位委员会和教授会，集体讨论决定。利用每年的全体教职工大会，由主管领导分别汇报本年度学院的教学、科研、人事、行政、培训、财务、党务和学生等方面的工作。2016年，学院继续严格执行2015年审定公布的《教育学院党风廉政责任制实施细则》。

【行政工作及其他工作】 行政队伍。学院坚持行政办公周例会制度，并以制度建设为重点，以文档管理、流程梳理为突破点，努力提升行政服务的规范化水平。2016年，学院不断完善图书馆资源建设，提高培训工作的规范化水平，加强学院网站建设和网络服务。继续完善《行政工作手册》，增加《教育学院行政工作实际操作流程》内容，继续探索各职能办公室之间的信息共享和协同工作机制，并做好各项日常工作以及各类会议、学生活动的后勤保障工作。

2016年1月15日，学院召开学术交流大会。会上除学术交流活动外，由主管领导分别汇报2015年度学院的教学、科研、人事、行政、培训、财务、党务和学生等方面的工作。7月8日，学院召开教学研讨会，会议以学院研究生培养的现状与问题为主题，集中探讨学院在硕士研究生和博士研究生培养方面的现状、存在的问题、国际经验以及应对措施。

信息化建设与后勤工作。2016年，重点开展"轻盈移动办公计划"，为全院教职工更换办公和教学设备，组织力量设计学院新版网站，完成学院录课室的升级改造，开展学院固定资产清查工作。

2016年，学院在物业管理团队支持配合的基础上，不断完善大楼的各项管理制度，整合创新工作机制，进一步提升大楼物业服务及安全管理水平。继续做好安全保卫和重要信息的保密工作，落实学校关于车辆管理、团体入校、重大活动举办等管理规定。

工会工作。截至2016年底，教育学院有工会会员78人（包括教育财政所）。2016年，学院工会组织教职工参加学校教工运动会、庆"三·八"国际劳动妇女节北京大学女教职工定向趣味越野赛等活动，并积极开展爱心基金捐款活动，协助办理女职工互助保险、北京市公园年票、"京卡·互助服务卡"等，积极推进合同工加入工会，为合同工缴纳会费。同时，学院工会还与学院团总支、研究生会共同举办师生羽毛球、乒乓球、篮球等体育赛事以及新年晚会等文艺活动，积极推动和组织教职工体检工作，为在职教职工办理重大疾病及意外商业保险。为促进教职工身体健康，学院工会还举办了健康促进系列活动，包括"关爱零距离——中医问诊活动"、"冬季'迈开腿'大步走活动"等。

【学生工作】 资助奖励。2016年，学院共完成12位新生的经济困难认定和17位在读困难生的信息库维护工作。

在2015—2016年度的评优评奖工作中，学院共有17人获得校级奖学金，8人获得闵维方奖学金，10人获得汪永铨奖学金，35名同学获得北京大学三好学生标兵、三好学生、优秀学生干部、学习优秀和社会工作单项奖等奖励。在2016年先进班集体评比中，学院2015级硕士生班荣获"北京大学优秀班集体"称号，2014级硕士生班、博士生班荣获"北京大学先进学风班"称号。

学生活动。2016年，学院各学生党支部、团总支、研究生会、各班级等通力合作，开展了迎新晚会、"师生情"羽毛球友谊赛、新年晚会、毕业联欢会等一系列丰富多彩的学生活动。

学生党建。截至2016年12月9日，教育学院党委共有4个学生党支部，131名学生党员。2016年，共发展学生党员6人，预备党员转正14人。各学生党支部先后自主开展"红色1+1""砥砺强国梦，聚力十三五""弘扬长征精神，奋力铸就卓越"联合党团日活动，以及"缅怀革命先辈，参观北大红楼"主题活动、"十三五"规划理论学习、"听海归老师说中国"、老党员同志经验交流等多种形式的党建团建活动。其中，2014级普硕支部获得"砥砺强国志，聚力十三五"学生党团日联合主题教育活动二等奖。

毕业去向。2016年，学院共有40名硕士生和博士生参加就业，就业落实率近100%，签约率在全校居于前列。学生就业去向大多是国家机关、国有企业、重点高校等单位，就业质量和多元化程度得到进一步提高。

（教育学院）

新闻与传播学院

【发展概况】 发展历程。2001年5月28日,北京大学恢复成立新闻与传播学院(以下简称学院)。学院依托日益增强的新闻学和传播学学科基础,整合全校资源,逐步形成具有北大特色、适应时代发展的新闻与传播学研究和教学模式,形成了包括新闻学、传播学、广告学、编辑出版学、网络传播、广播影视、跨文化交流、公共关系、媒体经营管理等一系列的学科群。2016年,学院在学科发展、人才培养和队伍建设方面继续朝着一流新闻与传播学院的目标迈进。在全校绩效综合评估中,学院本科教学、科研、综合管理绩效评估等级均为A+,研究生教学绩效评估为A。

组织机构。学院下设新闻学系、传播学系、广告学系、广播电视学系等4个系。研究机构包括北京大学国家战略传播研究院、北京大学现代广告研究所、北京大学现代出版研究所、北京大学文化与传播研究所、北京大学电视研究中心、北京大学新闻学研究会、北京大学新媒体营销传播研究中心、北京大学视听传播研究中心、北京大学新闻与传播学院公共传播与社会发展研究中心。

学科建设。学院目前设置本科、硕士和博士3种学历层次。本科生设有新闻学、广告学、编辑出版学和广播电视学等4个专业。研究生设有新闻学和传播学2个硕士点以及1个传播学博士点,专业研究方向涵盖国际新闻、新闻传播实务、新闻传播史论、国际传播与跨文化交流、大众传播、新媒体与网络传播、广告理论与实务、媒体经营管理、编辑出版学等诸多领域。2016年,根据学校的统一部署,结合学院的学科发展状况,学院教学小组经过充分调研,结合学生对课程建设的意见和建议,对本科教学计划进行了修订;在专业型硕士建设中,新增"健康传播"这一具有较大发展空间和社会需求的方向,完成10名推免生的招生计划。

队伍建设。目前,学院现有教学科研人员29人,其中教授14人,副教授12人,助理教授2人,实验室高级工程师1人。

【教学工作】 学生人数。2016年,学院共有全日制学生687人,其中本科生406人,硕士研究生170人(含港澳台学生9人、留学生5人、少数民族地区学生8人),博士研究生59人(含港澳台学生6人、留学生2人、少数民族地区学生7人)。2016年新入学本科生90人(含留学生27人),学术型硕士32人,专业硕士45人,博士10人。新媒体研究院新入学博士生9人,专业硕士38人。2016届本科毕业生85人,硕士、博士毕业生103人。

教学获奖。2016年,何姝副教授荣获杨芙清-王阳元院士教师奖,徐金灿副教授荣获正大教师奖,王洪喆助理教授荣获方正教师奖。

实验室与图书馆工作。2016年,学校实验室与设备管理部共拨付"实验室修购计划资金"95.28万元,用于新闻与传播学院数字传播教学实验中心非线编辑机房苹果iMac一体机等设备的购置,2016年执行92.40万元;学院图书馆购置3万元新书。

【科研工作】 2016年度,学院教师共发表文章(含期刊论文、会议论文、研究报告等)136篇,出版著作(含专著、译著、编著、教材等)5部;立项课题34项。

谢新洲教授的《互联网等新媒体对社会舆论影响与利用研究》获得北京市第十四届哲学社会科学优秀成果奖二等奖。祝帅的"中国当代广告口述史(1979—2010)",获得国家社科基金一般项目立项。

根据中国人民大学人文社会科学学术成果评价研究中心发布的2015年度"复印报刊资料"转载学术论文指数排名,在高等院校二级院所"新闻传播学"学科排名中,北大新闻与传播学院转载量排名、综合指数排名位列全国第四。

【交流合作】 以建院十五周年院庆活动为契机,学院举办多项学术研究论坛和研讨会。1月9日至10日,举办首届中国跨语际生命传播思想峰会。4月29日,举办"山西卫视电视戏曲艺术专题研讨会"。6月17日,首届北京大学新闻传播学博士生论坛举行。

为实现理论与实务、学界与业界、高校与社会的面对面交流,学院于5月28日开办北京大学"传播大讲堂"系列活动,5月至12月共举办8期,先后邀请白岩松、安格斯·菲利普斯、唐·E.舒尔茨等国内外知名专家学者开讲。

学院举办的两岸大学生创客营自创办以来,被有关部门誉为两岸体验式交流的典范。第三届两岸大学生创客营被两岸和平发展论坛确定为2017两岸交流重大项目。北京大学新媒体营销传播研究中心被中共中央台湾工作办公室确立为两岸青年就业创业示范点,成为唯一在高校设立的示范点。

2016年,学院继续深化和推进与新华社的共建工作,选派王维佳副教授到新华社挂职锻炼。

在国际合作方面,与USI联合举办第三届"中欧对话:媒介与传播研究"暑期班;与美国西北大学、密苏里新闻学院、夏威夷大学、英国威斯敏斯特大学等商讨开展合作事宜;开设多个项目的暑期课程。

【继续教育】 2016年,学院继续开展非学历教育培训:3月,举办"北京大学江苏省工商行政管理局广告人才培训班"(学员62人);4月,举办"北京大学海航集团新闻发言人培训班"(学员90人);5月底,举办"北京大学台州广播电视总台广告经营管理研修班"(学员24人);6月中旬,举办"北京大学台州广播电视总台采编骨干研修班"(学员24人)。

【党建工作】 组织建设。截至2016年,新闻与传播学院党委共有党员237人,党支部12个(其中教职工党支部3个,学生党支部9个)。

党建活动。2016年,在学校党委的领导下,学院党委围绕"两学一做"主题,配合学校综合改革的整体规划,在工作中不断取得新的成绩。学院党委获"三严三实"专题教育优秀组织奖；教职工第二党支部、新媒体研究院党支部分别获"三严三实"专题教育优秀活动二等奖；教职工第一党支部获"三严三实"专题教育优秀活动三等奖。教职工第二党支部荣获北京大学先进党支部；陈开和、田丽获北京大学优秀共产党员。学院党委获党统工作先进单位。

学院党委组织党员师生针对学校和学院的工作实际有针对性地提出意见和建议，在党风党纪、党建工作、学院风气、学院文化建设等方面都有明显改善，高质量地完成"三严三实"专题教育的总体工作。

"两学一做"工作循序渐进，形成特色。5月23日，学院党委成立"两学一做"专题学习教育协调小组，学院党委会定期讨论"两学一做"的工作。在每次院务会上，学院党政班子围绕有关文件进行学习讨论。11月，学院党委组织全体教职工党员，到西柏坡进行专题学习。同时，教工支部和学生支部组织专题党课和专题活动。教工第二党支部到北大红楼，缅怀革命历史，增强党性认识。目前，学院"两学一做"工作结合学校整体战略和学院具体情况稳步推进，已经形成一定特色。

自2016年开始，学院党委定期召开工作会议，传达党中央、学校党委的有关文件精神，结合学院工作进行专题讨论，更好地发挥了党委在学院发展中统一思想、保驾护航的作用。同时，在党员发展、支部生活等方面进一步明确了细则和规定。

强化意识形态管理，坚定导向。学院党委把意识形态工作当作重中之重，高度重视，严格管理。在各类学院会议中，学院党委组织大家学习讨论党中央的文件精神，围绕意识形态的工作同大家交流。同时，加强思想政治工作，有针对性地开展谈心谈话。2016年，学院党委加强了对学术活动的管理，建立了学术活动报备制度。

【行政工作及其他工作】 行政队伍。2016年，学院行政在编人员5人，合同制人员7人。学院逐步建立、完善学工、行政、教务等部门在日常工作中需要规范管理、协调配合的事项清单，既方便了学生，也提高了自身的工作效率。

离退休工作。学院定期与退休同志沟通，去老同志家里探望，了解退休同志的生活所需，关心空巢教师的生活。2016年4月，肖东发老师因病去世，学院全力协助家属办好后事。许渊冲先生已经95岁高龄，学院经常前去探望，帮助送书送信，解决生活中的一些困难。

【学生工作】 学生活动情况。推进学生党务团务，拓宽党团活动。扎实落实党课工作，结合"两学一做"专题活动，加强支部建设。严格党员发展制度，确立党支书培训机制。明确学生团务工作重点在于基层团建创新，落实新闻、广电、广告、编辑出版4个方向团支部的组建。

加强宣传引领，注重思政教育。依靠自身完善的工作机制，及时将学院动态信息报送至学校学生工作部《学工周报》、校团委《北大团内信息》、北大新闻网等学校重要宣传阵地。

以评奖评优为切入点，引导学生德智体美全面发展。学院共评出学工部、研究生院及学院奖学金共826,000元（不含留学生奖学金、港澳台华侨奖学金），共计159人获得奖学金（占非新生人数34.6%）。

立足移动媒体，搭建新时代传播平台。"新传人"官方微信平台的粉丝数量达到7800人，已经成为学校内极具影响力的传播平台。细致缜密做好迎新工作，为新生搭建入校第一站。以班级为载体，高效精准地进行心理帮扶。凝聚团队力量，助力学生全面发展。推进融合工作，促进中外学子交流。

毕业生去向。从细微入手，精致高效地开展就业指导。2016年，本科毕业生共计85人，其中国内升学比例为39%，出国留学比例为32%，签订就业协议和灵活就业比例合计18%，其他去向比例合计12%；研究生毕业生共计103人，其中签订就业协议和灵活就业比例合计87%，出国留学比例6%，国内升学比例为2%，其他去向比例合计5%。

（新闻与传播学院）

体育教研部

【发展概述】 职工队伍状况。体育教研部2016年在职教师54人，在职教辅人员3人，新增教师1人（冯凯杰）。退休3人（盖伟建、赵慧增、顾玉标）。

2016年1月13日上午，北京大学体育运动委员会年会成功举行。北京大学校长林建华、副校长高松出席会议并做重要讲话，体育教研部主任李宁作北京大学体育工作报告。会议由体育教研部直属党支部书记张锐主持。学校领导、各职能部门负责人、各院系体育委员会委员们回顾过去一年北大体育工作基本情况，对未来的体育工作发展提出前瞻性思考。

1月16日上午，体教部举行中层干部应聘会，各个主管部门干部在总结述职的基础上，提交继续担任职务的申请。2月19日，体教部召开全体会议，将确定的中层干部名单及职责公布，部领导分工也进行了调整。

3月24日上午，学校人事部改革领导小组一行6人到体育教研部进行人事改革前期调研，体育教研部党政领导班子全体到会认真学习领会人事改革精神，了解相关政策内容和指导思想。人事部领导与体育教研部教师代表就改革定位进行深入交流和探讨，为未来制定改革目标标准积累建设性意见和建议。

【教学工作】 开设课程情况。2015—2016学年度第二学期开课总数225个班，2016—2017学年度第一学期开课总数

234个班。

健康测试。2016年上半年学生健康测试工作于4月7日至16日进行，下半年的测试工作从10月24日至11月2日进行。测试由北京体育大学学生协助实施，测试工作分别持续10天，体教部在教学组的领导下指派部分教师轮流值班监督健康测试进行。

暑期课程。2016年北京大学体育暑期课程于7月4日开课，7月15日结束，共计12天24次课，课程包括健美操（2个班）、太极拳（2个班）、篮球（2个班），分别由李德昌、刘丽萍、花琳等3位老师担任。其间，周正卿老师为暑期课程讲授体育与健康理论课程。

【高水平运动队】 参加首都高校第54届学生田径运动会。5月14日，由北京市教委、市体育局主办，北京市大学生体育协会、北京电子科技职业学院承办的首都高等学校第54届学生田径运动会开幕式在北京电子科技职业学院隆重举行。经过4天的角逐，北京大学获得甲组男女团体总分第二名、男子团体总分第二名、女子团体总分第二名。

参加首都高等院校第三届健身气功大赛。首都高等院校第三届健身气功大赛5月28日在北京建筑大学大兴分校举行。本次活动吸引了来自北京高校的14所院校的200名选手参加。北京大学杜军明老师率领16名学生首次参加该项赛事，在五禽戏、八段锦、易筋经、导引养生功十二法等项目的比赛中均取得较好成绩，集体项目均进入前八名，个人项目也多次获得较好名次，最终获得团体第五名。

北大女篮斩获亚洲大学生三人篮球锦标赛冠军。7月23日，第二届亚洲大学生三人篮球锦标赛在中国澳门落下帷幕。本次赛事为期6天，北京大学女篮在决赛中以19∶12战胜泰国队，最终获得冠军。

北京大学郭凯成为CBA选秀状元。7月28日，2016年CBA选秀大会顺利结束，来自北京大学国际关系学院的学生球员郭凯在首轮被佛山龙狮俱乐部以第一顺位选中，成为本届选秀大会的状元，正式进入CBA舞台。郭凯，北京大学男篮主力中锋，身高202cm，体重95kg，出生于1993年7月。基本功出色，手感柔和，拥有大学球员中上乘的身体素质和防守能力。郭凯曾代表北京大学征战了5年CUBA（全国大学生篮球联赛），司职大前锋，帮助北京大学男篮夺得第16届CUBA总冠军；还在CUBS（全国大学生超级联赛）征战一年，帮助北大夺得第11届CUBS总冠军，他还当选该届联赛MVP（最有价值球员）。2015年，他代表中国参加了在韩国举办的第28届世界大学生运动会，并担任中国代表团旗手。

北大乒乓球队勇夺全国大学生锦标赛三金男团三连冠。7月23日至27日，全国大学生乒乓球锦标赛在大连举行，本次比赛共有28个大学代表队参赛。北大乒乓球队经过5天的激烈拼搏，夺得了男团、男双、男单3枚金牌和男单银牌、男单铜牌的好成绩，实现了连续三届全国大学生乒乓球锦标赛男团冠军的历史突破，圆满完成比赛任务。

北京大学学生雷声担任里约奥运会开幕式中国代表团旗手。当地时间8月3日上午，中国奥运代表团宣布男子花剑奥运冠军、北京大学光华管理学院2014级研究生雷声将担任开幕式中国代表团旗手。雷声出生于1984年，曾获得伦敦奥运会男子花剑个人冠军，并担任过仁川亚运会开幕式中国代表团旗手。

北大羽毛球队在首都高校羽毛球比赛中获得混双三连冠。2016年首都高校大学生"奥信体育杯"羽毛球锦标赛于11月12日至13日在北京奥雅会展中心举行。北京大学队员取得了1金、2银、1铜的优异成绩。

北京大学在首都高校乒乓球单项比赛（甲A组）暨第十三届全国学生运动会选拔赛上获得佳绩。2016年首都高校乒乓球单项比赛（甲A组）暨第十三届全国学生运动会选拔赛于11月12日至13日在北京大学邱德拔体育馆乒乓球厅举行。北京大学乒乓球队队员共有10人参加比赛，经过2天的艰苦奋战，取得了2金、1银、2铜、2个第五名、2个第六名的好成绩。

【群众体育活动】 在2015—2016北京高校台球联赛中取得佳绩。2015—2016北京高校台球联赛于2015年11月21日至2016年1月16日在北京八所高校分主客场轮流举行，经过跨越3个月、7个周末的14场双循环赛，北大以25分的积分获得季军，在2014年高校台球团体赛第二名的基础上又一次进入团体赛前三名。

滑雪队参加2016年首都及全国赛获得佳绩。2016年2月初，第十届首都高校大学生高山滑雪比赛和第二届全国大学生滑雪挑战赛（华北赛区）在北京举行。来自北京大学、清华大学、北京航空航天大学、首都师范大学等20余所首都高校的150余名运动员参赛。北京大学滑雪队夺得两项比赛的团体第一名。

北大代表队在首都大学生滑雪赛中夺得男子双板和团体冠军。2月1日，首都高校大学生第十届高山滑雪比赛在2022年北京冬奥会赛区之一的北京延庆举行。来自首都各大高校的选手角逐激烈，北京大学孙骥获得男子双板冠军，北京大学滑雪一队获得团体比赛冠军。

北京大学第23届体育文化节暨2016年运动会于4月22至23日在五四运动场举行。4月23日上午的开幕式，由北京大学副校长高松主持，校长林建华致开幕词，在运动员代表讲话和运动员裁判员宣誓后，党委书记朱善璐宣布体育文化节暨运动会开幕。随后，教职工进行"五禽戏"、"青春舞韵"太极拳以及健美操表演。教育部领导王登峰和北京市大学生体育协会领导杜松彭等参加了开幕式。

北京大学第四届校园体育之夜活动举行。4月22日晚7点，北京大学第四届年度校园体育之夜活动在百周年纪念讲堂拉开序幕。在北京大学健美操队开场表演之后，晚会通过视频回顾了北京大学的体育传统。北京619花式篮球队表演了花式篮球。晚会上还进行了运动达人积分赛总决赛。晚会还设置了颁奖环节。"未名体育精神个人奖"与"未名体育精神团体奖"由北京大学游泳协会会长于泽军与北京大学国际关系学院女篮分别获得。"年度未名体育精神最佳指导奖"与"年度未名体育精神特别贡献奖"则由来自体教部的毛智和、田敏月2位老师获得。

举行2018珠峰攀登活动启动仪式。5月4日上午,北京大学在百周年纪念讲堂举行珠峰攀登活动启动仪式,宣布北大山鹰社队员将联合富有登山经验的部分校友于2018年5月,即北大120周年校庆之际攀登世界最高峰——珠穆朗玛峰。

5月至6月初,"2016年首都高校大学生台球锦标赛暨全国大学生台球邀请赛"在中国传媒大学举行,北京大学哲学系2012级本科生王凯获得男子中式台球大学组第一名。此前,北京大学台球队还获得北京高校台球团体第二名和第三名的好成绩。

2016全国名校大学生帆船训练营暨帆船赛于8月15日至26日在青岛举行,历时11天,北京大学、清华大学、中国人民大学、复旦大学、浙江大学、南开大学、哈尔滨工业大学和中国海洋大学8所高校以学校为单位组队参加。北京大学获得甲组冠军。

9月5日下午,中国国家女子排球队到访北京大学,受邀参加在邱德拔体育馆举行的纪念"团结起来,振兴中华"提出35周年暨北京大学开学第一课主题活动。国家体育总局排球运动管理中心副主任、中国排球协会副主席李全强,北京大学党委书记朱善璐、校长林建华、党委副书记叶静漪、校友会常务副会长王丽梅等领导和嘉宾出席活动,北大校友代表、部分在校师生以及2016级新生共4000余人参加活动。朱善璐代表学校致欢迎辞。

10月15日至16日,为期2天的第八届北京市首都高等学校秋季学生田径运动会在北京信息科技大学拉开帷幕。本次赛事共有北京市54所高校参加,参赛学校数量为历届最多,并增设了体能项目。博雅田径队女子以105分的成绩获得女子团体总分冠军。博雅田径队男子以55分获本次运动会男子团体总分第五名。在新增的体能项目上,体能组的队员们以76分取得团体总分第四名的好成绩。

10月22日,"北京大学2016年秋季田径运动会暨新生趣味运动会"在五四运动场举行,来自36个院系的2000余名学生参加了48个项目的比赛。这是北京大学第一次全校性的秋季运动会和新生趣味运动会。本次运动会由北京大学体育运动委员会主办,体教部、校团委承办。运动会设置比赛项目:男女100米、400米、800米、1000米跑和4×100米接力,铅球,跳远,立定跳远,引体向上,仰卧起坐。专为2016级新生设置6个趣味项目:团队台阶,射门大赛,旋风跑,蛟龙出海,同心鼓,毛毛虫竞速。

北大清华散打友谊赛成功举行。10月30日下午,北京大学散打队与清华大学散打队举行友谊赛。本次比赛北京大学共派出9男1女10名队员参加。友谊赛采取两局赛制,每局2分钟,局间休息1分钟,共有20局,并按照体重级别来划分对手。

2016—2017中国大学生马拉松联赛(北京大学站)暨第23届北京大学冬季越野跑赛顺利完赛。2016—2017年中国大学生马拉松联赛暨北京大学冬季越野长跑联赛12月2日下午在五四运动场举行,3000余名师生参加了2800米的马拉松阶段的比赛。

第八届首都高校体育舞蹈比赛12月3日于邱德拔体育馆举行。这是首都高校体育舞蹈比赛首次进入奥运场馆。大赛由北京市大学生体育协会主办,北京市大学生体育协会体育舞蹈分会承办,北京大学体育教研部协办。来自北大、北京交通大学、清华大学等27所高校的648名选手参加了563项次的角逐。比赛共设54个项目,从探戈、桑巴、恰恰,到单人、双人、队列舞。比赛直播总观看数超过8000人次,实现了舞蹈艺术与新媒体传播的融合。来自北京大学体育舞蹈协会的选手以78分的总分名列甲组第五。

11月5日,2016年首都高等学校跆拳道精英赛在北京科技大学体育馆举行,来自13所高校的161名运动员参赛。北京大学跆拳道代表队共派出4名运动员征战本次比赛。夏虓林获得品势男子个人冠军和男子竞技68kg级亚军,夏虓林、杨旭获得品势混双组亚军。

【体育科研】 体育教研部年度体育科报会于1月11日在五四体育中心205举行。学校社会科学部的领导参加会议,体教部直属党支部书记张锐主持会议,获得一等奖的师生作了大会发言。本次论文报告会共收到论文45篇,获得一等奖10篇,二等奖13篇。科研办公室主任王东敏作总结发言。

9月23日下午,由体育教研部主办的"北大体育学术系列讲座:运动损伤的预防、治疗与康复"在五四体育中心多功能厅举行。北京大学第三医院运动医学研究所鞠晓东副主任医师作专题报告。体育教研部直属党支部书记张锐出席并主持。体育教研部教师、运动员和研究生以及来自北大学生和教师体育协会的100余名师生参加讲座。

北京高校体育第18届体育论文报告会12月17日至18日在怀柔雁栖湖畔举行。来自北京52所高校的近200名教师参加会议。本次会议报送论文575篇,有229篇获奖。北京大学共投稿40篇,获得最佳组织奖,另有21人22篇文章获奖,其中一等奖3篇,二等奖3篇,三等奖16篇。欧阳泽曼老师获得首次设立的"最佳展示奖"。

【后勤场馆工作】 2016年,未名湖冰场于1月15日开放。继续开放未名湖冰场,体现了体教部对于冬季滑冰活动特色的坚持,也是对北京大学冬季锻炼传统的继承,更是为2022年北京冬季奥运会创造良好的氛围。

第二体育馆经过为期2年的外部修缮,于2016年9月完工。修缮工作主要针对屋顶部分，内部改装将一层的综合厅改装为高尔夫球室内现代化电子击打模拟场。击打场占地超 300 平方米，共有 5 套高尔夫模拟器，将作为北大高尔夫课程教学和课外活动基地，为北大师生提供高尔夫教学、训练和比赛服务。

【支部工会工作】 按照上级部署，体教部副处级领导干部民主生活会于 2016 年 1 月 6 日在五四体育中心 210 举行，体教部副处级以上行政领导干部李宁、李杰、萧文革、吴昊和直属党支部领导张锐、沈杨出席会议，直属党支部成员李德昌、郝光安、钱永健、李朝彬列席会议，个人师傅代表、民主党派代表、教师代表等 20 余人参加会议。会议就多方面问题进行沟通，与会人员发言勇于摆出问题，积极解决问题。

1 月 15 日，体教部开展新党员发展工作。会议按组织发展程序进行，讨论武欣然、崔浩宇同学的入党问题，发展对象和介绍人纷纷发言。会议由组织委员郝光安主持。

5 月 10 日，体教部直属党支部换届改选工作启动会在五四体育中心 321 会议室举行。该次启动会为支部扩大会议，张锐、钱永健、李德昌、郝国安、李朝斌、王东敏等参会。经过学校党委组织部前期谈话，换届工作按组织程序进行。

6 月 23 日，体教部直属党支部在五四体育中心召开全体党员大会暨预备党员转正会。体教部离退休、在职教职工党员、合同制职工党员和研究生党员参加会议。张锐书记总结了本学期直属党支部的主要工作。郝光安主持预备党员转正仪式。会议严格按照预备党员本人陈述、介绍人做详细介绍以及在场老师和研究生代表积极发言并投票的规定程序进行。亓昕同志全票通过，上报学校党委组织部审批。

9 月 25 日，在体育教研部副主任吴昊与研究生教研室主任何仲恺的支持与带领下，体教部研究生会与学生党小组共同举办北京植物园迎新生徒步活动。

10 月 20 日上午，体育教研部组织离退休教师 18 人前往北京通州参观大运河森林公园。本次活动由体育教研部直属党支部书记张锐带队，并负责做好服务保障工作。

11 月 21 日下午，根据学校党委组织部下发的《关于在全校党员中开展"立足岗位，恪尽职守，做新时期合格党员"大讨论的通知》，体育教研部直属党支部组织全体党员及入党积极分子在五四体育中心集体学习习近平总书记"七一"重要讲话精神，并开展合格党支部建设规范和合格党员行为规范的大讨论。

11 月 23 日下午，"党书记讲党课暨学习十八届六中全会精神"体育教研部直属党支部活动在五四体育中心举行。本次活动旨在为同学们搭建学习领会六中全会精神的有效平台，学习活动由体育教研部直属党支部书记张锐主讲，与会人员进行自由讨论。

体教部迎 2017 年新年团拜会于 2016 年 12 月 23 日中午 12 点在五四体育中心 318 举行，体教部在职与离退休教职工和邱德拔体育馆全体职工参加团拜会。体教部直属党支部书记张锐主持会议，体教部领导李宁、李杰、萧文革、吴昊致辞。李宁总结了 2016 年的重要工作，为顾玉标、赵慧增、盖伟建颁发退休证书。离退休教职工代表王余教授、学生代表、直属党支部委员分别就体教部的未来发展做了发言。

【其他工作】 2016 年 5 月 4 日上午，北京大学 120 周年校庆体育文化博物馆筹备办公室成立会在五四体育中心举行。体教部主任李宁介绍了博物馆成立的意义和今后工作计划，退休老教授陈庆树就计划步骤做了说明。会议标志着博物馆筹备工作进入实施阶段。

11 月 7 日，日本明治大学顾问、乒乓球部总监督、骏台体育会名誉会长儿玉圭司先生一行来校访问，商谈两校乒乓球交流事宜，签订北京大学乒乓球队与日本明治大学乒乓球队交流合约书。

（李 宁、李德昌）

中国社会科学调查中心

【发展概况】 中国社会科学调查中心（Institute of Social Science Survey, ISSS）（以下简称调查中心）成立于 2006 年 9 月，是北京大学社会科学的数据调查平台，也是北京大学开展中国社会问题实证研究的跨学科平台。

调查中心长期承担 2 项大型社会追踪调查：中国家庭追踪调查（China Family Panel Studies, CFPS）和中国健康养老追踪调查（China Health and Retirement Longitudinal Study, CHARLS）。2 个项目均以收集能真实反映中国民生状况的高质量微观数据为目标。中心立足数据、通过研究分析社会民生方面的各类问题，为政策制定提供实证依据。CFPS 与 CHARLS 两大调查的数据现已免费向各界开放，有力推动了社会、经济、教育等跨学科研究工作。此外，中心还负责实施一系列重要项目，如中国健康与疾病负担调查，中国居民医改满意度调查，中国商事制度调查等。

调查中心有一支由 70 余名优秀人才组成的社会科学调查团队，专业涵盖调查技术、调查执行和质量控制等诸多领域，每年组织管理调查访问员千余名。中心开展的各类调查充分利用国际领先的计算机辅助调查系统，执行运作规范，保证调查数据质量优异。

此外，调查中心组成了由北京大学以及国内外专家学者参加的顾问机构，为中心的学术发展提供咨询，指导设计抽样和问卷等技术环节。中心组织专家学者利用数据撰写研究报告，截至 2016 年已经出版 8 期《中国民生报告》和 1 本《中国健康与养老报告》。

【数据调查】 中国家庭追踪调查（CFPS）展开第三轮全国样本跟踪调查。为了解决迁移样本低应答率对数据质量带来的负面影响，CFPS 进行了诸多尝试。首先，注重保持与受访户的联系，在非主体调查年度进行样本维护；其次，采用混合调查模式，力求最大限度降低单元无应答率。结合CFPS样本分散程度不断增加的特点，2016年CFPS完成了电、面问卷的融合，并适度加大电访追踪的比例。

中国健康与养老追踪调查（CHARLS）完成共和国初期基层经济史的调查。2016年CHARLS完成了共和国初期基层经济史的调查，共计完成142份村居问卷以及3797份个人口述史。历经2年时间的反复修改，于2016年6月完成调查问卷的设计和修改；并在云南、河南、河北、北京等地，选取不同类型的农村和社区，开展了11次深入的预调查，改进调查问卷和流程，确保问卷设计科学、调查流程可行、有效。此次调查采取了不同于常规调查的全新访问模式，即先在每个村居对8—15位80岁以上的老人进行口述史访问，基于该访问得到的信息，选择合适的3—5位老人参加座谈会，基于座谈会上老人共同回忆和讨论后的结果，来收集村居解放以来的生产和生活信息。

民政部社会福利与社会进步研究所调查项目。2015年，承担民政部委托的"中国城乡困难家庭社会政策支持系统建设调查"及"社区治理动态监测平台及深度观察点网络建设调查"项目，在全国29个省、148个区县、5000个村居开展入户或社区调查。项目采用计算机辅助面访调查方式，共完成各类问卷29,282份。在2015年成功合作的基础上，2016年双方在全国开展了以上2个项目的追踪调查，并增加"农村留守流动儿童和老年人保障服务状况调查及相关政策支持体系研究项目"，共计收集了24,552份基础数据，数据质量获业内专家高度评价。

中国中小微企业创新创业调查——广东江门市、河南夏邑县。2016年4月，调查中心与江门市政府合作实施"江门市小微双创"调查项目，对江门市三区四市共2100个小微企业及个体户进行"小微双创"基线调查和季度追踪调查。根据调查数据分析结果，将按季度发布"江门市小微企业活力指数"。基线调查使用的是计算机辅助面访系统（CAPI），并且首次采用平板电脑作为访问工具，共计完成问卷707份。9月开展江门样本的一次电话追访，完成195份有效问卷。第二次电话追访于12月底开展，完成100份有效问卷。

7月，中心在河南省商丘市夏邑县抽取350个小微企业及个体户开展调查，共完成问卷95份。此次调查旨在了解无行政协调情况下，访问过程中可能存在的困难与问题。同时通过尝试多种访问执行模式，选择最优执行方案，为在全国范围内开展中小微企业调查奠定基础。

【数据共享与服务】 中国调查数据资料库（China Survey Data Archive，简称CSDA）是中心根据国内管理科学量化研究对于调查数据的需求而设立的项目。

中国调查数据资料库依托"北京大学开放研究数据平台"建立资料库数据空间，进行数据的发布与服务。截至2016年发布的数据资料包括：中国家庭追踪调查（CFPS），中国健康与养老追踪调查（CHARLS）；北京大学中国国情研究中心的调查项目数据，如北京社会经济发展年度调查（BAS）1995—2009年的数据，2008和2009年中国公民意识调查数据等。

限制性数据资料，如中国精神健康调查项目数据，社区治理项目数据，困难家庭社会政策支持项目数据等。

2016年资料库的建设上主要完成了以下工作：

1. 2016年4月21日召开第二次专家指导委员会会议，有7位专家亲临会议，对数据资料库的发展提出了建设性意见。

2. 2016年7—9月，北京大学图书馆整理引用中国调查数据资料库数据的学术成果共计1000余篇，并且导入数据平台，实现与数据集关联。

3. 2016年9月接收并发布北京大学中国国情研究中心第二批共计10个调查数据集。

4. 2016年11月创建"限制性数据资料"数据空间，整理并发布16个调查项目的元数据资料。

5. 2016年11月，北京大学开放研究数据平台获得Web of Science平台上DCI数据库收录认可，中国调查数据资料库实现国际检索。

6. 2016年11—12月，支持"北京大学图书馆第三届搜索达人大赛（开放数据篇）"，参与预赛和决赛的出题及评审。

【智库研究】 资助课题。中心智库在2015年底组织2016年度课题的招标、评审及立项。2015年12月至2016年3月，智库通过公开竞标方式，经过专家评审，择优资助6项研究课题。各研究项目于2016年3月正式立项后，中心在研究经费、研究助理和办公空间等多方面提供支持，并与项目研究人员积极沟通，逐步建立一系列管理和服务的制度与流程。

学术讲座。中心智库通过组织经常性的研讨会、公开讲座等学术活动，大力促进知识分享和学术交流，2016年内共进行了13次公开报告。

【成果发布】 《数据与决策》系列出版物。智库自2016年起推出《数据与决策》系列出版物，该系列包括《数据与决策：工作论文》《数据与决策：政策报告》《数据与决策：政策简讯》，旨在分享和发布与政策相关的量化研究成果，为国内外关心以数据为基础的科学研究与政策研究的学者提供互动和交流的平台。2016年，中心智库共出版"数据与决策"系列政策报告与工作论文共11本。

出版《中国民生发展报告·2016》。《中国民生发展报告2016》由调查中心专家组和北京大学相关院系专家基于"中国家庭追踪调查"（CFPS）数据完成。2016年民生报告致力于将社会发展状况与存在问题反映得更加彻底，并对其中机制进行研究与解释，为相关政策的提出提供依据并为社会的发展贡献自己的一份力量。

出版《中国健康与养老报告》。报告基于对中国健康与养老追踪调查（CHARLS）数据的应用与分析，反映中国老年人的健康状况，并对老年人的健康行为进行统计；同时，报告结合老龄群体的社会参与、医疗保险与医疗服务的使用情况以及老年人所处的家庭关系等话题进行探讨。报告旨在全面且客观地反映中国老年人的生活状况与健康状况，为进行老龄研究的学者提供分析的基础，也为老龄政策的制定提供客观的依据。

【学术会议】"社会变迁与家庭发展"会议CFPS专场。2016年5月，在国际社会学学会与中国社科院合办的"社会变迁与家庭发展"会议上，CFPS组织了一个专场活动，邀请了来自中国人民大学、中央民族大学以及北京大学的4位学者做了以CFPS数据为基础的与家庭研究相关的报告。4位学者分别从择偶方式、家庭规模、子女养育模式以及夫妻房产权拥有情况4个角度展示了CFPS数据在家庭研究方面的研究价值。来自美国、德国等其他国家的参会人员比较了CFPS与他们国家数据的异同，指出了CFPS数据在跨国比较研究上的潜在价值。

CFPS用户培训交流会。为了促进CFPS数据使用和用户交流，更好地为用户提供数据服务，CFPS项目办公室于2016年7月16日在北京大学燕京学堂举办CFPS用户交流会。交流会包括项目负责人的主题报告、问卷设计及数据清理人员答疑、用户分享研究成果以及用户学习交流等多方面内容。参加会议的有北京大学、普林斯顿大学的谢宇教授，北京大学社会科学调查中心副主任任强老师，负责CFPS项目设计和数据清理的工作人员，以及来自全国各地的用户。

中国经济学年会CFPS专场。2016年12月，在第十六届中国经济学年会上设立了CFPS专场，会议分为2节，项目办公室向用户介绍了CFPS2014问卷设计更新、数据库结构和数据使用等方面内容，来自国内知名高校的6位用户分享了他们基于CFPS数据最新的经济学领域的学术成果。专场吸引了来自全国各地的众多用户，用户之间就一些学术问题展开多角度的讨论。

中国健康与养老国际研讨会。10月18—20日，项目组成功举办中国健康与养老国际研讨会。会议邀请了10余位该领域国际专家，分享各国开展老年认知评估工具验证研究的最新研究成果，为中国开展相关调查提供有益的借鉴；同时本次会议宣传并发布CHARLS关于中国健康与养老的主要研究成果。

2016中国经济学年会CHARLS用户专场。12月3—4日，CHARLS项目组成功组织4场数据用户专场研讨会。来自国内外知名学校的20余位专家学者，分别围绕认知能力、医疗与养老保险、代际关系、收入和财富以及健康与社会经济地位的关系等内容，报告了自己在相关领域的最新研究成果，之后由相关学者进行专业点评。本次研讨会为用户间分享研究成果提供了良好的平台。

2016CHARLS数据用户培训会。12月3日晚，第16届中国经济学年会CHARLS数据培训专场在华中科技大学举行。数据部主任王亚峰博士向数据用户详细介绍了CHARLS数据的结构及数据使用中应注意的问题，数据部副主任孟琴琴博士介绍了CHARLS项目的实施背景、数据质量、数据使用情况以及明年的计划。培训会方便数据用户更深入地了解CHARLS数据，从而提升CHARLS数据的利用效率和使用价值。

美国人口学年会。2016年4月，在美国人口学年会上布置了CFPS与CHARLS展台，向来自世界各国的人口学界人士介绍CFPS与CHARLS数据。年会为项目组提供与国际学者直接交流的有效平台，促进了CFPS与CHARLS数据国际用户的持续增加。

首届"中国劳动经济学者论坛"年会。2016年7月，首届"中国劳动经济学者论坛"年会在湖南长沙召开，此次论坛以各类调查数据的应用为重点，CHARLS项目的负责人赵耀辉教授与CFPS项目负责人之一的任强副教授对背景、抽样设计与问卷设计、调查技术与执行管理、数据发布与影响等多方面进行了介绍。在平行会议中，多位学者基于CFPS、CHARLS数据，围绕劳动力市场、城镇化与发展、教育与人力资本、医疗和养老、人口与婚姻等主题展开研讨。

【教育培训】2016年7月4—22日，中心成功举办第3届暑期课程。2016年，依托调查中心社会科学数据调查的平台资源及师资优势，新增设1门社会科学实验研究方法课程，共开设3门暑期课程：社会调查实务、社会调查数据分析方法和社会科学实验研究方法。

【交流合作】与北京大学中国农业政策研究中心签订合作战略协议。中国农业政策研究中心是一个致力于中国农业和农村战略性和应用性研究的科研机构。中心的4个核心研究项目是：农业科技政策、资源环境政策、城乡协调发展与反贫困、农产品政策分析与决策支持系统；北京大学中国社会科学调查中心拥有国际先进水平的调查技术、专业的调查团队和丰富的社会调查和实证研究经验。为有效推动中国经济、社会转型研究、提供政策的决策支持，双方在多次沟通与协商后，愿意结成战略合作伙伴，就以社会调查数据为基础的科研项目开展长期合作，并于2016年11月28日签订合作战略协议。

与北京大学新结构经济学研究中心签订合作战略协议。北京大学中国社会科学调查中心以数据调查、收集与处理见长，拥有国际先进水平的调查技术、专业的调查团队和丰富的社会调查和实证研究经验；北京大学新结构经济学研究中心以深化新结构经济学的研究、推广和运用为目的，开展和新结构经济学相关的基础研究、数据库建设、学术交流等方面的工作。在进行多次沟通与交流后，双方根据自身优势，互补互助，为新结构经济学数据的收集、数据库的建立和研究的深入做出贡献，并于2016年11月29日签订合作战略协议。

促进与中、荷国家统计局在大数据方面的研究合作。2016年10月24日，北京大学中国社会科学调查中心与荷兰国家统计局、中国国家统计局共同于国家统计局会议室召开"中荷大数据磋商会"，对共同推动大数据技术的发展及统计方面的应用进行了深入探讨。中国国家统计局与荷兰国家统计局在长期合作的基础上，特邀北京大学中国社会科学调查中心与荷兰2所高校在大数据的收集、运用及处理方法方面共同探讨与研究，并将北京大学纳入项目合作方。会议商洽内容具体包括大数据运用的时代背景、收集和处理方法、应用大数据时面临的挑战、三方合作项目的目标、共同研究问题以及下一步即将开展的工作等。

【中心成立十周年】 2016年11月30日下午，北京大学管理科学数据中心举办北京大学中国社会科学调查中心成立十周年庆典暨国家自然科学基金-北京大学管理科学数据中心成果发布会。会上，李强主任对调查中心的十年历程和成立管理科学数据中心后的发展进行了回顾，CFPS项目组、CHARLS项目组和中国精神卫生调查项目组也分别对各自项目2016年的成果进行汇报。

【党建工作】 组织建设。党支部1个，党员7名。

党建活动。2016年4月，组织开展2016年党支部评议考核和民主评议党员活动，提交党支部党员大会讨论情况报告、党支部工作总结、党支部民主评议党员情况总结以及党员个人总结。

2016年4月，组织党员学习《中国共产党章程》《中国共产党廉洁自律准则》《中国共产党纪律处分条例》，并以座谈会形式对全体党员自2016年成立调查中心党支部以来的思想、作风、工作的实际情况进行了科学总结和客观评价。

2016年5月，组织党员开展"两学一做"专题学习研讨会，鼓励党员学习党章党规、纪律条令、习近平重要讲话并分享学习体会。

2016年9月，组织党员学习习近平总书记"七一"讲话，以座谈会形式讨论讲话重点内容和学习心得，并结合本职工作进行反思和总结。

2016年11月，组织党员观看《建党伟业》影片，所有党员提交观影体会。

2016年11月，组织开展党支部建设规范和合格党员规范研讨，提交《北京大学中国社会科学调查中心合格党员规范》《北京大学中国社会科学调查中心党支部建设规范》。

2016年11月，发展3名入党积极分子，召开党员大会进行情况介绍和评议，提交相关资料。

2016年12月，代表社会学系党委教工支部参加全国高校教师党支部书记"两学一做"网络培训示范班学习，考试成绩优秀。

2016年12月，组织学习十八届六中全会精神，并提交学习心得体会。

（中国社会科学调查中心）

新媒体研究院

【发展概况】 新媒体研究院拥有优秀的师资队伍与科研力量，教师和科研人员的学科背景横跨传播学、情报学、管理学、社会学、心理学、计算机科学等多个领域，能够胜任跨专业、跨学科、多视角的教学科研要求和产学研互动的需求。2016年，研究院的专任教师中有教授5人，副教授4人；博士生导师8人，硕士生导师9人。同时，研究院聘请国内外知名学者、业界专家担任讲席教授和外聘专家，形成了以专任教师为核心、以讲席教授为依托、以外聘专家为支撑的多元化、高层次、开放性的师资科研队伍结构。

新媒体研究院致力于打造特色学科和优势专业，专注于新媒体传播、新媒体产业政策、新媒体经营管理、网络用户行为分析、新媒体教育、新媒体技术、网络安全、数据挖掘等领域的教学与科研工作。新媒体研究院与业界、学界广泛开展合作，建立了3个实验室（舆情管理与产业情报实验室、信息交换与网络安全实验室、新意互动互联网战略实验室）、4个研究中心（北京大学市场与媒介研究中心、北京大学创意产业研究中心、北京大学互联网发展研究中心和北京大学社会化媒体研究中心）、1个研究基地（教育部"国家网络语言研究基地"），在大数据舆情分析、数字生态圈建设、新媒体用户行为分析等方面打造产学研互动平台。新媒体研究院目前招收硕士、博士研究生，在培养方案与课程设置上，充分吸收国际先进经验，把握学科发展方向，充分考虑行业需求，聘请新媒体学科领域的国内外知名学者、优秀从业人员参与到教学中。研究院开设多门前沿课程，包括社会化媒体研究、数据挖掘与分析、社会网络分析、移动互联网研究等，致力于培养具有丰厚的人文、社会科学知识底蕴，具备扎实的新媒体理论和研究基础，具有现代意识、国际视野和创新精神的复合型人才。

在科研方面，2016年，新媒体研究院承担纵向课题4项，其中国家自然科学基金重点项目1项，国家自然科学基金面上项目2项，国家社会科学基金特别委托项目1项；承担各部委和企业委托横向课题23项。在科研成果方面，共发表学术论文30余篇，出版著作2部，形成研究报告20余份。在此基础上，研究院陆续建设10余个数据库，通过利用这些数据库资源和大数据分析技术，在政府、社会和企业三个层面产出大量成果，部分成果得到中央主要领导批示。2016年，新媒体研究院在《人民日报》等主流媒体发表文章10余篇，积极引导新媒体前沿理论发展，增强我国网络空间话语权和影响力，为实现"网络强国"战略目标贡献力量。

在社会服务方面，新媒体研究院积极承担社会责任，贡献决策，助力我国网络强国战略建设。

2016年，新媒体研究院举办多场国际交流学术会议，如北大央企论坛、2016年全球社会化媒体与公益峰会等。此外，新媒体研究院积极推动与美国印第安纳大学媒体学院双硕士学位项目落实，同时力争引进2—3名国际一流学者，输出2—3名教师到国外。

【课程培养】 以课程教学和案例分析为主，兼有专题讲座、创业大赛、业界实习等多种形式的教学方式。教学过程中密切联系我国新媒体产业发展中的实际问题，教学内容重视基本理论及实际应用，注重对学生新媒体实务操作和动手能力的培养。同时，根据学生的兴趣、个性和能力优势，在全面提升学生新媒体研究与运营能力的同时，对学生进行特色培养，增强学生的职业竞争力。

加强学生与新媒体企业及其优秀从业人员的联系和交流，聘请优秀的新媒体从业人员和管理者参与到学生的教学培养过程中，实行指导教师和业界导师联合培养方式。

课程考核分为考试和考察两种形式，重在考察学生运用所学专业知识发现、分析和解决实际问题的能力。

【科研工作】 2016年，新媒体研究院以提升科研层次、增强科研实力、增强社会服务能力为主线，着重从组建科研团队、构筑科研平台、争取高层次项目、拓展经费来源、提升精品科研成果数量等方面开展工作。

纵向项目。秉承争取高层次项目、提升精品科研成果的指导思想，目前在研纵向项目（含国家自然科学基金重点项目）1项，国家社会科学基金特别委托项目1项，国家自然科学基金项目2项。

横向项目。新媒体研究院不仅积极争取纵向项目的高层次立项，横向项目立项成果也颇为丰硕。对内与国家部委、企事业单位，对外与比尔·盖茨基金会等实现多领域多方位合作。

【社会服务】 新媒体研究院院长谢新洲参加网络安全和信息化工作座谈会并发言。2016年4月19日，中共中央总书记、国家主席、中央军委主席、中央网络安全和信息化领导小组组长习近平在京主持召开网络安全和信息化工作座谈会并发表重要讲话。座谈会上，北京大学新媒体研究院院长谢新洲就发挥新媒体在凝聚共识中的作用向中央领导层谈了意见和建议，并系统阐述了结合网络传播规律如何更好地发挥新媒体在凝聚共识中的主渠道作用。

2016年11月16日至18日，第三届世界互联网大会在乌镇成功举办，新媒体研究院作为"新媒体发展论坛：建设更加可信的互联网"的主办方，充分发挥自身优势，主动担当，极大提升了相关工作的高端性、专业性。会后中央网络安全和信息化领导小组办公室发来感谢信，新媒体研究院的工作得到中央网络安全和信息化领导小组和学校领导的充分认可。

2016年，新媒体研究院承接国家纵向研究课题4项，承接部委项目14项，研究课题包括"新媒体发展管理理论与政策研究""媒体社会责任报告制度研究""社会化媒体用户行为模式及管理机制研究""面向国家战略传播的社会化媒体管理研究""互联网企业社会责任研究""网络评论的策略和方法研究""群体性事件高发背景下善用网络新媒体服务社会政治稳定和政治安全""文化霸权主义与颜色革命"等；在《人民日报》等主流媒体发表文章10余篇，如《发挥新媒体凝聚社会共识的重要作用》《立足同心圆凝心谋共识》《新媒体在凝聚共识中的主渠道作用于实现路径》《打造普惠共享的网络空间》《推动新型互联网治理体系》《增强互联网企业社会责任意识》《为构建网络空间命运共同体提供中国智慧》等，积极引导新媒体前沿理论发展，增强我国网络空间话语权和影响力，助力我国实现"网络强国"战略目标。

【学术交流】 新媒体研究院院长谢新洲出席第66届国际传播协会年会。2016年6月9日至13日，由国际传播协会（The International Communication Association，ICA）主办的第66届年会在日本福冈召开，北京大学新媒体研究院院长谢新洲教授受邀出席，作了题为"Factors Influencing Users' Perceived Source Credibility on Weibo"的大会发言，并同与会学者热烈探讨中国社交媒体的发展、中国的网络空间治理以及中美网络管理差异等问题。

2016年全球社会化媒体与公益峰会。9月18日，由北京大学新媒体研究院社会化媒体研究中心主办，联合国开发计划署、比尔及梅琳达·盖茨基金会联合发起的北京2016年全球社会化媒体与公益峰会在北京举行。峰会的主题为"乐天行动，创变未来"，旨在通过一场真正意义上的全球对话，吸引世界各地行业精英与热心公益的人士参与，传播可持续发展目标，共同探讨如何利用科技与新媒体加深各国各领域之间的合作，让每一个人积极参与全球公益行动，解决当前的社会发展难题，共同实现未来15年全球可持续发展目标。

第三届世界互联网大会新媒体发展分论坛。11月16日至18日，由国家互联网信息办公室和浙江省政府联合主办的第三届世界互联网大会·乌镇峰会在浙江桐乡乌镇成功召开。11月17日下午，由北京大学主办、北京大学新媒体研究院承办的"新媒体发展分论坛"在乌镇互联网国际会展中心枕水厅举行。中国国家互联网信息办公室副主任任贤良，人民日报社副总编辑王一彪，北京大学副校长王杰，北京大学新媒体研究院院长谢新洲，津巴布韦媒体、新闻与传播服务部长克里斯多夫·马绍威，领英执行主席、联合创始人里德·霍夫曼，阿里巴巴大文娱战略和投资委员会主席古永锵，凤凰新媒体首席执行官、执行董事、凤凰卫视有限公司运营总裁刘爽，上海报业集团社长裘新，央视网总经理、总编辑钱蔚等嘉宾分别从不同层面、不同案例、不同领域进行了主题发言和热烈交流。

北大央企论坛。北大央企论坛由北京大学新媒体研究院主办，中国石油天然气集团公司战略支持，致力于成为一个央企与各方深度对话的平台、一个探究央企真相的窗口、一个凝聚共识的大舞台。2016年，北大央企论坛成功举办三届，分别以"机遇、合作、共赢：一带一路上的能源战略""文化·传承·创新—走向世界的央企软实力""绿色·发展·公众认同—国计民生与石化产业布局"为主题。

第二届全国新闻与传播专业学位研究生教育指导委员会第一次工作会议。2016年12月9日，第二届全国新闻与传播专业学位研究生教育指导委员会第一次工作会议在北京大学英杰交流中心召开。国家新闻出版广电总局副局长、全国新闻与传播专业学位研究生教育指导委员会主任委员孙寿山，国家新闻出版广电总局人事司副司长、全国新闻与传播专业学位研究生教育指导委员会副主任委员李宏葵，国务院学位委员会办公室副主任、教育部学位管理与研究生教育司副司长黄宝印，国务院学位委员会办公室研究生培养处调研员陆敏，北京大学副校长高松、学科建设办公室主任张平文、研究生院副院长刘明利等领导出席会议。第二届全国新闻与传播专业学位研究生教育指导委员会委员20余人参加会议。北京大学新闻与传播学院院长陆绍阳、新媒体研究院院长谢新洲分别主持上午和下午的会议。

（新媒体研究院）

教育财政科学研究所

【发展概况】 教育财政科学研究所实行指导委员会领导下的所长负责制。指导委员会主任教育部原部长袁贵仁，财政部副部长张少春，北京大学原党委书记、中国教育发展战略学会会长闵维方教授；副主任财政部教科文司司长赵路、教育部财务司原司长陈伟光；委员教育部财务司司长吴国生、教育部教育督导局巡视员胡延品、财政部驻河南省财政监察专员办事处监察专员孙光奇、财政部财科所所长刘尚希和北京大学总会计师兼财务部长阎敏。所长由北京大学王蓉教授担任。自2012年起，教育财政所设立了咨询委员会。咨询委员会由教育财政以及相关领域的知名专家、学者组成，设主任1人，委员16人。

2016年3月，教育财政科学研究所黄晓婷博士受聘为《教育心理学》（Educational Psychology）的顾问编委（Consulting Editor），任期从2016年4月1日至2018年3月31日，为期2年。10月，王蓉教授当选中国教育发展战略学会教育财政专业委员会新任理事长。

【教学科研】 教学工作。北京大学中国教育财政科学研究所的教学工作挂靠于北京大学教育学院，招生和教学工作根据北京大学教育学院的安排统一进行。

科研工作。2016年，教育财政所新立项5个项目，其中纵向委托课题2个，横向项目3个。

据不完全统计，2016年，教育财政所教师发表文章（期刊、报纸及文集收录）22篇，其中中文期刊论文21篇，英文期刊论文1篇，出版著作1部。2016年3月，刘明兴教授与章奇博士合著《权力结构、政治激励和经济增长：基于浙江民营经济发展经验的政治经济学分析》由格致出版社、上海三联书店、上海人民出版社的"当代经济学文库"系列出版。

此外，教育财政所的相关研究成果受到了媒体等社会各界的广泛关注。2016年1月4日，《中国青年报》以《五届万名学生数据分析："超级中学"未必"超级"》为题报道了黄晓婷博士的研究成果，受到近百家媒体的转载。2月15日，《中国青年报》以《高校经费怎么投才能用到点儿上》为题刊发了魏建国副研究员的研究成果，并受到近50家媒体的关注和转载。4月，宋映权副研究员的研究团队和中国社会科学院人口与劳动经济研究所等联合发布《农村寄宿制学校学生发展报告》，得到《中国青年报》、财新网和《中国教育报》等多家媒体的报道，逾130家媒体转载了相关报道。

【交流合作】 2016年，教育财政所邀请国内外专家讲座13次（其中外籍专家讲座3次），师生出国访问、考察、合作研究、参加国际会议5人次。

2月12日至16日，中国教育财政科学研究所宋映权副研究员应邀参加由香港中文大学教育学院举办的"农民工子女教育挑战：实证研究证据"研讨会做主题发言。

3月23日，中国教育财政科学研究所黄晓婷博士应邀参加由北京师范大学中国教育创新研究院主办、21世纪教育研究院和中小学管理杂志协办的全国青少年财经素养教育研讨会并做主题发言。

3月27日，中国教育财政科学研究所主办《经典的视角，现实的挑战——数字化时代的政府与教育》专题论坛，主讲嘉宾包括冯兴元、刘云杉、罗燕、郭文革等。

4月11日，中国教育财政科学研究所教育测量与评价研究中心主任黄晓婷博士分别做了题为《新型城镇化进程中的学前教育：现状与挑战》和《教育测量中的新议题》的专题讲座。

4月12日，北京大学中国教育财政科学研究所和中国教育创新"20+"论坛共同主办"推进教育现代化的财政策略"专题研讨会。

4月28日，中国教育财政科学研究所邀请上海市嘉定区教师进修学院副院长、上海市特级校长花洁，做了题为《数字化时代的教育——信息化项目与教育改革》的专题讲座。

5月25日，中国教育财政科学研究所邀请华东师范大学教育科学学院杨向东教授做了题为《高中课改及高中生综合素养测试》的专题讲座。

6月25日至26日，田志磊应邀参加第六届"苏派职教"高层论坛暨第三届"职业教育新思维"博士论坛，并就"职业教育资源配置研究——方向，意义与方法"做了主题发言。

6月28日，中国教育财政科学研究所邀请迈阿密大学教育和学习系副教授 Ji Shen 做了题为《跨学科的综合性 iSTEAM 教育：理论和实践》（Interdisciplinary and Integrated STEAM (iSTEAM) Education: Theory and Practice）的专题讲座。

8月1日至3日，中国教育财政科学研究所黄晓婷副研究员应 PROMS2016 中国西安组委会邀请，参加了2016环太平洋国家客观评估国际研讨会，并作为主旨发言人做了题为"The consequential validity of Gao-Kao"的报告。

8月25日，中国教育财政科学研究所邀请联合国教科文组织研究员 Taya Louise Owens 做了题为《全球可持续发展框架下的高等教育》（Higher education in the Sustainable Development Goals framework）的专题讲座。

9月13日，中国教育财政科学研究所邀请教育部教育发展研究中心教育发展战略研究室副主任王建做了题为《美国ACT考试专业化的经验与中国高考改革》的专题讲座。

10月29日，中国教育财政科学研究所黄晓婷副研究员应邀出席温州市民办教育协会第四届第二次全体会员大会，并做了题为《学校发展诊断促进学校品质提升》的专题发言。

11月4日，中国教育财政科学研究所魏建国副研究员应邀出席由鸿儒金融教育基金会、上海金融与法律研究院主办的"镜鉴与前瞻年会2016"并作为题为"中央与地方财政关系的法治化"的发言并参与圆桌讨论。

11月11日至12日，中国教育财政科学研究所王蓉教授应邀出席在常熟市举行的江苏省教育会计学会第六届二次理事会暨2016年学术年会，并作了《关于"建设中国特色的世界一流大学"的思考：财政的视角》报告。

11月14日，中国教育财政科学研究所邀请 IBM 商业价值研究院战略与分析领导人、全球 CEO 调研项目总监、亚太区研究总监 Anthony Marshall 来做题为《中国经济面临的挑战和构建商业新生态》的专题讲座。

11月30日至12月2日，宋映泉应邀参加由中国扶贫基金会与国际美慈组织组织的"加油计划——贫困地区青少年积极心理品质教育公益论坛暨加油计划项目影响力评估报告发布会"，并在大会开幕式上作了题为"贫困地区农村学生教育挑战及出路"的主题发言。

12月3日至4日，中国教育财政科学研究所魏易博士后应邀出席华中师范大学信息化与基础教育均衡发展协同创新中心召开的"教育信息化支持实现县域内教育均衡发展模式与政策研究"会议，并作了题为"政府在弥合数字鸿沟中的角色"的主题发言。

12月6日，中国教育财政科学研究所邀请首都师范大学现代教育技术重点实验室主任、教育技术系学术委员会主席王陆作了题为《教育大数据透视下的教与学》的专题讲座。

12月9日至10日，田志磊助理研究员应邀出席在江苏商贸职业学院举行的"新建高职院校体制机制创新"研讨会，并作题为"高职院校的董事会治理体制如何成为可能"的主题演讲。

12月10日，北京大学中国教育财政科学研究所副所长刘明兴教授受邀参加清华大学政治学系主办的"清华大学第二届政治科学前沿理论与方法研讨会暨'大数据时代的国家治理'创新论坛"，并担任会议议程中第二模块"公民参与与政治态度"的主持人。

12月16日，中国教育财政科学研究所邀请西北师范大学教育技术学院院长郭绍青教授作了题为《网络学习空间与学校教育变革》的专题讲座。

12月23日，中国教育财政科学研究所黄晓婷副研究员作了题为《解析 PISA 测试的理念、技术与结果》的专题讲座。

12月28日，中国教育财政科学研究所邀请中国国际经济交流中心学术委员会副主任刘克崮作了题为《1994年前后的财税体制改革回顾及下一步财税体制改革的任务》的专题讲座。

【社会服务】 教育财政所在开展教学、科研工作之外，还承担着重要的社会服务功能，为教育机构和教育管理决策部门提供项目评估、咨询服务和决策支持。王蓉教授的"香港私立学校的财政支持方式和用地制度"和"新常态下的教育财政策略"、宋映权副研究员的"学前教育财政投入成本分担国际经验及其对我国的启示"和"'财政补贴'还是'政府提供'？美国两个'学前教育模范州'不同财政投入方式及其借鉴意义"、魏建国副研究员的"完善师范教育经费支持机制研究"等政策建议报告提交给财政部教科文司、教育部财务司后，被相关部门采纳，对有关部门出台相关政策和措施具有一定的参考意义。

【党建行政工作】 北京大学中国教育财政科学研究所的党建工作挂靠于北京大学教育学院，党建工作根据教育学院的安排统一进行。

行政工作及其他工作。截至2016年底，中国教育财政科学研究所行政和教辅人员20人，其中劳动合同制人员20人。

【学生工作】 北京大学中国教育财政科学研究所的学生工作挂靠于北京大学教育学院，学生相关工作根据北京大学教育学院的安排统一进行。

【年度纪事】 2016年4月7日，北京大学中国教育财政科学研究所、中国教育创新"20+"论坛共同在北京大学组织举办了"推进教育现代化的财政策略"研讨会。与会者就未来的经济社会发展趋势以及教育面临的改革与挑战、2030年教育蓝图和教育供给、教育经费投入水平与体制构架、教育经费分配使用管理目标与路径等4个主要议题进行了深入探讨。财政部教科文司、教育部财务司等相关部委司局的负责人，北京大学教育学院、北京大学信息科学技术学院以及中国教育科学研究院等研究机构的研究者，国务院扶贫办、国务院参事室及腾讯研究院、微软、未来工场和创客总部等企事业单位代表40余人出席会议并参与分享讨论。

受公益组织北京歌路营的委托，北京大学中国教育财政科学研究所联合中国社会科学院人口与劳动经济研究所等作为联合课题组，于2015年在四川、河北2省4县调研了137所农村寄宿制学校，回收有效学生问卷17,676份，家长问卷14,384份。课题组近日发布题为《农村寄宿制学校学生发展报告》的课题研究报告，从大范围调查和指标测量教育数据展示了农村寄宿制学校孩子的身心健康状况。研究表明，农村寄宿制学校学生在睡眠和身体健康情况、心理和校园霸凌情况以及阅读和学业成绩情况三大领域均存在较严重的问题，迫切需要政策干预。本报告得到《中国青年报》《财新网》和《中国教育报》等多家媒体的报道，逾130家媒体转载了相关报道。

2016年3月，中国教育财政科学研究所副所长刘明兴教授与复旦大学章奇博士合著的新书《权力结构、政治激励和经济增长：基于浙江民营经济发展经验的政治经济学分析》由格致出版社、上海三联书店、上海人民出版社的"当代经济学文库"系列出版。

6月4日至10日，由北京大学中国教育财政科学研究所与俄罗斯高等经济研究大学教育研究院联合举办的主题为"高等教育、社会与政府"的第四届高等教育研究国际暑期学校在俄罗斯圣彼得堡举行。来自俄罗斯、英国、芬兰、葡萄牙等国家的高等教育领域研究者分别从国际比较、制度变迁、经济发展等维度对高等教育与社会的关系进行了讲授与讨论，来自东欧、中亚和拉美的20余名研究生及青年学者展示了自己的相关研究计划或成果，并进行了讨论与反馈。教育财政所助理研究员田志磊博士等参与了本期暑期学校的学习与研讨，田志磊博士和硕士生余韧哲还分别就高校教师资质对学生成绩的影响和慕课平台中学生的成就问题进行了主题演讲。

10月25日至27日，由北京大学中国教育财政科学研究所和中国教育发展战略学会教育财政专业委员会联合主办的"第二届中国教育财政学术研讨会暨2016年中国教育发展战略学会教育财政专业委员会年会"在北京大学中关新园举行。来自国内外教育财政相关研究机构的研究者、财政部和教育部相关司局领导、各省市教育管理部门负责人、媒体和公益机构负责人等各界人士400余人参加了本次会议。本次会议包括义务教育财政、高等教育财政、职业教育财政、教育测量与评价以及流动人口子女教育财政五大主题，由11个分论坛组成，分别由来自教育财政以及公共财政研究等领域的领军人物和中国教育发展战略学会教育财政专业委员会的副理事长、常务理事等担任分论坛主席，负责分论坛的设计与组织。

11月3日至4日，由北京大学中国教育财政科学研究所作为主要发起单位组织并担任秘书单位的中国教育创新"20+"论坛在北京市第十八中学成功举办了"弥合教育数字鸿沟的创新之路"主题论坛暨2016年中国教育创新"20+"论坛年会。会议期间还举行了中国教育创新"20+"论坛"贫困地区县域教育信息化整体解决方案项目"签约仪式，中国教育创新"20+"论坛与河北省滦平县人民政府共同签署了双方就县域教育信息化整体解决方案达成的共同协议。

（教育财政科学研究所）

经济与管理学部

【发展概况】 2016年6月14日，北京大学印发《关于北京大学社会科学学部、经济与管理学部班子任职的通知》（校发〔2016〕117号），成立北京大学经济与管理学部。

经济与管理学部包括经济学院、光华管理学院、国家发展研究院、人口研究所等教学科研单位。学部主要涵盖理论经济学、应用经济学、工商管理、管理科学与工程等4个一级学科。

【组织机构】 自2016年6月经济与管理学部成立以来，分别组建了部务会、学术委员会和教学指导委员会，组织架构初步形成。学部实行委员会决策制度，通过学部部务委员会、学术委员会、教学指导委员会等履行职责，其中部务委员会行使本学部部务的决策功能。

部务委员会构成为：张国有、平新乔、刘国恩、张志学、孙祁祥、刘俏、姚洋、郑晓瑛，张国有为部务委员会主任。2016年6月30日，北京大学颁布《关于调整北京大学各学部学术委员会的通知》（校发〔2016〕139号），张国有为经济与管理学部学术委员会主任，平新乔、刘国恩、张志学为副主任，聘期3年，委员包括王跃生、郑伟、刘怡、周黎安、王汉生、刘晓蕾、马浩、余淼杰、陈功。

2016年11月学校批准成立经济与管理学部办公室。经学科建设办公室安排，在经管学部办公室主任未招聘到岗之前，由学科建设办公室副主任张存群代行学部办公室主任职责。

【学科规划】 经管学部启动学部学科规划相关工作。2016年9月下旬，学部分别向院所长、全体教师发放《关于向院所长征询学部学科发展事项的征询函》《关于向各位同仁征询学科发展建议的征询函》，征求关于未来五年学科发展方面的基本构思及学科建设的想法和建议。在广泛征求学部内各院系意见的基础上，初步编制完成《经济与管理学部学科建设纲要（2016—2020）》。从学部层面重点建设的领域：一是建设世界一流的学术团队；二是加快推进本科教育改革与平台课建设；三是合力推进共享数据库建设；四是打造学术交流平台，整合学术成果；五是完善学术评价体系。

【职称评审】 2016年9月26日，经济与管理学部召开学部学术委员会会议，审议学部内各单位教师职称评审。会议由张国有主任主持，出席会议委员10人，超过应到委员总数三分之二，会议有效。经济学院、光华管理学院、人口所相关负责人到会介绍本单位评审情况及候选人情况。拟聘教授职称的3位候选人到会做述职和答辩。经学部审议，通过晋升教授职务3人，晋升副教授职务4人，聘任通用岗位专业技术三级岗位4人。

【评优评奖】 2016年7月15日，经济与管理学部召开会议，评审部内四院所教师申报北京市第十四届哲学社会科学优秀成果奖的候选项目。经过社会科学部汇报评奖工作组织情况、各院系代表介绍本单位推荐候选成果、委员审阅申报材料、讨论、投票，最终从10项候选成果中选出7+1项，报送学校社会科学部。

【教育教学改革】 按照学校关于学部内本科生转系转专业工作的有关部署，经济与管理学部召开教学指导委员会会议，专题讨论学部内转系转专业等工作。

【学术交流】 为及时让学部三院一所、各委员会成员、学部教师了解学部工作动态，编制经管学部工作简报，2016年共编发10期。为促进学部内相互激励，选择有关人才培养、学术研究、学科建设、跨域发展等方面的前沿信息，编制学部通讯周报《视野》，2016年共编发23期。12月20日学部举办首场"问题-数据-研究"分享会，光华管理学院陈松蹊教授做关于"国民经济运行数据分析与建模的构想"首场报告。

【管理运行】 张国有主任全面负责学部工作，包括跨院所跨学科工作的总体策划、学科研究、后方支持、基本建设等总体协调工作。平新乔副主任主要侧重于跨院所的学生培养、跨院所教学协调、跨院所课程结构等与人才培养相关的工作。张志学副主任主要侧重于跨院所教师的学术交流、学术研究、学术工作评价等跨院所学术团队的建设工作。刘国恩副主任主要侧重于跨院所的学科设立、学科发展、学科调整、学科评价等学科建设工作。

2016年共举行7次学部主任会议、2次学部部务委员会会议、3次学部学术委员会会议、一场"问题-数据-研究"分享会。学部办公室还通过公共邮箱、微信群等多种方式加强与学部内各院所的联系，并设计完成经管学部标识。在学科建设办公室与计算中心的支持下，启动建设经管学部网站，于2016年底正式上线（http://fem.pku.edu.cn）。

（经济与管理学部办公室）

经济学院

【队伍建设】 2016年底，学院有教师75人，其中教授31人，副教授34人，讲师2人，预聘制助理教授7人，劳动合同制外籍特聘教师1人。教师平均年龄46岁，具有博士学位的教师占96.2%，其中29人具有海外高校博士学位。

2016年，经济学院在海外招聘专职教师中，共收到200份申请，其中30余人为外籍申请者，25%来自世界顶级名校，25人获面试资格。

截至2016年年底，学院有离退休教职工42人。

2016年度获奖（荣誉）情况："长江学者奖励计划"（青年）：杨汝岱；唐立新奖教金：章政；嘉里集团郭氏基金树人奖教金：王跃生；正大教师奖：王大树；宝钢教师奖：郑伟；北京银行教师奖：何小锋；树仁学院教师奖：宋敏；教育岗位工作年满30年的教师：吴乔玲、钱立、薛旭；经济学院教学优秀奖：平新乔、崔小勇；经济学院科研奖：杨汝岱、韩晗。

【教学工作】 本科生教学。经济学院本科生在校人数保持在700人左右，其中留学生90人左右。为本科生开课144门次，其中1/3由教授主讲。开设12门全英语课程。83名本科毕业生获推荐免试读研究生资格。接收转院系学生20名，元培学院学生28人进入经济学院学习。

1. 教学计划修订。本科生教学计划总学分压缩至130学分，学部内课程、通识课程、自主选修课程的比例均有所提高，学院限选课程目录也进行更新和扩充，选课自由度更高。各专业对核心课程进行全面论证，根据培养目标进一步整合课程资源。

2. 教学质量监控。持续推广"小班课"教学模式，推动实现分班授课、滚动开课，加强课堂内外的师生互动，进一步提升教学效果。主要课程建立授课小组，论证并开设"经济学思维训练"课程。经济学院教师在各项教学竞赛中屡创佳绩。

3. 加强新生指导。2016年出台《关于完善本科新生导师制度的补充管理规定》。本科新生经过双向选择，由学院确定专门指导教师。本科新生导师制与专业导师制相衔接，与Office Hour制度相结合，全面推进师生的交流和互动。制作《北京大学经济学院本科生学习生活Q＆A》手册，方便学生获取信息和办理相关业务。

4. 本科教学检查。2016年教育部专家组对北京大学进行全面的本科教学检查，对本科教学工作进行认真梳理、总结、思考和展望。

研究生教学。2016年经济学院共录取硕士生123人，博士生41人，研究生课程进修班292人。全年开设课程89门。11月5日，举办"第三届北京大学经济学院专业硕士研究生培养研讨会"，共续聘和增补一百余位校外导师。合计为303名学生组织学位论文答辩，其中博士生18人，硕士生150人，同等学力申请硕士学位学生135人。共有21人次研究生出访美国、德国、英国、澳大利亚、以色列、日本等国家和地区。

全面启动金融硕士、税务硕士、保险硕士、国际商务硕士四个专业硕士项目的招生培养工作。2016年，继续举办优秀大学生暑期夏令营，评选出优秀营员99人。

根据教育部、北京大学有关文件的精神，自2016年起全面实行博士研究生招生"申请-考核"制以取代考试制，通过该方式录取20名博士研究生。

根据教育部相关文件精神和学校有关工作部署，全面展开第四轮学科评估。

多次组织召开理论经济学学位委员会会议，讨论授予学位、学科建设、优秀博士生学位论文评选、遴选博士生导师等事宜。

【科研工作】 1. 成果。2016年，完成各类科研成果共252项，其中专著14部，编著、教材、研究报告、译著16部，论文210篇，其他成果12篇。科研项目获得58项，其中纵向课题9项，横向课题49项，批准经费1325.3万元。2015年被CSSCI检索的论文141篇。2016年被SSCI收录论文27篇。纵向项目年度检查4项、中期检查5项、结项10项。纵向项目、征集选题及智库申报总计113项。

周建波主持的"日本东亚同文书院对华经济调查研究"课题获得国家社科基金重点项目。

2010年至2016年，共编辑中英文工作论文135篇，其中2016年16篇。《时代节点的眺望》——两会笔谈由北京大学出版社出版，收集稿件61篇。

学院继续资助种子基金项目和国际学术会议，资助总计49万元。

2. 获奖与社会兼职。张辉获全国高校社会主义经济理论与实践研讨会（2016）优秀论文奖；石菊获得曹凤岐金融发展基金"金融青年科研优秀奖"；郑伟担任中国保监会重大决策专家咨询委员；章政、王大树分别担任中国劳动经济学会副会长和常务理事。

3. 论坛和学术会议。2016年，举办国内外各类论坛和学术会议100多场。其中影响较大的有第六届"北大经济国富论坛"、中国信用高峰论坛、北大赛瑟（CCISSR）论坛、第十五届中国经济思想论坛暨第二届北大企业家经济文化论坛、"中国数字经济税收论坛"、第二届北大经济史学大会、第四届量化历史讲习班暨第四届量化历史研究国际年会、北大"黉门对话"——"全球价值链：'一带一路'与中国新机遇"、微观经济学理论专题国际学术研讨会、第三届互联网金融全球论坛、"构建包容高效的国际发展援助与合作体系"国际研讨会、"金融创新助力'一带一路'高层论坛"等。2016年共举办学术午餐会15场。

4. 研究机构。截至2016年底，科研基地包括12个校级科研机构及5个院级科研机构：外国经济学说研究中心、市场经济研究中心、经济研究所、国际经济研究所、中国金融研究中心、中国国民经济核算与增长研究中心、中国信用研究中心、中国保险与社会保障研究中心、中国都市经济研究基地、产业与文化研究所、金融与产业发展研究中心、经济与人类发展研究中心、北京大学经济学院信用与法律研究所、北京大学经济学院社会经济史研究所、北京大学经济学院金融创新与发展研究中心、北京大学经济学院中国精算发展研究中心、北京大学经济学院国家资源经济研究中心。

5. 博士后。2016年，经济学院博士后流动站有在站博士后70人。进站考核博士后35人，博士后开题报告6人次，中期考核8人次、出站报告13人次。有4位博士后获得博士后科学基金资助；获得国家级项目2项；获得"博雅"项目博士后3名。

【交流合作】 2016年，经济学院教职工出访51人次，学生出访118人次：研究生公派赴哈佛大学、多伦多大学、加州大学伯克利分校等学校学习；博士生短期交流1人；与5所高校新签署学术合作协议；接收国外（境外）12名交换生；派出3名本科交换生、1名硕士交换生；牛津-剑桥大学暑期学校、斯坦福大学寒暑期学校、新南威尔士大学寒假学校、悉尼大学寒假学校等院级独立执行项目，全年共102人次参加。

开始筹备弗吉尼亚大学麦金太尔商学院硕士双学位项目和新加坡南洋理工大学南洋商学院合作项目。

继续推进2011年获准立项的"海外名师项目"。接待高校学术访问学者、访问团及机构代表来访25次；举办6场国际学术讲座；独立主办"第四届量化历史讲习班暨第四届量化历史研究国际年会""微观经济学理论专题国际学术研讨会""构建包容高效的国际发展援助与合作体系"国际研讨会。

学院英文网站及海外学习网站建设持续更新。

【继续教育】 2016年，经济学院继续教育工作全面贯彻执行学校继续教育相关政策规定，加强非学历继续教育质量管理。主动调整工作思路，转变工作方式。工作重心主要围绕"经济管理研修培训"和"远程网络教育的教学及辅助工作"展开。

计划实施研修项目34个，实际实施培训项目30个。项目实施质量得到培训学员及相关单位的高度评价。

招收国际经济与贸易、金融学等6个本科专业学生3003人。学生中相当一部分来自北京大学与共青团广东省委联合培养的"圆梦计划"。

10月起，学院党委副书记张洪峰主管、院长助理张亚光协助分管继续教育工作，杨焕城任高级管理教育中心主任。工作人员由原先的3人扩充到10人以上。

学院在原来的继续教育中心基础上，组建高级管理教育中心，自主办学并进一步完善建章立制。学院领导和工作人员认真学习《北京大学关于规范继续教育管理文件汇编》，结合高端培训规律和特点，陆续拟定《经济学院高级管理教育中心工作流程》《经济学院高级管理教育中心工作人员规范条例》，细化《学员入学须知》《入学登记表》《学员签到表》《授课确认单》《课程评估调查表》《结业登记表》等文件。

【党建工作】"两学一做"专题教育工作。5月27日，方敏主讲"经济学家马克思——价值、分配与经济发展"专题党课。11月，以党支部为单位，组织开展"合格党支部建设规范和合格党员行为规范"大讨论，并制订《经济学院合格教师党支部建设规范》等系列文件。组织开展抄写党章、学习系列讲话和马列原著、党员讲党课等活动。

邀请徐凯文举办"在北大如何幸福地生活"专题心理讲座。6月29日，学生党员参加电影《柴生芳》首映。7月7日，参访航天城。10月21日，开展"经世济民、砥砺前行"——经济学院2015级博士生党支部大会暨"两学一做"主题党日活动。11月12日，金融与保险教师党支部参观国家博物馆"复兴之路"展览。2013级本科生党支部开展与青龙桥街道党委共建活动。2014级本科生党支部被推选参加北京大学"两学一做"网络学习示范班。

12月30日，领导班子民主生活会，进行批评与自我批评。开展党内统计年报、党费收缴工作专项检查、出席党的十九大代表推荐提名、新发展党员归档材料与《党支部工作手册》的专项检查等工作。

截至2016年底，学院党委共有党支部19个，党员531人，其中在岗教职工党员83人，离退休党员34人，学生党员374人；其中预备党员67人，正式党员464人。完成学生党支部换届。2013级本科生党支部与2015级硕士生党支部已完成"提高党支部组织生活质量"创新立项的结项工作；人口研究所2016级研究生党支部与经济学院行政党支部已申报"高校党支部制度建设探索"立项。

2013级本科生党支部荣获"北京大学先进党支部"，经济学院2015级博士生韩晨宇荣获"北京大学十佳学生党支部书记"，叶静怡、崔巍、郑晓瑛、吕赫、黄国桂、李西振荣获"北京大学优秀共产党员"。2016年7月，在全院范围内开展"共产党员献爱心"捐献活动。

党员发展工作。张译元参加北京大学第10期教职工党性教育读书班，杜丽群、陈功参加全国高校教师党支部书记"两学一做"专题网络培训示范班。完成北京大学第25期党性教育读书班的培训以及北京大学第29期党的知识培训班报名工作。2016年发展党员79人；预备党员转正58人。

院内关怀、院外扶贫工作。6月21日，学院党委领导分别看望丁国香、陈德华、王二杰三位退休老党员。配合学校完成2017年"生活困难党员帮扶补助对象"申报工作。2016年底院领导看望离退休老党员并召开座谈会。此外，还开展对口云南弥渡县苴力镇的扶贫工作。

【学生工作】学生管理体系建设。注重班主任、辅导员与同学们之间的交流沟通，设立多项奖助学金，鼓励更多学子参加对外交流学习。采用信息化手段管理各项工作。

党团共建系列工作。重视党团日活动的开展。完善规范党员发展流程，通过技能培训、组织素质拓展训练等方式推进青年马克思主义学校的建设，培育一批思想素质过硬、工作能力突出的优秀学生骨干。

学业支持系列工作。举办各类实用知识技能讲座，开办难度较大的专业必修基础类课程辅导班，筹划建立学生学术咨询委员会。

职业发展系列工作。完善专业硕士研究生校外导师制度，建设网站平台，帮助优质企业以公开宣讲会等形式和校园招聘等方式服务学生需求，建立大学生社会实践联席办公会议制度，推进校企互动合作。微信公众平台"北大经院职业发展中心"关注量近5000人，全年推送各类信息及文章300余篇，职业发展网页上线、内容填充完善并持续更新，落实"职业指导进宿舍"活动；开设职业规划课院系班，举办2016届毕业生就业动员会和2016届"经世同窗"同学会活动；举办求职技巧类讲座3场、投行专题讲座3场、"经海留痕"沙龙3场；"职来职往"企业参访4次，签订实习合作协议1家；举办第六届、第七届模拟招聘大赛；接待优质企业校招宣讲近20场次，推荐就业40余人次，推荐实习60余人次；完成2016年毕业生就业数据的统计分析。

科研实践系列工作。举办第五届新时代中国青年经济论坛，为学生提供志愿实践、对外交流的平台，开展与多所名校的交流活动，并积极筹办形式多样的文体活动。

【校友工作】2016年度，校友工作主要包括：1.建设地方校友会及经院校友会分支机构。例如：上海校友会、香港校友会（筹）、英国校友会（筹）、金融学在职研究生班校友会（筹）、企业家特训班校友会（筹）等。2.举办校友系列活动。例如：1996届校友毕业20周年返校活动；1970级校友返校暨"团聚、感恩、畅谈、祝福"活动；金融学在职研究生班校友团圆会；首届中国企业家特训班校友2016年度返校论坛；北京大学建校118周年"家·年华"校友返校日活动；"普惠金融"主题沙龙活动；2016农业创新沙龙活动；与工学院、信息管理学院三方联合举办校友"国际参访"活动；与工学院、信息科学技术学院联合举办"校友创新论坛"等。3.与两家单位建立战略合作关系：云南民族大学经济学院、鄂温克包商村镇银行。4.筹建南都基金会捐赠基金、玖陆校友基金、上海校友会校友基金。

（经济学院）

光华管理学院

【发展概况】光华管理学院现设有会计学系、应用经济学系、商务统计与经济计量系、金融学系、管理科学与信息系统系、市场营销系、组织与战略管理系等7个系，其中，国民经济学和企业管理是国家重点学科点。学院具有完整的人才培养体系，学位项目包括本科、研究生、金融硕士、工商管理硕士（MBA）、高级管理人员工商管理硕士（EMBA）、会计硕士项目（MPAcc）、社会公益硕士项目（MSEM）等。2016年，光华金融硕士项目在《金融时报》全球金融硕士项目排名中位列第15位。为进一步满足不同类型的企业和组织中的高层管理者的知识需求，学院还设立高层管理教育中心，提供非学位的公开课程、定制课程和国际课程。

2016年，学院新招聘教员6名，其中1名教授，2名助理教授。此外，学院有3名副教授晋升为教授，3名助理教授晋升为副教授。截至2016年12月底，学院7个系共有在职教师106人，教授46人，副教授40人，助理教授20人。职员239人，离退休5人。

【教学工作】 2016年，光华管理学院共招收全日制本科生244人（包括31名省级高考状元），普通研究生168人，其中博士生46人，学术硕士38人，金融硕士84人。2016年MBA项目共招收学生498人，MSEM项目共招收学生27人，EMBA项目共招收学生399人，其中，光华-凯洛格（GK）项目招生37人。MPAcc项目共招收学生41人。管理学博士联合培养项目首期招生40人。高层管理教育中心（ExEd）项目全年运行完成91个项目。

2016年，光华管理学院本科研究生项目实际毕业人数369人，其中包含本科毕业生218人，普通硕士毕业生117人，博士毕业生34人。MBA项目毕业生369人，MPAcc项目毕业生49人，EMBA项目毕业生284人。

3个一级学科参评教育部的学科评估；MBA、EMBA、MPAcc项目参评国务院学位办组织的专业学位水平评估。

邀请杰出校友授课，推进课程的多元化建设。积极建设学术研究氛围，推进本研合上课程，推进"学术之星"计划，积极奖励学生学术成果，鼓励学术会议和长短期交流。

联合哥伦比亚大学推出国内第一个体育管理硕士双学位项目。

推出大型MBA科学精神与科学素养讲座课程，继续延期人文精神与人文修养课程。实施第三届MBA行业课程；首次推出跨界公益行业周。进一步优化师资结构和服务支持，吸引业界资源为MBA学生开课。持续深度创新和改革整合实践项目。

MPAcc项目调整为双证全日制项目，完成项目改革。教学管理工作更加规范。

EMBA项目新开发12门新课，引进20名新授课教师，平均满意度大幅提升。重新设计海外模块，推出5条海外学习线路。研发4大行业板块课程。班级活动侧重学习交流和行业分享，加强北大特色和光华精神传播，学员体验提升。

ExEd项目首次推出"华人家族企业全球课程"项目。定制课程培养突出案例开发、行动学习和能力素质模型；公开课程部分创新开学典礼、活动和课程运营体验，加大学术主任对项目的参与度。

【科研工作】 2016年，学院新立项国家自然科学基金项目11项，其中重点项目2项（张志学、符国群），自科基金新立项项目的总批准经费868万元。新立项国家社会科学基金重点项目1项、新立项教育部一般项目1项。共计有70个在研纵向科研项目。

【交流合作】 2016年，合作院校数量调整至113所，所在国家增至32个，加强与国际顶尖商学院的深度合作。提供410个交换名额，共选拔出210位学生赴海外交流学习一学期。长短期国际双向交流项目规模逐年扩大。2016—2017学年共提供410个交换名额（本科239个，专业硕士32个，MBA+MSEM 117个，MPAcc 22个），共选拔出210位学生赴海外交流学习一学期（本科146名，专业硕士17名，MBA+MSEM 45名；MPAcc 2名）；2016年度共接收海外交流学生164位。多批次组织"中国经营方略（DBIC）"课程，2016年共接收近200人，来自重点合作院校，包括芝加哥大学、西北大学凯洛格商学院、杜克大学、英属哥伦比亚大学等。今年的DBIC项目创新推广方式，扩大目标生源，扩大光华在国际上及外企中的影响力。此外，优化西安及上海两地模块的安排，提升学生的体验，得到学生积极的反馈。

在广泛的国际合作的基础上，提升交流层次，拓展深度、高端的国际交流合作形式。与凯洛格商学院合作的GK国际EMBA项目经过近3年的深耕，更加成熟和完善。开启与哈佛商学院、牛津赛德商学院合作的"华人家族企业全球课程"，大大提升学院的影响力。与斯坦福的联合课程体系在逐步建立的过程中屡获赞誉。陆续建设与哥伦比亚大学、宾州大学沃顿商学院的课程合作体系。与巴萨俱乐部建立战略合作关系，开启国际体育产业管理方面的交流合作新征程。

拓展创新光华全球课堂项目，成功开发以色列创新创业项目、德国工业4.0项目、美国科技驱动创新项目、日本企业传承与工匠精神项目。

启动国际商学院协会/欧洲质量改进体系（AACSB/EQUIS）再认证工作。

与外交部合作，推出"从光华看世界"系列讲座，邀请资深外交官讲解国际形势、中外关系，拓展学生国际视野。

【党建工作】 完成9个学生党支部的换届工作，新成立3个支部。发展党员42名，组织300余名入党积极分子参加党课培训班学习。

系统部署"两学一做"专题学习方案，开展具有学院特色的学习活动。下发《党章》《习近平总书记系列重要讲话读本》等材料，通过党政联席会、院务会、党委会等多种途径，学习党章和习总书记讲话精神。

在"两学一做"党员领导干部读本的基础上，增添入党誓词、党言党语汇编等板块，编制学院党员领导干部学习读本并下发。举办红色精神补钙之党员西柏坡行、与当地企业交流座谈、为当地中学生捐书、"奋斗的青春最美丽"宣讲等活动。加强党课建设，建立微信平台，定期推送理论学习，创建"微党课"。

对口帮扶大理弥渡德苴乡，精准扶贫、共享发展。党政领导班子亲赴当地调研，利用学院资源为当地脱贫提供智力支持、资金支持，推动联合帮扶。

【行政工作和其他工作】 截至2015年底，光华管理学院共有职员239人。学院加强民主管理，成立管理学博士联合培养项目指导委员会，完善厉以宁奖评选委员会等教授专门委员会。制定财务管理制度体系，包括预算管理制度、单据接收制度等。拓宽职员招聘途径，建立职员培训课程体系，完善职员绩效考核管理及评奖评优制度。成立物业管理部。完成两栋大楼的门禁监控和消防监控的升级改造，使楼内技防监控无死角。持续进行信息系统功能增加、修改等开发工作。进行网站改版工作，采购网站应用级入侵防御系统（WAF），网站安全水平提高。进一步完善图书资料及实验室相关服务指南，开始实验教学模块化的建设工作。

打造具有光华人特色的校友活动，举办首次"校友分支联席会议"，56个校友组织的会长及秘书长出席，为日后规范校友组织管理奠定坚实的基础。校友组织不断发展壮大。金融硕士校友会、四川校友会、日本校友会相继成立。举办"两会代表返校"、"燕归来"返校日、"光华杯"环湖公益马拉松等品牌活动。积极推进公益项目，捐赠11所博雅图书室。

积极拓展筹资与合作工作，为学院发展助力，如与美国思科、天津恒天财富、八九八投资公司等签订捐赠协议。与深圳市龙岗区人民政府签订战略合作协议、与曲江临潼旅游公司签订合作框架协议，与巴塞罗那足球俱乐部签订战略合作谅解备忘录。

通过"新年论坛""与大师对话"系列讲座、"半年经济形势和政策分析会"以及"国际媒体沙龙"等活动，维系学院持续的品牌曝光度，扩大学院影响力。

持续举办"纽约论坛"和"西南论坛"，通过地域性学院品牌活动，扩大学院的影响力和媒体曝光，同时团聚当地校友，了解受众需求。在夏季达沃斯论坛、陆家嘴金融论坛以及财经、财新杂志年会上发出光华声音。

分院建设工作持续推进，深圳分院与龙岗区政府协议的20年期无偿使用天安数码城两栋独体建筑的相关手续完成，已正式进场。西安分院人才培养工作稳步进行，加大"一带一路"发展智库和创新产业培育示范基地的建设步伐。成都分院教学楼建设稳步推进，完成教学楼内部装修设计，招生和运营工作进展顺利。

【学生工作】 完成本、硕、博学生的综合素质测评，增进班级凝聚力，2015级本科一班被学校推荐评审"北京市优秀班集体"。荣获"优团计划"首都高校优秀基层团支部，被评为北京大学红旗团委、北京大学志愿服务优秀组织单位。组建体育运动总队，整合院内体育资源，对学院体育队统一管理，屡获佳绩。创新"沃土计划"形式，与多地政府、企业建立合作关系。探索"双创"教育模式，加强创业培训和创业实践。

在职业发展方面，就业情况均在薪酬上有20%—50%的增幅，继续领先国内商学院，行业分布更加多元，就业方向更加理性。创业比例历年最高。MBA比例高于20%，成为学校创业创新示范基地。开发一批创业企业和行业隐形冠军，在集体招聘会中开设"创业专区"。连续四年举办雇主品牌峰会，受到学生和雇主好评。第一次进行各项目校友职业发展跟踪调查，将作为一项长期工作开展。

【年度记事】 第三届北大光华"一带一路"发展论坛于2016年1月16日在北大光华西安分院举行，主题为"军民融合破解国企改革难题"，由北京大学光华管理学院主办，得到陕西省发改委、陕西省国资委、陕西省工信厅及曲江新区的大力支持。

3月17日，学院"与大师对话"系列之对话诺奖得主Robert Merton教授活动举行。此次活动以"财富管理和财富传承"为主题。

3月18日，由光华管理学院、牛津大学赛德商学院和美国哈佛商学院整合全球最优秀师资共同打造的"领导与变革：华人家族企业全球课程"首期班开学典礼在光华管理学院举行。

3月21日，学院举办2016两会后经济形势分析会。2016年全国"两会"表决通过"十三五"规划纲要，描绘未来五年中国发展蓝图。北大经济研究所和北大光华的教授们就供给侧结构性改革、金融体制改革、资本市场稳定、劳动力市场、技术创新等问题展开讨论，解读两会热点，分析经济形势。

3月22日，"与大师对话"系列活动邀请到芝加哥商品交易所名誉董事长、梅拉梅德公司董事长、被誉为"全球金融期货之父"的利奥·梅拉梅德（Leo Melamed）博士，发表了以"国际金融市场的现状与未来"为主题的精彩演讲。

4月7日，经济与高级金融论坛第98期活动在光华管理学院举行，此次活动由北京大学曹凤岐金融发展基金主办，北京大学金融与证券研究中心协办，中国工商银行副行长、执行董事、北京大学贫困地区发展研究院常务副院长张红力先生进行主题为"金融与国家安全"的讲座。

4月15日，中共中央政治局常委、国务院总理李克强来到北京大学。总理在北大国家发展研究院与知名学者交流，到经济学院看望师生并参观北京大学人文社会科学成果展，与光华管理学院、法学院师生交谈。

4月17日，"改革和完善中国金融监管体系研讨会"在学院举行，此次研讨会也是曹凤岐教授作为首席专家主持的教育部哲学社会科学重大课题攻关项目研究成果《金融市场全球化下的中国金融监管体系改革》的展示和总结。

4月20日，教育部印发《关于公布2015年度"长江学者奖励计划"入选名单的通知》，光华管理学院吴联生教授、周黎安教授成为2015年度长江学者特聘教授。

5月5日，第三届北大光华纽约论坛"重塑中国艺术文化领域的商业格局"在美国纽约举办。本次论坛就"电影+娱乐""艺术+文化""体育产业"三大议题进行深度探讨。

5月7日，光华管理学院上千位校友从全球各地齐聚燕园，参加2016年"燕归来"校友返校日，共同追忆光华岁月，欢庆母校北京大学的118岁华诞。北大光华"燕归来"校友返校日活动已连续举办5年，广受师生及校友好评。

5月17日至18日，"大数据时代下的高维统计建模与分析研讨会"在学院举办。本次会议由北京大学统计科学中心和北京大学数量经济与数据金融教育部重点实验室联合主办，北京大学光华管理学院承办。内容涉及高维统计中的参数估计、假设检验、计算方法、统计建模等方向，广泛介绍了高维统计领域的最新前沿成果。

5月22日，第二届西南论坛"新经济、新活力、新未来"在成都举办。作为高端学术论坛和智库平台，论坛旨在西南地区打造中国经济管理学界最有影响力的论坛之一，为西南地区的经济社会发展提供智力支持。

5月20至22日，第四届北京大学光华管理学院案例大赛成功举办，吸引国内优秀的本科生前来进行思想交流和风采展示，促进国内相关领域学术研究、人才培养以及学院与国内各高校商学院的交流。

5月29日，光华管理学院首届校友分支联席会议成功举办。来自全国及海外57个校友分支的上百名校友代表齐聚光华，与学院领导和老师们一起总结过去、思索现在、展望未来，共商校友组织发展之道，凝聚光华大家庭的合力。

6月14日，北大光华-湖北咸宁"沃土计划"签约仪式在光华管理学院举行。咸宁市正式成为学院"沃土计划"实践基地；7月9日，北大光华管理学院-长沙市合作交流座谈会在湖南长沙举行，长沙市正式成为北京大学光华管理学院"沃土计划"实践基地。上述合作为光华管理学院师生开展社会实践和调查研究活动提供更加广阔的平台。

光华管理学院承担了云南弥渡县德苴乡的全面对口帮扶任务。先后于2016年1月和5月选派代表前往德苴乡考察调研，对当地生产生活存在的问题进行了解和交流。6月，由光华管理学院院长蔡洪滨教授、党委书记冒大卫博士、院长助理李琦教授率队，光华工作人员和廖忠文（云南校友会秘书长）、海澜、沈镇、廖涛等校友组成的调研团队再次深入德苴乡，就教育资源改善、搬迁新村、用水、产业发展等问题开展对口帮扶调研。6月6日，光华管理学院博雅图书室公益项目在德苴乡塘子完小学落成，成为光华管理学院在弥渡县捐赠的第一所小学，同时也是在全国范围内落成的第60所博雅图书室。

6月16日，"第四届北大光华'一带一路'发展论坛"暨"北大光华创业训练营二期"开营仪式在光华西安分院举行。活动邀请共青团陕西省委、西安市科学技术局、西安曲江新区管委会、西安日报社等五家单位作为主办单位，联合西北工业大学等九所高校和中科创星等四家孵化平台作为合作支持单位共同打造属于创业者的盛会。

6月20日（北京时间），英国《金融时报》（Financial Times，简称FT）公布2016年金融硕士全球排名，光华管理学院金融硕士项目位列全球第15位，继续领跑亚洲商学院，成为亚洲唯一一个连续五年排名第一的金融硕士项目。

光华管理学院商务统计与经济计量学系陈松蹊教授当选国际数理统计学会理事会常务理事，任期为2016—2019年。国际数理统计学会（Institute of Mathematical Statistics，简称IMS，www.imstat.org）创立于1933年，总部设在美国，是最权威的全球性统计与概率国际学术组织之一。

7月18日，第五届北大光华"一带一路"发展论坛暨全球商学院高峰论坛在光华管理学院西安分院举行。论坛重点探讨"传统文化与现代社会：传承、融合、创新"和"全球化背景下的管理教育转型"两个主题。来自美国西北大学Kellogg商学院、加拿大约克大学Schulich商学院、德国WHU商学院、香港科技大学商学院、以色列特拉维夫大学Recanati商学院等全球顶级商学院的院长出席论坛并发表主旨演讲。

7月24至27日，"第一届DSI世界大会暨2016亚太DSI会议"在光华管理学院举行。本次活动由决策科学协会（Decision Sciences Institute）、亚太地区决策科学协会（Asia Pacific DSI）、北京大学光华管理学院、中国运筹学会随机服务与运作管理分会（ORSC-SSOM）共同主办，80多名来自美国、德国、日本、韩国、波兰、中东等国家与地区以及两岸三地的管理科学领域的研究学者以及青年学生们参加此次会议。

2016年里约奥运会开幕式中国代表团旗手由北大光华MBA校友、男子花剑运动员雷声担任，他是2012年奥运会男子花剑个人金牌获得者，也是中国奥运历史上第一个男子花剑金牌获得者。

9月24日，北大光华金融硕士项目十五周年庆典在光华管理学院举行。来自全国各地及海外的200余名金融硕士校友，与学院老师、在校同学共同出席活动。项目校友会启动。

10月21至23日，第十三届中国营销科学学术年会暨博士生论坛在光华管理学院召开。本届大会由《营销科学学报》主办，北京大学光华管理学院承办，中国高校市场学研究会协办，国家自然科学基金委员会管理科学部支持，大会主题为"变革时代的营销创新"。

10月24日，北大光华体育产业发展论坛召开，来自政界、学界、企业界、投资界等中外体育行业大咖齐聚光华，共同探讨与展望中国体育产业的未来。

10月28日，光华管理学院日本校友会成立大会暨2016

中日企业家高峰论坛在东京举办。日本前首相福田康夫、中国驻日本大使馆公使参赞院湘平、日中经济协会理事长冈本严等出席活动。

11月5日，北京大学金融与证券研究中心成立20周年座谈会在光华管理学院举行。

12月1日，北大光华管理学院深圳分院入驻深圳市龙岗区天安数码城签约仪式成功举行。

12月10日，第十八届北大光华新年论坛在北京大学举行。本届论坛的主题为"全球变局 中国策略"，汇聚时代人物，共议变化中的国际政治经济格局给中国带来的挑战和机遇。论坛结合热点话题举行四场平行分论坛，与会嘉宾分别就"全球变局下的投资策略——产业投资＆金融投资、体育的寓言与预言、中产崛起与中国未来、智能浪潮下的商业价值与机遇"等议题，展开深入探讨。

12月10日，光华管理学院与巴塞罗那足球俱乐部在北大光华第十八届新年论坛上签署战略合作协议，正式成立"北大光华-巴萨体育管理中心"。北大光华-巴萨体育管理中心旨在培养具有体育管理市场研究能力的高级管理者和未来商业领袖，也有望成为连接中国与世界体育产业沟通的桥梁。

12月29日，第五届吴玉章人文社会科学终身成就奖颁奖典礼在中国人民大学举行。本届终身成就奖分别授予教育部社会科学委员会委员陈先达教授、北京大学光华管理学院名誉院长厉以宁教授。中共中央政治局委员、国务院副总理、吴玉章基金委员会主任马凯为获奖者颁奖并发表贺词。

（光华管理学院）

人口研究所

【发展概况】 2016年人口研究所在编教职工20人，其中专职科研与教学人员16人，教授7人，副教授7人，博导7人，讲师2人。另有博士后在站研究人员3人，聘有国内外客座教授20余名。研究人员全部具有博士学位和海外学习培训背景，来自人口学、经济学、社会学、人类学、数学、计算机、医学、公共卫生、地理学、环境科学等多个学科。

【科研活动】 科研成果。人口所在多学科交叉研究领域成果产出较为丰富。2016年出版专著2部，参著2部，发表英文期刊论文25篇，中文期刊论文27篇。

科研项目。2016年全所共承担科研项目30项，所有项目均进展顺利，其中新立项项目如下：

郑晓瑛，科技化老龄照护系统的构建与实现——以使用者角度探讨科技化老龄照护系统的实现模式，国家自然科学基金，2016.1—2018.12。

陈功，残疾人需求专项调查数据评估，中国残联，2016—2017。

陈功，中国人口老龄化战略研究，国务院参事室，2016。

陈功，中国残疾人需求与服务数据动态更新报告，中国残疾人联合会，2016。

陈功，北京大学养老服务驿站建设与老年社工教育改革创新，北京大学，2016。

乔晓春，北京市居家养老服务设施摸底普查，北京市民政局，2016。

刘岚，北京市社区居家养老服务发展研究，北京市社会科学界联合会，2016。

张蕾，国家社科基金一般项目，中国社会经济转型时期的人口健康水平、预测及风险对策研究，2016.7—2018.12。

刘天俐，国家社科基金一般项目，"失独人群心理互助模式研究"，2016.1—2019.12。

科研奖励。郑晓瑛教授荣获发展中国家科学院颁发的TWAS-塞尔索·富尔塔多（Celso Furtado）社会科学奖并荣选为发展中国家科学院（TWAS）院士。2016年11月14日，发展中国家科学院第二十七届院士大会在卢旺达基加利市举行，来自全世界50多个国家和地区的科学家、科技部长以及其他科学团体、基金会、非政府组织的高层决策者等300多人出席大会。大会宣布40位来自17个国家和地区的新增院士名单。北京大学APEC健康科学研究院院长、北京大学人口研究所所长郑晓瑛教授因其在中国贫困地区开展的跨学科理论与实践工作对理解环境、医学和社会对人口健康与残疾的交互作用方面的突出贡献和杰出成就，增选为社会与经济学领域唯一的女院士。大会期间，郑晓瑛教授还领取了发展中国家科学院颁发的2015年度TWAS-塞尔索·富尔塔多（Celso Furtado）社会科学奖，为首次获得这一殊誉的中国高校学者。

重大科研活动。1. 促进APEC各经济体健康创新策略合作。2016年1月，北京大学亚太经合组织健康科学研究院（HeSAY）与来自世界12个国家共17个单位合作，共同成立生殖健康权利与政策国际学术联盟（ANSER）。11月30日，"性与生殖健康权利学术网络"（the Academic Network for Sexual and Reproductive Health and Rights，ANSER）落成仪式举行。北京大学HeSAY、清华大学和国家卫计委作为ANSER中国成员单位出席该会议。2月，HeSAY与悉尼大学合作开展西部留守儿童营养状况研究，该项目对我国留守儿童营养状况改善和提高人口素质具有重要意义。7月，北京大学亚太经合组织监管科学卓越中心试点培训项目"全球多中心临床试验及GCP相关考量"在北京大学成功举办，标志着筹建中的北京大学亚太经合组织监管科学卓越中心开始在中国和APEC地区的制药监管能力建设、协调与合作中发挥作用。9月，HeSAY与不列颠哥伦比亚大学、亚伯达大学和加拿大精神障碍社团签署合作建立APEC精神健康电子中心的协议。

2. 开展两岸老龄合作平台建设。2016年1月，人口研究所与台湾南开科技大学合作开展实施科技化老龄照护系统的构建与实现项目。项目力图回答实现中国老龄社会持续发展的基础科学问题，构建与实现科技化老龄照护系统，为我国应对老龄社会的经济、社会及公共政策应对提供理论指导和数据、方法支撑，为我国老龄学科建设研究队伍和培养领军人才，对形成具有中国情境的应对老龄社会的重大关键创新理论具有重要意义。9月24—26日，与中国人民大学老年学研究所共同承办第十三届世界华人地区长期照护研讨会，主题集中在大陆和台湾科技化老龄照护服务创新。11月7—8日，承办环太平洋大学联盟（APRU）"老龄创新与可持续发展"国际老龄论坛，为推动亚太地区老龄事业发展、老龄研究创新和老龄研究人才培养提供宝贵的交流平台。11月9日，与台湾东海大学成功签署合作备忘录，为推进两岸深入交流、推动老龄研究等奠定了坚实的基础。

3. 加强残疾人研究合作和交流。2016年1月16—17日，"第九届中国残疾人事业发展论坛"在北京大学召开。论坛由中国残疾人联合会、北京大学、中国残疾人事业发展研究会主办，北京大学人口研究所/北京大学中国残疾人事业发展研究中心承办，得到国务院研究室、国务院扶贫办、人力资源和社会保障部、教育部、国家卫生和计生委、民政部等有关部委的大力支持，共计300多人参加论坛。北京大学校长林建华，中国残联主席张海迪，国务院研究室副主任黄守宏，国务院扶贫办副主任洪天云，人力资源和社会保障部副部长、国家公务员局局长信长星等领导出席本次论坛的开幕式并为研究会年度优秀论文颁奖。11月25日，中国残疾人事业发展研究会全国理事会批准通过设立"残疾人口与统计专业委员会"和"残疾预防专业委员会"的申请，北京大学人口研究所副所长陈功教授和宋新明教授分别担任专业委员会的主任。11月26—27日，北京大学参与协办于天津南开大学举办的"第十届中国残疾人事业发展论坛"，论坛主题为"就业增收与残疾人全面小康"。会上北京大学党委副书记叶静漪教授以"中国残疾人劳动就业权益保护现状、问题和展望"为题做主旨发言。

【社会服务】 郑晓瑛教授担任第三世界妇女科学委员会（TWOWS）委员、亚太经合组织生命创新委员会（APEC/LSIF）委员、联合国人口基金专家委员会（中国）委员、科技部第二届中国人类遗传资源专家委员会专家组成员、外来务工子女健康发展督导委员会委员、国家人口计生委第七届专家委员会委员、残疾人事业发展研究会副会长、国际生命科学学会/CDC儿童早期发展问题委员会专家委员。

陈功教授担任全国残疾人需求与服务数据更新工作专家组组长、国家残疾预防实验区专家委员会副主任、国家残疾人需求和服务专项调查专家组组长、残疾预防国家行动计划编制专家组副组长、《农村残疾人扶贫开发规划（2011—2020年）》编制工作专家组专家、《残疾预防和残疾人康复条例》制定工作专家顾问组专家、国家信息和无障碍专家委员会技术专家、中国社会福利标准化技术委员会老年服务分技术委员会委员、中国老年学教学和研究专业委员会副主任兼秘书长、国家残疾人事业发展研究会副秘书长和常务理事、中国老龄产业协会常务理事、北京市老年学会常务理事兼副秘书长、北京市政府老龄咨询委员会专家、《残疾人研究》副主编。

宋新明教授担任国家残疾预防行动计划制定专家组成员、中国残疾人事业发展研究会常务理事。

乔晓春教授担任国家卫计委联合国人口基金项目专家组组长。

庞丽华副教授担任民建北京市委人口资源环境委员会委员，参加北京市人口规模调控和老龄化的调研和参政议政。

胡玉坤副教授担任中华女子学院中国妇女发展研究中心兼职研究员、北京大学人权研究与教育中心（虚体）成员、中国妇女研究会理事、中国家庭文化研究会常务理事。

武继磊副教授担任中国卫生信息学会卫生地理信息专业委员会特邀委员、学校民盟第九支部宣委、校民盟支部信息通讯员。

张蕾副教授担任中华预防医学会儿童伤害防制学组委员会委员（2015—2020）、中国残疾人事业发展研究会理事、中国优生科学协会青年委员会委员。

李宁博士副教授担任中国优生科学协会青年委员会委员。

【人才培养】 2016年，人口所有硕士研究生81人（含留学生1人，港澳台学生12人），博士研究生人47人（含留学生2人，港澳台学生5人）。为进一步满足国家关于加快推进养老、残疾服务业人才培养的需求，人口研究所于2016年招收社会工作（老年、残疾方向）专业硕士研究生22人。在学生的培养过程中，人口所积极创新，为学生的学习、社会实践和国际交流创造良好的平台。

1. 组织学生开展"无障碍校园建设""燕园社区居家养老服务驿站"等社会实践项目，增强学生的归属感和服务社会、服务北大、服务老年人和残疾人的责任心。

2. 2016年6月20—21日与哥伦比亚大学社会工作学院和弗吉尼亚联邦大学社会工作学院联合举办"中国老年社会工作教育：跨国师资能力提升研究会"，提升社会工作专业的师资水平，并提出"中国老龄师资能力提升计划"，即在未来3—5年通过开办暑期课程提供3000人左右的师资培训。

3. 2016年7月16—26日，33名师生赴台北、台中开展为期10天的两岸老龄福祉科技与服务管理暑期专业研修活动，完成"社区居家养老之健康促进""银发族的幼儿园-日间照料的商业解决方案""燕园街道养老助餐方案设计"和"重返聚光灯"的研习报告。

4. 2016年，博士生程云飞和硕士生石旸赴丹麦哥本哈根参加国际研究型大学联盟（IARU）全球暑期学校项目哥本哈根大学暑期课程。博士生黄国桂、程云飞，硕士生王本喜、袁倩兰分赴澳大利亚和美国参加学术会议。

【支部活动】 2016年，北京大学人口研究所党支部师生继续践行党的群众路线教育实践活动方针，定期召开领导班子民主生活会，努力把支部建设成为"讲政治、重公道、业务精、作风好"的模范支部。认真学习习近平总书记在全国高校思想政治工作会议发表的重要讲话和在会见第一届全国文明家庭代表时的重要讲话，学习中共中央、中共北京大学委员会和北京大学经济学院委员会发布的重要文件，拟定和落实《人口所'三重一大'决策制度实施办法》，全面加强党支部的规范化建设。

（人口研究所）

国家发展研究院

【发展概况】 国家发展研究院前身是北京大学中国经济研究中心，成立于1994年。随着更多经济学与管理学教授的加入、更多研究领域与研究中心的展开，2008年北京大学将中国经济研究中心整体升级为北京大学国家发展研究院。如今的北大国发院已经在中国经济研究中心基础上，同时拥有新结构经济学研究中心、健康老龄与发展研究中心、中国宏观经济研究中心、法律经济学研究中心、能源安全与国家发展研究中心、人力资本与国家政策研究中心、中国卫生经济研究中心、中国公共财政研究中心、中国健康发展研究中心、瑞意高等研究所等十多个研究中心以及BiMBA商学院。

【学科建设】 教学方面。2016年，习近平总书记在联合国宣布的重大工程南南合作与发展学院正式落户北京大学，并由北大国发院承办。4月举行南南合作与发展研究院成立仪式，9月正式开学，首期49名学员来自27个国家。2016年起正式招收本科生。成功开创体育商学项目，4月举办成立仪式，11月首期体育MBA班开学。

经济学硕士和博士项目。2016年入学博士新生18人，硕士新生38人。2016年共开设研究生课程32门，其中必修课8门，选修课24门，Workshop研习班13门，涵盖10个专业研究领域。教务部门大力组织博士生参加国际交流项目，2016年国发院资助派出学生8人，派出学校为牛津大学、哈佛大学、耶鲁大学、杜克大学、加拿大多伦多大学等。

经济学本科双学位。2016年校内校外合计录取733人，双学位、辅修、政经哲（PPE）各类在读学生共2194人。2016年度春季开课29班次，暑期开设2班次，秋季开课33班次。与纽约城市大学柏鲁克分校合作组织2016年暑期夏令营，30名学生在纽约完成两周的课程、参访与交流活动。组织西点军校MCLC论坛项目在北京大学的选拔工作。

MBA项目。在比利时弗拉瑞克商学院的基础上，新增英国名校伦敦大学学院（UCL）的合作，将共同开设工商管理硕士（MBA）课程项目，并将于2017年9月正式开学。此外，MBA项目在与福特汉姆大学（Fordham University）商学院和威斯康星大学（University of Wisconsin）商学院合作的第二学位项目之外，还与美国的乔治敦大学（Georgetown University）合作，为在校生提供到乔治敦大学商学院交换学习一个学期的机会。2016年国发院已选派3名优秀学生，并接收2名对方商学院的学生。

2016年，新开设的互联网时代的创新和变革模块包括商业模式的创新与重构、互联网+时代的企业创新：思维、方法与实践、大数据的应用与产品化、科技驱动、商业创新与投资机会四门课程，课程内容得到学生好评，深受学生欢迎。

科研方面。继2015年瑞意高等研究所与林毅夫老师的新结构经济学研究中心成立，黄益平老师的北京大学互联网金融研究中心与张维迎老师的市场与网络经济研究中心先后迁入北大国发院，加上张黎老师的商业创新与营销研究中心和宫玉振老师的东方战略与领导力研究中心，国发院的研究中心已经达到15个。2016年度发表SSCI文章56篇、CSSCI文章34篇。曾毅和Therese Hesketh的《中国普遍二孩的效应》（The Impact of China's Universal Two-child Policy）被国际医学顶级学术期刊《柳叶刀》（The Lancet）确定为封面文章。余淼杰发表在Economic Journal上的论文"Processing Trade, Tariff Reductions, and Firm Productivity: Evidence from Chinese Firms"获得"2016第十九届安子介国际贸易研究奖"优秀论文奖。马京晶的两篇学术论文"When Choosing the Best Brings out the Worst: Maximizing Increases Cheating Due to Greater Perceptions of Scarcity"和"He's Just Not That into Anyone: The Impact of Sex Fantasy on Attraction"被营销类国际顶级会议Association for Consumer Research Conference接受。余淼杰发表在Review of Economics and Statistics上的论文"Exports and Credit Constraints under Incomplete Information: Theory and Evidence from China"和张晓波发表在Journal of International Economics上的论文"Cluster-Based Industrialization in China: Financing and Performance"分别获得第六届"张培刚发展经济学优秀成果奖"。余淼杰获得英国皇家经济学会2015年度最佳论文奖的论文《关税削减、加工贸易与企业生产率：来自中国制造业企业的经验实证》入选全球"经济学与商学"领域全球前1% ESI（Essential Science Indicator）高被引论文。马京晶与美国学者合作的文章"It's Not Manly Being Green: The Role of Gender Identity Maintenance in Men's Avoidance of Environmentally-Friendly Behavior"，获得了The Audience Choice Award at the Qualtrics Insight Summit的殊荣。

智库方面。北大国发院一直是中国高校智库的典范和领军者。2016年正式成为国家高端智库建设首批试点单位。在资政方面，4月15日，李克强总理视察北京大学，首站就是到国发院考察智库工作。林毅夫、周其仁、姚洋、刘国恩、黄益平先后参加习近平总书记或李克强总理主持召开的工作座谈会并发言。2016年，北大国发院报送20多篇报告和课题，很多都得到国家领导人的直接批示或部委嘉奖。北大国发院在中美经济对话、格政、中国经济观察报告会、CCER-NBER年会等多个品牌论坛基础上，不断结合时势热点与重大研究，举办几十场研讨会，包括"首届国家发展论坛"、"企业家与契约文明——以万科为例"研讨会、"地方网约车发展与规制"研讨会、《政商关系报告》发布会等，还与媒体合作"朗润园看两会""惊蛰论坛""升级中国"等系列专题，尤其是林毅夫与张维迎老师的产业政策思辨会以及年底创办并举行的首届国家发展论坛，产生巨大的社会影响。

【学术交流】 国际学术交流方面。组织各种类型的活动，包括中美经济对话、合计28期"朗润·格政"系列讲座、3次中国经济观察系列报告会、严复经济学纪念讲座等，邀请著名学者、政界领袖、企业精英来北大演讲。2016年来访的海外嘉宾包括哈佛大学经济系Richard B. Freeman教授、耶鲁大学Samuel Kortum教授、布朗大学Anna Aizer教授、斯坦福大学Mark Duggan教授、美中关系全国委员会联席主席Carla Hill、主席Stephen Orlins等。

人才引进方面。2016年，引进集学术研究和管理实践为一身的陈春花教授。为完善教师队伍梯队和学科体系，学院不断引进青年教师，并向管理学和其他学科倾斜。2016年引进教学科研系列胡岿助理教授，聘任范保群研究员、袁宇菲副研究员和王勋助理研究员3位研究人员，加强学院智库建设研究工作。学院现有教育部长江特聘教授3位、中组部千人计划讲席教授1位、杰青学者2位、长江青年学者1位等。林毅夫老师聘为北京大学博雅讲席教授，周其仁老师聘为北京大学博雅资深讲席教授。为吸引和留住人才，学院利用社会捐赠设立多项讲座教授席位，奖励优秀学者。金光和发树讲座教授席位共聘任6位教授。为吸引优秀青年人才从事科研工作，2016年聘任3位在站博士后为博雅博士后；启动博雅博士后申请工作，招收2017年入职博士后研究人员。

【党建工作】 按照《北京大学在全体党员中开展"学党章党规、学系列讲话，做合格党员"学习教育的实施方案》精神，北京大学国家发展研究院领导班子制定本学院"两学一做"学习教育具体工作方案，院班子成员先后多次召开会议，组织学习讨论，统一思想认识，研究工作部署。学院大兴调查研究之风，为学生办实事；精简会议活动，切实改进会风，提高会议实效；厉行勤俭节约、反对浪费，杜绝奢靡之风，加强宣传，把好财务监管关。全面梳理已有的各项制度，必要时根据实际情况及时修订或做出补充。2016年6月5日学院教工党支部开展以"重温红色记忆，争做合格党员"为主题的党日活动，参观全国爱国主义教育基地平西人民抗日斗争纪念馆。

（国家发展研究院）

医学部

基础医学院

【发展概况】 学院概况。基础医学院前身是1954年成立的北京医学院基础医学部。历经60多年发展历程，学院已成为国内领先的、多层次基础医学教育、人类生命科学和疾病防治基础研究的教学科研基地。在教育部2012年第三轮学科评估中学院基础医学学科获排名第一。学院学科体系完备，现设13个学系、2个研究所、1个生物医学实验教学中心，拥有"生物学"和"基础医学"2个博士学位授权的一级学科（涵盖12个二级学科）和"中西医结合基础"二级学科，拥有6个部门或北京市重点实验室，2016年在编教职工407人。

学科建设。基础医学学科参加了教育部第四轮学科评估，完成评估材料编制、汇总、检查、上报、公示材料互查核验。完成医学生物化学与分子生物学及医学神经生物学系的学科国际评估，获得宝贵的评估经验和意见。系统生物医学研究所在国内首创系统生物医学二级学科，获北大学位委员会批准设立"系统生物医学"博士点。重点学科平台建设及跨学科研究项目获学校"一流大学专项"经费3100余万元，重点建设高通量基因测序、蛋白质组学/代谢组学质谱分析、转基因动物平台、活细胞工作站等前沿技术平台，持续培育"分子与转化医学协同创新中心"，启动参与"北大医疗产业园中心实验室"平台建设。分子心血管学教育部重点实验室、神经科学教育部重点实验室接受了教育部科技发展中心组织开展的5年定期评估；医学免疫学卫计委重点实验室、神经科学卫计委重点实验室接受了卫计委委托第三方评估机构中华医学会组织开展的5年定期评估。各实验室认真参评，成绩良好。

人才队伍建设。总结完成第一期"基础医学院青年教师导师制"项目，启动第二期项目。积极参与配合学校"北京大学青年医学科技创新发展联盟"创建工作。组织完成青年千人计划、长江学者计划、奖教金候选人推荐申报共19人次，还推荐上报2016年度青年人才支持计划人选54人。孔炜教授入选教育部2016年度"长江学者特聘教授"，2人入选国家"青年千人计划"并启动学校人才配套支持项目。

（杨 歌）

【本科生教学】 教学管理。招收基础医学专业新生79名；毕业17名，招收医学实验专业新生49名，毕业42名。完成毕业班专题实践和实习管理、毕业生资格审查和成绩归档，办理563名学生学籍处理和各种申请。加强教学质量监控，完善毕业论文全过程管理，严格审核本科毕业论文。继续教育工作成绩良好，全年接收教学、科研、技术进修和国内访问学者60人；举办校级继续医学教育项目24项，参加培训2212人次。

教育教学改革。完成教育部本科教学工作审核评估，得到教育部专家认可。完成基础医学专业长学制和医学实验专业本科生培养方案修订，推动以能力为导向的考核改革。深入实施新途径教改，总结改进理论、实验、PBL（Problem-Based Learning）教学和创新人才培养项目，广泛征集反馈教改意见及建议。完成17个PBL教学案例的课前培训、课后总结、专题讲座、教学评估和阶段考试，征集撰写新案例，规范PBL师资培训，获学校390万元改造升级PBL中心教室设备和网站。完成创新人才培养项目阶段结题、双向选择导师、设计实验项目中期检查和结题答辩评审，完善项目实施方案，改革项目立项与结题审评，加强学生学术交流。

实验教学中心建设。积极交流展示中心建设成果，参加全国医学类实验教学研讨会，完成实验教学中心教育部修购专项基建部分建设、绩效评价和2017年经费申请及购置计划。深化实验教学改革，推进虚拟实验室建设。

教学交流。派骨干教师10余人次参加教学会议，与国内医学院校进行互访和交流。组织召开第五届PBL全国交流研讨会，33个兄弟院校及教学医院160余位基础、临床教学人员参加研讨。推动本科生科研交流，选拔培训6名学生参加"第四届全国大学生基础医学创新论坛暨实验设计大赛"，全部获奖。作为教育部基础医学类专业教学指导委员会及基础医学学组主任委员单位，组织召开教指委和学组工作会议、"第十二届全国医学教育研讨会暨第二届全国基础医学青年教师讲课大赛"，推动全国基础医学教育教学改革和发展。

教学成果。李亦婧获"第六届全国医药院校青年教师教学基本功比赛"一等奖，初明获"第二届全国基础医学青年教师讲课大赛"特等奖。还获得校内教学优秀奖30余项。

（张燕）

【研究生培养】 研究生规模与招生。2016年基础医学院在读研究生共661名，其中博士生414名，硕士生245名。为提高生源质量，成功举办2016全国优秀大学生暑期夏令营，为期3天，师生充分交流、双向选择，38名优秀营员被录取为2017年推荐面试研究生。通过推荐免试、硕士统考、博士统考，顺利完成2016年硕士生及博士生招生任务，共招收81名硕士、71名博士生。

研究生培养与学位授予。组织开设70门研究生课程，落实课程经费、排课、选课等课程管理工作。承担研究生教务与学籍、档案信息等管理，完成约200名研究生毕业文档收集、录入、审核，编辑毕业研究生文集，办理公派出国及专业学位研究生阶段考核等工作。

完成117名博士生及68名硕士生的答辩审批、毕业论文审核整理、学位及优秀博士生论文申报。组织院校学位论文双盲审，其中博士52名，硕士16名。本年度共授予硕士学位67人，博士学位99人。6名学生获得北京大学优秀博士生论文。

研究生教育管理。加强育人队伍建设，选拔培训研究生班主任和心理观察员。充分发挥研究生党总支作用，指导支委换届，组织研究生入党积极分子党课，发展研究生预备党员18人，预备党员转正2人。完成研究生会干部改选及班干部、团干部改选。组织丰富多彩的宣教、文体、学术、科技、实践、公益等研究生活动，打造精品学生活动，满足研究生的日常需求，促进学生德智体全面发展。

完成研究生各类评奖评优、奖助发放、贷款、保险、困难补助、卫生健康、心理辅导、应急处理等工作。办理研究生助研津贴每月平均68余万元。

（李平风）

【科研工作】 科研项目及经费。2016年基础医学院新批各类科技项目92项，批准或签约科研经费6857万元。科技部首批重点研发计划项目启动实施，尹玉新教授、章京教授牵头申报的项目批准立项。另有6项重点研发计划课题和1项科技支撑计划课题获批实施。2016年获批科技部项目课题明显增加，共9项，批准财政经费2431万元。国家自然科学基金仍是我院科研项目来源主渠道，2016年共获批NSFC项目41项，中标率为37.1%，直接经费合计2476万元，其中获批重点项目、重点国际合作研究项目各1项。

全院承担各类在研科技项目377项，到位科研经费约7000余万元，在研科技项目来源以国家基金委和科技部资助的国家级项目为主。尚永丰院士作为首席科学家的973计划项目通过结题验收，被评为"优秀"。

科研成果。2016年全院发表论文390篇。其中以第一作者或通讯作者单位发表SCI（Science Citation Index）论文219篇，期刊平均IF（Impact Factor）4.95，IF>9高影响论文20篇，论文水平和学术影响力持续提升。全院发表作为合作单位的SCI论文77篇，在国内核心期刊发表论文94篇，发表综述41篇，会议论文28篇。出版专著、教材30部，其中主编4部，副主编2部，参编24部。

王凡教授团队"新型特异性肿瘤显像剂"获中国科协颁发的"全国科技工作者创新创业大赛金奖"，孔炜获中组部、人社部、中国科协颁发的"第十四届中国青年科技奖"。作为合作单位获省部级科技奖6项。全院获得授权国家发明专利5项及实用新型专利2项，美国发明专利2项，欧洲发明专利1项。

学术交流。2016年全院主办/联合主办国际学术会议6次，主办国内学术会议8次，举办校内学术报告212次，参加人数万余人次。

41位教师在国际国内学术组织和刊物新任73个学术兼职。其中，韩晶岩连任*Microcirculation*副主编；杨宝学出任中国药理学会肾脏药理学专业委员会主任委员；孔炜出任中国生理学会基质生物学专业委员会主任委员。

（孙　宏）

【党建工作】 完成上级党委部署任务。开展33个党支部和526名党员民主评议工作；扎实开展党员党组织关系排查、党费统计、新生/毕业生党员党组织关系转入转出、党员组织发展；组织"两学一做"学习教育，配合学校督导检查，落实查摆整改工作，开展"北京市高校党员先锋工程实施计划"，组织"做合格党员"主题党日和讨论；完成党员爱心捐款、统战等工作；认真开展党风廉政建设，建立责任制，完成年度自查整改，严明纪律，加强问题防范。

思想政治教育。把党建和思想政治工作与推进学院中心工作紧密结合，打造团结和谐积极向上的学院文化，加强优秀人物先进事迹宣传。突出党员思想作风建设，开展党的先进性教育和党内评先表彰，充分发挥党员先锋模范带头作用，2016年共表彰和奖励22位优秀党员、9个优秀党支部和5位优秀党支部书记。组织全院党员开展党章党史、党规党纪知识和习近平总书记系列讲话精神的学习、答题活动。

干部队伍建设。学院党委致力于打造团结有力的领导班子和干部队伍，积极推行"院务公开""党务公开"制度，自觉坚持民主集中制，按照"三重一大"规定开展学院和各系所管理工作，坚持院长书记办公会集体讨论决策制度。

基层党组织建设。强化基层党支部建设，合理设置党支部，加强党支部工作指导和监督，指导推进到期党支部换届，选好配强支部书记。党支部书记参加学系中心组工作，参与学系重大事项讨论决定，围绕学系发展发挥支部和党员先锋带头作用。组织基层党支部工作培训，提高基层党务干部工作素质水平，建立党支部书记例会制度，足额下拨、监管使用党支部活动专项经费。

（马炳娜）

【行政工作】 院系治理。完善、运行院长书记办公会、学术委员会、教学委员会、学位委员会等管理体系，全面推进学院学科建设、系所发展、科研教学等各项工作，科学决策、审核监管学院改革发展等重大事项，改进提高学院的管理服务效率和水平。组织整合各二级学科规划，编写制定并启动实施《北京大学基础医学学科发展规划（2016—2020）》。

人事工作。完成2015—2016年度"985专项"岗位聘任工作，上岗总人数353人，其中A岗44人，B岗140人，C岗169人。完成2016年度毕业生接收工作，共接收毕业生6人。办理教工调出4人，调入1人，退休8人。完成高中初级职称评审，其中高级职称16人申报，批准晋升13人。

外事工作。完成教工出国人员程序审批，邀请海外学者来校讲学及科研交流20人，办理出国研修或合作交流8人。

工会工作。组织召开基础医学院第四届第二次教代会，组织教工代表参加学校教代会，积极提交代表提案。参加海淀区人大代表换届选举。做好离退休教职工健康保健、困难补助、慰问关怀、丧葬抚恤等工作。学院工会工作受到好评，生理学与病理生理学系获得北京大学"模范职工小家"荣誉称号。

（杨　歌）

【学生工作】 学生工作规范化。落实班级交班制度精致化，制定统一交班表格，全面交接班级情况、学生信息。加强奖学金评定规范化，制定奖学金奖励综合评估实施细则，完成奖学金奖励评定，261名学生获得奖学金，208名学生获得奖励称号。助学工作系统化，进行家庭经济困难学生认定，组织培训贫困学生使用资助中心新系统，在线填报助学信息，201人次获得各种助学金，没有一名学生因家庭经济困难而中止学业。就业指导工作细致化，做好基础医学专业和医学实验技术专业毕业班学生保研与就业指导，完成毕业生装档、派遣等工作。

学生思想政治教育系统化。落实《大学生思想道德修养与法律基础》课程教学任务，开展一系列爱国主义教育、集体主义教育、爱校教育和三观教育。完成了478名学生入学教育和361名学生毕业就业教育。

成立个性化辅导小组，对重点学生、困难学生、问题学生的思想及学业进行重点关注、定期谈话、个性化辅导。开展心理健康教育，对思想偏激、心理脆弱、经济困难、学业困难、学籍异动、生活独立"六类"重点学生建立档案，进行观察辅导，分类管理。

实践育人。发挥本科生党总支与学生团学联两个平台作用，打造院系特色品牌活动。开办入党积极分子培训班、学生党员理论知识辅导，组织党团日活动、学生党课活动、医学职业精神教育、文体、科普、社会实践、创新创业、高校交流等活动，开展健康宣教、义诊、"雷锋月"等社会公益活动，实现学生活动"项目化管理"，提高学生综合素质。

开设"早期基层医疗实践课"。组织19支本科生暑期社会实践团队340余人赴各地参加社会实践，获评一批学校社会实践优秀团队和优秀个人。

全员育人。实施"新生成长领航人项目"，聘请院校党政领导干部、优秀青年教师担任新生成长领航人，帮助学生适应大学生活，培养良好的学习习惯和专业思想。建立辅导员专业化队伍，做好专兼职辅导员和学生工作人员教育培训，开展学生工作理论研究，提高全员育人能力。开展"传承 筑梦 起航"学生发展助力项目，聘请校外兼职班主任，发挥校友资源和社会育人功效。

（赵　姗）

药学院

【教职工人员情况】 学院在岗教职工人员总数180人，其中正高职称46人（教授36人，研究员9人，编审1人），副高职称 55 人（副教授 45 人，副研究员 7 人，副主任技师 2 人，副编审 1 人），中级职称 73 人（讲师 35 人，助研 22 人，主管技师 16 人），初级职称 4 人，工人 1 人。学院专任教师 141 人，占总数的 78%。学院现有院士 2 人，长江学者 4 人，杰出青年 6 人，青年千人 5 人，青年拔尖人才 1 人，青年长江学者 1 人，优青 5 人，跨世纪新世纪人才 12 人。离退休人员 145 人。

（王 珣）

【教育教学】 本科生培养。接受教育部本科审核评估，完成迎评工作；修订完成 2016 级本科阶段培养方案和教学计划；新增《科研训练课程》，并制定了《2015 级本科生〈科研训练课程〉实施方案》，增加了学生在选择学科、导师以及修读时间等方面的自主选择权；首次设立"卓越教改基金"，由学生投票评选出 5 位教学优秀教师，获得学院提供的教改基金，用于课程的进一步完善；学院获得教育部"修购项目"500 万元经费支持，用于本科生实验教学条件改善。

研究生教育。继续探索研究生招生改革，首次独立组织了全国优秀大学生暑期夏令营。积极探索对外办学模式，和澳门理工学院签订了合作培养药学硕士专业学位研究生的办学协议书。顺利完成全国第四次学科评估的材料报送工作，继续深化研究生招生指标分配方式改革，开展研究生国家奖学金评审流程的改革。

继续教育。药事管理与临床药学系开办的"县级公立医院药事综合改革人才培养项目"和"药物经济学研究与实践培训班"获得国家级继续教育项目；2018 年开始停招夜大学生。

教学改革。学院教师主编教材 1 部，副主编教材及配套教材 2 部，参编教材及配套教材 15 部；获得医学部级教学个人奖 19 项；获得北京大学教学优秀奖 1 项；"天然药物化学教学团队"获得医学部优秀教学团队；范田园副教授及其团队以教改项目"明胶微球的制备"夺得了首届"医药院校药学/中药学大学生创新创业暨实验教学改革大赛"特等奖。

（赵恒英、陈 欣、崔博华、黄燕清）

【科学研究】 承担国家重大科研任务能力和创新药物研发能力不断加强。获国家自然科学基金资助 32 项（包括 2 项重点项目和 1 项重大项目课题），面上基金申请项目的资助率达到 52.38%，远高于全委面上项目的平均资助率（22.87%）；其他类科研项目 20 余项，批准总经费 7600 余万元。焦宁负责的"氮、氧自由基的环境友好引发及其在含氮、含氧化合物合成中的应用"、林文翰负责的"海洋微生物来源新型抗流感病毒先导分子的发现与作用机制研究"项目分别获得了国家自然科学基金重点项目支持，张强负责的"生物大分子药物高效递释系统的释药机制"获得了国家自然科学基金重大项目课题支持。周德敏主持的"信号转导过程中蛋白质机器的活细胞标记与在体调控"子课题获国家重点研发计划"蛋白质机器与生命过程调控"专项支持。

围绕学科前沿和服务国家重大需求的研究成果显著。在药学领域的代表性杂志上（Science, J. Med. Chem., J. Nat. Prod., J. Am. Chem. Soc., Angew. Chem. Int. Biomaterials 等）发表论文 200 余篇。学院申请国内外专利 42 项，获得授权专利 30 项。

（王铁军）

【人才队伍建设】 稳步推进教师队伍分系列管理和新老体制的融合工作，对学院内系室、岗位的人员进行调整。成立人事改革方案制定工作小组，制定《药学院人事综合改革方案（第一稿）》，完成了院士以及部分长江、部分杰青转入新体制的工作。

2 人入选国家第十二批"千人计划"青年人才，焦宁、汤新景分别入选教育部长江学者特聘教授和青年学者，汪贻广获基金委优秀青年基金项目。张强牵头的"载体给药系统的分子药剂学研究"教育部创新团队获得滚动支持，屠鹏飞、杨秀伟、吕万良连续入选爱思唯尔（Elsevier）高被引学者榜单。

（王 珣、王铁军）

【对外合作交流工作】 与泰国东亚大学药学院签署合作协议书。康涅狄格大学药学院师生第 9 次来药学院进行为期 5 周的交流学习。

（王 珣）

【行政管理工作】 组织完成药学楼的腾挪搬迁工作，药学楼装修改造工程于 2016 年 7 月 30 日如期启动；协调解决北清路各类问题，确保师生正常学习和工作；配合完成药学楼实验台及办公家具的招标工作。药学楼装修改造工程进展顺利并计划于 2017 年 8 月完工。

补充学院液晶显示屏分布点，建立北京大学药学院官方微信订阅号，启动新一轮药学院网站改版工作，推动学院信息化管理进程。

实施实验室安全准入制度，完善安全检查制度，制定学院药学院公共区域安全检查项目表、药学院实验室安全检查项目表，组织学生安全助管定期检查，构建学院安全管理的长效机制。加强学院安全硬件建设，为国重 1 号楼安装烟感报警系统，为卫生楼和国重 1 号楼安全通道门安装一键式释放门禁。

配合做好肖家河教师住宅的配售工作，学院有 76 人申购肖家河教师住宅。

（郭敏杰、马小艳、乔 康）

【党建工作】 完成药学院党委换届，全面回顾总结学院党委工作。12 月 1 日召开中国共产党北京大学药学院第三次党员大会，回顾总结了上届党委的工作，选举产生了新一届中国共产党北京大学药学院委员会。

深入学习党的十八大、十八届六中全会精神，开展创先争优活动。张强被评为"北京大学优秀共产党员标兵"，研究生党总支第四党支部和药剂学系党支部被评为"北京大学先进支部",齐宪荣被评为"医学部优秀党支部书记"。

深入开展"两学一做"学习教育,提升师生党员理论思想水平。制定药学院开展"学党章党规、学系列讲话,做合格党员"学习教育工作方案,集中对党员组织关系排查,组织开展学院"两学一做"学习教育知识竞赛,组织"立足岗位、恪尽职守,做新时期合格党员"大讨论,邀请马克思主义学院孙熙国院长做"增强看家本领,做合格共产党员"报告,组织"两学一做"学习教育问题查摆、整改工作,深入推进"两学一做"学习教育,务求学出真知,学出实效。

强化支部书记及党员教育培训,严格开展党员发展工作。组织党政领导班子成员、党委委员、系党支部书记及骨干师生赴中国国家博物馆,参观"信念·精神·传承——纪念红军长征胜利80周年大型馆藏文物展"。推荐党支部书记参加培训班,累计参训13人次;配合组织部完成三次党员发展对象培训班,师生37人次参加;开展药学院积极分子培训班,研究生和本科生52人参加。共发展党员25人,其中,本科生党员9人,研究生党员14人,教职工党员2人。

开展"做合格党员,为党旗增辉"主题党日活动,推进支部工作创新。全院各级党组织认真开展"做合格党员,为党旗增辉"主题党日活动,以实际行动带动支部和学院的健康发展。

承担党建课题研究工作,推动理论研究与工作实践的融合。院党委完成4项医学部党建立项研究课题,其中Ⅰ类重点课题3项、Ⅱ类一般课题1项。通过课题的开展,提升学院的党建研究、学生管理、统战及信息工作。

(乔 康)

【学生工作】 扎实开展学生党建与思想政治教育工作,切实做好学生管理和服务。加强学生思想政治教育,学生党总支和研究生党总支组织参观卢沟桥、中国人民抗日战争纪念馆等主题党团日活动,开展红色"1+1"共建活动和新生初级党课专项工作。坚持新生导师制25年,全面推动全员育人理念。团委组织12支社会实践队伍近200名同学参加了活动,通过实施"素质教育学分记录"落实高校"第二课堂成绩单制度"要求,配合学院组织药学实验技能竞赛、药学大讲堂等工作,学院团委被评为"北京大学医学部五四红旗团委"。

(陈 平、邹晓民)

【宣传工作】 配合学院中心工作,推进宣传思想工作深入人心。贯彻落实《关于进一步加强和改进新形势下高校宣传思想工作的意见》,做好党的理论知识和方针政策的宣传教育。开展"药学院良师益友"评选活动,加强师德师风、教风学风建设的宣传工作。

(乔 康)

【工会工作】 充分发挥工会作用,开创工会工作新格局。完成海淀区人大代表换届选举工作,分子与细胞药理学系通过北京大学模范职工小家验收,"关注身心健康,走向幸福生活——提升教师职业幸福感工作坊"获医学部工会权益杯优秀活动,《药学院青年教师压力来源及其辅导策略探索——基于积极心理学的视角》获医学部工会理论调研课题立项。

(李晓菲)

【纪检监察工作】 做好学院党风廉政和反腐倡廉工作,在系室开展风险防控试点工作。强化落实党风廉政建设中学院党委的主体责任,健全领导工作机制,在院级领导层面建立"一岗双责"制度。以天然药物及仿生药物国家重点实验室作为试点单位,建立了"三重一大"和核心组会议制度,完善党风廉政风险防控体系向系室延伸工作,使学院党风廉政分级责任制度化、规范化。

(乔 康)

【学科建设】 学科国际影响力继续加强。2015年USNEWS药学学科全球排名第31位,2016年QS药学学科全球排名第42位,均居中国大陆首位。

周德敏/张礼和研究团队完成的"Generation of Influenza A Viruses as Live but Replication-Incompetent Virus Vaccines"在国际顶级期刊 Science 发表,全球最大的科技新闻工作站 SciPak 将该成果向全球媒体发布,新华社、《纽约时报》、《华尔街日报》、加拿大广播公司和香港《南华早报》等媒体相继报道,Nature 杂志也对此突破性进展给予了高度评述。

屠鹏飞主持的"管花肉苁蓉及其寄主梭梭高产稳产技术与大规模推广"项目获得教育部科技进步奖-推广类奖项;在新疆南疆和内蒙古西部大规模推广沙生植物、名贵中药材肉苁蓉及其寄主植物的种植,开创荒漠地区精准扶贫新模式,入选2016年全国脱贫攻坚奖创新奖。

(王铁军)

表5-17 2016年药学院各类学生情况

学生类别	毕业(人)	招生(人)	在校(人)
硕士生(专业学位)	164(44)	79(44)	404(134)
博士生	43	50	191
在职读学位	5	11	40
本科生(长学制)	114	120	454
夜大专升本	112	96	300
合计	438(44)	356(44)	1389(134)

(陈 欣、赵帼英、崔博华、黄燕清)

公共卫生学院

【发展概况】 北京大学公共卫生学院始建于1931年,前身为国立北平大学医学院卫生学教研室。1952年,全国高校院系调整，北京大学医学院脱离北京大学独立建院，1956年更名为北京医学院公共卫生学系。1985年更名为北京医科大学公共卫生学院。2000年北京医科大学与北京大学合并，组建新的北京大学，北京医科大学更名为北京大学医学部，公共卫生学院为北京大学医学部的一部分。

【队伍建设】 公共卫生学院有教职工174人，其中在编教工172人，在编教师133人，教辅25人，管理人员14人。教师高级职称88人，教辅和行政高级职称8人，高级职称占教工总人数的53.49%。教师中具有博士学位的共计101人，占教师总数的75.9%。有9名教师为在职攻读博士学位。新聘兼职教授1人，医学部兼职教授1人。接收应届毕业生5人，其中进入医学部培育计划人选3人，教辅岗1人，行政管理岗1人，新体制人才引进2人。2016年度已退休3人。2016年全院有5人申请高级专业技术职务，2人通过正高职称，2人通过副高职称，有1人没有通过评审。四位申报人均已顺利通过医学部学术委员会的评审。2016年公共卫生学院有3名教师、1名教辅确认中级职称。公共卫生学院现有在编教师133人，现有教师的职称结构为正高44人，副高44人，中级职称45人。方正教师优秀奖：刘民；仲外医学奖教金：马军；黄廷芳/信和青年杰出学者奖：王云、卢庆彬；第十七届吴阶平－保罗·杨森医学奖：詹思延。

【合作交流】 2016年6月开展"中芬食品营养、质量与安全教学培训交流项目"，中芬学者分别就食品与营养、食品安全与立法、食品卫生与安全控制、风险评估、食品生产与安全等多个方面进行详细汇报。

5月乔治全球健康研究院院长与来自公共卫生学院各系的教师代表进行亲切的交流，积极推进后续的合作交流，为全球健康服务是双方的共识。

9月"2016全国药物流行病学学术年会"召开，主题是"循证精准互补 安全有效并重"，强调循证理念和科学研究方法，关注精准医学与个性化治疗，利用循证、科学的方法研究临床合理用药及其相关问题，探索临床医师和临床药师协同推进临床合理用药。

"第八届全球卫生外交高级培训班"于10月17日至21日在江苏无锡举办。培训班旨在提高卫生外交政策理论和实践水平，加强卫生外交队伍的能力建设，促进不同部门之间的交流与合作，共同推进中国全球卫生事业发展。

2016年12月，妇女与儿童青少年卫生学系主办"2016中国妇幼卫生发展研讨会"。会上对中国妇幼卫生的经验、热点问题和研究进展进行讨论与交流，促进中国妇幼卫生工作的发展，提高妇女和儿童的健康水平。

【教育教学】 公共卫生学院教育教学改革围绕《目标为导向的公共卫生教育改革》已经取得阶段性成果。

学院对预防医学培养计划和教学大纲进行修订，根据具体情况，分步实施，形成具有公共卫生教育特色的实验课综合教学。

医学部教学研究课题所有重点立项项目全部结题，一般立项项目有四项延期执行。大学生科创项目从2017年起直接将经费拨付各个学院，由学院组织学生的申请及批复相关工作。

郭岩教授荣获北京大学医学部桃李奖，胡永华教授荣获北京大学医学部教学名师奖，马军教授荣获北京大学教学优秀奖，王洪源副研究员荣获北京大学教学优秀奖（研究生部分），康晓平教授等14位教师被评为北京大学医学部优秀教师奖，许雅君教授带领的"营养与食品安全"教学团队荣获北京大学医学部优秀教学团队奖。全球卫生学系的陈鹤和卫生检验学系（筹）的卢庆彬荣获比赛一等奖。

学院确定在2017年开始试点招生公共卫生博士培养。初步形成培养方案试行稿，基本建立适应于专业学位培养要求的课程体系。自2017年起，非全日制硕士培养与全日制硕士培养完全并轨，从招生、培养过程及毕业各个环节要求趋同。基于国家教育部的要求，学院组织专家撰写新的招生简章、新的研究生培养方案。学院决定从2017年起，对于盲评没有抽到的学生在正式申请答辩之前，由学院统一组织预答辩，根据论文工作情况决定是否同意申请答辩。同样，对于非全日制MPH学生的培养开始采取统一开题、统一答辩的管理模式。双语教学兴趣小组共举办活动六次，举办五次教学沙龙。

【科学研究】 公共卫生学院共获得科研项目193项，总金额为8599.31万元。获科技部项目16项，金额3824.65.65万元，其中重大项目1项，金额1032万元，重点研发计划课题8项，金额2619.62万元；获国家自然科学基金项目20项，金额884.30万元，其中重大研发计划1项，52万元，面上等13项，金额469.3万元；发表中文论文295篇、英文论文170篇（其中被SCI收录的有158篇），全年共发表论文合计465篇。英文论文中影响因子在3—10之间的有57篇，影响因子在10以上的有13篇。学院各系所获得医学部公共卫生与预防医学创新平台资金642.2万元，为实验室建设、科学研究、人才培养创造条件，进一步促进学科建设发展。2016年公共卫生学院继续实施青年人才支持计划：黄婧、高文静、纪颖、李宏田、刘菊芬、宋逸、孙凤、唐迅、王琳琳、武轶群、余灿清、周虹、邹志勇13位年轻教师得到计划资金支持。

【党建工作】 "两学一做"专题教育。公共卫生学院党委于2016年5月10日全面启动"学党章党规、学系列讲话，做合格党员"学习教育活动。党委研究制定并下发《北京大学公共卫生学院关于开展"学党章党规、学系列讲话，做合格党员"学习教育工作方案》，成立学习教育协调小组，党委书记任组长，党委办公室负责学习教育日常协调工作。以党支部为单位组织开展党员民主评议和党支部评议考核工作。在评议考核基础上推选表彰一批优秀共产党员、先进党支部和优秀党支部书记。举办建党95周年党的历史暨党规党纪知识答题活动。学院师生代表在医学部庆祝建党95周年知识竞赛上荣获二等奖，学院党委获优秀组织奖。学院党委于2016年6月30日组织召开"两学一做"专题教育暨建党95周年离退休党员座谈会。在全体党员中组织开展以"做合格党员，为党旗增辉"为主题的党日活动，在全院党员中开展"立足岗位、恪尽职守、做新时期合格党员"大讨论活动。于2016年11月21—23日组织学院各系、所、中心及各教工党支部负责人共39人，赴延安东方红干部培训学院培训。在培训期间各学系负责人就本学科发展规划进行研讨交流。

党委换届。中国共产党北京大学公共卫生学院第四次党员大会于2016年12月15日召开。应到会党员337名，实到会307名，以无记名投票方式进行选举，7名同志当选为中共北京大学公共卫生学院第四届委员会委员（按姓氏笔画为序）：王志锋、任涛、陈娟、罗昊、郝卫东、郭新彪、詹思延。党员大会闭幕后，中共北京大学公共卫生学院第四届委员会即召开第一次全体会议，进行中共北京大学公共卫生学院委员会书记、副书记的选举。会议应到会委员7名，实到会7名，发出书记、副书记选票各7张，收回书记、副书记选票各7张，其中书记、副书记选票有效票各7张，郝卫东当选党委书记，陈娟、詹思延当选副书记。

【学生工作】以党员教育引领学生思想政治教育方向。学生党总支对学生党员的教育始终依据党的最新理论政策，结合重要纪念日节点，有组织地系统开展。为深入推进"两学一做"学习教育，把党的思想政治建设抓在日常，不断强化党员宗旨观念，学生党总支组织各学生党支部创新理论学习方式，开展载体丰富的主题教育活动，充分发挥党员先锋模范作用。各支部还通过开展实地参观学习活动，铭记先辈，重温党的历史。

以服务学生为出发点，于服务中发挥学生工作的教育、管理职能。学生办公室举办"北医卫86助学基金"发放仪式与校友的交流，2016年本科生共组建15支社会实践团队，135名学生参与。

创新团学工作，营造公卫文化氛围，提升学生综合素质。公共卫生名家讲坛邀请到柯杨教授进行"我眼中的公共卫生学科"报告，以及饶克勤教授进行"健康中国研究"主题报告。"预防艾滋病宣传周"活动已坚持14年，成为公卫学生活动的品牌和代表。团委举办"唱响青春，畅想卫来"五四合唱比赛。邀请国家妇幼保健中心国际合作部主任、中国-WHO合作基金会项目办主任董胜利老师作为主讲嘉宾，以"学生干部领导力发展"为题，结合公共卫生专业的特点，总结卫生领导力的五个新要素，并深入分析如何有效进行领导力的培养与发展。学生干部素质拓展训练在顺义区北京国际青年营顺鑫营地开展。

公共卫生学院于2016年6月启动学生综合素质测评工作，在评审小组的领导下，学生办公室组织动员，布置具体工作，向相关学生进行充分的动员和说明。组织各班于7—9月进行评估工作，对每位学生做出综合评价。

公共卫生学院团委荣获"北京大学医学部红旗团委"称号；张景怡获得北京大学优秀德育工作奖；曹炜、孟莹被评为北京大学第六届十佳学生党支部书记。毕业晚宴暨红毯仪式上，2016届毕业生们逐一踏过红毯，师生共同参加毕业晚宴。成功主办第十三届预防艾滋病宣传周活动。组织"北医卫86助学基金"捐赠仪式。

（罗　昊、刘　杰）

护理学院

【发展概况】发展历程。北京大学护理学院的前身北京医科大学护理系成立于1984年，1999年成立北京医科大学护理学院，2000年更名为北京大学护理学院。

组织机构。筹建并成立北京大学护理学实验教学中心。

学科建设。北京大学是全国首批恢复招收高等护理专业本科生的院校之一，1985年首批招收高等护理专业本科生，1990年成为国内第一个护理学硕士学位授权单位，2010年成为护理学博士学位授权单位，2014年成为博士后科研流动站。学科总体水平处于国内领先地位，是教育部高等学校护理学专业本科教学指导委员会主任委员单位，全国医学专业学位研究生教学指导委员会护理学分委会牵头单位。年内，进入QS世界大学学科排行榜（QS排行榜首次纳入护理学科）全球百强之列。2016年，根据北大建设"双一流"大学的战略设计，护理学院明确了建设"世界一流"的护理学科定位。完成第四轮护理学科评估信息报送工作。

队伍建设。2016年，正高职称人员为7人，副高为17人。首次招聘1位博士后研究人员入站工作。制定985专项岗位引导津贴分配指标体系，并开展评分和分配工作。3名双肩挑管理人员转入ABC岗，1名ABC岗人员转入职员岗。王志稳获黄廷芳/信和青年杰出学者奖；陆虹获北京大学仲外医学基金奖。管静获北京大学医学部"青年岗位能手"荣誉称号。

【教学工作】护理学院承担着护理学博士、硕士、本科三个层次六个轨道的教育教学以及继续教育工作。

学生人数。在校生912人，其中研究生97人（全日制硕士研究生53人、博士11人，在职硕士研究生30人）、本科生815人（本科393人、夜本386人、自考本科36人）、高访及进修教师14人。

培养方案。审议新增护理硕士专业学位"肿瘤护理学、护理管理学"方向培养方案。完成护理学专业本科培养方案、教学大纲、课程简介、教学实习和阶段实习大纲、毕业实习指导手册修订工作。新增2周强化技能训练课程，并在

2013级进行了一轮教学运行。制订助产本科培养方案，2016年起在2013级本科生中进行助产方向的培养。

教学改革。按部署完成硕士研究生考试招生改革，完成了首次自命题护理综合考试大纲制定工作。为保障学位论文质量，自2017年起试行研究生学位论文匿名评阅。举行学院全体研究生导师培训会。

教学资源。根据《临床护理教学基地准入指标体系评价标准》和《社区护理教学基地准入指标体系评价标准》实地考察了5家申请单位。举办"北京大学护理学院教学基地授牌仪式"，为香港大学深圳医院等10家单位授牌。至此，可承担护理学院教学实践任务基地达23家，极大地丰富了临床教学资源。

教学获奖。李明子获北京大学医学部第四届"良师益友"奖；陆虹获北京大学医学部师德先进个人及北京大学仲外医学基金奖；韩凤萍、杨萍、王志稳、魏征新、耿笑微、金晓燕、郭桂芳获北京大学医学部优秀教学奖。杨园园获北京大学第十六届青年教师教学基本功比赛（医科类）三等奖；王志稳获黄廷芳/信和青年杰出者奖。

教材出版。推荐教师参与人民卫生出版社"十三五"普通高等教育国家级规划教材编写工作，25人次教师参与相关规划教材编写，其中，12人次为主编、副主编，13人次为编者。

教学审核评估。组织完成第四次护理学科评估工作，完成数据收集、筛选和整理汇总和上报工作。组织完成护理学院迎接教育部本科教学审核评估工作，系统总结学院本科教学状况，并组织督导组对学院本科教学档案材料开展检查。

【科研工作】 项目数量。2016年度新增各级科研项目28项，其中包括国家自然科学基金面上项目1项、青年项目1项，新增科研经费371.49万元；在研项目共58项，经费共计558.82万元。

科研成果。以第一作者/通讯作者在国内外期刊发表论文79篇，其中SCI论文10篇。

【学生工作】 就业工作。开展本科生就业推进计划：赴北京、广州、杭州以及学生家乡所在地医院用人单位调研，了解用人需求，反馈给毕业生；组织学生参加各类招聘会；邀请中华护理学会副理事长张洪君进行就业面试技巧培训；组织护理学院2017届毕业生专场招聘会。

新生教育。实施"不忘初心、继续前进"系列新生成长计划，为学生早期了解专业搭建平台，包括：医路守护——北大医院、北大三院、阜外医院感受医院环境、体验护理文化；成长心路——优秀毕业生与新生面对面交流，诠释护理价值的真正含义；高年级学生导生制——成立跨年级学习生活小组，解答新生同学们对于大学生活的迷茫与困惑；观摩学生个人和集体评审大会——向先进个人和集体学习，了解大学生活；新生安全教育—组织学生参观"中国消防博物馆"、聆听"安全防范"讲座、参加"校园消防演习"。

专业素质教育。开展欢庆"五·一二"国际护士节系列活动：倡议并主办"首届京津冀护理学专业学生创新促进论坛"，由北京大学、天津医科大学、河北大学、河北医科大学四所院校护理学院共同发起，七所院校209人参加。举办"放飞梦想，一护百应"文艺晚会、摄影大赛、"你眼中的护士"三行情诗比赛等活动，加强学生人文素养。举办以提升学生职业素养为目的系列讲座：第45届"南丁格尔"获奖者王新华做"传染世界的美丽天使"主题讲座；将"自己的选择做到极致"主题讲座；"跨越理论与实践之桥"主题讲座。选拔两名男生参加了"第四届全国男护士发展论坛"并发言。

志愿服务。组织87名同学利用暑假奔赴8个省市进行了"中医特色护理临床应用调研""出生缺陷防控知识宣讲""留守儿童支教"等传递正能量系列主题突出的实践服务活动；与基础医学院联合举办"iCARE微讲堂"——由护理学院学生志愿者为基础学院学生进行示范性讲座，搭建两院学生合作平台。

【交流合作】 合作项目。获得Michigan大学DeVires奖学金的资助，派出两名临床师资进行课程及科研的学习和交流；与澳大利亚天主教大学达成在合作举办研讨会、博士交流、科研等合作方面的具体实施方案；与芬兰赫尔辛基城市大学共同申请了芬兰针对中国及印度的专项基金CIMO项目，并获得了资助，已启动师资互访。

学术交流。接待来自美国、英国、澳大利亚、瑞典、日本等国家的代表团或个人7批，共计14人；学院教师出访15批，共计22人次。

学术报告。组织开展各种类型的6次对外交流讲座，内容涵盖课程设置、多元文化、量表转译、学生教育等热点话题。

【党建工作】 党员发展。发展党员20人。

主题党日活动。3月29、30两日，护理学院党委组织教工党员在全国爱国主义教育示范基地——香山双清别墅，开展"重温入党誓词，开启'两学一做'第一课"主题党日活动；各教工、学生党支部分别围绕"两学一做"开展系列主题党日活动："手抄党章学（习）思（考）践（行）悟"活动、党课学习暨"立足岗位，恪尽职守，做新时期合格党员"大讨论、"学做结合"立足岗位做贡献的活动、在党员中开展"立足岗位，恪尽职守，做新时期合格党员"大讨论等活动，其中教工第一党支部开展了"三十年风雨兼程，我与护院共同成长"为主题的"两学一做"专题学习讨论会，和以"立足岗位、恪尽职守、做新时期合格党员"为主题的"两学一做"专题学习讨论会，医学部党委书记刘玉村作为"两学一做"联系基层党支部的医学部领导全程参加了两次学习讨论会。

党建获奖。教工第一党支部获北京大学优秀党支部；北京大学优秀共产党员王亚亚；护理学院研究生党支部荣获北京大学医学部先进党支部；韩凤萍获北京大学医学部优秀共产党员；李湘萍获北京大学医学部优秀党支部书记。

【行政及其他工作】 行政队伍。年底共有管理人员9人，年中退休1人。

专项工作。开展朗泰护理发展基金的管理工作。制定《北京大学朗泰护理发展基金管理办法》，对于朗泰护理发展基金的设立、使用范畴、经费申请办法、财务管理和基金管理机构进行规定，并面向师生开展基金学术交流资助申请工作。

研究制定ABC+X引导性专项津贴评分细则。结合ABC岗位特点和护理学院实际，分层次、多渠道征求意见，研究制定ABC+X引导性专项津贴评分细则。将ABC岗位人员按照教学科研一线、教学辅助和管理三类实际从事工作情况进行类别划分，再根据教学、科研和社会工作的情况进行二级指标的划分，并据此进行津贴分配工作。

办公用房调整。按照国家对行政办公用房标准对学院行政办公用房进行调整，挤出6个房间投入教学科研，改善教研环境；并给博士后、国际交流来访学者留出办公空间。

工会工作。1月13日召开了护理学院第四届二次教职工大会，由院长和工会主席分别向全院教职工进行了学院和工会工作报告，大会后组织开展分组讨论，积极推进学院民主建设。在学院党委的领导下，成立了"人大换届改选护理学院工作组"，配合完成2016年人大换届改选工作。举办"小美于形，大美于心——开启护理职业的寻美之旅"权益杯活动。举办"护理学院2016年工会干部培训会"；举办学院青年教师教学基本功比赛，并推荐第一名获奖教师杨园园老师参加了北京大学第十六届青年教师教学基本功比赛（医科类），并获得了三等奖成绩；通过了《护理学院工会会员积分制度》。

【社会服务】 专业认证。作为教育部高等教育护理专业教学指导委员主任委员单位，2016年组织专家进行了3所护理院校的护理专业认证工作。

护士执业考试命题。协助卫生部人才交流服务中心完成与命题专家签署保密协议、护士执业资格考试命题及经费下拨等工作。

【与上海朗泰健康护理有限公司达成战略合作】 7月11日，北京大学朗泰护理发展基金签约仪式在医学部会议中心举行，标志着北京大学朗泰护理发展基金正式成立。这是北医第一个专门支持护理学科发展的基金。该基金将全面支持北大护理学院开展家庭护理、老年护理、慢病管理、护理服务与管理队伍建设等社会急需的护理学科研项目研究，提升教师教学、科研和国际化水平，加强临床师资培养，以及激励优秀人才等方面，将有力推进北大护理学科进一步发展。11月11日，护理学院与上海朗泰健康护理有限公司正式签署战略合作协议。

【中国助产专业发展战略国际高峰论坛】 9月5日，学院与中国妇幼保健协会共同主办，并获得联合国人口基金（UNFPA）支持的中国助产专业发展战略国际高峰论坛在北京举办。会议特别邀请国际助产联盟（ICM）主席Frances Day-Stirk参会并进行主题发言。中国妇幼保健协会荣誉会长、中国福利会副主席、原卫生部部长张文康，北京大学医学部主任詹启敏院士，中国妇幼保健协会会长陈资权，国家卫生计生委科技教育司司长秦怀金、国家卫生计生委妇幼健康服务司司长秦耕、联合国人口基金代理代表巴素雅，国家卫生计生委妇幼健康服务司副司长宋莉，中国妇幼保健协会终身名誉副会长、专家委员会主任庞汝彦，北京大学护理学院院长尚少梅，北京大学护理学院党委书记陆虹，以及联合国人口基金、联合国儿童基金会、世界卫生组织、救助儿童会驻华项目官员，教育部、国家卫生计生委、人力资源与社会保障部、全国卫生行业指导委员会的相关领导和专家，八所首批进行助产本科招生试点的重点院校、九个助产士规范化培训基地的领导及专家，部分产科及助产专家与会，并针对我国助产发展战略进行了深入探讨。

（周　婧）

医学人文研究院（公共教学部）

【发展概况】 发展历程。医学部公共教学部于2002年7月在原社文部、外语部、体育部及数学、物理、计算机教研室的基础上组建而成，2015年在原医学人文学系医学心理学教研室的基础上组建医学心理学系（筹），另成立了医学人文学系医务社工教研室。目前，公教部下设哲学与社会科学系、医学人文学系、医用理学系、应用语言学系、体育学系、医学心理学系（筹）6个学系16个教研室。2008年4月，成立了北京大学医学人文研究院，下设7个研究中心：医学史与医学哲学研究中心、医学心理学研究中心、医学伦理与法律研究中心、健康与社会发展研究中心、医学文化与健康传播研究中心、医学美学研究中心，以及医学人文数据实验室。此外，医学人文研究院/医学部公共教学部还拥有4个校级研究中心：北京大学医史学研究中心、北京大学临床心理中心、北京大学医学部性学研究中心、北京大学医学部中美医师职业精神研究中心。

组织结构。2016年增补韩英红为党委副书记。

学科建设。目前设有生物医学英语五年制本科专业，科学技术史、应用心理学、马克思主义理论和思想政治教育三个硕士点，科学技术史、应用心理学两个博士点，可招收科学技术史、应用心理学、伦理学、社会学、科学技术哲学、思想政治教育、马克思主义基本原理、生物物理学专业的硕士和博士研究生，科学技术史、应用心理学、伦理学、社会学专业可招收博士后。

队伍建设。2016年有教师109人，正高级职务16人，副高级职务41人，中级职务48人，初级职务4人。2016年增员2名教师。博士后进站2人，在站2人。

【教学工作】 学生人数。在读学生234人，其中医学英语专业本科生182人，硕士研究生32人，博士研究生20人。2016年毕业学生42人，其中医学英语专业本科生32人，硕士研究生8人，博士研究生2人；招收新生55人，其中医学英语专业本科生40人，硕士研究生10人，博士研究生5人。

教学任务。完成了全校本科生39门必修课、40余门选修课，以及医学英语24门专业必修课、13门专业选修课的教学任务，其中新开英语专业选修课2门、公共选修课4门。同时，完成了面向研究生开设的54门课程的教学任务，其中新整理、设计课程15门。

教材出版。5部。

教学改革。思想政治课程改革形成了相对成熟的实践教学体系。采用"三行诗"形式增加了理论学习的趣味性，学生作品《言志集》作为医学部思想政治理论课教学创新成果出版。八年制临床与基础专业学生英语课程采用创新性的授课模式和考试模式，注重与学生在线互动并及时反馈。医学人文课程改革汲取PBL、CBL教学法的优点，通过翻转课堂，激发学生自主学习的热情，在阅读经典书目的基础上，参与课堂教学。对39门本科生公共必修课及19门医学英语专业必修课教学大纲进行了修订。

专业建设。重新修订医学英语专业培养计划，包括公共必修课程，专业基础课程（听、说、读、写、译+医学形态+机能基础课）、专业核心课程（医学英语课程+医学专业课程）、专业模块课程（文化文学模块、医学人文模块、临床医学课程模块）、选修课程（学校任选、专业选修）、实践类课程（翻译、阅读、服务、科研）六类课程。完成"4+X"国内外联合培养项目的设立和实施，制定了《4+X联合培养的具体实施方案》，编写《生物医学英语专业4+1国内外联合培养爱丁堡大学申请指南》，为增加专业竞争力，促进学生的国际化发展提供助力和支持。医学英语2012级的26名学生参加了全国英语专业八级考试，通过率100%；医学英语2014级40名学生参加了全国英语专业四级考试，通过率为100%，其中31人成绩优秀，9人成绩良好，优良率100%。

教学获奖。1人入选首批北京高校思想政治理论课特级教师，1人获得方正教师优秀奖。医用理学系老师组织指导医学部学生获得第三十二届全国部分地区大学生物理竞赛，获得特等奖2个，医学部荣获竞赛团体奖；获得全国数学建模竞赛全国二等奖1个、北京市一等奖4个、北京市三等奖2个；获得美国交叉学科数学建模竞赛（ICM）二等奖5个、三等奖1个。

【科研工作】 项目数量。获批国家级课题3项，金额98万元；省部级项目16项，金额271.8万元；校级项目3项，金额94万元；横向课题2项，金额39.4万元。总计24项，总金额为人民币503.2万元。

科研成果。发表SCI/EI论文6篇，SSCI1篇，中文论文83篇，核心期刊51篇。专著12部，论著2部，英文论著1部，译著2部，出版《中国医学人文评论》学术辑刊、《北京大学医学人文译丛》，促进了国内外医学人文学方面的交流与合作。

学术活动。举办8期学术沙龙活动，沙龙主要以案例为中心，邀请国内外专家学者或由医学人文研究院/医学部公共教学部教师担任主讲人。

学科评估。科学技术史博士点参加全国第四轮一级学科评估。11月10日韩启德院士与医学史研究中心教师就科学技术史学科的建设与发展进行座谈，对科学技术史学科取得的成绩给予了肯定。

【交流合作】 接待来自美国芝加哥大学、密西根大学、亚利桑那大学、北卡罗来纳大学、Rensselaer Polytechnic Institute、Troy NY、Asian Americans for Community Involvement（AACI）等世界著名大学、机构的专家、学者来访10余人次。短期出访美国、英国、德国、瑞士、阿根廷、阿联酋等国家开展学术交流、协商医学人文项目合作、担任国际比赛裁判等30余人次，其中，9月5—10日张大庆等一行四人赴阿根廷参加第45届国际医学史大会，在此次会议上，张大庆当选为国际医学史学会理事会成员。三名教师完成了为期约1年的公派出国访学。

教育部直属高校外国文教专家年度聘请计划学校特色项目邀请了来自伦敦大学学院、剑桥大学、密西根大学的三位专家学者来校讲学。与爱丁堡大学健康与社会科学学院及社会工作与政治学学院在研究生培养、师生交流等方面签订合作谅解备忘录。与台湾成功大学文学院在学术交流、教学研讨、学术会议等方面签订协议书。

【党建工作】 完成了6个在职党支部换届工作，根据离退休党员的要求，将退休支部和离休支部合并成立了离退休党支部，成立了医学英语2013级党支部。医学部公共教学部党委下设11个党支部，其中在职职工支部6个，离退休支部1个，本科生支部3个，研究生支部1个。共有党员152人，其中教工党员67人、离退休党员44人、学生党员35人，其他6人。发展党员7名，其中本科生5人，研究生2人。

开展"两学一做"学习教育。以党支部为基本单位，以党的组织生活为基本形式，以落实党员教育管理制度为基本依托开展学习教育。进行党支部评议考核和民主评议党员工作，103名党员参加了评议，评议结果均为合格以上。10个党支部参加了考核评估，其中考核优秀4个，考核良好6个。开展了"做合格党员，为党旗增辉"主题党日活动，以及"立足岗位、恪尽职守，做新时期合格党员"大讨论，研究制定了合格党支部建设规范和合格党员行为规范。开展"两学一做"学习教育专题组织生活会，进一步增强"四个意识"。完成了党员组织关系集中排查，对101名无组织关系回执的党员逐一进行了落实。结合学习党史和"两学一做"学习教育要求，利用建党95周年、长征胜利80周年等重要时间事件节点开展系列活动，王玥书记做"两学一做"专题教育党课，举办《延安中央医院往事》《永远的丰碑——纪念红军长征胜利80周年》专题讲座。9个党支部制作了微视频，表达对"两学一做"的深度思考。5月7日，组织参观纪念长征胜利80周年展览及白求恩柯棣华纪念馆等活动。

【行政及其他工作】 行政队伍。管理人员10人，均为事业编制。

工会工作。有6个工会小组，工会会员130人，其中男会员43名，女会员85名，非在编会员2名。1月16日召开医学部公共教学部三届四次教职工代表大会。提交医学部六届四次教代会三份提案。圆满完成了海淀区人大代表选举工作。举办美胸知识讲座等特色活动，组织完成了医学部纪念建党95周年大型演出任务。配合学校，完成子女幼升小、小升初教职工的摸底、沟通工作，组织职工参与各种福利活动。1个工会小组的活动方案获得医学部"权益杯"专项活动立项。体育学系工会小组通过"北京大学模范职工小家"验收。

其他工作。贯彻落实《北京大学教学科研职位分系列管理规定》，配合学校，做好深入推进教师队伍分系列管理和新老体制融合的调研工作，组织召开人事综合改革座谈会，沟通交流情况。按照"各系自主、院/部指导"的原则提出初步的人事综合方案。完成专业技术职务评审工作，1人申报副高级专业技术职务，4人（含2名博士后）申报中级专业技术职务，均获批准。完成岗位考核聘任工作，125人参加考核，12人考核优秀，1人不确定等次，112人考核合格；聘任ABC岗人员117人，其中A类人员7人，BC类人员110人；新聘八级职员1人。按照"按劳分配、优劳优酬、强化激励、突出重点"的原则，完成了引导专项津贴的分配工作。完成人才的推选工作，1人入选首批北京高校思想政治理论课特级教师，1人获得方正教师优秀奖。

推动公教部更名工作。在医学部领导的支持下，已初步确定更名为北京大学医学人文学院。

加强职工安全意识，组织召开了全院消防安全培训讲座，并在逸夫楼前进行消防设施操作演练。配合学校查找整改网站漏洞，加强网络安全管理。完成了法轮功人员解脱审议工作。

按照上级有关行政办公用房清理整改的文件精神，认真严肃地落实办公用房的整改工作。组织完成了临时周转房的申请、剩余公寓房的再次分配、肖家河人才房的申购等工作。

加强信息宣传工作，修订《公共教学部信息宣传管理办法》。

【学生工作】 学生活动。结合医学英语学生的专业特点和实际，指导学生开展"抗辩——医学生的培养与成长"、外文歌曲大赛、日韩风学文化讲座等特色活动。组织学生积极参加学校举办的各类外事交流活动，聆听国外知名教授报告会。组织学生完成卫计委援外培训项目、APEC会议、北京大学医学论坛等活动的外宾接待陪同、语言翻译等形式的志愿服务活动。定期赴北京雨露嘉禾儿童康复训练中心，为自闭症儿童送温暖。暑期，围绕"爱·责任·成长"主题，组织六支实践团，其中三支实践团分赴四川省雅江县麻郎错乡扎嘎寺、四川省甘孜藏族自治州德格县浪多乡伟东菩提希望小学和云南省禄劝彝族苗族自治县九龙镇麻地小学等开展支教、调研活动，其他团队围绕基层县级医院信息化建设、农村生态环境现状等问题进行调研。另有高年级同学利用暑期开展了工作见习、实习活动。研究生班开展了奥体公园"健康大步走"、英语学习沙龙等活动。

毕业生去向。2016年医学英语专业32名毕业生，其中6人参加工作，19人国内读研，6人赴国外/境外读研，1人延期毕业。研究生毕业10人，其中8人参加工作（含在职2人），2人出国。

【年度纪事】 完成了计算机设备置换、教学考试中心环境、811机房及6间语言实验室（其中2间设有同声传译和视讯会议设备）的改造。

顺利完成本科教学审核评估。

科学技术史博士点参加全国第四轮一级学科评估。

医学心理学系（筹）完成教育部对口支援项目北大对口支援新疆石河子大学支教工作。

（黎润红）

医药卫生分析中心

【测试服务】 2016年中心全部测试机时约1万小时，开机时间达到2万小时以上，测试样品达到2.5万个，测试收入290万元，其中校内占80%，校外占20%。

细胞分析实验室测试服务年收入约52万元。流式分析样品约15,400个，其中，校内样品约占4/5；两台细胞分选仪的开机总时数约1600小时，收费机时约400小时、科研机时约130小时，其中校内占1/2。

生物成像与分析实验室测试服务年收入约106万元。激光共聚焦显微镜平台共三台仪器，总测试机时为4100小时，其中科研机时200小时，收入75万元。小动物活体荧光成像平台测试服务机时360小时，样品数4600个，收费30万元。图像分析测试服务机时160小时，预计收费1.4万元。

蛋白质组学实验室测试服务年收入约52万元。其中，LTQ测试收入约29万元，约1100个样品；MALDI-TOF测试收入约15万元，1000个样品；4000Q TRAP测试收入约8

万元，450个机时。

同位素实验室测试服务年收入约35万元。承担医学部的同位素分析测试，为其他课题组提供同位素技术支持。

电子显微镜分析实验室测试服务年收入约26万元。服务范围包括医学生物学、材料学、动植物学领域的测试服务，样品总数达678余例。

药学与化学分析实验室测试服务年收入约18万元，1400个样品，1600小时机时，600小时样品前处理及数据分析。

【教学与培训工作】 2016年中心开设了激光共聚焦显微镜与流式细胞技术、流式细胞分析技术培训课程、科研仪器操作技能培训课程、高级医学技术、放射性同位素技术与安全、生物医学中的电镜方法等多门课程，理论教学时数100学时，实验课时250学时，200多名学生选修了上述不同课程。中心共培养两名药学专业硕士，其中，袁兰指导的专硕生杨凌飞获得北京大学国家奖学金。

为了更好地推广应用流式技术，细胞分析实验室从2016年10月份起在校内系统和医学部附属临床医院系统举办"北医流式大讲堂"系列讲座，内容涉及流式分析与分选基础理论、专题技术讲座，已成功举办两期，听课人数累计200余人，上机实习累计104人，学员反响较好。为了推广STED超高分辨显微镜和SMD单分子成像技术，2016年5月24日生物成像与分析实验室在医学部举办了超高分辨显微新技术研讨会，邀请了国内该领域四位的顶尖专家做了前沿技术报告，参会的校内外老师与学生达100多人。

【科研工作】 2016年中心教师共发表论文45篇，其中以第一作者或责任作者在Oncotarget.、Chemical Communications.、Scientific Reports.、Cytometry Part A、Biomaterials等著名杂志上发表SCI文章9篇，另外发表在国内期刊文章4篇。申请中国专利4项，授权1项。2016年中心老师承担科技部重大仪器专项子项目1项（经费42万元），参与2016年新增国家自然科学基金项目4项。

细胞分析实验室吴后男研发的"染色体分选技术"已向社会广泛推广应用，带来了良好的社会效益。此技术列为国内首创性技术，申请国家发明专利1项。

生物成像与分析实验室何其华建立了倒置双光子实时动态跟踪小鼠活体下颌下腺旁细胞分泌成像检测方法、倒置双光子小鼠活体肾小球血管及白蛋白分泌成像检测方法、正置双光子对活体胸腺组织的细胞相互作用的实时动态轨迹追踪检测方法，发表一篇合作文章，袁兰等申请专利2项，何其华1项。

蛋白质组学实验室娄雅欣、邹霞娟、钟丽君等人建立了多种测试方法，包括小分子MRM定量分析方法、蛋白质N端分析方法以及iTRAQ标记定量分析方法等，很好地满足了用户的需要。

电子显微镜分析实验室张雷作为第一发明人，一种透射电子显微镜用镍钛非晶合金载网支持膜专利授权1项。

【计量认证】 2016年是中心计量认证复查换证评审的一年。因2016年5月国家认监委更新了检验检测机构资质认定评审要求，加大了本次评审的难度。但中心全体老师克服各种困难，完成了版本更新和常规工作，包括：完成了本年度中心仪器的期间核查、内部校准及委外检定校准；完成了13份内部考核检测报告；完成了第七版管理体系文件的改版和第八版管理体系文件的编写；编写了七个自编非标方法；完成了管理评审、国家认监委的实验室自查工作、国家级资质认定获证检验检测机构信息（网上）填报等工作；更新了本年度的仪器档案、人员档案、检测资料等；对15台仪器共32个标准进行了查新与申请。

孙崎、杨建茹分别参加了江苏昆山和江西南昌举办的检验检测机构资质认定（计量认证）复查换证培训和分析中心负责人会议。贾永蕊、刘云、吴晶、徐陆正、刘皎、王雯等参加了内审员培训，并参加了内审员资格考试，并获内审员证书，从而提高了分析中心计量认证的专业技术队伍的水平。

【中心仪器购置、维修与平台建设】 2016年学校支持中心购置大型仪器设备、仪器维修和计量认证等方面的经费共750万元，其中，购置的高分辨质谱液质联用仪将用于蛋白组学定量定性分析以及代谢组定量和定性分析，与现有质谱互补，将大大提升平台对不同研究需求中蛋白定量的测试能力。此外，去年利用学校资金生物成像与分析实验室购置的STED仪器已经安装调试并完成对实验室的初步培训，同位素实验室新购置的放射性液质联用仪已经完成验收，进入正式运行。学校这些经费的支持对于推进中心公共平台建设、技术研发、更好地服务于教学科研以及开展计量认证工作起到了很大的支撑作用。

【对外宣传交流】 吴后男、何其华、贾兵等参加全国性的技术交流会，并做大会发言，扩大了北大医学部流式平台、共聚焦平台、同位素平台的全国影响力，提高医学部分析中心仪器平台知名度，吸引了更多的校外用户。

【制度建设】 中心根据《北京大学综合改革方案》和《北京大学章程》的基本思路和相关精神，紧紧围绕着北京大学建设世界一流的总体目标，结合北京大学医药分析中心的发展实际，制定并通过了《北京大学医药分析中心2015—2020年发展规划》。该规划在综合分析中心的发展基础、存在的问题、面临的挑战和发展机遇的基础上，立足4年、面向未来8—10年确定了中心的发展定位和发展目标。

在此基础上，制订了分析中心的各项规章制度，包括《北京大学医药卫生分析中心管理办法》《北京大学医药卫生分析中心主任联席会制度》《北京大学医药卫生分析中心技术专家委员会制度》《北京大学医药卫生分析中心人员岗位及职责的规定》《北京大学医药卫生中心财务管理办法》《北京大学医药卫生分析中心实验室安全管理办法》等，并经主任联席会讨论、通过。

【组织建设】 1. 设立主任联席会。依据《北京大学医药分析中心2015—2020年发展规划》和各项管理办法，2016年9月中心成立了由中心主任、副主任、党支部书记、实验室副主任组成的主任联席会。主任联席会是中心重大事项议事决策的最高机构，职责包括：讨论中心核心事务和重大问题，并进行决策；中心职工的年终绩效考核；通报、交流学校和科室重要事务；监督规划、计划和联席会决策的落实情况。议事决策内容包括：中心发展规划、队伍建设规划、科室建设规划及改革方案；审议中心各项制度；实验室主任的聘任；办公室主任（行政、业务等）、实验室副主任选聘和任免；大额资金使用；设备购置计划；确定进人指标；中心职工的年终绩效考核；中心教师B岗和C岗的评定；其他重大事务。

2. 聘任科室主任。由于分析中心与相关学科分属不同单位，在组织结构和管理上形成了"物理"距离，这是分析中心与相关学科的融合度仍然不够紧密的主要原因之一。为此，中心主任联席会于2016年9月19日讨论并任命了6个直属实验室的室主任（细胞分析实验室主任葛青教授、生物成像与分析实验室主任王韵教授、蛋白质组学实验室主任尹玉新教授、电子显微镜分析实验室主任尹长城教授、同位素实验室主任王凡教授、药学与化学分析实验室主任张强教授），聘任期至2019年3月30日。

3. 设立技术专家委员会。为保证中心技术评价、仪器购置、职称晋升、人才引进、新方法确定等技术和学术评定工作的科学性和公平性，中心组建北京大学医药卫生分析中心技术专家委员会。技术委员会成员由中心主任、中心副主任、实验室主任和副主任以及相关学院知名教授专家组成。技术委员会成员职责包括：根据中心的发展现状，提出发展规划的建议；把握学科前沿、推动中心技术研发水平发展；根据中心大型仪器运转情况和引领中心关键技术的需求，提出大型仪器的购置建议；根据中心的技术优势、中心发展定位和技术人员需求，提出中心引入人才的建议；毕业生接收和特聘人才引进的评选；通过评选，推荐创新技术参加学校医学实验技术成果奖的评选；职称晋升合格候选人的评选；中心研发基金的申请与结题答辩的评审；协助中心主任对检测过程中可能发生的风险进行评估，减少风险；对客户投诉的技术内容进行判断和解释；其他与实验、技术水平相关的评选。主任联席会讨论并任命中心技术专家委员会主任、副主任及成员。

4. 实施中心主任会制度，定期通报和讨论中心日常工作。中心主任、副主任职责包括日常决策、常规管理、提起重大事项到主任联席会，沟通与协调对外事务，通报、交流相关信息等。

【规范化管理】 坚持每周召开一次中心主任会，通报中心的日常工作，讨论决策中心日程管理相关事宜，并提起重大事项到主任联席会、技术专家委员会讨论通过。2016年顺利组织完成了大型仪器购置和维修基金的申报工作，应届毕业生面试、选拔和接收工作，中心人才招聘工作，实验室先进单位和个人的评选工作，职称晋升申报评选工作，年度考核工作和年终奖励绩效评选工作，2016—2017学年岗位聘任和绩效奖励的确定和评选，2017年高校毕业生留校指标确定工作以及测试收费和财务报销、实验室安全检查等工作。

中心加强"北京大学医药卫生分析中心大型仪器共享平台"建设，师生可以网上查询、预约测试。2016年分析中心大型仪器平台刷卡使用时间13,000多小时，其中，预约送样967个，预约机时1274小时。预约平台提高了医学部大型仪器的使用效率。

此外，在日常工作中，逐步规范合同（协议）盖章程序和要求、请假制度、财务报销程序和要求，加强实验室和中心二级管理，使得中心的管理逐步走上制度化和规范化。

中心坚持财务公开透明，严格遵守相关财务制度，认真把关，严防财务风险。2016年在医学部党委和纪委的领导下，开展了清理"小金库"的专项活动，不存在违规问题。

【党建工作】 1月9日召开分析中心领导班子"三严三实"专题民主生活会，吴明主任、孙崎副主任、杨建茹副主任、机关党委刘文玲副书记参加了会议，会前征求了干部群众的意见，领导班子主要负责同志发言；大家开展自我批评；讨论整改落实清单并给出了讨论专题报告。

4月15日分析中心党支部开展了党支部评议考核和民主评议党员活动，党员同志开展了自评活动。6月6日，分析中心党支部开展了"两学一做"党章知识抢答活动。9月12日分析中心党支部开展了民主生活会，新加入成员刘皎同志介绍了个人具体情况，讨论了如何建立学习型党支部等有关议题。11月14日分析中心党支部开展了关于做合格党员行为规范的大讨论活动。

2016年9月下旬分析中心迎来了三年来的复查换证评审，中心党员立足岗位，全力参与复查评审的准备和整改等各方面工作，以实际行动将"两学一做"的要求结合到做一名合格党员的实践中去。

2016年11月4日分析中心党支部联合工会小组开展了"重温历史、牢记使命、做合格党员"的唐山抗震纪念馆参观活动，分析中心24名员工参加了活动，通过参观唐山大地震的各种史料，加强了各位党员同志的责任感和使命感。

【工会工作】 积极组织参加医学部工会、机关工会组织的各项活动，工会小组主办和协办的一系列活动。具体有：组织三节福利品的统计和发放；组织参加机关工会的活动（羽毛球、乒乓球、大步走、趣味运动会）；核实生日，发放生日蛋糕券；组织全体人员参加人大代表选举；11月与党支部联合活动到唐山参观抗震纪念馆。

（医药卫生分析中心）

中国药物依赖性研究所

【发展概括】 北京大学中国药物依赖性研究所创建于1984年，是由国务院批准成立的我国专门从事药物依赖性研究的国家级综合性研究机构，研究所集药物依赖性基础研究、临床研究、药物滥用流行病学研究、药物滥用监测、药物依赖性信息研究以及编辑出版物依赖性杂志和相关书刊、组织学术会议等职能为一体，承担药物成瘾及相关疾病的神经机制和干预策略研究、临床治疗药物和方法及药代动力学研究、新药临床评价研究、流行病学与社会学调查、信息和出版物的编辑等任务。研究所是药物依赖性研究北京市重点实验室及国家自然科学基金创新群体"精神疾病的神经可塑性机制"的依托单位，国家禁毒委中国毒品滥用防治专家委员会秘书处、中国毒理学会药物依赖性专业委员会秘书处也设立在本所，研究所同时还是教育部精神病与精神卫生学、神经生物学和药理学国家重点学科的主要参与单位。

研究所现有研究人员及研究生100余名，主要承担的社会职能包括戒毒药和麻醉性镇痛药的新药评价研究、药物滥用监测、为政府部门提供技术咨询及服务、为公安部和司法部系统干警培训等提供支持。同时，研究所在禁毒的科普和社会宣传等方面也做了大量工作，与北京市禁毒办、禁毒教育基地合作，进行新型毒品知识的宣传；受国家禁毒委员会办公室、北京市公安局和中央电视台等政府部门或媒体邀请进行毒品防治宣传教育。

研究所在科技部、国家自然科学基金委、卫健委、教育部和北京市等数十项基金及多项国际合作项目的支持下，系统研究药物滥用与成瘾及相关疾病的神经机制，开发新的临床治疗药物和干预模式，掌握药物滥用与成瘾及相关疾病的流行规律并制定预防策略，取得了一系列重要原创性成果，发表研究论文400余篇，其中200余篇被 Science、Lancet、Neuron、American Journal of Psychiatry 等国际知名SCI期刊收录，在药物成瘾及相关研究领域具有重要的国际学术影响力。

2016年研究所申请到包括北京市科委国家重大研发计划专项以及国家重点研发计划子课题、国家自然科学基金、北京市自然科学基金、北京大学医学部培育计划等项目12项。在研国家自然科学基金委重大研究计划集成项目、国家自然基金项目、科技部973计划项目、国家重大新药创制专项课题等30项。

研究所在药物依赖及相关精神疾病领域的研究不断深入。2016年围绕病理性记忆、抑郁症及衰老相关认知损伤的神经基础及干预范式开展了系统研究，在 Neuropsychopharmacology 等杂志发表SCI论文26篇，出版《精神病学基础》《精神药理学》《睡眠与睡眠障碍相关量表》等教材和专著。

（赵 苓、孟适秋）

【科研工作】 承担课题。2016年药物依赖性研究所共新获准科研基金课题12项，其中包括北京市科委国家重大研发计划专项：脑认知与脑医学—睡眠障碍导致认知损害的机制及干预措施研究（时杰），以及国家重点研发计划子课题2项（吴萍、鲍彦平），国家自然科学基金5项（吴萍，丁增波，孙艳，贾忠伟2项），北京市自然科学基金2项，北京大学医学部培育计划1项（韩盈）。在研的国家自然科学基金委重大研究计划集成项目、国家自然基金项目、科技部973计划项目、国家重大新药创制专项课题等30项。承担部委课题6项、横向课题7项。

重要发现。发现基底杏仁核的乳酸和乳酸转运参与成瘾记忆的再巩固过程，为干预成瘾记忆提供了新思路，研究发表在 Biological Psychiatry 杂志后，瑞士医学科学院院士、欧洲科学院院士、国际脑研究组织主席 Pierre J. Magistretti 教授在 Biological Psychiatry 同期杂志撰写评论文章，认为该研究以及相关研究为开发靶向神经元-星形胶质细胞代谢相互作用的新型干预方法奠定了基础，爱思唯尔（Elsevier）出版社等也对乳酸转运相关研究进行了报道，Biological Psychiatry 杂志主编 John Krystal 教授认为，该研究拓宽了我们对于成瘾等病理性情感记忆的神经机制的理解；发现了AMPK可以负性调控神经元突触可塑性和恐惧记忆的形成，为相关精神障碍如创伤后应激障碍提供了新的理论研究基础和可能的治疗靶点；提出了酪氨酸激酶受体EphB2在调控应激易感性中发挥重要作用，为后续的临床药物研究治疗抑郁症提供了潜在的干预靶点；揭示了恋爱中的嫉妒的神经基础；发现了蛋白激酶 ζ 的表观遗传学改变在衰老相关认知损伤中的作用。

发表论文。2016年全所在 Biological Psychiatry、Neuropsychopharmacology 等权威期刊发表SCI论文26篇，国内发表论文12篇，参加会议交流的论文或摘要59篇。

教学工作。讲授药物滥用与成瘾、神经精神药理学、药理学研究进展、情感认知障碍的基础与转化、药物流行病学等课程。

人才引进。引进美国国家药物滥用研究所章文博士为助理教授，对外头衔为研究员。

人才培养。硕士24名，博士29名，博士后1名，8年制9名，本科实习生1名，进修生3名，联合培养研究生12名。

学术活动。6月15—17日，在北京举办2016中国禁毒论坛-戒毒治疗与康复；12月1—2日，在深圳举办第十四届全国药物依赖性学术会议暨国际精神疾病研讨会。

实验室建设。筹备建设实验室的小鼠自身给药、全景组织切片扫描平台。

国际合作。与美国密歇根大学医学院精神病学教授

Frederic Blow 博士团队建立长期合作关系，并获得 PUHSC-UMHS Joint Institute 资助。

（赵苓、孟适秋）

【出版专著】 《睡眠与睡眠障碍相关量表》，陆林、王雪芹、唐向东主编，人民卫生出版社，2016 年。《精神病学基础》，陆林、李春波主编，人民卫生出版社，2016 年。Substance and Non-substance addiction，Springer Publishing，时杰主编，2016 年。全国高等院校精神医学专业规划教材《精神药理学》，时杰副主编，人民卫生出版社，2016 年。

（赵苓）

【社会服务】 承担公安部禁毒局、司法部戒毒管理局、广东省禁毒办等的干警授课任务；多次参加国家禁毒办、最高人民法院对新型毒品违法量刑咨询会；参与修改联合国毒品与犯罪问题办公室（UNODC）向 UNGASS 提交的国际禁毒领域科学家声明；指导东城区精神卫生保健院临床与科研及河北省荣军医院科研工作；参与禁毒教育高校公益联盟活动。

（赵苓）

【党建工作】 组织学习。2016 年 3 月 7 日召开支部大会及领导班子"三严三实"总结汇报会；4 月 11 日召开民主生活会，会议评议了支部工作、党员评议及评优投票（4 人评优：刘志民、赵苓、哈鹰、吴萍；机关优秀党员：哈鹰）；5 月 10 日召开全体党员会议，动员全体党员认真学习党章、党规及习近平系列讲话精神，让全体党员了解学习的重要性、提出学习的目标要求、具体学习内容等；5 月 31 日"两学一做"集中学习；11 月 17 日开展"立足岗位 恪尽职守 做新时期合格党员"大讨论，讨论和制定了本单位的党员和支部规范；12 月 14 日组织全体党员归纳总结"两学一做"的相关内容；学习十八届六中全会精神；12 月 5—20 日党支部书记参加教工党支部书记"两学一做"网络培训示范班学习。

组织参观。1 月 12 日组织全体党员、入党积极分子和职工参观了中国科技馆；10 月 28 日组织党员和入党积极分子参观中国革命军事博物馆"英雄史诗 不朽丰碑——纪念中国工农红军长征胜利 80 周年主题展"；12 月 28 日组织全体党员参观抗日战争纪念馆。

发展党员。2016 年 4 月开始启动丁增波入党程序。

其他。1 月 6 日建立党支部和支委微信群；4 月 13 日完成党员排查和登记工作；5 月 31 日选参赛代表参加学校的党史知识竞赛；12 月完成补交党费工作；12 月 29 日选举北京大学出席中国共产党第十九次全国代表大会代表推荐名单；参加机关的第十期党建立项，建立宣传平台，每个党员推送学习的内容或体会等相关内容；12 月 26 日参加机关党委组织的学习报告会：邀请中央纪委宣传部原副部长、中国纪检监察报社原社长李本刚同志以"学习六中全会精神，全面推进从严治党"为主题，对《关于新形势下党内政治生活的若干准则》和《中国共产党党内监督条例》进行解读。

（赵苓）

【重大事记】 新获准各类基金项目 12 项。

在 Biological Psychiatry（影响因子 11.212）等杂志发表 SCI 文章 26 篇。

新建实验室 2 个：小鼠自身给药实验室；睡眠研究实验室。

参加国家政策、标准的制定：最高人民法院量刑标准、芬太尼滥用问题、非药用麻精药品的列管问题、新精神活性物质依赖性的评价等。

筹建国家毒品滥用监测与科学评估体系平台。

主办会议 2 个：2016 中国禁毒论坛——戒毒治疗与康复（北京，2016.6.15-17），第十四届全国药物依赖性学术会议暨国际精神疾病研讨会（深圳，2016.12.1-2）。

参与修改联合国毒品与犯罪问题办公室（UNODC）向 UNGASS 提交的国际禁毒领域科学家声明。

（赵苓）

实验动物科学部

【发展概况】 北京大学医学部实验动物科学部于 1984 年 12 月设立。现有实验动物设施约 5000m²，其中实验动物繁育楼 1719m²，动物实验楼 2400m²，科研及动物质量监测楼 320m²，其他附属设施约 300m²。实验动物科学部现有高级职称技术人员及资深实验动物饲养与动物实验技师在内的工作人员 80 人。实验动物科学部本着"以为教学和科研工作服务为中心，确保提供优质、足量实验动物，确保提供全方位的动物实验服务"的工作宗旨，努力工作，使实验动物科学部真正成为学校生命科学教学与研究方面的重要支撑条件和服务平台。

【生产工作】 1. 实验动物生产供应。向校内、外供应合格（达到 SPF/VAF 标准）实验动物 21.8 万只。

2. 实验动物代养管理。代养试验用大小鼠共计 26.6 万只。

3. 动物实验工作。协助各教研室及附属医院等 38 家单位进行动物实验 793 项。受校内、外 15 个单位委托，以合同形式独立承担并完成动物实验 23 项。完成 10 余个单位委托的 80 项大动物实验，开展大动物手术 300 余台，成功建立创新手术大鼠模型 1 个。2016 年度共检测血常规样品 3610 份，血生化样品 9540 份。

【教学工作】 1. 学生教学。药学院本科生实验动物学基础教学，2016 年共 36 学时；研究生院实验动物学教学 2016 年度完成 4 个班的教学工作（32 学时 ×4），培训研究生 1019 人，选课同学课程结束后均取得北京市科委颁发的实验动物从业人员职业资格证书；协助医学部遗传学系本科生实验动物学教学，承担 8 个学时的教学任务；完成基础医学院本科生实验动物学导论教学任务。

2. 人才培养。实验动物从业人员上岗培训，2016年共举办13期上岗证培训班，培训人数1600人。

3. 期刊书籍。发表论文三篇，承担北京市科委项目"实验动物从业人员考核评估办法"和"实验动物废弃物安全处理规范研究"两个课题的研究工作。

【行政工作】 组织完成学校伦理审查工作7次，共316份。完成实验动物生产许可证和实验动物使用许可证的换证工作。

【其他工作】 完成医学部医用废弃物清运处理约33,320千克；实验动物繁育楼和动物实验楼进行楼顶大面积防水处理；实验动物科学部自筹资金36万元更换两台高压灭菌器；自筹资金增添7台IVC，2台超净工作台，空调6台；自筹资金增加全自动生化检测仪一台；动物部院内装上独立水表两块。

【党建工作】 1.党建及思想政治工作。科研处联合党支部全力支持实验动物科学部的行政工作，实验动物科学部积极参加党支部组织的各项活动，认真完成各级党组织交给的各项工作任务，加强对重点人的教育管理工作，确保稳定、和谐。实验动物科学部的党员和积极分子不但在各自的岗位上是骨干，更是在各个方面严格要求自己，积极认真参与学习党的群众路线教育实践活动，处处起表率作用，优质高效地为医、教、研提供服务。实验动物科学部也特别注意保护他们的积极性，为他们尽可能地提供学习交流的机会，创造为大家服务的平台，不定期地组织座谈会，结合当前形势，交流学习体会和工作中遇到的问题。

实验动物科学部的工会小组也积极参加医学部工会和机关工会组织的活动，及时把两级工会组织的会议精神传达到各个科室，主动维护职工权益。部门领导积极参与工会小组的活动，同时从经费上积极支持，通过工会工作与单位工作的结合，让工会发挥最大的作用，进一步增加同志间的沟通和了解，增强集体的凝聚力。

2.党风廉政建设。（1）领导班子落实2016年医学部党风廉政建设意见情况。实验动物科学部领导积极带头进行党风廉政建设，学习相关政策法规，落实责任，对其他党员和相关人员积极、耐心地进行传、帮、带，将党风廉政建设带到单位每一个角落。

同时，实验动物科学部领导特别强调在单位的党员内开展党风廉政建设，对党员同志高标准、严要求，要求党员同志起到模范标兵作用，将党风廉政工作自主、自觉、自动地学习、理解、吸收并融入自己的工作岗位中，同时还要通过自己的表率作用，去影响和带动身边的同事对廉政建设有更新的认识，更深刻的理解和更确切的运用。

在廉政建设过程中，实验动物科学部重点要求领导干部的廉洁自律，按照相关规定和要求做到自己自律，先自清后清人，先正己再正人，对相关规定的要求一一落实，条条执行，充分发挥批评和自我批评的精神，公开公正地带好头、领好路，既自改又能公开接受监督和意见建议。

（2）研究部署实验动物科学部党风廉政建设情况。实验动物科学部领导在参会学习医学部相关党风廉政文件及要求后，在第一时间组织实验动物科学部中层干部将相关精神进行传达，并安排各司其职对相关精神组织学习、传达，并对工作进行自检、调整，将学校的相关要求落实到地，落实到工作当中。特别在党员范围内开展党风廉政教育和宣传，学习理论及相关法规。

重点组织实验动物科学部下属有业务关联的科室主任和成员进行针对性教育学习，深刻理解党风廉政工作的重要意义，深刻认识党风廉政工作对自身职业生涯的深远影响，要求在与校内外的项目往来、业务谈判等过程中时时刻刻提醒自己做到实事求是，坚持原则，不在各项往来中掺杂个人私心，让廉洁之剑高悬于头顶，时刻警惕，时刻保持清醒头脑。进一步开展相关培训课程，要求各项工作要以严谨的商业行为道德准则为指导，各种商业行为公私分明，公平、公正、公开进行。

3.对重点部门的监管及廉政风险防控推进情况。（1）业务管理是党风廉政的重要战场，业务管理制度是这个战场上的重要作战武器。为抓好业务管理板块的廉政工作，在制定业务管理制度之初，就明确要求在业务发生的过程中，做到款货分离、款票分离、货票分离等防控措施，货款结算原则上采取转账形式，办事人员不接触现金，发货人员见单出货，并复核货单一致性。业务室、动物房和客户的三联票形成核实追踪印证链，保证每一单都准确、无误。

（2）实验动物科学部涉及购销以及其他的重要工作事项，均按照需求者提出、决策层核实审批、操作者实施的过程开展，保证每一项重大工作事项都做到有依据立项，有力度审核，有监督实施，有专人复核，环环相扣，既保证重要工作事项的顺利开展，又杜绝可能出现的腐败问题。

4.落实监督执纪"四种形态"情况。实验动物科学部积极落实干部会议制度，定期召开中层干部会议，部务事宜在会议上积极公开，共同商量决策，同时通过中层干部将会议内容和精神公开传达到每一层级员工。同时部门不定期通过宣传栏、宣传板、通知公告等形式进行工作公开。在干部会议上积极开展"四种形态"落实工作，同志之间的党内关系要正常化，批评和自我批评要经常开展，让咬耳扯袖、红脸出汗成为常态。

实验动物科学部会在以后的工作中，积极思考，化党风廉政工作为业务动力，变业务管理方式为廉政建设手段，使理念结合，工作推进，最终获得精神文明和物质文明的共同进步、齐头并进、相互促进、和谐统一的双丰收。

【行业认可】 实验动物科学部被北京市实验动物管理办公室评选为2016年度先进单位。

（任　波）

医学教育研究所

【医学教育研究】 2016年，研究所承担中华医学会医学教育分会和中国高等教育学会医学教育专业委员会项目"拔尖创新医学人才培养体制和机制的研究"（2016B-RC019）、中华医学会医学教育分会和中国高等教育学会医学教育专业委员会项目"中美老年医学教育的比较研究"（2016B-BJ001），亚太卫生人力行动联盟（Asia-Pacific Action Alliance on Human Resources for Health）项目"Faculty development in health professional education in transitional China"、北京大学医学部项目"临床医学专业毕业生流失的社会学分析：基于原北京医科大学20名毕业生的调查分析"（北医（2014）部教字17号）、北京市教育委员会项目"医学院校内部教育评价体系构建研究"。撰写医学教育研究论文2篇。

【《中华医学教育杂志》编辑出版】 承办《中华医学教育杂志》，2016年出刊6期，发表论文280余篇，共计210余万字。完成中华医学教育杂志期刊网站的数据采集和网站建设协调工作。

【学会工作】 研究所是中国高等教育学会医学教育专业委员会和中华医学会医学教育分会两会秘书处常设单位。参与组织中华医学会医学教育分会第六届医学（医药）院校青年教师教学基本功比赛。参与组织中华医学会第二十二次全国中青年学术研讨会暨医学教育分会青年委员会第四次学术年会会议。组织中华医学会医学教育分会和中国高等教育学会医学教育专业委员会2015年度医学教育和医学教育管理百篇优秀论文评选工作。组织中华医学会医学教育分会和中国高等教育学会医学教育专业委员会2016年度医学教育研究课题立项评审工作。组织召开了中华医学会医学教育分会第七届四次全委会暨2016年全国医学教育学术会议，举行医学教育终身成就奖、青年教师教学基本功比赛、医学教育研究获奖课题、医学教育优秀论文评选颁奖活动，开展医学教育学术交流活动。完成中华医学会医学教育分会医学教育杂志与刊物学组成立及学术会议的会务及相关工作。

【公共卫生硕士（医学教育方向）的管理和培养】 医教所承担公共卫生硕士（医学教育方向）的管理和培养工作。除了研究生的经费管理和日常工作外，2016年共组织召开研究生组会12次，主题涉及到教育目的、高等医学教育史、通识教育、学习理论以及医学教育研究方法如课堂观察法、德尔菲法、质性研究方法和参与式行动研究法等。

【师资队伍和学科建设】 随着医教所在医学教育研究、医学教育研究生培养、医学教育咨询服务和医学教育国内外合作交流等方面业务需求的不断增加，需要补充教学科研人员。根据国内外医学教育机构的课程和师资队伍状况，制定招聘教学科研人员标准，并向人事处申请了招聘指标。设计适合我国国情和实际工作需要的医学教育专业的课程和研究方向，为申报医学教育专业硕士点做准备。

【医学部教育教学研究课题管理】 研究所承担课题的组织和管理工作，包括课题通知的发布、立项评审、经费发放、过程管理和结题评审等组织管理工作。

2016年9月启动了2014年度课题的结题工作。截至10月底，共收到结题申请192项，其中重点项目52项，一般项目140项。经聘请校内外专家对提交的结题材料进行评审，并于12月21日召开专家评审会，评出医学部教育教学研究课题优秀结题共23项，其中一等奖6项，二等奖17项，一般结题169项。

2016年10月启动了2016年度医学部教育教学重点项目选题的征集工作。共收到来自各院（部），机关有关部、处，直属单位及各教学医院的选题80余项。

（医学教育研究所）

中国卫生发展研究中心

【人才队伍】 北京大学中国卫生发展研究中心（以下简称中心）成立于2010年4月27日。孟庆跃教授为中心执行主任，刘晓云副教授任副主任。2016年共有全职教职工6人，其中教授2人，副教授1人，讲师2人，行政管理1人。此外，中心还有2名博士后研究人员，6名来自海外知名大学和院校的兼职教授。

（潘 文）

【科研活动】 科研项目。2016年，中心人员承担了来自国家卫生计生委、工程院、国家自然科学基金、国家科技部、世界卫生组织、中华医学基金会等的共计500余万。

科研产出。2016年，中心研究人员陆续发表文章，共有11篇论文发表在中文期刊上；9篇文章在国际学术期刊上发表或被正式接收。此外，中心还发布了6期系列政策简报。

参加/组织学术会议情况。中心老师们积极参加卫生政策和卫生经济领域的国际会议，并在会议上做口头报告，研究成果受到国际关注。如2016年11月13—19日，中心人员赴加拿大温哥华参加第四届卫生体系大会，胡丹博士做了题为"Cohort study of medical graduates with compulsory services in Chinese rural areas"的口头报告，刘晓云副教授和袁蓓蓓博士均有poster报告。组织2次对外的学术研讨会和11次内部学术研讨会。

（潘 文）

【教学活动】 2016年，中心教员们为研究生开设了健康行为的经济学分析、卫生系统和卫生政策、卫生人力资源管理和社会医学等课程，共计100教时。2016年招收研究生共5人。其中硕士研究生3人，七年制硕士生1人，博士研究生1人。

（潘 文）

【政策服务】 2016年，孟庆跃教授被澳大利亚乔治全球健康研究院聘为卫生体系研究咨询委员会委员；刘晓云副教授于2016年1月17日参加Talk on CCTV news节目的录制。

方海教授在北京市第二批党外代表人士项目挂职北京市卫生和计划生育委员会，负责推动京津冀辽鲁五省卫生计生发展智库联盟建设和京津冀卫生计生协同发展框架协议落实项目。

（潘　文）

【团队文化】 2016年，中心在团队文化建设方面，也取得了不错的成效。继续实施职业导师制度建设，形成了良好的"传帮带"的氛围，对中心的青年教师的职业发展和职业定位起到了建设性的指导作用；开展丰富的团队建设活动，增进了交流，促进了团结与合作，加强了团队的凝聚力。

（潘　文）

医学信息学中心

【发展概况】 1.发展历程。北京大学医学信息学中心（Peking University Medical Informatics Center）成立于2010年4月，隶属于北京大学医学部，是具有独立编制的实体机构。中心集医学信息学教学、科研、服务为一体，发展目标是用医学信息作为纽带和平台，促进北京大学本部和医学部的学科交叉融合，加快医学信息技术人才队伍建设，推动基础和临床、临床和人群、临床和临床、防病和治病之间的研究，推动医学知识和技术的自主创新，促进医疗卫生事业的发展。中心从海内外延揽多名高级科研人才，既有国际视野，也对国内环境有较深刻的了解，另外学科背景涵盖的领域很广，包括临床医学、公共卫生、数学、统计学、生物统计学、计算机科学等多种学科。

2.人事与团队建设。2016年完成对中心在编人员的业绩考核工作，并签订2016—2017年度目标责任书，同时对非在编人员完成考核和续聘上岗工作。目前，中心现有全职教职员工12人，其中教授2人、特聘研究员1人（北京大学医学部"百人计划"）、副高级职称4人、中级职称4人、合同制聘用人员1人。

【科研工作】 1.科研工作的开展方向与主要内容。中心在胡永华主任的主持下，不断跟踪国际前沿和国内医疗的重点发展需求，并结合北京大学的特点和现有资源，积极开拓研究领域，最终确定临床数据仓库与挖掘分析、医疗质量评估、与卫计委及相关企业的合作和承担国家重点专科项目为四大发展方向，拟定中心未来的发展规划。同时确定中心未来持续开展的具体工作和目标，包括：整合与完善临床数据仓库；建立和完善北大附属医院的数据库平台，对现有数据进行挖掘利用；完成国家部委委托的各项任务以及卫计委国家数据中心的医疗质量分析等；争取更多的国家及北京市的重点项目；鼓励与各企业单位开展广泛的合作。

2.临床数据仓库与医疗数据分析挖掘。中心正在利用病案首页数据和临床数据仓库中的海量数据，开展深度分析、挖掘工作，撰写研究论文，扩大中心影响，同时培养年轻教师的科研能力。下一步中心将利用信息技术，努力改善病案首页数据质量，同时逐步从挖掘分析病案首页数据过渡到挖掘分析医院全部数据，为医疗行政管理和临床提供支持。2016年，中心在往年工作的基础上，对临床数据仓库的敏感数据自动监测及数据自动脱敏等技术进行设计、开发与测试，目前已进入大容量数据的测试与算法修正阶段。同时，为进行全地区、全国范围内的数据集成，中心基于已有数据以及实体识别等方法，对可能分布在不同医院的同病人识别方法进行初步探索与测试，并设计为提高该识别方法而需要扩展的可能的需要收集的数据变量。总之，随着国家大数据战略的逐步推进与深化，中心也围绕着数据集成与融合的若干关键技术进行着深入的研究、开发与应用。

3.病案首页数据集成与医院服务质量评估。由国家卫生和计生委授权的全国医院质量评估和临床重点专科评估项目正在持续进行当中。中心首创医院医疗综合能力评价模型，将病案首页数据信息与医院现场评价相结合，对医院进行客观评价，可以实现面向医院综合质量评价的病案首页数据集成、检验、质量控制、数据计算和报告发布等功能和流程。该模型和系统可以为医院提供客观反映医疗管理水平和管理能力的评估评价报告，为政府、行业和医院提供科学管理依据。目前已对全国198多家医院进行评审评价，其结果获得国家卫生和计生委领导的高度肯定和授评医院的高度重视。2016年，中心已采集和管理全国400多家3甲医院病案首页数据，总共5500多万条病案记录。另外，中心还储存全国150多家3甲医院临床专科1100多万条病人记录。

4.国家医疗数据中心的工作进一步开展。国家数据中心的成立，是国家卫生计生委信息化建设的重要组成部分。它所承担的责任和义务是对全国的医疗机构数据的收集、整理、分析。目的是要服务于医疗机构的管理，服务于医疗教学、科研，服务于社会公众。医学信息学中心作为学术科研机构，也共同承担组织、研究、收集、分析这些医疗机构的数据，并从学术机构的角度，提供方法、思想、理论，对政府功能进行重要补充，使政府和学术机构有良好的结合。2016年中心采集委属委管、委部共建和各省市大型三级甲等医院共98家病案首页数据，并进行数据集成、质控和分析，完成98份数据质量报告和医院服务质量评估报告。此外，在全国范围内对委属委管、委部共建和各省市大型三级甲等医院的病案室和信息科的工作人员开展多次关于数据上报的理论与实践的培训活动。

5.研究项目和经费。2016年医学信息学中心继续通过合作参与和自主申请的方式获得各类研究经费，目前已经落实的研究经费总计约412万。其中包括国家自然科学基金面上项目1项和青年项目1项、教育部留学人员科研经费1项、与国家卫生计生委卫生和计划生育监督中心合作项目1项,以及卫计委、教育部、北京大学和医学部项目多项。项目涉及医学信息学学科建设、大数据分析平台与服务创新、大数据医院综合评估、医疗质量综合评估、移动医疗与健康管理、远程医疗、无线物联网、院前创伤评估决策支持系统、临床数据仓库、药物治疗不良反应主动监测方法学等专业领域。

6. 科研成果。2016年医学信息学中心发表SCI文章共6篇,在国内核心期刊上发表第一作者文章7篇,书籍编写1本。

【教学工作】 1. 学生人数。2016年中心培养的2013级硕士研究生1名已顺利完成学业并分配工作,目前中心现有在读研究生4人,其中2014级硕士研究生2人,2015级硕士研究生1人,2016级硕士研究生1人。

2. 课程开设。2015—2016年度,部分老师根据个人的专业情况开设与医学信息学相关的课程,分别是医学信息分析与决策、医学信息学理论与实践、医学信息学、医学信息学概论、临床大数据应用导论和医学术语学。

3. 教材出版。由中心李毅老师担任主编的书籍《医学信息学教程》出版(北京大学医学出版社),既可作为医学本科生医学信息学课程教材,也可作为医学院校研究生、专升本学生以及医疗卫生信息领域从业人员参考书或培训教材。

【交流合作】 1. 全国卫生监督数据分析与利用。按照卫生监督"十三五"信息化建设思路和2016年卫生监督中心工作要点,国家卫生计生委卫生和计划生育监督中心为进一步加强数据质量,提高数据分析利用水平,与医学信息学中心签订有关全国卫生监督数据分析与利用的委托书,为其提供卫生监督数据质量评估和卫生监督体系的建设研究以及其他相关统计分析工作。

2. 北京大学健康医疗大数据研究中心的成立。2016年,北京大学健康医疗大数据研究中心成立,该中心将集成多元健康医疗大数据,采用国际前沿的数据处理和分析技术,为国家健康医疗战略、医学实践和全人群健康管理提供大数据驱动的决策支持,同时培养行业领军人才,促进产业转化,打造国际一流、国内领先、产学研一体的健康医疗大数据平台。中心胡永华主任作为健康医疗大数据研究中心的副主任参与健康医疗大数据研究中心的筹备准备工作,并对医疗大数据研究领域的研究定位、研究思路、特色研究、合作研究的组织实施方式等重点问题给出意见,并为搭建北大医学大数据研究合作发展的平台开展很多工作。目前,研究中心的工作重点是利用和整合北大本部及医学部优秀的数据资源和分析能力,建立一个开放的平台,配合北大医学发展的计划,为其提供人才和技术支撑。

3. 国际学术交流合作。在胡永华主任的带领下,中心及医管处相关老师共同接待云南省医科大学校领导的来访,双方就数据中心的整体架构、规划、管理和运行等方面进行深入的探讨和研究,并希望未来能开展长期的学术交流合作。

(金 梦)

跨学科类

元培学院

【教学工作】 2016年度学院进行教学计划的全面改革,进一步深化跨学科专业和自建课程改革调整,探索本科生通识教育的新路径,加强新生入学教育,举办新生训练营,开设新生研讨课,建立全方位导师制度,完善导师团队建设,不仅顺利完成了各项教学管理工作,并且在本科生培养上做出了很多新的尝试。

1. 教学计划修订。2016年根据学校培养方案调整的要求,学院对教学计划做了全面调整,初步形成包括公共必修、专业必修、选修课和毕业论文四个体系共120学分的教学计划,并整理编写成为理学、信息工程学、人文、社科、交叉学科5本教学计划。

2. 交叉学科管理。学院积极推进整合科学专业的申报工作,组织整合科学专业研讨会,参与整合科学专业申请讨论会,整理整合科学、数据科学、空飞班、政经哲、古生物、外国语言与外国历史专业等六个专业的教学计划,编写《交叉学科培养方案》。

3. 通识课程建设。学院为学生每学期开设一门"元培平台通识课",涵盖政治课和通识课课程要求,进一步修订新的通识课方案,采取大班授课、小班讨论的方式,打造独具特色的高水平通识课程平台。

4. 导师制度建设工作。导师工作是元培学院教育教学工作中的重要一环,学院已经拥有一支涵盖各学科的校聘导师队伍,并组织了多场导师讲座、专业交流会,于6月底举办"探寻殷商遗迹,感受古风新貌"主题课外体验活动。学院的导师给学生开展不同专题的多场讲座,具体包括:雷兴山老师的"夏文化探索纪实"讲座,吴国盛老师的"从求真的科学到求力的科学"大型讲座,吴志攀校长及周力平教授在暑期李韶计划中的专题讲座等。

5. 住宿书院建设工作。住宿制书院建设经过3年的集中住宿探索,随着2016年35楼竣工交付也正式启动。学院2016年完成将学生宿舍从36楼搬至35楼的工作,并根据设计方案在35楼地下一、二层建设住宿书院。根据学生实际需求和住宿住院建设目标,学院进一步完善功能房的分配及设计。

【交流合作】 2016年学院的合作与交流工作取得较大发展，涵盖美国、英国等国家和地区。学院的合作交流项目包括和香港中文大学继续开展"李韶社会经济考察计划"，与香港中文大学、首尔国立大学、日本东京大学和新加坡国立大学举办通识教育论坛等。2016年学院申请到2个亚洲校园项目，分别为"东亚杰出领袖共同培育计划"项目和"东亚全球领导力项目：多层次冲突解决与社会革新"项目。为配合2016年元培学院成立15周年的活动，学院首次承办北京论坛学生分论坛，活动圆满成功。

【党建工作】 1.基层党建。在思想建设方面，把坚定理想信念作为第一位任务，扎实开展理论学习培训和"两学一做"活动，加强党性党风教育，将"三严三实"贯彻落实到教育工作中。加强领导班子民主集中制建设，增强学院凝聚力。自党的群众路线教育实践活动开展以来，元培学院一直积极贯彻落实学校对于党的群众路线教育实践活动的总体部署，按部就班推进工作，严肃认真查摆问题，虚心接受批评建议。在组织建设方面，学院完成了教工党支部的换届选举。

学院坚持巩固和严格执行"八项规定"，正风肃纪、建章立制、将规范管理理念深入到招生、考试、设备购置和管理等各个环节。在监督管理方面，为了切实加强领导干部的党风廉政建设，严格执行议事规则和程序，学院落实了"三重一大"集体决策制度。在廉洁自律方面，院党委高度重视廉洁教育和纪律工作，在学院例会上多次进行廉洁教育，认真组织学习研究《廉政准则》和《党员处分条例》。

党的十八届六中全会召开之后，学院党委组织学院领导、各党支部书记对于会议精神进行深入学习，明确了全面从严治党的重要性与必要性，并在2016年12月30日召开"元培学院2016年度民主生活会"。会议前学院党委通过网络问卷、学院领导谈心、撰写个人对照检查材料等多种方式收集来自各个方面的意见与建议，会上领导干部们围绕党的十八届六中全会会议精神，深刻讨论和分析学院改革发展面临的问题并提出部分相应的改进措施。

2.学生党建。学院秉承"元培精神"，努力建设以社会主义核心价值观为核心内容的特色学院文化环境，增强学生社会责任感和历史使命感。2016年元培学院在校党员总数100人，新增党员25名，新增入党积极分子100人，18名预备党员转为正式党员，累计开展的党员培训达700多人次。

2016年年初学院党委按照上级党委要求，对照中央相关文件，紧紧围绕"三严三实"教育主题开展了一次民主生活会、三次专题讨论，形成了《元培学院"不严不实"问题清单及整改意见》《规范元培学院民主生活会草案》等多项对推进作风建设有指导性意义的文件。之后，学院党委统筹各个党支部，开展了面向全体党员的"两学一做"主题教育活动，包括14—15级联合学生党支部开展的读书会活动和"'两学一做'关海庭教授沙龙"等。"两学一做"教授沙龙致力于让同学们在与大师的交流中，感悟政治信仰对于一名合格党员的重要性。

14—15级联合学生党支部开展读书会活动，每位参会党员同志都在会前阅读了《组织部来了个年轻人》《犯人李铜钟的故事》及节选的系列讲话。会上同志们围绕小说主要情节和人物，对照系列讲话精神就如何做一名合格党员这一问题与校党委常委高松副校长和院党委书记孙华老师展开热烈讨论。

【行政工作】 2016年12月6日学校印发《关于李沉简任职的通知》（校发〔2016〕235号），学校研究决定，聘任李沉简为北京大学元培学院常务副院长，聘期两年。学院党政领导班子如下：院长鄂维南，常务副院长李沉简，党委书记孙华，副院长苏彦捷、张旭东，党委副书记丁夕友。学院的行政体系共18人。

【学生工作】 学术导向一直是元培学院坚持的学生工作的重点，随着博雅教育计划的提出和落实，学院学生工作在学术导向上继往开来，取得了新的成就。

1.新生入学教育。元培学院对学生的指导工作从入学前开始。学院提前编辑《入学手册》和新生问卷，随入学通知书一起寄给新生，帮助学生提早了解北大和元培学院，并收集学生回馈的个人专业意向和学业信息。

学院为新生开设新生训练营和新生讨论班，邀请各专业知名教授进行学科专题讲座，激发学生的学习热情、培养学生良好的学术品质，并帮助学生认真和深入地思考专业选择问题。同时，学院积极推进新生辅导员制度，探索班主任工作新思路，从而有效落实元培学生跨年级的联动的互动机制。

2.创新学生指导方法，关注学生身心健康发展。采用一对一面谈进行个体指导与寄语相结合的集体指导方法，坚持将学生工作精细化，通过建立家校联系平台，形成学校、家长、学生三位一体的信息通路，及时深入了解学生动态，引导学生形成健康、向上、诚信、求实的作风和德、智、体全面发展。学院推进建立五级心理危机干预体系，密切关注跨年级各类问题困难学生，建立有效的学生心理问题排查和随访的长效机制，促进学生身、心、灵统一和谐发展。

3.积极完善院友会建设。学院积极联络从2001级开始在校、离校、出国等各种类型的学生，为院友会的发展和进一步进入良性循环运作奠定基本基础，并借助2016年元培学院成立15周年的契机举办2002级毕业十周年和2006级入学十周年的"手拉手"院友返校活动。

4.加强学生创业教育。学院与数学科学学院、信息管理系共同申办"北京大学数据科学协同创新创业基地"，并开展一系列品牌活动。成功举办首届"成就未来"大数据创业应用大赛，360、同花顺、科通集团、大成基金等知名公司参与，学生反响热烈。

5.2017年1月11日上午，学院师生在蔡元培先生铜像前举行纪念活动，缅怀蔡元培先生就任北京大学校长100周年，林建华校长、高松副校长，蔡元培先生的孙女蔡磊砢及北大师生代表向蔡元培先生铜像献花。纪念活动由元培学院党委书记孙华主持。作为首任元培计划指导委员会主任，林建华校长在致辞中深情回顾了蔡元培先生执教北大期间对北大的发展做出的杰出贡献，并引用了美国哲学家杜威对蔡校长的高度评价，并指出北大人要有志于为国家和民族的复兴、为"中国梦"的实现做出自己的贡献。今天的北大比起100年前，已经实现了巨大的进步；但我们仍然要铭记蔡先生的教诲，真正把北大办成引领中国未来的大学。林校长还强调，元培计划是北京大学实行教学改革的"尖刀班"，通过十几年的不懈努力，我们取得了很大的成就。元培计划指导委员会主任高松副校长在致辞中高度评价了蔡先生对中国高等教育所做的开创性工作，元培学院在北大的教学制度、教育方式上做出了很多有益的探索，他希望元培学院能够不断地继承元培思想，做好教育教学改革探索，为北大和中国做出更大的贡献。随后，蔡元培先生的孙女蔡磊砢女士代表蔡元培先生的家人对林建华校长和高松副校长对本次活动的支持、对元培学院组织本次活动表示由衷的感谢。她在发言中对元培人提出了深情期待，愿元培人将元培精神发扬光大。最后，元培学院常务副院长李沉简代表元培学院师生发言，他讲到，一百年前的中国站在历史十字路口，是元培先生领导北大开始了中国的"启蒙运动"；一百年后的今天，中国面临着巨大的机遇与严峻的挑战，元培学院作为引领时代的一面旗帜，要用自己的努力造就新一代的领军人才。2017年1月11日晚，元培学院在俄文楼201教室为北大师生播放了专题片《先生：蔡元培》。同学们在参加了系列活动后纷纷表示：纪念蔡元培先生是北大人的集体回忆，是为了推动元培学院的改革不忘初心，继续前进。一百年来，北大风雨兼程，弦歌不辍，滋养和培育了一代又一代执着奋进的北大人。明年是北大双甲子的华诞，也将是蔡元培先生150周年诞辰，作为北大人、元培人，应当再接再厉，传承元培精神，为北大做出新的更大的贡献。

（刘欣悦）

燕京学堂

【发展概况】 发展历程。燕京学堂以"跨文化交流：聚焦中国，关怀世界"为基本定位，依托北京大学人文、社科领域雄厚的历史积淀和师资力量，围绕中国问题，开展人文、社科领域跨学科交叉学术研究。2016年9月燕京学堂迎来了第二届学生。

组织结构。学院领导班子包括院长袁明，副院长John Holden、王博，学业主任陆扬。学院任命陈长伟、左婧、郭菲为院长助理。蔡洪滨辞去副院长职务，姜国华辞去执行副院长、办公室主任职务。

学科建设。学堂开设中国学硕士研究生项目，从整体上研究中华文明的形成与发展，尤其突出中华文明的核心特征及价值，以及其在当代世界文化与格局重塑中应发挥的作用。项目立足于当代中国的社会实践，着眼于古今中西文明的格局，以多学科的理论和方法系统发掘中华文明的思想内涵和文化资源，充分体现中国文化和价值的主体性。项目将充分展现国际视野，致力于融汇东西方视角，以开放和包容的态度，在多元文明中开展对当代中国社会和文化等相关问题的探索和研究。

【教学工作】 学生情况。2016年，经过滚动式招生，层层筛选，顺利完成第二届学生的招生工作。学堂一共招收124名来自北京大学、哈佛大学、斯坦福大学、剑桥大学、芝加哥大学、普林斯顿大学、耶鲁大学等高校的优秀学子。其中包括102名国际学生，1名中国台湾学生，21名中国大陆学生。随着中东地区以色列、非洲肯尼亚、拉丁美洲特立尼达和多巴哥等国家学生的录取增加，燕京学堂学生来源更加丰富。

表5-18 北京大学燕京学堂2016级学生国籍分布

区域	国家/地区	汇总	区域	国家/地区	汇总
亚洲（不包括中东）38	中国大陆	21	欧洲33	德国	6
	印度	4		法国	4
	韩国	2		意大利	4
	新加坡	2		荷兰	3
	泰国	2		俄罗斯	3
	孟加拉国	1		英国	3
	日本	1		波兰	2
	吉尔吉斯斯坦	1		比利时	1
	马来西亚	1		丹麦	1
	巴基斯坦	1		爱沙尼亚	1
	越南	1		芬兰	1
	中国台湾	1		塞尔维亚	1

（续表）

北京大学燕京学堂2016级学生国籍分布						
区域	国家/地区	汇总	区域	国家/地区	汇总
非洲7	南非	3		西班牙	1
	肯尼亚	2		瑞士	1
	加纳	1		乌克兰	1
	尼日利亚/加纳	1	北美洲31	美国	30
中东5	伊朗	1		加拿大	1
	以色列	1	拉丁美洲7	阿根廷	2
	土耳其	3		巴西	3
大洋洲3	新西兰	1		古巴	1
	澳大利亚	2		特立尼达和多巴哥	1

课程设置。2016年，学堂共开设29门课程，包括4门必修课（其中1门语言必修课），25门选修课。课程大部分为英文授课，同时开设中文授课课程。对于有中文基础的国际学生，学堂鼓励其选修其他院系开设的中文课程。与此同时，学堂还得到了校内其他院系的帮助和支持，将院系开设的英语授课课程及中文授课课程供学生选择，优化选课模式。对于大陆及港澳台学生，要求其选修的英文授课课程学分不低于总学分的75%。

必修课程。1.转型中的国国。课程加入实例讲述的教学方式，让学生立体地了解中国。授课形式力争打破传统模式，以大课堂、小组讨论、独立研究、课堂展示的多元形式打造课程。2.中国专题系列讲座。讲座由学堂和北大相关兄弟院系共同主办，邀请林毅夫、田刚、张隆溪、张信刚等海内外知名学者，深入探讨以"中国"为核心的见解和观点，结合多学科的知识和方法，在全球视野下进行更深层次的跨文化交流。3.实地调研。学堂顺利组织全体学生完成2016学年春季学期深圳、宁夏、浙江、四川四地的"实地调研"和秋季学期西安"实地调研"。

培养方案。在课程方面，学生需修满30学分；完成课程学习的学生，可以参加实践活动或交流交换；毕业前，需要提交学位论文。通过学位论文答辩及北京大学学位委员会审议后，学生可获得毕业证书和中国学硕士学位证书。2016年7月，学堂建立专家库，邀请北大其他院系50多位老师参与到学堂学生学业、论文指导工作中。

学术活动。2016年12月12日至14日学堂举办首届高端学术论坛，来自中国、英国、美国、加拿大、德国、瑞典、新加坡等国家的17位国内外人文社科领域的顶尖学者汇聚一堂，以"中国与世界：关注、探讨与展望"为主题，就"新环境下中国与世界的关系"展开深度对话，在学术界获得了良好的声誉和广泛的影响。

【交流合作】合作院校。2016年燕京学堂已与世界范围内85所一流大学建立合作伙伴关系，其中包括哈佛大学、耶鲁大学、牛津大学、剑桥大学、东京大学、早稻田大学等。

外宾来访。2016年，泰国诗琳通公主、蒙古国前总理、印度尼西亚经济统筹部前部长、爱尔兰大使、东盟各国驻东盟使团等贵宾来访燕京学堂，与学堂领导、同学进行沟通与交流，极大扩展了燕京学堂的国际知名度。

大使讲座。2016年燕京学堂已与51个国家驻中国使馆建立联络，并定期举办大使讲座系列。2016年共举办包括美国大使、丹麦大使、罗马尼亚大使、西班牙大使、印度大使、希腊大使等在内的6次讲座。

来访接待。2016年，燕京学堂接待16家机构的来访，如香港团结基金、华东师范大学教育基金会、百贤基金会、日本留华生访问团、爱尔兰都柏林大学圣三一学院、伦敦政治经济学院、日本京都大学、香港大学等学校的相关负责人。

【党建工作】组织建设。燕京学堂党支部于2015年成立，截至2016年年底共有党员27人。其中，正式党员25人，预备党员2人。

党建活动。燕京学堂于5月上旬开展了党员评议和党支部评议，执行副院长姜国华在这次活动中阐述了学堂"跨文化交流，聚焦中国，关注世界"的理念，鼓励党员同志要充分发挥模范带头作用，促进文化交流，传递中华文化的魅力。5月下旬，学堂开展了"两学一做"的集体学习，会议上学习了党章党规和习近平总书记的系列讲话，并邀请了国际关系学院杨朝辉老师给大家做了"十三五"规划的讲座。

3月，学堂支部开展党团日活动，组织10余名师生前往参观五四运动和新文化运动的发源地——北大红楼。

4月，学堂以"全球视野下的雷锋精神"为题，邀请雷锋团做客燕京学堂，与学生讨论雷锋精神在新时代中的意义。

7月，北京大学研究生院党支部和燕京学堂党支部联合开展了"重温延安精神，争做合格党员"主题活动，赴延安大学泽东干部学院进行为期2天的研修学习。在延安干部学院，大家听取了一系列介绍延安精神的报告，并与教授们进行深入的座谈；在杨家岭革命旧址，大家听完冯建梅老师的《纪念白求恩》的现场教学演讲；在梁家河，学员亲身感受到知青生活的困苦，体会到习近平总书记的丰富阅历以及伟大胸怀。

10月，随着2016级燕京学堂新生的入学，袁明院长以"跨文化交流：聚焦中国、关怀世界"为基本定位给燕京学堂全体党员进行党课教育。

12月，为积极落实北京大学关于"两学一做"教育实践活动的要求，燕京学堂党团支部在北京市党性教育基地开展了以"全面从严治党"为主题的党性教育集体学习活动。

在学生工作部2016年的春季学期以及秋季学期的党团日活动评选中，学堂分别获得二等奖一次和三等奖一次。

【行政工作及其他工作】 行政队伍。2016年燕京学堂员工共25人，在编人员2人，合同制23人。

工会工作。燕京学堂于2016年1月成立工会小组。学堂工会小组发挥组织优势，重视人文关怀。4月，学堂职工参加北京大学教职工运动会；11月，工会成员及学堂职工共18人参加怀柔雁栖湖秋游。

【学生工作】 学生活动。燕京学堂以住宿制学院为载体，围绕融入北大校园、了解中国社会、跨文化交流、领导力提升4个方面，对学生进行全面、系统的培养。学堂积极为学生参与校园活动创造条件，提供广泛接触中国社会的机会。学生活动主要分为学堂组织的活动和学生自发的活动。

学堂举行实地调研、文化沙龙、教授午餐会、讲座等活动。2016年，先后组织同学参观优客工场、798尤伦斯当代艺术中心、宾堡工厂等；邀请书法老师教授书法；邀请中国音乐家协会箜篌协会副会长、中央民族乐团青年演奏家吴琳老师来到学堂分享箜篌文化和演奏；邀请哈佛大学肯尼迪政府学院教授约瑟夫·奈教授与学生座谈等。学堂筹划领导力培养项目，包括优秀青年领袖系列座谈、社会影响力系列培训项目以及光华银泰基金社会影响力创新工作坊项目。

学生自发活动主要包括：学生兴趣小组、节日活动和校园活动。

学生自发组织的课外兴趣小组已由2015年的不足5个增加到20个，形式多样。例如"贪吃舌俱乐部"，由不同国家的同学介绍自己的母语；"兰亭读书小组"探讨诸如《庄子》《论语》等大家之作。

除此之外，学堂的国际同学积极融入中国生活，举办庆祝中国传统节日的活动，邀请学堂老师们共同参加庆祝。大家在学习之余，也积极参与到北大组织的各项活动中。

书院生活。2016年，学生工作组3名班主任共同负责学堂124名学生的管理工作。班主任主要职责是关心同学，与同学建立良好的沟通，定期一对一谈话，了解学生学习、生活情况，为学生提供帮助，定期组织班级活动。国际学生在国外没有"班级"的概念，班主任们通过班会、组织各种活动让中外同学了解"班级"的意义，建立与学生的信任。

同时，学堂不定期举办"院长午餐会"、Town Hall Meeting等活动与学生进行沟通，让学生都有机会与学院领导对话，同时有想法的学生也可以为学堂发展出谋划策，共同建设学堂。

燕京学堂研究生会。第一届燕京学堂研究生会执委会于2016年初正式成立，成员来自4个不同国家。研究生会的标语为：谦谦君子，和而不同。第一届执委会任期以来，与学堂行政保持密切沟通，成为办公室与学生之间的桥梁，同时也与其他院系一起开展跨文化交流活动。学堂采取每周例会制度，定期与学生讨论各项问题。12月，学堂研究生会根据章程进行换届选举，顺利完成交接。

职业发展与校友工作。截至12月底，学堂已与2015级全体学生和大部分2016级学生进行了一对一座谈，累计座谈时间超过70小时。2016年3月以来，外国人在中国实习、创业政策不断开放，学堂积极组织国际学生学习政策新动向，并聘请专业培训师，举办多次培训工作坊，内容涵盖性格分析、职业方向探索、演讲技巧与面试技巧等方面。

燕京学堂校友工作团队在2016年年末与北京大学校友办公室、留学生办公室以及兄弟院系沟通会面，学习校友工作经验。

【全球青年中国论坛】 2016年3月，学堂举办全球青年中国论坛，共有来自47个国家和地区的192名优秀学生来到北大。代表们在2天时间里，与众多国内外专家学者、政商界领袖及其他领域的知名人士一起，围绕"China Meets the World, the World comes to China"这一主题，深入讨论政治、经济、历史和文化等热点问题。嘉宾包括澳大利亚前总理陆克文、智利驻华大使贺乔治、中国外交部前副部长何亚非等。

【社会创新论坛】 2016年11月，燕京学堂首届"社会创新论坛"在北大举办，来自15个国家的34名代表参加本次论坛。论坛主题为"缩小中国教育鸿沟"，旨在汇聚海内外优秀青年，通过跨文化跨学科交流，共同探讨中国的教育差距与教育公平问题，寻找创新型解决办法。

（郭一兰）

前沿交叉学科研究院

【发展概况】 研究院现有纳米科学与技术研究中心、生物医学跨学科研究中心、定量生物学中心、生命科学联合中心、大数据科学研究中心、环境与健康研究中心、磁共振成像研究中心、科学史与科学哲学研究中心、脑科学和类脑科学研究中心、睡眠医学研究中心等10多个研究机构，涵盖数学、物理学、化学、生物学、医学、工学等学科的众多交叉研究领域。

2016年12月4日，学校研究决定，任命欧阳颀为北京大学前沿交叉学科研究院学术委员会主任，方竞、刘忠范、朱彤、汤超、张大庆、张幼怡、陈鹏、饶毅、高家红、黄铁军、鄂维南、韩芳等12人为学术委员会委员。

2016年2月1日，学校批复成立虚体机构"北京大学数据科学研究中心"，挂靠前沿交叉学科研究院。任命鄂维南教授担任主任。中心负责统筹数据科学交叉学科的人才培养项目，组织校内各单位的大数据相关研究，同时作为"北京大数据研究院"在北大内部的协调中心。北京大数据研究院成立于2015年8月27日，代表北京大学与中关村管委会、海淀区政府、北京工业大学共同筹建，目标是吸引国际一流大数据研究人员来京发展，建设国际化的大数据产学研协同创新平台。2016年8月28日，北京大学健康医疗大数据研究中心成立仪式在北京大学英杰交流中心举行。北京大学健康医疗大数据研究中心的成立，将有力推进健康医疗大数据领域产学研一体化建设。2016年10月，数据科学研究中心牵头申报社会安全风险感知与防控大数据应用国家工程实验室，支持和参与大数据分析技术国家工程实验室、工业大数据应用技术国家工程实验室等的申报。

2016年1月，研究院配合学校交叉学位分会组织论证通过"整合生命科学"交叉学科学位点建设，全校有关生命科学交叉人才培养工作将依托研究院开展。这是继"纳米科学""数据科学"之后，研究院承担的第三个全新交叉学科学位博士点的学科建设任务。

【队伍建设】 2016年，研究院行政和公共技术平台服务人员共有29人，其中在编为1人，28人为合同制。研究院共计教师200余人，分布在全校多个学部和院系，涵盖数学、物理学、化学、生物学、医学、信息科学、工学、环境科学、心理学、哲学等学科的众多交叉研究领域。2016年度，生命中心共收到海内外60份有效申请，其中33位通过中心学术委员会初选后进入国际评审程序。定量中心引进加州理工大学林一瀚博士，以及中国科学院-德国马普学会计算生物学伙伴研究所所长韩敬东教授。大数据中心与数学学院共同引进目前国内极具国际知名度的机器学习专家张志华教授，与计算机科学技术研究所共同引进前百度自然语言资深研究员严睿。同时还吸纳国际上活跃的青年数据科学家刘云淮副研究员（公安部）、邰骋（美国普林斯顿大学）、章斯鑫（纽约大学）、朱占星（爱丁堡大学）、张立（爱荷华大学）共4名助理研究员。

10月15日，生命中心邀请7位国际顶尖的领域专家（含6位美国科学院院士）开展PI聘期期满评估。参加评估的9位研究员，8位续聘，1位在合同期满后退出中心。评估后专家们以主题报告的形式和师生们分享各自团队最新的研究成果及当下的研究热点。来自北京地区各高校的500余位师生参加此次交流。

生命中心博士后基金面向全校和生命科学相关实验室，支持吸引优秀博士后。基金每年评选两次，2016年度第一次评选，在25名申请人中，面试17人，入选13人，其中2人获特等（一等）资助，4人获得杰出（二等）资助，其余7人入选优秀（三等）。在全校范围内起到吸引优秀博士后的辐射作用。需要特别说明的是从2016年第二次评选开始，中心调整资助分档，并相应提高资助额度。本次基金在29名申请人中，面试14人，入选10人，其中2人获特等（一等）资助，8人获得杰出（二等）资助。在全校范围内起到吸引优秀博士后的辐射作用。

2016年5月，研究院转移到静园1号院一楼办公。充分利用地理位置优势，积极开展理科跨学科的学术与文化交流活动。与2号院人文社科研究院联动，全力支持学校高水平文理交叉活动的谋划和组织。

【教学工作】 研究院现有三个自主设立的二级学科，分别为整合生命科学、纳米科学与技术、数据科学，每年招生计划212人，其中博士生132人，硕士生80人。目前在校621名研究生，其中硕士研究生47名，博士研究生574名，2016年研究院共计166名研究生入学，其中包括大数据科学研究中心首次招生47名。2016年暑期举办一年一度的交叉学科优秀大学生夏令营，来自全国几十所高校的340余名本科生参加。

根据交叉科学的不同研究方向，制定特色化的培养方案，并由学位分委员会审核通过。在课程设置方面，学院大量新设立交叉专业必需的必修课。在要求学生进一步学习本学科的高级课程的基础上，选修与原背景学科不同的相关专业课程，并允许选修不同专业的本科生课程（纳入学分），强化学生的交叉学科知识体系。2016年度研究院共开设37门课。其中18门为春季学期，19门在秋季学期。课程设计主旨为包含针对本专业的高阶内容，以及面向非背景专业的基础培训两个方面。任课教师涵盖数学、物理学、化学、生物学、医学、工学等学院从事跨学科研究的教授及研究团队。进一步严格监督机制，把握学生培养中的每个环节，保证培养质量，鼓励学生从事有一定风险的创新性研究，对发表文章不做硬性规定。

2012级博士研究生张浩千和黄波顺利通过论文答辩并将拿到交叉二级学科"整合生命科学（生物学）博士"学位。两位同学在读期间发表多篇学术论文，并获得"北京大学优秀毕业生"称号。

【科研工作】 2016年度定量生物学中心在生命科学交叉研究领域共发表学术论文44篇，其中包括 *PNAS* 2篇，*Nature Communications* 1篇，*Nature Immunology* 1篇，*Nature Structural & Molecular Biology* 1篇等。2016年度承担各类项目在研17项，新获批13项，经费共计7000余万元，包括科技部973项目负责人1项，国家重点研发计划项目负责人1项，基金委重点项目和面上项目20余项，优秀青年科学基金2项等。

纳米中心在研项目72项，经费逾1.85亿元，其中16年新增科研项目27项，新增经费8240余万元，其中横向课题两项，经费1000万元，2016年新立项科研项目10项，经费2012万元。包括科技部国家重点研发计划"纳米科技"专项3项、国家重大科学研究计划6项、科技部重点研发计划1项、基金委国家重大科研仪器设备研制专项1项、国家自然科学基金重大项目3项、国家自然科学基金委重点项目4项、杰出青年科学基金项目1项、基金创新研究群体项目2项、国家自然科学优秀青年科学基金项目2项、中共中央组织部海外高层次人才引进计划（青年项目）3项、国家自然科学基金委国际（地区）合作与交流项目2项、面上项目16项、北京市科委项目7项等。纳米中心已发展成为一个跨院系的大型科研平台，是国内纳米科技研究的重要机构。在过去的一年里，在碳基纳米材料的控制生长、纳电子学与纳米器件以及纳米物性研究取得一系列优异成果，2016年发表、接受SCI收录的论文259篇，包括 Science 1篇、Nature 及子刊14篇、Phys. Rev. Lett. 1篇、J. Am. Chem. Soc. 6篇、Nano Lett. 8篇、Adv. Mater. 14篇、Adv. Funct. Mater. 7篇、Adv. Energ. Mater. 4篇、ACS Nano 21篇、Small 5篇、Nano Scale 16篇、Nano Energy 6篇、Nano Res. 8篇、ACS Appl. Mater. Inter. 6篇等，影响因子大于7的共132篇。授权发明专利12项，申请专利23项，出版著作1部（《2020年之后的电子学：碳基电子学的机遇和挑战》，彭练矛，《科学》2016年第二期，1—5）。

生命中心发表SCI论文357篇。在 Nature 及其重要子刊发表论文9篇（不含 Nature Communication），Cell 及其重要子刊发表11篇。Science 1篇（已接收）。其他顶级刊物如 Blood 1篇、Plant Cell 2篇、Journal of the American Chemical Society 2篇、Angew. Chem. Int. Ed. 8篇、Proceedings of the National Academy of Sciences of the United States of America 7篇。新申请或正在申请专利25项，其中含国际专利4项，复审或授权8项。2016年黄晓军、邓兴旺获得国家自然科学基金创新研究两个群体项目的支持。黄晓军主持的群体项目骨干成员还包括生命中心研究员蒋争凡。值得关注的是，两位研究员都是在加入生命中心后才开始的在医学和生物学方面的研究合作，彰显出生命中心在交叉学科研究方面的特色。至此由生命中心担任创新群体带头人的项目已达到9个。此外，2016年度新获批国家自然科学基金项目重点项目2项、面上项目7项、杰出青年基金2项、优秀青年基金2项，共承担国家和地方项目170余项，国际合作项目28项。

数据科学研究中心承担自然科学基金、863、973及重点社科基金等国家级项目10多项，发表论文50余篇，申请专利5项。学校专拨学科建设经费300万元用以支持中心建设和运行。中心在各应用领域充分开展广泛科研合作。与北京工业大学、北京市交通信息中心、海淀区经信办等共建北京人口出行动态监控平台、海淀智慧出行服务平台。与北京大学医学部共建健康医疗大数据研究中心，参与国家卫计委组织的健康医疗大数据中心与产业园建设国家试点工程。与中科院大气物理所等合作研发京津冀雾霾预报系统，开发环境照片分享与智能分析平台等。与北京市公安局共建北京公共安全大数据重点实验室，研发推广新一代指纹识别系统、道路交通事故监测预警系统等。

生物医学跨学科研究中心和磁共振研究中心面向生物医学和应用的前沿问题，积极开展以临床医学、生命科学、环境科学、工程学等学科交叉为特点的跨学科研究。在相关专业领域的高影响力杂志上发表50余篇相关的研究论文。磁共振中心承担北京市科委脑科学计划——多模态脑影像数据采集规范与自动分析技术研究（一期）。

【学术交流】 2016年参与主办或协办的各类大型学术研讨会50余次，其中国际会议26次。教师参加国际国内各类学术研讨会300余次，邀请国际与国内专家来访交流200余人次。

2016年1月17日召开"定量生物学中心年度学术交流会"，来自中心内外相关领域的百余位师生参加此次学术交流会。3月纳米中心与日本广岛大学联合举办双边储氢材料会议，会议规模100余人。1月18日，联合北京工业大学共同举办大数据论坛，涉及交通大数据、环境大数据、社会大数据、大数据理论与技术等四个领域，有助于跨学科间的交叉合作，为联合开发应用大数据资源、形成大科研环境起到促进作用。4月25日磁共振中心联合清华大学和北京师范大学麦戈文脑研究所联合举办"多模态脑功能成像"，邀请多模态脑功能成像领域（包括 fMRI, MEG 和 PET 等）的学者介绍多模态脑功能成像的前沿技术及其在脑认知研究和临床医学中的应用。6月17日下午美国能源部首席科学官 Cherry Murray 博士率团访问定量生物学中心。7月14日—15日与中国科学院微生物研究所共同举办"第二届合成生物学青年学者论坛"，参会师生约250人。近30名国内外在合成生物学领域取得突出成果的青年科学家分别介绍最新工作进展。7月19日—8月3日举办微纳前沿技术暑期学校，100余人参加学习。10月22日—24日举办材料与器件计算模拟研讨会2016暨ATK-VNL研讨会，会议规模200人。7月18日—8月12日，数据中心举办"大数据分析的模型与算法"暑期学校。邀请国内外知名学者开设前沿课程，采用课堂教学、小范围讨论、研究课题等多种形式，不仅仅介绍理论方面的前沿研究课题，同时也注重实际问题的解决方案。7月25—29日，生命中心联合学校招生办公室、继续教育学院共同举办"北京大学全国中学骨干教师综合教育能力提升博雅讲堂"，来自100余所高中的109名教师参加培训。举办面向本科生开展系统生物学/计算生物学、神经与认知科学暑期培训班，共接待近150名不同背景的本科生。

2016年5月31日—2016年6月2日，中心主任鄂维南院士赴新加坡国立大学进行合作交流，就北京大学-新加坡国立大学之间的大数据合作交流事宜达成初步意向。2016年12月底已完成北京大学-新加坡国立大学之间的谅解备忘录初稿，并由国际合作部提交学校。预计2017年5月将完成谅解备忘录的签署，并逐渐开展学术交流等相关工作。

【平台建设】 磁共振成像研究中心3台3T成像仪和1台脑磁图全方位向全校师生开放使用。每台磁共振成像仪平均服务机时达2000小时；脑磁图系统达500小时。睡眠实验室初具规模，PSG达1000小时；Actigraph达20,000小时。

定量生物学中心微流和高通量实验平台，与4个课题组合作发表学术论文5篇，申请专利1项。服务机时超过2200小时。该平台同时承担定量生物学实验与技术基础和整合科学实验课程：高通量单细胞动力学分析的教学任务。计算生物学与药物设计平台发表学术论文2篇，完成2项合作课题，正在开展6项合作研究，承担定量生物学计算与软件使用的教学任务。

生命中心建立公共平台管理系统，对平台资源的购置及使用情况进行实时跟踪和管理。截至目前，平台已有公共仪器设备60余台/套，2016年度由中心公共平台支持并发表的科研文章78篇。

研究院和工学院共同搭建的校级公共服务平台——"北极星高性能计算平台"是国内最先进的超级计算机之一，其计算能力2015—2016年在全国高校居首位，存储实测性能为当前国内最高。目前已经完成一期、二期建设，三期为众核计算机且已经完成招标。平台提供丰富多样的计算资源，搭建涵盖化学计算、生物计算、深度学习、流体计算、材料模拟、图像分析、三维成像、大数据分析（含文科）等专业领域的软件平台，有八个计算分区来满足各种复杂的计算需求。平台用户的课题组项目进展顺利，在 Nature、Nucleic Acids Research、Amercican Souiety of Nephrdogy 等平台均有论文接受或发表。在满足生命科学和工学院计算需求的前提下对校内相关单位开放。

【社会服务】 2016年12月12日，在2016中关村大数据日活动期间，成功举办"大数据分析与人工智能""交通大数据-智慧交通与智慧出行""公共安全大数据"等分论坛。数十名大数据领域的企业领袖、业界名家、知名学者齐聚一堂，共同探讨大数据相关前沿问题。

2016年12月17日，在北京大学正大国际中心举办第一届大数据教育论坛。

基于高质量石墨烯粉体的宏量制备技术以及大面积高品质石墨烯薄膜的卷对卷放量生长技术，纳米中心与深圳宝安集团合作建立起"北大-宝安烯碳科技联合实验室"，致力于石墨烯批量制备以及石墨烯在新能源和可穿戴器件中的应用研究，前期投入500万元，已经正式建成启用；基于高品质石墨烯玻璃复合材料的宏量可控制备技术，与中国建材集团共同成立"北大-凯盛石墨烯研究院"，致力于发展石墨烯玻璃的大规模制备技术以及石墨烯玻璃在建筑、汽车、智能家居等领域的应用研究，启动建设期总投入3000万元。

【党团工作】 2016年，研究院现有学生党支部17个，学生团支部21个，学生班级21个。

9月25日，为纪念新中国成立67周年、红军长征胜利80周年，2016级新生党团支部一行29人赴红色教育基地——香山公园开展为期1天的"追寻红色记忆 践行'两学一做'"主题党团日活动。为深入开展"学党章党规、学系列讲话，做合格党员"学习教育活动，10月8日晚，生命联合中心2014级4班党支部在实验动物中心会议室召开"两学一做"专题学习研讨会。为搭建研究院学生成长成才的锻炼平台，研究院成立首期"前进团校"。"前进团校"取名于"前沿交叉，团结奋进"之意。在由共青团中央学校部、共青团中央网络影视中心、北京市食品药品监督管理局共同举办的首届2016"青春创客系列活动暨首届医学工程创客专题活动"中，研究院共有三支团队参与角逐，其中一支杀入总决赛并喜获三等奖荣誉，前沿交叉学科研究院团委同时荣获"优秀组织奖"。11月2日，前沿交叉学科研究院在静园一号院101会议室召开十八届六中全会精神学习交流会，组织师生党员代表集中学习、探讨十八届六中全会精神，工学院党委书记孙智利作为主管党委领导受邀参加。

2016年11月末，研究院动员全院21个班级的600余名学生于集中开展"我与社会主义核心价值观"系列主题班会活动，并对活动成果进行公开评优展示。

在2016年北京大学研究生专项实践活动评比中，学院赴安徽宿州博士生服务团荣获特等奖，赴天津前沿交叉学科讲师团荣获三等奖，研究院团委同时荣获优秀组织奖（排名第一位）。此外，三名师生被评为北京大学2016年优秀共产党员，分别为田永路同学、李应龙同学、魏朋老师。组织学生骨干编写院刊《赛汇前沿》第七期，现已完稿并印刷，内容涵盖学院发展、党团活动、学生活动、科学之美、学术动态、真情约稿、大事记等。

【学生工作】 2016年7月，研究院共有39名毕业生顺利完成学业，广泛就业于高校、科学和医疗研究机构乃至企业与党政机关等单位。2016年共有155人次获得奖励表彰，其中三好学生标兵10名，三好学生61名，优秀学生干部3名，单项奖81名。共有164人次获得奖学金表彰，其中国家奖学金18名，专项奖学金92名，其他各门类奖学金54名。

为促进学生活动与学术科研的有效深入融合，研究院继承传统开展"前沿青年讲堂"系列品牌活动。9月29日晚，张幼怡副院长主讲"前沿青年讲堂"第五期"从细胞微纳结构研究谈多学科交叉的体会"。10月25日晚，程和平院士主讲"前沿青年讲堂"第六期——"我的研究生生活"。11月10日晚，陈鹏教授主讲"前沿青年讲堂"第七期——"在科学的世界里'我行我素'"。

在学生事务性工作方面，提前筹备迎新工作，2016年首次准备拍照墙供新生留念。在资助工作方面，响应学校的号召，实现资助工作无纸化，大大促进资助工作信息化建设。积极为家庭经济困难的同学联系资助，尽可能缓解学生的经济压力；进一步完善常规工作的处理流程，如学生保险、各类通知、评奖评优、新生与毕业生档案整理、户口办理、住宿问题与宿舍矛盾、师生矛盾等。

（前沿交叉学科研究院）

分子医学研究所

【发展概况】 至2016年底，北京大学分子医学研究所（Institute of Molecular Medicine, Peking University，下文简称IMM）已建成具有国际水准的18个研究室和研究中心、3个大型公共科研平台，其中包括国际知名的"非人灵长类研究中心"。

【学科建设】 2016年，围绕"分子医学"的建设框架，分子医学二级学科新开研究生课程5门：表观遗传学基础、肥胖与心血管疾病、代谢综合征、能量代谢的免疫调控、离子通道门控机制研究进展。目前，开设供研究生研修的专业必修课5门，专业选修课达到31门，进一步完善分子医学学科课程体系建设。

【队伍建设】 分子医学所事业编制职工39人（含PI 17人，Co-PI 10人），博士后14人，劳动合同制职工31人（含博士学位4人），劳动合同制职工成为研究所实验技术力量的重要补充。根据学校关于教学科研人员分类管理的办法，IMM针对PI和Co-PI的聘任（含续聘）进入目标明确、考核明晰的动态优化轨道。

2016年，IMM有2位新PI加盟：从美国俄勒冈健康与科学大学引进的PI陈雷组建结构生物学研究室；从北大医学部基础医学院引进的PI赵扬组建细胞命运调控与干细胞治疗研究室。

【科研工作】 2016年发表、接受论文54篇，总影响因子427，平均影响因子8。其中在 Nature Medicine 上发表论文1篇、Nature Communications 发表3篇、Advanced Materials、Nano Lett.、Mol. Biol. Evol. 等影响因子10以上国际学术期刊上发表和接受10篇。IMM为第一作者或责任单位第一单位署名文章34篇。申请中国专利2项、授权中国专利1项。

研究所2016年获批国家自然科学基金优秀青年科学基金1项，重点项目1项，重大研究计划2项，面上项目3项。国际合作、国内合作项目各1项。参加国家重大研发计划1项。

程和平院士在第二十二届国际心脏学会世界大会中获杰出研究成就奖（Research Achievement Award），以表彰他多年来在钙信号与线粒体生物医学研究领域所取得的卓越成果，程和平院士是首位获此殊荣的亚裔科学家。汪阳明、陈雷获得国家优秀青年科学基金，何爱彬、赵扬、马淇荣获2016年度"北京大学绿叶生物医药杰出青年学者奖"，胡新立、王艳茹荣获2016年度北京大学实验室工作先进个人。

国家自然基金委仪器重大专项研制"2.2g可佩戴式高时空分辨微型化双光子显微镜"取得突破性进展，成果在中国科协主办的世界生命科学大会上展示。

配合学校完成实验设备2号楼的各项招投标工作，该项目已破土动工。

【交流合作】 举办第14届国际心血管代谢学会年度会议。10月9—12日，第14届国际心血管代谢学会在北京大学中关新园举行，这是SHVM会议第一次走进亚洲。本次会议的主题是"肥胖、糖尿病和胰岛素抵抗引起的心脏重塑——新的靶点及疗法"，除欧美重量级领域专家外，会议的23位特邀报告人中包括北京大学肖瑞平教授、程和平教授，武汉大学宋保亮教授，中国科学院刘平生教授等4位教授。同时，为推进转化医学发展，10月9日上午还举行卫星论坛——"糖尿病与心血管代谢赛诺菲论坛"。

IMM Seminar 系列讲座。自建所以来共举办IMM Seminar 系列讲座650场，2016年共举办56场。IMM Seminar的报告人多来自国外各领域的知名教授、实验室负责人，国内的专家均为各大学、研究机构、医院的学科领头人。2016年邀请到两位诺贝尔奖获得者，在为学生创造接触领域知名专家、深入交流的机会的同时，也更进一步加强IMM与国内外学术同行的学术交流。

PI双周会。研究所每两周召开一次PI会，会议内容包括各位PI科研工作进展以及所务讨论。在实现所务透明的同时，也为PI提供一个学术交流、探讨合作的平台。

【党建工作】 研究所党支部在2016年进一步加强支部思想建设，严格落实"三严三实"专题教育和"两学一做"学习教育工作。教工党支部组织支部成员认真学习《习近平在庆祝中国共产党成立95周年大会上的讲话》及《刘云山在部分地区和部门"两学一做"学习教育工作座谈会的讲话》，开展"立足岗位、恪尽职守、做新时期合格党员"的大讨论，大家畅谈在本职工作岗位上的体会，表示"不忘初心、继续前进"，决心努力做合格党员，为分子医学所的建设添砖加瓦，为北大创建世界一流大学贡献力量。学生党支部与北师大党支部进行联谊活动，并将"两学一做"的相关内容整合到知识竞赛中。此外，学生党支部与学生工作小组合作开展"我与社会主义核心价值观"为主题的主题班会活动，引导学生树立正确的价值观，并将这种价值观同"北大梦"结合起来，实现自我价值，争取在科研工作中获得更大进步。

2016年，三位优秀的博士后（郑书全、张茂、吴迪）加入教工党支部，三位优秀的研究生（胡美钦、顾凯丽、戚文峰）预备期满，顺利转正。2016年新增9名新生党员。目前，分子医学研究所共有教工党员16人，学生党员71人，有多名积极分子处于考察发展过程。教工党支部和学生党支部顺利完成换届工作。

【行政工作】 研究所行政业务统一归口综合办公室，办公室主任与各行政秘书对日常行政分工工作各司其职。除完成常规性工作外，对于大型组织任务如为学术会议举办或突发事件等组成临时工作小组，集中快速处理，有效实现"办公室工作一切为科研"的工作目标，在学校年度绩效综合评估中，综合管理评估为A+。

【工会工作】 IMM工会配合校工会，为女职工办理女工互助险参保，为教工集体办理公园年票。积极推动教职工在繁忙的工作之余加强体育锻炼，在2016年校羽毛球比赛中，IMM与附中联队取得北京大学羽毛球赛亚军；在乒乓球比赛中，IMM与生科院联队取得北京大学男子乒乓球冠军，均取得历史性的突破。此外，在三八妇女节时组织女职工参加校定位赛，通过这些活动，在增强体质的同时更提高研究所教职工的凝聚力、增进团队合作能力。IMM工会不仅重视体育锻炼，还极进行精神文明建设，在妇女节和劳动节时为所职工发放电影票，以活跃业余生活；为职工子女开设绘画班，在提升子女艺术素养的同时增进职工团结与交流。

【学生工作】 IMM现有北京大学学籍学生143人，客座学生120人。2016年有19名博士研究生和3名硕士研究生毕业。2016年度，累计106人次获得各级各类奖学金或荣誉称号。通过迎新、素质拓展、羽毛球赛、新年联欢会等活动加强学生的归属感并丰富学生课余生活；通过评优和奖学金评选及颁奖等活动树立榜样、营造学术科研氛围；通过心理测评及日常排查、安全教育、校规及学术道德教育等活动及时跟踪了解学生身心安全及督促学生遵规守纪。

【安全工作】 高度重视安全工作，牢固树立"安全第一"的思想，实行安全工作领导责任制、层级责任制和责任追究制，将安全工作规范化、制度化。通过学生安全教育课程、安全员培训、应急事件处理演练及观摩、例会与自查相结合等方式实现全所全员参与各种安全隐患防范。研究所荣获2016年度"安全管理先进单位"。

【筹资工作】 在筹资工作方面，进一步强化筹资意识，拓展多渠道筹募社会资源资金。1月，博雅控股集团董事长许晓椿以个人名义向IMM捐资1000万元（10年），设立"北京大学分子医学研究所博雅转化医学研究院发展基金"，旨在支持IMM在生物医药前沿领域未来更好地发展。第一笔捐赠经费已经到位。

（分子医学研究所）

科维理天文研究所

【发展概况】 为实现管理体制的国际化，科维理天文研究所（Kavli Institute for Astronomy and Astrophysics，以下简称KIAA）成立以王杰副校长为主席，国际天文学联合会（IAU）前主席、美国空间望远镜研究所前所长Robert E. Williams为副主席的董事会。董事会其他成员包括陈建生（中科院院士，北京大学教授和国家天文台研究员）、何子山（Luis C. Ho, KIAA所长）、Anthony N. Lasenby（剑桥大学科维理宇宙学研究所副所长）、Simon D. M. White（美国科学院院士、马克斯-普朗克天体物理研究所所长）以及谢心澄（中国科学院院士、北京大学物理学院院长）。1月16日，召开首次KIAA董事会。

KIAA实行所长负责制，所长为何子山，副所长为吴学兵。KIAA设立的教员招聘、评估委员会，博士后招聘、评估委员会，计算机管理委员会，研究生管理委员会，学术活动组织委员会，教学委员会，学术活动委员会等一系列委员会继续在学科建设中发挥着重要作用。各项行政事务在所长领导下由行政办公室负责实施。

【队伍建设】 2016年，三位2013年入职KIAA的研究员按照北京大学所要求的严格流程顺利通过tenure-track职位的中期考核。2016年共聘用10位博士后，包括4位KIAA博士后（王舒，Kohei Hayashi, Alessia Longobardi, Jongsuk Hong）、4位PI博士后（黄样，郭金承，Subhash Bose和郭可欣）以及两位KIAA-CAS博士后姚苏和杨元培。招聘兼职计算机工程师付世凯，解决研究所长期无专业人员管理网站和计算机的困扰。Kouwenhoven和闫慧荣研究员离职。

至2016年底，KIAA/DoA共有研究人员24人（含兼职）、博士后21人、行政人员4名，兼职计算机工程师1名。其中研究人员中有院士1名（陈建生）、海外高层次人才引进计划3名，海外高层次人才引进计划（青年项目）6名，长江学者2名（刘晓为和张冰）以及杰青3名（刘晓为、吴学兵和徐仁新）。

【教学工作】 天文学科有在读研究生50名，本科生116人，由天文系和KIAA共同培养。9月份举办本科生论坛，并颁发林桥奖学金，该活动展示天文学科本科生的科研能力，也促进本科生早日参与科研活动；每周举办研究生晚餐讨论会，促进研究生之间的科研交流；KIAA还建立研究生和学术报告人的午餐交流会，给研究生搭建与来自各个国家的学者交流的平台。

【科研工作】 共有214篇论文在学术期刊上发表或被接收。在Science和Nature主刊上各发表研究论文一篇。

KIAA东苏勃研究员率团队发现有史以来最强的超新星爆发，这一最新研究成果发表在1月15日出版的《科学》（Science）杂志上。

KIAA和中国科学院国家天文台领衔的科研团队，与美国西北大学和阿德勒天文馆的天文学家合作，利用哈勃太空望远镜的观测数据，首次发现中等年龄球状星团可以靠自身引力俘获外部气体来成批形成年轻恒星。这一发现突破球状星团仅依赖内部气体循环来形成下一代恒星的理论。这一成果于1月28日发表于Nature杂志。

表 5-19　KIAA2016 年获奖情况

成果名称	获奖类型（及等级）	全部作者
MERAC 奖（观测天文领域内）	2016 年欧洲天文学会学会类奖	彭影杰
2015 年中国科学十大进展	科技部	吴学兵团队
2015 年中国天文十大科技进展	中国天文学会	吴学兵团队
国家天文台 LAMOST 项目杰出学者	国家天文台	吴学兵
新西兰坎特伯雷大学 2017 欧斯金奖	坎特伯雷大学	de Grijs, Richard
北京大学优秀研究生教学奖	北京大学	范祖辉
曾宪梓优秀教育奖	北京大学	彭逸西
北京大学优秀博士论文奖	北京大学	于清娟、张从尧
全国创新人才博士后支持计划	全国博士后管理委员会	王　舒、杨元培
北京大学博雅博士后	北京大学	Kohei Hayashi、姚　苏
北京大学优秀博士后	北京大学	Jessy Jose、刘项琨

【交流合作】 2016 年 KIAA 共组织 11 个国内外会议。6 月 7 日，由中国国家留学基金管理委员会、北京大学、加州大学圣芭芭拉分校、加州大学圣克鲁兹分校联合组织，中美大学天文合作高峰论坛在北京大学召开。

本次论坛是第七轮中美人文交流高层磋商会议的内容之一。中国国务院副总理刘延东和美国国务卿 John Kerry 出席 6 月 7 日上午在国家博物馆召开的第七轮中美人文交流高层磋商会议。北京大学校长林建华在"中美大学天文合作高峰论坛"上致欢迎辞。科维理天文与天体物理研究所所长何子山做题为"中国天文现状"的主题报告。论坛期间，中国留学基金委秘书长刘京辉与加州大学圣芭芭拉分校校长 Henry Yang、夏威夷大学马诺分校校长 Robert Bley-Vroman 分别代表中国和美国签署并启动一个新的中美各十所大学参加的天文合作项目。

KIAA 与德国马克斯-普朗克射电天文研究所建立伙伴关系，在脉冲星天文学领域的马克斯-普朗克合作小组正式成立。小组组长由 KIAA 的李柯伽担任。该合作小组旨在加强马克斯-普朗克研究所与其他科研机构的合作，支持年轻的科学家在他们的祖国开展科学研究工作。

在中科院-北大创新团队项目的支持下，KIAA 和中科院签订 KIAA-CAS 联合培养博士后项目的协议，自 2016 年起，每年招收两位博士后。博士后期间 2 年在北大，第 3 年在中科院研究所，从事与国内天文大科学装置相关的研究。

KIAA 还和澳大利亚西澳大学签署备忘录，联合培养博士后。在 2017—2022 年间，双方每年联合招聘射电天文博士后 2 名。博士后 4 年工作期间 2 年在北大 KIAA（由 KIAA 资助），2 年在西澳大学（由西澳大学和国家留学基金委资助）。

2016 年继续实施科维理访问学者项目，从全世界 33 个研究机构中邀请 39 位访问学者。在 2016 年来访的众多访问学者当中，包括加州理工大学的 Edward Stone、加州大学圣克鲁兹分校的 Claire Max、加州大学伯克利分校的 Alex Filippenko。美国国家科学基金会（NSF）中国办公室主任 Nancy Sung 也到访商谈与中国天体物理学界合作的相关事项。由智利天文学会理事长 Ezequiel Treister 和智利大学天文系主任 Guido Garay 带领的智利天文代表团也访问科维理所并进行广泛的学术交流。

【学科评估】 4 月至 6 月，天文学科全体同仁通力合作，完成教育部要求的 2011—2015 年天文学科评估提交工作。

【基建改造】 将 KIAA 大楼四层阁楼重新进行部分装修，改造成两个可容纳 12 人的博士后办公室，解决博士后入站时办公室紧张的问题。

（科维理天文研究所）

北京国际数学研究中心

【发展概况】 北京国际数学研究中心现有 1 个一级学科（数学）。有 4 个二级学科，分别是 070101 基础数学、070102 计算数学、070103 概率论与数理统计、070104 应用数学。

北京国际数学研究中心共有教师 31 名，其中教授 7 名，副教授 8 名，助理教授 6 名，特聘教授 9 名，特聘助理教授 1 名。

2016 年加入北京国际数学研究中心工作的聂青教授是计算和应用数学、系统生物、计算生物学的国际权威专家。2016 年，还有陈华一、焦莹、田志宇、杨诗武等四位优秀青年人才加盟北京国际数学研究中心，他们均在美国或欧洲的顶尖数学学院获得博士学位，并在海外著名高校做博士后研究或担任教职。

2016 年，北京国际数学研究中心有在站博士后 20 名。

【教学工作】 2016 年，北京国际数学研究中心共有博士研究生 48 名。其中 2011 级 2 名，2012 级 7 名，2013 级 11 名，2014 级 9 名，2015 级 10 名，2016 级 9 名。

2016年，北京国际数学研究中心第八期研究生数学基础强化班开设4门课程，分别为：偏微分方程（蒋美跃老师授课）、基础拓扑学（王家军老师授课）、黎曼曲面（梅加强老师授课）、群表示论（傅翔老师授课）。

2016年，北京国际数学研究中心邀请主要来自法国一流数学研究机构的6位数学家来中心开设短期课程。这些课程围绕数学相关领域内多个前沿课题展开，增进年轻学生和海外学者的学术交流，加深学生对相关领域的了解，并帮助他们找到一些有潜力的问题和研究方向。

2016年7月11日至22日，北京国际数学研究中心还举办"北京大学现代生物数学暑期学校"，邀请美国加州大学尔湾分校数学系聂青教授、加州大学尔湾分校生科院Maksim Pikus教授、匹兹堡大学医学院Jianhua Xing教授、美国埃默里大学生物统计系Zhaohui Qin教授授课。

【科研工作】 2016年，数学中心共有院士2名，海外高层次人才引进计划学者20名（其中12名为海外高层次人才引进计划青年项目入选者）。葛颢研究员入选教育部2016"长江学者奖励计划青年学者"名单。

2016年，北京国际数学研究中心新增科研项目12个（纵向）。

2016年，沈伟明、金春银、关力凡、Andre Milzarek等4位博士后获得北京大学"博雅博士后"基金资助；博士后关力凡还获评北京大学2016年度优秀博士后。

2016年全年，北京国际数学研究中心教授和博士后发表或被接受的论文总数超过150篇（含预印本60余篇），SCI论文数61篇，其中多篇发表在世界著名数学杂志上。

刘毅研究员的论文"Degree of L2-Alexander torsion for 3-manifolds"被国际数学界最权威的期刊之一 *Inventiones Mathematica* 在线发表。刘毅在论文中的证明完整地回答张伟平院士等人早先提出的连续性问题，并确证DFL在其理论建立之初遗留的大多数猜测，因而具有基础性意义。此外，该论文所发展的一系列关键的估计技术，在其他各种挠率型不变量的研究中也将有广泛的应用。

刘若川研究员与人合作的论文"Rigidity and a Riemann-Hilbert correspondence for p-adic local systems"被 *Inventiones Mathematicae* 接受并在线发表。刘若川与合作者在几何相对p进霍奇理论方面取得重要进展，证明p进局部系统的德拉姆刚性，得到此方向国际权威专家的高度评价。这也是中国大陆地区在算术几何方向发表的第一篇世界顶级数学期刊论文。

田刚院士与合作者的论文"Regularity of Kaehler-Ricci flows on Fano manifolds"在世界顶级数学期刊 Acta Mathematica 上发表。田刚与合作者在上述论文中解决Fano流形上里奇曲率积分有界的凯莱-里奇流的正则性问题，在低维情况证明有近二十年历史的Hamilton-田刚猜想；建立运用里奇流证明丘成桐-田刚-Donaldson猜想的解析工具，并给出三维Fano流形上丘成桐-田刚-Donaldson猜想的一个新证明。

张磊研究员申报的项目"稀有事件和鞍点的计算方法及其应用"、葛颢研究员申报的项目"随机过程与生物物理化学的交叉学科研究"获2016年优秀青年科学基金资助。

2016年，北京国际数学研究中心许晨阳教授荣获由国际理论物理中心（ICTP）、印度科技部（DST, Government of India）和国际数学联盟（IMU）共同颁发的2016年度拉马努金奖（The Ramanujan Prize）。

2016年，北京国际数学研究中心文再文研究员获第十四届中国青年科技奖。中国青年科技奖是中共中央组织部、人力资源和社会保障部、中国科协共同设立并组织实施，面向全国广大青年科技工作者的奖项，每两年评选一次，每届获奖人数不超过100名。

2016年，北京国际数学研究中心、美国华盛顿大学公共卫生学院周晓华教授，因其在医学检验、医疗费用数据分析、因果推断分析领域发展新的统计方法所做出的杰出贡献，当选为美国科学促进会（AAAS）会士。

2016年，北京国际数学研究中心举办7场国际研讨会，包括"北京代数几何研讨会""中日韩数学与生物交叉研讨会""辛几何与数学物理研讨会""最优化与特征值计算研讨会""几何分析远景-ANU-BICMR-PIMS-UW联合会议""数学与生物的交叉国际研讨会""图像和数据分析研讨会"。

2016年，北京国际数学研究中心还举办多个主题的讲习班、研讨班、讨论班等，包括"几何分析与退化椭圆型方程专题讲习班""第六次辛几何与拓扑场论高级研讨班""几何分析研讨班""稳定有理性和周分解读书讨论班""代数几何讨论班""辛几何和数学物理讨论班""北京几何物理研讨会""北京大学许宝騄讲座"等。

2016年全年，北京国际数学研究中心共举办近百场次各种类型的学术活动，以活跃学术交流，推进中国数学的国际化水平。

【交流合作】 2016年5月23至27日，中法代数与算术几何学术研讨会在法国波尔多大学举行。会议组织者为巴黎综合理工大学的Anna Cadoret教授、波尔多大学Qing Liu教授、北京国际数学研究中心田刚院士和许晨阳教授。会议由两个系列短期课程和15场主题报告组成，来自世界各地的代数几何学者们分享他们的最新研究成果。

2016年10月31日至11月4日，北京国际数学研究中心与韩国基础科学研究所几何与物理研究中心（IBS-CGP）联合举办辛几何学术研讨会，会议在韩国举行。本次活动旨在探讨辛几何和数学物理领域的前沿问题，促进中韩两国数学界的交流，共享优质学术资源。

2016年，北京国际数学研究中心继续推进"TRAM计划"和"中法数学研究合作项目"。TRAM计划是由北京国际数学研究中心和普林斯顿大学数学系等世界一流数学研究机构搭建的人才培养和学术交流的国际平台，宗旨是为合作机构的学者和学生提供更多相互交流与学习的机会。

"中法数学研究合作项目"（SFRPM）于2011年创建，旨在提高中国和法国数学家之间的合作研究。2016年，为顺应新的发展趋势，本项目进行更新续约，希望能引导一种灵活、全方位的数学研究。

2016年，有90多位来自国内外著名高校和科研机构的学者来数学中心做访问研究，其中约70%来自海外。

【党建工作】 2016年，北京国际数学研究中心共有党员12名，支部1个。

2016年4月19日下午，北京国际数学研究中心党支部按上级党委要求举行评议评优会议，进行党员个人自评、支部评议，投票产生校级和院级优秀党员候选人。预备党员欧高炎在会上转为正式党员。2016年9月20日上午，北京国际数学研究中心党支部举行换届选举会议，李东璘继续当选为支部书记。2016年11月11日下午，北京国际数学研究中心党支部举办"双合规"（"合格党员行为规范""合格党支部建设规范"）讨论会。

2016年，北京国际数学研究中心党支部继续落实党建创新立项，援建广西马山县古寨瑶族乡民族初级中学爱心书屋项目于7月顺利落地，受到师生的欢迎。

2016年，北京国际数学研究中心党支部连续第二次获批北京大学基层党建创新一类项目，项目主题为"以团结创新、爱校实干迎接新的征程"。

2016年6月24日下午，北京大学庆祝中国共产党成立95周年暨表彰大会在百周年纪念讲堂举行，数学中心党支部获评北京大学2016年度先进党支部，并在会上受到表彰。

【行政工作及其他工作】 2016年，北京国际数学研究中心共有行政人员12名（含北京大学财务部派驻会计1名），其中在编人员5名，合同制人员7名。

学生工作由北京大学数学科学学院统一管理。2016年，北京国际数学研究中心增设"教研助理"岗位，由一名在编行政人员负责与数学科学学院对接学生管理工作。

（陆宁波　李东璘）

海洋研究院

【发展概况】 组织结构。院领导班子：院长，张东晓；副院长，周力平、王磊、郑玫。

院所中心：北京大学海洋战略研究中心（主任：李鸣）、北京大学海洋信息研究中心（主任：王继民）、北京大学"一带一路"研究中心（主任：李鸣）。

队伍建设。研究院实行双聘制与预聘制。双聘人员同时分布在北京大学各个相关院系，包括城市与环境学院、地球与空间科学学院、法学院、工学院、国际关系学院、化学与分子工程学院、环境科学与工程学院、历史学系、人口与环境研究室、软件与微电子学院、社会科学部、生命科学学院、物理学院、信息管理系、药学院、政府管理学院等。预聘的研究系列人员，按照tenure-track新体制管理。2016年1月，海洋研究院正式引进研究技术系列人员张敏，独立进行海底观测网关键技术研究，并与卢海龙教授合作开展深水水合物时移地震监测技术的研究。研究院人员总人数51人，其中院士3人，教授28人，副教授9人，研究系列9人，研究馆员2人。

【科研工作】 人才队伍。中国科学院院士3人：陈十一、陶澍、吴立新（双聘院士）；美国国家工程院院士1人：张东晓；国际欧亚科学院院士1人：陈峰；教育部"长江学者"7人：陈十一、陈峰、陈永顺、段慧玲、陶澍、张东晓、周力平；中组部海外高层次人才引进计划专家3人；"国家杰出青年科学基金"获得者8人：陈永顺、段慧玲、胡永云、黄富强、陶澍、吴晓磊、张东晓、周力平；"新世纪百千万人才工程"国家级人选1人：周力平；中国青年女科学家1人：段慧玲；中国科学院"百人计划"引进人才2人：黄富强、刘谋斌；中国科学院"百人计划"研究员2人：韦骏、许云平；海外高层次人才引进计划（青年项目）人才2人。

科研成果。刘谋斌研究员出版英文专著 Particle Methods for Multi-Scale and Multi-Physics。2016年2月，刘谋斌研究员的专著 Particle Methods for Multi-Scale and Multi-Physics 由著名科技图书出版公司 World Scientific 出版，刘谋斌研究员长期从事计算流体力学与流固耦合力学数值模拟方法与预测理论研究，在SPH、DPD等新型数值模拟方法的基础理论、数值方法与应用等多个方面做出系统、开拓性的工作。该专著所涉及的部分工作得到国家自然科学基金（10942004，11172306、11302237、50976108、U1530110）、北京大学、湍流与复杂系统国家重点实验室、中国科学院"百人计划"经费支持。

海洋研究院助理研究员张敏获发明专利：基于脉冲模板函数的光纤传感阵列的脉冲延时测量方法（中国CN106092340A）。

【学术活动】 2016年1月12日，海洋研究院召开海洋战略与人文社科工作会议。来自法学院、政府管理学院、国际关系学院、教育学院、信息管理系、软件与微电子学院、社会科学部、图书馆等多个院系部门的20余位教授、学者齐聚法学院四合院，共同回顾2015年北京大学海洋研究院在人文社科方向取得的进展，并对2016年的工作进行规划部署。

2016年4月27日，应北京大学物理大气与海洋科学系及北京大学海洋研究院的邀请，国家海洋局第二海洋研究所陈大可院士走进北京大学，做题为"Challenges and Perspectives of ENSO Research"的精彩讲座。陈院士满怀希望地展望中国未来海洋学科发展的广阔前景，并殷切鼓励年轻学子积极投入到海洋科学研究当中。

2016年5月23日上午，北京大学与国务院发展研究中心召开"一带一路"联合研究课题启动会暨专家座谈会，"一带一路"联合课题项目正式启动。该课题组由国务院发展研究中心主任李伟和北京大学党委书记朱善璐任总负责人，国务院发展研究中心党组成员、副主任隆国强，党组成员、办公厅主任余斌和北京大学校长助理、社会科学部部长王博任执行负责人，致力于长期性、常态化开展"一带一路"研究工作。

2016年6月1日，中国全国人大外事委员会和美国美中关系全国委员会联合组织的美国议会员助理代表团一行14人到访北京大学海洋研究院。根据双方安排，本次非正式学术交流的主题是南海局势及相关议题。此次交流会由北京大学海洋研究院、国际关系学院查道炯教授主持。北京大学法学院陈一峰出席座谈，并做补充发言。

2016年6月26—27日，欧洲环境史学会前主席、海洋环境史资深专家Poul Holm教授到访北京大学海洋研究院，与北京大学师生进行为期两天的交流活动，并进行题为"海洋和人类史——科学的历史学转向"和"北大西洋渔业，1400—1700"的两场讲座，促进北京大学在海洋战略与人文社科领域的对外合作和交流。

2016年6月28日，由海洋研究院与工学院力学系共同承办的"海洋工程：挑战与机遇"主题"燕门对话"在英杰交流中心阳光厅举行。研究生院常务副院长龚旗煌院士、海洋研究院副院长王磊教授受邀出席并致辞。活动特别邀请中国科学院力学研究所李家春院士、中船工业708所张福民研究员、海洋工程资深专家曹育松教授以及北京大学信息管理系副系主任、海洋信息研究中心主任王继民教授做精彩演讲。

2016年12月2日至4日，由海洋研究院、新浪国际联合主办，中国与东盟国家在京学生共同承办的首届中国-东盟青年峰会在北京大学举行。本次峰会以"汇聚青年力量·深化中国-东盟务实合作"为主题，通过专题讲座、研讨会、模拟会议和文化活动等形式，就中国-东盟重要区域问题进行对话与交流。

2016年12月12日晚，中国科学院院士、第三世界科学院院士秦大河应北京大学海洋研究院的邀请，在理科教学楼为全校师生做一场题为"气候变化科学与'海洋和冰冻圈'"的报告。作为第一位穿越南极大陆的中国人，秦大河院士是中国冰川学的先驱，为中国冰冻圈科学的发展做出重要贡献。在此次报告中，秦院士向大家系统介绍历次IPCC评估报告的背景及主要研究内容、冰冻圈的概念和全球气候变化对海洋系统的影响等方面的内容。

【行政工作及其他】 行政队伍：研究院设有院长一名，副院长三名，院长助理、院办主任、行政专员和宣传专员等工作人员五名。

【学生工作】 学生活动情况：2016年9月，组织海洋研究院第一届博士生学术交流报告会；2016年10月，组织海洋研究院LOGO征集大赛。

（海洋研究院）

现代农学院（筹）

【发展概况】 组织机构。2016年3月25日，经学校批准，北京大学现代农学院（筹）（以下简称现代农学院或学院）学术委员会进行调整，增设黄季焜教授、王金霞教授为学院学术委员会委员，其余学术委员会委员维持不变。

学科建设。2016年11月申请自主设置"农村转型经济学"二级学科获批。

队伍建设。教师队伍共10人，2016年新引进5人，其中，易红梅副教授、王晓兵副教授、侯玲玲助理教授、解伟助理教授为2016年3月新入职，Yu Sheng预聘副教授为12月新入职。刘承芳预聘副教授、罗仁福预聘副教授于2016年8月晋升为长聘副教授。

【教学工作】 2016年，现代农学院共招收博士研究生6名，2名为生物技术方向，挂靠生命科学学院；4名为农业经济学方向，挂靠国家发展研究院。

课程设置。2016年开设本科生及研究生公选课程共6门。

培养方案。现代农学院生物技术方向研究生挂靠在生命科学学院生物技术专业下，按照生命科学学院生物技术专业博士研究生培养方案进行培养和管理；农业经济学方向研究生挂靠在国家发展研究院西方经济学和理论经济学（国家发展）专业下，按照现代农学院农村转型经济学博士研究生培养方案进行培养和管理。

【科研工作】 人才队伍：黄季焜教授获聘长江学者。

项目数量：2016年，现代农学院在研项目26项。其中，以邓兴旺教授为学术带头人的团队获得国家自然科学基金创新群体资助。科研成果：2016年，现代农学院发表SCI及SSCI学术论文共37篇。

经费情况：2016年，学院科研经费总额约为1593万元，其中横向课题经费586万元，纵向课题经费1007万元。

学术活动：（1）农学院2014年底组织创办"北京大学现代农业系列讲座"，邀请国内外农业领域的顶尖专家学者到北京大学进行演讲，与师生交流。2016年，农学院邀请到赵国屏院士、贾继增教授、黄三文教授、巴巴拉·沙尔教授等6位学者专家发表演讲。（2）2016年，农学院"北京大学现代农业经济讲座"，共邀请到美国康奈尔大学Prabhu Pingali教授、美国斯坦福大学Scott Razelle教授等9位农业经济学领域优秀学者发表演讲。

2016年2月成立北京大学-特拉维夫大学粮食安全联合研究中心，2016年11月成立北京大学中国农业政策研究中心。

【交流合作】 国际高校交流与合作：2016年5月学院与以色列特拉维夫大学在以色列成功举办"创新下的食品安全和粮食安全"中以合作发展与技术交流项目。该项目吸引中国农业大学、南京农业大学、中国肉类协会、深圳市作物分子设计育种研究院及政府部门食品行业相关领域的专家和技术人员，以及以色列农业、食品领域的顶尖专家、优秀企业的经营者和卫生部的主要官员参加。

国内交流与合作：为促进相关学科建设与发展，服务地方、服务社会，农学院响应校领导号召，在挖掘自身潜力的基础上，充分利用各类社会资源，助力北京大学学科建设，学院决定与山东省合作共建研究院。2016年7月10日，农学院院长邓兴旺教授受学校委托，代表北京大学与特拉维夫大学、山东省人民政府在以色列共同签署《山东省人民政府、北京大学、特拉维夫大学战略合作备忘录》。

【党建工作】 党组织挂靠生命科学学院。2016年5月，现代农学院党支部正式成立，并圆满召开党支部成立大会暨第一次党员大会，会上以无记名投票的方式选举刘承芳为农学院党支部书记。

【行政工作及其他工作】 共2人，其中在编人员1人、合同制人员1人。工会挂靠生命科学学院。2016年5月，现代农学院网站正式上线。

【学生工作】 学生一部分挂靠生命科学学院，一部分挂靠国家发展研究院。

（现代农学院）

人文社会科学研究院

【发展概况】 人文社会科学研究院是以人文与社会科学基础学科为主、推动跨学科交叉研究并促进国际交流合作的实体学术机构。英文名称为"Institute of Humanities and Social Sciences, Peking University"，中文简称为"文研院"。办公地点为静园二号院。

人文社会科学研究院的宗旨是：涵育学术，激活思想。目标定位是：依托学校综合优势，立足于人文社会学科基础研究，探索学科之基本原理及前沿领域，推动跨学科交叉合作，为知识积累和思想创新提供学术支撑。凝聚多方学术精华，促进与海内外学界的深度交流，建设更有竞争力的学术队伍。基于中国历史变迁的经验和理论，从世界诸文明的演进路径出发加以比较和审视，探索中国社会发展和文明振兴的道路。继承传统，弘扬人文与科学精神；引领风气，优化学术生态。

2016年8月30日，学校研究决定，聘任邓小南为人文社会科学研究院院长，聘任渠敬东为人文社会科学研究院常务副院长，聘期四年。2016年9月20日，人文社会科学研究院举行揭牌仪式。2016年11月8日，学校研究决定，明确人文社会科学研究院为实体学术机构。2016年12月27日，学校研究决定，任命杨弘博为人文社会科学研究院副院长、办公室主任。

【组织架构】 人文社会科学研究院主要机构由院务会议、学术委员会、工作委员会和行政办公室组成。

院务会议是相关负责人进行议事决策的基本制度和主要形式，参会人员包括院长、常务副院长、行政副院长、院长助理和行政办公室主任、副主任等，负责学术活动的统筹和组织、邀访学者项目的开展和实施与行政事务的保障和支持等常规工作。讨论和决定的重要事项，需按程序和职责依靠学术委员会、工作委员会和行政办公室推进完成。

学术委员会负责把握人文社会科学研究院学术导向与发展规划，在海内外人文社会科学领域专家学者中邀请聘任，任期四年。经学术委员推举，朱苏力教授为轮值主席，任期一年。

工作委员会负责人文社会科学研究院各项学术活动的组织实施，由北京大学人文与社会科学学科的中青年学术骨干组成，任期四年。经工作委员推举，韩笑为轮值召集人。

行政办公室由办公室主任、副主任、行政秘书、学术秘书等人员组成，具体负责日常行政事务和学术活动的服务支持工作。

【学术团队】 人文社会科学研究院的学术团队主体分为两个部分：一是由北京大学各院系的优秀学者组成，配合不同学者提出的重点主题和焦点议题，提供合理的学术资源配置以及各项学术活动支持；二是由国内外邀访学者组成，人文社会科学研究院为邀访学者提供成果发布、合作交流、系列演讲等平台，以及后续学术计划支持，以保障研究工作和交流活动的顺利开展。

邀访学者项目是人文社会科学研究院学术发展的重要组成部分。邀访学者包括特邀访问教授、访问教授与访问学者。特邀访问教授需为国际学术界中本领域顶尖学者，访问教授需具有教授职称并在相关学术领域有所造诣，访问学者需获得博士学位并在相关学术领域具有发展前途。每年设立若干邀访学者名额，海内外学者可自主申请，由工作委员会按照遴选程序进行遴选。邀访时间一般为4个月。2016年9月，2016—2017学年秋季学期的邀访学者驻访开启。

【学术活动】 人文社会科学研究院力求凝聚核心学术议题，力争在重点学术领域实现突破。积极组织学术论坛、学术演讲、学术研讨、成果发布，并支持读书会、工作坊、短期学术培训等学术活动；同时也定期或不定期与各类学术和文化机构合作，开展形式多样的学术交流活动，如公开讲座、午间报告会、学术沙龙、学术雅集等。以院刊、通讯、网站、微信公众号等各种印刷或电子媒介定期发布学术活动资讯，并以演讲集、论文集、报告集及与诸学术期刊合作等形式，支持学术成果发布。

自2016年9月揭牌成立至2016年底，已举办"北大文研讲座""北大文研论坛""未名学者讲座""静园雅集"四大系列学术活动共62场，并形成了"早期中国与中华文明""族群凝聚与国家秩序""社会转型与精神重建""中国视角下的西方文明""多文明互动与比较研究"五个核心议题。人文社会科学研究院打造出"近者悦，远者来"的良好学术氛围，并积极调动青年学者的研究热情及科研潜力，汇聚学术精华，为学术生态的优化打下坚实基础。

除常规学术活动外，人文社会科学研究院不定期地举办专题展览，回顾、总结北京大学学术史、教育史、文化史上重要学人的生平与成就；同时也以展览方式，呈现优秀的人文艺术研究成果，在学术前沿与公众之间搭建沟通平台。2016年9月10日至10月18日，人文社会科学研究院与中国敦煌石窟保护研究基金会、敦煌研究院、北京大学赛克勒考古与艺术博物馆在赛克勒考古与艺术博物馆联合举办"千年敦煌——敦煌壁画艺术精品高校巡展"。9月19日至23日，人文社会科学研究院与北京大学图书馆在北京大学图书馆东门展厅联合举办"胡适与北大"专题展览。12月8日至23日，"胡适与北大"在北京大学赛克勒考古与艺术博物馆复展。

【附表】

表5-20　2016年度"北大文研讲座"汇总表

编号	题目	主讲人	时间
1	敦煌莫高窟及其文化价值	樊锦诗	2016.09.13
2	历史的转向：20世纪晚期人文科学历史意识的再兴	黄进兴	2016.09.14
3	作为理念的学术和作为日常工作的学术	Andrew Abbott	2016.09.20
4	禹迹九州和早期中国	李零	2016.09.20
5	巴县档案中所见清代中国乡村社会的"自治"——以乡村"裁判"为中心	夫马进	2016.09.22
6	从普世史到世界史和全球史：以兰克史学为分析始点	黄进兴	2016.09.23
7	晚清民国文艺界人士的性别观	坂元弘子	2016.10.13
8	谈付梓《中国近现代思想文化史》之后的省思	坂元弘子	2016.10.18
9	历史之思：面向未来的视角	Jörn Rüsen	2016.10.25
10	中西对规范自我伦理善恶的异同	李弘祺	2016.10.30
11	被遗忘的调查报告	王笛	2016.10.31
12	停滞与创新：中国古代信息传播方式的演变	李伯重	2016.11.02
13	"最中国"：陶寺与二里头	许宏、何驽	2016.11.06
14	宋代的榜谕告示	Patricia Ebrey	2016.11.16
15	明清西学与文学	李奭学	2016.11.17
16	汤若望译《矿冶全书》东西方大分流中的有用知识	Hans Ulrich Vogel	2016.11.21
17	晚清文物市场与官员收藏活动	白谦慎	2016.11.24
18	晚清官员与书法	白谦慎	2016.12.08
19	北魏六镇史三题-设置、变质、崩坏	佐川英治	2016.12.03
20	作为宗教实践的朝圣：在事实与隐喻之间	汲喆	2016.12.13
21	回到日常与重建当下：禅宗与现代人的自我建构	汲喆	2016.12.16
22	Nationalist revivals in the contemporary World: Brexit, Trump and Other cases	Adam Roberts	2016.12.15
23	测绘与浩渺之上：明时代的航行与全球舆图学	Timothy Brook	2016.12.15
24	"回光偏向"西方对《道德经》的挪用与翻译过程中所表现出来的文化交流与多重误解	James Robson	2016.12.18
25	史学的主体性问题	汪荣祖	2016.12.20
26	论环球史学	汪荣祖	2016.12.26
27	形式的深意：再读《重屏会棋图》	李凇	2016.12.25

表 5-21　2016 年度"北大文研论坛"汇总表

编号	论坛主题	引言人	与谈人	时间
1	敦煌保护研究三十年	樊锦诗	荣新江、杭侃、彭金章、孙庆伟	2016.09.08
2	周作人思想的分析试探	尾崎文昭	陈晓明、高远东、吴晓东、王风、贺桂梅、蒋洪生、张丽华	2016.09.09
3	再现传统中国的思想及其衍生的问题	黄进兴	张帆、陆扬、叶炜、欧阳哲生、张邦炜	2016.09.16
4	比较政治文化视野中的中心和边缘	布鲁斯·林肯	Page DuBois、王斯福、吴飞、陈波	2016.10.10
5	比较视角下的莱茵河三角洲与长江三角洲	包乐史	李孝聪	2016.10.12
6	游离与独在——木山英雄学术思想座谈会	木山英雄	洪子诚、王得后、汪晖、姚锡佩、张铁荣、孙玉石、严安生、董炳月、李林荣、高远东、吴晓东、彭春凌、林分份	2016.10.15
7	传统与当代中国的国家秩序	周雪光	邓小南、渠敬东、侯旭东、刘后滨、叶炜、李强、景跃进、李猛、周黎安、蓝志勇、罗祎楠	2016.10.22
8	作为"同时代史"的中国革命——木山英雄《人歌人哭大旗前》	木山英雄	钱理群、孙歌、陈徒手、夏晓虹、季剑青、张丽华、袁一丹、陈平原	2016.10.23
9	制度史观下的中国史历程——若干方法与视点	阎步克	邓小南、叶炜、彭小瑜、李隆国、周雪光、张静、周飞舟、燕继荣、张长东	2016.11.03
10	良渚与石峁	刘斌、孙周勇	徐天进、孙庆伟、渠敬东	2016.12.03
11	多学科视野下的中国古代度量衡	曹晋	关建增、石云里、赵晓军、熊长云、左娅	2016.12.08
12	殷墟世界的声色犬马	常怀颖	李伯谦、李零、刘绪、唐晓峰、徐天进、许宏、徐良高、雷兴山、韩建业、严志斌、曹大志	2016.12.09
13	帝系、族姓的历史还原	李零	李伯谦、刘绪、唐晓峰、徐天进、许宏、徐良高、雷兴山、韩建业、严志斌、曹大志、常怀颖	2016.12.09
14	百年传统与文化遗产的保护与破坏	来国龙	李零、唐晓峰、罗泰、王军、孙郁、吕舟、李人庆、苏荣誉、唐际根、梁鉴、昝涛、徐怡涛、史睿	2016.12.23
15	山中的六朝史	魏斌	罗新、陆扬、侯旭东、吴真、游自勇、田天、陈志远、汲喆	2016.12.23
16	从《北京折叠》到《不平等的历史》	郝景芳	何帆、渠敬东	2016.12.28
17	另一种绘画史：宏观中国古代墓葬壁画	郑岩	李零、李崇峰、王睿、李梅田、沈睿文、练春梅、刘未、刘晨、张剑葳	2016.12.30

表 5-22　2016 年度"未名学者讲座"汇总表

编号	主题	主讲人	时间
1	自由的海洋，还是封闭的海洋？——古典国际法视野下的海洋秩序	易平	2016.09.27
2	万法皆空：佛教哲学中的"空观"的起源与沿革	叶少勇	2016.10.11
3	"拾遗补艺，整齐百家"：史记的文本重写及其文学性	程苏东	2016.10.19
4	雍正朝火耗归公与国家能力	郝煜	2016.10.26
5	西斯廷的圣母与多拉的神隐	孙飞宇	2016.10.31
6	从"记诵"到"讲授"——近代中国的阅读革命	陆胤	2016.11.09
7	西汉竹书《周训》与黄老道家	韩巍	2016.11.16
8	信息时代的人与机器——维纳论人工智能时代人的延伸	王洪喆	2016.11.22
9	日常中的长生——道教的生命技术与现代困境	程乐松	2016.11.29
10	早期中国的融合与变革：考古学的观察	张海	2016.12.07
11	品味之争：罗斯金《现代画家》的创作背景	黄淳	2016.12.12
12	税收与国家权力的韧性	张长东	2016.12.21

表 5-23　2016 年度"静园雅集"汇总表

编号	题目	主讲人	时间
1	琴史、琴器、琴曲——古琴漫话	王风	2016.10.14
2	王羲之《十七帖》诸问题	祁小春	2016.10.28
3	宋代帝后像研究	黎晟	2016.11.11
4	宋画的迷雾——对若干传世画作断代的再检讨	黄小峰	2016.11.18
5	中国文人文化的现代遭际：从吴大澂说起	白谦慎	2016.12.02
6	交响乐的谜语——从贝多芬到马勒	王纪宴	2016.12.16

（人文社会科学研究院）

深圳研究生院

【发展概况】 2001 年 1 月，北京大学与深圳市人民政府签署《合作创办北京大学深圳校区协议书》，共同创办北京大学深圳研究生院。北京大学深圳研究生院是以全日制研究生教育为主的高等教育机构，是北京大学在国内唯一直属的异地办学实体，校园占地面积 21.28 万平方米。

2016 年，深圳研究生院领导班子成员如下：院长吴云东，常务副院长白志强，党委书记兼副院长谭文长，副院长徐信忠、牛宏伟、涂欢、菲利普·麦康菲（Philip John McConnnaughay）、曾辉。

深圳研究生院现设信息工程学院、化学生物学与生物技术学院、环境与能源学院、城市规划与设计学院、新材料学院、汇丰商学院、国际法学院、人文社会科学学院等八大学院，下设 28 个专业，涵盖经济学、法学、文学、理学、工学与管理学等六大学科，包含 19 个一级学科。

2016 年，学院学科体系进一步完善。学院专业学位分委员会审议通过"新闻与传播硕士"招生授权。新闻与传播硕士专业启动，创造性地提出"主修专业＋辅修专业"的招生培养模式，新闻与传播硕士专业财经传媒方向＋经济学、金融学、管理学辅修，2016 年级学生已经完成招生。同时，学院积极组织符合条件的博士专业申请启动，力学（先进材料与力学）博士专业招生启动工作已通过相应分会及校评委会审批，可自主招生。同时，北京大学深圳研究生院迎来十五周年院庆。

截至 2016 年底，深圳研究生院全职教职工 585 人。专任教师 210 人，包括外国专家和港澳台专家 72 人。专任教师中，正高级职称 43 人，占 20.5%；副高级职称 53 人，占 25.2%；中级职称 114 人，占 54.3%。

【教学工作】 共招收 1028 名研究生（外国留学生 48 人），博士生 73 人，硕士生 955 人；学年共计在校生 2863 人（外国留学生 114 人），博士生 248 人，硕士生 2615 人。其中信息工程学院总计 431 人，博士生 39 人，硕士生 392 人；化学生物学与生物技术学院总计 243 人，博士生 129 人，硕士生 114 人；环境与能源学院总计 174 人，博士生 28 人，硕士生 146 人；城市规划与设计学院总计 185 人，博士生 24 人，硕士生 161 人；新材料学院总计 116 人，博士生 25 人，硕士生 91 人；汇丰商学院总计 1198 人，博士生 3 人，硕士生 1195 人；国际法学院总计 358 人；人文社会科学学院总计 152 人，无博士。

2016—2017 学年第 1 学期，学院共有三名教师参加校本部青年教师基本功比赛，分别获得文科组第二名、第三名和优秀奖；2015—2016 学年第 2 学期，学院共有四名教师参加研究生院课程立项申报，全部通过；2015—2016 学年第 2 学期，学院环境与能源学院许楠获得"北京大学教学优秀奖"殊荣。这些成绩的取得在一定程度上肯定学院的教学质量。在学校组织的校网评中，深圳研究生院课程总体评价分 97.35。

【科研工作】 2016 年，学院引进教师 28 人，其中教授 2 人，副教授 6 人，助理教授 20 人。2016 年度，学院共有中国科学院院士 1 人，国家海外高层次人才引进计划 3 人，"长江学者" 2 人，国家外国专家局高端外国专家项目 1 人与 1 个团队（三人），深圳高层次专业人才认定 12 人，高等学校"鹏城学者"计划 7 人，鹏城杰出人才奖 1 人，海外高层次人才认定即"孔雀计划" 14 人，国务院政府特殊津贴 1 人，深圳市产业发展与创新人才奖 41 人，引才伯乐奖 4 人。

科研经费收入 2.07 亿元，近 6 年来累计科研经费 8.8935 亿元，2016 年度新增科研项目 194 项，其中纵向课题经费收入达到 1.7 亿元，纵向经费与横向经费比例超过 8∶2，纵向经费与横向经费比例更加合理，承担产学研结合和技术转移项目的能力明显提高；2016 年学院作为依托单位牵头承担国家首批重点研发计划"材料基因工程关键技术与支撑平台"专项、"基于材料基因组技术的全固态锂电池及关键材料研发"项目。

2016 年度，学院共获得国家自然科学基金、国家科技重大专项、国家高技术研究发展计划课题、国家重点基础研究发展计划课题以及教育部、环境保护部、国土资源部等国家级重要科研项目 33 项。学院师生共发表论文 623 篇（同比增长 10.85%），其中 SCI、EI、SSCI 收录 479 篇（同比增长 17.69%），新增加申请国家发明专利 99 项（同比增长 11.23%），Nature Index 指数比去年增长 12.5%。学院在科技奖励方面又取得新的进展：吴云东获得德国洪堡基金会科学家科研奖，杨震在天然产物合成领域的突出成果获得国家自然科学二等奖，张盛东"新型薄膜晶体管器件与电路及其应用"技术获得深圳市技术发明一等奖。

2016年，学院在科研条件建设上也有新的进展，深圳市政府拟投资6500万在学院建立深圳市蓝天工程大气观测超级站，为深圳市空气质量持续改善提供关键科技支撑；学院与世界500强中国电力建设集团有限公司合作，共同组建"黑臭水体"实验室，共同开发深圳河治理方案及技术。

【交流合作】 学院拥有3个联合培养项目，即美国阿贡国家实验室与新材料学院联合培养项目、劳伦斯伯克利国家实验室与新材料学院联合培养项目、美国华盛顿大学与城市规划与设计学院联合培养项目。3个与境外高校合作研究，分别是信息工程学院与香港理工大学（P.K.A.Wai教授）、信息工程学院与美国Alamaba大学、信息工程学院与香港城市大学（Sai Tak Chu副教授）。三个与境外高校合作教学项目，分别是：北京大学与新加坡国立大学合作举办西方经济学专业硕士研究生教育项目；北京大学与新加坡国立大学合作举办企业管理专业硕士研究生教育项目；北京大学与香港中文大学合作举办金融学专业硕士研究生教育项目。2016年校外科研合作项目112个，与境外高校合作培养国外高校交流学习项目75个。

【党建合作】 深圳研究生院党委共有60个党支部，其中教工党支部8个，学生党支部52个，合计1259名党员。2016年，深圳研究生院党委根据学校党委的统一部署，重点开展基层党建，包括教师、学生党员教育、服务及日常管理、支部建设等，重点推进形式多样的党建活动，积极完善民主评议和考核方式。2016学年在以往工作的基础上，深入推进"两学一做"专题教育的落实，优化和完善评议考核工作；及时更新党员数据，确实办好流动党员清查工作；有效衔接换届选举，搭建更为高效的党建平台；学生党务工作平稳推进，注入多姿色彩。

【学生工作】 2016年度毕业生共计788人（外国留学生37人），博士53人，硕士735人，就业率98.7%，在广东省（含深圳市）就业250人，占毕业生总体的31.73%；在深圳就业212人，占毕业生总体的26.9%。

2016年，学院秉承以学生为本、促进学生成长成才的工作理念，积极围绕思想政治教育、学生工作队伍建设、校园文化建设、心理健康教育、就业创业、评优评奖、学生资助等七方面展开。在荣誉奖励上，学院团委在北京大学五四红旗团委遴选中脱颖而出，荣获"北京大学五四红旗团委"称号；学院在校运会上实现团体总分五连冠的好成绩；南燕新闻社荣获北京大学"网络新青年"荣誉称号。2016年，经过中国心理学会临床与咨询心理学专业机构和专业人员注册系统的考核，学院成为广东省唯一注册系统挂牌督导点，标志着学院的心理健康工作也将向更专业的道路发展。在就业指导工作方面，实现就业工作的"互联网+"，同时积极引导，为深圳市培养高端人才。另外，学院强调做品牌促创新，发挥活动育人作用：重视学生与院方沟通渠道，组织"星期三日志院长午餐会活动"；首次举办新生开学营活动，尝试新生入学教育以素质拓展、定向越野形式进行千人的团队建设，让新生快速融入南燕大家庭。

【学生创新培养】 2016年，学院举办第四届院长基金研究生创意创新竞赛，此次竞赛得到全院师生积极参与，经过专家评审共有30支队伍获得资助。在扶持在校生创新创业方面，学院筹建"筑底空间"——为在校生及青年校友提供便利化、全要素、开放式的创新创业服务平台，旨在培养学生创新创业素养，提高学生综合能力。空间获得深圳市科技创新委员会创客空间专项资助300万元，已有入驻团队20多个，空间会员120余人。

深圳研究生院强化学生综合素质的培养。2016年，深圳研究生院创新性地开展"新生开学营"活动，以"户外活动+嘉年华晚会"的形式为同学们奉献一次"别开生面的开学仪式"。此次开学营，传递南燕校园价值观，缓释新生入学的心理焦虑，优化新生在校成长的人文和社交环境。此外，学院强化培养学生的创新创业能力，定期开展南燕创业沙龙暨筑底空间宣讲活动，为学子提供创新创业平台，并致力于培养学生创新综合素质。

【行政工作】 2016年，围绕学校中心主线，深圳研究生院行政工作有序开展。在行政管理方面，学院成立由院领导、职能部门负责人、各学院教职工以及学生代表为成员的工作小组，作为深圳研究生院的决策咨询小组。积极发挥全院教职工及学生在学员管理方面的能动作用。2016年度，学院根据新的《北京大学深圳研究生院教师考核办法》，组织完成2015—2016学年的考核工作及行政教辅人员的民主测评。通过明确的规章制度进一步落实校区管理的规范化，按章办事，有据可循。此外，学院推动行政手段信息化，强化行政管理工作效率。行政工作有序开展，为学院不断改革发展奠定良好基础。

【亮点工作】 2016年8月29日上午，北京大学与深圳市人民政府关于合作举办北京大学深圳校区备忘录签订仪式在广州市举行。中共中央政治局委员、广东省委书记胡春华，广东省委副书记、深圳市委书记马兴瑞，深圳市市长许勤，北京大学党委书记朱善璐，校长林建华，常务副校长柯杨，副校长高松，校务委员会副主任海闻，北京大学医学部主任詹启敏，党委书记刘玉村，北京大学深圳研究生院院长吴云东等出席签约仪式。

北京大学深圳校区将从东西方文化交融的全新视角，将北京大学深厚的科学人文积淀与深圳创新文化结合，探索出一条新的人才培养之路。深圳校区将是一个高度国际化的校区，也是同时使用中文和英文的双语校区，将是一个深植深圳创新沃土，将人才培养、学术研究和社会服务有机融合的校区。北京大学将充分发挥北京大学在各学科领域的学术基础和深圳的产业创新优势，构建融入东方智慧的创新人才培养体系，为深圳和国家的发展提供强有力的人才和学术支撑。

2016年是北京大学深圳研究生院建院十五周年，深圳研究生院以"守正创新·引领未来"为主题，从青春北大、学术南燕、继往开来三个主题出发，于2016年12月15—17日举办系列活动，包括北大@深圳国际高等教育论坛、"守正创新·引领未来"北京大学深圳研究生院十五周年总结大会、"这是北大@深圳的情意"北京大学深圳研究生院与北京大学深圳校友会新年公益晚会、北京大学深圳研究生院校友会成立大会。系列活动形式多样，主题明确，涵盖高等教育发展、国际合作办学、创新教育模式、健康教育、校友交流等各个领域，凸显北京大学深圳研究生院的影响力，进一步加深学术交流，提升国际影响，在社会媒体上引起广泛关注，期间，新华社、《光明日报》、《南方日报》、央广网、凤凰网、中国新闻社等多家媒体对深圳研究生院十五周年系列活动给予密切而深度的报道。

（姚大伟）

【信息工程学院】 2016年，信息工程学院领导班子成员如下：执行院长张盛东，副院长朱跃生，院长助理兼办公室主任崔小乐，院长助理王荣刚。

截至2016年底，信息工程学院全职教师21人，包括外国专家2人，港澳台专家3人，留学归国教师10人。专任教师中，正高级职称9人，占43%；副高级职称10人，占48%；中级职称2人，占9%。

2016年开设微电子学与固体电子学、计算机应用技术两个专业。共招收136名研究生，博士生8人，硕士生128人；全年共计在校生454人，博士生41人，硕士生413人。

共开设专业课程49门，共计学分142分。

网络、群体与市场作为一门内容跨学科的课程，在教学实践中也努力体现学科交叉特色，与汇丰商学院的数据新闻课程合作，首次尝试在课程项目环节将两门课的同学打散分组，共同完成社会网络方面的项目选题、分析和报告环节。

配合校本部信息科学技术学院填报数据，进行电子科学与技术、计算机科学与技术两个学科的教学评估工作。

2016年6月，申报"深圳研究生院信息工程学院计算机应用技术专业博士研究方向及课程设置"。

2016年6月，邹月娴、李革两名教师遴选为博士研究生导师。

2016年度毕业生共计163人，其中博士12人，硕士151人，就业率98%，在广东省（含深圳市）就业62人，占毕业生总体的38%；在深圳就业52人，占毕业生总体的32%。毕业生就业去向主要有国内外知名高校和科研机构、国内外信息技术行业知名企业、国内主要银行金融机构等。

2016年度学院科研经费7448.4万元，其中纵向课题经费5702万元，横向课题经费收入1746.4万元。

2016年度共获得国家自然科学基金8项，获深圳市数据科学建设扶持计划。张盛东团队获2015年度深圳市技术发明奖一等奖。信息学院师生共发表学术论文240篇，其中SCI、EI、ISTP和SSCI收录214篇，新增加中国发明专利申请74项，中国专利获授权14项。

学院参与未来网络试验设施建设，是目前深圳地区唯一入选参与网络边缘节点建设的高校。与深圳市丰巨泰科电子有限公司合作共建"虚拟智能联合研究中心"，与云南能投居正产业投资有限公司合作共建"智慧社区大数据研究中心"，与深圳市广信网络传媒有限公司合作开展深圳融合网络集成播控技术工程实验室提升计划研究。

2016年，学院举办了"北京大学大数据国际峰会""深港未来网络技术研讨会""大数据技术论坛"，共邀请包括1位院士和5位IEEE Fellow在内的著名专家学者来校作学术讲座38次，学院教师参加国际会议50余人次，聘请TCL集团高级副总裁闫晓林博士为兼职教授。

信息工程学院积极开展IEEE教育活动。学院在深圳首次举办IEEE电子课程体验活动，提升尚未进入大学的青少年的科学及工程素养。

2016年，信息工程学院院友会正式成立。

2016年，学院教工党支部认真开展"两学一做"学习教育活动。

（信息工程学院）

【化学生物学与生物技术学院】 2016年度学院在化学生物学及转化生物学方面引进黄昊、项征、李书鹏博士作为tenure-track教师，进一步推动北京大学深圳创新药物研究中心的平台建设。

2016年度学院科研进展顺利，共获得国家级项目10项，包括国家自然科学基金重点项目1项。此外，青年教师龚建贤还获得广东省杰出青年基金1项。学院师生协同创新，成果丰硕，共发表论文117篇，其中114篇被SCI收录，平均影响因子5.69，影响因子大于10的国际顶级刊物文章9篇（均为第一通讯作者单位）；获得专利授权4项，其中欧盟专利1项；杨震教授团队凭"具有重要生物活性的复杂天然产物的全合成"项目获得国家自然科学奖二等奖；吴云东教授获得德国洪堡基金会授予的2016年度Humboldt Research Award（洪堡基金会科学家科研奖）；翟宏斌教授获得Asian Core Program Lectureship Award；杨震教授获得"鹏城杰出人才奖"。

2016年度学院在成果转化和产学研合作方面取得突破性进展，全军民教授团队发现天然产物芒果素类化合物能有效地激活人源STING蛋白以及下游I型干扰素通路。在此基础上研究新一代的人源STING蛋白小分子激动剂。该工作以2500万元里程碑付款方式，与杭州阿诺生物医药科技股份有限公司开展合作研发。

2016年度学院主办或承办的国内外学术会议及论坛5次，包括：第六届复杂体系计算系统力学研讨会、北京大学-洪堡基金会论坛、化学生物学与生物技术学院学术研讨会、深港创新论坛、第八届"晨兴"化学生物学前沿论坛。邀请专家到学院举办讲座42次，其中包括承办南燕院士讲座6次，到访国内外院士有K. C. Nicolaou、Tim Mitchison、何鸣元、Henry F. Schaefer Ⅲ、Helmut Schwarz、林国强。

2016年度，学院有7人获得博士研究生国家奖学金，92人次获得北京大学各类奖励奖学金。学院2012级研究生班和2016级研究生班都获得"北京大学先进学风班"荣誉称号。6人获得北京大学优秀毕业生荣誉称号，其中3人同时获得北京市优秀毕业生荣誉称号。学院2016年设有多项企业冠名奖学金，年度奖励人次63人，奖励金额13.9万元。

截至2016年底，学院开设32门课程，共80个学分。张欣豪的课程"化学与生物中的机理"入选2016年度研究生课程立项建设。

2016年度学院首次通过申请-考核制招收2名五年制直博生。截至2016年底，学院在读研究生244人，其中博士生130人，硕士生114人。截至2016年底，学院培养有机化学、物理化学、化学（化学基因组学）、生物化学与分子生物学、生物学（生物技术）、细胞生物学等专业逾200名博士和硕士研究生。配合本部化学与分子工程学院和生命科学学院完成教育部学位与研究生教育发展中心的2016年第四轮学科评估。

（黄 涌、王 锐、李佩佩）

【环境与能源学院】 2016年，学院学生总人数173人，全职教师14人（其中教授7人，副教授5人，助理教授2人），研究员6人，博士后9人。现有环境科学和环境工程两个专业，所有课程均由常驻教师开设，其中有4门外籍教师的课程全英文授课：新能源化学工程、危险废物处理与污染控制、固体废弃物减量化与可持续发展、环境分子生物技术原理。全年有60名硕士、2名博士毕业生，其中出国3人，升学5人。毕业生就业情况良好，深圳就业人数达到30.6%，珠三角就业人数占35.5%，起到为珠三角输送优秀人才的作用。

2016年度新增项目21项，新增合同金额1517.1万元。全年公开发表论文82篇，其中SCI收录论文31篇，EI收录论文7篇，中文核心期刊41篇；在专著方面，吴华南出版《中国绿色创新之路》论文集；新申请发明专利5项，新授权发明专利3项；学院2016年共举行学术讲座15次，累计参加人数855人，先后参加国内国际大型学术会议17次，累计参会人数97人，承办和主办学术会议各1次，分别为"2016 International Low Impact Development Conference" 和"'低影响开发与城市水系生态修复'的学术研讨会"。黄晓锋参与的科研项目"深圳市大气PM2.5来源解析研究"获得广东省环境保护科学技术一等奖。

（环境与能源学院）

【城市规划与设计学院】 城市规划与设计学院组建于2009年，其前身为北京大学深圳研究生院环境与城市学院。学院依托北京大学本部招收人文地理学、自然地理学、生态学三个专业的博士生，并有地理学（城市与区域规划）和建筑设计及其理论两个硕士生招生专业。2016年硕士生招生46人，博士生招生5人。全日制在校学生270余人。

学院已形成高水平的教学科研团队，现有教学科研人员47人，其中海外归国教员20人。全年共开设专业课程35门，其中新开课程4门。2016年学院毕业生人数96人，其中硕士研究生92人，博士研究生4人。国际交流方面，在校生出国出访进行学习及参加国际会议26人，杨家文参加American Association of Geographers。

截至2016年底，学院新增24项课题，总经费987.1739万元，其中纵向课题4项，横向课题20项。发表学术论文81篇（其中SCI论文22篇、中文核心期刊59篇），与2015年相比，SCI论文发表数量增加3篇，增幅16%。出版学术专著3部。

2016年5月，由李贵才教授负责，吴健生、仝德、杨家文、李莉等教师作为骨干参与的"十二五"国家科技支撑计划重点项目"村镇区域空间规划与集约发展关键技术研究"顺利通过验收。

此外，学院"鹏城学者"长期特聘教授杨家文入选世界著名出版公司爱思唯尔发布的2016年中国高被引学者中"社会科学"领域榜单。学院新聘加拿大莱斯布里奇大学Ian MacLachlan教授于2016年2月份正式入职，并新开人文地理导论课程。

2016年12月16日，北京大学（深圳）未来城市实验室举办揭牌仪式。

2016年学院毕业生人数98人，其中硕士研究生95人、博士研究生3人。

北京大学深圳研究生院建院15周年之际，城市规划与设计学院校友交流会于2016年12月17日14时在B栋模拟法庭顺利召开。

（城市规划与设计学院）

【新材料学院】 新材料学院以创建"一流的材料科学与工程学院"为办学目标，秉承"北大传统，深圳活力"的办学理念，致力于培养具有国际视野的复合型创新人才，开展前沿领域、交叉学科的基础研究和以新材料、新能源产业应用为目标的协同创新。

学院下设"力学（先进材料与力学）"专业，研究方向为新能源材料与器件。学院2016年共计招收研究生50人，其中硕士生37人、博士生13人（含北大-南科大联合培养博士生5人）。截至2016年底，学院共有在校生117人，其中硕士生92人、博士生25人。

在深圳研究生院的协助和支持下，经工学院学位分会、专家会及校学位评定委员会层层审议，学院于2016年11月正式获批二级学科博士学位授权点。

2016年6月学院第一届硕士毕业生走出校门。2016届毕业生共计12人，其中3人选择继续深造（1人赴瑞典斯德哥尔摩大学留学、2人本校读博），9人选择就业。就业单位分别为国家开发银行、网易游戏、华为技术有限公司、普连技术有限公司等知名企业，就业率达100%。其中，在深圳就业人数为5人，占比55.6%；广东省内（含深圳市）就业人数为7人，占比77.8%。

经工学院学术委员会评议，学院2016年度新增硕士生导师2人、博士生导师1人。截至2016年底，学院共有硕士生导师人数9人、博士生导师5人。学院2016年度新增副研究员2人（吴忠振、郑家新）。截至2016年底，学院全职教师共有11人，其中，副高级及以上教师6人，占比54.5%。

学院2016年面向本专业研究生开设专业课程20门，其中必修课6门、选修课14门，共计51课时。在学校组织的课程评估工作中，学院2015—2016学年第二学期课程平均得分为98.03，高于全校课程平均得分。

学院于2016年度分别举办2016复杂体系计算统计力学研讨会和"材料基因工程关键技术与支撑平台"国家重点专项启动会。此外，学院还邀请多位本专业专家、学者来访，举办讲座20余次。来访专家包括美国工程院院士鲍哲南教授、美国阿贡国家实验室储能电池研究组负责人Khalil Amine教授、美国劳伦斯伯克利国家实验室研究员Wang Lin-Wang等等。

2016年度学院教师外出参加国际论坛、会议等10余次，其中包括第九届国际电动车新型锂电池会议、18th International Meeting on Lithium Batteries、232nd ECS、2016年美国化学工程师学会年会、The 16th International Conference on Atomic Layer Deposition等等。学院还代表深圳市参加中德电动汽车合作汉堡、柏林工作会议。其中，在第九届国际电动车新型锂电池会议（ABAA9 Conference）上，学院潘锋教授与英国剑桥大学的Peter Bruce院士共同荣获杰出研究奖。另外，2016年度学院共有5位在校研究生赴美国、爱尔兰参加国际会议；2名在校生分别在美国阿贡国家实验室、劳伦斯伯克利国家实验室联合培养。

学院2016年度共发表SCI收录论文78篇，包括 Nature Nanotechnology、J. Am. Chem. Soc. 等本领域顶级期刊，平均影响因子6.894。其中，学院为第一作者单位发表论文64篇，影响因子10以上或Nature Index收录杂志的高影响力文章共计25篇。学院申请中国专利12项，PCT专利1项，获得中国专利授权5项。其中，学院潘锋教授与美国阿贡国家实验室动力电池实验室Amine教授课题组联合撰写关于各种纳米科技在发展电动车动力电池材料的应用（The role of nanotechnology in the development of battery materials for electric vehicles）的综述与展望文章，该文章发表于《自然·纳米技术》(Nature Nanotechnology, 影响因子IF：35.267)。另外，在爱思唯尔发布的2016年中国高被引学者（Most Cited Chinese Researchers）榜单中，学院潘锋教授荣登中国高被引学者（物理学和天文学类）榜单。

学院在2016年度牵头11家大学、企业和国家超级计算深圳中心，承担2016年国家重点专项"材料基因工程关键技术与支撑平台——基于材料基因组技术的全固态锂电池及关键材料研发"，另获国家自然科学基金9项、地方级项目9项、横向课题1项，总受资助金额3127万元，2016年度项目到账金额总计3164万元。

（新材料学院）

【汇丰商学院】 学院现有西方经济学、企业管理、金融学三个学术硕士学科，西方经济学一个博士学科，另有金融硕士、新闻与传播硕士及工商管理硕士（MBA）及高级工商管理硕士（EMBA）四个专业硕士学科。

现有全职教师61名，访问教师6人，其中26位为外籍教师，96%教师在海外知名高校获得博士学位。经济、管理和金融三个领域教师人数相当，金融学比重略高。

2016年底，学院设立牛津校区的申请先后获得校长办公会、党委常委会、深圳市政府的批准同意。截至2016年底，学院已完成购买校舍的相关手续。

2016年在校全日制硕士生950人，其中，在校外国留学生105人。在校MBA学生244人，其中全日制MBA学生50人。EMBA在校人数167人。

为更好地培养交叉、复合、应用型人才，学院自2016年设立新闻与传播硕士（财经传媒+金融学、经济学或管理学辅修）。第一届学院自主培养的新闻与传播硕士共24人入学。2016年学院对金融硕士、新闻与传播硕士启动专业学位教学改革，并得到研究生院专业学位综合改革项目的基金支持。

2016年度张怡琳、叶韦明、王晴三位教师分获校本部举办的"第十六届青年教师基本功比赛"人文社科组二、三等奖及优秀奖。叶韦明成功申请"2016年度研究生课程建设立项"。

学院定期邀请国内外优秀学者前来开展学术讲座，2016年共举办49场。

2016年，学院教授出版著作9部，在国际和国内知名学术期刊发表论文（包含计划出版）45篇。

学院作为联合主办单位参与组织第三届大梅沙中国创新论坛。

2016年5月，学院和新加坡国立大学风险管理研究所联合举办数量金融与经济学国际学术会议。会议主题覆盖资产定价、风险管理、回报预测、公司金融、数量金融、宏观金融等金融学的主要领域。

2016年6月，中国留美经济学会年会在学院举行，主题是"中国和世界的可持续发展：新常态的经济学"。年会期间，共举办11场主题演讲、50个论文专场、7场圆桌论坛和1场期刊分享会。

2016年10月，学院举办"2016北京大学全球金融论坛暨北京大学金融校友联合会年会"，论坛主题为"融入世界的中国金融"。诺贝尔经济学奖得主托马斯·萨金特应邀参加并发表主题演讲。

2016年，学院启动"北大汇丰金融前沿讲堂"。该系列讲座由海闻院长发起创办，巴曙松教授具体负责，旨在邀请业界权威人士讲授金融前沿领域的理论知识与实践经验，为北京大学学子打造聚焦金融市场最新趋势与动态的优质平台。2016年度共举办13讲。

2016级新生于8月在大梅沙训练基地进行为期七天的军训。

学院在2016年10月举行校友返校日活动，2006级校友回校庆祝入学十周年，并为学院捐赠"2006校友奖学金"。

MBA学生首次参加第五届亚太商学院沙漠挑战赛，获得沙鸥奖。

在海闻院长的带领下，EMBA学生参加玄奘之路第十一届商学院戈壁挑战赛，再次获得沙克尔顿奖。

学院共与世界上的103所大学签署正式合作协议。2016年度共有98名来自合作院校的留学生到学院交换学习。

2016年10月，海闻院长一行访问欧洲13所高等院校，探讨和交流校际合作、海外招生等商学院国际化发展相关事宜。访问中，学院与已有合作关系的8所院校深化合作细节，并促进与意大利博科尼大学、贝尔格蒙大学、都灵大学、佛罗伦萨大学以及法国IESEG管理学院等合作项目的启动。

2016年10月，学院主办以"商学教育：因应创新挑战"为主题的第五届AEARU（东亚研究型大学协会）亚洲商学院发展与合作研讨会。十余位来自亚洲知名商学院的代表和深圳代表性科技创新企业负责人就商学院教育如何应对创新所带来的挑战展开对话。

2016年3月，学院与华为技术有限公司签署《北京大学汇丰商学院-华为技术有限公司合作协议》，未来会在学术交流、人才培训、科研创新等方面深入展开合作。

（张凡姗）

【国际法学院】 2016年，国际法学院领导班子成员如下：院长Philip John McConnaughay、副院长Colleen Toomey、助理院长陈柯如、助理院长Christian Pangilinan。行政人员稳定为15人。

学院常驻教师共26人，其中教授、副教授及助理教授19人，讲师7人。

2016年学院运作的交换项目有16个，项目国际化成绩日益突出。

2016年2月，学院代表队荣获2016年JESSUP国际法模拟法庭（中国赛区）二等奖。

2016年8月，学院迎来99名新生，包括来自中国大陆、中国香港、中国台湾、美国和加拿大的法律硕士和J.D.双学位项目学生90人，LL.M.项目学生4人（分别来自马来西亚、巴基斯坦、秘鲁和埃塞俄比亚）和交换生5人（分别来自德国、荷兰、巴西和美国）。

2016年9月，学院应届毕业生共91名，已就业81人，未就业6人，已升学4人，就业率为93.41%（数据收集截至2016年9月）。

2016年11月，学院代表队荣获2016年"贸仲杯"国际商事仲裁模拟仲裁庭辩论赛（中国赛区）季军。

2016年12月，学院代表队荣获2016年WTO模拟法庭大赛（中国赛区）二等奖。

全院教师和行政人员于2016年底搬入新的教学大楼。

（国际法学院）

【人文社会科学学院】 学院共设置传播学、社会学和社会工作三个专业，2016年毕业生111人，招收新生39人。社会工作专业共开课14门，其中专业必修课8门，专业选修课6门。

2016年度学院积极推进科研进展，承接"深圳市龙华区社区减负课题""深圳市福田区'智慧社区'建设成效及深化提升研究"等项目，参与"深圳市社会组织统战工作基础情况调研""深圳招商街道基层治理案例研究""微信网络谣言研究"等课题。

学院坚持打造品牌活动，继续坚持开展人文沙龙系列活动和特色课程，并成功举办16场专家讲座活动，其中包括张志安"深度报道研究：互联网和中国新闻业重构"、段永朝"互联网：千年大事"、王烁"新闻的形势分析"等等。成功开设钱钢中国当代新闻史的特色课程。

在学生培养方面，学院注重对学生理论与实践的共同学习和培养。学院与深圳鹏星社会工作机构建立实习基地。社会工作专业39名学生在鹏星社会工作机构顺利完成人均800个小时的社会工作专业实习。与此同时，学院也积极邀请各界人士开拓和丰富学生的眼界和学识。学院邀请中国登山界代表人物张梁发表以"超越梦想，永不止步"为主题的演讲，李建新教授邀请香港科技大学涂肇庆教授为学生开办题为"人力资本投资对经济前景的影响——香港和新加坡之对比"的讲座。学院积极参加深圳各界学术和文化活动，为珠三角区域社会文化的发展提供助力。同时也积极参与到深圳研究生院的校园文化建设，为助力深圳研究生院建院十五周年，秉承"守正创新，引领未来"的理念，学院承办"十分真彩·中国水墨艺术家学术邀请展"。

（人文社会科学学院）

教育教学

本科生教育

【发展概况】 2016年，教务部积极深化本科教育教学改革和建设，转变教育思想、更新教育观念，坚持教学质量优先，推进教育管理创新。2016年5月，教务部领导进行调整，傅绥燕担任教务部部长，主持全面工作，裴坚兼任教务部副部长，分管教学办和基地办。教务部现有部长1人，副部长7人，其中兼职1人，挂职1人；内设科室8个，共有员工29人，其中事业编制员工21人，合同制员工8人。

2016年，元培学院、信息科学技术学院及数学科学学院联合申报的"数据科学与大数据技术"专业获教育部审批通过（教高函〔2016〕2号），将自2015级开始在数学科学学院、信息科学技术科学院、元培学院进行专业分流培养；工学院"能源与环境系统工程"和元培学院"整合科学"两个新增专业完成向教育部的新增设置申报工作；哲学系与社会学系联合申请设置"思想与社会"跨学科项目，并通过人文学部和学校审核。

2016年，北京大学心理学系苏彦捷、法学院刘凯湘、北京大学第三医院乔杰三位教师被评为第十二届北京市教学名师。2016年，评选出北京大学2015—2016年度教学优秀奖获得者56人并于教师节进行表彰，其中11人获得专项奖，鼓励教师积极参与教学改革和建设，在外文平台课、小班课或MOOCs课程教学。

【教学改革】 北京大学经过多次调研讨论，于2016年4月形成并公布《北京大学本科教育综合改革指导意见》及《北京大学2016年本科教育改革实施方案要点（试行）》。

《北京大学本科教育综合改革指导意见》明确指出，本科教育改革以立德树人为根本，以学生成长为中心，以"加强基础、促进交叉、尊重选择、卓越教学"为理念，使学生在北京大学获得最好的学习和成长体验。本次本科教育改革的关键放在院系，核心则是调动教师的积极性和学生的内在潜力。指导意见指出本科教育综合改革要融通识教育理念于培养全过程，促进学生在知识、能力、品格等方面的全面成长；发挥综合性大学多学科优势，完善多样化人才培养体系；将学术研究优势转化为教学优势，鼓励以发现和探索为中心的教学；系统改进教学方式和学习方式，注重学生的学习体验与效果。

《北京大学2016年本科教育改革实施方案要点（试行）》提出修订完善专业培养方案，凝练专业核心课程体系；鼓励学部、院系、研究中心及教师团队建设多层次、有特色的跨学科本科人才培养项目，包括跨学科专业、双学位、辅修专业、微专业、跨学科系列课程或课程模块等，为学生提供多样化的选择空间，给予学生更多的课程和专业选择自主权，各院系专业课程对全校开放，原则上，学部内可以自由转专业；构建合理的评价激励体系，推动教学方式改革，实现卓越教学。鼓励院系通过开设平行班、滚动开课等措施，减小班级规模，加强教师对学生的针对性指导；鼓励教师在教学各个环节创造性地利用现代信息技术，开展翻转课堂等混合式教学模式；将批判性思考、阅读、写作、表达能力的训练作为课堂教学的有机组成部分，增强学生的交流与沟通能力；学校进一步加大教学经费投入，设立"北京大学卓越教学奖"作为学校教学领域最高荣誉，以表彰为北京大学本科教育积极奉献、教学水平优异的教师，分享推广优秀的教学实践经验，形成追求卓越的教学氛围。

【教学计划修订】 根据校发〔2016〕66号《北京大学本科教育综合改革指导意见》的精神，组织完成2016版主修专业、辅修/双学位专业教学计划的修订工作。2016版主修教学计划修订工作的重点是，充分贯彻"以学生成长为中心"和"加强基础、促进交叉、尊重选择、卓越教学"的教育理念，重点梳理、整合、凝练专业核心课程，明确专业核心培养要求，体现"通识教育与专业教育相结合"本科教育模式；同时，要求强化实践育人环节，建立多样化的专业课程模块项目，鼓励学生个性化学习和跨学科探索，引导学生发现志趣、发挥潜力、自主学习和深度学习。另外，学校没有统一设定学生毕业总学分，院系可根据学科特点自行决定各专业学生毕业总学分，也可以与2014版教学计划一致。

修订后主修专业教学计划的课程分为四部分：公共与基础课程、核心课程、限选课程和通识与自主选修课程，每个部分学分分别占毕业总学分的30%、20%、30%和20%。其中，公共与基础课程包括全校公共必修课和学科基础课程；核心课程指该以专业中最核心的理论和技能为内容的课程；限选课程包括专业基础课程与专业限选课程（可含毕业论文/毕业设计、实习/实践等）；通识与自主选修课程包括专业选修课、本科生科研训练、其他学科专业必修课或限选课及院系自主设立的其他课程模块。

2016版辅修/双学位教学计划的修订工作强调辅修/双学位专业与主修专业同质要求和管理，辅修专业的课程应是主修专业的核心课程，双学位专业课程应是主修专业的核心课程、先修课程或限选课程。辅修/双学位专业的学分应分别约占主修专业总学分的20%和30%。另外，学校进一步明确辅修/双学位专业的课程要与主修课程同一课堂，不单独开班，鼓励院系滚动开课或开平行班，学校将不再支持在周末开设双学位课程。

【课程建设】 2016年组织开展通识课程建设大讨论，出台《关于通识教育体系建设指导意见》。完成新一轮通识核心课程审核建设。2016年新增建设9门通识教育核心课程，共有37门"通识教育核心课程"，组织开展通识教育沙龙三十余场，讲座数场。负责"大学通识教育联盟"联络工作和联盟"通识联播"微信公众号管理工作。

建设12门"中国系列"全英文授课课程，组织5门课程参与第二期来华留学英语授课品牌课程申报及评选，继续支持建设英文平台课和"国际暑期学校"。组织申报8门本科生慕课课程，继续建设东西部课程联盟共享课程，2016年秋季学期上线3门课程供东西部课程联盟学生选修。组织教育部第二期"来华留学英语授课品牌课程"申报及评选，建设国家级英文精品开放课。2016年光华管理学院和化学与分子工程学院等5门课程申报并参与评选。

开展"大学英语"课程改革的讨论，修订"大学英语公共课程改革办法"，自2016级新生开始实施"2-4-6-8学分"的灵活选修机制；推进思政课改革，协调完成部分院系思政课替代工作，将更多优秀教师和课程纳入思想政治教育范畴，使各类课程与思想政治理论课同向同行，形成协同效应；协调北京市级思政课"名家领读经典"课程开课事宜。

【基础学科拔尖人才培养】 2016年，北京大学"拔尖计划"实施进展顺利，数学、物理、化学、生物、计算机科学、环境科学等6个项目组完成新一届学生遴选工作，聘请一流师资重点建设一批高质量的专业课程。在2016年毕业的120名毕业生中，97.5%选择继续深造，其中81.7%赴欧美著名高校攻读研究生。同时，在拔尖计划的带动下，学校继续支持工学、地质学和古典语文学的校内拔尖人才培养计划。2016年，北京大学生物、力学2个"国家基础科学研究与人才培养基地"获得国家自然科学基金委"人才培养基金"立项资助，经费总额为160万；中文、历史、哲学等"国家文科基础科学人才培养和科学研究基地"探索联合培养新模式，实现优质教学资源共享，共同培养"古典语文学"专业人才。

【招生工作】 2016年校本部招生3411人，其中普通本科生2985人，港澳台学生58人，第二学士学位学生80人，留学生288人。2016年在22个省份理科分数线位居全国高校之首；文科分数线在同类型、同规模高校中稳居第一。学校录取各省份文理科前十名人数为391人，文科242人，理科149人。2016年五大学科竞赛共有263人参加集训队取得保送资格，其中录取或签约北京大学的169人，占总数的64%，数学、物理、化学集训队成员超过80%选择北京大学。五大学科竞赛共产生全国金牌439人，其中311人选择北京大学，比例超过70%，数学、物理、化学金牌选手中85%选择北京大学。在2016年数学、物理、化学、生物国际奥赛中，北京大学获得14金1银的佳绩。

北京大学继续贯彻落实关于扩大农村生源比例的精神，在招生政策制定中给予特殊优惠政策。一是加大"筑梦计划"政策力度，进一步扩大覆盖面。2016年，在所有通过初审的470人中，439人获得加分，比例为93.4%，其中获得20分以上加分的395人，比例为84%，共录取131名筑梦计划认定考生，其中118人为线下加分考生。二是加大贫困地区专项计划力度，招生人数持续增长。2016年校本部计划招生187人，录取191人，该计划使得一大批来自贫困地区的优秀学子圆梦燕园。三是加大内地新疆班、西藏班招生规模，近五年共录取93人。农村学生比例逐年上升，校本部共录取农村考生486人，比例为16.3%，继续保持逐年增长态势。

【教务管理】 2016年，办理各类异动1818条，其中：休学107条，休复127条，停学554条，停复411条，退学62条，保留学籍112条，恢复学籍104条，提前毕业1条，延期毕业72条。保留入学资格6条，放弃入学资格88条，取消入学资格2条，重新入学2条，转学转出1条，转系转专业163条，修改姓名2条，办理学生出境手续1741人次。对2015—2016两个学期考试中违纪作弊学生的处理共计19人，其中，记过取消学位共计15人，留查1人，开除学籍3人。审核办理校外人员旁听选课、暂结业本科生旁听选课等。

完成2016届毕业生工作，组织毕业班学生进行电子信息图像采集，通知毕业班学生核对毕业信息，完成毕业审查工作，发放证书，收发证书发放表，并向北京市教委报送毕业生盘并进行毕业生学历电子注册。其中，教务部会同各院系主管教学领导和教务员分别对2016届本科及双学位毕业生进行毕业资格审查，并报经学校学位委员会最终审定：有2936名本科生获得毕业证书（含留学生258人），2926名本科生获得学士学位证书（含留学生258人，第二学士学位37人）；有1169名学生获得双学位证书，155名学生获得辅修专业证书。另有128名学生获得结业证书（含留学生22人），28名学生获得大专毕业证书（含留学生2人）。此外，为2015年结业学生换发毕业证书47份（含留学生8份），补发学位证书45份（含留学生8份）。为2015年毕业未授学位的10名学生补授学位。

经院系推免工作小组审查，教务部复审、公示并报教育部，校本部2013级普通本科学生中有1430人获得推免资格。其中顺利落实接收单位的（含直博）有1215人（校内录取1025人，校外录取190人），占2013级预毕业学生总数的40.6%。

【教材建设】 2016年，启动北京大学规划教材的遴选工作，经院系申报，学科专家评审，教材建设委员会终审，最终确定99个项目为2016年教材建设立项项目，其中，规划教材48项，立项教材51项。开展2016年北京大学优秀教材评选工作，最终确定100种教材为北京大学优秀教材。配合教育部，统计上报学校马工程重点教材使用情况。调查2015年马克思主义理论研究与建设工程重点教材使用情况进行，掌握学校马克思主义理论研究和建设工程重点教材使用基本情况。

【课程评估】 2015—2016学年对全校3878门次本科生课程进行评估，回收问卷176,574份，其中理论课3181门次，实验课148次，体育课137门次，助教评估305门次，实习课8门次，小班课99门次。分别于2016年3月和10月将学生评教结果编印成《2015—2016年第一学期学生课程评估手册》

《2015—2016年第二学期学生课程评估手册》《北京大学助教评估手册》《北京大学课程评估结果汇编》等材料下发到院系各教学单位。结合学校教学改革要求，编制并使用新的课程评估系统，新系统注重过程性、交互性和改进性，加强多元主体的评价，并加强对评估指标的设计和改进。

2016年，协助老教授教学调研组组织听课、研讨、调研及座谈等工作，并发布老教授教学调研组工作简报。2016年，老教授本科教学调研组在教学调研、课程质量监控等方面继续开展工作，本年度听课重点为通识核心课，听课数量近400门，并撰写两期简报，对听课和调研中的问题进行集中反映。

【交流合作与暑期学校】 完成2016—2017学年度国家留学基金委优秀本科生公派项目的派出工作，共计67个项目共150个名额。与国际合作部合作完成2017—2018学年度校级公派本科生项目的立项工作，组织各院系完成2017—2018学年公派本科生项目的立项工作，共获批62个项目158个学生名额。完成留学基金委公派研究生项目和公派硕士项目申报，推荐62位本科生参加。完成2016—2017学年国际交流项目的选拔工作，选拔北京大学学生前往欧洲、美洲、大洋洲等学校的学期交流项目和暑期学校，并参与交换生的奖学金评审工作。完成2016年春季和2016年秋季学期赴香港、台湾、澳门地区大学交换学生选拔工作。同时接收对方学校派往北京大学的学生并负责其在北京大学的学业等方面的管理。指导光华管理学院等9个院系开展院系级港澳台交换生项目，共接收来自台湾大学等15所学校的交换生。接收来自石河子大学的国内交流生10人，指导其在北京大学的学业。接收来自首都师范大学的"双培计划"学生32人。完成交流生（接收）申请及管理系统开发。完成学生出境手续1742人次，停学和停复学手续各近600人次，办理各类转学分手续近700人。修订《北京大学本科生交流课程及学分管理办法》，完善外国语学院转学分操作流程。完成陈守仁北京大学本科生海外交流基金第一期，共为31位本科生发放80.4万元，资助其海外交流。

2016年，北京大学暑期学校共开设168门课程，共有2696名北京大学学生选课学习，接收来自社会各界的学生2611人，其中包括港澳台项目中的港澳台学生166人和Globex项目中的港澳台学生150人，国际暑期项目中的国际学生242人和Globex项目中的国际学生217人。接收C9联盟学校的学生35人。

【本科生科研训练】 2015—2016年，北京大学本部资助立项的"本科生科研训练"项目包括"莙政基金""校长基金""毛玉刚基金""华宝学生科技创新协同基金""钟夏校际科研资助基金"以及教育部"国家大学生创新性实验计划"和北京市"大学生创新计划"等7项。共计资助544个项目的立项工作，涉及学生762人。2016年4—6月，完成2013级646名本科生共计433项科研中期检查及拨款；同时完成部分延期学生的结题检查工作。7、8月，大陆四校和台湾"清华大学"互派莙政学生交流活动如期开展，北京大学向台湾"清华大学"派出73名本科生，并接待8名台湾地区学生和43名大陆学生。10月，完成516个项目结题审核工作，558名学生获得学分。

【本科教学工作审核评估】 根据教育部《关于开展普通高等学校本科教学工作审核评估的通知》（教高〔2013〕10号）精神，学校2016年开展教育部本科教学工作审核评估。学校2016年3月成立审核评估领导小组、工作小组和工作小组办公室，制定《北京大学本科教学审核评估工作方案》。2016年4月，召开本科教育改革与审核评估工作会议，全面启动审核评估，并根据审核评估范围要求进行分解，明确院系和职能部门工作职责，制定明确的时间安排和任务分工。2016年5—10月，根据审核评估要求组织审核评估自评报告撰写、汇总、讨论、修改、完善，根据教育部要求填报本科教学质量状态数据，根据专家进校工作安排进行支撑材料和案头材料的整理。同时，2016年7月和10月，学校对各院系本科教学工作和教学档案开展两次专项检查，对院系本科教学工作提出意见和要求。

2016年11月7日至10日，教育部审核评估专家组进校考察学校的本科教学情况，考察范围覆盖北京大学46个教学部、院、系、附属医院和26个职能部门直属、附属单位，共走访这些机构166次，听课64门次，深度访谈69人次，审阅31个专业的994份毕业论文和54门课程的4200份试卷，召开39次不同类型的小型座谈会，还考察图书馆、校史馆、生物学国家级实验教学示范中心、学生食堂等公共设施，实地走访13家实习基地和6个用人单位。11月10日，在审核评估专家个人意见反馈会上，专家组从不同角度指出北京大学本科教学的问题。审核评估工作小组根据专家意见进行整理和分析，制定整改方案，认真落实整改工作。

（教务部）

医学本科生教育

【基本数据】 1. 2016年招生数据。2016年医学部内地本科实际招生825人，其中本博连读207人，本硕连读206人，普通本科412人；港澳台招生21人，其中联招14人、台湾保送2人、香港保送2人、澳门保送3人。

2016年医学部自主招生继续在全国范围内进行（上海、青海、海南、新疆、西藏除外），共有1546名考生申请医学部，经初审93人进入复试，53人获得自主招生资格，实际录取24人。根据教育部文件要求，2016年医学部继续在云南、贵州、甘肃等中西部10个省份安排国家专项招生计划，最终录取87人，最低分数线平均高于省重点线111分，生源较好。

2. 2016届毕业生就业数据。2016年，医学部本专科和临床医学、口腔医学八年制毕业生共904人（含本科阶段结束进入二级学科阶段的转段学生），其中大陆学生835人，台港澳学生19人，留学生50人；本博连读学生233人，本科学生215人，转段学生385人，专科学生2人。

截至2016年12月7日，在835名大陆毕业生中，实际参加就业有253人，国内外升学深造548人，未落实毕业去向34人；八年制毕业生的就业率为97.0%，本科毕业生的就业率为95.5%，专科毕业生就业率100%，全体毕业生总体就业率为95.9%。

3. 2016年学生教育相关数据。（1）毕业考试：2016年6月2016届本科毕业考试（5月28日临床专业技能考试，5月31日—6月1日专业理论及专业英语考试），256名学生参加考试，其中3人未通过，按结业处理。2016年9月2011级临床医学专业（八年制）二级学科资格考试（9月10日专业技能考试，9月13—14日专业理论及专业英语考试），149名学生参加考试，其中6人未通过，按照本科处理。

（2）学生资助：2016年认定困难生893人，其中一般困难学生277人，困难学生389人，特殊困难学生227人。2016年上半年，为928名家庭经济困难学生发放北京市生活补贴共计171,680元；为36名家庭经济困难新疆学生发放专项经费39,576元。2016年秋季，809名家庭经济困难学生获得助学金，获助总金额为318.1万，人均获助金额3932元。

【内部建设】教育处实行处长会、科长会、全体会议制度。处长会，由处长、副处长、处长助理共同讨论决定处内重大工作事项；科长会由科长参会，通报学校、处内情况，听取各科室工作汇报和计划，讨论决定各项重要工作及规章制度的修改意见，充分听取各方意见。2016年教育处共召开处长办公会18次，科长办公会29次，全处会2次。

学期初和学期末各召开一次医学部内五家学院教办主任会，沟通医学部内常规教学工作，安排本学期工作重点、跟进培养方案和大纲修订工作、期中期末考试动员等。定期召开临床学院教学会议，包括下发各学期教学任务、商讨临床课程调整、下拨临床教学经费、安排临床考试等。

【获奖情况】2016年，医学部有1名老师获得第七届全国辅导员年度人物提名奖，3名老师获得2016年北京优秀德育工作者，教育处学工部获评2016年德育工作先进集体。3名老师获得北京大学优秀德育奖荣誉，2名老师获得北京大学优秀班主任标兵荣誉，15名老师获得北京大学优秀班主任奖。

【教学改革】2016年，医学部教育教学工作在改革与挑战中顺利开展。在本年度中，教育处开始逐步加快推进教育教学改革的进程，积极协调各学院（部）进一步梳理、审视教育教学各环节，不断完善自身建设，并在保障教学运行、推进教学改革、完善规章制度建设、加强教学基地建设、强化临床学系建设、促进课程建设等方面取得一定的成绩，主要体现在以下几个方面。

1. 推进培养方案和教学大纲修订工作。北京大学启动本轮本科教育改革，出台《北京大学本科教育综合改革指导意见》和《北京大学2016年本科教育改革实施方案要点》，以人才培养体系改革为核心，推动北京大学综合改革，建立和完善"通识教育与专业教育相结合"的本科教育体系，其目标是培养引领未来的人。医学部在"新途径"教育教学改革第二阶段工作的基础上，结合大学的教改思路和指导意见，进一步优化和推进医学部教育教学改革。

2016年3月，在大学和医学部的教育教学改革思路和指导意见下，本着加强通识教育、课程融合、优化课程设置、改革教学方式等原则，启动各专业培养方案修订。组织召开校内教办主任会，讨论相关标准要求，协调各学院的课程安排，并通过各专业教学委员会的审核通过，于10月底完成2016版各专业培养方案修订。

就临床医学专业培养方案的修订，教学办在收集、整理、比较多所医学院校培养方案的基础上，先后多次组织专家论证，做出以下调整：临床医学专业实行不同学制的本科阶段教学同步进行，五年内教学总体框架为医学预科1年，基础医学阶段1.75年，临床医学阶段1.25年；调整医预课程设置，增加自主选修课比例；基础阶段课程模式仍延续学科背景下的器官系统模式，进一步完善课程体系，适当减少PBL案例数量，结合效果调整实验教学的模式和内容，提升教学效果；在全学程共设三个阶段性综合考试，分别为基础医学阶段、临床医学阶段和毕业考试，并记录成绩；对早期接触临床、预防医学社区实践、全科医学、医学影像学、核医学等课程进行相应的优化整合；明确临床阶段进一步优化学科内大课安排，周学时控制在26—28学时；确定生产实习48周，其中内科、外科各14周，妇产科、儿科各7周，选科实习6周；增加临床选修课要求等。讨论确定2014级临床医学专业临床阶段教学安排等。

教学大纲是各门课程进行教学的指导性文件，是教学活动的重要依据。2016年在修订培养方案的同时，于9月启动教学大纲梳理修订相关工作。结合医学部培养目标及教育教学改革要点，对接国际标准和信息化建设要求，医学部开展一系列调研工作，梳理教学大纲的基本要求，通过表格化管理、细化培养目标要求，将课程设计与教育教学改革真正契合起来。11月完成2016版教学大纲的修订，并形成汇编。

2. 配合完成本科教学审核评估。2016年11月教育部对北京大学本科教学工作进行了审核式评估。医学部于6月启动相关准备工作，6—7月完成教学状态数据中教学相关数据的填报并形成审核式评估培养分报告的初稿。8—9月，先后走访13家临床医学院或教学医院以及基础、公卫、药学、护理、公教部等校内5家学院，对承担本科全程教学的二级教学单位进行教学检查，全面了解医学部本科教学情况，与相关专业的教研室老师、教学管理人员进行座谈，对学院和教师在课程改革、教学管理环节、教学理念等进行全方位的了解，并总结撰写教学检查报告。10—11月协助完善审核评估表格的填报和报告撰写，完成教学管理相关文件和支撑材料的收集、汇总、整理，为迎接审核式评估做积极准备。11月7—9日，医学部接受教育部审核评估专家组的现场考察，11月10日专家组对考察情况进行总结反馈。11月16日，教育处内组织针对审核评估工作的总结交流会。

3. 考试组织管理规范化。在组织各项考核管理中，注重考试成绩管理和核查程序，严格执行学籍管理相关规定。在毕业考试和二级学科资格考试中，各有1名学生对其考试成绩有异议，申请核查成绩。严格按照学籍管理相关规定中的要求和程序，对有异议的成绩进行核查，并形成书面反馈。

4. 推动教学信息化。2016年医学部继续推进教育教学信息化建设，通过多次考察和沟通，讨论本科生校内阶段和临床阶段的教学信息化需求，确定工作部署时间节点，按照进程逐步推进信息化建设工作。

目前，教学管理部分大致设计为课程管理、培养方案管理、执行计划管理、教学任务管理、教室资源管理、排课管理、选课管理、考务管理、成绩管理、毕业审核管理、二级学科资格审核管理、大学生创新实验项目管理、学生科研项目申报管理、临床业务管理等14个管理模块，以期在未来的教学管理中发挥重要作用，使教学管理更加有序、更加高效。

5. 教学基地建设持续跟进。2016年8—9月，医学部以迎接教育部审核式评估为契机，组织专家组对北大医院、人民医院、北医三院、积水潭医院、北京医院、中日友好医院、民航总医院、航天中心医院、口腔医院、深圳医院、首钢医院、世纪坛医院、天津市第五中心医院共13家临床教学单位开展教学检查，为更好地展开临床教育教学提供依据。

2016年11月2日，为适应现代医学教育需要，提高医学生人文素养和综合能力，增强医学生基层卫生观念和全科医学意识，在医学部全科医学学系的前期调研和考察基础上，建设北京市西城区什刹海社区卫生服务中心、北京市西城区展览路社区卫生服务中心、北京和睦家医院为"北京大学医学部社区卫生教学基地"。

【学生工作】1. 思想政治教育。理想信念教育是大学生思想政治教育的核心。2016年，教育处、学工部结合医学生理想信念现状与特点，借助榜样教育、实践教育、课堂教育等多种模式，加强理想信念教育。完成《关于医学部本科及长学制学生思想动态的汇报》和中央政策研究室的学生思想政治工作调研过程中《关于高等学校思想政治工作调研的答复》。

医学部坚持德育为先，制定切实可行的德育计划，由教育处、学工部指导德育教研室开展日常工作。德育教研室指导各教学组开展日常工作；在开设《思想道德修养与法律基础》（必修课）和《大学生职业生涯规划课》（选修课）等常规工作的基础上，增设医学职业素养培育教学组，着手启动和组织相关工作。

2. 医学职业素养培育。教育处、学工部自2016年开始，更加注重将素质教育的整体设计与医学生的职业精神素养培育融会贯通，通过大规模的个人访谈、依托课题研究、事迹报告会、素质教育讲座、优秀读物及征文等多种形式推进此项工作，关注将医学职业素养培育融入学生工作队伍的工作理念以及学生支持与发展的各项工作中。

3. 学生党建工作。教育处、学工部协助组织部开展部分学生党建活动。2016年，教育处、学工部完成2016年红色1+1的启动组织工作，并以终期评审与支部培训的形式完成考核工作；2016年共有6个学生党支部参加活动，全部通过考核，其中2个支部继续参评市级奖励的评审环节。此外，推荐支部参与完成"两学一做"支部风采展示活动，1人荣获北京大学第六届十佳学生党支部书记称号。

4. 新生成长计划。医学部教育处、学工部自2015年完成新生入学教育计划的改版工作后，于2016年在医学部（含台港澳学生）全面推行新版"新生成长计划"。"新计划"兼顾线上、线下活动的整体策划，对新生完成从接收录取通知书到进入校园三个月适应期的一系列教育与成长计划。其中线上活动由教育处、学工部进行整体安排，充分利用"北医学工"微信平台，以"新生微语录""新生初体验""新生指导"和"学长说"等四个模块作为框架，面向全体本科新生开展宣传活动；线下活动分为必选与自选两种方案，引导相关院系开展形式更加丰富的助力新生成长活动。教育处、学工部继续坚持大学第一课的惯例，由医学部主任作为主讲人，采取近似课堂的形式，但并不局限于传道授业，对医路新人的告诫和启迪，为新生们开启漫长学医道路上的新篇章。

5. 素质教育活动与北医微课堂。围绕"爱·责任·成长"的素质教育主题，2016年医学部继续开展紧扣时代脉搏、形式灵活的素质教育活动，统筹协调校内各学院和各家临床医学院，既有分工又有合作，开展涵盖多个学科或社会热点领域的讲座、论坛、辩论赛等大小不一的学生活动。其中，"北医微课堂"自2015年创立以来，医学部教育处、学工部为医学生搭建近距离聆听大师的平台，在微小课堂内让同学们有机会"与智者对话，与长者谈心"。2016年继续开展2期活动，分别邀请了王博、胡大一等学术大家作为主讲嘉宾。

6. 学生助理团。教育处、学工部学生助理团成立近7年，通过"项目负责制"的工作模式，积极倡导并大力实施学生自主管理，从而达到学生自我服务、自我教育以及全方位培养学生能力的目的与效果。2016年，由学生教育办公室牵头，继续在助理团自身建设上进行探索：其一，完善几个常设组履行核心服务职能；其二，将助理团工作与坐班助理进行衔接与融合；其三，关注助理团的文化建设与能力提升；其四，完成坐班助理薪酬管理制度的建立。在上述工作和完善总结、表彰、迎新工作的基础上，教育处、学工部的各位学工老师继续担任各项目团队的指导老师，对项目团队或成员个体进行深度工作辅导,全年度面对面辅导次数累计达到100次以上,微信、邮件、飞信等日常的线上沟通更加频繁,使学生在项目以外得到更多的成长与引导机会。

在师生们的共同努力下,学工部完成《学生助理团项目工作手册》的撰写。2016年,学生助理团活动学生超过百人,由学生助理团负责策划和实施的项目超过20项,参与志愿服务的学生超过350人次。比如,高质量的迎新和毕业典礼组织工作、创意闪耀的"暑期社会实践交流评审会"、最具影响力的北医品牌——"海峡两岸医学生交流活动"、竞争激烈的"境外短期交流项目"的评审及交流分享活动,以及规格和质量都不断攀至新高的"奖励奖学金"、"优秀班集体"、"医学部示范宿舍"、红色1+1终期考核工作等各类总结及评比评优特色活动中,均是学生助理团以项目制为工作模式,在教育办老师的指导下,完成方案策划、宣传组织、资料审核、会务联络、展板设计、文集汇编等全程工作。

【交流合作】 2016年教育处、学工部继续优化新版的《学生境外短期交流项目工作手册》,加强学生短期境外交流项目的质量管理。短期公派出访项目中,共计99名同学参与22项境外交流项目,另有70余名同学参加学院组织的公派或者个人出访项目;接待项目部分,共计接待来自13个学校的30名学生。此外,为规范项目管理,教育处、学工部与国合处召开2次协调会,就交流时间、自费项目等项目运行与管理问题进行专门讨论。

2016年4月2—8日,医学部举行第七届海峡两岸医学生交流活动,共有来自台湾大学医学院、阳明大学、中国医药大学、高雄医学大学、中山大学中山医学院、汕头大学医学院以及医学部的200余名学生参与其中。一周活动内容包括6场论坛活动、6个大型文体活动、2次工作会和其他参访活动。为推进工作,教育处、学工部与国合处、各临床医院教育处、台湾各校召开5次协调会,就海峡两岸医学生交流活动商讨方案,对第八届活动的形式与方案形成共识。

(医学部教育处)

表6-1 2016年度北京大学本科专业分布

当前所属院系	专业名称	专业英文名	教育部专业代码	学制	学科门类	学位授予门类
哲学系	哲学	Philosophy	10101	4	哲学	哲学
哲学系	哲学(政治学、经济学与哲学方向)	Philosophy (Philosophy, Politics and Economics)	10101	4	哲学	哲学
哲学系	宗教学	Science of Religion	010103K	4	哲学	哲学
经济学院	经济学	Economics	20101	4	经济学	经济学
经济学院	资源与环境经济学	Resource and Environmental Economics	020104T	4	经济学	经济学
经济学院	财政学	Public Finance	020201K	4	经济学	经济学
经济学院	金融学	Finance	020301K	4	经济学	经济学
光华管理学院	金融学	Finance	020301K	4	经济学	经济学
经济学院	保险学	Risk Management and Insurance	20303	4	经济学	经济学
经济学院	国际经济与贸易	International Economics and Trade	20401	4	经济学	
法学院	法学	Law	030101K	4	法学	法学
政府管理学院	政治学与行政学	Politics and Public Administration	30201	4	法学	法学
国际关系学院	国际政治	International Politics	30202	4	法学	法学
国际关系学院	国际政治(国际政治经济学方向)	International Politics (International Political Economy)	30202	4	法学	法学
国际关系学院	外交学	Diplomacy	30203	4	法学	法学
元培学院	政治学、经济学与哲学	Philosophy, Politics and Economics	030205T	4	法学	哲学,经济学,法学
社会学系	社会学	Sociology	30301	4	法学	法学
社会学系	社会工作	Social Work	30302	4	法学	法学
中国语言文学系	汉语言文学	Chinese Language and Literature	50101	4	文学	文学
中国语言文学系	汉语言	Chinese	50102	4	文学	文学
中国语言文学系	古典文献学	Studies of Chinese Classical Text	50105	4	文学	文学

（续表）

当前所属院系	专业名称	专业英文名	教育部专业代码	学制	学科门类	学位授予门类
中国语言文学系	应用语言学	Computational and Applied Linguistics	050106T	4	文学	文学
医学部教学办	英语（生物医学英语）	English（Biomedical English）	50201	5	文学	文学
外国语学院	英语	English Language and Literature	50201	4	文学	文学
外国语学院	俄语	Russian Language and Literature	50202	4	文学	文学
外国语学院	德语	German Language and Literature	50203	4	文学	文学
外国语学院	法语	French Language and Literature	50204	4	文学	文学
外国语学院	西班牙语	Spanish Language and Literature	50205	4	文学	文学
外国语学院	阿拉伯语	Arabic Language and Literature	50206	4	文学	文学
外国语学院	日语	Japanese Language and Literature	50207	4	文学	文学
外国语学院	波斯语	Peisian Language and Literature	50208	4	文学	文学
外国语学院	朝鲜语	Korean Language and Literature	50209	4	文学	文学
外国语学院	菲律宾语	Philippine Language and Literature	50210	4	文学	文学
外国语学院	梵语巴利语	Sanskri & Pali Language and Literature	50211	4	文学	文学
外国语学院	印度尼西亚语	Indonesia Language and Literature	50212	4	文学	文学
外国语学院	印地语	Hindi Language and Literature	50213	4	文学	文学
外国语学院	缅甸语	Burmese Language and Literature	50216	4	文学	文学
外国语学院	蒙古语	Mongolian Language and Literature	50218	4	文学	文学
外国语学院	泰语	Thai Language and Literature	50220	4	文学	文学
外国语学院	乌尔都语	Urdu Language and Literature	50221	4	文学	文学
外国语学院	希伯来语	Hebrew Language and Literature	50222	4	文学	文学
外国语学院	越南语	Vietnamese Language and Literature	50223	4	文学	文学
外国语学院	葡萄牙语	Portuguese Language and Literature	50232	4	文学	文学
新闻与传播学院	新闻学	Journalism	50301	4	文学	文学
新闻与传播学院	广播电视学	Media Studies	50302	4	文学	文学
新闻与传播学院	广告学	Advertising	50303	4	文学	文学
新闻与传播学院	编辑出版学	Editing and Publishing	50305	4	文学	文学
历史学系	历史学	History	60101	4	历史学	历史学
历史学系	世界史	World History	60102	4	历史学	历史学
考古文博学院	考古学	Archaeology	60103	4	历史学	历史学
考古文博学院	考古学（文物建筑方向）	Archaeology（Ancient Architecture）	60103	4	历史学	历史学
考古文博学院	文物与博物馆学	Museology	60104	4	历史学	历史学
考古文博学院	文物保护技术	Relics Conservation	060105T	4	历史学	历史学
外国语学院	外国语言与外国历史	World History and Foreign Languages	060106T	4	文学	文学，历史学
历史学系	外国语言与外国历史	World History and Foreign Languages	060106T	4	历史学	文学，历史学
数学科学学院	数学与应用数学	Mathematics and Applied Mathematics	70101	4	理学	理学
数学科学学院	信息与计算科学	Information and Computing Science	70102	4	理学	理学
物理学院	物理学	Physics	70201	4	理学	理学
物理学院	应用物理学	Applied Physics	70202	4	理学	理学
物理学院	核物理	Nuclear Physics	70203	4	理学	理学
化学与分子工程学院	化学	Chemistry	70301	4	理学	理学
化学与分子工程学院	应用化学	Applied Chemistry	70302	4	理学	理学
化学与分子工程学院	化学生物学	Chemical Biology	070303T	4	理学	理学

(续表)

当前所属院系	专业名称	专业英文名	教育部专业代码	学制	学科门类	学位授予门类
物理学院	天文学	Astronomy	70401	4	理学	理学
城市与环境学院	自然地理与资源环境	Physical Geography	70502	4	理学	理学
城市与环境学院	人文地理与城乡规划	Human Geography and Urban-Rural Planning	70503	4	理学	理学
地球与空间科学学院	地理信息科学	Geographical Information Science	70504	4	理学	理学
物理学院	大气科学	Atmospheric Sciences	70601	4	理学	理学
地球与空间科学学院	地球物理学	Geophysics	70801	4	理学	理学
地球与空间科学学院	空间科学与技术	Space Science and Technology	70802	4	理学	理学
地球与空间科学学院	地质学	Geology	70901	4	理学	理学
地球与空间科学学院	地球化学	Geochemistry	70902	4	理学	理学
元培学院	古生物学	Paleontology	070904T	4	理学	理学
生命科学学院	生物科学	Biological Science	71001	4	理学	理学
生命科学学院	生物技术	Biotechnology	71002	4	理学	理学
城市与环境学院	生态学	Ecology	71004	4	理学	理学
心理与认知科学学院	心理学	Psychology	71101	4	理学	理学
心理与认知科学学院	应用心理学	Applied Psychology	71102	4	理学	理学
数学科学学院	统计学	Statistics	71201	4	理学	理学
数学科学学院	应用统计学	Applied Statistics	71202	4	理学	理学
工学院	理论与应用力学	Theoretical and Applied Mechanics	80101	4	理学	理学
工学院	工程力学（工程结构分析方向）	Engineering Mechanics（Engineering Structure Analysis）	80102	4	工学	工学
工学院	材料科学与工程	Materials Science and Engineering	80401	4	工学	工学
化学与分子工程学院	材料化学	Material Chemistry	80403	4	理学	理学
工学院	能源与动力工程（能源与资源工程方向）	Energy and Power Engineering（Energy and Resources Engineering）	80501	4	工学	工学
工学院	能源与环境系统工程		080502T	4	工学	工学
城市与环境学院	城市规划	Urban Planning	80702	5	工学	工学
信息科学技术学院	通信工程	Communication Engineering	80703	4	工学	工学
信息科学技术学院	微电子科学与工程	Microelectronics Science and Engineering	80704	4	理学	理学
信息科学技术学院	电子信息科学与技术	Electronic and Information Science and Technology	080714T	4	理学	理学
信息科学技术学院	计算机科学与技术	Computer Science and Technology	80901	4	理学	理学
信息科学技术学院	软件工程	Software Engineering	80902	4	工学	工学
软件与微电子学院	软件工程	Software Engineering	80902	2	工学	工学
信息科学技术学院	智能科学与技术	Intelligence Science and Technology	080907T	4	理学	理学
元培学院	航空航天工程（航空科学与技术方向）	Aerospace Engineering（Aeronautics science and technology）	82001	4	工学	工学
工学院	航空航天工程	Aerospace Engineering	82001	4	工学	工学
工学院	航空航天工程（航空科学与技术方向）	Aerospace Engineering（Aeronautics science and technology）	82001	4	工学	工学
物理学院	核工程与核技术	Nuclear Engineering and Nuclear Technology	82201	4	工学	工学
环境科学与工程学院	环境工程	Environmental Engineering	82502	4	工学	工学
环境学院	环境科学	Environmental Science	82503	4	理学	

(续表)

当前所属院系	专业名称	专业英文名	教育部专业代码	学制	学科门类	学位授予门类
环境科学与工程学院	环境科学	Environmental Science	82503	4	理学	理学
城市与环境学院	环境科学	Environmental Science	82503	4	理学	理学
工学院	生物医学工程	Biomedical Engineering	82601	4	工学	工学
城市与环境学院	城乡规划	Urban and Rural Planning	82802	5	工学	工学
医学部教学办	基础医学	Basic Medical Science	100101K	5	医学	
医学部教学办	基础医学	Basic Medical Science	100101K	8	医学	医学
医学部教学办	临床医学	Clinical Medicine	100201K	8	医学	
医学部教学办	临床医学	Clinical Medicine	100201K	5	医学	医学
医学部教学办	口腔医学	Stomatology	100301K	8	医学	
医学部教学办	口腔医学	Stomatology	100301K	5	医学	医学
医学部教学办	预防医学	Preventive Medicine	100401K	5	医学	
医学部教学办	预防医学	Preventive Medicine	100401K	7	医学	医学
医学部教学办	药学	Pharmacy	100701	4	医学	
医学部教学办	药学	Pharmacy	100701	6	医学	理学
医学部教学办	医学检验技术	Medical Inspection Technology	101001	4	医学	
医学部教学办	口腔医学技术	Stomatology Technology	101006	4	医学	
医学部教学办	护理学	Nursing	101101	4	医学	理学
信息管理系	信息管理与信息系统	Information Management and Information System	120102	4	管理学	管理学
光华管理学院	市场营销	Marketing	120202	4	管理学	管理学
光华管理学院	会计学	Accounting	120203K	4	管理学	管理学
政府管理学院	行政管理	Administrative Management	120402	4	管理学	管理学
政府管理学院	城市管理	City Management	120405	4	管理学	管理学
信息管理系	图书馆学	Library Science	120501	4	管理学	管理学
艺术学院	艺术史论	Theory and History of Arts	130101	4	艺术学	艺术学
艺术学院	艺术史论（文化产业管理方向）	Theory and History of Arts（Cultural Industry Managenment）	130101	4	艺术学	艺术学
艺术学院	广播电视编导	Broadcasting and Television Playwright-director	130305	4	文学	文学,艺术学
艺术学院	广播电视编导（戏剧影视文学方向）	Broadcasting and Television Playwright-director（Theatre Film and TV Literature）	130305	4	艺术学	艺术学
元培学院	元培计划	Yuanpei Program	ypjh	4	理学	
国家发展研究院	经济学（国家发展方向）	Economics（National Development）	20101	4	经济学	经济学
元培学院	数据科学与大数据技术	Data Science and Big Data Technology	080910T	4	理学	理学
信息科学技术学院	数据科学与大数据技术	Data Science and Big Data Technology	080910T	4	理学	理学
数学科学学院	数据科学与大数据技术	Data Science and Big Data Technology	080910T	4	理学	理学

表 6-2　2016 年度北京大学本科课程目录

学年度	学期	课程号	课程名称	开课系所	课程类别	班号
15—16	2	00100864	黎曼几何中的比较定理	数学科学学院	专业任选	1
15—16	2	00100873	图像处理中的数学方法	数学科学学院	专业任选	1
15—16	2	00100875	环群上的 Kaehler 几何	数学科学学院	专业任选	1
15—16	2	00102876	信息光学的数学理论及其应用	数学科学学院	专业任选	1
15—16	2	00102877	数据挖掘	数学科学学院	专业任选	1
15—16	2	00102888	几何群论	数学科学学院	专业任选	1
15—16	2	00102893	生物统计	数学科学学院	专业任选	1
15—16	2	00102909	数据分析的数学导论	数学科学学院	专业任选	1
15—16	2	00102916	双曲几何引论	数学科学学院	专业任选	1
15—16	2	00110040	微分拓扑	数学科学学院	专业任选	1
15—16	2	00110070	经典力学的数学方法	数学科学学院	专业任选	1
15—16	2	00110170	代数数论	数学科学学院	专业任选	1
15—16	2	00110190	动力系统	数学科学学院	专业任选	1
15—16	2	00110820	计算流体力学	数学科学学院	专业任选	1
15—16	2	00110950	人工智能	数学科学学院	专业任选	1
15—16	2	00111140	近代偏微分方程	数学科学学院	专业任选	1
15—16	2	00111770	代数几何 II	数学科学学院	专业任选	1
15—16	2	00112110	低维流形	数学科学学院	专业任选	1
15—16	2	00112530	数学物理中的反问题	数学科学学院	专业任选	1
15—16	2	00112650	随机过程论	数学科学学院	专业任选	1
15—16	2	00112780	应用偏微分方程	数学科学学院	专业任选	1
15—16	2	00112870	现代调和分析及其引用	数学科学学院	专业任选	1
15—16	2	00112950	辛几何	数学科学学院	专业任选	1
15—16	2	00113030	偏微分方程选讲	数学科学学院	专业任选	1
15—16	2	00113070	差分方法 II	数学科学学院	专业任选	1
15—16	2	00113470	有限域	数学科学学院	专业任选	1
15—16	2	00114100	代数拓扑选讲	数学科学学院	专业任选	1
15—16	2	00117250	变分学	数学科学学院	专业任选	1
15—16	2	00130030	信息科学基础	数学科学学院	专业任选	1
15—16	2	00130070	初等数论	数学科学学院	专业任选	1
15—16	2	00130190	微分流形	数学科学学院	专业任选	1
15—16	2	00130200	数学模型	数学科学学院	专业必修	1
15—16	2	00130202	高等数学（B）（二）	信息科学技术学院	专业必修	1
15—16	2	00130202	高等数学（B）（二）	信息科学技术学院	专业必修	2
15—16	2	00130202	高等数学（B）（二）	物理学院	专业必修	3
15—16	2	00130202	高等数学（B）（二）	物理学院	专业必修	4
15—16	2	00130202	高等数学（B）（二）	地球与空间科学学院	专业必修	5
15—16	2	00130202	高等数学（B）（二）	光华管理学院	专业必修	6
15—16	2	00130202	高等数学（B）（二）	光华管理学院	专业必修	7
15—16	2	00130202	高等数学（B）（二）	经济学院	专业必修	8
15—16	2	00130202	高等数学（B）（二）	经济学院	专业必修	9
15—16	2	00130202	高等数学（B）（二）	化学与分子工程学院	专业必修	10
15—16	2	00130202	高等数学（B）（二）	生命科学学院	专业必修	11

（续表）

学年度	学期	课程号	课程名称	开课系所	课程类别	班号
15—16	2	00130210	计算机图形学	数学科学学院	专业任选	1
15—16	2	00130212	高等数学（B）（二）习题课	信息科学技术学院	专业必修	1
15—16	2	00130212	高等数学（B）（二）习题课	信息科学技术学院	专业必修	2
15—16	2	00130212	高等数学（B）（二）习题课	信息科学技术学院	专业必修	3
15—16	2	00130212	高等数学（B）（二）习题课	信息科学技术学院	专业必修	4
15—16	2	00130212	高等数学（B）（二）习题课	物理学院	专业必修	5
15—16	2	00130212	高等数学（B）（二）习题课	物理学院	专业必修	6
15—16	2	00130212	高等数学（B）（二）习题课	物理学院	专业必修	7
15—16	2	00130212	高等数学（B）（二）习题课	物理学院	专业必修	8
15—16	2	00130212	高等数学（B）（二）习题课	地球与空间科学学院	专业必修	9
15—16	2	00130212	高等数学（B）（二）习题课	地球与空间科学学院	专业必修	10
15—16	2	00130212	高等数学（B）（二）习题课	地球与空间科学学院	专业必修	11
15—16	2	00130212	高等数学（B）（二）习题课	光华管理学院	专业必修	12
15—16	2	00130212	高等数学（B）（二）习题课	光华管理学院	专业必修	13
15—16	2	00130212	高等数学（B）（二）习题课	光华管理学院	专业必修	14
15—16	2	00130212	高等数学（B）（二）习题课	光华管理学院	专业必修	15
15—16	2	00130212	高等数学（B）（二）习题课	光华管理学院	专业必修	16
15—16	2	00130212	高等数学（B）（二）习题课	光华管理学院	专业必修	17
15—16	2	00130212	高等数学（B）（二）习题课	经济学院	专业必修	18
15—16	2	00130212	高等数学（B）（二）习题课	经济学院	专业必修	19
15—16	2	00130212	高等数学（B）（二）习题课	经济学院	专业必修	20
15—16	2	00130212	高等数学（B）（二）习题课	经济学院	专业必修	21
15—16	2	00130212	高等数学（B）（二）习题课	化学与分子工程学院	专业必修	22
15—16	2	00130212	高等数学（B）（二）习题课	化学与分子工程学院	专业必修	23
15—16	2	00130212	高等数学（B）（二）习题课	化学与分子工程学院	专业必修	24
15—16	2	00130212	高等数学（B）（二）习题课	生命科学学院	专业必修	25
15—16	2	00130212	高等数学（B）（二）习题课	生命科学学院	专业必修	26
15—16	2	00130212	高等数学（B）（二）习题课	生命科学学院	专业必修	27
15—16	2	00130280	计算方法（B）	物理学院	专业任选	1
15—16	2	00130560	数值分析	数学科学学院	专业任选	1
15—16	2	00130630	最优化方法	数学科学学院	专业任选	1
15—16	2	00130640	流体力学引论	数学科学学院	专业任选	1
15—16	2	00131280	证券投资学	数学科学学院	专业任选	1
15—16	2	00131300	概率论	数学科学学院	专业必修	1
15—16	2	00131300	概率论	数学科学学院	专业必修	2
15—16	2	00131410	计算概论	数学科学学院	专业必修	1
15—16	2	00131410	计算概论	数学科学学院	专业必修	2
15—16	2	00131422	高等数学C（二）	医学部教学办	专业必修	1
15—16	2	00131422	高等数学C（二）	医学部教学办	专业必修	2
15—16	2	00131422	高等数学C（二）	医学部教学办	专业必修	3
15—16	2	00131422	高等数学C（二）	医学部教学办	专业必修	4
15—16	2	00131422	高等数学C（二）	城市与环境学院	专业必修	5
15—16	2	00131480	概率统计（A）	信息科学技术学院	专业必修	1
15—16	2	00131560	古今数学思想	数学科学学院	通选课	1

(续表)

学年度	学期	课程号	课程名称	开课系所	课程类别	班号
15—16	2	00131640	几何讨论班	数学科学学院	专业任选	1
15—16	2	00131650	代数讨论班	数学科学学院	专业任选	1
15—16	2	00131660	分析讨论班	数学科学学院	专业任选	1
15—16	2	00131670	应用数学导论	数学科学学院	专业任选	1
15—16	2	00131690	毕业论文（2）	数学科学学院	专业必修	1
15—16	2	00131690	毕业论文（2）	数学科学学院	专业必修	2
15—16	2	00131690	毕业论文（2）	数学科学学院	专业必修	3
15—16	2	00132110	核心数学选讲Ⅰ	数学科学学院	专业任选	1
15—16	2	00132302	数学分析（Ⅱ）	数学科学学院	专业必修	1
15—16	2	00132302	数学分析（Ⅱ）	数学科学学院	专业必修	2
15—16	2	00132302	数学分析（Ⅱ）	信息科学技术学院	专业必修	4
15—16	2	00132312	数学分析（Ⅱ）习题	数学科学学院	专业必修	1
15—16	2	00132312	数学分析（Ⅱ）习题	数学科学学院	专业必修	2
15—16	2	00132312	数学分析（Ⅱ）习题	数学科学学院	专业必修	3
15—16	2	00132312	数学分析（Ⅱ）习题	数学科学学院	专业必修	4
15—16	2	00132312	数学分析（Ⅱ）习题	数学科学学院	专业必修	5
15—16	2	00132312	数学分析（Ⅱ）习题	数学科学学院	专业必修	6
15—16	2	00132312	数学分析（Ⅱ）习题	数学科学学院	专业必修	7
15—16	2	00132312	数学分析（Ⅱ）习题	数学科学学院	专业必修	8
15—16	2	00132312	数学分析（Ⅱ）习题	信息科学技术学院	专业必修	9
15—16	2	00132312	数学分析（Ⅱ）习题	信息科学技术学院	专业必修	10
15—16	2	00132320	复变函数	数学科学学院	专业必修	1
15—16	2	00132320	复变函数	数学科学学院	专业必修	2
15—16	2	00132323	高等代数（Ⅱ）	数学科学学院	专业必修	1
15—16	2	00132323	高等代数（Ⅱ）	数学科学学院	专业必修	2
15—16	2	00132323	高等代数（Ⅱ）	信息科学技术学院	专业必修	4
15—16	2	00132332	高等代数（Ⅱ）习题	数学科学学院	专业必修	1
15—16	2	00132332	高等代数（Ⅱ）习题	数学科学学院	专业必修	2
15—16	2	00132332	高等代数（Ⅱ）习题	数学科学学院	专业必修	3
15—16	2	00132332	高等代数（Ⅱ）习题	数学科学学院	专业必修	4
15—16	2	00132332	高等代数（Ⅱ）习题	数学科学学院	专业必修	5
15—16	2	00132332	高等代数（Ⅱ）习题	数学科学学院	专业必修	6
15—16	2	00132332	高等代数（Ⅱ）习题	数学科学学院	专业必修	7
15—16	2	00132332	高等代数（Ⅱ）习题	数学科学学院	专业必修	8
15—16	2	00132332	高等代数（Ⅱ）习题	信息科学技术学院	专业必修	9
15—16	2	00132332	高等代数（Ⅱ）习题	信息科学技术学院	专业必修	10
15—16	2	00132332	高等代数（Ⅱ）习题	信息科学技术学院	专业必修	11
15—16	2	00132340	常微分方程	数学科学学院	专业必修	1
15—16	2	00132340	常微分方程	数学科学学院	专业必修	2
15—16	2	00132350	泛函分析	数学科学学院	专业任选	1
15—16	2	00132351	几何学习题	数学科学学院	专业必修	1
15—16	2	00132351	几何学习题	数学科学学院	专业必修	2
15—16	2	00132362	数学分析Ⅱ（实验班）	数学科学学院	专业必修	1
15—16	2	00132372	高等代数Ⅱ（实验班）	数学科学学院	专业必修	1

（续表）

学年度	学期	课程号	课程名称	开课系所	课程类别	班号
15—16	2	00132380	概率统计（B）	信息科学技术学院	专业必修	1
15—16	2	00132380	概率统计（B）	城市与环境学院	专业必修	2
15—16	2	00132380	概率统计（B）	经济学院	专业必修	3
15—16	2	00132380	概率统计（B）	经济学院	专业必修	4
15—16	2	00132382	几何学Ⅱ（实验班）	数学科学学院	专业必修	1
15—16	2	00132520	模形式	数学科学学院	专业任选	1
15—16	2	00132610	密码学	数学科学学院	专业任选	1
15—16	2	00132700	群表示论	数学科学学院	专业任选	1
15—16	2	00132770	毕业论文（资产定价）讨论班	数学科学学院	专业必修	1
15—16	2	00132860	研究型学习	数学科学学院	专业任选	1
15—16	2	00132880	统计软件	数学科学学院	专业任选	1
15—16	2	00132990	数学分析Ⅱ选讲	数学科学学院	专业必修	1
15—16	2	00133010	测度论	数学科学学院	专业任选	1
15—16	2	00133020	抽样调查	数学科学学院	专业任选	1
15—16	2	00133110	应用回归分析	数学科学学院	专业任选	1
15—16	2	00134120	高等代数Ⅱ选讲	数学科学学院	专业必修	1
15—16	2	00134270	毕业论文（金融统计）讨论班	数学科学学院	专业必修	1
15—16	2	00134280	代数几何初步	数学科学学院	专业任选	1
15—16	2	00135050	理论计算机科学基础	数学科学学院	专业任选	1
15—16	2	00135290	集合论与图论	数学科学学院	专业任选	1
15—16	2	00135740	低年级讨论班（1）	数学科学学院	专业任选	1
15—16	2	00135810	寿险精算	数学科学学院	专业任选	1
15—16	2	00135920	实分析	数学科学学院	专业任选	1
15—16	2	00136020	组合数学	数学科学学院	专业任选	1
15—16	2	00136250	近世代数	数学科学学院	双学位	1
15—16	2	00136260	常微分方程	数学科学学院	双学位	1
15—16	2	00136360	实变函数与泛函分析	数学科学学院	双学位	1
15—16	2	00136700	普通统计学	数学科学学院	通选课	1
15—16	2	00136720	大数据分析中的算法	数学科学学院	专业任选	1
15—16	2	00136730	衍生证券基础	数学科学学院	专业任选	1
15—16	2	00136780	概率论（实验班）	数学科学学院	专业必修	1
15—16	2	00136840	统计学	数学科学学院	双学位	1
15—16	2	00330050	计算方法	工学院	专业必修	1
15—16	2	00330140	计算流体力学	工学院	专业限选	1
15—16	2	00330180	有限元法	工学院	专业限选	1
15—16	2	00330220	自动控制原理	元培学院	专业任选	1
15—16	2	00330270	专业英语	工学院	专业限选	1
15—16	2	00330630	工程制图	工学院	专业限选	1
15—16	2	00330760	工程数学	工学院	专业必修	1
15—16	2	00330760	工程数学	元培学院	专业必修	1
15—16	2	00331752	微积分（二）	工学院	专业必修	1
15—16	2	00331760	微积分习题	工学院	专业必修	1
15—16	2	00331760	微积分习题	工学院	专业必修	2
15—16	2	00331760	微积分习题	工学院	专业必修	3

(续表)

学年度	学期	课程号	课程名称	开课系所	课程类别	班号
15—16	2	00331760	微积分习题	工学院	专业必修	4
15—16	2	00331800	高等动力学	工学院	专业必修	1
15—16	2	00331960	工程热力学	工学院	专业限选	1
15—16	2	00332070	工程经济学	工学院	全校公选课	1
15—16	2	00332150	渗流物理	工学院	专业必修	1
15—16	2	00332171	能源与资源工程实验（上）	工学院	专业必修	1
15—16	2	00332190	物理化学	工学院	专业限选	1
15—16	2	00332241	数学物理方法（上）	工学院	专业必修	1
15—16	2	00332260	材料力学	工学院	专业必修	1
15—16	2	00332260	材料力学	元培学院	专业必修	1
15—16	2	00332270	弹性力学	工学院	专业必修	1
15—16	2	00332282	流体力学（下）	工学院	专业必修	1
15—16	2	00332290	工程弹性力学	工学院	专业必修	1
15—16	2	00332320	工程设计初步	工学院	专业必修	1
15—16	2	00332382	工程毕业设计（下）	工学院	专业任选	1
15—16	2	00332390	数值模拟	工学院	专业必修	1
15—16	2	00332400	废水资源化工程	工学院	专业限选	1
15—16	2	00332430	燃烧学基础	工学院	专业限选	1
15—16	2	00332500	空气动力学	元培学院	专业必修	1
15—16	2	00332520	地球科学基础	工学院	专业必修	1
15—16	2	00332642	材料科学基础（下）	工学院	专业必修	1
15—16	2	00332680	飞行器结构力学	元培学院	专业必修	1
15—16	2	00332740	计算方法上机	工学院	专业必修	1
15—16	2	00332760	飞行力学与控制	工学院	专业必修	1
15—16	2	00332820	解剖生理学	工学院	专业必修	1
15—16	2	00332830	解剖生理学实验	工学院	专业必修	1
15—16	2	00332900	生物材料学	工学院	专业限选	1
15—16	2	00332960	发育与再生生物学	工学院	专业任选	1
15—16	2	00332990	材料科学与工程专业英语	工学院	专业必修	1
15—16	2	00333060	对流与传热	工学院	专业限选	1
15—16	2	00333200	材料热力学	工学院	专业必修	1
15—16	2	00333230	高分子材料科学与工程	工学院	专业限选	1
15—16	2	00333240	无机非金属材料科学与工程	工学院	专业任选	1
15—16	2	00333250	金属材料科学与工程	工学院	专业限选	1
15—16	2	00333360	魅力机器人	工学院	全校公选课	1
15—16	2	00333410	材料物理导论	工学院	专业必修	1
15—16	2	00333480	生物医学光学及应用	工学院	专业限选	1
15—16	2	00333630	细胞与分子影像学	工学院	专业限选	1
15—16	2	00333840	工程流体力学基础	工学院	专业必修	1
15—16	2	00333850	生物系统建模与仿真	工学院	专业限选	1
15—16	2	00333870	工学类文献检索和科技写作	工学院	专业任选	1
15—16	2	00333880	生物材料制备与加工	工学院	专业限选	1
15—16	2	00333890	面向复杂性的系统思维	工学院	通选课	1
15—16	2	00333920	生物医学工程设计 I	工学院	专业必修	1

(续表)

学年度	学期	课程号	课程名称	开课系所	课程类别	班号
15—16	2	00333930	生物医学图像处理	工学院	专业限选	1
15—16	2	00333940	环境流体力学	工学院	专业限选	1
15—16	2	00333950	材料量子力学基础	工学院	专业限选	1
15—16	2	00401267	高亮度 X 光源与应用导论	物理学院	专业任选	1
15—16	2	00405589	强场光物理	物理学院	专业任选	1
15—16	2	00405595	多体系统的量子理论	物理学院	专业任选	1
15—16	2	00405596	量子材料前沿讲座	物理学院	专业任选	1
15—16	2	00405602	超快激光和光谱技术及应用	物理学院	专业任选	1
15—16	2	00405603	量子信息物理导论	物理学院	专业任选	1
15—16	2	00405605	拉曼光谱学导论	物理学院	专业任选	1
15—16	2	00405606	表面等离激元学导论	物理学院	专业任选	1
15—16	2	00405607	实用低温物理与技术入门	物理学院	专业任选	1
15—16	2	00407772	概率论与数据处理	物理学院	专业任选	1
15—16	2	00410542	固体理论	物理学院	专业任选	1
15—16	2	00410542	固体理论	物理学院	专业任选	2
15—16	2	00410612	**Java** 编程	物理学院	全校公选课	1
15—16	2	00410644	非线性物理专题	物理学院	专业任选	1
15—16	2	00411040	非线性光学	物理学院	专业任选	1
15—16	2	00411851	光电功能材料	物理学院	专业任选	1
15—16	2	00412250	量子规范场论	物理学院	专业任选	1
15—16	2	00412350	李群和李代数	物理学院	专业任选	1
15—16	2	00414860	激光实验	物理学院	专业任选	1
15—16	2	00415480	宽禁带半导体	物理学院	专业任选	1
15—16	2	00415692	广义相对论	物理学院	专业任选	1
15—16	2	00415702	介观光学导论	物理学院	专业任选	1
15—16	2	00418720	保健物理学	物理学院	专业任选	1
15—16	2	00430109	演示物理学	物理学院	通选课	1
15—16	2	00430132	现代电子电路基础及实验（一）	物理学院	专业必修	1
15—16	2	00430133	现代电子电路基础及实验（二）	物理学院	专业必修	1
15—16	2	00430133	现代电子电路基础及实验（二）	物理学院	专业必修	2
15—16	2	00430133	现代电子电路基础及实验（二）	物理学院	专业必修	3
15—16	2	00430133	现代电子电路基础及实验（二）	物理学院	专业必修	4
15—16	2	00430171	人类生存发展与核科学	物理学院	通选课	1
15—16	2	00430184	天体物理	物理学院	专业必修	1
15—16	2	00430186	天体物理讨论班	物理学院	专业必修	1
15—16	2	00430186	天体物理讨论班	物理学院	专业必修	2
15—16	2	00430186	天体物理讨论班	物理学院	专业必修	3
15—16	2	00430191	大气科学导论	物理学院	专业任选	1
15—16	2	00431121	普通物理	医学部教学办	专业必修	1
15—16	2	00431121	普通物理	医学部教学办	专业必修	2
15—16	2	00431121	普通物理	医学部教学办	专业必修	3
15—16	2	00431121	普通物理	城市与环境学院	专业必修	4
15—16	2	00431132	普通物理（Ⅰ）	化学与分子工程学院	专业必修	1
15—16	2	00431132	普通物理（Ⅰ）	生命科学学院	专业必修	2

(续表)

学年度	学期	课程号	课程名称	开课系所	课程类别	班号
15—16	2	00431132	普通物理（Ⅰ）	数学科学学院	专业限选	3
15—16	2	00431134	普通物理（Ⅰ）讨论班	元培学院	理科生必修	1
15—16	2	00431141	力学	工学院	专业必修	1
15—16	2	00431142	热学	地球与空间科学学院	专业必修	1
15—16	2	00431142	热学	信息科学技术学院	专业任选	1
15—16	2	00431143	电磁学	信息科学技术学院	专业必修	1
15—16	2	00431143	电磁学	信息科学技术学院	专业必修	2
15—16	2	00431143	电磁学	信息科学技术学院	专业必修	3
15—16	2	00431143	电磁学	信息科学技术学院	专业必修	4
15—16	2	00431144	光学	工学院	专业必修	1
15—16	2	00431148	光学习题课	工学院	专业必修	1
15—16	2	00431151	原子物理学	物理学院	专业必修	1
15—16	2	00431154	热学	物理学院	专业必修	1
15—16	2	00431154	热学	物理学院	专业必修	2
15—16	2	00431154	热学	物理学院	专业必修	3
15—16	2	00431155	电磁学	物理学院	专业必修	1
15—16	2	00431155	电磁学	物理学院	专业必修	3
15—16	2	00431155	电磁学	物理学院	专业必修	4
15—16	2	00431159	原子物理习题	物理学院	专业必修	1
15—16	2	00431165	近代物理	工学院	专业必修	1
15—16	2	00431171	光学演示实验课	工学院	实习实践	1
15—16	2	00431171	光学演示实验课	医学部教学办	实习实践	2
15—16	2	00431171	光学演示实验课	城市与环境学院	实习实践	3
15—16	2	00431200	基础物理实验	工学院	专业必修	1
15—16	2	00431200	基础物理实验	生命科学学院	专业必修	10
15—16	2	00431254	热学习题课	物理学院	专业必修	1
15—16	2	00431254	热学习题课	物理学院	专业必修	2
15—16	2	00431254	热学习题课	物理学院	专业必修	3
15—16	2	00431254	热学习题课	地球与空间科学学院	专业必修	5
15—16	2	00431255	电磁学习题课	物理学院	专业必修	1
15—16	2	00431255	电磁学习题课	物理学院	专业必修	4
15—16	2	00431255	电磁学习题课	物理学院	专业必修	5
15—16	2	00431443	计算物理学	物理学院	专业任选	1
15—16	2	00431539	核天体物理	物理学院	专业任选	1
15—16	2	00431547	天体物理前沿	物理学院	专业任选	1
15—16	2	00431559	天文技术与方法Ⅱ（高能与射电）	物理学院	专业必修	1
15—16	2	00431561	基础天文	物理学院	专业必修	1
15—16	2	00431562	天体光谱学	物理学院	专业必修	1
15—16	2	00431580	生命科学中的物理学（上）	生命科学学院	专业必修	1
15—16	2	00431641	量子力学讨论班	物理学院	专业必修	1
15—16	2	00431641	量子力学讨论班	物理学院	专业必修	2
15—16	2	00431641	量子力学讨论班	物理学院	专业必修	3
15—16	2	00431641	量子力学讨论班	物理学院	专业必修	4
15—16	2	00431641	量子力学讨论班	物理学院	专业必修	5

(续表)

学年度	学期	课程号	课程名称	开课系所	课程类别	班号
15—16	2	00431641	量子力学讨论班	物理学院	专业必修	6
15—16	2	00431650	平衡态统计物理	物理学院	专业必修	1
15—16	2	00431651	平衡态统计物理讨论班	物理学院	专业必修	1
15—16	2	00431651	平衡态统计物理讨论班	物理学院	专业必修	2
15—16	2	00431651	平衡态统计物理讨论班	物理学院	专业必修	3
15—16	2	00431651	平衡态统计物理讨论班	物理学院	专业必修	4
15—16	2	00431651	平衡态统计物理讨论班	物理学院	专业必修	5
15—16	2	00431651	平衡态统计物理讨论班	物理学院	专业必修	6
15—16	2	00431680	普通物理习题课	化学与分子工程学院	专业必修	1
15—16	2	00431680	普通物理习题课	化学与分子工程学院	专业必修	2
15—16	2	00431680	普通物理习题课	生命科学学院	专业必修	3
15—16	2	00431680	普通物理习题课	数学科学学院	专业必修	5
15—16	2	00431680	普通物理习题课	数学科学学院	专业必修	6
15—16	2	00431680	普通物理习题课	数学科学学院	专业必修	7
15—16	2	00431680	普通物理习题课	地球与空间科学学院	专业必修	8
15—16	2	00431680	普通物理习题课	医学部教学办	专业必修	9
15—16	2	00431680	普通物理习题课	医学部教学办	专业必修	10
15—16	2	00431680	普通物理习题课	医学部教学办	专业必修	11
15—16	2	00431680	普通物理习题课	城市与环境学院	专业必修	12
15—16	2	00431701	固体物理讨论班	物理学院	专业必修	1
15—16	2	00431701	固体物理讨论班	物理学院	专业必修	2
15—16	2	00431701	固体物理讨论班	物理学院	专业必修	3
15—16	2	00431701	固体物理讨论班	物理学院	专业必修	4
15—16	2	00431701	固体物理讨论班	物理学院	专业必修	5
15—16	2	00431740	可再生能源与低碳社会	物理学院	全校公选课	1
15—16	2	00432108	数学物理方法（上）	物理学院	专业必修	1
15—16	2	00432109	数学物理方法（下）	物理学院	专业必修	1
15—16	2	00432110	数学物理方法	物理学院	专业必修	1
15—16	2	00432115	数学物理方法专题	物理学院	专业任选	1
15—16	2	00432119	数学物理方法习题课	物理学院	专业必修	1
15—16	2	00432119	数学物理方法习题课	物理学院	专业必修	2
15—16	2	00432119	数学物理方法习题课	物理学院	专业必修	3
15—16	2	00432119	数学物理方法习题课	物理学院	专业必修	4
15—16	2	00432119	数学物理方法习题课	物理学院	专业必修	5
15—16	2	00432119	数学物理方法习题课	物理学院	专业必修	6
15—16	2	00432130	热力学与统计物理（A）	物理学院	专业必修	1
15—16	2	00432140	电动力学（A）	物理学院	专业必修	1
15—16	2	00432149	量子力学（B）	物理学院	专业必修	1
15—16	2	00432150	量子力学（A）	物理学院	专业必修	1
15—16	2	00432151	量子力学习题	物理学院	专业必修	1
15—16	2	00432151	量子力学习题	物理学院	专业必修	2
15—16	2	00432160	电动力学习题	物理学院	专业必修	1
15—16	2	00432160	电动力学习题	物理学院	专业必修	2
15—16	2	00432166	几何光学及光学仪器	物理学院	专业任选	1

(续表)

学年度	学期	课程号	课程名称	开课系所	课程类别	班号
15—16	2	00432168	合成生物学导论	生命科学学院	专业任选	1
15—16	2	00432211	理论力学	物理学院	专业必修	1
15—16	2	00432211	理论力学	信息科学技术学院	专业任选	2
15—16	2	00432222	综合物理实验(二)	物理学院	专业必修	1
15—16	2	00432224	现代物理前沿讲座(Ⅱ)	物理学院	专业任选	1
15—16	2	00432238	核物理与粒子物理导论	物理学院	专业任选	1
15—16	2	00432242	加速器物理基础	物理学院	专业任选	1
15—16	2	00432251	天气学	物理学院	专业必修	1
15—16	2	00432252	大气动力学基础	物理学院	专业必修	1
15—16	2	00432253	大气物理实验	物理学院	专业任选	1
15—16	2	00432265	现代天文学	物理学院	通选课	1
15—16	2	00432267	工程图学及其应用	物理学院	全校公选课	1
15—16	2	00432268	自然科学中的混沌和分形	物理学院	通选课	1
15—16	2	00432272	微机原理及上机	物理学院	专业任选	1
15—16	2	00432275	云物理学导论	物理学院	专业任选	1
15—16	2	00432277	机械制图	物理学院	专业任选	1
15—16	2	00432300	气候变化：全球变暖的科学基础	物理学院	全校公选课	1
15—16	2	00432322	大气化学导论	物理学院	专业任选	1
15—16	2	00432510	固体物理学	物理学院	专业必修	1
15—16	2	00432520	固体物理习题	物理学院	专业必修	1
15—16	2	00432520	固体物理习题	物理学院	专业必修	2
15—16	2	00433327	近代物理实验(Ⅰ)	物理学院	专业必修	1
15—16	2	00433327	近代物理实验(Ⅰ)	物理学院	专业必修	2
15—16	2	00433327	近代物理实验(Ⅰ)	物理学院	专业必修	3
15—16	2	00433327	近代物理实验(Ⅰ)	物理学院	专业必修	4
15—16	2	00433327	近代物理实验(Ⅰ)	物理学院	专业必修	5
15—16	2	00433327	近代物理实验(Ⅰ)	物理学院	专业必修	6
15—16	2	00433327	近代物理实验(Ⅰ)	物理学院	专业必修	7
15—16	2	00433327	近代物理实验(Ⅰ)	物理学院	专业必修	8
15—16	2	00433327	近代物理实验(Ⅰ)	物理学院	专业必修	9
15—16	2	00433327	近代物理实验(Ⅰ)	物理学院	专业必修	10
15—16	2	00433327	近代物理实验(Ⅰ)	物理学院	专业必修	11
15—16	2	00433327	近代物理实验(Ⅰ)	物理学院	专业必修	12
15—16	2	00433327	近代物理实验(Ⅰ)	物理学院	专业必修	13
15—16	2	00433327	近代物理实验(Ⅰ)	物理学院	专业必修	14
15—16	2	00433327	近代物理实验(Ⅰ)	物理学院	专业必修	15
15—16	2	00433327	近代物理实验(Ⅰ)	物理学院	专业必修	16
15—16	2	00433327	近代物理实验(Ⅰ)	物理学院	专业必修	17
15—16	2	00433327	近代物理实验(Ⅰ)	物理学院	专业必修	18
15—16	2	00433327	近代物理实验(Ⅰ)	物理学院	专业必修	19
15—16	2	00433327	近代物理实验(Ⅰ)	物理学院	专业必修	20
15—16	2	00433327	近代物理实验(Ⅰ)	物理学院	专业必修	21
15—16	2	00433327	近代物理实验(Ⅰ)	物理学院	专业必修	22
15—16	2	00433328	近代物理实验(Ⅱ)	物理学院	专业必修	4

(续表)

学年度	学期	课程号	课程名称	开课系所	课程类别	班号
15—16	2	00433328	近代物理实验（Ⅱ）	物理学院	专业必修	6
15—16	2	00433328	近代物理实验（Ⅱ）	物理学院	专业必修	9
15—16	2	00433328	近代物理实验（Ⅱ）	物理学院	专业必修	10
15—16	2	00433328	近代物理实验（Ⅱ）	物理学院	专业必修	11
15—16	2	00433328	近代物理实验（Ⅱ）	物理学院	专业必修	13
15—16	2	00433328	近代物理实验（Ⅱ）	物理学院	专业必修	14
15—16	2	00433328	近代物理实验（Ⅱ）	物理学院	专业必修	15
15—16	2	00433328	近代物理实验（Ⅱ）	物理学院	专业必修	16
15—16	2	00433328	近代物理实验（Ⅱ）	物理学院	专业必修	17
15—16	2	00433328	近代物理实验（Ⅱ）	物理学院	专业必修	18
15—16	2	00433328	近代物理实验（Ⅱ）	物理学院	专业必修	21
15—16	2	00433329	前沿物理实验	物理学院	专业限选	1
15—16	2	00433640	材料物理	物理学院	专业任选	1
15—16	2	00434070	物理宇宙学基础	物理学院	通选课	1
15—16	2	00434322	光学前沿	物理学院	专业任选	1
15—16	2	00434441	今日物理	物理学院	通选课	1
15—16	2	00434714	核科学前沿讲座	物理学院	专业任选	1
15—16	2	00436011	普通物理学（B）（一）	地球与空间科学学院	专业必修	1
15—16	2	00437190	普通物理实验（2）	物理学院	专业必修	1
15—16	2	00437190	普通物理实验（2）	地球与空间科学学院	专业必修	1
15—16	2	00437190	普通物理实验（2）	物理学院	专业必修	2
15—16	2	00437200	基础物理实验	元培学院	专业必修	1
15—16	2	00539410	太空探索	地球与空间科学学院	通选课	1
15—16	2	01014090	群论与化学	化学与分子工程学院	专业任选	1
15—16	2	01030120	结构化学	化学与分子工程学院	专业必修	1
15—16	2	01030810	有机化学（B）	医学部教学办	专业必修	1
15—16	2	01030810	有机化学（B）	医学部教学办	专业必修	2
15—16	2	01030810	有机化学（B）	医学部教学办	专业必修	3
15—16	2	01032530	高分子物理	化学与分子工程学院	专业任选	1
15—16	2	01032630	物理化学（B）	生命科学学院	专业必修	1
15—16	2	01032630	物理化学（B）	生命科学学院	专业必修	2
15—16	2	01032711	有机化学实验（B）	医学部教学办	专业必修	1
15—16	2	01032711	有机化学实验（B）	医学部教学办	专业必修	2
15—16	2	01032711	有机化学实验（B）	医学部教学办	专业必修	3
15—16	2	01032711	有机化学实验（B）	医学部教学办	专业必修	4
15—16	2	01032860	无机化学实验	化学与分子工程学院	专业必修	1
15—16	2	01032860	无机化学实验	化学与分子工程学院	专业必修	2
15—16	2	01034330	普通化学习题课	工学院	专业必修	1
15—16	2	01034371	有机化学（一）	化学与分子工程学院	专业必修	1
15—16	2	01034371	有机化学（一）	化学与分子工程学院	专业必修	2
15—16	2	01034371	有机化学（一）	化学与分子工程学院	专业必修	3
15—16	2	01034390	仪器分析	化学与分子工程学院	专业必修	1
15—16	2	01034390	仪器分析	化学与分子工程学院	专业必修	2
15—16	2	01034400	仪器分析实验	化学与分子工程学院	专业必修	1

(续表)

学年度	学期	课程号	课程名称	开课系所	课程类别	班号
15—16	2	01034400	仪器分析实验	化学与分子工程学院	专业必修	2
15—16	2	01034480	化工实验	化学与分子工程学院	专业必修	1
15—16	2	01034480	化工实验	化学与分子工程学院	专业必修	2
15—16	2	01034490	材料化学	化学与分子工程学院	专业必修	1
15—16	2	01034520	中级分析化学实验	化学与分子工程学院	专业任选	1
15—16	2	01034520	中级分析化学实验	化学与分子工程学院	专业任选	2
15—16	2	01034551	中级物理化学	化学与分子工程学院	专业任选	1
15—16	2	01034590	电分析化学研究方法	化学与分子工程学院	专业任选	1
15—16	2	01034600	立体化学	化学与分子工程学院	专业任选	1
15—16	2	01034640	应用化学基础	化学与分子工程学院	专业任选	1
15—16	2	01034650	生化分析	化学与分子工程学院	专业任选	1
15—16	2	01034660	化工制图	化学与分子工程学院	专业必修	1
15—16	2	01034680	波谱分析	化学与分子工程学院	专业必修	1
15—16	2	01034710	界面化学	化学与分子工程学院	专业任选	1
15—16	2	01034800	多晶 X 射线衍射	化学与分子工程学院	专业任选	1
15—16	2	01034880	普通化学（B）	工学院	专业必修	1
15—16	2	01034900	分析化学（B）	医学部教学办	专业必修	1
15—16	2	01034910	分析化学实验（B）	医学部教学办	专业必修	1
15—16	2	01034910	分析化学实验（B）	生命科学学院	专业必修	2
15—16	2	01034960	理论与计算化学	化学与分子工程学院	专业任选	1
15—16	2	01034980	生物物理化学	化学与分子工程学院	专业任选	1
15—16	2	01034990	化学开发基础	化学与分子工程学院	专业必修	1
15—16	2	01035001	有机化学实验（I）	化学与分子工程学院	专业必修	1
15—16	2	01035001	有机化学实验（I）	化学与分子工程学院	专业必修	2
15—16	2	01035030	中级物理化学实验	化学与分子工程学院	专业任选	1
15—16	2	01035030	中级物理化学实验	化学与分子工程学院	专业任选	2
15—16	2	01035090	大学化学	化学与分子工程学院	通选课	1
15—16	2	01035110	高等电化学	化学与分子工程学院	专业任选	1
15—16	2	01035150	中级无机化学	化学与分子工程学院	专业任选	1
15—16	2	01035170	结构化学讨论班	化学与分子工程学院	专业必修	1
15—16	2	01035170	结构化学讨论班	化学与分子工程学院	专业必修	2
15—16	2	01035170	结构化学讨论班	化学与分子工程学院	专业必修	3
15—16	2	01035170	结构化学讨论班	化学与分子工程学院	专业必修	4
15—16	2	01035170	结构化学讨论班	化学与分子工程学院	专业必修	5
15—16	2	01035170	结构化学讨论班	化学与分子工程学院	专业必修	6
15—16	2	01035170	结构化学讨论班	化学与分子工程学院	专业必修	7
15—16	2	01035170	结构化学讨论班	化学与分子工程学院	专业必修	8
15—16	2	01035170	结构化学讨论班	化学与分子工程学院	专业必修	9
15—16	2	01035170	结构化学讨论班	化学与分子工程学院	专业必修	10
15—16	2	01035180	定量分析化学	化学与分子工程学院	专业必修	1
15—16	2	01035180	定量分析化学	化学与分子工程学院	专业必修	2
15—16	2	01035180	定量分析化学	城市与环境学院	专业必修	3
15—16	2	01035180	定量分析化学	化学与分子工程学院	专业必修	3
15—16	2	01035190	定量分析化学实验	化学与分子工程学院	专业必修	1

(续表)

学年度	学期	课程号	课程名称	开课系所	课程类别	班号
15—16	2	01035190	定量分析化学实验	化学与分子工程学院	专业必修	2
15—16	2	01035190	定量分析化学实验	环境科学与工程学院	专业必修	3
15—16	2	01035190	定量分析化学实验	城市与环境学院	专业必修	4
15—16	2	01035200	物理化学（一）	化学与分子工程学院	专业必修	1
15—16	2	01035200	物理化学（一）	化学与分子工程学院	专业必修	2
15—16	2	01108020	现代生物学基础	生命科学学院	专业任选	1
15—16	2	01110610	群体遗传学	生命科学学院	专业任选	1
15—16	2	01130030	基础分子生物学	生命科学学院	专业必修	1
15—16	2	01130130	免疫学	生命科学学院	专业任选	1
15—16	2	01130210	遗传学实验	生命科学学院	专业必修	2
15—16	2	01130210	遗传学实验	生命科学学院	专业必修	3
15—16	2	01130311	普通生物学实验	生命科学学院	通选课	1
15—16	2	01130311	普通生物学实验	生命科学学院	通选课	2
15—16	2	01130370	生理学	生命科学学院	专业必修	1
15—16	2	01130850	算法与数据结构及上机	生命科学学院	理科生必修	3
15—16	2	01130871	人类的性、生育与健康	生命科学学院	通选课	1
15—16	2	01130889	生物摄影及实践	生命科学学院	全校公选课	1
15—16	2	01131040	植物生物学	生命科学学院	专业限选	1
15—16	2	01131060	植物生物学实验	生命科学学院	专业限选	2
15—16	2	01131060	植物生物学实验	生命科学学院	专业限选	3
15—16	2	01131170	发育生物学实验	生命科学学院	专业必修	1
15—16	2	01131170	发育生物学实验	生命科学学院	专业必修	2
15—16	2	01131413	细胞培养实验课	生命科学学院	专业限选	1
15—16	2	01131414	细胞的基因编辑技术	生命科学学院	专业任选	1
15—16	2	01131420	生物大分子的相互作用实验	生命科学学院	专业任选	1
15—16	2	01131440	发酵工程实验	生命科学学院	专业任选	1
15—16	2	01131450	生物技术实验	生命科学学院	专业任选	1
15—16	2	01132020	遗传学	生命科学学院	专业必修	1
15—16	2	01132021	遗传学讨论	生命科学学院	专业必修	2
15—16	2	01132021	遗传学讨论	生命科学学院	专业必修	4
15—16	2	01132021	遗传学讨论	生命科学学院	专业必修	8
15—16	2	01132021	遗传学讨论	生命科学学院	专业必修	10
15—16	2	01132630	生物化学	生命科学学院	专业必修	1
15—16	2	01132631	生物化学讨论课	生命科学学院	专业必修	1
15—16	2	01132631	生物化学讨论课	生命科学学院	专业必修	2
15—16	2	01132631	生物化学讨论课	生命科学学院	专业必修	3
15—16	2	01132631	生物化学讨论课	生命科学学院	专业必修	5
15—16	2	01132640	高级细胞生物学	生命科学学院	专业必修	1
15—16	2	01132650	细胞中的物理	生命科学学院	专业任选	1
15—16	2	01133020	高级分子生物学讲座（下）	生命科学学院	专业任选	1
15—16	2	01133021	微生物学基础实验 I	生命科学学院	专业限选	1
15—16	2	01133022	微生物学基础实验 II	生命科学学院	专业限选	1
15—16	2	01133024	果蝇遗传学实验	生命科学学院	专业任选	1
15—16	2	01133025	植物多样性及其演化	生命科学学院	专业任选	1

(续表)

学年度	学期	课程号	课程名称	开课系所	课程类别	班号
15—16	2	01133030	生物荧光成像	生命科学学院	专业任选	1
15—16	2	01133050	分子病毒学	生命科学学院	专业任选	1
15—16	2	01133062	文献深度分析及实验的逻辑设计（上）	生命科学学院	专业任选	1
15—16	2	01133064	博雅班讨论班：批判性思维（下）	生命科学学院	全校公选课	1
15—16	2	01133080	行为生态学	生命科学学院	专业任选	1
15—16	2	01133090	核酸生物学	生命科学学院	专业任选	1
15—16	2	01133130	心脏发育与再生医学	生命科学学院	专业任选	1
15—16	2	01133150	心血管生物学	生命科学学院	专业任选	1
15—16	2	01133170	科研优化设计与数据统计分析	生命科学学院	专业任选	1
15—16	2	01133951	分子医学高级教程	生命科学学院	专业任选	1
15—16	2	01134101	生命科学前沿文献阅读讨论（1）	生命科学学院	专业任选	1
15—16	2	01134102	生命科学前沿文献阅读讨论（2）	生命科学学院	专业任选	1
15—16	2	01134103	生命科学前沿文献阅读讨论（3）	生命科学学院	专业任选	1
15—16	2	01134104	生命科学前沿文献阅读讨论（4）	生命科学学院	专业任选	1
15—16	2	01134105	生命科学前沿文献阅读讨论（5）	生命科学学院	专业任选	1
15—16	2	01134106	生命科学前沿文献阅读讨论（6）	生命科学学院	专业任选	1
15—16	2	01134107	生命科学前沿文献阅读讨论（7）	生命科学学院	专业任选	1
15—16	2	01138530	病毒感染与免疫	生命科学学院	专业任选	1
15—16	2	01138540	分子生物学	生命科学学院	专业任选	1
15—16	2	01138560	生理学（清华）	生命科学学院	专业任选	1
15—16	2	01138570	生物统计学基础	生命科学学院	专业任选	1
15—16	2	01138580	生物物理学	生命科学学院	专业任选	1
15—16	2	01138590	遗传学（清华）	生命科学学院	专业任选	1
15—16	2	01139000	神经生物学	生命科学学院	专业任选	1
15—16	2	01139001	药理学基础	生命科学学院	专业任选	1
15—16	2	01139350	普通生物学（B）	生命科学学院	通选课	1
15—16	2	01139360	基础分子生物学实验	生命科学学院	专业必修	1
15—16	2	01139360	基础分子生物学实验	生命科学学院	专业必修	3
15—16	2	01139360	基础分子生物学实验	生命科学学院	专业必修	4
15—16	2	01139380	普通生物学（A）	生命科学学院	通选课	1
15—16	2	01139441	脊椎动物比较解剖学及实验	生命科学学院	专业任选	1
15—16	2	01139490	文献强化阅读与学术报告（1）	生命科学学院	专业任选	1
15—16	2	01139500	生理学实验	生命科学学院	专业必修	1
15—16	2	01139500	生理学实验	生命科学学院	专业必修	2
15—16	2	01139500	生理学实验	生命科学学院	专业必修	4
15—16	2	01139510	生理学	心理与认知科学学院	专业必修	1
15—16	2	01139580	发育生物学	生命科学学院	专业必修	1
15—16	2	01139600	微生物学	生命科学学院	专业限选	1
15—16	2	01139632	生物化学实验	生命科学学院	专业限选	1
15—16	2	01139632	生物化学实验	生命科学学院	专业限选	2
15—16	2	01139632	生物化学实验	生命科学学院	专业限选	5
15—16	2	01139732	生物数学建模	生命科学学院	专业任选	1
15—16	2	01139760	事业与人生	生命科学学院	专业任选	1
15—16	2	01139770	暑期科研实践	生命科学学院	专业任选	1

(续表)

学年度	学期	课程号	课程名称	开课系所	课程类别	班号
15—16	2	01139780	系统生物学选讲	生命科学学院	专业任选	1
15—16	2	01139910	细胞骨架、细胞运动及人类疾病	生命科学学院	专业任选	1
15—16	2	01139930	系统与计算神经科学	生命科学学院	专业任选	1
15—16	2	01139940	科学研究基本技能	生命科学学院	专业任选	1
15—16	2	01230030	C程序设计	地球与空间科学学院	全校公选课	1
15—16	2	01230052	地球科学概论（二）	地球与空间科学学院	专业必修	1
15—16	2	01230070	遥感概论	地球与空间科学学院	专业必修	1
15—16	2	01230150	地球科学前沿	地球与空间科学学院	专业必修	1
15—16	2	01230160	地球科学概论（二）	地球与空间科学学院	专业必修	1
15—16	2	01230160	地球科学概论（二）	地球与空间科学学院	专业必修	2
15—16	2	01230160	地球科学概论（二）	地球与空间科学学院	专业必修	3
15—16	2	01230160	地球科学概论（二）	地球与空间科学学院	专业必修	4
15—16	2	01230161	地球科学概论讨论班	地球与空间科学学院	专业必修	1
15—16	2	01230161	地球科学概论讨论班	地球与空间科学学院	专业必修	2
15—16	2	01230161	地球科学概论讨论班	地球与空间科学学院	专业必修	3
15—16	2	01230161	地球科学概论讨论班	地球与空间科学学院	专业必修	4
15—16	2	01231040	矿床学	地球与空间科学学院	专业任选	1
15—16	2	01231050	X射线粉末衍射分析	地球与空间科学学院	专业任选	1
15—16	2	01231090	中国区域地质学	地球与空间科学学院	专业任选	1
15—16	2	01231130	矿产资源经济概论	地球与空间科学学院	通选课	1
15—16	2	01231140	海洋地质学	地球与空间科学学院	专业任选	1
15—16	2	01231170	遥感地质学	地球与空间科学学院	专业任选	1
15—16	2	01231300	宝石学	地球与空间科学学院	专业任选	1
15—16	2	01231320	地史学	地球与空间科学学院	专业必修	1
15—16	2	01231350	脊椎动物进化史	地球与空间科学学院	专业任选	1
15—16	2	01231370	古海洋学与全球变化	地球与空间科学学院	专业任选	1
15—16	2	01231410	结晶学与矿物学	地球与空间科学学院	专业必修	1
15—16	2	01231530	地层学原理与应用	地球与空间科学学院	专业任选	1
15—16	2	01231570	矿物材料学	地球与空间科学学院	专业任选	1
15—16	2	01231600	地球化学科学前沿	地球与空间科学学院	专业任选	1
15—16	2	01231652	普通岩石学（二）	地球与空间科学学院	专业必修	1
15—16	2	01231690	地球系统与环境	地球与空间科学学院	专业任选	1
15—16	2	01231710	层序地层学基础	地球与空间科学学院	专业任选	1
15—16	2	01231730	构造地质学	地球与空间科学学院	专业必修	1
15—16	2	01233170	地震概论	地球与空间科学学院	通选课	1
15—16	2	01233170	地震概论	地球与空间科学学院	通选课	2
15—16	2	01233230	地球物理数值计算方法	地球与空间科学学院	专业任选	1
15—16	2	01233320	地震学	地球与空间科学学院	专业必修	1
15—16	2	01233410	宇航技术基础	地球与空间科学学院	专业必修	1
15—16	2	01233430	太阳大气层与日球层物理学	地球与空间科学学院	专业必修	1
15—16	2	01233470	中高层大气物理学	地球与空间科学学院	专业任选	1
15—16	2	01233510	地震学实验	地球与空间科学学院	专业任选	1
15—16	2	01235080	地学数学模型	地球与空间科学学院	专业任选	1
15—16	2	01235100	数据库概论	地球与空间科学学院	专业任选	1

(续表)

学年度	学期	课程号	课程名称	开课系所	课程类别	班号
15—16	2	01235180	ＧＩＳ设计和应用	地球与空间科学学院	专业必修	1
15—16	2	01235210	智能交通系统概论	地球与空间科学学院	专业任选	1
15—16	2	01235240	地理信息系统原理	地球与空间科学学院	专业必修	1
15—16	2	01235300	城市与区域科学	地球与空间科学学院	专业任选	1
15—16	2	01235350	地理信息系统概论	地球与空间科学学院	理科生必修	1
15—16	2	01235370	物联网技术导论	地球与空间科学学院	专业任选	1
15—16	2	01235390	GPS测量与数据处理	地球与空间科学学院	专业任选	1
15—16	2	01339320	中国历史地理	城市与环境学院	通选课	1
15—16	2	01339330	中国古典园林赏析	城市与环境学院	全校公选课	1
15—16	2	01430020	地史中的生命	地球与空间科学学院	通选课	1
15—16	2	01430960	自然资源概论	地球与空间科学学院	专业任选	1
15—16	2	01430970	固体力学基础	地球与空间科学学院	专业必修	1
15—16	2	01431170	地震地质学	地球与空间科学学院	专业任选	1
15—16	2	01431270	同位素地球化学基础	地球与空间科学学院	专业任选	1
15—16	2	01531010	经济地理学	城市与环境学院	专业必修	1
15—16	2	01531180	地貌学	城市与环境学院	专业必修	1
15—16	2	01531250	气象气候学	城市与环境学院	专业必修	1
15—16	2	01531810	环境演变与全球变化	城市与环境学院	专业任选	1
15—16	2	01532230	城市规划管理与法规	城市与环境学院	专业必修	1
15—16	2	01532470	城市社会学	城市与环境学院	专业必修	1
15—16	2	01533220	社会综合实践调查	城市与环境学院	专业任选	1
15—16	2	01534030	自然资源学原理	城市与环境学院	专业必修	1
15—16	2	01534060	综合自然地理学	城市与环境学院	专业必修	1
15—16	2	01534230	自然保护学	城市与环境学院	通选课	1
15—16	2	01534260	营销地理学	城市与环境学院	专业任选	1
15—16	2	01534300	土壤学与土壤地理	城市与环境学院	专业必修	1
15—16	2	01535100	旅游地理学	城市与环境学院	专业任选	1
15—16	2	01535122	植物学（下）	城市与环境学院	专业必修	1
15—16	2	01535150	生态学实验技术	城市与环境学院	专业必修	1
15—16	2	01536011	普通生态学1	城市与环境学院	专业必修	1
15—16	2	01536012	普通生态学2	城市与环境学院	专业必修	1
15—16	2	01536013	普通生态学3	城市与环境学院	专业必修	1
15—16	2	01536830	生态学与环境变化	城市与环境学院	专业必修	1
15—16	2	01539230	中国传统建筑	城市与环境学院	全校公选课	1
15—16	2	01603011	心理测量	心理与认知科学学院	双学位	1
15—16	2	01630020	CNS解剖	心理与认知科学学院	专业必修	1
15—16	2	01630022	实验儿童心理学	心理与认知科学学院	专业任选	1
15—16	2	01630029	知觉和注意	心理与认知科学学院	专业任选	1
15—16	2	01630034	实验心理学	心理与认知科学学院	双学位	1
15—16	2	01630040	社会心理学	心理与认知科学学院	专业必修	1
15—16	2	01630044	社会心理学	心理与认知科学学院	通选课	1
15—16	2	01630051	心理统计（1）	心理与认知科学学院	双学位	1
15—16	2	01630060	发展心理学	心理与认知科学学院	专业必修	1
15—16	2	01630060	发展心理学	心理与认知科学学院	专业必修	2

(续表)

学年度	学期	课程号	课程名称	开课系所	课程类别	班号
15—16	2	01630060	发展心理学	心理与认知科学学院	专业必修	3
15—16	2	01630060	发展心理学	心理与认知科学学院	专业必修	4
15—16	2	01630060	发展心理学	心理与认知科学学院	专业必修	5
15—16	2	01630070	SPSS统计软件包	心理与认知科学学院	专业必修	1
15—16	2	01630080	人格心理学	心理与认知科学学院	专业任选	1
15—16	2	01630090	变态心理学	心理与认知科学学院	专业必修	1
15—16	2	01630101	生理心理学	心理与认知科学学院	双学位	1
15—16	2	01630121	认知心理学	心理与认知科学学院	双学位	1
15—16	2	01630140	认知神经科学	心理与认知科学学院	全校公选课	1
15—16	2	01630170	消费心理学	心理与认知科学学院	专业任选	1
15—16	2	01630220	生理心理实验	心理与认知科学学院	专业必修	1
15—16	2	01630350	教育心理学	心理与认知科学学院	专业任选	1
15—16	2	01630560	婴儿心理学	心理与认知科学学院	专业任选	1
15—16	2	01630570	感觉与知觉	心理与认知科学学院	专业任选	1
15—16	2	01630600	组织管理心理学	心理与认知科学学院	专业必修	1
15—16	2	01630610	心理学研究方法-Matlab	心理与认知科学学院	专业必修	1
15—16	2	01630640	视觉与视觉艺术	心理与认知科学学院	专业任选	1
15—16	2	01630696	听觉认知神经科学	心理与认知科学学院	专业任选	1
15—16	2	01630697	计算建模在心理学和神经科学中的应用	心理与认知科学学院	专业任选	1
15—16	2	01630698	灾难心理学	心理与认知科学学院	专业任选	1
15—16	2	01630699	神经经济学专题	心理与认知科学学院	专业任选	1
15—16	2	01630820	神经生物学	心理与认知科学学院	专业任选	1
15—16	2	01630890	心理学研究技术与实践	心理与认知科学学院	专业任选	1
15—16	2	01635010	大学生健康教育	心理与认知科学学院	全校公选课	1
15—16	2	01635020	生活中的心理学	心理与认知科学学院	全校公选课	1
15—16	2	01635042	大学生心理素质拓展	心理与认知科学学院	全校公选课	1
15—16	2	01636060	高级统计spss上机	心理与认知科学学院	专业必修	1
15—16	2	01639020	心理学概论	心理与认知科学学院	通选课	1
15—16	2	01639020	心理学概论	心理与认知科学学院	通选课	2
15—16	2	01736020	动漫欣赏与实践	软件与微电子学院	全校公选课	1
15—16	2	01830200	新闻理论	新闻与传播学院	专业必修	1
15—16	2	01830330	国际传播	新闻与传播学院	专业任选	1
15—16	2	01830380	媒体与社会	新闻与传播学院	专业必修	1
15—16	2	01830490	广告媒体研究	新闻与传播学院	专业必修	1
15—16	2	01830500	广告综合研究	新闻与传播学院	专业必修	1
15—16	2	01830510	广告类型研究	新闻与传播学院	专业必修	1
15—16	2	01830540	市场调查	新闻与传播学院	专业必修	1
15—16	2	01830580	广告心理学	新闻与传播学院	专业必修	1
15—16	2	01830630	广告管理	新闻与传播学院	专业必修	1
15—16	2	01831330	中国图书出版史	新闻与传播学院	通选课	1
15—16	2	01831610	汉语修辞学	新闻与传播学院	通选课	1
15—16	2	01831740	视听语言	新闻与传播学院	专业必修	1
15—16	2	01831990	跨文化交流学	新闻与传播学院	通选课	1
15—16	2	01832150	媒体与国际关系	新闻与传播学院	专业任选	1

(续表)

学年度	学期	课程号	课程名称	开课系所	课程类别	班号
15—16	2	01832220	毕业实习	新闻与传播学院	专业必修	1
15—16	2	01832250	纪录片简史	新闻与传播学院	专业任选	1
15—16	2	01832260	媒介经济学	新闻与传播学院	专业任选	1
15—16	2	01832360	传播伦理学	新闻与传播学院	专业任选	1
15—16	2	01832420	品牌研究	新闻与传播学院	专业必修	1
15—16	2	01832530	媒介经营管理	新闻与传播学院	专业必修	1
15—16	2	01832550	电视节目制作与策划	新闻与传播学院	全校公选课	1
15—16	2	01832760	英语新闻阅读	新闻与传播学院	通选课	1
15—16	2	01832910	视频编辑	新闻与传播学院	专业任选	1
15—16	2	01833000	中国文化与社会	新闻与传播学院	专业必修	1
15—16	2	01833020	广播电视新闻	新闻与传播学院	专业必修	1
15—16	2	01833040	广播电视研究	新闻与传播学院	专业必修	1
15—16	2	01833060	市场营销原理	新闻与传播学院	专业任选	1
15—16	2	01833130	出版案例研讨	新闻与传播学院	专业必修	1
15—16	2	01833170	英语新闻采写	新闻与传播学院	专业任选	1
15—16	2	01833270	新闻编辑	新闻与传播学院	专业必修	1
15—16	2	01833280	新闻评论	新闻与传播学院	专业必修	1
15—16	2	01833370	新媒体与社会	新闻与传播学院	全校公选课	1
15—16	2	01833400	公关策划与危机管理	新闻与传播学院	专业任选	1
15—16	2	01833780	当代新闻发展前沿	新闻与传播学院	专业必修	1
15—16	2	01833790	新媒介社会学	新闻与传播学院	专业必修	1
15—16	2	01833800	传播学理论	新闻与传播学院	专业必修	1
15—16	2	01833870	出版经营管理	新闻与传播学院	专业必修	1
15—16	2	01833990	营销传播经典导读	新闻与传播学院	专业任选	1
15—16	2	01834060	外国广告史	新闻与传播学院	专业任选	1
15—16	2	01834080	影像与中国社会	新闻与传播学院	通选课	1
15—16	2	01834090	中西新闻比较研究	新闻与传播学院	专业任选	1
15—16	2	02030012	现代汉语（下）	中国语言文学系	专业必修	1
15—16	2	02030022	古代汉语（下）	中国语言文学系	专业必修	1
15—16	2	02030022	古代汉语（下）	中国语言文学系	专业必修	2
15—16	2	02030034	中国古代文学史（四）	中国语言文学系	专业必修	1
15—16	2	02030034	中国古代文学史（四）	中国语言文学系	专业必修	2
15—16	2	02030040	中国现代文学史	中国语言文学系	专业必修	1
15—16	2	02030101	实习	中国语言文学系	实习实践	1
15—16	2	02030130	汉语音韵学	中国语言文学系	专业限选	1
15—16	2	02030160	文字学	中国语言文学系	专业限选	1
15—16	2	02030240	校勘学	中国语言文学系	专业限选	1
15—16	2	02030251	古文献学史（上）	中国语言文学系	专业限选	1
15—16	2	02030253	古典文献实习	中国语言文学系	实习实践	1
15—16	2	02030260	训诂学	中国语言文学系	专业限选	1
15—16	2	02030700	文艺美学	中国语言文学系	专业限选	1
15—16	2	02030790	比较文学原理	中国语言文学系	专业限选	1
15—16	2	02030920	现代汉语虚词研究	中国语言文学系	专业限选	1
15—16	2	02030950	汉语修辞学	中国语言文学系	专业限选	1

(续表)

学年度	学期	课程号	课程名称	开课系所	课程类别	班号
15—16	2	02031080	《论语》选读	中国语言文学系	专业必修	1
15—16	2	02031080	《论语》选读	中国语言文学系	专业必修	2
15—16	2	02031080	《论语》选读	中国语言文学系	专业必修	3
15—16	2	02031140	美国结构语言学	中国语言文学系	专业限选	1
15—16	2	02031290	《庄子》	中国语言文学系	专业限选	1
15—16	2	02031522	汉语史(下)	中国语言文学系	专业限选	1
15—16	2	02031540	中国古代文化	中国语言文学系	通选课	1
15—16	2	02031550	小说的艺术	中国语言文学系	通选课	1
15—16	2	02031601	方言调查	中国语言文学系	实习实践	1
15—16	2	02031670	敦煌文献概要	中国语言文学系	专业限选	1
15—16	2	02031750	诗歌写作	中国语言文学系	全校公选课	1
15—16	2	02031970	文化研究的理论与实践	中国语言文学系	专业限选	1
15—16	2	02032020	民间文学概论	中国语言文学系	专业限选	1
15—16	2	02032120	荀子	中国语言文学系	专业限选	2
15—16	2	02032230	西方文论经典研究	中国语言文学系	专业限选	1
15—16	2	02032340	中文工具书及古代典籍概要	中国语言文学系	通选课	1
15—16	2	02032570	台湾文学专题	中国语言文学系	专业限选	1
15—16	2	02032590	胡风研究	中国语言文学系	专业限选	1
15—16	2	02032640	《论语》《孟子》导读	中国语言文学系	通选课	1
15—16	2	02033030	西方文学史	中国语言文学系	专业限选	1
15—16	2	02033050	学年论文	中国语言文学系	专业必修	1
15—16	2	02033090	中文工具书	中国语言文学系	专业必修	1
15—16	2	02033090	中文工具书	中国语言文学系	专业必修	2
15—16	2	02033090	中文工具书	中国语言文学系	专业必修	3
15—16	2	02033100	语言工程与中文信息处理	中国语言文学系	专业必修	1
15—16	2	02033160	中国现代诗歌研究	中国语言文学系	专业限选	1
15—16	2	02033180	20世纪中国女性文学经典解读	中国语言文学系	专业限选	1
15—16	2	02033620	古典文献学基础	中国语言文学系	全校公选课	1
15—16	2	02033862	中国古代文学经典(二)	中国语言文学系	通选课	1
15—16	2	02033870	人类沟通的起源与发展	中国语言文学系	全校公选课	1
15—16	2	02033931	经典精读课程(一)	中国语言文学系	专业限选	1
15—16	2	02033940	中国古代文学	中国语言文学系	全校公选课	1
15—16	2	02034000	现代汉语	中国语言文学系	专业必修	1
15—16	2	02034010	五四新文化研究	中国语言文学系	专业限选	1
15—16	2	02034060	形式语法导论	中国语言文学系	专业限选	1
15—16	2	02034130	英译中国文学	中国语言文学系	专业限选	1
15—16	2	02034172	中国古代文学史(二)	中国语言文学系	专业必修	1
15—16	2	02034172	中国古代文学史(二)	中国语言文学系	专业必修	2
15—16	2	02034172	中国古代文学史(二)	中国语言文学系	专业必修	3
15—16	2	02034172	中国古代文学史(二)	中国语言文学系	专业必修	4
15—16	2	02034172	中国古代文学史(二)	中国语言文学系	专业必修	5
15—16	2	02034172	中国古代文学史(二)	中国语言文学系	专业必修	6
15—16	2	02034172	中国古代文学史(二)	中国语言文学系	专业必修	7
15—16	2	02034172	中国古代文学史(二)	中国语言文学系	专业必修	8

(续表)

学年度	学期	课程号	课程名称	开课系所	课程类别	班号
15—16	2	02034300	大学国文	中国语言文学系	通选课	1
15—16	2	02034300	大学国文	中国语言文学系	通选课	2
15—16	2	02034300	大学国文	中国语言文学系	通选课	3
15—16	2	02034300	大学国文	中国语言文学系	通选课	4
15—16	2	02034300	大学国文	中国语言文学系	通选课	5
15—16	2	02034300	大学国文	中国语言文学系	通选课	6
15—16	2	02034300	大学国文	中国语言文学系	通选课	7
15—16	2	02034300	大学国文	中国语言文学系	通选课	8
15—16	2	02034310	审美文化专题	中国语言文学系	全校公选课	1
15—16	2	02034450	中国现代文学经典选讲	中国语言文学系	通选课	1
15—16	2	02034460	唐宋诗词名篇精读（一）	中国语言文学系	通选课	1
15—16	2	02034470	国学经典讲论	中国语言文学系	通选课	1
15—16	2	02034490	网络文学类型文研究与创作实践	中国语言文学系	专业限选	1
15—16	2	02034500	古代小说名著导读	中国语言文学系	通选课	1
15—16	2	02039110	元杂剧精读	中国语言文学系	专业限选	1
15—16	2	02039130	民俗研究	中国语言文学系	通选课	1
15—16	2	02039200	文学原理	中国语言文学系	专业必修	1
15—16	2	02080041	现代汉语（上）	中国语言文学系	专业必修	1
15—16	2	02080053	古代汉语（下）	中国语言文学系	专业必修	1
15—16	2	02080130	中文工具书使用	中国语言文学系	专业必修	1
15—16	2	02080200	现代汉语词汇	中国语言文学系	专业限选	1
15—16	2	02080262	中国现代文学（下）	中国语言文学系	专业必修	1
15—16	2	02080320	中国民间文学	中国语言文学系	专业必修	1
15—16	2	02080330	汉字书法	中国语言文学系	专业限选	1
15—16	2	02080332	中国当代文学作品（下）	中国语言文学系	专业必修	1
15—16	2	02080342	中国古代文学（二）	中国语言文学系	专业必修	1
15—16	2	02080344	中国古代文学（四）	中国语言文学系	专业必修	1
15—16	2	02080400	中国人文地理	中国语言文学系	专业必修	1
15—16	2	02080422	阅读与写作（中级上）	中国语言文学系	专业必修	1
15—16	2	02080422	阅读与写作（中级上）	中国语言文学系	专业必修	2
15—16	2	02080424	阅读与写作（高级）	中国语言文学系	专业必修	1
15—16	2	02080424	阅读与写作（高级）	中国语言文学系	专业必修	2
15—16	2	02080432	高级汉语口语（下）	中国语言文学系	专业必修	1
15—16	2	02080432	高级汉语口语（下）	中国语言文学系	专业必修	2
15—16	2	02080440	古文选读	中国语言文学系	专业必修	1
15—16	2	02113124	拉丁语阅读（4）	历史学系	全校公选课	1
15—16	2	02113211	古埃及象形文字（二）	历史学系	全校公选课	1
15—16	2	02113272	古希腊语阅读（2）	历史学系	全校公选课	1
15—16	2	02130012	中国古代史（下）	历史学系	专业必修	1
15—16	2	02130012	中国古代史（下）	中国语言文学系	专业必修	2
15—16	2	02130102	中国历史文选（下）	历史学系	专业必修	1
15—16	2	02130110	史学概论	历史学系	专业必修	1
15—16	2	02130310	中国妇女历史与传统文化	历史学系	专业限选	1
15—16	2	02130601	美国史	历史学系	专业限选	1

(续表)

学年度	学期	课程号	课程名称	开课系所	课程类别	班号
15—16	2	02130610	英国史专题	历史学系	专业限选	1
15—16	2	02130620	德国史专题	历史学系	专业限选	1
15—16	2	02130680	东南亚史	外国语学院	专业任选	1
15—16	2	02130730	华侨华人史	历史学系	全校公选课	1
15—16	2	02130742	中国古代史（下）	历史学系	通选课	1
15—16	2	02131110	中国古代政治与文化	历史学系	通选课	1
15—16	2	02131230	二十世纪世界史	历史学系	通选课	1
15—16	2	02131250	西方文明史导论	历史学系	通选课	1
15—16	2	02131360	中国近代史专题	历史学系	专业限选	1
15—16	2	02131410	中世纪西欧社会史	历史学系	通选课	1
15—16	2	02131460	拉美国家现代化进程研究	历史学系	通选课	1
15—16	2	02131772	现代希腊语（2）	历史学系	全校公选课	1
15—16	2	02131991	基础意大利语（1）	历史学系	全校公选课	1
15—16	2	02131992	基础意大利语（2）	历史学系	全校公选课	1
15—16	2	02132030	中国现代史	历史学系	专业必修	1
15—16	2	02132040	中国历史文化导论	历史学系	专业限选	1
15—16	2	02132092	外国历史文选（下）	历史学系	专业必修	1
15—16	2	02132110	社会调查与史学研究	历史学系	专业必修	1
15—16	2	02132170	中国古代官阶制度	历史学系	专业限选	1
15—16	2	02132190	中国古代经济史专题	历史学系	专业限选	1
15—16	2	02132210	蒙古古代史	历史学系	专业限选	1
15—16	2	02132220	中国古代民族史	历史学系	专业限选	1
15—16	2	02132302	中国经学史（二）	历史学系	专业限选	1
15—16	2	02132320	先秦史专题	历史学系	专业限选	1
15—16	2	02132460	中国古代史练习	历史学系	专业必修	1
15—16	2	02132470	中国近现代史练习	历史学系	专业必修	1
15—16	2	02132490	世界近现代史练习	历史学系	专业必修	1
15—16	2	02132530	古代中外关系史	历史学系	专业限选	1
15—16	2	02132590	中欧关系史	历史学系	全校公选课	1
15—16	2	02132631	法国大革命与拿破仑	历史学系	全校公选课	1
15—16	2	02132640	文艺复兴经典名著选读	历史学系	通选课	1
15—16	2	02132680	韩国史通论	历史学系	通选课	1
15—16	2	02132830	秦汉魏晋南北朝政治历程	历史学系	通选课	1
15—16	2	02132840	中国科举史	历史学系	专业限选	1
15—16	2	02133030	学年论文	历史学系	专业必修	1
15—16	2	02133101	基督教拉丁语（1）	历史学系	全校公选课	1
15—16	2	02133112	基础拉丁语（2）	历史学系	全校公选课	1
15—16	2	02133120	古希腊罗马政治思想史	历史学系	全校公选课	1
15—16	2	02133610	古代东方文明	历史学系	专业必修	1
15—16	2	02133640	欧洲史	历史学系	专业必修	1
15—16	2	02133660	亚洲史	历史学系	专业必修	1
15—16	2	02133681	外文历史史料选读（上）	历史学系	专业必修	1
15—16	2	02133760	现代希腊电影与历史	历史学系	全校公选课	1
15—16	2	02135010	中国古代史	历史学系	专业限选	1

(续表)

学年度	学期	课程号	课程名称	开课系所	课程类别	班号
15—16	2	02138970	中国古代妇女史专题	历史学系	通选课	1
15—16	2	02139080	罗马史	历史学系	通选课	1
15—16	2	02139160	欧洲一体化研究	历史学系	专业限选	1
15—16	2	02139390	日本史专题	历史学系	专业限选	1
15—16	2	02230120	田野考古学概论	考古文博学院	专业必修	1
15—16	2	02230250	人体骨骼学	考古文博学院	专业限选	1
15—16	2	02230260	动物考古学	考古文博学院	专业限选	1
15—16	2	02230310	定量考古学	考古文博学院	专业限选	1
15—16	2	02230440	丝绸之路考古	考古文博学院	专业限选	1
15—16	2	02230471	科技考古	考古文博学院	专业必修	1
15—16	2	02230471	科技考古	考古文博学院	专业必修	2
15—16	2	02230471	科技考古	考古文博学院	专业必修	3
15—16	2	02230570	冶金考古	考古文博学院	专业限选	1
15—16	2	02230730	文物法规与行政管理	考古文博学院	专业必修	1
15—16	2	02230820	有机质文物保护与实验	考古文博学院	专业必修	1
15—16	2	02230830	无机质文物保护与实验	考古文博学院	专业必修	1
15—16	2	02230961	田野考古技术专题	考古文博学院	专业必修	1
15—16	2	02231070	博物馆陈列形式设计	考古文博学院	专业必修	1
15—16	2	02231080	考古学导论	考古文博学院	专业必修	1
15—16	2	02231120	建筑设计（三）	考古文博学院	专业必修	1
15—16	2	02231150	中国传统建筑构造	考古文博学院	专业必修	1
15—16	2	02231240	文物研究与鉴定	考古文博学院	专业必修	1
15—16	2	02231310	世界遗产概论	考古文博学院	通选课	1
15—16	2	02232103	中国考古学（中一）	考古文博学院	专业必修	1
15—16	2	02232104	中国考古学（中二）	考古文博学院	专业必修	1
15—16	2	02232105	中国考古学（下一）	考古文博学院	专业必修	1
15—16	2	02232106	中国考古学（下二）	考古文博学院	专业必修	1
15—16	2	02232200	美术考古	考古文博学院	专业限选	1
15—16	2	02232210	考古学通论	考古文博学院	专业必修	1
15—16	2	02232220	文化遗产学概论	考古文博学院	专业必修	1
15—16	2	02232280	体质人类学	考古文博学院	专业限选	1
15—16	2	02232300	考古学与古史重建	考古文博学院	通选课	1
15—16	2	02233080	中西建筑比较	考古文博学院	通选课	1
15—16	2	02233100	中国近代建筑的西方源流：结构、风格、功能和意义	考古文博学院	专业限选	1
15—16	2	02240250	文化遗产管理	考古文博学院	专业限选	1
15—16	2	02240260	博物馆藏品管理	考古文博学院	专业必修	1
15—16	2	02240350	殷周金文通论	考古文博学院	专业限选	1
15—16	2	02240390	植物考古	考古文博学院	专业限选	1
15—16	2	02313032	古希腊语经典哲学文本阅读	哲学系	专业任选	1
15—16	2	02313810	笛卡尔哲学研究	哲学系	专业任选	1
15—16	2	02315051	高级模态逻辑	哲学系	专业限选	1
15—16	2	02315300	内涵逻辑	哲学系	专业任选	1
15—16	2	02318281	宗教经典与宗教信仰	哲学系	全校公选课	1

（续表）

学年度	学期	课程号	课程名称	开课系所	课程类别	班号
15—16	2	02318500	宗教与中西文明传统比较研究	哲学系	专业限选	1
15—16	2	02330000	哲学导论	哲学系	通选课	2
15—16	2	02330025	马克思主义哲学导论（上）	哲学系	专业必修	1
15—16	2	02330070	现代西方哲学	哲学系	专业必修	1
15—16	2	02330070	现代西方哲学	哲学系	通选课	2
15—16	2	02330085	中国哲学史（上）	哲学系	专业必修	1
15—16	2	02330086	中国哲学史（上）讨论课	哲学系	专业必修	1
15—16	2	02330086	中国哲学史（上）讨论课	哲学系	专业必修	2
15—16	2	02330086	中国哲学史（上）讨论课	哲学系	专业必修	3
15—16	2	02330086	中国哲学史（上）讨论课	哲学系	专业必修	4
15—16	2	02330091	中国现代哲学史	哲学系	专业限选	1
15—16	2	02330101	马克思主义哲学史	哲学系	专业必修	1
15—16	2	02330132	科学哲学导论	哲学系	专业必修	1
15—16	2	02330142	伦理学导论	哲学系	专业限选	1
15—16	2	02330152	美学原理	哲学系	专业必修	1
15—16	2	02330161	宗教学导论	哲学系	专业必修	2
15—16	2	02330360	马克思主义宗教学	哲学系	全校公选课	1
15—16	2	02330450	经典著作研究专题	哲学系	专业限选	1
15—16	2	02330581	学位论文	哲学系	专业必修	1
15—16	2	02330610	心灵哲学	哲学系	专业限选	1
15—16	2	02330812	西方美学专题	哲学系	专业限选	1
15—16	2	02331100	逻辑哲学	哲学系	专业任选	1
15—16	2	02331271	悖论研究	哲学系	通选课	1
15—16	2	02331310	逻辑与批判性思维	哲学系	通选课	1
15—16	2	02332017	中国佛教经典选读	哲学系	专业任选	1
15—16	2	02332024	中国伊斯兰教史	哲学系	专业任选	1
15—16	2	02332058	伊斯兰教史	哲学系	全校公选课	1
15—16	2	02332118	基督教原典	哲学系	专业任选	1
15—16	2	02332160	道教史	哲学系	专业限选	1
15—16	2	02332211	西方政治思想（中世纪）	哲学系	通选课	1
15—16	2	02332212	西方政治思想（中世纪）讨论班	哲学系	通选课	1
15—16	2	02332212	西方政治思想（中世纪）讨论班	哲学系	通选课	2
15—16	2	02332212	西方政治思想（中世纪）讨论班	哲学系	通选课	3
15—16	2	02332212	西方政治思想（中世纪）讨论班	哲学系	通选课	4
15—16	2	02332212	西方政治思想（中世纪）讨论班	哲学系	通选课	5
15—16	2	02332212	西方政治思想（中世纪）讨论班	哲学系	通选课	6
15—16	2	02332212	西方政治思想（中世纪）讨论班	哲学系	通选课	7
15—16	2	02332212	西方政治思想（中世纪）讨论班	哲学系	通选课	8
15—16	2	02332212	西方政治思想（中世纪）讨论班	哲学系	通选课	9
15—16	2	02332212	西方政治思想（中世纪）讨论班	哲学系	通选课	12
15—16	2	02332212	西方政治思想（中世纪）讨论班	哲学系	通选课	13
15—16	2	02332212	西方政治思想（中世纪）讨论班	哲学系	通选课	15
15—16	2	02332230	中国基督教史	哲学系	全校公选课	1
15—16	2	02332323	坛经	哲学系	通选课	1

(续表)

学年度	学期	课程号	课程名称	开课系所	课程类别	班号
15—16	2	02332336	中国佛教史	哲学系	通选课	1
15—16	2	02332615	拉丁语Ⅱ	哲学系	专业任选	1
15—16	2	02332751	海德格尔哲学研究	哲学系	专业限选	1
15—16	2	02332771	西方早期近代哲学	哲学系	专业任选	1
15—16	2	02332811	法国哲学研究	哲学系	专业任选	1
15—16	2	02333090	德国古典哲学专题	哲学系	专业任选	1
15—16	2	02333096	德国古典哲学原著	哲学系	专业任选	1
15—16	2	02333141	当代分析哲学	哲学系	专业任选	1
15—16	2	02333170	后现代主义哲学	哲学系	全校公选课	1
15—16	2	02333220	魏晋玄学	哲学系	专业任选	1
15—16	2	02333285	儒学与中国社会	哲学系	全校公选课	1
15—16	2	02333331	现代中国的建立：制度、思潮与人物	哲学系	通选课	1
15—16	2	02333370	政治哲学	哲学系	专业任选	1
15—16	2	02333911	基督教伦理学导论	哲学系	专业任选	1
15—16	2	02335000	学年论文	哲学系	专业必修	1
15—16	2	02335060	西方哲学史	哲学系	通选课	1
15—16	2	02335061	西方哲学史（上）	哲学系	专业必修	2
15—16	2	02335063	西方哲学史（上）	哲学系	专业必修	1
15—16	2	02335064	西方哲学史（上）讨论课	哲学系	专业必修	1
15—16	2	02335064	西方哲学史（上）讨论课	哲学系	专业必修	2
15—16	2	02335064	西方哲学史（上）讨论课	哲学系	专业必修	3
15—16	2	02335064	西方哲学史（上）讨论课	哲学系	专业必修	4
15—16	2	02335071	中国哲学史（上）	哲学系	专业必修	2
15—16	2	02335100	知识论	哲学系	专业必修	1
15—16	2	02335122	复杂性科学与哲学	哲学系	全校公选课	1
15—16	2	02335132	科学通史	哲学系	通选课	1
15—16	2	02335132	科学通史	哲学系	通选课	2
15—16	2	02335132	科学通史	哲学系	通选课	3
15—16	2	02335132	科学通史	哲学系	通选课	4
15—16	2	02335132	科学通史	哲学系	通选课	5
15—16	2	02335132	科学通史	哲学系	通选课	6
15—16	2	02335200	庄子哲学	哲学系	通选课	1
15—16	2	02335220	《四书》精读	哲学系	通选课	1
15—16	2	02335220	《四书》精读	哲学系	通选课	2
15—16	2	02335220	《四书》精读	哲学系	通选课	3
15—16	2	02335220	《四书》精读	哲学系	通选课	4
15—16	2	02335220	《四书》精读	哲学系	通选课	5
15—16	2	02335350	博物学导论	哲学系	全校公选课	1
15—16	2	02336190	康德实践哲学	哲学系	专业任选	1
15—16	2	02336191	康德哲学研究	哲学系	专业任选	1
15—16	2	02336400	现代逻辑基础	哲学系	专业必修	1
15—16	2	02337002	古典语文学专题研讨（二）	哲学系	专业限选	1
15—16	2	02430020	国际政治经济学	国际关系学院	专业必修	1
15—16	2	02430020	国际政治经济学	国际关系学院	专业必修	2

(续表)

学年度	学期	课程号	课程名称	开课系所	课程类别	班号
15—16	2	02430041	政治学原理	国际关系学院	专业必修	1
15—16	2	02430092	国际关系史（下）	国际关系学院	专业必修	1
15—16	2	02430112	国际社会中的发展研究	国际关系学院	专业限选	1
15—16	2	02430140	中华人民共和国对外关系	国际关系学院	专业任选	1
15—16	2	02430152	英语听说（二）	国际关系学院	专业必修	1
15—16	2	02430152	英语听说（二）	国际关系学院	专业必修	2
15—16	2	02430152	英语听说（二）	国际关系学院	专业必修	3
15—16	2	02430152	英语听说（二）	国际关系学院	专业必修	4
15—16	2	02430154	英语听说（四）	国际关系学院	专业必修	1
15—16	2	02430154	英语听说（四）	国际关系学院	专业必修	2
15—16	2	02430154	英语听说（四）	国际关系学院	专业必修	3
15—16	2	02430154	英语听说（四）	国际关系学院	专业必修	4
15—16	2	02430211	中国对外关系史	国际关系学院	专业必修	1
15—16	2	02430240	东欧各国政治经济与外交	国际关系学院	专业限选	1
15—16	2	02430250	英国政治、经济与外交	国际关系学院	专业限选	1
15—16	2	02430300	东南亚政治经济与外交	国际关系学院	专业限选	1
15—16	2	02430331	非洲导论	国际关系学院	专业限选	1
15—16	2	02430360	军备控制与裁军	国际关系学院	专业限选	1
15—16	2	02430380	世界政治中的民族问题	国际关系学院	专业限选	1
15—16	2	02430500	世界宗教与国际社会	国际关系学院	专业限选	1
15—16	2	02430931	国际组织与国际法	国际关系学院	专业必修	1
15—16	2	02430962	中文报刊选读（二）	国际关系学院	专业必修	1
15—16	2	02430964	中文报刊选读（四）	国际关系学院	专业必修	1
15—16	2	02431092	专业汉语（二）	国际关系学院	专业必修	1
15—16	2	02431100	中美关系史	国际关系学院	专业限选	1
15—16	2	02431120	中日关系史	国际关系学院	专业限选	1
15—16	2	02431171	东亚政治经济	国际关系学院	专业限选	1
15—16	2	02431230	非政府外交	国际关系学院	专业限选	1
15—16	2	02431560	美国文化与社会	国际关系学院	通选课	1
15—16	2	02431580	中国政治概论	国际关系学院	通选课	1
15—16	2	02431641	比较政治学	国际关系学院	专业必修	1
15—16	2	02431710	亚太概论	国际关系学院	通选课	1
15—16	2	02431710	亚太概论	国际关系学院	通选课	2
15—16	2	02431780	美国与东亚	国际关系学院	专业限选	1
15—16	2	02431840	社会科学方法论	国际关系学院	专业必修	1
15—16	2	02431880	中东地区的国家关系	国际关系学院	通选课	1
15—16	2	02431890	晚清对外关系的历史与人物	国际关系学院	通选课	1
15—16	2	02431910	国际关系与东亚安全	国际关系学院	通选课	1
15—16	2	02431920	欧洲联盟概论	国际关系学院	专业限选	1
15—16	2	02431940	台湾政治概论	国际关系学院	通选课	1
15—16	2	02431964	日语（二）	国际关系学院	专业必修	1
15—16	2	02432050	经济学原理	国际关系学院	专业必修	1
15—16	2	02432090	本土视野下的中国外交与国际事务	国际关系学院	全校公选课	1
15—16	2	02432100	现代官僚制度比较研究	国际关系学院	专业限选	1

(续表)

学年度	学期	课程号	课程名称	开课系所	课程类别	班号
15—16	2	02432110	国际安全研究	国际关系学院	专业限选	1
15—16	2	02432150	美国政治与公共政策	国际关系学院	专业限选	1
15—16	2	02432160	政治定量分析方法	国际关系学院	专业限选	1
15—16	2	02433180	民族国家概论	国际关系学院	专业限选	1
15—16	2	02433200	伊斯兰与世界政治	国际关系学院	通选课	1
15—16	2	02433230	非传统安全概论	国际关系学院	专业限选	1
15—16	2	02433240	对外政策分析	国际关系学院	专业限选	1
15—16	2	02433311	全球化与当代国际关系专题	国际关系学院	专业限选	1
15—16	2	02433350	伊斯兰世界的政治发展	国际关系学院	专业任选	1
15—16	2	02530060	微观经济学	经济学院	专业必修	1
15—16	2	02530061	微观经济学"习题课"	经济学院	专业必修	1
15—16	2	02530070	宏观经济学	经济学院	专业必修	1
15—16	2	02530070	宏观经济学	经济学院	专业必修	2
15—16	2	02530070	宏观经济学	经济学院	通选课	3
15—16	2	02530071	宏观经济学"习题课"	经济学院	专业必修	1
15—16	2	02530071	宏观经济学"习题课"	经济学院	专业必修	2
15—16	2	02530140	计量经济学	经济学院	专业必修	1
15—16	2	02530140	计量经济学	经济学院	专业必修	2
15—16	2	02530220	房地产经济学	经济学院	专业任选	1
15—16	2	02530500	世界经济专题	经济学院	专业必修	1
15—16	2	02530620	国际投资学	经济学院	专业必修	1
15—16	2	02531080	社会保险	经济学院	专业必修	1
15—16	2	02532180	投资银行学	经济学院	专业任选	1
15—16	2	02532210	欧盟经济	经济学院	专业任选	1
15—16	2	02532220	金融市场学	经济学院	专业必修	1
15—16	2	02532250	数理经济学	经济学院	专业任选	1
15—16	2	02532260	信息经济学	经济学院	专业必修	1
15—16	2	02532340	中国经济史	经济学院	专业必修	1
15—16	2	02532370	保险精算学原理	经济学院	专业必修	1
15—16	2	02532630	美国经济	经济学院	全校公选课	1
15—16	2	02533080	随机过程	经济学院	专业任选	1
15—16	2	02533170	经济学原理（Ⅱ）	经济学院	专业必修	1
15—16	2	02533170	经济学原理（Ⅱ）	经济学院	通选课	2
15—16	2	02533171	经济学原理（Ⅱ）讨论课	经济学院	专业必修	1
15—16	2	02533171	经济学原理（Ⅱ）讨论课	经济学院	专业必修	2
15—16	2	02533171	经济学原理（Ⅱ）讨论课	经济学院	专业必修	3
15—16	2	02533171	经济学原理（Ⅱ）讨论课	经济学院	专业必修	4
15—16	2	02533171	经济学原理（Ⅱ）讨论课	经济学院	专业必修	5
15—16	2	02533171	经济学原理（Ⅱ）讨论课	经济学院	专业必修	6
15—16	2	02533171	经济学原理（Ⅱ）讨论课	经济学院	专业必修	7
15—16	2	02533171	经济学原理（Ⅱ）讨论课	经济学院	专业必修	8
15—16	2	02533171	经济学原理（Ⅱ）讨论课	经济学院	专业必修	9
15—16	2	02533171	经济学原理（Ⅱ）讨论课	经济学院	专业必修	10
15—16	2	02533171	经济学原理（Ⅱ）讨论课	经济学院	专业必修	11

（续表）

学年度	学期	课程号	课程名称	开课系所	课程类别	班号
15—16	2	02533171	经济学原理（Ⅱ）讨论课	经济学院	专业必修	12
15—16	2	02533171	经济学原理（Ⅱ）讨论课	经济学院	专业必修	13
15—16	2	02533171	经济学原理（Ⅱ）讨论课	经济学院	专业必修	14
15—16	2	02533171	经济学原理（Ⅱ）讨论课	经济学院	通选课	15
15—16	2	02533171	经济学原理（Ⅱ）讨论课	经济学院	通选课	16
15—16	2	02533190	政治经济学（下）	经济学院	专业必修	1
15—16	2	02533250	公共经济学	经济学院	通选课	1
15—16	2	02533320	固定收益证券	经济学院	专业任选	1
15—16	2	02533340	中国经济思想史	经济学院	专业必修	1
15—16	2	02533340	中国经济思想史	经济学院	通选课	2
15—16	2	02533350	外国经济思想史	经济学院	专业必修	1
15—16	2	02533420	中国环境概论	经济学院	专业任选	1
15—16	2	02533440	营销学	经济学院	专业任选	1
15—16	2	02533460	中国金融体制改革	经济学院	专业任选	1
15—16	2	02533530	预算经济学	经济学院	专业必修	1
15—16	2	02533550	日本经济	经济学院	专业任选	1
15—16	2	02533600	产业组织理论	经济学院	专业必修	1
15—16	2	02533640	中国保险市场专题研究	经济学院	专业任选	1
15—16	2	02533700	动态优化理论	经济学院	专业任选	1
15—16	2	02533790	投资基金概论	经济学院	专业任选	1
15—16	2	02533830	商业银行管理	经济学院	专业任选	1
15—16	2	02533850	农业经济学	经济学院	专业必修	1
15—16	2	02533930	国际贸易实务	经济学院	专业任选	1
15—16	2	02533980	美国经济	经济学院	专业任选	1
15—16	2	02534060	货币银行学	经济学院	专业必修	1
15—16	2	02534060	货币银行学	经济学院	专业必修	2
15—16	2	02534090	专业英语	经济学院	专业任选	1
15—16	2	02534090	专业英语	经济学院	专业任选	2
15—16	2	02534200	风险管理学	经济学院	专业必修	1
15—16	2	02534270	经济地理学	经济学院	专业任选	1
15—16	2	02534290	保险投资管理	经济学院	专业任选	1
15—16	2	02534310	财政学研究方法	经济学院	专业任选	1
15—16	2	02534330	金融伦理学	经济学院	专业任选	1
15—16	2	02534410	个人理财	经济学院	全校公选课	1
15—16	2	02534430	经济增长理论	经济学院	专业必修	1
15—16	2	02534520	财政学	经济学院	专业必修	1
15—16	2	02534540	微观计量方法	经济学院	专业任选	1
15—16	2	02534560	世界经济与中国	经济学院	专业任选	1
15—16	2	02534650	金融衍生品	经济学院	专业任选	1
15—16	2	02534670	企业风险管理	经济学院	专业任选	1
15—16	2	02534690	人力资本与经济发展	经济学院	专业必修	1
15—16	2	02534720	发展经济学专题	经济学院	专业任选	1
15—16	2	02534720	发展经济学专题	经济学院	全校公选课	2
15—16	2	02534740	中级财务会计	经济学院	专业任选	1

(续表)

学年度	学期	课程号	课程名称	开课系所	课程类别	班号
15—16	2	02534750	公共选择理论	经济学院	专业任选	1
15—16	2	02534760	比较税收学	经济学院	专业必修	1
15—16	2	02534820	保险学原理	经济学院	专业必修	1
15—16	2	02534940	投资理财	经济学院	全校公选课	1
15—16	2	02534950	风险管理模型与应用	经济学院	专业任选	1
15—16	2	02535020	证券投资学	经济学院	专业任选	1
15—16	2	02535030	企业全面风险管理	经济学院	全校公选课	1
15—16	2	02535160	网络经济学	经济学院	专业任选	1
15—16	2	02535210	环境资源经济学工程概论	经济学院	全校公选课	1
15—16	2	02535260	经济学思维训练	经济学院	专业任选	1
15—16	2	02830110	人力资源管理	光华管理学院	专业任选	1
15—16	2	02830140	社会心理学	光华管理学院	专业必修	1
15—16	2	02830140	社会心理学	光华管理学院	专业必修	2
15—16	2	02830230	商业活动在中国：管理视角	光华管理学院	专业任选	1
15—16	2	02830260	影子中央银行	光华管理学院	专业任选	1
15—16	2	02830290	管理学	光华管理学院	通选课	1
15—16	2	02831114	商务英语（二）	光华管理学院	专业任选	1
15—16	2	02831520	会计学	光华管理学院	全校公选课	1
15—16	2	02831560	计量经济学应用	光华管理学院	专业必修	1
15—16	2	02831580	金融经济学	光华管理学院	专业必修	1
15—16	2	02831590	国际金融与国际财务管理	光华管理学院	专业任选	1
15—16	2	02831600	国际金融与国际贸易	光华管理学院	专业必修	1
15—16	2	02831610	产业分析的理论与政策	光华管理学院	专业必修	1
15—16	2	02832110	微观经济学	光华管理学院	专业必修	1
15—16	2	02832220	民商法	光华管理学院	通选课	1
15—16	2	02832500	中国经济改革与发展	光华管理学院	专业必修	1
15—16	2	02832510	财务会计	光华管理学院	专业必修	1
15—16	2	02832510	财务会计	光华管理学院	专业必修	2
15—16	2	02832540	高级管理会计	光华管理学院	专业必修	1
15—16	2	02832600	营销学原理	光华管理学院	通选课	1
15—16	2	02832650	市场营销战略	光华管理学院	专业任选	1
15—16	2	02832780	市场营销专题	光华管理学院	专业必修	1
15—16	2	02833160	货币金融学	光华管理学院	专业必修	1
15—16	2	02833540	中级财务会计	光华管理学院	专业必修	1
15—16	2	02833570	财务会计理论与政策	光华管理学院	专业任选	1
15—16	2	02833650	市场研究	光华管理学院	专业必修	1
15—16	2	02833670	高级财务会计	光华管理学院	专业必修	1
15—16	2	02833680	生产作业管理	光华管理学院	专业任选	1
15—16	2	02833720	计量经济学	光华管理学院	专业必修	1
15—16	2	02834370	企业伦理	光华管理学院	专业任选	1
15—16	2	02834420	证券投资学	光华管理学院	专业必修	1
15—16	2	02834420	证券投资学	光华管理学院	专业必修	2
15—16	2	02834430	财务报表分析	光华管理学院	专业必修	1
15—16	2	02834510	审计学	光华管理学院	专业必修	1

(续表)

学年度	学期	课程号	课程名称	开课系所	课程类别	班号
15—16	2	02834530	内部控制与内部审计	光华管理学院	专业任选	1
15—16	2	02834660	服务业营销	光华管理学院	专业任选	1
15—16	2	02834720	概率统计	光华管理学院	专业必修	1
15—16	2	02834720	概率统计	光华管理学院	专业必修	2
15—16	2	02834730	创业管理	光华管理学院	专业任选	1
15—16	2	02834760	金融时间序列分析	光华管理学院	专业任选	1
15—16	2	02834780	公共财政理论与政策	光华管理学院	专业必修	1
15—16	2	02834840	金融衍生工具	光华管理学院	专业必修	1
15—16	2	02834870	创业与创新实践	光华管理学院	专业任选	1
15—16	2	02834890	互联网与商业模式创新	光华管理学院	专业任选	1
15—16	2	02836020	金融计量经济学	光华管理学院	专业必修	1
15—16	2	02837020	投资银行	光华管理学院	专业任选	1
15—16	2	02837120	消费者行为	光华管理学院	专业必修	1
15—16	2	02837140	中国商务	光华管理学院	专业任选	1
15—16	2	02837180	财务案例分析	光华管理学院	专业任选	1
15—16	2	02837190	供应链管理	光华管理学院	专业任选	1
15—16	2	02838070	从案例学习管理	光华管理学院	专业任选	1
15—16	2	02838130	中国社会与商业文化	光华管理学院	专业任选	1
15—16	2	02838240	金融市场	光华管理学院	全校公选课	1
15—16	2	02838250	人生规划与职业发展	光华管理学院	专业任选	1
15—16	2	02838300	整合营销传播	光华管理学院	专业必修	1
15—16	2	02838320	随机分析与应用	光华管理学院	专业任选	1
15—16	2	02838370	中国金融市场与金融机构	光华管理学院	专业任选	1
15—16	2	02838390	公司并购与重组	光华管理学院	专业任选	1
15—16	2	02838400	行为金融	光华管理学院	专业任选	1
15—16	2	02930010	法理学	法学院	专业必修	1
15—16	2	02930030	中国法制史	法学院	专业必修	1
15—16	2	0293005a	外国法制史	法学院	专业限选	1
15—16	2	0293007a	行政法与行政诉讼法	法学院	专业必修	1
15—16	2	02930105	外国刑法	法学院	通选课	1
15—16	2	02930112	刑法案例研习	法学院	专业限选	1
15—16	2	02930112	刑法案例研习	法学院	专业限选	2
15—16	2	02930112	刑法案例研习	法学院	专业限选	3
15—16	2	02930112	刑法案例研习	法学院	专业限选	4
15—16	2	02930112	刑法案例研习	法学院	专业限选	5
15—16	2	02930112	刑法案例研习	法学院	专业限选	6
15—16	2	02930141	刑事诉讼案例研习	法学院	专业限选	1
15—16	2	02930142	合同法实务	法学院	专业限选	1
15—16	2	02930144	法律和社会科学	法学院	专业限选	1
15—16	2	02930147	普通法精要（公法）	法学院	专业限选	1
15—16	2	02930152	刑法总论	法学院	专业必修	1
15—16	2	02930154	证据法	法学院	专业限选	1
15—16	2	02930155	法学的量化方法与成本收益分析	法学院	专业限选	1
15—16	2	02930161	模拟法庭基础	法学院	专业限选	1

(续表)

学年度	学期	课程号	课程名称	开课系所	课程类别	班号
15—16	2	02930162	比较法律专题一	法学院	专业限选	1
15—16	2	02930171	诊所式法律教育	法学院	专业限选	1
15—16	2	02930180	知识产权法学	法学院	专业必修	1
15—16	2	02930190	亲属法与继承法	法学院	专业限选	1
15—16	2	02930200	企业法／公司法	法学院	专业限选	1
15—16	2	02930220	犯罪学	法学院	专业限选	1
15—16	2	02930249	竞争法	法学院	专业限选	1
15—16	2	02930261	信托法	法学院	专业限选	1
15—16	2	02930262	破产法	法学院	专业限选	1
15—16	2	0293028a	金融法／银行法	法学院	专业限选	1
15—16	2	02930340	国际经济法	法学院	专业必修	1
15—16	2	02930390	专业英语（听力及口语）	法学院	专业限选	1
15—16	2	02930440	海商法	法学院	专业限选	1
15—16	2	02930470	商法总论	法学院	专业必修	1
15—16	2	02930501	法律经济学	法学院	专业限选	1
15—16	2	02930530	外国宪法	法学院	通选课	1
15—16	2	0293063a	刑事侦查学	法学院	专业限选	1
15—16	2	0293074a	专业英语	法学院	专业限选	1
15—16	2	02930901	实习	法学院	专业必修	1
15—16	2	02930920	刑事诉讼法	法学院	专业必修	1
15—16	2	02930980	债权法	法学院	专业必修	1
15—16	2	02930987	国际组织法	法学院	专业限选	1
15—16	2	02939999	法律导论	法学院	通选课	1
15—16	2	03030010	图书馆学概论	信息管理系	专业限选	1
15—16	2	03030220	著作权法	信息管理系	专业限选	1
15—16	2	03030370	传播学原理	信息管理系	专业限选	1
15—16	2	03030910	多媒体技术	信息管理系	专业限选	1
15—16	2	03031040	数据库系统上机	信息管理系	专业必修	1
15—16	2	03032130	信息组织	信息管理系	专业必修	1
15—16	2	03032360	中国文化史	信息管理系	通选课	1
15—16	2	03033020	数据库系统	信息管理系	专业必修	1
15—16	2	03033030	信息分析与决策	信息管理系	专业必修	1
15—16	2	03033040	信息服务	信息管理系	专业必修	1
15—16	2	03033110	信息安全	信息管理系	专业限选	1
15—16	2	03033190	社科文献资源与检索利用	信息管理系	专业限选	1
15—16	2	03033246	电子资源的检索与利用	信息管理系	通选课	1
15—16	2	03033340	信息科学导论	信息管理系	专业限选	1
15—16	2	03033460	调查与统计方法	信息管理系	专业限选	1
15—16	2	03033490	中国图书史	信息管理系	专业限选	1
15—16	2	03033550	人机交互与用户体验	信息管理系	专业限选	1
15—16	2	03033570	社会实习与实践	信息管理系	专业必修	1
15—16	2	03033590	交互式信息检索	信息管理系	专业限选	1
15—16	2	03033610	大众健康信息资源与利用	信息管理系	专业限选	1
15—16	2	03033620	公共文化服务概论	信息管理系	专业限选	1

（续表）

学年度	学期	课程号	课程名称	开课系所	课程类别	班号
15—16	2	03033630	数字图书馆与语义网	信息管理系	专业必修	1
15—16	2	03033650	信息计量学	信息管理系	专业限选	1
15—16	2	03033660	信息组织小班讨论课	信息管理系	专业必修	1
15—16	2	03033660	信息组织小班讨论课	信息管理系	专业必修	2
15—16	2	03033660	信息组织小班讨论课	信息管理系	专业必修	3
15—16	2	03033660	信息组织小班讨论课	信息管理系	专业必修	4
15—16	2	03033660	信息组织小班讨论课	信息管理系	专业必修	5
15—16	2	03033660	信息组织小班讨论课	信息管理系	专业必修	6
15—16	2	03033670	企业信息化在中国	信息管理系	全校公选课	1
15—16	2	03033680	社群信息学	信息管理系	专业限选	1
15—16	2	03100130	国外社会学学说（上）	社会学系	专业必修	1
15—16	2	03130010	社会学概论	社会学系	双学位	2
15—16	2	03130020	国外社会学学说（下）	社会学系	双学位	2
15—16	2	03130050	中国社会思想史	社会学系	专业必修	1
15—16	2	03130120	社会统计学	社会学系	双学位	2
15—16	2	03130150	社会人类学	社会学系	专业必修	2
15—16	2	03130190	城市社会学	社会学系	专业必修	1
15—16	2	03130190	城市社会学	社会学系	双学位	2
15—16	2	03130210	社会心理学	社会学系	专业必修	1
15—16	2	03130250	农村社会学	社会学系	专业必修	1
15—16	2	03130260	家庭社会学	社会学系	专业任选	1
15—16	2	03130280	社会性别研究	社会学系	通选课	1
15—16	2	03130340	宗教社会学	社会学系	专业任选	1
15—16	2	03130400	教育社会学思考	社会学系	通选课	3
15—16	2	03130430	群体工作	社会学系	专业必修	3
15—16	2	03130460	社会保障	社会学系	专业必修	3
15—16	2	03130480	社会行政	社会学系	专业必修	3
15—16	2	03130590	中国社会	社会学系	专业必修	1
15—16	2	03130640	经济社会学	社会学系	专业必修	1
15—16	2	03130640	经济社会学	社会学系	双学位	2
15—16	2	03130700	历史社会学	社会学系	专业任选	1
15—16	2	03130790	贫困与发展	社会学系	专业任选	4
15—16	2	03130840	劳动社会学	社会学系	专业必修	1
15—16	2	03130880	西方社会思想史	社会学系	专业任选	1
15—16	2	03131190	社会工作概论	社会学系	专业必修	1
15—16	2	03131190	社会工作概论	社会学系	双学位	2
15—16	2	03131230	社会工作实习	社会学系	专业必修	4
15—16	2	03131360	民族与社会	社会学系	通选课	1
15—16	2	03131410	自杀社会问题研究	社会学系	通选课	3
15—16	2	03131500	社会调查与研究方法	社会学系	双学位	4
15—16	2	03131530	人口社会学	社会学系	双学位	2
15—16	2	03131540	实习	社会学系	专业必修	1
15—16	2	03131650	人口统计学	社会学系	专业任选	1
15—16	2	03131740	中国社会学史	社会学系	专业任选	1

(续表)

学年度	学期	课程号	课程名称	开课系所	课程类别	班号
15—16	2	03131760	人口资源环境社会学	社会学系	通选课	3
15—16	2	03131870	公民社会与非营利组织	社会学系	全校公选课	4
15—16	2	03131880	社会学英文原著精读	社会学系	专业任选	1
15—16	2	03131890	大学生性格优势团体辅导	社会学系	全校公选课	1
15—16	2	03131900	社会博弈论	社会学系	专业任选	1
15—16	2	03132110	论证性论文写作	社会学系	专业任选	1
15—16	2	03132120	中国社会：结构与变迁	社会学系	通选课	3
15—16	2	03230040	比较政治学概论	政府管理学院	专业必修	1
15—16	2	03230780	中国政治思想史	政府管理学院	专业必修	1
15—16	2	03230790	西方政治思想史	政府管理学院	专业必修	1
15—16	2	03230900	政治学原理	政府管理学院	通选课	1
15—16	2	03231080	政治经济导论	政府管理学院	专业必修	1
15—16	2	03231110	新公共管理	政府管理学院	专业必修	1
15—16	2	03231120	比较公共管理	政府管理学院	专业限选	1
15—16	2	03231130	地方政府管理	政府管理学院	专业必修	1
15—16	2	03231140	公共财政与税收	政府管理学院	专业限选	1
15—16	2	03231160	人力资源开发与管理	政府管理学院	专业必修	1
15—16	2	03231200	宏观经济政策	政府管理学院	专业限选	1
15—16	2	03231300	中国现代政治思想	政府管理学院	专业限选	1
15—16	2	03231530	财政预算与行政财务管理	政府管理学院	专业限选	1
15—16	2	03231700	政党学概论	政府管理学院	专业限选	1
15—16	2	03231740	美国政府与政治	政府管理学院	专业限选	1
15—16	2	03231870	公民社会与非政府组织	政府管理学院	专业限选	1
15—16	2	03232080	日本经济	政府管理学院	通选课	1
15—16	2	03232150	创新与企业	政府管理学院	专业限选	1
15—16	2	03232240	地方政府经济学	政府管理学院	专业必修	1
15—16	2	03232290	经济学原理	政府管理学院	专业必修	1
15—16	2	03232300	应用统计学	政府管理学院	专业必修	1
15—16	2	03232320	行政学研究方法	政府管理学院	专业必修	1
15—16	2	03232360	地理信息系统基础与应用	政府管理学院	专业必修	1
15—16	2	03232370	经济法学	政府管理学院	专业限选	1
15—16	2	03232390	宪法与行政法学	政府管理学院	专业必修	1
15—16	2	03530190	日本文化艺术专题	外国语学院	通选课	1
15—16	2	03530242	公共阿拉伯语（二）	外国语学院	全校公选课	1
15—16	2	03530292	公共越南语（二）	外国语学院	全校公选课	1
15—16	2	03530295	公共缅甸语（一）	外国语学院	全校公选课	1
15—16	2	03530302	公共希伯莱语（二）	外国语学院	全校公选课	1
15—16	2	03530442	公共韩国语（二）	外国语学院	全校公选课	1
15—16	2	03530490	韩国大众媒体和流行文化	外国语学院	全校公选课	1
15—16	2	03530520	公共土耳其语（二）	外国语学院	全校公选课	1
15—16	2	03531016	公共斯瓦西里语（二）	外国语学院	全校公选课	1
15—16	2	03531022	公共孟加拉语（二）	外国语学院	全校公选课	1
15—16	2	03531024	公共西里尔蒙古文（二）	外国语学院	全校公选课	1
15—16	2	03531027	公共乌尔都语（一）	外国语学院	全校公选课	1

(续表)

学年度	学期	课程号	课程名称	开课系所	课程类别	班号
15—16	2	03531029	公共波斯语（一）	外国语学院	全校公选课	1
15—16	2	03531040	公共伊博语（二）	外国语学院	全校公选课	1
15—16	2	03531138	蒙古语翻译（上）	外国语学院	专业必修	1
15—16	2	03531159	蒙古国史文献选读	外国语学院	专业任选	1
15—16	2	03531180	蒙古史	外国语学院	专业任选	1
15—16	2	03531220	中蒙关系史	外国语学院	专业任选	1
15—16	2	03531360	喀尔喀蒙古古代文学史	外国语学院	专业任选	1
15—16	2	03531370	蒙古语发展简史	外国语学院	专业必修	1
15—16	2	03531380	蒙古国现代文学作品选读	外国语学院	专业必修	1
15—16	2	03531402	基础韩国（朝鲜）语（二）	外国语学院	专业必修	1
15—16	2	03531404	基础韩国（朝鲜）语（四）	外国语学院	专业必修	1
15—16	2	03531569	韩中翻译	外国语学院	专业必修	1
15—16	2	03531670	韩国（朝鲜）文化	外国语学院	专业必修	1
15—16	2	03531802	韩国（朝鲜）语视听说（二）	外国语学院	专业必修	1
15—16	2	03531804	韩国（朝鲜）语视听说（四）	外国语学院	专业必修	1
15—16	2	03531812	高级韩国（朝鲜）语（二）	外国语学院	专业必修	1
15—16	2	03531814	高级韩国（朝鲜）语（四）	外国语学院	专业必修	1
15—16	2	03531832	韩国（朝鲜）语报刊选读（下）	外国语学院	专业任选	1
15—16	2	03531842	高级韩国（朝鲜）语口语（二）	外国语学院	专业任选	1
15—16	2	03531851	韩国（朝鲜）文学作品选读（上）	外国语学院	专业任选	1
15—16	2	03531970	日语阅读	外国语学院	专业必修	1
15—16	2	03532022	基础日语（二）	外国语学院	专业必修	1
15—16	2	03532024	基础日语（四）	外国语学院	专业必修	1
15—16	2	03532030	日本历史	外国语学院	专业任选	1
15—16	2	03532042	日语视听说（二）	外国语学院	专业必修	1
15—16	2	03532090	日本文化概论	外国语学院	专业必修	1
15—16	2	03532100	日本报刊选读	外国语学院	专业任选	1
15—16	2	03532110	日译汉	外国语学院	专业必修	1
15—16	2	03532160	日语概论	外国语学院	专业必修	1
15—16	2	03532170	日语敬语概论	外国语学院	专业任选	1
15—16	2	03532220	日语会话	外国语学院	专业必修	1
15—16	2	03532252	公共日语（二）	外国语学院	全校公选课	1
15—16	2	03532252	公共日语（二）	外国语学院	全校公选课	2
15—16	2	03532252	公共日语（二）	外国语学院	全校公选课	3
15—16	2	03532252	公共日语（二）	外国语学院	全校公选课	4
15—16	2	03532252	公共日语（二）	外国语学院	全校公选课	5
15—16	2	03532252	公共日语（二）	外国语学院	全校公选课	6
15—16	2	03532252	公共日语（二）	外国语学院	全校公选课	7
15—16	2	03532252	公共日语（二）	外国语学院	全校公选课	8
15—16	2	03532254	公共日语（四）	外国语学院	全校公选课	1
15—16	2	03532322	高年级日语（二）	外国语学院	专业必修	1
15—16	2	03532334	高年级日语（四）	外国语学院	专业必修	1
15—16	2	03532402	基础日语（二）	外国语学院	辅修	1
15—16	2	03532411	日语视听说（一）	外国语学院	辅修	1

（续表）

学年度	学期	课程号	课程名称	开课系所	课程类别	班号
15—16	2	03532413	日语视听说（三）	外国语学院	辅修	1
15—16	2	03532422	日语阅读（二）	外国语学院	辅修	1
15—16	2	03533030	越南历史	外国语学院	专业必修	1
15—16	2	03533041	越语会话（上）	外国语学院	专业任选	1
15—16	2	03533104	越南语视听说（四）	外国语学院	专业必修	1
15—16	2	03533143	越南报刊选读（三）	外国语学院	专业任选	1
15—16	2	03533272	基础越南语（二）	外国语学院	专业必修	1
15—16	2	03533272	基础越南语（二）	外国语学院	专业必修	2
15—16	2	03533512	泰语听力（下）	外国语学院	专业必修	1
15—16	2	03533523	初级泰语阅读（三）	外国语学院	专业必修	1
15—16	2	03533540	泰语语法	外国语学院	专业必修	1
15—16	2	03533761	泰文报刊选读（上）	外国语学院	专业任选	1
15—16	2	03533811	高年级泰语阅读（一）	外国语学院	专业任选	1
15—16	2	03533812	高年级泰语阅读（二）	外国语学院	专业任选	1
15—16	2	03533864	泰语教程（四）	外国语学院	专业必修	1
15—16	2	03533910	泰国历史文献选读	外国语学院	专业任选	1
15—16	2	03533920	泰语的外来语	外国语学院	专业任选	1
15—16	2	03533940	泰国民俗学	外国语学院	专业任选	1
15—16	2	03533980	泰国国情专题研究	外国语学院	专业任选	1
15—16	2	03534016	缅甸语（六）	外国语学院	专业必修	1
15—16	2	03534051	缅甸语翻译（一）	外国语学院	专业必修	1
15—16	2	03534170	缅甸语写作	外国语学院	专业任选	1
15—16	2	03534212	缅甸报刊选读（二）	外国语学院	专业任选	1
15—16	2	03534253	缅甸语视听说（三）	外国语学院	专业任选	1
15—16	2	03534844	印尼语（四）	外国语学院	专业必修	1
15—16	2	03534846	公共菲律宾语（二）	外国语学院	全校公选课	1
15—16	2	03535022	希伯莱语视听说（二）	外国语学院	专业任选	1
15—16	2	03535162	希伯莱语（二）	外国语学院	专业必修	1
15—16	2	03535580	菲律宾文化	外国语学院	专业必修	1
15—16	2	03535674	菲律宾语（四）	外国语学院	专业必修	1
15—16	2	03536023	印地语视听说（三）	外国语学院	专业必修	1
15—16	2	03536132	梵语文学作品选读（下）	外国语学院	专业必修	1
15—16	2	03536214	印度英语报刊文章选读（四）	外国语学院	专业任选	1
15—16	2	03536240	印度宗教	外国语学院	通选课	1
15—16	2	03536262	印度佛教史（下）	外国语学院	专业必修	1
15—16	2	03536302	印地语报刊阅读（二）	外国语学院	专业任选	1
15—16	2	03536403	德语（三）	外国语学院	专业必修	1
15—16	2	03536441	国外印度学专题（一）	外国语学院	专业任选	1
15—16	2	03536502	印地语（二）	外国语学院	专业必修	1
15—16	2	03536916	印地语（六）	外国语学院	专业必修	1
15—16	2	03537022	乌尔都语视听说（二）	外国语学院	专业必修	1
15—16	2	03537050	乌尔都语语法	外国语学院	专业必修	1
15—16	2	03537220	南亚伊斯兰文化概述	外国语学院	专业必修	1
15—16	2	03537282	乌尔都语泛读（下）	外国语学院	专业任选	1

(续表)

学年度	学期	课程号	课程名称	开课系所	课程类别	班号
15—16	2	03537354	基础乌尔都语（四）	外国语学院	专业必修	1
15—16	2	03537362	乌尔都语听力（下）	外国语学院	专业必修	1
15—16	2	03537390	乌尔都语写作教程	外国语学院	专业任选	1
15—16	2	03537572	波斯语小说（下）	外国语学院	专业任选	1
15—16	2	03537592	波斯语诗歌选读（下）	外国语学院	专业必修	1
15—16	2	03538012	基础阿拉伯语（二）	外国语学院	专业必修	1
15—16	2	03538014	基础阿拉伯语（四）	外国语学院	专业必修	1
15—16	2	03538021	阿拉伯语视听（一）	外国语学院	专业必修	1
15—16	2	03538023	阿拉伯语视听（三）	外国语学院	专业必修	1
15—16	2	03538025	阿拉伯语视听（五）	外国语学院	专业必修	1
15—16	2	03538031	阿拉伯语口语（一）	外国语学院	专业必修	1
15—16	2	03538033	阿拉伯语口语（三）	外国语学院	专业必修	1
15—16	2	03538042	阿拉伯语阅读（二）	外国语学院	专业必修	1
15—16	2	03538044	阿拉伯语阅读（四）	外国语学院	专业任选	1
15—16	2	03538050	阿拉伯语语法	外国语学院	专业任选	1
15—16	2	03538071	阿拉伯语口译（一）	外国语学院	专业必修	1
15—16	2	03538081	阿拉伯语翻译教程（一）	外国语学院	专业必修	1
15—16	2	03538180	阿拉伯伊斯兰文化	外国语学院	专业必修	1
15—16	2	03538222	阿拉伯报刊文选（二）	外国语学院	专业任选	1
15—16	2	03538230	开罗方言	外国语学院	专业任选	1
15—16	2	03538240	阿拉伯语应用文	外国语学院	专业任选	1
15—16	2	03538272	高年级阿拉伯语（二）	外国语学院	专业必修	1
15—16	2	03538274	高年级阿拉伯语（四）	外国语学院	专业必修	1
15—16	2	03538282	基础土耳其语（二）	外国语学院	辅修	1
15—16	2	03538291	土耳其语视听说（一）	外国语学院	辅修	1
15—16	2	03631002	法语精读（二）	外国语学院	专业必修	1
15—16	2	03631004	法语精读（四）	外国语学院	专业必修	1
15—16	2	03631006	法语精读（六）	外国语学院	专业必修	1
15—16	2	03631018	法语精读（八）	外国语学院	专业必修	1
15—16	2	03631022	法语视听说（二）	外国语学院	专业必修	1
15—16	2	03631024	法语视听说（四）	外国语学院	专业必修	1
15—16	2	03631026	法语视听说（六）	外国语学院	专业必修	1
15—16	2	03631028	法语视听说（八）	外国语学院	专业必修	1
15—16	2	03631032	法语写作（二）	外国语学院	专业必修	1
15—16	2	03631034	法语写作（四）	外国语学院	专业必修	1
15—16	2	03631043	法语笔译（上）	外国语学院	专业必修	1
15—16	2	03631054	法语口译（下）	外国语学院	专业必修	1
15—16	2	03631065	法国文学史和文学选读（上）	外国语学院	专业必修	1
15—16	2	03631091	法语泛读（一）	外国语学院	专业任选	1
15—16	2	03631093	法语泛读（三）	外国语学院	专业任选	1
15—16	2	03631230	法语国家及地区概况	外国语学院	专业任选	1
15—16	2	03631252	法国报刊选读（二）	外国语学院	专业任选	1
15—16	2	03631254	法国报刊选读（四）	外国语学院	专业任选	1
15—16	2	03631512	法语精读（二）	外国语学院	辅修	1

(续表)

学年度	学期	课程号	课程名称	开课系所	课程类别	班号
15—16	2	03631514	法语精读（四）	外国语学院	辅修	1
15—16	2	03631522	法语视听（二）	外国语学院	辅修	1
15—16	2	03631524	法语视听（四）	外国语学院	辅修	1
15—16	2	03631532	法语泛读（二）	外国语学院	辅修	1
15—16	2	03631534	法语泛读（四）	外国语学院	辅修	1
15—16	2	03631612	公共法语（二）	外国语学院	全校公选课	1
15—16	2	03631612	公共法语（二）	外国语学院	全校公选课	2
15—16	2	03631612	公共法语（二）	外国语学院	全校公选课	3
15—16	2	03631612	公共法语（二）	外国语学院	全校公选课	4
15—16	2	03632002	德语精读（二）	外国语学院	专业必修	1
15—16	2	03632002	德语精读（二）	外国语学院	专业必修	2
15—16	2	03632004	德语精读（四）	外国语学院	专业必修	1
15—16	2	03632022	德语视听说（二）	外国语学院	专业任选	1
15—16	2	03632024	德语视听说（四）	外国语学院	专业任选	1
15—16	2	03632029	德语高级听力	外国语学院	专业任选	1
15—16	2	03632042	德语笔译（二）	外国语学院	专业必修	1
15—16	2	03632044	德语笔译（四）	外国语学院	专业必修	1
15—16	2	03632052	德语口译（下）	外国语学院	专业必修	1
15—16	2	03632089	德语散文名篇选读	外国语学院	专业必修	1
15—16	2	03632099	德语国家青少年文学	外国语学院	专业必修	1
15—16	2	03632104	德语长篇小说（下）	外国语学院	专业必修	1
15—16	2	03632110	德国文化史	外国语学院	辅修	1
15—16	2	03632130	奥地利、瑞士文学	外国语学院	专业任选	1
15—16	2	03632160	德语中篇小说选读	外国语学院	专业必修	1
15—16	2	03632182	德语语言学导论（二）	外国语学院	专业任选	1
15—16	2	03632210	德国历史	外国语学院	专业任选	1
15—16	2	03632270	德语国家诗歌	外国语学院	专业任选	1
15—16	2	03632280	德语国家戏剧	外国语学院	专业任选	1
15—16	2	03632291	德语写作（上）	外国语学院	专业任选	1
15—16	2	03632340	跨文化交际	外国语学院	专业任选	1
15—16	2	03632360	德语文学艺术概论	外国语学院	专业任选	1
15—16	2	03632512	德语精读（二）	外国语学院	辅修	1
15—16	2	03632514	德语精读（四）	外国语学院	辅修	1
15—16	2	03632522	德语视听（二）	外国语学院	辅修	1
15—16	2	03632524	德语视听（四）	外国语学院	辅修	1
15—16	2	03632532	德语泛读（二）	外国语学院	辅修	1
15—16	2	03632534	德语泛读（四）	外国语学院	辅修	1
15—16	2	03632612	公共德语（二）	外国语学院	全校公选课	1
15—16	2	03632612	公共德语（二）	外国语学院	全校公选课	2
15—16	2	03632612	公共德语（二）	外国语学院	全校公选课	3
15—16	2	03632612	公共德语（二）	外国语学院	全校公选课	4
15—16	2	03632622	德语国家文学史与选读（二）	外国语学院	专业必修	1
15—16	2	03632624	德语国家文学史与选读（四）	外国语学院	专业必修	1
15—16	2	03633012	西班牙语精读（二）	外国语学院	专业必修	1

（续表）

学年度	学期	课程号	课程名称	开课系所	课程类别	班号
15—16	2	03633014	西班牙语精读（四）	外国语学院	专业必修	1
15—16	2	03633016	西班牙语精读（六）	外国语学院	专业必修	1
15—16	2	03633019	西班牙语精读（八）	外国语学院	专业必修	1
15—16	2	03633022	西班牙语视听（二）	外国语学院	专业必修	1
15—16	2	03633026	西班牙语视听（六）	外国语学院	专业必修	1
15—16	2	03633028	西班牙语视听（四）	外国语学院	专业必修	1
15—16	2	03633032	西班牙语阅读（二）	外国语学院	专业必修	1
15—16	2	03633042	西班牙语口语（二）	外国语学院	专业任选	1
15—16	2	03633044	西班牙语口语（四）	外国语学院	专业任选	1
15—16	2	03633046	西班牙语口语（六）	外国语学院	专业任选	1
15—16	2	03633052	西班牙语作文（下）	外国语学院	专业任选	1
15—16	2	03633061	西班牙语文学史和文学选读（上）	外国语学院	专业必修	1
15—16	2	03633072	拉丁美洲文学史和文学选读（下）	外国语学院	专业必修	1
15—16	2	03633082	西汉笔译（下）	外国语学院	专业必修	1
15—16	2	03633092	西汉口译（下）	外国语学院	专业必修	1
15—16	2	03633209	经贸西班牙语	外国语学院	专业任选	1
15—16	2	03633220	拉丁美洲历史和文化概论	外国语学院	专业任选	1
15—16	2	03633232	西班牙语语法（下）	外国语学院	专业任选	1
15—16	2	03633252	西班牙报刊选读（下）	外国语学院	专业任选	1
15—16	2	03633290	西班牙语世界文化研究	外国语学院	专业任选	1
15—16	2	03633611	公共西班牙语（一）	外国语学院	全校公选课	1
15—16	2	03633612	公共西班牙语（二）	外国语学院	全校公选课	1
15—16	2	03633612	公共西班牙语（二）	外国语学院	全校公选课	2
15—16	2	03634030	传记文学：经典人物研究	外国语学院	通选课	1
15—16	2	03634060	西方文学名著导读	外国语学院	通选课	1
15—16	2	03635012	公共葡萄牙语（二）	外国语学院	全校公选课	1
15—16	2	03635048	葡萄牙语（八）	外国语学院	专业必修	1
15—16	2	03635072	巴西文学史和文学选读（二）	外国语学院	专业任选	1
15—16	2	03635082	葡萄牙语语言学导论（二）	外国语学院	专业任选	1
15—16	2	03639000	电影	外国语学院	专业任选	1
15—16	2	03730032	俄语语法（二）	外国语学院	专业必修	1
15—16	2	03730102	俄语报刊阅读（二）	外国语学院	专业任选	1
15—16	2	03730111	俄语阅读—文化背景知识（一）	外国语学院	专业必修	1
15—16	2	03730113	俄语阅读—文化背景知识（三）	外国语学院	专业必修	1
15—16	2	03730192	俄语口语会话（下）	外国语学院	专业任选	1
15—16	2	03730312	俄罗斯文学选读（下）	外国语学院	专业任选	1
15—16	2	03730329	俄苏电影赏析	外国语学院	专业任选	1
15—16	2	03730392	俄罗斯文学史（二）	外国语学院	专业必修	1
15—16	2	03730394	俄罗斯文学史（四）	外国语学院	专业必修	1
15—16	2	03730422	俄语口译（下）	外国语学院	专业任选	1
15—16	2	03730502	基础俄语（二）	外国语学院	专业必修	1
15—16	2	03730504	基础俄语（四）	外国语学院	专业必修	1
15—16	2	03730512	高级俄语（二）	外国语学院	专业必修	1
15—16	2	03730514	高级俄语（四）	外国语学院	专业必修	1

(续表)

学年度	学期	课程号	课程名称	开课系所	课程类别	班号
15—16	2	03730542	俄语写作（下）	外国语学院	专业必修	1
15—16	2	03730552	俄译汉教程（下）	外国语学院	专业必修	1
15—16	2	03730582	俄罗斯国情（下）	外国语学院	专业必修	1
15—16	2	03730592	俄罗斯民俗民情（下）	外国语学院	专业任选	1
15—16	2	03730630	俄语实践修辞	外国语学院	专业任选	1
15—16	2	03730739	文学理论基础	外国语学院	专业任选	1
15—16	2	03730752	俄语视听说（二）	外国语学院	专业必修	1
15—16	2	03730754	俄语视听说（四）	外国语学院	专业必修	1
15—16	2	03730769	俄语新闻听力（下）	外国语学院	专业任选	1
15—16	2	03730780	俄罗斯社会与文化系列讲座	外国语学院	专业任选	1
15—16	2	03730811	汉译俄教程（上）	外国语学院	专业必修	1
15—16	2	03730822	公共俄语（二）	外国语学院	全校公选课	1
15—16	2	03730852	俄罗斯的信仰与文化（下）	外国语学院	专业任选	1
15—16	2	03730860	清代中俄关系文献选读	外国语学院	专业任选	1
15—16	2	03830018	英语精读（二）	外国语学院	专业必修	1
15—16	2	03830018	英语精读（二）	外国语学院	专业必修	2
15—16	2	03830022	英语视听（二）	外国语学院	专业必修	1
15—16	2	03830022	英语视听（二）	外国语学院	专业必修	2
15—16	2	03830028	英语视听（四）	外国语学院	专业任选	1
15—16	2	03830034	英语精读（四）	外国语学院	专业必修	1
15—16	2	03830034	英语精读（四）	外国语学院	专业必修	2
15—16	2	03830042	口语（二）	外国语学院	专业必修	1
15—16	2	03830042	口语（二）	外国语学院	专业必修	2
15—16	2	03830044	口语（四）	外国语学院	专业必修	1
15—16	2	03830044	口语（四）	外国语学院	专业必修	2
15—16	2	03830060	应用文写作	外国语学院	专业必修	1
15—16	2	03830072	写作（二）	外国语学院	专业必修	1
15—16	2	03830072	写作（二）	外国语学院	专业必修	2
15—16	2	03830080	测试（A）	外国语学院	专业任选	1
15—16	2	03830091	英国文学史（一）	外国语学院	专业必修	1
15—16	2	03830120	汉译英	外国语学院	专业必修	1
15—16	2	03830132	美国文学史与选读（二）	外国语学院	专业必修	1
15—16	2	03832120	英语词汇学	外国语学院	专业任选	1
15—16	2	03832160	消费文化与生存美学	外国语学院	专业任选	1
15—16	2	03833160	英美戏剧	外国语学院	专业任选	1
15—16	2	03833170	英美女作家作品选读	外国语学院	专业任选	1
15—16	2	03833260	文化与翻译批评	外国语学院	专业任选	1
15—16	2	03833270	文学与社会	外国语学院	专业任选	1
15—16	2	03833300	英语文学文体学	外国语学院	专业任选	1
15—16	2	03833360	文化理论与加拿大小说	外国语学院	专业任选	1
15—16	2	03834060	莎士比亚与马洛戏剧选读	外国语学院	专业任选	1
15—16	2	03834100	中西文化比较	外国语学院	通选课	1
15—16	2	03834130	英语诗歌鉴赏	外国语学院	专业任选	1
15—16	2	03834240	比较视野中的中美当代小说	外国语学院	专业任选	1

（续表）

学年度	学期	课程号	课程名称	开课系所	课程类别	班号
15—16	2	03834290	戏剧实践	外国语学院	全校公选课	1
15—16	2	03834360	英国文学的基石	外国语学院	专业任选	1
15—16	2	03834370	文学、自然与地方	外国语学院	专业任选	1
15—16	2	03834400	西方戏剧文学	外国语学院	专业任选	1
15—16	2	03834410	西方古典文学与社会	外国语学院	专业任选	1
15—16	2	03835062	大学英语（二）（2）	英语语言文学系	大学英语	1
15—16	2	03835062	大学英语（二）（2）	英语语言文学系	大学英语	2
15—16	2	03835062	大学英语（二）（2）	英语语言文学系	大学英语	3
15—16	2	03835062	大学英语（二）（2）	英语语言文学系	大学英语	4
15—16	2	03835062	大学英语（二）（2）	英语语言文学系	大学英语	5
15—16	2	03835062	大学英语（二）（2）	英语语言文学系	大学英语	6
15—16	2	03835062	大学英语（二）（2）	英语语言文学系	大学英语	7
15—16	2	03835062	大学英语（二）（2）	英语语言文学系	大学英语	8
15—16	2	03835063	大学英语（三）（2）	英语语言文学系	大学英语	1
15—16	2	03835063	大学英语（三）（2）	英语语言文学系	大学英语	2
15—16	2	03835063	大学英语（三）（2）	英语语言文学系	大学英语	3
15—16	2	03835063	大学英语（三）（2）	英语语言文学系	大学英语	4
15—16	2	03835063	大学英语（三）（2）	英语语言文学系	大学英语	5
15—16	2	03835063	大学英语（三）（2）	英语语言文学系	大学英语	6
15—16	2	03835063	大学英语（三）（2）	英语语言文学系	大学英语	7
15—16	2	03835063	大学英语（三）（2）	英语语言文学系	大学英语	8
15—16	2	03835063	大学英语（三）（2）	英语语言文学系	大学英语	9
15—16	2	03835063	大学英语（三）（2）	英语语言文学系	大学英语	10
15—16	2	03835063	大学英语（三）（2）	英语语言文学系	大学英语	11
15—16	2	03835063	大学英语（三）（2）	英语语言文学系	大学英语	12
15—16	2	03835063	大学英语（三）（2）	英语语言文学系	大学英语	13
15—16	2	03835063	大学英语（三）（2）	英语语言文学系	大学英语	14
15—16	2	03835063	大学英语（三）（2）	英语语言文学系	大学英语	15
15—16	2	03835063	大学英语（三）（2）	英语语言文学系	大学英语	16
15—16	2	03835063	大学英语（三）（2）	英语语言文学系	大学英语	17
15—16	2	03835063	大学英语（三）（2）	英语语言文学系	大学英语	18
15—16	2	03835063	大学英语（三）（2）	英语语言文学系	大学英语	19
15—16	2	03835063	大学英语（三）（2）	英语语言文学系	大学英语	20
15—16	2	03835063	大学英语（三）（2）	英语语言文学系	大学英语	21
15—16	2	03835063	大学英语（三）（2）	英语语言文学系	大学英语	22
15—16	2	03835063	大学英语（三）（2）	英语语言文学系	大学英语	23
15—16	2	03835063	大学英语（三）（2）	英语语言文学系	大学英语	24
15—16	2	03835063	大学英语（三）（2）	英语语言文学系	大学英语	25
15—16	2	03835063	大学英语（三）（2）	英语语言文学系	大学英语	26
15—16	2	03835063	大学英语（三）（2）	英语语言文学系	大学英语	27
15—16	2	03835063	大学英语（三）（2）	英语语言文学系	大学英语	28
15—16	2	03835063	大学英语（三）（2）	英语语言文学系	大学英语	29
15—16	2	03835063	大学英语（三）（2）	英语语言文学系	大学英语	30
15—16	2	03835063	大学英语（三）（2）	英语语言文学系	大学英语	31

（续表）

学年度	学期	课程号	课程名称	开课系所	课程类别	班号
15—16	2	03835063	大学英语（三）（2）	英语语言文学系	大学英语	32
15—16	2	03835063	大学英语（三）（2）	英语语言文学系	大学英语	33
15—16	2	03835063	大学英语（三）（2）	英语语言文学系	大学英语	34
15—16	2	03835067	大学英语（四）	英语语言文学系	大学英语	1
15—16	2	03835067	大学英语（四）	英语语言文学系	大学英语	2
15—16	2	03835067	大学英语（四）	英语语言文学系	大学英语	3
15—16	2	03835067	大学英语（四）	英语语言文学系	大学英语	4
15—16	2	03835067	大学英语（四）	英语语言文学系	大学英语	5
15—16	2	03835067	大学英语（四）	英语语言文学系	大学英语	6
15—16	2	03835067	大学英语（四）	英语语言文学系	大学英语	7
15—16	2	03835067	大学英语（四）	英语语言文学系	大学英语	8
15—16	2	03835067	大学英语（四）	英语语言文学系	大学英语	9
15—16	2	03835067	大学英语（四）	英语语言文学系	大学英语	10
15—16	2	03835067	大学英语（四）	英语语言文学系	大学英语	11
15—16	2	03835067	大学英语（四）	英语语言文学系	大学英语	12
15—16	2	03835067	大学英语（四）	英语语言文学系	大学英语	13
15—16	2	03835067	大学英语（四）	英语语言文学系	大学英语	14
15—16	2	03835067	大学英语（四）	英语语言文学系	大学英语	15
15—16	2	03835067	大学英语（四）	英语语言文学系	大学英语	16
15—16	2	03835067	大学英语（四）	英语语言文学系	大学英语	17
15—16	2	03835067	大学英语（四）	英语语言文学系	大学英语	18
15—16	2	03835067	大学英语（四）	英语语言文学系	大学英语	19
15—16	2	03835067	大学英语（四）	英语语言文学系	大学英语	20
15—16	2	03835067	大学英语（四）	英语语言文学系	大学英语	21
15—16	2	03835067	大学英语（四）	英语语言文学系	大学英语	22
15—16	2	03835067	大学英语（四）	英语语言文学系	大学英语	23
15—16	2	03835067	大学英语（四）	英语语言文学系	大学英语	24
15—16	2	03835067	大学英语（四）	英语语言文学系	大学英语	25
15—16	2	03835067	大学英语（四）	英语语言文学系	大学英语	26
15—16	2	03835067	大学英语（四）	英语语言文学系	大学英语	27
15—16	2	03835067	大学英语（四）	英语语言文学系	大学英语	28
15—16	2	03835067	大学英语（四）	英语语言文学系	大学英语	29
15—16	2	03835067	大学英语（四）	英语语言文学系	大学英语	30
15—16	2	03835067	大学英语（四）	英语语言文学系	大学英语	31
15—16	2	03835067	大学英语（四）	英语语言文学系	大学英语	32
15—16	2	03835067	大学英语（四）	英语语言文学系	大学英语	33
15—16	2	03835067	大学英语（四）	英语语言文学系	大学英语	34
15—16	2	03835067	大学英语（四）	英语语言文学系	大学英语	35
15—16	2	03835067	大学英语（四）	英语语言文学系	大学英语	36
15—16	2	03835067	大学英语（四）	英语语言文学系	大学英语	37
15—16	2	03835067	大学英语（四）	英语语言文学系	大学英语	38
15—16	2	03835067	大学英语（四）	英语语言文学系	大学英语	39
15—16	2	03835067	大学英语（四）	英语语言文学系	大学英语	40
15—16	2	03835067	大学英语（四）	英语语言文学系	大学英语	41

（续表）

学年度	学期	课程号	课程名称	开课系所	课程类别	班号
15—16	2	03835067	大学英语（四.）	英语语言文学系	大学英语	42
15—16	2	03835150	高级英语—阅读与写作	英语语言文学系	大学英语	1
15—16	2	03835150	高级英语—阅读与写作	英语语言文学系	大学英语	2
15—16	2	03835150	高级英语—阅读与写作	英语语言文学系	大学英语	3
15—16	2	03835150	高级英语—阅读与写作	英语语言文学系	大学英语	4
15—16	2	03835150	高级英语—阅读与写作	英语语言文学系	大学英语	5
15—16	2	03835202	大学英语ABC（二）（2）	英语语言文学系	大学英语	1
15—16	2	03835204	大学英语ABC（四）（2）	英语语言文学系	大学英语	1
15—16	2	03835230	实用英语词汇学	英语语言文学系	大学英语	1
15—16	2	03835230	实用英语词汇学	英语语言文学系	大学英语	2
15—16	2	03835230	实用英语词汇学	英语语言文学系	大学英语	3
15—16	2	03835230	实用英语词汇学	英语语言文学系	大学英语	4
15—16	2	03835260	英语名著与电影	英语语言文学系	大学英语	1
15—16	2	03835260	英语名著与电影	英语语言文学系	大学英语	2
15—16	2	03835270	英语词汇与英美文化	英语语言文学系	大学英语	1
15—16	2	03835330	英国传统诗歌精华	英语语言文学系	大学英语	1
15—16	2	03835330	英国传统诗歌精华	英语语言文学系	大学英语	2
15—16	2	03835330	英国传统诗歌精华	英语语言文学系	大学英语	3
15—16	2	03835330	英国传统诗歌精华	英语语言文学系	大学英语	4
15—16	2	03835340	莎士比亚名篇赏析	外国语学院	通选课	1
15—16	2	03835350	大学英语听说	英语语言文学系	大学英语	1
15—16	2	03835350	大学英语听说	英语语言文学系	大学英语	2
15—16	2	03835350	大学英语听说	英语语言文学系	大学英语	3
15—16	2	03835350	大学英语听说	英语语言文学系	大学英语	4
15—16	2	03835350	大学英语听说	英语语言文学系	大学英语	5
15—16	2	03835350	大学英语听说	英语语言文学系	大学英语	6
15—16	2	03835350	大学英语听说	英语语言文学系	大学英语	7
15—16	2	03835350	大学英语听说	英语语言文学系	大学英语	8
15—16	2	03835350	大学英语听说	英语语言文学系	大学英语	9
15—16	2	03835350	大学英语听说	英语语言文学系	大学英语	10
15—16	2	03835350	大学英语听说	英语语言文学系	大学英语	11
15—16	2	03835350	大学英语听说	英语语言文学系	大学英语	12
15—16	2	03835440	美国政治演说中的历史文化评析	外国语学院	通选课	1
15—16	2	03835460	英美戏剧和电影	英语语言文学系	大学英语	1
15—16	2	03835460	英美戏剧和电影	英语语言文学系	大学英语	2
15—16	2	03835460	英美戏剧和电影	英语语言文学系	大学英语	3
15—16	2	03835460	英美戏剧和电影	英语语言文学系	大学英语	4
15—16	2	03835541	高级英语阅读A	英语语言文学系	大学英语	1
15—16	2	03835542	高级英语阅读B	英语语言文学系	大学英语	1
15—16	2	03835542	高级英语阅读B	英语语言文学系	大学英语	2
15—16	2	03835542	高级英语阅读B	英语语言文学系	大学英语	3
15—16	2	03835542	高级英语阅读B	英语语言文学系	大学英语	4
15—16	2	03835542	高级英语阅读B	英语语言文学系	大学英语	5
15—16	2	03835542	高级英语阅读B	英语语言文学系	大学英语	6

（续表）

学年度	学期	课程号	课程名称	开课系所	课程类别	班号
15—16	2	03835542	高级英语阅读B	英语语言文学系	大学英语	7
15—16	2	03835544	学术英语写作	英语语言文学系	大学英语	1
15—16	2	03835544	学术英语写作	英语语言文学系	大学英语	2
15—16	2	03835544	学术英语写作	英语语言文学系	大学英语	3
15—16	2	03835551	高级英语听说	英语语言文学系	大学英语	1
15—16	2	03835551	高级英语听说	英语语言文学系	大学英语	2
15—16	2	03835551	高级英语听说	英语语言文学系	大学英语	3
15—16	2	03835551	高级英语听说	英语语言文学系	大学英语	4
15—16	2	03835551	高级英语听说	英语语言文学系	大学英语	5
15—16	2	03835551	高级英语听说	英语语言文学系	大学英语	6
15—16	2	03835551	高级英语听说	英语语言文学系	大学英语	7
15—16	2	03835551	高级英语听说	英语语言文学系	大学英语	8
15—16	2	03835610	法律英语	英语语言文学系	大学英语	1
15—16	2	03835610	法律英语	英语语言文学系	大学英语	2
15—16	2	03835710	语言、文化与交际	英语语言文学系	大学英语	1
15—16	2	03835710	语言、文化与交际	英语语言文学系	大学英语	2
15—16	2	03835720	澳大利亚研究	英语语言文学系	大学英语	1
15—16	2	03835730	美国文化概览	英语语言文学系	大学英语	1
15—16	2	03835730	美国文化概览	英语语言文学系	大学英语	2
15—16	2	03835730	美国文化概览	英语语言文学系	大学英语	3
15—16	2	03835730	美国文化概览	英语语言文学系	大学英语	4
15—16	2	03835730	美国文化概览	英语语言文学系	大学英语	5
15—16	2	03835730	美国文化概览	英语语言文学系	大学英语	6
15—16	2	03835730	美国文化概览	英语语言文学系	大学英语	7
15—16	2	03835730	美国文化概览	英语语言文学系	大学英语	8
15—16	2	03835740	分析性英语写作	英语语言文学系	大学英语	1
15—16	2	03835740	分析性英语写作	英语语言文学系	大学英语	2
15—16	2	03835750	英汉名作名译研读	英语语言文学系	大学英语	1
15—16	2	03835750	英汉名作名译研读	英语语言文学系	大学英语	2
15—16	2	03835830	西方文化选读	英语语言文学系	大学英语	1
15—16	2	03835830	西方文化选读	英语语言文学系	大学英语	2
15—16	2	03835830	西方文化选读	英语语言文学系	大学英语	3
15—16	2	03835830	西方文化选读	英语语言文学系	大学英语	4
15—16	2	03835840	英美短篇小说赏析	英语语言文学系	大学英语	1
15—16	2	03835840	英美短篇小说赏析	英语语言文学系	大学英语	2
15—16	2	03835840	英美短篇小说赏析	英语语言文学系	大学英语	3
15—16	2	03835840	英美短篇小说赏析	英语语言文学系	大学英语	4
15—16	2	03835860	英语公众演讲	英语语言文学系	大学英语	1
15—16	2	03835860	英语公众演讲	英语语言文学系	大学英语	2
15—16	2	03835860	英语公众演讲	英语语言文学系	大学英语	3
15—16	2	03835860	英语公众演讲	英语语言文学系	大学英语	4
15—16	2	03835890	汉英翻译理论与实践	英语语言文学系	大学英语	1
15—16	2	03835890	汉英翻译理论与实践	英语语言文学系	大学英语	2
15—16	2	03835900	高级英语写作	英语语言文学系	大学英语	1

（续表）

学年度	学期	课程号	课程名称	开课系所	课程类别	班号
15—16	2	03835900	高级英语写作	英语语言文学系	大学英语	2
15—16	2	03835900	高级英语写作	英语语言文学系	大学英语	3
15—16	2	03835900	高级英语写作	英语语言文学系	大学英语	4
15—16	2	03835900	高级英语写作	英语语言文学系	大学英语	5
15—16	2	03835900	高级英语写作	英语语言文学系	大学英语	6
15—16	2	03835900	高级英语写作	英语语言文学系	大学英语	7
15—16	2	03835900	高级英语写作	英语语言文学系	大学英语	8
15—16	2	03835900	高级英语写作	英语语言文学系	大学英语	9
15—16	2	03835950	高级英语口语	英语语言文学系	大学英语	1
15—16	2	03835950	高级英语口语	英语语言文学系	大学英语	2
15—16	2	03835950	高级英语口语	英语语言文学系	大学英语	3
15—16	2	03835950	高级英语口语	英语语言文学系	大学英语	4
15—16	2	03835950	高级英语口语	英语语言文学系	大学英语	5
15—16	2	03835950	高级英语口语	英语语言文学系	大学英语	6
15—16	2	03835950	高级英语口语	英语语言文学系	大学英语	7
15—16	2	03835950	高级英语口语	英语语言文学系	大学英语	8
15—16	2	03835950	高级英语口语	英语语言文学系	大学英语	9
15—16	2	03835950	高级英语口语	英语语言文学系	大学英语	10
15—16	2	03835950	高级英语口语	英语语言文学系	大学英语	11
15—16	2	03835950	高级英语口语	英语语言文学系	大学英语	12
15—16	2	03835950	高级英语口语	英语语言文学系	大学英语	13
15—16	2	03835950	高级英语口语	英语语言文学系	大学英语	14
15—16	2	03835950	高级英语口语	英语语言文学系	大学英语	15
15—16	2	03835950	高级英语口语	英语语言文学系	大学英语	16
15—16	2	03835950	高级英语口语	英语语言文学系	大学英语	17
15—16	2	03835950	高级英语口语	英语语言文学系	大学英语	18
15—16	2	03835960	英文文体风格鉴赏	英语语言文学系	大学英语	1
15—16	2	03835960	英文文体风格鉴赏	英语语言文学系	大学英语	2
15—16	2	03835960	英文文体风格鉴赏	英语语言文学系	大学英语	3
15—16	2	03835960	英文文体风格鉴赏	英语语言文学系	大学英语	4
15—16	2	03835970	语调与听说语法	英语语言文学系	大学英语	1
15—16	2	03835970	语调与听说语法	英语语言文学系	大学英语	2
15—16	2	03835970	语调与听说语法	英语语言文学系	大学英语	3
15—16	2	03835970	语调与听说语法	英语语言文学系	大学英语	4
15—16	2	03835990	英美经典散文节选阅读	英语语言文学系	大学英语	1
15—16	2	03835990	英美经典散文节选阅读	英语语言文学系	大学英语	2
15—16	2	03930010	西方戏剧文学	外国语学院	全校公选课	1
15—16	2	03930040	公共英语（二）	外国语学院	全校公选课	1
15—16	2	04031650	思想道德修养与法律基础	马克思主义学院	思想政治	1
15—16	2	04031650	思想道德修养与法律基础	马克思主义学院	思想政治	2
15—16	2	04031650	思想道德修养与法律基础	马克思主义学院	思想政治	3
15—16	2	04031650	思想道德修养与法律基础	马克思主义学院	思想政治	4
15—16	2	04031650	思想道德修养与法律基础	马克思主义学院	思想政治	5
15—16	2	04031650	思想道德修养与法律基础	马克思主义学院	思想政治	6

（续表）

学年度	学期	课程号	课程名称	开课系所	课程类别	班号
15—16	2	04031650	思想道德修养与法律基础	马克思主义学院	思想政治	7
15—16	2	04031660	中国近现代史纲要	马克思主义学院	思想政治	1
15—16	2	04031660	中国近现代史纲要	马克思主义学院	思想政治	2
15—16	2	04031660	中国近现代史纲要	马克思主义学院	思想政治	3
15—16	2	04031660	中国近现代史纲要	马克思主义学院	思想政治	4
15—16	2	04031660	中国近现代史纲要	马克思主义学院	思想政治	5
15—16	2	04031660	中国近现代史纲要	马克思主义学院	思想政治	6
15—16	2	04031660	中国近现代史纲要	马克思主义学院	思想政治	7
15—16	2	04031660	中国近现代史纲要	马克思主义学院	思想政治	8
15—16	2	04031660	中国近现代史纲要	马克思主义学院	思想政治	9
15—16	2	04031660	中国近现代史纲要	马克思主义学院	思想政治	10
15—16	2	04031660	中国近现代史纲要	马克思主义学院	思想政治	11
15—16	2	04031700	《周易》精读	马克思主义学院	通选课	1
15—16	2	04031730	毛泽东思想和中国特色社会主义理论体系概论	马克思主义学院	思想政治	1
15—16	2	04031730	毛泽东思想和中国特色社会主义理论体系概论	马克思主义学院	思想政治	2
15—16	2	04031730	毛泽东思想和中国特色社会主义理论体系概论	马克思主义学院	思想政治	3
15—16	2	04031730	毛泽东思想和中国特色社会主义理论体系概论	马克思主义学院	思想政治	4
15—16	2	04031730	毛泽东思想和中国特色社会主义理论体系概论	马克思主义学院	思想政治	5
15—16	2	04031730	毛泽东思想和中国特色社会主义理论体系概论	马克思主义学院	思想政治	6
15—16	2	04031730	毛泽东思想和中国特色社会主义理论体系概论	马克思主义学院	思想政治	7
15—16	2	04031730	毛泽东思想和中国特色社会主义理论体系概论	马克思主义学院	思想政治	8
15—16	2	04031740	马克思主义基本原理概论	马克思主义学院	思想政治	1
15—16	2	04031740	马克思主义基本原理概论	马克思主义学院	思想政治	2
15—16	2	04031740	马克思主义基本原理概论	马克思主义学院	思想政治	3
15—16	2	04031740	马克思主义基本原理概论	马克思主义学院	思想政治	4
15—16	2	04031740	马克思主义基本原理概论	马克思主义学院	思想政治	5
15—16	2	04031740	马克思主义基本原理概论	马克思主义学院	思想政治	6
15—16	2	04031740	马克思主义基本原理概论	马克思主义学院	思想政治	7
15—16	2	04031740	马克思主义基本原理概论	马克思主义学院	思想政治	8
15—16	2	04031750	形势与政策	马克思主义学院	思想政治	1
15—16	2	04031750	形势与政策	马克思主义学院	思想政治	2
15—16	2	04031750	形势与政策	马克思主义学院	思想政治	3
15—16	2	04031750	形势与政策	马克思主义学院	思想政治	4
15—16	2	04031750	形势与政策	马克思主义学院	思想政治	5
15—16	2	04031750	形势与政策	马克思主义学院	思想政治	6
15—16	2	04031750	形势与政策	马克思主义学院	思想政治	7
15—16	2	04031750	形势与政策	马克思主义学院	思想政治	8
15—16	2	04130020	游泳	体育教研部	体育	1
15—16	2	04130020	游泳	体育教研部	体育	2
15—16	2	04130020	游泳	体育教研部	体育	3
15—16	2	04130020	游泳	体育教研部	体育	4
15—16	2	04130020	游泳	体育教研部	体育	5
15—16	2	04130020	游泳	体育教研部	体育	6
15—16	2	04130020	游泳	体育教研部	体育	7

（续表）

学年度	学期	课程号	课程名称	开课系所	课程类别	班号
15—16	2	04130020	游泳	体育教研部	体育	8
15—16	2	04130020	游泳	体育教研部	体育	9
15—16	2	04130020	游泳	体育教研部	体育	10
15—16	2	04130020	游泳	体育教研部	体育	11
15—16	2	04130020	游泳	体育教研部	体育	12
15—16	2	04130020	游泳	体育教研部	体育	13
15—16	2	04130020	游泳	体育教研部	体育	14
15—16	2	04130020	游泳	体育教研部	体育	15
15—16	2	04130020	游泳	体育教研部	体育	16
15—16	2	04130020	游泳	体育教研部	体育	17
15—16	2	04130020	游泳	体育教研部	体育	18
15—16	2	04130020	游泳	体育教研部	体育	19
15—16	2	04130020	游泳	体育教研部	体育	20
15—16	2	04130020	游泳	体育教研部	体育	21
15—16	2	04130020	游泳	体育教研部	体育	22
15—16	2	04130020	游泳	体育教研部	体育	23
15—16	2	04130020	游泳	体育教研部	体育	24
15—16	2	04130020	游泳	体育教研部	体育	25
15—16	2	04130020	游泳	体育教研部	体育	26
15—16	2	04130021	游泳提高班	体育教研部	体育	1
15—16	2	04130021	游泳提高班	体育教研部	体育	2
15—16	2	04130030	太极拳	体育教研部	体育	1
15—16	2	04130030	太极拳	体育教研部	体育	2
15—16	2	04130030	太极拳	体育教研部	体育	3
15—16	2	04130030	太极拳	体育教研部	体育	4
15—16	2	04130030	太极拳	体育教研部	体育	5
15—16	2	04130030	太极拳	体育教研部	体育	6
15—16	2	04130030	太极拳	体育教研部	体育	7
15—16	2	04130030	太极拳	体育教研部	体育	8
15—16	2	04130030	太极拳	体育教研部	体育	9
15—16	2	04130030	太极拳	体育教研部	体育	10
15—16	2	04130030	太极拳	体育教研部	体育	11
15—16	2	04130030	太极拳	体育教研部	体育	12
15—16	2	04130030	太极拳	体育教研部	体育	13
15—16	2	04130030	太极拳	体育教研部	体育	14
15—16	2	04130030	太极拳	体育教研部	体育	15
15—16	2	04130030	太极拳	体育教研部	体育	16
15—16	2	04130030	太极拳	体育教研部	体育	17
15—16	2	04130030	太极拳	体育教研部	体育	18
15—16	2	04130030	太极拳	体育教研部	体育	19
15—16	2	04130030	太极拳	体育教研部	体育	20
15—16	2	04130030	太极拳	体育教研部	体育	21
15—16	2	04130030	太极拳	体育教研部	体育	22
15—16	2	04130040	健美操	体育教研部	体育	1

（续表）

学年度	学期	课程号	课程名称	开课系所	课程类别	班号
15—16	2	04130040	健美操	体育教研部	体育	2
15—16	2	04130040	健美操	体育教研部	体育	3
15—16	2	04130040	健美操	体育教研部	体育	4
15—16	2	04130040	健美操	体育教研部	体育	5
15—16	2	04130040	健美操	体育教研部	体育	6
15—16	2	04130040	健美操	体育教研部	体育	7
15—16	2	04130040	健美操	体育教研部	体育	8
15—16	2	04130040	健美操	体育教研部	体育	9
15—16	2	04130040	健美操	体育教研部	体育	10
15—16	2	04130040	健美操	体育教研部	体育	11
15—16	2	04130040	健美操	体育教研部	体育	12
15—16	2	04130040	健美操	体育教研部	体育	13
15—16	2	04130040	健美操	体育教研部	体育	14
15—16	2	04130040	健美操	体育教研部	体育	15
15—16	2	04130040	健美操	体育教研部	体育	16
15—16	2	04130040	健美操	体育教研部	体育	17
15—16	2	04130040	健美操	体育教研部	体育	18
15—16	2	04130040	健美操	体育教研部	体育	21
15—16	2	04130040	健美操	体育教研部	体育	22
15—16	2	04130040	健美操	体育教研部	体育	23
15—16	2	04130040	健美操	体育教研部	体育	24
15—16	2	04130050	乒乓球	体育教研部	体育	1
15—16	2	04130050	乒乓球	体育教研部	体育	2
15—16	2	04130050	乒乓球	体育教研部	体育	3
15—16	2	04130050	乒乓球	体育教研部	体育	4
15—16	2	04130050	乒乓球	体育教研部	体育	5
15—16	2	04130050	乒乓球	体育教研部	体育	6
15—16	2	04130050	乒乓球	体育教研部	体育	7
15—16	2	04130050	乒乓球	体育教研部	体育	8
15—16	2	04130050	乒乓球	体育教研部	体育	9
15—16	2	04130050	乒乓球	体育教研部	体育	10
15—16	2	04130050	乒乓球	体育教研部	体育	11
15—16	2	04130050	乒乓球	体育教研部	体育	12
15—16	2	04130053	乒乓球提高班	体育教研部	体育	1
15—16	2	04130060	羽毛球	体育教研部	体育	1
15—16	2	04130060	羽毛球	体育教研部	体育	2
15—16	2	04130060	羽毛球	体育教研部	体育	3
15—16	2	04130060	羽毛球	体育教研部	体育	4
15—16	2	04130060	羽毛球	体育教研部	体育	5
15—16	2	04130060	羽毛球	体育教研部	体育	6
15—16	2	04130060	羽毛球	体育教研部	体育	7
15—16	2	04130060	羽毛球	体育教研部	体育	8
15—16	2	04130060	羽毛球	体育教研部	体育	9
15—16	2	04130060	羽毛球	体育教研部	体育	10

（续表）

学年度	学期	课程号	课程名称	开课系所	课程类别	班号
15—16	2	04130060	羽毛球	体育教研部	体育	11
15—16	2	04130060	羽毛球	体育教研部	体育	12
15—16	2	04130060	羽毛球	体育教研部	体育	13
15—16	2	04130060	羽毛球	体育教研部	体育	14
15—16	2	04130060	羽毛球	体育教研部	体育	15
15—16	2	04130060	羽毛球	体育教研部	体育	16
15—16	2	04130060	羽毛球	体育教研部	体育	17
15—16	2	04130060	羽毛球	体育教研部	体育	18
15—16	2	04130060	羽毛球	体育教研部	全校公选课	19
15—16	2	04130063	羽毛球提高班	体育教研部	体育	1
15—16	2	04130070	网球	体育教研部	体育	1
15—16	2	04130070	网球	体育教研部	体育	2
15—16	2	04130070	网球	体育教研部	体育	3
15—16	2	04130070	网球	体育教研部	体育	4
15—16	2	04130070	网球	体育教研部	体育	5
15—16	2	04130070	网球	体育教研部	体育	6
15—16	2	04130070	网球	体育教研部	体育	7
15—16	2	04130070	网球	体育教研部	体育	8
15—16	2	04130070	网球	体育教研部	体育	9
15—16	2	04130070	网球	体育教研部	体育	10
15—16	2	04130070	网球	体育教研部	体育	11
15—16	2	04130070	网球	体育教研部	体育	12
15—16	2	04130070	网球	体育教研部	体育	13
15—16	2	04130070	网球	体育教研部	体育	14
15—16	2	04130070	网球	体育教研部	体育	15
15—16	2	04130070	网球	体育教研部	体育	16
15—16	2	04130080	足球	体育教研部	体育	1
15—16	2	04130080	足球	体育教研部	体育	2
15—16	2	04130080	足球	体育教研部	体育	3
15—16	2	04130080	足球	体育教研部	体育	4
15—16	2	04130080	足球	体育教研部	体育	5
15—16	2	04130080	足球	体育教研部	体育	6
15—16	2	04130090	篮球	体育教研部	体育	1
15—16	2	04130090	篮球	体育教研部	体育	2
15—16	2	04130090	篮球	体育教研部	体育	3
15—16	2	04130090	篮球	体育教研部	体育	4
15—16	2	04130090	篮球	体育教研部	体育	5
15—16	2	04130093	篮球提高班	体育教研部	体育	1
15—16	2	04130100	排球	体育教研部	体育	1
15—16	2	04130100	排球	体育教研部	体育	2
15—16	2	04130100	排球	体育教研部	体育	3
15—16	2	04130100	排球	体育教研部	体育	4
15—16	2	04130110	形体（女生）	体育教研部	体育	1
15—16	2	04130110	形体（女生）	体育教研部	体育	2

（续表）

学年度	学期	课程号	课程名称	开课系所	课程类别	班号
15—16	2	04130110	形体（女生）	体育教研部	体育	3
15—16	2	04130110	形体（女生）	体育教研部	体育	4
15—16	2	04130110	形体（女生）	体育教研部	体育	5
15—16	2	04130120	体育舞蹈	体育教研部	体育	1
15—16	2	04130120	体育舞蹈	体育教研部	体育	2
15—16	2	04130120	体育舞蹈	体育教研部	体育	3
15—16	2	04130120	体育舞蹈	体育教研部	体育	4
15—16	2	04130130	健美	体育教研部	体育	1
15—16	2	04130130	健美	体育教研部	体育	2
15—16	2	04130160	体适能	体育教研部	体育	1
15—16	2	04130160	体适能	体育教研部	体育	2
15—16	2	04130160	体适能	体育教研部	体育	3
15—16	2	04130160	体适能	体育教研部	体育	4
15—16	2	04130172	保健3	体育教研部	体育	1
15—16	2	04130210	棒、垒球	体育教研部	体育	1
15—16	2	04130210	棒、垒球	体育教研部	体育	2
15—16	2	04130231	安全教育与自卫防身	体育教研部	体育	1
15—16	2	04130231	安全教育与自卫防身	体育教研部	体育	2
15—16	2	04130231	安全教育与自卫防身	体育教研部	体育	3
15—16	2	04130231	安全教育与自卫防身	体育教研部	体育	4
15—16	2	04130240	攀岩	体育教研部	体育	1
15—16	2	04130240	攀岩	体育教研部	体育	2
15—16	2	04130260	少林棍术	体育教研部	体育	1
15—16	2	04130260	少林棍术	体育教研部	体育	2
15—16	2	04130280	跆拳道	体育教研部	体育	1
15—16	2	04130280	跆拳道	体育教研部	体育	2
15—16	2	04130290	击剑	体育教研部	体育	1
15—16	2	04130290	击剑	体育教研部	体育	2
15—16	2	04130350	运动、营养与减肥	体育教研部	全校公选课	1
15—16	2	04130370	围棋（初级班）	体育教研部	全校公选课	1
15—16	2	04130420	散打	体育教研部	体育	1
15—16	2	04130420	散打	体育教研部	体育	2
15—16	2	04130420	散打	体育教研部	体育	3
15—16	2	04130420	散打	体育教研部	体育	4
15—16	2	04130430	中华毽	体育教研部	体育	1
15—16	2	04130430	中华毽	体育教研部	体育	2
15—16	2	04130430	中华毽	体育教研部	体育	3
15—16	2	04130440	瑜伽	体育教研部	体育	1
15—16	2	04130440	瑜伽	体育教研部	体育	2
15—16	2	04130440	瑜伽	体育教研部	体育	3
15—16	2	04130440	瑜伽	体育教研部	体育	4
15—16	2	04130450	地板球	体育教研部	体育	1
15—16	2	04130450	地板球	体育教研部	体育	2
15—16	2	04130450	地板球	体育教研部	体育	3

(续表)

学年度	学期	课程号	课程名称	开课系所	课程类别	班号
15—16	2	04130450	地板球	体育教研部	体育	4
15—16	2	04130480	高尔夫	体育教研部	体育	1
15—16	2	04130480	高尔夫	体育教研部	体育	2
15—16	2	04130490	桥牌	体育教研部	全校公选课	1
15—16	2	04130500	国际象棋（初级班）	体育教研部	全校公选课	1
15—16	2	04130520	《黄帝内经》与古导引	体育教研部	全校公选课	1
15—16	2	04130520	《黄帝内经》与古导引	体育教研部	全校公选课	2
15—16	2	04130570	剑道	体育教研部	体育	1
15—16	2	04130570	剑道	体育教研部	体育	2
15—16	2	04130620	定向与徒步运动	体育教研部	体育	1
15—16	2	04130620	定向与徒步运动	体育教研部	体育	2
15—16	2	04130630	汉字太极与养生课	体育教研部	体育	1
15—16	2	04130630	汉字太极与养生课	体育教研部	体育	2
15—16	2	04130630	汉字太极与养生课	体育教研部	体育	3
15—16	2	04130630	汉字太极与养生课	体育教研部	体育	4
15—16	2	04130640	拓展训练	体育教研部	体育	1
15—16	2	04130640	拓展训练	体育教研部	体育	2
15—16	2	04130640	拓展训练	体育教研部	体育	3
15—16	2	04130660	壁球	体育教研部	体育	1
15—16	2	04130660	壁球	体育教研部	体育	2
15—16	2	04130660	壁球	体育教研部	体育	3
15—16	2	04130660	壁球	体育教研部	体育	4
15—16	2	04330004	创意写作	艺术学院	专业必修	1
15—16	2	04330005	音乐概论	艺术学院	专业必修	1
15—16	2	04330016	艺术管理学	艺术学院	专业必修	1
15—16	2	04330019	中国戏曲史与戏曲美学专题	艺术学院	专业必修	1
15—16	2	04330027	舞蹈史论	艺术学院	专业必修	1
15—16	2	04330041	西方音乐欣赏	艺术学院	全校公选课	1
15—16	2	04330043	西方音乐史	艺术学院	通选课	1
15—16	2	04330051	中国美术史	艺术学院	通选课	1
15—16	2	04330053	中国美术通史（下）	艺术学院	专业必修	1
15—16	2	04330054	中国绘画与文学	艺术学院	全校公选课	1
15—16	2	04330055	西方美术史（下）	艺术学院	专业必修	1
15—16	2	04330073	表演理论与实践（一）	艺术学院	专业必修	1
15—16	2	04330077	艺术经济学	艺术学院	专业必修	1
15—16	2	04330111	经典昆曲欣赏	艺术学院	通选课	1
15—16	2	04330147	剧作法（二）	艺术学院	专业必修	1
15—16	2	04330153	舞蹈概论	艺术学院	全校公选课	1
15—16	2	04330159	古代近东艺术与建筑	艺术学院	全校公选课	1
15—16	2	04330166	合唱基础的理论与实践	艺术学院	全校公选课	1
15—16	2	04330255	视觉文化与公共艺术	艺术学院	专业必修	1
15—16	2	04330421	浪漫主义时代的欧洲音乐	艺术学院	通选课	1
15—16	2	04330550	影视鉴赏	艺术学院	通选课	1
15—16	2	04330642	交响乐（初）	艺术学院	全校公选课	1

(续表)

学年度	学期	课程号	课程名称	开课系所	课程类别	班号
15—16	2	04330644	交响乐（中）	艺术学院	全校公选课	1
15—16	2	04330646	交响乐（高）	艺术学院	全校公选课	1
15—16	2	04330647	世界电影史	艺术学院	专业必修	1
15—16	2	04330649	影视理论与批评	艺术学院	专业必修	1
15—16	2	04330675	文化产业投融资理论与实务	艺术学院	专业必修	1
15—16	2	04330677	艺术法	艺术学院	专业必修	1
15—16	2	04330688	艺术与审美	艺术学院	通选课	1
15—16	2	04330923	合唱（中）	艺术学院	全校公选课	1
15—16.	2	04330925	合唱（高）	艺术学院	全校公选课	1
15—16	2	04330942	民族管弦乐（初）	艺术学院	全校公选课	1
15—16	2	04330946	民族管弦乐（高）	艺术学院	全校公选课	1
15—16	2	04331020	中外名曲赏析	艺术学院	通选课	1
15—16	2	04331100	交响乐名曲赏析	艺术学院	全校公选课	1
15—16	2	04331541	美学原理	艺术学院	专业必修	1
15—16	2	04331570	戏剧艺术概论	艺术学院	专业必修	1
15—16	2	04331620	毕业论文	艺术学院	毕业论文/设计	1
15—16	2	04331813	影视导演（二）	艺术学院	专业必修	1
15—16	2	04331831	摄影、摄像	艺术学院	专业必修	1
15—16	2	04332120	影视音乐	艺术学院	专业必修	1
15—16	2	04332282	学年作品（二）	艺术学院	专业必修	1
15—16	2	04332283	毕业作品拍片实践	艺术学院	专业必修	1
15—16	2	04332284	毕业实习	艺术学院	专业必修	1
15—16	2	04332285	毕业论文	艺术学院	毕业论文/设计	1
15—16	2	04332350	中国流行音乐流变	艺术学院	通选课	1
15—16	2	04332470	中国美术概论	艺术学院	通选课	1
15—16	2	04332490	西方歌剧简史与名作赏析	艺术学院	通选课	1
15—16	2	04332552	艺术训练（二）	艺术学院	全校公选课	1
15—16	2	04332552	艺术训练（二）	艺术学院	全校公选课	2
15—16	2	04332552	艺术训练（二）	艺术学院	全校公选课	3
15—16	2	04332552	艺术训练（二）	艺术学院	全校公选课	4
15—16	2	04332554	艺术训练（四）	艺术学院	全校公选课	1
15—16	2	04332554	艺术训练（四）	艺术学院	全校公选课	2
15—16	2	04332554	艺术训练（四）	艺术学院	全校公选课	3
15—16	2	04332554	艺术训练（四）	艺术学院	全校公选课	4
15—16	2	04332556	艺术训练（六）	艺术学院	全校公选课	1
15—16	2	04332556	艺术训练（六）	艺术学院	全校公选课	2
15—16	2	04332556	艺术训练（六）	艺术学院	全校公选课	3
15—16	2	04332556	艺术训练（六）	艺术学院	全校公选课	4
15—16	2	04332661	中国画理论与技法	艺术学院	全校公选课	1
15—16	2	04332710	西方美术史	艺术学院	通选课	1
15—16	2	04332791	制片管理与营销	艺术学院	专业必修	1
15—16	2	04332850	世界音乐精华	艺术学院	全校公选课	1

(续表)

学年度	学期	课程号	课程名称	开课系所	课程类别	班号
15—16	2	04332930	好莱坞电影叙事	艺术学院	专业任选	1
15—16	2	04332960	20世纪西方音乐	艺术学院	通选课	1
15—16	2	04333020	美术造型	艺术学院	专业任选	1
15—16	2	04333021	美术概论	艺术学院	专业必修	1
15—16	2	04333100	音乐剧概论与实践	艺术学院	专业必修	1
15—16	2	04630031	学术规范与论文写作	元培学院	专业任选	1
15—16	2	04630031	学术规范与论文写作	元培学院	专业任选	2
15—16	2	04630812	通识教育新生讨论班	元培学院	专业必修	1
15—16	2	04630850	综合实验课程Ⅱ	元培学院	专业必修	1
15—16	2	04630860	多元微积分与线性代数	元培学院	专业必修	1
15—16	2	04630861	多元微积分与线性代数习题课	元培学院	专业必修	1
15—16	2	04630880	生物化学（整合科学）	元培学院	专业必修	1
15—16	2	04630890	物理化学（整合科学）Ⅰ	元培学院	专业必修	1
15—16	2	04630960	中国近现代史纲要	元培学院	思想政治	1
15—16	2	04630992	物理化学（整合科学）Ⅲ	元培学院	专业必修	1
15—16	2	04630993	综合科学实验课程Ⅳ	元培学院	专业必修	1
15—16	2	04830030	科技交流与写作	信息科学技术学院	专业任选	1
15—16	2	04830030	科技交流与写作	信息科学技术学院	专业任选	2
15—16	2	04830080	代数结构与组合数学	信息科学技术学院	专业必修	1
15—16	2	04830100	数字逻辑设计	信息科学技术学院	专业限选	1
15—16	2	04830110	数字逻辑设计实验	信息科学技术学院	专业限选	1
15—16	2	04830110	数字逻辑设计实验	信息科学技术学院	专业限选	2
15—16	2	04830130	微机实验	信息科学技术学院	专业限选	1
15—16	2	04830130	微机实验	信息科学技术学院	专业限选	2
15—16	2	04830150	编译技术	信息科学技术学院	专业限选	1
15—16	2	04830161	操作系统A	信息科学技术学院	专业必修	1
15—16	2	04830161	操作系统A	信息科学技术学院	专业必修	2
15—16	2	04830190	操作系统实习	信息科学技术学院	专业限选	1
15—16	2	04830190	操作系统实习	信息科学技术学院	专业限选	2
15—16	2	04830191	操作系统实习（实验班）	信息科学技术学院	专业限选	1
15—16	2	04830210	软件工程	信息科学技术学院	专业任选	1
15—16	2	04830210	软件工程	信息科学技术学院	双学位	2
15—16	2	04830211	软件工程（实验班）	信息科学技术学院	专业任选	1
15—16	2	04830220	数据库概论	信息科学技术学院	专业任选	1
15—16	2	04830220	数据库概论	信息科学技术学院	双学位	2
15—16	2	04830221	数据库概论（实验班）	信息科学技术学院	专业任选	1
15—16	2	04830230	计算机图形学	信息科学技术学院	专业任选	1
15—16	2	04830240	计算机网络概论	信息科学技术学院	专业限选	1
15—16	2	04830240	计算机网络概论	信息科学技术学院	专业限选	2
15—16	2	04830241	计算机网络实习	信息科学技术学院	专业任选	1
15—16	2	04830241	计算机网络实习	信息科学技术学院	专业任选	2
15—16	2	04830270	程序设计语言概论	信息科学技术学院	专业限选	1
15—16	2	04830290	面向对象技术引论	信息科学技术学院	专业任选	1
15—16	2	04830320	数字图像处理	信息科学技术学院	专业任选	1

（续表）

学年度	学期	课程号	课程名称	开课系所	课程类别	班号
15—16	2	04830330	Linux 程序设计	信息科学技术学院	专业任选	1
15—16	2	04830340	JAVA 程序设计	信息科学技术学院	专业任选	1
15—16	2	04830340	JAVA 程序设计	信息科学技术学院	专业任选	2
15—16	2	04830450	网络实用技术	信息科学技术学院	全校公选课	1
15—16	2	04830494	数据结构与算法上机	化学与分子工程学院	理科生必修	1
15—16	2	04830494	数据结构与算法上机	工学院	理科生必修	6
15—16	2	04830494	数据结构与算法上机	工学院	理科生必修	7
15—16	2	04830494	数据结构与算法上机	物理学院	理科生必修	13
15—16	2	04830494	数据结构与算法上机	物理学院	理科生必修	14
15—16	2	04830640	电子线路实验（A）	信息科学技术学院	专业必修	1
15—16	2	04830660	数字逻辑电路实验	信息科学技术学院	专业必修	1
15—16	2	04830670	信号与系统	信息科学技术学院	专业必修	1
15—16	2	04830670	信号与系统	信息科学技术学院	专业任选	2
15—16	2	04830710	通信电路实验	信息科学技术学院	专业任选	1
15—16	2	04830720	通信原理	信息科学技术学院	专业必修	1
15—16	2	04830730	微波技术与电路	信息科学技术学院	专业任选	1
15—16	2	04830750	光电子技术实验	信息科学技术学院	专业任选	1
15—16	2	04830760	数字信号处理（含上机）	信息科学技术学院	专业任选	1
15—16	2	04830780	微机与接口技术实验	信息科学技术学院	专业任选	1
15—16	2	04830800	光电子学	信息科学技术学院	专业任选	1
15—16	2	04830850	近代物理	信息科学技术学院	专业任选	1
15—16	2	04830880	纳米科技与纳米电子学	信息科学技术学院	专业任选	1
15—16	2	04830890	量子力学（I）	信息科学技术学院	专业任选	1
15—16	2	04830970	通信电路	信息科学技术学院	专业任选	1
15—16	2	04831030	数字集成电路原理	信息科学技术学院	专业必修	1
15—16	2	04831070	集成电路计算机辅助设计	信息科学技术学院	专业任选	1
15—16	2	04831090	模拟集成电路原理	信息科学技术学院	专业必修	1
15—16	2	04831200	随机过程引论	信息科学技术学院	专业任选	1
15—16	2	04831210	信息论	信息科学技术学院	专业限选	1
15—16	2	04831230	自动控制理论	信息科学技术学院	专业任选	1
15—16	2	04831260	机器感知实验	信息科学技术学院	专业任选	1
15—16	2	04831370	数据仓库与数据挖掘方法	信息科学技术学院	专业任选	1
15—16	2	04831400	生物信息处理	信息科学技术学院	专业限选	1
15—16	2	04831420	数据结构与算法（B）	化学与分子工程学院	理科生必修	1
15—16	2	04831420	数据结构与算法（B）	地球与空间科学学院	理科生必修	1
15—16	2	04831420	数据结构与算法（B）	心理与认知科学学院	理科生必修	4
15—16	2	04831420	数据结构与算法（B）	工学院	理科生必修	6
15—16	2	04831420	数据结构与算法（B）	工学院	理科生必修	7
15—16	2	04831420	数据结构与算法（B）	城市与环境学院	专业必修	8
15—16	2	04831420	数据结构与算法（B）	物理学院	理科生必修	13
15—16	2	04831420	数据结构与算法（B）	物理学院	理科生必修	14
15—16	2	04831443	文科计算机专题	信息科学技术学院	文科生必修	1
15—16	2	04831443	文科计算机专题	信息科学技术学院	文科生必修	2
15—16	2	04831443	文科计算机专题	信息科学技术学院	文科生必修	3

（续表）

学年度	学期	课程号	课程名称	开课系所	课程类别	班号
15—16	2	04831443	文科计算机专题	信息科学技术学院	文科生必修	4
15—16	2	04831443	文科计算机专题	信息科学技术学院	文科生必修	5
15—16	2	04831443	文科计算机专题	信息科学技术学院	文科生必修	6
15—16	2	04831443	文科计算机专题	信息科学技术学院	文科生必修	7
15—16	2	04831443	文科计算机专题	信息科学技术学院	文科生必修	8
15—16	2	04831443	文科计算机专题	信息科学技术学院	文科生必修	9
15—16	2	04831444	计算机应用基础	元培学院	专业必修	1
15—16	2	04831520	电子线路计算机辅助设计	信息科学技术学院	专业任选	1
15—16	2	04831730	机器学习概论	信息科学技术学院	专业任选	1
15—16	2	04831750	程序设计实习	信息科学技术学院	专业必修	1
15—16	2	04831750	程序设计实习	信息科学技术学院	专业必修	2
15—16	2	04831750	程序设计实习	信息科学技术学院	专业必修	3
15—16	2	04831750	程序设计实习	信息科学技术学院	专业必修	4
15—16	2	04831750	程序设计实习	信息科学技术学院	专业必修	5
15—16	2	04831750	程序设计实习	信息科学技术学院	专业必修	6
15—16	2	04831760	程序设计实习（实验班）	信息科学技术学院	专业必修	1
15—16	2	04831770	微电子与电路基础	信息科学技术学院	专业必修	1
15—16	2	04831770	微电子与电路基础	元培学院	专业必修	1
15—16	2	04831770	微电子与电路基础	信息科学技术学院	专业必修	2
15—16	2	04831870	基础电路实验	信息科学技术学院	专业必修	1
15—16	2	04831880	初等数论及其应用	信息科学技术学院	专业任选	1
15—16	2	04832030	量子力学（Ⅰ）	信息科学技术学院	专业任选	1
15—16	2	04832040	现代无线通信中的新兴技术	信息科学技术学院	专业任选	1
15—16	2	04832050	微米纳米技术概论	信息科学技术学院	专业任选	1
15—16	2	04832140	现代电子与通信导论	信息科学技术学院	专业任选	1
15—16	2	04832240	并行与分布式计算导论	信息科学技术学院	专业任选	1
15—16	2	04832250	计算机网络（实验班）	信息科学技术学院	专业限选	1
15—16	2	04832260	微纳集成系统实验班	信息科学技术学院	专业任选	1
15—16	2	04832271	科学研究方法、实践与文化（实习课）	信息科学技术学院	专业任选	1
15—16	2	04832280	C++语言程序设计	信息科学技术学院	全校公选课	1
15—16	2	04832282	离散数学（Ⅱ）	信息科学技术学院	双学位	1
15—16	2	04832450	数字逻辑	信息科学技术学院	专业必修	1
15—16	2	04832460	数据分析基础	信息科学技术学院	专业任选	1
15—16	2	04832470	模拟电路	信息科学技术学院	专业必修	1
15—16	2	04832480	Mac OS X、iOS平台的Cocoa程序设计	信息科学技术学院	专业任选	1
15—16	2	04832500	无线通信集成电路基础	信息科学技术学院	专业任选	1
15—16	2	04832510	软件工程实习（实验班）	信息科学技术学院	专业限选	1
15—16	2	04832520	并行程序设计原理	信息科学技术学院	专业任选	1
15—16	2	04832530	初级算法应用技巧	信息科学技术学院	专业任选	1
15—16	2	04832550	高级算法应用技巧	信息科学技术学院	专业任选	1
15—16	2	04832580	算法设计与分析（研讨型小班）	信息科学技术学院	专业必修	1
15—16	2	04832580	算法设计与分析（研讨型小班）	信息科学技术学院	专业必修	2
15—16	2	04832580	算法设计与分析（研讨型小班）	信息科学技术学院	专业必修	3
15—16	2	04832580	算法设计与分析（研讨型小班）	信息科学技术学院	专业必修	4

（续表）

学年度	学期	课程号	课程名称	开课系所	课程类别	班号
15—16	2	04832580	算法设计与分析（研讨型小班）	信息科学技术学院	专业必修	5
15—16	2	04832580	算法设计与分析（研讨型小班）	信息科学技术学院	专业必修	6
15—16	2	04832580	算法设计与分析（研讨型小班）	信息科学技术学院	专业必修	7
15—16	2	04832580	算法设计与分析（研讨型小班）	信息科学技术学院	专业必修	8
15—16	2	04832580	算法设计与分析（研讨型小班）	信息科学技术学院	专业必修	9
15—16	2	04832580	算法设计与分析（研讨型小班）	信息科学技术学院	专业必修	10
15—16	2	04832580	算法设计与分析（研讨型小班）	信息科学技术学院	专业必修	11
15—16	2	04832580	算法设计与分析（研讨型小班）	信息科学技术学院	专业必修	12
15—16	2	04832580	算法设计与分析（研讨型小班）	信息科学技术学院	专业必修	13
15—16	2	04832580	算法设计与分析（研讨型小班）	信息科学技术学院	专业必修	14
15—16	2	04832580	算法设计与分析（研讨型小班）	信息科学技术学院	专业必修	15
15—16	2	04832580	算法设计与分析（研讨型小班）	信息科学技术学院	专业必修	16
15—16	2	04832580	算法设计与分析（研讨型小班）	信息科学技术学院	专业必修	17
15—16	2	04832580	算法设计与分析（研讨型小班）	信息科学技术学院	专业必修	18
15—16	2	04832580	算法设计与分析（研讨型小班）	信息科学技术学院	专业必修	19
15—16	2	04832700	计算机组成	信息科学技术学院	专业必修	1
15—16	2	04832710	自然语言处理中的经验性方法	信息科学技术学院	专业任选	1
15—16	2	04832720	编程语言的设计原理	信息科学技术学院	专业任选	1
15—16	2	04832730	现代集成电路中的器件设计与应用	信息科学技术学院	专业任选	1
15—16	2	04832760	电路与电子学	信息科学技术学院	专业任选	1
15—16	2	04832850	创新工程实践	信息科学技术学院	全校公选课	1
15—16	2	04832860	软件质量保证	信息科学技术学院	专业任选	1
15—16	2	04832870	场与波	信息科学技术学院	专业必修	1
15—16	2	04832880	信息论与编码理论基础	信息科学技术学院	专业任选	1
15—16	2	04832890	数字逻辑电路（小班课）	信息科学技术学院	专业必修	1
15—16	2	04832890	数字逻辑电路（小班课）	信息科学技术学院	专业必修	2
15—16	2	04832890	数字逻辑电路（小班课）	信息科学技术学院	专业必修	4
15—16	2	04832890	数字逻辑电路（小班课）	信息科学技术学院	专业必修	5
15—16	2	04832890	数字逻辑电路（小班课）	信息科学技术学院	专业必修	6
15—16	2	04832900	数字逻辑电路	信息科学技术学院	专业必修	1
15—16	2	04832901	数字逻辑电路（实验班）	信息科学技术学院	专业必修	1
15—16	2	04832920	函数式程序设计	信息科学技术学院	专业任选	1
15—16	2	04832930	电子技术实验	元培学院	专业必修	1
15—16	2	04832950	声场与声信号处理导论	信息科学技术学院	专业任选	1
15—16	2	04833010	科技创新与创业	信息科学技术学院	全校公选课	1
15—16	2	04833050	算法设计与分析	信息科学技术学院	专业必修	1
15—16	2	04833050	算法设计与分析	信息科学技术学院	专业必修	2
15—16	2	04833060	算法设计与分析（实验班）	信息科学技术学院	专业必修	1
15—16	2	04833070	半导体物理	信息科学技术学院	专业必修	1
15—16	2	04833071	半导体物理研讨班	信息科学技术学院	专业必修	1
15—16	2	04833071	半导体物理研讨班	信息科学技术学院	专业必修	2
15—16	2	04833071	半导体物理研讨班	信息科学技术学院	专业必修	3
15—16	2	04833100	电磁波理论与应用导论	信息科学技术学院	专业任选	1
15—16	2	04833110	全球创新产品设计和团队实践	信息科学技术学院	全校公选课	1

（续表）

学年度	学期	课程号	课程名称	开课系所	课程类别	班号
15—16	2	06232070	概率统计	国家发展研究院	双学位	1
15—16	2	06232070	概率统计	国家发展研究院	双学位	2
15—16	2	06232070	概率统计	国家发展研究院	双学位	3
15—16	2	06232070	概率统计	国家发展研究院	双学位	4
15—16	2	06232200	中级微观经济学	国家发展研究院	双学位	1
15—16	2	06232200	中级微观经济学	国家发展研究院	双学位	2
15—16	2	06232200	中级微观经济学	国家发展研究院	双学位	3
15—16	2	06232200	中级微观经济学	国家发展研究院	双学位	4
15—16	2	06232300	中级宏观经济学	国家发展研究院	双学位	1
15—16	2	06232300	中级宏观经济学	国家发展研究院	双学位	2
15—16	2	06232300	中级宏观经济学	国家发展研究院	双学位	3
15—16	2	06232300	中级宏观经济学	国家发展研究院	双学位	4
15—16	2	06232300	中级宏观经济学	国家发展研究院	双学位	5
15—16	2	06232300	中级宏观经济学	国家发展研究院	双学位	6
15—16	2	06232400	计量经济学	国家发展研究院	双学位	1
15—16	2	06232400	计量经济学	国家发展研究院	双学位	2
15—16	2	06232400	计量经济学	国家发展研究院	双学位	3
15—16	2	06232400	计量经济学	国家发展研究院	双学位	4
15—16	2	06233310	国际金融	国家发展研究院	双学位	1
15—16	2	06233550	公共财政学	国家发展研究院	双学位	1
15—16	2	06234830	劳动经济学	国家发展研究院	双学位	1
15—16	2	06234850	环境经济学	国家发展研究院	双学位	1
15—16	2	06234900	中国经济专题	国家发展研究院	双学位	1
15—16	2	06234950	新制度经济学	国家发展研究院	双学位	1
15—16	2	06235060	财务会计	国家发展研究院	双学位	1
15—16	2	06235080	经济学研究训练	国家发展研究院	专业限选	1
15—16	2	06236010	财务报表分析	国家发展研究院	双学位	1
15—16	2	06236050	城市经济学	国家发展研究院	双学位	1
15—16	2	06236090	低碳经济与碳金融	国家发展研究院	双学位	1
15—16	2	06238020	教育经济学	国家发展研究院	双学位	1
15—16	2	06238020	教育经济学	国家发展研究院	双学位	2
15—16	2	06238090	经济增长导论	国家发展研究院	全校公选课	1
15—16	2	06239000	博弈与社会	国家发展研究院	通选课	1
15—16	2	06239010	博弈与社会小班习题课	国家发展研究院	双学位	1
15—16	2	06239070	中国经济改革与发展	国家发展研究院	通选课	1
15—16	2	06239071	金融理论	国家发展研究院	双学位	1
15—16	2	06239072	博弈论与信息经济学	国家发展研究院	双学位	1
15—16	2	06239072	博弈论与信息经济学	国家发展研究院	双学位	2
15—16	2	06239073	管理学经典选读	国家发展研究院	双学位	1
15—16	2	06239074	国际发展前沿：理论与实务	国家发展研究院	双学位	1
15—16	2	06239075	新结构经济学导论	国家发展研究院	双学位	1
15—16	2	06734020	国际组织理论与实务	教育学院	全校公选课	1
15—16	2	12631010	污染环境修复	城市与环境学院	专业任选	1
15—16	2	12631020	环境毒理学	城市与环境学院	专业任选	1

（续表）

学年度	学期	课程号	课程名称	开课系所	课程类别	班号
15—16	2	12631030	环境科学前沿	城市与环境学院	专业任选	1
15—16	2	12631060	大气环境导论	城市与环境学院	专业任选	1
15—16	2	12631070	环境科学概论	城市与环境学院	专业必修	1
15—16	2	12631090	环境土壤学	城市与环境学院	专业任选	1
15—16	2	12631100	环境监测与实验	城市与环境学院	专业任选	1
15—16	2	12632010	生态学与自然地理学前沿	城市与环境学院	专业任选	1
15—16	2	12632030	全球变化科学概论	城市与环境学院	专业任选	1
15—16	2	12633040	世界自然地理	城市与环境学院	专业任选	1
15—16	2	12635010	区域规划	城市与环境学院	专业必修	1
15—16	2	12635020	社区空间规划与设计	城市与环境学院	专业必修	1
15—16	2	12635060	景观规划与设计	城市与环境学院	专业必修	1
15—16	2	12635070	详细规划（课程设计）	城市与环境学院	专业必修	1
15—16	2	12635080	城市形态学导论	城市与环境学院	专业任选	1
15—16	2	12635090	美术：素描与色彩	城市与环境学院	专业必修	1
15—16	2	12635100	规划设计实习	城市与环境学院	专业必修	1
15—16	2	12635120	规划制图与机助技术	城市与环境学院	专业必修	1
15—16	2	12635140	交通分析模拟与规划	城市与环境学院	专业任选	1
15—16	2	12635150	城市规划原理（1）	城市与环境学院	专业必修	1
15—16	2	12638010	海洋科学导论	城市与环境学院	通选课	1
15—16	2	12639050	应用文化地理学	城市与环境学院	全校公选课	1
15—16	2	12639060	陆地水体概说	城市与环境学院	全校公选课	1
15—16	2	12639080	花园城市的中国实践	城市与环境学院	全校公选课	1
15—16	2	12730020	变化中的地球	环境科学与工程学院	全校公选课	1
15—16	2	12730070	中国能源与环境挑战	环境科学与工程学院	全校公选课	1
15—16	2	12731010	人类生存发展与环境保护	环境科学与工程学院	通选课	1
15—16	2	12731020	全球环境问题	环境科学与工程学院	通选课	1
15—16	2	12731050	环境材料导论	环境科学与工程学院	通选课	1
15—16	2	12731060	环境伦理概论	环境科学与工程学院	通选课	1
15—16	2	12732020	环境管理学	环境科学与工程学院	专业必修	1
15—16	2	12732040	环境监测	环境科学与工程学院	专业必修	1
15—16	2	12732060	环境规划学	环境科学与工程学院	专业必修	1
15—16	2	12732070	环境监测实验	环境科学与工程学院	专业必修	1
15—16	2	12732080	环境工程学（二）	环境科学与工程学院	专业必修	1
15—16	2	12732150	环境工程学（一）	环境科学与工程学院	专业必修	1
15—16	2	12733010	环境化学	环境科学与工程学院	专业必修	1
15—16	2	12733020	环境化学实验	环境科学与工程学院	专业任选	1
15—16	2	12733080	环境科学与工程文献选读	环境科学与工程学院	专业任选	1
15—16	2	12733140	企业环境管理	环境科学与工程学院	专业任选	1
15—16	2	12734030	水处理工程（下）	环境科学与工程学院	专业必修	1
15—16	2	12734050	环境工程实验（一）	环境科学与工程学院	专业必修	1
15—16	2	12735090	物理性污染控制	环境科学与工程学院	专业任选	1
15—16	2	12735120	工业微生物学	环境科学与工程学院	专业任选	1
15—16	2	12735130	环境质量评价	环境科学与工程学院	专业任选	1
15—16	2	12735170	环境遥感基础	环境科学与工程学院	专业任选	1

(续表)

学年度	学期	课程号	课程名称	开课系所	课程类别	班号
15—16	2	19230030	歌剧的魅力（作品篇）	歌剧研究院	全校公选课	1
15—16	2	19230060	声乐演唱及表演	歌剧研究院	全校公选课	1
15—16	2	19230091	声乐演唱及表演（高级）	歌剧研究院	全校公选课	1
15—16	2	19230092	声乐演唱与表演（艺术指导课）	歌剧研究院	全校公选课	1
15—16	2	19930001	创业基础	产业技术研究院	全校公选课	1
15—16	2	19930005	新创企业的创新管理	产业技术研究院	全校公选课	1
15—16	2	30330031	教师指导下的独立研究	数学科学学院	专业任选	1
15—16	2	30330031	教师指导下的独立研究	物理学院	专业任选	2
15—16	2	30330031	教师指导下的独立研究	化学与分子工程学院	专业任选	3
15—16	2	30330031	教师指导下的独立研究	生命科学学院	专业任选	4
15—16	2	30330031	教师指导下的独立研究	地球与空间科学学院	专业任选	5
15—16	2	30330031	教师指导下的独立研究	环境学院	专业任选	6
15—16	2	30330031	教师指导下的独立研究	心理与认知科学学院	专业任选	7
15—16	2	30330031	教师指导下的独立研究	软件与微电子学院	专业任选	8
15—16	2	30330031	教师指导下的独立研究	新闻与传播学院	专业任选	9
15—16	2	30330031	教师指导下的独立研究	中国语言文学系	专业任选	10
15—16	2	30330031	教师指导下的独立研究	历史学系	专业任选	11
15—16	2	30330031	教师指导下的独立研究	考古文博学院	专业任选	12
15—16	2	30330031	教师指导下的独立研究	哲学系	专业任选	13
15—16	2	30330031	教师指导下的独立研究	国际关系学院	专业任选	14
15—16	2	30330031	教师指导下的独立研究	经济学院	专业任选	15
15—16	2	30330031	教师指导下的独立研究	光华管理学院	专业任选	16
15—16	2	30330031	教师指导下的独立研究	法学院	专业任选	17
15—16	2	30330031	教师指导下的独立研究	信息管理系	专业任选	18
15—16	2	30330031	教师指导下的独立研究	社会学系	专业任选	19
15—16	2	30330031	教师指导下的独立研究	政府管理学院	专业任选	20
15—16	2	30330031	教师指导下的独立研究	外国语学院	专业任选	21
15—16	2	30330031	教师指导下的独立研究	艺术学院	专业任选	22
15—16	2	30330031	教师指导下的独立研究	元培学院	专业任选	23
15—16	2	30330031	教师指导下的独立研究	信息科学技术学院	专业任选	24
15—16	2	30330031	教师指导下的独立研究	工学院	专业任选	25
15—16	2	30330031	教师指导下的独立研究	城市与环境学院	专业任选	26
15—16	2	30330031	教师指导下的独立研究	环境科学与工程学院	专业任选	27
15—16	2	30330031	教师指导下的独立研究	北京大学教务部	专业任选	28
15—16	2	30330031	教师指导下的独立研究	国家发展研究院	专业任选	29
15—16	2	30330032	教师指导下的独立研究	数学科学学院	专业任选	1
15—16	2	30330032	教师指导下的独立研究	物理学院	专业任选	2
15—16	2	30330032	教师指导下的独立研究	化学与分子工程学院	专业任选	3
15—16	2	30330032	教师指导下的独立研究	生命科学学院	专业任选	4
15—16	2	30330032	教师指导下的独立研究	地球与空间科学学院	专业任选	5
15—16	2	30330032	教师指导下的独立研究	环境学院	专业任选	6
15—16	2	30330032	教师指导下的独立研究	心理与认知科学学院	专业任选	7
15—16	2	30330032	教师指导下的独立研究	软件与微电子学院	专业任选	8
15—16	2	30330032	教师指导下的独立研究	新闻与传播学院	专业任选	9

(续表)

学年度	学期	课程号	课程名称	开课系所	课程类别	班号
15—16	2	30330032	教师指导下的独立研究	中国语言文学系	专业任选	10
15—16	2	30330032	教师指导下的独立研究	历史学系	专业任选	11
15—16	2	30330032	教师指导下的独立研究	考古文博学院	专业任选	12
15—16	2	30330032	教师指导下的独立研究	哲学系	专业任选	13
15—16	2	30330032	教师指导下的独立研究	国际关系学院	专业任选	14
15—16	2	30330032	教师指导下的独立研究	经济学院	专业任选	15
15—16	2	30330032	教师指导下的独立研究	光华管理学院	专业任选	16
15—16	2	30330032	教师指导下的独立研究	法学院	专业任选	17
15—16	2	30330032	教师指导下的独立研究	信息管理系	专业任选	18
15—16	2	30330032	教师指导下的独立研究	社会学系	专业任选	19
15—16	2	30330032	教师指导下的独立研究	政府管理学院	专业任选	20
15—16	2	30330032	教师指导下的独立研究	外国语学院	专业任选	21
15—16	2	30330032	教师指导下的独立研究	艺术学院	专业任选	22
15—16	2	30330032	教师指导下的独立研究	元培学院	专业任选	23
15—16	2	30330032	教师指导下的独立研究	信息科学技术学院	专业任选	24
15—16	2	30330032	教师指导下的独立研究	工学院	专业任选	25
15—16	2	30330032	教师指导下的独立研究	城市与环境学院	专业任选	26
15—16	2	30330032	教师指导下的独立研究	环境科学与工程学院	专业任选	27
15—16	2	30330032	教师指导下的独立研究	北京大学教务部	专业任选	28
15—16	2	30330032	教师指导下的独立研究	国家发展研究院	专业任选	29
15—16	2	30330033	教师指导下的独立研究	数学科学学院	专业任选	1
15—16	2	30330033	教师指导下的独立研究	物理学院	专业任选	2
15—16	2	30330033	教师指导下的独立研究	化学与分子工程学院	专业任选	3
15—16	2	30330033	教师指导下的独立研究	生命科学学院	专业任选	4
15—16	2	30330033	教师指导下的独立研究	地球与空间科学学院	专业任选	5
15—16	2	30330033	教师指导下的独立研究	环境学院	专业任选	6
15—16	2	30330033	教师指导下的独立研究	心理与认知科学学院	专业任选	7
15—16	2	30330033	教师指导下的独立研究	软件与微电子学院	专业任选	8
15—16	2	30330033	教师指导下的独立研究	新闻与传播学院	专业任选	9
15—16	2	30330033	教师指导下的独立研究	中国语言文学系	专业任选	10
15—16	2	30330033	教师指导下的独立研究	历史学系	专业任选	11
15—16	2	30330033	教师指导下的独立研究	考古文博学院	专业任选	12
15—16	2	30330033	教师指导下的独立研究	哲学系	专业任选	13
15—16	2	30330033	教师指导下的独立研究	国际关系学院	专业任选	14
15—16	2	30330033	教师指导下的独立研究	经济学院	专业任选	15
15—16	2	30330033	教师指导下的独立研究	光华管理学院	专业任选	16
15—16	2	30330033	教师指导下的独立研究	法学院	专业任选	17
15—16	2	30330033	教师指导下的独立研究	信息管理系	专业任选	18
15—16	2	30330033	教师指导下的独立研究	社会学系	专业任选	19
15—16	2	30330033	教师指导下的独立研究	政府管理学院	专业任选	20
15—16	2	30330033	教师指导下的独立研究	外国语学院	专业任选	21
15—16	2	30330033	教师指导下的独立研究	艺术学院	专业任选	22
15—16	2	30330033	教师指导下的独立研究	元培学院	专业任选	23
15—16	2	30330033	教师指导下的独立研究	信息科学技术学院	专业任选	24

(续表)

学年度	学期	课程号	课程名称	开课系所	课程类别	班号
15—16	2	30330033	教师指导下的独立研究	工学院	专业任选	25
15—16	2	30330033	教师指导下的独立研究	城市与环境学院	专业任选	26
15—16	2	30330033	教师指导下的独立研究	环境科学与工程学院	专业任选	27
15—16	2	30330033	教师指导下的独立研究	北京大学教务部	专业任选	28
15—16	2	30330033	教师指导下的独立研究	国家发展研究院	专业任选	29
15—16	2	30330034	教师指导下的独立研究	数学科学学院	专业任选	1
15—16	2	30330034	教师指导下的独立研究	物理学院	专业任选	2
15—16	2	30330034	教师指导下的独立研究	化学与分子工程学院	专业任选	3
15—16	2	30330034	教师指导下的独立研究	生命科学学院	专业任选	4
15—16	2	30330034	教师指导下的独立研究	地球与空间科学学院	专业任选	5
15—16	2	30330034	教师指导下的独立研究	环境学院	专业任选	6
15—16	2	30330034	教师指导下的独立研究	心理与认知科学学院	专业任选	7
15—16	2	30330034	教师指导下的独立研究	软件与微电子学院	专业任选	8
15—16	2	30330034	教师指导下的独立研究	新闻与传播学院	专业任选	9
15—16	2	30330034	教师指导下的独立研究	中国语言文学系	专业任选	10
15—16	2	30330034	教师指导下的独立研究	历史学系	专业任选	11
15—16	2	30330034	教师指导下的独立研究	考古文博学院	专业任选	12
15—16	2	30330034	教师指导下的独立研究	哲学系	专业任选	13
15—16	2	30330034	教师指导下的独立研究	国际关系学院	专业任选	14
15—16	2	30330034	教师指导下的独立研究	经济学院	专业任选	15
15—16	2	30330034	教师指导下的独立研究	光华管理学院	专业任选	16
15—16	2	30330034	教师指导下的独立研究	法学院	专业任选	17
15—16	2	30330034	教师指导下的独立研究	信息管理系	专业任选	18
15—16	2	30330034	教师指导下的独立研究	社会学系	专业任选	19
15—16	2	30330034	教师指导下的独立研究	政府管理学院	专业任选	20
15—16	2	30330034	教师指导下的独立研究	外国语学院	专业任选	21
15—16	2	30330034	教师指导下的独立研究	艺术学院	专业任选	22
15—16	2	30330034	教师指导下的独立研究	元培学院	专业任选	23
15—16	2	30330034	教师指导下的独立研究	信息科学技术学院	专业任选	24
15—16	2	30330034	教师指导下的独立研究	工学院	专业任选	25
15—16	2	30330034	教师指导下的独立研究	城市与环境学院	专业任选	26
15—16	2	30330034	教师指导下的独立研究	环境科学与工程学院	专业任选	27
15—16	2	30330034	教师指导下的独立研究	北京大学教务部	专业任选	28
15—16	2	30330034	教师指导下的独立研究	国家发展研究院	专业任选	29
15—16	2	30330035	教师指导下的独立研究	数学科学学院	专业任选	1
15—16	2	30330035	教师指导下的独立研究	物理学院	专业任选	2
15—16	2	30330035	教师指导下的独立研究	化学与分子工程学院	专业任选	3
15—16	2	30330035	教师指导下的独立研究	生命科学学院	专业任选	4
15—16	2	30330035	教师指导下的独立研究	地球与空间科学学院	专业任选	5
15—16	2	30330035	教师指导下的独立研究	环境学院	专业任选	6
15—16	2	30330035	教师指导下的独立研究	心理与认知科学学院	专业任选	7
15—16	2	30330035	教师指导下的独立研究	软件与微电子学院	专业任选	8
15—16	2	30330035	教师指导下的独立研究	新闻与传播学院	专业任选	9
15—16	2	30330035	教师指导下的独立研究	中国语言文学系	专业任选	10

(续表)

学年度	学期	课程号	课程名称	开课系所	课程类别	班号
15—16	2	30330035	教师指导下的独立研究	历史学系	专业任选	11
15—16	2	30330035	教师指导下的独立研究	考古文博学院	专业任选	12
15—16	2	30330035	教师指导下的独立研究	哲学系	专业任选	13
15—16	2	30330035	教师指导下的独立研究	国际关系学院	专业任选	14
15—16	2	30330035	教师指导下的独立研究	经济学院	专业任选	15
15—16	2	30330035	教师指导下的独立研究	光华管理学院	专业任选	16
15—16	2	30330035	教师指导下的独立研究	法学院	专业任选	17
15—16	2	30330035	教师指导下的独立研究	信息管理系	专业任选	18
15—16	2	30330035	教师指导下的独立研究	社会学系	专业任选	19
15—16	2	30330035	教师指导下的独立研究	政府管理学院	专业任选	20
15—16	2	30330035	教师指导下的独立研究	外国语学院	专业任选	21
15—16	2	30330035	教师指导下的独立研究	艺术学院	专业任选	22
15—16	2	30330035	教师指导下的独立研究	元培学院	专业任选	23
15—16	2	30330035	教师指导下的独立研究	信息科学技术学院	专业任选	24
15—16	2	30330035	教师指导下的独立研究	工学院	专业任选	25
15—16	2	30330035	教师指导下的独立研究	城市与环境学院	专业任选	26
15—16	2	30330035	教师指导下的独立研究	环境科学与工程学院	专业任选	27
15—16	2	30330035	教师指导下的独立研究	北京大学教务部	专业任选	28
15—16	2	30330035	教师指导下的独立研究	国家发展研究院	专业任选	29
15—16	2	30330036	教师指导下的独立研究	数学科学学院	专业任选	1
15—16	2	30330036	教师指导下的独立研究	物理学院	专业任选	2
15—16	2	30330036	教师指导下的独立研究	化学与分子工程学院	专业任选	3
15—16	2	30330036	教师指导下的独立研究	生命科学学院	专业任选	4
15—16	2	30330036	教师指导下的独立研究	地球与空间科学学院	专业任选	5
15—16	2	30330036	教师指导下的独立研究	环境学院	专业任选	6
15—16	2	30330036	教师指导下的独立研究	心理与认知科学学院	专业任选	7
15—16	2	30330036	教师指导下的独立研究	软件与微电子学院	专业任选	8
15—16	2	30330036	教师指导下的独立研究	新闻与传播学院	专业任选	9
15—16	2	30330036	教师指导下的独立研究	中国语言文学系	专业任选	10
15—16	2	30330036	教师指导下的独立研究	历史学系	专业任选	11
15—16	2	30330036	教师指导下的独立研究	考古文博学院	专业任选	12
15—16	2	30330036	教师指导下的独立研究	哲学系	专业任选	13
15—16	2	30330036	教师指导下的独立研究	国际关系学院	专业任选	14
15—16	2	30330036	教师指导下的独立研究	经济学院	专业任选	15
15—16	2	30330036	教师指导下的独立研究	光华管理学院	专业任选	16
15—16	2	30330036	教师指导下的独立研究	法学院	专业任选	17
15—16	2	30330036	教师指导下的独立研究	信息管理系	专业任选	18
15—16	2	30330036	教师指导下的独立研究	社会学系	专业任选	19
15—16	2	30330036	教师指导下的独立研究	政府管理学院	专业任选	20
15—16	2	30330036	教师指导下的独立研究	外国语学院	专业任选	21
15—16	2	30330036	教师指导下的独立研究	艺术学院	专业任选	22
15—16	2	30330036	教师指导下的独立研究	元培学院	专业任选	23
15—16	2	30330036	教师指导下的独立研究	信息科学技术学院	专业任选	24
15—16	2	30330036	教师指导下的独立研究	工学院	专业任选	25

(续表)

学年度	学期	课程号	课程名称	开课系所	课程类别	班号
15—16	2	30330036	教师指导下的独立研究	城市与环境学院	专业任选	26
15—16	2	30330036	教师指导下的独立研究	环境科学与工程学院	专业任选	27
15—16	2	30330036	教师指导下的独立研究	北京大学教务部	专业任选	28
15—16	2	30330036	教师指导下的独立研究	国家发展研究院	专业任选	29
15—16	2	30330041	教师指导下的小组研究	数学科学学院	专业任选	1
15—16	2	30330041	教师指导下的小组研究	物理学院	专业任选	2
15—16	2	30330041	教师指导下的小组研究	化学与分子工程学院	专业任选	3
15—16	2	30330041	教师指导下的小组研究	生命科学学院	专业任选	4
15—16	2	30330041	教师指导下的小组研究	地球与空间科学学院	专业任选	5
15—16	2	30330041	教师指导下的小组研究	环境学院	专业任选	6
15—16	2	30330041	教师指导下的小组研究	心理与认知科学学院	专业任选	7
15—16	2	30330041	教师指导下的小组研究	软件与微电子学院	专业任选	8
15—16	2	30330041	教师指导下的小组研究	新闻与传播学院	专业任选	9
15—16	2	30330041	教师指导下的小组研究	中国语言文学系	专业任选	10
15—16	2	30330041	教师指导下的小组研究	历史学系	专业任选	11
15—16	2	30330041	教师指导下的小组研究	考古文博学院	专业任选	12
15—16	2	30330041	教师指导下的小组研究	哲学系	专业任选	13
15—16	2	30330041	教师指导下的小组研究	国际关系学院	专业任选	14
15—16	2	30330041	教师指导下的小组研究	经济学院	专业任选	15
15—16	2	30330041	教师指导下的小组研究	光华管理学院	专业任选	16
15—16	2	30330041	教师指导下的小组研究	法学院	专业任选	17
15—16	2	30330041	教师指导下的小组研究	信息管理系	专业任选	18
15—16	2	30330041	教师指导下的小组研究	社会学系	专业任选	19
15—16	2	30330041	教师指导下的小组研究	政府管理学院	专业任选	20
15—16	2	30330041	教师指导下的小组研究	外国语学院	专业任选	21
15—16	2	30330041	教师指导下的小组研究	艺术学院	专业任选	22
15—16	2	30330041	教师指导下的小组研究	元培学院	专业任选	23
15—16	2	30330041	教师指导下的小组研究	信息科学技术学院	专业任选	24
15—16	2	30330041	教师指导下的小组研究	工学院	专业任选	25
15—16	2	30330041	教师指导下的小组研究	城市与环境学院	专业任选	26
15—16	2	30330041	教师指导下的小组研究	环境科学与工程学院	专业任选	27
15—16	2	30330041	教师指导下的小组研究	北京大学教务部	专业任选	28
15—16	2	30330041	教师指导下的小组研究	国家发展研究院	专业任选	29
15—16	2	30330042	教师指导下的小组研究	数学科学学院	专业任选	1
15—16	2	30330042	教师指导下的小组研究	物理学院	专业任选	2
15—16	2	30330042	教师指导下的小组研究	化学与分子工程学院	专业任选	3
15—16	2	30330042	教师指导下的小组研究	生命科学学院	专业任选	4
15—16	2	30330042	教师指导下的小组研究	地球与空间科学学院	专业任选	5
15—16	2	30330042	教师指导下的小组研究	环境学院	专业任选	6
15—16	2	30330042	教师指导下的小组研究	心理与认知科学学院	专业任选	7
15—16	2	30330042	教师指导下的小组研究	软件与微电子学院	专业任选	8
15—16	2	30330042	教师指导下的小组研究	新闻与传播学院	专业任选	9
15—16	2	30330042	教师指导下的小组研究	中国语言文学系	专业任选	10
15—16	2	30330042	教师指导下的小组研究	历史学系	专业任选	11

(续表)

学年度	学期	课程号	课程名称	开课系所	课程类别	班号
15—16	2	30330042	教师指导下的小组研究	考古文博学院	专业任选	12
15—16	2	30330042	教师指导下的小组研究	哲学系	专业任选	13
15—16	2	30330042	教师指导下的小组研究	国际关系学院	专业任选	14
15—16	2	30330042	教师指导下的小组研究	经济学院	专业任选	15
15—16	2	30330042	教师指导下的小组研究	光华管理学院	专业任选	16
15—16	2	30330042	教师指导下的小组研究	法学院	专业任选	17
15—16	2	30330042	教师指导下的小组研究	信息管理系	专业任选	18
15—16	2	30330042	教师指导下的小组研究	社会学系	专业任选	19
15—16	2	30330042	教师指导下的小组研究	政府管理学院	专业任选	20
15—16	2	30330042	教师指导下的小组研究	外国语学院	专业任选	21
15—16	2	30330042	教师指导下的小组研究	艺术学院	专业任选	22
15—16	2	30330042	教师指导下的小组研究	元培学院	专业任选	23
15—16	2	30330042	教师指导下的小组研究	信息科学技术学院	专业任选	24
15—16	2	30330042	教师指导下的小组研究	工学院	专业任选	25
15—16	2	30330042	教师指导下的小组研究	城市与环境学院	专业任选	26
15—16	2	30330042	教师指导下的小组研究	环境科学与工程学院	专业任选	27
15—16	2	30330042	教师指导下的小组研究	北京大学教务部	专业任选	28
15—16	2	30330042	教师指导下的小组研究	国家发展研究院	专业任选	29
15—16	2	30330043	教师指导下的小组研究	数学科学学院	专业任选	1
15—16	2	30330043	教师指导下的小组研究	物理学院	专业任选	2
15—16	2	30330043	教师指导下的小组研究	化学与分子工程学院	专业任选	3
15—16	2	30330043	教师指导下的小组研究	生命科学学院	专业任选	4
15—16	2	30330043	教师指导下的小组研究	地球与空间科学学院	专业任选	5
15—16	2	30330043	教师指导下的小组研究	环境学院	专业任选	6
15—16	2	30330043	教师指导下的小组研究	心理与认知科学学院	专业任选	7
15—16	2	30330043	教师指导下的小组研究	软件与微电子学院	专业任选	8
15—16	2	30330043	教师指导下的小组研究	新闻与传播学院	专业任选	9
15—16	2	30330043	教师指导下的小组研究	中国语言文学系	专业任选	10
15—16	2	30330043	教师指导下的小组研究	历史学系	专业任选	11
15—16	2	30330043	教师指导下的小组研究	考古文博学院	专业任选	12
15—16	2	30330043	教师指导下的小组研究	哲学系	专业任选	13
15—16	2	30330043	教师指导下的小组研究	国际关系学院	专业任选	14
15—16	2	30330043	教师指导下的小组研究	经济学院	专业任选	15
15—16	2	30330043	教师指导下的小组研究	光华管理学院	专业任选	16
15—16	2	30330043	教师指导下的小组研究	法学院	专业任选	17
15—16	2	30330043	教师指导下的小组研究	信息管理系	专业任选	18
15—16	2	30330043	教师指导下的小组研究	社会学系	专业任选	19
15—16	2	30330043	教师指导下的小组研究	政府管理学院	专业任选	20
15—16	2	30330043	教师指导下的小组研究	外国语学院	专业任选	21
15—16	2	30330043	教师指导下的小组研究	艺术学院	专业任选	22
15—16	2	30330043	教师指导下的小组研究	元培学院	专业任选	23
15—16	2	30330043	教师指导下的小组研究	信息科学技术学院	专业任选	24
15—16	2	30330043	教师指导下的小组研究	工学院	专业任选	25
15—16	2	30330043	教师指导下的小组研究	城市与环境学院	专业任选	26

(续表)

学年度	学期	课程号	课程名称	开课系所	课程类别	班号
15—16	2	30330043	教师指导下的小组研究	环境科学与工程学院	专业任选	27
15—16	2	30330043	教师指导的小组研究	北京大学教务部	专业任选	28
15—16	2	30330043	教师指导下的小组研究	国家发展研究院	专业任选	29
15—16	2	30330044	教师指导下的小组研究	数学科学学院	专业任选	1
15—16	2	30330044	教师指导下的小组研究	物理学院	专业任选	2
15—16	2	30330044	教师指导下的小组研究	化学与分子工程学院	专业任选	3
15—16	2	30330044	教师指导下的小组研究	生命科学学院	专业任选	4
15—16	2	30330044	教师指导下的小组研究	地球与空间科学学院	专业任选	5
15—16	2	30330044	教师指导下的小组研究	环境学院	专业任选	6
15—16	2	30330044	教师指导下的小组研究	心理与认知科学学院	专业任选	7
15—16	2	30330044	教师指导下的小组研究	软件与微电子学院	专业任选	8
15—16	2	30330044	教师指导下的小组研究	新闻与传播学院	专业任选	9
15—16	2	30330044	教师指导下的小组研究	中国语言文学系	专业任选	10
15—16	2	30330044	教师指导下的小组研究	历史学系	专业任选	11
15—16	2	30330044	教师指导下的小组研究	考古文博学院	专业任选	12
15—16	2	30330044	教师指导下的小组研究	哲学系	专业任选	13
15—16	2	30330044	教师指导下的小组研究	国际关系学院	专业任选	14
15—16	2	30330044	教师指导下的小组研究	经济学院	专业任选	15
15—16	2	30330044	教师指导下的小组研究	光华管理学院	专业任选	16
15—16	2	30330044	教师指导下的小组研究	法学院	专业任选	17
15—16	2	30330044	教师指导下的小组研究	信息管理系	专业任选	18
15—16	2	30330044	教师指导下的小组研究	社会学系	专业任选	19
15—16	2	30330044	教师指导下的小组研究	政府管理学院	专业任选	20
15—16	2	30330044	教师指导下的小组研究	外国语学院	专业任选	21
15—16	2	30330044	教师指导下的小组研究	艺术学院	专业任选	22
15—16	2	30330044	教师指导下的小组研究	元培学院	专业任选	23
15—16	2	30330044	教师指导下的小组研究	信息科学技术学院	专业任选	24
15—16	2	30330044	教师指导下的小组研究	工学院	专业任选	25
15—16	2	30330044	教师指导下的小组研究	城市与环境学院	专业任选	26
15—16	2	30330044	教师指导下的小组研究	环境科学与工程学院	专业任选	27
15—16	2	30330044	教师指导下的小组研究	北京大学教务部	专业任选	28
15—16	2	30330044	教师指导下的小组研究	国家发展研究院	专业任选	29
15—16	2	30330045	教师指导下的小组研究	数学科学学院	专业任选	1
15—16	2	30330045	教师指导下的小组研究	物理学院	专业任选	2
15—16	2	30330045	教师指导下的小组研究	化学与分子工程学院	专业任选	3
15—16	2	30330045	教师指导下的小组研究	生命科学学院	专业任选	4
15—16	2	30330045	教师指导下的小组研究	地球与空间科学学院	专业任选	5
15—16	2	30330045	教师指导下的小组研究	环境学院	专业任选	6
15—16	2	30330045	教师指导下的小组研究	心理与认知科学学院	专业任选	7
15—16	2	30330045	教师指导下的小组研究	软件与微电子学院	专业任选	8
15—16	2	30330045	教师指导下的小组研究	新闻与传播学院	专业任选	9
15—16	2	30330045	教师指导下的小组研究	中国语言文学系	专业任选	10
15—16	2	30330045	教师指导下的小组研究	历史学系	专业任选	11
15—16	2	30330045	教师指导下的小组研究	考古文博学院	专业任选	12

(续表)

学年度	学期	课程号	课程名称	开课系所	课程类别	班号
15—16	2	30330045	教师指导下的小组研究	哲学系	专业任选	13
15—16	2	30330045	教师指导下的小组研究	国际关系学院	专业任选	14
15—16	2	30330045	教师指导下的小组研究	经济学院	专业任选	15
15—16	2	30330045	教师指导下的小组研究	光华管理学院	专业任选	16
15—16	2	30330045	教师指导下的小组研究	法学院	专业任选	17
15—16	2	30330045	教师指导下的小组研究	信息管理系	专业任选	18
15—16	2	30330045	教师指导下的小组研究	社会学系	专业任选	19
15—16	2	30330045	教师指导下的小组研究	政府管理学院	专业任选	20
15—16	2	30330045	教师指导下的小组研究	外国语学院	专业任选	21
15—16	2	30330045	教师指导下的小组研究	艺术学院	专业任选	22
15—16	2	30330045	教师指导下的小组研究	元培学院	专业任选	23
15—16	2	30330045	教师指导下的小组研究	信息科学技术学院	专业任选	24
15—16	2	30330045	教师指导下的小组研究	工学院	专业任选	25
15—16	2	30330045	教师指导下的小组研究	城市与环境学院	专业任选	26
15—16	2	30330045	教师指导下的小组研究	环境科学与工程学院	专业任选	27
15—16	2	30330045	教师指导下的小组研究	北京大学教务部	专业任选	28
15—16	2	30330045	教师指导下的小组研究	国家发展研究院	专业任选	29
15—16	2	30330046	教师指导下的小组研究	数学科学学院	专业任选	1
15—16	2	30330046	教师指导下的小组研究	物理学院	专业任选	2
15—16	2	30330046	教师指导下的小组研究	化学与分子工程学院	专业任选	3
15—16	2	30330046	教师指导下的小组研究	生命科学学院	专业任选	4
15—16	2	30330046	教师指导下的小组研究	地球与空间科学学院	专业任选	5
15—16	2	30330046	教师指导下的小组研究	环境学院	专业任选	6
15—16	2	30330046	教师指导下的小组研究	心理与认知科学学院	专业任选	7
15—16	2	30330046	教师指导下的小组研究	软件与微电子学院	专业任选	8
15—16	2	30330046	教师指导下的小组研究	新闻与传播学院	专业任选	9
15—16	2	30330046	教师指导下的小组研究	中国语言文学系	专业任选	10
15—16	2	30330046	教师指导下的小组研究	历史学系	专业任选	11
15—16	2	30330046	教师指导下的小组研究	考古文博学院	专业任选	12
15—16	2	30330046	教师指导下的小组研究	哲学系	专业任选	13
15—16	2	30330046	教师指导下的小组研究	国际关系学院	专业任选	14
15—16	2	30330046	教师指导下的小组研究	经济学院	专业任选	15
15—16	2	30330046	教师指导下的小组研究	光华管理学院	专业任选	16
15—16	2	30330046	教师指导下的小组研究	法学院	专业任选	17
15—16	2	30330046	教师指导下的小组研究	信息管理系	专业任选	18
15—16	2	30330046	教师指导下的小组研究	社会学系	专业任选	19
15—16	2	30330046	教师指导下的小组研究	政府管理学院	专业任选	20
15—16	2	30330046	教师指导下的小组研究	外国语学院	专业任选	21
15—16	2	30330046	教师指导下的小组研究	艺术学院	专业任选	22
15—16	2	30330046	教师指导下的小组研究	元培学院	专业任选	23
15—16	2	30330046	教师指导下的小组研究	信息科学技术学院	专业任选	24
15—16	2	30330046	教师指导下的小组研究	工学院	专业任选	25
15—16	2	30330046	教师指导下的小组研究	城市与环境学院	专业任选	26
15—16	2	30330046	教师指导下的小组研究	环境科学与工程学院	专业任选	27

（续表）

学年度	学期	课程号	课程名称	开课系所	课程类别	班号
15—16	2	30330046	教师指导下的小组研究	北京大学教务部	专业任选	28
15—16	2	30330046	教师指导下的小组研究	国家发展研究院	专业任选	29
15—16	2	60730020	军事理论	学生工作部人民武装部	军事理论	1
15—16	2	60730020	军事理论	学生工作部人民武装部	军事理论	2
15—16	2	60730020	军事理论	学生工作部人民武装部	军事理论	3
15—16	2	60730020	军事理论	学生工作部人民武装部	军事理论	4
15—16	2	60730020	军事理论	学生工作部人民武装部	军事理论	5
15—16	2	60730020	军事理论	学生工作部人民武装部	军事理论	6
15—16	2	61030020	大学生职业生涯规划	学生工作部人民武装部	全校公选课	1
15—16	3	00332950	航空航天工业实习	工学院	专业必修	1
15—16	3	00333050	金工实习	工学院	专业必修	1
15—16	3	00333118	跨文化设计：对生态负责的商业模型	工学院	全校公选课	1
15—16	3	00333137	神经假体工程	工学院	全校公选课	1
15—16	3	00333138	柔性化机器人：从类人到软体	工学院	全校公选课	1
15—16	3	00333170	认识实习	工学院	专业必修	1
15—16	3	00333181	工程项目管理中的金融决策	工学院	全校公选课	1
15—16	3	00333390	生物医学工程实习	工学院	专业必修	1
15—16	3	00333520	光伏效应与太阳能	工学院	全校公选课	1
15—16	3	00333548	计算多相流的工程应用	工学院	全校公选课	1
15—16	3	00333558	材料基因组评估	工学院	全校公选课	1
15—16	3	00333670	中国经济：科技、增长与全球联系	工学院	全校公选课	1
15—16	3	00333677	中国经济A：增长与全球联系	工学院	全校公选课	1
15—16	3	00333692	未来电力系统	工学院	全校公选课	1
15—16	3	00333693	创新创业：精益创业方法	工学院	全校公选课	1
15—16	3	00333694	工商路线：高效E2C信息交互	工学院	全校公选课	1
15—16	3	00333695	中国与世界	工学院	全校公选课	1
15—16	3	00333696	中国与世界A	工学院	全校公选课	1
15—16	3	00333738	微流控与生物流体动力学	工学院	全校公选课	1
15—16	3	00431141	力学	信息科学技术学院	专业必修	1
15—16	3	00431143	电磁学	信息科学技术学院	专业必修	1
15—16	3	00432206	量子力学专题	物理学院	专业任选	1
15—16	3	00432216	量子力学（Ⅱ）	物理学院	专业任选	1
15—16	3	00437150	物理学科暑期专题研讨	物理学院	专业任选	1
15—16	3	01130910	生物学野外实习	生命科学学院	专业任选	1
15—16	3	01131430	高级植物分子生物学实验技术	生命科学学院	专业任选	1
15—16	3	01133027	生物统计学的理论和应用	生命科学学院	专业任选	1
15—16	3	01133028	野生灵长类的行为生态学与保护实习	生命科学学院	实习实践	1
15—16	3	01133029	组学数据分析及其应用	生命科学学院	专业任选	1
15—16	3	01133031	生命的逻辑	生命科学学院	全校公选课	1
15—16	3	01133063	博雅班讨论班：批判性思维（上）	生命科学学院	全校公选课	1
15—16	3	01133064	博雅班讨论班：批判性思维（下）	生命科学学院	全校公选课	1
15—16	3	01137021	人类遗传学：连锁分析及疾病遗传学	生命科学学院	专业任选	1
15—16	3	01139700	癌发生的分子和细胞学机制	生命科学学院	专业任选	1
15—16	3	01231420	综合地质实习	地球与空间科学学院	专业限选	1

(续表)

学年度	学期	课程号	课程名称	开课系所	课程类别	班号
15—16	3	01231640	普通地质实习A	地球与空间科学学院	专业必修	1
15—16	3	01231670	区域地质实习	地球与空间科学学院	专业必修	1
15—16	3	01233170	地震概论	地球与空间科学学院	通选课	1
15—16	3	01233380	地震学野外实习	地球与空间科学学院	专业必修	1
15—16	3	01430870	普通地质实习	地球与空间科学学院	专业必修	1
15—16	3	01431440	珠宝鉴赏与珠宝文化	地球与空间科学学院	全校公选课	1
15—16	3	01533240	人文地理专业实习	城市与环境学院	专业必修	1
15—16	3	01533290	美术实习	城市与环境学院	专业必修	1
15—16	3	01533300	城乡地域空间认知实习	城市与环境学院	专业必修	1
15—16	3	01534320	自然地理综合实习	城市与环境学院	专业必修	1
15—16	3	01535130	野外生态学	城市与环境学院	专业必修	1
15—16	3	01537530	普通地质实习	城市与环境学院	专业任选	1
15—16	3	01539200	植物土壤实习	城市与环境学院	专业必修	1
15—16	3	01539340	地貌实习	城市与环境学院	专业必修	1
15—16	3	01610226	意识的脑机制	心理与认知科学学院	全校公选课	1
15—16	3	01630580	人际沟通分析学	心理与认知科学学院	全校公选课	1
15—16	3	01630670	听视觉言语加工整合及其脑机制	心理与认知科学学院	全校公选课	1
15—16	3	01630692	电影与心理	心理与认知科学学院	全校公选课	1
15—16	3	01630694	暴力行为的脑机制	心理与认知科学学院	全校公选课	1
15—16	3	01630701	用户体验研究技术进阶	心理与认知科学学院	专业任选	1
15—16	3	01832150	媒体与国际关系	新闻与传播学院	全校公选课	1
15—16	3	01832910	视频编辑	新闻与传播学院	全校公选课	1
15—16	3	01832910	视频编辑	新闻与传播学院	全校公选课	2
15—16	3	01833670	跨文化系列课程：表演艺术与跨文化传播解读	新闻与传播学院	全校公选课	1
15—16	3	01834040	中东政治与文化传播	新闻与传播学院	全校公选课	1
15—16	3	01834110	数据新闻	新闻与传播学院	专业任选	1
15—16	3	01834120	马克思主义新闻观与新型国际传播	新闻与传播学院	全校公选课	1
15—16	3	02332311	佛教导论	哲学系	通选课	1
15—16	3	02335260	文学与伦理	哲学系	通选课	1
15—16	3	02432170	中国改革与全球经济	国际关系学院	全校公选课	1
15—16	3	02530060	微观经济学	经济学院	通选课	1
15—16	3	02530150	发展经济学	经济学院	全校公选课	1
15—16	3	02535220	量化历史研究	经济学院	全校公选课	1
15—16	3	02838410	价值投资	光华管理学院	专业任选	1
15—16	3	02930164	选举法比较研究	法学院	专业限选	1
15—16	3	02930871	涉外民商事之法律适用	法学院	专业限选	1
15—16	3	03032360	中国文化史	信息管理系	通选课	1
15—16	3	03033700	互联网运营管理方法与实践	信息管理系	全校公选课	1
15—16	3	03130400	教育社会学思考	社会学系	通选课	3
15—16	3	03131860	人类学导论	社会学系	通选课	3
15—16	3	03131860	人类学导论	社会学系	通选课	4
15—16	3	03633330	西班牙文化纵览	外国语学院	全校公选课	1
15—16	3	03835510	希腊与希伯来哲学	英语语言文学系	大学英语	1
15—16	3	03835510	希腊与希伯来哲学	英语语言文学系	大学英语	2

(续表)

学年度	学期	课程号	课程名称	开课系所	课程类别	班号
15—16	3	03835520	英美文学概况	英语语言文学系	大学英语	1
15—16	3	03835520	英美文学概况	英语语言文学系	大学英语	2
15—16	3	03835610	法律英语	英语语言文学系	大学英语	1
15—16	3	03835620	美国华人移民的历史与文化	英语语言文学系	大学英语	1
15—16	3	03835620	美国华人移民的历史与文化	英语语言文学系	大学英语	2
15—16	3	03835630	加拿大历史与文化	英语语言文学系	大学英语	1
15—16	3	03835630	加拿大历史与文化	英语语言文学系	大学英语	2
15—16	3	03835640	澳大利亚历史与文化影视专题	英语语言文学系	大学英语	1
15—16	3	03835730	美国文化概览	英语语言文学系	大学英语	1
15—16	3	03835730	美国文化概览	英语语言文学系	大学英语	2
15—16	3	03835830	西方文化选读	英语语言文学系	大学英语	1
15—16	3	03835830	西方文化选读	英语语言文学系	大学英语	2
15—16	3	03835850	希腊罗马神话赏析	英语语言文学系	大学英语	1
15—16	3	03835850	希腊罗马神话赏析	英语语言文学系	大学英语	2
15—16	3	03835860	英语公众演讲	英语语言文学系	大学英语	1
15—16	3	03835860	英语公众演讲	英语语言文学系	大学英语	2
15—16	3	03835950	高级英语口语	英语语言文学系	大学英语	1
15—16	3	03835950	高级英语口语	英语语言文学系	大学英语	2
15—16	3	03835950	高级英语口语	英语语言文学系	大学英语	3
15—16	3	03835950	高级英语口语	英语语言文学系	大学英语	4
15—16	3	03835950	高级英语口语	英语语言文学系	大学英语	5
15—16	3	04031730	毛泽东思想和中国特色社会主义理论体系概论	马克思主义学院	思想政治	1
15—16	3	04031740	马克思主义基本原理概论	马克思主义学院	思想政治	1
15—16	3	04130030	太极拳	体育教研部	体育	1
15—16	3	04130030	太极拳	体育教研部	体育	2
15—16	3	04130040	健美操	体育教研部	体育	1
15—16	3	04130040	健美操	体育教研部	体育	2
15—16	3	04130090	篮球	体育教研部	体育	1
15—16	3	04130090	篮球	体育教研部	体育	2
15—16	3	04330881	基本乐理与管弦乐基础	艺术学院	通选课	1
15—16	3	04331020	中外名曲赏析	艺术学院	通选课	1
15—16	3	04332711	西方美术史田野调研	艺术学院	全校公选课	1
15—16	3	04630710	认知科学与经济学	元培学院	全校公选课	1
15—16	3	04630720	推理与决策	元培学院	全校公选课	1
15—16	3	04630730	当代中国社会	元培学院	全校公选课	1
15—16	3	04830041	计算概论A	信息科学技术学院	专业必修	1
15—16	3	04830050	数据结构与算法（A）	信息科学技术学院	专业必修	1
15—16	3	04830810	可编程逻辑电路设计（I）	信息科学技术学院	专业任选	1
15—16	3	04831950	生物特征识别	信息科学技术学院	全校公选课	1
15—16	3	04832330	工程科学研究方法	信息科学技术学院	全校公选课	1
15—16	3	04832990	微纳电子专业综合实验	信息科学技术学院	全校公选课	1
15—16	3	04833120	无线网络	信息科学技术学院	全校公选课	1
15—16	3	04833130	如何做好数据库研究	信息科学技术学院	专业任选	1
15—16	3	04833140	健康信息学——大数据方法	信息科学技术学院	全校公选课	1

(续表)

学年度	学期	课程号	课程名称	开课系所	课程类别	班号
15—16	3	04833150	交互设计中之人与社会因素	信息科学技术学院	专业任选	1
15—16	3	04833160	计算机伦理学	信息科学技术学院	专业任选	1
15—16	3	06237020	社会经济调查理论方法与实践	国家发展研究院	全校公选课	1
15—16	3	06239076	市场微结构模型专题	国家发展研究院	全校公选课	1
15—16	3	06830001	社会科学应用统计学原理	人口研究所	全校公选课	1
15—16	3	06830002	社会科学研究设计和研究方法	人口研究所	全校公选课	1
15—16	3	12634050	人文地理综合实习	城市与环境学院	专业必修	1
15—16	3	12639010	综合社会实践实习	城市与环境学院	专业必修	1
15—16	3	12639020	圆明园的历史与现状	城市与环境学院	全校公选课	1
15—16	3	12739040	环境综合实习（一）	环境科学与工程学院	专业必修	1
15—16	3	12739060	环境综合实习（二）	环境科学与工程学院	专业必修	1
15—16	3	12739070	全球环境健康问题：规则与案例研究	环境科学与工程学院	专业任选	1
15—16	3	12739080	绿色未来的技术理念	环境科学与工程学院	全校公选课	1
15—16	3	12739090	风险评估、批判性思维和环境及人类健康	环境科学与工程学院	专业任选	1
15—16	3	18050110	心脏健康导论	医学部教学办	全校公选课	1
15—16	3	18050150	营养与疾病	医学部教学办	全校公选课	1
15—16	3	18050180	人体免疫与健康养生	医学部教学办	全校公选课	1
15—16	3	18730010	社会调查实务	北京大学中国社会科学调查中心	全校公选课	1
15—16	3	18730020	社会调查数据分析方法	北京大学中国社会科学调查中心	全校公选课	1
15—16	3	18730030	社会科学实验研究方法	北京大学中国社会科学调查中心	全校公选课	1
15—16	3	21130001	植物发育及分子生物学	现代农学院（筹）	全校公选课	1
15—16	3	21130002	植物知道生命的答案	现代农学院（筹）	全校公选课	1
15—16	3	30330500	ACM/ICPC 竞赛训练	北京大学教务部	全校公选课	1
15—16	3	30340025	中国经济导论	北京大学教务部	全校公选课	1
15—16	3	30340028	转型时期的中国公共政策	北京大学教务部	全校公选课	1
15—16	3	30340033	镜中观花——中国人的价值观	北京大学教务部	全校公选课	1
15—16	3	30340035	中国因素：应对中国的全球挑战	北京大学教务部	全校公选课	1
15—16	3	30340048	中国传统认同与其现代变迁	北京大学教务部	全校公选课	1
15—16	3	30340052	中国传统健身、饮食与养生	北京大学教务部	全校公选课	1
15—16	3	30340053	中国的宪法和政治体系	北京大学教务部	全校公选课	1
15—16	3	30340059	中国古典诗词	北京大学教务部	全校公选课	1
15—16	3	30340060	国际人力资源管理：东方、西方和新兴市场	北京大学教务部	全校公选课	1
15—16	3	30340062	从历史视角看当代中国女性、体育和社会	北京大学教务部	全校公选课	1
15—16	3	30340064	环境与中国：自然、文化和发展	北京大学教务部	全校公选课	1
15—16	3	30340066	解读中国：从媒体、沟通、文化的视角	北京大学教务部	全校公选课	1
15—16	3	30340067	新中国：哲学与政治	北京大学教务部	全校公选课	1
15—16	3	30340068	亚太安全	北京大学教务部	全校公选课	1
15—16	3	30340073	当代中国经济与社会：一个制度经济学的视角	北京大学教务部	全校公选课	1
15—16	3	30340074	中国知识产权法律与政策	北京大学教务部	全校公选课	1
15—16	3	30340075	文化、行为与大脑	北京大学教务部	全校公选课	1
15—16	3	30340076	中国现当代小说与电影	北京大学教务部	全校公选课	1

(续表)

学年度	学期	课程号	课程名称	开课系所	课程类别	班号
15—16	3	30340077	人文主义与中国城市化	北京大学教务部	全校公选课	1
15—16	3	30340078	影像与记忆	北京大学教务部	全校公选课	1
15—16	3	30340079	中国音乐美学与跨文化研究	北京大学教务部	全校公选课	1
15—16	3	30340081	中国、美国和欧洲的文化、思想与观念	北京大学教务部	全校公选课	1
15—16	3	30340082	"中国崛起"专题研讨课	北京大学教务部	全校公选课	1
15—16	3	61030030	朋辈心理辅导	心理与认知科学学院	全校公选课	1
16—17	1	00100868	反射群和Coxeter群	数学科学学院	专业任选	1
16—17	1	00100877	贝叶斯理论与算法	数学科学学院	专业任选	1
16—17	1	00102886	应用偏微分方程选讲	数学科学学院	专业任选	1
16—17	1	00102892	统计学习	数学科学学院	专业任选	1
16—17	1	00102917	因果推断与统计大数据	数学科学学院	专业任选	1
16—17	1	00110000	黎曼几何引论	数学科学学院	专业任选	1
16—17	1	00110010	同调论	数学科学学院	专业任选	1
16—17	1	00110060	算法设计与分析	数学科学学院	专业任选	1
16—17	1	00110130	泛函分析（二）	数学科学学院	专业任选	1
16—17	1	00110150	交换代数	数学科学学院	专业任选	1
16—17	1	00110330	几何分析	数学科学学院	专业任选	1
16—17	1	00110830	数值代数Ⅱ	数学科学学院	专业任选	1
16—17	1	00110860	并行计算Ⅱ	数学科学学院	专业任选	1
16—17	1	00110960	模式识别	数学科学学院	专业任选	1
16—17	1	00111770	代数几何Ⅱ	数学科学学院	专业任选	1
16—17	1	00111850	有限元方法Ⅱ	数学科学学院	专业任选	1
16—17	1	00111940	遍历论	数学科学学院	专业任选	1
16—17	1	00112040	现代信息处理选讲	数学科学学院	专业任选	1
16—17	1	00112250	随机过程Ⅱ	数学科学学院	专业任选	1
16—17	1	00112630	高等概率论	数学科学学院	专业任选	1
16—17	1	00112640	高等统计学	数学科学学院	专业任选	1
16—17	1	00112711	抽象代数Ⅱ	数学科学学院	专业任选	1
16—17	1	00112780	应用偏微分方程	数学科学学院	专业任选	1
16—17	1	00113510	几何拓扑选讲	数学科学学院	专业任选	1
16—17	1	00113550	信息安全	数学科学学院	专业任选	1
16—17	1	00113670	近代数学物理方法	数学科学学院	专业任选	1
16—17	1	00113690	随机模拟方法	数学科学学院	专业任选	1
16—17	1	00113730	现代统计计算	数学科学学院	专业任选	1
16—17	1	00114250	机器学习	数学科学学院	专业任选	1
16—17	1	00130161	拓扑学	数学科学学院	专业任选	1
16—17	1	00130201	高等数学（B）（一）	信息科学技术学院	专业必修	1
16—17	1	00130201	高等数学（B）（一）	信息科学技术学院	专业必修	2
16—17	1	00130201	高等数学（B）（一）	物理学院	专业必修	3
16—17	1	00130201	高等数学（B）（一）	物理学院	专业必修	4
16—17	1	00130201	高等数学（B）（一）	地球与空间科学学院	专业必修	5
16—17	1	00130201	高等数学（B）（一）	光华管理学院	专业必修	6
16—17	1	00130201	高等数学（B）（一）	光华管理学院	专业必修	7
16—17	1	00130201	高等数学（B）（一）	经济学院	专业必修	8

(续表)

学年度	学期	课程号	课程名称	开课系所	课程类别	班号
16—17	1	00130201	高等数学（B）（一）	经济学院	专业必修	9
16—17	1	00130201	高等数学（B）（一）	化学与分子工程学院	专业必修	10
16—17	1	00130201	高等数学（B）（一）	生命科学学院	专业必修	11
16—17	1	00130211	高等数学（B）（一）习题课	信息科学技术学院	专业必修	1
16—17	1	00130211	高等数学（B）（一）习题课	信息科学技术学院	专业必修	2
16—17	1	00130211	高等数学（B）（一）习题课	信息科学技术学院	专业必修	3
16—17	1	00130211	高等数学（B）（一）习题课	信息科学技术学院	专业必修	4
16—17	1	00130211	高等数学（B）（一）习题课	物理学院	专业必修	5
16—17	1	00130211	高等数学（B）（一）习题课	物理学院	专业必修	6
16—17	1	00130211	高等数学（B）（一）习题课	物理学院	专业必修	7
16—17	1	00130211	高等数学（B）（一）习题课	物理学院	专业必修	8
16—17	1	00130211	高等数学（B）（一）习题课	地球与空间科学学院	专业必修	9
16—17	1	00130211	高等数学（B）（一）习题课	地球与空间科学学院	专业必修	10
16—17	1	00130211	高等数学（B）（一）习题课	地球与空间科学学院	专业必修	11
16—17	1	00130211	高等数学（B）（一）习题课	光华管理学院	专业必修	12
16—17	1	00130211	高等数学（B）（一）习题课	光华管理学院	专业必修	13
16—17	1	00130211	高等数学（B）（一）习题课	光华管理学院	专业必修	14
16—17	1	00130211	高等数学（B）（一）习题课	光华管理学院	专业必修	15
16—17	1	00130211	高等数学（B）（一）习题课	光华管理学院	专业必修	16
16—17	1	00130211	高等数学（B）（一）习题课	光华管理学院	专业必修	17
16—17	1	00130211	高等数学（B）（一）习题课	经济学院	专业必修	18
16—17	1	00130211	高等数学（B）（一）习题课	经济学院	专业必修	19
16—17	1	00130211	高等数学（B）（一）习题课	经济学院	专业必修	20
16—17	1	00130211	高等数学（B）（一）习题课	经济学院	专业必修	21
16—17	1	00130211	高等数学（B）（一）习题课	化学与分子工程学院	专业必修	22
16—17	1	00130211	高等数学（B）（一）习题课	化学与分子工程学院	专业必修	23
16—17	1	00130211	高等数学（B）（一）习题课	化学与分子工程学院	专业必修	24
16—17	1	00130211	高等数学（B）（一）习题课	生命科学学院	专业必修	25
16—17	1	00130211	高等数学（B）（一）习题课	生命科学学院	专业必修	26
16—17	1	00130211	高等数学（B）（一）习题课	生命科学学院	专业必修	27
16—17	1	00130280	计算方法（B）	信息科学技术学院	专业必修	1
16—17	1	00130310	线性代数（C）	城市与环境学院	专业必修	1
16—17	1	00130310	线性代数（C）	元培学院	专业必修	1
16—17	1	00130490	运筹学	数学科学学院	专业任选	1
16—17	1	00130550	数值代数	数学科学学院	专业任选	1
16—17	1	00130730	数理逻辑	数学科学学院	专业任选	1
16—17	1	00130830	数字信号处理	数学科学学院	专业任选	1
16—17	1	00131420	数据结构	数学科学学院	专业必修	1
16—17	1	00131421	高等数学C（一）	医学部教学办	专业必修	1
16—17	1	00131421	高等数学C（一）	医学部教学办	专业必修	2
16—17	1	00131421	高等数学C（一）	医学部教学办	专业必修	3
16—17	1	00131421	高等数学C（一）	医学部教学办	专业必修	4
16—17	1	00131421	高等数学C（一）	城市与环境学院	专业必修	5
16—17	1	00131460	线性代数（B）	信息科学技术学院	专业必修	1

(续表)

学年度	学期	课程号	课程名称	开课系所	课程类别	班号
16—17	1	00131460	线性代数（B）	信息科学技术学院	专业必修	2
16—17	1	00131460	线性代数（B）	物理学院	专业必修	3
16—17	1	00131460	线性代数（B）	物理学院	专业必修	4
16—17	1	00131460	线性代数（B）	地球与空间科学学院	专业必修	5
16—17	1	00131460	线性代数（B）	光华管理学院	专业必修	6
16—17	1	00131460	线性代数（B）	光华管理学院	专业必修	7
16—17	1	00131460	线性代数（B）	经济学院	专业必修	8
16—17	1	00131460	线性代数（B）	经济学院	专业必修	9
16—17	1	00131460	线性代数（B）	化学与分子工程学院	专业任选	10
16—17	1	00131460	线性代数（B）	生命科学学院	专业必修	11
16—17	1	00131470	线性代数（B）习题	信息科学技术学院	专业必修	1
16—17	1	00131470	线性代数（B）习题	信息科学技术学院	专业必修	2
16—17	1	00131470	线性代数（B）习题	信息科学技术学院	专业必修	3
16—17	1	00131470	线性代数（B）习题	信息科学技术学院	专业必修	4
16—17	1	00131470	线性代数（B）习题	物理学院	专业必修	5
16—17	1	00131470	线性代数（B）习题	物理学院	专业必修	6
16—17	1	00131470	线性代数（B）习题	物理学院	专业必修	7
16—17	1	00131470	线性代数（B）习题	物理学院	专业必修	8
16—17	1	00131470	线性代数（B）习题	地球与空间科学学院	专业必修	9
16—17	1	00131470	线性代数（B）习题	地球与空间科学学院	专业必修	10
16—17	1	00131470	线性代数（B）习题	光华管理学院	专业必修	11
16—17	1	00131470	线性代数（B）习题	光华管理学院	专业必修	12
16—17	1	00131470	线性代数（B）习题	光华管理学院	专业必修	13
16—17	1	00131470	线性代数（B）习题	光华管理学院	专业必修	14
16—17	1	00131470	线性代数（B）习题	光华管理学院	专业必修	15
16—17	1	00131470	线性代数（B）习题	光华管理学院	专业必修	16
16—17	1	00131470	线性代数（B）习题	经济学院	专业必修	17
16—17	1	00131470	线性代数（B）习题	经济学院	专业必修	18
16—17	1	00131470	线性代数（B）习题	经济学院	专业必修	19
16—17	1	00131470	线性代数（B）习题	经济学院	专业必修	20
16—17	1	00131470	线性代数（B）习题	化学与分子工程学院	专业任选	21
16—17	1	00131470	线性代数（B）习题	化学与分子工程学院	专业任选	22
16—17	1	00131470	线性代数（B）习题	生命科学学院	专业必修	24
16—17	1	00131470	线性代数（B）习题	生命科学学院	专业必修	25
16—17	1	00131480	概率统计（A）	信息科学技术学院	专业必修	1
16—17	1	00131700	数学分析	数学科学学院	双学位	1
16—17	1	00131710	高等代数	数学科学学院	双学位	1
16—17	1	00132250	抽象代数选讲	数学科学学院	专业必修	1
16—17	1	00132260	数学分析选讲Ⅲ	数学科学学院	专业必修	2
16—17	1	00132301	数学分析（Ⅰ）	数学科学学院	专业必修	1
16—17	1	00132301	数学分析（Ⅰ）	数学科学学院	专业必修	2
16—17	1	00132301	数学分析（Ⅰ）	信息科学技术学院	专业必修	3
16—17	1	00132304	数学分析（Ⅲ）	数学科学学院	专业必修	1
16—17	1	00132304	数学分析（Ⅲ）	数学科学学院	专业必修	2

(续表)

学年度	学期	课程号	课程名称	开课系所	课程类别	班号
16—17	1	00132304	数学分析（Ⅲ）	信息科学技术学院	专业必修	3
16—17	1	00132310	微分几何	数学科学学院	专业任选	1
16—17	1	00132311	数学分析（Ⅰ）习题	数学科学学院	专业必修	1
16—17	1	00132311	数学分析（Ⅰ）习题	数学科学学院	专业必修	2
16—17	1	00132311	数学分析（Ⅰ）习题	数学科学学院	专业必修	3
16—17	1	00132311	数学分析（Ⅰ）习题	数学科学学院	专业必修	4
16—17	1	00132311	数学分析（Ⅰ）习题	数学科学学院	专业必修	5
16—17	1	00132311	数学分析（Ⅰ）习题	数学科学学院	专业必修	6
16—17	1	00132311	数学分析（Ⅰ）习题	数学科学学院	专业必修	7
16—17	1	00132311	数学分析（Ⅰ）习题	数学科学学院	专业必修	8
16—17	1	00132311	数学分析（Ⅰ）习题	信息科学技术学院	专业必修	9
16—17	1	00132311	数学分析（Ⅰ）习题	信息科学技术学院	专业必修	10
16—17	1	00132311	数学分析（Ⅰ）习题	信息科学技术学院	专业必修	11
16—17	1	00132313	数学分析（Ⅲ）习题	数学科学学院	专业必修	1
16—17	1	00132313	数学分析（Ⅲ）习题	数学科学学院	专业必修	2
16—17	1	00132313	数学分析（Ⅲ）习题	数学科学学院	专业必修	3
16—17	1	00132313	数学分析（Ⅲ）习题	数学科学学院	专业必修	4
16—17	1	00132313	数学分析（Ⅲ）习题	数学科学学院	专业必修	5
16—17	1	00132313	数学分析（Ⅲ）习题	数学科学学院	专业必修	6
16—17	1	00132313	数学分析（Ⅲ）习题	数学科学学院	专业必修	7
16—17	1	00132313	数学分析（Ⅲ）习题	数学科学学院	专业必修	8
16—17	1	00132313	数学分析（Ⅲ）习题	信息科学技术学院	专业必修	9
16—17	1	00132313	数学分析（Ⅲ）习题	信息科学技术学院	专业必修	10
16—17	1	00132321	高等代数（Ⅰ）	数学科学学院	专业必修	1
16—17	1	00132321	高等代数（Ⅰ）	数学科学学院	专业必修	2
16—17	1	00132321	高等代数（Ⅰ）	信息科学技术学院	专业必修	3
16—17	1	00132330	偏微分方程	数学科学学院	专业任选	1
16—17	1	00132331	高等代数（Ⅰ）习题	数学科学学院	专业必修	1
16—17	1	00132331	高等代数（Ⅰ）习题	数学科学学院	专业必修	2
16—17	1	00132331	高等代数（Ⅰ）习题	数学科学学院	专业必修	3
16—17	1	00132331	高等代数（Ⅰ）习题	数学科学学院	专业必修	4
16—17	1	00132331	高等代数（Ⅰ）习题	数学科学学院	专业必修	5
16—17	1	00132331	高等代数（Ⅰ）习题	数学科学学院	专业必修	6
16—17	1	00132331	高等代数（Ⅰ）习题	数学科学学院	专业必修	7
16—17	1	00132331	高等代数（Ⅰ）习题	数学科学学院	专业必修	8
16—17	1	00132331	高等代数（Ⅰ）习题	信息科学技术学院	专业必修	9
16—17	1	00132331	高等代数（Ⅰ）习题	信息科学技术学院	专业必修	10
16—17	1	00132331	高等代数（Ⅰ）习题	信息科学技术学院	专业必修	11
16—17	1	00132341	几何学	数学科学学院	专业必修	1
16—17	1	00132341	几何学	数学科学学院	专业必修	2
16—17	1	00132351	几何学习题	数学科学学院	专业必修	1
16—17	1	00132351	几何学习题	数学科学学院	专业必修	2
16—17	1	00132351	几何学习题	数学科学学院	专业必修	3
16—17	1	00132351	几何学习题	数学科学学院	专业必修	4

（续表）

学年度	学期	课程号	课程名称	开课系所	课程类别	班号
16—17	1	00132351	几何学习题	数学科学学院	专业必修	5
16—17	1	00132351	几何学习题	数学科学学院	专业必修	6
16—17	1	00132351	几何学习题	数学科学学院	专业必修	7
16—17	1	00132351	几何学习题	数学科学学院	专业必修	8
16—17	1	00132361	数学分析Ⅰ（实验班）	数学科学学院	专业必修	1
16—17	1	00132363	数学分析Ⅲ（实验班）	数学科学学院	专业必修	2
16—17	1	00132370	实变函数	数学科学学院	专业任选	1
16—17	1	00132371	高等代数Ⅰ（实验班）	数学科学学院	专业必修	1
16—17	1	00132380	概率统计（B）	物理学院	专业任选	1
16—17	1	00132380	概率统计（B）	地球与空间科学学院	专业必修	2
16—17	1	00132381	几何学Ⅰ（实验班）	数学科学学院	专业必修	1
16—17	1	00132510	李群及其表示	数学科学学院	专业任选	1
16—17	1	00132750	毕业论文（证券）讨论班	数学科学学院	专业必修	1
16—17	1	00132770	毕业论文（资产定价）讨论班	数学科学学院	专业必修	1
16—17	1	00132780	毕业论文（精算）讨论班	数学科学学院	专业必修	1
16—17	1	00132790	毕业论文（金融数据分析与建模）	数学科学学院	专业必修	1
16—17	1	00132810	毕业论文（衍生工具）讨论班	数学科学学院	专业必修	1
16—17	1	00132830	金融数学引论	数学科学学院	专业任选	1
16—17	1	00132930	生物数学物理	数学科学学院	专业任选	1
16—17	1	00133050	应用多元统计分析	数学科学学院	专业任选	1
16—17	1	00133070	应用时间序列分析	数学科学学院	专业任选	1
16—17	1	00133090	应用随机过程	数学科学学院	专业任选	1
16—17	1	00134210	人工神经网络	数学科学学院	专业任选	1
16—17	1	00134330	金融经济学	数学科学学院	专业任选	1
16—17	1	00134360	典型群引论	数学科学学院	专业任选	1
16—17	1	00134510	毕业论文（固定收益证券和信用风险）	数学科学学院	专业必修	1
16—17	1	00134530	核心数学选讲 Ⅱ	数学科学学院	专业任选	1
16—17	1	00135050	理论计算机科学基础	数学科学学院	专业任选	1
16—17	1	00135450	抽象代数	数学科学学院	专业必修	1
16—17	1	00135450	抽象代数	数学科学学院	专业必修	2
16—17	1	00135460	数理统计	数学科学学院	专业任选	1
16—17	1	00135520	偏微分方程数值解	数学科学学院	专业任选	1
16—17	1	00136220	运筹学	数学科学学院	双学位	1
16—17	1	00136350	概率论	数学科学学院	双学位	1
16—17	1	00136540	数值方法：原理，算法及应用	数学科学学院	通选课	1
16—17	1	00136590	复变函数	数学科学学院	双学位	1
16—17	1	00136660	凸优化	数学科学学院	专业任选	1
16—17	1	00136700	普通统计学	数学科学学院	通选课	1
16—17	1	00136750	随机过程引论	数学科学学院	专业任选	1
16—17	1	00136760	金融数据分析导论	数学科学学院	专业任选	1
16—17	1	00136770	代数数论讨论班	数学科学学院	专业任选	1
16—17	1	00136830	数学应用软件	数学科学学院	双学位	1
16—17	1	00136850	实变函数与泛函分析	数学科学学院	专业任选	1
16—17	1	00330190	塑性力学	工学院	专业限选	1

(续表)

学年度	学期	课程号	课程名称	开课系所	课程类别	班号
16—17	1	00330280	振动理论	工学院	专业限选	1
16—17	1	00330630	工程制图	工学院	专业限选	1
16—17	1	00330700	常微分方程	工学院	专业必修	1
16—17	1	00331311	工程CAD（I）	工学院	专业限选	1
16—17	1	00331501	数学分析（一）	工学院	专业必修	1
16—17	1	00331760	微积分习题	工学院	专业必修	1
16—17	1	00331760	微积分习题	工学院	专业必修	2
16—17	1	00331760	微积分习题	工学院	专业必修	3
16—17	1	00331760	微积分习题	工学院	专业必修	4
16—17	1	00331770	线性代数与几何	工学院	专业必修	1
16—17	1	00331860	高等微积分	工学院	专业必修	1
16—17	1	00331880	高等代数	工学院	专业必修	1
16—17	1	00331900	概率与数理统计	元培学院	专业必修	1
16—17	1	00331900	概率与数理统计	工学院	专业必修	1
16—17	1	00332020	传热传质学	工学院	专业必修	1
16—17	1	00332172	能源与资源工程实验（下）	工学院	专业必修	1
16—17	1	00332242	数学物理方法（下）	工学院	专业必修	1
16—17	1	00332250	理论力学	工学院	专业必修	1
16—17	1	00332281	流体力学（上）	工学院	专业必修	1
16—17	1	00332300	工程流体力学	工学院	专业必修	1
16—17	1	00332310	结构力学及其矩阵方法	工学院	专业必修	1
16—17	1	00332330	固体力学实验	工学院	专业必修	1
16—17	1	00332340	流体力学实验	工学院	专业必修	1
16—17	1	00332381	工程毕业设计（上）	工学院	专业任选	1
16—17	1	00332460	连续介质力学基础	工学院	专业限选	1
16—17	1	00332470	航空航天概论	工学院	专业必修	1
16—17	1	00332580	高等数学（D类）	工学院	专业必修	1
16—17	1	00332580	高等数学（D类）	工学院	专业必修	2
16—17	1	00332580	高等数学（D类）	工学院	专业必修	3
16—17	1	00332580	高等数学（D类）	工学院	专业必修	4
16—17	1	00332590	高等数学（D类基础）	工学院	专业必修	5
16—17	1	00332600	分子细胞生物学	工学院	专业必修	1
16—17	1	00332610	能源与资源工程原理	工学院	专业必修	1
16—17	1	00332620	生物医学工程原理	工学院	专业必修	1
16—17	1	00332630	地下水水文学	工学院	专业限选	1
16—17	1	00332641	材料科学基础（上）	工学院	专业必修	1
16—17	1	00332680	飞行器结构力学	工学院	专业必修	1
16—17	1	00333010	材料计算科学与工程	工学院	专业限选	1
16—17	1	00333020	纳米材料科学与技术	工学院	专业限选	1
16—17	1	00333040	岩土力学	工学院	专业任选	1
16—17	1	00333190	材料化学	工学院	专业必修	1
16—17	1	00333210	材料科学与工程实验	工学院	专业必修	1
16—17	1	00333270	生物材料分析方法	工学院	专业任选	1
16—17	1	00333280	计算生物学导论	工学院	专业任选	1

（续表）

学年度	学期	课程号	课程名称	开课系所	课程类别	班号
16—17	1	00333460	能源与推进	工学院	专业限选	1
16—17	1	00333580	生物医学信号处理	工学院	专业必修	1
16—17	1	00333590	发动机燃烧	工学院	专业限选	1
16—17	1	00333610	实验室安全与防护	工学院	专业必修	1
16—17	1	00333750	半导体物理与器件	工学院	专业任选	1
16—17	1	00333770	航空航天信息工程	工学院	专业必修	1
16—17	1	00333790	飞行器设计与动力	工学院	专业必修	1
16—17	1	00333900	热力学与统计力学导论	工学院	专业限选	1
16—17	1	00333910	环境力学	工学院	专业限选	1
16—17	1	00333960	空气动力学基础和实践	元培学院	专业必修	1
16—17	1	00333970	分析化学	工学院	专业任选	1
16—17	1	00333980	医学成像基础	工学院	专业任选	1
16—17	1	00333990	生物能源与生物资源	工学院	专业任选	1
16—17	1	00334000	先进诊疗技术	工学院	专业限选	1
16—17	1	00334010	现代工学通论	工学院	专业必修	1
16—17	1	00334020	生物医学工程设计（Ⅱ）	工学院	专业必修	1
16—17	1	00405608	低温物理学	物理学院	专业任选	1
16—17	1	00405612	量子材料的物性	物理学院	专业任选	1
16—17	1	00405625	半导体器件物理	物理学院	专业任选	1
16—17	1	00407780	数值天气预报	物理学院	专业任选	2
16—17	1	00410140	群论	物理学院	专业任选	1
16—17	1	00410340	高等量子力学	物理学院	专业任选	1
16—17	1	00410340	高等量子力学	物理学院	专业任选	2
16—17	1	00410440	量子统计物理	物理学院	专业任选	1
16—17	1	00410440	量子统计物理	物理学院	专业任选	2
16—17	1	00410614	经济物理学导论	物理学院	全校公选课	1
16—17	1	00410640	量子场论	物理学院	专业任选	1
16—17	1	00411850	固体光谱	物理学院	专业任选	1
16—17	1	00411950	表面物理	物理学院	专业任选	1
16—17	1	00412150	粒子物理	物理学院	专业任选	1
16—17	1	00413250	等离子体物理	物理学院	专业任选	1
16—17	1	00414860	激光实验	物理学院	专业任选	1
16—17	1	00415450	量子光学	物理学院	专业任选	1
16—17	1	00415510	现代光学与光电子学	物理学院	专业任选	1
16—17	1	00415532	原子、分子光谱	物理学院	专业任选	1
16—17	1	00430109	演示物理学	物理学院	通选课	1
16—17	1	00430132	现代电子电路基础及实验（一）	物理学院	专业必修	1
16—17	1	00430132	现代电子电路基础及实验（一）	物理学院	专业必修	2
16—17	1	00430133	现代电子电路基础及实验（二）	物理学院	专业必修	1
16—17	1	00430133	现代电子电路基础及实验（二）	物理学院	专业必修	2
16—17	1	00430151	现代物理前沿讲座Ⅰ	物理学院	专业任选	1
16—17	1	00430170	天文测距导论	物理学院	专业任选	1
16—17	1	00430191	大气科学导论	物理学院	专业任选	1
16—17	1	00431110	力学	物理学院	专业必修	2

(续表)

学年度	学期	课程号	课程名称	开课系所	课程类别	班号
16—17	1	00431110	力学	物理学院	专业必修	3
16—17	1	00431110	力学	地球与空间科学学院	专业必修	4
16—17	1	00431110	力学	物理学院	专业必修	5
16—17	1	00431133	普通物理（Ⅱ）	化学与分子工程学院	专业必修	1
16—17	1	00431133	普通物理（Ⅱ）	生命科学学院	专业限选	2
16—17	1	00431133	普通物理（Ⅱ）	数学科学学院	专业任选	3
16—17	1	00431135	普通物理（Ⅱ）讨论班	元培学院	专业必修	1
16—17	1	00431141	力学	信息科学技术学院	专业必修	1
16—17	1	00431141	力学	信息科学技术学院	专业必修	2
16—17	1	00431141	力学	信息科学技术学院	专业必修	3
16—17	1	00431142	热学	工学院	专业必修	1
16—17	1	00431143	电磁学	工学院	专业必修	1
16—17	1	00431143	电磁学	元培学院	专业必修	1
16—17	1	00431144	光学	生命科学学院	专业必修	1
16—17	1	00431144	光学	物理学院	专业必修	2
16—17	1	00431148	光学习题课	物理学院	专业必修	1
16—17	1	00431148	光学习题课	生命科学学院	专业必修	1
16—17	1	00431148	光学习题课	物理学院	专业必修	2
16—17	1	00431148	光学习题课	物理学院	专业必修	3
16—17	1	00431148	光学习题课	物理学院	专业必修	4
16—17	1	00431148	光学习题课	物理学院	专业必修	5
16—17	1	00431148	光学习题课	物理学院	专业必修	6
16—17	1	00431148	光学习题课	物理学院	专业必修	8
16—17	1	00431149	光学讨论班	物理学院	专业必修	1
16—17	1	00431149	光学讨论班	物理学院	专业必修	2
16—17	1	00431149	光学讨论班	物理学院	专业必修	3
16—17	1	00431149	光学讨论班	物理学院	专业必修	4
16—17	1	00431149	光学讨论班	物理学院	专业必修	5
16—17	1	00431149	光学讨论班	物理学院	专业必修	6
16—17	1	00431151	原子物理学	物理学院	专业必修	1
16—17	1	00431156	光学	物理学院	专业必修	1
16—17	1	00431156	光学	物理学院	专业必修	2
16—17	1	00431156	光学	物理学院	专业必修	3
16—17	1	00431159	原子物理习题	物理学院	专业必修	1
16—17	1	00431165	近代物理	物理学院	专业必修	1
16—17	1	00431180	力学习题	物理学院	专业必修	1
16—17	1	00431180	力学习题	物理学院	专业必修	2
16—17	1	00431180	力学习题	物理学院	专业必修	3
16—17	1	00431180	力学习题	物理学院	专业必修	4
16—17	1	00431180	力学习题	物理学院	专业必修	5
16—17	1	00431180	力学习题	物理学院	专业必修	6
16—17	1	00431180	力学习题	地球与空间科学学院	专业必修	7
16—17	1	00431180	力学习题	地球与空间科学学院	专业必修	8
16—17	1	00431200	基础物理实验	信息科学技术学院	专业必修	1

（续表）

学年度	学期	课程号	课程名称	开课系所	课程类别	班号
16—17	1	00431200	基础物理实验	环境科学与工程学院	专业必修	1
16—17	1	00431200	基础物理实验	化学与分子工程学院	专业必修	1
16—17	1	00431200	基础物理实验	化学与分子工程学院	专业必修	2
16—17	1	00431254	热学习题课	工学院	专业必修	1
16—17	1	00431543	天体物理专题	物理学院	专业任选	1
16—17	1	00431545	天文文献阅读	物理学院	专业任选	1
16—17	1	00431558	天文技术与方法Ⅰ（光学与红外）	物理学院	专业必修	1
16—17	1	00431561	基础天文	物理学院	专业必修	1
16—17	1	00431570	核物理与粒子物理实验方法（一）	物理学院	专业任选	1
16—17	1	00431590	生命科学中的物理学（下）	生命科学学院	专业必修	1
16—17	1	00431620	计算物理学导论	物理学院	专业任选	1
16—17	1	00431641	量子力学讨论班	物理学院	专业必修	1
16—17	1	00431641	量子力学讨论班	物理学院	专业必修	2
16—17	1	00431641	量子力学讨论班	物理学院	专业必修	4
16—17	1	00431641	量子力学讨论班	物理学院	专业必修	6
16—17	1	00431650	平衡态统计物理	物理学院	专业必修	1
16—17	1	00431650	平衡态统计物理	物理学院	专业必修	2
16—17	1	00431651	平衡态统计物理讨论班	物理学院	专业必修	2
16—17	1	00431651	平衡态统计物理讨论班	物理学院	专业必修	3
16—17	1	00431651	平衡态统计物理讨论班	物理学院	专业必修	4
16—17	1	00431651	平衡态统计物理讨论班	物理学院	专业必修	5
16—17	1	00431651	平衡态统计物理讨论班	物理学院	专业必修	6
16—17	1	00431660	宇宙探测新技术引论	物理学院	专业必修	1
16—17	1	00431680	普通物理习题课	化学与分子工程学院	专业必修	1
16—17	1	00431680	普通物理习题课	数学科学学院	专业任选	6
16—17	1	00431680	普通物理习题课	数学科学学院	专业任选	7
16—17	1	00431680	普通物理习题课	数学科学学院	专业任选	8
16—17	1	00431680	普通物理习题课	地球与空间科学学院	专业必修	8
16—17	1	00431701	固体物理讨论班	物理学院	专业必修	3
16—17	1	00431701	固体物理讨论班	物理学院	专业必修	4
16—17	1	00431701	固体物理讨论班	物理学院	专业必修	5
16—17	1	00431701	固体物理讨论班	物理学院	专业必修	6
16—17	1	00431710	近海海洋学	物理学院	专业任选	1
16—17	1	00432107	简明数学物理方法	元培学院	专业必修	1
16—17	1	00432108	数学物理方法（上）	物理学院	专业必修	1
16—17	1	00432109	数学物理方法（下）	物理学院	专业必修	1
16—17	1	00432110	数学物理方法	物理学院	专业必修	1
16—17	1	00432119	数学物理方法习题课	物理学院	专业必修	1
16—17	1	00432119	数学物理方法习题课	物理学院	专业必修	2
16—17	1	00432119	数学物理方法习题课	物理学院	专业必修	6
16—17	1	00432140	电动力学（A）	物理学院	专业必修	1
16—17	1	00432140	电动力学（A）	物理学院	专业必修	2
16—17	1	00432141	电动力学（B）	物理学院	专业必修	1
16—17	1	00432150	量子力学（A）	物理学院	专业必修	1

(续表)

学年度	学期	课程号	课程名称	开课系所	课程类别	班号
16—17	1	00432150	量子力学（A）	物理学院	专业必修	2
16—17	1	00432151	量子力学习题	物理学院	专业必修	1
16—17	1	00432151	量子力学习题	物理学院	专业必修	2
16—17	1	00432151	量子力学习题	物理学院	专业必修	3
16—17	1	00432160	电动力学习题	物理学院	专业必修	1
16—17	1	00432160	电动力学习题	物理学院	专业必修	2
16—17	1	00432160	电动力学习题	物理学院	专业必修	3
16—17	1	00432164	生物物理导论	物理学院	专业任选	1
16—17	1	00432205	理论力学习题课	物理学院	专业必修	1
16—17	1	00432205	理论力学习题课	物理学院	专业必修	2
16—17	1	00432205	理论力学习题课	物理学院	专业必修	3
16—17	1	00432207	卫星气象学	物理学院	专业任选	2
16—17	1	00432211	理论力学	物理学院	专业必修	1
16—17	1	00432227	科研实用软件	物理学院	专业任选	1
16—17	1	00432236	激光物理学	物理学院	专业任选	1
16—17	1	00432245	理论天体物理	物理学院	专业必修	1
16—17	1	00432247	大气物理学基础	物理学院	专业必修	1
16—17	1	00432249	流体力学	物理学院	专业必修	1
16—17	1	00432250	描述性物理海洋学	物理学院	专业任选	2
16—17	1	00432255	天气分析与预报	物理学院	专业任选	1
16—17	1	00432267	工程图学及其应用	物理学院	全校公选课	1
16—17	1	00432270	大气概论	物理学院	通选课	1
16—17	1	00432274	大气探测原理	物理学院	专业必修	1
16—17	1	00432278	大气物理与探测讨论班	物理学院	专业必修	1
16—17	1	00432291	大气科学中的时间序列分析概论	物理学院	专业任选	1
16—17	1	00432292	气候学概论	物理学院	专业任选	1
16—17	1	00432310	全球环境与气候变迁	物理学院	专业任选	2
16—17	1	00432510	固体物理学	物理学院	专业必修	1
16—17	1	00432520	固体物理习题	物理学院	专业必修	1
16—17	1	00433327	近代物理实验（Ⅰ）	物理学院	专业必修	1
16—17	1	00433327	近代物理实验（Ⅰ）	物理学院	专业必修	2
16—17	1	00433327	近代物理实验（Ⅰ）	物理学院	专业必修	3
16—17	1	00433327	近代物理实验（Ⅰ）	物理学院	专业必修	4
16—17	1	00433327	近代物理实验（Ⅰ）	物理学院	专业必修	5
16—17	1	00433327	近代物理实验（Ⅰ）	物理学院	专业必修	6
16—17	1	00433327	近代物理实验（Ⅰ）	物理学院	专业必修	7
16—17	1	00433327	近代物理实验（Ⅰ）	物理学院	专业必修	8
16—17	1	00433327	近代物理实验（Ⅰ）	物理学院	专业必修	10
16—17	1	00433327	近代物理实验（Ⅰ）	物理学院	专业必修	11
16—17	1	00433327	近代物理实验（Ⅰ）	物理学院	专业必修	12
16—17	1	00433327	近代物理实验（Ⅰ）	物理学院	专业必修	13
16—17	1	00433327	近代物理实验（Ⅰ）	物理学院	专业必修	14
16—17	1	00433327	近代物理实验（Ⅰ）	物理学院	专业必修	15
16—17	1	00433327	近代物理实验（Ⅰ）	物理学院	专业必修	16

(续表)

学年度	学期	课程号	课程名称	开课系所	课程类别	班号
16—17	1	00433327	近代物理实验（Ⅰ）	物理学院	专业必修	17
16—17	1	00433327	近代物理实验（Ⅰ）	物理学院	专业必修	18
16—17	1	00433327	近代物理实验（Ⅰ）	物理学院	专业必修	19
16—17	1	00433327	近代物理实验（Ⅰ）	物理学院	专业必修	20
16—17	1	00433327	近代物理实验（Ⅰ）	物理学院	专业必修	22
16—17	1	00433327	近代物理实验（Ⅰ）	物理学院	专业必修	23
16—17	1	00433327	近代物理实验（Ⅰ）	物理学院	专业必修	24
16—17	1	00433328	近代物理实验（Ⅱ）	物理学院	专业必修	1
16—17	1	00433328	近代物理实验（Ⅱ）	物理学院	专业必修	2
16—17	1	00433328	近代物理实验（Ⅱ）	物理学院	专业必修	4
16—17	1	00433328	近代物理实验（Ⅱ）	物理学院	专业必修	6
16—17	1	00433328	近代物理实验（Ⅱ）	物理学院	专业必修	8
16—17	1	00433328	近代物理实验（Ⅱ）	物理学院	专业必修	10
16—17	1	00433328	近代物理实验（Ⅱ）	物理学院	专业必修	11
16—17	1	00433328	近代物理实验（Ⅱ）	物理学院	专业必修	13
16—17	1	00433328	近代物理实验（Ⅱ）	物理学院	专业必修	14
16—17	1	00433328	近代物理实验（Ⅱ）	物理学院	专业必修	15
16—17	1	00433328	近代物理实验（Ⅱ）	物理学院	专业必修	17
16—17	1	00433328	近代物理实验（Ⅱ）	物理学院	专业必修	18
16—17	1	00433328	近代物理实验（Ⅱ）	物理学院	专业必修	19
16—17	1	00433328	近代物理实验（Ⅱ）	物理学院	专业必修	20
16—17	1	00433328	近代物理实验（Ⅱ）	物理学院	专业必修	21
16—17	1	00433328	近代物理实验（Ⅱ）	物理学院	专业必修	22
16—17	1	00433329	前沿物理实验	物理学院	专业限选	1
16—17	1	00433410	半导体物理学	物理学院	专业任选	1
16—17	1	00433520	超导物理学	物理学院	专业任选	1
16—17	1	00433641	材料物理	物理学院	专业任选	1
16—17	1	00434092	纳米科技进展	物理学院	专业任选	1
16—17	1	00436012	普通物理学（B）（二）	地球与空间科学学院	专业必修	1
16—17	1	00437160	核物理与粒子物理专题实验	物理学院	专业任选	1
16—17	1	00437180	普通物理实验（1）	物理学院	专业必修	1
16—17	1	00437180	普通物理实验（1）	地球与空间科学学院	专业必修	1
16—17	1	00437180	普通物理实验（1）	地球与空间科学学院	专业必修	2
16—17	1	00437180	普通物理实验（1）	物理学院	专业必修	2
16—17	1	00437200	基础物理实验	地球与空间科学学院	专业必修	1
16—17	1	00437200	基础物理实验	元培学院	专业必修	1
16—17	1	01030200	化学实验室安全技术	化学与分子工程学院	专业必修	1
16—17	1	01030440	化学动力学选读	化学与分子工程学院	专业任选	1
16—17	1	01030810	有机化学（B）	城市与环境学院	专业必修	1
16—17	1	01030840	物理化学（B）	城市与环境学院	专业必修	1
16—17	1	01031100	今日化学	化学与分子工程学院	专业必修	1
16—17	1	01032390	材料物理	化学与分子工程学院	专业任选	1
16—17	1	01032580	催化化学	化学与分子工程学院	专业任选	1
16—17	1	01032690	有机化学（B）	生命科学学院	专业必修	1

(续表)

学年度	学期	课程号	课程名称	开课系所	课程类别	班号
16—17	1	01032710	有机化学实验（B）	环境科学与工程学院	专业必修	1
16—17	1	01032711	有机化学实验（B）	生命科学学院	专业必修	1
16—17	1	01032711	有机化学实验（B）	生命科学学院	专业必修	2
16—17	1	01032711	有机化学实验（B）	城市与环境学院	专业必修	3
16—17	1	01032720	物理化学实验（B）	城市与环境学院	专业必修	1
16—17	1	01033010	物理有机化学	化学与分子工程学院	专业任选	1
16—17	1	01033090	今日新材料	化学与分子工程学院	通选课	1
16—17	1	01033100	功能化学	化学与分子工程学院	通选课	1
16—17	1	01034030	魅力化学	化学与分子工程学院	通选课	1
16—17	1	01034040	化学与社会	化学与分子工程学院	通选课	1
16—17	1	01034060	大学化学	化学与分子工程学院	通选课	1
16—17	1	01034310	普通化学	化学与分子工程学院	专业必修	1
16—17	1	01034310	普通化学	化学与分子工程学院	专业必修	2
16—17	1	01034310	普通化学	化学与分子工程学院	专业必修	3
16—17	1	01034310	普通化学	城市与环境学院	专业必修	4
16—17	1	01034321	普通化学实验	化学与分子工程学院	专业必修	1
16—17	1	01034321	普通化学实验	化学与分子工程学院	专业必修	2
16—17	1	01034321	普通化学实验	城市与环境学院	专业必修	3
16—17	1	01034321	普通化学实验	环境科学与工程学院	专业必修	3
16—17	1	01034330	普通化学习题课	城市与环境学院	专业必修	1
16—17	1	01034330	普通化学习题课	生命科学学院	专业必修	1
16—17	1	01034330	普通化学习题课	化学与分子工程学院	专业必修	1
16—17	1	01034330	普通化学习题课	化学与分子工程学院	专业必修	2
16—17	1	01034330	普通化学习题课	化学与分子工程学院	专业必修	3
16—17	1	01034373	有机化学（二）	化学与分子工程学院	专业必修	1
16—17	1	01034373	有机化学（二）	化学与分子工程学院	专业必修	2
16—17	1	01034373	有机化学（二）	化学与分子工程学院	专业必修	3
16—17	1	01034375	有机化学习题课	化学与分子工程学院	专业必修	1
16—17	1	01034390	仪器分析	化学与分子工程学院	专业必修	1
16—17	1	01034450	化工基础	化学与分子工程学院	专业必修	1
16—17	1	01034450	化工基础	化学与分子工程学院	专业必修	2
16—17	1	01034460	高分子化学	化学与分子工程学院	专业必修	1
16—17	1	01034500	生命化学基础	化学与分子工程学院	专业必修	1
16—17	1	01034530	中级有机化学	化学与分子工程学院	专业任选	1
16—17	1	01034530	中级有机化学	化学与分子工程学院	专业任选	2
16—17	1	01034580	色谱分析	化学与分子工程学院	专业任选	1
16—17	1	01034610	中级分析化学	化学与分子工程学院	专业任选	1
16—17	1	01034610	中级分析化学	化学与分子工程学院	专业任选	2
16—17	1	01034630	环境化学	化学与分子工程学院	专业任选	1
16—17	1	01034670	放射化学	化学与分子工程学院	专业任选	1
16—17	1	01034720	辐射化学与工艺	化学与分子工程学院	专业任选	1
16—17	1	01034780	胶体化学	化学与分子工程学院	专业任选	1
16—17	1	01034880	普通化学（B）	生命科学学院	专业必修	1
16—17	1	01034880	普通化学（B）	医学部教学办	专业必修	2

(续表)

学年度	学期	课程号	课程名称	开课系所	课程类别	班号
16—17	1	01034880	普通化学（B）	医学部教学办	专业必修	3
16—17	1	01034880	普通化学（B）	医学部教学办	专业必修	4
16—17	1	01034880	普通化学（B）	医学部教学办	专业必修	5
16—17	1	01034920	普通化学实验（B）	地球与空间科学学院	专业必修	1
16—17	1	01034920	普通化学实验（B）	生命科学学院	专业必修	1
16—17	1	01034920	普通化学实验（B）	工学院	专业必修	3
16—17	1	01034920	普通化学实验（B）	医学部教学办	专业必修	5
16—17	1	01034920	普通化学实验（B）	医学部教学办	专业必修	6
16—17	1	01034920	普通化学实验（B）	医学部教学办	专业必修	7
16—17	1	01034920	普通化学实验（B）	医学部教学办	专业必修	8
16—17	1	01034920	普通化学实验（B）	医学部教学办	专业必修	9
16—17	1	01034970	计算机在化学化工中的应用	化学与分子工程学院	专业任选	1
16—17	1	01035002	有机化学实验（Ⅰ+Ⅱ）	化学与分子工程学院	专业必修	1
16—17	1	01035002	有机化学实验（Ⅰ+Ⅱ）	化学与分子工程学院	专业必修	2
16—17	1	01035010	中级有机化学实验	化学与分子工程学院	专业任选	1
16—17	1	01035010	中级有机化学实验	化学与分子工程学院	专业任选	2
16—17	1	01035020	物理化学实验	化学与分子工程学院	专业必修	1
16—17	1	01035020	物理化学实验	化学与分子工程学院	专业必修	2
16—17	1	01035040	综合化学实验	化学与分子工程学院	专业必修	1
16—17	1	01035040	综合化学实验	化学与分子工程学院	专业必修	2
16—17	1	01035080	化学信息检索	化学与分子工程学院	专业任选	1
16—17	1	01035100	表面物理化学	化学与分子工程学院	专业任选	1
16—17	1	01035140	无机化学	化学与分子工程学院	专业必修	1
16—17	1	01035160	无机化学讨论班	化学与分子工程学院	专业必修	1
16—17	1	01035160	无机化学讨论班	化学与分子工程学院	专业必修	2
16—17	1	01035160	无机化学讨论班	化学与分子工程学院	专业必修	3
16—17	1	01035160	无机化学讨论班	化学与分子工程学院	专业必修	4
16—17	1	01035160	无机化学讨论班	化学与分子工程学院	专业必修	5
16—17	1	01035160	无机化学讨论班	化学与分子工程学院	专业必修	6
16—17	1	01035160	无机化学讨论班	化学与分子工程学院	专业必修	7
16—17	1	01035160	无机化学讨论班	化学与分子工程学院	专业必修	8
16—17	1	01035160	无机化学讨论班	化学与分子工程学院	专业必修	9
16—17	1	01035160	无机化学讨论班	化学与分子工程学院	专业必修	10
16—17	1	01035160	无机化学讨论班	化学与分子工程学院	专业必修	11
16—17	1	01035210	物理化学（二）	化学与分子工程学院	专业必修	1
16—17	1	01035210	物理化学（二）	化学与分子工程学院	专业必修	2
16—17	1	01035220	质谱分析	化学与分子工程学院	专业任选	1
16—17	1	01035230	核磁共振分析	化学与分子工程学院	专业任选	1
16—17	1	01110610	群体遗传学	生命科学学院	专业任选	1
16—17	1	01130030	基础分子生物学	生命科学学院	专业必修	1
16—17	1	01130110	蛋白质化学	生命科学学院	专业任选	1
16—17	1	01130150	细胞生物学	生命科学学院	专业必修	1
16—17	1	01130160	细胞生物学实验	生命科学学院	专业必修	1
16—17	1	01130160	细胞生物学实验	生命科学学院	专业必修	2

(续表)

学年度	学期	课程号	课程名称	开课系所	课程类别	班号
16—17	1	01130160	细胞生物学实验	生命科学学院	专业必修	3
16—17	1	01130200	遗传学	生命科学学院	专业必修	2
16—17	1	01130210	遗传学实验	生命科学学院	专业必修	1
16—17	1	01130311	普通生物学实验	生命科学学院	通选课	1
16—17	1	01130311	普通生物学实验	生命科学学院	通选课	2
16—17	1	01130311	普通生物学实验	医学部教学办	专业限选	3
16—17	1	01130311	普通生物学实验	医学部教学办	专业限选	4
16—17	1	01130370	生理学	生命科学学院	专业必修	1
16—17	1	01130760	生物统计学	生命科学学院	专业限选	1
16—17	1	01130780	生物进化论	生命科学学院	通选课	1
16—17	1	01130871	人类的性、生育与健康	生命科学学院	通选课	1
16—17	1	01130930	普通生态学	生命科学学院	专业限选	1
16—17	1	01130960	保护生物学	生命科学学院	通选课	1
16—17	1	01131050	动物生物学实验	生命科学学院	专业限选	3
16—17	1	01131050	动物生物学实验	生命科学学院	专业限选	5
16—17	1	01131080	动物生物学	生命科学学院	专业限选	1
16—17	1	01131110	生物技术制药基础	生命科学学院	专业任选	1
16—17	1	01131161	生物学概念与途径	生命科学学院	专业限选	1
16—17	1	01131170	发育生物学实验	生命科学学院	专业必修	3
16—17	1	01131413	细胞培养实验课	生命科学学院	专业限选	1
16—17	1	01132020	遗传学	生命科学学院	专业必修	1
16—17	1	01132021	遗传学讨论	生命科学学院	专业必修	1
16—17	1	01132021	遗传学讨论	生命科学学院	专业必修	2
16—17	1	01132021	遗传学讨论	生命科学学院	专业必修	3
16—17	1	01132021	遗传学讨论	生命科学学院	专业必修	4
16—17	1	01132021	遗传学讨论	生命科学学院	专业必修	5
16—17	1	01132630	生物化学	生命科学学院	专业必修	1
16—17	1	01132631	生物化学讨论课	生命科学学院	专业必修	1
16—17	1	01132631	生物化学讨论课	生命科学学院	专业必修	2
16—17	1	01132631	生物化学讨论课	生命科学学院	专业必修	3
16—17	1	01132631	生物化学讨论课	生命科学学院	专业必修	5
16—17	1	01132650	细胞中的物理	生命科学学院	专业任选	1
16—17	1	01132680	基于深度测序的人类遗传学	生命科学学院	专业任选	1
16—17	1	01132690	保护生物地理学	生命科学学院	全校公选课	1
16—17	1	01133010	高级分子生物学讲座(上)	生命科学学院	专业任选	1
16—17	1	01133024	果蝇遗传学实验	生命科学学院	专业任选	1
16—17	1	01133032	植物形态建成	生命科学学院	专业任选	1
16—17	1	01133033	现代生命科学基础实验	生命科学学院	专业限选	1
16—17	1	01133034	鸟类生态与保护	生命科学学院	专业任选	1
16—17	1	01133040	实验病理学	生命科学学院	专业任选	1
16—17	1	01133060	文献深度分析及实验的逻辑设计	生命科学学院	专业任选	1
16—17	1	01133063	博雅班讨论班：批判性思维(上)	生命科学学院	全校公选课	1
16—17	1	01133120	分子生态学	生命科学学院	专业任选	1
16—17	1	01133160	光合作用与物质循环	生命科学学院	专业限选	1

(续表)

学年度	学期	课程号	课程名称	开课系所	课程类别	班号
16—17	1	01133190	抗体技术及其应用	生命科学学院	专业任选	1
16—17	1	01134101	生命科学前沿文献阅读讨论（1）	生命科学学院	专业任选	1
16—17	1	01134102	生命科学前沿文献阅读讨论（2）	生命科学学院	专业任选	1
16—17	1	01134103	生命科学前沿文献阅读讨论（3）	生命科学学院	专业任选	1
16—17	1	01134104	生命科学前沿文献阅读讨论（4）	生命科学学院	专业任选	1
16—17	1	01134105	生命科学前沿文献阅读讨论（5）	生命科学学院	专业任选	1
16—17	1	01134106	生命科学前沿文献阅读讨论（6）	生命科学学院	专业任选	1
16—17	1	01134107	生命科学前沿文献阅读讨论（7）	生命科学学院	专业任选	1
16—17	1	01137010	高级神经生物学	生命科学学院	专业任选	1
16—17	1	01137011	高级神经生物学讨论课	生命科学学院	专业任选	1
16—17	1	01138450	病毒与蛋白质结构	生命科学学院	专业任选	1
16—17	1	01138460	微生物学（英文）	生命科学学院	专业任选	1
16—17	1	01138470	蛋白质与生命	生命科学学院	专业任选	1
16—17	1	01138480	生命科学的逻辑与思维	生命科学学院	专业任选	1
16—17	1	01138490	生命科学前沿	生命科学学院	专业任选	1
16—17	1	01138500	药物药理学导论	生命科学学院	专业任选	1
16—17	1	01138510	应用蛋白质晶体学	生命科学学院	专业任选	1
16—17	1	01138520	重大疾病的分子机制	生命科学学院	专业任选	1
16—17	1	01139330	现代生物技术导论	生命科学学院	专业任选	1
16—17	1	01139380	普通生物学（A）	医学部教学办	专业必修	1
16—17	1	01139380	普通生物学（A）	医学部教学办	专业必修	2
16—17	1	01139380	普通生物学（A）	医学部教学办	专业必修	3
16—17	1	01139430	动物组织与胚胎学及实验	生命科学学院	专业任选	1
16—17	1	01139470	生物信息学方法	生命科学学院	专业任选	1
16—17	1	01139491	文献强化阅读与学术报告（2）	生命科学学院	专业任选	1
16—17	1	01139500	生理学实验	生命科学学院	专业必修	1
16—17	1	01139500	生理学实验	生命科学学院	专业必修	2
16—17	1	01139630	生物化学	生命科学学院	专业必修	2
16—17	1	01139632	生物化学实验	生命科学学院	专业限选	1
16—17	1	01139632	生物化学实验	生命科学学院	专业限选	2
16—17	1	01139640	生物医药工程及管理	生命科学学院	专业任选	1
16—17	1	01139720	感染与人类疾病专题讨论	生命科学学院	专业任选	1
16—17	1	01139750	真核细胞DNA复制和checkpoint控制	生命科学学院	专业任选	1
16—17	1	01230100	离散数学	地球与空间科学学院	专业任选	1
16—17	1	01230110	操作系统原理	地球与空间科学学院	专业任选	1
16—17	1	01230170	地球科学前沿（新生研讨班）	地球与空间科学学院	专业必修	1
16—17	1	01230170	地球科学前沿（新生研讨班）	地球与空间科学学院	专业必修	2
16—17	1	01230170	地球科学前沿（新生研讨班）	地球与空间科学学院	专业必修	3
16—17	1	01230170	地球科学前沿（新生研讨班）	地球与空间科学学院	专业必修	4
16—17	1	01230170	地球科学前沿（新生研讨班）	地球与空间科学学院	专业必修	5
16—17	1	01230180	地球科学概论	地球与空间科学学院	专业必修	1
16—17	1	01230190	地球与空间	地球与空间科学学院	通选课	1
16—17	1	01230410	地球与人类文明	地球与空间科学学院	全校公选课	1
16—17	1	01231030	古生物学	地球与空间科学学院	专业必修	1

(续表)

学年度	学期	课程号	课程名称	开课系所	课程类别	班号
16—17	1	01231080	大地构造学	地球与空间科学学院	专业任选	1
16—17	1	01231200	自然资源与社会发展	地球与空间科学学院	通选课	1
16—17	1	01231210	地球历史概要	地球与空间科学学院	通选课	1
16—17	1	01231330	岩石学前缘理论与方法	地球与空间科学学院	专业任选	1
16—17	1	01231400	地球物理学基础	地球与空间科学学院	专业任选	1
16—17	1	01231500	古生态学与古环境分析	地球与空间科学学院	专业任选	1
16—17	1	01231520	古植物学及孢粉学	地球与空间科学学院	专业任选	1
16—17	1	01231540	沉积学概论	地球与空间科学学院	专业任选	1
16—17	1	01231560	岩浆作用理论概述	地球与空间科学学院	专业任选	1
16—17	1	01231580	环境矿物学	地球与空间科学学院	专业任选	1
16—17	1	01231610	高温高压物质科学	地球与空间科学学院	专业任选	1
16—17	1	01231651	普通岩石学（一）	地球与空间科学学院	专业必修	1
16—17	1	01231660	地球化学	地球与空间科学学院	专业必修	1
16—17	1	01233020	电离层物理学与电波传播	地球与空间科学学院	专业任选	1
16—17	1	01233140	行星科学概论	地球与空间科学学院	专业任选	1
16—17	1	01233170	地震概论	地球与空间科学学院	通选课	1
16—17	1	01233170	地震概论	地球与空间科学学院	通选课	2
16—17	1	01233200	地球重力学	地球与空间科学学院	专业任选	1
16—17	1	01233310	弹性力学 B	地球与空间科学学院	专业必修	1
16—17	1	01233420	空间等离子体物理基础	地球与空间科学学院	专业限选	1
16—17	1	01233440	磁层物理学	地球与空间科学学院	专业任选	1
16—17	1	01233450	空间探测与实验基础	地球与空间科学学院	专业任选	1
16—17	1	01233460	空间天气学及与预报入门	地球与空间科学学院	专业任选	1
16—17	1	01233490	岩石力学	地球与空间科学学院	专业任选	1
16—17	1	01233550	计算空间物理学基础	地球与空间科学学院	专业任选	1
16—17	1	01233560	太阳活动与人类社会	地球与空间科学学院	全校公选课	1
16—17	1	01235010	软件工程原理	地球与空间科学学院	专业任选	1
16—17	1	01235030	计算数学	地球与空间科学学院	专业任选	1
16—17	1	01235040	计算机图形学基础	地球与空间科学学院	专业任选	1
16—17	1	01235060	数字地形模型	地球与空间科学学院	专业任选	1
16—17	1	01235090	网络基础与 WebGIS	地球与空间科学学院	专业任选	1
16—17	1	01235120	遥感数字图象处理原理	地球与空间科学学院	专业必修	1
16—17	1	01235140	数字地球导论	地球与空间科学学院	专业任选	1
16—17	1	01235230	地图学	地球与空间科学学院	专业必修	1
16—17	1	01235250	GIS 实验	地球与空间科学学院	专业必修	1
16—17	1	01235290	环境与生态科学	地球与空间科学学院	专业任选	1
16—17	1	01235330	遥感应用	地球与空间科学学院	专业任选	1
16—17	1	01235340	遥感图像处理实验	地球与空间科学学院	专业任选	1
16—17	1	01339180	世界文化地理	城市与环境学院	通选课	1
16—17	1	01339220	现当代建筑赏析	城市与环境学院	通选课	1
16—17	1	01431250	微量元素地球化学	地球与空间科学学院	专业任选	1
16—17	1	01531130	中国自然地理	城市与环境学院	专业必修	1
16—17	1	01531230	遥感基础与图象解译原理	城市与环境学院	专业必修	1
16—17	1	01531290	生物地理学	城市与环境学院	专业任选	1

(续表)

学年度	学期	课程号	课程名称	开课系所	课程类别	班号
16—17	1	01531690	计量地理	城市与环境学院	专业必修	1
16—17	1	01531710	文化地理学	城市与环境学院	专业任选	1
16—17	1	01531720	区域分析与区域地理	城市与环境学院	专业必修	1
16—17	1	01531900	人文地理	城市与环境学院	专业必修	1
16—17	1	01532130	人口地理	城市与环境学院	专业任选	1
16—17	1	01532190	中外城市建设史	城市与环境学院	专业必修	1
16—17	1	01532240	城市总体规划（课程设计）	城市与环境学院	专业必修	1
16—17	1	01532350	城市基础设施规划	城市与环境学院	专业必修	1
16—17	1	01532370	城市设计	城市与环境学院	专业必修	1
16—17	1	01532400	城市道路交通规划	城市与环境学院	专业必修	1
16—17	1	01532420	城市地理学	城市与环境学院	专业必修	1
16—17	1	01533050	房地产估价	城市与环境学院	专业任选	1
16—17	1	01533190	城市规划系统工程学	城市与环境学院	专业任选	1
16—17	1	01533230	城市社会地理学	城市与环境学院	专业任选	1
16—17	1	01533260	自然地理概论	城市与环境学院	专业必修	1
16—17	1	01533310	城市旅游与游憩规划	城市与环境学院	专业必修	1
16—17	1	01534120	土壤地理实验	城市与环境学院	专业必修	1
16—17	1	01534200	水文学与水资源	城市与环境学院	专业必修	1
16—17	1	01535121	植物学（上）	城市与环境学院	专业必修	1
16—17	1	01535150	生态学实验技术	城市与环境学院	专业必修	1
16—17	1	01536020	环境经济学	城市与环境学院	专业必修	1
16—17	1	01536040	应用数理统计方法	城市与环境学院	专业任选	1
16—17	1	01536200	微量有毒物风险分析	城市与环境学院	专业任选	1
16—17	1	01536210	水环境化学	城市与环境学院	专业任选	1
16—17	1	01536810	动物生态学	城市与环境学院	专业任选	1
16—17	1	01536820	生态学导论	城市与环境学院	通选课	1
16—17	1	01603011	心理测量	心理与认知科学学院	专业必修	1
16—17	1	01603333	实验心理学实验	心理与认知科学学院	专业必修	1
16—17	1	01610200	神经心理学	心理与认知科学学院	专业任选	1
16—17	1	01630020	CNS 解剖	心理与认知科学学院	双学位	1
16—17	1	01630033	异常儿童心理学	心理与认知科学学院	专业任选	1
16—17	1	01630034	实验心理学	心理与认知科学学院	专业必修	1
16—17	1	01630041	社会心理学	心理与认知科学学院	双学位	1
16—17	1	01630041	社会心理学	心理与认知科学学院	双学位	2
16—17	1	01630042	社会性与个性发展	心理与认知科学学院	专业任选	1
16—17	1	01630044	社会心理学	心理与认知科学学院	通选课	1
16—17	1	01630046	社会冲突与管理	心理与认知科学学院	全校公选课	1
16—17	1	01630051	心理统计（1）	心理与认知科学学院	专业必修	1
16—17	1	01630060	发展心理学	心理与认知科学学院	双学位	1
16—17	1	01630060	发展心理学	心理与认知科学学院	双学位	2
16—17	1	01630090	变态心理学	心理与认知科学学院	双学位	1
16—17	1	01630101	生理心理学	心理与认知科学学院	专业必修	1
16—17	1	01630121	认知心理学	心理与认知科学学院	专业必修	1
16—17	1	01630140	认知神经科学	心理与认知科学学院	专业任选	1

(续表)

学年度	学期	课程号	课程名称	开课系所	课程类别	班号
16—17	1	01630220	生理心理实验	心理与认知科学学院	专业必修	1
16—17	1	01630540	职业心理学	心理与认知科学学院	专业任选	1
16—17	1	01630600	组织管理心理学	心理与认知科学学院	通选课	1
16—17	1	01630600	组织管理心理学	心理与认知科学学院	双学位	2
16—17	1	01630630	老年心理学	心理与认知科学学院	专业任选	1
16—17	1	01630680	当代心理学	心理与认知科学学院	专业必修	1
16—17	1	01630695	普通心理学讨论班	心理与认知科学学院	专业必修	1
16—17	1	01630695	普通心理学讨论班	心理与认知科学学院	专业必修	2
16—17	1	01630695	普通心理学讨论班	心理与认知科学学院	专业必修	3
16—17	1	01630695	普通心理学讨论班	心理与认知科学学院	专业必修	4
16—17	1	01630702	孤独症研究专题	心理与认知科学学院	专业任选	1
16—17	1	01630704	科学写作与交流	心理与认知科学学院	专业任选	1
16—17	1	01630705	脑中的节奏	心理与认知科学学院	专业任选	1
16—17	1	01630706	学习与行为	心理与认知科学学院	专业任选	1
16—17	1	01630707	感知觉学习和认知训练专题	心理与认知科学学院	专业任选	1
16—17	1	01630709	大学生心理健康	心理与认知科学学院	全校公选课	1
16—17	1	01630900	普通心理学	心理与认知科学学院	专业必修	1
16—17	1	01635042	大学生心理素质拓展	心理与认知科学学院	全校公选课	1
16—17	1	01635060	大学生心理健康	心理与认知科学学院	通选课	1
16—17	1	01639020	心理学概论	心理与认知科学学院	通选课	1
16—17	1	01639020	心理学概论	心理与认知科学学院	通选课	2
16—17	1	01830300	网络传播	新闻与传播学院	专业必修	1
16—17	1	01830480	广告学概论	新闻与传播学院	专业必修	1
16—17	1	01830620	广告策划	新闻与传播学院	专业必修	1
16—17	1	01830710	新闻摄影	新闻与传播学院	专业必修	1
16—17	1	01831380	中国文化史	新闻与传播学院	专业任选	1
16—17	1	01831750	专题片及纪录片创作	新闻与传播学院	专业必修	1
16—17	1	01831760	世界电影史	新闻与传播学院	通选课	1
16—17	1	01831800	汉语语言修养	新闻与传播学院	专业必修	1
16—17	1	01832220	毕业实习	新闻与传播学院	专业必修	1
16—17	1	01832660	媒介经营管理	新闻与传播学院	专业必修	1
16—17	1	01832760	英语新闻阅读	新闻与传播学院	通选课	1
16—17	1	01832910	视频编辑	新闻与传播学院	专业任选	1
16—17	1	01832960	基础采访写作	新闻与传播学院	专业必修	1
16—17	1	01833020	广播电视新闻	新闻与传播学院	专业必修	1
16—17	1	01833030	广播电视节目制作	新闻与传播学院	专业必修	1
16—17	1	01833140	英语公共演讲	新闻与传播学院	专业任选	1
16—17	1	01833270	新闻编辑	新闻与传播学院	专业必修	1
16—17	1	01833690	新闻传播导论	新闻与传播学院	专业限选	1
16—17	1	01833720	节目创意与策划	新闻与传播学院	专业必修	1
16—17	1	01833740	传媒伦理与法律法规	新闻与传播学院	专业必修	1
16—17	1	01833760	中国新闻史	新闻与传播学院	专业必修	1
16—17	1	01833820	视觉传达	新闻与传播学院	专业必修	1
16—17	1	01833830	公共传播	新闻与传播学院	专业必修	1

(续表)

学年度	学期	课程号	课程名称	开课系所	课程类别	班号
16—17	1	01833850	传播学研究方法	新闻与传播学院	专业必修	1
16—17	1	01833870	出版经营管理	新闻与传播学院	专业必修	1
16—17	1	01833920	马克思主义新闻观	新闻与传播学院	专业任选	1
16—17	1	01834050	中国广告史	新闻与传播学院	专业任选	1
16—17	1	01834100	中国与媒体事务	新闻与传播学院	全校公选课	1
16—17	1	01834140	媒介与社会变迁	新闻与传播学院	专业必修	1
16—17	1	02030011	现代汉语（上）	中国语言文学系	专业必修	1
16—17	1	02030033	中国古代文学史（三）	中国语言文学系	专业必修	1
16—17	1	02030033	中国古代文学史（三）	中国语言文学系	专业必修	2
16—17	1	02030070	语言学概论	中国语言文学系	专业必修	1
16—17	1	02030070	语言学概论	中国语言文学系	专业必修	2
16—17	1	02030120	汉语方言学	中国语言文学系	专业限选	1
16—17	1	02030150	理论语言学	中国语言文学系	专业限选	1
16—17	1	02030220	目录学	中国语言文学系	专业限选	1
16—17	1	02030230	版本学	中国语言文学系	专业限选	1
16—17	1	02030252	古文献学史（下）	中国语言文学系	专业限选	1
16—17	1	02030330	民俗学	中国语言文学系	通选课	1
16—17	1	02030350	中国神话研究	中国语言文学系	专业限选	1
16—17	1	02030470	散曲研究	中国语言文学系	专业限选	1
16—17	1	02030570	唐诗研究概论	中国语言文学系	专业限选	1
16—17	1	02030930	现代汉语语法研究	中国语言文学系	专业限选	1
16—17	1	02030950	汉语修辞学	中国语言文学系	专业限选	1
16—17	1	02030980	实验语音学基础	中国语言文学系	专业限选	1
16—17	1	02031200	日本中国学	中国语言文学系	专业限选	1
16—17	1	02031521	汉语史（上）	中国语言文学系	专业限选	1
16—17	1	02031540	中国古代文化	中国语言文学系	专业必修	1
16—17	1	02031540	中国古代文化	中国语言文学系	专业必修	2
16—17	1	02031540	中国古代文化	中国语言文学系	通选课	3
16—17	1	02032780	西方文学理论史	中国语言文学系	专业限选	1
16—17	1	02033260	汉语语音学基础	中国语言文学系	专业限选	1
16—17	1	02033270	中国文学理论批评史	中国语言文学系	专业限选	1
16—17	1	02033290	先秦诸子讲说	中国语言文学系	专业限选	1
16—17	1	02033310	《广韵》研究	中国语言文学系	专业限选	1
16—17	1	02033320	中国古代诗歌理论专题	中国语言文学系	专业限选	1
16—17	1	02033360	中国当代文学	中国语言文学系	专业必修	1
16—17	1	02033450	古代典籍概要	中国语言文学系	专业必修	1
16—17	1	02033450	古代典籍概要	中国语言文学系	专业必修	2
16—17	1	02033570	静园学术讲座	中国语言文学系	专业限选	1
16—17	1	02033580	古代汉语	中国语言文学系	全校公选课	1
16—17	1	02033600	文学与文化	中国语言文学系	专业限选	1
16—17	1	02033720	90年代以来长篇小说研究	中国语言文学系	专业限选	1
16—17	1	02033830	经典讲读	中国语言文学系	专业必修	1
16—17	1	02033830	经典讲读	中国语言文学系	专业必修	2
16—17	1	02033850	中国古籍入门	中国语言文学系	通选课	1

(续表）

学年度	学期	课程号	课程名称	开课系所	课程类别	班号
16—17	1	02033880	唐宋以来重要文献选读	中国语言文学系	专业限选	1
16—17	1	02033932	经典精读课程（二）	中国语言文学系	专业限选	1
16—17	1	02034030	中国现当代文学	中国语言文学系	双学位	1
16—17	1	02034171	中国古代文学史（一）	中国语言文学系	专业必修	1
16—17	1	02034171	中国古代文学史（一）	中国语言文学系	专业必修	2
16—17	1	02034171	中国古代文学史（一）	中国语言文学系	专业必修	3
16—17	1	02034171	中国古代文学史（一）	中国语言文学系	专业必修	4
16—17	1	02034171	中国古代文学史（一）	中国语言文学系	专业必修	5
16—17	1	02034171	中国古代文学史（一）	中国语言文学系	专业必修	6
16—17	1	02034171	中国古代文学史（一）	中国语言文学系	专业必修	7
16—17	1	02034171	中国古代文学史（一）	中国语言文学系	专业必修	8
16—17	1	02034250	艺术人文学导论	中国语言文学系	全校公选课	1
16—17	1	02034300	大学国文	中国语言文学系	通选课	1
16—17	1	02034300	大学国文	中国语言文学系	通选课	2
16—17	1	02034300	大学国文	中国语言文学系	通选课	3
16—17	1	02034300	大学国文	中国语言文学系	通选课	4
16—17	1	02034300	大学国文	中国语言文学系	通选课	5
16—17	1	02034300	大学国文	中国语言文学系	通选课	6
16—17	1	02034300	大学国文	中国语言文学系	通选课	7
16—17	1	02034300	大学国文	中国语言文学系	通选课	8
16—17	1	02034330	鲁迅小说与世界文学	中国语言文学系	专业限选	1
16—17	1	02034410	文学作品的量化评估方法	中国语言文学系	专业限选	1
16—17	1	02034431	古代汉语（上）	中国语言文学系	专业必修	1
16—17	1	02034431	古代汉语（上）	中国语言文学系	专业必修	2
16—17	1	02034431	古代汉语（上）	中国语言文学系	专业必修	3
16—17	1	02034431	古代汉语（上）	中国语言文学系	专业必修	4
16—17	1	02034431	古代汉语（上）	中国语言文学系	专业必修	5
16—17	1	02034431	古代汉语（上）	中国语言文学系	专业必修	6
16—17	1	02034431	古代汉语（上）	中国语言文学系	专业必修	7
16—17	1	02034431	古代汉语（上）	中国语言文学系	专业必修	8
16—17	1	02034480	中国民俗与文化	中国语言文学系	全校公选课	1
16—17	1	02034510	网络文学理论研究与写作	中国语言文学系	专业限选	1
16—17	1	02034520	电子游戏与文化理论	中国语言文学系	专业限选	1
16—17	1	02034530	20世纪中国美学	中国语言文学系	专业限选	1
16—17	1	02034540	影片精读	中国语言文学系	通选课	1
16—17	1	02034550	《儒林外史》研究	中国语言文学系	专业限选	1
16—17	1	02034560	中国共产党与国家治理体系和治理能力现代化	中国语言文学系	全校公选课	1
16—17	1	02080042	现代汉语（下）	中国语言文学系	专业必修	1
16—17	1	02080051	古代汉语（上）	中国语言文学系	专业必修	1
16—17	1	02080261	中国现代文学（上）	中国语言文学系	专业必修	1
16—17	1	02080331	中国当代文学作品（上）	中国语言文学系	专业必修	1
16—17	1	02080341	中国古代文学（一）	中国语言文学系	专业必修	1
16—17	1	02080343	中国古代文学（三）	中国语言文学系	专业必修	1
16—17	1	02080410	中国民俗与社会生活	中国语言文学系	专业必修	1

(续表)

学年度	学期	课程号	课程名称	开课系所	课程类别	班号
16—17	1	02080420	中国古代文化基础	中国语言文学系	专业必修	1
16—17	1	02080421	阅读与写作（初级）	中国语言文学系	专业必修	1
16—17	1	02080421	阅读与写作（初级）	中国语言文学系	专业必修	2
16—17	1	02080423	阅读与写作（中级下）	中国语言文学系	专业必修	1
16—17	1	02080423	阅读与写作（中级下）	中国语言文学系	专业必修	2
16—17	1	02080431	高级汉语口语（上）	中国语言文学系	专业必修	1
16—17	1	02080431	高级汉语口语（上）	中国语言文学系	专业必修	2
16—17	1	02101670	东亚共同体的历史实践与理论构想	历史学系	专业限选	1
16—17	1	02113120	拉丁语阅读（1）	历史学系	全校公选课	1
16—17	1	02130011	中国古代史（上）	历史学系	专业必修	1
16—17	1	02130011	中国古代史（上）	中国语言文学系	专业必修	4
16—17	1	02130020	中国近代史	历史学系	专业必修	1
16—17	1	02130101	中国历史文选（上）	历史学系	专业必修	1
16—17	1	02130101	中国历史文选（上）	历史学系	专业必修	2
16—17	1	02130120	中国史学史	历史学系	专业必修	1
16—17	1	02130130	外国史学史	历史学系	专业必修	1
16—17	1	02130290	中华人民共和国史专题	历史学系	通选课	1
16—17	1	02130741	中国古代史（上）	历史学系	通选课	1
16—17	1	02130761	世界通史（上）	历史学系	通选课	1
16—17	1	02131310	中国传统官僚政治制度	历史学系	通选课	1
16—17	1	02131390	考古发现与历史研究	历史学系	专业限选	1
16—17	1	02131620	元明清史料笔记选读	历史学系	专业限选	1
16—17	1	02131760	非洲历史与文化	历史学系	专业限选	1
16—17	1	02131771	现代希腊语（1）	历史学系	全校公选课	1
16—17	1	02131810	伊斯兰教与现代世界	历史学系	通选课	1
16—17	1	02131991	基础意大利语（1）	历史学系	全校公选课	1
16—17	1	02131992	基础意大利语（2）	历史学系	全校公选课	1
16—17	1	02132050	大国崛起	历史学系	通选课	1
16—17	1	02132081	世界史通论	历史学系	专业必修	1
16—17	1	02132091	外国历史文选（上）	历史学系	专业必修	1
16—17	1	02132250	中国近代政治与外交	历史学系	通选课	1
16—17	1	02132290	社会历史调查	历史学系	实习实践	1
16—17	1	02132301	中国经学史（一）	历史学系	专业限选	1
16—17	1	02132330	秦汉史专题	历史学系	专业限选	1
16—17	1	02132340	魏晋南北朝史专题	历史学系	专业限选	1
16—17	1	02132350	隋唐史专题	历史学系	专业限选	1
16—17	1	02132351	唐诗与唐史	历史学系	专业限选	1
16—17	1	02132370	蒙元史专题	历史学系	专业限选	1
16—17	1	02132460	中国古代史练习	历史学系	专业必修	1
16—17	1	02132470	中国近现代史练习	历史学系	专业必修	1
16—17	1	02132480	世界古代史练习	历史学系	专业必修	1
16—17	1	02132490	世界近现代史练习	历史学系	专业必修	1
16—17	1	02132520	现代国际政治史	历史学系	专业限选	1
16—17	1	02132620	纳粹德国史	历史学系	专业任选	1

(续表)

学年度	学期	课程号	课程名称	开课系所	课程类别	班号
16—17	1	02132640	文艺复兴经典名著选读	历史学系	通选课	1
16—17	1	02132670	日本思想史	历史学系	专业限选	1
16—17	1	02132700	近现代中韩关系史	历史学系	专业限选	1
16—17	1	02132710	艺术史	历史学系	通选课	1
16—17	1	02132720	艺术史概论	历史学系	专业必修	1
16—17	1	02133020	史学新生导学	历史学系	专业必修	1
16—17	1	02133030	学年论文	历史学系	专业必修	1
16—17	1	02133050	西方基督教遗产	历史学系	全校公选课	1
16—17	1	02133060	古典学导论	历史学系	全校公选课	1
16—17	1	02133101	基督教拉丁语（1）	历史学系	全校公选课	1
16—17	1	02133102	基督教拉丁语（2）	历史学系	全校公选课	1
16—17	1	02133130	古希腊罗马历史经典	历史学系	通选课	1
16—17	1	02133140	古希腊思想（1）	历史学系	全校公选课	1
16—17	1	02133241	基础古希腊语（1）	历史学系	全校公选课	1
16—17	1	02133620	古希腊罗马史	历史学系	专业必修	1
16—17	1	02133630	中世纪欧洲史	历史学系	专业必修	1
16—17	1	02133650	美洲史	历史学系	专业必修	1
16—17	1	02133682	外文历史史料选读（下）	历史学系	专业必修	1
16—17	1	02133750	现代希腊史	历史学系	全校公选课	1
16—17	1	02138360	宋史专题	历史学系	专业限选	1
16—17	1	02138540	中古西欧政治	历史学系	专业限选	1
16—17	1	02139190	非洲史	历史学系	专业必修	1
16—17	1	02230010	感悟考古	考古文博学院	专业必修	1
16—17	1	02230370	中国古代青铜器	考古文博学院	专业限选	1
16—17	1	02230411	中国石窟寺	考古文博学院	专业限选	1
16—17	1	02230430	中国古代陶瓷	考古文博学院	专业限选	1
16—17	1	02230840	不可移动文物保护	考古文博学院	专业必修	1
16—17	1	02231021	中国文物建筑导论	考古文博学院	专业必修	1
16—17	1	02231040	博物馆学概论	考古文博学院	专业必修	1
16—17	1	02231050	设计初步	考古文博学院	专业必修	1
16—17	1	02231060	博物馆陈列内容设计	考古文博学院	专业必修	1
16—17	1	02231090	建筑初步	考古文博学院	专业必修	1
16—17	1	02231130	建筑设计（四）	考古文博学院	专业必修	1
16—17	1	02231170	中国古代物质文化史	考古文博学院	通选课	1
16—17	1	02231190	文物保护专业实习	考古文博学院	专业必修	1
16—17	1	02231270	博物馆实习	考古文博学院	专业必修	1
16—17	1	02232102	中国考古学（上二）	考古文博学院	专业必修	1
16—17	1	02232111	中国考古学（上一）	考古文博学院	专业必修	1
16—17	1	02232111	中国考古学（上一）	考古文博学院	专业必修	2
16—17	1	02232111	中国考古学（上一）	考古文博学院	专业必修	3
16—17	1	02232230	地中海考古	考古文博学院	专业限选	1
16—17	1	02232260	古代民族考古	考古文博学院	专业限选	1
16—17	1	02232270	埋藏学	考古文博学院	专业限选	1
16—17	1	02232290	考古学与社会记忆	考古文博学院	专业限选	1

(续表)

学年度	学期	课程号	课程名称	开课系所	课程类别	班号
16—17	1	02233010	美术素描基础	考古文博学院	专业必修	1
16—17	1	02240290	田野考古实习	考古文博学院	专业必修	1
16—17	1	02240340	中国考古发现与探索	考古文博学院	专业必修	1
16—17	1	02240410	文物分析技术	考古文博学院	专业必修	1
16—17	1	02318300	宗教史专题	哲学系	专业限选	1
16—17	1	02330001	哲学导论	哲学系	专业必修	1
16—17	1	02330001	哲学导论	哲学系	专业必修	2
16—17	1	02330003	哲学导论	哲学系	专业必修	1
16—17	1	02330003	哲学导论	哲学系	专业必修	2
16—17	1	02330004	哲学导论讨论课	哲学系	专业必修	1
16—17	1	02330004	哲学导论讨论课	哲学系	专业必修	2
16—17	1	02330004	哲学导论讨论课	哲学系	专业必修	3
16—17	1	02330004	哲学导论讨论课	哲学系	专业必修	4
16—17	1	02330004	哲学导论讨论课	哲学系	专业必修	5
16—17	1	02330004	哲学导论讨论课	哲学系	专业必修	6
16—17	1	02330004	哲学导论讨论课	哲学系	专业必修	7
16—17	1	02330004	哲学导论讨论课	哲学系	专业必修	8
16—17	1	02330004	哲学导论讨论课	哲学系	专业必修	9
16—17	1	02330004	哲学导论讨论课	哲学系	专业必修	10
16—17	1	02330004	哲学导论讨论课	哲学系	专业必修	11
16—17	1	02330026	马克思主义哲学导论（下）	哲学系	专业必修	1
16—17	1	02330030	逻辑导论	哲学系	通选课	1
16—17	1	02330035	哲学数学计算机中的逻辑	哲学系	全校公选课	1
16—17	1	02330087	中国哲学史（下）	哲学系	专业必修	1
16—17	1	02330088	中国哲学史（下）讨论课	哲学系	专业必修	1
16—17	1	02330088	中国哲学史（下）讨论课	哲学系	专业必修	2
16—17	1	02330088	中国哲学史（下）讨论课	哲学系	专业必修	3
16—17	1	02330088	中国哲学史（下）讨论课	哲学系	专业必修	4
16—17	1	02330092	中国哲学（上）	哲学系	专业必修	1
16—17	1	02330093	中国哲学（上）讨论课	哲学系	专业必修	1
16—17	1	02330093	中国哲学（上）讨论课	哲学系	专业必修	2
16—17	1	02330093	中国哲学（上）讨论课	哲学系	专业必修	3
16—17	1	02330093	中国哲学（上）讨论课	哲学系	专业必修	4
16—17	1	02330094	中国哲学（上）	哲学系	专业必修	1
16—17	1	02330170	中国哲学原著选读	哲学系	专业任选	1
16—17	1	02330350	西方马克思主义专题	哲学系	专业必修	1
16—17	1	02330360	马克思主义宗教学	哲学系	全校公选课	1
16—17	1	02330371	马克思国家理论研究	哲学系	专业任选	1
16—17	1	02330500	环境哲学	哲学系	全校公选课	1
16—17	1	02330501	美国环境思想	哲学系	通选课	1
16—17	1	02330590	波普的历史哲学	哲学系	专业限选	1
16—17	1	02330620	科学社会学导论	哲学系	全校公选课	1
16—17	1	02330643	古希腊语哲学经典阅读	哲学系	专业限选	1
16—17	1	02331031	一阶逻辑	哲学系	专业限选	1

(续表)

学年度	学期	课程号	课程名称	开课系所	课程类别	班号
16—17	1	02331050	模态逻辑	哲学系	专业限选	1
16—17	1	02331190	集合论	哲学系	专业限选	1
16—17	1	02331221	模型论	哲学系	专业任选	1
16—17	1	02332013	印度佛教史	哲学系	通选课	1
16—17	1	02332035	阿拉伯伊斯兰文化	哲学系	全校公选课	1
16—17	1	02332042	基督教和中国文化	哲学系	通选课	1
16—17	1	02332071	道教原典	哲学系	专业限选	1
16—17	1	02332080	《古兰经》导读	哲学系	全校公选课	1
16—17	1	02332131	《圣经》导读	哲学系	专业限选	1
16—17	1	02332180	宗教社会学	哲学系	专业限选	1
16—17	1	02332193	宗教律法与宗教信仰	哲学系	全校公选课	1
16—17	1	02332213	西方政治思想（现代）	哲学系	通选课	1
16—17	1	02332250	中国宗教史	哲学系	专业限选	1
16—17	1	02332338	印度佛教经典选读	哲学系	专业限选	1
16—17	1	02332480	全球化时代的宗教关系	哲学系	全校公选课	1
16—17	1	02332614	拉丁语Ⅰ	哲学系	专业限选	1
16—17	1	02332910	启蒙哲学	哲学系	专业必修	1
16—17	1	02332971	西方古典思想（一）	哲学系	专业限选	1
16—17	1	02332974	柏拉图和亚里士多德哲学研究	哲学系	专业限选	1
16—17	1	02332991	中国礼学史	哲学系	专业限选	1
16—17	1	02333096	德国古典哲学原著	哲学系	专业任选	1
16—17	1	02333141	当代分析哲学	哲学系	专业任选	1
16—17	1	02333170	后现代主义哲学	哲学系	全校公选课	1
16—17	1	02333233	《周易本义》精读	哲学系	专业任选	1
16—17	1	02333370	政治哲学	哲学系	专业限选	1
16—17	1	02335062	西方哲学史（下）	哲学系	专业必修	2
16—17	1	02335065	西方哲学史（下）	哲学系	专业必修	1
16—17	1	02335066	西方哲学史（下）讨论课	哲学系	专业必修	1
16—17	1	02335066	西方哲学史（下）讨论课	哲学系	专业必修	2
16—17	1	02335066	西方哲学史（下）讨论课	哲学系	专业必修	3
16—17	1	02335066	西方哲学史（下）讨论课	哲学系	专业必修	4
16—17	1	02335072	中国哲学史（下）	哲学系	专业必修	2
16—17	1	02335101	知识论专题	哲学系	专业任选	1
16—17	1	02335110	科学与宗教	哲学系	专业任选	1
16—17	1	02335122	复杂性科学与哲学	哲学系	全校公选课	1
16—17	1	02335200	庄子哲学	哲学系	专业限选	1
16—17	1	02335201	孟子哲学	哲学系	专业限选	1
16—17	1	02335330	世界文明中的科学技术	哲学系	通选课	1
16—17	1	02336141	亚里士多德与亚里士多德传统	哲学系	专业任选	1
16—17	1	02336151	尼采《查拉图斯特拉如是说》	哲学系	通选课	1
16—17	1	02336170	哲学与人生	哲学系	通选课	1
16—17	1	02336401	逻辑与论证	哲学系	专业必修	1
16—17	1	02430010	国际政治概论	国际关系学院	专业必修	0
16—17	1	02430010	国际政治概论	国际关系学院	专业必修	1

(续表)

学年度	学期	课程号	课程名称	开课系所	课程类别	班号
16—17	1	02430010	国际政治概论	国际关系学院	专业必修	2
16—17	1	02430010	国际政治概论	国际关系学院	专业必修	3
16—17	1	02430010	国际政治概论	国际关系学院	专业必修	4
16—17	1	02430010	国际政治概论	国际关系学院	专业必修	5
16—17	1	02430010	国际政治概论	国际关系学院	专业必修	6
16—17	1	02430010	国际政治概论	国际关系学院	专业必修	7
16—17	1	02430010	国际政治概论	国际关系学院	专业必修	8
16—17	1	02430010	国际政治概论	国际关系学院	专业必修	9
16—17	1	02430010	国际政治概论	国际关系学院	专业必修	10
16—17	1	02430020	国际政治经济学	国际关系学院	专业任选	2
16—17	1	02430032	世界社会主义概论	国际关系学院	专业必修	1
16—17	1	02430050	外交学	国际关系学院	专业必修	1
16—17	1	02430091	国际关系史（上）	国际关系学院	专业必修	1
16—17	1	02430140	中华人民共和国对外关系	国际关系学院	专业必修	1
16—17	1	02430140	中华人民共和国对外关系	国际关系学院	专业必修	2
16—17	1	02430150	中国政治概论	国际关系学院	专业必修	1
16—17	1	02430153	英语听说（三）	国际关系学院	专业必修	1
16—17	1	02430153	英语听说（三）	国际关系学院	专业必修	2
16—17	1	02430153	英语听说（三）	国际关系学院	专业必修	3
16—17	1	02430153	英语听说（三）	国际关系学院	专业必修	4
16—17	1	02430159	英语写作	国际关系学院	专业必修	1
16—17	1	02430159	英语写作	国际关系学院	专业必修	2
16—17	1	02430220	美国政治、经济与外交	国际关系学院	专业限选	1
16—17	1	02430280	日本政治经济与外交	国际关系学院	专业限选	1
16—17	1	02430290	东北亚政治经济与外交	国际关系学院	专业限选	1
16—17	1	02430320	中东政治经济与外交	国际关系学院	专业限选	1
16—17	1	02430411	西方国际关系理论	国际关系学院	专业必修	1
16—17	1	02430570	台湾概论	国际关系学院	专业限选	1
16—17	1	02430891	国际战略分析	国际关系学院	专业限选	1
16—17	1	02430920	中亚各国政治与外交	国际关系学院	专业限选	1
16—17	1	02430961	中文报刊选读（一）	国际关系学院	专业必修	1
16—17	1	02430963	中文报刊选读（三）	国际关系学院	专业必修	1
16—17	1	02431091	专业汉语（一）	国际关系学院	专业必修	1
16—17	1	02431240	西方外交思想概论	国际关系学院	专业限选	1
16—17	1	02431310	南亚各国政治与外交	国际关系学院	专业限选	1
16—17	1	02431400	拉丁美洲政治与外交	国际关系学院	专业限选	1
16—17	1	02431420	俄罗斯政治与外交	国际关系学院	专业限选	1
16—17	1	02431641	比较政治学	国际关系学院	专业必修	2
16—17	1	02431683	原著译读	国际关系学院	专业必修	1
16—17	1	02431690	心理、行为与文化	国际关系学院	通选课	1
16—17	1	02431730	世界政治中的民族问题	国际关系学院	通选课	1
16—17	1	02431771	西方政治思想史（上）	国际关系学院	专业限选	1
16—17	1	02431930	中苏关系及其对中国社会发展的影响	国际关系学院	通选课	1
16—17	1	02431963	日语（一）	国际关系学院	专业必修	1

（续表）

学年度	学期	课程号	课程名称	开课系所	课程类别	班号
16—17	1	02432090	本土视野下的中国外交与国际事务	国际关系学院	全校公选课	1
16—17	1	02432120	中国传统政治制度	国际关系学院	专业必修	1
16—17	1	02432130	当代国际政治	国际关系学院	通选课	1
16—17	1	02432140	中国政治与公共政策	国际关系学院	全校公选课	1
16—17	1	02432201	中文报刊选读（一）	国际关系学院	专业必修	1
16—17	1	02433030	国际经济学	国际关系学院	专业限选	1
16—17	1	02433092	社会主义思想的演变	国际关系学院	专业限选	1
16—17	1	02530051	统计学	经济学院	专业必修	1
16—17	1	02530060	微观经济学	经济学院	专业必修	1
16—17	1	02530060	微观经济学	经济学院	专业必修	2
16—17	1	02530061	微观经济学"习题课"	经济学院	专业必修	1
16—17	1	02530061	微观经济学"习题课"	经济学院	专业必修	2
16—17	1	02530070	宏观经济学	经济学院	通选课	1
16—17	1	02530090	国际贸易	经济学院	专业必修	1
16—17	1	02530090	国际贸易	经济学院	专业必修	2
16—17	1	02530100	国际金融	经济学院	专业必修	1
16—17	1	02530100	国际金融	经济学院	专业必修	2
16—17	1	02530140	计量经济学	经济学院	专业必修	1
16—17	1	02530140	计量经济学	经济学院	专业必修	2
16—17	1	02530150	发展经济学	经济学院	专业必修	1
16—17	1	02530160	外国经济史	经济学院	通选课	1
16—17	1	02530170	《资本论》选读	经济学院	专业必修	1
16—17	1	02530340	投资学	经济学院	专业必修	1
16—17	1	02530460	财产与责任保险	经济学院	专业必修	1
16—17	1	02530480	国际经济学	经济学院	专业必修	1
16—17	1	02532240	金融经济学导论	经济学院	专业必修	1
16—17	1	02532370	保险精算学原理	经济学院	专业必修	1
16—17	1	02532420	金融工程概论	经济学院	专业任选	1
16—17	1	02532570	电子商务	经济学院	全校公选课	1
16—17	1	02532730	劳动经济学	经济学院	专业任选	1
16—17	1	02533160	经济学原理（Ⅰ）	经济学院	专业必修	1
16—17	1	02533160	经济学原理（Ⅰ）	经济学院	专业必修	2
16—17	1	02533160	经济学原理（Ⅰ）	经济学院	通选课	3
16—17	1	02533161	经济学原理（Ⅰ）讨论课	经济学院	专业必修	1
16—17	1	02533161	经济学原理（Ⅰ）讨论课	经济学院	专业必修	2
16—17	1	02533161	经济学原理（Ⅰ）讨论课	经济学院	专业必修	3
16—17	1	02533161	经济学原理（Ⅰ）讨论课	经济学院	专业必修	5
16—17	1	02533161	经济学原理（Ⅰ）讨论课	经济学院	专业必修	6
16—17	1	02533161	经济学原理（Ⅰ）讨论课	经济学院	专业必修	7
16—17	1	02533161	经济学原理（Ⅰ）讨论课	经济学院	专业必修	9
16—17	1	02533161	经济学原理（Ⅰ）讨论课	经济学院	专业必修	10
16—17	1	02533161	经济学原理（Ⅰ）讨论课	经济学院	专业必修	11
16—17	1	02533161	经济学原理（Ⅰ）讨论课	经济学院	专业必修	12
16—17	1	02533161	经济学原理（Ⅰ）讨论课	经济学院	专业必修	13

（续表）

学年度	学期	课程号	课程名称	开课系所	课程类别	班号
16—17	1	02533161	经济学原理（Ⅰ）讨论课	经济学院	专业必修	14
16—17	1	02533161	经济学原理（Ⅰ）讨论课	经济学院	专业必修	15
16—17	1	02533161	经济学原理（Ⅰ）讨论课	经济学院	专业必修	16
16—17	1	02533161	经济学原理（Ⅰ）讨论课	经济学院	通选课	17
16—17	1	02533161	经济学原理（Ⅰ）讨论课	经济学院	通选课	18
16—17	1	02533180	政治经济学（上）	经济学院	专业必修	1
16—17	1	02533180	政治经济学（上）	经济学院	专业必修	2
16—17	1	02533290	保险公司运作与管理	经济学院	专业任选	1
16—17	1	02533370	环境资源经济学	经济学院	专业必修	1
16—17	1	02533390	福利经济学	经济学院	专业必修	1
16—17	1	02533430	俄罗斯经济	经济学院	专业任选	1
16—17	1	02533570	公司金融	经济学院	专业必修	1
16—17	1	02533570	公司金融	经济学院	专业任选	2
16—17	1	02533650	环境核算与环境会计	经济学院	专业任选	1
16—17	1	02533670	农村金融学	经济学院	专业任选	1
16—17	1	02533700	动态优化理论	经济学院	专业任选	1
16—17	1	02533750	金融风险管理	经济学院	专业任选	1
16—17	1	02533840	国际税收	经济学院	专业必修	1
16—17	1	02533940	社会企业家精神培养实验	经济学院	通选课	1
16—17	1	02533950	信托与租赁	经济学院	专业任选	1
16—17	1	02534000	生态经济学	经济学院	专业任选	1
16—17	1	02534010	国际营销学	经济学院	专业任选	1
16—17	1	02534060	货币银行学	经济学院	专业必修	1
16—17	1	02534130	跨国公司管理	经济学院	专业任选	1
16—17	1	02534240	人寿与健康保险	经济学院	专业必修	1
16—17	1	02534300	现代金融理论简史	经济学院	专业任选	1
16—17	1	02534380	应用经济计量	经济学院	专业任选	1
16—17	1	02534490	中国商业管理思想	经济学院	专业任选	1
16—17	1	02534500	公共经济学	经济学院	专业必修	1
16—17	1	02534540	微观计量方法	经济学院	专业任选	1
16—17	1	02534560	世界经济与中国	经济学院	专业任选	1
16—17	1	02534570	中国对外经贸战略	经济学院	专业任选	1
16—17	1	02534620	金融监管学	经济学院	专业任选	1
16—17	1	02534630	货币经济学	经济学院	专业任选	1
16—17	1	02534660	行为金融学导论	经济学院	专业任选	1
16—17	1	02534710	激励理论与经济发展	经济学院	专业任选	1
16—17	1	02534750	公共选择理论	经济学院	专业任选	1
16—17	1	02534780	区域经济学	经济学院	专业必修	1
16—17	1	02534880	社会实践	经济学院	专业必修	1
16—17	1	02534880	社会实践	经济学院	专业必修	2
16—17	1	02534880	社会实践	经济学院	专业必修	3
16—17	1	02534880	社会实践	经济学院	专业必修	4
16—17	1	02534880	社会实践	经济学院	专业必修	5
16—17	1	02535270	人类行动学原理（经济学部分）	经济学院	全校公选课	1

（续表）

学年度	学期	课程号	课程名称	开课系所	课程类别	班号
16—17	1	02830170	电子商务	光华管理学院	专业任选	1
16—17	1	02830260	影子中央银行	光华管理学院	专业任选	1
16—17	1	02831101	组织与管理讨论班	光华管理学院	专业必修	1
16—17	1	02831101	组织与管理讨论班	光华管理学院	专业必修	2
16—17	1	02831101	组织与管理讨论班	光华管理学院	专业必修	3
16—17	1	02831101	组织与管理讨论班	光华管理学院	专业必修	4
16—17	1	02831101	组织与管理讨论班	光华管理学院	专业必修	5
16—17	1	02831101	组织与管理讨论班	光华管理学院	专业必修	6
16—17	1	02831101	组织与管理讨论班	光华管理学院	专业必修	7
16—17	1	02831101	组织与管理讨论班	光华管理学院	专业必修	8
16—17	1	02831101	组织与管理讨论班	光华管理学院	专业必修	9
16—17	1	02831101	组织与管理讨论班	光华管理学院	专业必修	10
16—17	1	02831110	经济学	光华管理学院	专业必修	1
16—17	1	02831113	商务英语（一）	光华管理学院	专业任选	1
16—17	1	02831160	行为经济学	光华管理学院	专业任选	1
16—17	1	02831540	金融建模	光华管理学院	专业任选	1
16—17	1	02831560	计量经济学应用	光华管理学院	专业任选	1
16—17	1	02831570	固定收益证券	光华管理学院	专业必修	1
16—17	1	02831620	劳动经济学	光华管理学院	专业必修	1
16—17	1	02831680	金融风险与管理	光华管理学院	专业任选	1
16—17	1	02832120	宏观经济学	光华管理学院	专业必修	1
16—17	1	02832120	宏观经济学	光华管理学院	专业必修	2
16—17	1	02832230	商战模拟	光华管理学院	专业任选	1
16—17	1	02832480	成本与管理会计	光华管理学院	专业必修	1
16—17	1	02832510	财务会计	光华管理学院	全校公选课	1
16—17	1	02832510	财务会计	光华管理学院	全校公选课	2
16—17	1	02832640	营销学	光华管理学院	专业必修	1
16—17	1	02832640	营销学	光华管理学院	专业必修	2
16—17	1	02832690	物流与供应链管理	光华管理学院	专业任选	1
16—17	1	02832700	定价管理	光华管理学院	专业必修	1
16—17	1	02833230	金融市场与金融机构	光华管理学院	专业必修	1
16—17	1	02833430	公司财务管理	光华管理学院	专业必修	1
16—17	1	02833430	公司财务管理	光华管理学院	专业必修	2
16—17	1	02833460	品牌管理	光华管理学院	专业必修	1
16—17	1	02833600	税法与税务会计	光华管理学院	专业必修	1
16—17	1	02833700	产品管理	光华管理学院	专业必修	1
16—17	1	02834020	金融学概论	光华管理学院	通选课	1
16—17	1	02834390	战略管理	光华管理学院	专业任选	1
16—17	1	02834750	创新管理	光华管理学院	专业任选	1
16—17	1	02834800	综合商业计划书竞赛	光华管理学院	专业任选	1
16—17	1	02834860	可持续创业	光华管理学院	专业任选	1
16—17	1	02835620	会计审计与财务管理专题	光华管理学院	专业任选	1
16—17	1	02838091	中国企业管理实践	光华管理学院	专业任选	1
16—17	1	02838150	应用计量经济学	光华管理学院	全校公选课	1

(续表)

学年度	学期	课程号	课程名称	开课系所	课程类别	班号
16—17	1	02838160	数据分析与统计软件	光华管理学院	专业任选	1
16—17	1	02838170	会计信息与数据分析	光华管理学院	专业任选	1
16—17	1	02838180	财务报表分析	光华管理学院	专业必修	1
16—17	1	02838190	中国金融热点问题	光华管理学院	专业任选	1
16—17	1	02838200	权益证券投资	光华管理学院	专业任选	1
16—17	1	02838270	创业机会识别与分析	光华管理学院	专业任选	1
16—17	1	02838280	中国社会、经济研究专题	光华管理学院	专业任选	1
16—17	1	02838310	财务分析与量化投资	光华管理学院	专业任选	1
16—17	1	02838330	价值投资	光华管理学院	专业任选	1
16—17	1	02838350	渠道管理	光华管理学院	专业必修	1
16—17	1	02838360	微观经济学	光华管理学院	通选课	1
16—17	1	02838420	金融中的数学方法	光华管理学院	专业任选	1
16—17	1	02838440	市场数据分析	光华管理学院	专业任选	1
16—17	1	02838460	国际金融	光华管理学院	专业必修	1
16—17	1	02838470	管理科学	光华管理学院	专业必修	1
16—17	1	02838480	信息技术与企业战略	光华管理学院	专业任选	1
16—17	1	02838490	风险管理与保险	光华管理学院	专业任选	1
16—17	1	02838500	组织与管理	光华管理学院	专业必修	1
16—17	1	02838510	沃土计划	光华管理学院	专业任选	1
16—17	1	02930020	中国法律思想史	法学院	专业限选	1
16—17	1	02930040	西方法律思想史	法学院	专业限选	1
16—17	1	02930050	民事诉讼法	法学院	专业必修	1
16—17	1	02930060	宪法学	法学院	专业必修	1
16—17	1	02930086	侵权法	法学院	专业限选	1
16—17	1	0293008a	民法总论	法学院	专业必修	1
16—17	1	02930106	国际刑法学	法学院	专业限选	1
16—17	1	02930121	国际私法概论	法学院	全校公选课	1
16—17	1	02930143	民法案例研习	法学院	专业限选	1
16—17	1	02930143	民法案例研习	法学院	专业限选	2
16—17	1	02930143	民法案例研习	法学院	专业限选	3
16—17	1	02930143	民法案例研习	法学院	专业限选	4
16—17	1	02930143	民法案例研习	法学院	专业限选	5
16—17	1	02930143	民法案例研习	法学院	专业限选	6
16—17	1	02930143	民法案例研习	法学院	专业限选	7
16—17	1	02930143	民法案例研习	法学院	专业限选	8
16—17	1	02930143	民法案例研习	法学院	专业限选	9
16—17	1	02930143	民法案例研习	法学院	专业限选	10
16—17	1	02930145	财税法学	法学院	专业限选	1
16—17	1	02930146	法律实证分析	法学院	专业限选	1
16—17	1	02930153	刑法分论	法学院	专业必修	1
16—17	1	02930156	模拟法庭实训	法学院	专业限选	1
16—17	1	02930157	国际海洋法	法学院	专业限选	1
16—17	1	02930158	律师实务	法学院	专业限选	1
16—17	1	02930159	刑事辩护实务	法学院	专业限选	1

(续表)

学年度	学期	课程号	课程名称	开课系所	课程类别	班号
16—17	1	02930163	比较法律专题二	法学院	专业限选	1
16—17	1	02930166	法律经济学	法学院	专业任选	1
16—17	1	02930167	民事诉讼案例研习	法学院	专业任选	1
16—17	1	02930167	民事诉讼案例研习	法学院	专业任选	2
16—17	1	02930167	民事诉讼案例研习	法学院	专业任选	3
16—17	1	02930171	诊所式法律教育	法学院	专业限选	1
16—17	1	02930172	非营利组织法	法学院	专业限选	1
16—17	1	02930180	知识产权法学	法学院	专业必修	1
16—17	1	02930300	劳动法与社会保障法	法学院	专业限选	1
16—17	1	02930480	国际公法	法学院	专业必修	1
16—17	1	02930520	司法精神病学	法学院	专业限选	1
16—17	1	02930560	比较司法制度	法学院	专业限选	1
16—17	1	02930580	票据法	法学院	专业限选	1
16—17	1	0293074a	专业英语	法学院	专业限选	1
16—17	1	02930760	心理卫生学概论	法学院	通选课	1
16—17	1	02930770	保险法	法学院	专业限选	1
16—17	1	02930780	刑事执行法	法学院	专业限选	1
16—17	1	02930890	经济法学	法学院	专业必修	1
16—17	1	02930901	实习	法学院	专业必修	1
16—17	1	02930905	犯罪通论	法学院	通选课	1
16—17	1	02930940	环境法	法学院	专业限选	1
16—17	1	02930941	环境法概论	法学院	全校公选课	1
16—17	1	02930970	物权法	法学院	专业必修	1
16—17	1	02930989	刑法学	法学院	通选课	1
16—17	1	02930995	会计法与审计法	法学院	专业限选	1
16—17	1	02939995	国际私法	法学院	专业必修	1
16—17	1	03030630	信息存储与检索	信息管理系	专业必修	1
16—17	1	03030720	信息经济学	信息管理系	专业限选	1
16—17	1	03030740	管理信息系统	信息管理系	专业必修	1
16—17	1	03031170	信息存储与检索上机	信息管理系	专业必修	1
16—17	1	03032000	管理学原理	信息管理系	专业必修	1
16—17	1	03032110	信息政策与法规	信息管理系	专业必修	1
16—17	1	03032170	媒体与社会	信息管理系	专业限选	1
16—17	1	03032270	图书馆管理	信息管理系	专业限选	1
16—17	1	03032380	专业英语	信息管理系	专业限选	1
16—17	1	03033110	信息安全	信息管理系	专业限选	1
16—17	1	03033160	图书馆自动化	信息管理系	专业限选	1
16—17	1	03033180	信息资源建设	信息管理系	专业限选	1
16—17	1	03033243	中国名著导读	信息管理系	通选课	1
16—17	1	03033270	视觉圣经—西方艺术中的基督教	信息管理系	通选课	1
16—17	1	03033350	面向对象程序设计JAVA	信息管理系	专业限选	1
16—17	1	03033360	面向对象程序设计JAVA上机	信息管理系	专业限选	1
16—17	1	03033380	中国禁书史	信息管理系	全校公选课	1
16—17	1	03033400	信息资源管理基础	信息管理系	专业必修	1

(续表)

学年度	学期	课程号	课程名称	开课系所	课程类别	班号
16—17	1	03033440	数据挖掘导论	信息管理系	专业限选	1
16—17	1	03033450	信息系统分析与设计	信息管理系	专业必修	1
16—17	1	03033470	图书馆参考咨询	信息管理系	专业限选	1
16—17	1	03033500	运筹学基础	信息管理系	专业限选	1
16—17	1	03033590	交互式信息检索	信息管理系	专业限选	1
16—17	1	03033600	健康信息学概论	信息管理系	专业限选	1
16—17	1	03033690	文本信息分析技术	信息管理系	专业限选	1
16—17	1	03033710	计算机网络概论	信息管理系	专业必修	1
16—17	1	03033720	信息技术与应用	信息管理系	专业限选	1
16—17	1	03033740	信息行为导论	信息管理系	专业必修	1
16—17	1	03033780	信息技术与应用上机	信息管理系	专业限选	1
16—17	1	03100130	国外社会学学说（上）	社会学系	专业必修	2
16—17	1	03130010	社会学概论	社会学系	专业必修	1
16—17	1	03130010	社会学概论	社会学系	专业必修	2
16—17	1	03130020	国外社会学学说（下）	社会学系	专业必修	1
16—17	1	03130120	社会统计学	社会学系	专业必修	1
16—17	1	03130150	社会人类学	社会学系	专业必修	1
16—17	1	03130210	社会心理学	社会学系	专业必修	2
16—17	1	03130270	社会老年学	社会学系	专业任选	1
16—17	1	03130420	个案工作	社会学系	专业必修	3
16—17	1	03130470	社会政策	社会学系	专业必修	3
16—17	1	03130560	组织社会学	社会学系	专业必修	1
16—17	1	03130660	发展社会学	社会学系	专业必修	1
16—17	1	03130710	越轨与犯罪社会学	社会学系	专业任选	1
16—17	1	03130820	民族志研究方法	社会学系	专业任选	1
16—17	1	03131010	社会学专题讲座	社会学系	专业必修	1
16—17	1	03131210	实习	社会学系	专业必修	1
16—17	1	03131220	社区工作	社会学系	专业必修	3
16—17	1	03131260	数据分析技术	社会学系	专业必修	1
16—17	1	03131260	数据分析技术	社会学系	专业必修	2
16—17	1	03131290	医学社会学	社会学系	专业任选	2
16—17	1	03131390	中国社会福利	社会学系	专业必修	3
16—17	1	03131500	社会调查与研究方法	社会学系	专业必修	1
16—17	1	03131500	社会调查与研究方法	社会学系	专业必修	2
16—17	1	03131520	马列经典著作选读	社会学系	专业必修	1
16—17	1	03131530	人口社会学	社会学系	专业必修	1
16—17	1	03131570	社会分层与社会流动	社会学系	专业任选	1
16—17	1	03131740	中国社会学史	社会学系	专业必修	1
16—17	1	03131840	人群与网络	社会学系	全校公选课	4
16—17	1	03131870	公民社会与非营利组织	社会学系	全校公选课	1
16—17	1	03230050	当代中国政府与政治	政府管理学院	专业必修	1
16—17	1	03230100	当代西方国家政治制度	政府管理学院	专业必修	1
16—17	1	03230120	组织与管理	政府管理学院	专业必修	1
16—17	1	03230450	行政领导学	政府管理学院	专业必修	1

(续表)

学年度	学期	课程号	课程名称	开课系所	课程类别	班号
16—17	1	03230670	秘书学与秘书工作	政府管理学院	专业限选	1
16—17	1	03231230	城市与区域经济	政府管理学院	专业必修	1
16—17	1	03231240	经济地理学	政府管理学院	专业必修	1
16—17	1	03231610	管理运筹学	政府管理学院	专业必修	1
16—17	1	03231620	公共政策分析	政府管理学院	专业必修	1
16—17	1	03231720	监察与监督	政府管理学院	专业限选	1
16—17	1	03232200	区域分析方法	政府管理学院	专业必修	1
16—17	1	03232270	政治学概论	政府管理学院	专业必修	1
16—17	1	03232270	政治学概论	政府管理学院	专业必修	2
16—17	1	03232270	政治学概论	政府管理学院	专业必修	3
16—17	1	03232270	政治学概论	政府管理学院	专业必修	4
16—17	1	03232270	政治学概论	政府管理学院	专业必修	5
16—17	1	03232310	政治学科的理论与方法	政府管理学院	专业必修	1
16—17	1	03232400	社会调查的理论与方法	政府管理学院	专业限选	1
16—17	1	03232460	公共组织行为学	政府管理学院	专业限选	1
16—17	1	03232480	博弈论	政府管理学院	全校公选课	1
16—17	1	03232490	公共行政案例分析	政府管理学院	专业限选	1
16—17	1	03232500	政府与法治	政府管理学院	专业限选	1
16—17	1	03232510	公共组织战略管理	政府管理学院	专业限选	1
16—17	1	03232530	公共经济学	政府管理学院	专业必修	1
16—17	1	03232570	政治学原理（上）	政府管理学院	专业必修	1
16—17	1	03232580	行政学原理	政府管理学院	专业必修	1
16—17	1	03232600	政治学前沿	政府管理学院	全校公选课	1
16—17	1	03232700	现代化通论	政府管理学院	专业限选	1
16—17	1	03530010	东方文学史	外国语学院	通选课	1
16—17	1	03530241	公共阿拉伯语（一）	外国语学院	全校公选课	1
16—17	1	03530291	公共越南语（一）	外国语学院	全校公选课	1
16—17	1	03530296	公共缅甸语（二）	外国语学院	全校公选课	1
16—17	1	03530297	公共库尔德语（一）	外国语学院	全校公选课	1
16—17	1	03530301	公共希伯来语（一）	外国语学院	全校公选课	1
16—17	1	03530370	东南亚文化	外国语学院	通选课	1
16—17	1	03530441	公共韩国语（一）	外国语学院	全校公选课	1
16—17	1	03530510	公共土耳其语（一）	外国语学院	全校公选课	1
16—17	1	03530560	理论与应用语言学	外国语学院	全校公选课	1
16—17	1	03530580	马格里布研究	外国语学院	全校公选课	1
16—17	1	03530590	东亚国际关系	外国语学院	全校公选课	1
16—17	1	03530600	当代韩国社会	外国语学院	全校公选课	1
16—17	1	03531011	基础蒙古语（一）	外国语学院	专业必修	1
16—17	1	03531015	公共斯瓦西里语（一）	外国语学院	全校公选课	1
16—17	1	03531019	公共伊博语（一）	外国语学院	全校公选课	1
16—17	1	03531021	公共孟加拉语（一）	外国语学院	全校公选课	1
16—17	1	03531023	公共西里尔蒙古文（一）	外国语学院	全校公选课	1
16—17	1	03531028	公共乌尔都语（二）	外国语学院	全校公选课	1
16—17	1	03531031	蒙古文化（上）	外国语学院	专业任选	1

(续表)

学年度	学期	课程号	课程名称	开课系所	课程类别	班号
16—17	1	03531050	公共波斯语（二）	外国语学院	全校公选课	1
16—17	1	03531401	基础韩国（朝鲜）语（一）	外国语学院	专业必修	1
16—17	1	03531403	基础韩国（朝鲜）语（三）	外国语学院	专业必修	1
16—17	1	03531520	韩（朝鲜）半岛概况	外国语学院	专业必修	1
16—17	1	03531589	中韩翻译	外国语学院	专业必修	1
16—17	1	03531730	韩国（朝鲜）历史	外国语学院	专业任选	1
16—17	1	03531801	韩国（朝鲜）语视听说（一）	外国语学院	专业必修	1
16—17	1	03531803	韩国（朝鲜）语视听说（三）	外国语学院	专业必修	1
16—17	1	03531811	高级韩国（朝鲜）语（一）	外国语学院	专业必修	1
16—17	1	03531813	高级韩国（朝鲜）语（三）	外国语学院	专业必修	1
16—17	1	03531820	韩国（朝鲜）语应用文写作	外国语学院	专业任选	1
16—17	1	03531831	韩国（朝鲜）语报刊选读（上）	外国语学院	专业任选	1
16—17	1	03531841	高级韩国（朝鲜）语口语（一）	外国语学院	专业任选	1
16—17	1	03531959	日语文言语法	外国语学院	专业必修	1
16—17	1	03532021	基础日语（一）	外国语学院	专业必修	1
16—17	1	03532023	基础日语（三）	外国语学院	专业必修	1
16—17	1	03532041	日语视听说（一）	外国语学院	专业必修	1
16—17	1	03532060	日语写作	外国语学院	专业必修	1
16—17	1	03532079	日语口译指导	外国语学院	专业必修	1
16—17	1	03532150	日本社会	外国语学院	专业必修	1
16—17	1	03532200	日本现代文学作品选读	外国语学院	专业任选	1
16—17	1	03532251	公共日语（一）	外国语学院	全校公选课	1
16—17	1	03532251	公共日语（一）	外国语学院	全校公选课	2
16—17	1	03532251	公共日语（一）	外国语学院	全校公选课	3
16—17	1	03532251	公共日语（一）	外国语学院	全校公选课	4
16—17	1	03532251	公共日语（一）	外国语学院	全校公选课	5
16—17	1	03532251	公共日语（一）	外国语学院	全校公选课	6
16—17	1	03532251	公共日语（一）	外国语学院	全校公选课	7
16—17	1	03532251	公共日语（一）	外国语学院	全校公选课	8
16—17	1	03532253	公共日语（三）	外国语学院	全校公选课	1
16—17	1	03532260	中日文化交流史	外国语学院	通选课	1
16—17	1	03532321	高年级日语（一）	外国语学院	专业必修	1
16—17	1	03532333	高年级日语（三）	外国语学院	专业必修	1
16—17	1	03532401	基础日语（一）	外国语学院	辅修	1
16—17	1	03532401	基础日语（一）	外国语学院	辅修	2
16—17	1	03532412	日语视听说（二）	外国语学院	辅修	1
16—17	1	03532421	日语阅读（一）	外国语学院	辅修	1
16—17	1	03532430	日本文化概论	外国语学院	辅修	1
16—17	1	03532440	日语语法概论	外国语学院	专业任选	1
16—17	1	03532450	汉译日	外国语学院	专业必修	1
16—17	1	03532470	论文写作指导	外国语学院	专业必修	1
16—17	1	03533042	越语会话（下）	外国语学院	专业任选	1
16—17	1	03533180	越南文化	外国语学院	专业任选	1
16—17	1	03533273	基础越南语（三）	外国语学院	专业必修	1

(续表)

学年度	学期	课程号	课程名称	开课系所	课程类别	班号
16—17	1	03533273	基础越南语（三）	外国语学院	专业必修	2
16—17	1	03533551	泰语翻译教程（上）	外国语学院	专业必修	1
16—17	1	03533640	泰语视听说	外国语学院	专业必修	1
16—17	1	03533660	泰语演讲与叙事	外国语学院	专业必修	1
16—17	1	03533850	泰学研究专题	外国语学院	专业任选	1
16—17	1	03533865	泰语教程（五）	外国语学院	专业必修	1
16—17	1	03534017	缅甸语（七）	外国语学院	专业必修	1
16—17	1	03534052	缅甸语翻译（二）	外国语学院	专业必修	1
16—17	1	03534254	缅甸语视听说（四）	外国语学院	专业任选	1
16—17	1	03534815	印尼语（五）	外国语学院	专业必修	1
16—17	1	03534845	公共菲律宾语（一）	外国语学院	全校公选课	1
16—17	1	03535023	希伯来语视听说（三）	外国语学院	专业任选	1
16—17	1	03535163	希伯来语（三）	外国语学院	专业必修	1
16—17	1	03535430	菲律宾语写作	外国语学院	专业必修	1
16—17	1	03535530	菲律宾历史	外国语学院	专业必修	1
16—17	1	03535677	菲律宾语（五）	外国语学院	专业必修	1
16—17	1	03535700	菲律宾民间文学	外国语学院	专业必修	1
16—17	1	03535740	汉语译菲律宾语	外国语学院	专业必修	1
16—17	1	03535752	菲律宾语视听说（二）	外国语学院	专业必修	1
16—17	1	03536131	梵语文学作品选读（上）	外国语学院	专业必修	1
16—17	1	03536141	梵语佛教文献选读（上）	外国语学院	专业必修	1
16—17	1	03536161	巴利语（上）	外国语学院	专业必修	1
16—17	1	03536200	印度文学史	外国语学院	全校公选课	1
16—17	1	03536211	印度英语报刊文章选读（一）	外国语学院	专业任选	1
16—17	1	03536220	梵语文学史	外国语学院	专业必修	1
16—17	1	03536261	印度佛教史（上）	外国语学院	专业必修	1
16—17	1	03536303	印地语报刊阅读（三）	外国语学院	专业任选	1
16—17	1	03536470	古典梵语传统语法	外国语学院	专业必修	1
16—17	1	03536710	印度教入门	外国语学院	专业任选	1
16—17	1	03536913	印地语（三）	外国语学院	专业必修	1
16—17	1	03536920	高级印地语听力	外国语学院	专业必修	1
16—17	1	03537041	乌尔都语报刊阅读（一）	外国语学院	专业必修	1
16—17	1	03537061	乌尔都语翻译教程（一）	外国语学院	专业必修	1
16—17	1	03537270	乌尔都语高级听力	外国语学院	专业任选	1
16—17	1	03537290	乌尔都语文学史	外国语学院	专业任选	1
16—17	1	03537355	基础乌尔都语（五）	外国语学院	专业必修	1
16—17	1	03537370	乌尔都语文章选读	外国语学院	专业任选	1
16—17	1	03537671	基础波斯语（一）	外国语学院	专业必修	1
16—17	1	03537701	伊朗历史文明概论（上）	外国语学院	专业必修	1
16—17	1	03537721	基础波斯语（一）	外国语学院	辅修	1
16—17	1	03537731	波斯语视听说（一）	外国语学院	辅修	1
16—17	1	03538011	基础阿拉伯语（一）	外国语学院	专业必修	1
16—17	1	03538013	基础阿拉伯语（三）	外国语学院	专业必修	1
16—17	1	03538022	阿拉伯语视听（二）	外国语学院	专业必修	1

(续表)

学年度	学期	课程号	课程名称	开课系所	课程类别	班号
16—17	1	03538024	阿拉伯语视听（四）	外国语学院	专业必修	1
16—17	1	03538026	阿拉伯语视听（六）	外国语学院	专业必修	1
16—17	1	03538032	阿拉伯语口语（二）	外国语学院	专业必修	1
16—17	1	03538034	阿拉伯语口语（四）	外国语学院	专业必修	1
16—17	1	03538041	阿拉伯语阅读（一）	外国语学院	专业必修	1
16—17	1	03538043	阿拉伯语阅读（三）	外国语学院	专业任选	1
16—17	1	03538045	阿拉伯语阅读（五）	外国语学院	专业任选	1
16—17	1	03538060	阿拉伯语写作	外国语学院	专业任选	1
16—17	1	03538072	阿拉伯语口译（二）	外国语学院	专业必修	1
16—17	1	03538082	阿拉伯语翻译教程（二）	外国语学院	专业必修	1
16—17	1	03538170	阿拉伯简史	外国语学院	专业必修	1
16—17	1	03538190	阿拉伯文学史	外国语学院	专业必修	1
16—17	1	03538210	当代阿拉伯世界	外国语学院	专业任选	1
16—17	1	03538221	阿拉伯报刊文选（一）	外国语学院	专业任选	1
16—17	1	03538223	阿拉伯报刊文选（三）	外国语学院	专业任选	1
16—17	1	03538271	高年级阿拉伯语（一）	外国语学院	专业必修	1
16—17	1	03538273	高年级阿拉伯语（三）	外国语学院	专业必修	1
16—17	1	03538292	土耳其语视听说（二）	外国语学院	辅修	1
16—17	1	03538301	高级土耳其语（一）	外国语学院	辅修	1
16—17	1	03538320	土耳其语阅读	外国语学院	辅修	1
16—17	1	03538381	阿拉伯语口语（一）	外国语学院	专业必修	1
16—17	1	03538381	阿拉伯语口语（一）	外国语学院	专业必修	2
16—17	1	03631001	法语精读（一）	外国语学院	专业必修	1
16—17	1	03631003	法语精读（三）	外国语学院	专业必修	1
16—17	1	03631005	法语精读（五）	外国语学院	专业必修	1
16—17	1	03631017	法语精读（七）	外国语学院	专业必修	1
16—17	1	03631021	法语视听说（一）	外国语学院	专业必修	1
16—17	1	03631023	法语视听说（三）	外国语学院	专业必修	1
16—17	1	03631025	法语视听说（五）	外国语学院	专业必修	1
16—17	1	03631027	法语视听说（七）	外国语学院	专业必修	1
16—17	1	03631031	法语写作（一）	外国语学院	专业必修	1
16—17	1	03631033	法语写作（三）	外国语学院	专业必修	1
16—17	1	03631044	法语笔译（下）	外国语学院	专业必修	1
16—17	1	03631053	法语口译（上）	外国语学院	专业必修	1
16—17	1	03631066	法国文学史和文学选读（下）	外国语学院	专业必修	1
16—17	1	03631092	法语泛读（二）	外国语学院	专业任选	1
16—17	1	03631220	法国历史	外国语学院	专业任选	1
16—17	1	03631251	法国报刊选读（一）	外国语学院	专业任选	1
16—17	1	03631253	法国报刊选读（三）	外国语学院	专业任选	1
16—17	1	03631511	法语精读（一）	外国语学院	辅修	1
16—17	1	03631513	法语精读（三）	外国语学院	辅修	1
16—17	1	03631521	法语视听（一）	外国语学院	辅修	1
16—17	1	03631523	法语视听（三）	外国语学院	辅修	1
16—17	1	03631531	法语泛读（一）	外国语学院	辅修	1

(续表)

学年度	学期	课程号	课程名称	开课系所	课程类别	班号
16—17	1	03631533	法语泛读（三）	外国语学院	辅修	1
16—17	1	03631611	公共法语（一）	外国语学院	全校公选课	1
16—17	1	03631611	公共法语（一）	外国语学院	全校公选课	2
16—17	1	03631611	公共法语（一）	外国语学院	全校公选课	3
16—17	1	03631611	公共法语（一）	外国语学院	全校公选课	4
16—17	1	03631611	公共法语（一）	外国语学院	全校公选课	5
16—17	1	03632001	德语精读（一）	外国语学院	专业必修	1
16—17	1	03632001	德语精读（一）	外国语学院	专业必修	2
16—17	1	03632003	德语精读（三）	外国语学院	专业必修	1
16—17	1	03632021	德语视听说（一）	外国语学院	专业任选	1
16—17	1	03632023	德语视听说（三）	外国语学院	专业任选	1
16—17	1	03632041	德语笔译（一）	外国语学院	专业必修	1
16—17	1	03632043	德语笔译（三）	外国语学院	专业必修	1
16—17	1	03632053	德语口译（上）	外国语学院	专业必修	1
16—17	1	03632103	德语长篇小说（上）	外国语学院	专业必修	1
16—17	1	03632150	德语短篇小说	外国语学院	专业必修	1
16—17	1	03632170	阅读、理解与分析	外国语学院	专业必修	1
16—17	1	03632181	德语语言学导论（一）	外国语学院	专业任选	1
16—17	1	03632190	德语文学批评选读	外国语学院	专业必修	1
16—17	1	03632210	德国历史	外国语学院	辅修	1
16—17	1	03632220	德语国家国情课	外国语学院	专业任选	1
16—17	1	03632331	《圣经》与德语文学	外国语学院	专业任选	1
16—17	1	03632350	奥地利传媒	外国语学院	专业任选	1
16—17	1	03632511	德语精读（一）	外国语学院	辅修	1
16—17	1	03632513	德语精读（三）	外国语学院	辅修	1
16—17	1	03632521	德语视听（一）	外国语学院	辅修	1
16—17	1	03632523	德语视听（三）	外国语学院	辅修	1
16—17	1	03632531	德语泛读（一）	外国语学院	辅修	1
16—17	1	03632533	德语泛读（三）	外国语学院	辅修	1
16—17	1	03632611	公共德语（一）	外国语学院	全校公选课	1
16—17	1	03632611	公共德语（一）	外国语学院	全校公选课	2
16—17	1	03632611	公共德语（一）	外国语学院	全校公选课	3
16—17	1	03632611	公共德语（一）	外国语学院	全校公选课	4
16—17	1	03632621	德语国家文学史与选读（一）	外国语学院	专业必修	1
16—17	1	03632623	德语国家文学史与选读（三）	外国语学院	专业必修	1
16—17	1	03632630	德语名家中国著述选读	外国语学院	通选课	1
16—17	1	03633013	西班牙语精读（三）	外国语学院	专业必修	1
16—17	1	03633015	西班牙语精读（五）	外国语学院	专业必修	1
16—17	1	03633017	西班牙语精读（七）	外国语学院	专业必修	1
16—17	1	03633027	西班牙语视听（三）	外国语学院	专业必修	1
16—17	1	03633031	西班牙语阅读（一）	外国语学院	专业必修	1
16—17	1	03633041	西班牙语口语（一）	外国语学院	专业任选	1
16—17	1	03633043	西班牙语口语（三）	外国语学院	专业任选	1
16—17	1	03633051	西班牙语作文（上）	外国语学院	专业任选	1

(续表)

学年度	学期	课程号	课程名称	开课系所	课程类别	班号
16—17	1	03633061	西班牙语文学史和文学选读（上）	外国语学院	专业必修	1
16—17	1	03633071	拉丁美洲文学史和文学选读（上）	外国语学院	专业必修	1
16—17	1	03633081	西汉笔译（上）	外国语学院	专业必修	1
16—17	1	03633091	西汉口译（上）	外国语学院	专业必修	1
16—17	1	03633100	西班牙语语音	外国语学院	专业任选	1
16—17	1	03633210	西班牙历史和文化概论	外国语学院	专业任选	1
16—17	1	03633231	西班牙语语法（上）	外国语学院	专业任选	1
16—17	1	03633251	西班牙报刊选读（上）	外国语学院	专业任选	1
16—17	1	03633341	西班牙语精读（一）	外国语学院	专业必修	1
16—17	1	03633611	公共西班牙语（一）	外国语学院	全校公选课	1
16—17	1	03633611	公共西班牙语（一）	外国语学院	全校公选课	2
16—17	1	03633611	公共西班牙语（一）	外国语学院	全校公选课	3
16—17	1	03633710	禅与园林艺术	外国语学院	通选课	1
16—17	1	03635011	公共葡萄牙语（一）	外国语学院	全校公选课	1
16—17	1	03635031	葡萄牙历史和文化（上）	外国语学院	专业必修	1
16—17	1	03635151	葡萄牙语（一）	外国语学院	专业必修	1
16—17	1	03635161	葡语听说（一）	外国语学院	专业必修	1
16—17	1	03639000	电影	外国语学院	专业任选	1
16—17	1	03730031	俄语语法（一）	外国语学院	专业必修	1
16—17	1	03730112	俄语阅读—文化背景知识（二）	外国语学院	专业必修	1
16—17	1	03730120	俄语功能语法学	外国语学院	专业任选	1
16—17	1	03730191	俄语口语会话（上）	外国语学院	专业任选	1
16—17	1	03730311	俄罗斯文学选读（上）	外国语学院	专业必修	1
16—17	1	03730381	俄语报刊阅读（一）	外国语学院	专业必修	1
16—17	1	03730391	俄罗斯文学史（一）	外国语学院	专业必修	1
16—17	1	03730393	俄罗斯文学史（三）	外国语学院	专业必修	1
16—17	1	03730421	俄语口译（上）	外国语学院	专业任选	1
16—17	1	03730501	基础俄语（一）	外国语学院	专业必修	1
16—17	1	03730503	基础俄语（三）	外国语学院	专业必修	1
16—17	1	03730511	高级俄语（一）	外国语学院	专业必修	1
16—17	1	03730513	高级俄语（三）	外国语学院	专业必修	1
16—17	1	03730541	俄语写作（上）	外国语学院	专业必修	1
16—17	1	03730551	俄译汉教程（上）	外国语学院	专业必修	1
16—17	1	03730581	俄罗斯国情（上）	外国语学院	专业必修	1
16—17	1	03730591	俄罗斯民俗民情（上）	外国语学院	专业任选	1
16—17	1	03730650	俄语语音	外国语学院	专业必修	1
16—17	1	03730729	普通语言学概论	外国语学院	专业任选	1
16—17	1	03730740	中俄文化交流史	外国语学院	通选课	1
16—17	1	03730753	俄语视听说（三）	外国语学院	专业必修	1
16—17	1	03730761	俄语新闻听力（上）	外国语学院	专业必修	1
16—17	1	03730812	汉译俄教程（下）	外国语学院	专业必修	1
16—17	1	03730821	公共俄语（一）	外国语学院	全校公选课	1
16—17	1	03730850	俄罗斯的信仰与文化（上）	外国语学院	专业任选	1
16—17	1	03830017	英语精读（一）	外国语学院	专业必修	1

(续表)

学年度	学期	课程号	课程名称	开课系所	课程类别	班号
16—17	1	03830017	英语精读（一）	外国语学院	专业必修	2
16—17	1	03830027	英语视听（三）	外国语学院	专业任选	1
16—17	1	03830033	英语精读（三）	外国语学院	专业必修	1
16—17	1	03830033	英语精读（三）	外国语学院	专业必修	2
16—17	1	03830041	口语（一）	外国语学院	专业任选	1
16—17	1	03830041	口语（一）	外国语学院	专业任选	2
16—17	1	03830043	口语（三）	外国语学院	专业必修	1
16—17	1	03830043	口语（三）	外国语学院	专业必修	2
16—17	1	03830061	英语视听（一）	外国语学院	专业任选	1
16—17	1	03830061	英语视听（一）	外国语学院	专业任选	2
16—17	1	03830071	写作（一）	外国语学院	专业必修	1
16—17	1	03830071	写作（一）	外国语学院	专业必修	2
16—17	1	03830092	英国文学史（二）	外国语学院	专业必修	1
16—17	1	03830100	普通语言学	外国语学院	专业必修	1
16—17	1	03830110	英译汉	外国语学院	专业必修	1
16—17	1	03830131	美国文学史与选读（一）	外国语学院	专业必修	1
16—17	1	03831020	希腊罗马神话	外国语学院	专业任选	1
16—17	1	03831080	英语结构	外国语学院	专业任选	1
16—17	1	03831120	中西修辞传统	外国语学院	专业任选	1
16—17	1	03832010	文科教育思想选读	外国语学院	专业任选	1
16—17	1	03832040	欧洲文学选读	外国语学院	通选课	1
16—17	1	03832080	美国短篇小说	外国语学院	专业任选	1
16—17	1	03832150	英语史	外国语学院	专业任选	1
16—17	1	03833030	报刊选读	外国语学院	专业任选	1
16—17	1	03833130	英国小说选读	外国语学院	专业任选	1
16—17	1	03833140	英诗选读	外国语学院	专业任选	1
16—17	1	03833170	英美女作家作品选读	外国语学院	专业任选	1
16—17	1	03833309	英语文学文体赏析	外国语学院	专业任选	1
16—17	1	03834100	中西文化比较	外国语学院	通选课	1
16—17	1	03834180	20世纪西方文论	外国语学院	专业任选	1
16—17	1	03834240	比较视野中的中美当代小说	外国语学院	专业任选	1
16—17	1	03834290	戏剧实践	外国语学院	全校公选课	1
16—17	1	03834350	美国当代文学思想	外国语学院	专业任选	1
16—17	1	03834440	澳大利亚历史与文化	外国语学院	专业任选	1
16—17	1	03835063	大学英语（三）（2）	英语语言文学系	大学英语	1
16—17	1	03835063	大学英语（三）（2）	英语语言文学系	大学英语	2
16—17	1	03835063	大学英语（三）（2）	英语语言文学系	大学英语	3
16—17	1	03835063	大学英语（三）（2）	英语语言文学系	大学英语	4
16—17	1	03835063	大学英语（三）（2）	英语语言文学系	大学英语	5
16—17	1	03835063	大学英语（三）（2）	英语语言文学系	大学英语	6
16—17	1	03835063	大学英语（三）（2）	英语语言文学系	大学英语	7
16—17	1	03835067	大学英语（四）	英语语言文学系	大学英语	1
16—17	1	03835067	大学英语（四）	英语语言文学系	大学英语	2
16—17	1	03835067	大学英语（四）	英语语言文学系	大学英语	3

(续表)

学年度	学期	课程号	课程名称	开课系所	课程类别	班号
16—17	1	03835067	大学英语（四）	英语语言文学系	大学英语	4
16—17	1	03835067	大学英语（四）	英语语言文学系	大学英语	5
16—17	1	03835067	大学英语（四）	英语语言文学系	大学英语	6
16—17	1	03835067	大学英语（四）	英语语言文学系	大学英语	7
16—17	1	03835067	大学英语（四）	英语语言文学系	大学英语	8
16—17	1	03835067	大学英语（四）	英语语言文学系	大学英语	9
16—17	1	03835067	大学英语（四）	英语语言文学系	大学英语	10
16—17	1	03835067	大学英语（四）	英语语言文学系	大学英语	11
16—17	1	03835067	大学英语（四）	英语语言文学系	大学英语	12
16—17	1	03835067	大学英语（四）	英语语言文学系	大学英语	13
16—17	1	03835067	大学英语（四）	英语语言文学系	大学英语	14
16—17	1	03835067	大学英语（四）	英语语言文学系	大学英语	15
16—17	1	03835067	大学英语（四）	英语语言文学系	大学英语	16
16—17	1	03835067	大学英语（四）	英语语言文学系	大学英语	17
16—17	1	03835067	大学英语（四）	英语语言文学系	大学英语	18
16—17	1	03835067	大学英语（四）	英语语言文学系	大学英语	19
16—17	1	03835067	大学英语（四）	英语语言文学系	大学英语	20
16—17	1	03835067	大学英语（四）	英语语言文学系	大学英语	21
16—17	1	03835067	大学英语（四）	英语语言文学系	大学英语	22
16—17	1	03835067	大学英语（四）	英语语言文学系	大学英语	23
16—17	1	03835067	大学英语（四）	英语语言文学系	大学英语	24
16—17	1	03835201	大学英语ABC（一）（2）	英语语言文学系	大学英语	1
16—17	1	03835203	大学英语ABC（三）（2）	英语语言文学系	大学英语	1
16—17	1	03835230	实用英语词汇学	英语语言文学系	大学英语	1
16—17	1	03835230	实用英语词汇学	英语语言文学系	大学英语	2
16—17	1	03835230	实用英语词汇学	英语语言文学系	大学英语	3
16—17	1	03835260	英语名著与电影	英语语言文学系	大学英语	1
16—17	1	03835260	英语名著与电影	英语语言文学系	大学英语	2
16—17	1	03835260	英语名著与电影	英语语言文学系	大学英语	3
16—17	1	03835260	英语名著与电影	英语语言文学系	大学英语	4
16—17	1	03835260	英语名著与电影	英语语言文学系	大学英语	5
16—17	1	03835260	英语名著与电影	英语语言文学系	大学英语	6
16—17	1	03835340	莎士比亚名篇赏析	外国语学院	通选课	1
16—17	1	03835400	美国短篇小说与电影	英语语言文学系	大学英语	1
16—17	1	03835400	美国短篇小说与电影	英语语言文学系	大学英语	2
16—17	1	03835400	美国短篇小说与电影	英语语言文学系	大学英语	3
16—17	1	03835400	美国短篇小说与电影	英语语言文学系	大学英语	4
16—17	1	03835460	英美戏剧和电影	英语语言文学系	大学英语	1
16—17	1	03835460	英美戏剧和电影	英语语言文学系	大学英语	2
16—17	1	03835460	英美戏剧和电影	英语语言文学系	大学英语	3
16—17	1	03835460	英美戏剧和电影	英语语言文学系	大学英语	4
16—17	1	03835470	美国诗歌导读	英语语言文学系	大学英语	1
16—17	1	03835470	美国诗歌导读	英语语言文学系	大学英语	2
16—17	1	03835470	美国诗歌导读	英语语言文学系	大学英语	3

（续表）

学年度	学期	课程号	课程名称	开课系所	课程类别	班号
16—17	1	03835470	美国诗歌导读	英语语言文学系	大学英语	4
16—17	1	03835500	新西兰历史与文化	英语语言文学系	大学英语	1
16—17	1	03835530	美国重要历史文献选读	英语语言文学系	大学英语	1
16—17	1	03835530	美国重要历史文献选读	英语语言文学系	大学英语	2
16—17	1	03835530	美国重要历史文献选读	英语语言文学系	大学英语	3
16—17	1	03835530	美国重要历史文献选读	英语语言文学系	大学英语	4
16—17	1	03835543	英语阅读	英语语言文学系	大学英语	1
16—17	1	03835543	英语阅读	英语语言文学系	大学英语	2
16—17	1	03835543	英语阅读	英语语言文学系	大学英语	3
16—17	1	03835543	英语阅读	英语语言文学系	大学英语	4
16—17	1	03835543	英语阅读	英语语言文学系	大学英语	5
16—17	1	03835543	英语阅读	英语语言文学系	大学英语	6
16—17	1	03835543	英语阅读	英语语言文学系	大学英语	7
16—17	1	03835543	英语阅读	英语语言文学系	大学英语	8
16—17	1	03835551	高级英语听说	英语语言文学系	大学英语	1
16—17	1	03835551	高级英语听说	英语语言文学系	大学英语	2
16—17	1	03835551	高级英语听说	英语语言文学系	大学英语	3
16—17	1	03835551	高级英语听说	英语语言文学系	大学英语	4
16—17	1	03835551	高级英语听说	英语语言文学系	大学英语	5
16—17	1	03835551	高级英语听说	英语语言文学系	大学英语	6
16—17	1	03835551	高级英语听说	英语语言文学系	大学英语	7
16—17	1	03835551	高级英语听说	英语语言文学系	大学英语	8
16—17	1	03835551	高级英语听说	英语语言文学系	大学英语	9
16—17	1	03835551	高级英语听说	英语语言文学系	大学英语	10
16—17	1	03835551	高级英语听说	英语语言文学系	大学英语	11
16—17	1	03835551	高级英语听说	英语语言文学系	大学英语	12
16—17	1	03835551	高级英语听说	英语语言文学系	大学英语	13
16—17	1	03835551	高级英语听说	英语语言文学系	大学英语	14
16—17	1	03835552	英语听说	英语语言文学系	大学英语	1
16—17	1	03835552	英语听说	英语语言文学系	大学英语	2
16—17	1	03835552	英语听说	英语语言文学系	大学英语	3
16—17	1	03835552	英语听说	英语语言文学系	大学英语	4
16—17	1	03835552	英语听说	英语语言文学系	大学英语	5
16—17	1	03835552	英语听说	英语语言文学系	大学英语	6
16—17	1	03835610	法律英语	英语语言文学系	大学英语	1
16—17	1	03835610	法律英语	英语语言文学系	大学英语	2
16—17	1	03835630	加拿大历史与文化	英语语言文学系	大学英语	1
16—17	1	03835630	加拿大历史与文化	英语语言文学系	大学英语	2
16—17	1	03835640	澳大利亚历史与文化影视专题	英语语言文学系	大学英语	1
16—17	1	03835640	澳大利亚历史与文化影视专题	英语语言文学系	大学英语	2
16—17	1	03835650	北京和上海：中国历史上的双城记	英语语言文学系	大学英语	1
16—17	1	03835650	北京和上海：中国历史上的双城记	英语语言文学系	大学英语	2
16—17	1	03835660	影视中的英美文化	英语语言文学系	大学英语	1
16—17	1	03835660	影视中的英美文化	英语语言文学系	大学英语	2

（续表）

学年度	学期	课程号	课程名称	开课系所	课程类别	班号
16—17	1	03835670	英语非虚构作品中的近当代中国社会与文化	英语语言文学系	大学英语	1
16—17	1	03835670	英语非虚构作品中的近当代中国社会与文化	英语语言文学系	大学英语	2
16—17	1	03835680	当代英美纪录片中的中国文化和社会	英语语言文学系	大学英语	1
16—17	1	03835680	当代英美纪录片中的中国文化和社会	英语语言文学系	大学英语	2
16—17	1	03835690	商务英语	英语语言文学系	大学英语	1
16—17	1	03835690	商务英语	英语语言文学系	大学英语	2
16—17	1	03835690	商务英语	英语语言文学系	大学英语	3
16—17	1	03835690	商务英语	英语语言文学系	大学英语	4
16—17	1	03835710	语言、文化与交际	英语语言文学系	大学英语	1
16—17	1	03835710	语言、文化与交际	英语语言文学系	大学英语	2
16—17	1	03835730	美国文化概览	英语语言文学系	大学英语	1
16—17	1	03835730	美国文化概览	英语语言文学系	大学英语	2
16—17	1	03835730	美国文化概览	英语语言文学系	大学英语	3
16—17	1	03835730	美国文化概览	英语语言文学系	大学英语	4
16—17	1	03835740	分析性英语写作	英语语言文学系	大学英语	1
16—17	1	03835740	分析性英语写作	英语语言文学系	大学英语	2
16—17	1	03835750	英汉名作名译研读	英语语言文学系	大学英语	1
16—17	1	03835750	英汉名作名译研读	英语语言文学系	大学英语	2
16—17	1	03835760	高级英语阅读	英语语言文学系	大学英语	1
16—17	1	03835760	高级英语阅读	英语语言文学系	大学英语	2
16—17	1	03835760	高级英语阅读	英语语言文学系	大学英语	3
16—17	1	03835760	高级英语阅读	英语语言文学系	大学英语	4
16—17	1	03835760	高级英语阅读	英语语言文学系	大学英语	5
16—17	1	03835760	高级英语阅读	英语语言文学系	大学英语	6
16—17	1	03835760	高级英语阅读	英语语言文学系	大学英语	7
16—17	1	03835760	高级英语阅读	英语语言文学系	大学英语	8
16—17	1	03835760	高级英语阅读	英语语言文学系	大学英语	9
16—17	1	03835760	高级英语阅读	英语语言文学系	大学英语	10
16—17	1	03835760	高级英语阅读	英语语言文学系	大学英语	11
16—17	1	03835760	高级英语阅读	英语语言文学系	大学英语	12
16—17	1	03835770	商务沟通与表达	英语语言文学系	大学英语	1
16—17	1	03835770	商务沟通与表达	英语语言文学系	大学英语	2
16—17	1	03835770	商务沟通与表达	英语语言文学系	大学英语	3
16—17	1	03835770	商务沟通与表达	英语语言文学系	大学英语	4
16—17	1	03835780	批判性思维与学术写作	英语语言文学系	大学英语	1
16—17	1	03835780	批判性思维与学术写作	英语语言文学系	大学英语	2
16—17	1	03835780	批判性思维与学术写作	英语语言文学系	大学英语	3
16—17	1	03835780	批判性思维与学术写作	英语语言文学系	大学英语	4
16—17	1	03835780	批判性思维与学术写作	英语语言文学系	大学英语	5
16—17	1	03835780	批判性思维与学术写作	英语语言文学系	大学英语	6
16—17	1	03835780	批判性思维与学术写作	英语语言文学系	大学英语	7
16—17	1	03835780	批判性思维与学术写作	英语语言文学系	大学英语	8
16—17	1	03835780	批判性思维与学术写作	英语语言文学系	大学英语	9
16—17	1	03835780	批判性思维与学术写作	英语语言文学系	大学英语	10

(续表)

学年度	学期	课程号	课程名称	开课系所	课程类别	班号
16—17	1	03835780	批判性思维与学术写作	英语语言文学系	大学英语	11
16—17	1	03835790	英美戏剧概况	英语语言文学系	大学英语	1
16—17	1	03835830	西方文化选读	英语语言文学系	大学英语	1
16—17	1	03835830	西方文化选读	英语语言文学系	大学英语	2
16—17	1	03835830	西方文化选读	英语语言文学系	大学英语	3
16—17	1	03835830	西方文化选读	英语语言文学系	大学英语	4
16—17	1	03835840	英美短篇小说赏析	英语语言文学系	大学英语	1
16—17	1	03835840	英美短篇小说赏析	英语语言文学系	大学英语	2
16—17	1	03835840	英美短篇小说赏析	英语语言文学系	大学英语	3
16—17	1	03835840	英美短篇小说赏析	英语语言文学系	大学英语	4
16—17	1	03835850	希腊罗马神话赏析	英语语言文学系	大学英语	1
16—17	1	03835850	希腊罗马神话赏析	英语语言文学系	大学英语	2
16—17	1	03835860	英语公众演讲	英语语言文学系	大学英语	1
16—17	1	03835860	英语公众演讲	英语语言文学系	大学英语	2
16—17	1	03835880	英美报刊选读	英语语言文学系	大学英语	1
16—17	1	03835880	英美报刊选读	英语语言文学系	大学英语	2
16—17	1	03835890	汉英翻译理论与实践	英语语言文学系	大学英语	1
16—17	1	03835890	汉英翻译理论与实践	英语语言文学系	大学英语	2
16—17	1	03835900	高级英语写作	英语语言文学系	大学英语	1
16—17	1	03835900	高级英语写作	英语语言文学系	大学英语	2
16—17	1	03835900	高级英语写作	英语语言文学系	大学英语	3
16—17	1	03835900	高级英语写作	英语语言文学系	大学英语	4
16—17	1	03835930	英语语境中的中国历史与文化	英语语言文学系	大学英语	1
16—17	1	03835930	英语语境中的中国历史与文化	英语语言文学系	大学英语	2
16—17	1	03835940	语音与听说词汇	英语语言文学系	大学英语	1
16—17	1	03835940	语音与听说词汇	英语语言文学系	大学英语	2
16—17	1	03835940	语音与听说词汇	英语语言文学系	大学英语	3
16—17	1	03835940	语音与听说词汇	英语语言文学系	大学英语	4
16—17	1	03835950	高级英语口语	英语语言文学系	大学英语	1
16—17	1	03835950	高级英语口语	英语语言文学系	大学英语	2
16—17	1	03835950	高级英语口语	英语语言文学系	大学英语	3
16—17	1	03835950	高级英语口语	英语语言文学系	大学英语	4
16—17	1	03835950	高级英语口语	英语语言文学系	大学英语	5
16—17	1	03835950	高级英语口语	英语语言文学系	大学英语	6
16—17	1	03835950	高级英语口语	英语语言文学系	大学英语	7
16—17	1	03835960	英文文体风格鉴赏	英语语言文学系	大学英语	1
16—17	1	03835960	英文文体风格鉴赏	英语语言文学系	大学英语	2
16—17	1	03835960	英文文体风格鉴赏	英语语言文学系	大学英语	3
16—17	1	03835960	英文文体风格鉴赏	英语语言文学系	大学英语	4
16—17	1	03835960	英文文体风格鉴赏	英语语言文学系	大学英语	5
16—17	1	03835960	英文文体风格鉴赏	英语语言文学系	大学英语	6
16—17	1	03835990	英美经典散文节选阅读	英语语言文学系	大学英语	1
16—17	1	03835990	英美经典散文节选阅读	英语语言文学系	大学英语	2
16—17	1	03930010	西方戏剧文学	外国语学院	全校公选课	1

(续表)

学年度	学期	课程号	课程名称	开课系所	课程类别	班号
16—17	1	03930020	语言与认知	外国语学院	全校公选课	1
16—17	1	03930030	公共英语（一）	外国语学院	全校公选课	1
16—17	1	04031650	思想道德修养与法律基础	马克思主义学院	思想政治	1
16—17	1	04031650	思想道德修养与法律基础	马克思主义学院	思想政治	2
16—17	1	04031650	思想道德修养与法律基础	马克思主义学院	思想政治	3
16—17	1	04031650	思想道德修养与法律基础	马克思主义学院	思想政治	4
16—17	1	04031650	思想道德修养与法律基础	马克思主义学院	思想政治	5
16—17	1	04031650	思想道德修养与法律基础	马克思主义学院	思想政治	6
16—17	1	04031650	思想道德修养与法律基础	马克思主义学院	思想政治	7
16—17	1	04031650	思想道德修养与法律基础	马克思主义学院	思想政治	8
16—17	1	04031650	思想道德修养与法律基础	马克思主义学院	思想政治	9
16—17	1	04031650	思想道德修养与法律基础	马克思主义学院	思想政治	10
16—17	1	04031650	思想道德修养与法律基础	信息科学技术学院	思想政治	11
16—17	1	04031650	思想道德修养与法律基础	信息科学技术学院	思想政治	12
16—17	1	04031650	思想道德修养与法律基础	信息科学技术学院	思想政治	13
16—17	1	04031650	思想道德修养与法律基础	信息科学技术学院	思想政治	14
16—17	1	04031660	中国近现代史纲要	马克思主义学院	思想政治	1
16—17	1	04031660	中国近现代史纲要	马克思主义学院	思想政治	2
16—17	1	04031660	中国近现代史纲要	马克思主义学院	思想政治	3
16—17	1	04031660	中国近现代史纲要	马克思主义学院	思想政治	4
16—17	1	04031660	中国近现代史纲要	马克思主义学院	思想政治	5
16—17	1	04031660	中国近现代史纲要	马克思主义学院	思想政治	6
16—17	1	04031660	中国近现代史纲要	马克思主义学院	思想政治	7
16—17	1	04031660	中国近现代史纲要	马克思主义学院	思想政治	8
16—17	1	04031682	马克思主义基本原理概论（下）	马克思主义学院	思想政治	1
16—17	1	04031730	毛泽东思想和中国特色社会主义理论体系概论	马克思主义学院	思想政治	1
16—17	1	04031730	毛泽东思想和中国特色社会主义理论体系概论	马克思主义学院	思想政治	2
16—17	1	04031730	毛泽东思想和中国特色社会主义理论体系概论	马克思主义学院	思想政治	3
16—17	1	04031730	毛泽东思想和中国特色社会主义理论体系概论	马克思主义学院	思想政治	4
16—17	1	04031730	毛泽东思想和中国特色社会主义理论体系概论	马克思主义学院	思想政治	5
16—17	1	04031730	毛泽东思想和中国特色社会主义理论体系概论	马克思主义学院	思想政治	6
16—17	1	04031730	毛泽东思想和中国特色社会主义理论体系概论	马克思主义学院	思想政治	7
16—17	1	04031730	毛泽东思想和中国特色社会主义理论体系概论	马克思主义学院	思想政治	8
16—17	1	04031740	马克思主义基本原理概论	马克思主义学院	思想政治	1
16—17	1	04031740	马克思主义基本原理概论	元培学院	思想政治	1
16—17	1	04031740	马克思主义基本原理概论	马克思主义学院	思想政治	2
16—17	1	04031740	马克思主义基本原理概论	马克思主义学院	思想政治	3
16—17	1	04031740	马克思主义基本原理概论	马克思主义学院	思想政治	4
16—17	1	04031740	马克思主义基本原理概论	马克思主义学院	思想政治	5
16—17	1	04031740	马克思主义基本原理概论	马克思主义学院	思想政治	6
16—17	1	04031740	马克思主义基本原理概论	马克思主义学院	思想政治	7
16—17	1	04031740	马克思主义基本原理概论	马克思主义学院	思想政治	8
16—17	1	04031750	形势与政策	马克思主义学院	思想政治	1
16—17	1	04031750	形势与政策	马克思主义学院	思想政治	2

（续表）

学年度	学期	课程号	课程名称	开课系所	课程类别	班号
16—17	1	04031750	形势与政策	马克思主义学院	思想政治	3
16—17	1	04031750	形势与政策	马克思主义学院	思想政治	4
16—17	1	04031750	形势与政策	马克思主义学院	思想政治	5
16—17	1	04031750	形势与政策	马克思主义学院	思想政治	6
16—17	1	04031750	形势与政策	马克思主义学院	思想政治	7
16—17	1	04031750	形势与政策	马克思主义学院	思想政治	8
16—17	1	04130020	游泳	体育教研部	体育	1
16—17	1	04130020	游泳	体育教研部	体育	2
16—17	1	04130020	游泳	体育教研部	体育	3
16—17	1	04130020	游泳	体育教研部	体育	4
16—17	1	04130020	游泳	体育教研部	体育	5
16—17	1	04130020	游泳	体育教研部	体育	6
16—17	1	04130020	游泳	体育教研部	体育	7
16—17	1	04130020	游泳	体育教研部	体育	8
16—17	1	04130020	游泳	体育教研部	体育	9
16—17	1	04130020	游泳	体育教研部	体育	10
16—17	1	04130020	游泳	体育教研部	体育	11
16—17	1	04130020	游泳	体育教研部	体育	12
16—17	1	04130020	游泳	体育教研部	体育	13
16—17	1	04130020	游泳	体育教研部	体育	14
16—17	1	04130020	游泳	体育教研部	体育	15
16—17	1	04130020	游泳	体育教研部	体育	16
16—17	1	04130020	游泳	体育教研部	体育	17
16—17	1	04130020	游泳	体育教研部	体育	18
16—17	1	04130020	游泳	体育教研部	体育	19
16—17	1	04130020	游泳	体育教研部	体育	20
16—17	1	04130020	游泳	体育教研部	体育	21
16—17	1	04130020	游泳	体育教研部	体育	22
16—17	1	04130020	游泳	体育教研部	体育	23
16—17	1	04130020	游泳	体育教研部	体育	24
16—17	1	04130020	游泳	体育教研部	体育	25
16—17	1	04130020	游泳	体育教研部	体育	26
16—17	1	04130021	游泳提高班	体育教研部	体育	1
16—17	1	04130021	游泳提高班	体育教研部	体育	2
16—17	1	04130030	太极拳	体育教研部	体育	1
16—17	1	04130030	太极拳	体育教研部	体育	2
16—17	1	04130030	太极拳	体育教研部	体育	3
16—17	1	04130030	太极拳	体育教研部	体育	4
16—17	1	04130030	太极拳	体育教研部	体育	5
16—17	1	04130030	太极拳	体育教研部	体育	6
16—17	1	04130030	太极拳	体育教研部	体育	7
16—17	1	04130030	太极拳	体育教研部	体育	8
16—17	1	04130030	太极拳	体育教研部	体育	9
16—17	1	04130030	太极拳	体育教研部	体育	10

（续表）

学年度	学期	课程号	课程名称	开课系所	课程类别	班号
16—17	1	04130030	太极拳	体育教研部	体育	11
16—17	1	04130030	太极拳	体育教研部	体育	12
16—17	1	04130030	太极拳	体育教研部	体育	13
16—17	1	04130030	太极拳	体育教研部	体育	14
16—17	1	04130030	太极拳	体育教研部	体育	15
16—17	1	04130030	太极拳	体育教研部	体育	16
16—17	1	04130030	太极拳	体育教研部	体育	17
16—17	1	04130030	太极拳	体育教研部	体育	18
16—17	1	04130030	太极拳	体育教研部	体育	19
16—17	1	04130030	太极拳	体育教研部	体育	20
16—17	1	04130030	太极拳	体育教研部	体育	21
16—17	1	04130030	太极拳	体育教研部	体育	22
16—17	1	04130030	太极拳	体育教研部	体育	23
16—17	1	04130030	太极拳	体育教研部	体育	24
16—17	1	04130030	太极拳	体育教研部	体育	25
16—17	1	04130040	健美操	体育教研部	体育	1
16—17	1	04130040	健美操	体育教研部	体育	2
16—17	1	04130040	健美操	体育教研部	体育	3
16—17	1	04130040	健美操	体育教研部	体育	4
16—17	1	04130040	健美操	体育教研部	体育	5
16—17	1	04130040	健美操	体育教研部	体育	6
16—17	1	04130040	健美操	体育教研部	体育	7
16—17	1	04130040	健美操	体育教研部	体育	8
16—17	1	04130040	健美操	体育教研部	体育	9
16—17	1	04130040	健美操	体育教研部	体育	10
16—17	1	04130040	健美操	体育教研部	体育	11
16—17	1	04130040	健美操	体育教研部	体育	12
16—17	1	04130040	健美操	体育教研部	体育	13
16—17	1	04130040	健美操	体育教研部	体育	14
16—17	1	04130040	健美操	体育教研部	体育	15
16—17	1	04130040	健美操	体育教研部	体育	16
16—17	1	04130040	健美操	体育教研部	体育	17
16—17	1	04130040	健美操	体育教研部	体育	18
16—17	1	04130040	健美操	体育教研部	体育	19
16—17	1	04130040	健美操	体育教研部	体育	20
16—17	1	04130050	乒乓球	体育教研部	体育	1
16—17	1	04130050	乒乓球	体育教研部	体育	2
16—17	1	04130050	乒乓球	体育教研部	体育	3
16—17	1	04130050	乒乓球	体育教研部	体育	4
16—17	1	04130050	乒乓球	体育教研部	体育	5
16—17	1	04130050	乒乓球	体育教研部	体育	6
16—17	1	04130050	乒乓球	体育教研部	体育	7
16—17	1	04130050	乒乓球	体育教研部	体育	8
16—17	1	04130050	乒乓球	体育教研部	体育	9

(续表)

学年度	学期	课程号	课程名称	开课系所	课程类别	班号
16—17	1	04130050	乒乓球	体育教研部	体育	10
16—17	1	04130050	乒乓球	体育教研部	体育	11
16—17	1	04130050	乒乓球	体育教研部	体育	12
16—17	1	04130050	乒乓球	体育教研部	体育	13
16—17	1	04130050	乒乓球	体育教研部	体育	14
16—17	1	04130050	乒乓球	体育教研部	体育	15
16—17	1	04130053	乒乓球提高班	体育教研部	体育	1
16—17	1	04130060	羽毛球	体育教研部	体育	1
16—17	1	04130060	羽毛球	体育教研部	体育	2
16—17	1	04130060	羽毛球	体育教研部	体育	3
16—17	1	04130060	羽毛球	体育教研部	体育	4
16—17	1	04130060	羽毛球	体育教研部	体育	5
16—17	1	04130060	羽毛球	体育教研部	体育	6
16—17	1	04130060	羽毛球	体育教研部	体育	7
16—17	1	04130060	羽毛球	体育教研部	体育	8
16—17	1	04130060	羽毛球	体育教研部	体育	9
16—17	1	04130060	羽毛球	体育教研部	体育	10
16—17	1	04130060	羽毛球	体育教研部	体育	11
16—17	1	04130060	羽毛球	体育教研部	体育	12
16—17	1	04130060	羽毛球	体育教研部	体育	13
16—17	1	04130060	羽毛球	体育教研部	体育	14
16—17	1	04130060	羽毛球	体育教研部	体育	15
16—17	1	04130060	羽毛球	体育教研部	体育	16
16—17	1	04130060	羽毛球	体育教研部	体育	17
16—17	1	04130060	羽毛球	体育教研部	体育	18
16—17	1	04130060	羽毛球	体育教研部	体育	19
16—17	1	04130063	羽毛球提高班	体育教研部	体育	1
16—17	1	04130070	网球	体育教研部	体育	1
16—17	1	04130070	网球	体育教研部	体育	2
16—17	1	04130070	网球	体育教研部	体育	3
16—17	1	04130070	网球	体育教研部	体育	4
16—17	1	04130070	网球	体育教研部	体育	5
16—17	1	04130070	网球	体育教研部	体育	6
16—17	1	04130070	网球	体育教研部	体育	7
16—17	1	04130070	网球	体育教研部	体育	8
16—17	1	04130070	网球	体育教研部	体育	9
16—17	1	04130070	网球	体育教研部	体育	10
16—17	1	04130070	网球	体育教研部	体育	11
16—17	1	04130070	网球	体育教研部	体育	12
16—17	1	04130070	网球	体育教研部	体育	13
16—17	1	04130070	网球	体育教研部	体育	14
16—17	1	04130070	网球	体育教研部	体育	15
16—17	1	04130080	足球	体育教研部	体育	1
16—17	1	04130080	足球	体育教研部	体育	2

（续表）

学年度	学期	课程号	课程名称	开课系所	课程类别	班号
16—17	1	04130080	足球	体育教研部	体育	3
16—17	1	04130080	足球	体育教研部	体育	4
16—17	1	04130080	足球	体育教研部	体育	5
16—17	1	04130080	足球	体育教研部	体育	6
16—17	1	04130080	足球	体育教研部	体育	7
16—17	1	04130090	篮球	体育教研部	体育	1
16—17	1	04130090	篮球	体育教研部	体育	2
16—17	1	04130090	篮球	体育教研部	体育	3
16—17	1	04130090	篮球	体育教研部	体育	4
16—17	1	04130090	篮球	体育教研部	体育	5
16—17	1	04130090	篮球	体育教研部	体育	6
16—17	1	04130090	篮球	体育教研部	体育	7
16—17	1	04130090	篮球	体育教研部	体育	8
16—17	1	04130090	篮球	体育教研部	体育	9
16—17	1	04130090	篮球	体育教研部	体育	10
16—17	1	04130090	篮球	体育教研部	体育	11
16—17	1	04130090	篮球	体育教研部	体育	12
16—17	1	04130093	篮球提高班	体育教研部	体育	1
16—17	1	04130100	排球	体育教研部	体育	1
16—17	1	04130100	排球	体育教研部	体育	2
16—17	1	04130100	排球	体育教研部	体育	3
16—17	1	04130100	排球	体育教研部	体育	4
16—17	1	04130110	形体（女生）	体育教研部	体育	1
16—17	1	04130110	形体（女生）	体育教研部	体育	2
16—17	1	04130110	形体（女生）	体育教研部	体育	3
16—17	1	04130110	形体（女生）	体育教研部	体育	4
16—17	1	04130110	形体（女生）	体育教研部	体育	5
16—17	1	04130120	体育舞蹈	体育教研部	体育	1
16—17	1	04130120	体育舞蹈	体育教研部	体育	2
16—17	1	04130120	体育舞蹈	体育教研部	体育	3
16—17	1	04130120	体育舞蹈	体育教研部	体育	4
16—17	1	04130130	健美	体育教研部	体育	1
16—17	1	04130130	健美	体育教研部	体育	2
16—17	1	04130160	体适能	体育教研部	体育	1
16—17	1	04130160	体适能	体育教研部	体育	2
16—17	1	04130160	体适能	体育教研部	体育	3
16—17	1	04130160	体适能	体育教研部	体育	4
16—17	1	04130160	体适能	体育教研部	体育	5
16—17	1	04130160	体适能	体育教研部	体育	6
16—17	1	04130173	保健4	体育教研部	体育	1
16—17	1	04130210	棒、垒球	体育教研部	体育	1
16—17	1	04130210	棒、垒球	体育教研部	体育	2
16—17	1	04130231	安全教育与自卫防身	体育教研部	体育	1
16—17	1	04130231	安全教育与自卫防身	体育教研部	体育	2

(续表)

学年度	学期	课程号	课程名称	开课系所	课程类别	班号
16—17	1	04130231	安全教育与自卫防身	体育教研部	体育	3
16—17	1	04130231	安全教育与自卫防身	体育教研部	体育	4
16—17	1	04130240	攀岩	体育教研部	体育	1
16—17	1	04130240	攀岩	体育教研部	体育	2
16—17	1	04130260	少林棍术	体育教研部	体育	1
16—17	1	04130260	少林棍术	体育教研部	体育	2
16—17	1	04130280	跆拳道	体育教研部	体育	1
16—17	1	04130280	跆拳道	体育教研部	体育	2
16—17	1	04130300	奥林匹克文化	体育教研部	通选课	1
16—17	1	04130350	运动、营养与减肥	体育教研部	全校公选课	1
16—17	1	04130350	运动、营养与减肥	体育教研部	全校公选课	2
16—17	1	04130370	围棋（初级班）	体育教研部	全校公选课	1
16—17	1	04130420	散打	体育教研部	体育	1
16—17	1	04130420	散打	体育教研部	体育	2
16—17	1	04130420	散打	体育教研部	体育	3
16—17	1	04130420	散打	体育教研部	体育	4
16—17	1	04130430	中华毽	体育教研部	体育	1
16—17	1	04130430	中华毽	体育教研部	体育	2
16—17	1	04130430	中华毽	体育教研部	体育	3
16—17	1	04130440	瑜伽	体育教研部	体育	1
16—17	1	04130440	瑜伽	体育教研部	体育	2
16—17	1	04130440	瑜伽	体育教研部	体育	3
16—17	1	04130440	瑜伽	体育教研部	体育	4
16—17	1	04130450	地板球	体育教研部	体育	1
16—17	1	04130450	地板球	体育教研部	体育	2
16—17	1	04130450	地板球	体育教研部	体育	3
16—17	1	04130450	地板球	体育教研部	体育	4
16—17	1	04130480	高尔夫	体育教研部	体育	1
16—17	1	04130480	高尔夫	体育教研部	体育	2
16—17	1	04130490	桥牌	体育教研部	全校公选课	1
16—17	1	04130500	国际象棋（初级班）	体育教研部	全校公选课	1
16—17	1	04130520	《黄帝内经》与古导引	体育教研部	全校公选课	1
16—17	1	04130520	《黄帝内经》与古导引	体育教研部	全校公选课	2
16—17	1	04130570	剑道	体育教研部	体育	1
16—17	1	04130570	剑道	体育教研部	体育	2
16—17	1	04130620	定向与徒步运动	体育教研部	体育	1
16—17	1	04130620	定向与徒步运动	体育教研部	体育	2
16—17	1	04130630	汉字太极与养生课	体育教研部	体育	1
16—17	1	04130630	汉字太极与养生课	体育教研部	体育	2
16—17	1	04130630	汉字太极与养生课	体育教研部	体育	3
16—17	1	04130630	汉字太极与养生课	体育教研部	体育	4
16—17	1	04130640	拓展训练	体育教研部	体育	1
16—17	1	04130640	拓展训练	体育教研部	体育	2
16—17	1	04130640	拓展训练	体育教研部	体育	3

(续表)

学年度	学期	课程号	课程名称	开课系所	课程类别	班号
16—17	1	04130660	壁球	体育教研部	体育	1
16—17	1	04130660	壁球	体育教研部	体育	2
16—17	1	04130660	壁球	体育教研部	体育	3
16—17	1	04130660	壁球	体育教研部	体育	4
16—17	1	04130680	航空体育	体育教研部	体育	1
16—17	1	04130680	航空体育	体育教研部	体育	2
16—17	1	04330002	艺术心理学	艺术学院	专业必修	1
16—17	1	04330007	西方艺术学原著导读	艺术学院	专业必修	1
16—17	1	04330013	艺术学原理	艺术学院	专业必修	1
16—17	1	04330015	当代艺术概论	艺术学院	专业必修	1
16—17	1	04330017	《西游记》与中国文化	艺术学院	全校公选课	1
16—17	1	04330028	跨文化艺术传播学	艺术学院	专业必修	1
16—17	1	04330029	文化市场营销学	艺术学院	专业必修	1
16—17	1	04330038	中国艺术学原著导读	艺术学院	专业必修	1
16—17	1	04330039	艺术批评	艺术学院	专业必修	1
16—17	1	04330041	西方音乐欣赏	艺术学院	全校公选课	1
16—17	1	04330043	西方音乐史	艺术学院	通选课	1
16—17	1	04330048	剧作法（一）	艺术学院	专业必修	1
16—17	1	04330049	西方音乐通史	艺术学院	专业必修	1
16—17	1	04330052	中国美术通史（上）	艺术学院	专业必修	1
16—17	1	04330056	中国音乐通史	艺术学院	专业必修	1
16—17	1	04330069	书法	艺术学院	专业必修	1
16—17	1	04330070	舞蹈概论	艺术学院	全校公选课	1
16—17	1	04330077	艺术经济学	艺术学院	专业必修	1
16—17	1	04330088	影视制作（电影剪辑基础）	艺术学院	专业必修	1
16—17	1	04330089	信息技术与文化产业	艺术学院	专业必修	1
16—17	1	04330101	电影概论	艺术学院	专业必修	1
16—17	1	04330133	戏剧名作分析	艺术学院	专业必修	1
16—17	1	04330156	毕业作品创作（一）	艺术学院	专业必修	1
16—17	1	04330159	古代近东艺术与建筑	艺术学院	全校公选课	1
16—17	1	04330421	浪漫主义时代的欧洲音乐	艺术学院	通选课	1
16—17	1	04330431	中国传统装饰艺术赏析	艺术学院	全校公选课	1
16—17	1	04330440	舞蹈创作排练	艺术学院	全校公选课	1
16—17	1	04330641	交响乐（初）	艺术学院	全校公选课	1
16—17	1	04330643	交响乐（中）	艺术学院	全校公选课	1
16—17	1	04330645	交响乐（高）	艺术学院	全校公选课	1
16—17	1	04330669	艺术博物馆学	艺术学院	专业必修	1
16—17	1	04330688	艺术与审美	艺术学院	通选课	1
16—17	1	04330910	舞蹈	艺术学院	全校公选课	1
16—17	1	04330946	民族管弦乐（高）	艺术学院	全校公选课	1
16—17	1	04331020	中外名曲赏析	艺术学院	通选课	1
16—17	1	04331100	交响乐名曲赏析	艺术学院	全校公选课	1
16—17	1	04331452	中国电影史	艺术学院	专业必修	1
16—17	1	04332210	中国电影史	艺术学院	通选课	1

(续表)

学年度	学期	课程号	课程名称	开课系所	课程类别	班号
16—17	1	04332223	影视音乐与声音	艺术学院	专业必修	1
16—17	1	04332224	绘画技法	艺术学院	专业必修	1
16—17	1	04332225	导演理论与实践（一）	艺术学院	专业必修	1
16—17	1	04332227	毕业作品	艺术学院	实习实践	1
16—17	1	04332228	年度作品	艺术学院	实习实践	1
16—17	1	04332270	表演理论与实践	艺术学院	专业必修	1
16—17	1	04332284	毕业实习	艺术学院	专业必修	1
16—17	1	04332301	西方舞蹈文化史	艺术学院	全校公选课	1
16—17	1	04332350	中国流行音乐流变	艺术学院	通选课	1
16—17	1	04332511	西方美术通史（上）	艺术学院	专业必修	1
16—17	1	04332530	文化产业导论	艺术学院	专业必修	1
16—17	1	04332551	艺术训练（一）	艺术学院	全校公选课	1
16—17	1	04332551	艺术训练（一）	艺术学院	全校公选课	2
16—17	1	04332551	艺术训练（一）	艺术学院	全校公选课	3
16—17	1	04332553	艺术训练（三）	艺术学院	全校公选课	1
16—17	1	04332553	艺术训练（三）	艺术学院	全校公选课	2
16—17	1	04332553	艺术训练（三）	艺术学院	全校公选课	3
16—17	1	04332555	艺术训练（五）	艺术学院	全校公选课	1
16—17	1	04332555	艺术训练（五）	艺术学院	全校公选课	2
16—17	1	04332555	艺术训练（五）	艺术学院	全校公选课	3
16—17	1	04332557	艺术训练（七）	艺术学院	全校公选课	1
16—17	1	04332557	艺术训练（七）	艺术学院	全校公选课	2
16—17	1	04332557	艺术训练（七）	艺术学院	全校公选课	3
16—17	1	04332661	中国画理论与技法	艺术学院	全校公选课	1
16—17	1	04332710	西方美术史	艺术学院	通选课	1
16—17	1	04332960	20世纪西方音乐	艺术学院	通选课	1
16—17	1	04333021	美术概论	艺术学院	专业必修	1
16—17	1	04333100	音乐剧概论与实践	艺术学院	专业必修	1
16—17	1	04630790	数据科学导引	元培学院	专业必修	1
16—17	1	04630812	通识教育新生讨论班	元培学院	专业必修	1
16—17	1	04630820	数学-物理的整合Ⅰ	元培学院	专业必修	1
16—17	1	04630831	综合实验课程Ⅰ	元培学院	专业必修	1
16—17	1	04630841	化学基础	元培学院	专业必修	1
16—17	1	04630900	思想道德修养与法律基础	元培学院	思想政治	1
16—17	1	04630980	物理化学（整合科学）Ⅱ	元培学院	专业必修	1
16—17	1	04630990	综合科学实验课程Ⅲ	元培学院	专业必修	1
16—17	1	04630994	定量分子生物学	元培学院	专业必修	1
16—17	1	04630995	金融征信	元培学院	专业任选	1
16—17	1	04830010	信息科学技术概论	信息科学技术学院	专业必修	1
16—17	1	04830041	计算概论A	信息科学技术学院	专业必修	1
16—17	1	04830041	计算概论A	信息科学技术学院	专业必修	2
16—17	1	04830041	计算概论A	信息科学技术学院	专业必修	3
16—17	1	04830041	计算概论A	信息科学技术学院	专业必修	4
16—17	1	04830041	计算概论A	信息科学技术学院	专业必修	5

(续表)

学年度	学期	课程号	课程名称	开课系所	课程类别	班号
16—17	1	04830042	计算概论A上机实习课	信息科学技术学院	专业必修	1
16—17	1	04830042	计算概论A上机实习课	信息科学技术学院	专业必修	2
16—17	1	04830042	计算概论A上机实习课	信息科学技术学院	专业必修	3
16—17	1	04830042	计算概论A上机实习课	信息科学技术学院	专业必修	4
16—17	1	04830042	计算概论A上机实习课	信息科学技术学院	专业必修	5
16—17	1	04830042	计算概论A上机实习课	信息科学技术学院	专业必修	6
16—17	1	04830050	数据结构与算法（A）	信息科学技术学院	专业必修	1
16—17	1	04830050	数据结构与算法（A）	信息科学技术学院	专业必修	2
16—17	1	04830050	数据结构与算法（A）	信息科学技术学院	专业必修	3
16—17	1	04830070	集合论与图论	信息科学技术学院	专业必修	1
16—17	1	04830090	数理逻辑	信息科学技术学院	专业必修	1
16—17	1	04830140	计算机组织与体系结构	信息科学技术学院	专业必修	1
16—17	1	04830140	计算机组织与体系结构	信息科学技术学院	专业必修	2
16—17	1	04830144	计算机组成与系统结构实习	信息科学技术学院	专业必修	1
16—17	1	04830144	计算机组成与系统结构实习	信息科学技术学院	专业必修	2
16—17	1	04830144	计算机组成与系统结构实习	信息科学技术学院	专业必修	3
16—17	1	04830144	计算机组成与系统结构实习	信息科学技术学院	专业必修	4
16—17	1	04830150	编译技术	信息科学技术学院	专业限选	1
16—17	1	04830161	操作系统A	信息科学技术学院	专业必修	1
16—17	1	04830163	操作系统A（实验班）	信息科学技术学院	专业必修	1
16—17	1	04830170	数据结构与算法实习	信息科学技术学院	专业限选	1
16—17	1	04830180	编译实习	信息科学技术学院	专业必修	1
16—17	1	04830181	编译实习（实验班）	信息科学技术学院	专业限选	1
16—17	1	04830190	操作系统实习	信息科学技术学院	专业限选	1
16—17	1	04830190	操作系统实习	信息科学技术学院	专业限选	2
16—17	1	04830191	操作系统实习（实验班）	信息科学技术学院	专业限选	1
16—17	1	04830220	数据库概论	信息科学技术学院	专业任选	1
16—17	1	04830240	计算机网络概论	信息科学技术学院	专业限选	1
16—17	1	04830241	计算机网络实习	信息科学技术学院	专业限选	1
16—17	1	04830241	计算机网络实习	信息科学技术学院	专业任选	2
16—17	1	04830250	人工智能概论	信息科学技术学院	专业任选	1
16—17	1	04830250	人工智能概论	信息科学技术学院	专业必修	2
16—17	1	04830260	理论计算机科学基础	信息科学技术学院	专业任选	1
16—17	1	04830270	程序设计语言概论	信息科学技术学院	专业任选	1
16—17	1	04830300	Web技术概论	信息科学技术学院	专业任选	1
16—17	1	04830310	人机交互	信息科学技术学院	专业任选	1
16—17	1	04830390	数字化艺术	信息科学技术学院	通选课	1
16—17	1	04830410	信息安全引论	信息科学技术学院	专业任选	1
16—17	1	04830470	操作系统B（含实习）	信息科学技术学院	专业任选	1
16—17	1	04830480	微机原理B	信息科学技术学院	专业任选	1
16—17	1	04830510	语言统计分析	信息科学技术学院	专业任选	1
16—17	1	04830530	计算概论A（实验班）	信息科学技术学院	专业必修	1
16—17	1	04830540	数据结构与算法（A）（实验班）	信息科学技术学院	专业必修	1
16—17	1	04830550	存储技术基础	信息科学技术学院	专业任选	1

(续表)

学年度	学期	课程号	课程名称	开课系所	课程类别	班号
16—17	1	04830610	电动力学	信息科学技术学院	专业必修	1
16—17	1	04830610	电动力学	信息科学技术学院	专业必修	2
16—17	1	04830630	电子线路（A）	信息科学技术学院	专业必修	1
16—17	1	04830660	数字逻辑电路实验	信息科学技术学院	专业必修	1
16—17	1	04830670	信号与系统	信息科学技术学院	专业必修	1
16—17	1	04830720	通信原理	信息科学技术学院	专业任选	1
16—17	1	04830720	通信原理	信息科学技术学院	专业任选	2
16—17	1	04830740	微波技术实验	信息科学技术学院	专业任选	1
16—17	1	04830830	数字信号处理实验	信息科学技术学院	专业任选	1
16—17	1	04830840	热学	信息科学技术学院	专业任选	1
16—17	1	04830870	热力学与统计物理（B）	信息科学技术学院	专业任选	1
16—17	1	04830910	固体物理	信息科学技术学院	专业任选	1
16—17	1	04831050	集成电路工艺原理	信息科学技术学院	专业必修	1
16—17	1	04831060	集成电路设计实习	信息科学技术学院	专业必修	1
16—17	1	04831080	微电子器件测试实验	信息科学技术学院	专业必修	1
16—17	1	04831160	半导体材料	信息科学技术学院	专业任选	1
16—17	1	04831180	PSoC应用开发基础实验	信息科学技术学院	专业任选	1
16—17	1	04831190	射频集成电路	信息科学技术学院	专业任选	1
16—17	1	04831220	智能科学技术导论	信息科学技术学院	专业限选	1
16—17	1	04831250	机器智能实验	信息科学技术学院	专业限选	1
16—17	1	04831270	智能信息系统	信息科学技术学院	专业限选	1
16—17	1	04831280	可视化与可视计算概论	信息科学技术学院	专业任选	1
16—17	1	04831290	模式识别导论	信息科学技术学院	专业限选	1
16—17	1	04831300	图像处理	信息科学技术学院	专业任选	1
16—17	1	04831320	脑与认知科学	信息科学技术学院	专业必修	1
16—17	1	04831410	计算概论（B）	医学部教学办	专业必修	0
16—17	1	04831410	计算概论（B）	医学部教学办	专业必修	1
16—17	1	04831410	计算概论（B）	地球与空间科学学院	专业必修	1
16—17	1	04831410	计算概论（B）	生命科学学院	专业必修	1
16—17	1	04831410	计算概论（B）	医学部教学办	专业必修	2
16—17	1	04831410	计算概论（B）	医学部教学办	专业必修	3
16—17	1	04831410	计算概论（B）	医学部教学办	专业必修	4
16—17	1	04831410	计算概论（B）	元培学院	专业必修	5
16—17	1	04831410	计算概论（B）	化学与分子工程学院	专业必修	6
16—17	1	04831410	计算概论（B）	化学与分子工程学院	专业必修	7
16—17	1	04831410	计算概论（B）	心理与认知科学学院	专业必修	9
16—17	1	04831410	计算概论（B）	城市与环境学院	专业必修	10
16—17	1	04831410	计算概论（B）	工学院	专业必修	11
16—17	1	04831410	计算概论（B）	工学院	专业必修	12
16—17	1	04831410	计算概论（B）	物理学院	专业必修	13
16—17	1	04831410	计算概论（B）	物理学院	专业必修	14
16—17	1	04831420	数据结构与算法（B）	信息科学技术学院	专业任选	1
16—17	1	04831420	数据结构与算法（B）	数学科学学院	专业必修	1
16—17	1	04831431	文科计算机基础实验班	信息科学技术学院	文科生必修	1

（续表）

学年度	学期	课程号	课程名称	开课系所	课程类别	班号
16—17	1	04831431	文科计算机基础实验班	信息科学技术学院	文科生必修	2
16—17	1	04831433	文科计算机基础	信息科学技术学院	文科生必修	1
16—17	1	04831433	文科计算机基础	信息科学技术学院	文科生必修	2
16—17	1	04831433	文科计算机基础	信息科学技术学院	文科生必修	3
16—17	1	04831433	文科计算机基础	信息科学技术学院	文科生必修	4
16—17	1	04831433	文科计算机基础	信息科学技术学院	文科生必修	5
16—17	1	04831433	文科计算机基础	信息科学技术学院	文科生必修	6
16—17	1	04831433	文科计算机基础	信息科学技术学院	文科生必修	7
16—17	1	04831433	文科计算机基础	信息科学技术学院	文科生必修	8
16—17	1	04831433	文科计算机基础	信息科学技术学院	文科生必修	9
16—17	1	04831433	文科计算机基础	信息科学技术学院	文科生必修	10
16—17	1	04831433	文科计算机基础	信息科学技术学院	文科生必修	11
16—17	1	04831433	文科计算机基础	信息科学技术学院	文科生必修	12
16—17	1	04831510	微电子学概论	信息科学技术学院	通选课	1
16—17	1	04831650	计算概论（B）上机	医学部教学办	专业必修	1
16—17	1	04831650	计算概论（B）上机	医学部教学办	专业必修	2
16—17	1	04831650	计算概论（B）上机	医学部教学办	专业必修	3
16—17	1	04831650	计算概论（B）上机	医学部教学办	专业必修	4
16—17	1	04831650	计算概论（B）上机	元培学院	专业必修	5
16—17	1	04831650	计算概论（B）上机	化学与分子工程学院	专业必修	6
16—17	1	04831650	计算概论（B）上机	化学与分子工程学院	专业必修	7
16—17	1	04831650	计算概论（B）上机	心理与认知科学学院	专业必修	9
16—17	1	04831650	计算概论（B）上机	工学院	专业必修	11
16—17	1	04831650	计算概论（B）上机	工学院	专业必修	12
16—17	1	04831650	计算概论（B）上机	物理学院	专业必修	13
16—17	1	04831670	计算机网络与WEB技术	信息科学技术学院	专业任选	1
16—17	1	04831780	自然语言处理导论	信息科学技术学院	专业任选	1
16—17	1	04831800	数字媒体技术基础	信息科学技术学院	专业任选	1
16—17	1	04831811	微纳尺度流体科学与应用	信息科学技术学院	全校公选课	1
16—17	1	04831840	职业规划与领导力发展	信息科学技术学院	全校公选课	1
16—17	1	04831860	光纤通信系统	信息科学技术学院	专业任选	1
16—17	1	04831890	现代信息检索导论	信息科学技术学院	专业任选	1
16—17	1	04831900	通信网概论与宽带信号技术	信息科学技术学院	专业任选	1
16—17	1	04831970	卫星导航定位系统概论	信息科学技术学院	专业任选	1
16—17	1	04831990	C#程序设计及其应用	信息科学技术学院	全校公选课	1
16—17	1	04832010	基于HDL的数字系统设计	信息科学技术学院	专业任选	1
16—17	1	04832090	力学B类习题补充	信息科学技术学院	专业任选	1
16—17	1	04832110	高等模拟集成电路原理	信息科学技术学院	专业任选	1
16—17	1	04832130	微电子学物理基础	信息科学技术学院	专业任选	1
16—17	1	04832191	软件工程实习	信息科学技术学院	专业任选	1
16—17	1	04832192	互联网数据挖掘	信息科学技术学院	专业任选	1
16—17	1	04832200	纳电子器件导论	信息科学技术学院	专业任选	1
16—17	1	04832220	智能机器人概论	信息科学技术学院	专业任选	1
16—17	1	04832250	计算机网络（实验班）	信息科学技术学院	专业限选	1

(续表)

学年度	学期	课程号	课程名称	开课系所	课程类别	班号
16—17	1	04832280	C++语言程序设计	信息科学技术学院	双学位	1
16—17	1	04832281	离散数学（I）	信息科学技术学院	双学位	1
16—17	1	04832320	人群与网络	元培学院	专业任选	1
16—17	1	04832350	统计分析与商务智能	信息科学技术学院	专业任选	1
16—17	1	04832363	计算机系统导论讨论班	信息科学技术学院	专业必修	1
16—17	1	04832363	计算机系统导论讨论班	信息科学技术学院	专业必修	2
16—17	1	04832363	计算机系统导论讨论班	信息科学技术学院	专业必修	3
16—17	1	04832363	计算机系统导论讨论班	信息科学技术学院	专业必修	4
16—17	1	04832363	计算机系统导论讨论班	信息科学技术学院	专业必修	5
16—17	1	04832363	计算机系统导论讨论班	信息科学技术学院	专业必修	6
16—17	1	04832363	计算机系统导论讨论班	信息科学技术学院	专业必修	7
16—17	1	04832363	计算机系统导论讨论班	信息科学技术学院	专业必修	8
16—17	1	04832363	计算机系统导论讨论班	信息科学技术学院	专业必修	9
16—17	1	04832363	计算机系统导论讨论班	信息科学技术学院	专业必修	10
16—17	1	04832363	计算机系统导论讨论班	信息科学技术学院	专业必修	11
16—17	1	04832363	计算机系统导论讨论班	信息科学技术学院	专业必修	12
16—17	1	04832363	计算机系统导论讨论班	信息科学技术学院	专业必修	13
16—17	1	04832363	计算机系统导论讨论班	信息科学技术学院	专业必修	14
16—17	1	04832363	计算机系统导论讨论班	信息科学技术学院	专业必修	15
16—17	1	04832363	计算机系统导论讨论班	信息科学技术学院	专业必修	16
16—17	1	04832363	计算机系统导论讨论班	信息科学技术学院	专业必修	17
16—17	1	04832363	计算机系统导论讨论班	信息科学技术学院	专业必修	18
16—17	1	04832363	计算机系统导论讨论班	信息科学技术学院	专业必修	19
16—17	1	04832400	高级光电子技术实验	信息科学技术学院	专业任选	1
16—17	1	04832410	原子物理导论	信息科学技术学院	专业任选	1
16—17	1	04832430	电子线路A（实验班）	信息科学技术学院	专业必修	1
16—17	1	04832440	光学	信息科学技术学院	专业必修	1
16—17	1	04832440	光学	信息科学技术学院	专业必修	2
16—17	1	04832440	光学	信息科学技术学院	专业必修	3
16—17	1	04832640	数学物理方法	信息科学技术学院	专业必修	1
16—17	1	04832650	电路分析原理	信息科学技术学院	专业必修	1
16—17	1	04832651	电路分析原理研讨班	信息科学技术学院	专业必修	1
16—17	1	04832651	电路分析原理研讨班	信息科学技术学院	专业必修	2
16—17	1	04832651	电路分析原理研讨班	信息科学技术学院	专业必修	3
16—17	1	04832651	电路分析原理研讨班	信息科学技术学院	专业必修	4
16—17	1	04832660	电子系统设计实践	信息科学技术学院	专业任选	1
16—17	1	04832680	社会科学中的计算思维方法	信息科学技术学院	通选课	1
16—17	1	04832940	Scratch趣味程序设计与计算思维	信息科学技术学院	全校公选课	1
16—17	1	04832980	嵌入式Linux操作系统	信息科学技术学院	专业任选	1
16—17	1	04833000	固体物理基础	信息科学技术学院	专业必修	1
16—17	1	04833020	软件分析技术	信息科学技术学院	专业任选	1
16—17	1	04833030	文献写作与报告	信息科学技术学院	专业必修	1
16—17	1	04833040	计算机系统导论	信息科学技术学院	专业必修	1
16—17	1	04833040	计算机系统导论	信息科学技术学院	专业必修	2

(续表)

学年度	学期	课程号	课程名称	开课系所	课程类别	班号
16—17	1	04833170	密码学与网络空间安全	元培学院	专业必修	1
16—17	1	04833180	半导体器件物理	信息科学技术学院	专业必修	1
16—17	1	04833181	半导体器件物理研讨班	信息科学技术学院	专业必修	1
16—17	1	04833181	半导体器件物理研讨班	信息科学技术学院	专业必修	2
16—17	1	04833181	半导体器件物理研讨班	信息科学技术学院	专业必修	3
16—17	1	06215010	高级微观经济学 I	国家发展研究院	双学位	1
16—17	1	06215020	高级宏观经济学 I	国家发展研究院	双学位	1
16—17	1	06215051	高级计量经济学 1	国家发展研究院	双学位	1
16—17	1	06215062	高级数理经济学	国家发展研究院	双学位	1
16—17	1	06215091	经济学研究专题 I	国家发展研究院	双学位	1
16—17	1	06216500	发展经济学	国家发展研究院	双学位	1
16—17	1	06216700	产业组织	国家发展研究院	双学位	1
16—17	1	06232000	经济学原理	国家发展研究院	专业必修	1
16—17	1	06232000	经济学原理	国家发展研究院	通选课	2
16—17	1	06232000	经济学原理	国家发展研究院	通选课	3
16—17	1	06232000	经济学原理	国家发展研究院	通选课	4
16—17	1	06232000	经济学原理	国家发展研究院	通选课	5
16—17	1	06232060	线性代数	国家发展研究院	专业限选	1
16—17	1	06232060	线性代数	国家发展研究院	专业限选	2
16—17	1	06232060	线性代数	国家发展研究院	专业限选	3
16—17	1	06232060	线性代数	国家发展研究院	专业限选	4
16—17	1	06232200	中级微观经济学	国家发展研究院	专业必修	1
16—17	1	06232200	中级微观经济学	国家发展研究院	专业必修	2
16—17	1	06232200	中级微观经济学	国家发展研究院	专业必修	3
16—17	1	06232200	中级微观经济学	国家发展研究院	专业必修	4
16—17	1	06232200	中级微观经济学	国家发展研究院	专业必修	5
16—17	1	06232200	中级微观经济学	国家发展研究院	专业必修	6
16—17	1	06232300	中级宏观经济学	国家发展研究院	专业必修	1
16—17	1	06232300	中级宏观经济学	国家发展研究院	专业必修	2
16—17	1	06232300	中级宏观经济学	国家发展研究院	专业必修	3
16—17	1	06232300	中级宏观经济学	国家发展研究院	专业必修	4
16—17	1	06232300	中级宏观经济学	国家发展研究院	专业必修	5
16—17	1	06232300	中级宏观经济学	国家发展研究院	专业必修	6
16—17	1	06232400	计量经济学	国家发展研究院	专业必修	1
16—17	1	06232400	计量经济学	国家发展研究院	专业必修	2
16—17	1	06232400	计量经济学	国家发展研究院	专业必修	3
16—17	1	06232400	计量经济学	国家发展研究院	专业必修	4
16—17	1	06233300	国际贸易	国家发展研究院	专业限选	1
16—17	1	06233310	国际金融	国家发展研究院	双学位	1
16—17	1	06233330	微积分	国家发展研究院	专业必修	1
16—17	1	06233330	微积分	国家发展研究院	专业必修	2
16—17	1	06233330	微积分	国家发展研究院	专业必修	3
16—17	1	06233330	微积分	国家发展研究院	专业必修	4
16—17	1	06233400	货币银行学	国家发展研究院	双学位	1

(续表)

学年度	学期	课程号	课程名称	开课系所	课程类别	班号
16—17	1	06234700	产业组织	国家发展研究院	专业限选	1
16—17	1	06235060	财务会计	国家发展研究院	专业限选	1
16—17	1	06235060	财务会计	国家发展研究院	专业限选	2
16—17	1	06235060	财务会计	国家发展研究院	专业限选	3
16—17	1	06236000	反垄断与管制经济学	国家发展研究院	专业限选	1
16—17	1	06236010	财务报表分析	国家发展研究院	专业限选	1
16—17	1	06236020	网络营销与经济信息战略	国家发展研究院	专业限选	1
16—17	1	06237050	社会经济调查数据分析	国家发展研究院	全校公选课	1
16—17	1	06237050	社会经济调查数据分析	国家发展研究院	全校公选课	2
16—17	1	06238030	中国财政前沿问题	国家发展研究院	双学位	1
16—17	1	06239040	宏观经济与健康	国家发展研究院	全校公选课	1
16—17	1	06239073	管理学经典选读	国家发展研究院	双学位	1
16—17	1	06239074	国际发展前沿：理论与实务	国家发展研究院	双学位	1
16—17	1	06239078	宏观理论	国家发展研究院	双学位	1
16—17	1	06239078	宏观理论	国家发展研究院	双学位	2
16—17	1	06239079	区域环境经济学	国家发展研究院	双学位	1
16—17	1	06239080	创新经济学与知识产权	国家发展研究院	双学位	1
16—17	1	06730070	生活教育—成功人生的基础	教育学院	全校公选课	1
16—17	1	06730091	大学生发展综合素养	教育学院	全校公选课	1
16—17	1	06731010	中国教育	教育学院	全校公选课	1
16—17	1	06733010	媒介与教育演变	教育学院	全校公选课	1
16—17	1	06733020	游戏化创新思维	教育学院	全校公选课	1
16—17	1	06734030	大学经历与学生发展	教育学院	全校公选课	1
16—17	1	06734040	当代中国考试招生制度改革	教育学院	全校公选课	1
16—17	1	06830003	银发时代：老龄体验与行动	人口研究所	全校公选课	1
16—17	1	12631040	微机应用与文献检索	城市与环境学院	专业任选	1
16—17	1	12631050	环境科学前沿秋季讲座	城市与环境学院	专业任选	1
16—17	1	12631080	环境化学	城市与环境学院	专业任选	1
16—17	1	12631110	环境工程学	城市与环境学院	专业任选	1
16—17	1	12632020	生态学数量方法	城市与环境学院	专业必修	1
16—17	1	12632040	生态学基础与应用	城市与环境学院	专业限选	1
16—17	1	12633020	普通地质学	城市与环境学院	专业必修	1
16—17	1	12633030	流域综合规划与管理	城市与环境学院	专业任选	1
16—17	1	12633050	自然地理与资源环境研究方法	城市与环境学院	专业任选	1
16—17	1	12633060	湖沼学原理	城市与环境学院	专业任选	1
16—17	1	12634010	产业地理学	城市与环境学院	专业必修	1
16—17	1	12634020	交通地理学	城市与环境学院	专业任选	1
16—17	1	12635030	城市遗产保护与规划	城市与环境学院	专业必修	1
16—17	1	12635040	土地利用规划与房地产开发管理	城市与环境学院	专业必修	1
16—17	1	12635050	建设项目可行性研究	城市与环境学院	专业任选	1
16—17	1	12635100	规划设计实习	城市与环境学院	专业必修	1
16—17	1	12635110	建筑设计（一）	城市与环境学院	专业必修	1
16—17	1	12635160	城市规划原理（2）	城市与环境学院	专业必修	1
16—17	1	12639040	历史地理学导论	城市与环境学院	专业任选	1

（续表）

学年度	学期	课程号	课程名称	开课系所	课程类别	班号
16—17	1	12730030	环境问题	环境科学与工程学院	专业必修	1
16—17	1	12730080	中国环境问题与环境政策	环境科学与工程学院	全校公选课	1
16—17	1	12731030	环境科学导论	环境科学与工程学院	通选课	1
16—17	1	12731050	环境材料导论	环境科学与工程学院	通选课	1
16—17	1	12732010	环境科学	环境科学与工程学院	专业必修	1
16—17	1	12732040	环境监测	环境科学与工程学院	专业必修	1
16—17	1	12732160	环境研究方法	环境科学与工程学院	专业必修	1
16—17	1	12733030	环境法	环境科学与工程学院	专业任选	1
16—17	1	12733040	环境微生物学	环境科学与工程学院	专业任选	1
16—17	1	12733050	环境与发展	环境科学与工程学院	专业任选	1
16—17	1	12733070	英文科学论文写作	环境科学与工程学院	全校公选课	1
16—17	1	12733090	环境微生物实验	环境科学与工程学院	专业任选	1
16—17	1	12733150	空气污染基础	环境科学与工程学院	专业任选	1
16—17	1	12734010	工程制图	环境科学与工程学院	专业任选	1
16—17	1	12734020	水处理工程（上）	环境科学与工程学院	专业必修	1
16—17	1	12734060	环境工程实验（二）	环境科学与工程学院	专业必修	1
16—17	1	12734070	环境工程设计基础	环境科学与工程学院	专业必修	1
16—17	1	12734080	固体废物处置与资源化基础	环境科学与工程学院	专业必修	1
16—17	1	12735010	化工原理	环境科学与工程学院	专业任选	1
16—17	1	12735030	土壤与地下水	环境科学与工程学院	专业任选	1
16—17	1	12735060	环境工程概预算与经济分析	环境科学与工程学院	专业任选	1
16—17	1	12735070	环境矿物学导论	环境科学与工程学院	专业任选	1
16—17	1	12735100	污染生态工程	环境科学与工程学院	专业任选	1
16—17	1	12735180	环境信息系统	环境科学与工程学院	专业任选	1
16—17	1	12735192	环境经济学	环境科学与工程学院	专业必修	1
16—17	1	18050200	中医养生学	医学部教学办	全校公选课	1
16—17	1	18050500	血管探秘	医学部教学办	全校公选课	1
16—17	1	18210220	线粒体生物医学	生命科学学院	专业任选	1
16—17	1	19230011	虚拟舞台与真实人生	歌剧研究院	全校公选课	1
16—17	1	19230030	歌剧的魅力（作品篇）	歌剧研究院	全校公选课	1
16—17	1	19230060	声乐演唱及表演	歌剧研究院	全校公选课	1
16—17	1	19230092	声乐演唱与表演（艺术指导课）	歌剧研究院	全校公选课	1
16—17	1	19530002	景观美学	建筑与景观设计学院	全校公选课	1
16—17	1	19930003	模拟创业	产业技术研究院	全校公选课	1
16—17	1	19930004	新创企业的技术商品化	产业技术研究院	全校公选课	1
16—17	1	21130003	舌尖上的植物学	现代农学院（筹）	全校公选课	1
16—17	1	21130004	中国食物安全与政策	现代农学院（筹）	全校公选课	1
16—17	1	21130005	经济学视角下的水土资源与生态问题	现代农学院（筹）	全校公选课	1
16—17	1	21130006	发展经济学在中国的实践	现代农学院（筹）	全校公选课	1
16—17	1	60730020	军事理论	化学与分子工程学院	军事理论	1
16—17	1	60730020	军事理论	学生工作部人民武装部	军事理论	1
16—17	1	60730020	军事理论	元培学院	军事理论	1
16—17	1	60730020	军事理论	学生工作部人民武装部	军事理论	2
16—17	1	60730020	军事理论	学生工作部人民武装部	军事理论	3

（续表）

学年度	学期	课程号	课程名称	开课系所	课程类别	班号
16—17	1	60730020	军事理论	学生工作部人民武装部	军事理论	4
16—17	1	60730020	军事理论	学生工作部人民武装部	军事理论	5
16—17	1	60730320	当代国防	学生工作部人民武装部	通选课	1
16—17	1	60730330	《孙子兵法》导读	学生工作部人民武装部	通选课	1
16—17	1	61030020	大学生职业生涯规划	学生工作部人民武装部	全校公选课	1
16—17	1	61030020	大学生职业生涯规划	学生工作部人民武装部	全校公选课	2
16—17	1	61030020	大学生职业生涯规划	学生工作部人民武装部	全校公选课	3
16—17	1	89139790	医学发展概论	医学部教学办	通选课	1
16—17	1	89339770	健康的生活方式与健康传播	医学部教学办	通选课	1

表6-3　2016年度北京大学教材建设立项名单

序号	主编	主编单位	教材名称	新编（修订）	字数（万）	教材所属系列	支持类别
1	唐少强	工学院	微积分导引	新编	40	主干基础课教材	规划教材
2	颜大椿	工学院	实验流体力学	修订	70	主干基础课教材	立项教材
3	邹光远	工学院	数学物理方法	新编	14.2	主干基础课教材	立项教材
4	李万彪	物理学院	大气物理—热力学与辐射基础	修订	39.5	主干基础课教材	规划教材
5	杨泽森	物理学院	高等量子力学	修订	50.3	主干基础课教材	规划教材
6	李　娜	化学学院	分析化学-定量化学分析简明教程（第4版）	修订	55	主干基础课教材	规划教材
7	张新祥	化学学院	仪器分析教程	修订	80	主干基础课教材	立项教材
8	王颖霞	化学学院	多晶X射线衍射简明教程	新编	25	院系主要专业课教材	立项教材
9	侯士敏	信息科学技术学院	电磁学	修订	30	主干基础课教材	立项教材
10	杨景春、李有利	城市与环境学院	地貌学原理（第4版）	修订	40	主干基础课教材	规划教材
11	刘鸿雁	城市与环境学院	野外生态学实习指导	新编	8	主干基础课教材	立项教材
12	周仕勇	地空学院	现代地震学教程	修订	40	主干基础课教材 院系主要专业课教材	规划教材
13	张飞舟	地空学院	智能交通及其解决方案	新编	45	院系主要专业课教材	立项教材
14	钱铭怡	心理与认知科学学院	变态心理学（第二版）	修订	70	院系主要专业课教材	规划教材
15	甘怡群	心理与认知科学学院	心理学和行为科学统计	修订	50	院系主要专业课教材	立项教材
16	项梦冰	中文系	汉语方言学基础教程	修订	32	主干基础课教材 院系主要专业课教材	规划教材
17	乐黛云	中文系	比较文学原理新编	修订	30	主干基础课教材	规划教材
18	漆永祥	中文系	大学国文选本	修订	30	通识教育课程教材	规划教材
19	王　娟	中文系	民俗学概论（第三版）	修订	45	通识教育课程教材	规划教材
20	廖可斌	中文系	中国古代文化十五讲	新编	25	院系主要专业课教材 通识教育课程教材	规划教材
21	陈晓明	中文系	90年代以来的长篇小说研究	新编	38	院系主要专业课教材	立项教材
22	董洪利	中文系	古典文献学基础（第二版）	修订	40	院系主要专业课教材	立项教材
23	葛晓音	中文系	唐诗宋词十五讲（第三版）	修订	25	院系主要专业课	立项教材
24	彭小瑜	历史学系	世界史通论·古代部分	新编	30	主干基础课教材	规划教材
25	颜海英	历史学系	古代东方文明史	新编	20	主干基础课教材	规划教材
26	何　晋	历史学系	新编中国历史文选	修订	50	主干基础课教材	规划教材

（续表）

序号	主编	主编单位	教材名称	新编（修订）	字数（万）	教材所属系列	支持类别
27	张传玺	历史学系	简明中国古代史（第六版）	修订	65	主干基础课教材	规划教材
28	阎步克、邓小南	历史学系	中国古代的政治与文化	新编	40	院系主要专业课教材	规划教材
29	臧运祜	历史学系	20世纪的中国与世界	修订	30	院系主要专业课教材	立项教材
30	王幼平	考古文博学院	中国旧石器时代考古	新编	40	主干基础课教材	规划教材
31	赵敦华	哲学系	西方哲学简史（第三版）	修订	42	主干基础课教材	规划教材
32	杨立华	哲学系	中国哲学十五讲	新编	42	主干基础课教材	规划教材
33	刘怡	经济学院	财政学	修订	42.5	主干基础课教材	规划教材
34	苏剑	经济学院	宏观经济学（中国版）	修订	40	主干基础课教材 通识教育课程教材 院系主要专业课教材	规划教材
35	陈凯	经济学院	寿险精算学：理论与实务	新编	20	院系主要专业课教材	立项教材
36	张一弛	光华管理学院	人力资源管理教程（第三版）	修订	30	院系主要专业课教材	规划教材
37	张俊妮	光华管理学院	数据挖掘与应用	修订	20	院系主要专业课教材	立项教材
38	王辉	光华管理学院	组织中的领导行为（第二版）	修订	30	院系主要专业课教材	立项教材
39	张然	光华管理学院	财务分析与量化投资	新编	20	院系主要专业课教材	立项教材
40	马浩	国家发展研究院	管理决策：复杂组织视角	新编	40	院系主要专业课教材	立项教材
41	刘澜	汇丰商学院	领导力	新编	30	院系主要专业课教材	立项教材
42	黄海峰	汇丰商学院	商业伦理与经济转型	新编	25	院系主要专业课教材 新兴学科与交叉学科教材	立项教材
43	郭瑜	法学院	海商法教程	修订	60	院系主要专业课教材	规划教材
44	姜明安	法学院	行政法与行政诉讼法（第七版）	修订	70	主干基础课教材	规划教材
45	沈岿	法学院	国家赔偿法：原理与案例	修订	30	院系主要专业课教材	规划教材
46	刘剑文	法学院	税法学（第五版）	修订	60	主干基础课教材 院系主要专业课教材	规划教材
47	王慧	法学院	国际贸易法原理	修订	65	主干基础课教材 院系主要专业课教材	规划教材
48	李红海	法学院	英国普通法概论	新编	35	新兴学科与交叉学科教材	立项教材
49	汪劲	法学院	核法概论	新编	18	通识教育课程教材 新兴学科与交叉学科教材	立项教材
50	王世洲	法学院	现代刑法学总论	修订	40	主干基础课教材	立项教材
51	王新	法学院	国际刑事实体法原论	修订	40	院系主要专业课教材	立项教材
52	叶朗	艺术学院	美学简明读本	修订	25	通识教育课程教材 院系主要专业课教材	规划教材
53	彭锋	艺术学院	艺术批评：理论与实践	新编	30	院系主要专业课教材	规划教材
54	陈旭光	艺术学院	电影概论	新编	36	主干基础课教材	规划教材
55	陈均	艺术学院	昆曲艺术概论	新编	18	通识教育课程教材	立项教材
56	陈汝东	新闻与传播学院	国家传播学	新编	35	新兴学科与交叉学科教材	规划教材
57	许静	新闻与传播学院	舆论学概论（第二版）	修订	40	院系主要专业课教材	规划教材
58	祝帅	新闻与传播学院	广告史教程	新编	20	院系主要专业课教材	立项教材
59	秦春华	新闻与传播学院	媒介经济学教程	修订	20	新兴学科与交叉学科教材	立项教材
60	王秀丽	新媒体研究院	社会化媒体效果测量与评估	新编	20	院系主要专业课教材 新兴学科与交叉学科教材	立项教材
61	安炳浩 张敏	外国语学院	标准韩国语（第7版）（套书）	修订	23	院系主要专业课教材	规划教材

（续表）

序号	主编	主编单位	教材名称	新编（修订）	字数（万）	教材所属系列	支持类别
62	谷裕	外国语学院	读经典、学德语 之一：德语圣经经典章节讲读30篇	新编	25	通识教育课程教材 院系主要专业课教材	规划教材
63	胡壮麟	外国语学院	语言学教程（第五版）	修订	40	院系主要专业课教材	规划教材
64	李明滨	外国语学院	世界文学简史	修订	58	院系主要专业课教材	规划教材
65	齐乃政	外国语学院	新编英语专业口语教程（1-4册）	修订	100	主干基础课教材	规划教材
66	任光宣	外国语学院	俄罗斯文学史（俄文版）	修订	30	主干基础课教材 院系主要专业课教材	规划教材
67	陶洁	外国语学院	美国文学选读（第二版）	修订	35	院系主要专业课教材	规划教材
68	吴杰伟	外国语学院	基础菲律宾语 第一、二、三册	新编	30	主干基础课教材	规划教材
69	张甲民	外国语学院	阿拉伯语基础教程	修订	40	主干基础课教材	规划教材
70	陈思红	外国语学院	俄国人这样说	新编	30	院系主要专业课教材	立项教材
71	付志明	外国语学院	埃及方言	新编	15	院系主要专业课教材	立项教材
72	黄颖	外国语学院	大学俄语语法	新编	25	主干基础课教材 院系主要专业课教材	立项教材
73	林琳	外国语学院	德语语言学导论	新编	25	院系主要专业课教材	立项教材
74	罗经国	外国语学院	英国文学选读（上下）第五版	修订	60	院系主要专业课教材	立项教材
75	时光	外国语学院	波斯语应用文写作	新编	10	其他教材	立项教材
76	宋扬	外国语学院	西班牙语语言学教程	新编	20	其他教材	立项教材
77	王爱华	外国语学院	专业硕士研究生英语（修订版）	修订	10	其他教材	立项教材
78	张敏	外国语学院	韩中翻译教程	修订	40	主干基础课教材	立项教材
79	闵维方	教育学院	教育经济学	新编	25	新兴学科与交叉学科教材	规划教材
80	岳昌君	教育学院	教育计量学	修订	25	新兴学科与交叉学科教材	立项教材
81	赵国栋	教育学院	数字校园建设导论	新编	25	新兴学科与交叉学科教材	立项教材
82	邓丹	对外汉语教育学院	汉语语音训练教程	新编	10	其他教材	规划教材
83	李晓琪	对外汉语教育学院	博雅系列·听说教材、博雅系列·读写教材	新编	230	其他教材	规划教材
84	刘超英	对外汉语教育学院	汉语作为第二语言测试与评估	新编	25	院系主要专业课教材	规划教材
85	刘立新	对外汉语教育学院	高级汉语视听说	新编	10	其他教材	规划教材
86	王若江	对外汉语教育学院	预科专业汉语教程（综合简本）	修订	58	其他教材	规划教材
87	金舒年	对外汉语教育学院	留学生实用汉语写作教程（上、下）	修订	45	其他教材	立项教材
88	李大遂	对外汉语教育学院	《系统学汉字》（中高级系列汉字教材，通用汉字知识课本＋中级汉字识字课本＋高级汉字识字课本1＋高级汉字识字课本2）	新编	120	其他教材	立项教材
89	李红印	对外汉语教育学院	北大中文写作（上下册）	新编	28	其他教材	立项教材
90	李丽	对外汉语教育学院	中国现代文学经典选读	新编	20	其他教材	立项教材
91	刘晓南	对外汉语教育学院	中国当代小说选读	新编	20	其他教材	立项教材
92	施正宇	对外汉语教育学院	新编汉字津梁（上下）	修订	40	其他教材	立项教材
93	王硕	对外汉语教育学院	汉语古文读本	修订	33	其他教材	立项教材
94	徐晶凝	对外汉语教育学院	汉语作为第二语言的语法教学	新编	30	院系主要专业课教材	立项教材
95	杨德峰	对外汉语教育学院	对外汉语教学语法研究	新编	20	院系主要专业课教材	立项教材
96	赵延风	对外汉语教育学院	新编中国概况	新编	20	其他教材	立项教材

（续表）

序号	主编	主编单位	教材名称	新编（修订）	字数（万）	教材所属系列	支持类别
97	吴昊	体育教研部	普通高校体育理论与实践	新编	40	通识教育课程教材	立项教材
98	王欣涛	武装部	军事理论教程	修订	30	通识教育课程教材	立项教材
99	周学艺	北大出版社	美英报刊文章阅读（精选本）（含学习辅导）	修订	76	院系主要专业课教材	立项教材

表6-4　2016年度北京大学国家级精品资源共享课立项项目名单

序号	课程	教师	所获称号或立项	获得称号（或立项）时间
1	基础医学专业导论课程	王韵，李学军，贾弘禔，李英，高子芬，万有	第八批"国家级精品视频公开课"	2016.2
2	健康传播的理论与方法	钮文异	第八批"国家级精品视频公开课"	2016.2

表6-5　2016年度北京大学通识教育核心课程

说明：以2003年版本科生教学手册修订为标志，北京大学全面开始了通识教育改革的艰难跋涉。随着理念的探讨与实践的深入，从2015年开始，北大教务部推出一系列"通识教育核心课"，作为推进通识教育的前沿阵地。它凝聚了"阅读经典、批判思考""大班授课、小班讨论、课后写作读书报告"等基本共识，汇集了北大各院系的教学名师及其助教团队，探寻更具成效的教育方式，以期助力于培养"懂得社会，懂得自己，懂得中国，懂得世界"的北大青年。课程分为四大系列：人类文明及传统、现代社会及问题、人文与自然、思维与能力提升。现已开设如下课程：

所属系列	开课院系	课程名称	任课教师
人类文明及传统	哲学系	《四书》精读	杨立华
	哲学系	孔子与老子	王博
	哲学系	坛经	周学农
	哲学系	庄子哲学	郑开
	中文系	大学国文	漆永祥、廖可斌、李杨、孙玉文、宋亚云、王丽萍、王凤、王超贤、杨海峥、许红霞、程苏东
	中文系	古代小说名著导读	刘勇强、潘建国、李鹏飞
	中文系	国学经典讲论	吴国武
	中文系	唐宋诗词名篇精读（一）	张鸣
	历史学系	中国传统官僚政治制度	阎步克、叶炜
	历史学系	中国古代史（上）中国古代史（下）	张帆、叶炜
	历史学系	中国古代政治与文化	邓小南、阎步克、叶炜、赵冬梅
	考古文博学院	考古学与古史重建	孙庆伟
	考古文博学院	佛教艺术和考古：南亚与中国	李崇峰
	马克思主义学院	周易精读	孙熙国
	城市与环境学院	中国历史地理	韩茂莉
	外国语学院	德语名家中国著述选读	罗炜
	哲学系	西方政治思想（古代）	李猛
	哲学系	西方政治思想（中世纪）	吴飞
	哲学系	西方政治思想（现代）	吴增定
	社会学系	西方现代社会思想	渠敬东
	哲学系	尼采《查拉图斯特拉如是说》	赵敦华
	哲学系	西方哲学史：古代与中世纪	先刚
	经济学院	《资本论》选读	方敏
	历史学系	文艺复兴经典名著选读	朱孝远

(续表)

所属系列	开课院系	课程名称	任课教师
人类文明及传统	历史学系	古希腊罗马历史经典著作阅读	张新刚
	外国语学院	欧洲文学选读	高峰枫（实际授课人：Tom Rendall）
	外国语学院	《圣经》释读	高峰枫
现代社会及问题	国家发展研究院	中国经济改革与发展	姚 洋
	国家发展研究院	经济学原理	张维迎（课程主持人海闻）
	政府管理学院	全球视野下的中国工业与经济发展	路 风
	中文系	影片精读	戴锦华
	哲学系	现代中国的建立：制度、思潮与人物	干春松
	历史学系	伊斯兰教与现代世界	昝 涛
	新闻传播学院	影像与社会	吴 靖
	社会学系	中国社会：结构与变迁	周飞舟
人文与自然	中文系	中国现代文学经典选讲	吴晓东
	艺术学院	西方美术史	丁 宁
	历史学系	艺术史	朱青生
	元培学院	文学人文经典（近现代）	张旭东
	物理学院	气候变化	闻新宇
	心理与认知学院	普通心理学	方方等（原课程负责人毛利华）
	心理与认知学院	实验心理学	吴艳红
	化学学院	化学与社会	卞 江
	生命科学学院	生物进化论	顾红雅
	地球与空间科学学院	地球与人类文明	陈 斌、郭艳军
	地球与空间科学学院	地球与空间	宗秋刚
	城市与环境学院	世界文化地理	邓 辉
思维与能力提升	哲学系	逻辑导论	陈 波
	生命科学学院	博雅班讨论班：批判性思维（上） 博雅班讨论班：批判性思维（下） 博雅班讨论班：批判性思维（三）	李沉简
	社会学系	社会调查方法	王 迪

研究生教育

【发展概况】 2016年，北京大学招收研究生7713人，其中博士生2279人，硕士生5434人。2016年校本部在校研究生25,302人，其中博士8528人，硕士16,774人；其中学历教育研究生22,080人，在职攻读研究生3222人；其中学术型研究生14,632人，专业学位研究生10,670人；其中外国留学生1271人，占校本部在校生比例为5.8%。医学部4252人，其中硕士研究生2584人，博士研究生1668人。

2016年北京大学共授予学位17,664人，其中博士学位1899人，硕士学位6780人，学士学位8985人。

2016年北京大学有博士学位授权一级学科48个，硕士学位授权一级学科50个，博士学位授权二级学科245个，硕士学位授权二级学科270个。此外，有专业学位26种，其中专业博士学位4种。

2016年在岗博士生导师2352人，其中校本部1822人，医学部530人。

2016年北京大学继续评选出100篇校级优秀博士学位论文。

2016年优化和调整内部机构设置与人员配置，重新梳理并划分机构职责；配合组织人事部门完成处级干部调整。3月，尹丹从物理学院应聘至研究生院招生办公室。

【招生工作】 总体情况。2016年报考北京大学硕士研究生24,661人，录取5434人，其中推荐免试生2536人，应试考生2898人；2016年报考北京大学博士研究生7467人，录取2279人，其中推荐免试直博生963人，本校硕转博396人，公开招考42人，"申请-考核制"878人。

招生计划。2016年教育部给北京大学下达的硕士招生计划5460人，其中学术学位2640人，专业学位2820人。2016

年教育部给北京大学下达的博士生招生计划2132人，其中学术学位1942人，专业学位190人。

推免及单列计划。2016年计划安排中，在不超过教育部下达的接收推免总规模和保证接收推荐免试研究生质量的前提下，合理确定各院系接收推免生人数。保证强军计划、交叉学科、对口支援以及少数民族高层次骨干人才计划；对学校学工干部直升、选留学工干部和体育、艺术特长生制订单列计划。

简章和目录变化。1. 硕士招生新增加前沿交叉学科研究院。2. 新增加的硕士招生专业：前沿交叉学科研究院的数据科学5个专业：数据科学（数学），数据科学（统计学），数据科学（计算机科学与技术），数据科学（软件工程），数据科学（公共卫生与预防医学）；深圳研究生院的新闻与传播硕士（财经传媒方向）。经济学院的国际商务硕士。3. 在博士招生方式改革中，2016年有32个院系实行"申请-考核制"招生，占招生院系总数的94%，全校只有历史学系、国际关系学院两个院系未实行。

接收2016年推荐免试研究生。1. 制定并发布《北京大学2017年接收推荐免试研究生办法》。2. 2016年北京大学接收学术型硕士研究生（含硕博连读）1581人，接收专业学位硕士研究生955人。3. 2016年共有13个院系开展"夏令营"活动。

考试和阅卷。1. 2015年12月26日至27日为2016年全国硕士研究生入学考试时间，北京大学校本部考点考生6580人，分布在一教、二教、三教、理教和资源中学的5个教学楼，合计150个教室，248个（逻辑）考场。组考和监考人员共约500人。2. 2016年硕士自命题科目为236门，其中外埠考点8690名考生。3. 2016年1月17日至20日，在理教组织2016年硕士招生集中评阅自命题试卷工作。

政治阅卷。1. 北京大学从2005年开始承担北京市硕士研究生招生统考政治阅卷工作，2016年政治阅卷共有21万份答卷。北京大学马克思主义学院等14个院系选派508位评卷员参加阅卷，评阅第34至38题共5道大题，每题10分。2. 阅卷采用背靠背"双评"的方式进行网上评卷。

差额复试。在2016年划定复试基本分数线的工作中，学术型硕士继续采用按学科门类划线的方法。根据院系各专业在已接收的推荐免试生之外，可用于招收应试生的计划数和考生的初试成绩，确定北京大学硕士生复试基本分数线。院系拟定专业学位硕士建议复试分数线。由招收专业学位硕士研究生（不含已开展提前面试的专业学位）的院系，自行拟定建议复试分数线并书面报研究生招生办公室审批。

复试监督和管理。1. 在2016年硕士研究生招生复试中，首次明确要求院系复试中全程录音录像。学校纪检监察部门联合研究生院对部分院系的复试进行全程监督和检查。2. 公开复试办法、复试名单和公示拟录取名单。制定《北京大学2016年硕士研究生招生复试与录取工作有关规定》，并在研究生院网站在硕士招生—录取信息的网页，设置链接院系公示名单的网址，进行统一和同步公示。

录取工作。1. 录取以考生初试成绩、复试成绩和外语听力成绩相加后的总成绩排名为准。2. 按照教育部的要求在"全国硕士研究生招生信息公开平台"上公布《北京大学2016年硕士研究生招生复试录取办法》，并公布经审核、查验和汇总后的北京大学2016年硕士研究生拟录取名单。

调整改革。1. "申请-考核制"。根据2013年国家教育部、发展改革委、财政部《关于深化研究生教育改革的意见》（教研〔2013〕1号）文件精神，截至2016年，共有32个招生院系采用"申请-考核制"，占全校招生单位的94%以上。2016年3月《北京大学采用"申请-考核制"招收博士研究生工作办法》在校长办公会通过。

2. "PKU-GATE"。2015年初，研究生招生办公室与外国语学院沟通，启动了"北京大学博士生入学英语水平考试"的研究工作，首次PKU-GATE已于2015年12月举行。PKU-GATE是中国第一个博士研究生英语水平考试，成绩三年有效。

3. 《C9高校博士生招生规模与博导队伍、科学研究发展的相关性分析报告》。建议教育部以C9高校为试点，由各校依据自身条件，自主确定年度博士生招生计划；或者变现有博士生招生规模的"年度计划"为"五年规划"，以便C9高校有一定自主调整的空间。

4. 全日制、非全日制的政策调整。《教育部办公厅关于统筹全日制和非全日制研究生管理工作的通知》（教研厅〔2016〕2号）明确从2017年起，全国研究生按学习方式的不同分为全日制和非全日制两类。教育部下达招生计划时，也分为全日制和非全日制两类，全日制研究生招生计划有国家拨款，非全日制研究生招生计划没有国家拨款；全日制和非全日制研究生考试招生依据国家统一要求，执行相同的政策和标准；全日制和非全日制研究生在同一标准下进行培养，毕业时，发给注明学习方式的毕业证书；其学业水平达到国家规定的学位标准，授予相应的学位证书。学校招生领导小组提出基本原则，对全校全日制和非全日制研究生招生计划进行调整。

5. 首次编印《研究生招生100问》。

【培养工作】 研究生规模。2016年校本部在校研究生25,302人，其中博士8528人、硕士16,774人。2015—2016学年度研究生学籍异动3428人次，其中异动原因排名前三的有延期、提前毕业、硕转博。

出国（境）交流。2016年研究生出国（境）2868人次，较去年同期增长7%。其中博士1726人次，硕士1142人次。其中，信息科学技术学院、物理学院、深圳研究生院以年度348人次、304人次、254人次领先于其他院系。美国、日本成为北京大学研究生出访的主要国家，美国以年均951

人次的出访量，成为北京大学研究生出访最多的国家。

1. "北京大学博士生短期出国（境）研究"项目。2016年有52名博士研究生通过此项目到国外高水平的大学和研究机构从事1至3个月的短期研究。

2. "研究生学术交流基金"项目。截至2016年12月23日，2016年度"研究生学术交流基金"项目已经完成三个批次共资助34个院系的406名研究生（博士295人、硕士111人）赴30多个国家和地区参加国际高水平学术会议和暑期学校。审批自助经费达到201万元。

3. "博士研究生国际专题学术研讨会"项目。2016年，召开由博士生为主要组织者的8项国际专题学术研讨会。资助经费额度达到16万元。

4. 国家公派留学研究生各类项目。2016年度各类项目总计录取383人，其中：联合培养博士生260人，攻读博士学位研究生76人，联合培养硕士生2人，攻读硕士学位研究生39人，博士后6人。国家公派博士生导师短期访问交流项目录取9人。

过程管理。1. 更新北京大学研究生培养方案。2016年对2016级硕士、博士研究生的培养方案进行修订。

2. 课程教学。2016年共开设研究生课程4169门（不含暑期学校课程），其中新开设研究生课程481门。

3. 课程建设。2016年度立项资助38门课程建设，多数课程为本专业基础必修课。同时，对2015年44门课程进行中期检查，对2014年40门课程进行结题检查。组织才斋讲堂20讲、9期"黉门对话"专家主题论坛。

4. 课程评估。2016年校本部研究生课程评估完成2015—2016学年第一、第二学期两次评估工作。其中第一学期涉及27个开课单位1024门课程参加评估，有效参与评估人数共计25,867人次，平均得分96.83分；第二学期涉及33个开课单位总计1192门课程，有效参与评估人数共计18,335人次，平均得分97.35分。

5. 公共课程管理。2016学年安排外语、政治及公共选修课（不含单证专业学位、软件学院）共计170个班次。2016年度共计接受570人次旁听1070门课程，旁听课经费109.9万元。

6. 单证专业学位（只颁发学位证书的）研究生教育办学收入，2016年核算2015年学费共计2615.4万元。

7. 高级专门人才研修班。目前北京大学研修班在学人数1889人。研修班经费3683多万元。

8. 研究生创新计划。2016年度"研究生教育创新计划"资助59个项目，其中研究生暑期学校28个、博士生学术会议9个、博士生学术论坛20个、研究生教育改革与探索项目2个。拨付经费449万。几年来北京大学"研究生教育创新计划"立项项目累计达到538项，经费投入总计2598余万元。

9. 加强研究生学风建设。2016年9月5日在邱德拔体育馆召开研究生新生培养要求说明会。2016年10月组织首都高校2016年度研究生科学道德和学风建设宣讲报告会。2016年度开设有关科学道德与学术规范教育相关课程134门次，5256人次选修相关课程学习。

10. 毕业审查。2016年7月校本部1286名博士生结束学业，其中毕业1213人、结业34人、肄业33人、其他随届处理情况4人；2016年硕士毕业4517人（其中1月毕业生130人，7月毕业生4387人）。

11. 硕博培养工作的连续和相互衔接。2016年共有来自27个院系的250名同学通过硕博连读的选拔和审核，并在2016年9月重新以博士身份入学。

12. 信息系统建设。新增教学管理系统考试时间和场地录入功能。已经测试完成并于2016年底使用。

13. 校际交换学生管理。2016年国内访学学生共有博士6人，硕士36人在北京大学进行为期半年的访问学习。

创新培养工作。1. 首次设立研究生教学优秀奖。从2016年开始设立"北京大学教学优秀奖（研究生部分）"。按照《北京大学教学优秀奖奖励办法》要求和《关于申报2016年度"北京大学教学优秀奖（研究生部分）"的通知》安排，对33个单位（含医学部）的43门研究生课程及其讲授老师给予奖励。

2. 首次设立北京大学文科博导出国境访问交流项目。完成"北京大学人文社科博士生导师短期出国交流访问项目实施办法"，经费100万，每年派出30人左右。首批已经完成申报，总计7名博士生导师入选。

3. 参加教师教学发展中心的建设，加强研究生教学研究与指导。作为成员单位参加北京大学教师教学发展中心的各项活动，并就研究生助教培训、研究生新聘博士生导师培训、研究生课程Moocs建设等项目提供指导和帮助。

4. 加强实践育人。承办第三届全国研究生智慧城市创意设计和技术大赛。本次大赛以"创意启迪智慧、创新驱动发展"为理念，共收到200余所高校及科研院所的1700多个参赛作品。参赛单位和队伍的规模、参赛作品的数量和质量均创历史新高。

5. 首次设立钟夏-温伯格奖学金。钟夏-温伯格奖学与研究金每年10万元，用于奖励在核能相关领域学习和研究取得优异成绩的研究生15名左右，资助5名左右的研究生自主继续开展相关领域的研究。2015—2016学年度，按照《北京大学钟夏-温伯格奖学金评审细则》的要求，最终评选出15位获奖者，其中四个研究题目获得研究金资助，自主进行为期一年的研究。

课题调研。1. 完成工程院重大研究课题《高校与工程院所联合培养博士生机制研究》结题报告约5万字。2. 完成中国科协课题《研究生学术规范教育案例研究》结题报告。

【学位工作】 学位授予。2016年，北京大学学位评定委员会召开第122次、123次、126次会议，完成2016学年度博士、硕士及学士学位授予审核与管理工作。2016年学位授予17,664名。其中博士学位1899名，硕士学位6780名，学士学位8985名。

质量保证。1. 学位论文答辩审批和分会审核。出台《关于调整我校博士学位论文答辩审批程序及实施学位论文抽检的方案》。

2. 学位管理系统。发布《研究生学位申请答辩指南》，基本涵盖与学位授予工作相关内容，能够帮助院系、师生更好地使用学位管理系统。

3. 启用新版学位证书。根据国家相应学位证书及学位授予信息管理改革办法，自2016年1月1日起，北京大学正式启用自主设计印刷的新版学位证书。这是自1981年《中华人民共和国学位条例》实施以来，我国高校首次自行印制学位证书。北京大学同时设计中文正本学位证书和英文副本。

4. 学位论文抽查工作。学位论文抽查，包括应届毕业生学位论文的答辩前抽查及已授予学位的学位后抽查。根据《北京大学学位论文抽检结果处理办法》，采用学科覆盖、数量覆盖和指定抽查相结合的方式，2016年完成学位后抽查工作，共抽查学位论文69篇。

5. 优秀博士学位论文评选。2016年，经各学位分会推荐，评选100篇校级优秀博士学位论文。

学位授权学科评估。1. 第四轮一级学科评估参评。教育部学位与研究生教育发展中心于2016年4月22日正式开展全国第四轮一级学科整体水平评估。该轮学科评估首次采取学科门类"绑定参评"的参评方式，同一学科门类中，具有"博士一级"、"博士二级"或"硕士一级"授权的一级学科须同时申请参评。根据要求，北京大学的参评学科为50个，包括48个"博士一级"授权的一级学科和2个"硕士一级"授权的一级学科。

2. 全国专业学位水平评估参评工作。教育部学位与研究生教育发展中心于2016年3月11日正式开展全国专业学位水平评估试点工作。北京大学有法律、工商管理、公共管理、会计、临床医学、口腔医学等6个专业类别参评。

3. 学位授权点专项评估参评工作。根据国务院学位委员会、教育部《关于开展2016年学位授权点专项评估工作的通知》（学位〔2016〕17号）文件精神和要求，2016年10月，完成北京大学国际商务硕士专业学位授权点的专项评估线上及线下材料报送工作。

4. 自主设置二级学科。2016年11月16日，经第126次校学位评定委员会审议通过，北京大学新增女性学1个目录外二级学科硕士学位授权点，农村转型经济学、中国政治、比较政治学、全球卫生学等4个目录外二级学科博士学位授权点，同意先进材料与力学、公共政策等2个二级学科由硕士学位授权点升为博士学位授权点。

专业学位研究生教育综合改革。通过自愿申报、专家评审的方式，在全校范围内资助社会工作硕士、汉语国际教育硕士、金融硕士、法律硕士、艺术硕士、新闻与传播硕士、风景园林硕士等专业学位改革项目12项。

4月20日，召开"北京大学专业学位研究生教育综合改革研讨会"，法律硕士、工商管理硕士、工程硕士以及医学专业学位等改革试点项目分别总结在专业学位人才选拔机制、培养模式、教学体系、学位审核以及质量保障等方面的改革实践工作，交流改革经验。

2016年10月，教育部召开专题调研会议，重点对全国19所深化专业学位研究生教育综合改革试点单位的工作进展情况进行专题调研。

改革导师遴选机制。根据修订的《北京大学研究生指导教师管理办法》，2016年新遴选博士研究生指导教师共计105人，分别涉及31个一级学科。

协作与协助。1. 文理科工作研讨会。中国学位与研究生教育学会文理科工作委员会秘书处挂靠研究生院。2016年10月26至28日，文理科工作委员会在安徽合肥召开"全国学位与研究生教育文理科工作研讨会暨2016年学术年会"。会议主题为"学科评估与'双一流'建设进程中的研究生教育"，来自全国161所高校、研究机构、省级教育主管部门近300名代表参加会议。

2. 2016年会员代表大会暨学术研讨会。2016年11月11日，中国学位与研究生教育学会2016年会员代表大会暨学术研讨会在西安召开。会议分为大会专题报告和大会平行论坛两部分。北京大学作为文理科工作委员会秘书处为"专业学位研究生教育的发展与改革"分论坛的组织单位，配合学位与研究生教育学会，结合正在开展的专业学位试点改革工作，围绕专业学位研究生教育在顶层设计、制度保证、模式探索、资源配置、质量保障等方面改革思考和实际举措做了报告。

3. 贡献奖评选。中国学位与研究生教育学会于2016年4月启动"中国学位与研究生教育学会工作贡献奖"的评选工作。文理科工作委员会重点推荐中国科学技术大学研究生院副院长古继宝、厦门大学研究生院常务副院长陶涛为工作贡献奖候选人。

4. 专业学位研究生教育指导委员会换届委员推荐。2016年2月，按照国务院学位委员会通知，组织北京大学专业学位教指委委员、主任委员、副主任委员的推荐工作，推荐专家27人，涉及20个专业学位教指委。全国应用心理专业学位研究生教育指导委员会、全国新闻与传播专业学位研究生教育指导委员会、全国社会工作专业学位研究生教育指导委员会、全国医学专业学位研究生教育指导委员会的秘书处继续设在北京大学。

【奖助工作】 完善研究生奖助工作体系。1. 强化制度建设。在2015年出台的《北京大学研究生学业奖学金管理办法》和《北京大学博士研究生校长奖学金管理办法》的基础上，

2016年重点进行制度落实,强化院系在奖助学金管理工作中操作规范性。

2. 推进信息化建设。2015年9月新的管理系统上线。2016年系统完成发放约3.3亿元,涉及约2万人次,其中包括对大量学籍异动、出国回国、注册情况的处理。此外,2016年将助教管理纳入系统。

3. 推动院系自主管理模式。尊重院系特色管理。对于学业奖学金、专项学业奖学金和校长奖学金的评定和年度审核等,严格要求院系必须制定详细规范的实施细则。推动资金的统筹使用。在预算管理中,将学业奖学金包含的两部分预算分配至院系,院系根据自身学科情况进行奖学金评定,可在总预算范围内,统筹两部分学业奖学金的额度分配,并制定相应的实施细则。奖学金发放数据由院系完成维护。奖助管理系统提供院系进行发放初审的界面,由院系根据自己的实施细则和学生的实际情况,进行发放数据的维护和调整,研究生院汇总审核后再统一安排发放。

4. 调整校长奖学金名额分配模式。根据《北京大学博士生校长奖学金管理办法》,2016年调整校长奖学金的名额分配模式,所有名额均为自主名额,名额以院系为单位,不再分年级,院系可根据自身特点决定名额在年级和专业之间的分配,评定工作每年进行一次。

5. 调整延期博士助研和社科助研的发放模式。2016年9月起,将延期博士助研和社科助研的发放模式调整为院系或导师自行发放,学校进行监督检查。

学业奖学金的评定、发放与管理。1. 学业奖学金。2016—2017学年度,共有9999名研究生获得学业奖学金,其中博士待遇6127人、硕士待遇3872人,评定总金额2.77亿元。

2. 校长奖学金。2016年度校长奖学金的名额分配方式较之过去进行调整,新老生的奖学金名额纳入统一框架。2016—2017学年度共有505人获得校长奖学金,其中新生95人、在校生410人。评定金额3003.2万元,其中,生活津贴2419.2万元。

3. 专项学业奖学金。专项学业奖学金是2014年国家政策调整后设立的奖优性质的专项奖学金,是对原有的以保障性质为主的北大学业奖学金的补充和完善。2016年共有2672人获奖,总金额1954.22万元。

"三助"岗位制度。1. 助教岗位设置和津贴发放。2016年(包括15—16学年度第二学期、16—17学年度第一学期),全校共设立2719.4个助教岗位,助教津贴共计1076.64万元,共计资助研究生3202人次。

2. 社会科学学部助研津贴。2016年9月起,研究生院负责发放配套部分,导师发放部分由导师直接向学生发放,不再通过研究生院。2015—2016第二学期,博士生助研津贴约278.21万元,其中博士生导师或其所在院系支出约143.59万元,学校配套补贴134.63万元;2016—2017第一学期,博士生助研津贴约282.70万元,其中博士生导师或其所在院系支出约144.95万元,学校配套补贴137.75万元。共有1139位博士生从中受益。

专项奖助学金制度。1. "才斋奖学金"。2015—2016学年度才斋奖学金从27位博士生候选人中,评出14位获奖人,资助金额总计51.5万元。

2. "翁洪武科研原创基金"。2015年度共有13位获奖者。

3. "闳材奖学金"。2015年共有195位申请人获得"闳材奖学金"的资助,资助总金额97.5万元。

4. "北京大学招商证券未来领袖奖学金"。招商证券股份有限公司与北京大学于2015年合作设立"北京大学招商证券未来领袖奖学金",该项奖学金的资助对象以专业学位研究生为主,是首个针对专业学位的奖项。2016年9月,首次启动该奖学金的评审工作,评选出20位获奖者,每人将获得3万元奖学金。

专业学位研究生奖助体系。专业学位的奖助体系主要由保障性质的国家助学金和奖优性质的科学实践创新奖、专项学业奖等各类专项奖学金组成。

1. 专业学位国家助学金。2016学年,校本部共有2247人确认资格可以获得国家助学金。2016年全年,合计发放专业学位国家助学金4833.66万元。其中校本部发放1392.3万元,向深圳研究生院拨付1880.56万元,向软微学院拨付1560.8万元。

2. 科学实践创新奖。从2012年开始,北京大学开始为全日制专业学位研究生和单列项目研究生设立奖优性质的奖学金"研究生科学实践创新奖",资助标准为10,000元/人·年,资助范围为全校全日制专业学位研究生和单列项目研究生总人数的10%左右。

2016年9—10月共有280人获奖,其中159人由学校发放奖学金。光华和法学院的获奖者纳入院系的奖助体系。2016年,共计发放2015学年度获奖者79.5万元,本年度获奖者79.5万元。

3. 专业学位专项学业奖学金。该奖项于2014学年开始设立,属于奖优性质的专项奖学金,预算覆盖率约为10%,是专业学位研究生奖助体系的重要组成。

4. 探索建立更加有效的专业学位研究生奖助体系。为探索建立更加适应专业学位发展的奖助体系,奖助办与光华和法学院开展配套试点,学校和院系从学费收入中拿出部分资金,双方按1:1进行配套,资金用于专业学位研究生的奖助学金,由院系自主规划使用。主要用于设置新生奖学金、针对困难生的励志性奖学金、助学金以及勤工助学专项奖学金等,服务于专业学位人才培养和成才的需要。

2016年,向光华管理学院划拨配套资金60万元,向法学院划拨配套资金40.6万元。

对延期博士生的资助与管理。1. 延期博士助研津贴。对于2009级及以后延期博士生，继续执行要求导师提供助研津贴的政策。2015—2016第二学期向224人发放215.33万元；2016—2017第一学期向281人发放254.5万元。

2. 延期人文博士资助。对于2009级及以后延期人文学部博士生，从学科特点出发，助研政策进行适当调整。2015—2016第二学期向67人发放17.25万元；2016—2017第一学期向73人发放18.25万元。

【中国研究生院院长联席会秘书处】 组织会议。1. 主席院长会。2016年4月15日在武汉大学珞珈山庄召开院长联席会主席院长会议。会议进一步明确联席会未来的工作机制和发展方向。讨论决定，联席会继续坚持高端定位，在行业内树立标杆，起到引领示范和带动作用。会议讨论决定，华东师范大学牵头调查研究工作；大连理工大学牵头质量标准工作；中国人民大学牵头协作发展；武汉大学牵头国际事务；北京大学承担秘书处职责。

2. 深化专业学位研究生教育综合改革试点单位工作研讨会。2016年9月21—22日，召开深化专业学位研究生教育综合改革试点单位研讨会。经教育部批准进行深化专业学位研究生教育综合改革试点的清华大学、华东师范大学、北京师范大学、上海交通大学、西南交通大学、中国农业大学、中国石油大学、中国政法大学、南京大学、武汉大学、中国人民大学、北京大学共12所高校的研究生院院长、全国工程管理专业学位研究生教育指导委员会负责人参加研讨。

3. 院长联席会2016年年会。2016年11月4日至5日，中国研究生院院长联席会2016年会在武汉大学举行，来自北京大学、清华大学等60所联席会成员单位参会，年会主题为"优化结构，改善供给，全面提升研究生教育水平"，共同探讨研究生教育的发展提升之路。

国际交流。1. 组织联席会成员出席美国CGS2016年年会。美国CGS第56届年会于2016年12月7—10日在华盛顿特区召开，北京大学研究生院副院长王天兵、西北农林大学研究生院副院长杜永峰等出席会议，会议的主题为"建构研究生教育的叙事（Building Graduate Education's Narrative）"。来自美国高校研究生院、协会或联盟、政府机构和其他相关机构以及其他国家和地区的近700名人员与会。

2. 组织院长出席CGS和巴西圣保罗大学联合主办的"全球研究生教育战略领袖峰会"。2016年11月15—17日在巴西圣保罗大学召开第十届"全球研究生教育战略领袖峰会"，主题是"What Is A Doctorate"。上海交通大学常务副院长王亚光出席会议。联席会秘书长、北京大学副校长兼研究生院院长高松、清华大学研究生院院长姚强、华东师大副校长兼研究生院院长周傲英、厦门大学常务副院长陶涛向会议提交发言稿，但因签证手续未能最终出席会议。

编撰《中国研究生教育年度报告》。2008年起启动编写工作。华东师范大学承担编撰任务。

课题立项。2016年启动研究生教育研究课题立项工作。起草《中国研究生院院长联席会研究生教育研究课题管理资助办法》，并在2016年4月的主席院长上讨论通过。2016年9月组织专家评审会。2016年共计51个研究课题获准立项，其中获资助项目27个，自筹经费项目24个。

《中国研究生院院长联席会e通讯》。2013年11月开始编辑电子会刊《中国研究生院院长联席会e通讯》。2016年编辑发送10期。

为上级主管部门提供政策建议。院长联席会和中国学位与研究生教育学会人才选拔与评价委员会就博士生招生计划管理有关工作开展调研，并于2016年4月向教育部发展规划司、高校学生司等相关部门提交建议报告。希望进一步推广和完善博士生招生的"申请-考核制"；建立博士生培养分流退出机制，实施招生计划弹性补偿政策；改革现有国家下达博士生招生计划方式，实行国家指导、培养单位动态调整机制；根据经济社会发展需求适度增加博士生招生规模；建立以提升培养质量为导向的计划分配体系；探索由招生单位根据培养条件灵活自主确定招生计划机制等。

（研究生院）

医学研究生教育

【招生工作】 2016年北京大学医学部共招收研究生1253人，其中博士生480人、硕士生773人。博士生中367人攻读博士学术学位，113人攻读临床医学/口腔医学博士专业学位。硕士生中333人攻读硕士学术学位，440人攻读硕士专业学位。

截至12月31日，医学部在校研究生为4252人，其中硕士研究生2584人、博士研究生1668人。

设立《基础研究向临床应用转化合作的专项博士研究生（学术型）招生计划》，2016年招生含影像医学与核医学、儿科学、内科学（血液病）、妇产科学、运动医学、内科学（心血管病）、内科学（消化系病）肿瘤学、口腔修复学、妇产科学、化学生物学及药物化学13位博士生导师。

完成了2017年全国医学硕士研究生招生初试业务课科目所有由医学部自主命题综合考试类命题大纲的工作，医学学术学位硕士研究生初试业务课科目由招生单位按一级学科自主命题。

【就业工作】 北京大学医学部2016届毕业研究生1128人。其中博士研究生424人、硕士研究生704人。截至2016年12月，毕业研究生就业率为97.4%。

【培养工作】 教务工作。2016年度排课570班次，研究生选课17,565人次。完成了2016届研究生毕业生的培养审核工作。完成研究生课程评教工作，2016年度参评教师达到633人次，提交评教意见的学生达到14,108人次。

教学评优。组织"北京大学教学优秀奖（研究生部分）"医学部的评选工作，王洪源、王建六、张幼仪、陆林、沈琳五位老师荣获该奖项。

推进专业学位研究生教育与行业接轨工作。2016年，北京大学医学部专业学位研究生共293人报名参加北京市住院医师规范化培训合格考试，考核通过率为88.4%。起草了《北京大学临床医学博士专业学位研究生教育综合改革试点方案》，试点方案经过部务会讨论获得通过［北医（2016）部研字113号］。

案例库建设。组织全国医学专业学位案例库建设工作，组织口腔医学、公共卫生、护理学的案例建设工作，包括组织专家研讨案例系统需求、案例编写规范、入库评审标准及样例的撰写以及审核工作。选拔临床医学案例评审专家，组织专家进行案例评审工作。

实施博士资格考试改革试点。在药学院推动博士研究生资格考试改革试点工作，对考核优秀的学生予以奖励，对于不适于直接攻读博士学位的研究生转为硕士研究生或终止学习，从而确保博士生的培养质量。

学术交流。2016年度医学部共38名研究生获得国家留学基金管理委员会建设高水平大学公派研究生项目资助，其中18名攻读博士学位，20名联合培养博士研究生。校际导师联合培养博士研究生4人。2016年度医学部"北京大学医学部研究生国家学术交流基金"与"博士研究生短期出国（境）研究项目"共资助12名同学赴境外交流。

【学位工作】 授予学位情况。2016年共向916名研究生授予学位，其中授予博士学位361人、授予硕士学位555人；共向119名同等学力人员授予学位，其中授予同等学力人员博士学位49人、授予同等学力人员硕士学位70人；授予七年制公共卫生与预防医学医学硕士学位54人；授予六年制药学理学硕士学位77人；授予八年制临床医学专业学位199人；授予八年制口腔医学专业学位35人；授予八年制基础医学科学学位33人；授予学士学位1536人。

在职人员申请学位工作。2016年3月，组织了以同等学力申请博士学位英语全国统考报名和考务工作，参加考试人员97人。2016年完成489名以同等学力申请硕士学位人员的现场资格审核、指纹采集。2016年，共接受以同等学力申请硕士学位人员100人；接受以同等学力申请博士学位人员52人。

启动眼视光、康复治疗、放射物理、呼吸治疗和口腔修复工艺5个领域的医学技术应用型人才以及公共卫生、药学专业高级专业人才的培养试点工作。

新增设临床医学下目录内二级学科老年医学、公共卫生与预防医学下目录外自主设置二级学科全球卫生学。

【评估工作】 组织医学部各学科参加全国高校第四轮学科排名评估和首届专业学位水平评估工作。2016年3月，组织协调医学部临床医学和口腔医学两个学科参加本次专业学位水平评估。2016年5月，组织医学部7个一级学科参加教育部学位中心开展的全国高校第四轮学科排名评估工作。2016年11—12月，先后配合完成第四轮学科评估和专业学位水平评估信息公示工作。

进行"医学研究生教育质量评价体系"课题研究。

【研究生工作部工作】 以"春燕行动"、"大师有约"、"医度咖啡"、"博言厚道"、各项讲座、报告会、图片展感言征集等多项活动持续推进"爱·责任·成长"主题教育。

组织开展践行社会主义核心价值观教育活动。

深入推进创先争优活动，加强学生党支部和班集体建设。3个班级被评为北京大学优秀班集体，5班级被推选为北京大学先进学风班，7个班级被评为医学部先进班集体。推荐1个研究生党支部参加北京市教工委红色"1+1"活动示范评比，获三等奖。2名学生被评为北京大学第六届十佳学生党支部书记。

组织开展了医学部研究生骨干培训。组织近40名研究生骨干参加廉政教育讲座活动；组织近20名研究生骨干参观全国爱国主义教育示范基地河北唐山市潘家峪村。

对研究生进行心理观察员培训。对近100人次研究生给予重点关注、深入辅导和相应帮助。

积极推进研究生社会实践。组织社会实践评优，1支团队获"首都大学生暑期社会实践优秀团队奖"，3支团队所撰写的调研报告获"首都大学生暑期社会实践优秀成果奖"，1名老师获"首都大中专学生暑期社会实践先进工作者"；评出医学部社会实践优秀团队特等奖1个、一等奖2个、二等奖3个、三等奖4个、优秀奖5个、优秀调研报告奖5个、优秀领队老师6名，个人社会实践优秀奖5个；评出北京大学社会实践优秀团队奖11个，优秀指导老师3名，优秀领队5名；共39名同学分别获得北京大学和北京大学医学部的优秀实践个人奖。

启动第四届研究生"良师益友"评选工作，10位导师获得北京大学医学部第四届研究生"良师益友"称号。

做好春秋季优秀毕业生评选。186人被评为北京大学2016届优秀毕业生，58人被评为北京市优秀毕业生。

学业奖学金和国家助学金的发放工作，2016年发放老生学业奖学金生活补贴部分金额827.19万元，研究生国家助学金2198.1万元，国家学业奖学金4086.2万元；做好研究生"三助"、困难补助、贷款工作；2015年共有8名研究生受到"天使益"应急循环助学金项目资助。

研究生班集体及个人的奖励、表彰及违纪处分工作，1个学院获得北京大学先进工作单位称号；共有942名研究生获得北京大学及医学部各类奖励表彰，获奖比例为33.54%；627名研究生获得各类奖学金奖励，获奖比例为22.0%。共有113名研究生获得国家奖学金，68名研究生获"北京大学学术创新奖"。举办"与榜样同行 展青春风采"研究生优秀典型宣传月活动。医学部有2名研究生成功当选2016北京大学学生年度人物；处理违纪处分4例。

管理工作。征集感言汇编成册；启动研究生校纪校规考试；开展研究生暑期返校座谈会。

首次利用微信投保平台办理研究生保险工作。

选派5名辅导员参加校内外各项培训。举办3场医学部研究生辅导员/班主任培训会。开展辅导员考核工作。2人获得北京大学"优秀德育工作者"称号，2人获得北京大学"优秀班主任标兵"称号，11人获得北京大学"优秀班主任"称号。

【内部建设】 组织实施"研究生综合信息管理系统"二期需求调研。组织协调首届北京大学医学部对口支援石河子大学医药科导师培训。

【医学教指委秘书处工作】 3月，全国医学专业学位研究生教育指导委员会秘书处组织专家编写的《同等学力人员申请临床医学硕士专业学位学科综合水平全国统一考试大纲》由北京大学医学出版社于正式出版发行，两本书总计106万余字。

5月8—9日，由全国医学专业学位研究生教育指导委员会护理分委员会主办、中国医科大学护理学院承办的"护理分委员会全体委员会议"在沈阳召开。

10月24日，由全国医学专业学位研究生教育指导委员会护理分委员会主办的护理专业学位研究生培养质量研讨会在北京召开。

6月14日，《国务院学位委员会 教育部 人力资源和社会保障部关于专业学位研究生教育指导委员会换届的通知》公布了新一届医学教指委委员名单。2016年11月23日，全国医学专业学位研究生教育指导委员会三届一次会议在北京召开。

全国医学专业学位研究生教育指导委员会分别于4月8日—4月17日、6月3日—12日、11月18日—27日，实施了三期临床医学（全科）研究生指导教师海外交流培训项目。全国来自高校、医院、社区等单位80余名全科医学研究生导师和教学管理人员参加培训。

【教学成果】 所获奖项。柯杨、崔爽、邓锐、王松灵、贾金忠、王欣怡的《共管、共赢、共建——临床医学专业学位研究生教育质量保障关键问题研究》获得国家高等教育学会第九次高等教育科学研究优秀成果奖。

课题研究。中国学位与研究生教育学会课题包括"学术型学位研究生教育改革与制度创新研究""医学研究生教育结构分析与发展规律研究""我国临床医学专业学位研究生临床实践教学评价指标体系研究""科学优化医学博士学位论文评价体系""医学研究生教育质量评价体系研究"。中国学位与研究生教育学会研究重大课题（子课题）为"基于行业需求的全日制MPH发展战略研究"。

发表论文。《临床医学（全科医学领域）硕士专业学位研究生培养现状调查》发表于"中华医学教育探索杂志"。

（医学部研究生院）

【附表】

表6-6 2016年北京大学有权授予博士、硕士学位的学科专业目录

01	哲学
0101	哲学
010101	马克思主义哲学
010102	中国哲学
010103	外国哲学
010104	逻辑学
010105	伦理学
010106	美学
010107	宗教学
010108	科学技术哲学
0101J2	*中国学（哲学与宗教）
02	经济学
0201	理论经济学
020101	政治经济学
020102	经济思想史
020103	经济史
020104	西方经济学
020105	世界经济
020106	人口、资源与环境经济学
020121	理论经济学（国家发展）
0202	应用经济学
020201	国民经济学
020202	区域经济学
020203	财政学
020204	金融学
020205	产业经济学
020208	统计学
020220	应用经济学（风险管理与保险学）
020221	应用经济学（农村转型经济学）
0202J2	*中国学（经济与管理）
03	法学
0301	法学
030101	法学理论
030102	法律史
030103	宪法学与行政法学
030104	刑法学
030105	民商法学
030106	诉讼法学
030107	经济法学
030108	环境与资源保护法学
030109	国际法学
030120	法学（知识产权法）
030121	*法学（商法）

（续表）

030122	＊法学（国际经济法）	0502	外国语言文学
030123	＊法学（财税法学）	050201	英语语言文学
0302	政治学	050202	俄语语言文学
030201	政治学理论	050203	法语语言文学
030202	中外政治制度	050204	德语语言文学
030203	科学社会主义与国际共产主义运动	050205	日语语言文学
030204	＊中共党史	050206	印度语言文学
030206	国际政治	050207	西班牙语语言文学
030207	国际关系	050208	阿拉伯语语言文学
030208	外交学	050210	亚非语言文学
030221	政治学（国际政治经济学）	050211	外国语言学及应用语言学
030222	政治学（中国政治）	0503	新闻传播学
030223	政治学（比较政治学）	050301	新闻学
0303	社会学	050302	传播学
030301	社会学	0501J2	＊中国学（文学与文化）
030302	人口学	06	历史学
030303	人类学	0601	历史学
030320	＊社会学（老年学）	060100	考古学
030322	＊社会学（女性学）	0602	中国史
0305	马克思主义理论	060200	中国史
030501	马克思主义基本原理	060201	史学理论及史学史
030502	马克思主义发展史	060202	历史地理学
030503	马克思主义中国化研究	060203	＊历史文献学
030504	国外马克思主义研究	060204	专门史
030505	思想政治教育	060205	中国古代史
030506	中国近现代史基本问题研究	060206	中国近现代史
0301J2	＊中国学（法律与社会）	0603	世界史
0302J2	＊中国学（政治与国际关系）	060300	世界史
04	教育学	060301	世界史
0401	教育学	0602J2	＊中国学（历史与考古）
040101	教育学原理	07	理学
040106	高等教育学	0402	心理学
040110	教育技术学	040201	基础心理学
0403	体育学	040202	＊发展与教育心理学
040301	＊体育人文社会学	040203	应用心理学
05	文学	040220	＊心理学（临床心理学）
0501	中国语言文学	0701	数学
050101	文艺学	070101	基础数学
050102	语言学及应用语言学	070102	计算数学
050103	汉语言文字学	070103	概率论与数理统计
050104	中国古典文献学	070104	应用数学
050105	中国古代文学	0702	物理学
050106	中国现当代文学	070201	理论物理
050108	比较文学与世界文学	070202	粒子物理与原子核物理
050120	中国语言文学（中国民间文学）	070203	原子与分子物理

（续表）

070204	等离子体物理		071007	遗传学
070205	凝聚态物理		071009	细胞生物学
070206	*声学		071010	生物化学与分子生物学
070207	光学		071011	生物物理学
0703	化学		071020	生物学（生物信息学）
070301	无机化学		071021	生物学（生物技术）
070302	分析化学		071022	生物学（分子医学）
070303	有机化学		0712	科学技术史
070304	物理化学		071200	科学技术史
070305	高分子化学与物理		0713	生态学
070320	化学（化学生物学）		071300	生态学
070321	化学（应用化学）		0714	统计学
070322	化学（化学基因组学）		071400	统计学
0704	天文学		0801	力学
070401	天体物理		080101	一般力学与力学基础
0705	地理学		080102	固体力学
070501	自然地理学		080103	流体力学
070502	人文地理学		080104	工程力学
070503	地图学与地理信息系统		080123	力学（先进材料与力学）
070520	地理学（环境地理学）		0809	电子科学与技术
070521	地理学（历史地理学）		080901	物理电子学
070523	*地理学（城市与区域规划）		080902	电路与系统
070524	*地理学（景观设计学）		080903	微电子学与固体电子学
0706	大气科学		080904	电磁场与微波技术
070601	气象学		080921	电子科学与技术（量子电子学）
070602	大气物理学与大气环境		0812	计算机科学与技术
070620	大气科学（气候学）		081201	计算机系统结构
070621	大气科学（物理海洋学）		081202	计算机软件与理论
0708	地球物理学		081203	计算机应用技术
070801	固体地球物理学		081220	计算机科学与技术（智能科学与技术）
070802	空间物理学		0830	环境科学与工程
0709	地质学		083001	环境科学
070901	矿物学、岩石学、矿床学		083002	环境工程
070902	地球化学		083020	环境科学与工程（环境健康）
070903	古生物学与地层学		0831	生物医学工程
070904	构造地质学		083100	生物医学工程
070905	第四纪地质学		1001	基础医学
070920	地质学（材料及环境矿物学）		100126	基础医学（系统生物医学）
070921	地质学（石油地质学）		1007	药学
0710	生物学		100701	药物化学
071001	植物学		100702	药剂学
071002	动物学		100703	生药学
071003	生理学		100704	药物分析学
071005	*微生物学		100706	药理学
071006	神经生物学		100720	药学（化学生物学）

（续表）

100721	药学（临床药学）		100125	基础医学（医学细胞生物学）
0701J3	数据科学（数学）		1002	临床医学
0714J3	数据科学（统计学）		100201	内科学（传染病）
0812J3	数据科学（计算机科学与技术）		100201	内科学（风湿病）
1004J3	数据科学（公共卫生与预防医学）		100201	内科学（呼吸系病）
0402J4	整合生命科学（心理学）		100201	内科学（内分泌与代谢病）
0702J4	整合生命科学（物理学）		100201	内科学（肾病）
0703J4	整合生命科学（化学）		100201	内科学（消化系病）
0710J4	整合生命科学（生物学）		100201	内科学（心血管病）
0702J5	纳米科学与技术（物理学）		100201	内科学（血液病）
0703J5	纳米科学与技术（化学）		100202	儿科学
0801J5	纳米科学与技术（力学）		100203	老年医学
0809J5	纳米科学与技术（电子科学与技术）		100204	神经病学
0831J5	纳米科学与技术（生物医学工程）		100205	精神病与精神卫生学
08	工学		100206	皮肤病与性病学
0801	力学		100207	影像医学与核医学
080120	力学（生物力学与医学工程）		100208	临床检验诊断学
080121	力学（力学系统与控制）		100209	*护理学
080124	力学（能源与资源工程）		100210	外科学（骨外）
080125	力学（航空航天工程）		100210	外科学（泌尿外）
0810	信息与通信工程		100210	外科学（普外）
081001	通信与信息系统		100210	外科学（神外）
081002	信号与信息处理		100210	外科学（胸心外）
0811	控制科学与工程		100210	外科学（整形）
081101	*控制理论与控制工程		100211	妇产科学
0813	建筑学		100212	眼科学
081302	*建筑设计及其理论		100213	耳鼻咽喉科学
0816	测绘科学与技术		100214	肿瘤学
081602	摄影测量与遥感		100215	康复医学与理疗学
0827	核科学与技术		100216	运动医学
082703	核技术及应用		100217	麻醉学
0835	软件工程		100218	*急诊医学
083500	软件工程		100231	全科医学
0835J3	数据科学（软件工程）		100232	重症医学
10	医学		100233	临床病理学
1001	基础医学		100234	*医学信息学
100101	人体解剖与组织胚胎学		100235	*临床研究方法学
100102	免疫学		1003	口腔医学
100103	病原生物学		100301	口腔基础医学
100106	放射医学		100320	牙体牙髓病学
100120	病理学		100321	牙周病学
100121	病理生理学		100322	儿童口腔医学
100122	基础医学（人体生理学）		100323	口腔黏膜病学
100123	基础医学（医学生物化学与分子生物学）		100324	口腔预防医学
100124	基础医学（医学神经生物学）		100325	口腔颌面外科学

(续表)

编号	名称	编号	名称
100326	口腔颌面医学影像学	025400	*国际商务硕士
100327	口腔修复学	025500	*保险硕士
100329	口腔正畸学	025700	*审计硕士
1004	公共卫生与预防医学	035101	*法律硕士（非法学）
100401	流行病与卫生统计学	035102	*法律硕士（法学）
100402	劳动卫生与环境卫生学	035200	*社会工作硕士
100403	营养与食品卫生学	045101	教育管理
100404	儿少卫生与妇幼保健学	045300	*汉语国际教育硕士
100405	卫生毒理学	045400	*应用心理硕士
1004Z1	全球卫生学	055101	*英语笔译
1006	中西医结合	055105	*日语笔译
100601	*中西医结合基础	055106	*日语口译
100602	中西医结合临床	055200	*新闻与传播硕士
1011	护理学	065100	*文物与博物馆硕士
101120	护理学（临床护理学）	085204	*材料工程
1001J4	整合生命科学（基础医学）	085208	*电子与通信工程
1002J4	整合生命科学（临床医学）	085209	*集成电路工程
12	管理学	085211	*计算机技术
1201	管理科学与工程	085212	*软件工程
120100	管理科学与工程	085237	*工业设计工程
1202	工商管理	085239	*项目管理
120201	会计学	085271	电子与信息
120202	企业管理	085273	生物与医药
1204	公共管理	095300	*风景园林硕士
120401	行政管理	105101	内科学
120402	社会医学与卫生事业管理	105102	儿科学
120403	教育经济与管理	105104	神经病学
120404	*社会保障	105105	精神病与精神卫生学
120421	公共管理（公共政策）	105106	皮肤病与性病学
120422	*公共管理（发展管理）	105107	影像医学与核医学
1205	图书馆、情报与档案管理	105108	临床检验诊断学
120501	图书馆学	105109	外科学
120502	情报学	105110	妇产科学
120520	图书情报与档案管理（编辑出版学）	105111	眼科学
13	艺术学	105112	耳鼻咽喉科学
1301	艺术学理论	105113	肿瘤学
130100	艺术学理论	105114	康复医学与病理学
1303	戏剧与影视学	105115	运动医学
130300	*戏剧与影视学	105116	麻醉学
1304	美术学	105117	急诊医学
130400	*美术学	105126	中西医结合临床
20	专业学	105127	全科医学
025100	*金融硕士	105128	临床病理学
025200	*应用统计硕士	105200	口腔医学
025300	*税务硕士	105300	*公共卫生硕士

(续表)

105400	*护理硕士
105500	*药学硕士
125101	*工商管理硕士
125102	*高级管理人员工商管理硕士
125200	*公共管理硕士
125300	*会计硕士

125600	*工程管理硕士
135102	*戏剧（歌剧艺术）
135105	*广播电视
135107	*美术
备注：	*硕士学位授权点

（研究生院、医学部研究生院）

表6-7　2016年北京大学优秀博士学位论文（100篇）

序号	院系	作者	专业	论文题目	导师
1	数学科学学院	沈伟明	基础数学	几何偏微分方程在奇异区域中的边界行为	韩　青
2	数学科学学院	江文帅	基础数学	Bergman核与截面曲率L^2估计	田　刚
3	数学科学学院	蒋智超	概率论与数理统计	主分层作用的可识别性及替代指标的评价	耿　直
4	数学科学学院	樊玉伟	计算数学	矩方法在气体动理学中的发展与应用	李　若
5	物理学院	张从尧	天体物理	星系团并合及其对大尺度结构形成的启示	于清娟
6	物理学院	张云济	气象学	一次中尺度强对流雷暴天气的可预报性分析	孟智勇
7	物理学院	杨少丹	粒子物理与原子核物理	Belle实验中Y（1？？/2？？）衰变至粲夸克偶素过程的研究	班　勇
8	物理学院	曹远胜	凝聚态物理	生物系统中的非平衡态热力学	王宏利
9	物理学院	邢　颖	凝聚态物理	二维超导薄膜和新拓扑材料的电输运特性研究	王　健
10	物理学院	郭　静	凝聚态物理	表面水的高分辨成像、谱学和核量子效应研究	江　颖
11	物理学院	王晨旭	核技术及应用	离子辐照引起的MAX相金属陶瓷中相变过程及氦泡形成机理研究	王宇钢
12	物理学院	耿基伟	光学	双色光场作用下原子电离动力学的理论研究	彭良友
13	物理学院	韩　浩	理论物理	重夸克偶素唯象学在pp和pA对撞中的研究	赵光达
14	化学与分子工程学院	顾　均	无机化学	铂基和钌基纳米材料的结构调控及催化性质研究	张亚文
15	化学与分子工程学院	刘振兴	有机化学	基于卡宾的成环和插入反应研究	王剑波
16	化学与分子工程学院	肖先金	分析化学	低丰度基因突变的高灵敏、快速检测方法研究	赵美萍
17	化学与分子工程学院	窦锦虎	有机化学	有机场效应晶体管材料的结构与性能关系研究	裴　坚
18	化学与分子工程学院	郝　伟	有机化学	C(sp3)-X键形成反应探索及环戊二烯-膦配体的应用	席振峰
19	化学与分子工程学院	杜　然	物理化学	碳基三维自支撑多孔材料的制备与应用研究	张　锦
20	化学与分子工程学院	纪清清	物理化学	二维过渡金属硫化物的化学气相沉积方法	刘忠范
21	化学与分子工程学院	马志勇	高分子化学与物理	多色荧光转换与响应分子的设计、合成和性能	贾欣茹
22	化学与分子工程学院	成　波	化学（化学生物学）	基于代谢聚糖标记策略的活细胞表面唾液酸生物学调控	陈　兴
23	化学与分子工程学院	蔡　康	化学（应用化学）	杂环并苯酰亚胺体系：合成、光电性质和聚集行为的研究	赵达慧
24	生命科学学院	白冬梅	生物化学与分子生物学	hCINAP调控18SrRNA剪切及肿瘤细胞生长的机制研究	郑晓峰
25	生命科学学院	郭红山	细胞生物学	人类早期胚胎及原始生殖细胞中基因表达的表观遗传学调控	汤富酬
26	生命科学学院	李显龙	细胞生物学	通过单细胞功能和RNA-Seq转录组分析追踪小鼠胚胎造血干细胞的形成	汤富酬
27	地球与空间科学学院	刘　乐	古生物学与地层学	华南中晚泥盆世石松和种子植物的研究	王德明
28	地球与空间科学学院	程　丰	构造地质学	柴达木盆地构造及其与周缘造山带关系研究	郭召杰
29	地球与空间科学学院	曹　曦	地质学（材料及环境矿物学）	纳米纤维矿物模板制备多孔炭、二氧化硅及其电化学性能研究	传秀云

（续表）

序号	院系	作者	专业	论文题目	导师
30	地球与空间科学学院	孙为杰	空间物理学	地球和水星磁层亚暴过程研究	傅绥燕
31	心理学系	吴 琼	基础心理学	注意控制的神经机制：显著性与自上而下加工的整合	吴艳红
32	新闻与传播学院	崔 凯	传播学	分群方法及其建构逻辑研究	刘德寰
33	中国语言文学系	孙 顺	语言学及应用语言学	原始闽北语的重新构拟及演变	王洪君
34	中国语言文学系	白惠元	中国现当代文学	英雄变格：孙悟空与现代中国的自我超越	陈晓明
35	中国语言文学系	王学强	文艺学	《四库全书总目》文学思想研究	王岳川
36	历史学系	陈春晓	专门史	伊利汗国的中国文明——以移民、使者和物质交流为中心	荣新江
37	历史学系	马清源	中国史	构拟与再造——基于经学视角之"鲁礼"相关问题研究	桥本秀美
38	历史学系	刘 晨	中国史	太平天国统治区民变研究	郭卫东
39	考古文博学院	黎海超	考古学	资源与社会：以商周时期铜器流通为中心	徐天进
40	哲学系	于文博	中国哲学	马一浮经学思想研究	陈 来
41	哲学系	陈睿超	中国哲学	北宋道学的易学哲学基础	杨立华
42	哲学系	杨 莎	科学技术哲学	植物分类体系在美国：自然、知识与生活世界（1730年代—1860年代）	刘华杰
43	国际关系学院	顾 全	国际关系	关于大陆强国"海上制衡行为"的理论研究——以1888—1914年的德国海军扩张为案例	梅 然
44	光华管理学院	张 红	国民经济学	企业内部劳动市场的实证研究	周黎安
45	光华管理学院	潘 珊	国民经济学	中国经济的双重结构转型——非平衡增长、财政政策与开放贸易	龚六堂
46	法学院	邹兵建	刑法学	论刑法学中的反事实思维问题	陈兴良
47	法学院	郭 晶	诉讼法学	刑事诉讼进程调控机制研究	陈永生
48	法学院	侯 卓	经济法学	税法的分配功能研究	刘剑文
49	信息管理系	周 亚	图书馆学	美国图书馆学教育思想研究（1883~1957）	王子舟
50	社会学系	付 伟	社会学	许村家纺：工业化的乡土逻辑	刘爱玉
51	政府管理学院	赵 源	行政管理	地方政府人力资源管理系统与政府绩效关系研究	肖鸣政
52	政府管理学院	黄敬理	政治学理论	新中国国家认同构建途径研究——基于唐山地区的历史事实分析（1949—1954）	关海庭
53	外国语学院	张忞煜	印度语言文学	从格比尔到"格比尔"——印度思想史案例研究	姜景奎
54	马克思主义学院	路 宽	马克思主义基本原理	五四时期陈独秀与胡适思想比较研究	孙熙国
55	艺术学院	唐璐璐	艺术学理论	文化遗产保护与旅游开发的协调机制研究——基于比利时布鲁日案例	叶 朗
56	信息科学技术学院	高睿鹏	计算机系统结构	基于环境地标的室内定位与平面图构建技术研究	丛京生
57	信息科学技术学院	付梦琦	物理电子学	砷化铟纳米线及其场效应晶体管的电学特性研究	陈 清
58	信息科学技术学院	孟 博	微电子学与固体电子学	基于柔性材料的微型摩擦发电机及其应用研究	张海霞
59	信息科学技术学院	王天宇	信号与信息处理	认知无线电网络中频谱感知与频谱接入技术研究	宋令阳
60	信息科学技术学院	王晨光	计算机软件与理论	融合知识图谱的文本异构信息网络研究	张 铭
61	信息科学技术学院	徐 畅	计算机科学与技术（智能科学与技术）	多视角学习中视角性质的研究	许 超
62	国家发展研究院	龚雅娴	金融学	金融市场中的流动性及流动性监管	巫和懋
63	教育学院	张 恺	教育经济与管理	城乡背景给高校毕业生带来了什么？——基于就业差异的实证研究	岳昌君
64	工学院	刘罗勤	流体力学	粘性可压缩外流升阻力的统一理论基础	苏卫东
65	工学院	夏 威	力学（先进材料与力学）	金属-有机骨架衍生纳米材料制备及电化学应用	邹如强

(续表)

序号	院系	作者	专业	论文题目	导师
66	工学院	张顺洪	力学（先进材料与力学）	基于轻质元素的新材料模拟设计研究	王前
67	工学院	付际	固体力学	基于压电悬臂梁的材料力学性能在位表征方法研究	李法新
68	工学院	郑恩昊	一般力学与力学基础	基于电容传感的人体运动意图识别及在穿戴式机器人中的应用	王启宁
69	城市与环境学院	郝倩	自然地理学	中国北方林草交错带主要树种末次冰盛期的分布及冰后期迁移	刘鸿雁
70	城市与环境学院	王旭辉	自然地理学	中国水稻生态系统对环境变化的响应——ORCHIDEE-crop模型的开发、校准和应用	朴世龙
71	城市与环境学院	郭琪	人文地理学	中国制造业出口多样化及其空间动态演化研究	贺灿飞
72	环境科学与工程学院	代超	环境科学	湖泊流域水资源系统水量—水质时空优化调控研究	郭怀成
73	环境科学与工程学院	刘俊	环境科学	京津冀地区大气污染减排与健康效益	朱彤
74	分子医学研究所	章婷	细胞生物学	RIP3-CaMKII信号通路对心肌细胞坏死的调节作用的研究	肖瑞平
75	分子医学研究所	程强	生物学（生物技术）	siRNA递送系统的探索研究	梁子才
76	医学部	万军虎	人体解剖与组织胚胎学	乙酰转移酶PCAF介导的EZH2乙酰化修饰调控其蛋白稳定性并促进肺腺癌的进展	张宏权
77	医学部	黄斌	药物化学	天然产物pallavicinin和neopallavicinin及pallambinsC和D的全合成研究	贾彦兴
78	医学部	唐从辉	药物化学	叠氮参与的氮化反应研究及氮化试剂探索	焦宁
79	医学部	张博	化学生物学	基于基因密码子扩展的蛋白质药物升级换代新方法	周德敏
80	医学部	陈章健	劳动卫生与环境卫生学	纳米二氧化钛食用安全性研究—遗传毒性、心血管系统效应以及对葡萄糖稳态的影响	贾光
81	医学部	李雪娟	儿科学	补体、WAVE1以及survivin分子在足细胞的表达及作用机制	丁洁
82	医学部	李亚丽	皮肤病与性病学	疣状瓶霉、黑曲霉的分子系统学及药物敏感性研究	李若瑜
83	医学部	洪瑛瑛	口腔组织病理学	牙源性角化囊性瘤囊壁成纤维细胞对其局部侵袭性调控作用的研究	李铁军
84	医学部	李宏田	流行病与卫生统计学	中国剖宫产现状及剖宫产与儿童贫血关联研究	刘建蒙
85	医学部	梁会	病理学	PTEN新亚型蛋白PTENα的鉴定及其功能研究	尹玉新
86	医学部	夏丹	免疫学	MARCH2调控细胞自噬的机制探讨	陈英玉
87	医学部	颜若蓉	生物化学与分子生物学	SCFJFK是ING4的E3泛素连接酶和乳腺癌血管新生和转移的强力促进因子	尚永丰
88	医学部	王琦	生药学	中药复方葛根芩连汤的体内代谢研究	叶敏
89	医学部	曾凡	药剂学	功能化长春新碱达沙替尼脂质体的构建及其抗侵袭性乳腺癌的研究	吕万良
90	医学部	刘珏	流行病与卫生统计学	2010—2012年中国农村备孕夫妇乙肝表面抗原和e抗原血清流行病学及与早产关系的研究	刘民
91	医学部	庞韵	内科学（肾病）	C1q抗原表位及其自身抗体在狼疮性肾炎发病中的意义	赵明辉
92	医学部	王辰	内科学（肾病）	高迁移率族蛋白1在抗中性粒细胞胞浆抗体相关血管炎发病机制中的研究	陈旻
93	医学部	孟庆阳	运动医学	利用骨髓间充质干细胞亲和多肽修饰生物支架进行软骨组织再生及修复的实验研究	敖英芳
94	医学部	谢尚	口腔颌面外科学	A型肉毒毒素抑制口腔颌面部腺体分泌过多性疾病的研究	蔡志刚
95	医学部	李虹	口腔修复学	半透明性与人体微动对口内三维扫描数据质量的影响	吕培军

（续表）

序号	院系	作者	专业	论文题目	导师
96	医学部	刘海洋	生物化学与分子生物学	MyosinIII 的生物化学与结构生物学研究	张明杰
97	医学部	冯莉舒	口腔正畸学	牙周膜前体细胞参与牙周膜改建及正畸复发的机制研究	周彦恒
98	医学部	张嵩阳	人体生理学	脂肪细胞作为抗原提呈细胞促进脂肪组织炎症发生及肾上腺髓质素2的保护作用	王宪
99	医学部	张瑞阳	病原生物学	双 gRNA 导向的 CRISPR/Cas9 系统整合 RNAi 技术促进 HBVcccDNA 清除	鲁凤民
100	医学部	邓丽娟	肿瘤学	乙型肝炎病毒相关弥漫大 B 细胞淋巴瘤的临床病理特征分析和发病机制的初步研究	朱军

（研究生院、医学部研究生院）

继续教育

【组织机构】 继续教育部是负责统筹、协调、组织和管理北京大学全校成人、继续教育工作的机构，代表学校统筹安排和管理继续教育工作，并代表学校与校外单位洽谈或签署开办继续教育的协议。继续教育部下设综合管理办公室、学历教育办公室、非学历教育办公室、教学管理与研究办公室四个科室。2016年，部门职员总数为21人，其中事业编制12人，劳动合同制8人，离退休返聘2人。部门设部长1人，副部长2人。刘力平任部长，杨学祥、刘广送任副部长。

医学部继续教育处负责统筹管理毕业后医学教育和继续医学教育，下设住院医师规范化培训办公室和继续教育办公室。

【成人高等学历教育年度概况】 2016年，北京大学成人高等学历教育继续保持平稳发展态势。成人业余教育方面，2016年教育部下达招生计划总计2507人，招生层次均为专科起点本科，其中校本部招生计划为2007人，实际招生录取1979人；医学部招生计划为500人，实际招生录取466人。网络教育方面，2016年校本部全年招生总计5598人，其中春季招生1522人，秋季招生4076人。2016年成人业余教育毕业生总计1898人，均为专科起点本科学历。网络教育毕业生总计4137人，其中高中起点本科54人，专科起点本科3648人，高中起点专科435人。2016年授予成人高等教育学士学位共3092人，其中业余教育学生1208人，网络教育学生1174人，自学考试学生710人。

2016年6月3日学校第895次校长办公会决定，自2018年起全面停止校本部网络学历教育、夜大学和自学考试招生。继续教育部积极落实学校部署，认真推进学历继续教育收尾工作，开展广泛调研，研究应对预案，做好衔接沟通，稳步渐进实施。

【进修教师与访问学者】 2015—2016年度，校本部接收来自全国兄弟院校、科研单位的进修访学人员共计383人，其中进修教师75人，访问学者308人。其中，中央部委的"西部之光"项目访问学者8人，西藏少数民族访问学者4人，新疆少数民族访问学者8人，第二炮兵政治部委培教员11人。6月3日召开2016年访问学者、进修教师表彰会暨科研成果交流会，为76位获得科研成果奖的教师颁发证书，共39篇论文入选《北京大学学报——北京大学国内访问学者、进修教师论文专刊》。2016—2017年度，共接收386位进修访学教师，其中进修教师91人，访问学者295人。

2015—2016学年度，医学部接收秋季访问学者98名，于2016年6月30日完成培训工作，有12名国内访问学者取得的成果已发表。2016年春季接收访问学者161名，有160名学员于12月底结业，有3名学员的优秀成果发表于中文核心期刊。2016年秋季接收访问学者80人，各二级单位接收北京市学科骨干28名。同时，医学部各二级单位举办的各类单科进修班、零散进修以及北京大学对口支援新疆教育厅新疆汉语骨干教师进修培养项目、西藏大学进修教师进修培养项目、新疆医科大学青年教师进修培养项目等，举办单科进修班253班次，培训人员2152人，零散进修1488人。

【自学考试工作】 北京大学作为主考院校主持北京市计算机及应用、心理学、法律（律师）、日语、人力资源管理、护理学共六个专业以及政治公共课考试的命题、网上阅卷、非笔试课程组考、本科段学生的毕业论文指导与答辩工作，负责自学考试日常咨询、毕业生材料审核、毕业证书副署公章、本科毕业生学位证书制作与发放等工作。2016年完成159门课程57,639科次的阅卷任务；完成31门非笔试课程、9298科次的组考、报考、评分以及成绩登录复核工作；完成独立本科段毕业论文指导答辩11个科次，本科段毕业论文指导答辩1152科次；完成考生学位资格审核与学位授予工作，共授予710名自考学生学士学位，涉及法学、理学、管理学、经济学以及文学学位。北京大学在广东省承办法律、计算机、工商企业管理、行政管理4个专业主考工作，2016

年获得北京大学相关学科学士学位的本科毕业生共4人。

【北京市成人继续教育比赛参赛情况】 北京大学积极参加北京市举办的各类成人继续教育比赛，近年来在北京市成人英语口语竞赛、继续教育大学生计算机应用竞赛、继续教育优秀教学团队评比中多有斩获。在2016年举办的北京高校继续教育大学生计算机设计应用竞赛中，北京大学荣获编程算法组和app设计开发组两个组别的一等奖，以及优秀指导教师奖、竞赛优秀组织奖等奖项。

【非学历继续教育培训】 非学历教育是北京大学继续教育的重要组成部分，是学校继续教育发展新的增长点。北京大学充分发挥学科力量、师资队伍、科研能力等优势，以加强人力资源建设为导向，主要面向党政人才队伍、企业经营管理人才队伍、专业技术人才队伍开展高端教育与培训。特别是在当前国家规范干部教育培训的新形势下，各办学单位调整办学定位和思路，培训项目和培训人数总体保持稳定。2016年，全校共有30个办学单位举办各类非学历继续教育，共立项1014个项目；结业班次947个，结业学员56,422人，其中2016年立项并结业项目751个，结业人数为45,487人，2013—2015年立项、2016年结业项目为196个，结业人数为10,935人。

2016年11月，继续教育部启动《北京大学非学历继续教育管理办法》修订工作，根据办学定位与发展形势的变化调整非学历继续教育办班形式、财务管理、结业申报等环节，相关工作将于2017年春季完成。

【规范领导干部培训项目】 2016年4月，《北京大学关于严格规范举办领导干部参加的培训项目有关事项的事实细则》（校发〔2016〕78号）印发，进一步明确面向社会的培训项目一律不准招收领导干部，涉及领导干部的培训项目必须受各级组织人事部门委托，受委托的干部教育培训项目一律不得与社会培训机构联合举办。

【非学历继续教育监管】 实施"管办分离"管理体制改革后，北京大学持续推进继续教育办学监管与质量保障工作，落实高校"两个主体"责任，深化全面质量管理体系建设。2016年，继续教育部根据学校总体安排开展内部控制审查，联合审计室、国际合作部、财务部等部门进一步梳理工作思路，调整管理流程，防范办学风险，特别对涉外培训项目管理、培训学费分配管理等事项进一步明确。

2016年，继续教育系统延续十八届四中、五中全会以来规范领导干部参加社会化培训事宜的整体态势，进一步加大查处违纪违规问题力度。特别是联合学校纪委办公室监察室、校办督查室、法律顾问办公室、财务部、审计室、房地产管理部等部门，对继续教育办学过程中发现的特殊问题、重点问题进行专项监督、检查和处理。

【继续教育信息化建设】 2016年，北京大学继续教育系统持续推进教学与管理信息化建设，不断提升教育教学效果与管理服务水平。系统平台方面，学校在远程教育软硬件方面持续投入，建立并完善移动学习系统，搭建集报名、缴费、学习、辅导、讨论、作业为一体的一站式网络教育平台，为学习者创设个性化、泛在式学习环境。系统性能方面，持续优化接入带宽与系统算法，提升远程访问时的接入并发能力，为大规模视频答疑直播提供支持，受到学生广泛好评。

2016年，经过需求调研、项目论证、系统设计和开发等环节，正式上线"新一代北京大学继续教育管理信息系统"，逐步解决数据统计自动化程度低、审批流转时效性差等问题。同时为了促进继续教育系统相关人员之间的沟通交流，新系统将引入社交网络的设计理念，融合门户网站、信息管理系统、短信平台、微信公众号、微信群等平台，为分散的人员提供集中讨论与交流的平台，促进沟通与共融。

【课题研究】 继续教育部牵头教育部《高校继续教育质量保障体系研究》课题立项，参加单位包括继续教育部、继续教育学院、教育学院。课题负责人：高松，主要参与人员：刘力平，章政，杨学祥，尚俊杰，郭文革。项目拟于2017年6月结题。

继续教育部参与中国高等教育学会高等教育科学研究"十三五"规划课题《高等学校继续教育职能转变与教育治理》，课题负责人：杨学祥。主要研究人员：张魁元，张晓东。

继续教育部完成北京大学教育研究一般课题《高等学校继续教育社会服务机制研究》，课题负责人杨学祥，主要研究人员张魁元。

继续教育部完成北京大学教育研究一般课题《继续教育校友资源开发对北大经费和资源支持研究》，课题负责人刘广送，主要研究人员胡鹏。

医学部继续教育处参加国家卫生计生委《中国继续医学教育指南》课题研究，与国家卫生发展中心共同承担药学专业的继续教育指南的研究。

由北京大学医学部继续教育处负责、上海交通大学医学院继续教育学院等六家高校组成课题组，联合申请的"金砖国家继续医学教育制度比较研究"被中华医学会医学教育分会、中国高等教育学会医学教育专业委员会批准为"2016年度医学教育研究立项课题"。

2016年医学部继续教育研究课题共收到9家单位申报的课题22项，经评审最终立项课题12项，结题11项。

2016年，继续教育学院完成北京大学教育研究重点课题《世界一流大学继续教育发展及其对北京大学的启示研究》，12月顺利结题。该课题全面考察世界排名前20位的大学继续教育的发展现状，分世界一流大学继续教育发展的内涵、要素、基本特点和规律，结合北京大学的实际，比较借鉴世界一流大学继续教育经验，探讨北京大学继续教育发展的启示。课题负责人：关海庭，项目研究人员：章政、舒忠飞、张玫玫、卢海娣。

继续教育学院参与教育部《高校继续教育质量保障体系研究》课题，完成《境外一流大学学校内部继续教育质量保证研究中期报告》。

2016年12月28日，代表北京大学中标《全国中小学教师信息技术应用能力提升工程课程资源建设项目》，中标学科为初中数学学科、初中历史与社会学科、初中化学学科。项目旨在贯彻落实国家教育信息化总体要求，充分发挥"三通两平台"效益，为各地实施"全国中小学教师信息技术应用能力提升工程"提供优质培训课程资源。

（继续教育部）

继续教育学院

【发展概况】 继续教育学院下设综合办公室、市场开拓办公室、对外合作办公室、教学研究办公室、教学管理办公室、技术保障办公室、总务办公室、圆明园校区管理办公室八个办公室和企业培训中心、网络培训中心两个内设中心。继续教育学院共有员工159人，其中劳动合同制员工133人，事业编制19人，劳务协议7人。

继续教育学院领导班子成员组成和调整情况如下：继续教育学院设院长、总支书记各1名，设副院长4名，设总支副书记1名（副院长兼）。期间，原院长关海庭、常务副院长张虹退休，章政任学院院长。

【业余教育情况】 2016年，聘请师资共计54人次，实施夜大学2个年级、6个专业、2个学期的教学计划。新建英语专业，2017年招生。

2016年社工工作专业6门课程采用网络教学方式。

【网络学历教育情况】 教学情况。网络学历教育2016春开设课程461门，2016秋季开设课程493门。2016春季更新网络学历教育9门课程。共聘请174名助教老师承担了283门课程的教学辅导支持工作，共组织网络学历教育考试4次。

获奖情况。根据《教育部办公厅关于公布第一批"国家级精品资源共享课"名单的通知》（教高厅函〔2016〕54号），经过4年建设和应用，学院五门网络课程《微观经济学》《财政学》《中国现代文学名著导读》《线性代数》《行政管理学》被教育部确定为国家级精品资源共享课。

【面授培训】 师资管理与教学。共建师资队伍559人，其中新建设师资队伍110人，常用师资60人。师资建设实现ABC角的教学后备和应急机制。完成375个班的课程和师资安排。

新研发包括理想信念教育、法律、创业创新、反腐、国土相关、一带一路、互联网＋、工业4.0、投融资、扶贫开发与新型城镇化、中国企业走出去、传媒和文化产业等10多个热点专题课程体系。全年完成3400课次，录制50余门高端培训网络视频课程。

完成一系列重点项目师资和课程建设，包括中组部司局级干部培训专题班、教育部干部选学项目和省校合作班等一系列重点项目课程建设。

质量管理。完善和执行培训全过程的质量监督机制、教学顾问制度、学员教学问卷质量调查，对数十位老师进行随堂听课和评估，做到教学评估及时反馈，增进教学质量提升。

【中小学教师混合式培训项目】 项目实施情况。1. 国培项目。共开展"国培计划"中西部远程培训、示范性远程培训、示范性集中培训总计24个项目，涉及河南、贵州、云南、内蒙古等六个省市，培训学员54,594人。2. 高端面授培训项目。开办新疆博州名师培养工作室主持人研修班、2016年广州市首批百佳班主任研修班、江西省南昌市教育系统干部理论学习培训班、浙江省台州市第一中学高中语文教师能力提升研修班，共培训学员242名。

课程与师资。涉及幼儿园、中小学义务教育阶段和高中阶段27个学科157名专家，其中新建设师资队伍84人，常用师资73位。新建视频资源数603个，共计643学时，涉及15个学科。其中，录制示范性集中面授课程153学时，录制线下面授课程26学时，生成性课例资源464学时。

教学管理。根据教育部文件要求加大培训者培训、线下集中面授和送教下乡等活动，共组织12个省80个项目县的培训者培训、线下集中面授和送教下乡活动，覆盖学员人数近1.2万人次，81位教学专家参与授课环节。

新闻宣传。继续教育学院申请开通"国培燕园行"订阅号和"北京大学国培"公众服务号，发布项目新闻。

获奖情况。在2016中国国际远程与继续教育大会上，北大的5篇案例入选"中国远程与继续教育领域的优秀案例库"。张琼、张丽被授予"全国高校继教名师"称号。

【对外合作】 承办中组部、住建部、教育部人事司委托班级，为中央和国家机关干部成长做贡献。与兰州市委宣传部、桂林市委组织部签署框架协议并举办培训班，为新疆、云南等省举办培训班，服务边疆干部成长和地区团结稳定。承办哈尔滨空军飞行学院、中国人民解放军后勤学院、国务院转业军官培训中心委托培训，为国防和军队改革建设发展服务。承办石河子大学、江西科技师范大学、大连职工大学等高校和青岛实验中学、广州市越秀区教育局等中小学校长和骨干教师培训，为教育系统专业技术人才培训提供服务。

【校内合作】 在推动常规工作创新的同时，积极推动继续教育学院转型发展，加强调研，科学规划，重视轮岗、项目管理等制度配套建设。成立"院系合作项目"工作组，精准对接院系继续教育需求，在高端培训、专业硕士等领域提供增量支持服务。启动院友工作，扩大品牌知名度和美誉度。

（继续教育学院）

医学继续教育

【住院医师规范化培训】 项目概况。2016年，北京回龙观医院新纳入医学部住院医师规范化培训管理体系，使培训医院总数达到17家，国家级住院医师规范化培训基地12家；北京肿瘤医院新申请超声和核医学住院医师规范化培训基地获得批准，专业基地（包括协同基地）总数增至166个。2016年新招录住院医855名，在培住院医师总数达到3808名，其中第一阶段在培住院医师2407名，第二阶段1400名。

第一阶段考核组织工作。2016年北京市实际参加考试人数为3385名，较2015年增加400名；其中住院医师2500名，占73.9%，比2015年增加193名；研究生885名，占26.1%，比2015年增加207名。研究生理论考试合格率比住院医师高，技能考核合格率持平，总合格率高于住院医师。北医共有1288名住院医师和研究生参加考试，占考生总数的38.1%，有1127名合格，总体合格率87.5%。其中住院医师997名，869名合格，合格率87.2%；研究生291名，258名合格，合格率88.7%。

2016年，医学部联合在京4所高校共同向教育部申报了"北京市临床医学博士专业学位研究生教育综合改革试点"，尝试将博士专业学位研究生培养和专科医师规范化培训双向衔接，获得批准。医学部继续教育处与研究生院积极配合，共同做好住院医师规范化培训与临床医学硕士专业学位研究生培养、专科医师规范化培训与临床医学博士专业学位研究生培养这两个层面、双向衔接的医教协同工作。2016年北医、首医和协和2013级临床医学专业硕士研究生共885人参加了北京市住院医师规范化培训结业考试，816人合格，合格率92.2%。

第二阶段考核组织工作。今年共有来自17所医院的479名医师报名第二阶段考试，实际参加考试者432名，其中住院医师386名、外单位调入须确认北医主治医师资格者43名，在职申请博士专业学位者3名。考试科目涉及29个学科、50个专业。共有376人通过了考试，总合格率为87.0%。

承担北京市住院医师公共课程任务。受北京市卫生计生委委托，北京大学医学部开设住院医师规范化培训公共课程已经进入第六个年头，医学部继续教育处根据卫生计生委要求认真做好此项工作。2016年5月至6月共开设8次课，其中必修课3次，选修课5次。预计接纳人数6400人/次，实际报名3823人次，截至目前（12月17日）授予学分2635人次。

住院医师在职申请学位情况。根据教育部、国家卫生计生委等六部委《关于医教协同深化临床医学人才培养改革的意见》和北京市卫计委《北京市卫生和计划生育委员会关于2012级住院医师规范化培训与专业学位教育衔接试点的通知》的精神，自2014年起住院医师在培训期间可以报名参加全国统一考试，有一门合格者可以办理入学手续。2016年医学部共有226名住院医师报名考试，123名学员通过了英语测试，合格率54.4%；116名学员通过专业测试，合格率51.3%。

成立住院医师规范化培训全科医学和口腔病理学科组和考核组。根据学科发展、人才队伍建设和临床实际工作需要，医学部毕业后医学教育委员会2015年同意在住院医师规范化培训（第二阶段）增设全科医学和口腔病理专业。经各有关医院推荐，北京大学医学部毕业后医学教育办公室讨论，2016年6月10日成立了北京大学医学部住院医师规范化培训全科医学和口腔病理学科组和考核组。

【专科医师培训试点】 实施专科医师规范化培训第一批试点工作。2016年1月18日医学部召开了"2015年住院医师规范化培训（第二阶段）总结会暨专科医师规范化培训试点工作推进会"，颁发培训细则。组织专家修订登记手册和考核手册。2016年6月7日召开"医学部专科医师规范化培训研讨会"，讨论了培训登记和过程考核等有关事宜。2016年11月14日正式下发《北京大学医学部专科医师规范化培训登记和考核手册》。12月26日出台《北京大学医学部专科医师临床指导教师管理办法》，将指导教师工作量纳入绩效考核指标。目前共有85名住院医师参加第一批专科培训试点。

启动专科医师规范化培训第二批试点。2016年4月，初步确定了专科医师规范化培训第二批试点专科、专家组成员以及组长单位，包括内科3个专业，外科4个专业，妇产科、儿科、麻醉科、精神科以及口腔等10个专业。2016年5月12日医学部召开了"专科医师培训第二批试点方案制定启动会"，布置修订培训细则和考核手册等相关工作。7月和11月继续教育处分专科召开了专家论证会，广泛听取北京市有关专家意见，并根据专家意见进行修改，完成定稿。经2016年医学部毕业后医学教育工作委员会审议并通过，从2016年开始实施。

【学科骨干公共课程培训】 2016年3月，医学部继续教育处为北京市区级102名基层骨干及石家庄市20名中青年学科骨干安排了为期两周的理论课程培训讲座。

【国家级和北京市市级继续医学教育项目】 2016年国家级和市级继续医学教育项目。2016年医学部举办各类培训班共549项，共培训74,314人。其中：国家级继续医学教育项目共举办273项，培训37,916人；远程国家级继续医学教育项目180项，培训19,199人；北京市市级继续医学教育项目举办91项，培训16,410人；培训班5项，培训789人。

2016年国家级继续医学教育基地项目。2016年11家国家级继续医学教育基地共举办基地备案项目76项，培训了6019人。

申报2017年国家级和市级继续医学教育项目。申报2017年国家级继续医学教育项目621项，其中新申报国家级继续医学教育项目374项（其中远程国家级继续医学教育项目185项）；申请国家级继续医学教育备案项目181项（其中远程国家级继续医学教育备案项目94项）；国家级继续医学教育基地备案项目66项。申报2017年北京市市级继续医学教育项目127项，其中新申报北京市市级继续医学教育项目97项，申报北京市市级继续医学教育备案项目30项。

【对内继续教育活动】 基本情况。2016年医学部共申报对内继续医学教育项目总数1393项，医学部审核通过1323项，通过率为94.97%。实际举办项目数为1146项，举办率86.62%，比去年举办率93.94%有所降低。

监督审查。医学部继续教育处对各级各类继续医学教育项目进行网上监督和现场督查。审核及督查时如发现项目名称、项目编号、所授学分与申报时不一致的项目，及时反馈给有关单位予以修正。对违规授予的学分给予删除处理。

医学部在11月初抽查了7家附属医院516人。医学部7家附属医院参加了北京市继续医学教育学分审验工作，共被抽查了622人，其中医技人员362人，护理人员260人，合格的有615人，有7人不合格，合格率为98.9%。

【制订《北京大学医学部继续教育处内部控制手册》】 2016年11月制订了《北京大学医学部继续教育处内部控制手册》。从建立健全内部控制制度入手，根据内部控制规范的相关要求，系统梳理处内已有的内部控制程序包括各项业务制度、工作流程、关键控制、核心控制、财务控制等，并加以完善，规范业务流程及监督机制，明确岗位职责，强化制约，落实责任追究，形成健全有效的内部控制体系，确保医学部继续医学教育战略目标的实现和可持续发展。

【成立北京大学医学部全科医学发展研究中心】 经北京大学医学部2016年1月18日第3次部务会研究，决定成立北京大学医学部全科医学发展研究中心，挂靠在北京大学医学部继续教育处。

【出台《北京大学医学部专科医师临床指导教师管理办法》】 根据国家八部委《关于开展专科医师规范化培训制度试点的指导意见》和北京市卫计委《北京市住院医师规范化培训指导医师管理办法》文件精神，2016年12月26日出台《北京大学医学部专科医师临床指导教师管理办法》，将指导教师工作量纳入绩效考核指标。

【评优工作】 在2016年中国医师协会组织的全国"住院医师心中好老师"和"十佳住培管理者"评选活动中，北大医院吴晔荣获"住院医师心中好老师"称号、李海潮荣获"十佳住培管理者"称号。

北京市开展优秀住院医师、优秀指导教师及优秀管理人员评选活动，北京大学医学部附属医院和教学医院共有20名优秀住院医师、11名优秀指导医师和7名优秀管理人员荣获优胜奖。

（医学部继续教育处）

医学网络教育学院

【发展概况】 医学网络教育学院现有员工77人，具有本科以上学历的占80.5%；其中博士学位2人，硕士学位16人，本科学历44人。2016年3月，医学网络教育学院完成行政班子换届工作，现任院长张海澄，副院长刘虹、李秀惠。

【网络学历教育】 医学网络教育学院开设有护理学、药学、应用心理学、公共事业管理、信息管理与信息系统和卫生信息管理六个专业；办学层次有专科、专升本。2016年医学网络教育学院共有在校学员20,000余名。2015年医学网络教育学院在全国37个学习中心两季报名4756人，全年毕业生5713人，615人获得成人学士学位。

全年共开出174条教学实施计划，开出网络课程219门次。对医学部的服务也不断增强，实现全年开课10门次，受到校内大学生的好评。

2016年和北京大学人民医院开展了深度合作，开始共同开发《临床肿瘤护理》和《ICU护理》两门课程。学院组织专家教师完成了课程成果的进一步转化，在《中国护理管理杂志》上推出了特别策划栏目，刊出学院相关教师的7篇文章。学院还启动了新一轮药学专业教学计划；完成了学院专业教学计划的系统修订，重点淘汰更新了部分老旧课程，优化了选修课教学体系。2016年对学生手册、学分制教学管理办法涉及的各项教学规章制度和相关流程进行了修订完善。

2016年医学网络教育学院对全国19所校外学习中心开展评估督导工作，并在11月份召开了学习中心工作会议，对规范学习中心的管理，做好教学运营及学生支持工作做出了部署。2016年全年学院在校本部安排、组织60余门课程的面授、实验，共有近8000人次学生参加课程学习和实验。此外，还开启了OA系统的辅导员移动办公，加强了校园文化建设，有2700余名学生参与了8次校园文化活动。

全年共组织安排三次学院课程考试，全年约考30,534人次，约考116,107门次。考试平均通过率为89.07%。

【继续医学教育与培训】 2016年，根据学校要求，学院重新梳理与北京医大爱思唯尔有限公司的委托授权关系，收回医大爱思唯尔公司的"远程继续医学教育试点单位"的资质。

2016年学院共执行国家级Ⅰ类项目94项，Ⅱ类项目208项，共制作课件1480个。开发互动式课件8个约120学时。同时，申报、备案2017年国家Ⅰ类项目180项。

【资源开发】 保质保量完成学院的教学任务，本年度完成学历教育新课程开发8门，采用新方法在原有资源基础上重新整合再设计开发新课程6门。完成老课程改造10门，完成课程修改5门次。

积极支持医学部的教学工作，充分开发利用校内优质资源，汇集众多名师，开发研究生选修课翻转课堂《妇科内分泌诊疗实用技能》，与公卫学院合作应用微信开展本科选修课《身边的营养学（翻转课堂）》；支持教与学发展中心进行PBL会议的录制及示范课程录制，协助其开展青年教师培训工作；将研究生院运行已近六年的《医学研究中安全防护与相关法规》课程进行视频更新。

推进非学历培训课程开发。完成老年行业培训项目课程建设，继续充实了学院养老护理行业资源库。与北大医院、北大人民医院、北医三院合作完成三部技能操作片。全年录制非学历系列讲座600余小时。

资源中心媒体部为校内拍摄新闻近80条，编辑新闻及各类活动40余个，完成医学部毕业和开学典礼拍摄及现场网络直播工作，在线观看人数10万余人次。为医学部宣传部制作短片4部。为医学部各部处、学院拍摄活动7场，并编辑制作视频近30小时。

【内部建设】 2016年是学院建院的第16个年头，学院认真接受上级机关对学院的国有资产管理检查及北京大学的审计工作，并积极认真地进行学院公司分离的相关准备工作。同时，认真执行党的廉政建设的各项政策，要求全员都必须有合法合规的办学理念，认真贯彻执行"三严三实"的政策以及国家的政策法规。

学院整理了管理制度，并向学校提出审计申请，委托第三方进行了清产核资工作。为事企分离做出积极有效的准备。同时学院还坚持继续规范工作流程、提高沟通效率的工作。学院继续认真实行ISO质量管理，并顺利通过外部专家复评，持续保持认证资格。

【其他事项】 2016年与北京大学人民医院成立"人才共建教育基地"，借助人民医院优质师资和医疗资源，依托学院教学平台和成熟的教育模式，采用线上线下相结合的教学方式，发挥双方各自优势，对人民医院在职员工开展成人在职学历教育和非学历培训。

（医学网络教育学院）

留学生与港澳台学生教育

【留学生】 2016年10月，共有来自世界上128个国家的3584名长期外国留学生在北京大学学习。学位生共计2665人，其中本科生1528人，硕士研究生805人，博士研究生332人；非学位生共计919人，其中普通进修生792人，高级进修生23人，研究学者3人，预科生101人。2016年，还有约4100人次的短期进修生前来北京大学学习。

【南南合作与发展学院】 南南合作与发展学院是北京大学高端来华留学项目，首批共招收来自27个国家的28名硕士研究生和21名博士研究生。

【燕京学堂】 9月，燕京学堂招收第二批来自全球42个国家和地区的124名青年学子入学。

【港澳台学生】 2016—2017学年，共有1041名全日制港澳台学生在北京大学学习，其中本科生281人，硕士生559人，博士生201人。从地区分类来看，香港学生260人，澳门学生106人，台湾学生675人。

（国际合作部、港澳台办公室）

教师教学发展

【发展概况】 教师教学发展中心主要承担北京大学的教学支撑服务、教师教学能力提高和教育教学改革发展研究。中心围绕教育教学改革和提高人才培养质量，做好教学支撑服务，推进教师培训、教学咨询、教学研究等工作的常态化、制度化。方新贵任中心主任，何山、邓辉和蔡景一任中心副主任。

【新教师教学培训工作】 《北京大学关于促进教师教学发展的若干意见》发布。教师教学发展中心积极协调北京大学教务部、研究生院、人事部、党委教师工作部、教务长办公室等相关部门，多次深入研讨，起草并推动学校通过《北京大学关于促进教师教学发展的若干意见》（校发〔2016〕144号），明确教师教学发展中心在北京大学教学工作中的职责和地位。

具体培训工作开展。教师教学发展中心与北京大学人事部、党委教师工作部、教务部共同制定《北京大学新教师教学发展计划》。根据该计划，北京大学人事部、教师教学发展中心从2016年秋季学期开始，针对在校教学科研系列青年教师滚动开设系列教学培训讲座或沙龙，共四个模块96学分。截至2016年底，"模块一"已经完成，"模块二"已进行3次培训，效果良好，共计培训教师318人次。

【北大慕课（MOOCs）支持服务】 课程建设。2016年，教师教学发展中心已开展4期慕课培训，已经结束的两期共培训教师41人，助教7人。根据教师反馈、任务需求及最新研究进展，教师教学发展中心通过不断改进，提升慕课培训的质量和专业水平，已经保障新上线慕课28门，正在备课的慕课有10门左右。在整理中心近5年来录制的北大课程全程录像的基础上，规划视频转慕课项目，组织15个课程项目组，累计有50多位北大研究生、博士生参加。截至2016年底，已有8门课程在华文慕课成功上线。

华文慕课运行。华文慕课平台在2016年进行大规模的功能更新，整体跟进国际平台进展，还开发了安卓和苹果两个版本的APP。华文慕课现有课程53门，注册用户6万多，日平均访问量5000左右。

【网络教学平台】 北大教学网运行。"北大教学网"是北京大学唯一的综合性网络教学平台。根据最新统计，活动课程数为5659门。2016年度，教师教学发展中心共开展12次专题技术培训，授课36学时，上机答疑36课时，累计培训110人次，其中应北京大学燕京学堂要求，开展针对北京大学国际学生的专场培训。2016年度，教师教学发展中心安排专人接听关于北大教学网的咨询服务电话1276人次，处理邮件744封，接待师生来访11人次，保障北大教学网的正常运行。

大数据统计分析。2016年4月，为准确了解北京大学教师教学、学生学习的真实情况，教师教学发展中心组织力量对北大教学网从底层数据库提取数据，进行细致的统计分析。分析报告显示，北京大学本科课程中至少948个教师、40个院系、1057门课程、14,180名学生积极使用"北大教学网"进行辅助教学和在线学习。同时，数据表明北京大学14个院系30%以上的教师使用北大教学网，其中北京大学信息科学技术学院、信息管理系、心理与认知科学学院、马克思主义学院、经济学院的使用比列高达50%以上。

新技术和新平台的调研与试用。2016年，教师教学发展中心领导班子将网络教学平台工作由技术导向转变为应用导向，积极探索和发现新技术和新平台，以最大限度满足学校、教师、学生的需求，先后调研考察大雅相识度论文检测论文查重系统、雨课堂、"智慧树"和"泛雅"网络教学平台以及其他教学相关软件。通过不断调研和组织北京大学师生试用，陆续会有新的服务引进和向校内师生推介。

【教学媒体制作与教学资源建设】 教学媒体制作。2016年度，教师教学发展中心完成大量的媒体制作和资源建设工作，包括采用多种技术手段，共承担录制34门课程和45次专题讲座，其中包括7门院系重点课程的全程拍摄、13门东西部联盟课程直播、10门慕课、42次通识教育沙龙会议、3次青年教师教学发展培训；"北大讲座网"信息已达13,813条，视频4763个；配合教务部门申报北京市级教学名师；为化学学院、实验室与设备管理部、工会青年教工教学基本功大赛、党校、慕课等拍摄制作专题片、宣传片。

拍摄设备和手段更新。2016年度，教师教学发展中心通过修购项目，实现北京大学第2教学楼101教室高清录播系统更新升级，实现500人大教室高清视频画面录制，以及可移动式无线图像输出多路视频切播系统，已在工作中显著提升视频制作质量和工作效率。

教学资源平台考察选型。2016年，中心分别从教学资源平台的建设理念、技术架构、功能实现、资源素材、内容制作服务、投入预算和售后支持等多方面对多家企业的产品开展充分的考察和选型工作。

【教室教学环境建设】 常规建设。2016年，教师教学发展中心按计划对包括北京大学第二教学楼、第三教学楼、第一教学楼、文史楼在内的一百余间教室进行设备更新工作，共更新设备387件，其中主要包含对第二教学楼、理科教学楼、国际关系学院和政府管理学院所属的公共教室投影机的更新；所有30人以上小教室增加电脑及讲桌；理科教学楼、第一教学楼电脑更新；文史楼研讨型教室改造建设；第二教学楼、第三教学楼、理科教学楼部分教室投影屏幕更新；国际关系学院和政府管理学院所属的公共教室中控、屏幕等设备更新等。通过这些有计划的更新，使全校多媒体教室的设备运行达到一个良好的状态。

老地学楼改造。2016年，北京大学计划将老地学楼改造成为一座新型的研讨式教学楼，为此，教师教学发展中心配合此项工作进行大量的前期调研，对教学楼功能进行全面的设计，提出建设与运行预算。预计2017年上半年进行教室内部建设，9月投入使用。

教室服务水平提升。在全面解决教室的中控、显示等系统之后，2016年度，教师教学发展中心将北京大学教室整体性能提升的重点放到音频方面，组织技术力量对现有教室声场进行测量，找出声场不均等问题，并选取典型教室实地勘测设计，经实际检验后明年逐步推广到全部教室，争取全面解决教室声音问题。

【其他工作】 中心环境改造。在教师教学发展中心的积极推动下，北京大学相关部门已经基本确定对电教楼进行全面的环境改造，建设教师教学发展与师生互动交流空间。教师教学发展中心已向北京大学提交中心空间和功能需求，以期构建一个美观、舒适、功能齐全的教师服务环境。

配合本科教育开展工作。教师教学发展中心先后为北京大学教务部建设"基础学科拔尖学生培养试验计划网站"和"通识教育网站"，同时，为了配合教育部审核评估，建设"北京大学本科教学审核评估网"。

东西部高校课程共享联盟工作。2016年度，教师教学发展中心依托东西部高校课程共享联盟平台，组织6次教师教学发展培训活动，活动主题包括《创新工程实践》《艺术与审美》《军事理论》等课程教学，参加学校100余所、600多人次。

（教师教学发展中心）

科研管理

理工医科科研管理

【发展概况】 2016年度北京大学理工科在研项目3341项，医科1599项；理工医科到校科研经费29.35亿元，其中理工科到校经费24.99亿元（含深圳研究生院2.07亿元），医科到校科研经费4.36亿元。2016年度理工医科到校科研经费中，由国家财政部拨款的自然科学基金委项目和科技部主管项目到校经费分别达8.22亿和7.36亿，两项合计占理工医科到校经费总数的53%，是学校科研经费的主要来源。

2016年，理工医科在政府主导的重大基础研究和应用基础研究领域继续保持竞争优势，新批"国家重点研发计划"项目33项（含青年科学家专题2项）、课题141个，项目获批数列全国榜首。新批"创新人才推进计划"6名中青年科技领军人才、2个重点领域创新团队。

2016年，新批国家自然科学基金直接经费5.62亿元，获资助各类项目637项。其中创新研究群体（新立项）2个，创新研究群体（延续资助）5个，国家杰出青年科学基金13人，优秀青年科学基金19人，重大科研仪器设备研制专项（自由申请类）2项，重点项目38项，面上项目356项，青年科学基金项目96项，重大研究计划16项，国际合作34项。

2016年，获批教育部研究项目6项；获得北京市科技计划课题23项；获得北京市自然科学基金22项（理工科5项，医学部17项），其中重点项目3项、面上项目16项；入选北京市科技新星计划1人；获批各类行业部门科研专项69项；新增企事业单位委托项目45项。

2016年，理工医科获得国际科技合作项目45项，其中3项来自政府间国际科技创新合作重点专项，另有42项来自海外基金会、海外企业以及海外政府。

2016年，北京大学作为第一完成单位获得国家科学技术奖6项，其中自然科学二等奖4项，科技进步二等奖2项；作为第一完成单位获得"高等学校科学研究优秀成果奖（科学技术）"14项（一等奖10项，二等奖3项，青年奖1人）。获奖总数连续多年维持在高位。

2016年，北京大学共申请国内专利871项（本部373项，医学部399项，深研院99项），获国内授权专利830项（本部371项，医学部430项，深研院29项），申请国际专利18项，国际授权专利26项。

2016年，SCI收录论文7338篇，其中被SCI收录的北京大学为第一作者单位或责任作者单位的论4831篇。平均影响因子4.06。

据中国科学技术信息研究所2016年10月12日召开的"2015年度中国科技论文统计结果发布会"公布，《北京大学学报（自然科学版）》入选"2015年百种中国杰出学术期刊"，至此连续十二年获此殊荣。据中国高校科技期刊研究会2016年10月26日公布，《北京大学学报（自然科学版）》入选"2016年度中国高校杰出科技期刊"。2016年还获得教育部科技发展中心颁发的2015年度"中国科技论文在线优秀期刊"一等奖，2010以来，连续6年获得该奖项。

【科研基地建设】 依托北京大学建设的理工医科重点科研基地包括：国家实验室、国家重点实验室、教育部重点实验室、卫生部和北京市重点实验室等，是北京大学组织重大科学研究活动，产生重大科研成果的重要科研平台；是北京大学汇聚高水平创新团队、拔尖研究人才的聚集地。

国家级科研基地。1. 国家实验室：北京分子科学国家实验室（筹）到校运行经费2034.5万元。

2. 国家重点实验室：依托北京大学建设的8个国家重点实验室专项经费到校经费共计4447.5万元。生命领域3个国家重点实验室参加评估，数理和地学领域4个国家重点实验室申报专项设备经费。组织和推进核物理与核技术国家重点实验室的整改工作。

3. 国家蛋白质科学基础设施-北京基地（凤凰工程）北京大学项目准备建设验收。

4. 2016年12月获国家发展和改革委员会批准建设"大数据分析与应用技术国家工程实验室"。

5. 获批国家口腔疾病临床医学研究中心，截至2016年底，北京大学已有3个国家临床医学研究中心。

省部级科研基地。1. 2016年"北京未来基因诊断高精尖创新中心"获得批准，到校经费1亿元。"北京工程科学与新兴技术高精尖创新中心"到校经费1亿元。按照"北京高校高精尖创新中心建设管理办法"要求，建立了学校的组织机构，制定了学校的管理办法，组织推进2个高精尖创新中心建设。

2. 北京市重点实验室：共有7个北京市重点实验室通过北京市论证，分别为固态量子器件北京市重点实验室、矿物环境功能北京市重点实验室、磁电功能材料与器件北京市重点实验室、神经退行性疾病生物标志物研究及转化北京市重点实验室、结直肠癌诊疗研究北京市重点实验室、女性盆底疾病研究北京市重点实验室、眼部神经损伤的重建保护与康复北京市重点实验室

3. 依托北京大学建设的6个教育部重点实验室参加了2016年度生物医学领域教育部重点实验室评估，细胞增殖与分化教育部重点实验室获得优秀；恶性肿瘤发病机制及转化研究教育部重点实验室、神经科学教育部重点实验室、分子心血管学教育部重点实验室、慢性肾病防治教育部重点实验室获得良好。

4. 培育3个教育部国际合作联合实验室，分别为中法地球系统科学中心、纳米器件与集成国际合作联合实验室、核物理与核技术国际联合实验室，分别拨付培育经费50万元。

5. 加强教育部重点实验室、北京市重点实验室的建设，增加重点实验室自主科学研究经费额度。

6. 申请国家新闻出版广电总局首批新闻出版业科技与标

准重点实验室，获批"新闻出版智能媒体技术重点实验室"。

【科研项目与科研经费】 2016年度北京大学理工科在研项目3341项，医科1599项；理工医科到校科研经费29.35亿元，其中理工科到校经费24.99亿元（含深圳研究生院2.07亿元），医科到校科研经费4.36亿元。

国家自然科学基金委员会资助的各类项目。2016年度北京大学在研的国家自然科学基金各类项目2603项，到校经费8.22亿元；新批项目637项，直接经费共计5.62亿元。

1. 面上青年项目：2016年度北京大学共获批面上和青年基金项目452项，批准经费2.3亿元。

2. 重点项目：2016年度北京大学共获批准重点项目38项，获资助经费1.0亿元。

3. 重大项目：2016年度北京大学获批重大项目（课题）6项。

4. 重大研究计划：2016年度北京大学获批重大研究计划15项。

5. 国家杰出青年科学基金：2016年度北京大学共有13人荣获国家杰出青年科学基金资助（2016年全国共批准198人）。

数学科学学院（1人）：胡俊
物理学院（1人）：吴成印
化学与分子工程学院（1人）：雷晓光
生命科学学院（1人）：汤富酬
地球与空间科学学院（1人）：刘瑜
信息科学技术学院（3人）：宋令阳、王亦洲、林宙辰
国家发展研究院（1人）：余淼杰
医学部（4人）：韩鸿宾、徐明、杨莉、王辉

6. 优秀青年科学基金项目：2016年度北京大学共有19人获得优秀青年科学基金项目（2016年全国共批准400人）。

国际数学中心（2人）：葛颢、张磊
物理学院（2人）：何琼毅、赵清
化学与分子工程学院（2人）：马玉荣、刘小云
生命科学学院（1人）：魏平
地球与空间科学学院（1人）：张贵宾
城市与环境学院（1人）：朱彪
信息科学技术学院（1人）：程翔
工学院（1人）：王昊
计算机所（1人）：邹磊
心理与认知科学学院（1人）：魏坤琳
分子医学研究所（2人）：陈雷、汪阳明
医学部（4人）：金红芳、崔昭、李默、汪贻广

7. 创新研究群体科学基金：2016年，以邓兴旺（现代农学院（筹））、黄晓军（医学部人民医院）为学术带头人的2个研究群体，获得了基金委创新研究群体科学基金的资助。

8. 国家重大科研仪器设备研制项目（自由申请）：2016年，北京大学郑俊荣（化学与分子工程学院）、宗秋刚（地球与空间科学学院）获得此项基金资助。

9. 国际交流与合作项目：2016年度，在基金委资助下开展各类国际交流与合作共34项，其中包括国际合作重大项目、国际合作研究项目、在华召开国际会议，广泛开展国际交流与合作。

国家科技部主管的各类项目。2016年度北京大学承担的科技部主管各类国家科技计划项目到校经费7.36亿。

2016年度国家科技部6个试点专项和36个重点专项共批复立项1172个项目，总经费278亿元。其中，北京大学共获批33项目（含附属医院），立项数高居全国首位；北京大学共承担140个课题，课题经费近7亿元。

2016年度北京大学获批6名中青年科技领军人才、2个重点领域创新团队。

国际科技合作项目。2016年度北京大学理工医科立项国际科技合作项目38项，其中来自国内政府的项目有3项，另有35项来自海外基金会、海外企业以及海外政府，2016年到校经费1413万元。2016年北京大学举办国际学术会议和研讨班共53项。

教育部资助项目。2016年度获批教育部研究项目6项。

北京市科研项目。北京市自然科学基金项目：北京大学2016年获批北京市自然科学基金22项（理工科5项，医学部17项），其中重点项目3项、面上项目16项。北京市科技项目与北京市科技新星计划：2016年度北京大学获批北京市科技计划课题23项。2016年度北京大学1名青年教师入选北京市科技新星计划。

其他部门科研专项。2016年北京大学获批各类行业部门科研专项69项。

【科研成果】 科技奖项。2016年度以北京大学为第一完成单位获得的科技奖项包括：国家科学技术奖6项，其中自然科学二等奖4项，科技进步二等奖2项。教育部"高等学校科学研究优秀成果奖（科学技术）"14项（一等奖10项，二等奖3项，青年奖1人）。北京大学物理学院龚旗煌教授荣获2016年度何梁何利科学与技术进步奖。至此，北京大学共有48人次获得何梁何利基金的奖励。

论文专著。根据10月12日在中国科学技术信息研究所召开的"2015中国科技论文统计结果发布会"上公布的统计结果，北京大学2015年SCI收录论文4201篇（按第一作者统计，论文指Article、Review、Letter、Editorial四类文献），在高等院校中排名第4位。在2006—2015收录的国际论文截至2016年9月累计被引用次数为379,908次，在高等院校中排名第3位；国际论文被引用篇数为31,795篇，在高等院校中排名第3位。北京大学2015年国内收录论文（CSTPCD）5421篇，在高等院校中排名第3位；国内论文被引用次数26,118次，在高等院校中排名第2位。2016年度北京大学发表SCI收录论文7338篇，其中被SCI收录的北京大学为第一作者单位或责任作者单位的论4831篇。平

均影响因子4.06。2016年出版理工医类著作目录171部，其中校本部47部，医学部105部，深圳研究生院19部。专利2016年度北京大学共申请国内专利871项（本部373项，医学部399项，深研院99项），获国内授权专利830项（本部371项，医学部430项，深研院29项），申请国际专利18项，国际授权专利26项。

（科学研究部）

《北京大学学报（自然科学版）》

【刊载论文情况】 《北京大学学报（自然科学版）》2016年出版6期共1166页，刊载学术论文141篇。其中数学1篇，力学25篇，物理学1篇，化学2篇，生命科学2篇，电子学与信息科学33篇，地球与空间科学28篇，地理学与环境科学46篇，心理学3篇。每篇论文都在中国知网学术期刊数字出版平台实行数字优先出版。2016年策划出版两个专辑。2016年第1期出版中国计算机学会举办的第四届国际自然语言处理与中文计算会议（面向大数据的自然语言分析与理解）专辑。2016年第4期出版第十二届分析力学学术会议暨祝贺陈滨先生八十华诞专辑。

【数据库收录情况】 《北京大学学报（自然科学版）》2015年刊载的论文在2016年被多个国内外文献检索机构收录。重要国内文献数据库有：中国科学引文数据库、万方数据和中国知网。重要国际文献数据库有：Elsevier科学期刊数据库（Scopus）、美国《化学文摘》（CA）、美国《地质参考》（GR）、美国《数学评论》（MR）、俄罗斯《文摘杂志》（AJ）、日本科学技术振兴机构文献数据库（JST）、德国《数学文摘》（ZM）、英国《科学文摘》（SA）、英国皇家化学学会《质谱学通报（增补）》（RSC）和英国《动物学记录》（ZR）。作为中国科学引文数据库（CSCD）的核心期刊，可在ISI的Web of Knowledge数据库跨库检索。

【文献计量指标】 据中国科技信息研究所《2016年版中国科技期刊引证报告（核心版）》对2014年出版的1985种中国科技论文统计源期刊的统计，《北京大学学报（自然科学版）》2015年主要科学计量指标见表7-42（同时列出2014年数据）。

【出版质量与获奖情况】 据中国科学技术信息研究所2016年10月12日召开的"2015年度中国科技论文统计结果发布会"公布，《北京大学学报（自然科学版）》入选"2015年百种中国杰出学术期刊"，至此连续12年获此殊荣。据中国高校科技期刊研究会2016年10月26日公布，《北京大学学报（自然科学版）》入选"2016年度中国高校杰出科技期刊"。2016年还获得教育部科技发展中心颁发的2015年度"中国科技论文在线优秀期刊"一等奖，2010以来，连续6年获得该奖项。

（《北京大学学报（自然科学版）》编辑部）

《北京大学学报（医学版）》

【专题组稿】 2016年共开展了5个专题的组稿工作，分别是口腔医院俞光岩、李铁军等编委组织的"口腔医学专题"，人民医院姜保国编委组织的"骨科医学专题"，公共卫生学院胡永华等编委组织的"公共卫生学专题"，第一医院郭应禄院士组织的"泌尿外科研究专题"和人民医院栗占国副主编组织的"风湿免疫学专题"，共计组织稿件约为250篇。依托编委、专家组织专题是学报专题组稿的重要模式，也是学报获得优质稿源的重要途径。专题组稿有很强的针对性，弥补了综合性学术期刊的不足。专题发表的文章中，多数为国家重点课题资助项目的研究成果。

【加入数据库】 2016年与北京世纪超星信息技术发展有限责任公司合作，通过其学术期刊"域出版"搭建手机终端的发布平台。目前为止，学报已加入了MEDLINE等重要的国内外检索系统和数据库22个。自2010年学报与MEDLINE实现全文链接后，Medline/PubMed每月提交一份期刊的点击率，2016年的点击率为58,451，较2015年增加约4000次（2015年点击率54,527次）。

【刊载论文量】 学报的稿源有了大幅提高，年收稿量由原来的300多篇增加到800多篇，平均每期的出版页数也增加到180多页。2016年学报完成全年6期1104页210篇论文的报道，报道容量有所提高。学报始终坚持严格的三审制度，即同行双审和编委会定稿，全年送审稿件820多篇，涉及审次1 400多次，并分别在1月20日、1月27日、3月23日、4月10日、5月25日、7月10日、11月16日、11月17日共召开了8次编委定稿会议，编委定稿会议保证学报论文评审的公正和公平，以及刊载论文的学术水平。

2016年学报数字优先出版论文共210篇，平均每篇文章比纸质版提前30天与读者见面。在线审稿系统的使用、定期的编委定稿会议以及专题组稿等都为加快稿件的评审，缩短稿件的发表时滞提供了强有力的保障，学报平均的发表时滞约为180天。

【继续教育】 完成国家广电新闻出版总局编辑每年72学时的要求。为了加强业务学习，学报安排相关编辑出差或网上学习，并在编辑部召开业务会议时分享学习体会，使全体编辑能及时地了解到国家在新闻出版方面的政策、法规，提高编辑的政策水平和业务能力。

【学会工作】 曾桂芳编审作为中国高校科技期刊研究会副理事长兼组织工作委员会主任，2016年参加2次常务理事会议和1次年会，在年会理事大表大会上主持常务理事和理事的调整事宜，并作为中国高校杰出期刊的代表发言介绍学报办刊经验。主要承担如下研究会工作：拟定《专业委员会管理暂行规定》；查询、指导单位会员在线注册，完善单位会员的网上信息。

【党建工作】 始终高度重视党风廉政建设，把建立好、遵守好制度放在工作的重要位置，严格遵守编辑部制定的审、定、发稿制度，所有来稿必须经过同行双审，编委定稿会集体定稿，发排稿件按收稿的时间顺序进行，使审、定、发稿工作透明、有序，坚决杜绝"人情稿""后门稿"。同时，认真遵守学校的财务制度，坚持"收支两条线"，绝不设立"小金库"。在科研处、学报、动物部联合支部的组织生活会中，进一步提高了对"四风"的认识，工作中严格遵守"八项规定"，努力践行"三严三实"的工作作风。

【获奖情况】 荣获2016年度中国高校科技期刊研究会评选的"中国高校杰出期刊奖"。入选清华同方中国学术文献国际评价研究中心遴选的"2016年度中国国际影响力优秀学术期刊"。曾桂芳被评为2016年度北京大学医学部优秀共产党员。

（王 蕾）

【附表】

表7-1 国家实验室

编号	实验室名称	负责人
1	北京分子科学国家实验室（筹）	席振峰

表7-2 国家重大科技基础设施

编号	设施名称	北京大学负责人
1	国家蛋白质科学基础设施（北京基地）（共建）	吴 虹

表7-3 国家重点实验室

编号	实验室名称	负责人
1	人工微结构和介观物理国家重点实验室	龚旗煌
2	湍流与复杂系统研究国家重点实验室	陈十一
3	核物理与核技术国家重点实验室	叶沿林
4	蛋白质与植物基因研究国家重点实验室	朱玉贤
5	天然药物及仿生药物国家重点实验室	周德敏
6	膜生物学国家重点实验室（北大分室）	王世强
7	环境模拟与污染控制国家重点实验室（北大分室）	胡 敏
8	区域光纤通信网与新型光纤通信系统国家重点实验室（北大实验区）	陈章渊

表7-4 国家级重点实验室

编号	实验室名称	负责人
1	微米/纳米加工技术国家级重点实验室（北大分室）	金玉丰

表7-5 国家工程研究中心

编号	中心名称	负责人
1	电子出版新技术国家工程研究中心	郭宗明
2	软件工程国家工程研究中心	张世琨

表7-6 国家工程实验室

编号	中心名称	负责人
1	数字视频编解码技术国家工程实验室	高 文
2	口腔数字化医疗技术和材料国家工程实验室	郭传瑸
3	大数据分析与应用技术国家工程实验室	鄂维南

（科学研究部 郑英姿 何 洁 整理）

表7-7 省部共建国家重点实验室培育基地

编号	实验室名称	负责人
1	化学基因组学省部共建国家重点实验室培育基地	杨 震

表7-8 国家临床医学研究中心

编号	中心名称	负责人
1	国家精神心理疾病临床医学研究中心	陆 林
2	国家妇产疾病临床医学研究中心	乔 杰
3	国家口腔疾病临床医学研究中心	郭伟琨

（医学部科研处　田　君　整理）

表7-9 教育部重点实验室

编号	实验室名称	负责人
1	数学及其应用教育部重点实验室	张平文
2	北京现代物理研究中心	李政道、甘子钊
3	生物有机与分子工程教育部重点实验室	王剑波
4	纳米器件物理与化学教育部重点实验室	彭练矛
5	地表过程分析与模拟教育部重点实验室	方精云
6	水沙科学教育部重点实验室（联合）	倪晋仁
7	造山带与地壳演化教育部重点实验室	张立飞
8	分子心血管学教育部重点实验室	王 宪
9	神经科学教育部重点实验室	万 有
10	高分子化学与物理教育部重点实验室	陈尔强
11	机器感知与智能教育部重点实验室	查红彬
12	统计与信息技术教育部-微软重点实验室	郁 彬、姜 明
13	高可信软件技术教育部重点实验室	梅 宏
14	细胞增殖分化调控机理研究教育部重点实验室	张传茂
15	恶性肿瘤发病机制及转化研究教育部重点实验室	季加孚
16	计算语言学教育部重点实验室	穗志方
17	慢性肾脏病防治教育部重点实验室	赵明辉
18	辅助生殖教育部重点实验室	乔 杰
19	数理经济与数理金融教育部重点实验室	蔡洪滨

（科学研究部　郑英姿　何　洁　整理）

表7-10 教育部工程研究中心

编号	中心名称	负责人
1	微处理器及系统教育部工程研究中心	程 旭
2	再生医学教育部工程研究中心	邓宏魁
3	体内局部诊疗教育部工程研究中心	谢天宇
4	地球观测与导航教育部工程研究中心	陈秀万
5	灵长类及大动物临床前研究教育部工程研究中心	程和平
6	移动数字医疗教育部工程技术研究中心	焦秉立

（科学研究部郑英姿、何　洁　整理）

表 7-11 卫生部重点实验室

编号	实验室名称	负责人
1	卫生部心血管分子生物学与调节肽重点实验室	高 炜
2	卫生部肾脏疾病重点实验室	赵明辉
3	卫生部精神卫生学重点实验室	张 岱
4	卫生部神经科学重点实验室	万 有
5	卫生部医学免疫学重点实验室	张 毓
6	卫生部生育健康重点实验室	任爱国

（医学部科研处 田 君 整理）

表 7-12 卫生部工程技术研究中心

编号	中心名称	负责人
1	卫生部口腔医学计算机应用工程技术研究中心	吕培军

（医学部科研处 田 君 整理）

表 7-13 北京高校高精尖创新中心

编号	中心名称	负责人
1	北京工程科学与新兴技术高精尖创新中心	张东晓
2	北京未来基因诊断高精尖创新中心	谢晓亮

表 7-14 北京市重点实验室／工程技术研究中心

编号	实验室名称	负责人
1	医学物理和工程北京市重点实验室	高家红
2	空间信息集成与 3S 工程应用北京市重点实验室	晏 磊
3	城市固体废弃物资源化技术与管理北京市重点实验室	王习东
4	先进电池材料理论与技术北京市重点实验室	夏定国
5	网络与信息安全北京市重点实验室	邹 维
6	食品安全毒理学研究与评价北京市重点实验室	郝卫东
7	造血干细胞移植治疗血液病研究北京市重点实验室	黄晓军
8	脊柱疾病研究北京市重点实验室	刘忠军
9	磁共振成像设备与技术北京市重点实验室	韩鸿宾
10	皮肤病分子诊断北京市重点实验室	李若瑜
11	生殖内分泌与辅助生殖技术北京市重点实验室	乔 杰
12	丙型肝炎和肝病免疫治疗北京市重点实验室	魏 来
13	恶性肿瘤转化研究北京市重点实验室	季加孚
14	肿瘤系统生物学北京市重点实验室	尹玉新
15	泌尿生殖系疾病（男）分子诊治北京市重点实验室	金 杰
16	风湿病机制及免疫诊断北京市重点实验室	栗占国
17	心血管受体研究北京市重点实验室	张幼怡
18	北京市智能康复工程技术研究中心	王启宁
19	北京市有源显示工程技术研究中心	刘晓彦
20	北京市新型污水深度处理工程技术研究中心	倪晋仁
21	代谢及心血管分子医学北京市重点实验室	肖瑞平
22	药物依赖性研究北京市重点实验室	陆 林

(续表)

编号	实验室名称	负责人
23	运动医学关节伤病北京市重点实验室	敖英芳
24	神经系统小血管病探索北京市重点实验室	黄一宁
25	视网膜脉络膜疾病诊治研究北京市重点实验室	黎晓新
26	北京市低维碳材料工程技术研究中心	刘忠范
27	北京市虚拟仿真与可视化工程技术研究中心	汪国平
28	蛋白质修饰与细胞功能北京市重点实验室	朱卫国
29	儿科遗传性疾病分子诊断与研究北京市重点实验室	姜玉武
30	肝硬化肝癌外科基础研究北京市重点实验室	朱继业
31	骨与软组织肿瘤诊治研究北京市重点实验室	郭卫
32	痴呆诊治转化医学研究北京市重点实验室	于欣
33	北京市城市热管理工程技术研究中心	张信荣
34	行为与心理健康北京市重点实验室	方方
35	分子药剂学与新释药系统北京市重点实验室	张强
36	妊娠合并糖尿病母胎医学研究北京市重点实验室	杨慧霞
37	急性心肌梗死早期预警和干预北京市重点实验室	陈红
38	幽门螺杆菌感染与上胃肠疾病北京市重点实验室	周丽雅
39	口腔数字医学北京市重点实验室	郭传瑸
40	固态量子器件北京市重点实验室	徐洪起
41	矿物环境功能北京市重点实验室	鲁安怀
42	磁电功能材料与器件北京市重点实验室	侯仰龙
43	神经退行性疾病生物标志物研究及转化北京市重点实验室	章京
44	结直肠癌诊疗研究北京市重点实验室	王杉
45	女性盆底疾病研究北京市重点实验室	王建六
46	眼部神经损伤的重建保护与康复北京市重点实验室	张纯

(科学研究部 何 洁 医学部科研处 田 君 整理)

表7-15 北京市国际科技合作基地

编号	基地名称	基地依托单位
1	基于半导体纳米线材料的新能源北京市国际科技合作基地	北京大学物理学院
2	低维碳材料北京市国际科技合作基地	北京大学纳米化学研究中心
3	碳基纳电子材料与器件北京市国际科技合作基地	北京大学信息学院
4	液晶性调光膜规模化通用制备技术及设备北京市国际科技合作基地	北京大学工学院
5	生物医用材料北京市国际科技合作基地	北京大学前沿交叉学科研究院
6	天然药物及仿生药物北京市国际科技合作基地	北京大学医学部
7	国际知名大学技术转移孵化北京市国际科技合作基地	北京大学产业技术研究院
8	出生缺陷防控北京市国际科技合作基地	北京大学第三医院
9	睡眠医学北京市国际科技合作基地	北京大学人民医院睡眠中心
10	口腔数字医学北京市国际科技合作基地	北京大学口腔医院
11	免疫性疾病体外诊断北京市国际科技合作基地	北京大学人民医院风湿病机制及免疫诊断北京市重点实验室

(科学研究部 郑英姿 医学部科研处 田 君 整理)

表 7-16 中关村开放式实验室

编号	实验室名称	负责人
1	微处理器及系统芯片开放实验室	程 旭
2	细胞分化与细胞工程实验室	邓宏魁
3	空间信息集成与 3S 工程应用北京市重点实验室	晏 磊
4	网络与信息安全实验室	邹 维
5	医药卫生分析中心	王京宇
6	软件工程国家工程研究中心	张世昆
7	微米／纳米加工技术国家级重点实验室	张 兴
8	数字视频编解码技术国家工程实验室	高 文
9	实验动物中心	朱德生

（科学研究部 郑英姿 医学部科研处 胡桂芬 整理）

表 7-17 广东省、深圳市重点实验室

编号	实验室名称	负责人
1	化学基因组学广东省重点实验室	杨 震
2	纳米微米材料广东省重点实验室	江必旺
3	集成微系统科学工程与应用深圳市重点实验室	张 兴
4	城市人居环境科学与技术深圳市重点实验室	栾胜基
5	循环经济深圳市重点实验室	曾 辉
6	纳米微米材料深圳市重点实验室	江必旺
7	云计算关键技术与应用深圳市重点实验室	李晓明
8	计算化学与药物设计深圳市重点实验室	吴云东
9	重金属污染控制和资源化深圳市重点实验室	陶虎春
10	薄膜晶体管与先进显示深圳市重点实验室	张盛东
11	功能结构生物学深圳市重点实验室	罗 明
12	新能源材料人工设计深圳市重点实验室	陶国华
13	有机光电磁功能材料深圳市重点实验室	孟 鸿
14	细胞生理学深圳市重点实验室	周 强
15	信息论与未来网络体系深圳市重点实验室	李 挥

（深圳研究生院 孟 祎 整理）

表 7-18 其他省部级研究基地

编号	机构名称	负责人
1	国家中医药管理局中药配伍减毒重点研究室	张宝旭
2	国家中医药管理局痰瘀重点研究室	韩晶岩
3	国家中医药管理局微循环实验室（三级）	韩晶岩
4	国家中医药管理局中药药理（肿瘤）实验室（三级）	李萍萍
5	国家统计局统计科学研究所	耿 直
6	国家湿地保护与修复技术中心	吴晓磊
7	国家新闻出版广电总局同轴宽带网络工程技术研究中心	吴建军
8	国家新闻出版广电总局新闻出版智能媒体技术重点实验室	汤 帜

（科学研究部 郑英姿 何 洁 医学部科研处 田 君 整理）

表 7-19 北京大学 2016 年度理工医科在研科研项目数分类统计

单位名称		科技部				重大专项	国家基金委				教育部项目	北京市项目	其他部门专项	海外合作	企事业单位	总计
		重点研发计划	973/重大研究计划	863计划	支撑计划	仪器国合其他专项		杰青优青群体海外	重大重点计划及仪器	面上青年	国合联合专项协作						
校本部	数学科学学院及国际数学研究中心	3	5	1				14	10	46	28	17	0	6	2	18	150
	物理学院	10	77	4		13		19	32	129	32	33	13	21	4	75	462
	化学与分子工程学院	11	33	1				10	31	98	27	11	6	7	5	84	324
	生命科学学院	10	41	7	2	2		8	18	77	12	11	9	8	8	33	246
	地球与空间科学学院	2	27	1				5	9	76	13	9	4	29	1	84	260
	城市与环境学院	5	7	2	4	1		9	13	51	10	5	1	16	2	59	185
	环境科学与工程学院	8	6	1	2	1		4	14	28	8	7	4	21	4	123	231
	信息科学技术学院	12	38	16	3	3		17	22	122	45	21	21	15	17	205	557
	工学院	12	13	4	1	3		15	23	85	21	12	13	16	4	162	384
	心理与认知科学学院		3					4	3	32	2	2	2	1	1	19	69
	计算机科学技术研究所	1		3				1	0	17	4	2	4	1	1	38	72
	分子医学研究所	2	15	1				5	7	23	2	6	2	1	2	5	71
	科维理天文与天体物理研究所							0	0	9	3	0	0	0	0	0	12
	其他	5	12	2	1			6	10	117	19	9	7	8	4	118	318
	校本部合计	81	277	43	13	23		117	192	910	226	145	86	150	55	1023	3341
医学部合计		69	38	8	9	8	5	31	62	1042	23	185	75	44	0	0	1599
总计		150	315	51	22	31	5	148	254	1952	249	330	161	194	55	1023	4940

(科学研究部 范少锋 廖日坤 杨凌春 刘超 医学部科研处 许术其 肖瑜 张楠楠 整理)

表 7-20　北京大学 2016 年理科与医科科研项目到校经费（单位：万元）

单位		科技部项目				重大专项	基金委项目	教育部项目	北京市项目	其他部委专项	企事业委托项目	海外合作项目	科技开发	行业专项	到校经费合计
		重点研发计划	973/重大研究	863	支撑	实验室专项										
校本部	数学科学学院	528	404	33				2556	7	53	1078	23		134	73	4889
	物理学院	4382	6653	71		2913	129	11,950	5053	881	2565	97		1092	182	35,969
	化学与分子工程学院	4142	2512	35		2184	112	6690		274	1005	67	179	2804	299	20,304
	生命科学学院	2627	2843	691	85	1503	788	4620	50	10,182	758	117	333	3276		27,872
	地球与空间科学学院	219	1398	10		29	644	3330	130	64	2192	144		1978	628	10,765
	城市与环境学院	838	727	57	163	56	391	3271		18	920	149	19	1884		8493
	环境科学与工程学院	2189	366	574	364	343	80	2026		10	910	235	175	2782		10,054
	信息科学技术学院	4350	2606	1172	40	604	49	6475	1016	1409	1387	589	115	5234	4648	29,695
	工学院	2493	744	535		785	1341	4760	29	10,204	2506	15	35	4092	1270	28,809
	心理与认知科学学院		158					1360			14	35		205		1773
	计算机科学技术研究	435		360			86	487		9	52		38	332	279	2078
	分子医学研究所	1444	1198		80			2051	4		476		519	573		6345
	暂存										3534				929	4463
	其他	3507	1200	170	45	12	76	16,048	121	167	19,676	341		1516	170	37,648
	小计	27,154	20,808	3709	778	8428	3695	60,225	6411	23,271	37,073	1812	1413	25,902	8478	229,157
医学部		6050	4823	567	461		677	20,255	1285	1117	1239	7183				43,657
深圳研究生院			456	310	17			1741	177		14,706	2410	143		763	20,723
总计		33,204	26,087	4586	1256	8428	4372	82,221	7873	24,388	53,018	11,405	1556	25,902	9241	293,537

注：其他（包括凤凰工程、生命联合中心、文科院系承担的基金委和科技部项目、实验动物中心等其他个别单位）

表 7-21 北京大学 2016 年理工科新批科研项目（经费单位：万元）

单位	科技部项目										自然科学基金委项目		教育部项目		北京市项目		其他部委省市专项		企事业单位委托项目		海外合作项目		合计	
	重点研发计划		973项目		863项目		支撑计划		国际合作及其他															
	项目	经费	项目	经费	项目	经费	项目	经费	项目	经费	项目	经费	项目	经费	项目	经费	项目	经费	项目	经费	项目	经费	项目	经费
数学科学学院	3	764	-	-	-	-	-	-	-	-	19	1371	1	10			1	50	4	49			28	2244
物理学院	10	10,516	-	-	-	-	-	-	-	-	47	5162	2	200	3	55	4	203	10	134			76	16,270
化学与分子工程学院	11	6558	-	-	-	-	-	-	1	432	38	5449	2	2	5	104	5	220	5	91			67	12,856
生命科学学院	10	5087	-	-	-	-	-	-	-	-	29	3236	2	200	5	459	1	10	4	62	5	62	56	9116
地球与空间科学学院	2	1547	-	-	-	-	-	-	-	-	26	3029	1	3	1	389	17	609	6	75			53	5652
城市与环境学院	5	2054	-	-	-	-	-	-	1	490	24	2561	-	-	-	-	6	319	22	649	1	490	59	6563
环境科学与工程学院	8	4145	-	-	-	-	-	-	-	-	10	1091	1	70	1	45	11	731	10	407	2	129	43	6618
信息科学技术学院	12	9472	-	-	-	-	-	-	-	-	48	5333	1	150	9	909	6	145	6	634	3	16	85	16,659
工学院	12	7536	-	-	-	-	-	-	1	223	39	4151	-	-	7	995	10	4353	8	233			77	17,491
心理与认知科学学院	-	-	-	-	-	-	-	-	-	-	9	929	-	-	-	-	1	2	-	-	-	-	10	931
计算机科学技术研究所	1	640	-	-	-	-	-	-	-	-	8	516	1	13	2	33	1	797	2	253	-	-	15	2252
分子医学研究所	2	1963	-	-	-	-	-	-	-	-	8	848	-	-	-	-	-	-	-	-	1	1000	11	3811
前沿交叉学科研究院	-	-	-	-	-	-	-	-	-	-	4	250	-	-	-	-	1	5	1	1			6	256
其他	5	1454	-	-	-	-	-	-	-	-	46	3964	5	156	1	90	4	90	6	109	3	706	70	6569
合计	81	51,737	-	-	-	-	-	-	3	1145	355	37,889	16	814	34	2729	68	7534	84	2697	14	1913	655	106,458

（科学研究部 范少锋 廖日坤 杨凌春 刘 超 整理）

表 7-22 北京大学 2016 年医科新增科研项目（经费单位：万元）

单位	科技部项目									自然科学基金委项目		教育部项目		北京市自然科学基金项目		卫生部项目		合计	
	重点研发计划		973项目与重大计划		863项目		支撑计划		科技部其他课题										
	项目	经费	项目	经费	项目	经费	项目	经费	项目	经费	项目	经费	项目	经费	项目	经费	项目	经费	项目	经费
基础医学院	8	2111									44	3265.95			12	263			64	5639.95
药学院	0	0									32	2573.65			4	72			36	2645.65
公共卫生学院	8	2620									15	530.3			5	90			28	3240.3
第一医院	14	3925									34	2413.5			3	101			51	6439.5
人民医院	12	2170									46	3480			12	152			70	5802
第三医院	13	3102									57	3377.7			14	154			84	6633.7
口腔医院	5	1025									33	1255			3	44			41	2324
第六医院	3	397									8	465							11	862
肿瘤医院	3	1092									20	732.3							23	1824.3
深圳医院	0	0									6	241							6	241
药物依赖所	0	0									4	534.1			2	36			6	570.1
医药分析中心	1	42																	1	42
中国卫生发展研究中心	0	0									2	44							2	44
公共教学部	0	0													1	18			1	18
首钢医院	0	0																	0	0
护理学院	0	0																	0	0
医学信息中心	0	0																	0	0
临床所	2	682																	2	682
总计	69	17,166									301	18,912.5			56	930			426	37,008.5

（医学部科研处　许术其　肖瑜　张楠楠　整理）

表7-23 北京大学2016年获批国家自然科学基金项目（经费单位：万元）

单位	面上项目 项目	面上项目 经费	青年基金 项目	青年基金 经费	重点项目 项目	重点项目 经费	杰出青年科学基金 项目	杰出青年科学基金 经费	优秀青年科学基金 项目	优秀青年科学基金 经费	创新研究群体 项目	创新研究群体 经费	重大科研仪器研制专项 项目	重大科研仪器研制专项 经费	重大项目 项目	重大项目 经费	重大研究计划 项目	重大研究计划 经费	国际(地区)合作交流 项目	国际(地区)合作交流 经费	其他类项目 项目	其他类项目 经费	总计 项目	总计 经费
数学科学学院	10	505	1	18	1	197	1	245									1	200			5	206	19	1371
物理学院	29	1948	4	71	4	1160	1	350	2	260									2	565	5	808	47	5162
化学与分子工程学院	19	1222	1	25	4	1187	1	350	2	260	1	525	1	765	2	813	2	155	2	17	3	130	38	5449
生命科学学院	16	1025	3	57	4	1059	1	350	1	130									3	595	1	20	29	3236
城市与环境学院	11	722	2	39	3	879			1	130	1	525							5	86	1	180	24	2561
地球与空间科学学院	21	1548	1	14	1	310	1	350	1	130			1	677									26	3029
环境科学与工程学院	5	327																	2	19			10	1091
信息科学技术学院	24	1340	5	87	4	1060	3	1050	1	130	1	525			2	608	3	745	5	419	3	114	48	5333
工学院	19	1298	5	111	5	1455			1	130					1	253	2	365	2	92	4	446	39	4151
光华管理学院	8	383			2	470													1	15			11	868
心理学系	6	363			1	259			1	130									1	177			9	929
分子医学研究所	3	185			1	263			2	260							2	140					8	848
计算机技术研究所	6	366	1	20					1	130													8	516
科维理天文与天体物理研究所	1	68																			1	50	2	118
前沿交叉研究院	4	250																					4	250
校本部其他	11	569	10	173	2	445	1	245	2	260	1	1050							2	170	4	65	33	2978
医学部	163	9395	63	1119	6	1655	4	1400	4	520	3	2100			1	306	5	543	9	516	23	780	282	18,298
总计	356	21,515	96	1734	38	10,399	13	4340	19	2470	7	4725	2	1442	6	1980	15	2148	34	2671	50	2799	637	56,187

注：未含肿瘤医院、深圳研究生院

（科学研究部 刘 超 整理）

表 7-24 北京大学医学部 2016 年获批国家自然科学基金项目和经费（经费单位：万元）

单位	面上项目		青年基金		重点项目		杰出青年科学基金		优秀青年科学基金		海外港澳学者基金		国际地区合作交流		重大项目课题		重大研究计划		联合基金		仪器专项		创新群体		应急管理		合计	
	项目	经费	项目	经费	项目	经费	项目	经费	项目	经费	项目	经费	项目	经费	项目	经费	项目	经费	项目	经费	项目	经费	项目	经费	项目	经费	项目	经费
基础医学院	32	1852	5	91	1	275							2	238			2	265					1	525	1	20	44	3266
药学院	22	1317	3	55	2	560			1	130			1	5	1	306	1	90	2	115							32	2574
公共卫生学院	8	427	3	53									3	7.3			1	43									15	530
第一医院	19	1049	6	105			1	350	2	260							1	85							4	40	34	2414
人民医院	29	1617	9	157			1	350					1	251									1	1050	5	55	46	3480
第三医院	27	1580	17	302	2	454	2	700	1	130			1	1			1	60							6	60	57	3378
口腔医院	17	988	12	223									1	14											3	30	33	1255
第六医院	2	112	4	68	1	275																			1	10	8	465
深圳医院	3	187	3	54																							6	241
首钢医院																											0	0
国际医院	1	55																									1	55
药物伏赖所	1	62	1	17									1	5					1	450							4	534
医药分析中心																											0	0
卫生发展中心																												
公共教学部	1	48																									1	48
临床所																											0	0
护理	1	57.	1	15																							2	72
肿瘤医院	11	529	6	98													1	85							2	20	20	732
总计	174	9880	70	1238	6	1564	4	1400	4	520	0	0	10	521	1	306	7	628	3	565	0	0	2	1575	22	235	303	19,044

（医学部科研处 肖 瑜 张楠楠 整理）

表 7-25 北京大学 2016 年度获批的国家自然科学基金重点项目

批准号	项目名称	负责人	所在院系
11631001	融合系与群表示	张继平	数学科学学院
11631002	几何中的退化与奇异偏微分方程	韩青	国际数学中心
11632001	辐照条件下纯金属及其合金材料的力学性能研究	段慧玲	工学院
11632002	高超声速边界层控制转捩研究	李存标	工学院
11634001	原子尺度上受限/界面水体系的核量子效应研究	江颖	物理学院
11634002	Si 衬底上氮化物半导体异质结构材料和功率电子器件相关物理问题研究	沈波	物理学院
11635001	大型强子对撞机上新物理的研究	朱守华	物理学院
21631002	晶元尺寸基底上单一手性单壁碳纳米管的生长	李彦	化学与分子工程学院
21632001	氮、氧自由基的环境友好引发及其在含氮、含氧化合物合成中的应用	焦宁	医学部
21633001	蛋白质别构调控机制研究	来鲁华	化学与分子工程学院
21633002	有机物种参与的介观聚集体的构筑、调控与相行为的转化	黄建滨	化学与分子工程学院
21634001	侧链液晶高分子多层次有序自组装的侧链间距依赖性	陈尔强	化学与分子工程学院
31630006	水稻雄蕊原基早期发育过程中光合基因表达抑制的分子机制及其生物学意义	白书农	生命与分子工程学院
31630009	高寒草地地上/地下生物多样性和生态系统多功能性对气候变化的响应机制	贺金生	城市与环境学院
31630028	神经元轴突起始节异常在老年性痴呆症的发生发展中的作用	张研	生命科学学院
31630034	社会（道德）情感的产生及其效用：预期误差作为一种计算神经机制	周晓林	心理与认知科学学院
31630035	心肌钙稳态的调控和失衡的生理和病理机制	王世强	生命科学学院
31630092	母中心粒亚远端附属结构的组装与功能分析	陈建国	生命科学学院
41630313	秦岭-大别钼矿带超大型斑岩钼矿成因研究	陈衍景	地球与空间科学学院
41630527	近 21000 年来地球气候-同位素协同演变的模拟研究	刘征宇	物理学院
41630748	中国与南向周边国家大气汞区域传输过程	王学军	城市与环境学院
41630857	水稻土和湿地土壤短链脂肪酸互营氧化产甲烷机理的研究	陆雅海	城市与环境学院
51631001	低维异质纳米结构的构建及其磁学与电催化性能调控	侯仰龙	工学院
61631001	医用小型激光质子加速器理论与关键技术	王俊杰	医学部
61632001	基于内容分析的高效视频编码理论与方法	马思伟	信息科学技术学院
61632002	探针计算机模型及实现研究	许进	信息科学技术学院
61632003	基于语义分析的大规模场景视觉重建关键技术研究	查红彬	信息科学技术学院
61633001	大型船舶动力系统故障预测理论与健康管理技术	杨莹	工学院
61633002	近浅海水下捕捞机器人的基础理论与关键技术研究	谢广明	工学院
61635001	面向规模集成的硅基高增益光波导放大器及激光器研究	王兴军	信息科学技术学院
71632001	家庭购买决策过程与机制研究：基于"匹配"和"社会比较"的视角	符国群	光华管理学院
71632002	转型升级背景下组织创新的多层因素及动态机制研究	张志学	光华管理学院
71633001	新媒体发展管理理论与政策研究	谢新洲	新媒体研究院
81630008	Beta-arrestin 在心脏损伤和心衰中的作用及其机制研究	肖瑞平	分子医学研究所
81630031	基于大脑奖赏系统的抑郁症客观诊断与优化治疗的神经机制研究	司天梅	医学部
81630045	为乳腺癌精准诊治提供多参数影像学信息的分子探针的构建及评价	王凡	医学部
81630056	组织工程半月板的支架仿生设计、生长进程调控和功能构筑研究	余家阔	医学部
81630089	海洋微生物来源新型抗流感病毒先导分子的发现与作用机制研究	林文翰	医学部

（科学研究部　刘超　整理）

表 7-26 北京大学 2016 年度获批的国家自然科学基金重大项目

批准号	项目名称	负责人	所在院系	备注
21690061	新型双/多金属试剂（物种）	席振峰	化学与分子工程学院	课题
21690081	纤维素/半纤维素定向催化转化制备重要二元醇	刘海超	化学与分子工程学院	课题
61690194	基于极低噪声高频宽带光采样的光子 ADC	陈章渊	信息科学技术学院	课题
61690201	软件开发中海量信息的融合反馈机制与支撑平台	张伟	信息科学技术学院	课题
71690232	互联网与大数据环境下高端装备制造网络协同管理理论	侍乐媛	工学院	课题
81690264	生物大分子药物高效递释系统的释药机制	张强	医学部	课题

（科学研究部 刘 超 整理）

表 7-27 北京大学 2016 年度获批的国家自然科学基金国家重大科研仪器设备研制专项

批准号	项目名称	负责人	所在院系	类别
21627805	时间，空间，能量分辨的超快超宽频多维光谱	郑俊荣	化学与分子工程学院	自由申请
41627805	千线阵列中性原子成像仪研制	宗秋刚	地球与空间科学学院	自由申请

（科学研究部 刘 超 整理）

表 7-28 北京大学 2016 年度获批的国家自然科学基金重大研究计划

批准号	项目名称	负责人	所在院系
91630310	辐射输运问题的新型模型约简和高效数值方法研究	李若	数学科学学院
91639108	膜联蛋白 A1 影响动脉粥样硬化斑块的形成和稳定性	郑乐民	医学部
91640116	一条调控信号通路和表观遗传的长非编码 RNA 在胚胎干细胞中的功能与机制研究	汪阳明	分子医学研究所
91642109	肾小球系膜细胞异常表达 IgA1 参与 IgA 肾病发病机制	王悦	医学部
91642113	2 型天然免疫调控褐色脂肪发育和功能的细胞与分子机制	邱义福	分子医学研究所
91642120	免疫介导肾小球疾病共性及特性遗传学及其致病机制研究	张宏	医学部
91642206	上皮来源的 Ig 在上皮免疫稳态、炎-癌转化及上皮性肿瘤发生发展中的意义	邱晓彦	医学部
91643112	北京市大气 PM 2.5 诱导产生羟基自由基的定量及相关毒性组分分析	刘国全	医学部
91644108	基于大气氧化中间态物种的大气 HOx 自由基来源和活性研究	李歆	环境科学与工程学院
91644212	重污染期间二次硫酸盐不同化学过程来源的定量识别	宋宇	环境科学与工程学院
91645111	涉碳化学键的催化转化及活化新机制	施章杰	化学与分子工程学院
91645115	基于铁基催化剂的合成气转化制备烯烃和芳烃	马丁	化学与分子工程学院
91646107	基于临床大数据的多模式多视图不合理处方识别模型的构建与优化研究	詹思延	医学部
91647211	雅鲁藏布江和澜沧江全物质通量监测研究	倪晋仁	环境科学工程学院
91648120	基于演化博弈的智能群体控制理论及在共融机器人协作中的应用	谢广明	工学院
91648207	基于柔性电容传感的人-智能假肢-环境感知运动融合基础理论与关键技术研究	王启宁	工学院

（科学研究部 刘 超 整理）

表 7-29 北京大学 2016 年度获批的国家自然科学基金重点国际合作项目

批准号	项目名称	负责人	所在院系
31620103903	胚囊特异性表达的 CRP 小肽在拟南芥生殖过程中的功能解析	瞿礼嘉	生命科学学院
61620106007	网构软件的自适应性建模和管理方法研究	金芝	信息科学技术学院
81620108029	尿素通道蛋白 UT-A1 调控机制及其特异性抑制剂作为新型利尿药的发现	杨宝学	医学部

（科学研究部 刘 超 整理）

表 7-30 北京大学 2016 年新获批的《国家重点研发计划》项目

序号	项目编号	项目名称	负责人	所在单位
1	2016YFC0202000	我国东部大气环境集成观测与数据共享技术	赵春生	物理学院
2	2016YFC0202200	大气反应性有机物降解转化机制及环境效应	邵 敏	环境科学与工程学院
3	2016YFC0202800	大气颗粒物相态及其影响气态污染物二次转化的微观机制	吴志军	环境科学与工程学院
4	2016YFC0207700	空气质量统计诊断模型	陈松蹊	光华管理学院
5	2016YFB0700600	基于材料基因组技术的全固态锂电池及关键材料研发	潘 锋	深圳研究生院
6	2016YFB0100200	高比能动力电池的关键技术和相关基础科学问题研究	夏定国	工学院
7	2016YFB0400100	大失配、强极化第三代半导体材料体系外延生长动力学和载流子调控规律	王新强	物理学院
8	2016YFB1000800	基于大数据的软件智能开发方法和环境	谢 冰	信息科学技术学院
9	2016YFB1101200	增材制造个性化牙种植体与颌面骨、颞下颌关节修复体的关键技术研发	唐志辉	口腔医院
10	2016YFB1101500	脊柱椎体、髋关节骨缺损及骨盆肿瘤个性化植入假体增材制造关键技术及临床应用研究	刘忠军	第三医院
11	2016YFC1000400	高龄产妇妊娠期并发症防治策略研究	赵扬玉	第三医院
12	2016YFA0100500	多能干细胞自我更新与定向分化的细胞周期调控	张传茂	生命科学学院
13	2016YFA0500300	蛋白质机器在肿瘤发生、发展和转移中的作用	尹玉新	基础医学院
14	2016YFA0500400	信使和能量物质跨膜转运的分子机器	王世强	生命科学学院
15	2016YFA0501200	蛋白质机器动态结构的核磁共振研究方法及应用	夏 斌	化学与分子工程学院
16	2016YFA0501500	信号转导过程中蛋白质机器的活细胞标记与在体调控	陈 鹏	化学与分子工程学院
17	2016YFA0502300	蛋白质机器三维结构导向的新型药物研发关键技术研究	来鲁华	化学与分子工程学院
18	2016YFA0502900	植物幼苗出土存活蛋白质机器的分子机制	钟上威	生命科学学院
19	2016YFA0300800	自旋波电子学物理、材料与器件	俞大鹏	物理学院
20	2016YFA0300900	全量子化效应的原子级调控	王恩哥	物理学院
21	2016YFA0200100	纳米碳材料产业化关键技术及重大科学前沿	张 锦	化学与分子工程学院
22	2016YFA0201400	基于纳米分子影像探针的癌症微创介入诊疗导航技术	戴志飞	工学院
23	2016YFA0201900	碳基纳米电子器件与集成	彭练矛	信息科学技术学院
24	2016YFC0900100	临床用单细胞组学技术研发	张泽民	生命科学学院
25	2016YFC0903100	基于组学特征谱的 H 型高血压首发脑卒中分子分型研究	霍 勇	第一医院
26	2016YFC0903800	基于组学特征谱的社区获得性肺炎分子分型研究	高占成	人民医院
27	2016YFC0904900	药物基因组学与国人精准用药综合评价体系	崔一民	第一医院
28	2016YFC1300200	心脑血管疾病营养及行为干预关键技术及应用策略研究	武阳丰	临床研究所
29	2016YFC1305400	糖尿病肾病发生发展的危险因素及机制研究	赵明辉	第一医院
30	2016YFC1306200	儿童脑发育障碍的早期识别和综合干预	姜玉武	第一医院
31	2016YFC1306500	帕金森病（PD）的早期诊断新技术研究	章 京	基础医学院
32	2016YFC1304900	成人 2 型糖尿病发生发展的危险因素及机制研究	纪立农	人民医院
33	2016YFC1307000	抗精神病药物个体化优选治疗方案的研究	岳伟华	第六医院

（科学研究部 廖日坤 整理）

表 7-31 北京大学 2016 年科技部中青年科技领军人才名单

序号	姓名	所在单位
1	王新强	物理学院
2	付雪峰	化学与分子工程学院

（续表）

序号	姓名	所在单位
3	胡小永	化学与分子工程学院
4	许晨阳	数学科学学院
5	焦 宁	药学院
6	龚 侃	第一医院

（科学研究部 廖日坤 整理）

表7-32 北京大学2016年科技部重点领域创新团队名单

序号	团队名称	团队负责人	所在单位
1	基于内源性物质化学修饰的仿生药物研究	周德敏	药学院
2	抗逆转录病毒天然药物合成与研发创新团队	翟宏斌	深圳研究生院

（科学研究部 廖日坤 整理）

表7-33 北京大学2016年理工医科获批的教育部科学技术研究项目

项目名称	负责人	所在单位
新形势下高校科研经费使用管理情况研究	邵 莉	财务部
中国大陆科研论文发表分析报告	肖 珑	图书馆
教育部首批国家重大科技基础设施培育项目	孙育杰	生命科学学院
贾爽2016年度教育部科学事业费	贾 爽	物理学院
王健2016年度教育部科学事业费	王 健	物理学院
杜朝海2016年度教育部科学事业费	杜朝海	信息科学技术学院

（科学研究部 杨凌春 整理）

表7-34 北京大学2016年青年教师入选北京市科技新星计划名单

序号	姓名	所在单位
1	任华忠	地球与空间科学学院

（科学研究部 杨凌春 整理）

表7-35 SCI数据库2016年收录的北京大学为第一作者单位的论文及分布情况

单位	发表论文总数		论文收录期刊平均IF	论文收录期刊最高IF
	篇数	所占百分比%		
数学科学学院	125	2.59%	1.45	9.20
国际数学研究中心	35	0.72%	1.40	2.69
工学院	499	10.33%	4.60	34.09
物理学院	493	10.20%	4.38	38.89
化学与分子工程学院	465	9.63%	6.37	37.37
生命科学学院	124	2.57%	6.26	38.89
地球与空间科学学院	233	4.82%	2.67	11.33
城市与环境学院	132	2.73%	4.39	38.14
环境科学与工程学院	141	2.92%	3.83	9.42
心理与认知科学学院	39	0.81%	4.27	9.42
信息科学技术学院	328	6.79%	3.14	15.23
计算机科学技术研究所	9	0.19%	1.98	2.54

（续表）

单位	发表论文总数		论文收录期刊平均IF	论文收录期刊最高IF
	篇数	所占百分比%		
科维理天文与天体物理研究所	28	0.58%	7.43	38.14
分子医学研究所	19	0.39%	7.84	30.36
前沿交叉学科研究院	10	0.21%	4.38	8.39
现代农学院（筹）	22	0.46%	5.42	11.33
医学部	1836	38.00%	3.47	59.56
深圳研究生院	205	4.24%	4.93	22.003
其他	88	1.82%		
总计	4831	100.00%	4.06	59.56

（科学研究部　郑英姿　王纬超　整理）

表7-36　北京大学2016年专利申请受理、授权情况统计表

单　位	国内专利申请（项）	国内专利授权（项）	国际专利申请（项）	国际专利授权（项）
信息科学技术学院	163	175	7	12
计算机科学技术研究所	15	12		1
化学与分子工程学院	30	46		
物理学院	34	24		
生命科学学院	9	7	2	1
工学院	66	67	1	1
环境科学与工程学院	9	9		1
城市与环境学院	2	2		
地球与空间科学学院	6	17		
软件与微电子学院	8	7		
数学科学学院	0	2		
前沿交叉学科研究院	17	3		
软件工程中心	14	0		
校本部小计	373	371	10	16
医学部	399	430	6	9
深圳研究生院	99	29	2	1
总计	871	830	18	26

（科学研究部　王纬超　医学部科研处　郑宗方
深研院科研处　孟　祎　整理）

表7-37　北京大学本部2016年主办的理工类国际学术会议和研讨班情况统计（17项）

会议时间	会议名称	主办单位
2016.4.22-2016.4.24	中日韩数学与生物交叉研讨会	数学科学学院
2016.5.12-2016.5.13	第二届亚洲大学生物医学工程论坛	工学院
2016.7.1-2016.7.4	原子核集团结构国际研讨会	物理学院
2016.7.27-2016.7.30	紫外发光材料和器件国际研讨会	物理学院
2016.10.9-2016.10.12	心脏与血管代谢学会第十四届国际年会	分子医学研究所
2016.9.23-2016.9.26	第三届高能量密度物理国际会议	工学院
2016.9.9-2016.9.10	高等物理教育国际会议	物理学院
2016.11.6-2016.11.9	老龄化、创新和可持续发展——2016年环太平洋地区高校联盟研讨会	人口研究所

(续表)

会议时间	会议名称	主办单位
2016.9.20-2016.9.21	原子核结构的协变密度泛函理论	物理学院
2016.10.14-2016.10.15	2016年北大清华生命科学联合中心PI聘期国际评估暨学术交流会	生命科学学院
2016.12.15-2016.12.18	第七届亚洲化学联合会学术会议	化学与分子工程学院
2017.10.17-2017.10.20	2017 SPHERIC 北京国际研讨会	工学院
2017.06.23-2017.6.26	定量生物学：计算和单分子生物物理	前沿交叉学科研究院
2017.05.26-2017.5.28	第三届IEEE云大数据安全国际会议	软件工程中心
2018.8.28-2018.9.1	第25届国际稀土永磁及其应用会议	物理学院
2017.11.4-2017.11.5	2017 IEEE 国际医学影像物理和工程大会	物理学院
2019.7.28-2019.8.2	第27届国际爆炸与反应系统动力学会议	工学院

（科学研究部　范少锋　整理）

表7-38　北京大学医学部2016年主办的医学类国际学术会议和研讨班情况统计（43项）

时间	会议名称	主办单位
2016.10.28-2016.10.30	国际妇产科病理学大会暨第十二届海内外病理学术论坛	基础医学院
2016.10.28-2016.10.30	第一届中国微循环周	基础医学院
2016.10.26-2016.10.27	2016年北大-哈佛孤独症论坛	基础医学院
2016.3.18-2016.3.20	中国生理学会基质生物学专业委员会成立大会暨第一次全国基质生物学学术会议	基础医学院
2016.3.31-2016.4.1	第二届中芬免疫学研讨会	基础医学院
2016.10.24	中法神经退行性疾病会议	基础医学院
2016.7.30-2016.7.31	癌症化学预防论坛-北京2016	药学院
2016.3.31	天然药物及仿生药物国家重点实验室2015年度学术年会暨发展战略研讨会	药学院
2016.5.14	药品采购价格谈判机制国际论坛	药学院
2016.3.24	中国孕产妇与新生儿保健经验总结与未来展望国际研讨会。	公共卫生学院
2016.6.13-2016.6.16	中芬食品营养质量与安全教学培训项目	公共卫生学院
2016.11.30-2016.12.2	第十四届全国药物依赖性学术会议暨国际精神疾病研讨会	药物依赖性研究所
2016.1.29-2016.1.30	2016年房颤消融关键技术国际论坛	第一医院
2016.6.17-2016.6.20	第四届北医全科医学与社区卫生发展国际学术交流会	第一医院
2016.6.24	自身免疫性肾脏病论坛	第一医院
2016.6.25-2016.6.26	第六届国际肾脏病理研讨会暨第十一届全国肾脏病理研讨会	第一医院
2016.4.16-2016.4.17	第四届北大妇产国际论坛	第一医院
2016.5.5-2016.5.17	第八届围产医学新进展高峰论坛	第一医院
2016.5.7	The 14th China-Japan-Korea Pediatric Nephrology Seminar 2016	第一医院
2016.4.15-2016.4.17	泌尿生殖肿瘤华夏医学论坛2016暨长城国际泌尿男科转化医学论坛2016（GU-HMF2016 & GITAU2016）	第一医院
2016.6.1	肺胸及头颈肿瘤病理学术研讨会	第一医院
2016.4.2-2016.4.3	2016北大国际儿科癫痫论坛	第一医院
2016.11.4-2016.11.5	2016年北大儿科发展战略论坛暨第二届中美儿科高峰论坛（主题：精准医学儿科临床实践）	第一医院
2016.8.19-2016.8.21	第11届全国幽门螺杆菌及消化疾病诊治论坛	第一医院
2016.10.15-2016.10.16	2016年北大糖尿病足国际论坛暨中国糖尿病足及相关慢性创面处理教育培训项目	第一医院
2016.7.9-2016.7.10	（第五届）北京国际神经病学会议	第一医院
2016.3.4-2016.3.6	第十八届生殖内分泌及辅助生殖技术研讨会	第三医院
2016.4.9-2016.4.10	第四届北大眼科名家论坛	第三医院
2016.6.24-2016.6.26	国际第七届慢性盆腔痛大会暨妇科微创及热点问题研讨会	第三医院

(续表)

时间	会议名称	主办单位
2016.9.3-2016.9.4	第十三届泌尿外科微创技术研讨会	第三医院
2016.9.8-2016.9.11	肩关节镜像技术研讨会	第三医院
2016.10.14-2016.10.16	全国关节镜像技术研讨会	第三医院
2016.9.27-2016.9.28	北京大学国际心力衰竭治疗论坛	第三医院
2016.1.9	北京-首尔唾液腺研究联合研讨会	口腔医院
2016.8.26	数字化与先进技术在口腔修复的实现CORE-CUP China 2016国际会议	口腔医院
2016.10.27	第五届中日泰三校联合学术年会	口腔医院
2016.12.9	2016年中日韩口腔科学研讨会	口腔医院等
2016.8.13	第五届中日韩国际精神病学研讨会	第六医院
2016.10.20-2016.10.23	ASAD第十届国际会议暨ADC2016年会	第六医院等
2016.8.5-2016.8.7	中日颈椎诊疗进展研讨会	深圳医院
2016.12.9-2016.12.11	深圳2016中日骨科护理安全研讨会	深圳医院
2016.10.22	中日韩恶性肿瘤精准医疗与MDT综合治疗高峰论坛	深圳医院
2016.12.16-2016.12.17	国际硬皮病临床与研究协作网第六届会议	深圳医院

（医学部科研处　张秋月　整理）

表7-39　北京大学理工医科2016年获得科技部政府间国际合作项目（3项）

负责人	项目名称	所在单位	合作期限	合作国家
王远	新型双金属/氧化物纳米复合燃料电池催化剂研究	化学与分子工程学院	2016.12-2019.12	日本
胡建英	保障饮用水安全的高通量毒性物质甄别技术	城市与环境学院	2016.12-2019.12	日本
王前	应用于能源和环境的新型氮掺杂碳材料的设计与合成	工学院	2017.1-2019.12	日本

（科学研究部　范少锋　整理）

表7-40　北京大学理工科2016年获得其他国际（地区）合作项目（14项）

负责人	所在单位	合作国别	合作单位	项目名称	合作期限
赵耀辉	国家发展研究院	美国	NIH	中国健康与养老追踪调查	2015.5-2019.4
林宙辰	信息科学技术学院	日本	Okawa Foundation（大川基金会）	大川情报通信基金	2016.3-2017.3
姚锦仙	生命科学学院	瑞士	世界自然基金会（WWF）	消费者海鲜指南水产品可持续性评估的研究	2016.2-2016.6
邓兴旺	生命科学学院	美国	NIH	Subward agreement with Yale（NIH）-2016	2016.2-2017.1
赵耀辉	国家发展研究院	美国	NIH	中国认知与老年痴呆评估	2016.9-2020.3
胡敏	环境科学与工程学院	瑞典	哥森堡大学	Conference Management Contractor	2016.1-2017.12
李晟	生命科学学院	香港	海洋公园保育基金（OPCF）	基于野生动物多样性的长青保护区功能区划管理效果评估	2016.7-2017.6
李晟	生命科学学院	美国	Smithsonian Conservation Biology Institute	森林景观廊道规划与修复	2016.1-2017.1
肖瑞平	分子医学研究所	英国	阿斯利康	15阿斯利康MG53	2015.12-2020.12
李晟	心理与认知科学学院	美国	CI（Conservation International Foundation）	鞍子河保护地大中型兽类及雉类调查与监测体系构建	2015.12-2016.12
陈钟	信息科学技术学院	美国	Intel	英特尔半导体公司捐赠	2014.11-2015.7
陈向群	信息科学技术学院	美国	谷歌	基于ARM架构的操作系统实习课程	2015.11-2016.11
王戎疆	生命科学学院	中国	四川西部自然保护基金会	摩天岭地区蝴蝶多样性调查研究计划	2014.12-2015.12
张世秋	环境科学与工程学院	英国	英国使馆	中国能源转型项目	2015.9-2016.3

（科学研究部　范少锋　整理）

表 7-41 北京大学医学部 2016 年获得其他国际（地区）合作项目（21 项）

负责人	所在单位	合作国别	合作单位	项目名称	合作期限
卢炜	药学院	比利时	Jassen	乙肝病毒感染自然过程和抗乙肝病毒药物的药理作用的定量分析的补充协议	2016.11.16-2017.12.31
刘振明	药学院	马来西亚	马来西亚金丝燕生态园集团之皇家燕窝私人有限公司；华励百业兴有限公司	燕窝提取物成果鉴定	2016.11.21-2016.12.31
李杰	基础医学院	美国	世界卫生组织 WHO	病毒性肝病歧视调查工具制定	2016.2.24-2016.12.31
刘建蒙	生育健康研究所	美国	联合国儿童基金会 UNICEF	微生物法检测血液标本红细胞叶酸有关协议	2016.4.26-2016.12.31
丛亚丽	公共教学部	美国	美国哥伦比亚大学医学职业研究所	美国哥伦比亚大学医学职业研究所 IMPA 捐赠基金	2016.7.4-2017.6.30
张玉梅	公共卫生学院	美国	加利福尼亚大学戴维斯分校	断乳前后婴儿喂养队列研究项目于 UCDAVIS 合作协议书	2016.8.30
张敬旭；王晓莉	公共卫生学院	美国	联合国儿童基金会驻华办事处	IECD 中期评估	2016.8.31-2017.4.30
郝卫东	公共卫生学院	美国	PFIZER（辉瑞）	Toxicology Student Trainning Agreement	2016.9.8
武阳丰	临床研究所	美国	APEC 健康科学研究院	一个多地区临床实验 MRCT 的试点培训项目	2016.9.14
孟庆跃	卫生发展研究中心	美国	世界卫生组织	医疗卫生服务体系绩效评价研究	2016.9.22-2017.5.1
王燕	公共卫生学院	美国	联合国儿童基金会	儿基会母子健康发展	2016.9.28-2016.12.31
孟庆跃	公共卫生学院	美国	世界卫生组织 WHO	第九届全球健康促进大会技术支持	2016.11.9-2016.12.31
宋逸	公共卫生学院	美国	联合国儿童基金会	儿基会母子健康综合项目和母子健康促进项目定性调查方案	2016.11.17-2017.5.31
徐红红	公共教学部	美国	Fuller	中国基督徒依恋与灵性的研究	2016.12.23-2017.6.1
章京	基础医学院	日本	日本 techmatrix 株式会社；北京传祺泰科医疗信息技术有限公司	国际远程数字病理合作项目	2016.5.18
李会娟	临床研究所	瑞典	瑞典韦斯特罗斯临床研究中心	术中单纯丙泊酚或七氟醚维持对乳腺癌结直肠癌患者手术后总生存率影响的对比项目监查服务	2016.12.21-2024.12.31
方海	卫生发展研究中心	瑞士	雀巢产品技术援助有限公司	妊娠糖尿病在中国的经济负担研究补充协议	2016.11.21
张玉梅	公共卫生学院	新西兰	Fonterra Co-operative Group Limited	中国幼儿神经节苷脂的膳食摄入及血中含量测定	2016.5.9-2017.7.31
王昱	公共卫生学院	英国	英国伯明翰大学医学院	中国北京市健康体检行业和居民利用情况的研究	2016.3.4-2016.12.31
王昱	公共卫生学院	英国	英国外交和英联邦事务部	中国医学生和医务人员教育和培训实施方案的开发以应对抗菌耐药性的全球威胁	2016.7.1-2017.3.31
潘小川	公共卫生学院	英国	英国自然资源保护协会（NRDC）	中国煤炭消费总量控制的健康效应	2016.11.9

（医学部科研处　郑宗方　整理）

表7-42 《北京大学学报(自然科学版)》文献计量指标

年份	总被引频次	影响因子	即年指标	他引率	引用刊数	扩散因子	权威因子	被引半衰期	学科扩散指标	学科影响指标	开放因子	综合评价总分
2014	1319	0.590	0.099	0.98	521	39.50	123.19	7.6	8.40	0.50	89	70.2
2015	1399	0.517	0.092	0.98	537	38.38	148.00	7.9	8.66	0.47	88	59.55

(学报编辑部 李亚文 整理)

人文社科科研管理

【发展概况】 社会科学部作为校级综合性职能部门,在文科主管校长领导下负责全校人文社会科学科研管理工作。社会科学部前身可追溯到1956年9月成立的科学工作处,1960年4月,学校撤销科学工作处,设立社会科学处和自然科学处,分管文理科科研。后又经几次调整,2000年8月,正式更名为"社会科学部"。目前社会科学部下设综合、项目管理、成果管理、基地管理四个办公室,现任社会科学部部长为哲学系系主任王博教授。

【科研项目】 2016年,学校纵向项目立项总数继续稳健增长。社科部加强管理服务工作的力度,注重加强申报动员工作,提高解决问题的针对性,调动教师申报的积极性;加强校内项目申报咨询专家队伍的建设,发挥北大专家的学术专长和社会影响力。

社会科学部组织校内专家参与国家社科基金、教育部等上级科研管理部门布置的项目评审工作,完成各项评审任务。社会科学部将进一步做好对评审专家的服务工作,使专家不仅在对外咨询服务中扩大影响,而且能够促进学校自身项目申报的质量提升。

【科研成果】 2015年文科各单位共发表各类科研成果4361项,其中专著308部、论文3491篇、编著和教材194部、工具书和参考书6部、古籍整理作品13部、译著48部、研究咨询报告113篇、译文31篇、电子出版物155部。2014、2015年,人文社科教师发表SSCI、A&HCI、SCI论文共计386篇。

第十三届北京市哲学社会科学优秀成果奖获奖结果揭晓,北京大学共有27项成果获奖,其中一等奖6项,二等奖21项,获奖总数居北京市各单位之首。该届北京市奖北大共提交50项成果,获奖率达到54%。北京市奖每两年评选一次,旨在繁荣发展首都哲学社会科学事业,鼓励社科工作者围绕改革开放和社会主义现代化建设,开展学术研究、推动理论创新、多出精品力作和服务首都发展。该届北京市奖马克思主义理论、哲学、文学等12个学科208项优秀成果获奖,代表了2012年7月至2014年6月期间北京市各高校及其他研究单位人文社会科学领域研究的最高水平。

【科研机构】 北京大学的文科科研机构主要包括三类:第一类,虚体研究机构;第二类,各类省部级重点研究基地;第三类,新体制的创新机构。

虚体机构。2015年秋季至2016年春季,社会科学部要求各院系召开本单位虚体研究机构建设交流会,机构负责人、院系领导和社科部代表学校对机构相关工作进行了有效的沟通。在走访调研的基础上,社会科学部发布了《关于加强挂靠院系(单位)对人文社科虚体研究机构管理的意见》,要求各院系依据学校机构管理办法制定本单位的管理细则,加强对所属研究机构规章制度、人事任免和校外人员聘任等方面的管理。2016年,经过专家评审和学校批准,新成立虚体研究机构2个,分别为北京大学阳明学研究中心、北京大学经济学院量化历史研究所。

重点研究基地。北京大学现共有教育部哲学社会科学重点研究基地13个,另有北京市哲学社会科学规划办公室、文化部、国家体育总局、国家汉办、全国妇联、国家版权局基地等委托建设或合作共建的若干研究基地。

2016年6月,教育部完成了第三轮教育部人文社科重点研究基地的评估工作,北大13个重点研究基地全部通过测评,其中中国古代史研究中心、中国语言学研究中心、中国经济研究中心测评优秀。随后,社科部组织各基地研究制定了"十三五"规划,并集中申报了"十三五"期间的所有重大项目。经教育部组织专家评审,所申报的项目全部通过评审,其中38项于2016年启动。2016年,北大13个基地共有26个项目参加了中期检查,19个项目提交结项鉴定。

2个北京市哲学社会科学研究基地新立项5个北京市规划项目,有6个项目参加中检,有4个项目提交结项鉴定。社会科学部也对其他各类共建基地进行了重新登记。根据批件,目前核定了10个省部级共建基地。

北京大学牵头组建和参与组建的各"2011协同创新中心"继续培育。2016年4月,"黄河文明协同创新中心"在北京大学正式签署合作协议;5月,"中国特色社会主义理论大众化和国际传播协同创新中心"作为第一批北京高校中国特色社会主义理论研究协同创新中心正式成立;6月,"京津冀协同发展联合创新中心"召开理事会会议;7月,"一带一路合作与发展协同创新中心"在北京大学召开管理委员会会议。

【人才工作】 哲学社会科学骨干研修班。1月中旬,北京大学共报送6个期次13位正高级教师参加由中央五部委联合举办的"高校哲学社会科学教学科研骨干研修班"的学习。3月，按北京市委组织部、宣传部、教育工作委员会、党校、教委、财政局联合发布的《北京市哲学社会科学教学科研骨干研修工作规划（2015—2020）》通知要求和2016年的具体工作意见，社会科学部联合学校宣传部组织学校55岁以下、副教授以上教学科研骨干共5人，分期分批参加北京市党校的脱产学习。

【科研管理活动】 推进人文社会科学研究院成立。为了更好地推动人文社会科学基础学科和交叉研究的发展，北京大学人文社会科学研究院（以下简称"文研院"）于2015年开始筹建，2016年9月20日正式挂牌。截至2016年底，文研院主办讲座和各类学术研讨会超过50场次，成果在多家纸媒及网络媒体上发表。文研院关注早期中国与中华文明、族群凝聚与国家秩序、社会转型与精神重建、中国视角下的西方文明（西学在中国）、多文明互动与比较研究等五个重点议题，打造"近者悦，远者来"的良好学术氛围，并积极调动青年学者的研究热情及科研潜力，为学术生态的优化打下坚实基础。2016年，社科部协助文研院完成机构揭牌、编写报告、编制预算、人事招聘、提交事业会审批、推进校发文和公章刻制、网站挂靠等一系列工作。

推进区域和国别研究工作。北京大学具有丰富齐全的语言和文化研究优势，区域和国别研究方面的学者云集、资源充沛，学校多年来也一直致力于推动区域和国别研究的资源整合。在国家"一带一路"倡议的大背景下，2016年，北京大学多次组织召开专家座谈会，建立了区域与国别研究委员会并召开了第一次委员会会议，对北京大学及国际一流大学的区域研究情况进行了摸底和调研，初期优先选择已有一定基础且需进一步加强的中东研究和中亚研究为重点建设领域。社科部积极推动区域与国别研究工作的开展，参与《北京大学区域与国别研究委员会职责与议事规则》《区域与国别研究研究生项目培养方案》等文件的制定工作，与图书馆合作初步搭建起区域与国别研究基础数据平台。

（社会科学部）

《北京大学学报（哲学社会科学版）》

【专题化研究】 学报编辑部围绕刊物特色，根据学术热点问题、前沿问题来策划选题、组织稿件。2016年度，"诗学与诗歌史研究"（2016年第1期）、"文化传播与交流"（2016年第3期）、"台湾问题研究"（2016年第6期）等专题研究，都在学术界产生了较大影响。

"古代小说前沿问题丛谈"栏目是《北京大学学报（哲学社会科学版）》的一个品牌栏目。该栏目于2007年创办，邀请北京大学中文系刘勇强、潘建国、李鹏飞三位教授，每期围绕一个古代小说的前沿话题组织笔谈。十年来，《北京大学学报》刊登了总共十期栏目，分别围绕古代小说的理论探索与文本策略（2007）、语言（2008）、人物（2009）、情节（2010）、主题（2011）、文体兼融（2012）、结构（2013）、时间与空间（2014）、素材（2015）、当代性（2016）等问题展开讨论，反思若干理论问题。栏目共刊出三十篇高质量的学术文章，多次被《中国社会科学文摘》《人大复印资料》等杂志转载。

【学术影响力】 根据中国人民大学人文社会科学学术成果评价研究中心在《光明日报》公布的数据，2016年人大报刊资料转载的论文数量、转载率和综合指数，北京大学学报（哲学社会科学版）名列前茅。

根据中南财经政法大学图书馆期刊信息检索中心的检索报告，《北京大学学报（哲学社会科学版）》2016年共被中国人民大学书报资料中心、《新华文摘》、《高等学校文科学术文摘》、《报刊文摘》等检索途径转载的文章90篇，在全国综合性大学学报中位居第五。

根据中国学术期刊（光盘版）电子杂志社、中国科学文献计量评价研究中心和清华大学图书馆编写的《中国学术期刊影响因子年报》（2015版），《北京大学学报（哲学社会科学版）》在大学学报社会科学类综合高校中的总被引频次、基金比、影响因子、5年影响因子和即年下载率均名列前茅。

《北京大学学报》积极建构自己的网络平台、微信公众服务号，以扩大良好的社会影响力。同时，还加入中国知网和国家哲学社会科学学术期刊等数据平台，产生较好的社会效益。

【获奖情况】 2016年9月，由中国（武汉）期刊交易博览会组委会主办的"2016期刊数字影响力100强"活动中，《北京大学学报（哲学社会科学版）》经遴选获"2016期刊数字影响力100强"（学术类期刊）称号。

【编辑培训】 2016年5月，副主编刘曙光和李铄博士在邯郸参加"京津冀高校学报研究会联会"。2016年8月，管琴参加在河北石家庄举行的全国高校社科期刊编辑业务培训。2016年9月、11月，副主编刘曙光分别参加"全国重点社科期刊主编培训班""中宣部全国重点报刊主编（总编）培训班"。2016年10月，第八届全国高校文科学报研究会会员代表大会在武汉召开，程郁缀教授当选副理事长、刘曙光编审当选执行秘书长。

（《北京大学学报（哲学社会科学版）》编辑部）

【附表】

表7-43 2016年度北京大学文科纵向科研课题立项名单

序号	项目名称	负责人	所在单位	项目类别	成果形式	预计完成日期
1	构建中国特色案例制度的综合系统研究	张骐	法学院	国家社会科学基金重大项目	专著	2020年12月
2	重读马克思：文本及其思想（十二卷本）	聂锦芳	哲学系	国家社会科学基金重大项目	专著	2018年9月
3	前丝绸之路青铜文化的年代研究	吴小红	考古文博学院	国家社会科学基金重大项目	论文集、研究报告、数据库	2021年12月
4	古代东方文学插图本史料集成及其研究	陈明	外国语学院	国家社会科学基金重大项目	专著、资料集	2021年12月
5	十八大以来党中央治国理政方略与外交新战略研究	王逸舟	国际关系学院	国家社会科学基金治国理政专项	专著、研究报告	2017年12月1日
6	十八大以来党中央治国理政的政治思想研究	燕继荣	政府管理学院	国家社会科学基金治国理政专项	专著	2017年12月1日
7	供给侧自生创新需求与全要素生产率提升研究	余淼杰	国家发展研究院	国家社会科学基金重点项目	专著、论文集	2021年8月1日
8	海绵城市建设的风险评估与管理机制研究	于鸿君	光华管理学院	国家社会科学基金重点项目	论文集、研究报告	2019年12月
9	日本东亚同文书院对华经济调查研究	周建波	经济学院	国家社会科学基金重点项目	专著	2021年6月
10	学术图书馆参与数字出版的角色和模式研究	刘兹恒	信息管理系	国家社会科学基金重点项目	专著	2019年12月
11	中国本土宗教与外来宗教关系研究	李四龙	哲学系	国家社会科学基金重点项目	专著	2020年12月
12	国外马克思主义哲学基础理论问题研究	仰海峰	哲学系	国家社会科学基金重点项目	其他、研究报告	2019年6月
13	实证视角下中国刑罚执行制度完善研究	赵国玲	法学院	国家社会科学基金一般项目	论文集、研究报告	2018年12月
14	国际投资协定例外条款的法律问题研究	张智勇	法学院	国家社会科学基金一般项目	研究报告	2019年4月
15	先秦两汉都城礼制文明研究	高崇文	考古文博学院	国家社会科学基金一般项目	专著	2018年12月
16	丝绸之路中道城镇与路网研究	陈凌	考古文博学院	国家社会科学基金一般项目	论文集	2018年12月
17	东北亚古代铁器传播的技术观察	陈建立	考古文博学院	国家社会科学基金一般项目	译著、研究报告	2019年12月
18	中国社会经济转型时期的人口健康水平、预测及风险对策研究	张蕾	人口所	国家社会科学基金一般项目	论文集、研究报告	2018年12月
19	失独人群心理互助模式研究	刘天俐	人口所	国家社会科学基金一般项目	研究报告	2019年3月
20	20世纪前期中国社会学实践的演变机制研究	田耕	社会学系	国家社会科学基金一般项目	论文集、研究报告	2019年5月
21	亚述帝国崛起与文化扩张研究	贾妍	历史系	国家社会科学基金一般项目	专著	2019年12月
22	日本明治前期立宪史研究	张允起	历史系	国家社会科学基金一般项目	专著	2019年12月
23	中美电子资源国家标准比较研究	肖珑	信息管理系	国家社会科学基金一般项目	专著	2018年12月

(续表)

序号	项目名称	负责人	所在单位	项目类别	成果形式	预计完成日期
24	数字图书馆资源与服务绩效影响因素及评价体系研究	陈凌	信息管理系	国家社会科学基金一般项目	专著	2020年12月
25	"一带一路"沿线国家互联互通水平综合评价研究	王继民	信息管理系	国家社会科学基金一般项目	研究报告	2018年12月
26	创新驱动战略的情报保障研究	王延飞	信息管理系	国家社会科学基金一般项目	研究报告	2019年12月
27	全球视阈下适宜儿童全面发展的我国幼儿体育课程体系构建研究	董进霞	体育教研部	国家社会科学基金一般项目	专著、译著	2019年6月
28	中国当代广告口述史（1979—2010）	祝帅	新闻与传播学院	国家社会科学基金一般项目	专著、论文集	2021年9月
29	面向信息处理的汉语语素体系构建及应用研究	刘扬	信息学院	国家社会科学基金一般项目	译著、论文集	2018年12月
30	新媒体条件下中国公民政治价值观实证调查研究	沈明明	政府管理学院	国家社会科学基金一般项目	论文集、研究报告	2019年12月
31	网络空间中的言论自由与法律规制研究	李佳伦	法学院	国家社会科学基金青年项目	专著	2020年9月
32	民法典编纂背景下夫妻财产制研究	贺剑	法学院	国家社会科学基金青年项目	专著	2018年12月
33	南海安全合作机制研究	李忠林	国际关系学院	国家社会科学基金青年项目	专著	2019年12月
34	马克思不平等、消费不足和经济危机理论的现代化研究	贺大兴	马克思主义学院	国家社会科学基金青年项目	专著、其他	2018年12月
35	供给侧结构性改革下中国收入分配结构调整与资源配置效率改善研究	许明	经济学院	国家社会科学基金青年项目	论文集	2019年6月
36	"资本-技能互补"视角下驱动力转换的内生路径与政策保障体系研究	马红旗	经济学院	国家社会科学基金青年项目	论文集、研究报告	2018年6月
37	比较优势演变作用下我国产业参与国际分工及价值链地位提升研究	姚博	国家发展研究院	国家社会科学基金青年项目	专著、研究报告	2019年5月
38	央地关系视角下的新兴金融业态监管体制研究	郭峰	国家发展研究院	国家社会科学基金青年项目	专著、电脑软件	2019年5月
39	田螺山河姆渡文化遗址动物资源获取模式的综合研究	张颖	考古文博学院	国家社会科学基金青年项目	专著	2019年3月
40	生命历程视角下的老年迁移流动研究	吕利丹	人口所	国家社会科学基金青年项目	专著	2019年9月
41	日本近代象征派文学的研究	解璞	外国语学院	国家社会科学基金青年项目	专著、论文集	2019年8月
42	高校"海归"英语教师职业认同建构的叙事探究	孟玲	外国语学院	国家社会科学基金青年项目	论文集、专著	2019年12月
43	明末清初回儒舍起灵（蕴善）汉译作品研究	沈一鸣	外国语学院	国家社会科学基金青年项目	专著、工具书	2020年12月
44	督练公所与清末军事改革研究	彭贺超	历史学系	国家社会科学基金青年项目	专著	2018年12月
45	宋代诗学中的诗体病忌观念研究	刘靓	中国语言文学系	国家社会科学基金青年项目	论文集、研究报告	2018年6月

（续表）

序号	项目名称	负责人	所在单位	项目类别	成果形式	预计完成日期
46	"医学化"理论及其对中国当代医学困境的哲学阐释	唐文佩	医学部公共教学部	国家社会科学基金青年项目	专著	2019年6月
47	儒家女性伦理研究	王堃	哲学系	国家社会科学基金青年项目	专著、论文集	2019年8月
48	国家权力与城市社区治理	王迪	社会学系	国家社会科学基金后期资助项目	专著	2017年6月30日
49	中美医学交流史	张大庆	历史学系	国家社会科学基金后期资助项目	专著	2016年12月31日
50	身体、不死与神秘主义	李维建	哲学系	国家社会科学基金后期资助项目	专著	2017年6月30日
51	基于严格语音对应的苗瑶语历史比较研究	汪锋	中国语言文学系	国家社会科学基金后期资助项目	专著	2017年6月30日
52	北京街头流浪现象研究	刘能	社会学系	北京市社科基金重点项目	研究报告	2019年10月31日
53	京津冀协同治理模式与包容性政策建构研究	臧雷振	政府管理学院	北京市社科基金重点项目	论文集	2018年6月30日
54	北京市失能老人长期照护需求及服务体系建设研究	丁华	社会科学调查中心	北京市社科基金一般项目	研究报告	2017年12月31日
55	北京市城乡妇女二孩生育的社会支持系统研究	胡玉坤	人口研究所	北京市社科基金一般项目	研究报告	2018年6月30日
56	基于北京非首都功能疏解下京津冀地区人口集聚趋势及影响因素空间分析	武继磊	人口研究所	北京市社科基金一般项目	研究报告	2017年6月30日
57	日本侵华战争遗孤口述历史资料与研究	梁云祥	历史学系	北京市社科基金一般项目	口述历史资料和论文集	2019年6月30日
58	侯仁之学术档案整理与研究	唐晓峰	历史学系	北京市社科基金一般项目	论文集	2018年6月30日
59	北京市高端智库"一带一路"区域研究文献保障研究	朱本军	图书馆	北京市社科基金一般项目	研究报告	2018年12月30日
60	北京话押韵系统及元音音位的认知研究	王韫佳	中国语言文学系	北京市社科基金一般项目	论文集	2019年6月30日
61	供给侧结构性改革中的劳动法问题研究	阎天	法学院	北京市社科基金青年项目	研究报告	2019年6月30日
62	"逃离北上广"：北京地区高校毕业生离京就业行为研究	马莉萍	教育学院	北京市社科基金青年项目	研究报告	2018年6月30日
63	郑玄《周易注》辑佚史研究	朱天助	哲学系	北京市社科基金青年项目	专著	2019年12月31日
64	高校图书馆决策支持服务发展模式研究	李峰	图书馆	北京市社科基金青年项目	论文集	2018年6月30日
65	语义地图及语言接触视角下的汉语时体态研究	范晓蕾	中国语言文学系	北京市社科基金青年项目	研究报告	2020年12月31日
66	基于游戏化学习的教育教学实践研究	尚俊杰	教育学院	北京市教育科学规划项目	专著	2018年6月30日
67	国外马克思主义哲学重大基础理论问题研究	仰海峰	哲学系	教育部哲学社会科学重大攻关项目	专著	2019年12月31日
68	大数据下语义知识资源的覆盖度和扩展性研究	卢达威	中国语言文学系	教育部哲学社会科学一般项目	论文、软件系统	2019年12月31日
69	莱辛文论和戏剧中的市民教育	卢白羽	外语学院	教育部哲学社会科学一般项目	著作、论文	2019年12月31日

(续表)

序号	项目名称	负责人	所在单位	项目类别	成果形式	预计完成日期
70	全面质量观视野下博士教育质量监测评估及网络化保障体系构筑的理论与实证研究	高耀	教育学院	教育部哲学社会科学一般项目	论文、咨询报告	2019年12月31日
71	专业学位硕士研究生培养质量及质量保障运行机制研究	李敏	教育学院	教育部哲学社会科学一般项目	论文、咨询报告	2019年12月31日
72	实验室中的博士生学术成长过程研究	张存群	发展规划部	教育部哲学社会科学一般项目	著作、论文、咨询报告	2019年12月31日
73	面向第二语言教学的汉语语体语法研究	汲传波	对外汉语教育学院	教育部哲学社会科学一般项目	著作	2019年12月31日
74	北京非首都功能疏解中存量用地更新利用研究	沈昊婧	城市与环境学院	教育部哲学社会科学一般项目	论文、研究报告	2019年12月31日
75	基于不完全契约理论的PPP模式最优机制设计研究	王治国	光华管理学院	教育部哲学社会科学一般项目	著作、论文、咨询报告	2019年12月31日
76	协调发展研究	孙代尧	马克思主义学院	教育部哲学社会科学专项项目	论文	2019年12月31日
77	习近平总书记系列重要讲话精神研究	郭建宁	马克思主义学院	教育部哲学社会科学专项项目	论文	2019年12月31日
78	习近平总书记系列重要讲话精神研究	王浦劬	政府管理学院	教育部哲学社会科学专项项目	论文	2019年12月31日
79	习近平总书记系列重要讲话精神研究	陈占安	中国特色社会主义理论体系研究中心	教育部哲学社会科学专项项目	论文	2019年12月31日
80	习近平总书记系列重要讲话精神研究	任青	中国特色社会主义理论体系研究中心	教育部哲学社会科学专项项目	论文	2019年12月31日
81	习近平总书记系列重要讲话精神研究	张剑	中国特色社会主义理论体系研究中心	教育部哲学社会科学专项项目	论文	2019年12月31日
82	英国法的渊源研究	李红海	法学院	教育部哲学社会科学后期资助项目	著作	2019年12月31日
83	思想政治理论课专题式教学设计与实践	魏波	马克思主义学院	教育部哲学社会科学示范马院和团队项目	论文、研究报告	2019年12月31日
84	中国中古史籍与史料的整理与研究	陈爽	中国古代史研究中心	教育部人文社会科学重点研究基地重大项目	专著	2020年7月
85	旅顺博物馆藏新疆出土汉文文书整理与研究	孟宪实	中国古代史研究中心	教育部人文社会科学重点研究基地重大项目	专著	2020年7月
86	丝绸之路上的西域佛寺形制布局及演变研究	李肖	中国古代史研究中心	教育部人文社会科学重点研究基地重大项目	专著	2020年7月
87	中国历代人物传记资料库的改进与应用	赵冬梅	中国古代史研究中心	教育部人文社会科学重点研究基地重大项目	数据库、论文	2020年7月
88	中国与南亚的文学与文化交流研究	陈明	东方文学研究中心	教育部人文社会科学重点研究基地重大项目	专著	2020年12月
89	"一带一路"上的东方文学经典作品的翻译与研究	唐孟生	东方文学研究中心	教育部人文社会科学重点研究基地重大项目	译著、论文	2020年6月
90	中外官员选拔及经济绩效比较研究	姚洋	中国经济研究中心	教育部人文社会科学重点研究基地重大项目	专著	2020年12月
91	健康人力资本与健康中国建设	李玲	中国经济研究中心	教育部人文社会科学重点研究基地重大项目	专著、论文、研究报告	2019年12月
92	新常态下中国企业转型升级战略研究	马浩	中国经济研究中心	教育部人文社会科学重点研究基地重大项目	专著、论文、研究报告	2019年7月
93	推进"万众创新"的机制设计与政策建议	汪浩	中国经济研究中心	教育部人文社会科学重点研究基地重大项目	论文、研究报告	2020年12月

（续表）

序号	项目名称	负责人	所在单位	项目类别	成果形式	预计完成日期
94	中国特色依宪治国和法治政府建设研究	姜明安	宪法与行政法研究中心	教育部人文社会科学重点研究基地重大项目	专著	2020年10月
95	协商民主与国家治理现代化研究	高全喜	宪法与行政法研究中心	教育部人文社会科学重点研究基地重大项目	专著	2020年10月
96	公法争议与公法救济研究	湛中乐	宪法与行政法研究中心	教育部人文社会科学重点研究基地重大项目	专著	2020年10月
97	中华非物质遗产与"中华美学精神"	周默	美学与美育研究中心	教育部人文社会科学重点研究基地重大项目	专著	2019年12月
98	北京大学美学传统与"中华美学精神"	董志强	美学与美育研究中心	教育部人文社会科学重点研究基地重大项目	专著	2019年12月
99	技术与文明：由玉器手工业探索中国史前文明形成的基础	刘斌	中国考古学研究中心	教育部人文社会科学重点研究基地重大项目	专著	2020年12月
100	汉唐西域城市与文明考古研究	陈凌	中国考古学研究中心	教育部人文社会科学重点研究基地重大项目	专著	2020年12月
101	宋元时期民间信仰的考古学观察——以晋东南的遗迹遗物为中心	杭侃	中国考古学研究中心	教育部人文社会科学重点研究基地重大项目	研究报告	2020年12月
102	经济新常态背景下的教育与经济增长	闵维方	教育经济研究所	教育部人文社会科学重点研究基地重大项目	专著	2020年6月
103	经济新常态下的教育与劳动力市场的相互作用研究	岳昌君	教育经济研究所	教育部人文社会科学重点研究基地重大项目	专著	2020年6月
104	经济新常态下的教育扶贫与教育公平研究	赵国栋	教育经济研究所	教育部人文社会科学重点研究基地重大项目	专著	2020年12月
105	经济新常态下的教育财政研究	陈晓宇	教育经济研究所	教育部人文社会科学重点研究基地重大项目	论文专著、政策报告	2020年6月
106	经济新常态下高校人才培养模式改革与人力资本生产研究	郭建如	教育经济研究所	教育部人文社会科学重点研究基地重大项目	专著	2020年12月
107	规范性研究——当代西方哲学中的自然主义与反自然主义之争	韩林合	外国哲学研究所	教育部人文社会科学重点研究基地重大项目	专著	2020年12月
108	习近平治国理政思想与中国特色社会主义	郭建宁	中国特色社会主义理论体系研究中心	教育部人文社会科学重点研究基地重大项目	专著	2020年12月
109	马克思经典文本研究及其当代价值	聂锦芳	中国特色社会主义理论体系研究中心	教育部人文社会科学重点研究基地重大项目	专著	2020年12月
110	十月革命、列宁主义与中国道路	王东	中国特色社会主义理论体系研究中心	教育部人文社会科学重点研究基地重大项目	专著	2020年12月
111	高校马克思主义学科建设与思想政治课教育教学改革	宇文利	中国特色社会主义理论体系研究中心	教育部人文社会科学重点研究基地重大项目	专著	2020年12月
112	日本东京大学、庆应大学所藏汉籍善本选刊	杨忠	中国古文献研究中心	教育部人文社会科学重点研究基地重大项目	专著	2020年12月
113	《全宋诗》失收诗人诗作及专卷汇编	王岚	中国古文献研究中心	教育部人文社会科学重点研究基地重大项目	古籍整理	2020年12月
114	明代伦理与文学关系研究	廖可斌	中国古文献研究中心	教育部人文社会科学重点研究基地重大项目	专著	2020年12月
115	社会治理与公共服务研究	沈明明	国家治理研究院	教育部人文社会科学重点研究基地重大项目	专著、数据库、研究报告	2020年12月
116	国家治理经验评估研究	燕继荣	国家治理研究院	教育部人文社会科学重点研究基地重大项目	专著	2020年6月

（续表）

序号	项目名称	负责人	所在单位	项目类别	成果形式	预计完成日期
117	作为发展要素的互联网资本研究	邱泽奇	中国社会与发展研究中心	教育部人文社会科学重点研究基地重大项目	专著	2020年12月
118	城市场所性和城市化的多样道路	朱晓阳	中国社会与发展研究中心	教育部人文社会科学重点研究基地重大项目	专著、论文集	2020年12月
119	阻断贫困再生产：儿童贫困后效、实验干预与政策反思	方 文	中国社会与发展研究中心	教育部人文社会科学重点研究基地重大项目	专著	2020年12月
120	实现人口经济社会健康老龄化的对策研究	陆杰华	中国社会与发展研究中心	教育部人文社会科学重点研究基地重大项目	专著	2020年12月
121	发展中的社会治理：理念、知识与方法	张 静	中国社会与发展研究中心	教育部人文社会科学重点研究基地重大项目	论文集	2020年12月

（社会科学部）

表7-44 2016年北京大学文科其他纵向项目立项情况

项目名称	立项数
国家社科基金后期资助项目	4
国家社科基金艺术科学规划项目	1
国家社科基金《成果文库》项目	4
教育部专项项目（中特理论、专项、后期资助、示范团队）	5
北京市社科基金项目	14
北京市教育科学规划课题	1
总计	29

（社会科学部）

表7-45 2016年北京大学文科纵向项目评审组织情况

项目名称	评审份数	评审专家数
国家社科基金项目通讯评审	8342	315
教育部人文社会科学研究一般项目通讯评审	1221	63

（社会科学部）

表7-46 2016年北京大学教育部哲学社会科学重点研究基地（13个）

基地名称	基地主任	基地批准时间	基地批次
中国古文献研究中心	廖可斌	1999年12月15日	1
中国特色社会主义理论研究中心	杨 河	2000年9月25日	2
中国语言学研究中心	陈保亚	2000年9月25日	2
教育经济研究所	闵维方	2000年9月25日	2
外国哲学研究所	尚新建	2000年9月25日	2
中国考古学研究中心	徐天进	2000年9月25日	2
中国社会与发展研究中心	邱泽奇	2000年9月25日	2
东方文学研究中心	王邦维	2000年12月26日	3
国家治理研究院	王浦劬	2000年12月26日	3
中国古代史研究中心	荣新江	2000年12月26日	3
美学与美育研究中心	朱良志	2004年11月26日	5
宪法与行政法研究中心	姜明安	2004年11月26日	5
中国经济研究中心	姚 洋	2004年11月26日	5

（社会科学部）

表 7-47　北京大学获"北京市社会科学理论著作出版基金 2016 年上半年（总第 48 批）资助著作"名单

序号	推荐单位	著作名称	申请人	出版社
1	北京大学	东方文艺创作的他者化倾向	林丰民	北京大学出版社
2	北京大学	现当代俄罗斯语言学研究的流变与走向	宁　琦	北京大学出版社
3	北京大学	东南亚宗教艺术研究	吴杰伟	北京大学出版社
4	北京大学	铸魂：北大名家论社会主义核心价值观	北京大学党委宣传部	北京大学出版社

（社会科学部）

表 7-48　北京大学获"北京市社会科学理论著作出版基金 2016 年下半年（总第 49 批）资助著作"名单

序号	推荐单位	著作名称	申请人	出版社
1	北京大学	古代小说研究十大问题	刘勇强	北京大学出版社
2	北京大学	西班牙语习语研究	张慧玲	北京大学出版社
3	北京大学	中国出口的赶超和技术进步	杨汝岱	北京大学出版社

（社会科学部）

党政管理与群团工作

纪检监察工作

【发展概况】 纪委办公室与监察室实行合署办公。纪委办公室监察室下设综合室、纪律审查室、监督检查室3个科室，现有在编人员7人，返聘2人。医学部纪委有专职纪检干部5人。

【党风廉政建设工作会议】 3月18日下午，学校党委在办公楼礼堂召开2016年党风廉政建设工作会议。会议的主题是贯彻落实中央纪委六次全会以及教育系统党风廉政建设工作视频会议精神，根据上级领导机关的工作要求和学校党委的统一部署，讲规矩、守纪律，深入推进从严治党，为加快创建世界一流大学提供坚强的政治保证。

北京大学党委书记朱善璐指出2016年学校党委工作的主要任务包括两个方面：一是切实发挥好党委的领导核心作用，把方向、抓大事、管全局，统领学校的改革发展稳定的大局；二是切实加强党组织自身建设，坚持思想建党与制度治党密切结合，党要管党、从严治党，抓好凝心聚力的统领工作。学校的党风廉政建设必须坚持党要管党、从严治党、廉洁办学，狠抓思想作风建设，净化政治生态和育人环境。他还强调，政治纪律是核心纪律，第一责任人要走在前头，全面从严治党，核心在人，关键在严。

北京大学常务副校长吴志攀首先通报国家审计署审计、教育部国有资产检查、学校建章立制以及纪委专项巡察工作中发现的典型问题和风险隐患，并提出一系列整改措施和具体对策，包括开展多种形式教育，提高教职工廉洁自律和正确履职意识；加强制度建设，建立和完善防控廉政风险的长效机制；完善监督制约机制，促进学校管理更加科学规范。

北京大学党委副书记叶静漪全面总结北京大学2015年党风廉政建设和反腐败工作，分析整个教育系统以及学校在推进教育体制改革中所面临的形势与挑战，并部署2016年工作，包括强化纪律教育、细化两个责任、推进制度建设、加强校内巡察工作、细化执纪问责机制、强化组织保障等内容。

【作风建设】 1月下发《关于春节及寒假期间贯彻落实中央八项规定精神纠正"四风"问题的通知》，要求全校各单位党政主要负责人认真履行全面从严治党主体责任，把春节及寒假期间纠正"四风"作为重要任务，采取有力措施，通过各种形式，向党员干部教师发信号、打招呼、提要求，营造崇廉尚俭的节日氛围。

中秋和国庆期间，专门下发《关于在中秋、国庆节期间进一步严明纪律祛除"四风"问题的自查通知》，要求各单位上报两节期间所存在的"四风"问题。10月9日，由纪委办公室监察室组成检查组，到北京大学博雅国际酒店、中关新园采取现场问询、账目审查等方式进行检查，向值班经理问询国庆期间的消费和订餐情况，翻阅预订账目，对可疑的超标消费项目进行拍照，并向个别订餐老师进行电话核实。

【党风廉政建设责任制检查】 9月5日下发《关于在党委职能部门开展党风廉政建设责任制暨管党治党主体责任落实情况专项检查通知》，对党委办公室校长办公室、纪委办公室监察室、组织部、宣传部、统战部、保卫部、学生工作部、政策法规研究室（党委政策研究室）、党委教师工作部开展专项检查。要求各部门认真贯彻落实党的十八大以来中央全面从严治党工作要求，紧扣"六项纪律"（政治纪律、组织纪律、廉洁纪律、群众纪律、工作纪律、生活纪律），紧盯"三大问题"（党的领导弱化问题、党的建设缺失问题、全面从严治党不力问题），紧抓"三个重点"（重点人、重点事、重点问题），深入落实党风廉政建设责任制，推动形成全面从严治党新常态。检查主要采取自查自纠、专项检查相结合的方式进行。

在自查自纠阶段，党委各职能部门先行对照学校落实风廉政建设主体责任和监督责任相关制度以及党要管党、从严治党相关要求，对本部门党风廉政建设和管党治党情况进行全面自查自纠，并形成自查自纠工作报告。

在专项检查阶段，由校领导班子成员、党委委员、纪委委员、机关党委委员、院系党委书记、党员教师代表等人员组成9个检查组，采取现场提问、查阅资料、测试考核相结合等方式对各部门进行专项检查，各部门主要负责人现场向检查组回答相关工作问题，检查组对各部门的工作情况进行评价。

针对党委各职能部门的职能定位和工作内容差异，检查组针对部门特点制定专门检查方案并实施，形成《关于在党委职能部门开展党风廉政建设责任制暨管党治党主体责任落实情况专项检查情况报告》提交学校党委。

【制度廉洁性审查】 拟定制度廉洁性审查要点，包括依法合规、权力规范设定、防止利益冲突、程序规范设计以及责权统一。对《北京大学教育基金会接待经费实施细则》《北京大学筹资工作表彰奖励办法》《北京大学非学历继续教育管理办法》等制度进行廉洁性审查，并向相关单位下发制度廉洁性审查意见书。

【监督检查】 开展招生领域专项巡察工作。招生管理部门针对2013年以来本科招生（包含特殊类招生）、硕士研究生（含MBA）和博士研究生招生工作情况开展自查自纠工作，重点对招生监督制约机制、招生录取政策及其执行、招生考试信息公开、严格落实招生工作责任制等情况进行自查自纠，对照《自查表》中的检查内容，提供相对应的支撑材料。监察室通过听取招生管理部门有关工作情况汇报、查阅有关文件制度资料等方式进行巡察监督。结合教育部要求，4月对15个教学单位的硕士研究生、博士研究生复试进行现场巡察。

根据备案审查制要求，有选择性地对房产管理部、基建工程部、实验与设备管理部、肖家河项目建设办公室等单位的招投标工作开展现场监标。

【廉洁教育】 结合制度建设要求，编写《纪检监察信访办案工作文件汇编》，收录最基本的线索处置和执纪审查制度。汇编《学思践悟》《两部党内法规学习读本》《招生管理人员廉洁手册》《采购管理工作廉洁手册》《科研管理工作廉洁手册》等材料分发给纪委委员、各级党政领导班子及其成员，强化廉洁规范学习。

12月2日在北京大学第二体育馆B102阶梯教室，学校邀请中央纪委宣传部原副部长、中国纪检监察报社原社长李本刚来校作题为《学习六中全会精神，全面推进从严治党》辅导报告，组织全校纪委委员，各基层党委（党工委、党总支、直属党支部）书记、纪检委员集体学习六中全会精神。

结合新任领导干部培训会、招生系统工作会、学生工作部选留学生工作会、医学部团委系统工作会等，纪委主要领导和工作人员讲解中央党风廉政建设政策和党内法规精神。

编写领导干部应知应会的十八大以来新名词，结合专项检查，要求党委职能部门领导班子成员书面答题并提交。

【纪律审查】 结合问题线索处置和执纪要求，制定《北京大学监察室查办案件工作暂行规定》《北京大学纪委办公室监察室谈话函询、诫勉谈话办法》《北京大学纪委向驻教育部纪检组进行线索处置报告及工作报告暂行规定》《北京大学践行监督执纪"四种形态"实施办法》等一系列制度，完善执纪的规程和机制。制定《北京大学党政领导干部问责制实施办法》，进一步明确问责情形、方式、机构和程序。

校本部纪委受理信访举报67件，初核53件，谈话函询9件，直接了结1件，立案4件；7人受到党纪处理，其中开除党籍2人，撤销党内职务1人，警告4人；2名处级干部被诫勉谈话；3人受到行政处分。向学校教师道德和纪律委员会师资人才办公室移交处理36件。

【纪检监察队伍建设】 10月24日，党支部组织纪检监察干部赴中国人民革命军事博物馆，参观"英雄史诗不朽丰碑——纪念中国工农红军长征胜利80周年主题展览"。

4月26日，党支部组织党员赴北京农机实验站参观，考察生态循环农业与现代农业，学习外国专家阳早、寒春的光辉事迹。

11月4日，党支部与餐饮中心党总支第一党支部联合开展"两学一做""结对共建"活动。机关党委领导应邀出席活动，为双方党支部颁发"结对共建"证书。

8月23日至8月26日，组织纪检监察干部参加教育系统纪检干部专题培训班。

5月29日至6月4日，组织校本部、医学部以及附属医院专职纪检监察干部赴中央纪委监察部北戴河培训中心参加"纪律审查业务基础班"学习。

12月7日至12月9日，选派1名纪检监察干部参加北京市教育纪工委开办的"纪检监察干部综合业务培训班"。

根据教育部借调要求，安排1名纪检监察干部参与教育部巡视工作，负责巡视联系、谈话询问、监督检查、报告起草等工作。

上半年，纪委办公室监察室主管领导和工作人员到上海、湖南等地高校开展关于招生领域违纪案件查处研究的课题调研。

（纪委办公室、监察室）

组织工作

【发展概况】 2016年，党委组织部围绕学校中心工作，深入贯彻中央十八大历次全会精神，落实学校十二次党代会和"三步走"发展战略，以深入开展"两学一做"学习教育为契机，以贯彻落实习近平总书记系列重要讲话精神为重点，谋划和开展学校党建和组织工作；加强领导班子民主建设、干部队伍建设、基层党组织和党员队伍建设，推进干部人事制度改革、组织制度创新和基层党建工作创新。

【党建工作】 1. "两学一做"学习教育。学校党委组建"两学一做"学习教育协调小组，发布《北京大学关于在全体党员中开展"学党章党规、学系列讲话，做合格党员"学习教育工作方案》《北京大学"两学一做"学习安排具体方案》。在学校党委统一领导下，全校各级党组织和全体党员认真开展党章党规和习近平总书记系列重要讲话专题学习，以各种形式进行专题研讨，学校统一组织党章党规网上考试。此外，学校还以党支部为单位讲授专题党课，组织开展庆祝中国共产党成立95周年纪念活动以及党支部建设规范和党员行为规范大讨论，年底召开"两学一做"专题民主生活会和党支部组织生活会。

2. 基层党建重点工作。3月组织党员组织关系集中排查，6月对党代表和党员违纪违法未给予相应处理情况进行清理排查，9月进行基层党组织按期换届专项检查，11月启动社会组织党的组织覆盖情况排查，12月全面启动党费收缴工作专项检查。

3. 党务和思想政治工作队伍评优表彰。6月24日，学校召开庆祝中国共产党成立95周年暨表彰大会。会议授予101个党支部"北京大学先进党支部"荣誉称号，10位同志"北京大学共产党员标兵"荣誉称号，294位同志"北京大学优秀共产党员"荣誉称号。

4. 困难党员帮扶。学校各级党组织开展看望、慰问老党员和困难党员工作，学校党委对每一位校级困难党员帮扶对象给予补助。

【党建研究】 党委组织部作为全国党建研究会高校党建研究专业委员会秘书处，先后举办全国高校庆祝中国共产党成立95周年暨学习贯彻习近平总书记关于高校党的建设重要思想研讨会、专委会秘书长工作会议以及专委会2016年全体委员年会。在全国党建研究会2016年重点课题和自选课题申报工作中，高校专委会联合14家会员单位共同申报1项重点课题和7项自选课题。

【干部工作】 1. 班子换届调整。北京大学校本部完成班子换届、调整和新建73个，其中换届15个（基层党组织换届6个，行政班子换届9个），班子组建6个，班子调整52个。

2. 干部任免。校本部共任命中层干部129人次（2014年105人次、2015年130人次），其中新任干部33人，提任干部19人，连任干部38人，调配任命干部39人；另免职干部80人次。

3. 干部轮岗交流。9位院系干部交流到学校部门任职，6位职能部门、群团干部交流至院系任职，3位院系一线教师到职能部门挂职，1位机关干部到后勤挂职，此外有若干位干部在职能部门内部、群团组织之间交流任职。

4. 干部管理监督。坚持严格管理、严格监督与关心爱护干部相结合，营造干部全面健康成长的良好环境。一是定期召开新上岗干部集体谈话会，二是贯彻落实领导干部任职廉政承诺制，三是认真执行领导干部报告个人有关事项、出国（境）报备和任期经济责任审计等制度。

5. 教育管理与德育系列专业技术职务评审。专业技术职务晋升正高级2人（均为教育管理系列研究员），副高级10人（其中教育管理系列副研究员7人、德育系列副教授3人），中级26人（助理研究员23人、讲师3人）。

6. 干部对外交流。学校选派挂职锻炼或借调干部31人，其中管理干部9人、教师11人、博士后4人、应届博士生6人、应届硕士生1人。输出干部14人，其中管理干部12人、博士后2人；任职岗位为副局级的1人、正处级的1人、副处级的12人。

【党校工作】 1. 干部培训。举办第43期干部研讨班，培训干部56人；组织第7期中青年骨干研修班，培训干部52人。

2. 党的知识培训班和党性教育读书班。举办第28期党的知识培训班，培训学生入党积极分子1268人；举办第24、25期学生党性教育读书班，培训学生发展对象807人。

（党委组织部）

宣传工作

【发展概况】 党委宣传部全面贯彻落实党的十八大以来重要会议精神，认真学习习近平总书记系列重要讲话精神，围绕学校的中心工作，加强意识形态建设，为推动学校各项工作健康有序发展营造良好的舆论环境。

【理论工作】 北京大学党委以高度的使命感、责任感和政治意识，将学习贯彻党的十八大以来的全会精神和习近平总书记系列讲话精神与开展"两学一做"学习教育结合起来，深入推进马克思主义学习型党组织建设，为促进学校改革发展稳定各项工作提供坚强的思想政治保证和理论支撑。

党委理论中心组学习。在认真撰写理论中心组全年学习计划的同时，紧密跟进中央各项工作部署，及时传达中央会议文件精神，2016年共开展6次理论中心组学习。

党委对意识形态工作的领导。制定《北京大学党委意识形态责任制实施办法》。

全面提升教师理论学习水平。组织编纂宣传教育工作学习材料，组织教师参加由中宣部舆情信息局和国际传播局组织的三场培训；参加由教育部社科中心、北京市委宣传部和北京市教工委组织的六场座谈会，组织各院系青年骨干教师参加市教工委举办的骨干教师理论培训班，着力提升青年教师政治理论水平。

【宣传工作】 北京大学宣传工作与"双一流"建设协同发展，力争宣传工作与师生期望和社会期望相符合，用心讲好"北大故事"，彰显北京大学作为顶尖学府的综合效益、辐射作用和社会价值。

协调社会知名媒体对学校进行宣传报道，与新华社、人民日报、中央电视台等媒体策划多项北京大学正面报道事项；协调校内媒体做好学校重大工作的深度全方位报道，组织校内媒体做好总理来北大、女排来北大、北大学者的突出学术成就等多次深度报道；协调学校各个部门完成多项北京大学形象建设品牌工作，如北大宣传册《北大手册2016》、120校庆纪念文集《精神的魅力续》的编辑，组织协调拍摄人文纪录片《与北大同行》、微电影宣传片《星空日记》等，其中《星空日记》获中宣部"社会主义核心价值观微电影评选"全国一等奖；探索应对危机事件的处理方式。

【校刊工作】 2016年，校刊共出报33期（1401期—1433期）。校刊发挥舆论宣传主阵地作用，贯彻习近平总书记系列讲话精神，推进党建工作、党风廉政建设、"两学一做"学习教育、高校思想政治工作。在北京市高校校报协会的好新闻评比中有5篇作品获奖，在中国高校校报好新闻评比中，校刊记者写作的作品荣获4篇一等奖、1篇二等奖。

【新闻网工作】 2016年，新闻网编辑、发布文章近4000篇，采写新闻、通讯等新闻作品近200篇，拍摄摄影作品数百张，发布新闻图片万余张。英语新闻网共发布新闻200余篇，全方位报道学校在教学科研、国内外交流合作、思想党建、校园建设、校园文化等方面的新举措新面貌。

【电视台工作】 2016年，电视台完成新闻46期、761条，图文新闻60期，学生栏目100多期，全程拍摄156场/次，制作专题片42部、现场直播17场。对"李克强总理视察北京大学"等重大活动制作《新闻直通车》节目；创作大型专题片《忠魂》；制作专题片《引领未来的人》；为学校"一二·九"大合唱等重大活动制作开场专题片并作现场直播；联合全国五十多家高校电视台共同创作《中国高校航拍宣传片》。

【官博官微工作】 2016年，官方微博的关注人数突破49万，较2015年增长12万；官方微信的关注人数达42万左右，较2015年增长15万，官微平均互动数据位居全国高校官微前列。官微利用信息发布迅速、传播范围广泛的特点，对新闻热点进行"微直播"；加强与北大电视台合作，增加微信推送的音频模式。

【广播台工作】 2016年，广播台制作播出节目127期。对热点新闻制作新闻头条和特别专题报道，营造校园文化氛围。新建广播台公众号，制作工作手册，邀请专业电台主持人进行业务培训。推进政治安全保障工作和保安值班室工作。组织协调第十五届全国高校广播工作研讨会。

【摄影工作】 2016年，摄影组为包括宣传部在内的学校多个部门的图片展览、出版书籍等提供图片，初步形成图片资料库。承担北京大学主页改版，主页大图采写、编辑、运行等所需图片工作。在校内外报纸杂志共发稿图片一百余幅，制作图片橱窗五十余版。

（党委宣传部）

统战工作

【发展概况】 党委统战部以深入贯彻落实中央关于统一战线的一系列重大战略决策部署为核心，围绕学校中心工作，以加强党外知识分子工作为主线，以强化自身建设为保障，健全工作机制、创新工作方法。

6月3日，成立学校统战工作领导小组，校党委书记、校长任组长，全面加强学校统战工作的领导和统筹。6月8日上午，北京大学统战工作会议在英杰交流中心阳光厅召开。中央统战部副部长陈喜庆、六局局长王永庆，教育部思政司党建统战处处长余先亭，北京市委教工委常务副书记张雪；校党委书记朱善璐，校长林建华，校党委副书记敖英芳、叶静漪等校内外领导与学校各职能部门负责人，学校各基层党委书记、统战委员，民主党派、侨联干部，党外代表人士代表、无党派人士代表等220余人参加会议。6月15日，为认真贯彻落实中央统战工作会议及第二次全国高校统战工作会议精神，全面贯彻落实《中国共产党统一战线工作条例（试行）》，学校党委出台《中共北京大学委员会关于加强和改进新形势下统一战线工作的意见》（党发〔2016〕28号），就加强和改进新形势下北京大学统一战线工作做出新的规划和部署。

【思想建设】 加强党外知识分子教育培训。以"增强共识"为目的，以思想政治引导为重点，组织党外知识分子参加各类培训班、"统战大讲堂"、社会实践考察等，提高培训活动吸引力。支持各民主党派以基层组织为依托开展自主培训、自我教育。

深入开展"两学一做"专题教育，发挥党外人士监督作用。通过邀请学校各民主党派、侨联会负责人及无党派人士参加座谈会、与党外人士谈心、书面征求意见等多种方式，深入开展教育实践活动和专题教育，多方听取意见建议，剖析查摆问题，加强统战工作生态环境的建设和优化。

【制度建设】 加强统战工作战略规划和制度保障。认真贯彻落实中央关于统战工作的一系列重大决策部署，全面贯彻落实《中国共产党统一战线工作条例（试行）》，学校党委出台《中共北京大学委员会关于进一步加强和改进统一战线工作的意见》（党发〔2016〕28号），规划学校下一阶段的统战工作，为统战工作明确任务、提供制度保障。

健全校院（系）两级统战工作领导机制。学校成立统战工作领导小组，党委书记和校长担任组长，相关职能部门、院系党委代表进入领导小组，进一步完善学校统战工作领导机制。坚持校党委书记会日常研究统战工作、常委会定期研究统战工作，常委会和党政联席会定期听取统战工作汇报的工作制度。在院系层面，《中共北京大学委员会关于进一步加强和改进新形势下统一战线工作的意见》明确基层党委书记是统战工作第一责任人，统战工作纳入基层党委工作考核指标。

完善统战工作联席会议机制。进一步完善统战部牵头，组织部、港澳台办、学工部、团委等相关部门和基层院系参与，分别就党外代表人士及党派组织发展工作、港澳台工作以及民族宗教工作等方面联合开展工作的联动工作机制。

建立健全党外人士发挥作用机制。学校党委建立校院（系）两级重大决策前向党外人士征求意见、开展民主协商的制度，自觉接受监督，充分发挥统战对象在学校和院系各项事务中的积极作用。

【党外知识分子工作】 结合学校工作实际和党外知识分子的思想特点，着眼党外人士思想引导，制定党外知识分子思想教育引导工作方案。结合党外知识分子思想特点和学科专业特点，坚持教育引导和自我教育相结合，通过情况通报、集中培训、座谈研讨、个人自学等多种方式提高思想觉悟，输送党外知识分子参加中央统战部、北京市、学校举办的培训，夯实共同思想基础。2月22日，学校举行党外知识分子元宵节座谈会，朱善璐书记、林建华校长、敖英芳副书记出席。12月29日，举行民主党派、党外人士新年茶话会，郝平书记、林建华校长、敖英芳副书记、李岩松副校长出席。1月7日，医学部党委召开统战人士座谈会，向统战人士通报党委行政主要工作。6月23日，医学部党委召开统战人士座谈会，听取统战人士对学校发展建设的意见和建议。11月11日，医学部邀请九三学社中央副主席马大龙做参政议政工作报告，100多名统战人士参加。

为优秀的党外知识分子更好地发挥智库作用积极搭建平台。部分优秀的党外知识分子通过参加体制内平台，如参事室、文史馆等平台建言献策，为政府决策提供智力支持，还有一部分党外代表人士通过政党协商、建言献策小组等平台发挥智库作用，此外还有一些党外知识分子通过学校的研究机构发挥智库作用。

面对新形势新要求，积极开展调研，在基层党委推荐的基础上建立学校留学人员中青年骨干库。积极开展筹建有关统战团体调研，以高层次留学归国人员队伍建设为重点，以留学人员的吸收引进、教育培养、作用发挥、条件保障为抓手，以加强联谊交友为纽带，加强思想引导工作。做好北京市留学人员联谊会理事推荐工作。

承担市委统战部有关党外知识分子领域的重点课题研究任务；向市委统战部领导班子提供年度党外知识分子研究领域相关理论政策研究的最新动态；承担全市无党派、党外知识分子工作领域干部和代表人士的部分授课任务。

【民主党派和无党派工作】协助民主党派组织完成换届和调整。致公党北大支部、农工党北大支部、民革北大支部、民盟北大委员会、农工党北大委员会、民进北大委员会等组织完成换届工作，民建北大委员会完成班子调整。

支持民主党派发挥自身特色，开展有影响的活动。在统战部的支持、协调下，民主党派组织开展一系列活动，如九三学社北大委员会联合社市委举办"九三先贤"肖像展；九三学社北大、清华、北大医学部"两校三委"联合举办"世界一流大学、一流学科建设关键问题"学术论坛；民建北大委员会举办第四届城市发展论坛；民盟北大医学部委员会举办第七届医改沙龙；民盟北大、清华、北大医学部"两校三委"举办第十一届高教论坛等。九三学社北医委员会"'理论学习与研究小组'联动平台建设"、农工党北大委员会"认真履行职责，以精湛技术服务社会"获得北京市委教育工委"心桥工程"十大品牌称号，民盟北医委员会"医改沙龙"获得"心桥工程"优秀项目称号。民盟北医委员会获得民盟中央"坚持和发展中国特色社会主义学习实践活动"先进集体。

重视民主党派组织在学校民主管理民主监督中的作用。在《北京大学"十三五"改革与发展规划纲要（2016年—2020年）》、深圳校区办学、肖家河职工住宅分配方案等涉及学校发展和教职工利益的重大事件中，邀请民主党派参与讨论，多方听取意见。

发挥无党派人士作用。积极推荐无党派人士中的高层次人才参加中央、北京市相关单位组织的培训和挂职锻炼。推荐无党派人士参加中央科技、经济工作等重要座谈会，向中央、市委统战部上报无党派人士建议信息，部分信息被中央统战部部门刊物采用并报送中央领导同志。

【党外代表人士队伍建设】注重利用校内外教育培训资源，分层分类开展学校党外代表人士教育培养。积极选派优秀党外代表人士参加学校党校教育培训，以及中央统战部、北京市委统战部、市委教工委组织的教育培训。6月，医学部统战部联合在京医学院校举办第二期党外中青年骨干研修班，近50名党外骨干参加学习研修并赴南京参加异地教学。10月底和12月初，医学部举办两期民主党派新成员研修班。

推荐刘忠范院士参加北京市第三批高层次党外代表人士挂职锻炼。推荐陆军等8位同志参加北京市第二批党外代表人士项目挂职锻炼。推荐程乐松参加北京市"三个一百"党外处级干部挂职。

积极推荐党外人士在区政协任职。共产生28名区政协委员，其中17名海淀区政协委员、8名西城区政协委员、2名朝阳区政协委员、1名顺义区政协委员，比上一届增加6人。

引导党外代表人士发挥优势，服务国家、北京市、区县、学校发展。1月12日，学校举行校领导、职能部门和北京市两会代表委员见面座谈会。3月18日举办全国两会代表委员座谈会、报告会，向学校职能部门负责人、师生传达两会精神。3月23日，医学部举办全国两会精神报告会。同时，对北京大学两会代表委员情况进行宣传报道。与学工部联合组织"聚时事，观热点"全国两会精神解读报告会。在涉及学校和院系发展以及教职工利益的重大事件中，邀请党外人士参与讨论，听取意见。医学部统战部"加强统战人士建言献策能力培养"获得北京高校统战工作"十大品牌"称号，统战系统"发挥优势，积极推动社会服务工作"获得北京高校统战工作特色与创新优秀项目称号。

继续举办午间交流会，加强与党外代表人士、党外知识分子的沟通交流。午间交流会获北京高校统战工作特色与创新"十大品牌"项目称号。

关心党外人士及党外人士遗孀生活，为一些年事已高的党外人士过生日，积极帮助一些党外人士协调解决就医、子女入学等实际困难。

【"大统战"工作格局】建立院（系）统战工作领导机制。《关于进一步加强和改进新形势下北京大学统一战线工作的意见》进一步明确基层党委的定位和职责。

充分发挥基层党委在党外代表人士发现培养中的源头作用。在党外代表人士的发现、培养和推荐使用工作中重视同基层党委的沟通，为党外代表人士成长创造更好的条件。

推动院系建立党外人士参与民主管理、民主监督的机制。推动院系通过举办交流协商会、吸收党外人士参加专门工作委员会等形式，对涉及院系发展建设的重大问题向党外人士通报情况、征求意见。

组织统战干部考察活动，增强对统战工作内涵的理解。组织部分院系统战干部赴港澳4所大学，以及香港中联办、澳门中联办考察学习。

统战工作重心下移作为工作创新获肯定。《推进统战工作重心下移，构建大统战工作格局》文章在《中国统一战线》发表。4月，在时隔九年召开的北京高校统战工作会议上，北京大学作题为"以重心下移为主线，推动统战工作再上新台阶"的大会发言;"推进统战工作重心下移,构建'大统战'工作格局",获北京高校统战工作十大特色项目称号。

【民族宗教工作】 建立少数民族教师重点人才库,与北京市民委,以及北大少数民族问题研究专家保持联系,及时寻求工作指导。推荐高炜等6位同志为北京高校少数民族代表人士。学校领导以及统战部、学工部、学生资助中心等部门负责人参加古尔邦节庆祝活动,并为节日提供经费支持。

统战部、保卫部、学工部、团委等相关部门通过联席会议,分析校园传教及境外势力利用宗教进行渗透有关情况,研究提出对策,做好抵御和防范校园传教渗透工作,及时按上级要求开展地下宗教组织或团契参与情况排查工作。支持和协助哲学系宗教学系承办中央统战部全国民族宗教干部培训班。做好北京市宗教研究领域专家推荐工作。组织统战干部参加民族宗教工作学习讲座。

【港澳台侨及海外统战工作】 与港澳台办、学工部等相关职能部门一起做好港澳台交流工作。6月,与体育教研部共同接待台湾师范大学一行。10月,接待台北市立第一女子中学80人访问团来访。12月,接待第九届台湾高校教师大陆参访团来访,来自30多个台湾高校的教师到北大参访交流。

做好涉侨及海外统战工作。协助北大侨联与爱心社等学生社团建立联系,做好老归侨、侨眷的关心照顾工作。支持社会学系、会议中心协助中国侨联、国务院侨办等在北大举办海外侨领中国国情研修班、海外侨领高级研修班。12月,医学部统战部协助侨联完成换届工作。

【理论研究、宣传和信息工作】《推进统战工作重心下移,构建大统战工作格局》发表在《中国统一战线》2016年第3期,医学部统战部《关于加强高校民主党派成员建言献策能力培养工作的探索》发表在《中国统一战线》2016年第6期。《新媒体下做好民主党派成员思想工作的探讨》获北京市统战理论研究和调查研究三等奖。医学部统战部承担的北京高校统战理论与实践研究会课题《关于高校民主党派成员发展工作的探讨》,获得立项并完成调研报告。

【市领导调研高校统战工作】 3月23日上午,北京市委常委、统战部长戴均良一行到北京大学调研高校统战工作。戴部长一行先后前往新闻传播学院看望无党派人士、新闻传播学院院长陆绍阳教授,前往环境科学与工程学院教育部水沙科学重点实验室看望民建中央委员、中科院院士倪晋仁教授,并到英杰交流中心星光厅参加调研高校统战工作座谈会。戴均良部长,市委副秘书长赵玉金、市委办公厅副主任李彦来、市委教育工委副书记韩俊兰、市委统战部副巡视员贺淑晶等,与校党委书记朱善璐、党委副书记兼医学部党委书记敖英芳、医学部党委副书记顾芸、党委统战部部长张晓黎、医学部党委统战部部长王军为及北京大学部分党外人士进行座谈交流。

(党委统战部)

学生工作

【发展概况】 巩固改进作风、服务师生长效机制。学工部领导班子成员与学生代表17次见面沟通,每次明确工作主题,形成各项工作均听取学生意见建议、与学生保持密切联系的常态化机制。

党风廉政建设。按学校党委部署开展"两学一做"学习教育,部门负责人讲授党课,组织开展合格党支部建设规范和合格党员行为规范大讨论,分别集体学习十八届六中全会精神、全国高校思想政治工作会议精神、《关于新形势下党内政治生活的若干准则》《中国共产党党内监督条例》和《中国共产党问责条例》,举行两次基础知识测试督促党员干部自学。

加强廉政风险防控工作,健全落实财务审核制度、落实"三重一大"集体决策制度、严格执行"八项规定",严格控制"三公消费"。在制度上,先后出台《学生工作部党风廉政建设责任制实施细则》《学生工作部领导班子落实"三重一大"决策制度实施办法》《学生工作部意识形态工作责任制实施办法》等文件,认真落实"一岗双责",以保障廉政建设和促进部门风清气正。

【队伍建设】 辅导员队伍建设。加强培训和健全激励机制促进辅导员职业发展。全年选派88人次参加教育部和北京市培训;结合辅导员的不同需要,整合各部门资源,综合培训讲座、工作研讨、案例分析、经验交流等多种形式,部门举办辅导员业务培训8场,选留学生工作干部专项培训8场。2016级新生班主任培训,全校100多位班主任参加,超历史人数,同时建立新生班主任微信群,为新生班主任交流工作、答疑解惑、反映情况、解决问题搭建平台。举办"学工半月谈",先后组织5个院系交流特色工作经验。

举办北京大学第三届辅导员职业能力大赛。政府管理学院贾润东获得2015—2016年度北京高校十佳辅导员、第四届北京高校辅导员职业能力大赛一等奖。董子静、李奇特、张岩等35人获评优秀德育奖,高东旭、宗秋刚、史诗等18人获评优秀班主任标兵,王福正、刘双龙、甘锐等115人获评优秀班主任。

选拔2017届选留学生工作干部30人。

2017年度首都大学生思政课题立项。一般课题1项,支持课题5项。在年度学生工作系统课题评审立项中,有11个课题组(重点课题5个、一般课题5个、支持课题1个)获得资助,资助金额共3.1万元。

学生助理工作。采取小班课程和大班授课的方式,共举办小班课程3场圆桌论坛,大班授课2场讲座。

【学生思想政治教育】 贯彻落实北京大学综合改革方案。以《普通高等学校学生管理规定》修订发布为契机,协同相关部门以《北京大学章程》为指导完善学生管理规章制度体系，改革学生申诉受理机制，注重发挥制度的价值导向功能；协同相关部门完成《学生手册》的编制；配合推动研究生资助体系改革，开展专项调研研究完善学生素质综合测评以及奖励奖学金评审机制，进一步发挥奖励奖学金评选的育人功能；以围绕学生、关照学生、服务学生为指导理念，完善体制机制，以信息化建设为技术支撑，进一步增强学生工作系统整体协同、主动协同和促进协同的自觉性，提高服务学生的能力和水准。以"协同创新，进一步增强大学生思想政治教育的针对性与实效性"为主题，承办首届京津冀大学生思想政治教育工作研讨会，签署《京津冀大学生思想政治教育工作协作方案》，进一步推动三地高等教育的协同发展。

重视学生骨干的培养。坚持举办本科新生党员培训班，10年间累计培训3034人。第15期学生党支部书记培训班首次组织新任支书赴校外开展集中培训，加入廉洁教育内容，将培训与实际工作紧密结合。第二期"鸿雁计划"选拔62位党员骨干，分赴10个地方见习调研，加大指导力度，聘请各二级单位党委书记担任校内导师，学员完成总计38万字总结报告。《教育部加强和改进大学生思想政治教育工作简报（总第1262期）》编发该项目的经验。

毕业教育和新生入学教育。改进新生入学教育和毕业教育，完善本科新生训练营，首次纳入留学生，培训3957人，参训学生满意度提高至93.3分。联合赛克勒考古与艺术博物馆首次举办"燕园记忆"毕业主题展览，由在校生组成策展团队，展品全部征集自应届毕业生，为毕业生留下毕业的独家回忆。展览还作为2016级新生入学教育的重要内容，对新生引导教育。

网络思想政治教育。截至12月26日，"燕园学子微助手"微信公共账号发布图文信息442条，其中安全教育18篇，普法专题教育7篇。年内总阅读量达1,035,652人次，转发量达35,117人次。

日常思想政治教育。坚持把价值观培育放在工作的首位，组织学生学习"两会"精神、六中全会精神等。在庆祝中国共产党成立95周年、红军长征胜利80周年、国庆67周年和清明节、烈士纪念日、国家宪法日等时间节点开展思想政治教育；组织学生参加各类形势政策报告会近4000人次。分别以"砥砺强国志，聚力十三五""弘扬长征精神，奋力铸就卓越"为主题开展2期学生党团日联合主题教育活动，参与的学生党支部数量分别是127个和165个。组织各院系开展"我与社会主义核心价值观"主题班会，加强辅导员、班主任在学生价值观培育工作上的作用。组织学生志愿者开展"春燕行动"，五年来探访67位老人，志愿者超过300人。倡导学生党支部积极参与北京高校红色"1+1"示范活动，北大连续四年获得优秀组织奖。参与申报的《北京大学探索高校育人共同体，开创共建共育新格局》获得2014—2015年北京高等学校党的建设和思想政治工作优秀成果奖一等奖。全年举办"教授茶座"19期，直接参与受益学生358人。加强文化建设和扩展辐射面，《北大教授茶座》第一辑于8月正式出版。

学生年度人物。吴舟桥获第十一届中国大学生年度人物提名奖，王帆获入围奖。举办"北京大学学生年度人物·2016"评选活动，燕京学堂2015级硕士生艾文（Cody Abbey）、药学院2012级博士生司龙龙、生命科学学院2012级博士生朱诗优、政府管理学院2013级本科生孙玉洁、前沿交叉学科研究院2013级博士生李梓维、信息科学技术学院2013级博士生汪定、物理学院2013级本科生宋雪洋、第一临床医学院2014级博士生张月苗、数学科学学院2013级本科生陈嘉杰、国际关系学院2014级硕士生邵子剑（以姓氏笔画为序）等10名同学当选年度人物。

【学生管理】 奖励奖学金评审。全校获得校级奖励学生9033人，占参评总人数的30.38%，其中"三好学生标兵"588人，"三好学生"3542人，"优秀学生干部"164人，学习优秀奖2308人，社会工作奖999人，优秀科研奖855人，学习进步奖226人，实践公益奖214人，红楼艺术奖24人，五四体育奖25人，优秀品德奖88人。55名学生荣获"北京市三好学生"，18名学生荣获"北京市优秀学生干部"。"创新奖"获奖个人361人（学术类341人，体育类13人，艺术类3人，社会活动类4人）；获奖团队5个（学术类2个，艺术类2个，体育类1个）。评选2015—2016学年度"学生工作先进单位"8个，"优秀班集体"45个，"先进学风班"84个。19个班级荣获"北京市先进班集体"。城市与环境学院2014级硕士2班在北京市"我的班级我的家"优秀班集体创建评选活动中被评为"示范班集体"。数学科学学院2012级本科生王晓玮等10名同学荣获第十届北京大学"学生五·四奖章"，化学与分子工程学院2012级本科生1班等10个班级荣获"班级五·四奖杯"。

全校（以下均含医学预科，不含医学部其他学生）参加奖学金评审的总人数为23,713人，其中校本部（含医学预科）20,574人，软件与微电子学院1331人，深圳研究生院1808人。截至11月16日，共评出校级奖学金76项（不含新生奖学金），奖金总额3036.35万元。其中个人奖励额度最高的项目为福光奖学金，每人每年40,000元。北京大学奖学金获奖学生人数为3974人，约占参评学生总数的16.76%，人均奖金额度约为7633元。其中，由学校出资设立的五四奖学金奖金总额214.2万元，奖励学生1071人；由国家出资设立的国家奖学金奖金总额1409.6万元，奖励学生681人；由社会各界捐赠的奖学金总额1409.55万元，奖励学生2222人。新增设SPRIX奖学金、海亮奖学金、鸿升奖学金、巍璘奖学金、永旺奖学金、湘商奖学金，获奖人数为101人；减少成舍我奖学金等10项奖学金。12月2日下午，在英杰交流中心阳光大厅举办北京大学2016年度奖教金、奖学金颁奖典礼。先后组织杨辛荷花品德奖、光华奖学金、POSCO奖学金、三菱商事国际奖学金等专项奖学金颁奖会以及相关的联谊活动。

精致化管理服务。奖学金同批次下达，便于院系对奖学金项目和名额进行更为科学的规划和分配；各项目的评审工作均实现院系初评、学工部审核、校学生奖学金评审委员会审议的完整流程，分批审议奖学金初评结果；对奖励、奖学金进行统筹归纳，秋季学期中常规奖励/奖学金评审会议压缩到2至3次；奖励、奖学金登记信息化系统实现学生奖励信息在校内门户的一站式查询和奖励、奖学金档案的电子化留存；安排专门工作人员，负责仲英公益促进协会、燕新社、荷风学社等特殊获奖学生群体的管理和指导工作；向2015—2016学年度获得奖励的同学的家长发送喜报。

学生团体保险。继续使用学生综合信息管理系统在线申请团体保险，15,925人投保。

【国防教育】 学生军训。8月16日至29日，3365名学生在怀柔学生军训基地完成军事技能训练任务。参训学生先后完成单个军人队列动作、刺杀操、匕首操、军体拳、女子防身术、战术、格斗等军事科目的训练。此外，军训团以学生自愿报名、教官选拔相结合组建战术班、格斗班，并开设徒步拉练、实弹射击、通过染毒地带、野外生存、夜间紧急集合、负重奔袭、担架救援、战地救护等多种体验式活动。军训团临时党总支结合中国共产党建党95周年和红军长征胜利80周年主题，以及"两学一做"学习教育，统筹军训期间宣传教育活动，开展爱国演讲比赛、歌咏比赛、板报比赛、征文比赛、党性讲座和长征主题讲座。在保障上，怀柔学生军训基地翻新整修活动场地，搭建晾衣棚；学校为每位参训学生免费配发两件打底纯棉T恤衫，提高2元伙食标准至每人每天22元，为医疗组增配除颤器和保障车。

军事理论课。完成3640名学生的军事理论课任务，其中3432人通过课堂教学完成，108名元培学院学生通过东西部课程联盟的《军事理论》共享学分课程完成。军事理论课程由国防大学选派孙旭、王洪福、房兵等名师来北大教学，房兵教授获得2016年教学优秀奖。同时，除继续开设通选课《当代国防》之外，2016年秋季学期，邀请国防大学战略教研部副主任薛国安少将讲授通选课《孙子兵法导读》。

日常国防教育。在校园内指导爱国军友会和定向运动协会等两个学生社团继续组织学生参加国防知识竞赛、气枪射击体验、军事特训营、新生定向、军事定向、趣味定向等国防教育活动，组织部分学生在暑期随北海舰队开展为期7天的航海实习。学校领导和人民武装部多次参加国防教育专题研修，中央军委国防动员部政治工作局主任晏军少将和国防大学教育长赵文华少将分别带队到北京大学参观调研国防教育和国防生培养成果以及北大国防科研成果。

义务兵征集有18名同学参军入伍，2016年是历年来参军入伍人数最多的一年。北京市政府首次向学校下达征兵命令，学校设立征兵工作站，由学生工作部人民武装部部长张庆东担任站长。人民武装部着力于国防教育和文化氛围的打造，推进征兵优待政策宣讲"进校园""进课堂""进宿舍"，举行大型征兵现场咨询、退伍士兵风采展览、火箭军征兵宣传走进首都高校等活动。党委书记朱善璐亲自为入伍学生送行。《厉害了我的姐，北大才女进海军陆战队》，心理与认知科学学院宋玺同学被各大媒体报道。

（学生工作部）

学生就业指导服务中心

【发展概况】 北京大学获评全国创新创业典型经验高校和第一批北京地区高校示范性创业中心，并在全国典型经验总结会上，作为四所典型高校之一进行典型发言。11月，英国《泰晤士高等教育》（Times Higher Education）发布2016全球毕业生就业能力排行榜（Global Employability University Ranking 2016），北京大学持续成为入围榜单排名最高的中国大陆大学，位列全球第17位，连续两年入围全球前20名。

【重点领域就业】 北大就业工作紧密结合时代特色，服务国家经济社会发展需要，结合"一带一路""京津冀协同发展""长江经济带"等重大国家战略，不断开辟和扩宽毕业生到先进制造业、现代服务业、现代农业、国际组织等领域就业的渠道，秉承科学化、多元化的理念为每一位有志学子创造就业机会；持续深入实施北大就业"家·国战略"，结合90后青年群体的成长背景和社会现实，将毕业生家国情怀和现实选择有机融合起来，从"家""国"两个维度引导和号召毕业生"回家乡做贡献""到祖国最需要的地方去"。

北京大学超过90%的毕业生到国家重点地区就业，全校毕业生中有442人赴基层和西部地区工作，再创历史新高。北京大学围绕向国际组织培养输送高素质人才，加强就业指导工作，在信息化建设、课程教材体系建设、就业指导队伍建设、实习实践重点项目建设等方面开展卓有成效的工作，并于12月26日正式推出全国高校首个国际组织就业、实习、志愿服务权威信息发布平台——北京大学国际组织就业网（http://io.scc.pku.edu.cn/）。

【精准就业】 北京大学以重点地区、重点用人单位为基础，加强与"人才合作伙伴"的精准合作，大力拓展就业领域和渠道；详细了解学生的意愿与特点，精确掌握用人单位的需求，为学生打造社会实践、课题研究、就业见习的多元平台。

2016年共举办600余场企事业单位校园宣讲会；分行业、地域举办40余场大中型就业及实习双选会，吸引近2000家用人单位进校选才，在近年来经济增长速度放缓、就业景气程度走弱的形势下，保证毕业生招聘岗位维持在高位的同时有所增长，在国内同行中处于领先地位。同时，北京大学持续推进信息化建设，加强北大就业信息网信息分类体系建设，依托"北大就业""北大创业""北大选调生"等微信平台，逐步完善就业信息定向推送机制；面向全体毕业生重点收集并汇总学生对于特定就业信息的需求和对特定地域、行业与职业的倾向，基于职业选择规律和个人特殊需求，调查求职地域及行业意向，并以此为基础分行业、地域建立求职微信群，开展线上定向信息推送、行业交流、生涯指导，同时辅之以线下有组织的实习实践参访活动，实现学生个体化需求与用人单位供给的精准对接。

【职业发展指导】立足学生就业工作的教育本质，不断加强职业指导类课程体系建设。努力突出专业学科特色，善用现代教育技术手段，创新教学组织模式，强化多元师资队伍建设，不断提高课程在增强学生综合素养和就业能力上的实效性。

在全球知名慕课平台 edX 上开设双语课程 Enhancement of Your Career Competence，课程上线短短两个月有来自中国、美国、哥伦比亚、印度、加拿大、法国等全球 86 个国家和地区的千余位学习者参与，其中 47% 为在校大学生，53% 为在职人士，进一步发挥北大教育资源的社会服务效应和全球影响力。

以生涯关键节点、行业发展热点、未来职业起点为指引，打造"就·在你身边"职业发展系列活动及求职季"聊聊行业那些事儿"企业 HR 校友交流座谈。毕业季"就·为你来"学长就职分享沙龙，即将就职于新浪微博、中国移动通信、财政部、全国总工会、商务部及成为上海选调生、江苏选调生的十多位毕业生分享自己的职业规划历程和求职心路。贯穿各成长阶段的行业 OPENDAY、周五下午茶职业规划工作坊等，针对学生职业定位困惑、简历写作、求职压力等，固定时间地点进行小型团体辅导活动。

【创新创业】以"立足教育、扎根中国、面向国际、引领未来"为宗旨，以增强学生创新精神、创业意识和创新创业能力为目标，开展一系列创新创业特色工作。学校制定并实施《深化创新创业教育改革实施方案》，整合校内外优势资源，推出包含"创启智慧""创行市场""创越未来"三个项目在内的"创新创业成长计划"，以及"北京大学学生发展与创新创业协同创新基地"等品牌项目。全校先后培养出一批兼具创新潜能与实践能力的创业人才生力军，涌现出一些具有活力的学生创业项目，大学生自主创业人数和创业企业成活三年以上的比例逐年提升，敢为人先、勇担责任、宽容失败的校园创业氛围逐步形成。

（学生就业指导服务中心）

青年研究中心

【常规工作】抓好《北大青年研究》平台建设，扩大作者队伍、扩充编委范围、提升编辑水平、提高选题质量、服务学校发展。中心（编辑部）不断提高办刊标准、丰富作者群体、扩充稿件来源、拓展研究范围，集全校之力建设杂志平台，切实发挥其理论"孵化器"和实践"助推器"的基础作用。通过与教务部、研究生院、国际合作部、发展规划部、保卫部等开展业务合作，进一步提升对学校发展建设的服务水平和服务能力。共出刊 4 期，对外推送文章 60 余篇；与厦门大学相关部门展开工作交流；举办 2016 年度杂志编委会及多次专题组稿会、讨论会。

强化"校内信息平台、师生文化社区、网上精神家园"定位，加强对未名 BBS 的发展指导。明确坚持未名 BBS "校内信息平台、师生文化社区、网上精神家园"的基本定位，形成"深度发掘校园内部特色、充分借力新型媒体平台、积极传播燕园正面声音"的发展策略，进一步夯实校园 BBS 的特殊作用，使之逐渐成为北大历史传统继承和精神文化创新的重要阵地。未名 BBS 网页全新改版，功能更为全面、便捷，风格更贴近青年学生，保证站点人气的稳定性。截至 2016 年底，BBS 官方微博关注人数逾 10 万、微信公众号关注人数超 2 万。

完善网教办职能定位，发挥网络文化建设与网络思政教育的协调运转功能。在实践中不断充实、调整和完善网络文化建设与网络思想政治教育领导小组办公室的职能定位，通过主动沟通、积极协调、提升服务、加强教育等手段，进一步发挥学校网教办在校园网络文化建设和学生网络思政教育领域的事务统筹、工作协调和理念引领作用。6 月，校内 18 家单位代表参与"北京大学校园网络文化建设工作推进会"，总结成果经验、研究部署下一阶段重点工作。9 月，北大网教办联合各成员单位、校内合作单位及北京市公安局、腾讯视频等政府部门和知名企业，开展第二届校园网络文化节。

【特色工作】中心进一步做实研究职能，在前期大量实践探索工作的基础上，对包括网络时代青年教育形式、内容、载体的变化与青年教育本质的拓展进行系统、深入的分析。1 月，中心承担的课题《高校大学生新媒体社区建设案例剖析——北京大学创新学生网络思想政治教育的探索与思考》入选北京市哲学社会科学规划项目、首都大学生思想政治教育重点课题项目。5 月，中心推出的国内首部网络思想政治教育理论和实践结合的专著《全环境育人理念的探索实践与网络思想政治教育的时代创新》由北大出版社出版，在国内理论和实践界获得广泛关注。该书的出版是中心在网络思想政治教育领域进行学科化探索的重要成果，初步形成宏观层面以"网络社会"理论为基础，中观层面以"全环境育人"理念为抓手，微观层面以具体的网络思政工作实践原则和实施方法的学科理论体系。10 月，中心负责人入选教育部"思想政治教育中青年杰出人才支持计划"。

中心持续发挥网络文化建设和网络思政教育的"青年主体性"，进一步充实以"新青年网络文化工作室"为支柱的网络文化建设队伍。双十一前夜再次发布倡议书，弘扬以

"自主·自律·自新"为核心的青年网络人生观。通过激发青年学生的主动性和创造性,涌现出一批优秀的校园网络文化建设成果。PKU Helper 移动客户端校园固定用户达 2.3 万人,获得北京大学首个网络文化建设"星火成果奖";PKU Runner 移动客户端已上线试运行;"新青年·享阅读"项目已举办 17 期,800 名阅读生覆盖近 20 个院系,活动作为典型被推荐成为北京市精品读书项目。"脱机自习"由图书馆走向公共教室,近 1000 人参与并受益,多个院系模仿组织类似活动。第十届"5+2"半程马拉松接力赛聚焦"新青年"概念,以"新青年动起来"为主题,开启校园体育文化"互联网+"新时代。

初步形成"学校+政府""学校+企业"的"两翼齐飞"的资源整合模式。腾讯视频"北大专区"上线,以短视频、微电影等大学生喜闻乐见的形式传播北大校园网络文化成果。工作室在"腾讯直播"设立专用账号,直播新生报到、社团招新盛况,观看人次超过 14 万,点赞 27 万人次。与北京市公安局合作,联合主办"@同学"网络安全系列活动推介会,于 12 月 5 日、6 日走进北京大学百周年纪念讲堂,为在校师生和周围群众免费演出话剧《圈儿A》,同时举办打击与防范电信网络诈骗主题巡回展览。

6 月,北京大学 2016 校园网络文化日举行,推出"北京大学首届网络文化创意集市",实现"网络新青年"与"优秀网络文化作品"首次线下集中展演。9 月,第二届校园网络文化节正式启动,以"新青年,一起来思奔"为主题,围绕青年文化,通过网络直播、社群互动和线下沙龙的形式,对校园学习生活的不同主题发起零门槛分享活动。在秋季学期,中心第四次面向全校开设公选课"大学生发展综合素养",并承担了课程中与网络素养相关的教学内容的牵头讲授工作,进一步发挥课堂教学的主渠道育人优势。

中心进一步充实论证"全环境育人"理念,发表《"互联网+"时代青年思想教育的传承创新》(《思想理论教育导刊》2016 年第 12 期)、《青年网络语言的变迁与高校育人事业的变革——兼论学生思想政治教育中的青年主体性问题》(《思想教育研究》2016 年第 10 期)、《全环境育人理念与当代青年发展——高校网络文化建设与网络思政教育主体性问题的再探讨》(《中国高等教育》2016 年第 10 期)、《网络信息时代大学校园文化的建设主体与主体建设》(《学校党建与思想教育》2016 年第 6 期)等论文,在国内思想政治教育理论和实践领域产生重大影响。

2016 年 9 月 2 日,《中国青年报》头版头条报道《北京大学试水"全环境育人"》,开创近年来该报报道教育理念创新的先河,取得积极的社会效应,进一步传播"全环境育人"理念,为全国高校的青年思想工作创新提供借鉴。

【党风廉政工作】 中心认真贯彻落实《北京大学党风廉政建设责任制实施办法》《中共北京大学委员会关于落实党风廉政建设主体责任的实施细则》及《中共北京大学委员会关于落实党风廉政建设监督责任的实施细则》相关文件要求以及党委 2016 年工作要点等有关要求,结合"两学一做"专题学习教育的工作部署,修订完善本单位的《廉政建设责任制实施细则》并依照《细则》进行认真对照自查。紧扣"六项纪律"(政治纪律、组织纪律、廉洁纪律、群众纪律、工作纪律、生活纪律),紧盯"三大问题"(党的领导弱化问题、党的建设缺失问题、全面从严治党不力问题),紧抓"三个重点"(重点人、重点事、重点问题),深入落实党风廉政建设责任制,进一步认清形势和问题,树立使命感和责任感,切实承担起管党治党主体责任,同时强化团队责任意识,落实问责条例。

(青年研究中心)

学生资助中心

【发展概况】 学生资助中心获得"2012—2016 善行 100 突出贡献奖""助学·筑梦·铸人"主题征文系列宣传活动"优秀组织奖"等奖项。学生资助中心在全国高校学生资助工作绩效考评中再次名列第一。组织"北京大学公益之星"评选,邱佐林、赵雨红、于江、黄剑英、莫锦铺、李强强、李臻超、关玉烁、谌皓碧、吕瑜婷、王丹、王瑞琪、张武豪、刘展宏、黄露莹、李典易等 16 名在公益领域表现优秀的学生当选。

【家庭经济困难学生认定】 校本部各院系共认定家庭经济困难本科生 1921 人,研究生 607 人。医学部共认定家庭经济困难本科学生 826 人,研究生 516 人。深圳研究生院共认定家庭经济困难研究生 219 人。

【助学金】 通过国家财政、学校经费、社会捐赠等多种途径筹集资助资金,校本部共设立助学金 76 项、4797 人次,总金额达 2172.12 万元,面向所有受助学生开展助学金申请、填表、评审、发放等工作。医学部设立本科生助学金 20 项,809 人次,总金额达 318.1 万元。深圳研究生院设立助学金 1 项,8 人次,总金额达港币 9.6 万元。

【助学贷款】 校本部共为 530 人发放国家助学贷款(含校园地和生源地国家助学贷款),总计发放金额为 413.537 万元。医学部共为 688 人发放国家助学贷款,总计发放金额为 543.82 万元。深圳研究生院共为 184 人发放国家助学贷款,总计发放金额为 207.8 万元。软件与微电子学院为 74 人发放国家助学贷款,总计发放金额为 88.8 万元。

【补偿代偿】 共发放赴基层就业补偿代偿金、服义务兵役补偿代偿金、办理 2016 年退役学生学费减免共 64.80 万元,58 人次。

【勤工助学】 校本部教室管理学生助管员、图书馆学生管理员、学生助理、校园引导队员等岗位通过学生资助中心经费发放勤工助学薪酬50.4775万元，共1330人次。设有礼仪队，协助其他部门开展活动。积极拓展家教、实习、教育岗位等校外勤工助学岗位。医学部为科研工作、教学工作、学生工作、图书后勤服务工作等岗位发放勤工助学薪酬7154.84万元，共7974人次。深圳研究生院为教务处、人事处、校园服务中心、心理咨询工作室、信息办、学工处、驻京办、总务处学生助理岗位发放勤工助学薪酬20万元，共255人次。

【动态救助】 通过国防生专项补助、临时困难补助、三项补贴、节日慰问与补助、新疆少数民族补助、期末营养补助、紧急受灾补助等机制，解决受助学生突发经济困难，校本部共发放100.5108万元，6067人次。医学部为学生发放新生一次性困难补助、特殊困难补助、三项补贴、新疆少数民族补助共计79.3806万元，1863人次。深圳研究生院发放临时困难补助、节日慰问与补助，共计3.3万元，66人次。

【迎新绿色通道】 联合多家单位集中为新生提供政策宣传、业务办理、借款、助学金、助学贷款、爱心礼包等服务，学生服务总队一对一全程陪同，共有500名学生通过绿色通道入学，领取总价值约140.33万元的物资礼包。医学部共有175名学生通过绿色通道入学。深圳研究生院共有18名学生通过绿色通道入学。

【资助宣传】 通过网站、BBS、短信平台、印制发放政策宣传页等多方式、多渠道宣传国家资助政策。强化学校内部新闻网、电视台等媒体报道和中央媒体报道。特别是新生入学前后，学校加强宣传力度，教育部一线采风刊登文章《北京大学全力做好2016级家庭经济困难新生资助工作》，全国学生资助管理中心资助政策一线采风刊登文章《北京大学"十大举措"做好2016级家庭经济困难新生资助工作》。

【学生服务总队】 指导学生服务总队开展公益服务、能力建设、温暖家园等活动，让受助学生在活动中回馈社会、提升能力、健康成长。品牌活动包括：善行100、太阳村募衣、校田径运动会志愿者、假期校园引导、青年领袖计划、开心运动会、高校学生国际公益论坛等活动。

【理论研究】 党委书记朱善璐在《中国高等教育》上发表学生资助相关文章——《一流大学必须有一流学生资助体系》。

【温暖家园】 继续开展节日活动，各级领导和老师与学生共度佳节，给予学生节日问候与祝福。1.北京市委副秘书长郭广生一行到北大看望寒假留校的家庭经济困难学生，送上20万元和新春慰问礼包。2.党委副书记叶静漪、部分职能部门负责人和二十余名学生服务总队队员吃元宵、猜灯谜、聊寒假生活、谈新学期目标，共度佳节。3.学生服务总队金秋风采展示活动在图书馆南配殿举行。全国学生资助管理中心副主任马建斌、校党委副书记叶静漪出席活动。4.党委书记朱善璐、党委副书记叶静漪等学校领导来到勺园餐厅，与领航学生一起欢度中秋佳节。5.党委书记郝平、党委副书记叶静漪来到学生资助中心201，参加学生服务总队冬至日"温暖家园"活动，亲切看望服务总队同学，与大家一起"吃饺子、唠家常、谈人生、聊未来"。

【年度特色工作】 专业化团队建设。开展约50次人员培训，通过开展境内外交流活动推进国际化学习进程，通过人员招聘进一步优化团队学历结构，通过引入专家学者健全学生资助工作委员会、学生资助监督委员会机制。

"北大资助APP"投入使用。通过手机APP为学生提供便捷服务，让同学们更加及时地了解学生资助政策和工作动态。

开展精准资助研究课题调研暨寻访家庭经济困难生工作。学生资助中心和院系资助工作人员奔赴云南、湖北、辽宁、吉林、新疆、西藏、青海、河北、河南等全国十余个省市开展实地调研工作，共寻访几十名同学家庭和当地学生资助机构，宣传学生资助政策，详细了解经济困难家庭学生的需求，调研地方学生资助特色工作。

举办"建设中国特色世界一流的学生资助体系——共享改革发展成果，培育引领未来人才"学术研讨会。全国学生资助管理中心、教育部、中国人民银行等单位和兄弟院校领导受邀出席研讨会，从不同维度探讨高校学生资助体系的完善和发展，共话高校资助未来。

启动燕园翱翔项目。帮扶学生立足北大、走向世界，搭建国际家庭经济困难学生交流平台，为家庭经济困难学子同世界知名大学学生开展交流提供机会。

优才拓展项目规模不断扩大。组织十余支队伍奔赴香港、上海、福建、安徽、山西-陕西-内蒙古、广州-贵阳、哈尔滨-青岛等多地区开展活动。同时，组织学生前往英国开展国外优才拓展项目，暑期组织开展香港理工大学暑期交流项目、北大-香港理工大学服务领袖课程等，推进国际化进程。

举办2017新年公益晚会暨助学金爱心见面会。教育部全国学生资助管理中心主任田祖荫、校党委副书记叶静漪、校长助理、教育基金会秘书长邓娅出席晚会。助学金捐赠方代表、校内外长期关心学生资助工作各单位代表、燕园领航导师代表和学生服务总队队员代表百余人参加活动。

（学生资助中心）

学生心理健康教育与咨询中心

【发展概况】 学生心理健康教育与咨询中心（以下简称心理中心）坚持以人为本的原则，以大学生的健康成长成才为最高目标，在完成各项日常工作的同时，开展大量以心教育为主题的心理健康教育活动。在北京大学心理健康教育三级体系建设的总体思路的引领下，心理中心全体人员共同努力，探索出北大特色的心理健康心教育模式。

【主要业务】 全面普及的心理健康教育。心理中心的心理健康教育分课程、讲座、工作坊、报纸等4个方面。

在课程和讲座方面，心理中心独立开设大学生心理素质拓展、朋辈心理辅导、自杀与危机干预与心理创伤治疗4门课程。同时联合青年研究中心、就业指导中心开设大学生综合素养提升课程。心理中心指导心理协会举办主题为幸福感、提升情商、焦虑应对、恋爱关系、拖延症、幸福的误区等形式多样、贴近同学生活的讲座，累计参与约800人。

心理中心组织专兼职咨询师面向北大学生精心设计并开展不同深度不同性质的团体辅导，具体包括7个不同主题的团体心理辅导小组，2场体验式团体培训。主题涉及自我探索、亲密关系、压力管理、情绪管理、进食障碍等大学生群体的常见议题。全年团体心理辅导累计覆盖约700人次。

心理中心主办的心理健康教育报纸《燕园心声》已成为学生学习心理健康知识和交流思想的重要平台，报纸内容专业且贴近学生生活。《燕园心声》共发放5期，每期8000份，累计共40,000份。9月，《燕园心声》由纸媒改版成为电子期刊。

2. 专业深入的心理咨询服务。心理咨询服务是心理中心工作的重要组成部分，形式上分为个体面询和多人网络咨询。自2013年开始，心理中心和留学生办公室合作，开展针对留学生的心理咨询服务。

制度化、规范化和专业化的咨询管理是心理咨询有效开展的保障。对于所有咨询的学生，心理中心都有详细的咨询档案，一方面便于对咨询过程进行有效的督导，另一方面，方便对学生的问题进行纵向的跟踪与解决。为更好地服务同学，心理中心不定期派老师参与各种培训，同时请来著名心理专家为咨询师们进行督导，以期加强业务水平，提升咨询能力。

3. 科学高效的危机排查干预。危机排查干预是心理中心工作中的重中之重。心理中心依托严密的心理危机监控网络，及时识别、干预危机个体。通过定期以及临时开展的危机排查上报工作，心理中心可以及时有效地识别学生中的危机个体。对于较严重的个案，进行专业的心理状况评估，并给出评估意见、指导与转介。同时，通过月报制度，将每月汇总的危机情况和干预案例进行深入分析和总结后，汇报给北京大学主管领导。为进一步健全心理危机监控及干预网络，心理中心采用访谈、经验交流及专业督导等形式，加强对干预体系各环节指导与沟通。以这种方式来提高在心理危机监控及识别干预等方面的工作质量。

心理中心以心理健康普测的结果为基础，结合危机排查、院系临时危机情况汇报等信息，完善并及时更新问题学生心理健康档案，同时定期给予追踪、监控、建议和治疗。

【年度特色工作】 1. 打造专业团队，加强院系合作。一支专业化的工作团队是心理中心工作开展和持续发展的保障。为提升全体咨询师的专业水平，心理中心定期邀请专家为近40名专兼职咨询师开展案例讨论和个案督导工作，旨在加强全体咨询师的业务水平，提升咨询能力。全年累计开展团体督导21场，覆盖约800余人次。心理中心加大培训投入，促进院系学生工作队伍的专业化建设。党副专业督导在各院系党副书记们的积极参与下继续开展，迄今已经成功举行7场。参加专业督导的院系学工领导共计近100人次。

2. 以开展公益活动为契机，开展形式多样的"心教育"。"心教育"是心理中心结合北大学生特点，发展出的心理健康教育的创新模式。"心教育"与传统心理健康教育不同的是其深度、广度和形式多样性、时代性和创新性。2016年适逢心理中心复建十周年，因此心理中心在坚持举办以公益行动为基础的"心教育"工作的同时，还围绕着"十周年"开展系列主题活动。

7月，举办心理中心建立二十二周年暨复建十周年学术论坛；9月7日，举办心理中心复建十周年纪念活动暨2016级新生"心教育"舞台剧《完美旅程》；9月25日，主办"中国生命教育走进百所高校"大型系列公益活动启动仪式；10月13日，举办新生"心教育"舞台剧《完美旅程》主创焦点访谈。此外，仍坚持开展"尺素心友"公益通信项目、生涯下午茶、图书漂流、心理学读书会、抑郁症科普小组等品牌活动，并且不断创新活动形式，丰富活动内涵。

3. 以现代网络技术为依托，开展心理健康教育咨询工作。网络在线咨询一直因其方便、快捷、匿名性以及充分共享性而深受同学的欢迎。心理中心每周定期在网上进行网络心理咨询，帮助学生发现自身问题，解决心理的困扰。开设咨询主题289个，累积发帖达到3284篇。

为了向北大学生普及心理健康知识，提升其心理素质和心理健康水平，心理中心建立微信公众平台账号开展心理健康教育，每天推送一篇高质量的心理素质和心理健康方面的文章。微信公众平台由心理中心专业的助理团队维护。迄今累计发布图文消息375篇，截至12月9日，累计关注人数达到6811人。

（学生心理健康教育与咨询中心）

保卫工作

【科技创安】 监控建设工作。按照学校总体规划，完成视频监控建设实施第五期工程，对正在改造的宿舍楼楼道安装监控设备，将学生宿舍区监控设备统一纳入新监控室，实现学生区消防、视频监控统一值守，并在视频监控值守模式上加以规范，确保设备良好运行率。

消防安全工作。依据"预防为主、有备无患"的原则，按照《北京市防火安全委员会关于着力推进社区微型消防站建设工作的通知》和北京市教工委文件精神，启动重点单位微型消防站及信息化系统建设，建立61个"微型消防站"（含医学部、昌平校区、大兴软件与微电子学院和校本部周边校办企业），统一配备消防器材，初步实现有效处置初起火灾的目标。

交通管理工作。积极建设交通管理信息化系统。一是启用机动车车牌识别系统，搭建机动车收费管理系统；二是配套建设多个分系统，与校门车牌识别和收费系统联动，计划实现对机动车入校、停放、行驶的立体化引导和监控，为未来实现机动车的地下化、边缘化、静态化创造条件。

【校园秩序管理】 扎实推进日常工作。进一步加强门卫"第一道防线"管理，认真查验证件，协助做好人群疏散、秩序维持等工作；积极开展校园治安秩序整治，保持与海淀公安分局、城管大队的密切协作，加大对无运营执照车辆和无证导游的查处力度。暑假期间，对无证导游实行治安警告22人、治安拘留1人、刑事拘留1人。

进一步完善大型活动审批与管理机制。针对大型活动安全管理工作量明显上升的情况，实行两级风险评估制度，将大型活动分为校内单位申办活动和校外单位在本校申办活动两个层次进行预评估。与校内多个职能部门密切配合，注重与主办单位、场地提供方的沟通，对前期宣传与活动现场等多个环节加强管理。

完成重大活动警卫任务。合理安排安保力量，确保活动安全有序开展，保证李克强总理视察北大、女排来访等近百项勤务工作的顺利实施。

【消防安全管理】 开展安全检查与监督。针对校园内老旧建筑多、施工工地多的现实情况，按计划对校内及周边地区进行日常安全检查、抽查和系统性年度大检查、排查，加强对施工工地、消防控制室、实验室和彩钢板房等重点部位的安全监督管理。先后陪同海淀消防支队等上级部门，对承泽园绣花楼、理科教学楼、学生公寓在建工地、学生宿舍36楼、学一食堂等楼宇进行检查；成立专项检查组，严格依据《北京大学二级单位安全管理标准化建设细则（试行）》，对校内120个单位（楼宇）进行年度大检查，检查结果良好，问题主要集中在共用楼宇、建筑物年久失修和大屋顶使用等方面。

切实做好安全整改工作。针对安全检查中存在的问题，与校内多个职能部门协调配合，明确责任主体，加快整改落实。

高度重视重大活动的安全检查与整改，制定重大活动应急疏散和灭火预案，确保活动的安全进行。

【交通安全管理】 规范校园交通安全管理。成立校园交通管理委员会，加强对校园交通工作的规划与协调，研究校园交通管理重大事项；编制并发布《北京大学校园交通安全管理规定（试行）》《规范校园电动自行车管理的通知》等管理规定，确保学校交通安全管理工作做到有法可依、照章管理。

落实"无车校园"建设要求。将校园生活区纳入机动车管制区，对校内长期无人使用的车辆进行清理，推进基础设施建设，优化校园交通环境。

维护校园交通秩序。及时稳妥地处理交通纠纷，确保校园内无重大交通安全事故发生。

【校园治安管理】 校园与社区治安防范工作。通过定期发送安全提醒消息、举办安全知识讲座、组织安全演练等方式，加强治安防范教育，增强师生的自我保护意识；对辖区内中学、小学、幼儿园及小市场内出租房进行检查，排除治安隐患；在两会期间，进一步加强治安防范力度，确保辖区内安全稳定。

集体户口及流动人口管理工作。全年办理集体户口迁入、迁出，为师生办理身份证及儿童落户等事宜共计10,200余人次；在公安系统对全校（区）务工者等流动人员的身份进行核录；对应销未销户口进行全面清理。

犬类限养管理工作。全年共办理居民养犬注册登记70余条，收缴无证犬9条。

【安全宣传教育】 日常宣教工作。以国家安全相关法律法规为抓手，开展普法宣传；利用新生军训契机，通过举办安全知识讲座、发放安全知识手册、组织消防演练等方式，开展综合性安全教育；开展互动体验式消防宣传活动，编印《消防安全知识手册》，指导部分单位开展消防培训演练；结合重大交通事故案例，编制、发放交通安全宣传材料；针对电信诈骗猖獗的情况，结合具体实例编辑制作短信、海报、"防诈骗宝典"PPT等，进行宣传与提示。同时，建立与辖区内银行的联动机制，共同开展对汇款人的甄别、劝阻工作，成功阻止数起数额较大的电信诈骗案件。

重要节点宣教活动。把握"4.15全民国家安全教育日""5.12全国防灾减灾日""11.9全国消防日""12.2全国交通安全日"等重要节点，组织举办相关安全教育活动。

丰富宣传教育形式。在安全知识宣传和传统演练的基础上，对宣传教育形式进行探索与创新，开通微信公众平台"平安燕园服务号"，传播安全知识、增强安全意识。

【队伍培养与制度建设】 队伍建设与管理。保卫部班子树立责任意识、大局意识，推进安全管理工作的提升和改进。以队伍建设为核心，优化队伍结构，促进管理效能，推动保卫部工作新发展。通过深入一线，加强调研工作情况，激发集体智慧。通过公开竞聘，充实管理岗位，调动新上岗干部的工作热情。

制度制订与实施。通过建章立制，规范工作标准与流程，出台《北京大学保卫部信息员队伍及其实施方案》等内部管理文件共8项，为部内工作的有序开展提供保障。

(保卫部)

保密工作

【保密审查审批】 2016年，保密委员会办公室审批涉密人员因私出国（境）6人次、对外提供专门材料35人次、拟发表论文17篇；非涉密人员对外提供专门材料58人次、拟发表论文34篇；开具参与涉密项目介绍信21份；为各相关单位及科研人员提供二级保密资格证书109份。

【教育考试保密管理】 参加博士研究生招生考试、硕士研究生招生考试及北京考区政治阅卷，本科自主招生、博雅计划、"三位一体"测评、艺术特长生、暑期学堂、金秋营等特殊类别招生考试，中学学科科技竞赛、北京市成人英语三级考试等各类教育考试的保密管理工作。

【涉密载体销毁管理】 赴中央国家机关涉密载体销毁中心17次，为全校销毁共计纸介质材料33.21吨、硬盘180块、光盘296张、优盘11个、打印机5台、硒鼓13个、计算机2台、碎纸机2个、光驱1个、扫描仪1台、复印机1台。

【保密教育培训】 6月，举办北京大学2016年保密教育培训活动。全国人大外事委员会委员、全国高校国际政治研究会常务副会长、北京大学台湾研究院院长李义虎教授作"5.20后的两岸关系和大陆对台政策"辅导报告。学校保密委员会委员、各单位分管保密工作领导、保密员、涉密人员、国家教育考试相关人员、涉密图纸管理人员等近160人参加。9月21日至24日，刘旭东参加教育部组织的保密干部培训班。10月至12月，分5次组织学校保密委员会委员、各单位分管保密工作领导、保密员、涉密人员190人赴北京交通大学保密学院参加实训及考核，成绩合格率99.5%。

【保密自查自评】 根据上级有关文件精神和学校领导批示，经保密委员会全体会议研究决定，首次在全校各二级单位组织保密自查自评工作。2月，刘旭东起草《北京大学关于切实做好年度保密自查自评工作的通知》并送有关单位征求意见建议，根据反馈情况进行修改；3月，经王杰副校长批准后，将该通知印发全校。

截至6月，45个独立承担教学科研任务的院系（所、中心），48个独立承担管理职能的部门、直属单位中的46个按照要求提交自查自评报告，完成率达到97.9%。刘旭东研读所有单位的保密自查自评工作情况报告，撰写评审意见，并根据上级单位的工作要求，送党委组织部、人事部相关领导进行审核，并最终由7月7日召开的保密委员会会议予以审定。

【涉密人员管理】 1月起，根据北京市国家保密局等八委办局转发国家保密局等七部委联合下发的文件要求，对涉密人员管理的流程进行系统修订，组织有关单位对照新的文件要求设置涉密岗位，并据此重新审查全校涉密人员，更新涉密人员因私出国（境）、办理参与涉密项目介绍信、申请使用学校保密资格证书等具体事项的审批流程。

【互联网保密管理】 4月，根据王杰副校长对教育部办公厅要求开展互联网门户网站等专项检查的专函的批示，与党办校办、党委宣传部、信息化建设与管理办公室、计算中心初步沟通具体检查范围，赴北京邮电大学保密处调研并电话调研清华大学、南开大学等高校后召开专门会议研究，使用某数据平台对学校门户网站（北大主页）及8个微信号、新浪微博号"北京大学"进行保密检查，未发现泄密事件或保密隐患。

在落实该检查工作的过程中，与多个管理部门、单位协调，力求建立常态化的工作机制。7月，拟制定《北京大学开通微博、微信公众号保密承诺书》，对二级单位微博、微信公众号信息发布采取保密承诺制度。11月，联合党委办公室校长办公室、党委宣传部、信息化建设与管理办公室、计算中心联合印发《关于进一步加强互联网信息发布保密管理工作的通知》。

【国防科技保密管理专项检查】 10月，收到教育部办公厅《关于开展高校国防科技保密管理专项检查现场抽查的通知》；10月19日至23日，开展迎接专项检查的准备工作；10月24日，教育部专家组成员检查走访保密办公室、先进技术研究院、地球与空间科学学院、信息科学技术学院、工学院、计算机科学技术研究所。

10月25日，学校国防科技保密管理专项检查总结汇报会召开，教育部办公厅副主任、保密委员会副主任续梅主持会议，专家组反馈检查意见，相关单位分管保密、科研的领导和专兼职保密干部参加。针对检查中发现的保密隐患持续做好整改和提醒工作，并向三个单位下发整改通知书。

【军工保密资格认定准备】 鉴于北京大学获取的武器装备科研生产《二级保密资格单位证书》将于2017年6月12日到期，11月25日，向林建华、王杰呈报《关于是否启动军工保密认定工作的请示》，学校领导批示适时启动。

12月6日，邀请北京市国家保密局副局长刘建华来校进行计算机检查工作专项培训；12月9日，召开军工保密资格认定准备工作布置会议；12月13日，召开关于保密检查工作的专门会议；12月29日，召开保密检查专题培训会。

【涉密测绘成果管理】 1月、2月、4月、12月，反复与城市与环境学院分管领导、涉密测绘成果管理人员沟通，提供国家有关法律法规、管理规定及宣传教育读本，督促其依法依规在使用完毕后销毁涉密测绘成果，并积极协助学院与图书馆联系整体接收事宜；4月，销毁282张图件。

1月、6月，分别对两名曾借阅涉密测绘成果的教学科研人员进行保密检查，发现考古文博学院某教授存在保密隐患。接受保密教育后，该教授上交存在保密隐患的计算机硬盘。

12月，将拟提交学校保密委员会审议的《关于进一步加强涉密测绘成果保密管理的通知》向部分保密委员征求意见；12月20日，学校保密委员会全体会议审议并原则通过。

【交流调研】 3月10日，刘旭东、张天然与社会科学部项目管理办公室主任刘睿赴国际关系学院进行调研；3月29日，刘旭东、杨梅赴计算机科学技术研究所调研保密工作开展情况，并征求工作意见；3月31日，刘旭东、杨梅、张天然、刘睿赴国家发展研究院调研保密工作开展情况，并征求工作意见；4月20日，刘旭东、张天然应约赴燕园街道办事处调研、交流保密工作，查看保密技术手段配备情况；5月11日，刘旭东、杨梅、张天然、马皓、钟灿涛赴北京邮电大学保密处，针对涉军、涉密科研相对集中管理，互联网门户网站等保密检查，涉密人员管理等问题进行调研。

【保密工作责任制】 根据中央、教育部、北京市的有关规定，制定学校领导人员落实保密工作责任制的规定。12月20日，学校保密委员会全体会议审议并原则通过，2017年2月正式印发。

【"三严三实"专题教育】 1月8日，在征求意见、谈心谈话、对照检查的基础上，召开办公室"三严三实"专题教育民主生活会，全体成员参加；1月15日，参加党办校办党支部召集的"三严三实"专题组织生活会。办公室对开展"三严三实"专题教育情况进行认真总结，并按时向党委组织部报送材料。

【"两学一做"学习教育】 按照学校党委的统一部署，深入开展"两学一做"学习教育。10月12日，组织召开"两学一做"专题学习交流会，学习习近平总书记"七一"重要讲话和刘云山在部分地区和部门"两学一做"学习教育工作座谈会上的讲话，以及《中国共产党问责条例》；12月5日，召开"两学一做"专题学习交流会，学习十八届六中全会精神，并对近期重点工作进行布置；12月6日，参加"两学一做"学习教育基层党委书记工作交流会。

【评优表彰】 4月，向全校各单位发放《关于评选表彰北京大学2015年度保密工作先进集体和先进个人的通知》；收到各单位推荐材料后，组织初评；7月7日，学校保密委员会召开全体会议，进行投票表决；10月，学校保密委员会印发《关于表彰2015年度北京大学保密工作先进集体和先进个人的决定》，对6个先进集体、19名先进个人进行表彰。

（保密委员会办公室）

政策法规研究

【发展概况】 7月，为推动落实学校综合改革中的管理构架改革方案，进一步整合优化机构设置，加强学校的战略规划、政策研究与规章制度相关职能部门的统筹建设，学校决定整合发展规划部和党委政策研究室，成立政策法规研究室，原发展规划部撤销。

政策法规研究室与党委政策研究室合署办公后，重点承担战略规划、政策研究、综合改革、法治建设、文物保护等工作，内设战略规划办公室、深化改革办公室、文物保护与管理办公室、法规与制度建设办公室、综合办公室五个职能科室，工作人员10人。其中，发展规划部学科建设办公室职能及人员编制转入学科建设办公室，事业规划办公室职能及人员编制转入人事部。

【"十三五"改革与发展规划纲要】 制定并向教育部报送学校"十三五"改革与发展规划纲要。协调学校各相关部门、各院系以及专家学者、师生代表一起参与、共同研究，主动开门制定学校"十三五"改革与发展规划纲要。

召开7场学校主要领导征求意见座谈会；历经"三上两下"5个环节；共征求48位职能部门负责人、48位院系负责人意见，涵盖学校5大学部、所有院系和职能部门，邀请各领域重要代表117人。在此基础上，制定可落实、可执行的规划，首次形成报教育部的规划（A版）和供校内使用的规划（B版）。编制工作进入校内程序审议环节后，学校严格按照教育部要求及《北京大学章程》规定，将"十三五"规划文本先后提交学校教代会讨论、校长办公会审议、党委常委会审定，形成向教育部提请备案的文稿。

【综合改革】 组织协调向教育部综改司汇报北大综合改革工作推进情况、各专项改革重点任务及之间的衔接等工作，就综合改革过程中需要教育部帮助协调解决的问题进行沟通，并报送北京大学综合改革实施情况简报和特色工作推进情况简报。

协调组织学校综合改革实施推进小组会议，结合各部门提出的专项改革工作方案，起草《2015年度北京大学综合改革工作总结》《2016年北京大学综合改革重点推进事项》等材料，组织撰写《在2016年北京高校领导干部会议上的发言》等材料，编制与修订三版《北京大学综合改革中重点战略》宣传图册，制作各类相关宣传品。

【重要文稿、课题、书籍】 根据中央精神和学校部署，围绕学校改革发展大局，牵头或参与起草一批重要文稿。包括北京大学关于贯彻落实习近平总书记重要讲话精神的第二次整改落实报告、学校主要领导干部重要讲话等。初步统计，政研室起草或负责把关、修改的各类文稿达200余篇，累计上百万字。

承担高校党的建设、高校执行力、高校项目体制转变等多个重要课题项目的研究工作，形成一批调研和理论成果，总计在校内外刊物发表理论文章10余篇。

出版和即将出版两部书籍。其中，与北京大学校友办公室合作编写出版《北大15堂创业课》；同时，政研室数位同志合著的《中国特色现代大学治理问题研究》即将由人民出版社出版。

【深圳校区发展建设规划】 完成《北京大学 深圳市深化合作共建备忘录》（以下简称《备忘录》）。重点完成《备忘录》起草修订及论证审批工作。在学校领导带领下，起草《备忘录》及风险评估报告，并通过会议、座谈、邮件、电话等形式征求党委常委会、校长办公会、国内合作委员会、校务委员会、民主党派和侨联的成员和代表以及学部主任、专家学者、老领导等各群体意见，严格按照《北京大学章程》规定，将《备忘录》提交国内合作委员会、校长办公会、党委常委会审议。8月29日，学校与深圳市正式签署《关于合作举办北大深圳校区备忘录》。

筹建深圳校区建设组织机构。包括领导小组、工作小组及本科学院、医学院及附属医院、健康科学研究院三个专项小组及专项办公室。

开展系列专项研究。形成《世界一流大学多校区发展策略研究》《世界一流大学办学成本的核算方式研究》《世界一流大学与现代高等医学教育研究》以及《高等教育在深圳发展的历史契机与机遇研究》等校区定位和长期发展问题相关的专项研究报告。

编制北大深圳校区规划与建设方案。包括校区整体规划与本科学院建设、医学院及附属医院建设、健康科学研究院建设三个专项规划。

起草、完善与修订合作协议。在备忘录基础上起草协议；完成校内审批程序；完善风险评估预案等。现已修订形成两稿合作协议草案，并先后两次提请深圳校区建设工作小组成员审阅，结合深圳研究生院反馈意见修改后提交工作小组会议进行讨论。

研究制定《北京大学深圳校区暂行管理条例》。草稿已提交深圳校区建设工作小组成员审阅。参与同深圳市政府及相关委办局的工作对接，洽谈合作要点。

【机构编制管理】 组织召开3次北京大学事业规划工作会议，会议对5个议题进行审议，印发《关于成立学部办公室的批复》《关于"心理学系"更名的批复》《关于纪委办公室、监察室机构编制调整的批复》《关于发展规划部及相关机构改革调整方案的批复》等项目审批意见书4份。

就学校成立学部办公室、纪委办公室监察室机构编制调整、发展规划部及相关机构改革调整等事宜进行调研和论证，并根据机构审批流程提交相关会议审议。对相关院系提交的关于成立前沿计算科学中心、心理学系更名等科研实体机构相关申请，严格按照科研实体机构审批流程，进行广泛调研座谈，组织学部学术委员会论证，并遵照校内流程组织提交相关会议研究审议。

【文物保护】 会同基建工程部、房地产管理部、财务部积极推动2016年度和2017年度文保专项补助资金申报事宜。

会同基建工程部推动俄文楼、民主楼、外文楼修缮方案编制工作。根据教育部国有资产清查要求，协调组织校内文物清查工作，上传清查数据。

针对西门石狮子被撞、承泽园工地发现碎瓷片等突发事件，配合保卫部，协调相关部门和文物专家推动鉴定、上报、修缮、赔偿等相关工作。

就配合海淀区文委树立海淀区文保单位标识等工作进行协调，报校园规划委员会审议并推动落实。协助海淀区文委，协调校内单位，测绘校内区级文保单位，并对使用及现状情况进行调查，完善海淀文委文物建档信息。接待北京市文物局文保工作检查2次，并对校园文物进行定期日常巡查。

【"两学一做"学习教育】 开展"学党章党规、学系列讲话，做合格党员"学习教育，认真落实十八届六中全会精神，专题学习并严格落实《关于新形势下党内政治生活的若干准则》和《中国共产党党内监督条例》的有关规定，深入贯彻习近平总书记系列重要讲话精神，特别是在全国高校思想政治工作会议上的重要指示。

参加亚洲高校规划论坛（HEPA），学习借鉴亚太及澳洲高校规划制定经验，促进学校规划制定工作。受邀参加在德国柏林自由大学举办的绿色校园管理会议，并做专题发言，讨论国际各大学绿色校园管理问题并借鉴相关经验。

【部门党风廉政责任制建设】 始终坚持正确的政治方向，持续提升干部的政治意识、大局意识、核心意识、看齐意识，认真落实党风廉政责任制的各项要求。按照党中央和学校要求，不断加强党风廉政建设，定期组织召开民主生活会和党支部会议，认真实行民主监督，坚持批评与自我批评，及时传达和认真学习有关党风廉政建设会议精神，切实提高全体党员对党风廉政建设的认识。根据学校党委的要求，对部门党风廉政建设情况进行自查，并形成《政策法规研究室党风廉政建设责任制贯彻落实情况自查报告》。

（政策法规研究室）

学科建设

【发展概况】 根据"基本科学指标"（ESI）数据库，北京大学有21个学科进入全球前1%，是中国大陆拥有前1%学科数最多的高校。QS世界大学排名显示，北京大学上升2位排名第39名；学科排名显示，中国五个跻身前十的学科中，北京大学占两项，分别是：北京大学现代语言学学科排名第八，语言学学科排名并列第十。泰晤士高等教育世界大学排行榜（2015—2016）显示，北京大学位列42名，排名位列全国大学榜首。美国新闻与世界报道（US News & World Report）全球最佳大学排行榜（2015—2016）显示，北京大学位列41名。

【组织机构】 根据北京大学综合改革方案中关于治理体系改革的相关要求，7月，原发展规划部学科规划办公室并入学科建设办公室。经学校事业规划委员会审议，学科建设办公室成为在原985/211办公室基础上设立的有独立建制的职能部门，同时网站也正式上线运行。增设的北京大学学科建设办公室编码为00632。

学科建设办公室内设综合办公室、项目管理办公室和学科规划办公室，人员编制10个（其中事业编制7个）。调整后学科建设办公室的主要职责包括学科规划、学科建设、学科评估以及服务学部等。7月任命贺飞、张存群为学科建设办公室副主任。

【学科建设委员会】 学校决定建立学科建设委员会，统筹和规范学科发展相关事宜，负责研究、审议和拟定有关学术议案，主任为林建华。委员会下设学科支撑体系建设委员会、区域与国别研究委员会、临床医学+X委员会、生命科学委员会、大数据科学委员会。2016年度学科建设委员会共召开两次会议。

6月第897次校长办公会审议通过学科建设委员会组成人员名单、职责及议事规则，规则从7月开始实行。12月学科建设委员会审议通过学科支撑委员会组成人员名单、学科支撑委员会职责及议事规则。学科支撑委员会在学科建设委员会指导下，为北京大学涉及学科支撑服务体系方面的图书、信息化、公共平台、科研服务、博士后队伍建设等方面提供咨询意见和建议，并协调相关工作，是为学校提供决策支持的议事咨询机构，主任为高松。学科建设办公室委派秘书一名，协助学科支撑体系建设委员会开展具体工作。

12月学科建设委员会审议通过区域与国别研究委员会组成人员名单、区域与国别研究委员会职责及议事规则。区域与国别研究委员会是在学科建设委员会指导下，协助开展区域与国别相关学科的建设与发展规划工作，审议区域与国别研究学科建设相关事项，并为学校提供决策支持的议事咨询机构，主任为王博。学科建设办公室委派秘书一名，协助区域与国别研究委员会开展具体工作。

12月学科建设委员会审议通过临床医学+X委员会组成人员名单、临床医学+X委员会职责及议事规则。临床医学+X委员会是在学科建设委员会指导下，协助开展医学为核心与牵引的相关学科的建设与发展规划工作，研究、审议医学领域交叉学科建设相关事项的议案，为学校提供决策支持的议事机构，主任为詹启敏。学科建设办公室委派秘书一名，协助临床医学+X委员会开展具体工作。

12月学科建设委员会审议通过生命科学委员会组成人员名单、生命科学委员会职责及议事规则。生命科学委员会是在学科建设委员会指导下，协助开展生命科学相关学科的建设与发展规划工作，研究生命科学建设相关事项的议案，并为学校提供决策支持的议事咨询机构，主任为饶毅。学科建设办公室委派秘书一名，协助生命科学委员会开展具体工作。

12月学科建设委员会审议通过大数据科学委员会组成人员名单、大数据科学委员会职责及议事规则。大数据科学委员会是北京大学学科建设委员会下设的跨学部和院系的专门委员会，为北京大学涉及大数据方面的人才培养、教育教学、科学研究、科技开发等方面提供咨询意见和建议并协调相关工作，主任为高松。学科建设办公室委派秘书一名，协助大数据科学委员会开展具体工作。

【学部工作】 为进一步加强学术治理体系建设，学校完成校本部5个学部的班子换届和设立工作，批准成立理学部办公室、信息与工程科学部办公室、人文学部办公室、社会科学部办公室和经济与管理学部办公室，挂靠学科建设办公室。7月，任命向妮为理学部办公室主任，魏巍为人文学部办公室主任、刘小鹏为信息与工程科学部办公室主任。

【校内机构管理】 配合学校学科总体规划（2016—2020）编制工作，学科建设办公室系统梳理校属学术实体机构的数量、类别及其承担的学科建设任务，形成《北京大学学术实体机构基本数据情况》。在此基础上，起草《北京大学校属学术实体机构管理办法（讨论稿）》，进一步规范校属学术实体机构的运行与管理情况。

【学科规划】 学科建设办公室编制完成《北京大学学科总体规划（2016—2020）》。学科总体规划确定学科建设"以队伍建设为核心，院系建设为基础，学科交叉与融合为重点，体制机制改革为动力"的指导思想，明确未来五年学校学科建设的三大领域："加强基础学科建设，营造环境与氛围""临床医学+X专项"和"区域与国别研究"。

办公室牵头成立材料科学与工程学科规划领导小组和工作小组，组织编制完成北大《材料科学与工程学科建设规划》初稿，计划通过材料科学与工程研究院的建设，推动北京大学材料学科的发展。指导现代农学院（筹）编制完成《现代农学院（筹）二期规划落地方案》，联合数学学院、工学院、物理学院编制完成《北大-中国工程物理研究院应用物理与技术研究中心建设规划》，指导编写《人文社会科学研究院建设方案》等，并对上述规划进行程序性审议。

【专项引导】 进一步加强项目全过程管理，着力提高建设质量与效益，提升资金使用效益，坚持"效益优先，动态调整"的资金管理原则，开展专项资金动态调整。

8月编报《2016年中央高校建设世界一流大学（学科）和特色发展引导专项建设项目及资金预算》。在预算编制过程中，体现"引导专项"主要用于学科建设、人才队伍建设、经认定的协同创新中心建设、国家交流合作等方面。联合财务部印发《北京大学"引导专项"资金支出范围暂行规定》。

6月，教育部下达"中央高校建设世界一流大学（学科）和特色发展引导专项资金"预算经费16.13亿元（其中包括"985工程"、"211工程"、优势学科创新平台、特色重点学科项目、高等学校创新能力提升计划、促进内涵式发展基金等多项内容），其中，校本部实施学科建设项目164项，安排资金5.86亿元（业务费2.12亿元，设备费3.65亿）。

重点建设项目包括：1.区域与国别研究：发挥北京大学人文学部的学科优势，积极推进区域与国别方面的相关研究。2.中国科学院-北京大学"率先合作团队"建设，支持双方研究团队联合开展科研攻关。3.冷冻电镜大型科研平台、现代农学院、球差矫正电镜平台、大数据研究院等重大项目都在积极推进建设中。

【中央高校基本科研业务费】 北京大学基本科研业务费管理的总体原则是："自主选题、公开审议；统一管理、专款专用；目标明确、逐年评绩"。联合财务部印发《北京大学中央高校基本科研业务费资金支出范围暂行规定》。

教育部下达北京大学中央高校基本科研业务费8800万元，安排项目涉及资金7406.8万元，其中北京大学校本部安排项目203项，全校经费执行情况良好。安排项目类型包括机构自主科研经费、人才启动经费、基础性探索项目等。北京大学基本科研业务费资助新体制科学研究机构、已有省部级科研平台、文科基地与院系等机构开展有规划的自主科学研究，支持机构自主科研项目72项。

北京大学基本科研业务费资助包括新聘青年学术人员的启动费、北京大学海外高层次人才引进计划以及其他引进人才的科研启动费用，支持引进人才实现入职初期的科研过渡。支持人才启动项目25项，其中理工科新聘青年学术人员启动项目支持新聘青年学术人员31人，人文社科新聘青年学术人员启动项目支持新聘青年学术人员17人。

北京大学基本科研业务费支持具有学术创新性的新兴学科和交叉学科的项目，面向国家重大需求和国际研究前沿。支持基础性探索项目106项，其中"北京大学人文学科文库"项目旨在鼓励北京大学人文学科教师研究、编写、出版人文学科研究成果，弘扬北大人文学科的学术传统，展示北大人文学科的整体实力和研究特色。

【学科评估】 根据2013年9月24日校长办公会的决定，北京大学拟用5年时间与1000万元预算，对理工科院系和新体制中心进行国际同行评议（共23个被评议单位，13个院系、10个新体制中心）。截至2015年已经完成对城市与环境学院、环境科学与工程学院、生命科学学院、工学院、量子材料科学中心、化学与分子工程学院（包括合成与功能生物分子中心）、地球与空间科学学院的国际同行评议。

【交叉学科研讨会】 5月14日，举办"中国大气污染成因与控制对策"研讨会，会议由学科建设办公室主办，环境科学与工程学院承办。环境科学与工程学院、物理学院、城市与环境学院、数学科学学院、地球与空间科学学院、公共卫生学院、人口研究所、经济学院、临床医院等多个单位的师生，以及校外科研机构的代表共240余人参加会议。

12月3日上午，举办"区域与国别战略合作论坛——一带一路沿线区域与国别研究研讨会"。北京大学校长林建华、中华人民共和国外交部前副部长杨福昌、香港城市大学前校长张信刚，以及来自外国语学院、历史学系、考古文博学院、国际关系学院等校内单位师生和在京兄弟院校的学者百余人参加论坛。

【学科建设年报】 学科建设办公室首次组织编写北京大学学科建设年报，对北京大学学科建设相关情况进行信息公开。年报汇总统计2015年度各单位学科建设经费投入和执行情况、教学科研和实验技术人员情况、一级学科及其人员数情况；统计各学部和院系学科建设经费明细情况；列出各学科及其评估概况；整理校内公共平台概况。

（学科建设办公室）

对外交流

【发展概况】 北京大学共计接待高校代表团198个，国家元首及政要10位，包括泰国诗琳通公主殿下、印度总统慕克吉阁下、美国前副总统戈尔、赛克勒夫人、沙特外交大臣阿迪勒·朱贝尔、白俄罗斯总统亚历山大·格里戈里耶维奇·卢卡申科、澳大利亚前总理陆克文、突尼斯高教与科研部部长Slim Khalbous、冰岛前总统奥拉维尔·拉格纳·格里姆松（Ólafur Ragnar Grímsson）、伊朗外长扎里夫等。接待到访的NGO团组和学术研究机构133个、企业团组13个、驻华使馆和政府代表团20个，新签/续签校级交流协议45个，派出校级出访团组9个。

【重要出访】 3月24日至28日，朱善璐书记率团访问埃及，出席中埃大学校长论坛暨北大-开罗大学孔子学院大楼奠基仪式，并顺访友好院校。

3月28日至4月1日，林建华校长率团访问以色列，出席中以大学校长论坛，并顺访友好院校。

4月24日至28日，林建华校长率代表团赴英国牛津大学参加国际研究型大学联盟（International Alliance of Research Universities, IARU）校长年会，顺访英国合作学校，并参加北京大学英国校友会活动，随后赴德国出席柏林自由大学孔子学院建院十周年庆祝活动。

6月22日至29日，林建华校长率代表团赴马来西亚马来亚大学参加环太平洋大学联盟（Association of Pacific Rim Universities, APRU）校长年会，会前顺访新加坡国立大学、南洋理工大学、马来亚大学等姊妹院校及新加坡科技发展局、教育部等相关机构，并在新、马两地分别参加校友会活动。

7月2日至6日，朱善璐书记率团访问俄罗斯，参加中俄大学校长峰会，访问莫斯科大学，与其他合作院校领导会见，并拜访北京大学在俄重要合作伙伴。

9月22日至27日，林建华校长率团访问美国芝加哥和旧金山市，出席第七届北京大学北美校友代表大会、泰晤士世界学术高峰论坛并顺访合作院校。代表团访问芝加哥大学、加州大学伯克利分校及斯坦福大学，出席方李邦琴北京大学人文学科文库出版基金捐资仪式。

10月13日至19日，林建华校长率团访问韩国、日本，并出席在首尔国立大学举行的该校70周年校庆暨AEARU全体大会及理事会。

11月24日至27日，林建华校长访问德国，参加中德高等教育与科技创新论坛，并访问柏林自由大学，签署两校博士后联合培养协议。

【重要来访】 3月10日，南洋理工大学校长安博迪（Bertil Andersson）校长一行来访。双方希望深入加强在教学、科研、创新方面的合作，进一步扩大人员交流规模，并商讨北京大学-南洋理工大学联合研究所事宜。安博迪一行于当日下午参观生物动态光学成像中心及农学院（筹）邓兴旺实验室。

3月14日至3月21日，举办北大-耶鲁交流周活动。3月21日，耶鲁大学校长、世界著名心理学家苏必德一行到访北京大学，签署建立两校临床医学学生临床选修轮转制度合作协议、针对两校合作交换意见，并在英杰交流中心发表演讲。

5月12日，杜伦大学校长斯图尔特·考布里奇（Stuart Corbridge）教授来访，双方就进一步合作进行深入探讨。

开罗大学校长贾比尔·纳赛尔9月1日访问北大，就联合推动中东研究、继续推进孔子学院建设进行交流。

9月20日，早稻田大学校长镰田薰来访北京大学并接受北京大学名誉博士学位。

10月10日，加拿大阿尔伯塔大学校长杜文彬（David Turpin）一行到访北京大学。会谈后林建华和杜文彬代表两校续签校际框架性协议及学生交换协议。

10月12日，澳大利亚国立大学校长布莱恩·施密特（Brian Schmidt）教授率代表团一行来校访问。会见结束后，施密特发表以"澳中教育与科研合作"为主题的演讲，介绍中澳教育领域交流的历史、现状及未来发展趋势。

10月11日，阿曼苏丹卡布斯大学校长阿里·本曼尼来访，并推动卡布斯阿拉伯研究讲席项目的进行，拓宽两校合作领域。

11月3日，伦敦大学学院校长麦克·阿瑟（Michael Author）来访。双方深入讨论战略合作伙伴关系，并进行多层面交流。

10月14日，赫尔辛基大学校校长约卡·柯拉（Jukka Kola）教授来访，探讨在互派访问学者、推进学生交流项目等方面继续加强合作，扩展学术资源共享与交流渠道。

4月6日，泰王国诗琳通公主来访北京大学，参观燕京学堂和中国古代史研究中心。

5月26日，印度共和国总统普拉纳布·慕克吉率团访问北京大学并在英杰交流中心阳光厅发表题为"印中关系：加强民间合作的八个步骤"的演讲，并参加当天上午北京大学举办的中印大学校长圆桌会议。

6月13日，美国前副总统阿尔·戈尔来访北京大学，并发表题为"The Reality of the Climate Crisis and Its Solutions"的演讲。

9月30日，白俄罗斯共和国总统亚历山大·格里戈里耶维奇·卢卡申科来访北大并发表演讲。

8月31日，沙特外交大臣阿迪勒·朱贝尔在北京大学英杰交流中心阳光厅举行演讲会，演讲主题为"中沙关系与沙特2030年愿景"。众多阿拉伯国家使节代表作为嘉宾到场聆听讲座。

10月21日，澳大利亚前总理陆克文（Kevin Michael Rudd）来校访问，接受北京大学名誉教授称号并发表题为"迈向2030的联合国：在裂变的世界中重塑全球秩序"的主题演讲。

印尼前经济统筹部部长、印尼CT集团创始人兼理事长凯鲁·丹绒于10月28日来访北大，参观燕京学堂，并做题为《变革世界中的亚洲新时代——中国和印尼关系的未来》的演讲。

11月7日，荷兰一院议长安吉·布鲁克斯女士来访北大并发表演讲。

12月6日，冰岛前总统奥拉维尔·拉格纳·格里姆松阁来访并发表演讲，希望促进北京大学与冰方在新能源、节能环保、造船、极地研究等领域的合作。

12月6日，伊朗伊斯兰共和国外交部部长穆罕默德·贾瓦德·扎里夫（Mohammad Javad Zarif）一行来访并发表主题为"中伊合作·抓住机遇应对地区和国际挑战"的主题演讲。

【项目建设】 南南合作与发展学院。南南合作与发展学院是北京大学高端来华留学项目突出代表，共招收来自27个国家的首批28名硕士研究生和21名博士研究生。

燕京学堂。9月，燕京学堂招收第二批来自全球42个国家和地区的124名青年学子入学。

学生创新创业教育活动。10月9日北京大学全球大学生创新创业中心落成，"领赢中国"创新创业教育项目，以及北京大学留学生创新创业沙龙启动。"世界课堂"开设《全球创新产品的设计原理与团队实践》创新课程。

创新引智基地建设。北京大学生命科学创新引智基地、分子科学创新引智基地、基础医学创新引智和区域生态与环境创新引智基地等高等学校学科创新引智基地工作进展顺利。信息科学技术学院申报的"高可信软件技术学科创新引智基地"，通过新建高等学校学科创新引智基地通讯评审结果优秀，直接进入立项阶段，执行期自2017年开始。

北京大学人文社会科学研究院。北京大学人文社会科学研究院正式成立，该院以人文与社会科学基础学科为主、推动跨学科交叉研究、促进国际学术交流合作。

"北阁对话"。由北京大学国际战略研究院主办、以"全球治理：国际机制作用的强化与改革"为主题的第三届"北阁对话"成功举行。

国际合作联合实验室。2016年，北京大学积极参与国际合作联合实验室建设：建设"多模态跨尺度生物医学成像"，参与共建"在线同位素型丰中子束流"等大型科学设施。物理学院等离子体物理与聚变研究所的研究团队积极参与国际热核聚变试验堆（ITER）计划并发挥作用。

大学国际组织。北京大学继续积极筹建和参与国际大学组织，重点支持和深度参与国际研究型大学联盟、环太平洋大学联盟、生态文明国际大学联盟等活动，积极参与东亚研究型大学联盟及东亚四国大学校长论坛活动。

北京大学深圳校区。北京大学深圳校区建设顺利启动。

"一带一路"相关工作。9月，"一带一路"外国语言与文化公共系列课程共开设20个语种的课程。沙特阿拉伯阿卜杜勒阿齐兹国王图书馆北京大学分馆建设工程进展顺利。"一带一路"国家诗歌经典文库项目顺利启动，项目将翻译、收集、整理和编辑"一带一路"沿线65个国家的诗歌经典作品，旨在对部分"一带一路"沿线国家的诗歌经典开展填补空白式的翻译与原创性研究工作。

中俄方面：中俄大学校长峰会于7月5日在俄罗斯莫斯科国立大学召开。中国国务院副总理刘延东与俄罗斯联邦政府副总理奥尔加·戈洛杰茨出席峰会并发表主旨演讲。北京大学党委书记朱善璐与萨多夫尼奇分别作为中俄高校代表在两国领导人的见证下签署《关于成立中华人民共和国与俄罗斯联邦综合性大学联盟的共同宣言》。

中美方面：北京大学中美人文交流研究基地与全美亚洲研究所（NBR）在美国首都华盛顿哥伦比亚特区举行《战略领域的中美关系》（US-China Relations in Strategic Domains）英文研究报告发布会。此外，还顺利开展"李兆基领袖论坛""中美高等教育论坛""中美大学天文合作高峰论坛"等重要文化和学术交流活动。10月12日至13日，华裔物理学家、诺贝尔物理学奖获得者、美国能源部前部长朱棣文教授来校交流访问。

中英方面：4月15日，"剑桥-北大中国中心"在校举行启动仪式。中心坐落在剑桥大学耶稣学院，由剑桥大学与北京大学共同筹建管理。

【孔子学院建设】 重要活动。3月26日，刘延东副总理出席开罗大学示范孔子学院大楼奠基仪式；3月26日，朱善璐书记受国家汉语国际推广领导小组办公室邀请，陪同刘延东总理出席开罗大学示范孔子学院大楼奠基仪式并与孔院师生代表座谈。4月28日，林建华校长参加柏林自由大学孔子学院成立十周年庆典活动并发表讲话。11月7日，北京大学汉语推广办公室、对外汉语教育学院与伦敦大学学院（UCL）教育研究院共同签署"中文培优项目"项目协议。12月9日，李岩松副校长出席"第十一届孔子学院全球大会"。

理事会。3月、5月、9月、11月，汉推办分别召开立命馆孔院理事会、西班牙格拉纳达孔院理事会、开罗大学孔院理事会和伦敦大学学院（UCL）教育研究院孔子学院理事会。

基本情况。10所孔子学院注册学员总数为33,654，其中学分学生为20,198人，占比63%。孔子学院奖学金项目共录取40名学生，录取学生来自21个国家，汉办拨款金额为164.56万元。孔子新汉学计划项目北京大学共录取13名学生，汉办拨款金额为123万元（含在校生经费）。中小学汉语考试（YCT）参加人数为1104人，汉语水平考试（HSK）参与人数为4011。10所孔院共主办学术讲座77次，参与人数8958人次；组织研讨会16次，参与人数达1078人次。同时，各孔子学院积极开展中国文化推介活动，共举办文化活动121次，受众人数达85,637人次。

品牌活动。4月中文系著名教授郁缀、乒乓球世界冠军刘伟教授赴孔子学院举办讲座；5月，北大书法"三人行"张国有教授、陈洪捷教授、牛耕耘老师赴德国柏林自由大学孔子学院主办展览；10月，"中乐社"学生赴开罗大学孔院开展"中埃建交60周年音乐文化周暨迎接北京大学120周年华诞"系列活动。

【学生海外学习】 共为在校生提供校级学期交换项目108个，暑期项目20余个，遴选下一年度校际派出交换生300余人。北京大学获批留学基金委下一年度优秀本科生项目63个，涉及派出人数158人，获批创新型人才国际合作培养项目4个。

【大型交流活动】 北京大学第十三届国际文化节。10月23日，北京大学第13届国际文化节在校举行。本届文化节以"视野：声音与行动"为主题，吸引60多个国家和地区的北大在校留学生与校内外上万师生、嘉宾，包括18个国家的20余位驻华使节共同参与。

第34届世界艺术史大会。世界艺术史大会被称为国际文化艺术史界的"奥林匹克"，共吸引来自全球43个国家和地区的400多名专家及学者。

北京论坛（2016）。11月4日至6日在北京举行。本届论坛主题为"文明的和谐与共同繁荣——互信·合作·共享"，约300位国内外的知名学者应邀出席。本届论坛设有7个分论坛和1个学生论坛，主题分别为：出土文献与中国古代文明，世界文明中的巨型城市与区域协同发展，建设世界一流大学：制度的视角，中国与全球治理：国际组织与国际机制的作用，生态安全与生态城市：国际经验与中国实践，经济全球化中的中国角色，社会企业概念构建与认证制度发展；学生论坛主题为大变革时代的全球治理——世界青年的视角和声音。

联合国秘书长潘基文通过视频发来贺词，中国教育部副部长郝平，联合国副秘书长、联合国秘书长特别顾问伊克巴勒·里扎（S. Iqbal Riza），意大利前总理、巴黎政治大学巴黎国际事务学院院长、雅克·德洛尔研究所所长恩里科·莱塔（Enrico Letta），巴基斯坦前总理肖卡特·阿齐兹（Shaukat Aziz），蒙古国前总理、蒙古国国家大呼拉尔（议会）前议员林钦尼亚木·阿玛尔扎尔嘎勒（Amarjargal Rinchinnyam），多伦多市执行长彼得·华莱士（Peter Wallance），韩国SK集团全球董事长崔泰源等国内外嘉宾出席北京论坛的开幕式和闭幕式并发表致辞。亚洲基础设施投资银行行长、董事会主席金立群在开幕式上做特邀报告。此外，美国耶鲁大学高级研究员、"世界体系"理论创始人、国际社会学学会前会长伊曼纽尔·沃勒斯坦（Immanuel Wallerstein），加拿大多伦多大学校长、加拿大皇家科学院院士、英国社会科学院院士梅瑞克·格特勒（Meric Gertler），北京大学讲席教授、北京大学政府管理学院院长、北京大学中国政治学研究中心主任俞可平，韩国高丽大学校长廉载镐等国内外知名专家学者在本届论坛上发表主旨演讲。

北京论坛首届海外分论坛。5月24日至26日，北京大学和巴基斯坦国立科技大学及丝路文化发展联合会、巴基斯坦高等教育委员会共同举办"北京论坛（2016）海外分论坛·伊斯兰堡"。该次海外分论坛以"文明的和谐与共同繁荣——人类命运共同体中的中国与巴基斯坦"为主题，双边学者政要围绕政治、经济、文化等领域的问题展开对话，共同回顾中巴两国建交以来走过的65年辉煌历程，展望人类命运共同体下中巴关系发展的新方向和新契机。

【外国专家工作及国际会议】 北京大学利用各种引智平台共聘请外籍学者706人次。此外，2016年，北京大学主办、承办、协办67场各种规模的双边和多边国际学术会议，累计邀请2397名外方学者和研究人员参会。

引进高水平外国专家团队。北京大学有9项高端外国专家项目获批执行，共邀请16位高层次外国专家来校工作；另外共聘请来自美国、德国、英国、法国等60多个国家的外籍专家和教师达700多人次，分布在全校46个院系。北京大学工学院在2016年积极引进高水平外国专家团队，形成由外籍院长及外籍教学、科研骨干组成的19人外国专家团队。

北京大学"大学堂"顶尖学者讲学计划。2016年"大学堂"讲学计划邀请到台湾"中央研究院"副院长王汎森，普林斯顿高等研究院教授帕特里克·格里，芝加哥大学著名社会学家安德鲁·阿伯特，著名左翼历史学家佩里·安德森等一流学者来校讲学。

【派出工作】 北京大学（校本部）办理因公出国手续共计6987人次，其中教师出访为3370人次，学生出访为3617人次。因公赴港澳台地区师生共计1257人次，其中赴台652人次，赴港澳605人次。

【港澳台交流】 通过教育部"港澳与内地高校师生交流计划"推动港澳地区高校交流合作，顺利执行23个项目，接待来校交流港澳师生904人次。响应教育部政策号召，学校将与澳门大学及澳门理工学院交流项目纳入计划框架，接待来校交流澳门地区学生22人次。

校级交流。香港大学校长马斐森率团来校访问，与林建华校长续签两校本科生交换协议后，赴医学部拜访柯杨常务副校长并签署北大医学部与港大深圳医院规培生合作协议。

港澳台地区来访校级领导包括：台湾"中研院"副院长王汎森、王进兴，香港城市大学前校长张信刚，香港大学副校长贺子森、何立仁，香港理工大学副校长阮曾媛琪，台湾义守大学副校长李樑坚，台湾东华大学校长赵涵捷等。

品牌活动。针对2016级本科生实施"未名扬帆-北京大学港澳台学生成长助力计划"，为在校本科生提供为期四年的服务与辅导。

为继续做好台湾大学的交流工作，林建华校长率团赴台工作访问，举办台湾大学"北京大学日"，顺利启动两校第二轮大学日主题交流。举办第二届"两岸大学生创客营"，为两岸青年提供以"创新创业"为主线的高水平学习和交流平台，共有240余名两岸学生参加。林建华校长出席第12届"海峡两岸暨港澳地区大学校长联谊活动"，与与会港澳台地区高校校长探索人才培养路径，共话高等教育大计。举办第11、12期"北大-台大-云大社会服务计划"，三校学生赴台湾阿里山及云南腾冲进行支教活动。举办"未名湖畔好读书：北京大学港澳台暑期学校"项目，港澳台地区40所高校的243名学子来校学习。举办2016年"中国方略：当代中国与世界研习营"，港澳地区14所高校153名学生来校学习。举办第二届中华文化论坛，在"中华文化的守本与创新"的主题下，两岸及港澳地区300余位专家学者参会。

港澳台学生交换。顺利执行教育部"港澳与内地高校师生交流计划"23个项目，共邀请港澳地区高校师生904人次来校交流。与北京大学签署有校际学生交换协议的港澳台高校共13所，参与港澳台交换生项目的人数共231人。其中，派出北大学生143人，接收港澳台交换生88人。

（国际合作部）

人事管理

【教职工队伍状况】 校本部。截至12月31日，北京大学校本部全职在职人员5329人，具有博士学位2612人，占49.0%。包括常规事业编制4503人，企业编制61人，新体制765人。其中教学科研人员2590人，其中具有博士学位2291人，占88.5%。另有非全职聘用82人，均为教学科研人员。

表 8-1　2016 年北京大学校本部全职人员分布

总计	教学科研	党政管理	选留学工	实验工程	图书出版	财会审计	医护	中小幼教	工勤
5329	2590	874	55	562	245	154	104	346	399

表 8-2　2016 年北京大学校本部全职人员职称分布

专业技术职务	人数	百分比
正高级职务	909	19.9%
其中：教授	778	17.0%
副高级职务	1548	33.9%
其中：副教授	848	18.6%
中级职务	1418	31.1%
初级职务	216	4.7%
无	473	10.4%
老体制小计	4564	85.6%
新体制	765	14.4%
合计	5329	100%

表 8-3　2016 年北京大学校本部新体制人员职位分布

人数	系列	人数	比例	职位	人数
765	教研系列	686	89.7%	教授/研究员（长聘）	332
				长聘副教授	74
				预聘职位	280
	研究技术系列	71	9.3%	研究员	5
				副研究员	40
				助理研究员	26
	教学系列	8	1.0%	教学教授	1
				教学副教授	2
				讲师	4
				教学助理	1

表 8-4　2016 年北京大学校本部教师国籍/地区分布表

国籍/地区	大陆	港澳台	美国	加拿大	日本	澳大利亚	荷兰	英国	意大利	其他
人数	2493	21	40	10	3	5	3	3	2	10

表 8-5　2016 年北京大学校本部中国籍教师民族分布表

民族	汉族	满族	朝鲜族	回族	蒙古族	土家族	其他少数民族
人数	2406	38	14	18	12	8	18

表 8-6　2016 年北京大学校本部教师学历分布表

学历	博士	硕士	本科及以下	合计
人数	2291	222	77	2590

表 8-7　2016 年北京大学校本部教师学缘（博士学位）结构表

毕业类别	本校毕业	其他国内毕业	境外高校毕业
合计（人）	1002	526	763

医学部。截至12月31日,医学部在职职工总数11,381人,比2015年增加132人,增幅1.17%。其中医学部本部1577人,比2015年减少26人,增幅-1.62%。附属医院9804人,比2015年增加158人,增幅1.64%。

自2015年1月1日医学部正式实施《北京大学教学科研职位分系列管理规定(试行)》以来,医学部共引进教研系列人员33人,其中本部教研系列32人("海外高层次人才引进计划"长期项目入选者3人,长聘副教授1人,特聘研究员、助理教授28人)、附属医院教研系列1人。此外,医学部本部引进教学系列人员5人(讲师4人、教学助理1人)。

表8-8 2016年北京大学医学部教职工基本情况一览表

人员及分布	医学部本部人数(比例)	医学部人数(比例)
在职总人数	1577	11,381
其中:教学人员	708(44.90%)	4518(39.70%)
教学辅助人员	399(25.30%)	5623(49.41%)
管理人员	380(24.10%)	853(7.49%)
工勤技能人员	90(5.71%)	387(3.40%)

表8-9 2016年北京大学医学部教师队伍职务结构、年龄结构统计表(2016年12月31日不含肿瘤医院)

职务	年龄段总数	35岁以下(人数)	36—45岁(人数)	46—55岁以上(人数)	56岁以上(人数)
正高级	1012	1	191	585	235
副高级	1242	91	764	348	39
中级	1341	753	469	117	2
初级	930	806	19	5	
合计	4425	1651	1443	1055	276

表8-10 北京大学医学部近三年教师队伍学历结构统计表(2016年12月31日不含肿瘤医院)

学历\年度	2016年		2015年		2014年	
	人数	百分比	人数	百分比	人数	百分比
博士	3101	70.08%	2989	68.38%	2831	67.79%
硕士	945	21.36%	953	21.80%	902	21.60%
本科及以下	379	8.56%	429	9.82%	443	10.61%
合计	4425		4371		4176	

【增减员情况】 校本部。增员情况:北京大学增员166人。其中,教学科研82人(包括教研系列63人、教学系列2人、研究技术系列17人),与2015年基本持平,占49.4%;党政管理29人,占17.5%;选留学工31人,占18.7%;此三类人员占2016年增员的85.5%。另,新增非全职聘用4人。

表8-11 2016年北京大学校本部增员分布表

总计	小计	教学科研	党政管理	选留学工	实验工程	图书出版	财会审计	卫生技术	中小幼教
总计	166	82	29	31	8	5	1	1	9

表8-12 2016年北京大学校本部增员来源及学历分布表

	合计	应届毕业生	留学回国(含外籍)	地方调入	博后留校
合计	166	65	47	41	13
博士	92	6	45	28	13
硕士	38	28	2	8	
学士	36	31		5	

1. 全校增员166人，其中博士学位92人，占55.4%；硕士学位38人，占22.9%，合计研究生学历人员占新增人员78.3%。

2. 录用应届毕业生为65人，占全校增员的39.2%。其中博士6人，硕士28人，学士31人（其中31人为选留学工干部）。

3. 留学回国（含外籍）47人，占全校增员的28.3%；博士后留校13人，占全校增员的7.8%；地方单位调入41人，占全校增员的24.7%；留学回国、博士后留校以及地方调入共101人，占全年总增员的60.8%，其中博士学位86人，占85%。

4. 高层次人才引进情况。引进高层次人才18人，其中：教授7人，长聘副教授2人，海外高层次人才引进计划（青年项目）9人。

减员情况：全校减员254人，其中离退休157人，调出、辞职、自动离职、在职死亡、选留结束共减员97人。全校2016年实际净减员88人，主要减员为非教学科研人员（174人，占68.5%）。

离退休157人，包括教学科研人员34人（其中正高28人），占21.7%；非教学科研人员123人，占78.3%；

其他形式减员97人，包括教学科研人员46人（含教授13人），其他人员51人（含选留结束26人）。

表8-13　2016年北京大学校本部录用应届毕业生分布表

	总计	教学科研	党政管理	选留学工	实验工程	图书出版	财会审计	卫生技术	中小幼教
总计	65	1	20	31	4	4	1		4
博士	6		4		2				
硕士	28	1	16		2	4	1		4
学士	31			31					

表8-14　2016年北京大学校本部引进人员（非毕业生）分布表

	总计	教学科研	党政管理	实验工程	财会审计	图书出版	卫生技术	中小幼教
总计	101	81	9	4		1	1	5
博士	86	81	1	3				1
硕士	10		5			1	1	3
学士	5		3	1				1

表8-15　2016年北京大学校本部减员分布表

减员分类	小计	教学科研			其他人员							
		正高	副高及以下	新体制	党政管理	工程实验	图书出版	财会	医护	中小幼教	工勤	选留学工
离退休	157	28	6	0	18	11	8	5	9	4	68	
其他减员	97	10	13	23	8	6	6	1	2	0	2	26
合计	254	38	19	23	26	17	14	6	11	4	70	26

医学部。1. 调入：2016年调入78人。调入人员的专业技术职务分布情况为：正高11人，占14%；副高16人，占21%；中级及以下51人，占65%。与2015年基本持平。

调入人员的学历分布情况为：博士38人，占49%；硕士20人，占26%；本科及以下20人，占25%。

调入人员的岗位分布情况为：教学科研岗14人，占18%；医药护技岗42人，占54%；党政管理岗和其他人员为22人，占28%。

调入人员的来源分布情况为：京内调入47人，占60%；留学回国20人，占26%；京外调干和其他人员为11人，占14%。

2. 接收毕业生：共接收毕业生523人，其中博士197人，占37.7%；硕士144人，占27.5%；本科及以下182人，占34.8%。另，2016年接收出站博士后研究人员共计10人。

3. 调出：调出148人，与2015年相比减少13人。调出人员的专业技术职务分布情况为：副高及以上人员31人，占21%，中级55人，占37%；初级62人，占42%。调出人员学历分布情况为：博士62人，占42%；硕士21人，占14%；本科及以下65人，占44%。调出人员的岗位分布情况为：教学科研岗13人，占9%；医药护技岗112人，占76%；党政管理岗和其他人员23人，占15%。调出人员的去向分布情况为：调到本市其他单位122人，占82%；调到京外其他单位7人，占5%；校内（含附属医院）调动11人，占7%；出国和其他人员为8人，占5%。

4. 制定规章制度：2012年9月国家实施《事业单位工作人员处分暂行规定》，对事业单位工作人员的行为进行规范；2015年6月北京大学制定实施《北京大学教职工处分暂行规定》。结合医学部的特点和实际情况，经过反复修改并与教代会职工代表沟通，最后于6月6日出台《北京大学医学部教职工处分暂行规定》。

5. 校内调动：2016年完成8人。

【奖教金评审工作】 校本部。北京大学奖教金的奖励名额为240人，同比减少约3%，奖金总额为1192万元，同比增长约4%。2016年新增曾宪梓优秀教学奖教金，奖励名额为16人，奖励标准为5万元/人；方正优秀管理奖教金的奖励名额从12人调整为6人，金额从5000元增加到10,000元；王选青年学者奖教金的奖励名额从2人调整为4人；中国工商银行奖教金暂停一年。

医学部。医学部积极鼓励教师潜心做好教学、科研等工作，对坚持在教学第一线，教书育人，做出突出贡献的先进个人进行表彰和奖励。医学部共有32人获得各类奖教金，其中2人获国华杰出学者奖、1人获宝钢教育基金优秀教师特等奖、4人获方正奖教金教师优秀奖、1人获方正奖教金优秀管理奖、5人获杨芙清-王阳元院士奖教金、3人获黄廷芳/信和青年杰出学者奖、6人获绿叶生物医药杰出青年学者奖、10人获仲外医学奖教金。此外，医学部有3人获吴阶平-保罗·杨森奖（赵明辉、姜保国、詹思延）、1人获中国青年科技奖（孔炜）。

【人才开发工作】 校本部。1. 办理公派出国（境）人数共计51人，各种指标分布如下：

表8-16 2016年北京大学校本部公派出国（境）派出类别

派出类别	人数	派出类别	人数
单位公派进修	20	国家公派进修	22
单位公派任教	2	随任	0
国家公派任教	7	借调	0
总计 51人			

表8-17 2016年北京大学校本部公派出国（境）派出人员学历、职称、年龄分布状况

职称	人数	学位	人数	年龄段	人数
				50岁以上	12
正高	23	博士	44	46—50岁	7
副高	21	硕士	7	41—45岁	16
中级	7	学士	0	36—40岁	10
初级及以下	0	无学位	0	31—35岁	5
				30岁以下	1
总计 51人					

表8-18 2016年北京大学校本部公派出国（境）派出国别（地区）

国别（地区）	人数	国别（地区）	人数
美国	33	英国	3
日本	3	法国	0
韩国	1	港澳台地区	1
德国	4	其他	6
总计 51人			

2. 公派留学人员 38 人回校，类别分布如下：

表 8-19 2016 年北京大学校本部公派留学人员回校类别

派出类别	回国人数	批准延期人数
国家公派任教	1	1
国家公派进修	12	1
国家公派读博士	0	0
单位公派进修	23	1
单位公派任教	2	2
单位公派读博	0	0
总计	38	5

3. 主要出国项目推荐选拔情况：

国家公派访问学者项目，推荐 35 人，入选 26 人；青年骨干教师出国项目，推荐 18 人，入选 17 人；2017—2018 年度哈佛燕京学社项目，推荐 3 人，入选 1 人；国外教育调研访问学者项目，推荐 2 人，入选 1 人；高校优秀学生工作者出国项目，推荐 1 人，入选 1 人；2017—2018 学年度"中美富布莱特研究学者项目"，推荐 2 人，入选 2 人；全国学生体育教练员赴美留学项目，推荐 3 人，入选 3 人。

2010 年 5 月，在光华基金会和北京大学共同倡导下，人文基金高级访问学者项目正式启动，该基金旨在资助北京大学中文系、历史学系、哲学系、考古文博学院等 4 个人文院系的海内外高端学术交流，截至 2016 年，基金已累计资助海内外学者 158 人，资助学术团队 7 个。其中，资助本校副教授以上教师出访 57 人，资助海外知名学者来访 101 人。2016 年，人文基金共审批出访学者 6 人，来访学者 15 人，学术团队短期出访 3 次。

医学部。北京大学医学部共审批 96 名优秀人才长期出国留学（90 天以上），其中国家公派 29 人，单位公派 67 人。正高职称 6 人，副高职称 40 人，中级职称 39 人，初级 6 人；派往美国 70 人，欧洲 13 人，其他国家和地区 13 人；出国进行合作研究 20 人，进修学习 71 人；办理离校手续 26 人，办理返校手续 13 人。批准在外留学人员的延期申请 24 人次。

【专项培训工作】 校本部。1. 北京大学青年骨干教师培训会。4 月 15 日至 17 日，北京大学第七届青年骨干教师培训会在京郊举行，校本部和医学部共 90 余名青年骨干教师参加培训。自 2016 年秋季学期开始，人事部配合教师教学发展中心，积极推动青年教师教学能力培训，2016 年秋季学期共同完成 7 门课，32 个学时的培训组织工作，参加培训 321 人次。

2. 新任教职工岗前培训。8 月 31 日至 9 月 2 日，北京大学 2016 年新任教职工岗前培训活动在京郊举行。全校教学科研、研究技术、教学系列、行政教辅、图书编辑、医疗卫生、工程技术等多系列教职工共计 120 余人参加培训。

3. 管理职员培训。人事部自 2015 年 11 月起，在学生工作系统、财务系统、人事系统相继开展管理职员专项培训工作。截至 2016 年 12 月底，共完成 39 门课，156 个学时的培训工作，参加培训近 4000 人次。

4. 高层次专家研修活动。2016 年全校共选派 18 名教师参加由中组部、教育部组织的各类高层次专家国情研修班。

5. 青年人才国情研修。7 月 24 日至 28 日，北京大学人事部、党委教师工作部组织举办北京大学青年人才国情研修班，全校各教学科研单位 22 名优秀青年教师代表参加此次国情研修。

【人才队伍建设】 校本部。1. 海外高层次人才引进计划（简称"千人计划"）。申报第十三批海外高层次人才引进计划各类项目人才共 76 人，其中创新长期项目 4 人，创新短期项目 7 人，青年项目 65 人（36 人进入面试答辩，29 人入选）。

积极做好海外高层次人才引进计划入选者的到岗聘任工作。截至第十二批海外高层次人才引进计划、第七批海外高层次人才引进计划（青年项目），到校工作海外高层次人才引进计划专家 191 人，包括创新长期项目 38 人、创新短期项目 30 人、青年项目 123 人。前七批青年项目国家专项科研经费补助获批共计 3.11 亿。

12 月，完成 9 位长期、短期海外高层次人才引进计划专家（不含医学部）的评估，其中综合评估 2 人，履职评估 2 人，聘期考核 5 人。

2. 教学科研人才队伍建设。在国家人才计划层面，入选长江特聘教授 15 人，入选杰青 13 人，入选人数继续居于全国高校首位。入选万人计划领军人才 20 人（教学名师 1 人、科技创新领军人才 15 人、哲学社会科学领军人才 4 人）。海外高层次人才引进计划（青年项目）和"青年长江学者"人员入选方面取得较好成绩，入选海外高层次人才引进计划（青年项目）29 人，入选青年长江 13 人。

教学科研职位分系列管理制度得到深入贯彻落实，学校有 42 个院系已经引进新体制人员（仅对外汉语教育学院尚未引进新体制人员）；有 18 个单位已进行过至少一次 Tenure 评估（以理工科院系为主，人文社科院系中中文系、历史学系、光华管理学院、国家发展研究院、法学院和政府管理学院等6个院系进行过Tenure评估），在其中8个院系出现Tenure评估不通过的案例，在其中4个院系（工学院、物理学院、生命科学学院、历史学系）有院系层面Tenure评估不通过的案例。已完成中期评估35人，含理工科33人，人文社科2人；完成教授晋升评估1人；完成Tenure评估30人，通过25人，不通过5人，Tenure评估通过率为83.3%。

研究技术系列继续得到发展，引进研究员1人、副研究员3人、助理研究员13人，分布于9个院系和中心，主要是用于高端智库建设、重大研究项目、重点实验室所需要研究人员支撑，如国家发展研究院高端智库建设、社会科学调查中心CHARLS项目、前沿交叉学科研究院大数据研究院等。

教学系列引进2人。歌剧研究院和体育教研部各引进1人从事学院教学工作。

医学部。医学部现有两院院士12人，海外高层次人才引进计划长期项目入选者4人，短期项目入选者1人，青年项目入选者13人，在岗长江学者特聘教授16人，讲座教授3人，国家级有突出贡献专家14人，"新世纪百千万人才工程"国家级人选10人，青年拔尖人才4人。

医学部共批准引进7位优秀青年学者从事教学科研工作。完成4位"医学部优秀人才引进支持计划（百人计划）"入选者的中期评估，其中良好3人，合格1人。

共有9位博士（博士后）纳入医学部培育计划并到岗工作，其中基础医学院3人、药学院1人、公共卫生学院3人、药物依赖性研究所1人、中国卫生发展研究中心1人。

【考核与岗位聘任】 校本部。考核：1. 年度考核。2016年度，全校5331人中5286名在职在岗职工参加2016年度考核，其中402人考核结果为"优秀"档次，4793人考核结果为"合格"档次，21人考核结果为"基本合格"档次，57人考核结果为"不合格"档次，13人考核结果为"参加考核不确定"档次。

2. 专项岗位年度考核。2016年度校本部专项岗位考核结合年度考核一并进行。

3. 聘期考核。2016年校本部参加聘期考核的人员共536人，聘期考核后不续签4人。

国家通用岗位聘任：1. 专业技术岗位。全校新聘专业技术岗位共401人，其中新聘二级岗位23人、三级岗位36人。学校现有专业技术二级岗位336人（31%），三级岗位234人（21%），四级岗位530人（48%）。

2. 管理职员岗位。新聘五级管理职员14人，六级管理职员21人，七级管理职员18人，共计49人。2016年管理岗位聘任工作完成后，校本部管理职员共聘任938人。

专项岗位聘任：1. 校本部聘岗情况。2016年校本部共有3548人被聘任到各专项岗位。A类岗864人，其中：A1岗115人，A2岗261人，A3岗488人。BC类岗1705人。正高在B类岗的114人，比去年减少5人（其中B1岗97人，B2岗12人，B3岗5人），副高在A类岗的59人，比去年减少3人（其中A2岗2人，A3岗57人）。职员制979人。其中：教学科研单位职员制268人，教辅单位职员制7人，机关及直属单位职员制704人（含选留学工55人）。

2. 新聘A类岗位情况。校本部各单位拟新聘A类岗位及A类岗位晋级人员105人，包括四个学部104人，教辅单位1人。其中A1岗13人，A2岗37人，A3岗55人。新聘A类岗位及A类岗位晋级人员数比去年增加36人。新聘A类岗位及A类岗位晋级人员占A类岗位总数的12.1%。

3. 教学科研单位聘岗情况。全校各教学科研单位共聘岗2505人，其中：A类岗位843人，BC类岗位1394人，职员制268人。A类岗中A1岗位114人，A2岗位259人，A3岗位470人。

4. 教学辅助单位聘岗情况。图书馆、计算中心、教师教学发展中心、校医院、实验动物中心等教学辅助单位共聘岗339人，其中：A类岗位21人，BC类岗位311人，职员制7人。

专业技术职务聘任：1. 教师系列。2016年校本部共下达教师系列正高级岗位晋升指标37个、副高级岗位晋升指标36个。经评审，最终通过晋升正高37人，副高32人，中级2人。另通过政府管理学院申诉晋升教授1人。

2. 非教师系列。2016年校本部共下达非教师系列正高级岗位指标11个、副高级岗位指标39个。经评审，通过晋升正高职务11人，晋升副高职务39人，晋升中级职务35人。

教师系列晋升通过人员年龄、学历结构及教学科研情况：1. 教授（研究员）2016年晋升教授人员的平均年龄44.6岁，与往年基本持平（2011年43.8，2012年43.7，2013年45.5，2014年43.8，2015年44.1）。

晋升教授人员获博士学位的比例为100%，近四年都是100%（2003—2004年81.4%，2005年84.8%，2006年95.2%，2007年94.2%，2008年87.8%，2009年92.0%，2010年94.7%，2011年95.7%，2012年94.9%，2013年100%，2014年100%，2015年100%）。

2016年晋升教授人员的平均任职年限为9.9年，与往年基本持平（2010年9.2，2011年8.6，2012年9.4，2013年9.5，2014年9.4，2015年9.8）。

晋升教授人员平均教学任务为142.5学时/年（4.2学时/周），与往年基本持平（2011年151.9，2012年126.9，2013年151.9，2014年155.5，2015年144.1）。

晋升教授人员平均发表科研文章26.6篇，与往年基本持平（2006年19.5，2007年20.7，2008年22.8，2009年21.8，2010年24.6，2011年23.7，2012年27.1，2013年26.5，2014年35.9，2015年33.1）。自然科学类晋升教授人员平均发表被SCI等收录的论文28.3篇，与往年基本持平（2007年14.8，2008年14.4，2009年16.8，2010年21.0，2011年16.7，2012年19.3，2013年21，2014年29.7，2015年29.6）。

2. 副教授（副研究员）。晋升副教授人员的平均年龄为36.9岁，获博士学位后任职年限平均为6.3年，与往年基本持平（2009年35.3岁，4.5年；2010年34.9岁，4.2年；2011年35.7岁，4.0年；2012年34.7岁，4.1年；2013年35.5岁，4.4年；2014年36.4岁，4.9年；2015年35.6岁，5.2年）。

晋升副教授人员的平均任职年限为6.6年，承担教学任务平均为165.5学时/年（4.9学时/周），平均发表科研论文11.4篇，与往年基本持平（2010年5.2年，平均教学任务144.6学时/年，论文8.9篇；2011年5.7年，151.4学时/年，论文11.3篇；2012年5.3年，137.0学时/年，论文8.9篇；2013年5.3年，141.8学时/年，论文11.2篇；2014年7.1年，159.8学时/年，论文10.5篇；2015年5.7年，158.6学时/年，论文10.5篇）。

医学部。医学部本部应参加学年度考核人数1577人，实际参加考核人数1559人。其中优秀147人，占参加考核人数的9.43%；合格1374人，占参加考核人数的88.13%；基本合格1人，占参加考核人数的0.06%；不合格1人，占参加考核人数的0.06%；参加考核不确定等次36人，占参加考核人数的2.31%。不参加考核18人，占应参加考核人数的1.14%。

医学部本部含五家附属医院应参加学年度考核人数11,387人，实际参加考核人数11,275人。其中优秀1119人，占参加考核人数的9.92%；合格9556人，占参加考核人数的84.75%；基本合格11人，占参加考核人数的0.10%；不合格90人，占参加考核人数的0.80%；参加考核不确定等次499人，占参加考核人数的4.43%。不参加考核112人，占应参加考核人数的0.98%。

根据北京大学人事部《关于专项岗位考核与聘任的通知》和"双一流"引导专项资金的要求，医学部完成2016—2017学年度专项岗位聘任工作。聘任结果如下：除院士6人、长江和杰青12人以外，含出国占编人员在内，本次聘任ABC岗1013人，其中A岗106人，BC岗907人（B岗361人、C岗546人），职员岗361人，合计上岗总人数为1373人。ABC岗的比例为A岗占10%，B岗占36%，C岗54%。A岗中，正高为97%，副高为3%；教学系列为91%，非教学系列9%。医学部在岗职工中工人95人，经费自理单位49人和年薪制31人不享受岗位津贴，普通岗15人，上岗率为99.1%。

模拟职员制人员共晋升178人，新增聘11人，172人正常调标。预计每月需要经费3,005,200元，比2015年增加51.7%。管理人员聘为ABC岗的47人（含学院管理ABC岗10人）。

按照《北京大学教师聘任和职务晋升（暂行）规定》和《北京大学医学部专业技术职务评审聘任条例》，经各级评审，共有396人（含教学医院）通过高级专业技术职务的评审聘任，其中晋升253人（不含国际医院晋升2人），晋升正高级专业技术职务83人，晋升副高级专业技术职务170人。

申报8人（不含国际医院）（确认主任医师3人，晋升主任医师1人，晋升研究员1人；确认副主任医师2人，晋升副主任医师1人）。

【劳动合同制职工管理】 校本部。截至12月31日，校本部签订劳动合同并在人事部备案的劳动合同制职工达3523人（不含餐饮中心劳务派遣、出版社、印刷厂、附中、附小及附属公司），年度入职921人，年度离职655人，年度净增加266人。劳动合同制职工中，按照性别划分，女职工2289人，占职工总数的65%；男职工1234人，占职工总数的35%。

劳动合同制职工中，按照性别划分，女职工2289人，占职工总数的65%；男职工1234人，占职工总数的35%。按照文化程度划分，拥有博士学历的职工130人，占职工总数的3.69%；拥有硕士学历的职工787人，占职工总数的22.3%；拥有本科学历的职工840人，占职工总数的23.8%。按年龄统计，19岁以下的23人，占职工总数的0.65%；20岁到29岁的1231人，占职工总数的34.94%；30岁到39岁的1335人，占职工总数的37.89%；40岁到49岁的730人，占职工总数的20.72%；50岁以上的204人，占职工总数的5.79%。职工整体平均年龄约为34岁，以20岁到39岁青年职工为主，占72.84%。劳动合同制职工大致分类：教学科研类岗位174人，行政管理类岗位1347人，专业技术类岗位843人，工勤类岗位1159人。行政管理岗位所占比例最高，其次是工勤岗。

劳动合同制职工分布于全校88个二级单位，2016年比2015年新增6家聘用合同制员工的单位。其中理学部、信息与工程学部、人文学部、社会科学部、经济与管理学部所有院系均聘有劳动合同制职工。各单位职工人数差异较大，会议中心人数最多，共718人；校医院、光华管理学院和校园管理服务中心超过200人；特殊用房管理中心、生命学院、继续教育学院、工学院等5个单位劳动合同制职工人数均超过100人；有33个二级单位合同制职工人数在10人以下。后勤系统聘用人员最多，占总人数的37%。

4月，用工人数超过15人的31家二级单位签署"劳动用工管理制度建设工作责任书"，明确制度建设责任主体。31家二级单位相继完成招聘、考核、考勤、奖惩等制度建设。

医学部。截至12月31日，医学部本部有合同制聘用人员418人（含劳动合同制92人、劳务合同制144人、劳务派遣制182人），在医学部人事处备案的职工达到200人（不含网络学院、出版社、动物部、幼儿园等机构），2016年入职56人，离职60人，年度净减少4人。其中87（不含派遣264）人办理社会保险；平均每月完成270人次的工资审核工作（含劳务派遣173人）。

截至12月19日，医学部与新进的临时聘用人员签订劳动合同 7 份、劳务合同 21 份，续签劳动合同 3 份（含无固定期限劳动合同 2 份），劳务合同 93 份；新增劳务派遣人员 31 人，续签劳务派遣合同 49 人。

【工资与福利】 校本部。根据学校考核、考勤的办法，并结合教职工的实际工作情况，梳理全校的暂停薪人员、受处分处罚人员、离岗人员、实际工作不满半年人员、组织借调人员等教职工的具体情况，同时兼顾本科见习人员、兼职人员、年薪制人员、企业编制人员、博士后的特殊情况，对全校教职工进行增加工龄、晋升薪级、发放一次性年终奖的工作。

审核并发放 2015 年度子女互助医疗。子女互助医疗是给未满 18 岁的教职工子女的医疗补助。2015 年度子女互助医疗共发放 2302 人，总金额为 690,600 元。

调整干警津贴。干警津贴是学校根据北京市的相关政策，专门针对学校保卫部职工设立的特殊津贴。根据干警津贴的调整规定，本次共调整 45 人的干警津贴。

通过与房产部沟通，核定全校教职工的物业补贴和采暖补贴的标准，并通过人事系统发放物业补贴。

启动本科生转正和定级工作。将本科生转正定级纳入人事管理系统当中，通过系统完成本科生转正和定级工作的申请。8 月，完成 30 名本科生的转正和定级工作。

8 月，完成职称晋升和聘任通用岗的待遇调整工作。此次职称晋升和聘任通用岗共涉及 553 人，根据规定调整相关待遇。

10 月，完成岗位津贴的调整工作。通过对比审核，涉及岗位津贴变动的人数为 1005 人。调整 4726 名在职人员的基本工资标准，193 名离休人员的离休费，5235 名退休人的基本养老金预发。

12 月，为离退休人员发放返聘费。截至 12 月，共为 78 名离退休人员发放返聘费，总金额为 118 万元。根据福利费相关文件规定，北京大学的福利费主要用于教职工的生活困难补助、医药补助、慰问等情况，已按个人标准发放到单位。为去世教职工发放抚恤金。截至 12 月，共为 121 名去世教职工发放抚恤金。

医学部。岗位奖励津贴共发放 7911 万元。正常晋升一级薪级工资，人均月增资 71 元。发放优秀人才奖 458.74 万元。医学部本部有 68 人退休。根据人社厅发〔2016〕141 号文件精神和教育部统一部署，自 2016 年 1 月 1 日起为 2015 年 12 月 31 日（含）前退休人员预发基本养老金，每人每月 270 元。根据国办发〔2016〕62 号文件精神，自 7 月 1 日起调整在职人员基本工资标准，增加离休人员基本离休费。7 月起调整职员岗位津贴标准，启动双一流专项津贴；9 月起停止青年人才支持计划奖励。"特岗特贴"的审核与发放工作。为保卫处 20 位在编工作人员发放特殊津贴 1.73 万元；为基础医学院解剖教研室 24 位在岗人员发放特殊岗位津贴 8.6 万元。丧葬费、抚恤金及遗属生活困难补助的审核与发放工作。39 位职工去世，为 36 位去世职工发放丧葬费、抚恤金 558 万元。为 18 位遗属发放遗属生活困难补助 6 万元。提高原"五七连"人员生活补助费标准，2016 年为 26 人发放生活补助 46 万元。

【社会保险】 校本部。北京大学职工在北京市共缴纳社会保险费用 12,576.1 万元，其中单位缴纳 9613.5 万元，个人缴纳 2962.6 万元。办理保险增员 1449 人次，减员 1186 人次，跨省市转移 39 人次，发放领卡证明 460 张，发放职工社会保障卡 424 张，发放医保个人账户存折 528 张，变更社保信息 1477 人次。为劳动合同制职工申领生育保险待遇 211 人次，申领金额 3,140,670.49 元；医疗报销办理 251 人次，报销金额 277,575.69 元；申报工伤待遇 42 人次，发放金额 719,046.95 元；办理失业待遇 6 人次，发放一次性失业保险金 33,582 元；办理养老保险待遇 2 人次，发放金额 152,305.28 元。

此外，根据北京市相关规定，集中完成职工社保缴费基数调整 8674 人次（含事业编制）和劳动合同制职工公积金缴费基数调整约 2200 人次，保证职工个人合法权益的及时充分享受。

北京大学事业编制职工享有参加各项保险的福利，外籍职工同时参加五险。2016 年底，北京大学事业编制职工参保人数 5493 人，比 2015 年略有下降（下降 9 人），保险费用 1842 万元，比 2015 年增加 33 万元。

医学部。北京大学医学部共缴纳社会保险费用（至海淀社保账户）776 万元，其中单位缴纳 621 万元，个人缴纳 155 万元；按国家养老保险改革预留养老保险及职业年金费用（暂存单位账户）共计 4160 万元，其中单位缴纳 2911 万元，个人缴纳 1248 万元。办理保险转入 95 人，转出 118 人，补缴 40 人，核定缴费基数 1700 人。为劳动合同制女职工申领生育保险待遇，全年申报人 3 次，申领金额 4200 元，领取生育津贴 75,177.79 元。申报工伤待遇 2 人次，发放金额 136,297 元。办理养老保险待遇申领 3 人次。办理延长退休 82 人次。开具缴费证明 46 份，变更社保个人信息 4 人次，数据清理 1 人次。补充医疗保险报销 7 人次。

此外，根据北京市相关规定，集中完成 5 月养老失业保险缴费比例调整 1713 人次（含事业编制）、2016 年 7 月职工社保缴费基数调整 1700 人次（含事业编制）和公积金缴费基数调整近 100 人次。

【博士后管理工作】 校本部。1. 博士后进出站。北京大学校本部招收博士后研究人员 416 名（含外籍博士后 18 人）。其中，全职博士后 304 名，联合招收博士后 112 名（其中，校企联合招收 62 名，在职联合招收 13 名，深圳研究生院招收 37 名）。截至 12 月 31 日，北京大学校本部累积招收博士后研究人员 5465 名，出（退）站 4299 名，在站 1166 名。

北京大学校本部应出站博士后 331 人，已完成出站减离 309 人。其中留校工作 21 人（含留深研究院、医学部）、国内其他高校／科研机构工作的博士后 136 人、其他事业单位工作博士后 12 人、进二站（北大／其他高校科研机构）博士后 13 人、去往公司／非国有企业工作的博士后 49 人、国有企业工作博士后 24 人、出国博士后 18 人、去政府机关工作博士后 12 人、退站减离博士后 5 人、其他 19 人。

2. 博士后制度改革。2016 年上半年，北京大学多次召开博士后制度改革会议。7 月，北京大学通过《北京大学关于进一步加强博士后队伍建设的意见》（校发〔2016〕163 号）。8 月至 9 月，起草《北京大学博士后研究人员分类管理实施细则》《北京大学国际联合博士后实施细则》等草稿。11 月，发布《北京大学关于开展博雅博士后项目申报的通知》及四个附件，并开展宣传，随后确定《北京大学博雅博士后项目评审专家名单》草稿，收取审核博雅博士后申请材料。11 月 29 日，召开博雅博士后项目和 2016 年优秀博士后奖专家评审会。12 月 1 日至 9 日，将评选出的 104 名已在站博雅博士后和 24 名拟进站博雅博士后公示。

10 月至 12 月，与国际合作部、德国柏林自由大学举行会谈，就国际联合博士后项目具体落实问题进行沟通，并配合国际合作部完成国际联合博士后项目招聘公告。12 月，落实发放已在站博士后的博雅博士后项目津贴并起草拟进站博雅博士后资助通知。

3. 在站管理与服务工作。1 月至 2 月，撰写完成《北京大学 2015 年博士后工作年报》和北京大学博士后突出科研成果介绍并上报全国博士后管理委员会办公室出版。3 月，组织推选北京大学在站博士后报名参加北京市第 27 届博士后联谊会。4 月，组建北京大学新一届博士后联谊会。5 月，通过博士后联谊会组织百余名博士后及家属参加"2016 年北京博士后趣味运动会"。7 月，博士后新网站开通试运行。根据学校博士后制度改革及政策落实情况，进一步修改完善博士后信息系统。全年组织博士后申报中国博士后科学基金三次、国家博新计划一次。其中，129 人获得资助，资助总金额 945 万元；6 人获得国家博新计划资助，资助总金额 360 万元。11 月，为全校全职无房博士后 216 人发放租房补贴 3500 元／人／月。11 月至 12 月，组织北京大学 2016 年度优秀博士后申报评选工作。经个人申请、学院（系、所、中心）遴选推荐、学校优秀博士后专家组评议和无记名投票，公示并上报学校主管领导批准，评选出校本部 2016 年优秀博士后 17 人，并撰写《关于表彰北京大学 2016 年优秀博士后的报告》。

12 月，将博士后工资调整为年薪制，从 2017 年 1 月起确定 18.5 万元和 9 万元两个基本年薪档次。12 月至 2017 年 1 月，组织校本部 2016 年进站博士后研究人员开展系列专题培训活动和 2016 年度优秀博士后表彰活动。

医学部。1. 博士后进出站。2016 年医学部博士后进站 34 人，出站 33 人。2016 年根据《北京大学医学部博士后研究人员延期管理实施细则》出台后，共办理 9 名博士后延期的审批，经过反复沟通联系，完成 5 名长期滞留人员的清退工作。

2. 博士后制度建设，经费筹集模式改革。经调研和征求意见，改革医学部博士后经费筹集模式。按照预计招收人数将所需经费平均分配，每个博士后进站都按照固定的国家、学校（医院）、导师三部分的经费标准筹款，每个博士后进站导师均要承担部分经费。日常公用经费取消每人独立账号固定标准，改为核定使用上限，限额使用；总账号控制，导师无需再筹集此经费。从 4 月进站的博士后开始执行新的经费标准。根据短期公派出国出境政策的变化，沟通理顺博士后因公出国出境办理流程。起草《北京大学医学部关于进一步加强博士后队伍建设的意见》。修订《北京大学医学部博士后研究人员激励计划》、《北京大学医学部博士后研究人员手册》（2016 版）、汇总整理相关财务规定，方便博士后办理相关手续。

3. 博士后在站管理。完成中国博士后科学基金第 59 批、60 批面上资助和第九批特别资助的申报。其中 59 批医学部 25 人申请，1 人获得面上一等资助，5 人获得面上二等资助；60 批医学部 22 人申请，2 人获得面上一等资助，5 人获得面上二等资助面上资助；第九批特别资助有 2 人申请。

完成博士后中期考核和优秀博士后评选。2016 年 11 月完成 2016 年度优秀博士后和中期考核优秀人员的评选。经医学部博士后专家小组审议，3 人为北京大学医学部优秀博士后，推荐 4 人为北京大学优秀博士后。2016 年应参加中期考核 35 人，经审议 4 人考核结果为优秀，30 人考核结果合格、1 人考核结果为基本合格。

2016 年度博士后科研成果如下：共发表 SCI 收录的第一作者论文 23 篇，累计影响因子 95.16，平均单篇影响因子 4.14；发表第一作者中文核心期刊文章 6 篇；医学部有 3 位在站博士后获得国家自然科学基金青年科学基金项目，资助金额 52 万元；13 人获得中国博士后基金资助，资助金额 74 万元。

【人事档案管理工作】 校本部。截至 12 月 31 日，在库档案为 57,913 卷。接收档案材料 12,524 份，档案转递 6740 卷（含部分往届生）。接收档案 9671 卷（其中教职工档案 407 卷（含博士后），本科新生档案 3072 卷，研究生新生档案 6192 卷）。

医学部。管理档案 5000 余份。完成《干部档案专审》120 余份干部档案审核；装订新进档案 50 余份；同时对 2015 年已装订档案进行排查。做好调出人员档案材料补充、电子目录维护、目录备存和转出手续；归档材料规范管理，完善归档材料的登记、审核，提供档案服务（查借阅等），完成各类归档材料 1022 份。同时对接收档案的外包装要求严管严控、归档材料严格审查。

【人才服务与培训中心工作】 校本部。按照 2010 年制定的《事业编制人员二级人事代理管理流程》，稳步推进二级人事代理制度，有十二批 1304 人纳入二级人事代理。

主持人事部主页信息建设，负责"北大人物"栏目组稿工作。介绍 25 位北大的优秀学人。负责《人事工作简报》的组稿、发行工作，制定简报发稿任务计划，组稿 14 期，按期发行。统筹完成《北京大学教师手册》（2016）编制工作。

2016 年底开始协助劳动合同制职工办理两地分居手续。

2016 年度开放所有档案存放在北京市的劳动合同制职工专业技术职务代评，扩大代评范围，共有 12 人参评教育管理、工程技术、实验技术、图书资料四个系列。

科研项目聘用应届毕业生专项工作 2016 年正式结束，对 6 位 2014 年聘用毕业生进行年度考核，同时办理 2016 年期满落户手续。

2016 年转岗富余人员总计 55 人，离退休人员（含退职）36 人，在职人员 19 人，其中 4 人有工作岗位。

医学部。主要工作内容是对新增人员实行人事代理；其次，承担部分内部管理和事务性工作。签订合同的毕业分配人员有 505 人，调入人员 91 人，解除合同人员 98 人。截至 2016 年总代理 10,027 人，解除合同 2098 人，现代理 7929 人。完成专业技术职务及行政职务晋升考试 5700 人次的考务工作。代管人员 12 人，事业编制 11 人，企业编 1 人，退休 9 人，负责他们的日常管理和与用人单位协调等事务性工作。2016 年为附属医院、医学部各院、系、部处等单位上网发布招聘信息 17 次。

（人事部）

离退休工作

【发展概况】 离退休工作部下设综合办公室、离退休事务管理办公室、老干部活动中心三个科室，其中综合办公室与人事部综合办公室合署办公。离退休工作部定编 7 人，现有工作人员 6 名，领导班子一正一副。部长马春英，副部长李海燕。

北京大学关心下一代工作委员会秘书处挂靠离退休工作部。2014 年，学校批准成立秘书处办公室，挂靠离退休工作部。

截至 12 月 1 日，北京大学校本部离退休人员 5551 人，其中离休干部 188 人，退休、退职及社会养老人员 5363 人。全校离退休人员中，80 岁以上 1413 人，占比超过 25%，70 岁以上人员 3110 人，占比过半。

【成立离退休工作部党支部】 2016 年上半年，经机关党委研究决定，在离退休工作部设立党支部。支部严格按照学校"两学一做"实施方案和学习要求，深入开展"学党章党规、学系列讲话，做合格党员"活动，组织专题学习，督促党员同志在日常工作中发挥先锋表率作用。6 月 13 日，离退休工作部党支部召开领导班子成员讲党课活动，离退休工作部副部长李海燕以"坚定三个自信 牢牢把握未来"为主题进行主题党课辅导。10 月 20 日，离退休党支部与外国语学院东语系离退休党支部开展联合共建活动，深入讨论相关工作开展问题。离退休工作部党支部坚持以群众需求为导向，选取部分养老机构进行实地调研，为学校离退休管理服务工作提供新思路。12 月 28 日下午，离退休工作部党支部赴保利和熹会养老公寓进行调研，并慰问在该公寓养老的离休干部。

【组织学习传达】 坚持为每位离休干部订阅《北京老干部》杂志，让老同志们及时学习党的重要文件，了解党和国家的大政方针。针对离退休人员普遍关心的学校建设发展问题，通过召开春节团拜会、离退休教职工代表座谈会、基层工作人员座谈会、老年兴趣队代表座谈会等，听取意见与建议，保持信息渠道通畅。针对肖家河小区分房工作，前后组织三次离退休教职工征求意见座谈会。

【坚持慰问制度】 坚持年节慰问、生日慰问、疾病慰问制度，让老同志们感受到学校的尊重和关心。2016 年离退休工作部各类走访慰问共计 160 人次，累计发放慰问金 8.6 万元。

【完善帮扶机制】 校本部继续设立每年 60 万元离退休特困补助专项经费，坚持对因瘫痪长期卧床或因癌症、心血管疾病等大手术造成特殊困难的老同志及时补助，切实帮助老同志减轻经济负担，全年累计补助 80 人。校本部划拨 40 万元作为离退休人员生活特困专项经费，用于帮扶生活困难的老同志，累计补助 328 人。协调人事部，提高患有癌症、生活不能自理等离休干部的护理费。协调校医院，由校医院医生每两周为司局级离休干部开药一次。继续设立每年 4 万元专项经费，由校医院医生每两周为 30 名 80 岁以上、生活不能自理的离休干部上门巡诊一次。

【组织文体活动】 加强燕南园老干部活动中心建设，筹措资金新购实时投影等教学设备，维修维护活动场所。活动中心开设书法、国画、声乐等多种课程。依托燕园社区、燕园街道的资源优势，利用社区老年活动站或老年协会活动的平台，推动离退休干部就近学习、就近活动。2016 年 11 月举办"笔墨书筹路蓝缕，粉彩绘河山新移——北京大学老年书画摄影工艺作品展"，活动共展出北大校本部和医学部离退休教职工作品 168 件。

2016 年 10 月，北京大学出版社正式出版《君子志道》一书，该书历时三年，收录专访稿件 37 篇，集中宣传老同志精于学术、乐于传道的奉献精神和高尚品格。2015 年至 2016 年，在燕南园 63 号院修葺、建设马寅初故居主题展览，在室外设计制作马寅初浮雕、在室内设计制作马寅初历史图片展，建成北京大学机关工委第二个立德树人教育基地。拍摄制作《研习书法艺术 弘扬中华文化》主题纪录片，组织采访编写哲学系离休干部杨辛、法学院离休干部范明、学生工作部离休干部杨永义先进事迹。

【关心下一代工作】 动员和组织各级关工委和老同志开展理论研究，为在一线工作的关工委老同志提供青少年学生思想政治教育方面的支持和帮助。编发《理论研究动态》，紧密结合当前高校关心下一代工作热点难点问题，加强相关方面理论研究成果梳理选编，努力打造教育关工委理论阵地，为关心下一代工作提供强有力的理论支持，推广博雅银龄导师项目。聘请13名分别来自中文、哲学、物理等多个学科的德高望重的老教授、老专家担任"博雅银龄导师"，为学生课外学术研究、社会实践以及社团活动开展提供专业指导。院系层面依托二级关工委，推行人生导师项目，发挥老同志的专业优势和经验优势，为青少年学生成长成才提供支撑保障。及时组织相关政治理论学习，深化认识中国特色社会主义理论体系，用科学的理论指引关心下一代工作前进方向。6月7日，北京大学关工委在勺园5乙303会议室召开学校关心下一代工作专题培训会，教育部关工委常务副主任王富应邀做"深入学习领会精神，努力做好高校关工委工作"主题讲座。

（离退休工作部）

财务工作

【财务收支概况】 按照教育部财务决算报表（财基表）口径，2016年北京大学收入总额1,160,714万元，比2015年的996,250万元增加164,464万元，增长16.51%。财政补助收入472,842万元，比2015年的442,742万元增加30,100万元。事业收入414,868万元，比2015年的392,591万元增加22,277万元；其他收入271,430万元，比2015年的159,219万元增加112,211万元。

2016年学校支出总额为940,460万元，比2015年的888,460万元增加52,000万元，增长5.85%。年末固定资产总额为1,367,827万元，增长7.16%。

【财务专题分析】 财政拨款增长迅速，自筹收入保持稳定。2016年北京大学收入具体构成情况如下：财政补助收入472,842万元，事业收入414,868万元，附属单位缴款110万元，经营收入1464万元，其他收入271,430万元。财政拨款（包括财政补助收入、科研事业收入中非同级财政拨款、上级补助收入、其他收入中非同级财政拨款）占总收入的62.13%，财政拨款仍然是学校办学财力的主要来源；学校自筹资金（包括教育事业收入、其他科研事业收入、附属单位缴款、经营收入、其他收入中除非同级财政拨款以外的收入）占总收入的37.87%。

1. 财政拨款稳定增长。国家拨款在2016年度有一定程度的增加，2016年财政补助收入增加30,100万元，其中教育补助收入中项目支出增加33,591万元，主要为"统筹支持一流大学和一流学科建设"专项资金增加52,300万元，中央高校管理改革等绩效拨款增加5286万元。此外，2016年科研事业收入中非同级财政拨款收入增加7373万元。

从资金占比来看，财政拨款占学校总收入的62.13%。"统筹支持一流大学和一流学科建设"、纵向科研基金、重点实验室、基本科研业务费等多渠道财政资金为学校加快教学科研事业发展，创建世界一流大学提供资金保障。

2. 自筹经费能力增长明显。为弥补办学经费的不足，促进学校的可持续发展，在保证正常教学、科研工作的前提下，学校充分利用自身条件，积极开展各种社会服务，努力发展校办产业，广泛争取海内外捐赠和社会资助。2016年学校自筹经费收入达439,612万元，比2015年的299,616万元明显增长。由于肖家河教职工住宅项目的销售，学校在2016年度自筹经费中其他收入大幅增长，剔除肖家河教职工住宅项目的售房收入，学校自筹经费保持稳定。

支出结构与事业发展需求匹配。2016年北京大学总支出为940,460万元，教育事业支出和科研事业支出分别占总支出的62.11%和23.98%，是学校最大的两项支出。学校支出情况与2015年相比总体保持稳定，其中教育事业支出稳步增长，学校在教学上投入的经济资源持续增加，行政管理支出有所下降。

财务指标评价良好。2016年，北京大学资产负债率为8.90%，流动比率为603%。2016年，人员支出比率43.78%，公用支出比率56.22%，人均基本支出432,601元，生均奖助学金6567元。2016年，学校总资产增长率20.36%，净资产增长率16.75%，固定资产净值率100%，总收入增长率17.51%，财政拨款收入增长率3.51%，自筹经费增长率46.72%，主要由于肖家河教工住宅售房收入高，导致其他收入增加明显。从整体上看2016年学校各项财务指标均在合理的范围之内，财务状况处于良性循环状态。

【财务管理工作】 贯彻落实中央"放管服"精神，完善差旅、会议、出国等管理办法。按照"标准够用，程序简化，责任明确，监督有力"的原则，在全国高校率先制定《北京大学国内差旅费管理暂行办法》《北京大学会议费管理暂行办法》《北京大学教学科研人员因公临时出国（境）经费管理实施细则》，得到财政部、教育部的认可，并被教育部作为指导模板之一，供部属高校起草相关文件时参考。与此同时，在财政部、教育部组织的座谈会上积极反映教学科研人员在经费使用方面的诉求，为上级主管部门合理制定行业指导政策提供意见和建议。

全力提供金融和财务服务，保障肖家河教工住宅项目顺利推进。2016年肖家河项目取得重大进展，拆迁工作全面完成，售房工作顺利启动。为推动项目进展，学校财务部门通过筹资、融资、金融、财务服务等措施给予支持和保障。一是为实施项目前期拆迁和建设工作，学校累计为项目筹资垫款近40亿元。二是为解决后续建设资金问题，学校向教育部、财政部申请银行资金贷款额度，提出肖家河银行贷款额度测算和风险建议方案，为贷款小组提供财务分析和政策建议，具体落实肖家河项目贷款提款事务。三是争取多方政策资源缓解购房教职工资金压力，为1000余名教职工办理房积金提前支取。四是在组织教职工代表自主选择贷款银行的基础上，多次沟通银行落实贷款协议等便利；前往北京住房公积金管理中心、贷款中心、担保中心、中关村管理部争取房积金公积金贷款、组合贷担保等优惠政策，争取到北京政策性住房第一个组合贷政策，并通过调整担保方式为组合贷房屋节省千分之六的手续费。五是组织协调2000多位教职工购房定金和首付款的收款工作。

全面启动一流大学（学科）引导专项实施工作。财政部、教育部2016年下达"建设世界一流大学（学科）和特色发展引导专项资金"，在学校领导的统一部署下，学校各有关部门召开引导专项实施专项会议，研究提出预算安排建议、分配比例以及经费管理要求，按照上级主管部门要求积极组织项目预算申报等工作，研究制定《北京大学"引导专项"资金支出范围暂行规定》《北京大学中央高校基本科研业务费资金支出范围暂行规定》，引导专项资金规范有效利用。

提高国有资产管理水平。2016年度学校成立资产清查领导小组及下设办公室，全面开展资产清查工作，制定《北京大学国有资产清查工作实施方案》，印发《关于开展国有资产清查工作的通知》。通过三个多月的努力，资产清查工作顺利完成。全面核实资产，并首次对文物、陈列品进行清查。通过资产清查，利用资产清查软件，完善资产卡片，初步构筑国有资产动态管理的平台。基本摸清学校账面上的对外投资情况，对涉及的账务处理问题予以调整，对现有的对外投资的后续处理形成初步的意见。四是形成资产清查工作小组牵头、各部门配合、上下联动的工作格局。

开展教育部国有资产专项检查反馈问题整改工作。2015年底，教育部对部属高校国有资产管理情况进行专项检查。2016年，教育部反馈检查结果，要求对照发现问题进行整改。学校高度重视，成立国有资产整改领导小组及下设领导小组办公室，全面负责全校整改工作。多次召开由校长主持的专题会议研究制定整改方案，报学校党委常委会审批通过。为做好整改工作，学校制定具体整改工作时间表和路线图情况，全校各相关单位对照问题清单，明确责任部门，逐项落实，在整改过程中，严格遵守重大问题集体研究决策原则。通过整改，进一步完善健全学校国有资产管理制度及经营性资产管理体制机制，系统梳理多年以来沉淀的问题，明确后续处理原则和方案。

稳妥推进营改增等税务工作。北京大学的营改增主要涉及研发活动和技术服务，以及后勤单位提供的餐饮、会议、运输等服务，范围大，影响深。按照国家统一部署，学校认真学习相关政策文件和营改增法律法规，积极与税务局沟通，确定适合北大的营改增方案。多次组织不同规模、不同形式的培训，并邀请海淀区国家税务局负责人来学校对学校财务负责人和财务人员进行专题培训。根据北大开票点多、开票量大的特点，学校引入"防伪税控开票服务器系统"，克服单机版管理分散、发票调剂困难、报税复杂等诸多不足，并于5月份顺利上线使用，实现从地税税控系统到国税税控系统的平稳过渡。同时，针对营改增给高校带来的影响，与兄弟高校一起向上级主管部门建言献策，争取非营利性机构税收优惠政策。

开展小金库专项治理工作。根据《教育部财务司关于进一步严肃财经纪律 深入开展"小金库"专项治理工作的通知》（教财司函〔2016〕136号）要求，学校领导高度重视，要求有关部门制定工作方案，尽快组织全校各单位开展自查自纠工作。学校成立由校长任组长，常务副校长、总会计师任副组长，成员包括相关部门负责人组成的专项治理工作领导小组和办公室，召开党政联席会议和专项治理工作小组会议。"小金库"专项治理活动中，全校百余家单位成立以单位负责人为组长的"小金库"专项治理自查工作领导小组，对照自查自纠情况表中的八类情况，认真自查，并提交自查报告表及自查总结报告。从自查结果看，十八大以来，北大在严格贯彻中央八项规定精神、严肃财经纪律方面做的大量工作起到一定的成效，未发现设立"小金库"的行为。下一步学校将继续完善防止"小金库"的长效机制，共同维护学校利益，确保学校在一个良好的经济环境和经济秩序下健康发展。

开展院系财务自查工作。为贯彻落实中央"八项规定""六项禁令"的精神，进一步严格院系财务纪律，规范院系财务管理，提升财务服务质量，在机关单位自查公务接待费用的基础上，学校开展全校性的院系财务自查工作。一是自查财务制度情况，包括本单位层面的财务管理办法是否齐备、单位发放的各类薪酬的相关制度、单位报销审批的流程和经费使用办法、单位层面的财务制度是否通过院系办公会审议等。二是自查超标准接待费用，超过相关标准的接待需要进行说明和整改。三是自查预存会议费等"小金库"问题。通过自查工作宣传普及加强财务制度建设、避免违规接待等问题的重要性，帮助院系规范财务管理，对存在的问题和漏洞能够早发现和解决，防控学校和院系财务风险。

开展公务接待回头检查工作。根据《教育部办公厅关于开展中央八项规定精神落实情况回头检查工作的通知》（教办厅函〔2016〕17号）要求，学校高度重视，成立"国内公务接待自查自纠回头看专项检查工作小组"，召开国内公务接待自查自纠回头看专项检查动员部署会，组织全校各单位尤其是机关职能部门对2013年以来的公务接待和业务接待情况进行全面自查，进一步加强宣传和教育，切实巩固落实中央八项规定的精神。

优化业务流程，提升财务服务质量。为加强服务和管理，对办事流程和内设机构岗位职责重新进行梳理，想方设法通过无等候报销等优化流程、改进服务的措施，缩短学术人员投入财务方面的时间，为使其将宝贵的精力投入教学科研创造有利条件。一是开展无等候报销服务，针对出国等外汇报销业务，在物理学院、化学与分子工程学院、工学院、信息科学技术学院4个学院派驻会计处设置"票据投递信箱"，老师将相应的票据和资料整理好后放入信箱，一般3个工作日内就能通过本人备案的银行卡收到报销款项。二是对外汇报销业务进行全面梳理，修改完善外汇服务指南小册子，简化报销流程，规范各项业务；同时扩大院系审批自主权，针对突出问题，在政策允许范围内，把财务严控事项，调整为学院审批事项，由学院外事负责人、财务负责人根据业务必要性、真实性、预算额度控制等情况，明确审批意见。三是针对师生关心的差旅、会议、出国、接待等报销事宜，编写指南和问答材料，向院系负责人、财务主管和老师进行普及和宣传。四是开展课题组科研秘书培训，来自16个院系近300位科研秘书人员参加上半年财务系统培训。培训解读当前科研经费管理的政策和总体要求，梳理从项目预算编制到结题验收业务全过程的操作办法和要求，介绍业务难点和审计检查关注事项。五是将近期国家出台的财务政策和学校发布的财务制度进行汇编。

实施管理架构改革，加强财务队伍建设。财务部门按照"强化岗位，淡化身份，按需设岗，按岗聘用"的原则，创新内设机构干部聘任模式，出台《财务部部聘干部聘任管理办法》，坚持"公开、公正、竞争、择优"招聘，实施部聘办公室主任、副主任与学校科级待遇脱钩，实行三年的聘期制度，鼓励事业编制人员与合同制人员共同参与竞聘。截至2016年底，已经完成第一轮部聘干部工作，3名内设办公室主任、副主任到岗履新。此外，还制定《财务部机关考勤管理暂行办法》《财务窗口"十要"、"十不准"规定》《财务部退休返聘人员管理暂行办法》《财务部职工年度考核办法（试行）》，加强对财务人员考勤、劳动纪律、服务质量、退休返聘、年度考核等人事方面的管理。

在组织财务专业培训的基础上，通过组织校情校史讲座、参观走访学校重点实验室、与教学科研人员深入交流等多种形式，让财务人员进一步了解北大的历史和发展现状，了解教育和学科发展规律，了解经济业务运行背后的内在逻辑关系，增强"钱和事之间的对话和交流"。开设音乐、书法、京剧、舞蹈等文化艺术拓展课程。

开发金融服务平台。作为整体信息化进程的组成部分，学校以用户需求为导向研究开发"北京大学金融服务平台"。项目拟分为三期，一期重构财务核算系统，二期实现与校内信息平台的互联互通，三期打造个人金融服务平台，最终实现学校金融服务的智能化、网络化和个性化。2016年的主要工作是从财务信息安全与财务服务便捷的角度出发，规范财务基础数据，重塑财务工作流程，统一全校财务核算。截至2016年，新的财务核算系统已初步成型，各项测试和试运行工作正在紧锣密鼓地开展，预计于2017年正式上线运行。新的财务信息系统运行后，将建立预算、核算与决算信息的有机联系，实现人员信息、交费信息与报销信息的无缝对接，全面使用网银支付系统代替传统的现金、支票和汇款方式，为开展网上报销业务提供完备的技术支撑。同时，通过系统的全面信息化倒逼业务流程的标准化，进一步明确各项业务的报销规则和流程，为学校提供更加优质的财务服务。此外，新的收费系统已经上线运行，开通微信、支付宝等便捷支付渠道，并承担学校补交党费的重要任务。

（财务部）

实验室与设备管理

【**发展概况**】 2016年，实验室与设备管理部（以下简称设备部）积极推进学校大型科学仪器公共平台建设，支撑各学科建设和发展；深化实验教学改革，总结和凝练实验教学示范中心及虚拟仿真实验教学中心评建经验，以培养复合型、创新型人才为核心目的，充分利用前沿信息化技术手段，将实验、实践教学的作用贯穿人才培养的全过程；继续加强实验技术队伍建设，组织完成2016年实验技术系列职称评审和实验室工作先进集体和先进个人评审工作；继续完善大型科学仪器购置论证和效益管理，促进资源整合与开放共享；继续管理和执行学校"引导专项""985工程"设备经费；进一步规范设备采购的各个环节，加大招标采购、集中采购的执行力度，为学校争取更大的利益；全程负责仪器设备进口免税手续的办理，进一步加强免税科教用品的管理和政策宣传；建立健全实验室安全教育体系，加强环境保护和辐射防护管理、实验室危险废物排放及实验动物安全管理；承担北京市科委相关研究项目的建设工作；继续以管理机制创新和信息化建设为手段，进一步落实各项规章制度的执行；协助先进技术研究院完成相关认证工作。

【**实验室建设与实验教学改革**】 截至2016年底，北京大学共有实验室201个，其中校本部95个，医学部106个。2016年，北京大学考古虚拟仿真实验教学中心被评为国家级虚拟仿真实验教学中心；北京大学口腔医学实验教学中心被评为北京市级实验教学示范中心。截至2016年底，北京大学共有国家级示范中心10个，北京市级示范中心13个。2015年6月，北京市教委开展"中小学生实验实践课程基地"建设工作，北京大学成为首批"北京市中小学生实验实践课程基地"授牌的8所高校之一，具体由设备部牵头负责组织相关工作。2015、2016年，市教委征集"开放性科学实践活动"资源单位和活动项目，北京大学两年合计10个实验实践课程项目入选。

通过申报、评审等程序，2016年度北京大学实验教学改革经费共支持实验教学改革项目17项，金额73.7万元；北京大学实验教学设备补充经费共支持教学实验室建设项目14项，金额59.5万元。

2016年北京大学申报的基础实验教学条件提升改造工程项目，共获经费支持3900余万元（其中学校配套245万元）。该经费将主要用于数学、物理、化学、生物、信息、地学、考古、环境、城环、心理、新闻、法学、经济、工学等学科本科实验教学中心以及公共平台等条件的改善。

实验技术队伍建设。截至2016年底，北京大学校本部共有实验技术人员378人（指在院系工作的实验技术人员），其中，教授级高级工程师27人，高级工程师/高级实验师156人，工程师/实验师184人。

1. 组织完成2016年实验技术系列职务聘任工作。2016年，北京大学新聘教授级高级工程师2人，高级工程师/高级实验师13人（其中医学部2人），工程师5人（其中代评1人），助理工程师1人（代评）。

2. 组织完成2016年度北京大学实验室工作先进集体和先进个人评选。根据《北京大学实验室工作评审奖励办法》的相关规定，设备部在全校范围内组织开展"2016年度北京大学实验室工作先进集体和先进个人"（每两年一次）的申报和评审工作。经过院系推荐、专家评审和校内公示等环节，全校共评选出实验室工作先进集体11个，其中校本部6个，医学部及附属医院5个；实验室工作先进个人28名，其中校本部20名，医学部及附属医院8名。

大型科学仪器公共平台建设。截至2016年底，北京大学共有6个校级公共平台，分别为：电子显微镜实验室、分析测试中心、北京核磁中心、实验动物中心、微纳加工实验室和液氦中心，设备总价值3.8亿元。2016年，北京大学公共平台建设工作主要包括：

组织进行电子显微镜实验室资源升级。北京大学于2015年批准电镜室球差矫正显微镜的购置计划。2015年1月完成设备购置可行性论证，12月完成两台球差电镜的招标采购工作。此次设备升级中，北京大学以全球最低价购入亚洲首台超高能量分辨电子显微镜。2016年7月，荷兰FEI公司"球差矫正透射电子显微镜"到货并安装调试，实验室环境改造工作也同步开展。

组织完成校级公共平台绩效考评。设备部组织编制高校中首个公共平台绩效考评指标体系，旨在对公共平台的运行效果进行全面、客观的考量，实现以评促建的目的。2016年，分别组织完成北京大学公共平台的中期和年终绩效考评，从公共性、科研能力、管理机制、队伍建设、平台特色等方面全面检验各平台的管理与服务工作，并根据考核成绩拨付平台运行专项补贴。

高性能平台建设稳步推进。设备部组织学科建设办公室、计算中心及各用户单位召开多次需求与建设方案沟通会，讨论确定校级高性能平台建设的原则，并委托计算中心根据校级公共平台管理办法制定建设方案。2016年10月，高性能平台建设方案、管理运行架构、资源使用规范、服务管理办法、收费管理办法等基本落实，11月设备购置可行性论证完成，12月设备招标采购工作完成，预计于2017年4月设备到货并开始安装调试。

冷冻电镜平台建设稳步推进。2015年，设备部牵头组织学科建设办公室和用户单位开展冷冻电镜平台的建设。通过可行性论证，明确平台建设的必要性、平台定位、管理模式、技术团队、设备配置等相关问题，并完成相关设备的招标采购工作。截至2016年，200kV冷冻透射电镜已到货并安装。300kV冷冻透射电镜的实验室改造工作正顺利进行，待设备到货后即可安装调试。

【"引导专项""985工程"设备经费的管理和执行】 截至2016年底，由设备部负责管理和执行的"985"工程三期设备经费、"建设世界一流大学和特色发展引导专项"设备经费共计拨款12.12亿元，截至2016年底已执行11.21亿元。其中2016年拨款1.57亿元，执行1.95亿元（含"985三期"尾款执行）。

【仪器设备管理】 截至2016年底，北京大学在用仪器设备总量290,927台，价值人民币63.71亿元（校本部215,166台，价值人民币48.63亿元；医学部75,761台，价值人民币15.08亿元），其中40万元以上大型仪器设备1819台，价值人民币25.86亿元（校本部1322台，价值人民币19.59亿元；医学部497台，价值人民币6.27亿元）。

2016年，北京大学新增1000元以上仪器设备29,911台，价值人民币7.56亿元。其中校本部新增23,032台，价值人民币5.27亿元；医学部新增6879台，价值人民币2.29亿元。

2016年，北京大学新增40万元以上大型仪器设备222台，价值人民币3.18亿元。其中校本部新增40万元以上大型仪器设备125台，价值人民币2.00亿元；医学部新增40万元以上大型仪器设备97台，价值人民币1.18亿元。

第二十四期大型仪器设备开放测试基金共开放设备186台/套（含实验动物中心），完成课题1066项，使用基金646.25万元，测试机时5,381,473小时，测试样品259,652个，资助申请人发表SCI论文804篇，获得专利98项，出版专著8部，千余名师生使用基金系统内的大型设备。获资助单位包括化学与分子工程学院、物理学院、生命科学学院、信息科学与技术学院、地球与空间科学学院、城市与环境学院、环境科学与工程学院、考古文博学院、工学院、前沿交叉学科研究院、深圳研究生院、分子医学研究所、心理与认知科学学院、医学部等14个院系。

第二十五期大型仪器设备开放测试基金共收到课题申请1536个，测试费申请总额2683万元，申请机时28.20万时，申请样品测试45.22万余个。经专家评审，最终获得批准的课题共1347个，测试基金总额800.0万元，其中学校出资

400.0万元，申请人配套经费400.0万元。参加第二十五期基金开放的仪器设备共199台/套（含实验动物中心平台）。

大型仪器设备测试服务。2016年，北京大学大型仪器设备测试服务总收入7190万元（不含大型仪器设备开放测试基金部分）。

组织40万元以上大型仪器设备购置可行性论证157台/套。

大型教学科研仪器设备使用情况调查及分析。根据教育部和北京市教委文件要求，完成全校1054台40万元以上仪器仪表类教学科研仪器设备的年度使用情况调查及分析。其中校本部824台，价值11.86亿元，年使用机时800小时以上的仪器占88%，年使用机时2000小时以上的仪器占25%。

国家科技基础条件资源调查。根据科技部、财政部《关于开展2016年科技基础条件资源调查工作的通知》（国科发基〔2016〕318号）的要求，完成北京大学（含医学部）50万元以上大型仪器设备基本信息和设备使用情况的统计上报。

为进一步加强科研设施向社会开放共享，根据科技部和教育部要求，完成全校1145台50万元以上大型仪器设备基本信息和开放共享信息的统计上报，并实现与国家网络平台的数据对接。

设备部继续实行校内调剂、集中收储、公开处置的仪器设备报废程序，力求实现仪器设备使用价值的最大化。2016年北京大学旧仪器设备变价收入为163.94万元。

仪器设备国有资产清查。2016年5月至7月，根据财政部和教育部要求，设备部组织全校各单位开展仪器设备类固定资产清查工作。清查内容主要包括仪器设备的账物相符情况和使用情况。清查工作的范围是截至2015年12月31日北京大学校本部123个单位的单价1000元（含）以上（包含2014年1月1日前建账的单价为800至1000元的设备）的仪器设备，共计206,093台，总价值44.93亿元。全校123个单位中，有52个单位出现因设备丢失造成的盘亏。全校盘亏共计1965台，金额1846.45万元，占比全校仪器设备总量的0.95%（台件数）和0.41%（价值），与2007年资产清查相比，不论在盘亏数量占比（2.65%）还是价值占比（1.07%）均有明显的好转。

2015年9月至2016年7月，设备部配合校国资办完成教育部国有资产专项检查工作，根据任务分工，设备部负责仪器设备资产全流程管理各环节相关资料的报送以及对相关管理流程进行解释说明。

根据教育部和学校关于公务用车改革工作的要求，设备部作为牵头单位组织纪委办公室、党办校办、国资办、总务部等职能部门联合开展相关工作，依据功能任务、根据工作需要，对北京大学车辆分类予以保留、取消。截至2016年10月1日，北京大学共有机动车288辆，其中校本部机动车227辆（包含校本部在账机动车，二级单位使用的未登记为北京大学公车的车辆，相关单位配车以及深研院车辆），医学部在账机动车61辆。按照用途，全部车辆可分为机要通信及应急用车、特种专业技术用车、必要的业务用车和公务用车四大类。经学校审议，拟留用167辆，其中校本部133辆，医学部34辆；拟处置121辆，其中校本部94辆，医学部27辆。此外，北京大学还有部分下属校办企业和附属医院用车，此部分车辆将按照中车改36号文件精神、卫生部、北京市有关要求和北京大学公务用车管理相关规定进行使用和管理。目前，北京大学公车改革总方案、经费测算方案、车辆处置方案和人员安置方案已完成，并上报教育部。待教育部批复后，设备部将继续牵头组织后续封存车辆的处置工作。

2016年，北京大学继续承担北京市科委现代服务业促进重大专项——"首都科技条件平台北京大学研发实验服务基地建设及运营"项目（八期）建设工作，项目经费230万。基地建设由设备部牵头组织，并在科技资源开放共享、科研成果转化、专利技术转移等方面取得优异的成绩，并顺利通过六期项目建设验收和绩效考评。

2016年，北京大学继续承担北京市科委首都科技条件平台试点项目——"依托首都科技条件平台构建创新创业服务校企合作联盟的研究与探索"，经费100万元，建设周期两年。该项目由设备部牵头，主要目的是依托北京大学优质教育资源、高精尖的仪器设备资源和首都科技条件平台复合资源优势，促进高校科技成果转化与科技资源的社会化服务能力提升，为科技型创业团队和中小微企业提供研发合作和科研人才培养，助力首都科技型中小微企业和创新团队的发展。

北京大学科普基地建设。1.科普教育基地复核。2016年3月，北京大学科普教育基地通过北京市科委组织的专家评审，并被授予北京市科普基地牌匾，命名周期为（2016—2018年）。2.北京市科普项目社会征集。北京大学推荐的"让我们更爱化学——化学系列科普产品研发"项目，获得北京市科委2016年度立项资助。3.组织实验室参加全国科技周。2016年5月14日至21日，2016年北京大型科普博览——全国科技活动周暨北京科技周在民族文化宫举行，国务院副总理刘延东出席开幕仪式。北京大学核物理与核技术国家重点实验室的"激光粒子加速器与技术革命"成为刘延东副总理重点参观的展项，该展项负责人颜学庆教授和北京大学设备部周勇义副部长向刘延东等领导汇报该重大装备的工作原理、研发思路及应用前景。刘延东充分肯定项目所取得的成果，对上述自主研发设备的功能应用及其产业化提出建议，并嘱托北京大学这一原创技术要能够打破国外垄断，造福人民。新华社、科技日报、北京电视台、中国科技网等媒体重点报道刘延东参观北京大学项目的情况。

【仪器设备采购】 2016年，设备部进一步完善采购制度，规范仪器设备采购申报、审批程序以及招标采购流程；继续完善"阳光采购"机制，每月定期公布学校通用设备实际采购价格及采购工作相关信息，帮助全校师生及时掌握通用类仪器设备的实际价格变动情况。2016年，北京大学共采购仪器设备8.14亿元，其中校本部采购仪器设备5.83亿元，医学部采购仪器设备2.31亿元，主要工作如下：

招标采购工作。2016年，北京大学共组织仪器设备招标和竞争性磋商211次285包，中标金额共计4.17亿元。其中校本部组织设备招标和竞争性磋商113次150包，中标金额共计2.4亿元；医学部仪器设备招标98次，招标金额共计1.77亿元。通过招标方式采购，为学校节省经费约8112万元。

国内仪器设备采购。2016年，北京大学共采购国内仪器设备3.93亿元，审核并签订5万元以上合同1256份，合同金额共计3.34亿元。其中校本部采购国内仪器设备2.51亿元，审核并签订5万元以上合同944份，合同金额共计1.92亿元；医学部采购国内仪器设备1.42亿元，审核并签订5万元以上合同312份，合同金额共计1.42亿元。

国外仪器设备采购。2016年，北京大学采购国外仪器设备4.21亿元人民币。其中校本部采购国外仪器设备3.32亿元人民币，通过竞争性谈判或招标采购等方式签订及执行合同668项，共计10,336台（件、套、批）；医学部采购国外仪器设备0.89亿元，通过竞争性谈判或招标采购等方式签订及执行合同103项。

办理科教用品免税情况。2016年，北京大学共办理免税894项，免税合同金额折合人民币约5.42亿元，按平均税率20%计算，共免除税款约1.09亿元。其中校本部办理免税合同701项，免税合同金额折合人民币约4.53亿元，免除税款约0.91亿元；医学部办理免税193项，免税合同金额折合人民币约0.89亿元，免除税款约0.18亿元。

【实验室安全与环境保护】 北京大学在创建世界一流大学的过程中，有责任在从事教学科研的同时，提高师生的环保、安全意识，建立健全相关规章制度和管理流程，不断加强和完善实验室安全管理，同时避免或减少对环境的污染。2016年，设备部在实验室安全、环境保护和辐射防护方面的主要工作如下：

实验室技术安全管理。1.加强试剂管理工作。在充分调研的基础上，加快建设"北京大学试剂管理系统"。该系统是全国高校首个试剂全流程管理系统，计划于2017年1月1日起在化学与分子工程学院和校内其他院系试运行，9月全面上线。系统上线后将实现包括危险化学品在内的试剂全生命周期管理，简化试剂的采购、登记、使用、处置等关键环节。2.实验室、仪器设备和实验室安全巡查。设备部自2013年6月起开始实施实验室巡查制度，每周巡查一个实验室。2016年度共巡查8个院系的23个实验室，巡查报告和实验室安全整改通知已发送相关单位。3.安全责任落实。设备部代表学校与全校各院系、实验室签订实验室安全责任书及辐射防护安全责任书。

辐射安全与防护。1.办理放射性同位素转让审批手续。按相关规定，先后办理1枚V类放射源（Sr-90）（进口、国环辐审〔2016〕0524号）、非密封放射性物质转让审批（P-32、S-35、H-3、C-14、Tc-99m、I-131〔京环辐审〔2016〕57、58、59、161、162号〕）出口、进口和转让审批手续，共计7次。2.完成一批废旧放射源和放射性废物送贮。经过固化等前期整备，环保办收集处置13枚废旧放射源、7个标准桶的放射性废弃物。3.辐射工作人员管理。累计完成700余人次的个人剂量检测，组织160余人的辐射工作人员职业病体检，保障辐射工作人员职业安全与健康。4.辐射工作场所管理。完成2次辐射工作场所的环境剂量检测，结果显示所有辐射工作场所环境剂量均处于环境辐射本底水平，无超标或异常。升级放射性物品库，改造物防技防设施，培训放射性物品库值守及保管人员，持证上岗，组织完成全校10个放射性物品库北京市放射性物品库地方标准电子设备和安防设施检测的复检工作。5.北京市辐射安全（对外）培训。2016年，组织3期辐射安全与防护培训，在京单位近650位辐射工作人员参加培训。

环境保护。1.危险化学废弃物管理与处理。2016年，在化学与分子工程学院的积极配合下，组织处理全校（含医学部）化学废弃物共计231.59吨，支付处理费用294.86万元；组织处理实验动物废弃物共计43.15吨，支付处理费用14.17万元。同时，完成北京市环保局、北京市安全生产监督管理局、北京市教委布置的各项实验室危险化学品、危险废弃物情况的调查和统计工作。2.水质、室内空气质量监测和环境剂量检测。设备部组织开展一系列环境质量检测工作，主要包括：2016年度集中对43楼等单位的房间室内空气质量进行检测，检测结果总体良好；对不同专业实验室室内环境进行检测，并对数据进行分析对比，借此掌握各学科实验室环境特征，有针对性地采取措施对可能产生的污染物进行防控。3.环保宣教活动。通过向本科新生和新教工发放安全、环保宣传材料，开展"认知燕园草木，爱护校园环境"活动等措施，促进北京大学绿色大学、平安校园建设。

（实验室与设备管理部）

【附表】

表8-20 2016年北京大学实验室基本情况一览表（校本部）

序号	单位	实验室个数	实验室使用面积（m²）	教学实验（2015—2016学年）			仪器设备		其中20万元以上大型设备	
				实验个数	实验时数	实验人时数（万）	数量	金额（万元）	数量	金额（万元）
	合 计	157	145,110	1645	31,389	1,794,691	143,867	381,575.5	2617	207,590.1
1	数学科学学院	2	2100	8	24	1179	2957	2186.45	1	47.61
2	工学院	5	8975	37	2272	9580	12,664	31,797.00	188	14,515.69
3	物理学院	10	17,623	163	1432	114,281	18,410	78,726.33	497	51,831.30
4	化学与分子工程学院	12	18,968	189	1991	478,666	15,671	49,628.11	455	33,540.73
5	生命科学学院	9	12,910	190	569	60,569	14,696	45,242.79	350	26,415.09
6	地球与空间科学学院	5	5085	253	1419	48,451	6837	12,993.17	89	5467.60
7	心理学系	4	600	88	832	17,220	1750	2933.81	27	1319.46
8	中国语言文学系	1	80	5	710	9030	1958	1654.15	1	31.65
9	考古文博学院	1	1200	7	1136	25,424	2626	4535.34	34	1795.58
10	光华管理学院	1	450	50	751	33,273	6185	5549.91	8	293.55
11	法学院	1	530	3	116	2880	2106	1691.48	1	27.50
12	北京核磁共振中心	1	2000	0	0	0	497	3837.37	13	3276.81
13	现代教育技术中心	1	1128	0	0	0	3797	3389.60	8	243.82
14	体育教研部	1	80	9	180	10,020	1321	1183.00	3	112.92
15	信息科学技术学院	17	21,500	253	5925	943,179	18,449	58,668.25	433	32,924.38
16	计算机科学技术研究所	1	1100	0	0	0	1132	2616.57	12	560.50
17	计算中心	1	2000	0	0	0	10,983	11,783.19	61	4017.31
18	图书馆自动化实验室	1	400	0	0	0	3288	12,294.16	41	2527.04
19	城市与环境学院	3	3062	28	659	26,702	6731	11,416.99	108	4570.18
20	环境科学与工程学院	3	2840	3	210	1170	5654	14,349.54	115	7282.22
21	分子医学研究所	1	2120	0	0	0	2899	8002.74	71	3839.38
22	北京大学实验动物中心	1	4139	1	32	9600	412	3174.79	7	2628.46
23	电子光学与电子显微镜实验室	1	850	1	48	3456	309	4992.22	20	4530.73
24	北京现代物理研究中心教育部重点实验室	1	600	0	0	0	31	34.60	0	0.00
25	基础医学院	45	12,052	166	5105	8.30	1249	3671.68	33	1873.19
26	药学院	13	12,463	57	4552	0.88	515	2310.60	23	1687.41
27	公共卫生学院	7	3639	31	208	0.19	510	959.99	8	445.74
28	护理学院	1	913	46	178	0.44	22	7.89	0	0
29	公共教学部	3	1503	49	2970	1.05	84	49.86	0	0
30	医药卫生分析中心	1	1229	8	70	0.04	32	928.32	3	897.14
31	实验动物科学部	1	1538	0	0	0	6	1.92	0	0
32	中国药物依赖性研究所	1	1097	0	0	0	33	165.81	2	120
33	信息中心	1	336	0	0	0	53	797.91	5	767.09

（张　媛、周勇义、张黎伟、王洋洋、马　宁）

表 8-21　2016 年新增 40 万元以上大型仪器设备一览表

序号	设备名称	单价（万元）	经费来源	单位
1	高效液相色谱-电感耦合等离子体质谱仪	105.42	建设世界一流大学项目	城市与环境学院
2	三维激光扫描仪	98.33	建设世界一流大学项目	城市与环境学院
3	同步吸收-三维荧光扫描光谱仪	40.35	科研专款或基金	城市与环境学院
4	电子顺磁共振波谱仪	160.08	985 工程	城市与环境学院
5	磁屏蔽室	86	985 工程	地球与空间科学学院
6	电子枪	79.48	985 工程	地球与空间科学学院
7	沉浸式虚拟现实展示交互系统	82.5	教学事业费	地球与空间科学学院
8	可调谐飞秒激光器	86.6	科研专款或基金	分子医学所
9	超快单分子荧光探测器	41.83	科研专款或基金	分子医学所
10	窄脉冲宽调谐飞秒激光器	105.28	科研专款或基金	分子医学所
11	荧光光谱仪	65.6	科研专款或基金	工学院
12	高性能计算系统	922.92	科研专款或基金	工学院
13	磁盘阵列	166.59	科研专款或基金	工学院
14	天然气水合物岩样物理参数测量仪	49.5	科研专款或基金	工学院
15	光学参量振荡激光器	67.94	科研专款或基金	工学院
16	氙灯导热仪	55.66	985 工程	工学院
17	动态热机械分析仪	46.6	985 工程	工学院
18	髋关节外骨骼模块	42.95	科研专款或基金	工学院
19	激光导热仪	64.46	自筹经费	工学院
20	串联四极杆气/液质联用仪	180.36	建设世界一流大学项目	工学院
21	智能 X 射线衍射仪	126.21	建设世界一流大学项目	工学院
22	单晶 X 射线衍射仪	249.14	建设世界一流大学项目	工学院
23	拉扭双轴动态生物力学试验系统	157.11	科研专款或基金	工学院
24	原子力显微镜	120.89	自筹经费	化学学院
25	凝胶色谱系统	42.48	985 工程	化学学院
26	制备液相色谱仪	40.63	建设世界一流大学项目	化学学院
27	原子力显微镜	144.47	科研专款或基金	化学学院
28	激光共聚焦显微镜	179.59	科研专款或基金	化学学院
29	四极杆串联轨道阱高分辨气质联用仪	356.75	建设世界一流大学项目	化学学院
30	高分辨四极杆飞行时间串联液质联用仪	275.45	建设世界一流大学项目	化学学院
31	线性离子阱-静电场轨道阱组合式质谱仪	96.8	科研专款或基金	化学学院
32	超高分辨四极杆串联傅里叶变换质谱仪	333.11	建设世界一流大学项目	化学学院
33	离子阱液质联用仪	66.65	建设世界一流大学项目	化学学院
34	单四极杆质谱检测器	50.02	科研专款或基金	化学学院
35	高分辨液质联用仪	347.32	建设世界一流大学项目	化学学院
36	线性离子阱质谱仪	89.63	科研专款或基金	化学学院
37	高分辨液质联用仪	356.55	建设世界一流大学项目	化学学院
38	监控设备	71.62	科研专款或基金	化学学院
39	等温滴定微量热仪	72.38	建设世界一流大学项目	化学学院
40	X-波段傅里叶变换电子顺磁共振波谱仪	462.8	985 工程	化学学院
41	分子间相互作用分析仪	143.93	建设世界一流大学项目	化学学院
42	等离子体增强化学气相沉积系统	264.08	科研专款或基金	化学学院
43	纳米颗粒物吸湿/挥发性测定仪	84.68	科研专款或基金	环科学院
44	在线光热法大气气溶胶有机碳/元素碳分析仪	55.84	科研专款或基金	环科学院

(续表)

序号	设备名称	单价（万元）	经费来源	单位
45	超高分辨飞行时间黑炭气溶胶质谱仪	526.68	科研专款或基金	环科学院
46	质子传递四极引导飞行时间质谱仪	392.28	科研专款或基金	环科学院
47	飞行时间气溶胶化学组分质谱仪	210.49	科研专款或基金	环科学院
48	扫描电迁移率颗粒物粒径谱仪	40.09	科研专款或基金	环科学院
49	高分辨率飞行时间质谱仪	428.47	建设世界一流大学项目	环科学院
50	无线网络核心交换机	69.23	985工程	计算中心
51	无线网络核心交换机	69.23	985工程	计算中心
52	核心交换机	62.67	985工程	计算中心
53	磁共振成像系统	1251.16	985工程	交叉学科院
54	连续血流动力学监测系统	45	985工程	交叉学科院
55	骨骼科教模型	59.68	科研专款或基金	考古文博学院
56	三维激光扫描仪	54.37	建设世界一流大学项目	考古文博学院
57	超高效液质联用仪	97.64	科研专款或基金	生命科学中心
58	高内涵筛选系统	454.73	科研专款或基金	生命科学中心
59	小动物专用脉冲磁场刺激器	145.06	科研专款或基金	生命科学中心
60	信号源分析仪	49.27	科研专款或基金	生命科学中心
61	多导睡眠测量仪	83.28	科研专款或基金	生命科学中心
62	转盘共聚焦单光子探测器	64.55	科研专款或基金	生命科学中心
63	快速纯化液相色谱系统	40.19	科研专款或基金	生命科学中心
64	毛细管电泳-三重四极杆质谱联用系统	258.7	科研专款或基金	生命科学中心
65	研究级倒置显微镜	40.29	科研专款或基金	生命科学中心
66	波浪生物反应器	53.93	科研专款或基金	生命学院
67	高通量测序系统	635.37	科研专款或基金	生命学院
68	单细胞多基因表达仪	106.87	科研专款或基金	生命学院
69	倒置生物显微镜	40.17	科研专款或基金	生命学院
70	连续波超高分辨率共聚焦显微镜系统	470.09	科研专款或基金	生命学院
71	正置多焦点多光子显微镜	315.74	科研专款或基金	生命学院
72	磁盘阵列	40.96	科研专款或基金	生命学院
73	磁盘阵列	200.67	985工程	生命学院
74	服务器	65	科研专款或基金	生命学院
75	超高分辨液质联用系统	448.45	科研专款或基金	生命学院
76	超高分辨液质联用系统	768.72	科研专款或基金	生命学院
77	单细胞长时间成像显微系统	179.51	科研专款或基金	生命学院
78	生理记录仪	48.29	科研专款或基金	生命学院
79	细胞能量代谢分析系统	138.08	建设世界一流大学项目	生命学院
80	LKJ-150离子束刻蚀系统	52	科研专款或基金	物理学院
81	红外光谱探测系统	42.83	科研专款或基金	物理学院
82	磁光系统	143.01	科研专款或基金	物理学院
83	超高真空无液氦超导磁体系统	141.73	985工程	物理学院
84	高真空双腔自动化电子束蒸镀系统	94.08	985工程	物理学院
85	低温强磁场超高真空扫描隧道显微镜	538.13	科研专款或基金	物理学院
86	氧化物分子束外延系统	413.19	985工程	物理学院
87	电子束蒸发镀膜系统	133.5	建设世界一流大学项目	物理学院
88	高分辨X射线衍射仪	135.15	科研专款或基金	物理学院

(续表)

序号	设备名称	单价（万元）	经费来源	单位
89	原子力显微镜	152.47	建设世界一流大学项目	物理学院
90	无液氦综合物性测量系统	281.07	科研专款或基金	物理学院
91	气溶胶测量仪	163.86	建设世界一流大学项目	物理学院
92	脉冲激光源	107.03	科研专款或基金	物理学院
93	粉末 X 射线衍射仪	108.91	科研专款或基金	物理学院
94	高功率超稳定单频窄线宽激光器	76.46	科研专款或基金	物理学院
95	氦气回收纯化系统	111.45	基建设备费	物理学院
96	微波网络分析仪	82.33	建设世界一流大学项目	物理学院
97	纳米荧光光谱成像系统	114.71	科研专款或基金	物理学院
98	3D 光学轮廓仪	60	985 工程	物理学院
99	垂直测试装置	250.76	基建设备费	物理学院
100	高温热处理装置	159.5	基建设备费	物理学院
101	分子束外延系统	137.97	科研专款或基金	物理学院
102	液氮分离净化系统	58.46	985 工程	物理学院
103	眼动追踪系统	44.67	建设世界一流大学项目	心理学院
104	眼动追踪系统	44.67	建设世界一流大学项目	心理学院
105	眼动追踪系统	44.67	建设世界一流大学项目	心理学院
106	经颅磁刺激仪	89.84	建设世界一流大学项目	心理学院
107	脑电信号采集系统	114.25	建设世界一流大学项目	心理学院
108	便携式脑电系统	44.42	教学事业费	心理学院
109	便携式脑电系统	44.42	教学事业费	心理学院
110	小动物听觉神经生理工作站	49.05	建设世界一流大学项目	心理学院
111	等离子体化学气相沉积系统	119.21	985 工程	信息科学技术学院
112	精密单面抛光机	59.48	科研专款或基金	信息科学技术学院
113	自动减薄机	56.35	科研专款或基金	信息科学技术学院
114	高低温微操作探针台系统	40.35	自筹经费	信息科学技术学院
115	无掩膜数字光刻机	70.39	科研专款或基金	信息科学技术学院
116	反应离子刻蚀机	99.73	科研专款或基金	信息科学技术学院
117	高精度数字锁相放大器	60.37	科研专款或基金	信息科学技术学院
118	服务器	63.65	科研专款或基金	信息科学技术学院
119	服务器	63.65	科研专款或基金	信息科学技术学院
120	四端口矢量网络分析仪	94.8	科研专款或基金	信息科学技术学院
121	反应离子刻蚀机	106.88	科研专款或基金	信息科学技术学院
122	高重频高功率超快激光器	195.22	科研专款或基金	信息科学技术学院
123	高精度数字锁相放大器	41.33	科研专款或基金	信息科学技术学院
124	感应耦合式等离子体增强型化学气相沉积系统	194.67	科研专款或基金	信息科学技术学院
125	低温探针台	53.4	科研专款或基金	信息科学技术学院
126	自动化样品存储管理系统	172.4	科研专款或基金	天然及仿生药物国家重点实验室
127	拉曼光谱仪	62.3	985 工程	北京大学口腔医院
128	双色红外激光成像系统	40.0	科研专款或基金	北京大学第三医院
129	智能流式细胞分选仪	40.9	科研专款或基金	免疫学系
130	Micromass MALDI micro MX 质谱仪	99.0	捐赠	医药卫生分析中心
131	液相色谱三重四级杆质谱联用仪	243.8	教学事业费	北京大学第三医院

(续表)

序号	设备名称	单价（万元）	经费来源	单位
132	快速蛋白色谱系统	61.8	985工程	北京大学第一医院
133	互联网接入服务费（6芯光纤）	69.5	自筹经费	信息通讯中心
134	高速人机视线交互追踪系统	44.8	科研专款或基金	北京大学口腔医院
135	流式细胞仪	305.4	教学事业费	北京大学口腔医院
136	高内涵宽场成像系统	246.7	985工程	北京大学肿瘤医院
137	全自动液体处理工作站	103.0	985工程	北京大学肿瘤医院
138	超级综合无线模拟人	130.7	教学事业费	护理学院 实验教学中心
139	超快速液相色谱-超快速三重四级杆质谱联用仪	167.5	985工程	天然药物学系
140	统一存储及虚拟化设备	193.0	985工程	信息通讯中心
141	高精度三维运动捕捉系统	54.6	985工程	北京大学口腔医院
142	超高清腹腔镜系统	159.8	985工程	北京大学第一医院
143	手术动力装置	49.6	985工程	北京大学第一医院
144	生物分子相互作用仪	169.5	985工程	天然及仿生药物国家重点实验室
145	微量热泳动仪	79.6	985工程	天然及仿生药物国家重点实验室
146	放射性液质联用仪	204.8	科研专款或基金	医药卫生分析中心
147	全自动免疫组化染色机	85.2	985工程	北京大学第一医院
148	超声模拟训练系统	167.7	教学事业费	北京大学人民医院
149	模拟肺训练系统	86.6	教学事业费	北京大学人民医院
150	数字X射线成像系统	99.6	985工程	毒理学系
151	多角度激光光散射系统	65.9	985工程	系统生物医学研究所
152	智能型超速离心机	57.3	985工程	系统生物医学研究所
153	活细胞工作站	104.6	985工程	北京大学第一医院
154	语音教室725	79.7	教学事业费	应用语言学系
155	同传教室709	84.3	教学事业费	应用语言学系
156	语音教室815	64.1	教学事业费	应用语言学系
157	语音教室710	102.6	教学事业费	应用语言学系
158	同传教室726	71.4	教学事业费	应用语言学系
159	语音教室814	64.2	教学事业费	应用语言学系
160	快速纯化液相色谱系统	62.9	985工程	系统生物医学研究所
161	快速纯化液相色谱系统	62.9	985工程	系统生物医学研究所
162	电话交换机	79.7	985工程	信息通讯中心
163	计算机多媒体实验室逸夫楼806室	51.9	教学事业费	医用理学系
164	计算机多媒体实验室逸夫楼802室	108.2	教学事业费	医用理学系
165	计算机多媒体实验室逸夫楼809室	108.2	教学事业费	医用理学系
166	计算机多媒体实验室逸夫楼816室	108.2	教学事业费	医用理学系
167	计算机多媒体实验室逸夫楼812室	61.9	教学事业费	医用理学系
168	生物样本照射系统	164.8	科研专款或基金	生物化学与分子生物学系
169	细胞牵张拉伸应力加载培养系统	40.4	科研专款或基金	生理学与病理生理学系
170	蛋白结晶筛选机器人	99.9	985工程	系统生物医学研究所
171	多媒体教室312	76.8	教学事业费	北京大学第三医院
172	多媒体教室313	76.0	教学事业费	北京大学第三医院
173	多功能酶标仪（读板系统）	49.9	985工程	系统生物医学研究所

(续表)

序号	设备名称	单价(万元)	经费来源	单位
174	超声模拟训练系统	165.7	教学事业费	北京大学人民医院
175	眼前节测量评估系统	49.6	科研专款或基金	北京大学第一医院
176	面部扫描系统	65.0	科研专款或基金	北京大学口腔医院
177	单分子免疫分析仪	101.5	科研专款或基金	病理学系
178	全自动酶免分析仪	70.0	科研专款或基金	北京大学第一医院
179	彩色多普勒超声诊断仪	84.0	教学事业费	北京大学第一医院
180	彩色多普勒超声诊断仪	250.0	教学事业费	北京大学第一医院
181	超高分辨率小动物超声影像系统	200.0	985工程	北京大学人民医院
182	便携式彩色多普勒超声扫描仪	110.0	教学事业费	北京大学第一医院
183	便携式彩色多普勒超声扫描仪	110.0	教学事业费	北京大学第一医院
184	彩色多普勒超声扫描仪	220.0	教学事业费	北京大学第一医院
185	便携式彩色多普勒超声扫描仪	80.0	教学事业费	北京大学第一医院
186	便携式彩色多普勒超声扫描仪	80.0	教学事业费	北京大学第一医院
187	便携式彩色多普勒超声扫描仪	80.0	教学事业费	北京大学第一医院
188	蛋白液相色谱系统	84.9	科研专款或基金	北京大学第一医院
189	彩色多普勒超声扫描仪	250.0	教学事业费	北京大学第一医院
190	彩色多普勒超声扫描仪	316.0	教学事业费	北京大学第一医院
191	彩色多普勒超声扫描仪	250.0	教学事业费	北京大学第一医院
192	超声诊断系统	170.0	教学事业费	北京大学第一医院
193	计算机教学考试系统	64.8	教学事业费	医用理学系
194	彩色超声诊断系统	219.9	教学事业费	北京大学第三医院
195	彩色超声诊断系统	150.0	教学事业费	北京大学第三医院
196	彩色超声诊断系统	219.5	教学事业费	北京大学第三医院
197	彩色超声诊断系统	198.0	教学事业费	北京大学第三医院
198	彩色超声诊断系统	209.8	教学事业费	北京大学第三医院
199	脊柱运动测量系统	54.7	科研专款或基金	北京大学第三医院
200	B超检查仪	278.0	教学事业费	北京大学人民医院
201	超声诊断系统	265.0	教学事业费	北京大学人民医院
202	B超检查仪器	289.9	教学事业费	北京大学人民医院
203	组织脱水机	77.9	科研专款或基金	北京大学口腔医院
204	桌面型Micro-CT断层扫描仪	114.3	科研专款或基金	北京大学口腔医院
205	傅立叶红外光谱仪	118.5	科研专款或基金	北京大学口腔医院
206	平面微电极阵列记录系统	76.0	科研专款或基金	北京大学第一医院
207	超速离心机	80.4	科研专款或基金	北京大学口腔医院
208	维多利亚分娩模拟人	239.7	教学事业费	北京大学第一医院
209	SimNewB新生儿模拟病人	42.3	教学事业费	北京大学第一医院
210	SimMom模拟产妇病人	165.9	教学事业费	北京大学第一医院
211	SimBaby婴儿模拟病人	67.6	教学事业费	北京大学第一医院
212	SimMan 3G综合无线模拟人系统	159.9	教学事业费	北京大学第一医院
213	Harvey心肺功能模拟病人	130.2	教学事业费	北京大学第一医院
214	全细胞电生理系统	78.4	科研专款或基金	北京大学第六医院
215	小鼠自动给药系统	106.0	985工程	中国药物依赖性研究所

(实验室与设备管理部)

审计工作

【发展概况】 审计工作数量。2016年北京大学共完成审计审签项目（出具审计报告、意见）912项，包括综合管理审计、经济责任审计、建设投资评审、建设工程管理审计、参与"三重一大"经济事项等5个方面23个类别的工作。

审计工作绩效。1.增收节支、创造效益。除隐性效益之外，显性效益主要包括：（1）通过综合管理审计、工程造价审计，增收节支3304万元；（2）通过工程月度拨款审计，直接减少月度拨款2156万元；（3）建设工程投资控制在合理规模以内。2.纠正和处理违法违规事项，防范违规风险。3.促进优化学校内部管理控制机制，落实经济责任，提高资源绩效。4.在2016年教育部对直属高校财务管理状况评价中，有关内部审计部分被评为优秀。《中国内部审计》杂志以《守正创新 持续优化》为题专门报道北京大学内部审计工作。

【学校预算管理审计】 加强和规范预算管理审计。对于预算的编制和调整，学校安排内部审计部门提前介入，列席有关决策会议。重点对预算依据充分性、预算编制完整性、预算安排合理性、预算调整规范性等进行审计。

对收支规模大、业务活动复杂的二级单位预算执行情况和重点项目预算执行情况进行审计，并重点关注资金绩效。

【内部控制建设与评审】 2016年，北京大学印发《关于成立北京大学内部控制建设领导小组、管理办公室、监督检查工作小组的通知》《北京大学内部控制建设与评审实施方案》，明确校内控制建设的理念、目标及其实现途径以及领导、管理、监督机制，成立内部控制建设管理办公室（设在审计室）。内部控制领导、管理、监督机制建立健全为进一步优化学校管理控制与流程设计，建立"于法周延、于事简便"的内部控制体系。

以服务学校发展战略为内部控制建设的根本任务，着重突出对重要业务、核心控制的建设。在单位层面上，重点推进机构的优化整合，推进重要业务活动的归口管理、管办分离等。在业务层面上，重点对预算管理、收支管理、资产管理、采购管理、合同管理、基建管理、科研管理、继续教育管理、产业管理、基金会管理10类重要业务涉及13个单位的内部控制进行建设。通过对各单位提供持续指导与咨询，推动各单位完善本单位制度建设，推进各单位在全面梳理业务流程的基础上提炼本单位核心控制，并初步形成学校10类重要业务活动的31个核心控制。

根据《北京大学内部控制评审规定》，扎实开展内部控制评审，提炼核心控制，聚焦重大缺陷，优化管控措施，防范重大风险，形成"评审-建设-评审"的良性循环，以持续优化学校内部控制体系。在评审中，北京大学力争"三个坚持"和"三个结合"。"三个坚持"为坚持"突出核心控制"，集中力量，集中有限资源，解决最应解决的事情；坚持"以评促建"，及时发现问题、解决问题；坚持"持续优化"，根据变化的外部条件，持续优化内部控制设置。"三个结合"为单位层面评审与业务层面评审相结合，各单位自我评估与评审小组评价相结合，内部控制的定性评价与定量评价相结合。

在采取分层、分类加大内部控制建设宣传教育的基础上，积极推进内部控制管理信息系统的建立健全。一是推动各业务管理信息系统建立完善，建立健全北京大学内部控制管理系统；二是推动各业务管理信息系统整合；三是推动各业务管理信息系统与财务管理信息系统的衔接。

【领导干部经济责任审计】 配合学校党政管理部门整体换届工作，对党政管理部门负责人进行全面审计，通过审计促进规范管理职责履行、规范权力运行。加强对管理部门经济责任审计的分类管理，采取有效审计方式。

坚持以综合管理审计为业务基础，在对单位开展综合管理审计的基础上实现对领导干部经济责任的评价。把经济责任审计与管理审计、绩效审计相结合，重点关注"三重一大"经济决策、预算管理、内部控制等方面情况，突出评价领导干部利用资源、开展业务、取得绩效的情况，以促进优化单位管控机制，规范权力运行。

加强经济责任审计联席会议机制建设，加强同组织、纪检监察、财务等部门的协调配合，推动复杂性问题的解决，提高经济责任审计绩效。

及时揭示提醒在履行权力过程中出现的不负责任、绩效不高等问题和风险，同时积极督促整改，切实推动领导人员履职尽责，全面落实经济责任。

自2016年5月起，在过去部门网站公示的基础上，开始对所有经济责任审计项目在校内门户上进行公示，进一步提高经济责任审计信息公开化程度。

【建设工程投资评审】 持续优化建设投资评审制度，加强建设投资前期的宏观管理和总量控制，针对不同工程的特点强化分类管理，促进实行限额设计，在确保建筑品质和使用功能的前提下，加强和规范投资计划（投资估算）、设计概算的评审和审计。加强对建设项目使用单位在工程立项、设计阶段行为的监管，促进规范对建设项目功能需求的管理。

【建设工程管理审计】 持续优化建设工程管理审计模式，改变以施工过程为主的全过程审计模式，从源头入手，建立以立项、设计阶段为主的全过程管理类审计模式。加强重点关键事项的审计，切实突出重点，在工程管理几十个环节中，抓住投资计划、设计概算、招标控制价等8个重点关键环节。

【参与学校"三重一大"经济事项】 持续践行内部审计"建设性"理念，参与学校"三重一大"经济事项，参与预算管理、财务管理、资产管理、采购管理、建设工程管理等方面十多个专门委员会和小组的工作（包括建设投资评审小组、预算工作小组、财政专项资金管理领导小组、收费领导小组、国有资产管理委员会、校园规划委员会、建设工程招标领导小组、仪器设备招标领导小组、肖家河建设领导小组、产业管理委员会、经济责任审计联席会议、干部监督联席会议等），促进优化资源管理内部控制，促进提高资源效益。

【审计工作优化创新】 优化内部审计战略。北京大学校长直接分管内部审计工作，全面加强内部审计建设。巩固基础审计业务，加强重点审计业务，拓展新兴审计业务。按照"五经五纬"业务格局把重大经济决策执行、预算管理与执行、内部控制建设、经济责任履行、资源绩效等纳入常规审计工作，并加强对重点资金、重点事项、重点领域过程的审计监管，通过审计规范权力运行、落实经济责任、提高资源绩效，发挥内部审计在学校治理与资源管理体系的重要作用。

推进审计全覆盖。通过分类管理、优化审计业务组织方式等推进审计全覆盖，把学校全部单位各类业务活动及其内部控制、领导干部经济责任等全部纳入审计范围，涵盖5个方面23个类别。注重业务审计与管理审计的开展，切实开展绩效审计。

优化审计业务管理模式。学校审计部门持续优化业务模式，努力使业务组织方式和业务过程成为"最佳实务"。

1. 优化业务组织方式，对建设工程管理审计、科研管理审计的业务重点、流程进行梳理和整合，把有限的审计资源用到最重点、关键、核心的业务上面，把被审计事项的千头万绪归结到几个关键抓手，事半功倍地开展工作。

2. 优化业务操作方式，运用"总体分析、发现重点、精准取证、系统研究"的审计方式，提高审计工作的效率与绩效。

3. 优化审计结果处理方式，将审计发现问题分类分级管理，对重大、重要、一般问题分层次协调处理解决，努力将审计发现问题整改内化在审计过程中。

【加强审计专业化建设】 专业人才建设。审计队伍专业化、职业化建设处于全国领先水平，具有国际注册内部审计师（CIA）11名、中国注册会计师（CPA）5名、高级审计师资格6名。此外，还具有注册造价工程师等专业人才，审计人员普遍具有经济、管理类研究生以上学历。通过设置主审、高级主审等部门专业职务，为审计业务发展提供人才保障。

专业规范建设。结合业务最新发展，持续修订审计手册，确保审计专业服务品质。

专业技术建设。开展研究式审计，深入运用"业务分析""问题导向""数据式审计"等技术方法，不断总结提炼业务诀窍，提升审计品质。

（审计室）

【附表】

表8-22 2016年北京大学审计项目分类统计表

方面	类别	数量
综合管理审计	预算管理审计	2
	内部控制评审	13
	大额资金管理审计（校本级及12家二级独立核算单位月度审计）	78
	资产管理审计	2
	采购管理审计（大额货物、服务等）	22
	二级单位管理审计	11
	科研项目管理审计、审签	175
	专项审计（调查）	1
	小计	304
经济责任审计	中层领导干部经济责任审计	12
	提任副校级领导干部经济责任审计	
	小计	12
建设投资评审	投资计划评审（1000万以上项目）	7
	设计概算评审（50万元以上项目）	61
	小计	68

(续表)

方面	类别	数量
工程管理审计	招标控制价审计（50万元以上项目）	84
	竣工结算审计（20万元以上项目）	68
	招标文件审计（50万元以上项目）	118
	大型项目评标监管	12
	合同审计（50万元以上项目）	91
	工程月度请款审计（5个管理部门）	33
	拆迁管理审计（2个拆迁项目）	12
	小计	418
参与"三重一大"事项	预算、财务管理类	20
	资产管理类	10
	采购招标管理类	20
	建设工程管理类	60
	小计	110
	合计	912

（审计室）

网络安全与信息化管理

信息化建设与管理

【发展概况】 2016年，信息化建设与管理办公室秉持为学校的中心任务和核心业务服务的理念，推进信息化经费管理和信息化建设项目管理，团结校内信息化建设人才队伍，加强信息化规章制度建设和信息安全保障，整合校内信息化资源和服务，切实推进信息化规划分年度落实，促进信息化基础运维与新增建设项目的协调发展。人员构成：2016年，信息化建设与管理办公室共有工作人员9人（含医学部兼职副主任1人）。

【信息化工作领导机构调整】 2016年，按教育部要求，推动学校将北京大学原信息化建设领导小组调整为北京大学网络安全和信息化领导小组。调整后，林建华校长担任领导小组的组长，王杰副校长担任副组长，小组成员由学校相关方面的领导和职能部门的主要负责人组成。领导小组的职能包括：统筹协调涉及教学、科研、管理、服务等各个领域的网络安全和信息化重大问题；研究制定网络安全和信息化发展战略、规划和政策；推动学校网络安全和信息化制度建设，增强安全保障能力；审议、论证年度信息化项目计划及安排项目建设经费等。

【信息化经费管理】 组织编制2016年信息化建设经费预算。2016年9月，学校实际拨付信息化经费2200万元，另有教育部修购专项资金500万元拨付到位。截至2016年12月底，完成数据存储系统扩容、校园网光纤改造、堡垒机、机房UPS、校园网服务器更新、正版软件服务续约及平台维护等共计21项信息化常规运维项目的经费拨付，金额总计1003.55万元；完成学术期刊网、大型软件申报审批系统、WEB网站的安全性渗透测试、移动办公系统、餐饮安全系统、车辆管理系统、消防安全系统、后勤服务系统、数字资源一体化平台等信息化建设项目的经费拨付，金额总计714.74万元。教育部修购专项资金500万元按计划执行完毕。

【网站建设】 门户网站图片运维。2016年，信息化建设与管理办公室继续与党委宣传部合作，安排2016—2017年度门户网站主题图片运维事宜。协调完成党委宣传部申请的图片专题网站项目立项及经费安排。

修订《北京大学网站管理办法》，制定网站域名管理审批流程及管理细则，通过实施网站备案和域名控制，实现对以北京大学名义建设的各种网站的甄别、监管及相关事件的协调处理。

【信息化审批项目】 编码管理。根据编码工作要求，为北京大学《儒藏》编纂与研究中心、北京大学人文社会科学研究院、北京大学学科建设办公室、心理与认知科学学院和政策法规研究室设定单位编码。根据工作需要，结合学校实际，对北京大学编码调整工作领导小组成员进行调整。针对医学部提交的《关于申请医学部信息系统中人员编码发证单位代码字段的请示》（北医〔2016〕部字38号）进行调研，完成

《关于医学部申请信息系统中人员编码发证单位代码字段的调研报告》，上报学校。

大型软件购置审批。组织对校内各单位拟购置的大型软件进行审核、审批，2016年共审批76项，总金额逾1400万元人民币（部分采购为外币付款，汇率浮动较大，无法统计精确数字）。完成大型软件购置申报系统建设和试运行，计划于2017年投入运行。该系统的建成将使得采购审批操作流程更加规范，同时可以加强监管、提升工作效率。

【信息安全管理】 制定北京大学网络和信息安全类突发事件应急处置预案。根据《北京大学突发事件应急预案编制方案（草案）》要求，2016年初，信息化建设与管理办公室牵头，宣传部、计算中心、保密办、青年研究中心配合，建立网络与信息安全类突发事件应急预案草案起草小组，起草完成《北京大学网络和信息安全类突发事件应急处置预案（草案）》。

组织召开信息安全培训会议。2016年5月30日，为落实教育部下发的网络与信息安全工作若干文件的要求，加强学校网络与信息安全工作，信息化建设与管理办公室组织召开北京大学网络与信息安全培训会议。会议邀请教育部教育管理信息中心、北京市公安局文保总队网安大队专家做专题报告，对各单位信息化负责人、网络与信息安全工作人员进行专题培训。

建立信息安全责任制。推动学校将北京大学原信息化建设领导小组调整为北京大学网络安全与信息化领导小组之后，2016年9月，信息化建设与管理办公室起草并通过学校发布《关于各单位报送网络与信息安全责任分工的通知》，要求全校各单位要提高认识，加强统筹领导，形成主要责任人负总责、分管负责人牵头抓的网络与信息安全责任体系，建立工作队伍，明确责任，健全相应的责任制度。

信息安全事件处理。根据信息安全工作有关精神，2016年度信息化建设与管理办公室协调处理安全漏洞事件共计40余起。

网站与信息系统技术安全日常检查。2016年度，协调学校有关单位落实首都校园安全运行维护能力调查、教育行业的重要信息系统和重点网站检查、教育部部属单位关键信息基础设施网络安全检查、北京市教委2016年信息系统安全专项整治检查以及国家网络安全宣传周等信息安全检查和宣传工作。

制定北京大学信息系统安全等级保护定级工作指南。参照《教育行业信息系统安全等级保护定级工作指南》（教技厅函〔2014〕74号），信息化建设与管理办公室制定《北京大学信息系统安全等级保护定级工作指南》，提出安全等级保护的定级思路，对学校信息系统进行分类，明确定级备案工作流程。

【信息化项目建设】 研究生教育管理信息系统建设。该系统通过构建研究生教育管理信息共享平台，建设包含招生、培养、奖助、学位等数据在内的数据共享平台，采集相关数据，并进行数据挖掘，构建质量跟踪模型和"优秀生源"模型。2016年完成系统主要应用功能开发。

餐饮安全管理信息化建设。2016年建设完成餐饮安全管理综合系统，建立学校餐饮管理者、督察人员、消费者共建共享平台，设计开发餐饮统计分析子系统、餐饮安全督察子系统、食堂运营资质管理子系统、餐饮安全知识管理子系统、自动系统集成监管子系统、手机微信公众服务号子系统。该项目于2016年12月完成验收。

车辆安全管理信息化建设。2016年建设完成机动车测速管理系统及行驶追踪系统、停车预约管理收费及电子支付系统，完成预约系统建设、预约系统手机端适配建设、电子支付系统建设、停车场管理系统定制版建设、各软件系统间对接、各软硬件间对接。该项目于2016年12月完成验收。

消防安全管理信息化建设。2016年建设完成消防巡查信息管理系统的研发和全视消防水压监测软件的采购，完成王克桢楼、农园食堂、新太阳学生中心、图书馆四栋楼宇水压监测系的安装，完成校内90栋楼宇平面图和消防设施设备的数据采集，实现对北京大学消防相关人员、设施以及状态、消防相关信息的可视化、精细化、集成化、智能化管理。该项目于2016年12月完成验收。

数字资源一体化平台建设。2016年5月启动实施数字资源一体化平台建设。该项目从学校信息化建设整体需求出发，以"整体概念体系""数据标准建设""元数据管理""数据质量工程"和"大数据平台"为核心开展数据资源基础建设，以整体设计、数据标准、数据挖掘、服务平台、示范应用为建设内容。基于数据关联与数据安全方面的考虑，该项目委托计算中心、软件工程中心和信息科学技术学院共同开发。

"绿色成长"移动平台建设。2016年6月启动实施，2016年内完成系统建设，由北京大学学生资助中心和信息科学技术学院承担。

其他信息化建设项目。2016年度还完成学术期刊网、大型软件申报审批系统、WEB网站的安全性渗透测试、移动办公系统、餐饮安全系统、车辆管理系统、消防安全系统、后勤服务系统等信息化建设项目的立项和审批工作。

【信息化规章制度修订】 起草《北京大学网络和信息安全类突发事件应急处置预案（草案）》《关于各单位报送网络与信息安全责任分工的通知》《北京大学信息系统安全等级保护定级工作指南》等信息安全管理工作制度、通知及指南。根据近几年工作实践及业务调整后工作需要，对原《北京大学网站管理办法》（校发〔2013〕211号）进行修订。根据信息化建设项目实际情况的变化，对原《北京大学信息化建设项目管理办法（试行）》（校发〔2013〕212号）进行修订，在原版本的基础上进行充实，进一步完善建设项目管理的工作流程，使其更具有可操作性。

（信息化建设与管理办公室）

计算中心

【发展概况】 2016年底，计算中心共有职工83人，其中，正式在岗职工60人，返聘10人；正高级职称6人，副高级职称28人，中级职称22人，初级职称4人。具有硕士及以上学历的人数48人，占中心总人数80%，其中具有博士学位的8人，学历结构逐年升高。2016年中心调离2人，招聘2人。

2016年，计算中心坚守服务育人的宗旨，寻找差距、转变作风、优化服务，在校园网建设、电子校务开发等方面完成大量工作。2016年，中心共获得集体奖6项、个人奖9项。主要奖项：北京大学2015—2016年度青年文明号集体、北京大学先进党支部、北京大学工会优秀活动奖、工会群众体育工作先进单位一等奖、校学生资助中心先进单位、中国教育和科研计算机网2016年度CERNOC节点单位先进奖、第二届下一代互联网技术创新大赛全国决赛实践组二等奖等多项殊荣。

【科研工作】 计算中心2016年有在研国家项目1项：国家高技术研究发展计划（863计划）"基于中国云产品的混合云关键技术与系统"，进展顺利，状态良好。

2015年12月至2017年12月，赛尔网络下一代互联网技术创新项目"CERNET跨高校统一身份认证公共服务及关键技术研究"，经费10万元。2016年8月经费到账。

2015年12月至2017年12月，赛尔网络下一代互联网技术创新项目"eduroam@CERNET全球无线漫游服务"，经费10万元。2016年8月经费到账。

2016年共发表论文21篇，其中1篇SCI检索，8篇EI检索。

【成人教育】 完成成人教育800余名新生的入学手续办理和2000余名在校生的授课、考试工作。

【交流合作】 2016年5月14日至19日，陈萍参加在美国芝加哥举办的美国教育网Internet2全球高峰会Global Summit，了解美国教育网的前沿发展，与来自世界各地的教育网同行沟通学习，就北京大学承担的全球无线漫游服务eduroam和高校身份认证联盟CARSI与各国同行深入交流。

2016年10月11至21日，张蓓、陈萍参加在美国休斯敦举办的中美高级网络峰会，就两国科学家和信息技术服务人员关心的话题，展开深入讨论。陈萍老师作为Federated Identity Session的联合主席，参与组织该小组的讨论，与美国同行交流联合认证方面两国的最新进展，并确定2017年双方的工作重点。

2016年10月24至28日，张蓓、陈萍、尚群等参加教育网CERNET年会，与国内同行交流校园网建设、运维、技术方面的最新进展。陈萍做大会报告，介绍全球无线漫游服务eduroam和高校身份认证联盟CARSI相关技术、最近的科研开发工作重点和在教育网的发展情况。

【党建工作】 2016年4月29日，计算中心党支部召开全体党员大会，对中心党支部进行评议及部署传达"两学一做"相关工作要求。6月，抽调核心技术人员，配合组织部，完成"两学一做"网站的设计、开发和建设，为保障学校"两学一做"工作提供信息化保障。6月，计算中心党支部根据学校党委工作安排，向全体党员送发开展"学党章党规、学系列讲话，做合格党员"学习教育的相关学习材料。6月，计算中心党支部组织完成支部的"共产党员献爱心"捐献活动。7月，计算中心党支部举行全体党员大会，主要内容为预备党员转正和"两学一做"教育活动的学习讨论。10月，计算中心党支部根据学校党委和组织部的工作要求，按照"两下两上"的工作程序，组织完成直属单位党委委员候选人提名和推荐工作。10月28日，计算中心党支部和工会组织，组织参观"信念、精神、传承——纪念红军长征胜利80周年大型馆藏文物展"。深入了解长征这一中国革命史上惊心动魄、气壮山河的英雄史诗，缅怀革命先烈、强化爱国主义教育。11月18日，计算中心党支部书记参加学校教职工党支部书记大会，校党委书记朱善璐做专题辅导报告，向大家传达党的十八届六中全会精神。

【校园网公共服务建设】 1.校园网出口改造。2016年上半年，VPN系统全面支持IPv6。用户在校外可以通过VPN同时接入校园IPv4和IPv6网络，方便校园网外用户使用IPv6访问更丰富的教育网资源。

鉴于现有的奇策出口分流设备同时服务于图书馆监测、NAT/Proxy监测、思朗特cache、华为大数据预留等应用，而设备本身功能局限、使用复杂，已经无法适应当前大流量、多出口、复杂规则的分流需求。2016年，中心进行arista万兆分流设备的测试，测试结果良好，已纳入2017年经费计划。

对出口进行流量控制是保证有限的出口带宽更好地服务教学科研相关重要应用的有效手段。由于出口流控设备的进出流量已经超过13Gbps，而现有的AllotE6支持流量为16Gbps，2016年11月新采购一台AllotE14机箱，并在现有的AllotE6上增加1块接口卡和1块处理板。使得校园网出口整体流量控制能力将达到24Gbps。出口流控策略以服务教学科研为主，限制单用户大流量下载，凌晨1:30至8:00之外限制P2P应用。

配合出口带宽资源调整以及各ISP的地址变更等情况，对校园网出口策略进行优化调整；构建对关键网站如acs、acm、ieee等的监控系统，及早发现问题并及时处理。

校园网出口结构调整。为适应校园网无线用户不断增长、有线用户有所减少的现状，提供更稳定的IPv4/IPv6双栈出口结构，对校园网出口结构进行总体调整。将原来IPv4/IPv6分别单一出口改成互为冗余备份的双协议栈、双核心结构；取消原有的有线网络和无线网络出口交换机，减少路由跳数和单点故障；更换2台有线网络核心交换机，提高有线网络的整体转发性能；配套调整校园网出口网关结构，实现有线网络和无线网络的双出口、双网关结构，取消原校园网内部有线网和无线网之间的网关，简化网络结构和故障点，采用一体化解决方案同时解决校园网准出和无线准入的问题。

2. 学生宿舍网络建设及改造。配合学生宿舍的整体网络改造规划，改造学生宿舍区汇聚节点的有线网络和无线网络交换机，实现有线和无线的双万兆上联扩容，并根据实际需求升级交换机引擎、扩容万兆板卡，共涉及改造3台有线汇聚节点交换机，新建2台无线汇聚节点交换机。

改造校内学生宿舍区汇聚层网络结构：将原来位于34B的1个学生宿舍区汇聚节点调整为30楼和35楼两个汇聚节点，实现校内学生宿舍区有线和无线的双核心、双万兆上联，高效处理转发学生宿舍区不断增长的流量。2016年11月至12月中旬，升级30楼已有的2台汇聚交换机和万兆板卡，新建35楼2台汇聚交换机，取消34B原有汇聚节点。在运行室配合下，把校内学生宿舍区的光纤上联全部转移到30楼和35楼汇聚节点，共涉及21个学生宿舍楼；改造前，原34B汇聚节点的CPU利用率一般为60%左右；改造后，30楼和35楼汇聚节点的CPU利用率维持在20%左右。

2016年5月中旬，按计划完成全部学生宿舍的有线无线一体化网络改造，有线网络升级千兆到桌面，提高单个端口管理粒度，利用面板式AP，实现无线网络的全楼高密度覆盖。共部署28个楼，涉及有线网络设备1888台、面板式AP 7070台。

2016年8月中旬至9月初，完成新建学生宿舍28、32、35楼地面部分的有线无线一体化网络建设，有线网络千兆到桌面，利用面板式AP，实现无线网络的全楼高密度覆盖。共部署有线网络设备297台，面板式AP 899台。

3. 无线网络建设和管理。2016年1月，利用替换设备完成全部食堂的无线网络高密覆盖。此次建设共涉及8个食堂，约70个无线AP。

经多次技术方案沟通，最终在2016年7月的毕业典礼中，在邱德拔体育馆采用Cisco定向天线的方式实现高密度无线覆盖。毕业典礼期间为6000余名用户提供良好的无线网络接入服务，并发在线用户达2600余人。

2016年8月中旬，在北京大学校园网正式部署全球无线漫游eduroam网络。作为教育网根结点，截至2016年已有38个学校通过北京大学接入全球eduroam联盟，其中29所高校为2016年新增。

11月中旬启用无线网无感知认证，支持用户登录一次网关之后，一个自然月之内一个终端无需重新登录。

设备巡检机制的建立：8月中旬启动学生宿舍无线设备巡检机制，不定期检查学生宿舍区的面板AP在线情况，并对学校重要会议室的无线网络进行巡检，发现问题逐一恢复并解决，共处理有问题AP 250个左右。

分别建立Aruba、Cisco和H3C无线网管系统，有效针对各自厂商的设备实施管理，2016年网管系统建设已经基本完成。

4. 高可靠域名与IP地址管理DDI系统建设。在上半年全面测试的基础上，2016年8月采用2台Bluecat设备建设HA架构下的无线网DNS服务；利用2台Bluecat设备，建设DHCPv4服务，分别用于全校有线和无线网络；设备2016年内到货，计划于2017年1月上线运行。

5. 汇聚节点升级改造。2016年上半年，改造校园网核心服务汇聚节点，将校园网关键服务的路由及访问控制与理科1号楼用户网段完全分离，通过万兆链路分别实现双上联，进一步提高校园网核心服务的网络可靠性和冗余性；升级畅春园有线汇聚交换机，利用替换设备升级西门外家属宿舍区的汇聚交换机，提升转发性能，实现双万兆的有线上联，提高家属宿舍区网络的稳定性；升级红二楼有线汇聚交换机，实现与有线网络双核心的双物理光纤链路的双万兆冗余连接。

2016年下半年，改造物理大楼汇聚节点。在现有物理大楼汇聚节点的基础上，新建物理西楼汇聚节点，承担家属区网络的汇聚任务，实现有线网络的双万兆上联，缓解东门外教学科研楼和家属区网络接入的压力，提供架构稳定性。在运行室配合下，2017年1月，完成中关园、燕东园、五道口和蓝旗营家属宿舍区光纤上联全部迁移到物理西楼汇聚节点，共涉及51个家属宿舍楼。

6. 教学科研网络升级改造。红1楼至红6楼、化学北楼、一体、环境科学大楼网络建设，九月初完成，升级改造后有线交换机131台、无线AP 379台。

执行2016年计划，对部分教学科研楼宇进行网络改造，实现有线网络设备升级和无线网络建设，包括技术物理楼、工学院力学设备楼、科维理中心等12栋楼。2016年11月完成设备招标和采购工作，预计2017年3月设备到货。

试验邱德拔体育馆无线网络超高密度覆盖：通过与Cisco公司多次沟通技术方案，确定采用定向天线实现超高密度的无线覆盖。利用两场毕业典礼、三场开学第一课、一场开学典礼的多次现场实际环境测试，逐步优化设计，并在9月9日的开学典礼实现超过4000终端同时在线使用的高性能无线网络现场服务；完成设备招标工作，在邱德拔体育馆建立永久性无线网络设施，保证未来体育馆内大规模活动的现场无线网络支持。

7. 校园网信息服务的优化和完善。11月22日，北京大学校长办公会决定自2016年12月1日起，学校将取消国际网收费，除基本月租外，全体师生访问互联网将不再收取其他费用。为配合这次调整，网关入账、网关登录、网关后台接口以及网络服务ITS、用户管理系统的程序经过多次反复调整，上线后运行稳定，实现平稳过渡。

2017年1月1日起在校学生和教工因欠费封锁账号时不

再封锁 VPN 服务，网关入账、网关登录以及 ITS、用户管理系统的程序再次进行调整，上线后运行稳定。

完善 ITS 公告发布系统和连网权限设置等功能。

网关客户端的开发与完善。继续改进网关移动客户端的功能，增加邮箱、课表、研究生成绩查询功能，并提供对讲座、招聘等 12 项校内信息的查询，增强客户端的实用性。同时完成 iAAA 认证模块的开发。基本完成 Linux 新版客户端的开发。

邮件系统运维与服务。为减少长时间不使用的账号被盗用的情况发生，结合用户管理系统中的用户类别信息，封锁各类邮箱 3.4 万个；利用日志分析汇总程序，封禁被盗邮箱账号 475 个，基本杜绝被盗账号群发邮件导致北大邮件系统 IP 上黑名单的情况。完成邮件归档设备软硬件升级，采用以旧换新的方式，软硬件都升级到最新版本。

托管服务器运维。2016 年下半年新增的二级单位网站 19 个。现共有 207 个二级单位网站托管在计算中心。

VPN 系统运维与服务。用户持续稳定增长，平时同时在线用户数 200 至 300 之间，日均有 2000 至 3000 个不同的用户在使用，寒暑假高峰期同时在线用户数 400 至 600 之间，日均不同使用用户数在 5000 左右，完成 VPN 日志收集统计与分析系统。

缓存系统扩容。缓存容量增加到 40T，提供服务流量 1Gbps 以上的带宽，最高达 2Gbps，提高用户看视频的体验以及下载大文件的网络速度。

新网站及新系统开发。完成包括创新创业网站、分子医学研究所、财务部等 10 个新网站的开发工作。完成新生校规校纪考试系统完善，增加校医院接种疫苗问卷调查，以及安全知识答题两个环节。完成组织部"两学一做"网上考试系统的开发，系统已经过前期的测试，并已上线。

8. 校园网网站与信息系统的安全保障。加强运维管理，完成堡垒主机的软硬件升级，由单机升级为 HA 模式，新增手机令牌身份验证功能，无需再随身携带以前的硬件令牌，简单、高效、安全地实现双因素认证。对 129、205、209 网段的运维全部通过堡垒主机完成，已有用户 250 个，管理服务器 496 台，对 12,403 次运维过程、133,338 个命令进行审计，使北京大学运维管理更加合理化和专业化。进一步加强北大域名的管理工作，清理 pku.edu.cn 二级域名管理权限。非计算中心管理的子域已削减至 11 个。

对网站与信息系统安全监控系统进行软硬件升级，完成绿盟 Web 应用安全漏洞扫描系统授权许可续约、续保，进一步增加网站系统检测能力。实时监控北京大学的 1241 个网站，每日进行防火墙、WAF、网站安全监控系统、堡垒主机的审计日志研判，发现问题第一时间整改。

对校园网出口万兆 WAF 持续调整优化防护规则，精准拦截 Web 攻击，对学校网站构建第一道防线，保护北京大学内部网站 1259 个，平均每月阻断对学校网站攻击超过 150 万次。在全校积极稳妥推进云 WAF 部署工作，对发现安全隐患的网站和新上线网站一律采用云 WAF 进行安全防护，对其构建第二道防线，受保护网站达到 152 个。

评测并采购 Web 网站的安全性渗透测试服务，尝试通过采购专业安全服务，对学校网站的整体安全防护能力有一个较为准确、全面的评估，对安全隐患和安全事件进行及时有效的发现和整改，保障学校网站的安全性。

对信息系统等级保护审计系统进行调研、测试。对北京大学的网站安全治理从管理手段、技术上进行探索，从网站的域名申请、备案、非备案网站、无域名网站的发现、管理、对问题网站进行治理，进行多次测试。

参与首都校园安全运行维护能力调查、教育行业的重要信息系统和重点网站检查、教育部部属单位关键信息基础设施网络安全检查等信息安全检查工作、等级保护执法检查调查、信息系统（含网站）安全情况登记等工作，完成相应表格和报告。会同信息办编制《北京大学网络和信息安全类突发事件应急处置预案》。

继续完善已有《北京大学网站与信息系统运维数据库》，针对安全管理过程中遇到的新问题，总结经验，增加新的功能。

【电子校务开发】2016 年 3 月，财务系统 2016 版在教育部财务司上线运行，系统在 2015 版的基础上根据教育部的业务需求进行升级，各司局的经费查询模块也同步上线。财务系统 2016 版在北达资源中学上线运行。科研系统中科技开发部拨款分配及入账模块上线运行。"北京大学学生综合信息管理系统"中研究生助教系统上线。"北大研究"2014 年度课题"基于知识仓库的北京大学移动智能问答系统建设方案研究"提交结题报告，顺利结题。

2016 年 4 月，"北京大学组织工作综合信息管理系统"中党校的党员干部培训情况申报和汇总功能模块上线运行。

2016 年 5 月，"北京大学后勤综合服务平台"中的报修维修服务子系统上线运行，师生可以使用网络、手机等多种便捷方式进行报修，维修工人通过手机接单后快速上门进行维修。

2016 年 6 月，研究生院新型号自助收费打印机上线运行，在校本部以及软件学院、深圳研究生院等校区安装部署 15 台设备，为研究生提供自助打印、签章服务。打印机可自动制作中英文学历证明、中英文成绩单、奖励证明、在学证明、答辩通过证明、肄业证明等六类共计 17 种材料，给学生更好的服务体验。研究生证书材料校验网站上线。

2016 年 7 月，研究生、本科生新版学位证书上线。

2016 年 8 月，通过对开源的国际会议软件 Indico 的安装、部署、应用等进行研究和改进，为物理学院重离子物理研究所主办的第八届国际中子照相专题研讨会（ITMNR-8）提供技术支持。第三十三届国际半导体物理大会（ICPS2016）会议系统上线运行。ICPS2016 是国际顶级半导体物理学术会议，参会者 1200 余人，其中诺贝尔奖获得者 4 人。系统为大会提供网站发布、内容管理、会议注册及交费、摘要及论文管理、数据统计分析、运行维护等全方位技术支持，为大会的圆满成功做出重要贡献。

2016 年 9 月，"北京大学人事综合信息管理系统"中人才培训管理子系统上线运行，该学期一共开设 25 门课程，共 2302 人次参加培训并认定学分。"北京大学学生综合信息管理系统"本科生退学处理、暑期成绩单上线。

2016 年 10 月，医学部人事处开始使用本部人事系统的薪酬系统和博士后系统。这是在学校关于本部和医学部深度融合的管理思路下，在人事工作信息化方面对医学部提供的支持和服务。"北京大学学生综合信息管理系统"本科生教学计划管理上线，是本科生教学改革的重点。

2016 年 11 月，"北京大学学生综合信息管理系统"研究生学位证明、研究生考试计划管理、本科生辅修成绩录入、本科生中期退课、本科生冲抵学分新流程、本科生主辅修成绩合并录入及查询上线。"肖家河教师住宅申购管理与服务系统"中人才房申购系统开通使用，又有 227 位教师通过系统选购住宅；2016 年 12 月，肖家河教师住宅缴费信息修改确认功能上线运行，随后管理人员开始使用系统为每位购房人办理审核、交腾退房屋材料、签约、缴费等手续，2017 年 1 月 13 日全部完成购房手续办理工作。后勤微信服务接入大讲堂微信网上购票，大讲堂开始推出网上购票自助取票功能。"临时餐卡申请与管理系统"开始正式运行。系统的使用方便有关部门及时掌握和审批办卡过程，有利于对临时餐卡的总数控制。

"北京大学信息服务微信服务号"自 2014 年 11 月上线以来，一直在不断的完善中，截至 2016 年 12 月陆续增加用户账号绑定、职工工资查询、学生成绩查询等功能，接入学生毕业离校、后勤报修、后勤订餐等业务服务，微信服务号的总关注人数超过 20,000 人，绑定用户人数为 12,000 人，日访问量达 2000 多次。

2016 年 12 月，第二十四届哲学大会（WCP2018）会议系统上线，包括大会网站、内容管理、注册和交费、摘要和论文管理以及哲学大会后台管理等功能。

【公共教学资源建设】 中心坚持服务管理与技术研发相结合；坚持高质量资源应用与功能辐射相结合，发挥国家级计算机实验教学示范中心引领辐射作用。面向全校文科、理科、工科、医学科本科生、国防生和部分研究生，2016 年共 362 天开放，日开放 14 小时，是全校同学受益面最大、利用率最高的实验室。实现计算机和英语教学平台一体化管理，人、经费、房子、设备和水电等资源为学校节约 50%。多年来，保持上机教学上课设备完好率 100%，公共计算机和英语教学实验室在同类高校一直处领先水平。

2016 年 1 月完成计算中心公共机房 1 号至 8 号及部分办公用房的网络布线改造升级工作，改造前网络布线已使用 15 年以上，通过升级将大大提高机房网络系统的稳定性。完成北京市研究生入学政治考试网上阅卷工作。

2016 年 3 月第十一期北京大学平民学校计算机班，在计算中心 6 号机房正式开始，为 85 名学员提供机时 1400 小时。3 月 26 日与北京大学考试中心合作，完成首场 Daf 德福机考，考生 400 人。

2016 年 4 月为北京大学学生运动会和教工运动会，提供运动会网站系统的技术支持和保障。

2016 年五一假期三天，完成第十三届数学建模大赛技术支持和服务保障任务。5 月 8 日在北京大学计算中心举办北京大学第十五届程序设计竞赛暨 ACM/ICPC 北大代表队选拔赛，计算中心为比赛提供优质的服务保障。5 月 15 日与教育部考试中心海外考试处、北京大学考试中心、北京大学就业指导中心合作，完成美国 ACT 公司提供的 WorkKeys 志愿者测试工作。5 月 29 日第七届蓝桥杯全国软件和信息技术专业人才大赛全国总决赛在计算中心公共机房进行，颁奖典礼在邱德拔体育馆举办，计算中心为比赛的顺利进行提供坚实的技术保障。

2016 年 6 月 8 日至 6 月 18 日完成北京市普通高考统考语文科目的网上阅卷工作。中心为高考阅卷工作投入八个机房约 600 台计算机，阅卷工作开始前一周，中心安排多名老师完成网上阅卷平台构建、网络环境隔断、设备检测、环境卫生、监控报警系统、安监系统等各方面的准备工作，同时制定应急预案，保证每天都有专人值守，随时解决突发问题。计算中心连续九年确保阅卷平台环境万无一失。

2016 年 10 月完成学生秋季运动会报名、生成秩序册、输出检录表、成绩录入、排名统计等工作，其中秋季学生运动会是第一次针对新生举办的校级运动会。

2016 年 11 月圆满完成 ACM 大学生程序设计大赛亚洲区预选赛北京大学赛区比赛的技术保障任务。

2016 年 12 月计算中心机房规划更新升级监控设备以及加装机房投影设备。

2016 年共完成 TOEFL、GRE、DAF 网考共 33 场。

【用户服务】 2016 年接听电话共 26,454 次，呼出 5945 次，日均接听电话 107 个，接线率 85%；上门维护与安装共 469 次，承接校内小规模联网工程 20 多项，敷设光缆 4055 米，网线 5780 米。

呼叫中心本学期初完成验收，所有部署基本满足热线电话的业务需求。进一步细化热线系统的需求，提出增加回拨电话列表，工单短信回复确认功能、email 通知功能、email 状态确认链接，以此方便前台回拨，提高服务质量；前线工程师通过回复短信就能更新工单状态，或者点击邮件里的链接进入工单页面，减轻前线工程师的负担。

增加用户服务周报，每周一发布上周的情况，周报包含热线服务咨询、工单、网络解答、上门维修等的统计信息和大事纪要。网络服务工作更加规范。

完成用户打入电话的排队方面的调整，提高选择"继续排队"的用户的级别，保证超时越多，级别越高；工单的排列照创建时间顺序倒序排列，而不是更新顺序；鼠标放在反馈问题上面，弹出显示全部反馈问题数据，方便前台查阅；解决问题分类一和二的次序不可定制问题；针对周报的需求提出统计方面的细化。

加强与基建部等相关部门的配合，积极索要完备的工程文档，保障综合布线相关工程的各阶段介入，并逐渐积累工程文档，做到有据可查。除学生宿舍二期外，所有已经竣工的工程文档基本完备。

【校园网运行维护】 完成1340机房的油机接口和机房主配电柜的相连，增加油机接口电源开关，增加智能仪表。1136机房的2台UPS升级，增加3个电源模块，每台UPS的容量均为满配120KVA。

物理西楼汇聚节点建设。物理南楼机房的条件越来越差，且几乎无改善的可能。2016年，对物理西楼地下B237机房进行建设，作为新的汇聚节点。为保证其供电容量和运行环境，对供电系统进行改造，安装7KVA的UPS电源和5P天花空调。

建设学生宿舍30楼、35楼的汇聚节点。30楼电源改造，增加11KVA的UPS；35楼安装7KVA的UPS电源和5P天花空调；为30楼、35楼两个汇聚机房取代现用的34B楼机房做好准备。

重点建设与新建汇聚节点相关的光缆，将东门外几个家属区的上连移到物理西楼，并实现物理西楼节点到理科一号楼及图书馆的双路上连。在此期间，共新建光缆5条，合计432芯，割接光缆2条，合计108芯，光纤熔接700余处。

从44楼至48楼，从34A楼至42楼各新建12芯单模光缆，共计15条，180芯，成端360处。实现所有学生宿舍楼接入新的汇聚节点，淘汰使用多年的34B楼汇聚节点。

新拉144芯单模光缆从南门2号楼到44楼，校园网主干光缆环形拓扑结构基本成型；新拉48芯单模光缆从1136机房到1124机房。

实现三个机房内UPS电源、空调、温湿度、烟感及视频图像，以及1124机房配电系统的集中监控。由于处于试用阶段，个别数据采集不够准确。因此，在完成1340及1136两个机房的配电系统监控的基础上，解决各个智能仪表的数据和环控数据不一致的问题，解决表盘数据之间不一致的问题，保证环控系统数据的准确性。

着手调研维保案例，核实需要维护的设备情况，针对不同设备分类，列出需要维护的项目以及为保障安全需要达到的具体指标，确定不同设备维护周期、响应时间等细节，订立维保和交接等实际问题的具体解决方案，签署机房维保合同，维保对象为3个主要机房和13个校园宿舍区和家属区的网络机房里的6台机房空调和19台UPS。维保项目已正式生效实施。

对机房消防进行详细的学习和调研，提交3个机房的消防招标书。

完成微软的Windows和Office软件续约合同，MATLAB正版软件上线服务，有效支持全校教学科研活动。Endnote软件也正式上线，供全校师生使用。虚拟桌面采购完成，正在积极部署。

继续完善"校园网信息服务运维系统"，从多方面检验现有的防护措施是否有效。扩大云WAF防护范围，不断加强校内二级网站的安全防护能力，数量从73个增加到183个。

测试山石云格虚拟化防火墙。处理JAVA反序列化漏洞。2016年没有发生恶性信息安全事件。规范和完善数据管理，做好存储与灾备工作。

完成存储灾备系统的设备采购，在昌平校区容灾机房完成硬件设备安装调试，并进行数据恢复测试，完全满足技术要求，数据安全可靠。解决多个关键技术难题，克服教务系统多个数据库双向复制数据关系复杂、财务双机库数据量大、文件系统复杂以及讲座网光纤链路关系复杂等困难，完成数据从富士通存储平台向EMC存储平台的迁移，使关闭老旧存储成为可能。把迎新、宿管及教务等系统的数据库从采用SPARC处理器的老旧富士通小型机，迁移到X86虚拟化平台，最终完成所有电子校务服务器的去小型机化工作，提升核心信息系统和数据库的可维护性与安全性，降低设备购置成本与运行成本。

完成短信平台更新改造。短信平台年均发送短信300万条。

正版软件平台增加统计功能。新版Windows10系统上线大幅减少新装系统的补丁下载数量，节省安装时间。新增MATLAB上线，首月下载数量超过6000次。正版软件平台提供下载各类软件、文档数量年均约50万次。

服务器群防火墙升级改造，由仅支持IPv4的千兆防火墙升级为支持IPv6的万兆防火墙，保障87台物理服务器、500余台虚拟机、3套存储系统的安全平稳运行。

推进服务器虚拟化技术应用，完成手工迁移虚拟机约200台。调研和了解虚拟桌面技术和产品，在中心内部搭建虚拟桌面的试用环境。大力推进高性能计算校级公共平台建设，全面深入开展技术和管理机制调研，完成"北京大学高性能计算校级公共平台的建设方案"的编制并通过论证，完成2016年高性能计算机系统设备采购论证，完成新一轮高性能计算校内用户需求调研，并根据调研结果撰写标书，完成招标工作，所有节点双精度峰值计算能力超过400Tflops，其中计算节点双精度峰值计算能力≥260Tflops。完成混合云项目服务器采购，并进行业务部署。稳步推进高性能计算机房腾空工作。

（计算中心）

医学部信息通讯中心

【发展概况】 医学部信息通讯中心成立于2002年，其前身为医学部信息中心和医学部电话室，2002年合并后组建现在的信息通讯中心。信息通讯中心是医学部信息化建设的主要力量，承担着学校信息化基础设施、信息系统、校园卡系统、电话通讯等校园信息化建设任务的规划设计、具体实施和组织协调，以及日常管理、运行维护、咨询培训、用户服务等工作。

医学部信息通讯中心下辖网络管理室、信息管理室、运行管理室、综合服务室四个科室。种连荣为主任，张翎为常务副主任，宋式斌为副主任。信息通讯中心党支部党员5名，党支部书记尹忆民，副书记黄宁玉。

2016年在编职工17人，其中正高1人，副高2人，中级职称9人，初级职称1人，工人2人。2016年退休1人，新入职2人。

（宋式斌）

【党建工作】 民主推进例会制度，推陈出新工会活动。坚持办公例会制度，每周召开例会讨论中心事情，集思广益，民主集中，2016年共召开40次例会。坚持考核、评比民主公开制度，严格按照民主评议、例会决策、结果公示、最终上报的民主流程，做到信息公开公正。积极发挥工会及民主监督小组的作用，对中心决策进行民主监督，对职工福利进行统筹，组织体育比赛、冬季运动等各类活动。

通过公开发布招聘信息，在22个应聘者中，通过面试、评委投票等公开民主的方式，最终确定录取北京师范大学研究生1名、北京联合大学本科生1名。

（宋式斌）

【网络及基础设施建设】 持续增加出口带宽，优化网络覆盖；加大网络管理力度，加强网络和电话的规划和建设；改造机房基础设施，全面提升服务能力；提供生命科学园校区网络、电话、校园卡服务，服务师生；建设综合网管系统，实现智能化网络信息运行维护。

1.调整在校师生上网策略，废除区分国际国内的上网策略。根据师生反馈需求，与校本部一致，12月1日正式废除在校师生区分国际国内上网的策略，改善师生上网体验，并持续增长出口带宽。校园网出口本年度增容至3.4G，同比增长41.7%，增加医学部网络的访问能力。实施无线网覆盖项目，学校教学办公区域覆盖面积达70%。应师生呼吁和需求，信息通讯中心制定了医学部无线网建设的规划。2016年，在学校改善办学条件经费的支持下，中心启动了无线网覆盖项目，对公共设施区域、公共教学区域、学生宿舍区域、部分办公区域进行了无线网全覆盖，并实施了全校教学办公区无线网线路施工，总计新装无线接入点2800多个，调整接入点近300个，建设网络信息点4100个。建设完成后，医学部无线网已完整覆盖逸夫楼、全部公共教室，图书馆，会议中心，体育馆，体育场，跃进厅，德园餐厅，清真食堂，行政一号楼，行政二号楼，生化，护理楼部分，工会，学生2、3、4、5、6、7号楼，中南楼，中北楼，博士南北楼以及以上楼宇的室外区域。

2.依据《北京大学医学部信息网络建设与管理规定（试行）》，对医学部校内楼宇和区域网络改造提供管理和支持。制定药学楼网络和电话改造的技术方案并交付基建处，完成教育处教室改造项目、研究生院多媒体教案改造项目的网络规划和实施。配合药学楼改建，实施国重楼药学院搬迁网络和电话改造；完成设实处沽源室办公区域网络和电话改造；完成护理楼1—2层无线网优化覆盖。为北大国际医院、医学网络教育学院、医学部物美超市、生育健康研究所等单位提供网络专线服务。

3.改造机房基础设施。调研多家学校的机房建设情况，依据医学部机房的实际情况，制定相应设计规划，于9月启动项目建设，11月底完成主体建设。机房经改造后，空间布局重新规划，设备摆放重新梳理，建设光缆配线间，实现光纤跳线的外部部署，减少机房内的人员进出；供电实现2+1冗余，分别来自学校2个变电室，3个变压器；增加大功率UPS，功率翻倍，实现UPS1+1在线运行，每个机柜实现两路UPS的各双路供电；空调增容并实现2+1冗余，室外机组全面更新，空调冷却气流得到优化，新增新风系统，新增软化水设施；更换标准化机柜，落地固定安装；更换地板、窗户、顶棚，为医学部未来几年信息化建设奠定运行环境基础。

4.提供生命科学园校区网络、电话、校园卡服务。2016年初启动生命科学园园区网络和电话服务的接入建设工作，根据医学部园区规划及药学楼改造师生搬迁工作的安排，4月份完成实施生命科学园校区网络、电话设备、光缆接入项目的采购，并在5月份完成学院路校区与生命科学园校区26km光缆的接入，率先开通有线网络。

6月完成生命科学园校区无线网建设，医学部无线网信号覆盖至师生所在房间，共布设无线接入点75个。8月完成电话程控交换机设备安装调试，9月份开始陆续为师生恢复电话服务，2016年完成开通恢复电话总计50余个；10月根据学校的要求，增加园区食堂校园卡架设，增添设备，为园区内学生提供校园卡刷卡消费，节省园区内学生的就餐开支。

5.建设综合网管系统，实现智能化网络信息运行维护。9月启动项目，11月下旬完成建设目标并通过专家验收。医学部综合网管系统，融合设备资产管理、设备运行监控、机房环境监控、虚拟化与服务器监控、智能报警系统为一体，对医学部400多个有线网交换机、3300多个无线网AP、40多个弱电间的温湿度环境全部虚拟化设备进行了监控，对设备的运行状态、运行效率、网络接口通道量、网络拓扑结构，机房温湿度、漏水，虚拟化平台的资源占用情况等信息全面掌握，并制定相应规则，对告警信息实施按人员的分别报警。

（尹忆民、宋式斌）

【信息系统建设】 建设综合服务平台，学生参与应用完善；持续建设医学部数据中心，进一步实现基础软件正版化；配合各业务信息化，协助办公自动化系统建设，助力人事系统建设；加大信息化服务力度，支付平台逐渐发力，信息门户丰富功能。

建设综合服务平台。2016年初启动综合服务平台的调研选型工作，在调研多个学校的实际案例和多家公司的技术方案，和详细分析自身对平台功能的需求后，通过招标确定平台承建方，于5月开始平台的部署实施工作。综合服务平台可发布各类碎片化的小应用，为用户提供各种信息服务。首先开发离校派遣服务和党组织关系迁出服务。在医学部两办的协调下，走访调研了十余个相关业务部门，确认业务流程后，配合承建方开发程序、处理数据，并进行严格的功能和性能测试。为进一步保证离校派遣服务正式运行时的效果，在团委和青协的协助下组织众测活动，120余名师生参加、完成离校服务全流程的功能测试并提出建议。基于众测结果，完善平台功能以及离校派遣服务的流程。综合服务平台于6月正式上线，提供毕业离校手续的在线办理服务，有1500余名毕业生和10余个部门的教师在系统中办理了毕业去向确认、组织关系迁转等环节。在该过程中平台运行平稳。

协助教育处在综合服务平台中建设教务管理和学工管理的碎片化服务，目前部署并测试应用28个运行数据服务系统，初步实现数据互通互联。通过数据服务系统的运行，实现相关业务数据的互联互通，初步实现财务、人事、教务等相关业务系统数据的自动采集同步，达到系统数据互通，业务实现自动关联。

借助综合服务平台承建方的主数据管理系统，建设数据中心，制定数据中心的数据流量，结合医学部10月发布的《北京大学医学部人员编码规则》（试行），正在进行人员基本信息采集和数据清洗的工作；持续加强基础软件正版化工作，购买Oracle正版数据库和中间件软件，购买Oracle数据库及虚拟化软件服务，以确保学校信息化。

根据医学部两办对办公自动化的需求，中心调研多个学校的办公自动化系统实际使用情况以及多个公司的解决方案，通过招标确定系统承建方，于11月部署办公自动化系统。并与两办有关负责人调研分析收发文管理、合同管理、会议室管理等多个功能需求，制定数据共享的策略，目前正在进行个性化需求开发和测试。

8月，北大人事部、北大计算中心、医学部人事处、医学部信息通讯中心成立联合工作小组建设医学部人事管理系统，信息通讯中心提供并维护人事管理系统的运行环境，配合北大计算中心开展有关的技术工作。

根据计财处、保卫处、教育处、研究生院提出的网上收费的需求，网上支付平台陆续增加办理车证、补办学生证、打印成绩单、开具核查信等项目的网上缴费功能，2016年截至11月底，师生通过网上支付平台缴费近万笔，是2015年同期的一倍有余。

根据党委组织部提出的干部公示的需求，对信息门户首页进行更新，用活网站发布平台，增加"干部选任公告"栏目，12月初正式上线。

（黄宁玉）

【网络安全】 2016年网络安全零事故。定期进行网络信息系统漏洞扫描，多种途径获取信息，防范风险。定期进行漏洞扫描，本年度共发布11期安全公告，发现高危漏洞30个，信息通讯中心严格执行网络信息安全的相关操作原则，并督促各相关部门完成漏洞修复或关闭外网访问服务。参加中国高等教育学会教育信息化分会网络信息安全工作，持续获取多途径网络安全事件信息，及时处理。

（宋式斌）

【服务工作】 启用信息通讯中心新主页，响应式布局，突出服务功能。2016年元旦正式启用信息通讯中心新主页，新主页突出网络、信息、电话、校园卡四大块服务功能，采用响应式布局，自动适应桌面与手持终端，智能选择显示界面；提供详细的服务办理说明和流程；增加网络信息安全事件通报版块，及时发布安全事件信息；提供政策法规的信息服务，加强信息公开。

前台环境逐步改善，提供银行卡刷卡缴费。通过梳理前台服务业务，调整业务服务能力，增加专人负责前台业务管理，更换低噪音打印机，改善前台服务条件；增加银行卡划卡设备进行收费，减少现金流，提供更多的方式以满足师生服务所需。

通讯业务逐渐规范，流程梳理优化，规范号码处理。加强电话通讯业务的规范管理，梳理通讯业务的办理流程和说明，明确办理步骤的信息，做到信息公开；制定电话费收取的处理流程，对拖欠费号码定期处理，公开号码资源，更好地服务教职工。

（宋式斌）

【智能水控系统建设】 中心设计全新校园卡水控系统，系统以人为本，设计刷卡与用水控制装置分离的水控系统，彻底改变水控系统的使用模式，系统使用校园卡大钱包，避免学生丢卡丢钱问题。技术上，作为校园物联网应用的探索，系统实现数据传输无线化，减少线路铺设；刷卡装置与阀门分离部署，降低水对电子元器件的侵蚀；加入水流计的监控控制，降低电子阀门的开关次数，减少水控系统的故障率。改造中南楼全部，部分改造大澡堂和2号楼澡室，总计部署水控装置550个。

（宋式斌）

工会与教代会工作

【发展概况】 北京大学第六届教职工代表大会执行委员会委员19人，第十七届工会常委会委员17人、工会委员会委员43人。校工会专职干部8人、兼职干部4人。下属基层工会委员会、直属工会小组61个。北京大学工会在北京市教育工会2016年度年终考核中，校工会、人民医院工会、第三医院工会荣获"先进单位奖"；口腔医院工会、肿瘤医院工会荣获"综合考评奖"。校工会申报的"以信息化引领提案工作新格局 推进教代会工作新发展"、第一医院工会申报的"医者仁心传人文关怀 亲子活动筑百年和谐"、人民医院工会申报的"职工e家：打造互联网'家'服务模式的基层工会"、肿瘤医院申报的"'红军·医路·前行'我们在岗位上传承长征精神"工作荣获"特色工作奖"。

【民主建设】 发挥教代会主渠道作用。面向全体教代表征求关于《北京大学"十三五"改革和发展规划纲要（2016—2020）》的意见建议，并召开教代会执委会、代表组组长联席会议审议文件。制定《北京大学教职工代表大会和工会会员代表大会代表资格调整办法》《北京大学教职工代表大会提案工作规程》《北京大学"教代会优秀提案奖"和"教代会提案办理奖"评选办法》等文件，保障教代表依法履行职责、参与学校民主管理和监督。对因原教代表退休、调离北京大学等情况产生的代表缺额进行替补。经各基层单位推荐选举，代表资格审查委员会审核，第六届教代会执委会第十次会议审议通过，新增补20名教代会、工代会代表。1月8日，医学部第六届四次教代会召开，代表听取医学部工作报告，医学部教代会、工会工作报告。各单位按照规定召开二级教代会或全体职工大会，行使民主权利。

提升提案工作科学化水平。完善教代会提案系统，与学校办公自动化系统衔接，实现全流程无纸化闭环管理和多系统协同办公，提高教代表履职的积极性和便利性，提升提案办理工作的公开性和时效性。征集代表提案19件，内容涉及学校管理、校园规划、人事制度、后勤服务与保障、教职工住宅项目等方面。教代会提案工作委员会逐一审议，最终立案13件，6件转为建议。经提案工作委员会评审，提交第六届教代会执委会第十次会议审议通过，评选产生3件"优秀提案"和2个"提案办理奖"。医学部教代会收到提案15件，最终立案5件，10件转为意见建议。

拓宽民主参与渠道。组织教代表参与学校"三重一大"事项的决策，参与民主评议校领导干部和党政职能部门领导班子，参与《北京大学教研系列教师实行学术假的规定》《北京大学教研系列教师校外兼职管理办法》等文件的制定。根据学校重点工作和教职工关注的热点问题，就校园治理、校舍改造、教职工住宅、子女就学等问题召开四次校领导与教职工面对面沟通会。

【教职工权益维护】 维护教职工合法权益。为保障教职工权益，成立肖家河教职工住宅申购工作申诉受理委员会，由教代会主任牵头，成员由教代会执委、工会常委及教代表组成，校工会福利部为办事机构。委员会现场听取教职工申诉和相关职能部门执行政策的依据和流程说明，就有关问题对双方进行问询，经委员会充分讨论后形成工作建议，提交学校研究决策。召开劳动争议调解工作委员会会议，调解纠纷。做好教职工信访接待工作，引导依法理性表达诉求。针对北达资源中学修缮期间校舍周转问题，先后接待来访教职工200余人次，理顺情绪，化解矛盾，为问题的妥善解决做出积极贡献。稳步推进合同制职工入会工作，合同制职工会员共增加2926人。

开展送温暖和慰问活动。慰问劳模、教学科研骨干、三十年教龄教职工、2016年退休教职工及"两节"坚守岗位职工、招生和军训工作人员、校园保安等共计两千余人次。为教职工办好事、办实事。2016年共办理发放京卡4497张，办理公园年票千余张，为全体会员发放大讲堂演出兑换券；提供寒暑假旅游信息服务，组织驾驶培训等活动。举办父母沙龙，完善母婴关爱室和儿童读书室建设，帮教职工分担后顾之忧。春秋两季举办两次北大国际医院大型专家义诊活动，为教职工健康保驾护航。医学部工会进一步完善职工体检工作，开办午间健康讲堂进行健康宣讲和健康咨询。

完善扶贫帮困长效机制。工会"爱心基金"共收到教职工捐款28.4585万元，共支出27.7万元，慰问15位教职工（含3名合同制职工），传递着学校大家庭的温暖。看望慰问困难职工1008人，送去慰问金额57万元。做好职工互助保障计划投保、续保和理赔办理工作。为3430名女教职工办理女职工特殊疾病互助保险，为3368人办理职工重大疾病互助保险。

开展丰富多彩的女教职工活动。举办全校女教职工校园趣味定向赛、工会女干部参观民族服饰博物馆、"走进中华老字号""走近敦煌壁画"女教授沙龙等活动，为女教职工赠送电影券，缓解工作压力，丰富文化生活。承办两场"全国三八红旗手"走进北大活动，鼓励女教职工立足本职、建功立业。医学部工会女职工委员会举办女教职工"相约插花艺术"主题活动，为女教职工赠送《和美家庭》等书籍。

【教职工队伍建设】 加强师德师风建设。评选先进，树立典型，推荐评选出2名首都劳动奖章、1名北京市"三八"红旗奖章、1个北京市"三八"红旗集体、1名北京市师德榜样、10名北京市师德先锋。召开"甘守三尺讲台，争做'四有'老师"座谈会，引导教职工铸高尚师（医）德、做育人楷模。启动"北大劳模访谈录"项目，宣传劳模事迹，弘扬劳模精神。弘扬公益精神，深化文明校园建设。校庆及教师节之际，分别有近百名教职工参加工会组织的"美化校园"志愿服务。医学部组织14名医疗专家赴青海贫困地区开展义诊及药品捐赠活动，举办援藏医疗队员报告会。

服务青年教师职业发展。举办第十六届青年教师教学基本功比赛。来自校本部22个院系、软件与微电子学院、深圳研究生院和医学部的75名青年教师参赛，选手们分人文社科、理工科和医科组进行充分的切磋与交流。为激励青年教师钻研教学，教师教学发展中心规定，自本届比赛起，凡参加教学比赛和观摩比赛的青年教师均可获得《北京大学青年教师教学发展计划》中的相应学分。经报学校主管领导批准，教务部针对教学基本功比赛做出激励性规定，获得人文社科、理工和医学组一等奖前两名的青年教师，在符合北京大学教学优秀奖评审条件下，经所在院系申报，将被授予2016年度的北京大学教学优秀奖，不占院系名额。以"五四"青年节和校庆为契机，举办青年教师教学论坛暨教学基本功比赛颁奖会。新老教师畅谈教学感悟，高松副校长为获奖选手逐一颁奖并参与交流。组织教学名师与青年教师面对面、青年教师学术沙龙、青年教师户外沙龙等活动，多渠道搭建青年教职工互动交流平台，服务青年教职工发展。针对青年职员开办午间外语沙龙，提升外语应用能力，应对国际化挑战。组织青年教师暑期社会实践，赴广东学习考察，了解北京大学在深圳的发展历史、现状和未来；访问中山大学，考察华为、腾讯公司，了解国家新兴产业发展。活动途中的"汽车大讲堂"增强青年教师间的交流与学习。

平民学校传递正能量。92名新学员走进平民学校第11期课堂，81人结业。举办素质拓展、绿色环保主题登山、篮球友谊赛、庆祝建党95周年红歌会、趣味运动会等活动，制作班刊《燕园百草堂》，拓宽视野，促进交流；组织关爱孤独症儿童公益活动；开展"燕园百草"征文活动；拍摄以平民学校为题材的120周年校庆宣传片，组织师生志愿者、学员、管理服务人员进行采风座谈，组织21场400余人次志愿者、学员参与拍摄。副校长高松、王仰麟分别出席平民学校第11期开学典礼、结业典礼，对平民学校办学工作和学员自身发展寄予希望、送去祝福。平民学校因其十余年来"传承平等理念，成就平民梦想"的公益实践，获得首届全国"最美教师志愿服务团队"荣誉。

"幸福学堂"打造阳光心态。继续开展"幸福学堂"心理健康促进项目，培养具有心理健康知识的工会骨干。经过一年期培训，幸福学堂第二期工会干部培训班于4月结业，学员获颁北京大学结业证书。在听取意见建议基础上，第三期培训班面向全校教职工开放。通过面授、网络视频和发布课程实录文稿等形式，使更多师生受益，提升教职工心理健康意识和健康水平。医学部教职工"心灵驿站"举办心理健康讲座4期，400余人参加活动，并为教职工开通心理咨询热线。

【文化体育活动】 创新性推出群众体育工作积分制，通过奖励经费，鼓励基层工会参与校工会活动和自主开展全民健身。以校田径运动会、游泳、毽球、棋牌、羽毛球、足球、乒乓球、校园马拉松、户外活动等为主线，以社团项目、体育培训班为辅助，推动校园体育运动发展。田径运动会上，1287名教职工表演武术健身操"五禽戏"。以纪念长征胜利八十周年为契机创造性组织"我的长征"群众健身活动，参与教职工运动里程累计达到32,000公里。首届未名湖划骑跑三项挑战赛成功举办。

加大校园文化建设投入。面向全校教职工征集优秀作品，不定期开办摄影展、书画艺术展。举办"七月放歌——北京大学教职工庆祝中国共产党95周年华诞音乐会"，组织教职工参加学校"一二·九"大合唱，教工健美操团参加新年跨年晚会。全年为会员发放文娱兑换券近40万元。

支持基层工会与社团自主开展活动，满足多样性需求。社团根据《工会教职工社团管理办法》定期注册、集体招新，户外、篮球、羽毛球、自行车协会等积极参加校外赛事。雏鹰公益社倡导志愿服务，工会为其提供经费、人力和场地支持，探索解决教职工子女提前放学看护问题。鼓励二级工会组建文化、体育社团和兴趣小组，搭建多级交流平台，带动教职工参与文体活动。

【工会组织自身建设】 培训激励相结合。召开工会干部培训暨工作研讨会，以"贯彻《工会法》实施办法，切实推进北大工会工作"为主题，展开培训和交流，北京市总工会法律部部长徐闻做主题报告。通过工会干部沙龙活动，增强凝聚力。加大基层经费下拨力度，推进三级"建家"工作，夯实工会工作基础，共验收1个北京大学合格教职工之家，12个北京大学模范教职工小家。深入开展创先争优活动，以评促建。评选表彰工会先进集体、优秀个人、精品活动、优秀活动、好新闻奖，对"建家"升级、创先争优工作中涌现出的先进集体、先进个人加大奖励力度。医学部工会开展"权益杯"立项，宣传推广基层工会组织的先进经验。

加大宣传力度，重视理论研究。建好工会网站、《北大教工》、《教工之声》、橱窗展板等宣传阵地，利用校内外媒体做好宣传工作，营造有利于树立北大人整体形象、促进工会事业发展的良好舆论氛围。开展《北京市实施〈中华人民共和国工会法〉办法》学习宣传活动，2500余名教职工参加知识竞答。设置理论研究专项经费，鼓励工会理论研究与调研工作，进一步推动理论创新与实践创新。医学部12项调研课题顺利结题，为工会工作开展奠定良好基础。

规范财务管理。足额缴纳工会经费，组织基层工会财务工作培训，修订相关文件，完善工会财务制度，认真编制预决算，做好2015年度审计工作，配合学校财务部完成行政事业单位资产清查核实。医学部工会在原有财务制度的基础上进一步修改完善《医学部工会财务工作制度》《医学部工会会计人员岗位责任制度》《医学部工会财务收支审批规定》等。

（工会）

共青团工作

【发展概况】 2016年，北京大学共青团深入学习贯彻习近平总书记系列重要讲话精神，在推进高校共青团改革和加强高校思想政治工作的新形势下，紧密围绕学校育人中心工作，回归教育本质，服务青年需求，提升引领水平，落实高校共青团改革实施方案，加强大学生思想政治工作，服务保障青年权益及完善第二课堂育人体系。2016年，北京大学团委荣获"北京市五四红旗团委"称号。

2016年，团委领导班子结合"两学一做"学习教育要求，重点对照《关于新形势下党内政治生活的若干准则》和《中国共产党党内监督条例》，结合思想和工作实际，进行党性分析，加强党风廉政建设，不断增强发现和解决自身问题的能力。团委机构更具体系，职能更加健全，人员队伍建设得到有效改善。

3月，共青团北京大学委员会的领导班子进行调整。阮草调离团委，陈永利任团委书记。

【学习贯彻十八届六中全会精神和习近平总书记系列重要讲话精神】 2016年4月14日，举办第十五届北京大学青年"国是论坛"，中国科学院院士、发展中国家科学院院士、北京大学党委组织部部长、稀土材料化学及应用国家重点实验室主任严纯华以"科学与信仰"为主题，与青年师生进行交流。10月27日，组织团校学员共同学习《中国共产党第十八届中央委员会第六次全体会议公报》，并就全会的主要内容和精神进行学习讨论。11月6日，北京大学研究生会主办"在改革的新长征路上"全国高校研究生十八届六中全会学习交流论坛，邀请30所高校的研究生代表学习领会全会精神，共议当代青年的时代使命。11月17日，举办第33期研究生骨干研修班课程——十八届六中全会精神学习座谈会，观看并讨论纪录片《永远在路上》。同时，为切实做到把学习宣传贯彻习近平总书记重要讲话精神工作落实、落深、落细，团委指导各级团组织认真举办一系列座谈会、互动讨论和主题党团日活动，切实增强全校同学思想自觉和行动自觉。

医学部团委积极组织各基层团委、团学骨干积极学习习近平总书记系列重要讲话精神和党的十八届六中全会精神。2016年，继续开展"青春心向党 传递正能量"主题团日活动，引导广大团员青年自觉践行社会主义核心价值观。积极配合医学部党委开展的"两学一做"学习教育，各基层团组织开展"学党章团章、学系列讲话，做合格共产党员共青团员"主题团日活动。

【思想政治教育】 2016年4月4日传统节日清明节，北京大学领导和师生代表在静园北大革命烈士纪念碑前举行清明公祭活动。校长林建华，党委副书记叶静漪，南京市委宣传部副部长曹劲松，北京大学党委办公室校长办公室主任郭海，北京大学党委组织部部长严纯华，北京大学团委书记陈永利，话剧《雨花台》编剧高城教授及主要演员崔钟、张树平等及北京大学共青团系统教职工代表和学生代表两百余人参加公祭活动。青年学生代表朗诵缅怀革命先辈的原创诗篇《青松礼赞》。4月4日至5日，由中宣部、教育部主办，中共江苏省委宣传部、中共南京市委、北京大学、江苏省教育厅承办的原创大型史诗话剧《雨花台》在北京大学百周年纪念讲堂上演，揭开为期两年的《雨花台》全国高校百场巡演的序幕。举办纪念五四运动97周年、北京大学建校118周年之"足尖上的五四路"主题活动，开展"户外理论学习"和"重走五四路"实践活动。7月1日，组织师生代表收看庆祝中国共产党成立95周年大会以及纪念红军长征胜利80周年大会直播并开展专题座谈。指导举办新生"爱乐传习"项目暨纪念"一二·九"运动师生歌会与"与信仰对话，名家进校园"系列活动。

加强北大"网上共青团"建设。加强对北京大学团委微信公众号、北京大学团委官网和机关报《北大青年》管理和指导，逐步推进工作网、联系网、服务网的"三网合一"。2016年9月，"北大团委"微信公众号正式上线。按照建设"线上主流舆论阵地、工作风采展示窗口、重要信息发布平台、互动交流全新媒介"的总体思路，牢牢把准政治方向，推出"纪念辛亥革命105周年""纪念长征胜利80周年""学习党的十八届六中全会精神""国家宪法日宣传活动"等教育宣传主题；围绕学校和共青团工作大局，设立"燕园团事"固定栏目，推出"中国女排进北大""社会实践风采展示""'一二·九'师生歌会"等主题，扩大共青团宣传工作有效覆盖面；深入发掘青年需求，尊重学生主体地位，推出"挑战杯参赛指南""期中生存指南""品质校园建设"等主题。拍摄"两学一做"主题原创MV，以摇滚、说唱等流行音乐风格呈现，使用一镜到底的模式拍摄视频，用年轻人愿意听、听得懂的方式传递"两学一做"核心要求与理念。

2016年4月4日，医学部团委组织30余名团学骨干在静园草坪、李大钊同志塑像前、蔡元培先生塑像前参加清明公祭活动。7—8月，为纪念红军长征胜利80周年，医学部团委组织开展共青团系统学生暑期社会实践，以红军长征路途中重要历史事件的发生地为主要目的地，重走长征路。阳光爱心诊所代表北京大学参加由共青团中央举办的"寻长征足迹·树坚定信念"遵义实践活动。10月下旬，组织开展"就是喜欢你·北大医学"爱校荣校主题系列教育活动，包括"北医104周年庆典专属头像"推送活动、用同学们设计的井盖贴装扮校园各处的井盖、安置合影墙、举行照片征集活动、组织北医青年直播间、医学部青马工程三级团校和学生文艺汇演、学生文艺展演等。此外，医学部团委全力打造"北医青年"微信平台活动品牌，开拓北医共青团思想引领工作新阵地。

【共青团工作改革】 积极适应共青团深化改革新形势，回归群团本质，把握青年特点，服务群体需求，强化改革意识，搭建线上线下深度融合的工作格局，稳步推进工作创新。适应当代北大青年沟通、交流、联络和聚集方式的新变化，积极推进实验室建团、社团建团、学生会建团、年级建团、宿舍建团、网络建团等新模式，打造完善全方位、多层次的网状基层团组织。设立"高君宇奖"作为北大共青团系统最高奖项，新增优秀基层团委书记、优秀青年调研成果等表彰奖项，着力巩固和创新基层组织评价体系。加强对青年师生的直接联系和服务引领，开展"团委书记面对面"活动，落实团干部直接联系青年制度，35位校团委书记班子成员及学院团委书记访谈共计1107次。认真落实关于加强团干部直接联系青年（1+100）工作要求，共计25名团干部直接联系4225名青年，有效服务青年需求。

关注青年、关心青年、关爱青年，树立青年服务工作问题导向，指导学生会、研究生会保障学生权益，帮助青年学生排忧解难，提升团学工作的成长服务与权益保障水平。立足青年需求，维护发展权益，为学生全面成才保驾护航。加强对学生会、研究生会的工作指导，指导制定《北京大学学生权益保护条例》并通过畅议未名提案大赛收集提案报告。

开展文化育人、实践育人、协同育人，统筹推进校园文化工作，扩宽实践调研领域，促进学生健康、全面发展。完善"第二课堂成绩单"制度。积极开展多层次协同育人，完善第二课堂，努力营造浓厚和谐的校园文化氛围。有效统筹第二课堂工作，构筑"三位一体"新格局。围绕立德树人根本任务，加强校园文化建设，实现第二课堂与第一课堂紧密对接，对"第二课堂成绩单"平台系统进行专业化与个性化的设计，优化重组第二课堂资源，致力构筑"重点帮扶、全面覆盖、能力导向"的"三位一体"第二课堂育人体系新格局。坚持虚功实做，发展协同育人。积极打造军校共建、校地合作、校企合作等多种形式的育人共同体。进行军校共建，继续开展与雷锋团的共建共育工作，涌现出北大第一位赴雷锋团参军的大学生义务兵唐青等优秀代表。推动校地合作，与云南省弥渡县人民政府签署对口帮扶协议，积极落实向弥渡县选派挂职干部的工作。

探索建立北大青年智库。整合发挥北大青年教师、博士后、研究生等群体优势，直接服务国家社会发展大局。推进高级团校改革，实施"双优计划"，加强团干部和学生骨干培养。选拔青年教师担任兼职团委副书记。举办"青年文明号、青年岗位能手"评选活动十周年总结表彰会暨青年教职工创新争优恳谈会，共评选出6家青年文明号示范单位、12家青年文明号获奖集体，充分体现出青年教职工爱岗敬业、团结协作的精神风貌。继续开展研究生专项社会实践、博士生服务团工作，深化与地方政府的就业见习基地建设，搭建人才培养平台。

培养学生创新精神和创造能力，拓展学生创业资源，繁荣校园创业文化，打造学术竞赛、创业教育、讲座品牌三大体系工程，深化"挑战杯""互联网+"等重要赛事教育效果。加强创业教育，拓展资源平台，推动"河合创业基金"等与校外企业的交流合作。

【青年团干与学生骨干培养】 北大团委积极巩固和完善团委干部、学生骨干培养体系，构建多维度的培养机制，着力推进青年学生骨干培养。

继续加强高级团校建设，坚持"以人为本、立足高端、因材施教、分类培养"的培养思路，扎实推进高级团校改革，重新修订高级团校培养计划，规范学分制度和考勤制度，增设项目课程。12月21日，邀请北京大学党委书记郝平出席第33期高级团校开学典礼，并与团校学员、学生骨干代表座谈。紧密围绕学部制教学改革，建立学部联合团校，推出"双优计划"等育人项目。

努力建设一支专职、挂职、兼职相结合的团干部队伍，以服务于学校部门联合、协同育人的大局和培养储备后备干部的需要。选配青年教师兼职副书记2名、学生兼职副书记1名。

合理调整北京大学青年理论骨干发展中心培养方案，通过专题讲座、集体研讨、团队调研等形式多样、富有实效的培训形式，培养一批熟悉党政理论研究工作和社会调研工作的青年骨干。此外，校团委党支部与马克思主义学院2016级博士班党支部建立共建共育关系，通过理论交流学习促进团干部的全面成长。

医学部团委继续推进三级团校培养模式，打造有医学部特色的青年马克思主义者培养工程。9月，第33期高级团校中的37名学员经过拓展实践、学习讨论、讲座培训等课程的学习，考核合格顺利结业。10—12月，医学部第二十九期新生团校暨初级党课成功举办，共有来自医学部各学院（部）的290余名新生团员参加课程学习。开办医学部第四期团支部书记培训班，面向医学部各学院（部）的基层团支部书记共62人，通过专题讲座、讨论学习、主题参观等形式对日常团务知识、团务工作方法与技巧以及党团日活动的开展方法等方面进行培训。

【创新创业教育】 北大团委将创新创业教育融入学生发展全过程，在青年群体中营造良好的创业创新氛围。2016年12月23日，北京大学团委牵头申报，北京大学被授予"全国高校实践育人创新创业基地"。

完成北京大学第二十四届挑战杯系列赛事。启动第二十五届挑战杯系列赛事。举办北京大学第十三届"江泽涵杯"数学建模与计算机应用竞赛。组织北京市第二十七届大学生数学竞赛（暨第八届全国大学生数学竞赛北京赛区预赛）、全国第十三届研究生数学建模大赛。

组织2016年"创青春"首都大学生创业大赛暨北京大学第十七届创业大赛，最终获得2个金奖，2个银奖，4个铜奖。参与第二届中国"互联网+"大学生创新创业大赛北京赛区项目选拔，最终获得2个金奖，3个银奖。推荐"ofo

共享单车"项目参加第二届中国"互联网+"大学生创新创业全国总决赛,进入全国四强并捧得金奖。参加"创天下·黄州汇"大学生创新创业大赛并获得金奖。推荐创业团队参加第九届全国大学生创新创业年会。参加小平科技创新奖全国表彰大会。

主办"何为文学？文学何为""互联网+""中国经济新引擎""全媒体时代的文字"以及"未察觉的革命"等讲座。举办"创新创业院士讲坛",邀请中国科学院院士吴岳良做主旨演讲。邀请校友周妍做"全球领导力"主题报告会：国际视野探索——创造价值：跨文化发展、领导力、人生成长。

7月16日至22日,举办北京大学2016年青少年高校科学营活动,制作营前手册、带队指导教师手册、工作手册和营员手册,举办"成才励志"报告会、"未名科研体验""未名群英会"等活动,丰富活动内容。参加第三届全国研究生智慧城市技术与创意设计大赛的志愿者工作。

赴日本东京大学进行创新创业交流学习活动。举行北京大学"河合创业基金"颁奖仪式。组织安排由韩国仁德大学创业中心和首尔市青少年创业中心主办,中韩大学生创业联盟承办的中韩青年创业交流团的参观访问活动。

【校园文化建设】 2016年3月20日,在第30届"京华杯"北京大学、清华大学棋类桥牌友谊赛上,北京大学代表队以13:9的总比分获胜,勇夺十连冠,这也是"京华杯"举办30年来产生的第一个十连冠。5月29日,共青团中央携手长安汽车联合发起的全国高校马拉松系列赛事"长安汽车杯·青春愉悦跑"在北京大学鸣枪开跑。7月2日,举办北京大学2016年毕业生晚会,由不同领域取得优异成果的毕业生的北大故事串联整场晚会,取得较好的创新效果。9月5日,中国女排到访北京大学,团委举办"弘扬女排精神,筑梦伟大复兴"——纪念"团结起来,振兴中华"提出35周年暨开学第一课主题活动。举办北京大学2017年新年联欢晚会,鼓舞士气、凝心聚力,激励广大师生为扎实推进加快创建世界一流大学而努力奋斗。指导举办2016年北大杯系列体育赛事、2016年北京大学"体育之夜"等活动。

医学部团委指导举办学生文艺汇演、"北医杯"联赛、十佳歌手大赛等经典文体活动,打造"无烟校园"标识设计大赛、"露天大电影"、北医Tube系列等符合90后学生兴趣点的全新特色活动。

【社会实践】 为纪念建党95周年、红军长征胜利80周年,深入学习贯彻习近平总书记系列重要讲话精神,在广大青年学子中更好地弘扬和培育社会主义核心价值观,号召青年学子知行合一,深入基层观察探索、服务奉献,北大团委开展2016年学生暑期社会实践暨实践育人系列活动和学生寒假返乡社会观察活动。

2016年学生暑期社会实践共"红色之旅""基层之声""改革之路""创新之翼""文化之源""志愿之歌"六大活动板块,共446支调研团,参与总数4251人次,实践地涵盖全国34个省级行政区。同学们通过参观学习、座谈交流、义诊教育、调研访谈、义务支教、志愿服务等方式,深入乡村、走进基层、奉献爱心、回报社会,用行动践行社会主义核心价值观。推出"金光筑梦"重点项目,经过评选答辩筛选出入围团队,对其予以专项指导和重点资助,以提升活动层次与品质,塑造良好品牌效应。继续开展研究生暑期专项实践,设置政府挂职、就业见习、公益实践、课题研究四大板块。2016年确定合作单位总数共计92个,含500余个岗位和课题,新开拓的基地9个。同时,承办"青年服务国家"2016年首都大学生暑期社会实践总结分享会,展示2016年暑期首都各高校师生的优秀实践成果,并对相关师生代表进行表彰。

继续推进"新时期,新观察"学生寒假返乡社会观察活动。加强筹备阶段的规划与指导,瞄准时代发展需要,设置"关注'十三五'规划,建言国计民生""重温革命历史,弘扬爱国精神""关注生态文明,助力美丽中国""关注农村基层,完善社会管理""聚焦教育改革,关注就业发展""感悟公益文化,开展志愿服务"六大主题板块,为同学们开展实践活动提供方向指导。充分利用未名BBS"pku_practice"版面、微信平台等发布活动相关的报名通知、参考课题与寒假返乡活动指导手册,以方便同学们第一时间获取相关信息。进一步加强与院系间的合作,组织各院系实践委员充分利用所在院系平台进行院系内部的组织、报名与评审工作。2016年学生寒假返乡社会实践观察活动共有503人次报名立项,其中本科生占68%,硕士、博士生占32%。

医学部团委积极开展2016年暑期社会实践活动,共有23支实践队伍分别奔赴辽宁、内蒙古、山东、山西、甘肃、福建、广东、海南等地。9月,举行北京大学医学部共青团系统2016年学生暑期社会实践评审会,12支队伍获得北京大学医学部共青团系统2016年暑期社会实践优秀团队奖。此外,2016年暑期,医学部团委组织团学骨干赴福建开展为期一周的社会实践。在闽期间,实践团积极与当地高校共青团同仁交流学习,深入基层医疗卫生机构走访调研。

【志愿服务】 北大团委不断优化志愿服务工作,全校青年志愿者累计服务时间达20,000小时。配合国家重要赛会,选拔志愿者参与G20峰会志愿服务工作和世界月季洲际大会志愿服务工作。由北京大学、台湾大学和云南大学联合举办的"北大-台大-云大学生社会服务计划"被授予2016年阿克苏诺贝尔中国大学生社会公益奖Intersleek特别奖。

3月"北京大学院系青协服务月"顺利开展,各院系根据"就近就便"原则,结合重要节日和院系特色,将专业知识转化为公益活动。爱心社推进"爱心万里行"品牌活动,支教范围遍布全国27个省、自治区、直辖市。3月至6月,组织北京大学第十一期平民学校,由33名志愿者组成的团队为平民学校的百余名工友提供主课程辅助、英语及计算机授课等志愿服务，实践平民学校"传承平等理念，助力平民梦想"的理念。

响应民政部、团中央关于志愿服务规范化的号召，推进普及"志愿北京"平台、统一志愿服务证明样式、建立健全志愿时长认定和优秀志愿者表彰体系工作。

实施北京大学院系青年志愿者协会秘书长及志愿服务类社团负责人联席会议机制，为各院系青年志愿者协会搭建加深了解、增进沟通、分享经验、达成合作的平台。搭建北京大学志愿服务团体线上交流社群，拓展交流沟通的有效途径。

2016年12月5日是第31个国际志愿者日，医学部团委举办志愿服务展示、志愿者慰问、志愿工作调研与交流等一系列活动。坚持交通安全志愿服务团、松堂志愿服务团、校史讲解志愿服务团等长期服务项目。不断拓展志愿服务空间，建立与人民医院、第三医院、肿瘤医院、儿童医院等单位的长期合作。北京大学医学部青年志愿者协会、北京大学第三医院荣获第二届首都学雷锋志愿服务站，北京大学人民医院社区健康教育志愿服务岗、手术室患者术前陪伴志愿服务岗荣获第二届首都学雷锋志愿服务岗。

【学生社团】 2016年3月和9月，根据《北京大学学生社团管理条例》及其实施细则之规定，对全校的学生社团进行重新登记注册，并要求全校社团在登记注册时分别提交社团现行章程和学期工作总结。截至2016年12月，北京大学正式登记注册的学生社团达267家。4月、5月、10月和12月，组织召开4次学生社团工作会议，讲解《〈北京大学社团管理条例〉实施细则》及其他各项管理条例，就社团发展过程中出现的新思路、新问题与各社团代表进行充分沟通，协调社团发展过程中需要的资源。10月至12月，对于提交申请成立的33家新社团成立筹委会，进行材料初审、公开听证及答辩及复审相关工作，最终有10个学生社团通过审核，为北大社团注入新鲜血液。落实各项管理措施，严格执行社团注册、重大活动备案、高风险活动评估管理等规章制度，依章依规开展校内公共资源审批工作。共审批备案重大、涉外、出京活动500余次，审批新太阳学生中心活动场地5000余间次，第二教学楼、理科教学楼活动场地1800余间次，文史楼活动场地700余间次，三角地展板申请600余件，外设临时展位200余个。

加强与社团的沟通，充分了解社团动态，继续实行"联系人制度"，依据类别将社团分为15组，通过社团联系人与所在组社团的一对一沟通工作，提高信息传递效率，便于社团及时反馈需求、提出困难、解决问题。坚持开展社团四方沙龙，每周邀请20家左右的社团及其指导单位、指导老师与团体部负责人形成四方会餐，就共同关心的话题进行讨论，形成四方沟通的有效机制。

响应团中央"走出宿舍、走下网络、走向操场"号召，10月，整合山鹰社、自行车协会、跑步爱好者协会等10余家户外运动类社团的力量，举办北京大学户外运动文化节，并邀请残奥会运动员代表与北大师生交流。举办山鹰社珠峰攀登报告会，介绍山鹰社攀登卓木拉日康峰和珠峰攀登筹备的基本情况，展现登山队员们坚韧不拔、勇攀高峰的意志品质。李克强总理考察北京大学时，与山鹰社同学们亲切交谈，并在社旗上签名。开展社团评优表彰活动，评选"品牌社团""十佳社团""新锐社团"及优秀社团单项奖。积极组织社团集体招新、社团大观园等集中展示活动，展现社团风采。支持爱心万里行、车协远征、湖畔音乐会、中国音乐学社专场演出、阿卡贝拉清唱社专场演出等重点项目，提升活动水平，打造社团精品。

截至2016年12月，医学部注册学生社团共计64家，书画社、纸路益行社、民乐社、北医网球协会、阳光爱心诊所、健康产业协会、阿卡贝拉清唱社、营养美食协会、学生服务团、中医协会等十家社团获得"北医十佳学生社团"称号。同时，医学部各社团努力发展，阿卡贝拉清唱社、民乐社、管弦社等学生社团相继开展专场演出，给学校师生带来多场视听盛宴。学生社团建团工作效果显著，学生社团建团数量已达17家。

【学生组织】 学生会。2016年5月29日，北京大学第三十四次学生代表大会、北京大学第三十四届学生会常代会第一次全会召开。经过无记名投票，王宥人、邓博文、王泰蒙、许庭珉、李润政、陈实、吴尚泽当选主席团成员，曹若莹、杨迪、张姝婷、原铭泽成为常代会会长团成员。王宥人被推选为执委会主席，曹若莹被推选为常代会会长。

1.加强宣传维权。学生会主办的《此间》杂志和主管的学生会微信平台，作为影响力很大的校园媒体，在引领学子思潮方面发挥作用。截至2016年底，北京大学学生会微信平台关注达5.5万。举办2016年度"畅议未名"校园提案大赛，多项提案聚焦校园人性化服务建设，提出可行性建议。

2.丰富校园文化。2016年度十佳歌手决赛采取多样化的赛制，加入PK、观众投票、评委送花投票等趣味性元素。为纪念北京大学十佳歌手大赛举办30周年，制作并发行北大校园原创音乐专辑，收录30年来北大学子们所创作的优秀曲目。2016年"齐迹之路"穿越沙漠活动，在往届尝试与打磨的基础上，完成由北京大学校内活动向多所高校联合参与的大型活动的转变。此外，继续开展"剧星风采大赛""体育之夜""北大之锋"和"新生杯"辩论赛、"北大杯"和"新生杯"系列体育赛事、"十佳教师"评选和燕园美食节等活动，同时还承办国际文化节的部分活动及留学生歌手大赛。

3.加强内部建设，改革学生会骨干培训学校的授课、实践、综合等各个环节，培养学生会优秀骨干。

研究生会。2016年5月28日，北京大学第三十二次研究生代表大会选举产生李佩、杨珏、李晓萱、李成明、陈军伟、代旭、肖萌萌7人组成的主席团。李佩当选为北京大学第三十七届研究生会执行委员会主席，余跃洲当选为北京大学第二十七届研究生会常代会会长。

1. 重视学术科研。学术科研是研究生学习生活的核心内容，营造研究生群体学术氛围是研究生会工作的一个重点。举办"阅享博雅"读书会之《非均衡的中国经济》，开展"对话人工智能"——"未名对话"活动第三期。11月13日，举办"博雅乐读"之长征——前所未闻的故事。11月25日和12月2分别举办"博雅文化沙龙"之新能源汽车专场和西班牙语文学专场。此外，还举办"博士工作坊"第四、五期，未名学术地图等。

2. 重视社会实践，推进就业服务。1月，开展北京大学—常青藤盟校创业实践杭州行活动。2月，博士生服务团赴云南开展实践调研。4月，举办春季求职交流会，举办行业剖析讲座"与你聊聊咨询行业"。7月至8月，北京大学博士生服务团分别赴河南濮阳、上海、深圳、湖南花垣县，以及中铁PPP项目驻成都、杭州、长沙所在地开展实践调研活动，并受到上海市委副书记应勇、深圳市委常委、常务副市长张虎等领导的接见。9月，组织同学赴阿里巴巴集团总部（北京）、新东方等企业参访。11月，举办秋季求职交流会。12月，与河北赤城、广东云浮、四川鸿雁等地达成北大博士生服务团实践调研事宜。举办"遇见天使人"路演活动、实施"助跑"计划，发布每周就业信息简报，服务同学就业创业需求。

3. 丰富校园文化。3月，开展德赛文化讲堂、探寻中华古语精妙——《中国成语大会》北京大学专场活动，成功举办硕博杯篮球、足球赛，举办"未名健康领航"第八期"运动健康与健康运动"、第九期"关爱女性健康"讲座，举办女生节活动暨"女生嘉年华"活动，进行女性人身安全宣传教育活动。开展第二期、第三期博士生工作坊活动"勿理雾里，物理罩你""学术科研常用软件操作分享会"。举办"未名健康领航"系列第十期"轻松减压-健康睡眠"讲座。5月，举办未名健康领航第十一期"'眼'绎精彩，'科'学完美"讲座。10月30日，举办"Who are you"大型万圣节假面舞会。11月17日，成功举办公益纪录片《Biang Biang De》放映活动。11月20日，组织并开展"研途有你"六人行活动。11月25日，"图书漂流"活动在理教、二教、三教、未名湖多地同时顺利举行。举办北大硕博杯秋季学期的五项体育赛事。12月21日，"国美30年·研梦锦华"北京大学研究生新年晚会在百周年纪念讲堂举行，研究生会吉祥物"北小燕"落地。12月22日至29日，举办"未名健康领航之大学生健康论坛"。开展志愿服务，自1月起，开展"为留守儿童上一堂课"视频征集活动；完成"绿植领养"活动，图书认购募捐活动，并捐赠到湖北省黄冈市英山县白铺小学。

4. 加强自身建设，深化工作交流。4月9日，举办首届京津冀高校研究生常代（委）会交流会，探讨京津冀一体化建设背景下的高校研究生会交流机制。11月6日至7日，举办"在改革的新长征路上"——全国高校研究生十八届六中全会学习交流论坛，全国30所高校的研究生共同学习领会党的十八届六中全会精神，引导高校青年在交流中感受改革信号、触摸发展脉搏，将青春使命与从严治党这一时代命题紧密结合。加强与院系研究生会联系，成立学术科创、文化体育、就业实践、综合联络四项专门委员会，开展多次院系走访，在研究生会微信公众号开设"院系之窗"专栏。与南开大学、湖北大学、北京理工大学、北京体育大学、清华大学深圳研究生院、澳门科技大学、吉林大学等高校研究生会进行工作交流。"掌上燕园"APP研发迅速。

【其他工作】 信息工作。2016年共收集、编辑、报送《北大团内信息》24期，共计信息1194则，386,995字；按时向学校报送《北京大学党务信息》36期，共计信息366则，23,699字。及时向上级团组织报送信息，获得2016年度北京共青团信息工作先进单位荣誉称号。着力优化信息收集渠道，改进基层信息员联络与培训机制，加强信息员队伍建设。优化人员分工，完善编校流程，充分利用信息化手段提高信息工作效率。努力拓宽信息报送渠道，除传统的纸质版、电子版报送之外，与微信公众平台等新媒体手段有机结合，助力推进"网上共青团"建设。

财务工作。按照国家法律法规及学校有关规定，严格遵循厉行节约的原则，严格遵守《北京大学团委财务报账工作制度》，按照公开、系统的账目处理程序开展一系列财务工作。增强规划意识，结合学校要求和团委工作实际，完成年度素质教育经费和行政办公经费的预算编制工作。同时，结合学校自查自纠活动，切实强化预算监督，提高预算执行效率，使各项收支有序可控，确保财务工作的顺利开展。

（团委）

机关党建

【两学一做专题教育】 2016年，根据中央和学校党委的统一部署，机关党委组织全体机关党员开展"两学一做"学习教育。机关党委结合机关特点，制定专门的学习教育工作方案，指导党支部完成好各项教育任务。

围绕党章党规和系列讲话开展学习研讨。组织党员认真学习党章、廉洁自律准则、纪律处分条例和习近平总书记重要讲话精神，认真学习革命先辈和先进典型，筑牢思想基础。机关党委召开"两学一做"学习教育专题培训会，学校纪委副书记、机关党委委员龚文东做主题为"践行'四种形态'，强化监督执纪"的辅导报告，组织部副部长、机关党委书记霍晓丹做"机关如何深入开展'两学一做'学习教育"辅导报告。

开展"五个一"系列活动，争做合格党员。为进一步激发机关党员和干部提高宗旨意识，提升服务水平，改进工作作风，争做合格党员，机关党委以"两学一做"为契机，组织开展"五个一"系列活动，暨发出"一份倡议"，推动"一个活动"，出台"一项制度"，营造"一种文化"。

回应机关同志诉求，为机关部门排忧解难。牵头处理勺园行政楼物业问题，为勺园行政楼装上楼层指示牌、勺园行政楼安装马桶等。

【加强机关党支部建设】 组织党支部按期换届，配齐支部书记。以党支部为单位召开全体党员会议，组织开展党支部评议考核和民主评议党员工作。

突出支部骨干的责任和能力培养。机关党委组织党支部骨干积极参加学校举办的各类培训，提升素质能力。通过机关党支部书记"支部生活"微信群定期发送有关资料，供支部书记学习，结合"两学一做"学习教育，机关党委还组织以"责任"为主题的团体训练，增强党支部骨干责任意识和团队意识。

不断强化党支部制度建设。各党支部认真抓好"三会一课"制度的落实，每月至少安排1次集体学习，保证党支部组织生活质量。

树典型选先进，做好党内评优工作。2016年，为肯定成绩，表彰先进，充分发挥先进集体与优秀个人的引领示范作用，学校集中表彰一批做出突出贡献的先进集体与优秀个人。机关党委认真组织评选、推荐，有5个党支部获得先进党支部称号，有13人获得北京大学优秀共产党员称号，有8人获得机关党委优秀共产党员称号。

【党员教育管理】 组织开展合格党员大讨论。以党支部为基本单位，在全体机关党员干部中开展"立足岗位，恪尽职守，做新时期合格党员"大讨论，让每个党员立足岗位职责和自身实际，提高思想认识，增强党员意识，为学校发展和综合改革做出更大贡献。

完成党员组织关系集中排查。2016年上半年，机关各支部集中开展党员组织关系集中排查，摸清"口袋"党员、长期与党组织失去联系党员情况，理顺党员组织关系，努力使每名党员都纳入党组织有效管理，保证每一名党员能够参加学习教育。

做好机关党员发展工作。2016年，机关党委共有4名预备党员按期转正。

关心生活困难党员，增强党组织凝聚力。机关党委组织所属支部开展走访慰问工作，各支部共看望54位生活困难和离退休老党员。此外，机关党委还组织机关党员参加"共产党员献爱心"捐款活动，为困难党员献上一份关怀。

【党建创新立项】 2016年，机关各支部积极申报以"提高党支部组织生活质量"为主题的党建创新立项，最后有4个支部获准立项：原发展规划部党支部的"感受大数字时代脉搏，落实'三严三实'要求，华为公司北京展示厅学习活动"；继续教育部党支部的"以翻转式组织生活促学习、促交流、促反思"；学工部武装部党支部的"新媒体环境下的党支部组织生活的开展——'众筹党课'的创新实践与经验总结"以及研究生院党支部的"转变服务观念，创新服务模式，服务全体学生"的活动。

【机关工会工作】 2016年，机关工会先后组织进行认识燕园植物活动、户外徒步活动、机关趣味运动会、"爱心基金"捐款活动、"三八节关爱听障儿童健康"公益手工课活动等。在机关工会的组织下，机关同志积极参加2016年校运动会。机关派出的6支参赛队，有4支代表队进入团体总分前10名。机关同志积极投身运动会团体操表演，获得精神文明奖。机关工会还组织参加学校游泳、羽毛球、足球、乒乓球等比赛，在各项比赛中都取得优异成绩。2016年教工羽毛球比赛，机关共有11支代表队参赛，机关一队夺得甲组团体冠军，设备部获甲组第六名，机关二队获乙组第三名；2016年教工足球比赛中，机关一队获得冠军。在2015—2016年度评优中，机关工会副主席丁伟忠获北京大学模范工会主席称号，有8人获北京大学优秀工会干部称号，有9人获北京大学优秀工会积极分子称号。

【机关团总支工作】 为充分发挥青年人的积极性、主动性，机关党委在学校团委的大力支持下，选任新一届机关团总支班子。由朱博雅担任书记，王杨、熊锦、毛凯茜担任副书记。在北京大学2015—2016年度青年文明号评选活动中，机关推荐的5个窗口单位榜上有名。

（机关党委）

后勤党建

【发展概况】 2016年，后勤党委按照学校党委和行政系统的工作要求和部署，以深入学习贯彻党的十八大及全会精神、开展"两学一做"学习教育、梳理好党的群众路线教育实践活动和"三严三实"专题教育中列入中长期整改计划的问题整改情况及"两学一做"学习教育中新发现或群众新提出的问题、学习党章和《中国共产党廉洁自律准则》等党内法规、贯彻习近平总书记系列重要讲话精神和学校第十二次党代会精神为重要切入点，以后勤改革、基层党支部换届、党支部建设为契机，重点加强领导班子和干部队伍建设，加强党员学习教育、基层党组织建设和思想政治工作、后勤队伍建设和规范管理、党风廉政建设等，充分发挥党委政治核心和战斗堡垒作用，切实履行党委配合行政保障监督、思想政治与精神文明建设的职责，同时，创新工作思路与方式，特色工作取得进展。

【队伍建设】 加强领导班子思想政治建设、组织建设、干部队伍建设和党风廉政建设，努力建成坚强有力的领导班子，发挥好后勤党委、后勤干部"带头人"的作用。

思想政治建设。领导班子认真贯彻执行党的路线方针政策，落实学校党政工作精神，坚持正确的政治方向，不断提高思想认识水平。在党、国家、北京市教委和学校党委部署的历次思想政治和理论学习中，认真贯彻落实学习内容，学习党章、《中国共产党廉洁自律准则》等党内法规，学习习总书记系列讲话和学校第十二次党代会精神，开展"两学一做"学习教育，带头学习、主动学习，学习有计划、有检查、有总结，学习前撰写后勤党委学习方案，学习后撰写学习总结。带领后勤党委、基层党组织和广大干部职工领会把握党、国家和学校的政策方针，坚持正确的政治方向和舆论导向。

组织建设。1. 坚持民主集中制，集体议大事。一方面，遇有重要的事项要召开党委会；另一方面，指导监督后勤各单位执行好集体议大事的制度。后勤党委和各单位坚持党政联席会议制度，党政配合，团结协作，科学决策，民主、规范管理。2. 召开好专题民主生活会。

作风建设。坚持群众路线，深入基层，建立为民、务实、清廉的作风，为群众办实事，解决问题困难。

干部工作。按照学校组织部关于2015年开展北京大学处级干部参加教育培训情况统计工作的通知，统计后勤党委组织的处级干部参加教育培训的情况。

党风廉政建设。突出对领导干部加强教育、完善制度、重点防控，并完成对1名违纪人员撤销党内职务的处分工作。

【"两学一做"学习教育】 认真开展"两学一做"学习教育，巩固和拓展党的群众路线教育实践活动、"三严三实"专题教育的成果，持续深入推进党的思想政治建设和作风建设。

工作部署。5月16日，学校党委举办北京大学"两学一做"学习教育党支部书记专题培训并部署相关工作。会后，后勤党委根据学校要求，以邮件方式快速启动对各党支部"两学一做"学习教育的部署，要求各支部成立工作小组，并根据各单位的实际情况，进行"两学一做"学习教育方案设计。各党支部教育方案汇总后，党委于6月22日召开扩大会议，在会上就方案进行交流、指导。

学习教育。按照学校党委和后勤党委的要求，后勤系统各单位陆续开展学习教育。如会议中心开展以"党史我来讲之北大的共产党人"为主题的党课宣讲及知识竞赛，总务部和基建工程部联合邀请马克思主义学院执行院长孙熙国主讲"增强看家本领，做合格共产党员"党课。

7月中旬，后勤党委针对"两学一做"学习教育情况，向学校组织部进行汇报。9月下旬，后勤系统各党支部根据学校要求，积极报送11个"两学一做"精选活动，其中学校督导组参加由总务部和房地产管理部联合举办的"双学爱岗典范 争做合格党员"主题党日活动，后勤党委参加校园服务中心"美丽教师、美好心灵——我身边的好党员"主题演讲、餐饮中心党支部和机关党委纪委党支部"两学一做"共建活动。

10月19日，后勤党委组织后勤各党总支、党支部书记参观"纪念中国工农红军长征胜利80周年主题展览"。10月26日，召开党委扩大会部署关于合格党支部建设规范和合格党员行为规范的大讨论等工作。按照组织部要求，在后勤全体党员中继续推进"两学一做"学习教育。

【专项工作】 继续做好后勤改革和队伍建设。制定和编印完成《后勤系统管理制度汇编》，报送学校领导、相关职能部门，发放给后勤各单位。召开《后勤系统管理制度汇编》推进落实培训会，后勤各单位行政科室副主任及以上干部和党工团负责人共150人到场参会。配合副总务长，牵头做好各单位管理制度分册的撰写和服务平台建设。

【基层党建工作】 后勤党委依托基层党支部开展丰富多彩的活动，同时，协调指导党支部做好管理服务党员和基层党建工作。

先进典型。1. 房地产管理部党支部、校园服务中心党总支被评选为校级先进党支部，王建华、尹双石、白利明、刘宝栓、李建富、张剑岷被评为校级优秀共产党员。评选后勤级先进党支部6个，后勤级优秀共产党员35人。

党员发展。发展党员8人，转正3人；参加第9期教职工党性教育读书班9人，毕业8人；发展党员外调8人，接转组织关系21人次；做好党费收缴和党内统计工作。

公益活动。1. 共产党员499人奉献爱心捐款24,885.5元；2. "七一"走访慰问生活困难老党员32人；3. 37人获得"生活困难党员帮扶补助"。

党建活动。组织党员、积极分子及群众骨干观看话剧《雨花台》及电影《柴生芳》。

【党务工作规范创新】 加强后勤党组织自身建设，规范党务工作细则，进行创新尝试。

指导换届。指导基层党组织进行支部设置和完成换届。按照学校组织部要求，顺利进行换届工作，2016年共完成16个支部换届。

加强培训。进一步加强对后勤基层党组织负责人的培训，参加学校党支部书记培训。

理论研究。公寓服务中心党总支党建课题结题。

【党风廉政建设】 各单位推进廉政风险防范管理，加强制度建设和干部廉洁教育，成功组织处级领导班子专题民主生活会，整体廉政情况较好。

【老干部工作】 加强对离退休党组织和党员的管理服务，主动向离退休老同志介绍学校和后勤工作的近期动态与发展变化，向组织部申请困难帮扶补助，关心老干部思想状况和现实困难，帮助解决问题。

【工会、共青团工作】 支持后勤分工会开展各项工作，如学校教代会、工会代表履行好职责，开展平民学校工作，组织后勤职工参加运动会、文体比赛、爱心基金捐款、学校

"一二·九"师生歌会等。指导后勤团委开展工作，如完成后勤团委换届，加强对后勤团员青年的教育、引导、服务，向校团委推荐青年文明号6个（含2个示范单位），引导青年职工参加平民学校班主任志愿服务等，建设有朝气、有热情、能力强、团结上进的后勤青年职工群体。

【荣誉表彰】 经过后勤党委各党支部和党员的共同努力，后勤党委获得"三严三实"专题教育优秀组织奖，房地产管理部党支部获得"三严三实"专题教育优秀活动二等奖，餐饮中心党总支、公寓服务中心党总支、会议中心党总支获得"三严三实"专题教育优秀活动三等奖。

（后勤党委）

医学部后勤党建

【"两学一做"学习教育】 医学部后勤党委扎实推进后勤"两学一做"学习教育。将学习教育常态化，将学习教育与党的建设、后勤重点工作相结合。坚持正面教育为主，用科学理论武装头脑；坚持学用合一，知行合一；坚持问题导向，注重实效；坚持领导带头，以上率下；坚持从实际出发，分类指导。

依据制度、严格执行。4月22日，医学部后勤党委召开党委会、党支部书记会，组织学习相关文件。下发《北京大学关于在全体党员中开展"学党章党规、学系列讲话，做合格党员"学习教育工作方案》，学习《习近平同志在中央政治局常委会会议审议"两学一做"学习教育方案时的讲话（节选）和刘云山、赵乐际同志在"两学一做"学习教育工作座谈会上的讲话》。会后，根据《北京大学关于在全体党员中开展"学党章党规、学系列讲话，做合格党员"学习教育工作方案》《北京大学"两学一做"学习安排具体方案》《北京大学医学部关于开展"学党章党规、学系列讲话，做合格党员"学习教育工作方案》的要求，根据北京大学及医学部统一部署，结合后勤实际，制定《医学部后勤关于开展"学党章党规、学系列讲话，做合格党员"学习教育工作方案》。

开展"两学一做"学习教育讲党课比赛。为深入开展"两学一做"学习教育，在广大党员中打牢"两学一做"的学习基础，鼓励党支部书记和普通党员走上讲台讲党课，从而进一步坚定理想信念，提高党性觉悟，5月24日及6月2日，后勤党委组织开展"两学一做"学习教育讲党课比赛。医学部副主任宝海荣，宣传部部长王春虎、副部长焦岩，组织部副部长苏鸿，两办副主任李海峰、张娟，出席本次比赛并担任评委。赛前后勤党委充分动员，各党支部高度重视，经过支部初评推选，共有10名在职党员参赛。参赛选手精心准备，将党章党规和系列讲话内容、党的历史、党的光荣传统和优良作风、优秀共产党员楷模事迹等融入党课中。

7月5日下午，总务处机关党支部召开支部党员大会，全体党员集中学习习近平总书记在庆祝中国共产党成立95周年大会上的讲话，医学部宝海荣副主任、后勤党委书记王运生、总务处处长陈斌斌、后勤党委副书记吕晓明等领导也参与此次学习。

7月11日，部医院党支部组织党员、积极分子学习习近平总书记"七一"讲话；7月12日，校园管理中心党支部召开党员大会；9月初，教室中心党支部、房产党支部；11月11日，幼儿园等党支部纷纷组织全体党员学习习近平总书记在庆祝中国共产党成立95周年大会上的重要讲话。

组织党员干部赴兰考学习焦裕禄精神。为深入推进党中央关于在全体党员中开展"两学一做"学习教育指示精神，进一步加强党组织建设，提高党员干部的政治理论水平和业务能力，并深刻学习贯彻落实习近平总书记在兰考县调研时的重要讲话精神，后勤党委与产业党总支联合组织党员干部40余人赴兰考焦裕禄干部学院学习培训。

组织召开理论中心组学习。9月6日，组织召开理论中心组学习，学习习近平总书记"七一"讲话精神和《中国共产党问责条例》，并就"如何立足后勤岗位做贡献"进行讨论；11月7日，组织召开理论中心组学习，重点学习《中国共产党第十八届中央委员会第六次全体会议公报》。

组织各党支部认真开展"立足岗位、恪尽职守，做新时期合格党员"大讨论。10月27日，基建工程处党支部组织召开"立足岗位、恪尽职守，做新时期合格党员"专题讨论，医学部副主任宝海荣作为学校"两学一做"联系基层党支部的领导，后勤党委书记王运生参加此次讨论，基建工程处处长余也列席此次活动。

11月4日，居委会党支部组织全体党员群众开展大讨论；11月9日，饮食服务中心党支部召开讨论会，讨论制定合格党支部建设规范和合格党员行为规范；11月11日，幼儿园党支部组织召开大讨论，重点讨论"每个党员立足岗位职责和自身实际，弄清楚应该做什么？不应该做什么？能做什么？不能做什么？"；11月15日，医学部医院党支部9人参加大讨论，交流研讨合格党支部建设规范和合格党员行为规范。

11月17日，机关党支部13名党员参与"立足岗位、恪尽职守，做新时期合格党员"大讨论，结合实际工作，结合岗位，指出自己在工作中遇到的问题、难题或者总务处工作中存在的问题，提出意见建议。校园管理中心党支部、教室管理服务中心党支部召开党员大会，开展"立足岗位，恪尽职守，做新时期合格党员"的大讨论。

【后勤党风廉政建设】 2016年，医学部后勤党委对党风廉政建设、党员领导干部廉洁自律工作始终坚持高标准严要求，高度重视宣传教育及廉政文化建设，鼓励领导干部不断提升自身反腐拒变能力，从思想道德建设、舆论监督建设方面有效提高廉洁自律。

后勤党委严格按照北京大学和医学部关于党风廉政建设和反腐倡廉工作的统一部署及要求，及时传达上级会议精神，按时完成上级布置的相关工作。传达学习北京大学及医学部廉政教育有关精神、《北京大学医学部2016年党风廉政建设工作意见》、《北京大学医学部2016年党风廉政建设工作主要任务分工》文件精神；以及北京大学、医学部关于"两学一做"学习教育的有关要求与精神等。多次强调廉政建设重要性，要求加强廉政警示教育，杜绝腐败现象及其苗头。

召开后勤领导班子"三严三实"专题民主生活会。根据中共中央纪委、中共中央组织部的要求及学校"三严三实"专题教育安排和工作实际，后勤党委于2015年12月29日，召开后勤领导班子"三严三实"专题民主生活会。党政领导班子成员围绕此次民主生活会主题，对照征求到的意见，结合工作实际，就自身贯彻落实"三严三实"的要求，执行民主集中制，遵守党的各项纪律，对工作中存在的重点、难点问题，以及今后努力改进的方向等进行认真对照检查，依次开展深刻的批评和自我批评，深入查找突出问题，仔细分析原因并提出改进思路和措施。

明确责任主体，落实党风廉政建设责任制。后勤党委根据《北京大学医学部2016年党风廉政建设工作意见》《北京大学医学部2016年党风廉政建设工作主要任务分工》，结合后勤实际，制定《2016年医学部后勤党风廉政建设工作主要任务分工》。进一步明确党风廉政建设第一责任人及各部门责任主体，要求责任到人，形成党委统一领导、层层落实的廉政建设格局。

坚持民主集中，推进党风廉政建设。1. 后勤严格按照民主集中制的要求，完善后勤决策（会议）制度，实现科学、集体决策。完善总务处处长办公会、基建工程处处长办公会、北京大学医学部总务处、基建工程处、保卫处、后勤党委联席会、后勤党委会、后勤专题工作会（财务工作会、人事工作会、基建工作会、房地产工作会及其他专题工作会）以及中心理论组学习会、民主生活会等科学决策体系。健全多层次、全方位的科学决策制度，使后勤管理规范化、制度化，规范和制约权力，防止权力失控、管理空当或个人自由裁量空间过大等问题出现，实现科学决策。

2. 严格执行"三重一大"制度。凡属重大决策、重要干部任免、重大项目安排和大额度资金的使用，严格要求经过医学部总务处、基建工程处、保卫处、后勤党委联席会集体决策。在涉及人、财、物等方面的重大事情，后勤严格按照民主集中制要求，科学、民主决策，以制度约束权力，防止权力真空、权力失控或暗箱操作。

3. 后勤党政坚持党务政务公开制度、领导干部述职述廉制度。后勤通过《家园》、简报、网页等，实施处务公开，增强工作透明度，接受师生职工监督，实现"权力在阳光下运行"。

健全各项规章制度，完善党风廉政制度建设。后勤党委始终注重科学有效的制度体系建设，针对"三重一大"集体决策、岗位聘任、人员聘用、财务管理等重点岗位和关键环节，不断健全完善各项规章制度，强化制度监督机制。

2016年，医学部后勤党委、总务处、基建工程处共制定新制度8个，即《北京大学医学部基建工程处工程建设合同签订流程》《北京大学医学部安全文明施工管理工作手册》《北京大学医学部基建工程处档案管理办法》《北京大学医学部总务处采购管理办法（试行）》《北京大学医学部总务处机关办公室安全应急预案》《北京大学医学部基建工程处工程造价审核制度》《北京大学医学部总务处奖励制度（试行）》《北京大学医学部总务处安全生产管理办法（暂行）》。

为进一步加强制度建设，完善管理和运行机制，结合实际情况，对《北京大学医学部工程建设项目招标采购管理及实施规程（试行）》《北京大学医学部总务处工作巡查制度》《北京大学医学部后勤公章管理办法》《北京大学医学部后勤24小时服务热线值班制度》《北京大学医学部总务处工作交接管理办法》《北京大学医学部总务处法律事务管理办法》《北京大学医学部总务处信息报送制度》进行修订。

重点领域、重点部门注重廉政风险防控。后勤党委一直围绕廉政风险防控工作展开一系列的探索与尝试，不断完善权力运行监督制约机制，优化重点领域的工作流程。2016年，按照医学部要求，出台《北京大学医学部总务处控制活动手册提纲》《北京大学医学部基建工程处部门控制活动手册》，加强后勤内部控制建设。针对关键领域的招投标工作、财务工作、人事工作等，不断完善相关制度，规范操作流程，做到重点领域重点防控。

运用好监督执纪的"四种形态"，督促廉洁自律。后勤党委贯彻落实教育部关于直属高校实践监督执纪"四种形态"的要求，坚持纪在法前，实现惩前毖后、治病救人。鼓励经常开展批评和自我批评，加大纪律审查力度。在问题出现苗头、刚有倾向时，及早提醒、早处置。

为加强党员领导干部廉洁自律，后勤所有的科级以上干部均在任职时签写《廉洁承诺书》，对个人任职后的行为做出正式承诺，并以此时刻规范自身行为。

2016年，后勤共接待并有效处理信访案件61件。后勤党委要求各部门严格执行《北京大学信访工作规定》《北京大学医学部信访工作的规定（试行）》，和《北京大学医学部后勤信访工作规定》等相关规定，对书信、电话、邮件、北大未名BBS、上访群众，坚持热情接待，认真倾听，详细记录，及时反馈。同时，积极配合医学部纪委等相关部门核查有关信访案件。

【基层党支部建设工作】 12月14日，医学部医院党支部完成换届工作；12月15日，饮食服务中心党支部召开党支部大会，完成换届工作；同日，幼儿园党支部完成党支部换届工作；12月20日，房地产管理中心党支部召开支部大会进行换届；12月21日，总务处机关党支部召开支部大会进行换届；12月22日，校园管理中心党支部进行换届。退休支部正在进行候选人推选工作，于近期完成到届支部的换届工作。

以支部为基点落实制度与工作。基层党支部在工作及任务的上传下达过程中起着不可或缺的作用。全体支部书记通过参加后勤中层干部大会、支部书记会、后勤"两学一做"学习教育党课比赛等，将会上传达的各类政策、精神带回本部门，下达、布置、落实。

认真开展党支部评议考核工作。根据《中国共产党章程》《中国共产党普通高等学校基层组织工作条例》等文件精神及"两学一做"工作要求，根据北京大学统一部署，于2016年评选先进党支部、优秀共产党员前，开展党支部评议考核和民主评议党员工作。各党支部严格按照《北京大学医学部关于开展党支部评议考核和民主评议党员的工作方案》，对党支部进行评议考核。

以支部为支点开展各项活动。4月8日，总务处机关党支部、基建工程处党支部、校园管理中心党支部、饮食服务中心党支部、教室管理服务中心党支部等5个支部联合组织30余名党员，赴密云区荆园参加义务植树活动。10月13日上午，总务处机关党支部组织参观国家博物馆"信念 精神 传承——纪念红军长征胜利80周年大型馆藏文物展"。10月25日上午，房地产管理中心党支部组织中心党员到中国人民革命军事博物馆参观"英雄史诗，不朽丰碑——纪念中国工农红军长征胜利80周年主题展"。2016年4月、10月，离退休党支部分别组织赴九天休闲谷、茶棚村参观扶贫项目。

【重视党员教育】 后勤党委严格按照要求发展党员，成熟一个，发展一个。在加强理论与实践教育的同时，重视培养党员的社会责任感，通过形式多样的活动提高党员党性修养，强化党员的奉献精神。

3月19日，在家属区20号楼前文化小广场开展一年一度的学雷锋活动。通过精心筹备、支部动员、活动宣传等，共有来自后勤各党支部党员、预备党员、入党积极分子、职工等80余名参与其中。

3月24日，总务处机关党支部、基建工程处党支部近20名党员赴医学部幼儿园，开展"学雷锋"卫生清扫和结构知识普及活动。

6月23日，医学部"永远跟党走"庆祝建党九十五周年合唱演出在会议中心礼堂举行。后勤职工演出《游击队之歌》。

参与"共产党员献爱心"活动。据统计，后勤党委共有229人参加此次活动。其中，党员169人，积极分子4人，群众56人，共捐献10,936元人民币。

开展2016年后勤"安全月"知识趣味竞赛活动。2016年6月15日，由后勤党委、总务处、基建工程处共同组织2016年后勤"安全月"知识趣味竞赛活动。此次竞赛的30名队员来自后勤10支代表队。竞赛设置个人必答题、趣味猜词题、小组抢答题、加赛题和观众互动题五种题型。竞赛内容涵盖食品卫生、消防、用电、交通等安全生产常识，以及有关行业安全规范及操作规程。

【工会工作】 2016年，后勤工会继续做好非在编职工入会工作，4名非在编职工入会。2016年初，后勤工会依照惯例，组织40名非在编职工体检。体检项目参照在职职工体检项目，考虑到非在编职工工资收入较低，体检费用由各单位全部承担。

后勤工会积极调动女性职工的工作热情，组织女职工积极参加医学部工会组织的比赛等活动。同时，后勤工会还发动工会委员、工会小组长宣传、动员，共计102名职工加入"互助保险"。其中女工保险参保人数50人，重大疾病保险参保人数52人。

每年按时督促各部门职工，做好体检工作，并从经费上予以支持。在体检当日工会小组长值班，负责协调、解决突发问题，完成在职及离退休500余人的体检任务。

建立和完善帮困扶弱的长效帮扶机制。2016年后勤慰问职工12人次，其中大病、困难3人次，日常慰问9人次，出险1人，已完成赔付。后勤工会做好"三节"福利品的发放。

开展丰富多彩的文体活动，满足职工的精神文化需求。

1. 组织各部门参加北京市等单位活动情况。后勤工会组织职工参加各项活动，如"魅力教师，健康生活"教职工健步走活动。2016年4月，后勤4名职工新加入医学部合唱团，并参加第33届"五月的鲜花"首都职工歌咏比赛，获得合唱二等奖。同月，后勤8名职工参加第四届"书香三八"读书活动，其中，幼儿园腾琼英征文《问心无愧》获得2016年第四届"书香三八"读书活动三等奖，也是医学部系统内首次获得奖项。

2. 组织职工积极参加医学部工会举办的各项活动。后勤工会组织后勤代表参加医学部第六届四次教职工代表大会。动员后勤职工参加群团协会的创办和活动：后勤7名职工积极参与医学部书画协会报名；5名职工加入教工艺术团舞蹈队。"六一"儿童节之际，后勤43名家长带着孩子观看电影。医学部医院还获得2016年医学部工会系统"权益杯"精品活动奖。后勤3名职工参加"中国梦·劳动美"教职工书画艺术展活动，2人获得一等奖，1人获得二等奖。组织职工参加医学部举办的系列活动，8名运动员参加医学部第八届教职工乒乓球比赛，取得第1名的好成绩等。

3. 后勤工会举办的各项文体活动。后勤工会组织职工前往大兴月季洲际大会赏花观景。"三八"妇女节之际，在后勤女职工中广泛宣传《女职工劳动保护特别规定》，增强女职工自我保护意识，合理合法维护自身权益。年底举办2016年后勤职工趣味运动会。

4. 后勤各工会小组开展多样文体活动。机关工会小组开展"趣味问答"竞赛；基建工程处工会小组组织"抱团成长放飞梦想"趣味竞赛活动；房地产管理中心小组组织职工观看纪念长征胜利80周年主题展览,活动中缅怀先烈；校园管理中心小组举办中心扑克牌比赛；饮食服务中心小组利用业余时间举办棋牌赛与岗位技能大赛,强化员工岗位技能,推进餐饮保障工作；教室管理服务中心小组开展秋季竞走活动；运输服务中心小组结合部门特点,开展"我运动 我健康 我快乐"健步走活动；部医院小组组织职工开展"趣味棋牌"活动。

5. 后勤工会认真部署区人大代表换届选举工作,后勤投票率达99.6%。贯彻落实医学部教代会提案,确保政务公开、透明化。对各单位关于总务的提案认真调研,本着解决问题的主旨去争取各层级支持,每个提案认真研究、认真答复,提案答复落实率100%,均获得医学部教代会提案落实奖。

(医学部后勤党委)

直属单位党建

【发展概况】 直属单位党委现下属计算中心党支部、档案馆党支部、教育基金会党支部、教师教学发展中心党支部、校史馆党支部、歌剧研究院党支部和燕京学堂党支部共计7个党支部,党员169人。其中,在职正式党员88人,离退休党员55人；学生党员26人；女党员87人,少数民族党员11人,预备党员2人。2016年转入组织关系14人,转出组织关系4人,预备党员转正2人,死亡1人,出党1人,与2015年相比党员总数增加8人。2016年,直属单位党委共召开党委(扩大)会11次。

【"两学一做"学习教育】 2016年,按照中央和学校党委的部署要求,直属单位党委深入学习贯彻习近平总书记系列重要讲话精神,结合工作实际,扎扎实实开展"两学一做"学习教育,使党的群众路线教育实践活动和"三严三实"专题教育成果得到巩固拓展。2016年,党委以党支部为基本单位,以"三会一课"等党的组织生活为基本形式,以落实党员教育管理制度为基本依托,指导和组织各党支部结合实际开展"学党章党规、学系列讲话,做合格党员"学习教育。学习教育期间,各支部以组织参观、学习研讨、邀请优秀党员讲授专题党课、开展主题党日活动等形式教育引导党员尊崇党章、遵守党规,以习近平总书记系列重要讲话精神武装头脑、指导实践、推动工作,使党员进一步坚定理想信念,提高党性觉悟,自觉按照党员标准规范言行。其中,燕京学堂党支部与北京大学研究生院党支部联合开展的"重温延安精神,争做合格党员"主题党日活动作为精选活动被推荐报送学校；计算中心党支部的许多党员技术骨干配合北京大学组织部完成"两学一做"网站的设计、开发和建设,为保障学校"两学一做"工作提供信息化保障。

【学习十八届六中全会精神】 根据学校党委的有关部署和要求,党委认真学习贯彻党的十八届六中全会精神,将全会审议通过的《关于新形势下党内政治生活的若干准则》和修订后的《中国共产党党内监督条例》发给全体党员认真学习,引导全体党员充分认识六中全会的重要意义,把思想和行动统一到全会精神上来,更加自觉地在思想上政治上行动上同以习近平同志为核心的党中央保持高度一致,更加扎实地把党中央的各项决策部署落实到具体工作中,用全会精神指导和推动各项工作

【党员学习教育】 各党支部为党员集体购买多种学习资料,如《毛泽东传》《从晚清到民国》《生死关头：中国共产党的道路抉择》《北上：党中央与张国焘斗争始末》等,开展集中的党员赠书和参观座谈活动,力争促进党员同志通过读书、参观和座谈,能够在当今社会荡涤心中浮躁的尘埃,保持共产党员的纯洁性、先进性。其中,计算中心党支部挑选购买一批图书,专门成立党支部图书角。

直属单位党委分别组织各支部党员开展参观学习活动。档案馆党支部先后组织党员参观"中国共产党成立九十五周年革命文献纪念展""庆祝中国共产党成立95周年大型展览"和"书生本色、学者风范——徐光宪先生生平图片展",计算中心党支部则组织党员参观"信念、精神、传承——纪念红军长征胜利80周年大型馆藏文物展"。

【党组织关系集中排查】 为贯彻落实上级组织部门要求,进一步规范党员组织关系管理,从源头上治理党员组织关系"空挂""失联"等现象,保持党员队伍的先进性和纯洁性,直属单位党委按照学校组织部的要求,于2016年认真组织完成党员组织关系排查摸底工作。党委根据学校要求,进一步制定工作方案,明确排查工作的方法措施、时间进度和责任主体,对169名党员进行组织关系排查清理工作。经排查,直属单位党委无流动、"空挂""失联"等党员。

【基层党组织按期换届】 2016年,直属单位党委及下属的基金会党支部到期。10月,根据基金会党支部的实际情况,直属单位党委组织和指导其按时完成换届工作。12月,直属单位党委在学校组织部的指导和监督下顺利召开全体党员大会,完成党委的到期换届工作。该次党支部换届和党委换届,党员知晓率和参与度接近100%。

【党费收缴工作专项检查】 根据学校要求,直属单位党委于2016年12月至2017年1月组织党员圆满完成党费补交的计算和收缴工作。党委要求各党支部要做到"三个有",有专门的台账、有专职人员(组织委员)管理和有收缴依据。截至2017年2月,党委的所有党员均已按要求完成党费的补缴工作,共补缴党费137,564.12元。

【优秀表彰】 2016年,直属单位党委根据学校要求,讨论并申报基金会党支部的赵文莉和校史馆党支部的刘静为"北京大学优秀共产党员",计算中心党支部为"北京大学优秀党支部"；评选计算中心党支部的尚群、基金会党支部李存峰、

教师教学发展中心党支部的何山、档案馆党支部的魏卓以及燕京学堂的田梦为"北京大学直属单位优秀党员"，燕京学堂党支部和教师教学发展中心党支部为"北京大学直属单位党委优秀党支部"。

【党员爱心捐款】 "共产党员献爱心"捐献活动是首都广大党员发挥先锋模范作用，体现党的先进性，弘扬中华民族扶贫济困传统美德、展示北京精神的特色活动。根据北大党委组织部文件精神，直属单位党委在七个党支部的全体党员中开展捐款活动。活动结束共收到捐款2300元。

【困难党员帮扶】 直属单位党委积极配合学校党委开展2016年生活困难党员帮扶补助工作，确定并申报2名党员为2016年度北京大学困难党员帮扶补助对象。另外确定2名党员为2016年度直属单位党委的困难党员帮扶补助对象，并为每位困难党员发放帮扶补助金额3000元。

【党统工作】 2016年，直属单位党委按照学校要求，认真完成信息核查及数据的汇总统计工作，为党的各级领导机关正确决策、实施领导提供依据，为编制发展党员的工作计划、检查计划的执行情况提供依据，为党组织研究党的自身建设、改进工作提供基础资料，为党的理论研究、宣传教育等部门提供依据资料和素材等。2016年，直属单位党委荣获"2015年度党内统计工作优秀单位"荣誉称号，受到学校组织部表彰。

（直属单位党委）

产业系统党建

【发展概况】 校办产业工作委员会（简称产业党工委）成立于1998年，属北京大学党委成立的派出二级党委机构。产业党工委下设方正集团、青鸟集团2个党委；所属北大科技园、北京北大临湖公司、北京北大软件工程公司、北京北大未名集团、北京北大维信公司、校产办机关等6个直属支部。共计65个基层组织，1314名中共党员。

【"两学一做"学习教育】 经过征求各集团党委、直属党支部意见，得到各党工委委员通讯会同意后，形成《关于在北京大学校办产业系统全体党员中开展"学党章党规、学系列讲话，做合格党员"学习教育的工作方案》，并于2016年5月9日成文印发（北产党发〔2016〕10号）。

6月23日，在中国共产党成立95周年前夕，校办产业系统党务工作者和部分校办企业负责人等80余人在方正大厦参与产业系统学习教育工作的动员大会和培训班的启动仪式，以产业系统党建专题会议和党工委扩大会议的形式庆祝党的生日。校长助理、校产办主任黄桂田，学校"两学一做"学习教育协调小组办公室主任、党委组织部部长严纯华，党委组织部副部长、党校办公室主任虎翼雄，北大资产经营有限公司董事长萧群、总裁张兆东以及产业党工委委员出席会议，产业党工委副书记胡新龙主持会议。

10月13日，在方正大厦11层多功能厅举行第二场专题报告。产业党工委邀请到北京市国企党建研究会副会长兼秘书长王鹏、北京大学国际关系学院院长贾庆国、中国人民大学新闻学院副院长胡百精、北京大学中文系教授韩毓海四位业内名家分四讲，紧密围绕国企党建、国际形势、危机公关、改革历史等内容展开。校办产业系统近50名学员全程参加专题辅导报告，会议由胡新龙主持。

【党风廉政建设】 在校长助理黄桂田的大力支持下，产业党工委努力建立健全集体领导和决策制度。通过产业领导班子民主生活会、产办办公会、资产公司董事会、北大校办产业管理委员会办公会等达成思想共识，坚持互相通报工作情况、集体决定"三重一大"事项的民主决策制度。先后起草《北京大学关于进一步规范和加强校办企业国有资产管理的若干意见》《北京大学校办企业领导人员廉洁从业若干规定》等制度文件。努力带头认真贯彻中央的各项相关规定，积极落实党风廉政建设责任制，多次围绕廉洁自律主题深入学习并开展自查自纠，并严格执行干部出国出境审批、个人事项申报等工作要求。

产业党工委坚持开展调研，从完善基层组织、开展支部活动、提升工作成效等方面着手，努力做好基层党建工作，力求两手抓、两促进，在实际工作中加强组织领导，严明党的政治纪律和政治规矩，认真贯彻中央八项规定精神，持之以恒纠正"四风"。

【党建基础工作】 伴随企业逐步发展，出现异地投资、跨区域办公等现象，产业党工委集中对校办企业的党组织工作进行深入摸底。为加强基层党组织建设、理顺、理清党组织关系，对北大资产经营有限公司控股、参股等校办企业进行基层组织建设情况摸底统计，针对企业党员人数、党组织建设情况、支部委员、团组织、工会组织以及纪委、信访工作等逐一进行摸底统计。经过摸底调研，方正集团党委已新建临时党总支1个（方正中期期货有限公司），临时党支部3个（北大方正集团财务有限公司、北大医疗产业园科技有限公司、北大医疗脑健康产业投资管理有限公司），有6家企业在筹备组建党组织。原隶属于出版社的北大培文教育文化产业（北京）有限公司也已启动党支部筹建工作，届时将隶属产业党工委直属党支部。通过完善基层党组织建设，为加强党员的日常管理教育打下扎实基础。

为进一步规范校办企业党组织建设，加强党员的教育、管理、服务和发展工作，9月22日，产业党工委和北大资产经营有限公司在2016年4月开展的党组织建设排查工作的基础上，联合下发《关于开展校办企业党组织建设情况统计的通知》（北产党发〔2016〕16号），面向资产公司下属全资、控股、参股的企业，及资产公司下属全资、控股企业的各级全资、控股子企业或分支机构开展一次全面、系统的党组织建设情况统计。

2016年产业党工委共发展党员41名，其中软件学院学生21名，软件学院老师5名，企业职工15名，预备党员转正27名。也涌现出7名校级优秀党员。2个基层党支部荣获学校"先进党支部"荣誉称号，3个党支部荣获学校"三严三实"活动三等奖。

10月14日，产业党工委下发《关于传达学习全国国有企业党的建设工作会议精神的通知》（北产党发〔2016〕19号）。10月20日上午党工委召开委员会议，进行集体学习和部署工作，会议由党工委副书记胡新龙主持。与会工委委员集体学习总书记重要讲话，围绕总书记重要讲话精神，结合校办企业和自身工作岗位实际，就如何提高和统一认识、如何加强党工委建设和企业党建工作等问题积极发言。

11月15日，根据学校党发〔2016〕51号文件，学校任命萧群为产业党工委书记，生玉海为产业党工委副书记，免去孟庆焱产业党工委书记和胡新龙副书记职务。

12月9日，根据工作需要，经产业党工委研究决定，任命生玉海为方正集团党委委员、纪委书记、党委书记，免去韦俊民的方正集团党委书记、纪委书记、委员职务。

【企业交流】 2016年9月23日，产业党工委副书记胡新龙带领校办企业部分党组织负责人和党务秘书，到北京现代第二工厂进行参观考察、学习调研。

校产办机关支部、维信公司、软件公司、科技园、未名集团、临湖公司等党支部，围绕工作心得和党务工作经验、日常工作遇到的难点问题、加强和改进校办企业党建工作等召开联合讨论会。

校办产业系统基层党组织积极、主动组织党员参观中国共产党成立九十五周年革命文献纪念展。在两周的时间里，先后有方正集团党群工作部，北大科技园党支部，临湖公司党支部，方正信产党支部，北大资源党支部，青鸟集团第一、二、四党支部，北大医疗产业园党支部，方正财务公司，方正保理、方正租赁等党支部，方正电子印艺党支部，北大医疗产业集团党支部、方正富邦基金党支部、方正中期期货临时党总支约230余人参观中国共产党成立九十五周年革命文献纪念展。

【方正分党委活动】 2016年，在集团领导班子层面逐步建立党委中心组学习机制，共召开4次党委中心组集中学习。

6月23日和10月13日，组织参加由产业党工委组织的"两学一做"学习教育暨企业党建工作学习研讨班。

10月14日至10月15日，举办方正集团第一次党务干部培训班。

方正集团党委制度建设：2016年，已经出台《北大方正集团有限公司党风廉政建设责任制实施细则》；完成初稿的制度主要有《北大方正集团纪检信访举报管理规则》《北大方正集团基层党组织管理办法》《北大方正集团党委中心组学习管理办法》《北大方正集团党委公文处理规则》《北大方正集团党工团印章管理规则》；起草完成《北大方正集团基层党组织工作手册》《北大方正集团工会组织工作手册》和《北大方正集团团组织工作手册》。正在拟定中的制度主要有《北大方正集团"三重一大"决策制度实施办法》《北大方正集团贯彻落实〇国有企业领导人员廉洁从业若干规定〈实施细则〉》《北大方正集团职工代表大会制度》《北大方正集团工会工作管理办法》。

方正集团党委党风廉政建设：2016年11月，开展以"知规守纪、依法治企"为主题的"党风廉政宣传教育月"活动。活动主要内容是"五个一"，即"观看一部反腐倡廉警示教育片、组织一次廉洁从业警示教育参观、组织一次学习讨论、进行一次反腐倡廉宣传、开展一次知识问答"。

方正集团党委组织建设：2016年4月，下发《关于进一步建立健全方正集团基层党组织的通知》，按照"四同时"的原则，启动基层党组织全覆盖工作。

5月，方正集团党委结合集团公司的实际情况，制订印发《在方正集团全体党员中开展"学党章党规、学系列讲话，做合格党员"学习教育工作方案》，成立方正集团"两学一做"学习教育工作协调小组，并编辑印发《"两学一做"学习资料》和《"两学一做"学习教育笔记》。

6月28日，方正集团党员教育基地在王选纪念陈列室正式挂牌。

6月28日，"方正党建"微信公众号正式上线，作为集团各级党组织、群团组织活动展示、经验分享、凝聚共识的平台。

6月28日，方正集团召开纪念建党95周年暨"两学一做"学习教育工作会。

9月到12月，对四大产业集团及所属企业、直属企业共计70余家企业进行问卷调查，对工会组织建设情况、挂靠工会情况、活动开展情况以及工会干部队伍情况等进行初步摸底和掌握。

11月，在北京大学团委和北大产业党工委的大力支持下，经过上报和审批，方正集团团委正式成立。

【校产办机关党支部活动】 5月6日，机关支部评议考核和党员民主评议并推选谭晓白为机关支部优秀党员，接受韩雪征入党申请。

5月7日，校产办机关党支部召开支部党员大会，会议由机关党支部书记刘俊英主持，校长助理、校产办主任黄桂田、产业党工委副书记胡新龙、产业党工委副书记、北大资产经营有限公司高级副总裁韦俊民等出席会议。

7月12日上午9点，校产办机关党支部和科技园党支部在北京大学校内43号楼321会议室举行党章学习知识竞赛。两支部共17名党员参加，其中机关党支部6人，科技园党支部11人。评委对知识竞赛和之前的自学成果进行评选、打分，科技园支部李国华老师手抄党章和机关支部王颖知识竞赛获得一等奖，另评出二等奖3名、三等奖4名，其余参与者均为纪念奖。

【维信党支部】 维信支部隶属于北京大学校办产业党工委。现有党员42名，在本公司就职者29名，离职但组织关系仍在本支部者5名，退休党员8名。男党员18名，女党员24名。入党积极分子1名。支部委员会由支部书记段震文，支部副书记刘之椰，组织委员刘炜，宣传委员刘曦、范小慧5人组成。

思想建设。2016年，维信支部广大党员从讲政治的高度，充分认识深化推进"两学一做"学习教育的重大意义，强化思想教育和学思践悟，坚持用党章党规党纪规范行为，用系列重要讲话精神武装头脑，不断增强"四个意识"，努力做到忠诚干净担当，发挥表率作用。

组织建设。6月22日，支部组织"两学一做"专题党课。落实党章关于加强党员教育管理要求、面向全体党员深化党内教育，推动党内教育从"关键少数"向广大党员拓展、从集中性教育向经常性教育延伸。

制度建设。维信支部注意改进内容和形式，不拘一格、注重质量，使党员受到党性教育、党的优良传统作风教育，从而在各项工作中自觉地发挥先锋模范作用，取得较好成效。

"两学一做"学习教育。1.学党章党规。着眼明确基本标准、树立行为规范，逐条逐句通读党章，全面理解党的纲领，牢记入党誓词，牢记党的宗旨，牢记党员义务和权利，引导党员尊崇党章、遵守党章、维护党章，坚定理想信念，对党绝对忠诚。2.学系列讲话。着眼加强理论武装、统一思想行动，认真学习习近平总书记关于改革发展稳定、内政外交国防、治党治国治军的重要思想，认真学习以习近平为总书记的党中央治国理政新理念新思想新战略，引导党员深入领会系列重要讲话的丰富内涵和核心要义，深入领会贯穿其中的马克思主义立场观点方法。3.做合格党员。坚持以知促行，做讲政治、有信念，讲规矩、有纪律，讲道德、有品行，讲奉献、有作为的合格党员。

【临湖党支部活动】 2016年临湖公司党支部共有党员15名，其中在职党员10名，退休5名。公司董事长是产业党工委委员，总裁、副总裁、总裁助理都是党员，部门经理也有部分党员，有助于充分发挥党的模范作用，宣传贯彻执行党的路线方针政策。党支部按照上级部署认真开展组织生活和党员、党支部民主评议，做到规定动作不走样。

思想建设。支部根据北大党委和北大产业党工委的部署，开展"两学一做"学习教育。支部书记参加学校组织的"两学一做"专题培训班学习和研讨，组织本支部党员学习党章党规，学习习近平总书记在国有企业党建工作会议上的讲话等系列精神，学习十八届六中全会全面从严治党的《政治生活准则》和《党内监督条例》。通过观看微视频、开展专题研讨会、"立足岗位，恪尽职守，做新时期合格党员"讨论会等多种形式，开展活动和交流。

组织建设。1.按照上级党组织的要求，进行党组织建设排查和党内统计工作；2.认真组织开展民主评议党员和党支部评议考核工作，并在此基础上评选出支部年度优秀共产党员；3.严格按照组织规定程序，吸收发展一名新党员；4.认真做好《党支部工作手册》的记录，按时收缴党费，补交党费工作正在进行。

制度建设。结合实际制定《北大临湖公司贯彻落实党风廉政建设责任制实施细则》。

教育实践活动。通过"两学一做"学习教育，支部党员进一步明确"两学一做"基础在学，关键在做，切实改进工作作风，提高工作效率，发展创新，勇于担当，自觉服务于北京大学综合改革和建设中国特色社会主义一流大学的实践，做合格党员。支部党员紧密围绕公司各项中心工作，立足岗位，扎实工作，领导班子、支部党员身体力行，率先垂范，服从大局，面向市场，寻找公司新的经济增长点和可持续稳定发展的盈利模式，为北京大学创造新的经济效益和社会效益，承担起国有企业的责任。支部党员严格遵守"八项规定""六项禁令"，坚决"反四风"，厉行勤俭节约，廉洁自律，接受上级检查和群众监督。

（产业党工委）

医学部产业系统党建

【"两学一做"学习教育】 产业党总支深入开展"两学一做"学习教育，加强思想建设、组织建设和作风建设，提高产业干部职工的思想素质和业务能力。

扎实开展"两学一做"各项工作。按照《北京大学医学部关于开展"学党章党规、学系列讲话，做合格党员"学习教育工作方案》要求，根据学校统一部署，结合产业实际，制定开展"学党章党规、学系列讲话，做合格党员"学习教育工作方案。

1. 2016年4月下旬，产业党总支组织党支部书记培训，安排部署"两学一做"学习教育工作。学习《北京大学关于在全体党员中开展"学党章党规、学系列讲话，做合格党员"学习教育工作方案》文件精神，成立产业学习教育协调小组。小组组长为吕廷煜、吴问汉，成员包括梁峰霞、堵文静、孙斐、杨霁楚。吕廷煜要求结合各单位实际工作和"两学一做"要求，开动脑筋，做好基层党组织建设和党员管理。

4月底前，各党支部开展党员组织关系集中排查，摸清"口袋"党员、长期与党组织失去联系党员情况，理顺党员组织关系，针对不同情况分门别类进行处理，努力使每名党员都纳入党组织有效管理。梳理产业所有党员信息，完备信息库。

5月中旬前，根据《北京大学医学部关于开展党支部评议考核和民主评议党员的工作方案》要求，以党支部为单位组织开展民主评议党员和党支部评议考核工作。各党支部书记进行工作总结，各位党员对支部工作和党员进行评议。6月至7月，产业党总支在全体党员中开展"认真学习党章、书写心得体会"活动，要求每位党员都要逐条逐句通读党章，全面理解党的纲领，牢记入党誓词，牢记党的宗旨，牢记党员义务和权利，明确党纪党规。

2. 6月底，结合建党95周年，根据医学部党委统一要求，组织党员学习党史，选拔产业代表队参加医学部组织的庆祝建党95周年党的历史暨党规党纪知识竞赛活动。7月，召开总支委员会和支部书记会学习七一讲话精神，要求各支部结合"七一"评优工作，组织党员学习习近平"七一"讲话，坚定理想信念，不忘初心，继续前进。为增强学习效果，产业党总支为每位党员购买辅导材料——《大道之行》书籍，下发给各位党员学习。期间还积极组织"共产党员献爱心"捐款。10月至11月，在全体党员中开展"立足岗位，恪尽职守，做新时期合格党员"大讨论，根据产业实际情况，党总支建议各支部通过建立微信群进行讨论。党员们认为，新时期合格党员首先要把本职工作做好，尽力帮助他人；要有四个意识：政治意识、大局意识、核心意识、看齐意识；党员不仅要注重业务和技能的学习，还要加强政治理论的学习，提高政治素养；支部学习既要结合工作实际，也要体现政治性。

产业党总支书记和产业在职党支部书记讲党课。11月25日，产业党总支记吕廷煜主讲"两学一做"专题党课。医学部副主任肖渊，产业在职党员、入党积极分子、中层干部、民主党派人士近30人参加学习。会上，肖渊介绍学校的发展理念，并对产业如何服务学校战略目标提出要求。吕廷煜"两学一做"专题党课以"不忘初心 继续前进"为题，结合中外史实、杰出人物等鲜活、具体的事例以及自己求学、工作生活的经历，深入浅出地剖析"什么是初心"，引导与会人员如何在思想观念和实际行动上体现爱国，做到爱岗敬业恪尽职守。吕廷煜也要求全体党员，认真学习《关于新形势下党内政治生活的若干准则》和《中国共产党党内监督条例》，每位党员都要不忘"初心"，结合支部工作、单位工作以及学校发展，思考应该做什么以及怎么做。

在产业党总支的指导下，产业在职党支部书记分别组织讲党课活动。11月11日，网络学院党支部举行主题为深入推进"两学一做"学习教育，纪念长征胜利80周年的理论学习会。学校"两学一做"联系基层党支部领导、党委副书记戴谷音，产业党总支书记吕廷煜参加学习会。学习会有两部分内容：一是分享讨论产业党总支"两学一做"专题教育活动推荐书目《大道之行》的内容和感受；二是党支部书记堵文静主讲"学习长征精神"专题党课。吕廷煜对党员困惑难解之处进行解读和举例，堵文静的专题党课从长征的起因、长征的重大事件、长征的意义以及长征精神内涵四个方面进行讲解，并引导党员展开讨论。戴谷音提出希望支部加强党的基本知识、习近平系列讲话和十八届六中全会精神的学习，真正将网络学院党支部建设成学习型支部、服务型支部，使"两学一做"专题教育活动在"学"与"做"两方面都取得实效。

10月24日，支部书记梁峰霞以新的历史条件下协调推进"四个全面"治国理政方略入手，结合产业工作实际，重点讲解经济改革的新思路——供给侧结构性改革。11月18日，产业联合二支部举行支部书记讲党课活动。党课以"现代医院管理制度"为题，旨在做到"真学常学、学深学透"，将学习与推动实际工作相结合。在职教育培训中心的日常业务是以"医院管理"为主要培训课程，2016年4月至7月，坚持每周进行全员的"现代医院管理制度"的相关业务学习。本次党课传达、剖析习总书记讲话的最新精神，并从"现代医院管理制度"概念的提出及历史沿革、概念的内涵和外延、建立的路径等几方面开展探讨。

【组织专题培训学习】 组织党员干部赴兰考学习焦裕禄精神。为进一步深入推进"两学一做"专题教育，学习贯彻落实习近平总书记在兰考县调研时的重要讲话精神，产业党总支与后勤党委共同组织40余名党员干部来到兰考焦裕禄干部学院学习培训，重温焦裕禄先进事迹，学习焦裕禄优秀品质，接受焦裕禄精神的洗礼。党员干部参观焦裕禄亲手栽植的泡桐、焦裕禄同志纪念馆，聆听"焦裕禄在兰考的475天"和"学习焦裕禄精神，加强党性修养"专题报告。

赴中国人民抗日战争纪念馆参观学习。10月21日，产业党总支组织各支部党员赴中国人民抗日战争纪念馆，参观"伟大胜利 历史贡献"主题展览。在驱车前往宛平城的路上，产业党总支书记吕廷煜结合"两学一做"专题学习教育介绍此行的目的和意义，希望党员同志重温这段难忘的历史，学习和弘扬抗战精神。吕廷煜还重点向离退休党员介绍北京大学综合改革的工作进展以及医学部产业的发展情况。

【"三严三实"民主生活会】 2016年1月8日，产业党总支"三严三实"专题民主生活会在网络学院三层会议室召开。医学部党委副书记戴谷音、纪委监察室副主任刘江平出席会议。产业办主任吴问汉代表班子进行分析检查，指出产业班子认真贯彻党章要求，对照习近平系列讲话精神特别是"三严三实"要求，着力解决工作中不严不实的问题。产业党总支书记吕廷煜对班子分析检查做补充。按照产业"三重一大"制度和廉洁从业实施办法，讲求政治纪律和政治规矩。本着"严""实"的原则，产业干部逐一对个人进行分析检查。每位干部自我批评后，其他干部都有针对性地提出批评和建议。戴谷音总结发言，希望产业班子要研究政策，在制度、流程的建立、研究、完善和执行方面下功夫，加强和北大产业的沟通。

【党风廉政建设】 党总支坚持《医学部产业党政联席会制度》《医学部产业党风廉政建设实施办法》和《北京大学医学部产业"三重一大"实施管理办法》，在上级党委领导下，产业根据自身特点，不断进行制度建设，完善廉政风险防范管理体系。2016年，通过"两学一做"学习教育，产业进一步调整和完善管理层级体系，并制定各层级相应的职责和议事规则，制定并完善产业对各级企业董监事的委派、职责和考核制度。结合国有资产经营管理的审计，对事企不分、房屋资源管理等领域进行整改，杜绝不规范行为，以保证产业的规范管理、科学发展。

在产业党政办公会、产业总支委员会、支部书记会上，学习《中国共产党问责条例》，学习十八届六中全会通过的《中国共产党党内监督条例》和《关于新形势下党内政治生活的若干准则》文件精神。在书记讲党课中重点讲解《中国共产党党内监督条例》和《关于新形势下党内政治生活的若干准则》的要点，并针对党员干部提出要求。

【人大代表换届选举工作】 2016年9月，产业党总支牵头，成立由吕廷煜任组长、安红波任副组长的"海淀区选举委员会医学部产业工作组"。产业工作组人员多次参加花园路街道及第一选区换届选举工作培训会，工作人员各司其职，为保障海淀区人大代表换届工作顺利进行开展扎实有序的组织和宣传工作。

为保证选民登记工作的准确性，产业换届选举工作组确定以行政办公室及工会小组为单位，对不同类别选民分组进行登记，以免漏登、错登、重登。为让选民充分行使当家作主权利，产业换届选举工作组及时向选民发放宣传材料，宣讲换届选举的重要意义、工作步骤、选举日期和地点，面对面或电话解答选民提出的问题，动员选民珍视自己的权利，积极参加选举活动。截至正式选举日，在职选民从摸底到正式通知共计4轮，离退休选民从摸底到正式通知共计3轮。该次海淀区第十六届人大代表选举花园路街道第一选区登记选民101人，选举当天补登1人，投票率100%，有效选票达99%，完成人大代表换届选举工作。

【做好群众来访工作】 2016年在产业的多方协调下，在主管产业的医学部副主任肖渊支持下，11月17日，肖渊组织人事处、计财处、总务处和产业办召开协调会，商讨并解决产业待岗或在私企工作的事业编制人员的物业费及取暖费事宜。

【建设和谐产业】 产业工会在"三八节"期间，开展职工健步走活动。3月9日，来自产业办、网络学院、培训中心、会议中心等工会小组的60余名会员汇聚在医学部操场上，参加以"美好生活，健康有我"为主题的健步走活动。11月4日，产业党总支、产业工会组织教职工约30人赴平谷进行以"亲近大自然，放松身心"为主题的秋游活动，参观"鱼子山抗日战争纪念馆"并游览石林峡及玻璃观景平台。

积极参与医学部工会组织的各项文体活动，如"五月鲜花"合唱比赛、七月歌唱比赛、大步走、乒乓球比赛、书画比赛等。根据产业自身特点开展文体活动，坚持每周四下午的篮球训练活动；产业办工会小组"魅力篮球与您相约"活动参加2016年医学部工会"权益杯"精品活动汇报；网络学院工会小组关心女工的特殊需求，建立"母婴关爱室"，组织学院职工进行"美丽中国"摄影活动，还积极参加海淀园工会的舞蹈、摄影比赛。5月13日，产业组织参加医学部第53届田径运动会。

做好女工安康保险的常规工作和2016年职工重大疾病保险的新会员入保工作；根据不同情况，做好非在编人员的商业保险工作（如网络学院、在职培训中心为职工入保"意外伤害险"）。根据产业自身特点，产业系统各部门根据人员不同情况，组织做好职工体检工作。

【产业离退休工作】 产业党政领导认真贯彻执行离退休政策，一方面积极关心离退休职工群体，使得老同志感受到组织的关怀和温暖；另一方面组织离退休党员开展活动，充分发挥离退休支部和老党员的模范作用和广泛影响。

2016年，产业总支发挥老有所学、老有所为、老有所乐典型的示范作用，营造积极向上的氛围。推荐郭蔚航老师先进材料参加北京教育系统老同志先进事迹评选。宣传退休党员王楚英患病坚持写作的先进事迹。

产业截至2016年有离退休职工223人，其中企编职工8人，大多是关停并转企业工人，生活困难者占很大比例。2016年底，产业党总支、产业管理办公室组成慰问小组，为退休老同志送温暖。

（医学部产业党总支）

后勤管理与保障

总务工作

【发展概况】 总务部是学校的行政职能机构，是学校教学科研中心工作和各项日常工作正常运转的后勤保障部门。总务部根据学校建设和发展的需要，制定后勤保障服务规划和总务系统工作计划；按照"小机关、多实体、大服务"的管理运行模式，协助学校，管理监督协调服务总务系统各中心做好各项后勤保障服务工作；做好和政府有关部门及校外业务单位的接口衔接工作。总务部下设综合办公室、计划管理办公室、运行管理办公室、人事办公室四个办公室。同时，北京大学爱国卫生运动委员会办公室、北京大学绿化委员会办公室常设于总务部。截至2016年12月，总务系统在职事业编制358人（其中总务部14人）、非事业编制人员2600人（含劳动合同制人员1295人，劳务派遣、劳务外包、合作经营单位人员1305人），共计2958人。

【运行管理工作】 校园及周边地区水暖电管网改造。1. 大讲堂供暖外线改造项目。为改善大讲堂冬季供暖条件，将室外供暖外网改造为高温水供暖。2. 电力设备更新维护三期。学校内部分高低压设备已经运行十年以上或者接近十年，往年已进行两期，2016年将中关新园、二教、篓斗桥等地区的电力设备进行更新改造。其中更新维护内容包括清华紫光测控装置及其配套设施、中压VD4开关、低压开关、站内直流设施、应急电源设备等电力一二次设备设施等。3. 农园、燕南食堂给水管道更新维修工程。对出现问题的管道进行更新改造，解决农园食堂、燕南食堂后厨的给水管道、消防管道和供暖管道因长期处于潮湿环境产生的管道严重锈蚀以至漏水的现象。4. 学校中水处理站外线配套工程。完成中水处理站的水、电、暖、网络、通讯等外线配套工程，保障中水站的安全、可靠的运行。

校园基础设施维修、改造。1. 教学用房基础设施改造。北京大学校园电网是学校供电的源头保障，物理学院室外箱变容量偏小，室内低压配电室内设备老化严重，在负荷高峰期经常出现故障，为确保上述范围内的教学科研单位用电安全，按照相关行业标准对现有电力系统设备进行更换并按照现有使用需求调整供电容量。理科楼上下水管道经过多年运行，管道老化严重，沙眼多，经常发生跑冒滴漏现象，为保证理科楼相关教学科研工作的顺利开展，进行上下水及消防管道的更换。2. 学生宿舍28、32、35楼宿舍配套设施设备用具购置。主要完成28、32、35楼学生宿舍家具、宿舍空调、开水器等物品采购相关工作。3. 41、42楼浴室改造工程。在41、42号学生宿舍楼内新建浴室，安装水量控制器，并与已有水处理系统相连。4. 理科楼电梯更换二期及农园食堂客梯更新。理科楼电梯2015年已更换3台，剩余3台已于2016年更换完成。同时更新包含电源箱等附属设施。进行农园食堂客梯更新，该客梯已运行使用15年，故障频繁出现。5. 教室电梯及农园食堂货梯、扶梯大修。第二教学楼3台电梯、第三教学楼2台电梯、新理科教学楼2台电梯均达到或超出特种设备登记卡中的大修时限，且频发故障。6. 学生宿舍粉刷工程。对毕业生宿舍及相应的楼道进行粉刷、检修工程。7. 理科1、2号楼厕所改造二期。理科1、2号楼厕所运行15年，漏水、吊顶、隔断损坏比较严重，该项目以往已对男厕所进行改造，2016年完成对女厕所的改造。8. 幼儿园硬件设施改造更新。燕东幼儿园增置班级饮水机（每班1台），燕东、蔚秀幼儿园28个教学班盥洗室安装幼儿洗手用热水器。9. 博士后公寓设施购置。畅春园61楼博士后公寓购置72台电热水器，对承泽园和中关园博士后公寓家具进行更新。

校园环境整治。1. 总务部运行办依据城市与环境学院同学报送的设计方案，结合现场实际情况，对48号楼北侧空地及燕南食堂北侧广场区域及道路沿线提升改造。2. 运行办公室先后组织实施办公楼周边山林区域、镜春湖北岸及东岸绿化改造、考古博物馆北侧空地改造、西门北侧空地铺装改造工程、图书馆东北角绿地改便道工程、临湖轩周边山体园路工程、静园二院庭院改造工程等多个项目。

【节能工作】 根据"北京大学'十三五'节能规划"，2016年度学校节能指标计划为5.8万吨标准煤。截至2016年底，实际能源消耗总量为57,400.88吨标准煤，完成年度设定的节能指标量。

坚持执行北京大学用水用电全额收费的市场运作机制，将节约能源纳入到市场经济的轨道。2016年是执行全额收费办法的第15年，也是执行学生宿舍"定额管理，计量收费"制度的第11年。2016年水电费总支出为8534万元，总收费为9108万元，收支基本平衡，略有节余。

为贯彻落实科学发展观，按照国家关于进一步做好节能减排工作的要求，促进校园建设全面、协调、可持续发展，2016年完成节能减排项目共计24项，投入资金约729.5万元。

完成食堂节能保温设备更新改造工程。为节能增效，对2009年安装购置的节能燃气发生器进行更新，另将各食堂电热水保温售卖台改造为节能燃气发生器-保温售卖台系统，提升节能效果。绿色照明推广工程。完善家属区和校内照明、安装节能型路灯，在新闻传播学院和对外汉语地下车库安装LED感应节能灯具。更换老旧液压电梯为无机房曳引电梯，包括畅春园食堂、理科楼、农园食堂和45甲共计6台电梯，更换后可节约电能资源约15%。更换淘汰型电机。对理科楼中央空调冷冻泵和冷却泵淘汰型电机进行更新。完善计量设施的安装。对综合科研楼和技物楼主楼电表进行安装改造，确保电费收支平衡。节水工程。对西门南侧、未名湖北岸及镜春湖东南沿岸绿地进行喷灌改造。采购节能型设备。包括学校多个楼宇采购安装超变频开水器，完成28、32、35楼学生宿舍空调的采购和安装。

健全学校节能工作机构，制定节能工作计划。定期、及时报送能源利用状况报告。北京大学作为在京万家企业和全市57家重点用能单位，每年应定期、按要求完成能源利用状况报告，报送至北京市发改委和节能环保中心。按时完成学校碳排放履约。

加强节能宣传。积极配合各级政府的能源管理部门及市区节水办在世界节水日、全国节水宣传周及节能宣传周开展节水、节能宣传。学习一些周边学校切实可行的节水、节能经验和技术；与学校相关学生社团联系，开展宣传活动，引导学生树立节能环保观念，关注生活中节电、节水、节约资源的方式方法，从自己做起，从身边的小事做起。

【财务管理工作】 2016年总务系统校级预算经费为11,398.44万元，预算支出为11,398.44万元，完成校级预算经费，预算支出如下：供暖费支出5753.9万元；修缮及零星维修维护费支出800万元；公用水电费污水处理费等支出2098万元；校园管理服务环境卫生保洁支出1230万元；学生宿舍管理服务运行支出700万元；全校水电运行费用支出为550万元；公共教室维护保洁支出100万元；职工班车费支出149.81万元；办公费支出13万元；其他支出3.73万元。

2016年完成学校专项资金3157.5万元，包括燕园景观环境综合整治、电缆隧道与西部开闭站电缆铺设工程、供暖煤改气后续工程、生活污水回用工程、食堂配套设施采购及维护、校园电网设备更新维护工程、理科楼电梯更新、28楼32楼35楼开办及浴室改造、大讲堂供暖外线改造、博士后公寓设施购置、校园感应雷防护工程、教学用房等多项专项工程支出。

2016年总务部利用自筹资金582.5万元，用于弥补中心经费，以及学生宿舍、浴室、食堂、教室、校园绿化保洁、道路维修、校园房屋修缮、公共基础设施的更新改造零星工程等方面。

2016年总务中心上交2,169,662.50元，其中宿管中心上缴1,772,778.81元，动力中心（供暖）上缴34,043.63元，动力中心（水电）上缴261,356.68元，校园服务中心上缴42,615.35元，运输中心上缴58,868.03元。

2016年上交学校款项，取暖费1,073,9910.67元、水电费差价751,801.29元、供暖燃料补贴3,733,790.41元、中心返还工资6,433,076.00元、地热水费571,026.28元，合计上交22,229,604.65元。

【队伍建设】 完善人事管理制度。按照总务部工作安排，编写完善人事管理制度，包括机构、岗位、人员设置办法、招聘及录用、合同管理、考勤、考核、薪酬、社会保险及福利、奖励和处分、培训、劳动争议处理、档案管理、离退休职工管理、总务系统中心招聘事业编制人员（非应届生）工作程序、总务系统中心招聘内设机构负责人工作程序、后勤推荐评选奖教金候选人工作程序、后勤工勤技能岗位聘任工作程序，共19项，近4万字。完善和加强总务部人事及对中心部分重要人事工作规范管理，相关合同制职工管理制度受到学校人事部劳动合同与社会保险办公室认可，并和有需要的院系进行交流。组织人事干部培训。进一步提高人事干部工作水平。

党政管理部门整体换届。按照相关工作精神和要求，配合组织部，完成部门整体换届期间领导班子、干部述职考核工作。

工程技术（后勤／产业）学科组和幼教学科组职称评审。1人晋升高级工程师、1人晋升助理工程师。在借鉴教育管理系列和实验室技术系列职称评审规定等基础上，编写完善《工程技术（后勤／产业）系列专业技术职务评审规定》，报学校人事部审核。

推荐并获评后勤唐立新奖教金10人。

提高总务部在职人员人事工作水平。1. 加强领导班子和干部队伍建设。做好班子、干部述职测评和年度考核，民主生活会和重要事项报告，新上岗干部试用期满考核。2. 配齐科室干部和工作人员队伍。部内招聘和校内公开招聘2名科室干部，招聘2名合同制人员，改善总务部缺员状况，保障各中心工作较好完成。3. 做好月考勤考核、985岗位考核和续聘、聘期考核和续聘、年度考核等。事业编制人员参加年度考核14人，其中优秀1人、合格13人。做好2名合同制人员试用期满考核及年度考核，考核结果均为合格。4. 做好总务部30年教龄申报2人、独生子女互助医疗、生日庆祝会等薪酬福利。5. 做好总务部机关干部的各种培训、考核、通用岗位申请、职称职务晋升、续聘、薪酬福利，协调解决职工人事问题。

协调服务总务系统各中心做好在职人员人事工作。1. 加强干部队伍建设。配合组织部为各中心配备正、副职干部，协调做好中心领导班子、干部述职测评和年度考核，民主生活会和重要事项报告，新上岗干部试用期满考核。2. 深化后勤队伍改革，申报并完成招聘计划5个。3. 组织中心科室干部招聘。4. 完成通用岗位聘任。5. 做好聘期考核和续聘、年度考核等。事业编制人员参加年度考核341人，其中优秀24人、合格317人，不参加考核3人。6. 协调各中心完成事业编制人员调动、各种考核、职称职务晋升、续聘、工资返还以及职工人事问题协调解决。7. 在人事部的指导下，协调监督各中心做好合同制人员的规范管理，进一步规范合同签订、社会保险等用工管理等工作。8. 在学校人事部的帮助下，和各中心一同面对合同制职工管理中出现的新问题，处理好相关诉求和劳动纠纷问题。9. 依托各单位组织职工培训，技能大赛，参加平民学校，实施激励机制等。

离退休人员服务工作。1. 建立总务部离退休职工微信群，加强沟通、慰问、生活特困帮扶、支部活动等。2. 协调总务系统各中心做好离退休人员服务。及时向离退休人员传达、发放学校组织的政治学习、工资调整政策、活动经费、特困职工补助、"北京大学'老有所为'先进个人"评选表彰等信息。结合后勤特点，提高对当年离退休人员的服务水平，加强离退休人员思想政治学习，加强生活福利方面的关心，加强离退休党支部工作、对生活困难的离退休人员的关心和帮助，在组织年底慰问和团拜等方面加大工作力度。3. 参加学工部 2016 年底慰问学校离退休干部、工人的春燕行动，后勤共报 8 人。

【综合事务管理】 协调保障工作。与校相关部门密切配合，协调泰国诗琳通公主殿下、印度总统慕克吉、白俄罗斯总统来校访问，中国国家女子排球队北大行，北京大学开放日，全国优秀高中生夏令营、高考阅卷、迎接新生、新生党员培训、军训、毕业生离校、校庆活动、北京论坛、国际文化节等大型活动的后勤保障服务工作；完成开放暑期校园游等校内活动的相关组织协调工作，维护校园秩序、保护校园环境。

安全检查工作。1. 总务部牵头，会同保卫部、学工部等六个单位配合学校开展春季、秋季安全教育和联合检查活动。对校本部、畅春新园学生宿舍、万柳学区的消防设施和违章用电现象进行安全检查，排查安全隐患。2. 配合保卫部、燕园街道办，对学校进行年底安全大检查，对学校办公场所重点防火部位和校内商铺进行重点检查，消除校内商户及其他地下空间中的不安全因素。

组织会议及对外接待工作。1. 2016 年度完成总务长办公会、后勤各中心主任联席会等会议的筹备、议题收集、会议纪要报送工作。2. 组织两次"我的校园我做主"学生代表与后勤系统座谈会，完成议题收集、督办和答复，增进师生和后勤系统的沟通机制。3. 接待哈工大威海校区等兄弟院校的后勤部门来访、调研。

信息化工作。1. 管理总务部网站，定期更新网站内容，发布相关信息动态至校园门户及总务部网站；2. 完成"北京大学信息门户"微信公众号中后勤服务模块的需求分析和开发推进工作，推动后勤各中心相关业务上线并平稳运行。

其他综合性事务。1. 管理未名 BBS 总务部账号，对校长信箱版面中针对后勤工作提出的意见和建议进行及时了解、答复、处理，2016 年共答复同学发帖 16 件。2. 至 2016 年底，完成《后勤系统管理制度汇编—总务部分册》的编撰工作。3. 组织慰问离退休人员，看望生病的老同志。4. 爱国卫生委员会工作，做好"灭四害"的年度计划、购药、消杀、检查监督等相关工作。5. 无烟校园建设工作，对控烟活动积极宣传并张贴禁烟标识。

（总务部）

会议中心

【发展概况】 北京大学会议中心是 1999 年 9 月正式组建的专业化服务实体，主要负责组织承办各类会议，开展多种形式的对外学术、文化交流活动；管理经营群众文化活动场所，组织校园文化艺术活动；为外国专家、留学生、部分国内学生和其他中外宾客提供住宿、餐饮等服务。会议中心现有建筑面积 22.6 万平方米，拥有一个 2063 座位的礼堂和 39 个大、中、小型会议室，各类不同风格特点的餐厅 6 个，接待床位 5000 多张及其他综合服务设施。

会议中心组建时下设办公室、对外交流中心、百周年纪念讲堂管理部和勺园管理部，2003 年 8 月增设中关园留学生公寓建设项目部，负责中关园留学生专家公寓园区前期筹备和施工阶段的工作，并为建成后的运行管理做准备，2007 年 4 月学校批准会议中心设立中关新园管理部，撤销原中关园留学生公寓建设项目部。2011 年中关新园开始全面运营。2008 年 4 月会议中心办公室开始实体运行，加强对中心行政、人事、信息等工作的统筹协调。2008 年底成立中心财务室，开始整合中心财务工作，加强集中统一管理和内部控制。

张胜群任会议中心主任，孙战龙、李榕、刘寿安、周锋任副主任。郝淑芳任中心办公室主任，周立宏任中心财务室主任。2016 年共有员工 996 人，其中学校编制员工 86 人（干部 18 人、工人 68 人）。2016 年退休员工 12 人。

【业务发展】 2016 年，会议中心承担大量高层次活动组织和重要接待任务，包括李克强总理主持召开的高等教育改革创新座谈会、印度总统慕克吉演讲会、白俄罗斯总统卢卡申科演讲会、教育部本科教学工作审核评估、校领导战略研讨会、学校春节团拜会等；承办北京论坛、第三十四届世界艺术史大会、中华文化论坛等国际国内学术会议 9 个；承接国务院侨务办公室、中央人民政府驻香港特别行政区联络办公室、国外大学和机构的海外研修项目与交流团队 11 个；接待来访海外宾客 103 批共 5641 人次；各类会场使用 3994 场次，参加会议活动约 70.1 万人次；举办演出 124 台，放映电影 97 场，推出艺术课堂 4 场，观众 20.3 万人次；接待中外宾客 7.7 万多人次住宿，56.8 万人次就餐；在住留学生 1574 人，国内研究生本科生 1356 人，博士后 257 户。

对外交流中心加强业务培训，规范业务流程，提高会场服务的精细化要求，保证工作的高品质、高水准和专业化、规范化；积极应对第三十四届世界艺术史大会等突发任务和复杂项目的挑战；承办北京论坛等传统品牌项目。讲堂精塑五四交响音乐会、新生音乐会、新年芭蕾舞音乐会等品牌项目，引进著名指挥家西本智实、西班牙穆尔西亚舞蹈团等世界著名艺术家和热门演出团体，放映第九届欧盟电影展等优秀影片，提升校园文化品质；坚持电影低票价原则，满足师生观影需求；组建讲堂原创话剧团，并在 12 月推出原创话剧《九月悠长》，丰富自主演出活动。对外交流中心和讲堂还注重学生志愿者的招募与培训，延展育人平台，服务素质教育。勺园圆满完成学校行政楼物业管理任务；为学校部分机关单位提供床品换洗服务；6 号楼西餐厅 3 月正式投入运营，进一步完善餐饮服务功能，丰富校内餐饮文化，填补西餐空白。中关新园增设自营"新园生活⁺便利店"，在相关营业点安装校园卡结算系统并投入使用，安装机动车和自行车充电桩，实施无线网络全覆盖等工程，方便师生生活；创新"餐、宿、会"服务形式，满足新形势下学校接待服务需要。勺园和中关新园按照学校要求完成学生公寓房型调整，利用微信平台、学生代表座谈会等方式加强与学生的日常沟通交流，大力开展学生公寓特色文化活动，提高学生住宿满意度。

会议中心2016年总收入再创新高，达2.26亿元，利润7622万元，偿还中关新园借款4218万元，完成预算和上缴学校利润任务。对外交流中心为学校重要活动减、免收费101万元；讲堂为学校和师生服务减、免收费120万元。

会议中心自筹资金546万元完成阳光厅灯光改造和防护网加装、讲堂观众厅舞台设备改造、勺园部分老旧设施设备改造更新、中关新园博士后公寓监控系统安装等30余项工程；修缮完成英杰交流中心阳光厅屋顶防水工程；重新启用因环境科学大楼建设施工停运两年的成府园地热井；启动勺园9号楼和中关新园9号楼装修改造前期调研和设计工作等。

【财务管理】 2016年，会议中心加强应税和退税管理，严把税票关，通过适度控制抵扣销项税，降低上缴税额。实际缴纳税金410万元，比2015年的771万元减少361万元；强化财务数据统计和分析，增强对经营活动的指导和监督；严格执行招标规程，完成中心层面23个项目的招标工作；完善中心联合采购平台，规范采购流程。

【队伍建设】 2016年，会议中心出台实施《会议中心职工招聘及录用管理暂行办法》《会议中心职工年度考核管理暂行办法》《会议中心职工奖惩管理暂行办法》《会议中心亲属回避制度》等6项人事管理制度，开展年度定岗定编工作；坚持"管理骨干与业务技术骨干并重"，打通管理职位和专业等级晋升的"双通道"，全年引进和培养中高层管理人员14名，同时广泛推行内部业务和技术等级评定，制定《会议中心中高级岗位浮动津贴管理暂行办法》；组织核心骨干团队以《会议中心2018发展计划》执行情况的思考与展望"为主题进行专题研讨，提高核心骨干发展意识和责任意识。对外交流中心根据工作需要增设运行保障部，将综合部调整为行政部；勺园尝试多种用工方式，严格落实岗位责任制，合理配置人力资源；讲堂完善专业等级评定机制，细化绩效考核标准；中关新园深化员工动态管理评定工作，分级管理稳定骨干队伍。

会议中心强化学习培训，邀请知名专家学者为中高层管理干部授课；组织新入职员工参观校史馆，参加中心统一培训活动；开展服务英语培训等跨单位联合培训；积极组织和参加技能比赛活动，以赛代训，提高水平；鼓励和支持员工学习深造或专业进修。2016年共组织各类培训856课时，10,281人次受训，16人参加平民学校学习，31人在职进修大专或本科课程；组织78人参加北京市第四届职业技能大赛中9个项目的比赛，31人晋级复赛，20人进入全市决赛，14人获得二级到五级国家职业资格证书，中关新园员工张月胜取得制冷工比赛全市第7名的好成绩；勺园组织庆祝建园35周年业务技能大赛，96%的员工参加比赛；中关新园举办两年一度的第四届业务技能比赛，345人参赛。

会议中心大力推进文化建设，通过网站、宣传栏、微信、微博等方式宣传工作动态，促进文化传播；丰富员工文化生活，为全体员工发放文娱活动兑换券，全年共组织900人次观看讲堂演出活动；举行迎国庆联欢活动，组织员工参加各类文体比赛。对外交流中心开展员工棋牌比赛等特色活动；讲堂完成网站改版，巩固文化宣传阵地；勺园开通"北京大学勺园"微信公众平台，并借助建园35周年契机，组织知识竞答、健康大步走、征集老照片、游园会等系列活动，设计制作勺园明信片和新工服；中关新园更新制作文化展示墙，举办"我爱新园美"员工摄影比赛和员工宿舍文化节活动。

会议中心完成薪资体系梳理调整，实施相对统一的薪资体系，解决中心所属单位薪资体系差别较大、员工队伍薪资水平偏低、队伍不稳定等影响中心进一步发展的重大问题；改善员工住宿条件和工作环境，提高员工宿舍管理水平；简化员工办事流程，提高对员工的服务意识和服务效率；关心困难员工和退休人员生活，组织慰问和举办健康活动。

【党建工作】 2016年会议中心共有6个党支部，党员97人，预备党员5人。

中心党总支深入开展"两学一做"学习教育，广泛组织党员学习党章党规和系列讲话，举行以北大的共产党人为主题的"党史我来讲"党课活动，并利用校内外资源组织参观红色展览、观看主旋律演出电影等活动；按规定程序完成中心各党支部和团支部换届工作。

会议中心严守廉政制度规范，系统梳理廉政风险点，完善风险识别防控一览表，落实廉政建设主体责任；深入贯彻"八项规定"精神，配合学校完成公车停驶封存、"小金库"专项治理检查、国内公务接待自查自纠等工作；坚持民主集中、集体决策，严格贯彻办公会会议制度；加强预算管理和资金使用管理，强化固定资产盘点与清查，防范财务风险；严格干部聘用程序，明确所有内设一级机构助理及以上人员全部通过校园网公开招聘，并加强干部试用期考核管理。

会议中心制定《会议中心所属单位领导班子考核测评暂行办法》，首次组织有广泛代表性的干部员工和党工团代表对本单位班子和班子成员进行年度工作考评；中心领导班子按学校要求述职述廉，并接受民主评议；每学期组织一次基层员工座谈会，听取员工意见建议，加强对两级班子和领导干部的监督。

【内部管理】 2016年，会议中心强化整体统筹，全年制定修订10项制度，并按照后勤工作要求，梳理汇总98项有代表性的管理规章，编撰完成12万字的《会议中心制度汇编》；推进实现移动支付和校园卡支付的实际应用，升级办公自动化系统，提升服务管理的信息化水平；完善网格化安全管理体系，开展应急消防演练、消防技能比武、安全工作评优等活动，落实2016年教育系统"安全生产月"和"安全生产万里行"等活动要求，完成卫生、食药、涉外登记等检查和年审工作。

对外交流中心制定完善3项规章制度；规范管理细则，完善各类文案模板、信息系统、数据库资料等；注重学生志愿者团队的培训和使用，服务素质教育的同时降低人工成本；落实安全责任，消除安全隐患，确保安全稳定运行。

讲堂出台《大型活动承接管理办法》等6项规章制度，并在制度梳理的基础上，修订《员工手册》；通过借助后勤综合服务平台，与票务代理公司合作，自主开发微信在线售票系统。

勺园拟定实施《外派培训管理规定》《延时加班管理暂行规定》《高温补贴管理规定》等7项规章制度；修订《员工手册》，梳理员工服务指南；完善酒管系统模块和点餐飞单系统；增加收入会计，将餐饮收银员纳入财务部统一管理，进一步优化管理。

中关新园制定出台《安全管理标准化建设工作实施细则》等4项管理制度；配合开展OA系统升级工作；通过精细管控有效降低能耗，百元能耗比为7.65%；以"微型消防站"挂牌为契机，提升消防器材配备和安保人员技能，强化中控系统，加强重点区域监控；接待南京大学、哈尔滨工业大学、中国人民大学等10多批高校后勤同行参观考察。

2016年，中关新园中餐厨师长陈义洪荣获第八届中国烹饪世界大赛个人面点金奖和团体金奖；获得第十一届国际食神争霸赛第一名。

2016年，怡园中餐厅被评为"北京市全民健康生活方式行动示范餐厅"，是海淀区2016年5个示范餐厅之一（此项评比活动始于2012年，在海淀区7400多家餐厅中，先后共有19家餐厅被评为示范餐厅）。

2016年，对外交流中心会场部服务班被评为北京大学"青年文明号"示范单位，会议与交流部荣获2015—2016年度"青年文明号"集体。

2016年，会议中心党总支获"北京大学基层组织开展'三严三实'专题教育优秀活动三等奖"和后勤党委"先进党支部"称号。

2016年，会议中心荣获北京市旅游发展委员会颁发的2016北京市饭店行业职业技能竞赛优秀组织奖。

（会议中心）

餐饮中心

【发展概况】 2016年，餐饮中心直管食堂11个（含学一食堂、艺园食堂、燕南美食、学五食堂、农园食堂、畅春园食堂、勺园食堂、佟园食堂、松林快餐厅、最美时光咖啡厅、泊星地咖啡厅）；校外托管食堂3个（圆明园校区食堂、昌平校区食堂、万柳食堂）。

2016年，拆除食堂3个（家园食堂、康博思快餐厅、面食部），新增托管食堂1个（万柳食堂）。

截至2016年底，餐饮中心共有员工1007人，其中在职事业编制职工66人，劳动合同制、劳务派遣制及合作经营单位员工合计941人，占员工总数的93.4%。

2016年1月至12月，伙食营业总收入1.82亿元（含合作经营单位），比2015年增加2225万元，增幅13.97%（2015年营业总收入为1.59亿元），收支总体平衡。

2016年，日均服务就餐师生60,893人次（以2016年9月19日用餐情况为例统计，早、中、晚三餐合计，人次统计每人每天不超过3次）。在校生月均伙食消费额583元（75餐/生/月以上）。

2016年，餐饮中心食品原材料采购量合计2916.2万斤，比2015年增加186.8万斤。餐饮中心坚持大宗食材采购均来自北京高校直供基地和北京高校伙食联合采购平台，平台采购量占全年采购总量的70%（饮料、西餐等食材上述两个平台无法提供，由餐饮中心自主采购）。

2016年，对米、面、肉、蛋、豆制品及蔬菜等品种执行价格补贴合计约1017万元（含人工成本上涨因素），比2015年增加158万元。2016年投入基础设施改造、设备购置费用约780万元。

【食品安全及安全生产】 2016年，餐饮中心通过实施强有力的管理，创造连续59年未发生群体性食源疾患的优良办伙记录，实现安全生产零事故的硬性目标，被评为北京大学2016年度安全管理标准化建设先进单位。

【特色餐饮服务】 组织餐饮中心2016年度职工全员技术考核和中青年技术骨干培训班结业考核。餐饮中心400余名自管员工全部参加，考核项目包含刀工、冷菜、面点、大锅菜、宴会摆台等。以考促训，考训结合，通过考核，一线员工特别是中青年技术骨干业务能力和服务师生的本领进一步增强。

筹建餐饮中心面包房。为让广大师生能够吃到安全、卫生、可口的西点及面包品种，餐饮中心自筹经费建立面包房。面包房主打"绿色、健康"理念，部分品种在食堂试售，反馈良好。

在农园食堂开设早餐。餐饮中心采取增加工作人员、延长工作时间等措施，于2016年11月7日正式在农园推出早餐服务。

加强和同学互动，开展北京大学"十佳菜肴""十佳服务员"评选活动。2016年11月，餐饮中心联合北京大学学生会举办"爱·生活"北京大学"十佳菜肴"、"十佳服务员"评选活动，评选由学生会发起，采取线上投票的方式进行。在此基础上，餐饮中心还举办北京大学第二届学生厨艺大赛和"十佳菜肴"集中展示活动。

积极正面回应师生关切，营造和谐的网络环境。2016年，餐饮中心正式成立网络舆情处理小组，针对同学的各类意见、建议和投诉，制定"第一时间响应、第一时间处理、第一时间答复"的快速应对机制。在召开食堂监督员例会的基础上，密切关注校园BBS网络舆情，第一时间掌握师生意见和建议。结合同学意见，对于可以马上解决的问题，坚持做到"立行立改"；对于不能立即解决的问题，制定并明示整改方案，限期解决。按照这个原则，2016年，餐饮中心推出在食堂增设微波炉、开设低油少盐窗口、增加南方菜等服务措施10余项。据统计，餐饮中心2016年收到师生有效意见和投诉182条，均得到及时处理和回复；收到学生未名BBS表扬帖39条，食堂意见本书面表扬16条。

加强信息化建设，研发并启用餐饮安全信息化管理综合系统。系统充分利用互联网、物联网、微信和移动Wi-Fi通讯技术，实现安全PAD检查、数据共享、隐患预警、报表自动化等功能。

（餐饮中心）

动力中心

【发展概况】 动力中心主要承担全校水、电、暖的供应和服务保障工作。包括水电暖的运行、水电暖管网的检修维护、防汛抗洪、零星维修、水电暖费用的收缴、浴室管理服务、校内公共区域的物业管理服务等。中心下设9个科室，共有职工352人（其中事业编制92人，原流编11人，劳动合同制113人，劳务派遣30人，季节工104人，退休返聘2人），2016年事业编制退休11人。

【水电暖运行】 2016年，北京大学学生售电室电费销售2,128,067度，总计1,085,963元，比同期增长26.5%；民用收费室共收取水电费13,206,913.06元，其中水费2,116,711元，电费11,090,202.06元；收取供暖费7,443,795.55元，比2015年同期增长19.3%。其中，800户供暖费1,812,146.38元，比2015年同期增长15.2%，公司商户5,422,504.86元，比同期增长21.5%，北河沿1号楼86,997元，比同期增长79.6%，畅春园57至59楼122,147.31，比同期下降20.7%。共计支出水电费85,336,510元，应收水电费106,788,903.03元，实收水电费91,082,764.33元。另经粗略统计，2016年燕北园累计供水16.4224万吨；累计供电329.49万度（小区内部）、18.8618万度（小区周边附属设施），完成该小区零修报票4200余张，完成校内零修报票8000余张。

【水电暖系统检修】 2016年，动力中心完成给排水管网清疏、防汛期间雨水沟清掏、全校管道检修、浴室设备正常检修、变配电系统检修、全校照明系统的巡视和检修、供暖系统的夏季检修和试运行，新建浴室、水站的接收、燕北园北院进户管道与市政自来水公司的交接工作并配合总务部完成理科楼群第二期3台电梯的更换和理科楼群6台空调冷却水泵的更换工作。

【水电暖基础设施建设】 2016年，动力中心配合学校完成新建楼宇及校园基础设施水、电、暖前期方案设计及后期改造等任务。其中包括：国家发展研究院大楼、沙特国王图书馆、北大附小体育馆等重点建设项目的水电暖外线建设、41和42楼室外地热水管道安装、学生公寓二期工程热力管线三通一平工程、学生宿舍二期路灯工程、41和42楼浴室改造工程、燕东幼儿园卫生间改造工程、集中供热锅炉房高低压配电室改造工程等。同时，在工程招标、合同签订、现场管理、款项收支等环节，严格按照相关制度执行，实现程序合规、效益显著的预期目标。

【防汛工作】 2016年，动力中心建立四个区域、四级响应、四支队伍的防汛抢险模式。自7月19日起，北京市出现极端强降雨天气，此次降雨的特点是持续时间长、总量大、范围广，为入汛以来最强降雨过程，多年来罕见，降雨总量超过"7.21"特大暴雨。校防汛指挥部按《北京大学防汛应急预案》要求，于19日早晨提前进入防汛抢险值班模式，对校内重点区域和场所进行不间断巡查。暴雨来临后，动力中心依照预警信号启动II级防汛抢险响应机制，对校内重点区域和重点场所进行防汛抢险。防汛抢险小组在防汛指挥部的带领下，采取防汛抢险措施，经过连续48个小时的不间断抢险，确保校园正常秩序和运行。

【服务保障工作】 全力以赴做好重大活动的水电保障工作。2016年，动力中心完成5月1日至4日的五四运动和北京大学成立118周年系列纪念活动、5月21日的校园开放日、7月5日的毕业生典礼、9月5日迎新工作、9月8日开学典礼、10月国际文化节、11月4日至6日北京论坛等。

消除安全隐患，对消防系统排查和维修。动力中心积极配合总务部，组织专业技术人员查阅图纸、踏勘现场，对学校公共区域特别是学生宿舍区域的消防系统进行统一排查，掌握学生宿舍楼区域消防系统的现状，在报学校批准后先期对36、37楼学生宿舍楼消防水电设施进行维修改造，恢复其消防供水和联动控制保障功能。同时，将排查中发现的消防系统的安全隐患上报学校并提出合理化建议。

提升节能计量水平，水电表安装更换。2016年，中心安排资金完成部分公用水表更换工程，并配合总务部完成太平洋大厦分户水表安装、实验设备楼电表安装、技物楼电表安装等。

（动力中心）

公寓服务中心

【发展概况】 公寓服务中心（含特殊用房管理中心，下同）内设机构包括学生公寓办公室、教师公寓办公室、万柳公寓办公室、综合办公室和财务办公室。

协调落实国内学生（包括港澳台生）住宿安排。2016年底，校内学生宿舍34栋，建筑面积约23.6万平方米，宿舍7580间，住宿学生22,997人。在教师公寓管理委员会的领导下，承担教师公寓、博士后公寓的周转住宿服务。现有教师公寓1447套（间），居住教职工1356人。万柳公寓建筑面积约10万平方米，住房1576套（间），住宿研究生（主要为专业硕士）2400余人，教职工近400人。

2016年，从事学生公寓、教师公寓和万柳公寓服务保障的干部员工共有383人，其中管理人员20余人，综合服务保障一线员工350余人。公寓中心干部职工295人，包括楼长105人，卫生保洁80余人，综合服务、工程维修、运行保障、安保等110人。另有劳务外包人员（安保、中控和卫生保洁等）42人；万柳食堂（餐饮中心）46人。

2016年公寓服务中心推动校内学生公寓、教师公寓与万柳公寓进行住宿资源统筹、人员队伍整合、保障服务协调开展，提升服务水平，完成有关工作任务。

【常规工作】 学生公寓。1. 与研究生院、学工部、总务部等充分商讨，拟订2016年学生住宿方案。2016年校内宿舍本、硕、博新生8000多人顺利入住。2. 暑期宿舍搬迁调整工作，解决部分直博生暂住4人间宿舍问题。会同研究生院、学工部、总务部等与同学沟通座谈8次，调整完善方案。宿舍搬迁调整3000多人次。3. 配合国际合作部、教务部、招办及相关院系做好暑期学校、学科夏令营、招办体验营、新生党培等暑期住宿6000多人次。4. 暑期专项工作。7000多名毕业生安全文明离校。协助总务部完成毕业生楼粉刷和维修改造，以及浴室进宿舍楼改造工程。28、32、35楼3600套家具、1800套床铺招标采购和安装按期完成。5. 开展宿舍文化建设。公寓服务中心会同校友办公室、学生工作部、"北大燕窝"举办第二届北京大学宿舍文化节等系列活动；会同学生工作部开展"安全文明卫生宿舍"和"示范学生宿舍"评选。6. 加强队伍建设，提高公寓服务规范化水平。在安全秩序、卫生环境以及维修服务等方面，对楼管组、保洁队伍进行调整和培训。

教师公寓。1. 召开多次教师公寓工作座谈会，就教师公寓的基本情况、存在的问题，如何促进教师公寓周转，完善管理和服务等事项，广泛征求教职工的意见和建议。2. 召开教师公寓管理委员会会议，就教师公寓申请和调配建议方案，促进教师公寓周转、清理违规使用，修订教师公寓管理办法等进行商讨，并开展相关调研工作。3. 配合房地产管理部，推进落实收回方正集团使用的畅春园青年公寓60楼有关工作事项。4. 积极推动南门区域19至21楼搬迁工作。对该区域符合教师公寓条件的教职工予以搬迁安置，对临时住宿的教职工进行搬迁腾退。5. 教师公寓、博士后公寓服务保障和安全管理工作。办理教师公寓入住和调整60多人次，离职教师公寓清退13人，博士后进站、出站150人次。教师公寓粉刷维修110余套（间），完成78套（间）博士后公寓的家具购置和更换。

万柳公寓。1. 会同研究生院进行沟通协调，帮助校本部18个院系2016级1100多名专业硕士的解决住宿问题。收回30多套（间）校外单位使用的房屋用于教师公寓。收回和清理部分地下室用房，调整为员工宿舍。2. 解决园区停车难、电动车穿行隐患事宜，开展安全生产培训、消防运动会、应急救助演练等系列活动，综合检查和整改落实。3. 按照师生代表调研建议，调整健身馆的开放时间和运行模式；对一二区学生宿舍电表进行改造，调整售电模式，解决同学们长期以来反映的不合理的阶梯电价问题。4. 进一步调整优化底商配置，基本解决同学们反映的水果价格高、快递取送难以及园区环境乱等问题。5. 建立万柳大家庭师生微信群，定期组织师生座谈会。成立万柳学生联合会，设立"荷风柳苑"学生活动室和"小舍咖啡吧"，增加学生活动和交流场所；邀请同学参与活动空间设计和家具配置等。协同学工部门和院系开展育人工作和宿舍文化建设。6. 2016年上交学校收入2000万元。

【专项工作】 按照后勤系统管理制度汇编的要求，修订和制定公寓服务中心规章制度和工作流程，进一步提升工作规范化和制度化建设。

开展学生公寓和教师公寓专项考察和调研。着手对现行学生宿舍和教师公寓管理办法进行修订，专题小组到有关兄弟高校进行学习考察。

积极配合总务部、基建部等做好28、32、35楼三栋新宿舍楼各项准备、家具安装、开荒保洁、配套设施和环境改善工作。聘请专业公司对环境空气质量进行专项治理；配置活性炭包54,000个，绿植3600多盆，电风扇900余台。

宿舍文化建设。2016年4月，《光明日报》以《一室若不治何以奉家国——北京大学学生宿舍文明建设赓续百年"家国"传统》为题，报道北京大学宿舍文明建设情况。2016年6月，教育部、光明日报组织召开高校宿舍文明建设座谈会，北京大学副校长王仰麟和"北大燕窝"同学代表交流。

队伍建设。进一步完善岗位设置、工作任务和业绩考核；坚持依法依规用工，规范工作和加班时间；规范薪酬福利。

【党建工作】 认真开展好"两学一做"专题学习教育。按照学校党委的部署，认真落实"两学一做"专题学习教育。组织开展研读党章党规、学习习总书记系列讲话、联系单位实际综合改革大讨论活动；组织业务骨干到兄弟院校进行考察学习和工作交流；开展"党员齐争先、服务学生走在前"的校园大清扫特色支部活动等。

加强组织建设和能力建设，发挥先锋模范作用。完成公寓中心党总支的换届选举，成立离退休党支部。在后勤党委支持指导下，成立公寓中心团支部。组织生活走向标准化、规范化、程序化。党员干部进一步转变作风，提高服务水平，树立讲实干，讲实效，讲奉献的风气。完成"公寓服务中心党支部提高组织生活质量的实现途径"党建创新项目的课题研究。

认真贯彻落实党风廉政建设责任制，执行廉政准则和有关规定。在公寓服务工作中，严格执行"三重一大"和党风廉政建设责任制和廉政准则各项规定，认真落实"一岗双责"。结合落实党的群众路线和"三严三实"教育活动整改措施，进一步加强思想政治学习和党性修养，建立健全有关规章制度，严格执行《公寓服务中心党风廉政建设责任制实施细则》的规定。

（公寓服务中心）

校园服务中心

【发展概况】 校园服务中心是学校新组建的综合性的后勤服务机构，涵盖着全校多项后勤服务项目。中心下设6个科室，分别是综合办公室、财务室、绿化环卫管理科、综合事务科、车辆管理科、附属幼儿园。2016年中心在职职工387人，其中事业编职工84人，合同制职工265人，劳务人员38人。退休职工402人，其中2016年退休12人。承担全校多项服务项目，主要提供绿化环卫服务、公共教室及部分行政楼保洁服务、饮水机维修服务、报刊及信件收发服务、交通订票服务、通讯服务、车辆运输服务等综合性服务及幼教服务。此外，还负责为迎接新生、毕业生就业洽谈会、毕业典礼、毕业生行李发送、高考阅卷、学校重大会议活动、外事活动等提供后勤服务。

【业务发展】 绿化环卫服务工作。完成全校约95万多平方米的绿化养护任务，其中水面面积约10万平方米。集中处理倒伏大树和危险树64株，确保学校人员及财产安全。完成五一及国庆期间花坛花卉布置约10万余盆，其中超过半数花卉为温室花房自行生产。进一步加强对全校500余株古树的管理工作。对山林地带生长环境较封闭的区域采用去除古树周边杂树、疏剪周边大树枝干、地面打孔通气等措施来保证古树正常的生长条件。对开放区域人流量较大的地方，采用加固刚性支撑、设置围栏等措施保证古树安全，改进和加强学校基础建设围档内的古树保护工作，尽量减少人为损坏现象。2016年学校的大部分古树生长良好，未出现非正常死亡现象。病虫害防治工作方面，全年共安置杀虫灯30处，放置害虫诱捕器40处，出动打药车100余车次，2016年未出现美国白蛾等大规模虫害爆发现象。完成38万平方米的校本部内道路保洁清扫工作，全校化粪池的清掏清运工作及全校生活垃圾、无主垃圾和绿化垃圾的收集转运。按照学校爱卫会的工作部署，完成全校200余栋楼的灭蟑螂和灭蚊蝇工作、学生宿舍1300余处灭鼠投放点的灭鼠消杀工作。2016年绿化工程改造面积约11,400平方米，主要包括镜春湖平台周边绿化、考古楼北侧空地绿化、未名湖西岸绿地改造、办公楼东侧山坡绿地改造、未名湖北岸绿地喷灌工程等20余项绿化建设及改造项目。共计新植小乔木50余株，各类花灌木600余株，地栽宿根花卉约500平方米。完成昌平校区3500多亩的荒山绿化责任区养护任务，各类形式的义务植树折合共计39,728株，超额完成37,750株的义务植树年度任务目标。修防火道17万多平方米、修山间小道3000平方米。

综合事务服务工作。完成全校289间教室，共计2.3万张座椅及6.3万平方米的日常卫生保洁及维护报修工作。完成全校教学楼、学生宿舍及部分院系304台饮水机的日常维护及巡检工作。为全校师生订购火车票28,440张，机票42张；为学生办理公交卡3852张。完成全校师生82种730份报刊、644种1614份杂志的订阅收发工作。完成学校2016年迎新工作，迎接北京站和西客站新生共计1000余人，发放新生行李近800件，校内寄存研究生行李近千件。配合学校第二教学楼地下空间的改造，搬腾库房及日常运行用品千余件。配合"新太阳"学生活动中心完成迎新及招聘会；配合学校相关部门，完成高考及研究生考试阅卷、毕业典礼、化学会议等大型活动的后勤保障服务工作。与校内50余所单位签订保洁服务协议，完成20余个单位的临时保洁服务工作。电话室全年装机、移机、电话安装宽带1765部，检修电话2735部。代收代缴话费96,307笔，代收电话费金额720万元。配合联通完成校内新铺设通信管道1公里；完成理科1至5号楼，考古文博学院，数学科学学院，心理与认知科学学院动物房，中水站，红一至红六，环境科学学院大楼，化学与分子工程学院北楼，学生宿舍28、32、35楼，教育基金会等地的光纤改造工作。配合学校打印各类文件36,680份，印刷复印各类文稿45,350份，制版30张。归档整理2013年至2016年共计4年的各类发文明细。

车辆运行服务工作。2016年，全年总运行服务里程700,663公里，其中小车运行373,066公里，大客车运行327,597公里。完成学校教师班车及附小班车350趟次，176,000人次。完成"两会"期间及本科教学评估期间等重要活动的学校用车、征调车辆及调度运行服务工作。配合学校公车改革，完成16辆公务车封存及设备报废手续。完成2016年在用的27辆车的年检工作。

幼儿保教服务工作。2016年，在园儿童923名，其中84%以上为教职工二代、三代子女。三岁以上幼儿862名，三岁以下幼儿61名。幼儿体质测试及身体发展平均指标均符合北京市市级示范幼儿园的相关要求及标准。开展丰富多彩的在园活动及教师培训活动，如六一、新年活动，融合教育亲子秋游活动，"童心绘阅读""美丽教师美好心灵"，"幼小衔接"教师培训等系列专题活动和教师培训，参与"北大首届幼儿体育论坛"活动等，促进幼儿发展，提升教师专业能力，展示专业形象，发挥专业影响力。加强师德修养，实施师风建设，将师德教育融入职工自我管理体系并纳入考核内容中，评选师德先进。幼儿园积极建构"融合"教育环境，即"融入、合作、和谐"，包括和谐、融洽的园所文化氛围建设；并在教育途径上方式上实践，如学科领域的融合、特殊教育与普通教育的融合等。独立申报三项北京市学前教育研究会"十三五"课题，其中两项列为重点课题，一项列为一般课题。在推进实施《海淀区二期学前教育三年行动计划（2014—2016年）》工作中，幼儿园充分发挥海淀区干部教师培训基地示范引领作用，获得海淀区"突出贡献奖"。业务工作成绩突出：2位教师分别获得"北京市辛勤育苗先进个人"称号和"海淀区教育系统优秀青年教师"称号；多位教师分获"海淀区童心杯征文"一、二、三等奖；幼儿园提交的幼儿体育活动视频获"北大首届幼儿体育论坛"游戏创作特等奖；5位老师在2016年"中国学前教育研究会"学术年会论文评比中分获一等奖、三等奖和鼓励奖。开展家园合作，成立新一届的全园家委会，并开办如"爱牙护牙"讲座、"体育课程"等家长学校活动，实现家园共育。开展全园幼儿及家长的入园评估，进行数据录入与统计分析，了解家长育儿理念，以便做好家园配合。不断完善办园条件，完成燕东、蔚秀两园的饮水机进班工作；班级安装热水器确保幼儿冬季温水洗手；完成两园电子监控设备进班，确保安全监控无死角等。

【管理运行及制度建设】 党建工作。结合学校"两学一做"活动的开展，将对职工思想的引领作为首要工作，通过讲党课、群众座谈会、参加基层活动交流等形式，开展思想政治学习及多种党员教育活动，提高职工思想认识水平。

配合学校党建工作的要求，认真开展各种党建活动：开展"做合格党员的大讨论"活动，形成中心党支部的建设规范以及党员的行为规范，并作为学习参考材料由后勤党委转发后勤所属各支部；实现中心资源共享，借助中心第二党支部开展"美丽教师，美好心灵，做合格党员"主题系列活动的资源，以"创先争优"活动为抓手，结合实际工作，提升党员及群众素养，开展以提高审美能力为目的的"插花艺术"培训活动、以提升生活品位为目的的"面食艺术"培训及比赛活动、以学习先进为目的的"主题演讲"活动等一系列学习教育培训活动，既培养党员，也带动群众，真正发挥党组织的积极影响作用。完成中心党总支、中心第二党支部、第三党支部的换届工作；完成4位预备党员的发展计划；完成1位预备党员的转正任务；完成中心党员和积极分子的电子信息核查工作；提交2017年的党员发展计划。2016年中心党支部被评为"北京大学优秀党支部"。5名党员分别被评选为"北京大学优秀党员"和"北京大学后勤系统优秀党员"。

重视作风建设，常抓不懈，要求各级管理干部贴近群众、贴近师生，树立服务意识、大局意识，踏踏实实改进和加强校园服务工作，立查立改，真抓实干，提升服务，解决全校师生关心的问题。坚持集体领导，执行制度规定的民主集中制，大事开会碰头，小事相互通报，执行决议，维护纪律。建立中心领导统筹管理，分管领导具体负责，科室各负其责，全体干部职工积极参与的领导体制和工作机制。深化惩防体系建设，严格执行"一岗双责，党政同责"，全面推行副职领导主管财务工作、正职领导重在监管的双向监督制度，确保权力正确规范地运行。关注廉政风险建设，与每一位管理干部签订承诺书，落实廉政要求。推进廉政风险防控管理，不断提高党风廉政建设和反腐倡廉工作科学化、制度化、规范化水平。认真执行中央八项规定，婚丧嫁娶一律从简，三公经费严格把关，厉行节约，不搞特殊。严格按照组织人事部门规定选拔任用干部，杜绝不正之风。

制度建设。2016年，中心制度初成体系，根据中心制度，进一步规范各项管理工作流程。尤其从涉及中心人、财、物的重要工作和风险点着手，进一步明晰管理办法及办事流程，在各级管理中具体落实；严格执行行政、人事、财务等办事流程，严格制定幼儿入园方案及工作流程，顺利完成年度招收新生等工作。在制度执行过程中，各层级管理人员结合实际工作，提出合理建议，不断补充调整和完善细节。加强内部控制和监管，要求各科室完善大宗财物采购流程，加强风险点防控，进一步明晰管理办法并责任到人。加强科室制度建设，构建从中心到科室、从宏观到具体的制度架构体系。进一步讨论和制订具体管理办法，从而加强制度的合理性，更好地以制度强化执行力和约束力，以制度规范管理。同时，加强对职工的宣传教育，制定制度广泛征求意见，制度落实通过多种途径学习，将制度内化于行。

年度特色工作。进一步理顺中心管理架构，明确中心对上对下不同管理层级间的连接关系，努力执行"三重一大"通过中心领导班子例会集体讨论决定，明确集体例会的重要性和决策力，既强调中心领导班子间的分工与合作，理顺从分管副主任到部门主管之间的层级管理职责，也明确中心综合办及财务室在中心层级管理中的枢纽和服务作用，上传下达，指导监督，为各科室运行提供工作保障。为解决中心管理岗位缺编的问题，基于对中心部分科室现有管理人员结构的分析，尝试合署办公、合署召开科务会等形式完成相关科室重大问题的决策与任务执行工作，在分层管理中发挥重要合力。加强沟通交流，分享优势资源。中心各科室原有管理基础不同，管理资源各有优势，中心通过例会、专题研讨会、专项工作会议、资源分享活动等多种途径，加强科室经验的交流整合优势资源，分享工作及管理经验。整合优势资源，避免短板，发挥长处，如中心财务室为各科室管理人员进行财务培训。技术资源分享，如分享幼儿园的有关教职工培训资源，组织中心各科室职工开展职工活动。

(校园服务中心)

医学部总务工作

【民生重点工作】 稳步提升餐饮品质。2016年，总务处争取补贴、控制价格，确保学生食堂基本伙食价格平稳，并及时推陈出新。同时，师生全过程参与，积极提出意见建议，跃进厅二层完成重新招标、二层风味窗口重新规划、面貌一新，汇集川菜、鲁菜、江浙菜、铁板、麻辣香锅等地方特色，满足同学们不同口味需求。并基于季节变化和师生需求而定期推出特色、新肴，保持每周10%至20%的更新频率。

不断改善师生住行条件。积极与学生权益委员会合作，建立互动沟通机制，及时解决同学们反映的各种问题。应同学之所急，在学生宿舍加装了APP智能自助洗衣机，便利快捷、智能操作；加装了智能自动售货机，解决了同学们临时购物问题。根据医学部安排，将医学部至北大本部校际班车车型调整，22座增至50座，解决同学们晚上回校的安全隐患。

按照医学部整体安排，基础医学院、药学院、公共卫生学院等部分实验室和师生陆续搬迁至北大医疗产业园。总务处多次与产业园区管理方沟通，在医学部大力支持下，为搬迁至产业园的师生提供了班车；在产业园食堂开设了医学部校园一卡通窗口，学生享受到七折优惠价格，并定期更换品种、保证饭菜质量；学院为产业园部分同学提供免费床位。

实施平房煤改电工程。9月，安排专项预算220余万，对西北区和家属区平房户供暖进行了煤改电改造，为68户平房户室内安装电暖气，确保进入供暖季后居民不再通过老式的燃煤取暖。

家属区智能水表更换。4月始，为解决家属区水表老化问题，学校启动家属区智能水表更换工程，截至12月末，已为居民更换水表3000余块，推进家属区居民购水便利化、快捷化。

开展肖家河住宅申购。1月，配合完成附属医院教职工申购肖家河住房，40套住房予以配售。11月，按照学校部署，房产职工加班加点、审核资料、上报情况，并与校本部同步进行，顺利完成医学部教职工申购肖家河教师住宅人才房工作，共有26人申购报名。

改善8号楼居住环境。家属区8号楼修建历史较长，长期存在各种老化问题，2016年，学校争取到政府支持，完成了8号楼南北中院的雨水管道改造，并将8号楼和10号楼的院落路面进行了整体铺装，改善环境和居住条件，整体面貌有了较大的提升。

【内部管理工作】 2016年，总务处坚持将目标管理与日常工作紧密结合，定目标、定计划、定路径，年初宏观把控，细化分解、层层落实，年底对照考核，以评促建，现代管理。同时，细化目标管理，形成以"日"为基数的日程安排，科学规划、严谨细致、动态发展。

基于2015年总务处推动薪酬体系改革的工作成果，2016年，多次专题讨论《后勤非在编职工薪酬改革方案》，征求意见、深入沟通，明确在房地产管理中心将进行大部门试点，并在试点结束后梳理总结、分析优劣和改进完善，并向总务处其他部门推行。

2016年11月始，按照医学部内部控制评审要求，我处配合医学部审计室，全面启动总务处内部控制建设与评审工作。经过启动会、培训会、政策宣讲及具体部署，总务处及各部门层面都点面结合，通过梳理业务流程、修订规章制度、查找内控缺陷、确定核心控制、完善内控手册、进行内控评估等一系列工作，突出重点、全面建设，分步骤阶段性地完成了总务处的内控评审，并在关键控制、核心控制、风险隐患排查及防范方面取得成效。

通过内控建设，总务处梳理制度仅后勤层面就有50余项，控制流程20余项，涵盖人、财、物、文件处理等各项业务流程图40余项，在优化管理控制与流程设计、优化资源配置、改善业务管理、提升治理能力等方面达到内控初步目标。长远而言，内控建设是一项长期工程，尚需长期推进、持续优化，任重道远。

2016年，总务处重点就人、财、物、安全、巡查等方面废止不适用制度、出台新制度、修订旧制度。相继出台《北京大学医学部总务处采购管理办法（试行）》《北京大学医学部总务处奖励制度（试行）》《北京大学医学部总务处安全生产管理办法（暂行）》《北京大学医学部总务处机关办公室安全应急预案》等，强化安全、资金及资产和采购方面规范化管理。在财务审批权限上，修订权限管理，建立五级财务审批机制，从5000元、10,000元、50,000元到200,000元，不同额度不同层级审核，适度放权，简化程序，提高效率。陆续修订了《北京大学医学部总务处工作巡查制度（修订）》《北京大学医学部总务处公章管理办法（修订）》《北京大学医学部后勤24小时服务热线值班制度（修订）》《北京大学医学部总务处法律事务管理办法（修订）》等10余项方方面面的规章制度。

针对各实体人员老化问题（均龄已达50余岁）且"只出不进，每年退休近20人"的状况，总务处与人事处多次沟通，争取编制指标，结合部门需求，通过多种渠道补充人员。既有通过人事处统一进行的高校优秀毕业生选聘、专业技术人才的调入，还有军转干部的踊跃接收以及非在编人员的择优聘用，都严格按照程序，公开透明。2016年，总务处调入专业高学历知识人才2名，引进高校毕业生2名，招入专业技术人员20余名，且大多数都补充进基层实体。

多层次开展教育培训。采取"走出去、请进来、沉下去"的培训方式，不断提高干部职工的政治理论素质、业务能力和工作水平。除了各层级组织的如廉政教育、安全讲座、法律讲座等专业知识、技术培训外，总务处还组织干部职工赴外学习交流，如组织干部职工赴天津大学北洋园校区重点学习考察后勤物业管理经验，组织党务工作者赴焦裕禄干部学院学习，接受焦裕禄精神洗礼，拓宽视野，增长见识，学习经验，启迪思考。同时，2016年，总务处一方面根据事编工资变化而及时调整非在编工资，另一方面启动非在编职工薪酬改革，在开源节流基础上加大投入，逐步调整非在编职工薪酬，止住人才流失，吸引、留住人才。

推进各部门的档案规范化建设。幼儿园在档案规范化管理方面卓有成效，10月，总务处以幼儿园教学评估检查为契机，组织部门主任赴幼儿园参观其档案规范化管理现场，学习其档案规范化管理的经验。

强化安全责任，抓好安全教育、安全巡查和安全防控，确保生产安全。安全责任层层落实，细化到每个人。通过区域划分、签订安全责任书、明确安全责任和义务，提高职工安全认知，培养职工安全操作、安全生产的定式思维，推进安全管理。加强安全教育和培训，积极开展安全演练、安全知识竞赛等活动，提高师生安全意识和防范能力。在公共区域悬挂安全宣传标语、横幅等，向师生宣传，丰富师生用电、溺水、防火、食品卫生等安全常识。2016年，总务处通过安全月知识趣味竞赛，融安全知识于趣味活动中，寓教于乐，效果突出。完善安全制度建设，相继出台《北京大学医学部总务处安全生产管理办法（暂行）》《北京大学医学部总务处机关办公室安全应急预案》等，完善应急处置机制，以安全制度、机制来确保安全运行。强化安全巡查，坚持处领导月巡查和实体日巡查相结合，厉行总务处四级巡查机制、与保卫处的联动机制和各部门网格化防范举措，建立台账、不留死角、动态监管、"全覆盖、零容忍"。

【运行保障工作】 7月20日下午，由于持续大雨，医学部区域市政排水管线、管网及逸夫教学楼墙体同时漏水，水量迅猛并大规模注入逸夫教学楼地下一层，导致总配电室及医学部信息通讯中心的机房被淹，医学部部分区域停电及部分楼宇停水，全校电话、网络中断。通过50多小时的持续奋力抢修，医学部电力、网络及电话都得到恢复，各项运转得以正常，最大限度降低了因停电带来的损失。22日起，总务处校园管理中心工作人员放弃暑假休息，每天加派6—7名专业技术人员巡查各配电室与学院用电情况，对电力设备设施进行巡检、更换及维护等各项工作，并制订全校配电室防水维修方案，排查漏水点，做好封堵处理，避免未来可能存在的类似事故和风险。

【房地产管理中心工作】 完成附属医院肖家河住宅申购及肖家河人才售房工作。开展公寓房市场租金评估并通过申请、排榜、分配、公示等程序完成12名职工新入住公寓房。专人负责27号楼、综合服务楼、城内学生公寓房屋所有权证。以学生为本，增强与权益委员会等学生组织的沟通，形成良性交流平台；完成学生公寓家具更换，完成各宿舍楼自助型手机APP洗衣机安装和调试，并加装自动售卖机，便利同学。做好职工住房补贴、物业和采暖补贴发放、迎新及派遣等常规工作，抓好学生、教工公寓及地下室安全工作。

【校园管理中心】 暑期应急抢修，降低学校损失，承担有力保障。完成家属区更换智能水卡表、供暖设备设施保养维护检修及改造工作，确保冬季供暖顺利进行。进行全校高压供电设备预防性实验、全面检修校园公共区域照明设施，杜绝安全隐患。增进沟通、加强协作、有效巡查、完善监管，托管企业服务师生，展现良好形象。加强管理、抓好安全，完成留北楼、人才房、部医院办公室、部分学生宿舍墙面粉刷，综合楼浴室、生化楼、两所楼供水管线改造等。做好节能减排、公交卡代办及日常重大活动的各项职责范围内的服务保障工作。

【饮食服务中心】 本着"质量不降、价格不涨、分量不减"原则，确保餐饮基本伙食保障。主食、辅食品种多样化，风味、特色菜品及时更新，随季节变化时令性调整。踏实办好清真餐厅，得到穆斯林师生一致认可。面包房传承与改良相结合，丰富品种、提高质量，广获师生赞誉。克服重重困难，城内学生食堂差强人意。坚持北京高校伙食联合招标采购制度，师生齐参与食品采购，公开透明，严把原材料进货关，杜绝腐败风险。坚持"谁主管谁负责，谁在岗谁负责、谁用人谁负责"原则，安全责任落实到人，确保食品安全和安全生产。党政合力，积极开展"两学一做"学习教育，严格采购程序，强化小金库防控，反腐倡廉、廉洁自律。

【教室管理服务中心】 教室编排准确化、精准化和信息化。主线教学，兼顾各项考试、会议等临时保障任务。多方协调，规范流程，教学楼电子屏使用有保证。PBL教室升级改造，持续改进师生教学条件。圆满完成室内铝扣板加固工程，及时维护更新教学设施，快速响应师生诉求，强化托管企业监管，落实满意服务。会务服务全年458场次。

【运输服务中心】 安全教育与安全会议相结合，加强安全检查，落实安全责任，全年安全运行268,000公里。合理安排、适时调整、快速应对，全力保障迎新、各单位公务用车等任务。严格执行上级封存车辆政策，面对车辆少的困难，集思广益，合理调配调度，攻坚克难，完成提供产业园班车及校际班车车型调整，做到一切以师生为本。竞聘上岗、统一思想、加强队伍建设、积极应对挑战。加强支部建设和文化建设，增强职工凝聚力、提升职工战斗力。

【部医院】 就诊超负荷运转，全年门诊量45,000人次，双向转诊7658人次，一切以病人为中心不退缩。与社区居民签署家庭医生式服务协议，加强社区慢性病管理。推进家庭护理病床工作，建立家庭护理病床47张，查床112次，受到社区居民一致好评。规范药品采购、发放流程、强化内控，防范风险。积极开展"健康教育大讲堂"活动，举办义诊咨询十余次，播放健康宣教视频20余种，时长4000余小时，不断提升师生、居民健康保护意识。日常医疗、护理服务、预防保健、公费医疗等常规工作有序推进，学校活动保障落实到位，党政和谐，做好学习教育、提高医德医风；加强廉政建设，防范廉政风险。

【幼儿园】 翻建幼儿园教师宿舍，幼儿园遮阳棚更换，改善办园条件，增强职工归属感。积极参加学校各项活动，锻炼队伍，提升实力。齐心协力，加班加点，攻坚克难，顺利地通过海淀政府教育督导工作。借鉴学校平台和附属医院的医疗资源，协作创新，共同研讨实践，打造北医特色的孤独症儿童融合教育。立德树人、兼容并包，营造开放、多元、互动的干部教师双向成长环境，促进个人成长与提升教师整体素质相结合，提升幼儿园保教水平。想方设法，扩班增加学位满足教职工和部分三代子女入托需求，受到好评。修订完善规章制度，并编撰成册，强化内部管理。抓好卫生保健，确保幼儿安全，推进幼儿早教。

【居委会】 积极履行各大委员会职责，推进社区各项建设，创建文明和谐北医社区。积极开展两学一做学习教育，做到"学""改""做"统一，增强党组织凝聚力、战斗力。按照部署，严格程序，层层落实，顺利完成2016年海淀区人民代表大会代表换届选举工作。一心为民，争取政府支持，完成8号楼、10号楼雨水管线改造，并对坑洼不平的院落进行了整体铺装，旧貌变新颜。多方调研，重点突破，家属区第一届北医社区居民自我服务管理委员会宣告成立，有效推动了北医社区物业管理的进程。多措并举、多管齐下，重视安全巡查，保障社区安详平和。丰富多彩文体活动，不断丰富居民社区精神文化生活。各委员会责任担当、循序渐进，细心为居民做好各项服务工作。完成2016年海淀区1%人口调查村、居委会（社区）抽样。社区计生窗口被花园路街道评为"十佳群众满意窗口"。

【城内学生宿舍管理办公室】 主动及时协调沟通，合理调配公共资源，增进与同学、物业交流力度，建文明、和谐宿舍环境，用心服务赢得认同。依托合同协议，完善监督举措，强化监管力度，挖掘潜在问题，提出解决措施，提供切实保障。设备设施老化，及时维修更新，完善基础建设。科学分工、团队合作，重新修订《城内宿管办季度绩效考核办法》，多劳多得，完善内部管理。

【饮食管理办公室】 通过修订《北京大学医学部餐饮服务考核管理办法》《北京大学医学部餐饮服务与食品安全管理暂行规定》等规章制度，实行"走动式管理"，做好餐饮服务满意度调查，完善与师生的沟通和投诉机制，完成风味餐厅的考察、换届及交接工作，不断强化餐饮监管，提升餐饮服务品质。加强物业巡查、做好保洁监督、增强安保能力，确保物业及食品安全。认真负责、周到严谨，会务服务得到承办单位一致好评。"三重一大"、党风廉政常抓不懈。

【校园管理办公室】 通过补充人员、细分岗位职责、制定内部规章、健全档案资料等，启动办公室有序运转。加强安全巡查、落实安全责任、健全安全制度，相继制定《2016年总务处防汛工作方案》《2016年总务处防汛应急抢险实施方案》及《北京大学医学部总务处各实体安全生产管理办法（试行）》等，积极开展安全月宣传活动。

（医学部总务处）

房地产管理

【房地产管理】 2016年，房地产管理部顺利完成公用房调配与管理、房屋管理维修、房改售房等方面的工作。

公用房调配与管理（燕园校区）。1. 公用房分配与调整。2016年，除大规模楼宇竣工入住以外，完成国家发展研究院、工学院、电镜实验室、校园中心等单位办公用房分配调整51次，分配房屋面积6039平方米。2. 公房搬迁周转。（1）结合餐饮综合楼建设区域拆迁工作，对澡堂南侧商业区进行集中清理整顿，确保餐饮综合楼顺利投入建设。（2）利用剩余周转房源对资源西楼一、二层建筑设计院、南南学院、校园中心收发室等单位进行搬迁调整，配合资源中学教室周转。（3）落实学校关于红一至红六楼规划方案，协助考古、艺术、儒藏编纂中心、儒学中心等各单位启动搬迁入住工作，协调解决大楼外线建设、动力中心开闭站腾退等问题。（4）启动环科大楼入住及原房腾退工作。3. 公用房竣工验收工作。先后完成校内28楼、校内32楼、校内35楼、环境科学大楼竣工验收及交接工作。4. 公用房信息采集和数据上报。完成2015资产决算、在京中央和国家机关及其所属事业单位办公用房租赁情况调查、本科教学评估相关统计等33次。

住房日常管理工作（燕园校区）。1. 办理住房相关手续。办理住房调查表、开具住房证明365人次，办理减离转单169人次。收回住房4户，办理回购1户。2. 办理访问学者公寓各项手续80余人次。办理访问学者公寓入住手续30余人次、办理退房手续10余人次、办理续办协议40余人次。

房屋维修管理（燕园校区）。1. 日常维修。2016年，处理各类房屋报修1180起。2. 教师公寓粉刷检修。完成140套教师公寓（含博士后公寓）入住简装检修。3. 为避免燕北园、承泽园、燕东园、蔚秀园、畅春园、中关园、科学院等墙皮脱落造成砸车伤人事件，已经在每栋楼装贴安全警示牌共计393个。4. 装修工程。配合住房办对西二旗智学苑1号楼2号楼3套房间进行简装修。5. 招标工作。启动高访公寓四期公寓精装修、4—7公寓挑顶、25套新标准教师公寓精装修、朗润园、中关园等公共楼道粉刷的招标工作。6. 配合公房办对29楼地下进行改造工程。7. 专项维修。完成古代史研究院顶层屋面防水维修工程；完成科学院25、26楼屋檐维修工程。

校园置换与腾退。1. 完成燕园校区平房区搬迁腾退项目拆迁、拆除、评估公司相关费用的支付。2. 完成燕园校区平房区搬迁腾退项目安置房源限购问题的申报与审批手续。3. 完成燕园校区平房区搬迁腾退项目安置房物业、供暖费用的支付。4. 完成燕园校区平房区搬迁腾退项目燕北园、静淑苑、育新小区产权手续的发放。5. 完成成府校区景观设计学大楼项目拆迁剩余青龙桥街道居委会公用房的搬迁腾退工作。

土地与房屋产权管理。与宝信顾问公司配合，启动成府园东区、燕东园土地权属登记及房屋不动产登记办理工作。

地下空间与人防工程管理。1. 对有人员居住和经营性使用的地下空间不定期进行全面检查，确保安全。2. 完成人防工程验收。

【房改工作】 房改售房。1. 职工提出按房改成本价购买现居住的承租房，完成对20余户提出购房申请的住户的相关个人及房屋信息的备案登记，为开展新一轮房改售房做好前期准备工作。2. 协调财务部以及安达房地产公司、西二旗物业等有关部门，完成购买西二旗住房的资金结算工作，并结清西二旗18套住房的物业费。3. 五道口收回校外房处置。

住房改革资金测算和住房调查及审核工作。按照国家要求和学校规定，为480名新进校职工及时建立住房档案。同时，对北京大学现有教职工住房档案进行完善。编制上报北京大学住房制度改革支出预决算报表，为3511名在职无房职工和住房未达标职工申报2017年住房补贴资金5439万元，为今后北京大学住房制度改革顺利进行奠定良好基础。

教职工住房补贴发放。2016年为3177名无房及未达标教职工发放住房补贴4763万元，其中为471名新进职工及时核定和发放住房补贴及临时生活津贴。继续做好老职工住房补贴拾遗补缺工作，为35名老职工核定和发放住房面积未达标补贴和级差补贴。

【家具资产管理】 审核、建账、贴示家具标签的新购置家具为22,242件，价值1927.9758万元。处置废旧家具5315件，价值328.1773万元。调拨可再用家具47件，价值5.0407万元。为一次性购置家具总值超10万元的单位，以公开招标的方式完成14次家具招标，总中标价835.3022万元，合同价818.3316万元。

【校园规划】 筹备组织召开校园规划委员会会议3次，审议校园建设相关项目计43项。组织召集并参与品质校园、无车校园、校园交流空间、孔子雕像等校园规划相关专题会议若干次。

多次组织召开校园规划专题讨论会，推进北京大学城市规划设计中心承担的《北京大学海淀本部校区总体规划》《昌平校区总体规划》修编工作。

联系学校相关单位收集数据，填写并报送《北京大学"十三五"基本建设规划》。参与并推进《国家重大建设项目库》填写工作。

推进教学科研空间建设工作。调研对学校涉军、涉密科研场所实施集中管理事宜。参与解决成府园居委会用房拆迁遗留问题。会同保卫部、街道办、社区服务中心统计校内复印店情况。

推进美化校园环境建设工作。参与沟通协调斯坦福中心搭建门头事宜。联系完成静园一至六院门牌设置新门牌。会同燕园街道办事处，推进油气管线占压隐患消除工作。

推进校园基础配套、服务设施建设工作。联系铁塔公司、移动公司、联通公司、电信公司，并与校内相关单位沟通，推动室外通信基站新建升级及室内微蜂窝系统建设工作，优化完善校园内通信系统。参与并推进校园内新能源汽车充电桩建设工作。参与29楼B1层商铺招租摊位布局设计等工作。推进理科1号楼拟建无障碍坡道建设。对校园周边地下停车场规划进行论证，挖掘校内及周边停车场资源。参与推进餐饮综合楼社区拆迁工作及艺园北侧小吃售卖区规划建设工作。

参加基建工程部、总务部等部门关于学校基本建设项目、改造项目的评标、开标会50余次，评标项目约计140项。

【重点专项工作】 肖家河工作。2016年初，完成肖家河教师住宅2310套住房的选房和认购工作。下半年，顺利启动肖家河人才房分配；同时，肖家河住宅正式签约及收款工作准备就绪。12月26日，肖家河教室住宅售房签约正式启动。

国有资产专项检查及清查工作。根据财政部、教育部国有资产管理专项检查工作要求，对北京大学房屋、土地、家具进行全面清查盘点，并将盘点情况等通过学校财务部汇总上报。

公房出租管理规范化专项工作。2016年上半年北京大学正式印发《北京大学公用房出租管理细则（暂行）》。房地产管理部下发《关于清查公用房出租出借行为的通知》，对全校各单位所属用房出租出借情况进行全面摸底。2016年3月起，房地产管理部与产业管理办公室配合，与方正、青鸟、临湖（资产经营公司）、出版社等产业公司分别进行沟通，形成各产业单位用房交回学校或规范化管理方案。2016年暑期开始，房地产管理部相继启动29楼地下商铺、五道口底商、政府管理学院咖啡馆招标工作。

住房管理。深入推进物业管理和供热采暖改革工作，发放物业补贴12,076,492元，发放供暖补贴27,568,554元，共计发放10,113人次。五道口丁类住房分配：共有4人选定五道口住房，通过海淀区、北京市住房保障系统的购房资格报送及审核工作，办理网签及入住手续。上地枫润家园商品住房的分配：为6位人才办理申购及选房手续。

（房地产管理部）

基建工作

【发展概况】 截至2016年底，基建工程部在编人员27人，其中，部长1人，副部长4人，综合办公室6人，计划办公室5人，维修管理办公室6人，工程建设办公室5人。在编人员中教授级正高职称1人，副高级职称7人，中级职称及以下19人。

截至2016年底，基建工程部党总支共有党员48人，其中在职一支部党员为28人（含北京大学建筑设计院7人，肖家河建设办3人），退休二支部党员为20人。

基建工程部各类工程均严格进行工程招标，接受政府及学校相关部门监督管理；在实际进行中接受校纪委、审计等部门全过程监督；工程竣工结算接受审计室审计监督。

2016年在建筑市场共完成7项总包、监理招标，分别是：北京大学附属中学体育馆一期及教学北楼电气外线及变配电室（37,000平方米，12,641,281.6元），北大附中惠新东街校区改造工程（27,378.84平方米、102,486,346.5元），北大附中北校区综合教学楼（31,314平方米、142,684,661.9元），王克桢楼外立面改造（9810平方米、8,377,777.44元），化学楼配电室改造工程（170平方米、3,884,203.29元），老地学楼改造（3044.7平方米、8,388,516.06元），餐饮综合楼工程（34,602平方米、216,687,465.6元）。2016年在校内共完成3项总包、监理招标，分别是：圆明园校区装修改造（6410平方米、11,443,246.48元），资源西楼一二层改造工程（2687平方米、5,199,943元），二教车库改造工程（5491平方米、4,475,402.69元）。2016年完成北京大学红一至红六楼装修改造、技物楼西平房装修（超强激光实验室）、俄文楼室内装修、北京国际数学中心至未名湖北岸绿化景观、太平洋大厦首层植房、电话室搬迁工程、北京大学基金会等93项主体及室外工程项目结算（其中送学校审计64项），共计完成结算金额约12,000万元，完成结算约为50,000平方米。

【基建投资计划与完成情况】 投资计划情况。截至2016年12月底，北京大学当年在建项目（包括新建、改造项目）共有26项，建设总规模225,599平方米，计划总投资110,991万元。其中新建项目9项，建筑面积15,6371平方米，计划总投资88,797万元；改造项目17项，建筑面积69,228平方米，计划总投资22,194万元。

投资完成情况。1. 新建项目完成情况。2016年累计完成新建项目投资83,550万元；其中完成中央预算内资金5637万元，医学部游泳馆项目完成1500万元，其余全部为校本部完成投资；完成自筹项目77,913万元，其中肖家河教工住宅完成49,048万元，其他工程项目完成28,865万元。

2. 改造项目完成情况。2016年共完成维修改造工程投资10,781万元。其中勺园1、2、3、5号楼改造2596万元，太平洋科技大厦改造894万元，出版社大楼电梯更换860万元，附中教学东楼改造860万元，二体加固改造700万元，动力中心周转楼改造659万元，静园1至6号院633万元，校医院住院部502万元，附中电增容改造427万元，圆明园校区改造469万元，资源西楼1层、2层改造422万元，二教车库改造378万元，百周年纪念讲堂声场改造276万元，镜春园75号（教育基金会）改造234万元，昌平2、3号楼改造192万元，勺园6号楼改造189万元，体育馆赛后改造174万元，附小配电室迁建128万元，红4楼维修115万元，附中食堂改造107万元，附中西楼化学室艺术室改造145万元等。

【工程项目管理情况】 2016年校本部新建和改造工程主要项目为26项，建筑规模约为225,599平方米，其中竣工项目8项，竣工面积为103,182平方米，在施项目18项，建筑规模约122,417平方米。

竣工工程。1. 红一至红六楼改造。该楼工程建筑面积7357平方米，为学校多个院系的教学科研场所，该工程2015年10月开工，2016年4月竣工。2. 化学北楼修缮。该工程建筑面积3190平方米，为汉学家基地的教学科研场所。该项目2015年6月开工，2016年6月竣工。3. 学生公寓二期。为改善学生的居住环境，学校规划翻建一批学生宿舍，该工程为学生公寓建设的二期项目，建筑面积39,146平方米，2016年1月开工，2016年8月竣工。4. 附中体育馆一期及教学北楼。该工程建筑面积37,053平方米，为中小学抗震加固专项拨款项目，于2014年5月开工，2016年11月竣工。5. 一体修缮改造。该工程建筑面积1731平方米，为中央改善办学条件专项项目，于2015年10月开工，2016年11月完工。6. 附中东楼改造。该项目建筑面积9718平方米，为附中申请的教育部修购专项，于2016年1月开工，2016年8月竣工。7. 英杰交流中心楼顶及阳光棚修缮。该工程建筑面积2300平方米，为会议中心自筹项目，2016年7月开工，2016年8月竣工。8. 资源西楼1层、2层改造。该工程建筑面积2687平方米，为附中北校区周转用房，该工程2016年7月开工，2016年8月竣工。

在施工程。1. 环境科学大楼。该工程建筑面积20,500平方米，因其所处地块的土地证尚未取得，一直未能拿到施工许可证，影响工程进展。该工程于2014年7月进行正式施工阶段，截至2016年已基本完工，并已进行竣工验收前的收尾工作。2. 附小体育馆。该工程建筑面积11,647平方米，2014年7月开工，2016年完成结构封顶工作，并进行精装修工作。3. 生命科学科研大楼。该工程建筑面积26,900平方米，2014年10月开工，2016年结构已封顶，正在讨论精装修方案。4. 沙特国王图书馆分馆。该工程建筑面积12,648平方米，为沙特王室捐资兴建的古籍图书馆，2015年3月开工，2016年内部精装修已基本完工，进入最后整修阶段，预计2017年5月竣工。5. 景观设计学大楼。该工程建筑面积22,300平方米，因该工程正好处于北京地铁4号线的上方，一直在与北京地铁公司进行配合施工的沟通，2016年已完成和北京地铁的洽谈，进入正式施工阶段。6. 国家发展研究院大楼。该工程建筑面积29,223平方米，分为新建和古建维修两个部分，2016年已进入正式施工阶段。7. 实验设备2号楼。该工程建筑面积23,000平方米，于2016年6月开工，2016年在进行地下三层的建设，预计2018年初完工。8. 昌平2、3号楼改造。为教育部长效机制项目，建筑面积10,316平方米，2015年12月开工，2016年已基本完工，正在进行最后的收尾工作。9. 动力中心周转楼。该工程为动力中心的办公楼，建筑面积3546平方米，2015年12月开工，2016年底进入工程收尾阶段。10. 二教地下车库。为改善校园停车较多影响环境的现状，对二教原地下自行车库进行改造，建筑面积5491平方米，2016年7月开工，已接近完工。11. 附中配套项目。该项目为附中体育馆一期及教学北楼的水暖电外线及绿化道路的配套项目，包括建设配套的配电室、新增消防环线，改造自来水管和雨水收集系统，实现绿化和建设周边道路等，该配套工程于2016年7月开工，正在陆续建设中，预计2017年上半年完工。12. 圆明园校区改造。为附中北校区教学楼建设建立周转场所，建筑面积6410平方米，2016年10月开始建设，2016年底进行至装修改造。13. 附小宿舍楼改造。建筑面积2436平方米，2016年7月开工，2016年内已进入收尾工作，预计2017年初竣工。14. 农园餐厅改造。对农园餐厅一层进行改造，建筑面积285平方米，已完成招标，正准备入场施工。15. 化学楼BD区配电室增容改造及电梯更换。为北京大学2016年改善办学条件项目，建筑面积320平方米，已招标完毕。16. 太平洋大厦外立面改造。为北京大学2016年改善办学条件项目，建筑面积9810平方米，已完成招标，正在办理开工证。17. 老地学楼改造。为北京大学2016年改善办学条件项目，建筑面积3067平方米，已完成招标准备开工建设，预计2017年底竣工。

【工程前期报批情况】 2016年，教育部拟重新修改高等学校管理办法，并开展办法草案意见的征询工作，由于2016年度内该办法正式稿未出台，导致北京大学部分建设项目的立项工作暂缓，2016年度处于前期申报阶段的主要项目进展情况如下：

1. 南门区域教学科研综合楼4号、5号楼（58,967平方米）。该项目之前已取得规划许可证批复，因学校使用功能调整（4号楼使用单位调整为马克思主义学院）及建设"无车校园"的规划安排，设计方案由地下两层增加为地下四层，导致立项、规划、消防等相关手续均需重新申报。2016年度完成科研评估并取得批复，完成文物方案报批与核准、人防规划审批，准备办理人防初步设计及人防施工图审批。4号楼使用单位提出重新开展方案设计，导致设计工作重新开展，规证取得时间待定。

2. 工学院与交叉学科大楼2号楼（69,479平方米）。之前该项目已取得规划许可证。为解决校园停车问题以及使用单位提出调整使用功能，2号楼设计方案由地下两层增加为地下三层，相关手续需重新申报。2016年度开展可研报告评估，完成方案复函及文物方案报批，办理园林绿化审批。

3. 餐饮综合楼（34,602平方米）。接续2015年度工作，完成可研评估并取得批复，完成人防初设、人防施工图、园林绿化、取得规划许可证、消防批复、完成施工图审查。

4. 北京大学附属中学北校区综合教学楼（31,314平方米）。接续2015年度工作，2016年度取得方案复函及说明，因其绿色通道项目，先行开展施工图审查，待后续规证办理完成后，再取得审查合格书。

5. 化学学院E区大楼（25,679平方米）。承接2015年工作，取得环评批复，完成可研报告的编制及上报。

6. 东操场体育活动中心及地下车库工程（61,500平方米）。接续2015年度工作，取得项目建设书批复，并开展环评编制工作，因处于文保核心区，需先申请文物局方案审批。2016年度完成文物影响评估报告。

7. 燕东食堂（原称"燕东餐饮中心"）（24,300平方米）。2016年度新增报建新建项目，由于该建筑处于文保核心区，需申请文物局方案审批。2016年内开展文物影响评估，并完成项目建议书的编制及上报工作。

8. 理科三号楼改扩建工程（26,340平方米）。2016年度新增报建改扩建项目，完成建设项目规划条件报批，办理文物影响评估，完成项目建议书编制及上报工作。

2016年度处于前期报批及设计阶段的主要新建项目有14项，分别是：南门4号5号楼、工学院与交叉学科大楼2号楼、餐饮综合楼、北大附中北校区综合教学楼、化学学院E区大楼、东操场体育活动中心及地下车库工程、燕东食堂、理科三号楼改扩建、软件工程大厦、学生综合服务中心、艺术学院与歌剧研究院大楼、附中体育馆二期及综合楼、理科四号楼改扩建及连楼、蔚秀园岛亭改扩建等。

2016年度处于设计阶段的改造项目主要有11项，分别是图书馆东馆修缮工程、二教地下停车场、太平洋外立面改造、外文楼等三项修缮、老地学楼改造、办公楼改造、北大附中惠新东街校区改造、加速器大楼装修改造、勺园9号楼装修改造、中关园9号楼装修改造、继续教育学院达园装修改造等。

（基建工程部）

肖家河项目建设

【发展概况】 2016年，肖家河项目建设办公室基本完成回迁地块住宅竣工验收和入住办理工作，教工自有住宅、还建商业全面开工建设，同时在项目手续办理、加强项目建设管理和肖家河项目建设办公室自身建设方面取得进展。

【宅基地拆迁完成情况】 2016年，项目新签订宅基地拆迁补偿协议3份，涉及1个院落，宅基地面积210.88平方米。共安置人口7人，审定宅基地面积210.88㎡，安置回迁住宅面积438.11㎡；截至2016年底，经项目拆迁资金联审组组织51次会议，累计审议通过并签订的住宅拆迁协议984份，涉及宅基地院落647个，拆迁补偿款186,016万元，安置人口3039人；认定宅基地面积180,200.56㎡，另有弃房面积19,384.28㎡，补足面积13,218.98㎡，最终实际安置面积213,791.49㎡。已签订协议的被拆迁户已全部完成选房并发放拆迁补偿款。尚余5个宅基地院落已拆除但因其自身诉讼等因素未签订拆迁安置补偿协议。

【安置房周转费延续发放】 根据2016年9月13日北京大学十二届党委第184次常委会研究决定，确认继续发放2016年5月1日至12月31日，共计8个月的安置房周转费。

根据上述决定，经北京大学资金联审组审核通过，肖家河项目建设办公室及时稳妥将相关资金发放到回迁户手中，并将延期周转费与被拆迁人应补交购房款合并发放，保证因被拆迁安置房屋实测面积比预测面积小形成的收款业务的顺利进行。

【非住宅拆迁情况】 海淀海华换热器厂。海淀镇所属海华换热器厂因存在权属确认问题，一直未能展开拆迁安置工作。3月22日，海淀镇政府副镇长杨青山组织海淀区征收办、圆明园农工商公司、北京大学、北京瑞源泉拆除有限公司等负责人召开会议，推进肖家河地区海华换热器厂的拆迁工作。4月6日，以圆明园农工商公司为主体，海淀镇协助，北京大学牵头，拆迁、拆除、评估公司开展具体工作，该换热器厂拆迁工作正式启动。

5月，肖家河拆迁工作指挥部召开会议，对海华换热器厂涉及个人部分的22份补偿协议补偿内容进行审核。后经项目拆迁资金联审组审议，同意签署上述协议。换热器厂的企业用房拆迁补偿安置协议也于2016年7月签署完成。

6月15日海华换热器厂地上建筑物包含自建、租赁房屋在内全部拆除。

6月17日下午，场地平整完毕，完成移交。

2016年资金联审组第50、51、52次会议，审核通过《海华换热器厂拆迁补偿协议书》1份，涉及土地总面积11,025平方米，房屋总建筑面积约19,757.30平方米，以及货币补偿、实物补偿若干。并审核通过海华换热器厂住户共计22份《拆迁补偿协议》。

西郊机场导航台。西郊机场北远距导航台新址已于7月完成建设。肖家河项目建设办公室积极协助其落实周边电线入地、迁移电杆等事宜，保证其校飞调试。部队12月底完成调校，计划2017年1月将旧址交付拆除。

国防大学水井房。国防大学水井房拆迁补偿谈判受部队人事变动和机构改革影响，补偿条件几经反复，长期未能达成一致。11月，肖家河项目建设办公室与国防大学营房部就其拆迁补偿条件基本达成一致，并将相关内容提请北京大学审议，并于12月6日获得北京大学第十二届党委第196次常委会原则同意。

【回迁入住工作】 安置房准备。2016年9月，肖家河项目建设办公室组织设计、勘察、施工、监理等相关单位相继对J、H地块及G15G16号回迁住宅进行竣工验收，回迁安置房具备入住条件。2016年11月2日海淀区建委质量监督站对H地块和J地块回迁住宅进行验收，并获得通过。

资金准备。2016年9月30日北京大学第902次校长办公会及北京大学十二届常委第184次常委会议审议决定，同意后续延期周转费发放方案及补充协议面积价差款核实规则。此后审核确定拆迁补充协议和安置协议文本模板，肖家河项目建设办公室核算并组织房地产专业经纪公司核实数据，填制补充协议，肖家河项目建设办公室复核后于2016年10月11日组织召开第53次资金联审会。资金联审会议共审核通过956份《回迁住宅入住补充协议》，涉及安置房协议预测建筑面积214,560.53平方米，实测建筑面积215,169.97平方米，安置房建筑面积差共计609.44平方米；到2016年底，尚余部分未入住回迁户未领房屋差价及延期周转费。

组织准备。肖家河项目建设办公室成立相关领导机构，由张宝岭主任担任总指挥，领导成员有白利明常务副主任、刘学志副主任。下设工作组分别负责法务、维稳、应急、工程维保、财务、合同审核、档案管理等，刘学志副主任担任现场指挥，李猛副主任、李国华副主任配合下设工作组工作。组织鑫利安达房地产经纪公司和北京临湖科技发展有限公司（物业）介入签约入住手续办理，并协调马连洼街道、海淀镇政府及马连洼派出所，告知启动回迁入住工作，请各单位配合。

综合考量市政条件等各方因素，肖家河项目建设办公室于2016年10月15日开始办理相关签约手续，10月22日正式办理入住。2016年10月11日起肖家河项目建设办公室在回迁楼内设置便民服务点开展咨询工作。同时抓紧布置手续办理大厅，策划办理流程、制定应急预案、培训现场人员。2016年10月14日肖家河项目建设办公室组织所有相关人员进行模拟预演。

入住工作进展。截至2016年底，肖家河项目建设办公室共审核并完成882份《回迁住宅入住补充协议》、2439份《安置协议》的签订工作，签约量近九成；物业公司已完成2455套房屋的入住手续，还有306套回迁房未办理入住及领取钥匙，经了解，其自身产权纠纷为主要原因。

【土地手续办理】 2015年，北京大学向北京市国土局提出先行办理E'、F、G、H、J、S1、S2等7个地块的供地手续，并申请办理土地手续，获得北京市国土局的同意。2016年6

月，经北京市国土局向北京市政府书面请示，项目获得北京市人民政府《关于北京大学肖家河教工住宅项目申请使用国有土地的批复》（京政房地字〔2016〕8号），并借此开始办理项目土地划拨手续。

【S1P1还建商业楼施工许可登记】 项目的S1P1还建商业楼已完成场地平整，临水、临电均已就位，施工、监理单位也已完成招标工作，具备开工条件。根据北京市政府投资项目简化审批程序审批意见，肖家河项目建设办公室多次与相关单位沟通、协调，于6月正式向海淀区建委申请办理北京大学肖家河教工住宅项目S1P1还建商业楼施工许可登记相关手续。该项手续已经区建委上报北京市建委审批。

【回迁住宅验收交竣】 2016年回迁住宅全部进入装修、交竣阶段，内部装修、外部装修、小市政管线以及园林施工同时开展，并伴随着建设用地外大市政管线的施工。在要求监理单位加强安全、质量、进度管理和统筹协调力度的同时，肖家河项目建设办公室专业工程师也进一步加大对管理协调工作的介入力度，定期召开现场监理例会针对出现的问题，现场分析现场解决落实。

【教工住宅建设全面启动】 2016年，肖家河项目建设办公室陆续完成海华换热器厂的拆迁谈判和拆除工作，获得规委相关部门"先照后证"简政政策扶持，完成自有住宅四个地块的总承包单位和监理公司的市场招投标工作，各区建设先后启动。

教工自有住宅建设进度按计划正常进行，其中一区部分标段已全部出正负零；二区部分楼座主体结构施工到阁楼层。三区、四区于2016年11月20日正式开工，已经完成120根车库护坡桩，车库西侧混凝土冠梁已经浇筑完成，现场办公区安装完成。

为保证后期教工住宅装修工作和机电安装的顺利进行，完成供电施工图的设计工作、审核工作、招标准备工作，解决下一步对建设工作影响最大的问题。

【市政施工建设】 结合2015年与北京市市政规划设计院完成的项目周边规划道路的管线综合方案，2016年上半年与大市政建设单位委托的施工图设计单位密切联系和沟通，完成各地块小市政与大市政管线接驳图纸的设计。2016下半年积极协调大市政建设单位、施工单位，现场实施大市政各种管线与各地块管线的预留工作，提前将各种管线接入到各建设用地红线内；与海淀交通支队协调，预留各地块的出入口，解决各地块外部的重大问题，为各地块今后竣工后与大市政的接驳提前做好准备。

【外电源路由施工】 110KV变电站的建设为肖家河教工住宅整个项目竣工后的及时用电和安全用电提供保障。经过肖家河项目建设办公室的协调，剩余外电源路由的圆明园西路段已完成对五环路肖家河桥、圆明园西路、圆明园西路天桥等路由的评估咨询，施工方案获得专家论证会同意并取得市交通委路政局的行政许可及掘路施工证，最后向交管部门申报占路行政许可。

【建设管理】 肖家河项目建设办公室根据工作实际划分相应工作组负责不同地块建设，不同组之间根据分工既有界限，又需要配合，分工不分家，也形成相互竞争的气氛。为落实工作目标和工作要求，除常规的例会外，工程师还及时召集各相关施工、监理、设计等单位召开各种专题会议，分解工作任务，责任到人。通过开短会和开小会的方式，既明确任务又相互了解信息。因3个建设组处在不同的工作阶段，常组织各组开展讨论会，及时将各组在建设过程中发生的施工问题和设计问题向其他人员进行反馈。

【招投标管理】 为完成北京大学对教工住宅年内开工的总体要求，肖家河项目建设办公室组织各个单位部门协调配合，利用好招标代理公司、编标单位，确保招标各环节有序紧密衔接。与海淀区建筑工程发包承包交易中心及时沟通情况，充分利用教工住宅"先照后证"的优势，阐明招标项目的重要性和紧迫性，争取标办工作人员的理解和支持。招标中还邀请教职工代表参与监督开标评标过程，保证招标活动公开公平公正。在各部门各单位的大力配合下，2016年项目共计组织公开招标23次，中标合同总价约19.1亿元。按期完成G地块、F地块、E'E地块全部教工住宅及S1P1和S2P1还建商业的招标工作，为确保2018年教工住宅入住创造条件。

【其他事项】 依据北京市海淀区住房和城乡建设委员会关于海淀区保障性安居工程招投标专项整治工作的要求，完成项目回迁住宅部分招投标工作自查自纠，并形成情况书面报告提交区建委工程科。应海淀区建委要求，完成项目回迁房部分国家审计署审计跟踪落实工作；每月例行向海淀区建委系统及统计系统进行数据提交。应海淀区发改委要求，完成"十二五"期间在施保障性住房项目建设情况汇报工作。

配合北京大学房地产管理部、工会、信访办、督查室等单位完成北京大学教职员工有关项目建设、规划、设计等咨询、建议的反馈工作。梳理形成《教职工针对肖家河项目教工住宅诉求汇总》，将咨询和建议归纳为规划设计、小区后期管理、与政府部门协调、价格调整四类问题，并形成书面答复意见。与北京大学房地产管理部交接回迁地块配套设施（北京大学产权资产）及北京大学教工住宅的相关资料。5月，北京大学工会成立肖家河教师住宅建设协调小组，包括校本部5人和医学部2人，共7位院系老师。

按照教育部及北京大学相关通知精神，深入开展"小金库"自纠自查工作，成立以肖家河项目建设办公室主要负责人为组长的专项治理自查工作领导小组，认真做到全面覆盖，不走过场。并完成肖家河项目建设办公室公房租借清查、仪器设备清查、办公家具清查等的自纠自查工作。

【肖家河项目建设办公室自身建设】 组织肖家河项目建设办公室各部门全体人员参加后勤系统党风廉政建设培训会。组织财务主管、人事主管参加北京大学"讲规矩守纪律"财务国资、人事管理专题报告。完成《北京大学肖家河项目管理制度汇编》（2017年版），该汇编分七大部分，36个章节针对肖家河项目建设办公室行政管理、人事管理、财务管理、项目前期管理、工程建设管理、造价合约管理等各项工作建立起一整套管理制度体系。

（肖家河项目建设办公室）

昌平校区管理

【发展概况】 昌平校区位于昌平区西北4公里的天寿山脚下，占地面积550余亩，已有建筑面积5.6万平方米，是北京大学20世纪60年代建设的分校区。2008年，北京大学做出决定，对昌平园区的功能定位进行调整，把北京大学昌平校区建设成集大科学装置、开放性公共科研平台、国家重大科研项目和国家重点实验室于一体的科学研究基地，建设成基础研究向实际应用转化的研发平台。截至2016年12月昌平校区有职工53人，其中在编职工9名，劳动合同制职工30人，劳务协议职工14人，离退休人员5名。2016年，昌平校区人员离职共6名，招聘11人。

【日常行政工作】 2016年昌平校区对制度进行重新修订汇编，完成以下规章制度的草拟：《北京大学昌平校区管理办公室考核管理办法》《北京大学昌平校区管理办公室考勤管理办法》《北京大学昌平校区管理办公室考核管理办法》《北京大学昌平校区管理办公室招聘管理办法》；结合昌平校区的实际情况，制定出《北京大学昌平校区管理办公室奖惩管理办法》《消防、安防监控室岗位职责》《监控录像查看调用规定》《监控室值班人员交接班规定》等规章制度。

2016年公开招聘行政室职工2名、安全保卫室职工2名，发展联络室职工1名，运行保障室1名，办理行政室职员1名离职以及6名季节工的入职离职。将20余台1000元以上的仪器设备录入设备系统，定期对昌平校区资产进行核查，及时变更资产信息。加强对昌平校区财务、公章、车辆、电话、信息以及网站维护等的管理，并及时将昌平校区办公会形成通报，对外公布。

测量各办公室使用面积，将不符合要求的办公室进行公房改造或办公室合并，做到所有办公室全部符合学校要求。办理职工社保转移、社保延长、劳动合同续订等，按时发放职工劳保用品，做好离退休人员春节慰问，除夕慰问在岗职工。

【入驻实验室工作】 截至2016年12月，入驻昌平校区有8个院系的23个实验室。其中，2016年入驻化学学院"抗体库筛选平台"实验室、化学学院测序实验室、地空学院"空间物理与应用技术研究所"、工学院海德星科技实验室、城环学院程和发实验室。

建立实验室定期巡查、实验室工作通报编发制度、每周一、四上午办理一卡通制度等。结合用水、用电实际情况，定期巡查，特殊时期加大巡查力度。每逢寒暑假、节假日，停电、停水、供暖试水、安全检查等，提前告知实验室做好应对工作，保证实验室师生的住宿、就餐、班车等服务。

【对外联络工作】 2016年昌平校区与北京明园大学、北京汇聚花生互联网教育科技有限公司、北京大汉盛世教育科技有限公司、中国复合材料学会、北京四海弘通咨询有限公司、北京德信仁教育科技发展中心、北京市海淀区燕园园丁培训学校等单位签订租赁协议，对约10个班次、2000余人开展培训。

【运行保障工作】 2016年，完善并落实运行保障方面的各项规章制度，定期召开班组长及管理人员沟通会制度，总结工作，明确任务。在保证学校实验室顺利入驻的情况下，配合昌平校区入驻的办学单位做好后勤管理和运行。

2016年完成昌平校区2、3号楼装修改造工程；消防监控电缆沟敷设工程；修补墙面砖工程；修补方砖路面工程；完成2015年启动的校园一卡通改造工程等。利用中水回用管线200余米，集雨水引流至蓄水池内，用于浇灌树木、绿地，每次节约净水200余吨。做好夏季锅炉、管道检修工作，配合质监部门对锅炉及其他特种设备进行年度安全检验。对校区路灯进行检修，随时更换损坏路灯。集中治理校园绿化8万平方米。

【安全保卫工作】 健全规章制度。2016年6月8日，邀请北京市消防协会许阳教官，在校区内开展消防安全培训讲座。9月27日，昌平校区为进一步加强安全工作，普及消防知识，提高应急能力，在校区东操场的空旷地面上，组织全体职工和保安队员及驻外单位工作人员进行消防器材使用演练。

完善安防监控系统。2016年9月23日，校区安防视频监控系统顺利通过由北大保卫部、北大基建工程部、昌平校区、施工单位、监理单位等部门组成的验收小组对其进行的验收。随着安防视频监控系统的建成使用，校区安防监控室实行24小时值班制，安防监控室的运行也逐步走上正轨。

【党组织建设】 注重党风廉政建设，认真开展"两学一做"活动。昌平校区把党风廉政建设作为一项重要举措，深化校区服务，大力推进机关效能建设。2016年教工一支部按照"两学一做"要求，开展一系列学习教育活动：5月27日"两学一做"动员会、6月25日赴卢沟桥及中国人民抗日战争纪念馆参观学习、7月14日邀请老党员杨秀岚老师主讲"两学一做"专题党课、10月18日学习习近平总书记"七一"重要讲话、10月25日响应党总支号召赴中国人民革命军事博物馆参观《英雄史诗 不朽丰碑——纪念中国工农红军长征胜利80周年主题展》、12月16日学习十八大六中全会公报等文件及举办新党章知识竞赛、12月21日邀请党总支副书记杨虎做"北大风物与人文精神"主题讲座等。

党组织建设。2016年10月18日继续教育学院党总支教工一支部通过无记名投票的方式一致通过接收宋登强为预备党员决议，并及时将宋登强的相关材料上交给上级党组织等待审批。校区支部切实关心党员、积极分子的工作生活情况，及时进行有针对性的谈话。

（昌平校区管理办公室）

社会服务与联络

国内合作

【交流合作】 1月11日,北京大学国内合作委员会第一次会议审议与云南省、青岛市战略合作协议,通报与京东方进展。1月12日,中国建材集团董事长宋志平一行来访并参观纳米研究中心,双方就进一步加强校企间技术交流、产学研合作等事宜进行交流。

2月28日,北京大学与云南省人民政府签署战略合作协议。

3月1日,淄博市委副书记于海田访问北京,与党委书记朱善璐就联合研究利用齐文化进行座谈交流。3月2日,浙江省舟山市委组织部长张明超来访洽谈推进舟山海洋研究院合作。3月3日,北京大学党委组织部、团委分别与湖北省咸宁市签署合作协议。3月7日,国内合作委员会第二次会议审议与江苏省战略合作协议。3月8日,福建省宁德市委书记廖小军一行来访。3月12日,北京大学与江苏省人民政府签署"十三五"期间战略合作协议。3月31日,烟台大学、烟台科技局来访。

4月28日,黄冈市教育局副局长王银芬来访国内合作办,洽谈创天下活动合作。

5月9日,浙江省金华市副市长傅利常一行来访。5月13日,广东校友来访洽谈推进华南创新研究院筹备工作。5月24日,吉林省四平市副市长徐绍刚一行来访。5月26日,副校长王杰赴天津出席滨海新区十周年庆祝活动。5月31日,河北省乐亭县委书记王东群来访,洽谈李大钊干部学院建设合作。

6月15日,绍兴科技局局长朱润晔一行来访。6月23日,国内合作委员会第三次会议审议与京东方合作协议、委员会章程、与深圳合作备忘录。

7月4日,国内合作委员会第四次会议审议与深圳合作备忘录、山东-北大-特拉维夫大学战略合作备忘录。7月4日,贵阳市副市长徐昊来访,洽谈生态文明和大数据合作。7月7日,宁波大学校长沈满洪一行来访,邀请北京大学出席宁波大学30周年校庆。7月11日至12日,北京大学代表团赴吉林四平考察。7月18日至23日,北京大学参加海军2016年度航海实习。7月20日至22日,校长林建华赴山东潍坊考察现代农学院筹建工作,赴山东青岛出席北京大学与青岛市人民政府战略合作签约仪式。

8月8日,校长林建华与北京创新研究院洽谈人才培养合作。8月12日,成都市委组织部来访,讨论天府计划高校行活动筹备。8月17日,福建省漳州市委书记来访。8月29日,北京大学与深圳市人民政府签署共建北京大学深圳校区备忘录。

9月1日,成都市委组织部来访讨论天府计划高校行活动筹备。9月22日,中央民族大学来访北京大学,调研异地办学。9月23日,贵阳市常务副市长陈少荣来访,商讨市校合作。9月24日至25日,党委书记朱善璐访问黑龙江。

10月1日,云南省昆明市副市长王建颖来访,洽谈教育合作。10月19日,山西大学校长贾锁堂一行来访。10月19日,四川省内江市市长任晓春来访,商讨市校合作。10月19日,解放军理工大学政委江前明一行来北京大学调研。10月24日,国内合作委员会第五次会议审议委员会工作条例、苏南分子工程研究院建设方案、华东生命科学研究院建设方案、华南创新研究院可行性报告。10月26日,解放军第三军医大学来北京大学调研。

11月1日,内蒙古扎赉特旗副旗长刘宇来访国内合作办。11月3日,四川省委组织部部务委员胡道凯来访。11月4日,副校长王杰参加中央领导会见中国宋庆龄基金会七届理事会成员活动。11月11日,辽宁省科技厅金卓来访国内合作办。11月11日,河北省发改委副主任党晓龙一行来北京大学洽谈医疗和教育合作。

12月6日,四川省委组织部长范锐平一行来北京大学洽谈签署省校合作协议。12月11日,江苏省委组织部常务副部长胡金波来北京大学举办江苏专家人才座谈会。12月13日,国内合作委员会第六次会议审议通过北京大学与山东省人民政府共建现代农业研究院协议。

【支援援建】 3月17日,石河子大学党委书记何慧星、党委副书记夏文斌一行来访。北京大学党委书记朱善璐,副校长王杰及相关职能部门代表与石河子大学代表团就深化对口支援工作举行座谈。

5月6日,2016年对口支援石河子大学高校团队秘书处会议在江南大学召开。北京大学、华中科技大学、华东理工大学、华中农业大学、重庆大学、江南大学、对外经济贸易大学、南京师范大学、华南农业大学、石河子大学等10所高校对口支援工作相关负责人参会。

5月19日,西藏大学校长纪建洲一行来访,洽谈对口支援西藏大学相关事宜。北京大学校长林建华、医学部副主任王维民出席座谈。

7月9日,教育部高校团队对口支援石河子大学2016年工作例会暨北京大学对口支援石河子大学十五周年总结大会在新疆石河子大学举行。

【定点扶贫】 1月13日至15日,副校长王杰带队赴云南大理弥渡县对接定点扶贫工作。光华管理学院、经济学院等8个学院对接弥渡县的8个乡镇,落实北大扶贫工作"强化责任、重心下移、分工落实、全县覆盖"的目标,了解各乡镇的扶贫需求和帮扶愿望,围绕对口帮扶的相关工作进行实地调研。组织部、北大附中、图书馆考察弥渡县教育文化基础设施发展现状、师资等人才力量的配备情况,并就弥渡县的教育文化事业提出帮扶意见。

2月17日,艺术学院师生代表及学生艺术团学生骨干赴弥渡县密祉镇开展定点帮扶工作。在为期一周的帮扶工作过程中，学院师生与密祉花灯、密祉民歌的国家非物质文化遗产传承人进行互动和交流。2月22日，博士生服务团一行17人赴弥渡县开展实践活动。通过基层走访，服务团成员了解基层情况，掌握第一手材料，为弥渡县发展提出有针对性的意见和建议。

3月21日，邀请上海瑞金医院专家赴弥渡县人民医院义诊查房，指导临床工作，探索长期合作模式。3月22日，邀请大理州人民医院胡代军院长、心血管内科李旭明主任赴弥渡授课，推进"H型高血压防控脑卒中惠民工程"在全州推广实施。3月30日至31日，医学部党委副书记戴谷音、医学部科研处处长沈如群、药学院屠鹏飞教授、余四旺副教授、北大医院中西医结合科主任张学智教授一行到弥渡县调研，指导中药材产业发展和县中医院服务能力提升工作。

4月5日至7日，北京大学第十八届支教团20名学生赴弥渡开展教育信息化建设和扶贫事业，在弥渡一中观摩第十七届支教老师讲课，针对高三学生开展励志讲座，走进10余个班级和同学们交流高考经验，走进新街镇、密祉镇调研"三通两平台"建设。

5月10日至13日，光华管理学院张国有教授赴弥渡指导电子商务工作，参加弥渡县电商青年座谈会、深入光华管理学院对口帮扶的德苴乡贫困户调研，并开启"北大弥渡讲坛"第一课——"资源禀赋、互联网机制与农村经济活力"。5月14日，在国家发展研究院协调支持下，弥渡县教育局、弥城第二完全小学干部参加在上海举办的"真爱梦想基金会"培训及年会活动，探索县域素质教育。5月22日，国际关系学院向红岩镇中心校捐赠图书800册。5月24日，地球与空间科学学院焦维新教授等赴弥渡县，为小学生讲授科普知识。

6月6日，光华管理学院院长蔡洪滨、党委书记冒大卫一行赴弥渡县调研，对产业发展状况及北片区提水工程项目进行实地考察，促进解决德苴乡历史性、地域性的缺水问题。6月24日至25日，经济学院副院长、产业与文化研究所执行所长王曙光教授到弥渡县苴力镇指导扶贫工作，为第四批教育部赴滇西边境山区挂职干部、州县扶贫系统干部和县中青年干部培训班学员带来"滇西大讲堂（北大弥渡站）"暨"北大弥渡讲坛"第二课——"中国的贫困与反贫困"。6月30日至7月3日，医学部党委副书记戴谷音等一行24人组成的专家团（干部培训班）赴弥渡义诊咨询、查房会诊、手术观摩、指导授课，开展"健康扶贫"工程。

7月4日至7日，国际关系学院外交系主任、中国战略研究中心主任叶自成教授赴弥渡县，举办国家级课题《农村治理现代化专题研究》座谈会，并讲授"北大弥渡讲坛"第三课——"乡村治理的政道、治道和官道"。7月13日至20日，经济学院财政学系袁诚副教授带领"财童计划"暑期赴云南弥渡支教团师生赴苴力镇调研，面向当地初中生开展夏令营素质教育活动，并为当地教师进行多媒体教学培训，同时为苴力镇建设商贸小镇建言献策。7月23日至28日，国家发展研究院党委书记胡大源、党委副书记邢惠清一行赴弥渡县牛街彝族乡调研。7月26日，国家发展研究院张晓波教授赴弥渡县，讲授"北大弥渡讲坛"第四课——"如何发展农村特色经济（如何打造地方特色产业）"。

8月4日，北大附小的师生和家长代表赴弥渡县，与红岩完小同学们交流并捐赠图书百余册。8月25日，马克思主义学院执行院长孙熙国、党委组织部副部长虎翼雄赴弥渡县，指导"弥渡县第三届微党课大赛决赛"，从理论深度、讲课内涵、授课方式等方面对微党课工作的开展给予专业指导。8月30日，第十八届研究生支教团的4名成员赴弥渡县开展为期一年的支教工作。

10月8日，北京大学妇产儿童中心为弥渡县捐赠图书20册。

12月8日，北京大学文化产业研究院副院长、国家文化产业创新与发展研究基地副主任、中组部青年拔尖人才向勇教授赴弥渡县，讲授"北大弥渡讲坛"第五课——"故事与故乡：区域资源开发与特色小镇发展"。12月19日，国家发展研究院"情暖彝乡"爱心图书捐赠仪式在弥渡县牛街彝族乡民族中学举行，共捐赠图书7728册，价值15万元。12月25日，为弥渡县8个乡镇卫生院购买小型中医诊治用品，合计价值近5万元。12月26日，北京大学对口帮扶弥渡县工作交流会在中关新园举行。会上，弥渡县各乡镇党委书记分别介绍本乡镇扶贫工作的落实情况，表达下一步工作愿景，重点阐述在干部队伍建设、产业发展、资金扶持和信息共享等方面的发展思路和援助需求。医学部、图书馆、北大附中，以及光华管理学院、经济学院等8个院系的代表分别发言，介绍各单位扶贫工作情况，并针对弥渡县各乡镇的需求，研讨下一阶段的工作重点。12月30日，争取中国教育发展促进会捐赠，为遭受洪灾的牛街彝族乡团结完小学生宿舍楼投入建设资金102万元。

（国内合作办）

首都发展研究院

【发展概况】 2016年，首都发展研究院（以下简称首发院）一方面按照学校党委统一部署，学习党的相关文件精神，开展"两学一做"学习教育，加强能力建设；另一方面，在市、校两级指导和领导下，立足首都发展，强化服务意识，作好北大与北京市对接的桥梁与纽带，围绕京津冀协同发展这一国家战略建言献策，服务首都发展。

【能力建设】 2016年4月，首发院根据学校党委统一部署，开展"两学一做"教育活动。由于管理体制的特殊性，首发院领导班子成员同时参加所在院系集体学习和首发院内专门学习活动，严格对照党员，特别是党员干部的标准进行自我剖析，查找不足，及时改正，集体学习党章，重温入党誓词。

在学校党委、纪委的领导下，推进领导干部党风廉政建设，强化领导干部廉洁从政意识，自觉接受监督和检查，杜绝违反《党政干部廉政准则》行为的发生。坚持"一岗双责"，落实党风廉政建设主体责任制；坚持"三重一大"制度，开展院务公开；落实中央"八项规定"，进行自查，杜绝可能存在的腐败隐患。2016年底，组织召开2016年度专题民主生活会，开展批评与自我批评，通过自检自查，查找自身存在的问题，并研究整改落实，建章立制。

加强和提升综合协调管理、课题研究、政策咨询等方面的能力。2016年，首发院共承担北京市委托课题62项，完成研究报告41篇，发表论文、论著58篇（部），获奖5项，专利1项。

规范和完善行政管理。健全学院例会制度；提高员工福利；优化办公环境，针对雾霾天气为办公室安装新风系统。2016年，首发院网站重新改版上线；"京津冀协同发展联合创新中心"网站上线运营，内容不断丰富。

【服务首都】 1月10日，为搭建中国城市政策与管理的官产学研究与交流平台，把脉中国城市发展，为京津冀区域协同发展提供智力支持，由京津冀协同发展联合创新中心与北京大学政府管理学院联合主办、首发院承办的中国城市政策与管理新年论坛（2016）在北京大学廖凯原楼召开。来自政、商、学界共100余人参加论坛，中央财经领导小组副组长杨伟民做大会主旨报告，京津冀协同发展联合创新中心主任杨开忠教授主持论坛。

1月12日，北京市社科联党组书记、常务副主席韩凯等一行来访首发院，围绕首都新型高端智库建设进行调研。

7月，《京津冀区域发展报告（2016）》由科学出版社正式出版发行。《京津冀区域发展报告（2016）》是系统研究京津冀区域发展战略的综合性系列报告的第三部，是北京大学首都发展研究院承担的教育部哲学社会科学系列发展报告资助项目的重要成果，是京津冀协同发展联合创新中心的重要研究成果。《报告》由北京大学、南开大学、河北省社会科学院、北京市对口支援办等京、津、冀三地的专家学者和政府实务部门人员共同编写完成。《报告》共分为总论篇、综合篇、地区篇和专题篇四大部分，对京津冀地区经济发展，社会发展，人口、资源和环境发展以及空间发展等领域的现状及问题进行客观评价，并有针对性地提出未来京津冀区域协同发展的战略与对策。

2016年，首发院专家学者发挥智库作用，通过讲学、学术会议特邀报告、社会团体任职等途径扩大首发院的社会影响，服务首都经济社会发展。2016年，首发院继续承办"北京大学国子监大讲堂"，共授课19讲，邀请北京地区高校名师，为市民讲授国学和中国传统文化，内容涉及文学（诗歌写作与鉴赏）、历史、北京历史文化、近代音乐、古典舞蹈、绘画赏析、中医文化等。同时，首发院与东城区教委继续开设流动大讲堂，在街道、社区和中学，开展传统文化相关讲座。2016年，北京大学国子监大讲堂首支由在校学生组成的社区工作志愿者服务队伍正式建立。9月10日上午，"北京大学国子监大讲堂走进北大"暨2016—2017学年度第一学期开学典礼在北京大学举办。开学典礼结束后，北京大学城市与环境学院教授韩茂莉以"风物——燕园景观及文化底蕴"为题，启动北京大学国子监大讲堂2016—2017学年度第一学期首场国学讲座。

继续与北京市经济与社会发展研究所合作，主办刊物围绕首都发展中的重大问题，为市委、市政府提供海内外重要政策研究成果，作为相关政策制定的参考。在北京市政机关起到咨询作用，成为市政组织的主要理论阅读材料。

2016年，首发院开展国际学术交流与合作。副院长蔡满堂代表首发院接待国外专家来访12人次，并维护与世界银行、国际区域科学学会、联合国环境计划署、联合国发展署、联合国教科文组织等国际机构的日常联系；协助北京市政府相关部门开展国际合作的对接，在法国、德国、意大利等欧洲国家寻找合作机构，开展城市管理有关领域的交流；与德国波恩大学、美国佐治亚大学等机构开展学术交流和互访工作。

11月4日至6日，由北京大学、加拿大多伦多大学和英国伦敦大学学院联合组织的北京论坛（2016）分论坛"世界文明中的巨型城市与区域协同发展"在北京举办。分论坛由北京大学城市与环境学院、北大-林肯中心和首发院共同承办，来自美国、英国、加拿大、澳大利亚、日本、韩国、巴西等国家和地区，以及北京大学、清华大学、中国社会科学院等高校的城市社会学、经济地理学、城市地理学、城市规划学、城市经济学、城市财政学、城市生态学等领域的专家学者参加论坛。11月5日下午，由首发院和京津冀协同发展联合创新中心举办的"国际特大城市发展管理经验交流研讨会"召开，研讨会邀请来自日本东京大学的松原宏教授、韩国首尔市立大学的崔瑾熙教授参加本次研讨会。

【决策支持研究】 2016年，首发院坚持服务首都和京津冀协同发展的研究与决策咨询工作，在多个领域与北京市各委办局展开研究咨询与合作，主要合作单位包括北京市委信息室、北京市发改委、北京市科委、规委、北京市社会科学界联合会、北京市京津冀协同领导小组办公室等。此外，首发院承担国家级重要科研任务，主要委托单位包括国家教育部、科技部、国土资源部、住房和城乡建设部、国家发改委地区司、国家能源局、国家海洋局等。

2016年，首发院承担多项北京市及各区县的"十三五"规划纲要编制工作，研究领域涉及创新驱动产业结构升级与空间优化、城市治理、非首都功能疏解、文化创意产业用地技术标准研究、"运河文化带"研究等首都经济、社会、文化与生态文明多个方面，为首都发展决策提供决策支撑。2016年，首发院承担京津冀协同发展的研究课题，主要涉及京津冀空间规划、人口功能分区与布局调整、区域全面创新改革、京津冀三省市交界地区空间管控、京津冀协同发展体制创新研究、京津冀突发事件应急协同体制机制创新研究、河北承接北京产业转移等，这些研究咨询成果为京津冀协同发展提供智力支撑。

2016年，首发院共承担科研项目62项，撰写科研报告41篇，发表学术论文48篇，出版著作10部，荣获北京市及相关奖项5项，发明专利1项。

（程　宏）

科技开发

【发展概况】 2016年，国务院发布《促进科技成果转化行动方案》，科技开发部／产业技术研究院在学校的领导下，围绕科技成果转化和创新创业的主要任务，在校企合作、技术转移、校地合作、创新创业教育与研究等方面开展各项工作。2016年，科技开发部签订进款合同473项，合同额50,899万元，到款25,902.22万元。医学部技术转移办公室审核科技开发合同419项，签约资金总额9870万元，到款7183万元。

【校地合作】 根据地方发展情况和合作需求，合理布局合作区域。2016年，科技开发部与6个地市签署校地合作协议，分别为东部地区的江苏常州武进、江苏盐城、山东烟台，中部地区的湖南长沙，西部地区的甘肃兰州、四川乐山。此外，科技开发部在京津冀区域的河北秦皇岛、河北邢台、天津武清、北京房山以及湖北咸宁、陕西咸阳、四川内江、安徽滁州等地进行调研，陆续开展校地合作。

根据地方合作需求和地方经济社会发展现状，科技开发部开展多方位的合作交流，促成多个成果的对接合作，推动科技、人才与地方经济发展的良性结合，发挥学校在地方的社会服务功能。

【校企合作】 2016年校企合作平台推进取得进展，共签署10个联合实验室共建协议，合同额达到1.6亿余元。协同创新实验室的核心理念是推进和部分企业高端技术创新合作，汇集创新资源，让高端人才能专注于有影响力的创新研究，这些研究包括企业关键技术、行业关键技术、企业中长期技术储备等，同时在研究中培养创新型人才，促进学科建设。

【技术转移】 2016年北京大学的技术转移工作继续以北京、京津冀、华东地区为中心开展，并获得北京市科委、中关村管委会和海淀区的支持，完成与北京市政府签署的五年产学研合作任务。科技开发部获得京津冀技术转移协同创新联盟颁发的"京津冀技术转移人才实训基地"，与协会和联盟的会员单位共同服务北京市科技创新工作，服务疏解非首都功能的京津冀一体化科技成果转化工作，主办在保定市、石家庄高新区、天津西青区等地的科技成果对接会。

确定与北京市科委合作模式，专向孵育基金到位。海淀区的专项孵育基金3000万元全部到位，并投资北京大学教授的早期项目累计2300万元。与北京市科委的前孵化基金确定合作模式，并成立基金管理公司和有限合伙公司，前期完成储备项目的尽职调查工作。

外地技术转移分中心实体化运营展开。2016年，苏州国际技术转移中心和南京生物医药创新中心以实体化运行开展。苏州国际技术转移中心成为江苏省省级技术转移中心，并作为首批会员参加江苏省技术转移会员单位。

北大科技金融合作联盟探索新模式，融入"双创"浪潮。2016年，联盟开展20多场活动，并从北京延伸到江苏、浙江。路演的项目以智能制造和医疗器械、生物医药为主。

【合同管理】 2016年，科技开发部和医学部技术转移办公室继续为校内科研人员提供各类法律事务咨询，严格审定、管理各类合同。2016年科技开发部签订进款合同473项，合同额50,898.96万元；医学部技术转移办公室审核科技开发合同419项，签约资金总额9870万元。科技开发部签订的合同中，技术合作及开发共172项，合同额35,887.64万元；技术服务及咨询共262项，合同额8667.73万元；技术转让共39项，合同额6343.59万元。其中，信息学院签订合同97项，合同额13,918.89万元；生命学院签订合同12项，合同额10,728.95万元；化学学院签订合同36项，合同额8407.47万元；工学院签订合同76项，合同额3331.49万元；环境学院签订合同73项，合同额2842.03万元。2016年科技开发部承接的大项目比上年有明显增长，合同额在100万元以上的进款合同共有49项，合同额41,231.6万元，占到合同总额约81%；医学部2016年科技开发合同签约资金超过100万元的合同17项，签约资金3839万元。科技开发部与北京市相关单位签订进款合同共计323项，合同额18,662.4万元；与海外企业签订技术合同10个，合同额约889.44万元，合作方包括美国、英国、德国等国的企业等国际组织。2016年办理技术合同登记332个，其中办理免税合同约67个，涉及免税的合同额4664.85万元，合同免税额约279.89万元。

【经费管理】 为规范、统一学校横向科研经费管理，控制科研经费使用风险，建立完善的经费管理体系，2015年科技开发和财务部启动科技开发经费转入院系管理的工作，即科技开发经费经科技开发部进行入账划拨后，支出在院系财务处进行，2016年1月1日正式开始。基于新的经费管理方式，建立以项目为基准的新管理体系，符合教育部和学校的相关规定，也使项目过程管理中的经费管理更清晰，防范风险。

2016年科技开发部技术合同到款共计25,902.22万元，比2015年（20,662万元）增加5240万元，增长25%。其中技术开发合同到款增长30%，技术转让合同到款提高近3倍。其中生命科学学院和化学与分子工程学院到款绝对值的增加显著，比2015年分别增长539%和197%，城市与环境学院到款增长近50%。其中来自美国、英国、加拿大等国家的外汇到款共计1555万元。按合同类型分，技术开发合同到款14,614.30万元，占56%；技术转让合同到款2272.60万元，占9%；技术服务与咨询合同到款9015.32万元，占35%。按院系分，信息科学与技术学院到款5233.78，工学院到款4092.20万元，生命科学学院到款3275.58万元，化学与分子工程学院到款2804.00万元，环境科学与工程学院到款2782.48万元，地球与空间科学学院到款1977.68万元，其他单位到款5736.50万元。

【专利运营】 科技开发部设立专利转化专项基金用于北京大学高端技术挖掘及其知识产权保护和商业转化。2013年至2016年，"专利转化基金"已资助11个项目，涉及生物医药、化学化工等多个技术领域，并进行产业化推广。

为加强校内师生对专利保护及专利运营的知识、策略、动态的了解和掌握，2016年科技开发部举办4场专利培训讲座，覆盖专利基础知识以及主要技术领域的专利实操培训，共有来自校本部、医学部、附属医院等的500余位师生参与。并通过科技开发部官网定期发布培训视频，供师生长期学习使用。

2016年签署13个专利（申请）权转让合同和12个专利实施许可合同，共涉及74项专利（申请），合同总金额为5935万元人民币。

【双创教育】 2016年，产业技术研究院初步完成学校创新创业教育体系的框架构想。构建涵盖课程体系、实践基地、论坛/赛事三大板块的学校大平台，针对不同教育目的设置创新创业课程。从创新思维、创意方法、创业实践三个维度构建课程内容体系，逐步覆盖学分课程、二学位、专业硕士及MBA不同层次不同需求的受众。配合课程体系建设校内外实践基地，实现与实践紧密结合的创新、创意、创业教育。依托实践基地组织开展论坛、大赛、沙龙、工作坊、讲座等多种形式的主题活动，配合课程体系引导创业教育与大学科研成果转化、社会公益创业的有机结合。探索开办创新创业管理硕士教育，将创业教育和大学科研成果转化有机结合。

【党建工作】 2016年，科技开发部/产业技术研究院党支部按照学校统一部署，开展"学党章党规、学系列讲话，做合格党员"学习教育活动。制定"两学一做"学习教育方案，组织参加学校党委和机关单位的各项培训活动，组织全体党员学习《中国共产党章程》和习近平总书记系列重要讲话精神。

结合部门工作实际，拓展学习《中华人民共和国促进科技成果转化法》《实施〈中华人民共和国促进科技成果转化法〉若干规定》及相关文件，从单位改革发展稳定的实际出发，制定发展战略。

（科技开发部）

【附表】

表10-1 2016年度科技开发部技术合同签订分布区域统计（单位：万元）

区域	合同数	合同金额（万元）
华北	313	14,990.44
华南	35	12,346.58
华东	57	17,200.88
西北	14	388.73
东北	6	1898.5
华中	10	2401.64
西南	28	919.45
其他	10	752.74
总计	473	50,898.96

（科技开发部）

表10-2 2016年度北京大学签订的进款技术合同统计表（单位：万元）

院系	技术开发		技术转让		技术服务与咨询		合资联营		合计	
	合同数	合同额	合同数	合同额	合同数	合同额	合同数	合同额	合同数	合同额
工学院	33	1785.99	6	438	37	1107.51	0	0	76	3331.50
生命科学学院（含生物动态光学成像中心）	5	10,247.35	3	50	4	431.6	0	0	12	10,728.95

（续表）

院系	技术开发		技术转让		技术服务与咨询		合资联营		合计	
	合同数	合同额	合同数	合同额	合同数	合同额	合同数	合同额	合同数	合同额
信息科学技术学院	53	8078.84	17	5383.59	27	456.46	0	0	97	13,918.89
物理学院	7	1084.5	1	145	17	238.9	0	0	25	1468.4
地球与空间科学学院	4	88	0	0	28	782.58	0	0	32	870.58
城市与环境学院	0	0	0	0	32	2019.29	0	0	32	2019.29
化学与分子工程学院	20	7925.9	1	50	15	431.57	0	0	36	8407.47
环境科学与工程学院	6	654.8	10	257	57	1930.23	0	0	73	2842.03
其他	3	60	0	0	4	21.78	0	0	7	81.78
考古文博学院	0	0	0	0	6	308.2	0	0	6	308.2
分子医学研究所	1	150	0	0	0	0	0	0	1	150
前沿交叉学科研究院	2	5	0	0	1	5.01	0	0	3	10.01
数学学院	3	40	0	0	6	68.5	0	0	9	108.5
软件工程研究中心	3	229.9	0	0	3	45	0	0	6	274.9
海洋研究院	2	183	0	0	1	58.8	0	0	3	241.8
计算机科学技术研究所	15	945.86	0	0	3	66	0	0	18	1011.86
软件与微电子学院	7	275.5	0	0	1	4	0	0	8	279.5
计算中心	3	80	0	0	0	0	0	0	3	80
心理咨询中心	1	15	0	0	2	11	0	0	3	26
心理与认知科学学院	1	8	0	0	9	474.8	0	0	10	482.8
建筑与景观设计学院	0	0	0	0	6	136.5	0	0	6	136.5
科技开发部	3	4030	1	20	3	70	0	0	7	4120
校本部总计	172	35,887.64	39	6343.59	262	8667.73	0	0	473	50,898.96
医学部	13	679	1	110	405	9081			419	9870
总计	185	36,566.64	40	6453.59	667	17,748.73	0	0	892	60,768.96

（科技开发部）

表10-3　2016年科技开发部技术合同到款（单位：万元）

院系	技术开发	技术转让	技术服务与咨询	合计
信息科学技术学院	3378.4	1501.5	353.89	5233.78
工学院	2619.04	365.5	1107.65	4092.2
生命科学学院	2967.29	20	288.29	3275.58
化学与分子工程学院	2402.1	50	351.91	2804
环境科学与工程学院	337.06	321	2124.42	2782.48
地球与空间科学学院	827.65	0	1150.04	1977.68
城市与环境学院	100	0	1784.32	1884.32
物理学院	554.4	0.6	536.85	1091.85
分子医学所	400.49	0	172.78	573.27
其他	109.5	14	294.66	418.16
考古文博学院	22	0	330.49	352.49

（续表）

院系	技术开发	技术转让	技术服务与咨询	合计
计算机科学技术研究所	308.42	0	23.13	331.55
软件与微电子学院	242.5	0	4	246.5
软件工程研究中心	204.75	0	35	239.75
心理系	25.5	0	179.9	205.4
海洋研究院	17.64	0	165.5	183.14
数学学院	97.57	0	36	133.57
建筑与景观设计学院	0	0	76.5	76.5
合计	14,614.3	2272.6	9015.32	25,902.22

（朱　梅）

表10-4　2016年医学部专利申请及授权情况统计（含附属医院）

单位名称	申请专利					授权专利				
	国外	发明专利	实用新型	外观设计	合计	国外	发明专利	实用新型	外观设计	合计
基础医学院		6			6	2	9			9
药学院	5	42			42	6	30			30
公共卫生学院		1	1		2			1		1
药物依赖性研究所		1			1					0
护理学院			1		1					0
医药卫生分析中心		3			3		1			1
第一医院		13	54		67		6	79		85
人民医院		14	1		15		8	12		20
第三医院		30	85	5	120		10	39	1	50
口腔医院	1	19			19		4	1		5
肿瘤医院					0	1	4			4
第六医院		1	1		2					0
深圳医院		27	98		125		1	231	2	234
国际医院			1		1			1		1
合计	6	157	242	5	404	9	73	364	3	440

（刘淑媛、郑宗方）

校办产业管理

【发展概况】　2016年校办产业的资产总额约3000亿元，预计比2015年增长6%左右；总产值约为950亿元，和2015年基本持平。

截止到2016年底，北大资产经营有限公司（以下简称资产公司）共收到下属企业上交款2.5008亿元（包含北大方正集团有限公司补交2015年的6000万元），其中北大方正集团有限公司上交1.8亿元、北京大学出版社有限公司上交2050万元、北大资源集团有限公司上交1200万元、北京北大未名生物工程集团有限公司上交1200万元、北京北大学园教育投资有限公司上交500万元、江西北大科技园区发展有限公司上交500万元、北京北大先锋科技有限公司上交480万元、北京北大维信生物科技有限公司上交378万元、北京北大临湖科技发展有限公司上交200万元、北京北大软件工程股份有限公司上交200万元，其他公司上缴约300万元。

2016年，各校办企业向学校及社会捐款、捐物总额超过1300万元，累计向国家交纳各项税费共计近40亿元。

【管理服务】　2016年，校办产业管理委员会办公室（以下简称校产办）加强对下属企业涉及国资经济行为的监管，审议 36 项涉及下属企业的重大经济行为事项，办理教育部、财务部相关国资报批报备程序 10 余项，其他各项正在推进中。承担的监管和服务工作主要包括：企业改制方面，协调完成北京北大软件工程发展有限公司整体改制为股份有限公司的事项；股权整合方面，协调完成北大医疗产业集团有限公司协议转让所持北大医疗产业园科技有限公司 70.01% 股权至西藏方恒医疗投资有限公司的事项；股权转让方面，协调完成北大资源集团有限公司下属山东北大资源地产有限公司转让所持有的济南源浩置业有限公司 70% 股权、北大方正集团有限公司挂牌转让方正东亚信托有限责任公司 57.51% 股权、北大方正集团有限公司下属江苏苏钢集团有限公司转让所持有的苏州绿岸房地产开发有限公司 100% 股权、北大方正集团有限公司下属江苏苏钢集团有限公司转让广发银行股份有限公司 1.446% 股权、北大方正集团有限公司下属北京北大方正电子有限公司转让无形资产等事项；增资方面，协调完成北京北大明德科技有限公司增资扩股的事项；公司设立方面，协调完成北大培文教育文化产业（北京）有限公司成立"培文阳光教育文化产业（北京）有限公司"、北大培生（北京）文化发展有限公司在浙江杭州设立分公司等事项。

【人员调整】 2016 年在学校的领导与支持下，按照教育部相关要求，完成产业党工委班子和资产公司、北大方正集团有限公司、北京大学出版社、北大临湖公司等企业的董事会调整。校产办主任由黄桂田校长助理兼任；资产公司董事长由产业党工委萧群书记担任，总裁由产业党工委副书记韦俊民担任。产业党工委副书记生玉海担任方正集团党委书记；方正集团董事长由肖建国担任，总裁由谢克海担任。

主要企业名录：
北大资产经营有限公司
北京大学出版社有限公司
北京大学音像出版社有限公司
北京大学医学出版社有限公司
北大方正集团有限公司
北大资源集团有限公司
北京北大青鸟软件系统有限公司
北京北大科技园有限公司
北京北大科技园建设开发有限公司
北京北大临湖科技发展有限公司
北京开元数图科技有限公司
北京北大宇环微电子系统有限公司
北京北大明德科技发展有限公司
北京北大英华科技有限公司
北京燕园天地科技有限公司
北大培文教育文化产业（北京）有限公司
北京北大软件工程股份有限公司

（校办产业管理委员会办公室）

北大科技园

【发展概况】 北大科技园始创于 1992 年，是北京大学为响应国家"科教兴国"战略、"985 工程"战略，促进北京大学科研成果产业化而建立的，是国家科技部、教育部首批认定的国家级大学科技园之一。2016 年，北大科技园探索新形势下国家级大学科技园发展模式，着力打造创新型孵化器，联合北大及社会相关单位发起成立"北大创业家俱乐部"，建立"创启未来"创新创业服务品牌，开展"国际青年科技创业大赛""北大创业孵化营""企业百家行""创业大学堂"等系列服务产品，构建良好的创新创业环境和文化氛围。

【园区建设】 2016 年，北大科技园包头园区依托北京大学及北大科技园优势，着力打造品质园区，影响力不断扩大。围绕装备制造、新能源、新材料和环保产业开展产业引入工作，工业一期 5.5 万平方米厂房投入运营以来，签注率达 77.9%，园区引入企业及项目 20 个，涵盖无人机、石墨烯、机器人等行业，建立分类企业数据库。引入"欧美同学会·中国留学人员联谊会留学报国包头基地"落户园区，获得"草原英才"工程第五批高层次创新创业人才基地、自治区级服务业集聚区、国家级众创空间等资质认定。

2016 年，各轻资产园区有序运营。金华北大科技园运营面积 1 万平方米，签注率达 86.88%，入驻企业 53 家，举办创启未来 2016 全球总决赛，提升地区创新创业氛围，获金华市十大软件与信息服务业众创空间、国家级众创空间认定；天津宝坻北大科技园运营面积 1.83 万平方米，签注率达 97%，入驻企业 101 家，高可信基础软件联合创新实验室、华农天时天津科技有限公司·院士工作站落地园区，助推地方产业转型升级；石家庄北大科技园运营面积 1.47 万平方米，签注率达 98.4%，入驻企业 51 家，获石家庄裕华区双创服务突出贡献奖、国家级众创空间认定；西安北大科技园 6 月投入运营面积 3400 平方米，签注率达 97.5%，入驻企业 24 家，开展产业论坛、技术培训、领袖学堂、主题沙龙、行业研讨等创新创业活动。

【业务发展】 "创启未来"2016 国际青年科技创业大赛吸引海内外千余个项目和团队，从北京、金华、包头、天津、石家庄、西安、唐山、郑州、波士顿、西雅图、硅谷地区等全球 11 个城市赛选拔出 63 个优质项目，并集成引入"创业大学堂、投资人下午茶、投融资交流会"等多元化创业服务产品及全球创新创业资源，打造最高规模创新创业赛事。2016 年 11 月 24 日至 28 日，在北京大学与金华市委市政府的支持下，"创启未来"2016 国际青年科技创业大赛全球总决赛暨北京大学创新创业论坛于金华北大科技园举行，活动汇聚"创启未来"2016 国际青年科技创业大赛总决赛、北京大学创新创业论坛、北京大学创新创业榜样人物评选、北大创业家俱乐部第一届理事会及第 15 届中国·金华工业科技合作洽谈会等精彩环节。截止到2016年底，北大创业孵化营累计孵化优秀创业项目142个，在营孵化项目80%为科技型项目，获得投资比例高达80%，融资累计金额3亿元，项目平均融资额约630万元，创业项目估值最高增长18倍。孵化营启动FA业务，签订融资顾问协议企业达20家，提供融资服务71次，推荐对接100家投资机构。孵化OFO、未名企鹅、Teambition、e精灵、佳格大数据等明星创业项目。

校地合作。以"校地合作、协同创新"为发展理念，北大科技园以科技成果资源引入与创新创业孵化服务输出为核心，获得来自市场合作方专业服务采购及园区开发与运营收益，确立企业科技与地产"轻重资产"相结合发展模式，致力于实现科技园区规模化扩展与跨越式发展。2016年，北大科技园推进轻资产园区拓展与落地，围绕轻资产业务继续开疆拓土，与台州市政府、唐山市路北区政府达成合作意向，共建轻资产园区。2016年与北大资源集团业务协同，对接青岛、盐城、上海青浦区、漳州等多个产业地产项目并取得实质性进展。

【获奖情况】 北大科技园2016年度获得来自科技部、科技部火炬中心、工信部、北京市科委、中关村管委会、海淀园管委会等多家主管单位及行业的认可。北大科技园获首批"首都科技志愿服务站"授牌，当选"中国现代职业智慧众创空间联盟"副理事长单位，获"中国产业园区营商环境百强"奖；北大孵化器入选《2016中国创新创业报告》发布的创新型孵化器十强。

各地方分园围绕地方经济创新发展发挥影响力，打造地方经济发展转型亮点，获得地方政府高度评价。金华北大科技园获金华市十大软件与信息服务业众创空间；石家庄北大科技园被授予裕华区双创服务突出贡献奖；包头北大科技园、金华北大科技园、石家庄北大科技园同时获得国家级"众创空间"资质认定。

（北大科技园）

北大方正集团有限公司

【发展概况】 北大方正集团有限公司（以下简称方正集团）由北京大学于1986年投资创办，王选院士为方正集团的奠基人和精神领袖，他发明的汉字激光照排技术奠定起家之业。方正集团秉承自主创新的基因，同时加快技术与服务创新、丰富卓越人才储备，推进管理升级。截止到2016年9月30日，方正集团约有员工3.5万名，总资产2235.84亿元，总收入631.69亿元，净资产552.23亿元。

【业务发展】 方正IT通过CMMI5最高等级复评估。1月23日，方正ITCMMI5评估会在京举行。与会的评估专家认可方正IT的项目量化管理水平，特别是采用优秀量化管理工具进行项目质量控制的工作方法，并现场宣布方正IT正式通过CMMI5复评估。CMMI分为5个等级，方正国际本次通过的CMMI5复评估为最高等级评估。此次复评估比2013年的评估要求更高，方正ITCMMI团队成员克服内外部困难，引入敏捷开发管理模式，丰富CMMI5的内涵，提升CMMI5的功能，并在公司范围内推广，提升整体工作效率，受到肯定。

北大医疗心理学院与第二家北大医疗儿童发展中心开业。2月24日，北大医疗脑健康公司旗下第一家北大医疗心理学院与第二家北大医疗儿童发展中心同时开业，北大医疗脑健康在儿童心理、成人心理、心理培训三个领域三线并发，全面进军心理服务领域。北大医疗脑健康公司由北大医疗集团与北京大学第六医院合作成立，2015年5月公司设立第一家儿童发展中心，以孤独症为切入点，率先布局儿童精卫康复领域。

北大医疗康复医院与肇庆新区管委会签订合作协议。3月9日，北大医疗康复医院管理有限公司与肇庆新区管委会签订合作协议，共同建设北大医疗康复医院肇庆分院。自此，北大医疗康复医院"一南一北"格局正式建立。北大医疗康复医院肇庆分院选址肇庆新区，毗邻中山大学附属第三医院肇庆医院。项目总投资预计约5亿元，拟设床位400床，建筑面积约4万平方米。

北大医疗与山东铝业公司签署投资合作协议。5月10日，北大医疗产业集团与山东铝业公司在北京签署投资合作协议，实现与山东铝业公司医院的产权合作。仪式上，北京大学国际医院、北大医疗肿瘤医院管理公司也同时与山铝医院签署了协同发展合作协议，在医疗技术、专家资源、就医绿色通道等方面与山铝医院全面对接。搭建覆盖基层医疗机构的远程医疗平台、开启人才培养计划，通过技术资源下沉、组建医联体等方式，实现基层医疗机构业务能力的快速提升。

迦南门诊举行揭牌仪式。5月31日，北京迦南门诊开业暨北京大学肿瘤医院专家会诊中心、北大医疗肿瘤诊疗中心、北京迦南门诊部、重疾不重北大医疗肿瘤诊疗中心培训基地揭牌仪式在京举行。北京大学肿瘤医院院长季加孚，方正集团董事、党委书记韦俊民，方正集团董事、总裁兼首席执行官谢克海，北大医疗产业集团首席执行官吕和东，中华医学会健康管理分会会长武留信等出席揭牌仪式。仪式上，迦南门诊和北京大学肿瘤医院签订战略合作协议。

【重点项目】 北大医疗康复医院（以下简称康复医院）。3月，康复医院取得由北京市卫计委颁发的《医疗执业许可证》，正式开业运营。康复医院由北大医疗、红杉资本等方投资建立，总建筑面积3万平方米，预设床位300张，康复训练和治疗面积超过4000平方米，在医疗环境、专业设备、医疗团队方面都达到国内领先水平。

北大医疗淄博医院（以下简称淄博医院）。10月30日，淄博医院揭牌暨综合楼奠基仪式在山东省淄博市举行,同时医院的脑血管病诊疗中心与肿瘤中心建设也正式启动。这标志着北大医疗产业集团与淄博医院的前身——山东铝业公司医院的产权合作及投后管理工作跨过新的里程碑。作为国有企业身份的医改参与者,北大医疗已经具备公司制二次改制、民办非企业单位二次改制、非独立法人一次改制等医院改制经验。

【自主创新】 方正字库新品发布会举办。6月25日,由中国文字字体设计与研究中心、方正IT主办,上海印刷技术研究所、上海设计师俱乐部、古田路9号协办的"数往知来——向前辈致敬暨方正字库新品发布会"在上海拉开帷幕。15位老一辈字体设计师,100多位设计界精英和众多字体设计爱好者们齐聚上海,追本溯源,探访汉字印刷字体走向规范化并进入计算机世界的历程,向上海老一辈字体设计师们的工匠精神致敬,共同探讨中文字库未来发展的更多可能。

方正鲁迅体正式发布。9月23日,在鲁迅诞辰135周年、逝世80周年之际,"2016鲁迅文化论坛"在全国政协礼堂召开。会上,北京北大方正电子有限公司(以下简称方正电子)与鲁迅文化基金会共同发布"方正鲁迅体"。"方正鲁迅体"字库包含9434个汉字与常用字符,可以满足通常繁简文本的排版。其中,以鲁迅手稿为基础直接修改的字有2614个,其他则由设计师根据统一风格,用已有字部件设计,或者直接创制而成。

【专利运营试点】 方正集团确定为国家专利运营试点企业。2月3日,方正集团由国家知识产权局确定为"国家专利运营试点企业",此次入选的生产型企业共21家。自1986年创立以来,方正集团秉持产学研结合的发展模式,成为中国诠释"自主创新"理念的典范企业,拥有电子、医药等领域的系列专利和核心技术。同时,具备健全的知识产权管理制度、良好的专利信息管理模式,专利储备运营涉及的技术领域符合国家产业政策和重点发展领域,加之与科研机构、高校院所的合作,为方正的专利研发工作创造有利条件。

【回报社会】 2016 CCF王选奖正式颁发。10月24日,以"计算改变未来"为主题的2016中国计算机大会10月20日至22日在山西太原举行。会议期间,中国计算机学会(以下简称CCF)向清华大学电子工程系教授李星、王码集团董事长王永民颁发方正集团资助的年度"CCF王选奖",以表彰他们为中国计算机技术自主创新所做出的突出贡献。

【年度纪事】 1月20日,在科学家王选院士逝世十周年之际,王选纪念陈列室"创新历程厅"揭幕仪式在京举行。全国政协副主席韩启德,北京大学校长林建华,王选院士夫人、北京大学计算机科学技术研究所(以下简称北大计算机所)教授陈堃銶以及王选院士亲属代表,方正集团董事长张兆东、总裁谢克海及董事会其他成员,北大计算机所教授肖建国、所长郭宗明、书记叶志远等教师代表齐聚方正大厦参加此次仪式,并参观创新历程厅。

1月22日,2016年方正集团年会暨王选院士逝世十周年缅怀纪念会在北京大学英杰交流中心举行。北京大学校长助理、校产办主任黄桂田代表北京大学出席方正集团年会,王选院士夫人、北大计算机所教授陈堃銶致辞。

3月25日,"字道2016"设计展在国家大剧院拉开帷幕。本次展览由中国文字字体设计与研究中心、中央美术学院、方正电子主办,纽约字体设计指导俱乐部、中国设计师沙龙等机构协办,囊括古今中外近200件设计作品。展览开幕式上,备受关注的第八届"方正奖"字体设计大赛全部奖项同期揭晓。

6月13日,第八届中德经济技术合作论坛举办。此次论坛促成多个重大合作项目签约,规模创历届论坛之最。其中,北医泰然将与德国ANNA医疗技术研发公司合作成立合资公司,引进国际领先的人工智能超声CT技术,并合作建立ANNA C-TRUS技术中国数据中心,提升中国早癌筛查技术水平。根据合作意向,双方依托各自优势资源成立合资公司,在中国开展ANNA C-TRUS技术及相关医疗技术的研发、临床试验、临床应用、技术推广,并通过中国各地的吴阶平泌尿外科中心等医疗机构,让前列腺癌患者实现早发现、早诊疗。

6月30日,北大方正信息产业集团有限公司与华为技术有限公司战略合作协议签约仪式举行。方正信产集团CEO刘建、华为中国区企业业务销售副总裁杨萍分别代表双方签字。本次双方战略合作由方正IT与华为公司联合发起,并将重点围绕智慧城市等核心业务展开。

7月1日,由中国医院协会民营管理分会主办、北京大学国际医院协办的2016中国社会办医峰会暨首届医疗健康产业发展年会在京召开,来自全国各地的700余名社会资本办医医院代表参加会议。国务院医改办副主任、国家卫生计生委体改司司长梁万年,国家卫生计生委医政医管局局长张宗久,人力资源社会保障部医疗保险司司长陈金甫,北京市卫生计生委主任方来英,北京大学常务副校长柯杨,深圳市卫计委主任罗乐宣,中国医院协会副秘书长张宝库,中国社科院经济所公共政策研究中心主任朱恒鹏,北大方正集团董事长肖建国,北京大学国际医院院长陈仲强等领导嘉宾出席活动。会上,北京大学国际医院院长陈仲强则以"北京大学国际医院学科建设及战略发展思考"为主题进行主旨发言,从医院整体学科布局、门诊服务流程、信息系统管理、医疗质量和安全管理及医院发展战略等方面和参会者分享体会。下午,在举行的"医院高效运营与管理创新"专题高端研讨会上,北京大学国际医院副院长杨雪松和信息中心主任李黎还分别就临床学科建设和质量与安全管理、后勤精细化管理主题进行分享。

7月15日,方正集团核心干部轮训项目启动暨首届培训班开班仪式举行,方正集团董事长肖建国、党委书记韦俊民、总裁兼首席执行官谢克海出席仪式,30名学员参加此次培训。培训课程以方正观、领导力、产品和产品+为核心内容，通过现场授课、行动学习、主题沙龙、跨界交流和移动学习等形式开展。该项目由方正商学院主办，旨在传承王选精神，宣贯集团战略、管控新制和管理2.0，培养核心干部领导力，提升组织能力。作为集团发现干部、选拔干部的展示平台，为核心干部提供更多的自我认知、能力提升的机会，进而实现A类成长。

7月29日，2016（第二届）中国智慧城市国际博览会在北京展览馆举行。作为中国智慧城市的实践者和淮北等地市智慧城市建设的主力军，方正IT协同淮北市人民政府及相关企业，以智慧淮北城市展台为窗口，展示公司在智慧淮北的建设成果以及在智慧城市多个领域的方案和案例，并通过市长峰会等形式与参会各界领导、专家共同探讨，诠释方正IT智慧城市发展之道。大会期间，方正IT正式加入智慧城市发展联盟。

（北大方正集团有限公司）

北大资源集团有限公司

【重点项目】 截止到2016年12月底，北大资源项目遍布全国22个城市。一级开发项目1个，占地611亩；二级开发项目47个，计容面积（规划地上建筑面积）1328万平方米；2016年新获取项目计容面积（规划地上建筑面积）120万平方米。

北大资源·紫境府。2016年8月获取，是成都北大资源打造的全国首个TOP级峡谷宽景豪宅。项目位于国际城南、天府新城核心区新川板块，紧邻865亩新川之心世界级中央公园（在建）。项目总占地123.96亩，总建筑面积约35.55万平方米，区域汇聚教育、医疗、交通、生态等城市一流配套，占据国际城南崭新"豪宅黄金线"。

中北路项目。2016年8月获取，项目位于武汉市武昌区中北路，地处武汉内环中心，坐拥东湖、沙湖两湖美景，规划净用地面积19,712平方米，总建筑面积138,000平方米，采取双塔布局形式，北塔约230米（5A甲级写字楼和云端酒店式公寓），南塔约120米（高端精装公寓）。

北大资源·公馆1898。2016年8月获取，项目位于与深圳接壤的东莞临深片区樟木头镇，处于樟木头商业核心地段，毗邻临深片区规模最大的商业综合体天一城，项目总占地约9570平方米，总建筑面积约29,760平方米，配置LOFT公寓、板式住宅产品，拟打造城市精品标杆。

高新区35亩项目。2016年8月获取，项目位于国际城南、天府新城核心区新川板块，紧邻865亩新川之心世界级中央公园（在建）。项目总占地34.78亩，总建筑面积约14.63万平方米。

北大资源·公园1898。2016年9月获取，项目位于深圳大龙华片区内，与深圳光明新区相邻，与R1线地铁站点（在建中）相距不足1000米。项目总占地约61,710平方米，总建筑面积约135,762平方米，项目直面300亩城市公园，毗邻城市中心，真正实现"出则繁华，入则宁静"。项目拥有2.2超低容积率，拟配置花园叠墅、独院联排和公园景观大宅。

南京溧水区项目。2016年11月获取，项目用地位于南京主城南部，溧水城南新区，屹立于南京南大门的门户位置，项目用地性质为二类居住用地，占地面积10万平方米，总建筑面积拟22万平方米。项目按照北大资源新中式文化社区标准来建设，全力打造成北大资源集团在南京的首个新中式文化标杆社区。

崇州102亩项目。2016年12获取，是北大资源成都公司以集团"区域聚焦、城市深耕、资源整合"战略为先导，"深耕成都、布局全川"发展战略的重要实践。项目位于成都市崇州城市规划核心区和城市发展主轴，区域环境优越。项目总占地102.83亩，总建筑面积约27.24万平方米。

【获奖情况】 6月16日，2016年重庆市绿色建筑与建筑节能工作会在南坪国际会展中心召开。此次会议，北大资源·悦来获"国家二星级绿色建筑设计标识"和"重庆绿色建筑评价标识（金级）"。7月21日，《中国物业管理》杂志创刊15周年纪念大会暨中国物业管理年度论坛在广州举办。北大资源物业集团获"2016中国物业管理先锋奖"。8月11日，北大资源在2016年度博鳌房地产论坛上获"2016中国地产风尚大奖·最具成长价值企业奖"。12月6日，北大资源在"中国城镇化创新发展高端峰会"上获"中国产业园区创新运营商"。

【年度纪事】 2月14日，科技部公布，江西北大科技园被认定为国家级科技企业孵化器，成为南昌经开区3家国家级科技企业孵化器之一。6月30日，由克而瑞研究中心公布的"2016年上半年中国房地产企业销售TOP100"排行榜和由中国指数研究院公布的"2016上半年品牌房企销售业绩排行榜"中，北大资源同时入选2016上半年地产双百强榜。11月16日，北大资源与中粮置地在北京方正大厦签署战略合作协议，正式建立战略合作伙伴关系。11月17日，北大资源集团与LG集团在北京方正大厦正式签署战略合作协议。11月18日，北大资源集团与北京玻璃集团共同签署战略合作协议，开展文化创意产业合作。12月22日，北大资源集团与盐城市盐都区人民政府共同签署战略合作框架协议，共同打造科技、健康宜居小镇。12月31日，在新5年战略的带领下，北大资源业绩实现翻番，以流量金额191.3亿元、权益金额185.2亿元，位居克而瑞研究中心公布的"2016年中国房地产企业销售TOP200"排行榜百强行列。

（北大资源集团有限公司）

北大青鸟集团

【回报社会】 8月30日，北大青鸟集团全额资助的第7届49名"春晖行动 致公学生培养计划"贵州老区特优特困小升初学生到京，在青鸟集团旗下北大附属实验学校开始6年全免费中学生活；与他们一起到京的还有按该计划在该校读书的第2届到第6届数百名贵州籍生。6月，该培养计划第1届54名学生在北京学成后回贵州高考，其中一本上线46人，本科上线52人，威宁县刘渊同学以682分总成绩位居2016年贵州省理科考生第51名。

第7届该计划受助贵州贫困学子在北京接受6年中学教育，所需费用1270多万元；共培养7届513名贵州学子，北大青鸟集团累计资助近1.4亿元。

"春晖行动 致公学生培养计划"是响应党中央关于加强革命老区经济建设和扶持工作的讲话精神，贯彻国家扶持革命老区经济建设和人才培养相关政策，为国家和民族的伟大复兴培养输送更多优秀人才的大型公益助学活动。活动于2010年由致公党党员、北大青鸟集团总裁许振东提议，经北大青鸟集团与致公党中央、贵州省委统战部、贵州省教育厅、共青团贵州省委、致公党贵州省委共同发起，北大青鸟集团全额资助，也是北大青鸟系列公益助学活动的一项，持续数年成为国内著名公益教育品牌。

【业务发展】 2016年，北大青鸟集团旗下北大青鸟环宇消防设备股份有限公司销售收入比2015年增长三成，达到12.8亿元。青鸟消防产品连年被评为"国内消防十大知名报警品牌"，企业综合实力居国内行业第2名，销售收入连续10年同比增长30%以上。

（北大青鸟集团）

北京北大未名生物工程集团

【发展概况】 北京北大未名生物工程集团有限公司（以下简称未名集团）成立于1992年，是北京大学三大产业集团之一，集团总部位于北京圆明园北面的北京北大生物城，占地260余亩。主要从事生物经济体系的建立和生物产业的发展，重点投资生物医药、生物农业、生物能源、生物环保、生物服务、生物智造六大领域。

【业务发展】 金融业务。2016年，集团资本运作顺畅，取得一系列突破：融资规模创新高，2016年突破100亿元；融资模式新突破，未名天人中药有限公司完成对黑龙江宝泉制药有限公司的对赌并购，集团买方团于2016年2月向科兴生物董事会及其特别委员会提交无约束力的私有化交易初步要约，参与竞争性要约收购科兴生物，完成上市公司未名医药的AA级评级工作，正在发行8亿元公司债；重大基金稳健开展，集团与粤科金融集团100亿元战略合作协议签订，30亿元粤科未名生物产业投资母基金逐步开展。

新兴业务。安徽未名承担的国家大基因中心正式列入国家综合性科学中心重大工程项目建设的重点。创新的森林康养理念获得全国高度认同，在森林康养理念的影响下，湖南省林业厅与未名集团签署战略合作框架协议，重点打造湖南森林康养基地。

国际合作。未名集团推进与BioAtla公司、Protelica公司的合作，与加拿大、美国生物能源和生物质能开发公司的合作取得进展。安徽未名分别与贝克曼库尔特、颇尔、GE医疗集团、德国赛多利斯、阿斯利康、默沙东等世界生物制药巨头进行合作与洽谈，特别是与美国贝勒医学院细胞基因治疗中心在抗癌治疗方面开展合作。

未名农业。12月16日，在联合国项目事务署（UNOPS）的推动下，未名集团与吉林长春新区管委会签订"长春未名生物经济示范区项目"协议。协议的签署标志着未名农业"百千万亿工程"扬帆起航。同时，该协议的签署，也标志着联合国倡导建立的两个示范区：亚太生命健康产业创新示范区、亚太智慧农业和食品安全产业创新示范区均由未名集团主导实施。未名农业集团未名33水稻种子以及利民33玉米种子，于2016年10月17日7时30分搭载神舟十一号飞船，伴随着中国第一个太空实验室（天宫二号）历经33天的太空遨游后返回地球，揭开未名农业探索太空育种的新篇章。

【研究开发】 2016年，未名集团的科技创新取得突破。未名医药核心产品"注射用鼠神经生长因子"（商品名"恩经复"）被批准进行以糖尿病足为拟定适应症的临床试验。未名农业建立水稻基因组编辑体系，验证100多个功能基因，克隆400多个新的候选基因，向国家和地方递交23个新品种审定。安徽未名在2016年提交新申请专利51项，获得专利批准共100项；巴利昔单抗、阿伦珠单抗、阿达木单抗、托株、地诺、阿柏西普、杜拉鲁肽、伊匹、抗PD-1单抗研发工作在稳步推进；垃圾焚烧申请专利384项。

2016年，未名集团获多项新荣誉、新资质。未名生物医药有限公司获得福建省科技小巨人领军企业称号。安徽北大未名生物经济研究院获"安徽省小微企业创业基地""2016年合肥市小微企业创业示范基地""安徽省平台引进人才先进单位""2015合肥影响力品牌"等称号。未名天人"天芪降糖胶囊延缓糖尿病发生的临床及机理研究"获2016年度中国中西医结合学会科学技术奖一等奖。未名设计院作品《兰西县呼兰河流域生命健康旅游区规划》《大理市生物经济产业规划方案》，分别获"设计影响中国一城市规划"一等奖、二等奖。未名利康生物技术公司获得中关村高新技术企业证书。

【园区建设】 安徽未名医药产业园40万平方米土建全部

完成，生物装备产业园一期项目建成；金融部落、精英部落规划方案通过；60万平方米的医药产业协同创新园、未名公园、基因部落等规划正在开展；新药中心、CAR-T细胞治疗中心、干细胞中心、基因中心、国际健康中心、实验动物中心、国际会议中心、抗体中心、生物CBD中心等9大中心建设推进。2016年12月，保定通天河未名公社开始试运营，河北未名与中建八局签订38亿元保定通天河生物产业园C区工程协议，2017年进入大规模工程建设阶段。

【回报社会】 合肥半汤生物经济实验区成安徽省供给侧结构性改革的样板；保定唐县通天河生物产业园是落实国家精准扶贫政策的典型；长春未名生物经济试验区将成为解决中国"三农"问题、实现东北振兴的示范基地。未名集团出资在北京大学生命科学学院设立"沈同奖学金"，并出资在中南大学湘雅医学院、南京医科大学、中国传媒大学等学校设立"未名奖学金"。

【年度纪事】 2016年，集团管理层顺应集团快速发展的新需求进行的重要战略部署。联合专业咨询机构推出《集团管控总纲》后，陆续推出《内部控制负面清单》《内部控制权限界面划分》《管控报告机制》《管控会议机制》《出资人管控机制》《并购整合机制》《部门垂直领导运作机制》，以及《总部能力建设实施细则》等相关管理措施，未名集团的"基本法"基本形成，为公司的发展提供保障。

2016年未名医药合并报表范围内实现营业收入126,852.45万元，比2015年增长47.8%；净利润42,315.01万元，比2015年增长69.09%。北京科兴的EV71疫苗益尔来福于2016年5月上市，产品覆盖23个省份，销量和营销收入大幅增加。嘉信医药2016年度实现收入18.9亿元。未名集团新并购的两家企业中山海济和深圳新鹏都取得新突破，其中中山海济销售额比2015年增长295%；深圳新鹏实现逆转，2016年扭亏为盈。未名天人企业和产品品牌均进入同类产品前10名。

董事长潘爱华博士的生物经济理念获得国际认可。4月21日，《自然》杂志对董事长进行专访，5月26日，《自然》杂志系统介绍董事长创立的生物经济理论。6月14日，潘爱华董事长接受《新欧洲》主编专访；6月19日，《新欧洲》报第10版刊登《未名集团董事长潘爱华：2020年人类将进入生物经济时代》。6月份未名罗马办事处正式启用，集团欧洲新征途就此开启；6月，集团参加美国生物工业组织（BIO）展会，实现"让未名走向世界、让世界了解未名"的目的；11月5日，联合国医疗卫生产品采购研讨会在北戴河未名国际健康城举行。联合国项目事务署全球仅有的两个示范区"亚太生命健康产业创新示范区""亚太智慧农业和食品安全产业创新示范区"的项目建设均纳入未名集团的渠道，由未名集团主导。

（北京北大未名生物工程集团有限公司）

北京北大维信生物科技有限公司

【发展概况】 北京北大维信生物科技有限公司（以下简称北大维信）于1994年9月1日创建于北京中关村高科技园区，注册资金8000万元，一直致力于天然药物和现代中药的研究、开发、生产和销售。2016年，北大维信总计实现销售收入3.44亿元，实现工业总产值29,568万元，利润909万元，实现利税4500万元，资产总额4.5亿元。公司拥有员工868人。

【业务发展】 北大维信生产厂区位于中关村永丰高新技术产业开发基地。厂区占地面积2.7万平方米，建筑面积3万余平方米，拥有10万级超净生产车间，设备先进。厂区2012年11月通过新版GMP认证，年产胶囊10亿粒，片剂5亿粒。

北大维信主要产品血脂康进入全国20多个省、市和自治区的公费药物或医疗保险用药目录。主导产品血脂康胶囊销售额逐年上升，成为国产降血脂药物第一品牌。公司坚持以学术推广为根本的市场推广策略继续深入，并取得良好的效果。2016年，公司准备血脂康胶囊国际多中心三期临床试验前准备工作，为完成FDA新药注册打好基础。

【重点项目】 2016年7月，国家发改委和国家中医药管理局批准以北大维信为项目实施主体的"中药标准化项目"正式立项，北大维信获得资助345万元。该项目的实施可构建大米种植-红曲发酵-红曲提取-成品全生命周期质量控制标准化体系，实现从种植到成品的全程质量控制，确保血脂康安全、有效、稳定、可控及质量可追溯。

【基地建设】 2016年，北大维信完成生产厂房加层改扩建项目，该项目投资5千多万元，对原有车间进行内部改造，另增加用于发酵和物料干燥生产房近4000平方米，并增加自动化生产设备。该项目竣工验收，实现设备技术升级和管理水平提升，完成后产能翻两番。

【自主创新】 北大维信坚持以自主创新为导向，进行新药研发，并健全相关知识产权管理制度，初步建立对研发人员的有效的激励机制和绩效考评机制，提高研发部门的技术创新动力。此外，公司尝试将知识产权管理与技术创新、企业营销相融合，期望逐步实现企业知识产权战略服务于企业竞争战略目标的目的。作为一家高新技术企业，截止到2016年底，公司累计拥有有效专利136件，获授权专利111件，其中，授权发明专利99件。

【节能减排】 为达到北京市2015锅炉大气排放标准，公司响应北京市"清空行动计划"号召。于2016年3月启动低氮节能锅炉工作，2016年9月底改造工作完成。改造后，锅炉氮氧化物排放浓度控制到20mg/m³，达到北京市新装锅炉标准，完成改造工作。

（北京北大维信生物科技有限公司）

北京北大英华科技有限公司

【发展概况】 北京北大英华科技有限公司（以下简称北大英华），是由北京大学投资控股、北大法学院主管的高新技术企业和软件企业，成立于1999年，注册资金1000万，位于海淀区中关村大街中关村大厦9层。北大英华依托北京大学的资源优势，致力于法律信息、网络教育和高端培训产业，为社会各界提供法律信息内容和应用平台以及源源不断的更新服务，成为中国最大的法律信息与知识内容供应商。

【业务发展】 2016年实现销售收入增长，较2015年增长20%。用户总量、单一用户平均购买力普遍增加。用户总数2769家，单一用户平均购买力2万元。

【企业改革】 为解决北大法宝长期以来产品多、产品线复杂导致的底层数据不一致情况，2016年10月北大英华新建组成数据部，就数据规范应用等层面进行统一管理和维护，成为北大英华法律信息底层数据的支持部门。

2016年11月，北大英华成立大数据中心，就案例大数据应用、行业数据应用、可视化展示等层面进行研究。

【重点项目】 英华教育。2016年英华教育网络教育培训工作完成两大网站的更新：中国律师培训网和北大英华教育平台。与全国律协进行"领跑者计划"——千人青年精英律师培训，受到各方好评。

企业合同管理系统。法务合同管理系统的开发建设进一步丰富英华的产品体系，从以往法律信息产品开发衍生至法律工作的多角度。

教育行业法律法规系统。与北京大学审计处联合开发建设教育行业法律法规系统，集中整理教育相关法律信息。

【研究开发】 2016年3月启动北大法宝V6.0新版产品研发工作，重点解决底层数据统一应用、功能优化以及产品设计和展示的用户体验。

自2015年10月启动"刑事法宝"，2016年与北京大学法学院合作"刑事法宝"专题产品，从刑事罪名体系、法律依据、相关案例、专家观点等角度对具体罪名进行全面分析和匹配，方便刑事工作者、检察官等具体工作。

2016年3月启动"知产法宝"新产品研发，重点就知识产权相关法律信息进行整合、同时定位于深度数据分析以及定制化呈现。

【获奖情况】 2016年6月，北大英华科技有限公司被评为3A级信用单位。

2016年8月，北大英华科技有限公司获"2016年度中国法律行业信息化最具影响力企业奖"，其业绩、品牌价值和公司运营模式再次获得业内肯定与认可。

2016年10月，"北大法宝"在国内众多法律信息、法律服务产品中脱颖而出，以最高分的绝对优势获2016年优秀"互联网＋法律"创新项目奖。

【回报社会】 法学院捐赠。2016年5月，北大法学院2015年奖学金颁奖典礼上，北大法宝特设北大法宝学术奖、北大英华实践奖。应北大法学院邀请，北大英华总经理赵晓海作为设奖方代表出席本次典礼为获奖同学颁奖，与获奖同学互动交流，并送去对他们的鼓励和美好祝愿。

法律诊所捐赠。北大英华再次向中国法学教育研究会"公益法律服务志愿者项目"捐赠法宝账号，至2016年已经连续第三年进行捐赠。

【年度纪事】 北大法宝标语确定并挂牌。自2016年4月起，北大英华向全社会公开征集北大法宝标语，历时6个月，经过社会各界人士投稿和专家评选，最终确认将"爱法律 有未来"定位为北大法宝产品的标语。标语于2016年12月4日宪法日发布，正式挂牌于中关村大厦楼宇广告。

（北京北大英华科技有限公司）

医学部国内合作与产业管理

【完善架构】 完善医学部产业管理架构和企业法人治理结构，对企业实施监管。医学部成立校办产业管理委员会，规范经营性资产管理。根据财政部、教育部及北京大学的相关规定，参照北京大学的机构设置和议事规则，经2016年6月13日医学部第15次部务办公会通过，决定成立北京大学医学部校办产业管理委员会（以下简称医学部产管会）。医学部产管会是代表医学部部务会管理经营性国有资产的最高决策机构，医学部产业管理办公室（以下简称产业办）是医学部产管会的常设办公机构。根据财政部、教育部及北京大学的相关规定，涉及国有资产处置及校办企业需经学校决策的事项等，须经医学部产业管理办公室党政办公会讨论通过后，提交医学部主管副主任审阅，再报医学部主任审阅，由产管会主任召集医学部产管会办公会议研究决定。2016年，产业办重新梳理相关规定，报请医学部产管会批准《北京大学医学部产业管理专家委员会章程》和"北京大学医学部产业管理专家委员会名单"。在《章程》中，明确规定专家委员会委员职责及会议规则、委员人选的产生和任期、秘书处职责等。对于涉及医学部企业的重大事项，经医学部产业管理专家委员会论证，聘请法律事务所出具法律意见书、编制项目可行性分析报告，并且与相关请示一同报医学部产管会和北京大学校产管理委员会审批。

医学部确定北京北医控股有限公司负有对医学部经营性国有资产监督管理职责。产业办经医学部批准，报北大资产管理委员会同意建立医学部独资的资产管理公司。根据上级文件精神以及北京大学和医学部的决定，产业办自2011年开始陆续完成对北京北医控股有限公司的前身北京时缘琚餐厅的清产核资、企业改制、评估备案、股权重组、增加注册资本并经历两次变更公司名称的过程。2016年，北京北医控股有限公司的注册资本达到1100万元，北京大学持有其100%股权，并符合上述文件的要求，具备成为医学部资产管理公司的基本条件。北京北医控股有限公司是北京大学医学部唯一的全资公司，且在资产规模上达到教育部对高校资产管理公司注册资金的要求，经医学部部务会批准、医学部产管会授权，负有对医学部经营性国有资产的监督管理职责。

完善企业法人治理结构，加强对医学部派出董事监事的遴选和管理。2016年1月，根据国家和北京大学关于领导干部兼职的有关规定，由学校相关干部在校办企业兼职的董事会、监事会成员全部辞职。为了使学校切实有效地监管所属企业经济活动，保证派出的董事、监事切实履行出资人及监管职责，避免由此带来的管理风险，产业办制定《北京大学医学部关于对所属一级全资和控股公司派出董事、监事的管理办法》（简称《管理办法》）。《管理办法》对派出董事、监事的管理，董事、监事的权利和义务，董事、监事的考核和奖惩做出规定。医学部通过向一级全资、控股公司派出董事和监事的方式，参与投资企业发展规划的制定、重大投资计划的决策和重大经营活动的协调，并依法对公司进行必要的监督、检查等活动。董事和监事主要负责将医学部对重大事项的意见准确传达给所在企业董事会、监事会，并将所在企业的重大事项及时准确通报给医学部，确保学校与企业之间信息畅通。在成立校办产业管理委员会后，首先成立北医控股的董事会和监事会，成员为产业办、财务处、医管处、科研处、继教处、审计处派出人员和职工代表。其后，陆续调整北京北医投资管理有限公司、医大时代科技发展有限公司的董事、监事，完善公司法人治理结构。

修订若干企业的《公司章程》。2016年产业办组织人力在法律专家的参与下，对北京北医控股有限公司、北京医大时代有限公司的《公司章程》进行修订。

【制度建设】 根据《北京大学医学部内部控制建设与评审实施方案》要求，2016年10月27日，产业管理办公室成立内部控制建设监督检查工作小组。工作小组研究内部控制建设的各项原则和要求，学习内部控制基础性评价相关文件，讨论产业各项业务工作的环节和流程，并查看部分文档和账簿，梳理医学部企业国有资产监督管理中可能发生的风险点，并针对风险，从完善医学部产业管理架构、完善企业法人治理结构、加强制度建设等方面加强核心控制，对企业实施有效监管。产业办执行国家政策、法令法规，按内外部审计、检查的结果要求进行整改，加大监管力度，使管理企业规范化、风险点呈集中状态，且数量大幅度减少，未发生国有资产损失的情况。产业办撰写《产业管理办公室控制活动手册》，整理《产业政策应用指引及产业管理办公室制度汇编》。

11月8日，医学部部务会讨论同意北京大学医学部国内合作与产业管理办公室更名为"产业管理办公室"，更名后产业办修订工作职责。此外，产业办修订北京大学医学部所属企业国有资产管理办法、北京大学医学部所属企业借款及担保管理办法。

【规范管理】 以检查和审计为契机，完善管理体制、解决实际问题。2015年底至2016年，北京大学审计室对医学部进行综合管理审计，海淀区税务稽查局进行税务稽查。产业办及各相关单位、企业自检自查，做好迎接审计的准备工作，提供相关资料，反映情况和问题。审计过程中，坚持边审边改，撰写北医投、医大时代、诺赛基因公司、蒙特因公司、博士苑、科泰等公司共20余份关于设立、重组、改制、投资、注册资本等历史遗留问题的各类说明和整改报告；审计结束后，产业办及各相关单位、企业根据结果落实整改工作。同时，以结果为导向，解决有关企业投资账实不符、存在僵尸企业和空壳企业的问题。

"小金库"专项治理工作。2016年4月，根据上级文件要求，产业办成立"小金库"专项治理工作领导小组，开展"小金库"专项治理工作。"小金库"专项治理工作领导小组召集网络学院、在职教育培训中心、会议中心、文缘屋负责人召开专项治理工作会议，要求各单位核查各项收入支出，完善财务管理，杜绝工作中的疏漏，明确各单位一把手对自查自纠结果负责，强调进一步增强财经纪律意识，加强预算财务管理，规范公务支出，坚决杜绝"小金库"行为。对自查中发现的各种违法违规问题，必须如实上报并自觉纠正。经查，各单位所有资金均按照国家有关财经法规纳入正规账户严格管理。

【合作项目】 2016年，产业办分别与红杉基金、卫生部产业管理协会、老龄事业发展基金会、瑞年国际等多个企事业单位，就医学部遗留问题企业的股权重组和与产业相关的合作事宜进行洽谈。

【培训中心】 2016年，在医学部及产业办的领导和支持下，在职教育培训中心分析经济和政策形势，部署工作方案，克服困难，基本完成工作目标。2016年医院管理班新开班4期，其中在京2期，京外2期；护理管理班1期；卫生干部管理班4期。

中心内部管理。把控教学质量，维护北医品牌；继续落实学校政策，叫停且不新开由代理招生并进行班级服务的业务；维护和发展政府部门、校内职能部处、合作单位、师资、学员等关系；开展系列业务学习，提高员工能力；配合学校完成审计工作，并落实审计的反馈意见；启动在职教育培训中心与医大时代教育咨询有限公司的拆分工作。

【维权打假】 2016年产业办共处理冒用北京大学医学部名义的举报事件8起，经过详细登记来访信息及全面的调查核实后回复来访人，并在"维权打假"网页专栏中对造成恶劣影响的经营活动发布两则声明。

【资源管理】 确保国有资产保值增值。受医学部委托，产业办代表医学部对外出租产业楼、友朋馆的全部房屋。2016年房屋租赁收入900多万元。根据《北大产业管理办公室房屋租赁管理办法》，租户的变更、租金的调整等涉及房屋资源管理等作为"三重一大"事项在国产办党政办公会上讨论通过。根据国家及北京大学关于"事企分开"的有关政策和北京大学审计结果，与租户沟通，按照市场价格调整产业楼办公用房的租赁价格。

安全工作。1. 产业办贯彻执行学校和保卫处的各项安全规定，及时召开安全工作会，将学校的安全会议精神传达到产业全体人员、下属企业和租户，定期对下属企业和租户进行安全检查，对有安全隐患的单位下达定期整改通知单。2. 邀请保卫处联合组织安全大检查，重点检查门脸房商铺租户，及时更换不合格消防器具，强调易燃易爆品的安全保护，保证消防通道的安全畅通等。3. 各企业和租户都设有安全员，保持信息畅通。4. 针对产业楼电力设施陈旧、电线老化问题，维护产业楼的烟感系统、消防系统和供电系统。

维修工作。对产业楼、有朋馆进行常规维护，保障设备设施的正常运行。2016 年 1 月至 11 月，产业办共接报修电话 100 多个，主要是灯管的更换、水电检修、电话线维修等。

【会议中心】 会议中心作为医学部重要的学术会议及重大活动的举办场地，2016 年共接待各类会议及活动达 1008 场次（包括校内 299 场次，校外 709 场次），其中，校内场次比 2015 年下降 24.41%，校外场次比 2015 年提高 29.14%，平均每个工作日（按一周 5 个工作日计算）达 4 场次。配合学校组织庆祝"七一"党员表彰大会、军训动员大会、新生第一课、医学部建校 104 周年系列活动、奖学金颁奖大会等重要会议，服务于各学院新春文艺晚会、庆"六一"儿童节文艺演出、校团委举办的"十佳歌手"演唱会、新生文艺汇演、北医好声音等校园文化活动。会议中心在保证医学部名誉、信息安全的前提下，审核会议举办方的资质、会议内容，提高服务质量、加强组织管理，提前与举办部门沟通、协调，保障各项会议及活动进行。

（医学部产业管理办公室）

筹资与基金管理

【发展概况】 2016 年北京大学共获得社会捐赠 2000 余笔，实现到账捐赠 5.70 亿元（人民币，下同）；新签署协议 383 项，协议总额 7.42 亿元。2016 年到账捐赠中，用于学生项目的占 9%，教师项目占 22%，院系项目占 19%，基础建设项目占 15%，留本基金占 33%，其他项目占 2%。

【筹资工作】 教育基金会密切捐赠联系，通过策划领导拜访会面等方式，搭建交流与沟通平台，增进社会各界对北大的了解和认同，为学校发展争取更多支持。

服务人才培养。募集学生资助项目，促进学生全方位成长成才。黄如论奖助学金奖励名额和奖励额度各增加一倍，为经济困难学生提供连续 4 年的支持；杨岩校友捐资设立方晴励志奖学金，助力家庭经济困难的学子；胡澜校友捐资设立"美中宜和奖学金"，助力医学人才培养；香港经纬集团捐资支持北大汇丰"紫荆谷创业训练营"；袁东英、梁玉芝夫妇将卖房所得捐资注入鸿升教育基金，支持青年学生成长。

服务师资建设。围绕学校人事制度改革，重点筹集讲席教授基金、杰出青年学者奖励基金、优秀教师奖等教师发展项目，推动设立多个教师发展项目。诺贝尔生理学或医学奖获得者、杰出校友屠呦呦设立"屠呦呦医药人才奖励基金"，激励医学部在校学生勤奋学习，鼓励医药卫生领域中青年教师不断进取、追求卓越；曾宪梓决定连续 10 年捐资设立"北京大学曾宪梓优秀教学奖"，奖励北大热爱教学、爱岗奉献并在教学领域卓有建树的老师；卡塔尔捐资支持卡塔尔中东研究讲席教授基金；北大方正人寿捐资支持王选青年学者奖励基金，践行王选精神，激励青年教师。

服务科研创新。筹集社会捐赠，设立多项科学研究基金，支持师生在自然科学、工程、社会科学、人文和医学领域进行基础研究、前沿研究和应用研究。2016 年，响应国家发展战略，加大哲学社会科学项目筹资力度，支持具有中国特色的重要哲学社会科学研究。泛海公益基金会捐赠设立"张世英美学哲学学术奖励基金"，奖励在哲学、美学、艺术学等领域做出突出学术贡献的著名学者和具有开创性研究的青年学者；刘水校友再次慷慨捐资，设立人文社会科学研究院发展基金；方李邦琴名誉校董再次捐资，设立人文学科文库基金，支持人文学科重要学术成果的出版。

服务基础建设。筹集基础设施建设基金，改善教学科研环境，拓展办学空间。福建省发树慈善基金会捐资支持国家发展研究院的教学科研和承泽园新校区建设；夏曙东校友捐资支持地球与空间科学学院大楼改建及办公环境的改善；何仁慈善基金会曹德旺捐资支持数学学院大楼地上建筑主体工程的建设以及室外广场和道路建设。

服务社会公益。支持师生开展扶贫支教等公益项目，包括西部支教团西藏助学金、嘉里集团郭氏基金模式专项调研项目。2016 年，北京大学调研团赴内蒙古察右中旗、云南墨江开展脱贫模式评估等公益项目。

【项目和财务管理】 按照"规范、透明、效益、安全、服务"的总方针，按照国家有关规定，规范项目管理和财务管理工作，加强与校内各部门的沟通协作，确保捐赠项目符合国家法律法规，符合捐赠人意愿，符合学校发展宗旨，确保捐赠资金最大程度服务教师和学生发展，推动教学科研取得新的进步。

教育基金会聚焦重点项目，提升项目的精细化管理，通过精益求精的工作赢得捐赠人的信赖与支持。截至 2016 年底，教育基金会管理的各类社会捐赠项目 2700 余项，其中讲席教授基金 47 项，奖学金 618 项、助学金 226 项、奖教金 141 项、研究资助 315 项，拨付项目支出 2.64 亿元，直接奖励资助师生10,700余人次。

【投资工作】 按照"合法、安全、有效"的基本原则，推进投资工作。一是规范投资行为，加强内部管理；二是推进投资项目，优化资产配置；三是探讨机制革新，推动改革方案。

【机构建设】 按照《基金会管理条例》等有关规定，加强机构建设。2016年8月进行理事会换届并召开第六届理事会第一次会议。

依法完成审计、年检和慈善组织认定工作。在项目管理和财务管理工作的基础上，通过多项检查工作。学习贯彻落实《中华人民共和国慈善法》，依法被民政部认定为慈善组织。

加强信息公开与宣传。根据教育基金会信息公开制度，依照依法、公平、公正、准确、真实、及时的原则，通过各种渠道进行信息公开，接受各界监督，同时加大品牌文化建设力度，营造慈善捐赠氛围。根据中国基金会中心网的透明指数（FTI），北京大学教育基金会在全国435家大学基金会中名列前茅。

加强内部控制建设。接受学校内部控制评审，梳理和规范核心业务流程，加强制度建设，提升防范风险的能力。加强安全保卫工作，保障各项工作进行。获"2016年度北京大学二级单位安全管理标准化建设先进单位"。

【年度纪事】 曾宪梓捐资设立曾宪梓优秀教学奖。2016年春，曾宪梓决定连续10年捐资设立"北京大学曾宪梓优秀教学奖"，奖励北京大学在教学领域卓有建树的优秀教师。12月8日，曾宪梓教育基金会"优秀大学生奖励计划"2016年度颁奖大会暨北京大学首届"曾宪梓优秀教学奖"颁奖大会举行。来自内地38所高校的1365名优秀贫困大学生获得总额近700万元的奖学金，16位北大教师获得首届曾宪梓优秀教学奖。

河仁慈善基金会曹德旺捐资支持数学学院大楼建设。3月11日，曹德旺北京大学名誉校董授予仪式暨"财智人物北大讲堂"演讲会举行。河仁慈善基金会发起人、福耀集团董事长曹德旺慷慨捐资支持北京大学数学科学学院大楼的建设。北京大学授予曹德旺名誉校董。

陈发树捐资支持国家发展研究院建设。5月2日，时值北京大学118周年纪念日及校友返校日，著名企业家陈发树宣布向北京大学捐赠1亿元，用于北京大学国家发展研究院的承泽园新校区建设、支持国家发展研究院教学科研及双方共建研究中心。陈发树获聘北京大学名誉校董。

刘水获聘北京大学名誉校董。5月19日，88级自然地理学专业校友、铁汉生态环境股份有限公司董事长刘水获聘北京大学名誉校董，并在"财智人物 北大讲堂"发表演讲。9月20日，刘水再次慷慨捐资，设立人文社会科学研究院发展基金。

教育基金会第六届理事会成立并召开第一次会议。8月27日上午，北京大学教育基金会理事会进行理事会换届并召开第六届理事会第一次会议。按照《北京大学教育基金会章程》有关规定，会议选举产生第六届理事会，朱善璐为第六届理事会理事长，吴志攀为副理事长，邓娅为秘书长。会议选举产生第六届理事会投资委员会，林建华为投资委员会主任。北京大学教育基金会成立第一届监事会，8月27日中午，监事会召开第一次全体会议，选举李岩松为监事长，张旋龙为副监事长。

中国泛海捐资设立"张世英美学哲学学术奖励基金"。9月2日，中国泛海控股集团有限公司捐资设立"张世英美学哲学学术奖励基金"，以发扬北京大学哲学系张世英的学术精神，奖励在哲学、美学、艺术学等领域做出突出学术贡献的著名学者和具有开创性研究的青年学者。

方李邦琴捐资设立"方李邦琴北京大学人文学科文库出版基金"。9月26日，美国泛亚公司董事长、方氏基金会主席、北京大学名誉校董方李邦琴向北京大学捐赠仪式举行。方李邦琴捐资设立"方李邦琴北京大学人文学科文库出版基金"，支持北大人文学科的发展，助力北大创建世界一流大学。

"北京大学博雅论坛"在马来西亚举行。12月19日，北京大学教育基金会理事长朱善璐率团访问马来西亚，首届"北京大学博雅论坛"在吉隆坡举行。北京大学国家发展研究院名誉院长、新结构经济学研究中心主任林毅夫教授做主题报告"一带一路和自贸区：中国新的对外开放倡议和举措"。

屠呦呦设立医药人才奖励基金。12月25日，诺贝尔生理学或医学奖获得者、北京大学校友屠呦呦签署捐赠协议，设立"北京大学屠呦呦医药人才奖励基金"，以支持母校教育事业的发展，激励医学部在校学生勤奋学习，掌握专业知识，并鼓励医药卫生领域中青年教师不断进取、追求卓越。

12月30日，根据《慈善组织认定办法》，北京大学教育基金会符合《中华人民共和国慈善法》及有关法律法规规定的条件，依法被民政部认定为慈善组织。

（教育基金会秘书处）

校友工作

【发展概况】 2016年，校友工作办公室开展"两学一做"学习教育，学习领会习近平总书记在北京大学师生代表座谈会上的重要讲话精神和党的十八届六中全会的会议精神，落实学校党委和行政的各项工作部署，取得一系列进展，北京大学的校友工作水平得到进一步提升，为学校的改革发展做出贡献。

2016年是北京大学120周年校庆筹备的关键一年，校友工作办公室按照学校的工作部署，在工作团队建设、对外宣传和资源整合、项目策划和实施等方面开展工作，特别是在"与北大同行"纪录片、"新诗百年"系列朗诵会、"2018珠峰行动"等重点项目上，校友工作办公室发动校友的力量，为项目的启动和实施做出贡献。

2016年移交档案馆2015年校友工作办公室、北京大学校友会秘书处重要文书档案共35卷。此外，移交校史馆2016年3月"北京大学在台校友及各界友好人士联谊会"在台校友赠送母校北京大学校旗（复制品）一面，"筑梦北大、圆梦中华"画框一幅；2016年9月中国女排北大行活动校友制作《中国女排重回北大纪念册》（女排签名版）一册，校友赠送母校1980年代中国女排首次到访北大时签名排球一个。

【机构建设】 截止到2016年底，北京大学校友会各备案校友组织共计112个。其中院系校友组织23个，地方校友会（含港澳台地区）49个，海外校友会27个，行业类校友组织9个，兴趣爱好类校友俱乐部4个。2016年度是各级校友组织集中换届年，海内外共有31个校友组织完成换届工作，一批优秀校友成为各级组织的负责人，完成新老交替。各类校友组织的蓬勃发展成为母校与校友之间、校友与校友之间联系的桥梁，更是各种校友活动开展的重要载体。

【校友服务】 2016年，校友工作办公室在推广北京大学校友卡、中银北大信用卡、校友专享邮箱服务、校友企业专场招聘、《北大人》校友杂志、单身校友派对等常规校友服务的同时，对服务的形式和内容进行创新性的探索。

2016年4月起，开通微信办理校友卡方式，从通过"燕缘社区"用户注册提交信息，到办理校友卡完成支付，既减少繁琐和重复操作，又解决受时间地域限制无法现场办卡校友们的需求。新增快递到付服务，满足不同校友的邮寄需求。2016年（截至10月底）办理校友卡共计18,040人次，毕业生10,975人，平日和校庆活动4275人，微信办理共计2790人。

针对应届毕业生的"北大毕业帮"项目，联手28家校友企业，以"一路呵护"为主题，涉及租房、出行、休闲、金融、创业等八大领域，为应届毕业生对接社会资源和校友资源。

由北京大学校友会发起的"北京大学校友企业服务联盟"，利用北京大学校友网络平台，由校友企业向校友提供产品优惠或专属服务，校友网络平台向校友做活动推广，校友享受优惠并可对产品和服务进行评价及分享传播，三方形成良好互动，形成互惠互助、健康文明的校友生态圈。

【校友联络方式】 利用北京大学校友网、北京大学校友会新浪官方微博、北京大学校友会微信订阅号和微信服务号组成综合宣传平台，定期及时发布母校和校友会信息，配合学校完成重要事件的宣传工作。网络信息平台成为北京大学宣传学校发展、沟通校友信息的重要渠道。

基于移动互联网技术开发的"燕缘"智能校友服务平台上线，为校友提供更加先进、更智能化的注册、社群、需求对接、服务入口、校友卡办理等服务，并逐渐向着深度学习、交互式数据更新、智能服务平台方向发展。

【大型活动】 2016年，校友工作办公室针对不同年龄、行业、需求的校友群体直接策划组织海内外各类活动20余场，参与组织的校友活动上百场。离退休校友2016新春联谊会、燕京大学校庆返校、西南联合大学校友返校聚会类活动获得年长校友群体的欢迎。校友书画作品展和公益书法讲座、新年交响音乐会、"新诗百年"诗歌朗诵会、校友足球联赛和羽毛球联赛等文化体育活动，丰富校园文化，促进高雅艺术和体育精神的传播。

北京大学建校118周年"家·年华"校友返校系列活动涵盖多个门类的18项校友活动。其中"校园马拉松"项目成为亮点，一千余名校友从全国各地赶来，与在校师生共同为母校庆生；同时六百余位校友通过微博线上活动#北大人跑起来#，用不同的形式在海角天涯纪念未名湖畔的青春。

2016年海外校友子女"小北大人夏令营"项目通过在燕园的体验、北京观光以及齐鲁行系列活动，不仅让海外校友子女体验父母的大学生活，更增强他们对北京大学和中国历史文化及发展现状的认识。

2016年9月，第七届北京大学北美校友代表大会在芝加哥召开，林建华校长一行和来自北美近20个校友组织的200余名校友代表出席本次大会，大会就母校的改革发展、120周年校庆筹备、北美地区校友工作等进行专题探讨。

在北京大学2016年本科生和研究生毕业典礼暨学位授予仪式上，分别邀请中国科学院院士、北京生命科学研究所副所长邵峰和数学科学学院1966届毕业生祝家麟作为校友代表寄语研究生毕业生。典礼邀请部分校友代表回母校观礼。

【服务母校和社会】 2016年，校友工作办公室在服务师生发展、服务教学科研、服务北大形象建设和筹资筹款方面调动各界校友力量，校友工作服务母校发展的能力不断提升。2016年3月，北京大学决定启动"全球大学生创新创业中心"项目，把第二教学楼地下一层夹层的自行车库改造为大学生的创新创业实训基地。2016年4月29日经北京大学校园规划委员会审议和讨论，并于2016年6月5日由北京大学校长办公会审议通过，委托校友工作办公室负责工程的建设和运行。校友工作办公室参与从项目的立项筹款、功能定位、工程设计和施工、制定运行管理方案的全过程。2016年8月，"全球大学生双创中心"项目开工建设，校友工作办公室与基建工程部、总务部、房地产管理部、保卫部、计算中心、教务部等相关部门密切配合，保证该工程项目的进行。室内改建工程于2016年底完工，进入试运行阶段。双创中心的落成启用是校园生活的标志性事件之一，对于巩固北京大学在全国高校创新创业领域的领导地位，进而探索全方位构建大学生创新创业生态系统，培育学生创新精神、优化校园创业氛围都将做出贡献。

北京大学创业训练营2016年发展势头良好，举办一系列活动，成为国内最大的公益创业教育和扶持平台；首届海外特训班的举办，为海内外的创业英才们搭建一个良好的创业交流培训平台。由校友工作办公室主办的北京大学企业家论坛-中国创业者2016峰会、2016北京大学全球金融论坛等主题论坛都取得较大的社会反响，成为相关行业颇具影响力的高品质论坛。

校友工作办公室配合国际合作部、国内合作办、校团委、招办和就业指导中心等兄弟单位和相关院系，协调校领导代表团、师生考察和社会实践团与各地校友会的对接联络，先后在新加坡、马来西亚、美国、韩国、澳大利亚等国家，以及台湾、福建、山东、广东、深圳等地，北京大学代表团的到访受到当地校友组织的欢迎。通过交流互访，凝聚海内外校友力量，共同助力母校发展，提升北大的国际国内影响力。同时，校友工作办公室配合学生资助中心"优才拓展实践团"联系部分地方校友会提供相应支持、协助歌剧研究院对接海外巡演、配合学校继续教育部规范推广继续教育项目、配合学校招生工作联系各地校友会、配合产业技术研究院建设地方成果转移中心等工作，为学校的校地合作提供相应支持和保障工作。

【筹资工作】 配合北京大学教育基金会，在校友中开展筹资筹款工作，校友的大额捐赠不断突破，参与性的小额捐赠也屡有创新。探索微信捐赠新模式，组织策划"118，我给母校发红包"微信活动，在国内各高校实属首次，24小时内共计6826位校友及北大之友，用行动祝福母校，发出19万份红包，捐赠金额23.5万元，超8万人关注本次活动，在校友和高校同行中引起关注和好评。

此外，策划组织1991级校友捐建"九一剧场"，支持学生社团活动和艺术实践；倡议校友企业和捐赠校友支持博雅艺术基金，举行校友新年音乐会；促成朱慧秋校友赞助2016届北京大学毕业典礼纪念券；动员1438位应届毕业生参与我爱母校毕业生捐赠；协助大连校友会向学校捐赠120棵北美海棠树；9000余校友参与中银北大卡项目。

（校友工作办公室）

医　　院

医院管理

【国家医疗数据中心】 国家医疗数据中心2016年获得建设资金700万，2016年完成数据接收模块的医院现场测试工作，分别对六所国内代表性医院的电子病历数据库进行现场测试。完善了国家医疗数据中心管理办法等部分制度建设，完成了信息平台需求和数据报送问题沟通调研会。同时在山东、上海片区组织了60余家医院的信息主管对华山医院、山东省医院的信息系统进行现场察看和交流。

完成近百家大型"三甲"医院医疗服务评估报告。完成96家医院总体医疗服务评估报告、数据质量报告及84类病种、140类技术的评估报告。进行了五个片区（范围包括工信部、卫计委统计中心、信息通讯研究院、44家委属医院、20余家非委属医院，约140多位医院专家、医院管理者）的报告宣讲，并对报告内容进行了问题解答、讨论和意见搜集工作。

国家医疗数据中心全国专家团队建设。目前已经完成了所有委属（管）医院120多位信息技术人员和病案人员基本理论和基本知识培训，还将在杭州等地举办2—3场非属（管）医院相关人员培训，最终完成本年度信息技术和病案编码专家队伍的遴选工作，并为明年医院数据全程质量督导、指导、改进奠定基础。

深入研究完善中国基于病案信息数据的评估模型。研究团队在2016年度承担6个评估模型研究的委托项目，共49万资金，包括：临床学科能力评价指标体系和指标的研究与制定；基于病案首页数据库的医院绩效评价分析指标体系和指标；临床专科专病电子病历数据标准建设；医院手术标本管理电子病历数据标准的建设项目；电子病历基础数据标准体系与内容建设；医院信息化能力评价。研究团队已经完成首个基于中国疾病谱的22组伴随疾病复杂指数研发工作，并纳入本年度的评估报告内容中；完成数据接收平台全程数据结构质量控制快速检验模块，保证数据接收后，医院在1个小时能够得到问题反馈，并已经测试出用于医院的自检模块。

【首届"北京大学临床医疗奖"】 2016年3月1日，在医学部召开了首届"北京大学临床医疗奖"表彰大会，共有35位北京大学临床专家获得奖励。北大医院泌尿外科何志嵩、人民医院创伤骨科王天兵、北医三院妇产科李华分别代表获奖者发言。三位获奖代表分别从医疗服务、抗震救灾、援疆援藏等方面介绍了自己从事医疗工作的经验和体会，并表示将继续努力工作，为人民群众的健康、为边疆的长治久安和社会稳定贡献自己的一份力量。"北京大学临床医疗奖"是为表彰在临床一线医疗服务中兢兢业业、无私奉献，不断提升医疗技术手段和临床诊治服务能力，为广大的患者提供最佳医疗服务的临床专家，以及在医院管理、抗震救灾、援疆援藏等公益事业等方面做出突出贡献的有关医疗人员。

【援藏工作】 为进一步促进西藏医疗卫生事业的发展，提高援藏工作的针对性、实效性和可持续性，中共中央组织部、人力资源社会保障部、国家卫生计生委2016年持续开展医疗人才"组团式"援藏工作。北大医院、人民医院、北医三院、肿瘤医院均作为援助医院，第一批19名援藏医疗队员们在高原上克服多重困难，积极开展工作。除了日常的门急诊、手术、查房外，队员们还开展了多次专题讲座和业务培训，帮助当地医疗工作者掌握相关理论知识以及规范相关诊疗技术，提高医疗水平，同时在医院的学科发展、人才培养、医院管理等方面提出了宝贵的经验和建议。此外，队员们还深入基层，开展义诊活动。在西藏第七批优秀援藏干部人才表彰大会上，北京大学第一医院许戎、人民医院马丽，第三医院袁炯、李渊，肿瘤医院彭智作为援藏干部的代表，受到表彰。在援藏工作中，各医院院领导高度重视，各部门积极配合、认真部署、精心组织，从人力物力上做好援藏的保障工作。各医院由院领导组成的慰问团也先后抵达西藏，看望医疗队员，解决队员的后顾之忧。同时各医院学科与受援医院开展了多种形式的学术交流与专家支援，加强双方医院的深入交流和合作，搭建起援受科室间的良好合作平台。医学部于2016年2月也出台《关于落实中组部"组团式"援藏医疗人才政策的决定》，对援藏医疗人才政策的落实提出具体要求。2016年7月，根据《国家卫生计生委办公厅关于做好第二批医疗人才组团式援藏选派和交接工作的通知》，医学部附属医院又选派了第二批共22位援藏队员顺利到达西藏开展工作。

【护理工作】 5.12国际护士节庆典及表彰活动。5月9日召开了2016年度"庆祝5.12国际护士节表彰大会"。经各医院评选推荐，共有24名护士长、89名护士被授予2016年度北京大学医学部优秀护士长、优秀护士称号。继续为各附属医院护理学组搭建平台，密切各医院之间以及医院学院之间的联系合作，凝聚北京大学医学部的护理团队，通过各种形式提高临床护理实践、护理教学与科研水平。

【质量检查与评估】 连续8年对附属医院医疗质量进行检查。2016年，重点对重大突发事件应急管理、培训与演练以及手术室院感进行了专项检查，并依据病案首页，对附属医院做出医疗质量评估。

【外国医师考试中心】 由北京市卫生局委托的2016年度北京市外国医师春季考试共有15家医疗机构共20名考生参加考试。1993—2016年共有1022名外国医师参加考试，646人通过，合格率63%；考试科目有35个，包括全科、内科、口腔科、外科、骨科、妇产科、儿科、医疗美容科等临床科室，检验科、病理科、放射科等临床医技科室，以及物理治疗师、语言治疗师及作业治疗师等康复科目。10多年来，外国医师考试中心严格审核外国医师来华行医的资格、能力以及临床水准，对首都的涉外医疗安全做出了重要贡献。

【党建工作】 2016年重点学习《中国共产党廉洁自律准则》《中国共产党纪律处分条列》，并依据精神，全面细致、实事求是地开展自查，针对自查中发现的问题和薄弱环节，采取有效措施，及时整改。继续强化处里固定资产由专人负责管理，账务公开，严格执行财务报销制度；重大决策、重要人事安排、重要项目确立、大额资金使用由领导班子集体决定，有记录；定期召开民主生活会，征求群众对领导班子的意见和建议，发现问题有则改之，无则加勉；紧密围绕十八届六中全会提出的相关改革目标任务，积极服务国家战略，参与医疗卫生体制改革，在中国医疗卫生领域发挥引领作用。

【医疗信访管理】 今年1—12月医管处共接待、处理群众医疗投诉类来信、来访、来电话及传真共计18件次。近年来各医院医疗投诉事件呈现逐年减少趋势，各医院医疗质量安全与管理水平在不断提升，同时及时处理医疗纠纷，为医院医疗工作良性运行奠定了良好基础。

（医学部医院管理处）

第一医院

【发展概况】 2016年是北京大学第一医院（北大医院）新百年的开局之年，北大医院继续秉承"厚德尚道"的院训，致力于"做医疗卫生服务的水准原点"的共同愿景，推进依法行医，加强流程化管理，完成医疗、教学、科研、预防、管理等常规工作和上级交予的各项任务。

【医政管理工作】 2016年完成对口支援及政府公益性工作：对口支援17家单位；完成中组部医疗人才"组团式"援藏工作；组织完成北京市"服务百姓健康行动"全国大型义诊周活动；收治"明天计划"残疾患儿住院25人次。对外合作4家医院，派出专家1898人次。刊发《医疗信息简报》12期，发布《医疗综合评估档案》12期，开展23个专业48个病种的临床路径管理工作，完成入径患者300例，新增医疗服务项目（动态管理）110项。2016年共组织院内会诊43,722例，院外会诊806人次，外请专家344人次，外派专家462人次。完成质控病历77,602份，甲级率达96.1%。2016年，全院出诊单元87,798个，停诊率为1.3%；增加专业门诊10个；发布《门诊号源管理规定》，点评门诊病历776份，建立急诊绿色通道（胸痛、消化道出血）。2016年预约就诊率为40.4%，社区预约转诊30,220人次，新增合作社区3家。新增微信服务号线上采集就诊卡信息功能和满意度调查功能。改造退号程序，回到号池后随机挂出，有效防范号贩子。完善建卡实名制。完成门诊手术786例，新开设MDT门诊11个，接诊1056人次，组织门诊疑难病会诊31例，新增特需医师16位。接待投诉284起，表扬537例。开展健康大讲堂49场。2016年度新发纠纷统计核定为51例。进行过错鉴定11例，医疗事故鉴定2例，尸检1例，医调委鉴定29例。

【护理管理工作】 继续加强临床护理工作。组织科护士长进行三级护理质量考核评估及专项督导25次，护理管理委员会各专业组督导24次。2016年发放住院患者满意度调查问卷9410份、发放门诊患者满意度调查问卷5866份，完成三级督查24次，完成58个品管圈的持续质量改进工作。继续加强护理教学和科研工作。完善了护理教育委员会组织架构，共召开委员会会议9次，组织培训6次。积极开展护理教学新方法的培训，集中组织新护士理论培训10次，考核9次。完成进修护士培训422人。选派8名护理骨干赴境外进行护理培训。进行了5次科研课程培训，学术报告和查房5次，科研讨论会6次，举办优秀论文评选及分享会2次，申请院级科研基金62个，国家专利57项，发表护理论文84篇，待出版护理书籍10本。继续加强护理专科建设。共外派专科护士学习48人；举办国家级护理继续教育培训班，注册学员803名。继续落实对口帮扶及学术辐射。

【感控管理工作】 2016年开展全院医院感染监测84,965人；开展医院感染现患率调查住院病人1708例；开展目标性监测与防控，共监测阳性病原菌5065株；手卫生共检查37个科室的12,576人；2016年无医院感染暴发；2016年报告传染病1673例；完成高危科室职业危险因素检测及上报与26人的职业健康体检；组织全院传染病培训7次；发放门诊、病房健康教育宣传资料共计12,559份。申报"亚太手卫生卓越奖"并入围决赛；与世界卫生组织共同主办"世界手卫生日"中国宣传活动，承办"世界提高抗生素认识周"宣传活动的中国启动仪式。

【医学装备管理工作】 2016年完成财政采购项目3项；完成医院自筹设备采购项目125项；信息类采购项目40项。2016年完成大型设备维保服务计划43项。维修设备1286台，巡检、维护、保养设备8158台次，随访697个科次。报废处理设备810台。2016年完成设备专项清查6次。完成耗材采购入库54,718万元，发出54,851万元，审核报账单据9516份。讨论新增耗材准入申请68项。开展新增耗材院内价格谈判会42场。供应商变更审核76家，系统平台维护共78次。完成物流软件升级。

【信息化建设工作】 2016年基础架构建设：搭建HIS多系统虚拟存储平台。应用软件管理：新增普通体检系统等多个应用软件系统；新增支付宝挂号、缴费、草药配送、在线结果查询等功能。桌面运维服务：2016年电脑整机新装215台、打印机新装51台、主机升级681台、维护维修电脑整机1117台次、打印机595台次、现场排除故障4250余次。网络维护：网络端点故障排除365次、新增信息点191个。信息安全：开展防毒自查工作，完成G20峰会期间网络安全、医疗信息系统稳定保障工作。

【药事管理工作】 2016年药品销售金额为13.02亿元。召开抗菌药物合理使用、处方点评、多重耐药菌管理会议10次，通过了制剂许可证换证的现场检查并获批准。对药品医保信息进行维护；加大整治麻醉药及一类精神药处方的规范填写；规范了药库近效期药品验收、发放流程和各调剂组验收直送药品的各个环节；加强库区安全管理，并对GCP药房房屋进行改造。临床药学专业开展专科门诊咨询服务5771例，会诊412次，处方点评103,122例。新开展4个专业的药师专科门诊，开展儿童环孢素患者教育、乳腺癌化疗患者教育、肾移植患者教育，新增9项DNA序列测定项目。

【干部保健工作】 2016年进一步优化院士专家体检系统，进一步完善了常见疾病管理建议。2016年共完成131名院士专家的体检工作，为182名享受副部级医疗待遇人员进行了集中健康体检。干部门诊接诊院士544人次、副部级干部1084人次，收治院士58人次、副部级干部184人次、正部级干部18人次。2016年完成国家卫生计生委保健局安排的医疗保健任务14次，派出医务人员99人，参加服务共221天。安排专家参加保健局组织的中央保健对象会诊40次。顺利完成中央保健先进评选及会诊专家换届工作。

【教学工作】 2016年成功举办了第三届中国住院医师教育大会（CCRE），举办2期国家级继续教育项目"胜任力导向住院医师师资培训班"和1期"胜任力导向本科临床医学教育教学方法师资培训班"。"北京大学第一医院外科学校"正式揭牌并举办国家级"模拟外科技能培训师资培训班"。加拿大皇家内科和外科学院（RCPSC）再次对第一医院进行了住院医师培训A标准的国际机构认证并获得通过。2016年与科学出版社合作建设的"数字化临床案例库"上线。

2016年本科教学毕业学生115人，在培229人；研究生教学毕业学生134人，在校研究生569人，申请学位155人；博士后出站2人，入站2人。新增博士点3个，新增博士生导师8人。住院医师培训接收住院医师91人，在培196人。接收本院专科医师65人，在培129人；招收4名全科医学研究生。2016年纳入继续医学教育对象共计3115人。

【科研工作】 2016年度申报课题400余项，获批93项，获课题经费10,169.36万元。2016年度院级各类基金申报117项，获批84项。横向课题（非政府机构发起或委托的研究课题）共立项68项。2016年度北大医院著者申请北京大学医学科学出版基金获资助3项。2016年度在研及结题科研项目情况（不含横向课题）：进展执行项目214项，结题项目281项。

2016年度申报获得各类科技奖励8项，其中国家级奖项1项（霍勇教授课题组获国家科技进步二等奖），部委级奖项5项，人才类奖项2项。共申请专利68项，获授权85项。另有70余项专利正在申报中，1项技术成果及2项已授权专利获得转化。共发表各类论文1063篇，其中被SCI收录论文271篇。共出版书籍42本，其中专著21本。2016年度参加国内外学术会议2026人次。共主办各种学术会议58次。

【后勤管理】 2016年全年未发生安全事故；保障了全院五个院区6792台套动力设备的安全运行、日常维保及节能管理；完成零活维修项目共计707项；在全市2016年医疗废物管理专项检查中名列第一；完成办公和清洁日杂用品的公开招标，以及全院固定资产清查工作；发表论文3篇，组织外出参观学习8次，组织处内业务学习交流会4次，继续优化推进2015年启动的总务处大学生处内轮岗工作并取得良好效果。

【安全保卫】 2016年治安管理方面，管理储存危险化学品850公斤；接报警833次，制止挂号加塞551人次，发现违规上访人员21人次，打击医托号贩子38人次，处置治安纠纷、医患纠纷535次，办理外籍人员住院备案42起。消防安全方面，签订安全责任书90余份，进行消防安全检查22次，重点部位检查50次，消防设施巡检48次，消防电气检测1次，灭火器维修3270具，组织科室消防演习67次，消防培训50次。办理集体户籍借出归还手续464例，集体户籍落户68例。

【基本建设】 保健中心工程。2016年7月21日取得建筑工程施工许可证，8月26日正式开工。截至2016年底，图书馆教学楼已经完成结构施工，正在进行二次结构工程、屋面工程和部分机电安装工程。保健楼完成基坑支护及土方开挖工程、正在进行基础垫层、基础底板防水以及地下三层的结构施工。

2016年，进行城南院区工程科研评审工作。

【经营管理】 医院建立成本控制机制、加强全面预算、细化成本单位，以实现国有资产的保值和增值。

【党委工作】 2016年度，医院党委在全院范围内开展了"两学一做"专题教育活动，党员干部带头学习《党章》《中国共产党廉洁自律准则》《中国共产党纪律处分条例》和总书记系列重要讲话精神，带头做合格共产党员，赢得了全院教职员工的支持，党建工作迈上新的台阶。

贯彻落实"两学一做"专题教育的各项要求，加强思想教育，做合格共产党员。根据北京大学和医学部的要求，保质保量完成"两学一做"学习教育。4月组织全院党员学习《党章》《准则》和《条例》的学习并对全院党员的组织关系进行了集中排查。4月底至5月初，组织开展民主评议党员和党支部评议考核工作。5月底至6月，医院党委利用新媒体、微信群等形式进行"网上'两学一做'知识竞赛"。5月中旬至6月中旬，医院党委组织共产党员讲"微党课"活动。8月医院党委带领全体在职党支部的支部书记来到贫困县兰考，学习焦裕禄精神的同时，为兰考县的百姓义诊，取得了良好的社会影响。2016年底根据上级党委的要求，完成了党费收缴情况专项检查工作。

守正创新、聚力发展，胜利召开中共北京大学第一医院第六次代表大会，医院党政班子顺利调整。2016年12月16日，中国共产党北京大学第一医院第六次代表大会胜利召开。

刘新民代表第十届党委向大会做了题为"守正创新 聚力发展，为建设世界一流大学附属医院而努力奋斗"的报告。马兰艳代表纪委向大会做了题为"勇于担当 履职尽责，为创建世界一流大学附属医院保驾护航"的工作报告。大会选举产生了中国共产党北京大学第一医院第十一届委员会和新一届纪律检查委员会。至2016年底医院党政领导班子实现了顺利的调整，医院人心稳定，各项工作继续保持良好增长势头。

加大力度在骨干中发展党员，坚持做好党管干部。北大医院现共有党总支5个，党支部71个，现有党员2042名，其中正式党员2009名，学生党员343名，离退休党员571名。2016年全年共发展党员23名，其中35岁以下13名，女性17名，本科学历15名（研究生3名），学生2名。已建立了一支数量充足、质量过硬的入党积极分子队伍。2016年底，由党委组织对医院职能部门的正职领导进行了应聘、答辩等组织程序，完成了新的职能处室正职任命，体现了党管干部在医院得到具体落实。

注重榜样典型塑造和科普知识宣教，利用新媒体阵地创新宣传手段。2016医院"微信双子星"形成了"挂号＋科普"双管齐下的宣传格局。2016年医院充分利用医院媒体进行了人物报道、事迹报道。先后推送了"北大医院人在西藏""北大医院人在内蒙""北大医院人在新疆""高原上厚道的北大医院人"等人物宣传，同时还增加了"北大医院科普""北大医院故事"等系列报道。医院、科室两层宣传员的队伍建设日臻完善。

2016年度纪委创新工作之一是加强教育工作，组织实施了针对青年医师、技术人员、职能部门职工和学生、研究生的党风廉政建设专题教育活动。专题教育活动由纪委委员做主讲人，结合自己的实际工作经验深入浅出地谈问题、谈法律、谈规则、谈守纪。医院的年轻同志参加了培训并取得了良好的教育效果。2016年规范了信访、案件处理程序，完善了信访、案件的卷宗管理。对于信访案件查办强化深入部门，重点督查各项工作流程是否规范、责任是否到人，并提出检察建议书，督促整改。以举报和案件为突破口，查找漏洞，彻底整改，监督到底。

北大医院现有七个民主党派成员243名。除民建外，其他各民主党派均建立了独立的基层组织。有全国政协委员3人，市人大代表2人，区人大代表1人，区政协委员5人，归国华侨及侨眷侨属、台属、海外华人亲属43人，无党派人士2名。2016年新发展党派成员2人。医院民主党派发展稳步健康。党委注意发挥统战系统成员在医院中的骨干作用，定期召开统战系统民主座谈会通报情况。

群团工作。1.医院党委始终坚持党政共建推进民主管理的基本方针，积极发挥教代会作用，充分利用教代会常设主席团、教代会各专门工作委员会参与医院民主管理及医院文化建设。院工会始终把抓基层、打基础、增活力作为重点工作，2016年以"百年启航，携手同行"活动为主题组织了多样多彩的文体活动，在全院范围内营造了和谐氛围，成为丰富职工业余文化生活的一项重要内容，展现北大医院人不一样的风采。

2.北大医院的离退休职工总人数1582人，其中离休干部53人，退休人员1529人，党员571人。党委始终把离退休党员的思想政治建设放在首位，紧紧依靠和充分发挥离退休党支部的作用，很好地起到了离退休老同志们和党组织之间的桥梁和纽带作用。离退休总支还注重离退休党务干部的培训，每年举办一期培训班，为做好离退休党务工作奠定基础。党委始终坚持落实"两项待遇"，制定了一系列工作制度，如"五必访"制度。

3.医院党委通过学生和研究生党总支不断加强对学生和研究生的政治思想教育和职业素质教育。坚持做好党员组织关系的接转并组织了丰富多彩的主题党日活动。2016年医院研究生社会实践团队连续三年到贵州进行社会实践，实践团形成了精准化的帮扶，收到了理想的预期结果。北大医院团委积极开展"青年文明号""青年岗位能手"创建活动和"达标创优"工作。2016年团委结合青年人对网络等新媒体、新技术的热情，引入信息化手段，将"互联网＋"嵌入到共青团工作中，实现全院青年团员信息全覆盖。这一做法得到上级团组织的肯定，并作为经验进行了交流。

4.安保工作。在院党委的正确指导下，医院保卫处按照"安全无小事，事事连政治"的原则，为医教研工作的顺利开展提供了有力的安全保证，实现了向"三勤、三快、三转变"的目标迈进。2016年医院医护人员未受到大的人身伤害，并巩固与什刹海街道建立起来的共建关系，规范武装部管理和双拥共建工作。

（田　雨、张悝悝）

【附表】

表11-1　第一医院2016年1至12月完成的主要任务数、医疗及绩效指标

1. 期末实有病床数	1574		
2. 入院总人次	85,361	出院总人次	85,358
3. 门诊人次	2,966,559	日平均	9790.62
4. 急诊人次	167,320	日平均	457.16

（续表）

5. 平均病床日均门诊人次（含急诊）		6.51	
6. 住院病人手术人数	44,280	术后10日死亡人数	16
7. 麻醉意外人数	0	麻醉死亡人数	0
8. 急诊抢救总人次	15,316	抢救成功人次	14,911
9. 无菌手术切口甲级愈合率（%）		99.66	
10. 病床使用率（%）		99.51	
11. 出院者平均住院日（天）		6.78	
12. 病床周转次数（次/年）		54.23	
13. 平均床位工作日数（天）		364.21	
14. 尸检率（%）		0	
15. 急诊病人入院率（%）		9.69	
16. 危重病人急诊抢救成功率（%）		97.36	
17. 院内感染率（%）		1.06	

（田 雨、张惺惺）

人民医院

【发展概况】 基本情况。在岗职工总数4068人，其中正式职工2326人，合同制职工1742人。医生992人，护士1883人，管理岗186人，医技岗581人，研究人员67人。正高级职称256人、副高级职称345人。

机构设置。医院设有46个临床科室，16个医技科室，26个行政职能处室。2016年医院新成立科室（部门）包括整形外科、学科发展管理部、医患关系办公室、产业管理办公室、北京大学创伤医学中心。

学科建设。共有11个国家重点学科，18个国家临床重点专科，7个研究所及中心，1个教育部重点实验室，3个教育部创新团队，6个北京市重点实验室，10个北京大学级研究所或中心。

院区情况。医院使用运行2个院区，筹建2个院区。白塔寺院区（建筑面积2.2万平方米）和西直门院区（建筑面积11万平方米），编制床位1448张。建设中的北院区预计2019年投入使用，筹建中的通州院区预计2018年投入使用。

【医疗工作】 门急诊就诊患者2,676,837人次，比去年增长7.85%；出院病人总数78,568人次，比去年增长9.31%；最高日门急诊量11,756人次，平均住院日8.2天；全年手术量48,343台，其中住院手术量32,582台，门诊手术量15,852台。

基于BJ-DRGS，医院重点开展以"单床工作效率"为核心的医院床位利用效率管理体系。指标设置在考虑工作量的基础上，同时考核收治患者的疾病难易程度、平均住院日、床位周转等维度，体现科室在医疗工作效率、医疗质量、医疗救治水平等多方面的工作情况。通过每月动态统计、分析全院各科室（病区）的单床工作量、科室CMI统计，并进行排序、反馈，科学优化配置科室病床数、有效利用病床资源，指导临床科室及时了解本科室医疗服务的优点与不足，动态调整医疗行为，最大限度地提高单张床位的使用率，控制服务效率和质量。2016年医院单床工作效率为38.24，较2015年有所提高。

全年市卫生计生委批准开展新技术19项，包括：人类辅助生殖技术，体外受精胚胎移植（IVF-ET），卵泡浆内单精子注射（ICSI），人工授精AIH技术，肿瘤消融治疗技术，脐带血造血干细胞治疗技术，气道肿瘤切除及重建术、头、面、颈（巨大）神经纤维瘤切除及成形术，颅内重要功能区及大型血管畸形切除术，准分子激光屈光性角膜手术，同种异体穿透性角膜移植手术，颅底肿瘤（颅内外沟通肿瘤），经腹腔镜子宫内膜癌分期手术，卵巢癌分期手术，子宫颈癌分期手术子宫颈癌广泛切除术，人工耳蜗植入技术，允许开展支气管/血管成形肺叶切除术，肾脏血管重建术，神经系统介入诊疗技术，三级以上外周血管介入诊疗技术。

胃肠外科、急诊科、重症医学科成为北京护理学会伤口造口失禁专科护士资格认证临床护理教学基地，老年科成为北京护理学会老年护理专科护士资格认证临床护理教学基地。目前，医院共有14个临床科室成为全国/北京12个专业的专科护士资格认证临床教学基地。

医保出院32,865人，其中城镇职工医保出院28,863人（不含生育保险、离休、医疗照顾人员、居民大病医疗、工伤保险），住院总费用63,915.39万元，医保费用43,401.14万元。

接收基层医疗机构和社区医疗机构上转患者共51,740人次，下转社区医疗机构患者432人次。

【教育工作】 培养临床八年制医学生277人，临床、科研研究生378人（其中临床博士43人，临床硕士168人，科研博士99人，科研硕士68人）。接收各类进修人员1409人，学员遍及全国31个省（自治区、直辖市）的700余家医疗卫生机构，进修项目涉及医院44个临床、医技科室。18人出国进修学习。开设临床科研课程，从临床科研课题的选题设计、临床科研设计的基本原则和方法、医学文献阅读、各种医学文章撰写以及课题申请书撰写等方面开展课程。开设11次名家讲坛。举行第22届中青年教师教学基本功比赛。开展教育教学研究课题立项，共有27位临床教师进行申报，最终14项课题获批立项及资助。北京大学人民医院黎晓新教授再次荣获桃李奖。共组织全院性质继续教育课程898讲。共有2984名医护人员接受学分考评，学分达标率为100%。共招收各类进修人员1409名。护理教学与培训纳入医院大教育体系，并与网络学院建立了"人才共建教育基地"，通过线上和线下相结合的混合式教学模式，促进护理队伍建设。

【科研工作】 共负责、参加科研项目139项，获科研基金总额1.031亿元。发表SCI期刊论文171篇，其中影响因子10以上的论文5篇。何菁（第一作者）/栗占国（通讯作者）的短篇论著，发表于 Nature Medicine，影响因子30.357。2015年度医院发表CSTPCD收录的论文1943篇被引用3614次。

"中国严重创伤救治规范的建立与推广"研究成果获国家科学技术进步奖二等奖。获高等学校科学研究优秀成果奖（科学技术）科技进步奖一等奖1项，北京市科学技术奖三等奖1项，中华医学科技奖一等奖1项、二等奖1项，华夏医疗保健国际交流促进科技奖二等奖2项，第十七届吴阶平-保罗·杨森医学药学奖1项，吴阶平医药创新奖1项，顾氏和平奖（Gusi Peace Prize）1项。血液病研究所黄晓军教授入选国家"万人计划"科技创新领军人才。检验科王辉获得国家自然科学基金委员会"国家杰出青年科学基金"资助。风湿免疫科孙晓麟入选"北京市科技新星计划"。血液病研究所获得"国家自然科学基金创新群体"。创伤骨科姜保国教授牵头的"创伤的基础与临床研究"教育部创新团队于2016年顺利通过验收并获得教育部创新团队发展计划的滚动支持。本年度共有20项专利获得授权，其中授权发明专利8项。

【党建工作】 共有党总支2个，49个教职工党支部，4个离退休党支部，4个学生党支部。共有党员1618名，其中包括在职党员1033人，离退休党员312名，学生和研究生党员262人。2016年完成发展对象预审36人，完成发展对象入党程序19人，预备党员转正26人。开展医院入党积极分子培训班，组织9次课程，包括集中授课、视频教学、参观北大红楼实践课程及分组讨论共计24学时，对医院67名入党积极分子进行了培训。共组织36名发展对象参加医学部党课培训课程。

制定《北京大学人民医院关于开展"学党章党规、学系列讲话，做合格党员"学习教育工作方案》，在每月党支部书记例会中新增了"学习时间"这一固定的议程，组织开展2期干部培训讲座。举办"庆祝建党九十五周年'两学一做'知识竞赛"，53个支部共150余位党员参加。

完成中共北京大学人民医院第四次代表大会代表的选举工作，召开新一届委员会、纪律检查委员会第一次全体会议，选举产生了新一届党委书记、副书记及纪委书记。制定《北京大学人民医院关于开展党支部评议考核和民主评议党员的工作方案》，开展了党员的民主评议工作。开展党组织关系集中排查，通过核查党员信息，理顺党员组织关系，完善全院党员详细信息和相关档案。

组织申报中国卫生思想政治工作促进会城市医院分会分级诊疗课题16项；组织开展医学部第十期基层党建创新立项申报项目17项。报送中国卫生思想政治工作促进会城市医院分会征文9篇。报送中国卫生思想政治工作促进会教育分会征文25篇，刊登征文20篇，占会议全部征文的33%。

医院党委获全国城市医院"思想政治工作先进单位"称号。

【社会服务】 医院先后向青海、内蒙古、西藏、新疆、云南等省（自治区）的多家基层单位选派管理人员和临床专业人才，或借助现代信息技术，在学科建设、人才培养、科学研究、师资队伍建设等方面给予支持与帮扶。年内，外派医疗队员15批82人次，其中高级职称17人、中级职称27人。作为全国三家承担西部卫生人才培养项目的医院之一，连续6年为12个省（区、市）及新疆生产建设兵团累计培养28个学科的433名骨干人才，其中2016年接收100名学员来院开展为期半年的临床专业技术培训。医院第一批"组团式"援藏医疗队完成任务回院，第二批7名专家赴藏进行医疗援助。

【群团工作】 医院共有33个团支部1798名共青团员。利用每月一次的支部书记例会开展"阅读·勤学·求知"团干部读书分享活动，开展了迎新舞会、组织了青年集体舞、举办单身青年联谊等多种形式的活动。同时开展了以学生为主导的暑期社会实践等活动，在北京大学医学部组织的剧焦北医第四届舞台剧大赛上，医院"青春人民人"剧组《代购兄弟》荣获二等奖和最佳男演员奖。完成研究生外科支部换届选举工作，并启动研究生科研支部换届选举工作。

教代会正式立案的提案5件，答复率为100%。民监会召开小组会议11次，参与职工达221人次，共收集职工诉求107件，反馈率达到100%，解决率为91%。2016年，获医学部优秀提案奖和提案落实奖。举办春节文艺汇演、"迎七一"合唱节、"迎教师节"职工爬楼活动、端午节包粽子活动、春季跳绳比赛、职工春游秋游、"职工e家"建设和节日慰问职工、"践行'两学一做'不忘初心'人民人'"职工主题演讲比赛等活动。

【行政工作及其他】 医院以综合绩效改革和全面预算管理为抓手，对医院运行机制进行改革。医院制定了运营规划，降低运营成本；同时启动了绩效改革，建立新的绩效薪酬体系，各部门围绕医院中心工作进行绩效指标测算和核算；教学工作方面，重新制定教学评分和绩效评分，体现效率优先、优绩优酬，兼顾公平的绩效改革理念。

严格预算管理，建立"医院-归口职能部门-业务/行政科室"三级预算管理体系。进一步细化预算管理内容，明确管理职责与权限，严格审批权限，对财政专项资金及各职能处室预算的执行情况进行月底进度分析。

进一步落实基本医疗保险异地就医结算服务工作，截止到年底，已建立异地转诊服务合作的地区覆盖全国5个省/自治区16个市198个区/县。成为全国首家新农合跨省就医即时结报试点医院，继内蒙古呼和浩特市之后，又成为辽宁省新农合患者首家省外就医定点医疗机构。

全年共382名医生注册多点执业开展工作。

在社会资源的帮助下，医院开始了医务社工服务的探索和实践。

接待来自10个国家和地区的外宾36批85人次。完成国家卫生计生委派遣的加纳急重症紧急救护培训班。参加国际学术会议58人次。

信息化建设投入1600万元。区域卫生平台为平台内的196家社区医疗机构完成53,616次预约服务。协助医疗卫生服务共同体完成异地转诊业务的转型、推进工作，负责评估并设计技术平台配置方案、平台对接、设备联调、实施、培训、日常运维。参与规划、部署、实施、培训成员机构共计16家，并为骨关节科提供与美国HSS（美国纽约特种外科医院）远程视频项目的技术支持3次。开始试用手机App应用，患者端具备通过手机完成预约挂号、查询检查检验结果、实时查询分诊排队状态以及住院一日清单等功能；医生端可用手机App查看被授权患者的医嘱、检查检验、护理单等，并具有床位管理及会诊签到等功能，已注册385名医生。

10月，科教楼教室装修工程、54号院生物样本库改造工程竣工验收，西直门院区西配楼改造项目立项并启动；12月，白塔寺院区房屋结构加固装修工程一期建设完成并封存，医院北院区结构封顶。

【确定"一二三工程"医院发展总体思路】 通过双代会、医院工作研讨会等重要会议，医院党政领导班子与全体中层干部、双代会代表、民主党派代表等探讨医院建设和发展的经验，剖析工作中的不足和问题，最终确定将努力推进"一二三工程"作为医院发展总体思路。"一个中心"即以医院全面发展为中心，医院各项工作的开展、重点领域的投入都以"发展"为出发点和落脚点，并突出全局性和整体观。"两个基本点"是抓住基本医疗质量和创新医疗技术两个基本点，基本医疗质量是医院的生命线，是医院生存和发展的基础；创新医疗技术是医院提升核心竞争力的重要助推

力。"三大战略"即实施人才、学科与空间战略。人才战略以"111"人才学科规划为人才战略着力点，即五年资助100名中青年学术骨干出国培训，每年资助100名护士长和骨干护士出国学习，推动10个学科从人才梯队、技术创新等得到全面发展，扎实为医院长期发展进行人才储备。学科战略以"助强更强 补弱补缺 变弱为强"的原则，以优势学科为引领，以城市急病综合诊疗为切入点，集中力量建设一批高质量、有特色的优势学科。空间战略是医院突破空间制约的重要战略。在建中的通州院区和北院区，是医院顺应改革新形势，配合国家、市区各级政府整体战略部署，以医疗需求为导向，发挥医院特色学科和医疗资源优势的重要空间拓展。两个院区预计于2019年竣工投入使用。

【获顾氏和平奖】 姜保国教授由于在周围神经损伤与修复研究及中国创伤救治体系建设所取得的成果，荣获2016年度顾氏和平奖。顾氏和平基金会主席Barry Gusi夫妇、顾氏和平奖新任主席霍文逊先生、诺贝尔奖创始人Alfred Nobel兄弟的后裔Michael Nobel博士、世界联合领事团主席Aykut Ekken先生等嘉宾向姜保国教授颁发了顾氏和平奖证书。姜保国教授于2006年创建北京大学交通医学中心，启动中国严重创伤、交通伤救治规范的研究，致力于中国创伤救治规范和体系研究，曾获得教育部技术发明一等奖、教育部科技进步奖一等奖。

【获国家科学技术进步奖二等奖】 姜保国项目组研究成果"中国严重创伤救治规范的建立与推广"荣获2016年度国家科学技术进步奖二等奖。姜保国项目组的"中国严重创伤救治规范的建立与推广"在国家"十一五"科技支撑计划、卫生公益性行业科研专项等课题支持下，经过十余年的研究与实践，在探索适合中国国情的创伤规范化救治体系、建立创伤规范化救治流程、形成创伤专业救治规范等方面开展了一系列工作。本研究共发表论文443篇，包括 The Lancet 等SCI杂志论文56篇；论文累计被引4933次，其中他引4622次；获得国家发明专利5项、其他知识产权18项；制定并公开发表了《严重创伤规范化救治》等15项救治规范、专家共识；主编《严重创伤救治规范》等专著7部；研究成果获得教育部科技进步一等奖1项、浙江省科技进步二等奖1项。

（人民医院）

第三医院

【发展概况】 基本情况。北京大学第三医院（简称"北医三院"）始建于1958年，是国家卫生健康委委管的集医疗、教学、科研和预防保健为一体的现代化综合性三级甲等医院。医院设有36个临床科室、10个医技科室。

职工4861人（在编2786人、合同制2075人），其中卫技人员4024人，包括正高级职称240人、副高级职称345人、中级职称1056人、初级师813人、初级士292人。

机构设置。北京大学第三医院延庆医院挂牌，北京大学第三医院与秦皇岛经济开发区签约建设北京大学第三医院北戴河国际医院。

【医疗工作】 基本医疗情况。门诊394.14万人次，急诊32.72万人次；出院100,549人次，床位使用率93.94%，平均住院日5.92天；手术59,445例次。

改革与管理。建立重点病例关注机制和行政医师例会制度，重点强化职能管理层和科室层两级质控体系。每月统计并关注非计划再手术、非计划再入院、住院超过30天、中低风险死亡、手术安全不良事件、术中非计划加配血等重点病例，通过行政医师反馈至临床科室，并由行政医师将科室意见再反馈回医务处；每季度进行总结分析。通过这两大创新机制的建设，由"点"及"面"，为临床提供了质控方向和管理重点。

重点推进感染防控工作，医院感染发生率为1.27%，手术部位感染率为0.15%，始终保持在较低水平。全年无医院感染责任事件发生。持续推进多部门合作下的抗菌药物管理模式，治疗用抗菌药物使用前送检率达55.42%，更好地指导了临床用药，全院住院患者多重耐药菌的检出率降至14.13%。医务人员无因职业暴露感染传染性或感染性疾病。

响应医改政策，顺利关闭门诊输液室，引导患者到所属社区医院进行输液治疗。搭建日间化疗平台，进一步规范具体收治病人范围、流程及后续工作，合理有效利用医疗资源。全自动智能采血管理系统上线，明显缩短采血高峰期病人等候时间，提高工作效率。增加门诊换药号源，推行预付费模式，简化就医环节，使门诊换药流程由9步减少至3步，平均等候时间由30分钟缩短至15分钟。

成立医联体领导小组和工作小组，医联体办公室下设在门诊部。成立慢病管理专家组和工作组，以慢病管理为切入点，选定五家试点社区开展高血压、冠心病、脑血管疾病、糖尿病及糖尿病眼病、慢性肾脏病的慢病管理项目。探索开展医联体内检验互认项目，在五家慢病试点社区进行了检测能力调查和结果比对工作。

修订北医三院医师多点执业管理规定，进一步规范了医师多点执业管理工作。

临床路径管理。32个科室实施临床路径共403个病种。入径262,041例，入径率85.09%，完成率83.93%。

用血工作。红细胞用量为20,103单位，血浆用量为1,418,800ml，血小板为2357个治疗量。自体血回输共计3741例，回输量达到723,270ml，占手术异体血用量的61.7%。结合世界献血者日主题"血液连接你我"向公众宣传无偿献血知识，积极组织员工进行无偿献血。

预约挂号管理。开展多种形式预约挂号及多学科联合门诊。医院服务号微信预约、智能导诊上线。特色科室现场分诊、匹配号源。投放北京市预约挂号平台号源数量仍居第一。全年总预约率58.32%，复诊预约率59.95%，出院复诊预约率86.86%。

新技术、新疗法。经市卫生计生委审批允许开展"限制临床应用的医疗技术（2015版）"4项、"北京市重点医疗技术（2016版）"14项。召开医疗技术临床应用准入及评审会议1次，32个临床、医技科室的147个准入项目、29个中期项目和17个终末项目参评，共有89项作为新技术准入、39项作为常规技术开展。5月6日、7月12日，医院骨科牵头研制的世界首个3D打印人体植入物——人工椎体和椎间融合器分别获得国家食品药品监督管理总局（CFDA）注册批准。6月12日，完成世界首例3D打印定制19厘米脊椎植入物手术。

药物管理。药占比37.97%，其中门诊药占比52.79%，住院21.6%。门诊患者抗菌药物使用率7.28%，急诊患者抗菌药物使用率21.72%，住院患者抗菌药物使用率48.54%。

医保工作。医保出院27,272人次，总费用626,524,808元，次均费用22,973元。针对门诊、住院医保患者和工伤患者，更新编印各类"须知"和"指南"。

三级医疗开展情况。23家医联体成员单位及18家非医联体成员单位向医院上转病人共计10,505人次。

医疗纠纷处理。全年发生医疗纠纷投诉116起，结案43起，赔偿金额781.7万元。提前介入高风险术前谈话115例。面对社会关注的热点事件，快速启动危机应对机制，以患者为中心，勇于承担社会责任，平稳、妥善应对。

【护理工作】 护士1937人，其中注册护士1830人，合同护士877人，本科学历674人，研究生及以上学历19人；普通病房床医护比1:0.53，重症病房床医护比1:2.83，手术室床医护比1:2.67。

进一步围绕"专业温馨"的护理文化核心理念，以临床疾病并发症的预防作为切入点，结合临床中常见疾病并发症的评估等方面，共完成59个临床并发症的预防规范；继续实施护理标准化项目，完成了959项护理质量安全相关工作的标准化；重症患者访视达5357人次，有效保证了临床危重患者护理质量安全；全院护理健康教育约75,117人次，出院随访33,881人次，占出院总人数的32%；成立并运行了住院管理中心，将患者入院前的病情评估、检查的完善、办理住院等工作内容集中进行管理。在国家卫生计生委医政医管局组织的深化医疗服务行动计划全国医院擂台赛中，获得深化优质护理服务全国十大价值案例奖。

接收护理实习学生173名，见习学生400余人次，护理硕士生临床实践实习17人，3名护理教师被批准为北京护理学院临床硕士研究生导师；申请到中华医学会医学教育分会重点项目1项及北大医学部项目1项；接收进修护士共236名，接收北京海淀医院36名护士长管理培训。成功通过北京伤口专科护士教学基地的申报，成为11个专科护士的教学基地，完成了310名专科护士的培养。

修订并确立2016版护士规范化培训总则方案，研发并上线护士职业规划与培训的信息系统，将护理规范化培训电子化；完成北京市及国家级继续教育项目研讨班10项，参加人数1393人次；完成北京市继续教育项目系列讲座5项共19个讲座，参加人数4447人次，完成区县级继续教育项目152项，参加人数18,654人次。

成功申报多项院级、校级、省级的科研基金项目，发表了43篇护理论文，主编、参编书籍、教材10余部。申报获批3项实用新型专利。获2016年中华护理学会第一届发明创新奖优秀奖一项、北京护理学会第二届护理成果奖三等奖一项。

【教学工作】 本科生748名，共计6442学时教学任务。在教育部组织的高等医学教育评估中，北医三院本科教育质量、教学管理和教学投入等多个方面得到认可。在院研究生359名，有92人如期毕业并获得学位。博士生导师60人，硕士生导师117人，比上年增长8.5%。研究生培养质量不断提升，其中专业学位硕士研究生阶段考核通过率逐年升高，转入专业学位博士研究生资格的比例达到历年最高水平，研究生发表高水平学术论文的比例也明显提升。

接收住院医师规范化培训309人，参加医学部组织的住院医师第二阶段培训155人。住院医师培训质量和管理水平不断提升，其中第二阶段培训考核通过率首次达到医学部各临床医学院首位。来院进修人员共计1550人。完成国家级和北京市级继续医学教育项目共111项，来自全国各地1.1万人参加学习。

高度重视教师培训和教学研究工作，持续多年获得国家级青年教师教学基本功比赛一等奖，乔杰荣获北京市名师奖。

【科研工作】 在医学科学院"中国医院科技影响力排行榜"综合排名中名列第九，妇产科单科第一。牵头省部级以上项目3项，纵向项目立项课题158项（含院内42项），总计经费12,279.78万（含院内588.5万），22项项目批准金额超过100万元。国家自然科学基金实现新突破，资助项目共计57项，直接经费3377.7万元，资助总金额3972.8万元。心血管内科徐明、放射科韩鸿宾获得杰出青年科学基金资助，妇产科李默获得优秀青年科学基金项目资助。

新增2个北京市重点实验室：眼部神经损伤的重建保护与康复北京市重点实验室、神经退行性疾病生物标志物研究及转化北京市重点实验室。拥有教育部重点实验室3个，卫生部重点实验室1个，北京市重点实验室8个。

发表论文828篇，其中SCIE收录论文239篇，MEDLINE收录论文109篇。获得授权各类专利60个（其中发明专利13项，实用新型46项，外观设计1项）。与爱康宜诚医疗器材有限公司签署了骨科3D打印科研成果转化协议，转化金额1000万元，标志着医院科技成果转化进入崭新阶段。出版专著10本，译著5本。

获得北京科技成果奖三等奖2项，华夏医学科技奖一等奖2项、二等奖1项。妇产科乔杰教授在由北京市科委、北京市卫生计生委主办的第七届重大疾病防治科技创新高峰论坛中，荣获十大疾病科技攻关"创新型"重大科技进展奖；运动医学研究所敖英芳教授被中国科协授予"全国优秀科技工作者"称号；心血管内科高炜教授荣获第十届"药明康德生命化学研究奖学者奖"。

【交流合作】 医院公派出国21人，其中医院百万人才基金资助15人；短期出国培训33人。

接待来自中国台湾、香港、澳门地区和3个国家的人员约24人次，包括立陶宛卫生部长、加拿大驻华使馆外交官、哈佛大学癌症中心、美国癌症协会一行等。

【社会服务】 派出53名医师赴延庆区医院、延庆区妇幼保健院、赤峰市医院、赤峰学院附属医院、甘肃环县人民医院、山西大宁县人民医院开展支援工作，门急诊诊疗1.4万余人次，手术/有创操作1200余人次，业务培训1600余人次。派出16名队员赴山西吕梁开展巡回医疗工作。第一批"组团式"援藏队员圆满完成任务返回，第二批医疗队7名队员赴西藏自治区人民医院继续开展援助。

2月1日上午，北京大学第三医院延庆医院挂牌。揭牌仪式在北京大学第三医院延庆医院（延庆区医院）新建综合病房楼一楼举行。北京大学第三医院延庆医院实行总院长负责制下一体化管理、北京大学第三医院与延庆区人民政府双方共同组建理事会等管理模式，共享优质医疗资源，合力打造京西北地区医疗服务中心，方便周边地区群众就近就医，疏解首都核心区域功能，缓解首都大医院就诊压力。

3月28日上午，北京大学第三医院北戴河国际医院项目签约仪式在秦皇岛经济技术开发区举行。该项目选址位于秦皇岛经济技术开发区核心区，临近戴河生态园，规划用地面积300亩。该项目以"小综合大专科"为办院模式，结合医院特点进行规划建设。拟设置病房床位800—1000张，建设一所集医疗、教学、科研和预防保健、康复医养为一体的现代化、国际化综合性三级甲等医院。

【党建工作等综合情况】 共有71个党支部，设有2个党总支，共计1701名党员。发展党员47名。

按照上级党委统一部署，全院党员开展"两学一做"。4、5月组织党员干部89人分两批到延安，进行"传承延安精神，坚定理想信念"教育活动。党委邀请中央党校和北大马克思主义学院教授进行"管党治党的总规矩——《中国共产党章程》解读"和《党的历史与党的建设》的专题讲座。

聚焦党风廉政建设和反腐败工作中心任务，强化监督执纪问责，进一步推进党风廉政建设责任制。深入推进科室"三重一大"制度的落实，对科室落实情况进行检查和量化评估。完成对22个部门新提升的27名干部的廉政考核工作，进行廉政回访。纪委书记以《"一岗双责"肩上扛》为题，在干部会上做廉政建设专题报告。

围绕"以患者为中心"，以规范诊疗行为、提高医疗质量、改善服务态度、改进服务模式、转变服务作风为主要内容，狠抓落实，不断加强和完善医德医风建设体系，不断提高患者满意度。2016年患者总体满意度93.24%。

顺利完成海淀区第十六届人大代表换届选举工作。

2016年医院工会有工会小组71个，会员4703人；全院有43个团支部，团员1001人。

【国家卫生计生委领导调研医学科技创新工作】 5月5日下午，国家卫生计生委主任李斌、副主任刘谦等领导一行，在北京大学校长林建华、医学部主任詹启敏陪同下，就北医三院医学科技创新等问题进行调研、指导工作。院长乔杰、党委书记兼副院长金昌晓等院领导，由骨科、北京爱康宜诚医疗器材有限公司和北大工学院组成的3D打印技术研发团队等参加调研。

李斌主任指出，作为大型医疗机构，要承担相应的社会责任。北医三院在DRGs等方面进行了自觉探索，并取得了可喜成绩。三院的发展基础扎实、班子好、创新改革意识强，医院整体发展较均衡。在DRGs管理等方面的改革，走在了行业前列，有着较好的社会声誉。希望北医三院主动适应医疗卫生事业改革发展趋势，力争成为深化医改的排头兵之一。

（第三医院）

口腔医院

【发展概况】 基本情况。职工2442人（在编915人、派遣865人、合同制662人），其中卫生技术人员1910人，含正高级职称131人、副高级职称172人、中级职称489人、初级师566人、初级士552人。

医疗设备总值44,055.98万元。年内新购医疗设备总值5224.16万元，其中甲类无、乙类医用设备1个。

组织结构。成立宣传科，设在院长办公室党委办公室；放射科更名为医学影像科，后勤综合协调处更名为后勤处。

制度建设。完成《北京大学口腔医（学）院规章制度汇编（2016版）》

取得成绩。获批"口腔疾病国家临床研究中心""北京市高等学校实验教学示范中心"；筹建"全国口腔医疗质量管理与控制中心"；成为首批"国家干细胞临床研究机构"；连续7年获得复旦大学医院管理研究所"中国医院最佳专科排行榜"口腔专科第一名；在国际高等教育机构（QS）排名荣列世界第16名。

【医疗工作】 基本医疗情况。完成门急诊诊疗1,461,113人次，同比增长7.3%，日均4928人次；出院6883人次，同比增长1.7%；手术6516例次，同比增长3.4%。平均住院日8天，与去年持平。

全院实有开放椅位569台，诊椅使用率98.0%，每医师日均接诊9.5人次，每椅位日均接诊人次8.8人次。五个病区开放床位157张，床位使用率94.7%，同比增加3.4%；平均住院日8.0天，与去年同期减少0.1天；床位周转43.1次，同比增加4.4%。

临床路径管理。开展6个病种的临床路径，入径745例，变异退出99例，入径率36%，完成率86.7%。

预约挂号管理。通过北京市卫生局统一预约平台累计开放号源53,747个，完成预约50,119个，爽约率31.07%。

医保工作。接诊北京市门急诊医保病人331,201人次，较去年同期增长5.83%，占门急诊总人次38.18%。接诊外省住院医保病人2980人次，较去年同期增长0.61%，占住院总人次47.48%。

临床新技术新疗法。完成2014年度临床新技术新疗法项目终期评审工作，当年立项26项，完成24项，完成率为92.3%；完成2015年度临床新技术新疗法项目阶段检查，31个项目均正常运行；完成2016年度临床新技术新疗法项目评审，30个项目获提名。

药品集中招标采购。参加北京市药品集中招标采购21类药品358个品种，较去年同期增加7个品种，采购金额1997.46万元，占药品采购总金额的76.91%。

4月8—9日，承办"医院管理品质持续改进示范医院现场观摩会"，全国28个省区市59所医疗机构311名参会。

7月3日，承接2016年度北京地区口腔类别医师资格实践技能考试，实际完成考试653人，派出考官178名，护理、考务人员211人。

承接春季北京地区外国医师在京行医资格实践技能操作考试，6名外籍医师参加，这是此类考试开展20余年来的最后一次。

护理工作。全院护理人员898人。将优质护理服务工作从病房延伸到门诊和分支机构。加强护理专业内涵建设，提升护理人员专业素质，组织新护士培训课132课时，培训4600余人次，邀请境内外专家讲座80余学时。

院感工作。加强全院（含分支机构）消毒灭菌工作检查和改进，制作消毒灭菌流程图，规范口腔门诊消毒室工作流程，以科室为单位开展医院感染管理工作自查，持续改进院感工作。

【教学工作】 学生人数。在校生总人数为983人，八年制本博连读生256名，在读研究生307人，住院医师195人，进修生225人；在职申请学位在读16人。第一届2013级口腔医学技术（四个年制）本科班8名同学来院学习专业理论。

教学改革。结题16项，11个科室21人申报教改课题。

2014年医学部教改立项12项课题结题。

获批"北京市口腔医学实验教学中心"。接受北京市卫计委住院医师规范化培训基地动态评估，成为医学部专科医师培训第二批试点单位，共10个试点专科。俞光岩获医学部"桃李奖"。中华口腔医学会口腔医学教育专委会组织口腔医学青年教师教学技能大赛，王雪东获一等奖第一名。吕珑薇、王雪东、章文博在100名候选人中以第3、第4、第18的成绩获北京市级"优秀住院医师"称号。

继续教育。招收进修生225人，其中少数民族18人，西部地区54人，访问学者及基层骨干学员6人，"西部行"计划免费学员5人。

举办国家级继续教育48项54个班次，学员4559人；市区县级继续教育项目154项，20,178人次。

【科研工作】 平台建设。"口腔数字化医疗技术和材料国家工程实验室"完成理事会及技术委员会换届工作，口腔医学国家临床研究中心获批建设。接受泰盛集团捐赠科研经费，成立"泰盛"基金，确立首批资助5个干细胞研究项目。获批成为国家干细胞临床研究机构。牵头组建中华口腔医学会科研管理分会，邓旭亮当选为主任委员，9月在上海召开第一次学术会议。

科研项目。项目申请170项，其中国家自然科学基金107项。获资助57项，4840.93万元。其中国家自然科学基金33项（面上项目17项，青年科学基金12项，应急管理项目3项，国际合作与交流项目1项），1255万；国家重点研发计划5项，1524.90万元；教育部霍英东基金1项，18万元；北京市自然科学基金3项，44万元；首都临床特色应用研究4项，148万元；北京市科技计划项目5项，441.73万元；首都卫生发展科研专项3项，447万元；医学部项目2项，902.30万元；北京市教委在京高校共建项目1项，60万。

项目进展、结题及审计调查：共133项，其中中期检查66项，结题验收44项，项目调查23项。

成果奖励申报8项。2015年度教育部高校科研优秀成果奖科学技术进步二等奖（俞光岩课题组）；2015年华夏医学科技奖三等奖（张益课题组）；2015年北京医学科技奖三等奖（张益课题组）；2016年度教育部高校科研优秀成果奖自然科学奖二等奖（郭传瑸课题组）；2016年中华口腔医学会科技三等奖（张益课题组）；2016年华夏医学科技奖一等奖（俞光岩课题组）；第十一届光华工程科技奖（邓旭亮）。

人才培养。按照《科研人才梯队建设管理办法实施细则（修订）》规定，15人纳入梯队培养，其中第一梯队5人，第二梯队10人。24人新增国家自然科学基金项目13项。32名院内博士后累计产出SCI论文22篇，新纳入培养院内博士后37名。

院青年基金实施情况：对院基金管理办法进行修订，调整资助名额和额度：基础类项目每项3万元，原则上每年资助15项；临床类项目资助金额2万元，原则上每年资助5项。

22个项目结题，其中3个获优秀项目滚动资助；24个项目进展汇报；19个项目立项，其中基础类项目13项，临床类项目6项。

推荐青年学者参加2016年中华口腔医学会新秀奖学金：7人参赛，1人获博士组二等奖，1人获硕士组三等奖。青年科学家论坛：3人参加，1人获"明日之星"称号。IADR中国分会青年学者奖：2人参赛，1人获得青年学者奖。

学术活动。9月25日，中华口腔医学会科研管理分会成立大会暨第一次学术会议；10月27—28日，第五届中日泰三校联合学术年会。11月，第二届北京大学口腔医学院-伦敦国王大学牙医学院联合学术年会。与日本东北大学齿学部、福建医科大学口腔医学院、韩国首尔国立大学牙学院、韩国全南国立大学牙学院共同主办、福建医科大学口腔医学院承办2016年中日韩口腔科学研讨会。

【预防工作】 承担国家卫计委"全国儿童口腔疾病综合干预项目""防治结合型口腔医疗机构模式探索项目（第二期）""孤残儿童口腔疾病综合防治项目"管理工作及技术支持，承担全国第四次口腔健康流行病学调查项目专家组、技术组和督导组工作。举办"第四次全国口腔健康流行病学人力资源调查培训会"。

【社会服务与联络】 对口支援帮扶工作。以京蒙合作、京津冀合作为示范，与22家兄弟院校签署对口帮扶协议。向受援医院呼和浩特市口腔医院选派9名骨干分两批开展培训，受培基层医生300余人次；接收内蒙古地区进修医生19名、护士1名。选派教育处处长江泳为教育部第八批援藏干部人才赴西藏大学医学院挂任院长。

作为项目负责人单位组织"孤独症儿童全麻下牙病治疗项目"获民政部支持，免费为13个省份100余名孤独症患儿免费治疗牙病。承接"孤残儿童手术康复明天计划"和中华慈善总会"微笑列车"惠民服务，完成10例残疾儿童的唇裂、腭裂及唇腭裂手术。

18位专家参加中华口腔医学会"西部行"项目，获中华口腔医学会"支持西部行公益事业奖"。

中国医师协会口腔医师分会工作。召开口腔医师分会第四届委员会第二次全体委员工作会，加大口腔医师分会自身建设的工作力度。推荐北大口腔马绪臣、华西口腔胡静为"第十届中国医师奖"并获奖。

开展基层口腔医师学术培训，参加精准扶贫活动。资助西部12个省份的28名基层口腔医师参加中国国际口腔设备材料展览会学术交流与培训班。

6月，组织第十四届口腔医师论坛，邀请全国知名专家进行专题报告，参会者473人次。

中国医师协会口腔医师分会工作。9月27日，中华口腔医学会第五届全国会员代表大会在上海召开，大会选举产生中华口腔医学会第五届理事会及监事会成员，俞光岩当选第五届理事会会长、郭传瑸当选副会长，岳林当选秘书长。王兴获聘名誉会长，徐韬、王渤获聘顾问。新当选的198名理事中，有北大口腔职工11名；新当选的63名常务理事中，有北大口腔职工5名。

中国牙病防治基金会相关工作。开展卫计委委托"健康口腔，幸福家庭"二期项目；参与孤残儿童口腔疾病综合防治项目；组织筹划"健康口腔微笑少年"项目；发布《中国居民口腔健康行为指南》，开展全面口腔护理行动。

世界卫生组织预防牙医学科研与培训中心工作。举办第四次全国口腔健康流行病学人力资源调查培训会。11月首次受邀参加西太平洋地区第二届WHOCC研讨会。

【国际交流工作】 接待重要外宾来访36批次，160人次。短期公派出访265人次，涉及26个国家或地区；新办因公出访签证258人次、批件121个团组。

签署/续签学术合作协议5部：美国加利福尼亚大学牙学院、美国北卡教堂山大学牙学院、韩国延世大学牙学院、香港大学牙医学院、美国华盛顿大学牙学院。

两次申请到科技部与日本科学技术振兴机构联合举行的樱花项目A类交流活动（科学技术交流），对口学校分别为日本朝日大学／明海大学和日本东北大学。

【人才工作】 人才数据。增聘教授2人，副教授5人；晋升主系列正高6人，主系列副高15人，晋升非主系列正高1人，非主系列副高3人、转非主系列副高1人；确认主系列正高职务2人。晋升中级职务52人；确定中级职务1人、确定初级职务39人；确认中级职务3人、初级职务2人。公派出国出境16人，回国人员20人。

干部工作。完成口腔颌面外科副主任、各病区（门诊）主任、护士长和牙周科护士长选聘，第一、三门诊部下设部门机构设置及相关负责人选聘。

人才工作。周永胜入选科技北京百名领军人才培养工程。李铁军获北京大学2016年方正奖教金教师优秀奖。刘燕获北京市科技新星资助。

人事其他。按照《干部人事档案材料收集归档规定》，完成1000余份档案整理、归档。

修订《择优推荐编外聘用员工转制工作的实施意见》，北京市城镇户口10人、非北京市城镇户口10人转制。

【信息化工作】 一门诊电子病历系统、手术麻醉系统上线运行；医院官网改版上线；H3C网络监控系统上线运行。实施信息系统等级保护升级改造项目，完成HIS系统等级保护三级测评。

【财务审计工作】 推行全面预算管理、对43个预算单位328个预算业务事项实现预算指标编制、申请、审批、执行、调整的电子化管理。

加强内部控制和监督检查，落实财务收支审计整改。

推进医药卫生体制改革，做好医改测算工作。

【医学装备管理】 设备配置：招标采购7次，涉及67台件（套）设备，价值约4571万元。

医学装备管理：申报"手术及辅助设备购置项目"并被纳入2019年预算项目库。完成蒸汽灭菌器的采购及安装方案确定工作、X射线计算机体层摄影装置（16排螺旋CT）验收工作。

医用耗材管理：定期进行医用耗材供货商遴选、通报医用耗材使用情况；搭建医用耗材供货商管理平台。

资产管理：完成全院国有资产清查工作，部署医院资产管理信息系统上线及对接工作。

专委会工作：召开中国医学装备协会口腔装备与技术专业委员会第一届第二次全体会议暨第二次学术会议。

【党建工作】 加强党风廉政建设工作，在医院中层干部会、党支部书记会上宣讲上级关于党风廉政建设的精神，加强案件警示教育，传达国家卫计委、北京市卫计委通报的违反"九不准"、行业规范的案件，以案说法，警示大家守纪律、讲规矩。

按照医学部要求完成院领导班子、职能处室正职办公用房的实测、调整；完成对医院车辆的统一梳理，完善车辆使用制度、管理制度、审批制度。

院党委对45个党支部工作情况进行实地调研，查阅工作手册、访谈核心组成员。推进"三重一大"制度在科室的落实。

"两学一做"学习教育贯穿全年。召开领导班子"两学一做"专题民主生活会，对支部"两学一做"学习教育开展情况进行督导。

院党委组织了4次理论中心组（扩大）学习，内容涉及学习党章党规、十八届六中全会精神传达、学习贯彻全国高校思想政治工作会议精神等。

组织了8期中层干部系列培训。

7月，组织选派教育处处长兼综合二科主任江泳赴西藏大学医学院挂职任院长一年半。

持续推进医院文化建设，出台《北京大学口腔医（学）院关于深入开展文化建设的实施方案》。口腔颌面外科党支部借科室成立六十年契机，编写《与医院一同成长》科室文化建设丛书。坚持医德医风讲评大会，创新形式，以真实故事分享的方式提升讲评效果。

承办2017北医统战系统新春联欢会。

【群团工作】 工会教代会工作。召开了四届四次教代会。为305名职工办理重大疾病保险。举办"医者仁心"的情景剧比赛、"以书润心共享阅读"读一本好书活动、"单身青年职工联谊活动"、"白衣天使在我家"职工子女绘画书画活动、"口院随手拍"等活动。

召开了四届五次教代会。为392名职工办理重大疾病保险，为629名35岁以上女职工办理了女职工重大疾病保险；"京卡"办理全覆盖。

离退休人员449人。国家卫生计生委启动首批"老专家智力支持海南"项目，遴选7名老专家加入"专家库"。马绪臣、高学军作为首批智力支持海南老专家对口支援。

（王冕）

肿瘤医院

【发展概况】 发展历程。北京大学肿瘤医院始建于1976年，是集北京大学肿瘤医院、北京肿瘤医院、北京大学临床肿瘤学院、北京市肿瘤防治研究所为一体的医疗机构，是一所由北京大学和北京市医管局共管的三级甲等肿瘤专科医院。

队伍建设。全院员工2137人，其中在编1142人，非在编995人。有中国工程院院士1名、长江学者奖励计划特聘教授1名。现有教授30名、副教授61名、博士研究生导师45名、硕士研究生导师63名。

学科建设。有国家重点学科1个（肿瘤学）、国家临床重点专科2个（肿瘤科、病理科）、北京市重点学科4个（北京市胃癌防治中心、北京市乳腺癌防治中心、北京市影像介入治疗中心、超声诊断）、北京市中医管理局重点学科1个（中西医结合科暨老年肿瘤科），是恶性肿瘤发病机制及转化研究教育部重点实验室、恶性肿瘤转化研究北京市重点实验室。

医疗工作。1997年通过三级甲等医院评审，致力于胃癌、乳腺癌、肺癌、结直肠癌、肝癌、食管癌、恶性淋巴瘤、恶性黑色素瘤、泌尿系统肿瘤、妇科肿瘤、头颈部肿瘤、骨肿瘤、软组织与腹膜后肿瘤等各种肿瘤的诊断和综合治疗，患者来自全国各地。

科研工作。在肿瘤学基础理论研究、常见主要肿瘤的临床诊断与治疗、胃癌、食管癌高发区现场的预防干预研究等领域均有创新与领先的成绩，主持和承担了"国家科技攻关""863""973""国家自然科学基金"等项目及北京市和其他部委的重点科研项目。

教学工作。是全国肿瘤学博士学位授权点和博士后流动站。医学教育涵盖本科生、硕士生、博士生、博士后以及进修生、职工的继续教育。每年定期举办全国临床肿瘤医师进修班和国家继续教育项目全国性学习班。

机构设置。完成行政领导班子的换届工作，召开中国共产党北京大学肿瘤医院第二次代表大会。完成对科室机构设置调整，新建管理科室：医学工程处、采购中心（亚科）、药学部（亚科）、干部保健与特需医疗部（亚科）、学科建设办公室（亚科）、党院办信访管理中心（处属亚科）、医务处物价办公室（处属亚科）。国资科更名为国内合作与产业处。临床科室新建胸部肿瘤中心。基础研究科室新建肿瘤生物信息中心、胃肠肿瘤生物学研究室。

【人才建设】 接收毕业生。2016年接收毕业生入职35人（2人为海外留学回国人员），其中博士学历88.57%，硕士学历11.43%。

人才引进。中国工程院院士分子肿瘤学研究室主任詹启敏、肿瘤生物信息中心主任吴健民、头颈外科主任张彬、麻醉科副主任宋学军、胸部肿瘤内一科主任王子平、放射治疗科主任王维虎。

人才获批。获批人才项目16项37人次，主要有：第十二批北京市有突出贡献的科学、技术、管理人才季加孚，"长江学者奖励计划"特聘教授张志谦，国务院政府特殊津贴获得者沈琳、苏向前、杨跃、张志谦，2015年"千人计划"青年项目李文庆，第十二批海聚工程吴健民。

【医疗工作】 医疗工作概况。完成门诊总量590,918人次，同比增长6.3%；日均门诊量2342人次，同比增长5.9%；开放床位773张，同比降低0.3%；出院56,359人次，同比增长8.0%；手术例数15,820人次，同比降低0.5%；床位周转72.91次，同比增长8.2%；床位使用率95.78%，同比增长0.39%；平均住院日4.82天，同比下降0.35天。

质量管理。2016年引入国际JCI评审标准作为管理目标，进一步细化医疗质量督导方法和质控模式，实现医疗质量持续改进。定期组织临床、医技科室督导，进行了36次现场评价。临床科室实行质控免检制度，有5个科室达到全年免检标准。逐渐形成质控管理体系，初步建立质控管理模式。

对运行病历实时完成情况全程监控，实施对重点患者的医疗预警管理，建立不良事件网上上报系统，年度临床路径比例达到50.6%。开展4个品管圈，药剂科无限圈——依托HIS信息平台的住院患者出院带药流程改造获第四届全国医院品管圈大赛三等奖。举办第二届患者安全文化月活动。

护理工作。护士总数729人。同比增加3.26%。其中合同制护士469人，同比增加7.08%；在编护士260人，同比减少2.99%。年度离职率1.68%。护士中有硕士学历18人，占比2.46%；本科学历398人，占比54.6%。2016年度床护比1:0.94，普通临床病区床护比1:0.55。

【科研工作】 科研工作概况。2016年科研课题获资助98项，科研经费4700余万元。完成结题项目55项。管理在研课题及人才类项目260项，院内课题80项。发表论文378篇，其中SCI论文186篇，总影响因子722.749。获国家发明专利3项、美国发明专利1项。出版专著5部。

获奖成果。获4项科研成果奖：季加孚等的项目"胃癌综合防治体系关键技术的创建及其应用"获2016年中华医学科技奖一等奖；季加孚等的项目"胃癌综合防治体系关键技术的创建及其应用"获2016年度高等学校科学研究科学进步奖一等奖；沈琳等的项目"以分子分型为基础的晚期胃癌精准治疗体系的初步建立"获2016年度华夏医学科技奖一等奖；杨跃等的项目"可手术切除期肺癌规范化综合诊疗及临床转化应用"获2016年度华夏医学科技奖二等奖。

发明专利。获国家发明专利3项、美国专利1项：邓大君等的发明"利用甲基化特异性荧光法检测p16基因CpG

岛甲基化的引物组"获美国发明专利授权；寿成超等的发明"预防猪鼻支原体感染细胞的方法及制剂"获中国发明专利授权；王晓东的发明"一种用于穿刺的实时三维可视化影像引导系统"获中国发明专利授权；王晓东的发明"一种肝动脉药盒留置导管系统"获中国发明专利授权。"注射用血管生成抑肽"临床试验批件以及相关的专利实现转让，转让合同金额2500万元。

实验室管理。召开"教育部暨北京市恶性肿瘤转化研究重点实验室"学术年会，通过教育部组织的考核评估，通过北京市科委2015年度科技创新基地培育与发展专项的验收，以重点实验室作为第一或责任作者单位发表SCI论文176篇，其中医学部论文10篇。北京市肿瘤防治研究所参加市科委组织专家的评估，被评为二档。

【教学工作】 教学工作概况。研究生招生76名，其中博士37名、硕士39名。研究生毕业52名，其中博士27名、八年制3名、硕士22名。在院研究生共257人。接收进修医师163人、短期参观学习人员46人、实习学生28人、国内访问学者12人。2016年在培住院医师116人。

教师情况。2016年新增教授4名、副教授6名，确认教授2名。新增博士生导师5名、硕士生导师14名。北京大学临床肿瘤学院有教师503名，其中在编教授30名，副教授61人名，博士生导师45名，硕士生导师63名。

研究生工作。2016年在院研究生254人，设4个研究生班，有5个研究生党支部。组织研究生开展学术活动、社会实践活动、文体活动。赴河南安阳暑期社会实践被评为北京大学医学部暑期社会实践一等奖。举办全国暑期优秀大学生夏令营。开展"就业指导讲座"和"优秀校友座谈会"，对研究生就业进行指导。

住院医师规范化培训工作。2016年在培住院医师116人，其中送出委培住院医师20人。招录住院医师6名，其中放射肿瘤基地4人，超声、核医学基地各1人。

【学术交流】 学术会议。2016年主办召开的重要学术会议有：教育部暨北京市恶性肿瘤转化研究重点实验室2015学术年会、第四届北京国际淋巴瘤研讨会、第十一届全国胃癌学术会议（CGCC 2016）暨第四届阳光长城肿瘤学术会议、第4届复发转移乳腺癌的管理和综合治疗进展学习班、第九届肿瘤常见症状规范化处理学习班、腹腔镜手术观摩学习班、首届癌症遗传咨询培训班、第八届北京大学肿瘤医院肿瘤心理与姑息治疗学习班、第六届燕京肿瘤临床与PET/CT应用会议、2016北京黑色素瘤国际研讨会、胃肠肿瘤MDT规范及临床研究者培训班、第七届肿瘤精准放化疗规范暨2016全球肿瘤放疗进展论坛、第三届微创介入治疗多学科与靶向治疗论坛、2016年全国热疗年会暨第二届中日热疗临床进展学术研讨会、第十期临床研究护士（CRN）/临床研究协调员（CRC）高级管理证书研修班。

国际交流。2016年有30余次外宾来访、专家出访。签署了北京大学肿瘤医院与赫尔辛基大学医学院合作协议、北京大学肿瘤医院与美国墨菲特癌症中心合作意向书、北京大学肿瘤医院与海德堡大学附属医院合作意向书。

中国胃肠肿瘤外科联盟成立。9月23日中国胃肠肿瘤外科联盟在杭州成立，季加孚教授任联盟主席。30个省份、39座城市的73家单位参与中国胃肠肿瘤外科联盟，其中综合医院56家，肿瘤专科医院17家。

【医疗合作】 合作项目。2016年与山东禹城市人民医院、哈尔滨市人民医院、吉林国文医院、北京迎南门诊部、宁夏中卫市人民医院、廊坊康德森肿瘤医院、常德市中心人民医院、北京怡德医院、河北燕郊京东中美医院等9家医院签订合作协议。

合作医院管理。北京肿瘤医院新里程国际诊疗中心（北京新里程肿瘤医院），派驻学科带头人组建影像介入诊疗中心、姑息治疗中心和造口病房。北京大学肿瘤医院南院区（北京南郊肿瘤医院）门诊、住院、手术量同比增长300%以上。河北省沧州市人民医院，协助建立胃肠肿瘤中心，派驻专家5名。北京大学肿瘤医院和睦家国际医疗部（北京和睦家医院），完成达芬奇微创手术50余例。河北省京东中美医院，派出3批32名专家定期在京东中美医院门诊出诊、查房和科研协作。顺义妇幼保健院，派驻6名医师支援41天。新疆和田地区人民医院，签订了对口帮扶协议。远程会诊工作，2016年度为外地肿瘤患者提供远程会诊400余人次。

【党建工作】 组织建设。2016年11月16日召开北京大学肿瘤医院第二次党员代表大会，选举产生了新一届党委会和纪律检查委员会。完成了党支部调整及换届工作，设党总支2个、党支部44个。2016年发展党员11名，预备党员转正10名，转入组织关系55名，转出组织关系25名。年底党员769名。

党建活动。召开院党委年度工作总结会，继续推进党委委员联系党支部工作。召开领导班子民主生活会、领导班子理论中心组学习2次。召开庆祝中国共产党建党95周年大会。举行"学习党史、党章知识答题测试活动"，党员参与率80%以上。学习《习近平总书记系列重要讲话读本（2016年版）》。开展"共产党员献爱心"捐款活动，484人捐款43,695元。领导及党务干部参观孟良崮教育活动。开展纪念长征胜利80周年活动。开展民主评议党员，716名党员参加了民主评议。举办两会精神学习报告会、学习总书记4.26重要讲话。

宣传工作。开展了援疆、援藏医生等典型系列宣传以及各类主题宣传工作。与电视媒体合作制作专题节目50期，各报刊及网络发稿624篇。出版《院所通讯》64期，《北京肿瘤医院》院报24期。成立北肿摄影家团队、主持人团队、科普志愿者团队、微电影团队、新媒体团队。

纪检监察工作。院纪委全年召开4次纪委工作会议。党务干部培训班专题学习《中国共产党廉洁自律准则》和《中国共产党纪律处分条例》。举行反腐倡廉培训。与科室负责人签署党风廉政建设责任书。与新任命的科室主任、护士长等进行廉政谈话。对新入职员工进行反腐倡廉宣传教育。贯彻落实"九不准"要求。

统战工作。2016年北京大学肿瘤医院有7个民主党派成员125人。农工民主党成员张晓东第三次当选海淀区人大代表，民盟成员卫燕连任海淀区政协委员。

【医院文化】 陈敏华获首都道德模范。陈敏华教授获第五届首都道德模范荣誉称号。陈敏华曾先后获第五届全国道德模范提名奖、全国三八红旗手、北京市先进工作者、首都精神文明建设奖、2014年度十大"北京榜样"等荣誉称号，并荣登中国好人榜。

第四届井盖文化节。5月24日，第四届"心花路放，与你共成长"井盖文化节开幕，院领导们集体创作了两幅井盖作品。

青少年暑期科技开放日。举办"青少年暑期科技开放日"活动，孩子们进行了pH值测定、托盘天平称重、移液器的使用、"六步洗手法"、显微镜观察微观世界以及参观中心实验室大型平台等活动。

建院40周年简史出版。由党院办公室编撰的《1976—2016 砥砺前行 再创辉煌——北京大学肿瘤医院建院40周年》简史刊印，这是建院40年来编撰的第一部记载医院发展历史的资料性工具书。

心音坊。于2015年12月29日启动，心音坊每天定期安排音乐师在候诊大厅演奏。

音乐片快闪拍摄。9月28日播放了历时六个月拍摄完成的快闪爱心公益音乐片《茉莉花》《欢乐颂》和《北京纪事》纪录片。

【群团工作】 工会工作。2016年医院工会有工会小组77个，工会会员2041人。2016年度召开职代会九届五次会议，收到代表提案21件，立案19件，提案答复率为100%。完成77个工会小组换届改选工作并进行工会干部培训，举行"红军·医路·前行"纪念长征胜利80周年主题活动。57个工会小组申报参加"润心杯"精品活动。继续开办职工子女寒暑假托管班。举行护士节插花讲座，举办"庆六一"亲子联欢会、第十一届卡拉OK比赛、第八届"鱼贯杯"游泳比赛。院工会获北京市教育工会综合考评奖，"红军 医路 前行"活动获北京市教育工会特色工作奖。中西医结合科工会小组获北京市教育工会模范教职工小家。

共青团工作。2016年全院有35个团支部，团员679人。北京大学医学部党委副书记李文胜带领医学部团委、各学院、附属医院团委书记12人到北京大学肿瘤医院进行基层团建工作调研。团委开展了"学雷锋精神、学大同故事、做四有青年"的"两学一做"系列活动，举办了"忆医院发展伴青春成长"主题活动，继续组织开展志愿服务活动，

离退休工作。2016年有离退职工309人，其中离休干部7人，退休干部235人，退休工人67人。离退休党总支完成了换届选举工作，离退休党总支下设两个党支部。

【院行政领导换届】 1月11日，北京大学医学部党委书记敖英芳宣布了北京大学关于北京大学肿瘤医院行政班子的任职通知，任命季加孚为院长，郭军、沈琳、潘凯枫、苏向前、邢沫为副院长。

【中国共产党北京大学肿瘤医院第二次代表大会召开】 11月16日，中国共产党北京大学肿瘤医院第二次代表大会召开，选举产生了中共北京大学肿瘤医院第四届委员会和纪律检查委员会。12月27日，北京大学党委发出关于中国共产党北京大学肿瘤医院第二次代表大会选举结果的批复：中共北京大学临床肿瘤学院第四届委员会委员9名：朱军、许秀菊（女）、吴晓江、李子禹、苏向前、郭军、章玉（女）、隋铁夫、薛冬。朱军同志为党委书记，许秀菊、薛冬同志为党委副书记。中共北京大学临床肿瘤学院第四届纪律检查委员会委员5名：孙红（女）、孙传海、武爱文、隋铁夫、樊荣。隋铁夫同志为纪委书记。

【援边工作】 2016年有四位医生受命参加援疆、援藏、博士服务团工作，是历年来派出援边干部最多的一年。截至2016年底已有10位医务工作者参加援边工作。6月30日—7月2日，朱军书记带领医院医疗队赴西藏拉萨开展"心系西藏 精准防治——北京大学肿瘤医院西藏行"帮扶活动。7月2日—7月4日，季加孚院长带领医院医疗队赴新疆和田开展"情系和田 直达心田"和"一对一"对口帮扶活动。2016年参加"组团式"援藏工作的消化内科彭智荣获西藏自治区优秀援藏干部人才奖，国家卫生计生委百姓健康频道（CHTV）向全社会发布了北京大学肿瘤医院主治医师彭智的事迹。

（王 伦）

第六医院

【医疗质量管理】 病历质量及病案管理。开展优秀病历的评审工作，定期邀请专家评审第六医院病历，提供优秀病历供医生学，也督促病区进一步加强病历质量的管理和教学工作。同时开展亚专科的病历点评、问题病历的工作。继续规范病历书写工作。

科主任例会。除定期检查病房的医疗工作外，对日常工作中和每月根据满意度调查中发现的问题，在每月一次的科主任例会上通报和商讨解决办法，协调各科室提出整改措施并监督落实，强化科室管理意识，严格落实检查三级查房制度和各级医师岗位职责，保证三级查房的落实。

制度的制定及修订。制定或修改了医德医风、低职高聘、门诊专家和特需资格和收费、北大六院病案书写补充规

定等制度和多项请示。

主治医师督导。2016年开展主治医师督导工作30次，督导300余人次，加强对主治医师诊疗质量的检查和指导，围绕其工作进行讲评，加强临床医疗质量管理，不断提高临床主治医师和住院医师的诊治水平。联合北大心理中心，开展临床心理案例督导，满足临床需求。

疑难病历讨论。2016年全年开展疑难病历讨论10次，形式多样，包括疑难病历讨论、全院教学查房、院际会诊、纠纷案例等。

规范医疗行为。继续规范医疗行为，对违反规定的人员进行相应的处罚。

加强医疗风险防范。继续强化不良事件上报表，要求病房每月医护同时上报不良事件表。强调风险防范，提前发现并预防。同时加强病房的管理，要求病房核心小组先行讨论，进行分析和讨论处理意见。

临床路径上报工作。加强临床路径上报工作，实行每月主任会通报。

重性病上报。加强重性疾病上报工作，实行每月主任会通报和未达标科室处罚制度。

加强培训和沟通。通过临床医生的微信群，畅通沟通的渠道；利于政策和意见的上通下达；定期对新入职的研究生和住院医进行岗前培训，包括基本技能、临床沟通等方面；定期召开一线值班人员的医疗培训；加强对规范化培训的住院医师的临床教学工作；每月定期进行一次抢救培训，加强一线人员的抢救能力。

医患纠纷。截至11月30日，门诊和医务处接待纠纷共计63起，除3起在法院审理外，其余均已妥善解决。

【对口支援和医联体工作】 对口支援15人，包括普尔市第二人民医院、海淀精防所、华一医院、人民医院等。2016年新增加9家合作医院外派工作，医务处共计派出专家31人，共计142天。

【门诊工作】 2016年共完成264,503人次门诊量；工作日平均门诊量为1150人次。其中普通门诊154,725人次；专家门诊79,111人次；特需门诊30,667人次。

推行门诊药占比的核算工作，积极推行降低药占比，规范医生合理检查、合理用药的行为，提高医生的医疗安全观念。加强宣传《首诊负责制》及补充要求。重新编写《门诊信息宣传手册》并付印。积极配合严厉打击号贩子改善医院门诊医疗服务秩序行动，推行全面网上预约挂号。更换门诊叫号分诊系统，持续改善患者的就医体验和就诊秩序。积极开展专业门诊服务，开展教学专业门诊。加强医疗队伍培训和督导：对刚出普通门诊医生，进行岗前培训；对主治医师升专家门诊之前安排2次督导考试；对刚出专家门诊的医生，试行督导。实行分时段预约就诊，继续完善延时门诊、午间门诊。积极配合开展层级诊疗和双向转诊，8月份开通海淀医联体上下转诊服务系统。

【护理工作】 开展门诊优质护理服务。制定了门诊优质护理服务实施方案以及门诊优质护理服务规范，加强门诊患者的健康教育。开展门诊护理人员的综合素质教育等，通过门诊优质护理服务的开展，加强护理人员的服务意识，在门诊量日益增大的前提下，门诊各项护理服务水平保持较高的水准。

全面落实健康教育。修订健康教育管理制度，建立健康教育实施记录表，结合科室特点修订健康教育手册。同时，开展以科室护理人员为基础的患者健康教课程，突出专业及实用性，积极鼓励护士参与，通过对患者实施健康宣教，提供专科化护理。

加强临床护理人员的急救技能培训，各科室每月组织急救技能培训并记录，同时护理部加强质控与考核。

开展不同形式的延伸护理服务。各科室根据患者特点，建立不同病种的患者和家属微信交流平台，为患者及家属答疑解惑，提高临床服务满意度。

组织临床护理人员参加了"正念减压MBSR及正念认知MBCT"课程的学习，将正念减压课程结合病房患者的情况，整合到患者康复工作中，为患者提供更加多元化的服务。

加强细节管理，持续改进护理质量。坚持对新入院患者实施三级护理风险评估。实行护理部走动式管理，护理部全年共进行了7次的工作质控，并对后续持续改进措施的执行情况进行检查、督导。根据科室收治患者特点及科室环境，完善科室内的各种标识。修订完善了医嘱执行制度，进一步规范治疗执行单签字的执行以及督导检查，提高临床护士自我保护的意识。完善了巡回记录手册，进行了相应的培训，保证巡回记录手册的填写质量。完善MECT治疗患者交接制度，保证患者交接安全。

优化护理管理队伍，提升护理管理活力及执行力，更新护理服务理念，提高临床护理管理能力，积极推动开展护士长竞聘机制，完成护士长满意度调查1次。抓好"三基，三严"训练和护理人员的继续教育工作。组织全院护理业务知识讲座培训各20次，全院护理查房8次，全院护士理论知识技能考核2次，护理人员培训率、合格率达标。注重骨干护士培养，选送临床科室骨干护士外出参与各种培训学习，提升专科护理水平。加强护理人力资源管理，共招聘护士9人次，制定新入职人员转正考核制度，规范对于新入职护士的管理与考核。及时有效保证护理人员合理调配，保证在各特殊环节和特殊时段的护理人员合理运用。为调动护理人员的工作积极性，修订护理人员绩效奖金发放制度及补充制度。

【科研工作】 荣获2015年度中国医院科技影响力排行榜精神病学学科第一。2015年12月30日，在第二届中国医学科学发展论坛上，中国医学科学院医学信息研究所发布了"2015年度中国医院科技影响力排行榜"，医院作为全国唯一的卫生计生委管三级甲等精神专科医院荣获精神病学学科第一名。

召开2015年度科研表彰会暨第九届学术年会。2016年3月4日下午，由科研处组织的第六医院一年一度的科研表彰会暨第九届学术年会隆重召开。国家自然科学基金委员会曹河圻处长、北大医学部方伟岗副主任等领导专家应邀出席了会议。学术报告会设置了图书捐赠奖、科研秘书奖、科研协作奖、SCI论文奖、出版著作奖、科研项目奖和发明专利奖7个奖项，共有67人次获奖。

获批国家重点研发计划重点专项，金额581万元；获2项国家重点研发计划课题，金额215.5万元；获批国家自然科学基金项目8项，总金额465万元。陆林教授国家重点基础研究发展计划（973计划）项目"睡眠脑功能及其机制研究"，获批经费1211万元；此外，陆林教授获国家自然科学基金创新研究群体项目滚动支持，经费525万元。

2016年，共获批省部级科研项目16项，包括：黄悦勤教授获批国家外国专家局项目1项，资助金额30万元。于欣教授获批北京市脑认知与脑医学课题1项，资助金额180万元。首都临床特色应用研究项目4项，其中王华丽教授获重点课题1项，资助金额100万元；钱秋谨教授、孙新宇副主任医师、王雪芹主治医师各获特色课题1项，资助金额共计46万元；4.首都卫生发展科研专项项目7项，其中王华丽、司天梅教授各获重点攻关项目1项，岳伟华、钱秋谨教授各获自主创新项目1项，石川副主任医师获普及应用项目1项，程章主治医师、吕晓珍助理研究员各获青年项目1项，资助金额共计346万元；岳伟华教授获批北京市科技新星计划交叉学科合作课题1项，资助金额25万元。刘靖教授获批北京市科委首都市民健康项目培育项目1项，资助金额15万元。陆林教授作为合作方参与北京脑科学研究课题1项，课题经费67.78万元。

继续完善科研管理制度。2016年度，为了鼓励全院人员积极申请项目，适应院内规章制度的变革，科研处修订了《关于规范科研人员奖金点数的通知》和《关于科研项目负责人岗位津贴的管理规定》；制定了《北京大学第六医院医技科室科研经费管理办法》，对医技科室设备用于科学研究之后产生的收入和支出做了明确的规定。

2016年，新立项国内横向科研课题10项，总经费为399.245万元。

2016年，医院人员作为第一作者或通讯作者共发表学术论文146篇。其中，在英文SCI收录期刊中，作为第一作者或通讯作者，共发表论文61篇；在中文核心期刊上，作为第一作者或通讯作者，共发表论文50篇；在中文非核心期刊上，作为第一作者或通讯作者，共发表论文35篇。

医院人员主编、主译或参加编写著作共计12部，其中，主编10部，参编2部。

【交流合作】 2016年，医院继续与美国佛罗里达大学、加利福尼亚大学、密歇根大学等著名大学进行合作，并与国际阿尔茨海默病协会世界卫生组织总部和西太区办公室等国际组织和机构保持密切的联系，开展了多领域的合作研究及学术活动。本年度，新立项国际合作课题1项，资助金额100.87万元。

2016年8月13日，由医院主办、科研处承办的第五届中韩日国际精神病学研讨会隆重召开，首尔大学精神病学和行为科学系主任Jun-Soo Kwon教授、东京大学神经精神系主任Kiyoto Kasai教授等21名日韩学者与医院学者共同就精神病学的当前研究进展进行了深入的沟通和讨论。医院还作为承担单位之一承办了ASAD第十届国际会议暨ADC2016年会，来自国内外500余名专家学者参加了本次年会。

2016年，各研究室共计50余人次参加重要国际学术会议，如陆林教授参加美国精神病学会2016年会、第46届美国神经科学年会等等。

2016年，医院主办了中国心理卫生协会危机干预专业委员会第十二届学术会议、第三届中国睡眠与心身医学论坛、抑郁障碍临床研究能力培训、精神分裂症研究进展论坛等学术会议与论坛，吸引了国内专家学者的热情参与。

医院师生还积极参加国内同行学术交流活动，如中国睡眠研究会第九届全国学术年会、中华医学会精神医学分会第十四次全国学术会议等，并以会议特邀报告、大会发言、专题会交流、壁报交流等多种形式与国内研究人员进行了交流互动。

2016年，医院共举办了6场Ⅱ类区县级继续教育项目学术交流会，700余人次参加了交流会。

【教学工作】 本科生教学。1.承担学校医学部临床八年制、六年制、四年制学生和部分协和医院八年制学生精神病学大课及见习教学工作：共完成7个临床教学医院（北医三院、人民医院、积水潭医院、航天中心医院、预防医学系、北京大学医学部护理学院、协和医院）385名学生的大课及见习的教学工作，包含198学时的大课和173学时的见习工作，完成学生理论和技能考核、阅卷、统计和登记成绩，成绩分析报告等相关工作。

2.完成其他教学任务：承担本科生通选课医学发展概论课程精神病学相关内容；承担医学部六年制医学导论课程精神病学相关内容；承担部分临床教学医院的临床沟通技巧课程。

3.完成临床医学八年制二级学科资格考试精神站考官任务、北医本科生毕业考试临床沟通技巧站考官任务。

4.根据要求完成本科教学评估工作自评报告及数据分析报告。

住院医师规范化培训。2016年一阶段在培住院医师34人，二阶段在培住院医师8人。出台住院医师规范化培训《北京大学第六医院住院医师规范化培训登记手册使用管理制度》和《北京大学第六医院住院医师规范化培训考核手册使用管理制度》。根据北京市卫生和计划生育委员会《关于开展2012—2015年度住院医师规范化培训专项经费审计工作的通知》文件开展自查活动，10月12日顺利通过专家组检查。按照上级部门的要求开展基地的自查活动，发现存在的问题，撰写自评报告，并提出改进措施，顺利通过由北京市卫计委委派的两组专家的检查。严格使用住院医师规范化培训基地建设专项经费，多次召开资金使用讨论会，广泛征求各临床带教科室意见，形成资金使用初步意向。

研究生工作。1. 导师队伍建设。召开学位分会讨论通过钱英、梁英、宋煜青临床硕士导师、管丽丽科研硕士导师资格申请。申报副导师、组织新聘任导师参加医学部的导师培训，取得上岗合格证书。

2. 课程建设。2016—2017年第一学期新开1门课程，由陆林教授牵头负责的临床沟通技巧（1学分），主讲老师为王丰、孙伟、杨磊主治医师。

继续开课11门：精神病学、主客观心理自我成长、心理危机干预、应用行为分析、睡眠医学、恋爱婚姻与咨询、儿童少年精神医学、临床思维及晤谈技能、老年精神医学、精神医学临床与应用研究技能、临床精神药理学。

3. 研究生管理工作。硕士招生18人，博士招生12人，录取在职硕士1人。截止到2016年12月1日在学研究生（含在职研究生）126人，其中硕士57人、博士42人、在职研究生27人。

继续教育相关工作。1. 国家级继续医学教育基地：2016年共组织全院申请国家级继续医学教育项目26项，举办21项，23个班次。参加人员1748人次。

2. 院内继续教育项目：举办区县级项目（含护理部）64次，参加3736人次。举办单位自管项目61项，参加3132人次。全院298人达标率97%。24人参加北京市卫计委学分审验工作，全部通过。

3. 临床进修/专项研修/国内访问学者培养工作：共招收各种专项研修/临床进修人员106名，中组部西部之光项目学员1名，医学部学科骨干学员5名，北京市基层骨干培训1名。优化北大六院临床进修/专项研修进修流程，2016年较2015年增加进修人员近50%，同时增加进修医生课余生活，组织进修医生足球队和六院足球队比赛等活动。响应国家支援西部号召，为四川自贡精神卫生中心分批进修提供绿色通道，每三个月接收四名该院高年资精神科医生来医院学习。

教学论坛。2016年开展丰富多彩的教学论坛活动4次，分别为"神经认知与神经精神病学论坛""精神病理与临床思维论坛""心理学与哲学论坛""临床研究方法学论坛"。

【公共卫生服务】 政策研究。医院承担的国家卫生计生委疾控局委托课题《全国精神卫生资源调查》，已完成调查和数据质控，正在进行统计分析和报告撰写。具体配合的政策研究课题有3项，包括《精神卫生综合管理试点评估方案》《严重精神障碍管理治疗工作机制和流程梳理》《精神卫生工作65年》，相关工作正在逐步开展。

教学与培训。推出"以赛代训"模式。2016年召开第二次"全国严重精神障碍管理治疗项目社区医疗质量研讨会暨第二届知识技能竞赛"，以省为代表队参赛，竞赛形式包括专题演讲、角色扮演和现场答题，共颁发6个集体奖和10个单项奖。2016年共举办公共卫生领域各类培训及会议共计16场，培训1571人次。派员担任国家级讲员，参加疾控局组织的援藏援疆培训，对新疆的192位精神卫生工作人员进行了培训，对西藏山南市、那曲市、拉萨市的120位精神卫生工作人员进行了培训。

社区治疗。为提高社区精神卫生服务质量，医院编写的严重精神障碍"CARE FOR"系列核心信息卡中的两套——"抗精神病药物治疗"和"管理治疗工作服务流程"2016年通过北医出版社正式出版，并印刷了共计7万册下发各省使用。

国家精神卫生项目办公室工作。负责686项目预算、执行、培训、技术指导、调研督导及相关工作。截至2016年12月，项目工作已覆盖全国329个地市。

全国精神卫生综合管理试点工作（简称试点工作）。分别于2016年1月13日和2月25日协调组织召开2次试点工作专家研讨会，撰写试点工作进展报告和下一步工作任务，于2016年2月在京组织召开试点工作部署会；7月在京组织筹办了试点工作经验交流现场培训班。2016年承担了40个试点和部分地区的集中督导组织工作，负责资料收集、前期准备、统筹协调、督导报告撰写等。组织并参与开展全国督导42次，参与督导的领导及专家共188人次，覆盖31个省（含西藏）和新疆生产建设兵团。督导期间，结合当地工作需要，为当地提供精神卫生相关知识培训，2016年支援各省开展培训近60次。

继续承担国家严重精神障碍信息系统日常管理、培训、安全防护、数据核对、定期编写月报等。截至2016年12月已累计完成61期月报。

受国家卫计委疾控局委托修订《严重精神障碍管理治疗工作规范》。2016年组织各省技术骨干对规范进行了多次修改，召开专项研讨和修订会，与疾控局反复讨论，已形成初稿。

开展精神卫生政策和服务宣传活动。编写"精神卫生政策早知道"宣传折页，制作"社区精神卫生服务"宣传片；受国家卫计委疾控局委托，缩编其编制的"打开心灵之窗"和"回家之路"视频，并结合10.10精神卫生日进行了广泛宣传，其中"社区精神卫生服务"宣传片的微信版浏览量达1.1万余次。

【党建工作】 认真做好"两学一做"学习教育。医院党委书记于4月下旬参加了学校党委召开的基层党委书记专题培训。之后医院党委结合医院实际，制定了《开展"学党章党规、学系列讲话，做合格党员"学习教育工作方案》，并在党支部书记会上安排部署学习教育工作。各支部也都制定了具体的学习教育方案，并按照方案有计划、有步骤地开展各项工作。

按照医学部统一部署，医院党委和党支部开展党员组织关系集中排查，并在4月底前全部完成。之后将按照上级要求完成管理处置，区分不同情况，做好党员组织关系和党籍管理工作。

5月初，医院以党支部为单位组织开展了民主评议党员和党支部评议考核工作，2016年6月28日，医院召开庆祝中国共产党成立九十五周年大会，对获得校级、医学部级和精研所级的优秀共产党员、党支部书记和先进党支部进行表彰。

为了方便学习，很多支部采用了新媒体平台，广泛运用微信，通过转发公众号学习内容等方式学习相关知识，通过建立微信群讨论等方式开展相关学习活动。各支部组织召开以学习党章党规为主要内容的专题组织生活会。

组织了以"敬佑生命 救死扶伤 甘于奉献 大爱无疆"为主题的"医德医风建设"对话活动。此次活动作为一个交流平台为医务人员提供了心理支持，进一步增强了医务人员为患者服务的意识。

组织赴延安学习和业务帮扶。医院分别于6月和10月组织两次赴延安进行"两学一做"理论学习和开展业务帮扶工作，并分别与延安市卫生计生局、延安市精神卫生中心签订了帮扶协议。

（第六医院）

深圳医院

【发展历程】 1月12日，院领导完成换届工作。4月21日，工会完成换届工作。"三名工程"团队共20个。

【队伍建设】 员工总数2673人。其中在编员工1349人，聘用员工963人，岗位培训员工172人，劳务派遣员工174人。高级资格人员701人，占员工总数26.2%；硕、博士学位者617人，占员工总数23%。大学本科及以上学历员工占全院人员总数的75.61%。共引进17名博士、8名硕士和1名学科带头人，同时新增2名高层次人才。选送45名优秀骨干赴美国梅奥诊所、美国加州大学、克利夫兰医学中心等机构进行2周至1年的培训。

【学科建设】 2016年，妇产科、泌尿外科、肾内科、心血管外科、超声影像科、口腔科、皮肤科、风湿免疫科等进入国内百强行列或跻身华南地区专科声誉榜。检验科顺利通过ISO15189实验室认证的监督评审，成为深圳最早取得此"国际通行证"的医学检验实验室。重症医学科、内分泌科和皮肤科等5个学科成为市医管中心品牌学科。新增医学科技创新平台3个。华南地区首家国家标准化代谢性疾病管理中心在深圳内分泌科正式挂牌成立，医院成为全国首批12家代谢病中心之一。

新增"三名工程"团队14个，6个团队均取得亮眼成绩：口腔中心团队数字化外科已进入全国先进行列；骨科成为中国大陆首家国际矫形与创伤外科学会（SICOT）培训基地；妇产科研发的HPV自取样技术被美国癌症学会"宫颈癌筛查指南"引用，并获得深圳市科技进步一等奖；超声影像科研发的超声微泡造影剂有望在恶性肿瘤早期诊断和精准治疗上取得重要突破；重症医学科建立"ICU数字化平台"，提供重症医学决策支持；护理学科智能化护理平台成为业界热点，获多位院士点赞。

【医疗工作】 2016年门诊总量299万人次，同比增长1.0%；急诊总量246,064人次，同比增长6.9%；出院59,391人次，同比增长10.4%；门急诊手术73,233人次，同比增长1.3%；手术室手术24,913人次，同比增长11.1%；开放床位1401张；床位使用率99.50%，同比减少6.67%；平均住院日7.99天，同比下降0.13天。三四级手术16,538人次，同比增长21.1%。

共申报审批各级各类新技术新项目52项，其中上颌骨缺损游离腓骨瓣修复重建手术、部分颌下腺切除术、经口腔微创甲状腺癌切除术等高难度手术均为深圳首例，超声肌骨检查等项目填补深圳技术空白。血液科通过嵌合抗原受体修饰T细胞免疫疗法（CART），细胞联合多靶点抑制剂成功治疗难治淋巴瘤病例。腹腔镜和胃肠镜联合切除胃肠道早期肿瘤、单孔胸腔镜肺癌根治、巨大肝肿瘤切除、冠状动脉内膜旋磨术和疑难复杂大血管手术等单项技术已处市内领先。甲乳外科成功治疗家族性多发内分泌腺瘤，达到国内先进水平。

成立12个MDT团队，定期开展多学科联合诊疗，其中肝脏占位病变MDT每年发现和根治早期微小肝癌100多例，取得良好社会效益。

2016年度全院医疗质量主要指标是：2016年，省卫计委从病案信息系统直接获取数据，依据DRGs对全省大型医院综合绩效进行排序，北京大学深圳医院在全省市医院中病例技术难度水平CMI指数最高，综合绩效排名第一。在市卫计委和市医管中心组织的医疗质量整体评估中在市级综合医院排名第一，医院综合竞争力排名第二。

对非计划二次手术进行信息化监控、月度分析和限期反馈；对不良事件推行非惩罚性上报、根因分析和持续改进。继续推进临床路径和单病种质量管理，2016年全院临床路径入径3.8万例，占总出院人数70%。优化急诊绿色通道，成为深圳市急性脑卒中和急性心肌梗死医疗救治定点医院。严格抗菌药物使用管理，抗菌药物使用率、微生物送检率等均达到三甲医院评审标准。手卫生依从性和合格率不断提高，做到全员知晓、全员过关。医护一体的"快乐天使圈"获第四届全国医院品管圈大赛二等奖。

【护理单元】 53个，护理人员1145名，护理部主任1名，副主任2名，护士长55名。

【科研工作】 获国家自然科学基金6项；省级科研基金11项；市科创委立项课题18项，其中重大项目3项；市卫计委立项课题38项；共获得科研资助1219万元。深圳市科技进步二等奖2项。获实用新型专利和发明专利共134项。发表论文482篇，其中SCI收录62篇。

新增"三名工程"团队14个，获得政府资助1.65亿元。"三名团队"已增至20个。

【教学工作】 新增神经内科、眼科等5个住院医师规范化培训基地。目前，北京大学深圳医院培训基地数达到24个。举办两个省级师资班，培训全市住院医师规范化培训师资300多名。建设2000平米的临床技能培训基地，在院培养的住院医师规范化培训学员达185人。全年招收研究生74人，使医院在培硕士研究生达到177人，在培博士生达4人。

【学术会议】 举办中日医学论坛、2016深圳市骨科护理论坛、深圳市颈椎融合与非融合技术专题研讨会、首届乳腺癌精准医疗临床实践研讨会、第二届鹏城脊柱论坛等高水平学术会议和国家级、省级继续教育项目69项。

【医院文化建设】 始终坚持以"员工幸福、患者满意"为目标，积极推进医院文化建设和宣传工作。成立文化建设和宣传工作领导小组，全面加强医院文化建设力度。成功举办首届"天使仁心、医路同行"微电影大赛，并获全国品牌故事微电影大赛三等奖。

开展18个职工文化兴趣活动班，参加人数4000余人次；举办羽毛球、网球、游泳等多项体育赛事。2016年，院篮球队参加北大医学部篮球比赛，荣获冠军；院舞蹈队获市机关事业工会排舞比赛一等奖。

深入推进"志愿者文化"建设。医院健康U站成功运作，400多位社会义工组成志愿者队伍，志愿服务总时间超过3万小时。"红马甲"成为增进医患沟通的"润滑剂"，促进患者就医感受和满意度的提升。

拓宽医院宣传渠道，丰富宣传内容。医院宣传除继续加强与报纸、广播和电视的合作外，更积极完善医院网站、微信公众号和微博等宣传手段，以医院先进技术和健康教育等内容着手，加大医院品牌宣传力度，树立医院正面形象。

【对口帮扶】 2016年专家进社康工作的时间排名市属公立医院第二位。医院与广西金秀县人民医院、广东河源市人民医院、和平县人民医院等单位达成对口帮扶协议，根据基层单位需求，除派出专家和骨干进行技术支援外，还支援当地急需的各类医疗设备，累计资助金额达367万元。对口帮扶的河源市人民医院创"三甲"顺利通过。

（陈惠燕、田怀谷）

首钢医院

【医院概况】 基本情况。职工1863人（在编1073人、合同制790人），其中卫技人员1496人，包括正高级职称42人、副高级职称96人、中级职称461人、初级师504人、初级士169人、无职称224人。年底医疗设备总值28,760万元，折旧后总值12,820.25万元。年内新购医疗设备总价值1807.02万元。

机构设置。1月19日，成立内、外、妇、儿教研室；8月12日，撤销慢性病研究所；9月27日，成立普通外科肝胆胰病区。

改革与管理。7月4日，首钢总公司党委在首钢医院召开干部大会，宣布向平超担任医院党委书记、纪委书记、工会主席，顾晋担任院长，雷福明、王海英、杨布仁、王宏宇担任副院长。

以首钢医院为核心医院的医联体下属13家成员医院，其中医院的4个社区卫生服务中心人财物隶属医院管理，是紧密型医联体，另外9家是松散型模式。有5位外院医师在本院多点执业。

【医疗工作】 出院28,749人次，床位周转31.7次/床，床位使用率91.1%，平均住院日10.57天，手术6910例。实施临床路径管理的有14个科室26个病种，入径2158例，入径率52.61%，完成率86.01%。全年临床用红细胞悬液5369单位、血浆4494单位、血小板810治疗量，自体输血144例440单位。

预约挂号管理。采取网络预约、窗口预约、电话预约、诊间预约、手机APP预约和社区转诊预约等多种形式，开放号源比例70%，预约挂号占门诊比例约3%。

新技术、新疗法。开展新技术、新项目19项，包括普通外科二病区的3D腹腔镜镜下右半结肠癌并直肠癌根治切除术。

药物管理。药占比52%，其中住院药占比36%。门诊抗生素使用率12.07%，急诊抗生素使用率32.48%，住院患者抗生素使用率54.58%。医院感染发生率1.06%。

医保工作。医保出院19,339人次，总费用42,358.38万元，次均费用21,901元。

医疗支援。17人赴内蒙古自治区丰镇市医院、18人赴内蒙古包头一机医院、26人赴北京市大兴区中西医结合医院进行对口支援，开展临床诊疗、教学培训和查房、疑难病例讨论、学术讲座等。每月安排人员对口支援社区卫生服务工作，保证古城、苹果园、老山、金顶街4个社区卫生服务中心每天都有医院主治医师以上人员出诊。

3月4日，肿瘤科医生赵聪作为第八批第三期援疆干部，前往新疆和田进行为期一年的卫生支援工作。4月23日，与内蒙古一机医院启动京蒙省际医院对口支援项目。6月30日和7月1日，为首钢京唐公司、股份公司、矿业公司一线干部职工和家属进行健康讲座和健康咨询。7月8日，5位专家参加以"重走长征路，共铸中国心"为主题的2016"同心·共铸中国心甘孜行"大型公益活动。

医疗纠纷处理。参加医责险1530人，总费用79.69万元。发生医疗纠纷15件，市医调委调解7件，法院判决8件。年内，保险赔付43万元，医院赔付109万元。

【护理工作】 护士720人，其中合同护士550人。护理人员中有本科学历277人，研究生及以上10人。医护比1∶1.67。ICU床位45张。不良事件上报率98.85%、整改率100%。

"基于护士核心实践能力发展的分层级管理体系建设"获医院管理创新奖。

"构建医院-社区一体化延续护理模式研究"获石景山区卫计委资助7万元。

外送护士进修4人，接收进修护士4人。血透室护士2人、急诊室护士2人、静疗护士5人、骨科护士1人、肿瘤科护士1人、老年护士1人、造口护士2人、手术室护士2人，共16人参加专科护士取证培训。承担北大方正软件技术学院护理专业临床课教学共4门课300学时。

【科研工作】 新增课题12项，包括首次获批的国家重点研发计划3项，市科委首都临床特色应用研究专项1项，市委组织部人才项目1项，市中医局北京中医药科技发展资金项目1项。召开科研沙龙系列讲座18场，邀请到中国工程院院士、北京大学医学部主任詹启敏，北京大学医学部公共教学部副主任丛亚丽，香港大学教授罗伟伦，日本大阪医学中心教授Masayuki Ohue，韩国延世大学教授金南奎等十几位专家教授。

2月27日，由院长顾晋倡导成立的京津冀大肠癌医师联盟成立大会暨第一届京津冀大肠癌国际研讨会在石家庄市召开。5月20日，举办2016年北京西部医学论坛，这是医院连续举办的第12届北京西部医学论坛。5月21日，由石景山区卫生计生委主办、医院承办的"2016北京西部医院院长论坛"成功召开。6月15日，市卫生计生委"建设基于社区—家庭—三级医院的恶性肿瘤联防联控示范项目"在医院启动。9月29日，与石景山区影像质量控制办公室共同主办第五届北京西部医学影像论坛。10月13日，在北京国家会议中心举行的第二十七届长城国际心脏病学会议英语演讲比赛中，心内科医师孟越之获第一名。11月1日，医院举行国内首个血管医学二级学科教研室揭牌仪式。12月1日，与北京乳腺病防治学会宣传与发展工作委员会共同主办乳腺癌多学科病例研讨会。12月，医院协办的中日韩大肠癌国际会议在北京成功举办。

【医学教育】 完成北京大学医学部2012级生物医学英语专业教学任务和2013级海外口腔专业教学任务37人935学时，完成2012级西藏大学医学院临床教学实习任务20人，完成2012级三峡大学医学院临床教学实习任务26人，完成2012级内蒙古民族大学医学院临床教学实习任务11人，完成2012级山西医科大学晋祠学院临床教学实习任务6人，完成2012级华北理工大学临床教学实习任务2人，其他学校学生87人。培养硕士研究生8人、博士研究生2人。

参加市卫生计生委专科医师规范化培训的住院医师98人，其中一阶段49人，二阶段49人。接收进修生27人。举办短期学习班26次，参加5000人次。脱产学习116人次。到院外进修10人，出国进修1人。录取研究生14人，其中硕士13人、博士1人。

12月22—23日，在北京大学第十六届青年教师教学基本功比赛中，心内科医师王硕荣获一等奖和最佳演示奖，骨科医师唐冲获二等奖和最受学生欢迎奖，心内科主任唐强获优秀指导老师奖。开展"医学大家"系列讲座24次，邀请到北京大学第三医院、人民医院和同仁医院等多家医院的专家、教授。

学术交流。11月9日，意大利Humanitas医疗集团国际事业发展总负责人蒙杜威·让·卢卡先生来院访问。12月14日，中国疾控中心主任王宇、美国国家癌症研究中心Matthew Brown博士、中科院肿瘤医院研究员范金虎一行10人来院进行科研交流。

8月1日，西藏大学副校长谭欣来院访问；8月15—29日，3人赴台湾马偕医院进行安宁疗护观摩、学习；9月8日，西藏大学医学院院长江泳一行来院访问；9月30日，副院长王宏宇一行4人访问西藏大学医学院；12月30日，宁夏回族自治区人民医院院长田丰年一行7人来院考察、学习、交流。

【信息化建设】 年度信息化建设总投入1952.6万元。开展了APP移动服务。推进门诊就诊流程一卡通自助服务建设项目。新建纸质病历数字化扫描系统，实现临床病历电子化存储。引入临床数据科研平台，为科研统计需求搭建基础平台。制定医院信息化建设"十三五"发展规划，首钢医院构建三级医院同社区卫生服务中心医联体信息化建设项目获国资委扶持资金210万元。

【基本建设】 推进新门急诊医技大楼项目，启动核医学楼改造项目。完成肿瘤安宁疗护病房改造、制冷站改造、职工之家和教学培训用房整体功能布局及施工改造。实施门急诊楼功能布局调整、装修改造和流程优化工程，对住院大楼病区照明设施进行改造。与中华社会救助基金会医基金联合启动"心音坊"公益项目，营造温馨舒适的诊疗环境。

（吴妍彦）

国际医院

【发展概况】 3月16日，医院临床组织架构调整，"普外科部"下增设"乳腺外科"；"临床科室"下增设"特需门诊部"和"国际医疗部"。5月，新增中心实验室为职能科室；6月，医疗科室新增肛肠科、电生理室及口腔颌面外科；12月，新增药物临床实验中心。6月28日，医院临床组织架构调整，"神经内科"下设"电生理室"，"眼科"更名为"眼科部"，"普外科部"下设"肛肠外科"。8月19日，新增"口腔颌面外科"。12月10日，成为海淀区西北部医联体成员单位。

2016年7月，北京大学国际医院确定并发布愿景、使命、价值观。以"建设国际一流医院，领跑医疗体制改革"为愿景、使命，"博爱、尊重、精勤、卓越"为核心价值观。

（王迎、续岩）

【队伍建设】 全院员工1593人，医院卫技人员1180人，其中正高级职称9人、副高级职称31人、中级职称155人、初级师483人、初级士502人。

（王迎）

【学科建设】 2016年新建或开放了8个学科与专业，包括：口腔颌面外科、乳腺外科、肛肠外科、放疗科、生殖医学中心、康复医学科、体外碎石中心、神经电生理室。共开放64个学科，与北大医学部共建41个学科，与天坛医院共建1个学科，委托管理1个学科，自管自建21个学科，开放诊区28个，开放病区23个。成立了"神经医学中心""整形美容中心""肿瘤诊疗中心""骨与关节中心"四大中心，并于2016年完成了四大中心的论证成立大会。

（王迎）

【医疗工作】 2016年门急诊量464,414人次，日门急诊量最高达3200人次，全年预约挂号244,729人次，占门诊总人次的55.4%。出院16,080人次，床位周转25.85次，床位使用率67.50%，平均住院日9.39天，住院手术19,946例。剖宫产率29.68%。无孕产妇死亡，新生儿死亡率0.56‰，围产儿死亡率1.69‰。全年临床用红细胞9172 u、血小板2952 u、血浆6915 u，自体回输红细胞1298 u。医院感染发病率为1.89%，法定传染病报告率100%。

药占比29.3%，其中门诊药占比28.55%，住院药占比30.16%。门诊患者抗菌药物使用率6.61%，急诊患者抗菌药物使用率29.73%，住院患者抗菌药物使用率51.81%。

医保门诊18.26万人次，总费用5377万元，医保基金支付比例45.30%；医保出院5529人次，总费用9730万元，医保基金支付比例60.3%。实现了吉林省长春市、山西省吕梁市、山东省淄博市等6地市的医保联网结算，并成为首家河南省南阳市新型农村合作医疗异地住院结算定点医院。

对内蒙古卓资县医院开展对口支援工作，主要是腹腔镜手术及人员培训。派出1人参与"光彩西藏"援藏活动。

2016年护士698人，其中本科351人、研究生3人。医护比1∶1.16。ICU床位26张。不良事件上报率96.4%，整改率100%。

（王迎）

【科研工作】 申报纵向项目47项，中标3项，其中市科委首都临床特色应用研究项目1项，获经费16万元，单位匹配8万元；国家自然科学基金1项，获经费55万元；市中医药科技发展资金项目1项，获经费3万元，单位匹配3万元。院内科研基金立项23项，总经费60万元。横向课题立项7项，经费总额36.2万元。在研课题39项，结题1项。"新生儿喂奶靠垫"获实用新型专利。

教学工作选派23人到院外进修，其中药剂科15人、口腔科2人、皮肤科2人、病理科1人、生殖医学中心3人。

（王迎）

【学术交流】 4月17—22日，医院考察团一行8人，访问美国克利夫兰诊所、梅奥诊所和约翰斯·霍普金斯大学医院，考察和学习先进的医院管理理念和经验，并建立与海外北医校友合作平台。8月12日，美国著名骨科医生、国际脊柱内固定学会（AO）前主席Michael Janssen教授一行访问医院，就医院整体规划、学科布局、骨科重点建设等情况进行探讨。8月31日，美国克利夫兰医学中心肾脏病中心主任Robert Heyka教授来院参观交流，为住院医师培训、国际远程会诊、临床科研交流等多方面合作奠定基础。

（王迎）

【社会服务文化建设】 2016年共组织开展健康教育活动90场，大型公益活动9场，小型公益活动81场，参与人数12,700余人次。传统媒体（包括报纸、杂志、电视、广播）开展大众健康教育内容46篇，新媒体（医院门户网、其他网站、博客、微博等）进行科普宣传53篇。

（王迎）

【获敬佑生命——2016荣耀医者公益评选"科普影响力奖"】 2016年12月26日，由环球时报和生命时报主办的"敬佑生命——2016荣耀医者公益评选颁奖典礼"在京顺利召开，北京大学国际医院6A病区护士长高峻脱颖而出，荣获"科普影响力奖"。高峻护士长是该奖项全国10位获奖者中唯一一位护理工作者。高峻从事护理工作24年，放弃了无数个与家人团聚的日子，积极投身于科普传播事业中，走近大众，为疾病预防出力，践行大健康理念。该次"敬佑生命——2016荣耀医者公益评选活动"经由20万大众投票，以及由院士、国医大师、医院院长、媒体组成的评选团层层严格的选拔，最终评选出十一个奖项。北京大学国际医院同时获得医院"积极贡献奖"。

（耿璐）

滨海医院

【医政管理】 坚持核心制度落实，强调医疗质量，建立督导机制。2016年，组织业务院长查房12次，召开院内多学科会诊病例讨论31次；建立医院、评价组、科室的三级督查体系；做好病案编码工作，推进病案规范化，为DRGs做好准备。对医技科室加大督查管理力度，进一步推进诊疗行为规范化、操作流程标准化，确保医技、临床科室间有效沟通信息。坚持每月管理考核和医嘱及处方点评，重点对一类切口预防应用抗菌药物进行检查，强化使用强度考核，开展疾病病种2399种、手术病种1436种、开展术式1418个；做好目标性监测和重点部门监测，加大对临床和外包服务的督导管理力度，全年医院感染率1.6%，同比去年下降0.17个百分点。

深化优质护理服务，改善护理服务质量，细化各护理专业组工作流程，拓展服务范围；引入专业陪护团队，为重点科室配备护理员，提高护理质量。优化病区环境，制定《病房（门诊）环境规范化管理标准》。

【医疗纠纷处置】 全年接待投诉144例，解决103例，其中医调委调解解决8例，沟通解决94例，法院解决1例，结案率为71.50%。医疗事故及医疗损害鉴定4例。

【便民服务】 作为天津市卫生计生委指定救助医院之一，医院在门诊总服务台设立计划生育扶助点，开通计划生育特困家庭就医绿色通道，持扶助证患者享受优先挂号、优先交费、优先就医、优先检查、优先住院等"五优先"便捷措施。HIS挂号系统与医指通挂号平台对接，实现医院全部号源的对外开放和全天分时段就诊，预约率达50%；积极推进"一卡通"和掌上指挥医院APP项目，提高患者就医便利性，第二季度门诊满意度进入全市前十名。

【预防保健】 全年计划内接种11,232人次。建卡、册535人；学生查验接种1298人；乙肝接种611人；麻疹接种791人。主动搜索流动儿童20人，接种率、建卡率均达95%以上。辖区内1岁以内儿童先天性心脏筛查、先天性髋发育不良等筛查945人次，小儿智能发育筛查450人。0～7岁儿童的健康体检3958人次，管理覆盖率达到95%以上。儿保追访798人次，儿保访视696人次。妇保追访955人次，妇保访视704人次。高危儿管理34人，高危产妇管理191人。

【对口帮扶】 2月选派内分泌科姜云生医生赴新疆和田策勒县人民医院，接替已顺利完成一年援疆任务的内分泌科康伟医生，进行为期一年的医疗援助工作。7月选派肛肠外科赵国刚医生赴西藏自治区昌都市丁青县人民医院进行为期半年的医疗援助任务。选派放射科于晓坤医生、医务处王振兴处长赴青海省黄南州人民医院进行为期一年半的医疗援助工作。8月选派超声科刘丽医生参加天津市援助队，赴西藏开展为期32天的包虫病流行情况调查工作。11月选派心内科王东、麻醉科金吉成两名医生参加卫生部第十九批支援非洲（加蓬）医疗队的援非任务。

【信息化建设】 完成心电、手术麻醉、血液透析、病理、防统方信息系统的上线及临床路径系统升级；启动实施OA自动化办公系统。利用病历数字化扫描资源，实现"电子病历借阅"功能。

【公益性活动】 全年组织大中型义诊活动17次。组织全院职工参加"慈善一日捐"活动，共捐款27,755元。组织20名职工参加无偿献血，献血总量4400ml。

【卫生改革】 继续完善医院绩效考核体系建设，发挥RBRVS的调节激励作用，充分调动职工积极性，医务人员收入直接与工作量、技术含量、风险等挂钩，强化科室成本意识，办公用品、水、电等消耗在工作量增加的前提下反而减少8.6%。动态修订《单项奖惩管理规定》，全年共对违反15项规定的1660项问题进行了处罚，处罚金额总计13.48万元。接受市卫计委大型医院巡查，对巡查中反馈的问题及时整改落实，并以此为契机进一步规范质量管理、经济运行和反腐倡廉各项工作。积极跟进公立医院改革试点工作，12月1日正式实施药品零差率，完成价格调整；探索分级诊疗，推进与解放路社区、新港社区、三槐路社区、大沽社区、大华医院的医联体工作，落实双向转诊等。继续深入推进预算管理和成本核算，完善经济分析体系，启动财务内控建设；全年完成工程项目决算审计15项，审减金额62万元；将耗材使用纳入科室绩效考核指标，对重点耗材实行重点控制。

【学科建设】 进一步密切与北京大学各附属医院对应科室的联系，加强儿科、骨科、妇产科、外科等共建重点科室建设；加强心内科、重症医学科、神经内科、儿外科等滨海新区医学重点学科建设，落实有层次的医院学科建设体系。加强手术麻醉、重症监护、检验、影像等平台学科建设。妇产科成立滨海新区首家盆底康复中心；神经外科完成新区首例脑干腹侧巨大肿瘤切除术，成功切除颅内巨大脑膜瘤。探索多学科联合诊疗模式，成立肺结节多学科联合诊疗中心，明确组织结构和运行机制，形成了从病例发现到报告MDT协调员、组织多学科专家会诊、符合条件入组治疗的一站式综合服务；胸痛中心投入运行，打通院前到院内及各个科室之间的绿色通道，提高胸痛患者抢救成功率。接受中国合格评定国家认可委员会专家组为期三天的ISO15189实验室认可现场评审。

【科研与教育】 强化中心实验室建设，扩大与美国杜克大学合作的广度和深度，以蛋白质类泛素化修饰研究为平台，确立涉及骨科、心内科、儿科、妇科等17个子课题选题方向，组织8次医学实验技术操作培训班，8名教师参加北医首届青年教师培训班。全年接收实习学生219名，招收医师规范化培训学员72人，接收外院进修人员18人次，派出进修人员13人次，出国进修2人。完成北京大学医学部医检系25名学生临床医学概论理论教学，完成全科医师上岗证培训56名，全科护师上岗证培训87名。

举办国家级继教项目3项，省市级继教项目11项，全区学术讲座51次，来院进修18名。发表论文64篇，SCI论文4篇。组织申报2016年度国家自然科学基金项目4项，获天津市科技成果17项，滨海新区卫计委科技项目7项，填补滨海新区空白9项。

【学术交流】 4月15日，承办全国妇幼微创专业全国基层医院巡讲第一站。6月24至26日，承办第十四届全国肩肘外科高峰论坛。11月19日举办"2016天津首届高血压论坛暨天津市医师协会高血压专业委员会第一届年会"。

【人才队伍建设】 全年招收录用新职工32人，其中博、硕士18人。派出7个专业共13人赴国内外进修学习，其中2人以国内访问学者身份赴北京大学医学部培训，心血管外科1人赴美国普林斯顿大学BMC研究中心进修心电生理及起搏专业，中医内科1人赴美国杜克大学医学中心进修科研方法专业。组织47名护理人员参加院内糖尿病教育护士院内认证培训，其中24人取得院内糖尿病护理专业师资培训合格证书，1人评为院内糖尿病健康教育高级培训师。引进中山大学附属医院骨科专家一名。

【党建工作】 完成基层党支部按期换届选举工作，对部分支部进行了调整，从原有9个党支部调整为10个。建立医院重点岗位轮岗制度。开展"双评"和承诺践诺评诺工作，召开庆祝建党95周年优秀党员事迹报告会，新党员入党宣誓活动，组织80名党员参观党史展览。落实"三会一课"制度，累计讲党课8次。全年发展党员5名，转正7名。

【行风建设】 开展"两学一做"，认真学党章党规、学系列讲话，做合格党员，提高党员干部自身修养，强化基层组织建设；细化廉政风险防控工作，落实卫生行业"九不准"和"五要五不要"，开展"加强职业道德建设、严厉整肃行业不正之风"行动，提高医务人员职业道德素养。与供应商签订《医疗卫生机构医药产品廉洁购销合同》，与住院患者签署《医患双方不收和不送"红包"协议书》。全年收到患者表扬信、锦旗415封（面），111人次拒收"红包"15万余元。

【医院文化建设】 建立医院公共微信平台，播发信息80余条。在国家和市区级媒体播发新闻近70度条次；制作播出《非常健康》栏目52期；编印《医院工作信息简报》23期。开展羽毛球、篮球联赛和足球友谊赛、趣味运动会等多种形式的文体活动，丰富文化生活；关心慰问困难、住院职工40余人次。

【后勤保障与安全】 全年完成后勤设备巡查25次；做好日常维护，有效降低设备故障率；细化物业工作考核，开展节能降耗管理，全年水费节约20万元、电费节约90万元、燃气费节约130万元。举办消防培训2次、应急演练2次，落实危化品安全管理，加大日常巡控力度。地下车库工程主体封顶，准备进行机械停车位等设备安装；新门急诊楼正在加快前期手续审批，后续启动招标工作；积极推进原第二住院部改造、新建营养食堂等项目。

【获得荣誉】 国家级荣誉。2016年被中华医学会糖尿病学分会授予"CDS糖尿病教育管理认证示范单位"称号。2016年11月被中国医院协会授予"全国百姓放心百佳示范医院（动态管理第五周期2014—2016年度）"称号。

省市级荣誉。1. 集体荣誉。2016年4月被青海省卫生计生委评为"青海省医疗卫生对口支援工作先进集体"。2016年被天津市人力资源和社会保障局评定为"建筑业农民工工伤救治绿色通道医疗机构"。2016年1月输液中心被天津市妇联授予"2015年度天津市三八红旗集体"称号。2016年1月护理部被天津市护理协会评为"2015年组织建设先进单位"。2016年3月被天津市妇联评为"天津市三八红旗集体"。2016年4月护理部被天津市总工会授予"2015年度天津市工人先锋号"荣誉称号。2016年6月被天津市保险行业协会评为"2015年度商业保险定点医院先进单位"。2. 个人荣誉。2016年门急诊护士长崔慧静荣获"2015年度天津市五一劳动奖章"。郁凯获"2016金手奖骨科手术病例邀请赛"手术病例展示全国总冠军。

（刘明勇、任　亮）

【附表】

表11-2　2016年滨海医院基本情况表

		数量	与上年比增长数	与上年比增长率（%）			数量	与上年比增长数	与上年比增长率（%）
建筑面积（M²）		107,563	-7437	-6.47		职工人数	1067	10	0.95
床位（张）		800	0	0		卫生技术人员	931	15	1.64
固定资产（万元）		100,677.40	1169.96	1.18		高级技术人员	161	8	5.23
设备（万元）		38,286.08	979.44	2.63		中级技术人员	258	7	2.79
						初级技术人员	512	0	0
医疗服务	诊疗人次（万）	149.42			卫生费用	平均每一门诊人次医疗费用（元）	227.30		
	门诊人次（万）	126.80							
	急诊人次（万）	22.62							
	住院人数（万）	2.72				平均每一出院病者医疗费用（元）	16,424.36		
	出院人数（万）	2.72							

注：1. 非在编人员数：494人
　　2. 小数点后保留两位

（刘明勇、任　亮）

校医院

【发展概况】科室设置。设有综合办、医务科、护理部、财务科、人力资源办、宣教办、离退休接待办、质量管理与控制办、公费医疗管理办、医院感染管理与控制办等职能和管理科室;三个特色中心为口腔中心、体检中心、妇幼中心;门诊科室有内科、外科、急诊室、眼科、耳鼻喉科、中医科、皮肤科、康复科、心理咨询、保健科、导医组、挂号室;辅助科室有放射科、功能检查科、检验科、药房、手术室、供应室、信息科、物资组。

人员情况。2016年有在编职工107人,其中卫生技术人员99人,具有正高职称5人、副高职称42人,中级职称54人,初级职称3人,行政后勤人员6人;劳动合同人员275人,其中医师64人,护士150人,其他25人;2016年正式调入1人,退休6人。

人事管理。积极引进人才,全年社会调入1人,退休11人。加强医院人事工作管理和岗位聘任工作,根据学校985岗位聘任工作要求,对医院在编职工进行岗位聘任考核。医院A类岗人员在干部例会做岗位述职考核,接受医院职工监督与考评。

依法执业。严格执行医疗法规,年内完成146位执业医师考核,并建立医师定期考核档案。完成6名医师执业变更注册,66名护士执业变更或延续注册。新增肾病专业诊疗科目,并于3月17日上午举行开业仪式。通过北京市"助产机构资质评估与爱婴医院"评审。

【医疗服务】工作任务。2016年,全年门诊443,512人次,急诊28,774人次;日均门诊量1945人次,住院病人624人次,免疫接种22,552人次,上门医疗服务579人次,医务人员参加学校重大活动医疗保健服务36次,共计106人次。参加北京大学综合反恐演练1次,参加演练的医护人员受到了学校表扬。全年体检35,845人次,对职工体检中发现重大问题的464人进行追访,筛查确诊肿瘤12例;追访学生体检异常436人,筛查肺结核7人;为无社会养老保障老人及精神疾患病人免费体检49人次。

质量管理。1.全年组织院长业务查房10次,门诊病历、住院病历及处方督导、检查12次,全年护理查房12次。特别是通过信息化科学管理手段,完善对门诊病历记录时效性督查工作,提高了管理效率和力度。有针对性组织召开医疗质量管理会议12次,及时评评、奖优罚劣。全年住院甲级病历合格率100%以上。2.严格执行人员准入及技术准入制度。加强医务人员医疗安全教育,举办医疗纠纷防范及处理讲座培训,提高医疗风险意识,补充完善医疗制度流程2项,规避医疗风险的发生。

服务质量。为规范医院服务标准,医院分批对医院全体医务人员进行服务礼仪专题培训,培养职工爱岗敬业精神,形成良好的职业操守。全年收到表扬信28封,锦旗16面;门诊患者满意度95%,住院患者满意度98%。

【社区卫生】公共卫生。做好常见传染病流行病学调查,对密接者进行应急接种。加强结核病管理。传染病网络直报,无漏报、迟报。对儿童健康管理、妇女及围产保健管理、重大疾病随访等各项工作都做到规范管理,达到卫生局要求。开通微信公众号"疫苗与健康",学习用"秀米"软件制作微信图文信息,及时把各种疫苗接种信息在微信公众平台发布,全校新生关注人数已达7140余人。

宣传与健康教育。全年共开展健康教育大课堂75次,讲座使18,246人次受益,发放折页、宣传单等纸面宣传材料68种共计23,910份,发放自制健康教育宣教材料71种共计15,400份;更换宣传栏20次,内容覆盖慢病、传染病、健康科普、院内通讯等方面;通过微博进行健康教育全年惠及2万余人次,医院网站发布健康科普文章103篇;全年举办20场健康咨询活动,使15,400人次受益。

慢病管理。继续做好社区慢病管理的各项工作,完成北京市、海淀区区卫生局布置的相关工作任务。"把慢病工作融于日常临床工作中"的管理模式赢得海淀区卫生局和北京大学的赞誉。

完成市或区卫生局布置的相关调查、报表56次,全年迎接市或区卫生局的督查、验收、质控检查23余次。

【专科特色】口腔中心。注重品牌建设,实现复诊患者网络即时预约医生制,提升患者满意度。加强团队建设,积极引进人才,实现三级管理负责制,开展疑难病症及术前讨论。加强儿童牙科、牙周科、正畸科、种植科、颌面外科、牙体牙髓科建设,得到同行业的认可,接受包括两家大的专科口腔医院在内的多家三甲医院的转诊病人。在北京市享有良好声誉。中心全年共接诊93,706人次,开展牙齿种植等手术605例;新开展龋易感性检测技术、运用面弓转移进行固定修复咬合重建、自体血全新生长因子提取技术、生理性支抗控制Pass矫治技术。

幼中心遵循"以人为本"的理念,以国际化的医疗服务规范和人性化的就医流程,为北大的师生和周边的社区居民提供便捷优质的医疗服务。全年分娩100例,剖宫产80例,成功抢救2例产后出血患者。

【教育培训】2016年,全年举办院级各种业务讲座、培训58次,全院医技护共计332人完成在职继续教育学习,达标率100%。开展多科室参加的常见急症抢救流程学习培训和现场模拟演练2次,使医务人员知晓医院急救预案启动、熟练操作技能,熟知药物、设备使用,密切急救医护、科室间的配合,全面提升医务人员急诊急救能力。组织全体医疗技术人员进行年度理论考试和技能操作考核各1次。

【科研合作】与安贞医院合作,参与北京市科委项目:心房颤动治疗规范和技术优化研究;与阜外医院合作,参与国家科技支撑计划课题:职业场所高血压管理;与北京大学环境科学与工程学院合作，参与国家自然科学基金重大项目：二次颗粒物和臭氧的环境暴露和健康效应研究；与北京医院合作，参与"十二五"国家科技支撑项目：2型糖尿病高危人群干预；与北京医院合作，参与首发基金项目：北京市慢性肾脏病社区教育与干预；与合作单位联合申请国家自然科学基金资助项目"牙体组织声成像方法研究"。

【党建工作】 加强班子建设。3月换届上任以来，把加强医院班子思想政治建设，提高班子政治素养，坚定理想信念，强化班子成员和党员干部政治意识、责任意识、大局意识、廉政意识作为重要工作内容。组织班子成员及党委委员，认真学习《习近平关于严明党的纪律和规矩论述摘编》等重要文献和学校的规章制度，把严守纪律、严明规矩放到重要位置来抓，营造守纪律、讲规矩，风清气正的工作氛围。

认真落实三重一大制度，坚持党务公开、院务公开。加强廉政建设，在医院中层及以上干部和重点管理岗位成员中，开展岗位廉政风险防范工作自查，梳理岗位职责及廉政责任，使医院领导干部和中层管理岗位干部及关键管理岗位工作人员强化岗位责任意识和风险意识，起到较好的警示作用。

认真落实学校党委工作部署，积极开展"学党章党规、学系列讲话，做合格党员"暨"两学一做"学习教育，制定本单位学习教育方案，组织召开动员部署会、党委书记带头讲好党课，组织中心理论学习讨论。建立医院党委和支部生活微信群，以此为平台，学习宣传党的路线、方针、政策和重要文献及会议精神，提高党员学习教育受众面，收到较好的学习效果。

在部署医院"两学一做"学习教育中，注重发挥支部的战斗堡垒作用，落实学习教育要求，结合医院工作实际，向在职职工党员提出"两学一做起表率，优质服务争先锋"倡议，把医院干部职工党员争做先锋作为工作目标，力争实现党员零投诉，无责任事故发生。

加强支部建设，完成5个到届支部换届工作；组织支部书记及支委学习贯彻《北京大学发展党员工作基本规程》，认真做好教工入党积极分子培养和发展党员工作。召开医院入党积极分子座谈会，宣传党的路线、方针、政策，解读在党员中开展"两学一做"学习教育精神实质和深刻内涵，加深对党的认识和了解，促进优秀分子积极向党组织靠拢。理顺部分党员组织关系，完成党员组织关系排查；完成党支部和党员考核及评议工作；按要求对在职党员党费缴纳进行调整。

结合"两学一做"学习教育，在医院党员中开展系列学习教育活动。1.开展"寻梦红楼，习在未名"主题党日活动，组织党员、团员、入党积极分子、中层干部代表参观北大红楼，了解党建历史、新文化运动以及北大红色历史特殊地位。2.组织医院党员、团员、入党积极分子到延庆厚德敬老院开展"献爱心，送温暖"义诊活动，以此特殊的形式纪念建党95周年。

做好教工入党积极分子培养和党员发展工作，2人通过学校党委组织部业余党校培训；全年预备党员转正1人。

【群众工作】 充分发挥工会群众组织优势和桥梁纽带作用，认真做好"三八妇女节""六一儿童节"慰问，组织职工春游活动，增强职工团队意识和凝聚力等活动。做好合同制职工入会工作，现有172名合同制职工为工会会员，组织医院职工参加学校教工运动会集体操表演，并获得精神文明奖。做好离退休接待工作，协助离退休支部开展党日活动、重阳节游园活动。

【公费医疗管理】 2016年，公费医疗总收入1.32亿，其中卫生局专项拨款5714万元，学校公费医疗投入7500万元，总支出1.41亿元。

【所获荣誉】 谢广艳获海淀区卫生系统"优秀护理管理者"；杨忆、王艳红获得获海淀区卫生系统"优秀护理先进个人"；刘雪祁获2016年度海淀区家长课堂优秀讲师；杨小蕊获北京大学军训工作优秀个人；朱建华、张晋获北京大学优秀共产党员；王珏获2016年度北京市口腔公共卫生服务项目先进个人；曹艳丽获"隐适美2016全球同行评议最佳病例奖"；赵丽娟获北京市口腔医学会"2016年口腔科普演讲比赛"优秀奖、北京市海淀区牙病防治所举办的"2016年北京市海淀区口腔健康宣传员"演讲比赛二等奖；姜京生、许小丰获得北京大学安全工作先进个人；内科党支部获北京大学先进党支部；保健科获2016年度海淀区家长课堂优秀组织奖。

（校医院）

其他直属附属单位

图书馆

【发展概况】 2016年图书馆馆舍空间的拓展和改造开始步入实质性阶段。持续落实《图书馆2018年行动计划》中对资源建设的要求，2016年，数字资源的经费额度首次超过纸本资源。学科服务在2016年也取得了新的进展，通过重组专兼职、总-分馆协同的学科馆员团队，开展全学科、一体化、高层次的学科服务。2016年由机构知识库、开放研究数据服务平台、期刊网与学者主页组成的北京大学学术成果生态系统初步建成，其功能与服务进一步完善，访问量逐步提升。

【文献资源建设】 2016年图书馆资源建设中心按照学校教学科研及经费预算计划，在保持文献资源建设的连续性和稳定性发展的前提下，除完成日常采访工作外，还圆满完成了学校2015年末追加经费的采购工作及2016年总-分馆专项经费的采购任务。完成了文献资源建设的整合并开始转型。

各类实体资源入藏量稳中有降。2016年纸质图书经费实际支出为1379.61万元。

表12-1 2016年图书馆新增文献资源（实体资源）统计

项目		文科		理科		总计	
		（种）	（册）	（种）	（册）	（种）	（册）
图书	中文	51,164	110,993	9,302	15,318	60,466	126,311
	外文	17,087	18,181	2,921	3,012	20,008	21,193
	图书总计	68,251	129,174	12,223	18,330	80,474	147,504
期刊	中文	1,966	4,362	1,340	3,136	3,306	7,498
	外文	921	1,044	249	629	1,170	1,673
	期刊总计	2,887	5,406	1,589	3,765	4,476	9,171
报纸	中文	129	731	10	0	139	731
	外文	39	0	0	0	39	0
	报刊总计	168	731	10	0	178	731
学位论文		3,398	3,398	3,331	3,331	6,729	6,729
多媒体实体资源						542	861
年新增总计						92,399	164,996

电子资源数量稳中有升。2016电子资源经费支出与2015年相比增长2630.37万元，增长幅度为163.77%，采购经费占比持续上升。电子资源建设的总体情况从品种上看，除电子报纸根据用户使用情况进行调整，保持持平，中文电子期刊出现降幅外，其他均呈上升趋势。

表12-2 2016年图书馆电子资源订阅情况统计

项 目	中文（种/个）	外文（种/个）	年采访量（种/个）
数据库	185	190	375
电子期刊	25,494	35,043	60,537
电子报纸	154	971	1,125
电子图书	1,000,443	481,720	1,482,163
电子学位论文	3,209,813	619,492	3,829,305

注："数据库"中含多媒体库（中文8种/个，外文2种/个）。

国际交换和接受捐赠。2016年接受赠书全部入藏量为11,651种，15,830册，初步统计总码洋为24.21万余元。与去年相比，接受捐赠码洋增加14.21万元，3201种、2804册。2016年入藏的重要捐赠有：黄华赠书、俞大维赠书。重新承担《中国之窗》项目海外赠书工作。漂流图书564种、947册；漂流期刊878册。参加了第四届首都图书馆联盟组织举办的换书大集活动。寄出交换图书211种、230册。收到交换书132种、138册；用于交换期刊150种+12种，收到交换刊625种。

【文献资源组织与揭示】 2016年在完成新书编目的同时，外文编目完成黄华赠书、胡适藏书、杜连耀赠书，外国语学院分馆送编的德语、法语及意大利语图书，特色资源中心送编欧盟文献图书、缩微胶卷及光盘编目工作；完成民国外文报纸及期刊的编目工作。中文图书完成俞大维藏书已拆箱送编图书、特色资源中心革命文献藏书的编目整理工作，完成中文报纸编目整理工作及中文期刊的编目维护工作和中文文献数据维护工作。审核数据库商提供的电子书书目记录质量。

【古籍与特藏整理】 完成已编古籍的校对和加工，共编目17种、山西祁县房地契103种213张；校对251条，无链接详细著录子目1672条；加工及入库古籍1601种1614函5538册，扫描数据库所需书影122种217幅。2016年下半年对未编库进行清理、登记、打包、装箱，为古籍图书馆搬家做准备。

【读者服务】 2016年，借书总数451,186册次，还书总数460,574册次；异地还书服务中，总馆传送医学馆图书4928册次，医学图书馆传送总馆图书3686册次。2016年续借图书302,260册次，其中中文图书247,534册次，外文图书54,371册次。2016建立预约书54,032册次，借出预约书32,164册次，删除预约书20,947册次。2016年电子资源检索次数达到174,612,390次，比2015年略有下降。多媒体研讨室（205）读者预约使用724场，服务人次8853人，与去年基本持平。小型报告厅播放电影、读者预约使用101场，服务人次1244人。多功能厅举办读者活动249场，服务人次33,038人，受学校管理政策变化影响，场次人次都有少量减少。

表12-3 图书馆近五年相关读者服务工作进展情况

年度		2012	2013	2014	2015	2016
入馆人次		2,149,345	2,336,698	2,162,878	2,084,103	2,071,188
图书借出册次[1]		1,133,187	1,105,116	1,000,660	925,167	858,071
预约册次		27,923	31,910	49,134	54,367	54,032
借出预约册次		13,392	14,574	27,659	31,298	32,164
馆际互借/文献传递（笔）		33,521	30,698	28,354	28,263	21,927
网上咨询（个）		5,868	5,695	3,896	6,537	11,636
课题咨询（个）		1,397	1,522	862	983	1,160
信息素养服务	场次	138	141	132	116	124
	人次	3,598	3,569	3,817	2,624	2,007
人文素养服务	场次	—	—	46	17	36
	人次	—	—	12,738	6,700	8,721
电子资源检索频次		68,281,297	97,770,793	119,837,217	179,883,396	174,612,390
电子资源全文下载篇次		17,902,510	17,010,131	19,196,062	27,729,438	28,844,632
多媒体资源在线检索与点播频次		1,269,767	2,008,118	1,922,086	2,083,605	1,934,092
电子教参	检索次数	3,127	10,840	16,423	30,579	23,821
	阅览页数	—	—	62,835	117,936	159,889
视听欣赏区/数字体验区人次		40,382	53,200	50,316	53,343	55,289
空间和设施服务	场次	935	1,368	1,372	1,140	1,074
	人次	71,727	78,930	79,747	97,216	97,180
主页浏览页面数[2]		4,192,563	3,915,678	3,792,433	4,022,734	4,062,499
储存馆外借册次		1,996	2,490	3,920	3,297	4,820

注：1.仅为系统数据，不完全统计；含总馆和分馆的外借册次及续借册次。2.含新门户主页发布后的访问量。

2016电子资源全文下载量28,844,632篇，比2015年增长4%，其中中文数据库下载量增长7%，西文电子资源下载量增长2%。2016年多媒体数据库点播数量1,800,053次，比2015年略有下降。多媒体平台自建资源点播为25,658次。2016年馆际互借请求21,927笔，满足18,207笔，满足率为83.03%。其中文献传递的请求量16,046笔，馆际互借请求量5881笔。

【读者服务创新】 2016年图书馆整合阳光大厅、多媒体学习中心、设备体验区的服务，将证卡服务处、总咨询台、总还书处、馆际互借处的服务融合，并将多媒体学习中心和阳光大厅检索区的设备融合，为读者提供一站式服务。

开启阳光大厅服务新格局。图书馆网络资源检索区增加40台电脑，座位总数115个，解决了高峰期机位紧张的问题；OPAC检索机分散到便于读者发现和使用的地点，实现多处便捷的查询；阳光大厅工作台将逐步整合，读者在此可"一站式"解决咨询、还书、取预约书、借还电子设备、遗失物品认领、提交昌平储存馆索书单等各项事务。

开辟BYOD自习区。图书馆多媒体阅览室进行改造后，既解决了地板塌陷的安全隐患，又开辟了新学习区。自带设备（BYOD）学习区有60多个相对独立的学习座位，均配备了电源插座，不仅能为带笔记本的同学提供较好的使用环境，也会减少同学之间的互相干扰。

3D打印全面升级。图书馆推出工业级别3D打印服务，利用3D打印技术为师生们提供更多实现自己设计想法、解决实际问题的可能性。为读者打印作品50余件，形态各异的3D打印成品令人眼界大开。

【数字图书馆门户】 2016年"新馆建设主页2020"正式发布。为积极配合学校"世界一流大学"建设工作，图书馆由信息化与数据中心负责，多中心合作，进行了图书馆英文主页改版工作。新英文主页以现有中文主页为基础，对所有页面的中文内容进行了翻译，方便了校内外非汉语读者对图书馆主页的使用。页面多语种的呈现采用了Drupal框架自带的翻译机制，与此同时也对原来的自定义模块进行了升级，达到绝大多数页面内容的中英双语呈现的效果，同时对英文页面的显示方式进行了优化。在建设过程中也注意到了英文主页与外部系统的衔接，目前可将语言信息携带至Summon、OPAC、电子期刊导航等系统。

【课题咨询与学科服务】 2016年查新和查新审核的业务量总计120件，基本与2015年持平。查收引业务量2016年度为1034笔20,550篇，继续保持较强的上升势头。查收引业务引进了自动化的业务系统，效率不断提升、效益不断增加。

【北京大学文献信息资源体系】 2016年在2015年发展分馆的基础上，新增加"体育教研部"分馆，系统设置及相关硬件均已到位，已经陆续开展文献资源的整理工作。分馆总数达到39家，加上总馆和医学馆，北大总-分馆体系共由41个图书馆组成。

【信息基础设施建设】 图书馆负责完成了2016年、2017年建设世界一流大学经费图书馆信息化设备预算的制定与执行，2017—2019年北京大学修购经费图书馆信息化基础设备软硬件预算的制定与执行，2016年加强北京大学文献信息资源体系建设经费中信息化设备相关预算的制定与执行。共执行完成1154.52万信息化建设设备经费采购工作。完成的设备采购主要包括：服务器、数据中心交换机、虚拟化终端、全闪存存储、NAS存储、机柜、打印复印一体机、图书杀菌仪及图书馆相关软件等。

【基础设施保障】 古籍图书馆暨沙特国王图书馆北大分馆。古籍图书馆暨阿卜杜·阿齐兹国王公共图书馆北京大学分馆竣工，古籍图书馆共6层，其中3层位于地下，总面积1.3万平方米，可容纳超过300万册书籍。为北大师生提供了更好的古籍和阿拉伯语学术资源和服务，促进了北京大学及其他高校的阿拉伯语教学和中东研究，促进两国民间文化交流。

配合学校完成本科生教学评估。图书馆完成了本科教学审核评估相关数据的系统填报及自评分报告的撰写工作。通过审核评估，图书馆将"迎评"和"促建"切实结合起来，努力提高管理与服务水平，配合学校，为创建世界一流大学的目标而不懈努力。

顺利完成国有资产清查工作。以"统一政策、统一方法、统一步骤、统一要求、分级实施"为原则，经过3个月的努力，图书馆完成了总馆和33个院系/所图书馆文献和设备资产的清查工作，向学校提交了资产清查工作报告，向"行政事业单位国有资产管理信息系统"提交了数据，此次清查规范了图书馆国有资产的管理。

【党建工作】 2016年图书馆党委制定了"两学一做"工作方案，组织党员深入贯彻落实"学党章党规、学系列讲话，做合格党员"学习教育活动。开展了丰富多彩的活动，包括积极参与党委举办的"两学一做"学习教育党支部书记专题培训班；"纪念建党95周年"专题活动；图书馆党史及重要人物资料的整理与微信推送服务，以及宋庆龄故居、五四纪念馆和学校革命烈士纪念碑参观。图书馆获得多项殊荣，资源建设中心党支部荣获"北京大学先进党支部"称号；综合管理协作中心党支部获得了馆级优秀党支部称号。

【人力资源建设】 图书馆按照"两学一做"的要求，继续保持锐意进取、奋发有为的精神风貌，不断深化改革，进一步完善岗位考核和聘任制度，完善岗位管理和人员培养机制，加强人才引进，逐步调整人员结构，努力提高岗位考核和聘任的激励效果。

【工会工作】 2016年，图书馆工会在学校工会和图书馆党政班子的带领下，继往开来，务实创新，以构建和谐为目标，以服务职工为根本，以健全机制为保障，充分发挥基层工会的服务与纽带作用。主要工作：以教代会为载体，促进教职工参与图书馆的民主管理。召开第四届图书馆教职工代表大会暨图书馆第十八届工会委员会委员会议，会议听取了第十七届工会委员会工作报告，并选举产生第十八届工会委员会委员。积极组织参加北京市、校内的各类比赛活动，构建和谐图书馆文化，精心组织各类活动。主要包括：与馆宣推小组和学生志愿者一起，在全馆各部门的大力支持下，在图书馆东楼展厅举办换书大集活动，共计300余位读者参加。慰问图书馆在教育战线工作满30年的员工，慰问劳动模范，慰问生病、生活困难员工。组织馆内各球队活动，提高员工体育锻炼积极性，使用工会建家经费特别为乒乓球队购置装备，向校工会申请乒乓球桌等。精心策划组织图书馆年终总结大会和联欢会。配合党委和行政，积极为离退休教职工工作服务。

【学术与交流】 2016年图书馆（总馆）的科研项目共34项，其中新立项15项，完成8项，全年拨入图书馆（总馆）的科研经费共208.26万元。全年共有74项成果（含医学馆），包括：专著、参考书、章节等9部，研究报告7种，学术论文和其他成果59篇（其中核心期刊论文30篇）。

【CALIS全国文理中心】 2016年，按照高校图书馆数字资源采购联盟（DRAA）工作规范要求，图书馆配合高校图书馆数字资源采购联盟（DRAA）在引进数据库、咨询服务、用户培训等方面深入开展工作，积极参与相关课题研究，承担国家数字资源长期保存工作，为高校资源建设与服务做出贡献。2016年，共牵头40个数据库的集团采购工作。2016年新增引进数据库2个。2016年，共完成修订/发布资源评估报告14个。2016年，与多家数据库商合作，开展用户培训，组织研讨会、培训等会议。积极参与DRAA课题研究工作。北京大学图书馆、CALIS管理中心与美国东亚图书馆协会（CEAL）合作，联合开展"中美翻译与研究美国电子资源标准规范合作项目"研究。2016年，图书馆在牵头组织集团采购工作的基础上，承担国家数字资源长期保存任务。

【CALIS全国医学中心】 2016年，CALIS医学中心组团购买的数据库有：电子期刊LWW+NEJM、Thieme eJournals、BMJ Journals、Karger eJournals、PML/PHMC、F1000Prime及Landes Bioscience Journals、美国医学会（AMA）电子期刊、英国Informa出版社全文电子期刊基础医学专辑与药学专辑；电子书Karger eBooks、Thieme eBooks；事实型MICROMEDEX、Best Practice、Clinical Evidence。

【中国高校人文社会科学文献中心（CASHL）】 资源建设方面，成立CASHL期刊采访协调工作组科学合理调整CASHL外文保障刊目录，继续开展CASHL二次文献库建设，进一步提高可服务期刊篇次可见度，继续巩固文专一般图书建设数量和水平，重点开展区域、回溯文献建设。为进一步做好CASHL全国中心馆和地区中心馆之间的期刊采访协调工作，经2016年CASHL中心馆馆长联席会议讨论通过，特成立CASHL期刊采访协调工作组，工作组设组长1人，副组长2人，复旦大学图书馆为组长所在馆。自2016年起，CASHL纸本订单品种数量统计原则按照套订拆分后的数量统计，2016年共计2166种。继续保持中外文社科资源内容格局。保持7000多种民国文献馆藏。继续保有260万余篇国家哲社中文期刊数据。继续与社科院图书馆国家哲社期刊项目组开展合作，保有全部国家哲社中文期刊数据。2016年收录中文学术核心期刊600多种，全文260余万篇。

【高校图书馆数字资源采购联盟（DRAA）】 引进数字资源集团采购工作进一步发展，联盟影响力不断扩大，重点工作包括：年度新增集团采购方案32份，采购数据库141个，参团成员馆8763馆次；成员馆数量平稳增长，在线采购工作全面展开；DRAA理事第十次和第十一次会议、DRAA与数据库商及成员馆的座谈会召开；第三次代理商招标工作完成；"数字资源深度利用"研究课题成功开展；DRAA专业工作组的工作有序开展。

【教育部高校图工委】 教育部高校图工委。秘书处日常做好各类通知的审核、定稿、盖章、分发、发布工作，维护图工委网站和高校图书馆事实数据库的运营。解答各项关于事实数据填报和高校图书馆发展问题的咨询。汇总"教育部高校图书馆事实数据库"中2015年数据，发布各项排行榜，提交《2015年高校图书馆发展概况》给中国图书馆学会，将编入《中国图书馆年鉴》（2016年卷）。接待教育部相关领导到北大图书馆调研工作。参与组织图工委四届四次工作会议。启动新版"高校图书馆事实数据库"的开发工作。2016年11月，图工委秘书处和CALIS管理中心联合成立工作组，收集"高校图书馆事实数据库"运行中的常见问题，着手开发兼具统计和评估功能的新系统。在秘书处的辅助下，教育部高等学校图书情报工作指导委员会在全国各地举办了一系列会议和活动，重要的有：2016年6月2日，由教育部高等学校图书情报工作指导委员会信息技术应用工作组主办的"新一代图书馆管理系统的发展现状与趋势"研讨会在重庆大学图书馆召开；2016年9月12日至14日，由教育部高等学校图书情报工作指导委员会信息素养教育工作组主办、江苏大学图书馆承办的全国高校信息素养教育研讨会在镇江举行；2016年9月20日至22日，由教育部高等学校图书情报工作指导委员会文献资源建设工作组、东北师范大学图书馆联合主办的"第十二届全国高校图书馆文献资源建设研讨会"在长春市举行；2016年9月28日至29日，由教育部高等学校图书情报工作指导委员会、中国图书馆学会高等学校图书馆分会和上海交通大学图书馆主办，河南大学图书馆承办的第九届全国图书馆管理与服务创新论坛在河南大学举办；2016年11月3—4日，由教育部高等学校图书情报工作指导委员会读者服务创新与推广工作组主办，上海交通大学图书馆和北京师范大学图书馆承办的第二届全国高校图书馆服务案例创新大赛暨研讨会在北京师范大学图书馆召开。

【中国图书馆学会高校分会】 组织高校图书馆申报2016年中国图书馆学会第四届青年人才奖，组织申报中国图书馆学会优秀会员及优秀学会工作者，组织推选"2016中国图书馆榜样人物和最美基层图书馆"。继续配合中图学会组织各高校开展"2015年全民阅读活动"，并推选高校分会系统内全民阅读活动"先进单位奖"和"全民阅读示范基地"。举办主题为"机遇与挑战并存——大学图书馆可持续发展策略及实践"的高校图书馆发展论坛，参会人数达550余人。举办"高等学校图书馆新任馆长高级研修班"。与中国科学院文献情报中心、中国机构知识库推进工作组（CIRG）、中国高校机构知识库联盟（CHAIR）、中国图书馆学会专业图书馆分会、中国科学院自然科学期刊编辑研究会等联合举办"2016中国机构知识库学术研讨会"。举办"研究数据管理与智能分析工具使用培训"，近百名图书馆技术馆员、数据馆员和相关领域专业人员参加培训。继续推进"中国图书馆馆员暑期培训班"项目，该项目已举办十余年，累计参加人数逾200人。

（图书馆）

医学图书馆

【基础服务】 1.日常读者服务。(1)流通服务。最大程度地服务于读者。医学图书馆开馆时间继续实行每周开馆87小时、主阅览室早8点到晚10点的开馆模式。

积极开展自助服务。图书馆目前的自助服务设备包括两台自助借还书机,以及查询机、阅报机及自助文印系统等。读者可通过自助服务设备完成自助借还书、查询、阅报或自助打印、复印、扫描等多种操作。以自助借还书机为例,图书馆的2台自助借还书机有效缓解了人员紧张的情况,截止到2016年11月30日,图书馆2016年度总借还册次为92,721册次,其中读者使用自助借还书机借还共计为85,519册次,自助借还的比例已达78.5%。此外,图书馆二层大厅设置歌德电子阅读机一台,读者可通过扫描二维码,实现电子图书的手机在线阅读。

流通部员工轮岗模式正常实行。图书馆流通一部、流通二部继续按岗位方案每学期轮换,提高工作效率。

一卡通客户端升级。由于北大中心馆在暑假期间对一卡通客户端进行了升级,因此医学图书馆也于2016年9月进行了一卡通客户端的升级工作。但由此却产生了新生自助借书有漏洞风险的问题。为避免风险,暂缓开通新生自助借书功能,并从10月起,延长了出纳台人工值守时间,以解决自助时段新生无法借书的问题。12月2日,漏洞风险解决,新生自助借书功能重新开通。

图书通借通还顺利开展。由医学图书馆主导的图书通借通还继续全面实行,范围涉及北大中心馆、医学图书馆及六家附属医院(一、二、三、六院,口腔医院、肿瘤医院)图书馆,每周仍然两次运转图书,医学图书馆派出专人专车负责。2016年度通借通还共调拨图书25,630册,占图书馆总借还量126,147册(含通借通还)的20.3%。

资产清查与盘点顺利完成。应学校要求,需对所有文献进行资产清点,经馆领导多次沟通,确定此次书刊清点工作由北京书尚图书有限公司和馆员共同承担。图书馆各阅览室及各书区为配合清点工作,相继临时关闭,在保质保量完成清点、修改工作后,及时恢复借阅,将对读者影响降到最低。6月1日正式开始清点工作,7月10日完成,共清点图书32万余册,期刊11万余册,共43万余册。

七层老号书复本从七层移至一层大库。10月19、20日图书馆支部组织党员将老号书复本(约2万册)由七层搬迁至一层书库,英、日、俄文老号书已全部搬迁完毕,中文老号书部分老号书仍在七层。

继续提供新书通报网页服务,显示图书馆最新图书资源。

(2)电子资源信息检索服务。组织数据商开展了4场数据库培训,分别是:"如何向KARGER期刊成功投稿"讲座(9月26日)、"Primal Pictures解剖数据库"讲座(10月24日)、万方信息素养培训(11月14日)、如何发表高质量的论文)——Taylor & Francis期刊投稿讲座(11月23日)。由于讲座内容较为切合用户要求,因此讲座场场爆满,学生学习讨论的热情高涨。

(3)馆际互借与文献传递服务。在全国范围内开展馆际互借与文献传递工作,全面提高医药文献保障率和受益面。

2016年医学中心馆际互借与文献传递服务稳步发展,2016年1月1日至12月2日共处理文献传递申请1869条,馆际互借申请79册次,文献满足率78.82%,为校内读者服务的总人数523个,累积CALIS用户661个,累计BALIS用户830个,其中CALIS成员馆1072个,BALIS成员馆101个。完成云端馆际互借任务:服务对象为上海第二军医大学和哈尔滨医大2家图书馆,接受任务量8939篇,成功传递文献量6983篇。同时图书馆面向全国医药院校积极开展馆际互借与文献传递的宣传工作。2016年,伴随着BALIS和CALIS进一步融合,医学中心的用户分布和文献提供途径越发多元化。

(4)用户信息素质教育培训。2016年图书馆完成校内规定的研究生与本科生选修课包括医学文献检索课、药学信息检索与利用、临床医学信息检索与利用、图书馆资源利用课程任务共计90学时,再加上夜大学、业余继续教育、电子资源系列讲座等各类文献检索课教学任务共计317学时,培训数量共计达1663人。此外,电子资源系列讲座及新生入馆教育均采用了预约方式,提高了读者兴趣和馆员的工作效率。

2.主页服务。2016年医学部图书馆新增了手机和短信服务,在网站的基础上,为读者提供多方位的信息服务。

3.信息咨询服务。(1)2016年为教育部项目、全国中小企业创新基金、首都发展基金以及外省市的课题基金申请开展科技查新及论文收录证明等共计236项。

(2)在学科馆员服务方面,全体学科馆员坚持定期走访学科联系人,以相对固定的时间去了解和发掘学科服务的方向。

(3)情报调研服务:为昆泰企业管理(上海)有限公司北京分公司提供"倍然和新泪然这两个品种的活性成分和重要辅料的药理毒理学研究"信息调研服务。为北京大学医学与信息科学技术交叉学科联合研究种子基金项目,提供"体感刺激与脑组织通道信息传输与交互规律及机制研究"的信息调研服务。

(4)医学信息咨询中心业务持续开展。2016年医学图书馆医学信息咨询中心继续对外承接调研横向课题,与红杉资本中国基金签订10万元的横向合作项目,在2015年到2016年11月期间按照合同约定为10项红杉资本的医疗投资项目提供分析研究报告;与博睿精实医学信息咨询公司签订5万元的横向合作项目,在2015年到2016年11月期间按照合同约定为博睿精实提供肿瘤、眼科、医学教育等领域的全球热点研究报告。

（5）开展机构知识库的建设。2016年主要对机构知识库系统进行了调研、安装和维护，并回溯北医正式发表的期刊论文，北医机构知识库于2016年5月1日正式上线，现已上载期刊论文数据66,777条，其中中文47,160条，英语19,394条，日语4条，其他1条；用户数据5750条；全文量2330条；截至2016年12月5日网站浏览总量63,361次，下载总量6828次。

（6）手机图书馆建设。为了让图书馆的资源和服务融入读者的环境中去，系统部自主开发设计了北医手机图书馆。通过手机图书馆平台，将图书馆服务延伸到读者的手机客户端，充分满足读者获取信息个性化、多元化的需求。北医手机图书馆于3月试运行，9月正式上线（增加文献检索功能）。该系统作为2016年数图年会应用案例上报，被评为一等奖。

（7）开发读者空间服务平台，于2016年4月正式上线，该平台集中了图书馆资源和服务中与读者密切相关的功能，如借阅预约查询、续借、借阅历史、书刊荐购等等。

4. 阅读推广。2016年图书馆继续对外发布电子馆讯。图书馆学生服务团小精灵继续服务：图书馆志愿者团体"小精灵"继续采取学生自主管理的服务模式，在图书馆老师的指导下，开展活动，并为图书馆提供多种义务劳动支持。继续推进阅读推广活动，举办了第四届走进图书馆系列活动（图书馆密室逃脱）、第三届换书大集、2015年阅读之星评选、荐读·晒图·猜花名、微信扫描推广活动等活动。图书馆微信微博继续运营，初步达到了预想的效果。现微信和微博的粉丝数已经分别达3533和20,858人，并将手机图书馆也放于微信平台进行试用宣传，收到了良好的效果。

【资源保障】 2016年，购买各种文献资源的费用为9,376,473.97元。为了进一步规范北京大学医学图书馆文献资源采购工作，科学有序地组织图书馆藏书，10月19日网上发布招标公告。10月27日上午，举办"2016年度选择内地版中外文报刊供应商招标会"，共有四家图书供应商前来投标。根据招标文件中规定的评标办法和评委会的推荐意见，确定北京海天华教文化传播有限公司和中国邮政集团公司北京市海淀区分公司为中标人。

图书馆具体纸质资源采购情况如下。中文图书：采购新书3859种，7609册。中文赠书772种906册。外文图书：采购新书1279种，1315册。其中外教中心图书537种，545册。中文报刊：订购626种，714份。外文期刊：订购153种153册。接收赠刊：中外文期刊约3000册。

数据库80个，其中与北大合订数据库52个。所有数据库数量分类如下：电子期刊数据库39个，电子图书数据库6个，文摘数据库8个，事实型数据库8个，引文数据库6个，学位论文数据库5个，多媒体数据库2个，会议文献数据库3个。截至2016年12月，单独订购的电子期刊4780种，电子书25,453种。学位论文：网上审核医学部博硕士学位论文2186篇，编目博硕士学位论文1361篇，编目博士后出站工作报告58篇。论文数字化119篇。收到"北医人文库"赠书25册，并对网上文库进行建设、维护与管理。

其中，2016年CALIS医学中心通过调查分析，选择了一些高质量的电子期刊数据库，并由医学中心牵头与外商谈判，组织协调全国医学院校图书馆联合引进这些数据库。

2016年，医学中心组团购买的数据库如下：

电子期刊：LWW+NEJM、Thieme eJournals、BMJ Journals、Karger eJournals、PML/PHMC、F1000Prime及Landes Bioscience Journals、美国医学会（AMA）电子期刊、英国Informa出版社全文电子期刊基础医学专辑&药学专辑。

电子书：Karger eBooks、Thieme eBooks。

事实型：MICROMEDEX、Best Practice、Clinical Evidence。

图书馆主机房服务器更新顺利完成，增强了图书馆网站对外服务响应能力。

【合作交流】 接待来自校外的本科生评估专家访谈、福建医科大学图书馆馆长访问等。

2016年6月13—15日CALIS医学中心在呼和浩特召开了CALIS全国高校医学图书馆2016年学术年会暨2016两岸三地医学图书馆馆长论坛。来自51所高校医学图书馆的101位馆长和部门负责人以及17家数据商代表出席。该次会议以主题报告和交流讨论的方式，进行四个场次的交流，共有13位专家在会上做了精彩报告。会议就医学图书馆的未来发展、医学电子资源建设、学科服务、信息素养教育等多个方面进行了广泛的学术交流。

会议的重要内容还包括2016两岸三地医学图书馆馆长论坛。在馆长论坛上，台上嘉宾和台下馆长讨论热烈，就医学图书馆的工作重点和未来发展进行了广泛的讨论和交流，提出了很好的意见和建议。整个会议安排紧凑，学术氛围浓厚，成功地达到了交流经验、沟通感情、促进高校医学图书馆发展的预期目的。

【人事工作】 2016年底全馆职工共计46人（不含张大庆馆长），新馆员的招聘、职称评定、离退休工作、非在编人员管理、相关的统计与档案管理等，有序而规范。消防监控、保安、保洁、书库外包等社会化人员均运转正常。

2016年在全馆职工的范围内，开展了午间课堂，全部由本馆馆员讲授，内容涉及图书馆学、情报学及其他业务及日常生活常识等。讲座举办7次，全部利用中午的一小时休息时间，丰富了馆员生活。

【党建工作】 2016年1月6日，经过前期"三严三实"的自学并征求了各位党员的意见和建议，召开支部大会发放党支部党员评注评议表和党支部书记测评表并现场收回表格统计。支部书记对会前收集的意见和建议逐条进行解答，相关材料全部上报机关党委。每位党员就"三严三实"的学习在会上交流体会和感受。

【CALIS 医学中心基金项目申报】 为促进高校医学图书馆事业的发展，弘扬科学研究之风，促进成果转化和应用，鼓励优秀成果和优秀人才不断涌现，CALIS 全国医学文献信息中心面向全国高校医学图书馆设立科研基金，并制定科研基金项目管理办法。2016 年，收到来自 30 个图书馆的 64 份项目申请，经学术委员会评审，最终评选出 30 项课题给予立项，其中：重点资助项目 5 项，一般资助项目 10 项，自筹经费项目 15 项，顺利完成科研基金项目的申报工作。

（医学图书馆）

档案馆

【发展概况】 档案馆既是学校档案工作的职能部门，又是永久保存和提供利用本校档案的科学文化事业机构，下设收集指导、管理利用和技术编研三个办公室，编制 13 人。截至 2016 年底，全馆有工作人员 11 人，其中高级职称 2 人，中级职称 9 人。另有兼职 1 人，返聘人员 2 人。现任馆长马建钧，副馆长刘晋伟。

档案馆馆藏包括北京大学、西南联合大学、日伪占领区北京大学、北平大学和燕京大学 5 个全宗，涉及党政、学籍、科研、基建、人物、出版、会计、声像、设备、实物等 10 个档案门类。截至 2016 年 12 月，馆藏档案排架长度 2705 延米。2016 年，档案馆继续推进档案管理规范化、档案资源结构多元化和档案工作信息化进程，加强档案基础业务建设、档案数据库建设。

【档案收集与整理】 继续加强基础业务建设，在工作中着力解决档案归档工作中的薄弱环节和重点难点问题，继续探索各单位部门档案员业务培训模式，对全校档案形成的重要单位逐一分析研究，对重点档案的形成和管理加强指导和服务，做到应进馆的各类档案及时接收进馆。

加强对科研项目档案的监督管理，推动科研项目档案验收工作有序开展。档案馆与校内科研主管部门协作，建立重点科研项目档案收集、指导分级机制，规范重大科研项目档案验收工作。

加强历史档案和人物档案的征集、整理工作，坚持无偿捐赠、有偿购买相结合。2016 年获捐廖山涛、徐光宪、高小霞、张龙翔等人物档案，完成对江泽涵 4041 卷（件）人物档案的核查工作。

2016 年已接收进馆的常规业务档案、资料合计 29,358 卷（件），其中：党政文书档案 7966 卷（件）、学籍档案 14,135 卷（件）、声像档案 3582 卷、基建档案 40 卷（件）、出版档案 16 卷、科研档案 186 卷（件）、人物档案 3353 卷（件）、资料 9 件、已故人员档案 71 卷。

【档案管理与利用服务】 2016 年共接收档案核查入库 16,492 卷（件），其中党政文书档案 5856 卷（件）、学籍档案 9526 卷（件）、声像档案 309 卷、出版档案 7 件、科研档案 243 卷（件）、人物档案 480 卷（件）、已故人员档案 71 卷。

2016 年共提供档案利用 1715 人次，利用档案 5947 卷（件）。其中中华人民共和国成立前 1631 卷（件）、中华人民共和国成立后 4316 卷（件）。用于编史修志 793 卷（件）、工作查考 1833 卷（件）、学术研究 1961 卷（件）、宣传教育 328 卷（件）、其他类 1032 卷（件）；复印档案 7396 张，扫描 2408 张，拍摄 20 张。

结合国家档案法律、法规，制定了《基建工程图纸档案利用承诺书》《基建工程图纸档案数字副本利用协议》，完善了基建工程图纸的使用规则和流程。

继续编制专项档案目录索引，完成"女排专题目录索引""校庆档案专题项目检索""党代会会议记录专题目录索引"三个项目，补充完善了罗豪才专题档案目录索引。

为《北京大学志》的编写工作、中组部干部档案审核补档工作、院系建立系友录，为北大系列人物专题展览等提供档案查询和资料服务。为李克强总理莅临北大，为纪念"团结起来，振兴中华"口号提出 35 周年，为女排奥运冠军来北大参加活动等工作提供档案资料。

2016 年度继续开展历史档案整理工作，共整理档案 473 卷、686 件。

【档案编研与信息化建设】 为适应校务公开和电子校务的发展，在推广使用档案 WEB 著录系统的同时，与学校相关部门合作，谋划档案系统的升级改造。继续推进档案数字化工作，研究业务系统电子文件归档管理，努力实现档案资源存量数字化、增量电子化、利用网络化。

1. 继续开展京师大学堂和国立北京大学学生档案数据库原文数字化和著录工作。

2. 完善房产证、土地证原文数据库建设，实现与房地产管理部数据交换和资源共享。

3. 继续开展盘式录音带数字化工作。

【档案安全与保密】 1. 档案馆是全校重点防火单位和保密要害部门，始终牢固树立"安全第一"的思想，重视组织建设和规章制度建设，加强安全责任制的落实工作，注重发挥安全保密工作小组的作用，定期分析、查遗堵漏，坚持日常的巡查以及节假日前的清查，并每季度进行一次消防设备的安检。

2. 严格执行国家保密制度，坚持涉密档案利用保密审查程序，加强涉密计算机和涉密载体管理，强化涉密人员保密意识，提高应对突发事件的应急指挥和处置能力。

3. 配合学校质量管理体系认证工作，建立了档案馆 2016 年度的质量管理体系工作目标，并在年终的质量管理体系内审检查中，顺利通过检查，无不符合项。

【馆际交流与合作】 2016 年 3 月档案馆参加了"台湾大学——北京大学日"活动，3 月参加了北京市高校档案研究会理事会，5月参加了北京市高校档案研究会学术研讨会，10月参加了北京市档案资源建设研讨会，11月参加了教育部直属高校档案工作协会馆长论坛暨档案工作优秀案例评审会，12月参加了第七届中国电子文件管理论坛；2016年接待了北京工业大学、浙江余姚蒋梦麟纪念馆（筹）、中国地质大学（武汉）、武汉大学、北京建筑大学等单位档案同仁来馆业务交流。

（贾永刚）

医学部档案馆

【发展概况】 医学部档案馆作为医学部档案资料保管、开发和利用的中心，承担医学部各单位立卷归档的业务指导、监督检查和档案材料的接收、整理、保管、借阅、统计、鉴定、销毁和提供利用工作。

【常规业务】 日常档案的收集和利用。档案馆共接收各部门移交的档案1619卷，其中教学档案1135卷，含教学综合428卷；科研档案160卷；基建档案99卷；党政档案186卷；出版物35卷册；设备档案3卷；礼品档案1件。搜集整理照片共473张，其中已扫描成电子版照片共427张。对外提供查阅、借阅纸质档案691卷次，提供照片利用256张次。

继续开展校史资料的收集。在完成编制"北医百年历程展"工作之后，档案馆继续开展对校史资料的收集和整理工作。2016年，通过各种渠道收集到的校史资料包括纪念册6册、图书17本、王谔先生手稿及文件。

完成办公室改造工程。根据学校整体工作安排，档案馆对馆长办公室进行了施工改造，将原有办公室进行分割，形成11平方米的馆长办公室和用于扫描图片进行信息加工的公共办公空间。

积极参加业务培训，加强档案馆人才队伍建设。组织馆员参加北京市高校档案学会举办的系列培训活动，与兄弟院校进行档案业务交流。

【史料专题编研】 馆内编研工作持续推进。档案馆继续开展《北京大学医学部基建工程项目图册》编研项目的文字编撰工作。

与医学部工会合作组织策划"医学部工会史料展"。档案馆筛选1950年至2010年与工会工作相关的大事记，梳理工会发展脉络，撰写工会史料图片展设计方案（草案），已提交医学部工会。

继续支持老校友范宪周老师撰写与校史相关的资料。共收到七份材料和部分图片。

配合北京大学120年校庆工作要求，撰写相关史料。档案馆承担北京大学医学院首任院长马文昭人物资料的撰写工作，已完成约5千余字初稿，上报北大校史馆。

编制史料原文汇编。编制医学部部字发文汇编并着手准备续编医学部干部任免、机构设置等专题检索资料，规划专题史料原文汇编。

【校史文化传承】 医学部校史文化协会成立。在档案馆的指导下，以医学部校史讲解员团队成员为骨干力量，以校内喜爱医学史及医学部校史的学生为基础的北京大学医学部校史文化协会正式注册成立。校史文化协会以校史研究、校史讲解、校史展览、校史宣传、校史交流为主要任务。

招募并培训第三届校史志愿讲解员，并提供校史讲解服务。档案馆按计划开展了第三届校史志愿讲解员的招募，组织了试讲，经培训选出数名讲解员。共配合学校各单位协调接待讲解任务15次。

举办"问史道百"校史展参观月活动。档案馆与校史文化协会共同策划制作了《回首百年——在，不在》的校庆纪念明信片，并同时推出"问史道百"校史展参观月活动。

【党支部工作】 认真履行基层党组织职责，及时传达上级党委指示，按时收缴党费，认真完成2014—2015年度党支部评议考核和民主评议党员、党员组织关系排查、提交党员名册等项工作，积极参加党员学习教育、"共产党员献爱心捐款"等各项活动，继续加强基层统一战线建设。

在"两学一做"学习教育中，组织全体党员学习党章党史等学习材料；参加各级讲座培训党课及机关党史知识竞赛；党支部书记参加了延安干部培训学院和北京大学的专题培训；制作了"纪念红军长征胜利80周年"宣传展板。

组织"党史党章的学习研讨""热爱党、热爱国家，双创一流"交流会。

以"各行各业看党员"为引导，结合档案工作专业特点，开展参观中国现代文学馆、梅兰芳纪念馆、郭沫若故居、双清别墅暨史料展览等系列主题党日活动，让支部党员及统战分子在文学艺术、历史变革中体会中国革命的历程、优秀共产党员的先锋作用与中国共产党的伟大力量。

开展"做新时期合格党员"大讨论暨"做合格党员，为党旗增辉"主题党日活动，再次重申必须牢记党的宗旨，坚守档案事业，做合格共产党员，并制定了《档案馆党支部建设规范》《档案馆党支部合格党员行为规范》。

在2014—2015年度党支部评议考核和民主评议党员中，被评为机关考核优秀党支部，一名党员获得北京大学医学部优秀共产党员称号。

【工会工作】 5人次参加迎校庆大步走；1人次参加运动会开幕式，并担任教员；4人次参加机关趣味运动会；5人次参与机关舞蹈团和医学部书画协会兴趣小组活动。领取发放福利，组织职工体检。组织小组人员参加选举海淀区人大代表工作。开展"什刹海的今昔""香山的革命遗迹"等工会小组活动。

（医学部档案馆）

校史馆

【发展概况】 校史馆成立于2001年3月，日常工作主要为校史展览、校史研究以及校史文物的征集、保管和展出。校史馆馆舍于1998年北京大学百年校庆时奠基，2001年9月竣工，建筑面积为3100平方米，分为上下三层，时任国家主席江泽民亲笔为校史馆题写了馆名。2002年5月4日，校史展览正式对外开放。展览主要分为北京大学校史陈列展、北京大学杰出人物展和专题展览三个部分。首层为北京大学杰出人物展，首批展出的革命先烈、学术先辈和各方面的杰出人物共217位。地下一层不定期举办各类校史专题展览。地下二层为北京大学校史陈列展，根据北京大学自身发展的脉络和特点，将北京大学历史分为九个阶段进行展示，展线长400余米，展板273块，展出图片图表800余幅、实物440余件。地下二层设有影视厅，定期播放校史专题影视作品。

校史馆内设研究室、综合办公室及资料室，编制6人，现有在职人员6人、返聘人员4人、兼职1人。馆长马建钧，副馆长刘晋伟。校史馆党支部包括在职及退休党员11人。党支部书记为林齐模（2012年12月起任直属机关党委委员），副书记为杨琥。

【参观接待】 2016年，校史馆共接待参观45,982人次，其中本校师生员工校友及客人8631人次，其中2016级新生3881人、新入职员工87人，团组378个。

重要参观团队及人员有全国政协常委、中国天主教爱国会主席、中国天主教主教团副主席房兴耀主教一行，解放军总装备部副部长刘胜一行，王宽诚教育基金会一行，中国民航局局长一行，中央党校干部培训班，北京大学第43期干部研讨班和第7期中青年干部研修班等。

4月和10月，两次面向全校师生公开招聘第八批、第九批志愿讲解员。至2016年底，校史馆志愿讲解服务队的规模近40人，基本满足了参观人员和团队的讲解需求。继续坚持日常开馆义务值班、节假日临时接待讲解补助等制度，做到了开馆时间至少两名讲解员同时值班讲解、预约团队皆能得到志愿讲解服务。继续做好志愿讲解员队伍的培训及服务工作。先后组织讲解员到北大旧址、中国抗日战争纪念馆参观学习。

展馆建筑及设施进行维护更新。6月再次购入4组192台团队对讲解器并投入使用，10月再次对中文讲解词进行了修订。继续与基建工程部商讨并确定校史馆馆舍改造方案，经学校研究决定改造工程将于2017年进行。

【展览筹办】 9月，校史馆"书生本色 学者风范"系列专题展览推出"徐光宪先生生平图片展"。展览分为"好奇少年 砥砺成才""一清如水 桃李天下""天道酬勤 屡创辉煌""院士伉俪 霞光辉映"四个部分，精选了150余幅图片，展出了徐光宪先生的博士论文、学习笔记手稿、课程讲义、重要论著、科研成果获奖证书、"蔡元培奖"获奖证书、中国科学院学部委员证书、国家最高科学技术奖获奖证书等重要实物原件展品。展览再现了徐光宪先生从一个对世界充满好奇的少年，勤奋探索，自强不息，成长为一代科学大家的人生历程，回顾了他善于创新，因国家需要数次开辟新的科研领域，为中国科技事业做出巨大贡献的一生。

为迎接北京大学120周年校庆，着手组织校史研究人员对北京大学百年校史陈列的脚本及展陈内容进行修订。

【校史研究】 进行"北京大学校史上的第一·人物编""北大名贤馆集萃"项目，着手编辑《书生本色 学者风范》第二辑。杨琥承担中国李大钊研究会重点项目《李大钊年谱长编》的编撰任务，在《唐山学院学报》2016年第1期上发表《李大钊〈青春〉中的"拉凯尔"》，在《学术交流》2016年第7期发表《李大钊传播马克思主义唯物史观的贡献》。郭建荣、张万仓承担《蔡元培全集》部分卷次的注释和审校工作。

研究人员参加中国高教学会校史研究分会主办的"中国高等教育学会校史研究分会2016年常务理事会议"（6月16至18日，上海交通大学）、中国高教学会校史研究分会主办的"校史研究分会第14届学术年会"（10月19至22日，天津大学）。

郭建荣于7至8月间分别在中学生夏令营、嘉兴北京大学附属实验学校教师培训班、湛江北京大学附属实验学校教师培训班做题为"百年北大精神与传统"的讲座。

设计制作2017年校史台历和2017年校史效率手册，与蔡元培研究会策划推出纪念蔡元培任北京大学校长一百周年北大官方微信稿和北大校刊稿。

【文物征集与管理】 校史馆共有藏品10大类715件、礼品17类930件。2016年，共接受校内外人士捐赠北大校史文物86件组、复制品13件组，校内单位移交北京大学礼品85件。

继续开展藏品数字化工作，共扫描馆藏文本资料120余件组、复制件18件组、专题展览照片近2万张、备份光盘11张，对"大学堂"匾额等藏品进行了3D扫描。

【业务交流】 与到访的北京工业大学档案馆、东南大学档案馆、余姚市教育局、中央党史研究室历史陈列馆、北京师范大学珠海分校等学校校史同行进行了交流座谈。

【图书资料】 继续加强图书资料室的规范化管理，对所购买和赠送的新书做到及时编目、上架、出借，并做好新书发布工作，在为展览和内部工作人员服务的同时，每周定期对社会开放。资料室现有图书4078册，中文图书3701种3797册，中文刊131种156册，工具书107种125册；报刊56册，接待校内外读者阅览595人次；借阅图书1129册次，室内阅览513人次，咨询101人次。

【内部管理】 校史馆连续十五年做到"十无"达标，获得"2016年度北京大学安全管理先进单位"称号。继续完善往年形成的安全保卫小组例会制度、安全员巡视制度、消防及电路器材定期检查制度、人员进出登记管理制度、年度消检电检制度、中控员日间消防安全巡查制度以及消防设备月度维保制度。6月，组织进行了消防疏散演习。

在设备维护方面，继续与设备公司签订维保协议，确保电梯、安防、消防等设施安全有效运行。

【党建工作】 校史馆党支部组织党员重点学习习近平总书记重要讲话，号召党员在实际工作中贯彻落实讲话精神。积极组织开展"两学一做"，组织党员重温党章，参观了圆明园"三一八"烈士纪念碑。校史馆高度重视党风廉政建设工作，认真贯彻学校关于党风廉政建设的要求，通过日常工作的制度化和规范化建设来保证党风廉政建设，使党风廉政建设与具体工作相结合，落在实处。

领导班子坚持周务会制度，坚持《档案馆校史馆馆务会议工作规则》《档案馆校史馆领导班子落实"三重一大"制度的实施办法》《档案馆校史馆财务工作规则》《档案馆校史馆馆务公开制度及实施办法》，研究决定各项工作，工作中一贯坚持集体领导、集体决策，实行民主集中制，坚持馆务公开，建立共识，增强向心力、主人翁责任感和集体荣誉感。认真遵守学校的财务制度，坚持"收支两条线"，不设"小金库"。

（刘　静）

出版社

【发展概况】 2016年，出版社出版图书3878种，实现生产码洋8.15亿元，净发货码洋6.31亿元，净发货实洋4.09亿元，退货率9.9%。经营成果稳中有升，财务状况良好。资产总额达89,441万元，同比增加6889万元，增长8.3%，全年实现回款3.60亿元，主营业务收入3.58亿元，税前会计利润、净利润均为7585万元，销售净利率为21.19%，资本保值增值率为106.8%，资产负债率为13.61%，流动比例7.12，速动比例4.42。上缴国家各种税费4308万元（含音像社61万元），上缴国有资本收益754万元，上交学校利润2100万元（含音像社50万元），上交学校教材建设专项基金、教材奖励基金各100万元。

出版的3878种图书中，新版1322种、重印2556种。新版图书中，教材新书495种，学术新书535种，大众新书292种。教材、教学参考书和学术著作出版占比为77.91%，比上年下降5.43%。大众新书品种占比22.09%，比上年上升5.43%。

队伍规模保持基本稳定，全社员工389人。其中，事业编制57人，其他人员332人；正高职称21人，副高职称39人，中级职称145人；博士学历24人，硕士学历160人，本科学历125人，大专学历34人，硕士及以上学历占全社职工人数比例为47.30%。

【重点项目】 2016年累计获批各类出版资助1129.19万元。

基金项目：《儒藏（精华编）（60册）》《弄官山的白头叶猴》、"CCES当代中国经济研究系列"丛书、《一带一路：全球价值双环流下的区域互惠共赢》《法治：良法与善治》5个项目获得2016年度国家出版基金立项，其中后3种为主题出版项目；《古文观止译注》《读古人书之〈韩非子〉》获得2016年普及类古籍整理出版项目资助，资助金额8万元；承担《新出石刻史料与唐代文学家族研究》等4个"国家哲学社会科学成果文库"项目的出版工作；承担"国家社科基金后期资助项目"30种，其中本社申报入选10种，全国哲学社会科学规划办公室划拨20种；《东南亚宗教艺术研究》等13种图书获得北京市社会科学理论著作出版基金资助，资助金额55.35万元；教育部哲学社会科学系列发展报告项目共出版11种，资助金额33万元；《人间词话七讲》等6种图书入选"国家社科基金中华学术外译项目"，资助金额170万元；《中国当代文学史》等4种图书入选"丝路书香工程重点翻译资助项目"，资助金额49.63万元；《陶渊明研究》等2种图书入选"经典中国国际出版工程"，资助金额16万元；《中华文明史》入选"CBI中华文化著作翻译工程"，资助金额166.84万元；《贾想》等18个项目获得"北京市提升出版业国际传播力奖励扶持专项资金"，资助金额65.85万元。

出版社申报的《中国特色社会主义研究丛书》《儒藏》等21种图书和北京大学音像出版社有限公司申报的《共和国日记（1949—2009年卷）多媒体数据库》入选国家新闻出版广电总局的《"十三五"国家重点图书、音像、电子出版物出版规划》，入选总数在403家申报单位中排名第四。其中社会科学与人文科学出版规划（783项）中，北京大学出版社入选13种，入选数量排名第一。

【版权工作】 2016年度，出版社继续深入贯彻落实文化"走出去"战略，重点开拓"一带一路"沿线国家版权输出项目，版权输出涉及英语、俄语等14个语种，其中印地语、乌克兰语、乌兹别克语、白俄罗斯语为新增输出语种，实现版税收入102.6万元人民币，并首次实现了版权贸易顺差。完成签约的版权引进新项目共计138项，数量比上年有所下降，其中教材17种，学术著作69种，一般图书52种。输出版权以及完成签约的项目共计167项，输出数量比上年略有增长，其中教材103种，学术著作48种，一般图书16种。

《中华文明史》日文版由日本潮出版社历时一年于2016年9月完成了共八卷本的翻译出版，10月15日由北京大学国学研究院、北京大学国际汉学家研修基地和北京大学出版社联合主办的"《中华文明史》日译本首发式暨《中华文明史》外译工作研讨会"在大雅堂举行。

【年度特色】 市场运营中心坚持精品战略，从阅读推广的四个维度开展多种形式的线上线下营销活动；在互联网思维推动下，运用各类新型媒体，以"北大博雅讲坛"为抓手，利用微信、微博、移动客户端，采用讲座、直播、社群、微课等多种模式的推广活动，推荐经典图书，助力全民阅读。

储运部2016年首次进行了"干部竞聘上岗及职工双向选择"岗位选任模式的改革尝试，激励效果初现。完善了各项原辅材料的招投标采购机制。与信息中心通力配合，以打攻坚战的方式在8个月之内完成了文化产业发展专项基金项目"基于物联网应用和集成供应链的出版物仓储物流设备更新升级"中的仓储设备改造和手持终端设备应用开发等重要工作。

大兴园区大力培育和发展企业文化，创建了"梦想博雅"午间课堂及"园区手机摄影大赛""园区趣味运动会"等学习文化项目，极大地丰富了园区文化生活。

新ERP项目的编辑模块于10月正式上线运行，储运模块完成了手持终端设备应用开发，于12月底正式应用。

"基于CNONIX的传统出版过程数字化"获准进入2015年度"新闻出版改革发展项目库"，并获批为2016年度文化产业发展专项资金重大项目。

与社馆通公司尝试进行BtoB业务独家合作，进一步梳理BtoC销售合作者公司，规范相关合作，淘汰信誉或业绩过差的合作者，电子书销售收入有所增长。

"博雅云学堂平台一期"申报新闻出版改革发展项目库，争取国家对数字教学平台建设的支持。

互联网+数字教材建设有进展，二维码和APP在教材中开始得到应用，取得了初步经验。

7月，北京大学公布2016年北京大学优秀教材评选结果，共有100种教材入选，其中由北京大学出版社出版的教材有86种。

【表彰奖励】 4月，北京大学出版社被商务部、中宣部、财政部、文化部、国家新闻出版广电总局认定为"2015—2016年度国家文化出口重点企业"。

图书荣获各类奖项192项，其中国家级1项，省部级项50项。《家人父子——由人伦探访明清之际士大夫的生活世界》获得第六届中华优秀出版物（图书）提名奖。《中国文化精神》入选国家新闻出版广电总局组织评选的2015年度"大众喜爱的50种图书"。《博物人生（第二版）》入选国家新闻出版广电总局2016年向全国青少年推荐百种优秀图书。《徐仁修荒野游踪：写给大自然的情书（3册）》和《改变世界的一粒种子——记杂交水稻之父袁隆平》被评为2016年全国优秀科普作品。《徐仁修荒野游踪：写给大自然的情书》获得首届"大鹏自然好书奖"之"华文原创大奖"。《生态移民政策》《中国民生问题中的结构性矛盾研究》获得2015年度出版优秀图书奖。

【党建工作】 认真开展"两学一做"专题学习教育。结合"两学一做"学习教育，认真开展党员党组织关系排查工作，组织党员重新学习党内文件规定，充分发挥党费收缴工作的教育功能和政治功能，截至2016年底，党费补缴工作已全面完成。年内发展4名新党员，2名党员荣获北京大学优秀共产党员称号，1个党支部荣获北京大学先进党支部称号。社党委为生活困难党员申请帮扶补助款10,000元。

积极引导社职代会和工会围绕中心工作开展活动，发挥其在民主决策、民主管理、民主监督、沟通协调、汇聚员工智慧方面的积极作用。社工会组织职工前往爨底下、双龙峡参观学习，组织职工参加素质拓展，与兄弟出版社开展足球友谊赛等，促进职工之间的沟通交流，展现了北大出版人团结协作、奋发拼搏的良好精神面貌。

【社会公益】 出版社党员和群众在"共产党员献爱心"活动中，捐款9581.2元。在为北京大学工会爱心基金的捐款活动中，职工捐款19,775元，出版社捐款20,000元。

出版社2016年累计捐赠图书10,711册，码洋65.60万元：（1）向新疆大学捐赠图书1190册，码洋95,188.70元；（2）向新疆石河子大学捐赠图书1190册，码洋95,188.70元；（3）向北京大学图书馆捐赠图书3483册，码洋282,366.60元；（4）3月，向北京大学附中捐赠图书380册，码洋20,204元；（5）4月，向江西上饶教育局捐赠图书1485册，码洋64,575元；（6）5月，向甘肃省第二干休所（"书香行动"走进甘肃）捐赠图书1558册，码洋48,237元；（7）8月，向湖南湘潭县排头乡回龙村湘潭县四中捐赠图书212册，码洋10,259元；（8）10月，向内蒙古包头市贫困学校（东河区牛桥街小学、东河区公园路小学、包头市回民中学）捐赠图书810册，码洋21,210元；（9）11月，向北京大学二教三层（"北大树下协作学习空间"活动）捐赠图书321册，码洋17,204元；（10）11月，向山东农业大学校团委（百社千校活动）捐赠图书82册，码洋1529.60元。

（陈　健、卢猗旎）

医学出版社

【发展概况】 2016年，出版图书680种，其中新书270种，占39.7%；重印书410种，占60.3%。造货码洋1.50亿元。净发货码洋1.20亿元，销售收入5600万元。利润1665万元；上缴学校利润500万元。

组织各层次的干部职工开展多种形式的继续教育培训，不断提高各级干部的政治理论素质、管理水平以及编辑人员的业务能力。加强编辑队伍建设，招聘了2名医学编辑人员。

基本完成了高职高专第2轮教材、护理本科第2轮教材的出版工作。启动了临床医学专业本科教材第4轮的修订改版工作。

引进并出版了《西氏内科学（第25版）》《米勒麻醉学

（第8版）》《髋关节外科学》等重要译著。

【获奖情况】 图书获奖。1. 共13种图书获评"十三五"国家重点图书。分别为：《儿童孤独症》《高原医学》《泌尿外科腹腔镜手术经验与技巧》《泌尿外科微创技术创新与改良：北大泌尿所（IUPU）技术》《生育力保护与生殖储备（科普篇）》《心血管疾病规范化防治——从指南到实践》《结构性心脏病介入诊疗技术系列丛书》《睡眠呼吸障碍诊疗学》《宫腔镜手术操作技巧》《创伤骨科手术学（第2版）》《矿山医学》《皮肤病的组织病理诊断（第3版）》。2.《凯利风湿病学（第9版）》《克氏外科学（第19版）》获引进版优秀图书。

集体获奖。出版社荣获"中国版权最具影响力企业"。

基金资助。《遗传性皮肤病图谱》获国家出版基金资助。

个人获奖。王凤廷社长入选北京市新闻出版广电行业领军人才（经营类），冯智勇副社长入选北京市新闻出版广电行业领军人才（业务类）。

【党建工作】 积极开展"两学一做"教育活动。在学习方式上，除了集体学习外，还采用了自学、讨论、知识答卷、社会实践等多种形式，提高了党员参加学习的积极性。组织了"重温井冈山精神，做合格党员"的主题党日活动。2016年，在医学部支部工作评议中，出版社党支部被评为优秀支部。出版社党支部完成了支部换届工作。

【数字出版与信息化建设】 1. 继续加强和完善国家"十二五"重点数字出版规划——教材立体化计划。2. 在应用中继续完善ERP平台的工作流程。3. 为了推动融合发展，服务好广大读者，建立了"北医教材出版"微信号，建立了考试公众号服务平台。4. 完成数字教学资源建设框架。基本完成学科试题的数字化归档、整理和标引工作。

（医学出版社）

燕园街道办事处

【发展概况】 燕园街道成立于1981年12月，属于大院式街道办事处，受海淀区政府和北京大学双重领导。辖区面积约1.84平方千米，其中北京大学校园面积272.17万余平方米，辖区户籍人口约4.4万人，流动人口5250人。燕园街道办事处设有综合办公室、居民民政办公室、劳动和社会保障办公室、城管监察办公室、计划生育办公室、社会保障事务所六个科室。并设有中关、燕东园、校内、畅春园、蔚秀园、承泽园、燕北园7个社区居委会。燕园街道办事处人员编制隶属北京大学，共有事业编制人员16人。

【党建工作】 巩固"三严三实"专题教育成果，开展"两学一做"学习教育，成立"两学一做"学习教育领导小组，制订《燕园街道开展"两学一做"学习教育实施方案》，机关第一党支部集中开展"两学一做"学习教育8次，组织党员干部赴门头沟区斋堂镇参观《平西抗日根据地——斋堂川斗争史展》，赴中国人民军事博物馆观看"纪念中国工农红军长征胜利80周年主题展览"。社区基层党支部开展"两学一做"学习教育14次。加强党风廉政建设，制定《燕园街道合格党支部建设规范》及《燕园街道合格党员行为规范》。制定政务公开制度，利用北大主页、海淀区政府网上信息公开大厅等平台加大政务公开的力度。领导班子成员集体学习十八届六中全会精神和《关于新形势下党内政治生活的若干准则》及《中国共产党党内监督条例》。燕园街道党工委机关第一党支部被评为北京大学先进党支部。

【综合治理】 联合地区城管、公安、食药监等执法部门开展联合执法检查20余次，出动400余人次，清理校园周边游商100余人次，查处黑车运营20余辆，疏解人口50人。清理无主垃圾、绿化垃圾50余车。召开严控新生违建工作会，拆除新生违建6处、历史遗留违建5处，共计4500余平米。投入200余万元，完成11项为民办实事项目，包括燕东园、畅春园、承泽园1329户信报箱安装，畅春园、承泽园31栋楼宇732户住户安装防爬刺，承泽园、畅春园安装数字高清探头77个，畅春园道路修缮1000余平米，新建5处车棚，社区绿化补植、绿地平整、道路铺设、停车设施维修等。

与7个社区签订"燕园地区社区治安综合治理责任书"。建立6个微型消防站。建立"街道、社区"两级综治维稳工作微信群。制定《燕园街道治安志愿者暂行管理办法》《燕园街道2016年元旦、春节烟花爆竹安全管理实施工作方案》。开展辖区内农民工工资支付情况专项检查，追回拖欠民工工资21.54万元。举办北京大学食药安全文化推广百日活动。接收监管通知单900余件，接收非紧急救助案件20余件，敏感时段组织应急值守80余天，发布各类预警信息100余条。对10余次涉及公共安全的突发事件进行全方位跟踪。

【社区建设与服务】 3个社区整合组建"一刻钟社区服务圈"，2个社区建立"一刻钟社区服务圈"。1个社区升级为二星级智慧社区，2个社区新建为一星级智慧社区。燕北园启动老旧小区自我服务管理试点，承泽园推广京台交流试点，燕东园调整办公服务用房，蔚秀园增设路椅，畅春园增设体育健身器材。6个社区成立自管会。7个社区启动物业引进工作，制定物业引进评估报告。

开展居家养老状况调研，制定社区养老驿站建设用地申请报告。完成6项社区减负统计工作，制定《燕园街道社区居民委员会管理规章制度》。制定"燕园街道学法用法计划和制度"，召开6次依法行政工作例会。完成季度、年度人口抽样调查，涵盖1个国家样本小区和6个海淀样本小区，近600户。

推进文明城区长效机制，召开2016年文明城区建设重点工作会议，开展司法道德宣讲等学习活动200余场。申报2016年重点文化建设项目。推进海淀区公共文化示范区创建工作，成立领导小组，制定创建工作方案，确定任务指标。

开展公共文化服务设施调研，制作基础设施台账。

【民生与社会保障】 整理归档2013年至2016年6月医疗救助档案。对困难群体实施精准救助帮扶。申报树人助学基金1000元。完善残疾人信息台账。更新北京市残疾人基本服务状况和需求信息数据调查292条。延期残疾人服务一卡通234张。发放困难残疾人临时救助金0.8万元。发放助残券、各类补助36万余元。申请残疾人护理补贴18份，发放护理补贴28万余元。办理残疾人灵活就业保险补贴4.7万余元。发放慰问品、慰问金7.3万元。发放康复补助3.1万元。审批非京籍儿童入学14人次。

接收失业人员档案135份，登记554人次。发放就业登记证72份，办理失业登记155人次。发放失业金446人次，25.2万元。灵活就业及单位就业登记127人次。个人职业指导159人次。机构人员培训300人次。登记单位空岗信息采集300人次。新参保医疗业务180人次。办理退休业务657人次。办理社保卡业务1273人次。社保个人信息变更2033人次。受理公租房业务77户、市场化租赁补贴20户。两限房复核家庭58户。低保复审62户。

【计划生育工作】 办理两孩以内生育服务登记业务145件，办理计生业务总计324件。办理计划生育家庭意外伤害保险，惠及群众1565人次，金额36.377万余元。处理两大全员人口管理信息系统数据19,740条。发放各类药具78,019只。

【居委会工作】 完善基层业余文体团队管理体系，制定并印发《燕园街道优秀群众文艺团队评选和活动经费补贴资金管理办法》《燕园街道优秀全民健身团队评选和活动经费补贴资金管理办法》。开展社区文体团队登记注册及优秀队伍评选工作，评选优秀文体团队17支，申报区级优秀文艺团队7支、全民健身团队4支。蔚秀园柔力球队荣获中国柔力球公开赛（石家庄站）比赛"集体规定套路（社会组）一等奖"。燕园舞蹈队荣获第二届全国"红舞联盟"杯广场舞大赛钻石奖。燕园模特队进入"舞动北京广场舞比赛"决赛。街道残联获得北京市残疾人职业技能大赛第二名。

【完成海淀区人大换届选举工作】 燕园街道在海淀区委和北京大学党委的领导下，严格按照北京市选举委员会的要求和部署，加强党对换届选举工作的领导，及时向海淀区委和学校党委汇报换届选举工作的相关情况，积极协调学校各部门给予选举工作强有力的组织保障，经过严格合法的选举程序，完成了海淀区第十六届人大换届选举工作，共选出张宝岭、严敏杰、王一川、李玮、张海霞、吴凯6名海淀区人大代表。

（刘雁北）

燕园社区服务中心

【发展概况】 燕园社区服务中心成立于1999年。成立初将北大后勤产业中心（含北大劳动服务管理中心）整体并入，初始中心共有大小企业27家，正式职工189人。服务范围包括燕东园、四至七公寓、中关园、蔚秀园、畅春园、承泽园、燕南园、朗润园、镜春园及对学生服务的部分内容；服务内容包括家政便民服务、卫生保健服务、商业便民服务以及文体娱乐服务。燕园社区服务中心的服务、经营实体以及中心本体全部实行独立核算，坚持自负盈亏、自我积累、自我发展、自我完善。2003年根据学校的要求社区中心撤销了北大后勤产业中心，但北大劳动服务管理中心一直保留至今。2011年学校成立劳动服务管理中心清算小组，负责该中心国有资产清算整理。截至2016年年底，社区中心共有在编职工66人，退休职工181人，中心及各企业劳动合同制职工120人。

【党建工作】 领导班子建设。及时配齐领导班子，集体决策中心重大事项。在缺编一名副主任的情况下，先是选拔燕园街道办事处综合办主任解利艳担任中心主任助理，后又推动学校党委组织部选拔保卫部交通办主任陈贵兵挂职中心副主任，配齐了中心领导班子，并依据班子成员的特点和工作实际，适时调整了职责分工，及时研讨和决策中心的重大事项，促进中心各项事务顺利开展。

党风廉政建设。加强政治理论学习，确保中心方向正确。领导班子积极参加学校组织的理论学习和"两学一做"学习教育，按规定认真完成各项学习任务。党支部积极开展学习活动，通过学习党章、习近平总书记系列讲话和学校领导的讲话及会议精神，武装了头脑，提升了思想，使思想和行动都统一到了学校的总体部署中来，按要求做好燕园社区服务中心的各项工作。积极传达中央、学校有关党风廉政建设的会议精神、文件要求和讲话精神，认真落实中央八项规定和学校党风廉政的各项要求，严格落实"三重一大"制度，规范中心各项补贴奖金的发放。

党支部及工会建设。按学校要求加强党组织建设，深入开展"两学一做"学习活动，开展国务院政府工作报告和企业税"营改增"专项学习答题活动，提升党员干部的党性修养和理论水平，充分发挥党员的先锋模范作用。积极开展工会文体活动，积极参加学校和后勤分工会组织的运动会、一二·九大合唱等活动，在单位内部组织开展健步走、棋牌比赛等活动提高职工身体素质。关心职工生活，解决职工困难，切实做好困难户关怀和离退休死亡帮扶等工作。

【社区服务】 居家养老服务。不断扩大老年券服务商的规模，如社区服务队、服务站、理发店、订奶、送水等都可以使用老年券，本年度服务社区80岁以上的老人达到989人次，残疾人员近100人次。为高龄老人免费送货上门，送水送粮、随叫随到，社区居民多次写来表扬信。

呼叫系统及家政服务。呼叫系统全年接收服务呼叫4000次，接听热线电话6200余次，咨询类电话3600次，全年新增小时工10人，完成保姆及小时工服务量4000小时。

"上门服务"。社区服务队依然保持传统,承担着家属园区的日常维修、房屋修缮工作。全年提供居民家庭日常维修、房屋修缮等服务 2800 次,其中免费上门 500 余次。

便民服务日。组织便民活动 6 次,参加人数达到 2400 多人,咨询人数 3800 多人次,预约服务 260 余人次,在便民服务活动中邀请校医院的医生免费为社区居民开展义诊活动。

文化交流。继续开展留学生住家及厨艺活动,全年共接待北大国际 MBA 家访、日本留学生家访、斯坦福大学厨艺及中国文化体验课等项目(太极、书法、国画、剪纸、二胡)。2016 年,共接待留学生活动 18 次,留学生 397 人。

【社区商业服务】 国有资产清查和整改工作。社区中心是北京大学重点检查的二级事业单位。在历时两个月的迎检准备及配合检查过程中,教育部检查组对社区中心以及下属 9 个企业的国有资产管理开展专项审查,检查涉及国有资产管理规章制度、固定资产管理处置、社区中心及下属企业的财务状况、企业的产权明细等多个方面。针对检查组指出的问题,在学校房产、财务、设备等部门的指导下,中心按照学校的相关政策,全面加强整改,建立资产管理责任机制,厘清管理责任;严格固定资产购买、审批、建账、管理、使用、报废等各个环节,健全固定资产管理制度;加强内部检查,堵塞固定资产管理漏洞等。

经营管理。规范企业管理,坚持原则不放松,严格执行任务书的条文规定,不得随意变更任务指标,重树管理权威;严格执行财务规定,杜绝违反规定滥发工资、奖金、公积金等各项费用;制定《北大社区中心企业在职人员工薪、福利管理办法》,及时调整职工与企业经理收入差距过大问题,提高了普通职工收益,保证了职工的合法权益。

房屋管理。配合学校房地产管理部起草《社区中心经营用房管理规定》,规范房屋出租工作。完成综合服务社拆迁、畅春园胜学居餐厅回收、博实超市和三角地理发店关停等重点工作。按照学校的整体部署,中心积极配合房产、总务等部门,精心筹划和部署,克服各种困难,顺利完成校园内 CBD、商业街的拆迁和关停等工作,为学校的整体规划和发展做出贡献。同时在学校指导下完成胜学居餐厅的回收改建工作,未来社区中心将以全新面貌更好地为社区居民服务。

监督管理。加强对企业安全生产、店外经营、环境卫生、产品和服务质量等的检查和监管;继续发挥学生监督员作用,提高师生满意度。

(燕园社区服务中心)

附属中学

【发展概况】 2016 年,北京大学附属中学占地面积 5.16 万平方米、建筑面积 4.86 万平方米。体育馆一期及教学北楼 3.71 万平方米,其中体育馆一期 1.98 万平方米,教学北楼 1.68 万平方米,换热站 420 平方米。图书馆藏书 10 万册,电子图书与北大图书馆共享。固定资产总值 3913.09 万元。全年教育经费投入 38,139.03 万元,其中,国家拨款 5948.75 万元、自筹经费 31,971.82 万元、事业收入 218.47 万元。学校信息化经费投入 100 万元,拥有计算机 400 台(计算机资产总值 250 万元),多媒体教室座位 2000 个,校园网出口总带宽 1Gbps,数字资源量 1TB,"信息技术"课程 2 课时/周。普通教室 154 个、专用教室 41 个、实验室 8 个。教职工 381 人,包括副高级职称 106 人、中级职称 83 人。专任教师 307 人,包括特级教师 4 人、北京市学科教学带头人 3 人、市级骨干教师 5 人;海淀区学科带头骨干共 47 人,本科及以上学历 365 人。开设教学班 199 个,其中,初中班 25 个、高中班 174 个班。毕业生 570 人,其中,初中 237 人、高中 333 人;招生 849 人,其中,初中 260 人、高中 589 人;在校生 2126 人,其中,初中 748 人、高中 1378 人。高中录取分数线(海淀区)554 分,应届高考本科上线率 100%。2016 年度学校重点推进集团合作办学及教师培训,继续选派教师前往集团校进行教育教学的共建工作,同时也利用假期的时间组织了集团教师培训,受到老师们的欢迎。集团校也选派了教师来到初中本部进行为期一年的学习工作。本部的老师们也定期前往北医附中和石景山分校备课、听课、评课,本部老师组织研究课的时候也邀请分校的老师们前来观摩。

体育馆一期建成并投入使用。2016 秋季,附属中学落成 26,000 平方米的大型新体育馆,满足全校师生进行乒乓球、羽毛球、旱地冰球、柔道、艺术课、跆拳道、击剑课的要求。

【校外合作】 与微软签署战略合作协议。3 月 28 日,北大附中与微软签署战略合作协议。根据协议,双方将在教育信息化、数字校园等领域建立长期战略合作关系,发挥各自资源、人才和技术优势,以校企合作共建新模式,共同探讨互联网+教育的发展模式。双方将建立联合实验室,开展点对点 IT 解决方案;共同研究探讨中国教育技术与未来学校建设;以及微软协助北大附中落地微软技术和服务等。其中,在双方共建"联合实验室"中,北大附中将借助微软最新课堂笔记本、微软家校通、必应学术搜索等技术开展试点,探索高效互动的教学模式;联合构建的"未来学校"信息平台将通过使用由世纪互联运营的 Office360 提供的教育混合云服务,实现从学校管理到教学一线、从学生课堂学习到家校沟通在同一平台上高效协作。

【教学管理】 预科部探索云教学模式。4 月,北大附中预科部探索云教学模式。根据该校高中课程改革和北京市高考改革变化,学校预科部探索以学生为主体的云教学与辅导课相结合的教学模式,即将教学过程中自学辅导、教师讲授、检测反馈、自习答疑的时间按 3∶3∶2∶2 比例分配。师生通过睿易云教学平台,完成课堂互动、资料分享、自主学习、在线答疑等环节;教师结合云平台教学特点升级备考学案,设计课程内容、提供学法指导、准备教学资源；同时，借助云教学功能探索预科部在差异化教学方面的课程模式，汲取往届备考经验，结合现实学情变化，提出面向未来新高考方案。

举办音乐节暨校园开放日。5月1日，北大附中举办大泥湾校园音乐节暨高中部校园开放日。活动面向社会开放，全面介绍学校体制、校园环境、办学理念及学生艺术文化生活。开放日活动设新书分享会、课程及中招咨询和大泥湾校园音乐节三个板块，其中，《想象有这样一所学校》新书分享会上，该书作者分享她在北大附中调研经历和感受，3名领导分别介绍北大附中教育教学情况；课程及中招咨询活动中，行知、元培、博雅、道尔顿学院课程咨询及预科部、中招答疑教师就学校课程、招生及升学问题进行介绍和答疑；大泥湾校园音乐节上，戏剧社、国乐社、管乐团、舞蹈团、合唱团等先后举办演出。该校师生、家长约2000人参加活动。

食堂全面托管。6月，北大附中全面启动食堂托管工作。经学校党政联席会研究决定，委托北京世高食品有限公司全面接管学校食堂，并在暑期完成升级改造及装修，改造工程总投资100余万。改造后，食堂拥有外聘员工约60人；食堂新增档口22个，风味小吃品种60余种，平均每天午餐用餐超过2000人次。

朝阳未来学校录取首届新生。7月16日，北大附中朝阳未来学校录取首届新生。根据北京市2016年公布的"1+3"培养试验项目，城六区就近入学就读普通初中校的学生，将有机会在初二年级结束后进入试验学校，在试验学校连续完成初三及高中共四年的学习。共有259名完成初二学业的学生成为北大附中朝阳未来学校新生，他们来自城六区100余所初中校，经过面试选拔录取，成为学校首届新生，也是北京市"1+3"试验项目首批学生。北大附中朝阳未来学校位于朝阳区惠新东街8号，原为北京工业大学惠新东街校区。2015年11月，市教委决定，由北大附中直接接管、承办，按照北大附中办学理念，以书院代替班级，以自主选课代替固定课程，以导师代替班主任，以契约代替成绩单；在空间建筑上规划人文中心、科学中心、艺术中心、创客中心等，其中，科学中心开展课题选择、对比实验、项目讨论等一系列科学相关课程；艺术中心设有黑匣子剧场，供学生进行剧本创作、灯光舞美设计以及展示表演等沉浸式学习体验。

改革导师制度。8月，北大附中改革导师制度。该校在高中部实行专兼职相结合的导师制度，兼职导师从任课教师中选聘，每个导师指导15个左右高一高二学生，负责对学生的发展规划进行指导，包括选课指导、学分核查、生涯规划、情绪管理与社交指导等；专职导师除上述工作外，还需要制定导师工作手册及督导导师工作，开展生涯规划和心理健康相关专题的团体辅导或者工作坊，处理从兼职导师处转介的特殊学生，还要负责一个书院的建设。经学校任命，共有2名教师担任专职导师职务，70名教师担任兼职导师职务。

创客中心投入使用。10月6日，北大附中创客中心投入使用。该中心由学校牵头创办，活动场地位于教学南楼一层大厅，面向高中学生开展科技创新与实践活动，不定期举行活动。9月9日，科技中心启动首场科技创新活动，邀请北京航空航天大学专家举办论文撰写和专利发明讲座；创客中心揭幕当天，正逢北大附中校友日，创客中心专门设置创业校友展示、技术中心俱乐部展示纪念品售卖和钢的琴工作室对校友的采访区域三个部分，同时为校友提供由创意设计俱乐部学生亲手制作的纪念品；11月9日，在创客中心举办通用技术展销会，本次展会展品别出心裁、精美实用，受到观会人员一致好评。

成立熙敬书院。10月19日，北大附中成立熙敬书院。4月，该书院由14名高二年级学生组织建立，现拥有成员80人。书院成立大会上，书院主持为熙敬书院盾揭幕，至此，北大附中已拥有八大平行书院。2010年，北大附中高中部取消传统行政班，打破传统班级管理模式，借鉴中国传统教育的书院制和欧美的HOUSE制，逐步建立学生自治组织书院。至2013年共成立格物、致知、诚意、正心、元培、博雅和道尔顿七大书院，2014年，元培书院更名为明德书院，博雅书院更名为至善书院，道尔顿书院更名为新民书院。每个书院由不同年级的高中生组成，人数几十人至百余人不等，每年新生入学，有5天入学教育，学生在对书院有一定了解后，自愿报名参加某个书院，每人可填3个志愿，由各学院学生委员会考核后决定，学生被分配后，不能更改。书院由学生自主管理，各书院自行制定章程，依据章程确定管理形式，民主产生管理机构。学校为每个书院聘任1名教师担任主持，担负引领及指导本书院自治事务运转的任务，并安排每周固定时间和固定地点进行书院议事会。

举办教育改革实践系列研讨会。12月2至3日，北大附中举办中学教育改革实践系列研讨会。研讨会由北京圣陶教育发展与创新研究院、中国教育技术协会中学教育信息化专业委员会主办，北大附中承办，以"走进北大附中，体验课程改革"为主题，设立圆桌论坛，围绕"艺体教育发展论坛""合作促进教育改革""国际课程交流融合"三个议题进行探讨；观摩和体验学院制课程工作坊、高三数字课堂工作坊、学生自主发展工作坊、活动类课程体验工作坊、信息化应用工作坊、国际化课程工作坊、初高衔接课程工作坊等七大类共25个工作坊，并参观校园和学生社团演出。国内外教育专家、全国各地中学校长及教师800余人参加会议。

体育场馆等一期工程竣工。2016年底，北大附中体育场馆一期及教学北楼工程竣工交付使用。该项目占地面积12,464平方米，建筑面积37,053平方米，工程总投资25,198万元。体育馆一期地上一层地下一层，建筑面积19,785平方米（地上6217平方米，地下13,568平方米）；拥有6个篮球场、6个羽毛球场及健身房，可为学生提供乒乓球、羽毛球、旱地冰球、柔道、艺术课、跆拳道、击剑等项目练习；教学北楼为地上四层地下三层建筑，建筑面积16,848平米（地上4715平方米，地下12,133平方米）。屋顶运动场11,946平方米。

（苏金一）

附属小学

【发展概况】 2016年，北京大学附属小学占地面积28,597平方米、建筑面积22,294平方米，体育场（馆）面积12,000平方米。图书馆（室）藏书7.29万册，电子图书200册，订阅杂志、报刊170种。固定资产总值3576万元。全年教育经费投入9802万元，其中，国家拨款6492万元、自筹经费3309万元。学校信息化经费投入1060万元，多媒体教室座位356个，校园网出口总带宽100Mbps，数字资源量20TB，"信息技术"课程1课时/周。普通教室59个、专用教室100个。拥有计算机641台。教职工186人，其中，高级职称13人、中级职称141人。专任教师150人，特级教师3人，北京市骨干教师5人、北京市学科教学带头人0人，本科以上学历176人。开设教学班59个。毕业312人、招生318人、在校生2081人。

【分校建设】 成立北大附小肖家河分校。为了让北京大学肖家河公寓顺利开工，北大附小承接了海淀区肖家河小学。1月21日，北大附小肖家河分校任命仪式在肖家河小学进行。尹超兼校长、法人，潘东辉任执行校长。5月13日，北京大学附属小学肖家河分校举行揭牌仪式，海淀区教委主任陆云泉和尹超校长出席，肖家河分校的孩子们一起朗诵了《北大附小校园文化三字经》。肖家河小学原为海淀区区属小学，学校共有1100多名学生，98%为来京务工人员随迁子女。更名后的校名为北京大学附属小学肖家河分校。

成立人大附中北大附小联合实验学校。2016年6月1日，人大附中北大附小联合实验学校成立。该校位于海淀北部生态科技新区稻香湖畔，占地面积160亩，由人大附中和北大附小分别承办中学部和小学部。它隶属北京大学附属小学教育集团，由集团统筹管理。该校的执行校长和骨干教师均由北大附小教育集团委派，与本校在办学理念、文化体系、管理制度和课程建设方面保持一致。

成立北大附小海口分校。经北京大学批准，2016年9月，附小校长尹超与北京大学副校长高松、副教务长兼附中党委书记生玉海与海口市政府、恩祥集团在海南省海口市签署三方协议，成立北京大学附属小学海口学校。该校位于海南省海口市秀英区永万路与椰海大道交界处西侧，占地面积124亩。学校于2016年11月18日举行了开工典礼，预计于2018年秋季开学。

【管理工作】 获30个北京市政府划拨的人事编制。2016年，北京市政府为学校划拨了30个人事编制，在北京市级教育资源统筹指标中解决，实际使用28个。

获北京市政府划拨的基础建设资金。为了响应北京市教育均衡发展战略号召，北大附小陆续承接了北大附小丰台分校、北大附小石景山学校、北大附小肖家河分校，共获基础建设资金6.093亿元。其中，北大附小本校获1.3亿元，北大附小丰台分校获6000万元，北大附小石景山学校获5000万元，北大附小肖家河分校获3.5亿元，北京市小学现代教育研发交流成长中心获1931万元。

宿舍楼改造完工。2016年8月，学校投入900多万，利用暑假进行施工，将学校宿舍楼原有的38间学生宿舍改造成了38间带有卫生间的单人标准间宿舍，并同步配齐了相关家具，为参加"北京市现代教育成长交流中心"培训的教师提供了生活上的必要条件。

体育馆基础工程完工。2016年10月，总建筑面积12,000平方米的附小新建体育馆基础工程已经完工，分为四层，地上2层，地下2层。地下一层是25米乘25米的游泳池，和一个可容250人的报告厅；地下二层为学生社团活动的地方，设有京剧排练室、舞蹈排练室、武术活动室、跆拳道活动室、乐队排练室、合唱活动室。其中，地上二层约4915平方米，地下二层约6732平方米。目前，体育馆正在进行精装修，预计2017年5月全面完工。

图书馆改造完工。2016年12月，学校图书馆改造工程完工。新改造的图书馆共计4层，总建筑面积1000多平方米，分低、中、高三个学段，同时还专门设有一层教师阅览室。

【教研工作】 召开全国中小学心理健康教育研讨会。2016年5月，全国中小学心理健康教育研讨会暨海淀区第八届心理健康教育活动周小学分会在学校举行。会议由北京市海淀区委教育工作委员会、北京市海淀区教育委员会、北京师范大学出版社主办，北京海淀区教科院、北京市一零一中学、北京大学附属小学承办。来自全国20个省份的中小学校长、德育干部、心理教师共260余人参加了会议。会议当天一共呈现了来自全国范围内的12节心理开放课，孙江红副校长代表北大附小做了《创建快乐和谐的文化乐园》的心理健康教育工作汇报。

出版两部专著。2016年6月，《情理智中》一书由北京大学出版社出版。该书由尹超校长撰写，23万字，15印张，全面记录了尹超校长14年来的教育教学思想以及教育管理心得。2016年5月，《走向生命发展的课程创生》一书由教育科学出版社出版。该书由尹超校长带领部分骨干教师撰写，31万字，21印张，全面展示了北大附小生命发展课程建设的实践成果以及心路历程。

获北京市基础教育课程建设一等奖。2016年11月，学校《卓·悦英语课程建设实践研究》在2015—2016学年度北京市基础教育课程建设优秀成果评选中，被北京市基础教育课程教材改革实验工作领导小组评为一等奖。

全面开设创客课程。学校利用暑假期间，建成了面积400多平方米的创客教室。9月1日开始，北大附小在三年级开设创客校本课程的必修课，培养学生的动手操作能力和创新能力。

"中国-瑞典国际数学教育"论坛举行。2016年11月，第八届《"中国—瑞典国际数学教育"论坛》举行。来自瑞典基础教育以及北京师范大学的数学教育同行们共50人参加了会议。会议当天，邱萍、路艳代表学校做了两节研究课。下午1:30，瑞典专家做了题为"如何构建开放性问题"的专题报告。

"放飞理想"五校联合文艺汇演举行。5月27日，北京大学附属小学本校、石景山学校、丰台分校、肖家河分校等五所学校以"放飞理想"为主题，在北京大学百年讲堂举行主题文艺汇演。演出从"欢聚""携手""展望""放飞"四个篇章展开，以舞蹈、合唱、京剧、诵读、校园剧、器乐演奏等多种艺术方式演绎了五校师生融合、共同成长的历程。北京市委副书记、市委教工委书记苟仲文，海淀区委常委、区委办主任傅首清，区教工委书记尹丽君，区政府教育督导室主任王建忠等2000余人与孩子们一起观看了整场演出。

参加2016中法知名小学校长论坛。2016年6月，应联合国教科文组织邀请，尹超校长赴法国巴黎参加了中法知名小学校长论坛活动。尹超校长主持了小学校长论坛并做主题发言。学校艺术团随访。在香榭丽舍剧院，金帆京剧团表演了《唱脸谱》《天女散花》《三岔口》《春日放牛》，合唱团演唱了中国民族歌曲《欢乐的那达慕》、法语歌曲《放牛班的春天》。近2000名巴黎市民观看了演出。同日，合唱团学生走进巴黎第五大学，在中法高级教育论坛会议上为嘉宾现场演唱法语歌曲，受到刘延东副总理与法国教育部长的好评。

参加"蓝带优质学校高峰论坛"。2016年12月，尹超校长作为海淀区六位中小学校长代表之一，赴美国奥兰多参加了"蓝带优质学校高峰论坛"。会上，尹校长做了"打开多元开放的教育之门"的主题发言。发言中，她向美国教育同仁分享了北大附小生命发展课程的理念与实践，双方对于生命发展课程的具体实施也交换了意见。

（附属小学）

人　物

在校院士名录

中国科学院院士

数学物理学部

姜伯驹　张恭庆　陈佳洱　甘子钊　贺贤土　文　兰　杨应昌　陈建生　田　刚　赵光达　徐至展　李政道　苏肇冰
解思深　王诗宬　王恩哥　鄂维南　陈十一　欧阳颀　张平文　谢心澄　周又元　张焕乔　霍裕平

化学部

唐有祺　黎乐民　刘元方　周其凤　王　夔　张礼和　黄春辉　高　松　吴云东　刘忠范　严纯华　席振峰

地学部

赵柏林　涂传诒　陈运泰　童庆禧　叶大年　李德仁　张弥曼　秦大河　陶　澍　张培震　傅伯杰　吴立新

信息技术科学部

杨芙清　王阳元　秦国刚　黄　琳　陆汝钤　梅　宏　包为民　龚旗煌　黄　如　李启虎

技术科学部

叶恒强　方岱宁　俞大鹏　倪晋仁

生命科学和医学学部

翟中和　韩济生　韩启德　许智宏　朱作言　方精云　童坦君　赵进东　蒋有绪　尚永丰　朱玉贤　程和平

中国工程院院士

沈渔邨　郭应禄　陆道培　唐孝炎　庄　辉　俞梦孙　何新贵　李德仁　王陇德　高　文　马永生　甘晓华　王　浩
张远航　丁文华　詹启敏

（人事部）

哲学社会科学资深教授名录

厉以宁　袁行霈　宿　白　吴树青　叶　朗　刘安武　马克垚　严文明　严家炎　胡壮麟　梁　柱　梁守德　吴慰慈

（人事部）

长江学者名录

批次	单位	姓名	岗位类别
1	物理学院	龚旗煌	特聘
1	化学与分子工程学院	刘忠范	特聘
1	工学院	陆祖宏	特聘
1	物理学院	欧阳颀	特聘
1	信息科学技术学院	彭练矛	特聘
1	工学院	佘振苏	特聘
1	信息科学技术学院	张志刚	特聘
1	生命科学学院	邓兴旺	讲座/全职
1	数学科学学院	田　刚	讲座
1	数学科学学院	夏志宏	讲座
2	信息科学技术学院	查红彬	特聘
2	工学院	陈十一	特聘
2	物理学院	刘晓为	特聘
2	化学与分子工程学院	严纯华	特聘
2	化学与分子工程学院	赵新生	特聘
2	城市与环境学院	周力平	特聘
2	数学科学学院	鄂维南	讲座/全职
2	数学科学学院	许进超	讲座
3	分子医学研究所	程和平	特聘
3	生命科学学院	邓宏魁	特聘
3	物理学院	孟　杰	特聘
3	城市与环境学院	陶　澍	特聘
3	医学部	王　宪	特聘
3	医学部	叶新山	特聘
3	数学科学学院	张继平	特聘
3	生命科学学院	赵进东	特聘
3	环境科学与工程学院	朱　彤	特聘
3	信息科学技术学院	丛京生	讲座
4	地球与空间科学学院	陈永顺	特聘
4	化学与分子工程学院	金长文	特聘
4	化学与分子工程学院	来鲁华	特聘
4	医学部	刘国庆	特聘
4	化学与分子工程学院	刘文剑	特聘
4	物理学院	马伯强	特聘
4	医学部	汪　涛	特聘
4	工学院	王　龙	特聘
4	数学科学学院	王诗宬	特聘
4	化学与分子工程学院	席振峰	特聘
4	化学与分子工程学院	夏　斌	特聘
4	化学与分子工程学院	杨　震	特聘
4	生命科学学院	朱玉贤	特聘
4	物理学院	刘征宇	讲座
5	工学院	方岱宁	特聘/非全职
5	城市与环境学院	方精云	特聘
5	地球与空间科学学院	高克勤	特聘
5	化学与分子工程学院	高　松	特聘
5	工学院	韩平畴	特聘
5	医学部	尚永丰	特聘
5	生命科学学院	苏晓东	特聘
5	分子医学研究所	肖瑞平	特聘
5	物理学院	俞大鹏	特聘
5	医学部	詹启敏	特聘
5	数学科学学院	张平文	特聘
5	物理学院	汤　超	讲座/全职
6	工学院	陈　峰	特聘
6	法学院	陈兴良	特聘

(续表)

批次	单位	姓名	岗位类别	批次	单位	姓名	岗位类别
6	信息科学技术学院	刘濮鲲	特聘	9	历史学系	荣新江	特聘
6	化学与分子工程学院	邵元华	特聘	9	工学院	王建祥	特聘
6	外国语学院	申丹	特聘	9	心理与认知科学学院	余聪	特聘
6	物理学院	沈波	特聘	9	数学科学学院	郭岩	讲座
6	医学部	王克威	特聘	9	工学院	徐昆	讲座
6	历史学系	王希	特聘	10	光华管理学院	蔡洪滨	特聘
6	工学院	杨槐	特聘	10	化学与分子工程学院	高毅勤	特聘
6	生命科学学院	张传茂	特聘	10	信息科学技术学院	黄如	特聘
6	人口研究所	郑晓瑛	特聘	10	医学部	陆林	特聘
6	信息科学技术学院	周治平	特聘	10	物理学院	朱世琳	特聘
6	工学院	刘锋	讲座	10	数学科学学院	宗传明	特聘
6	医学部	王存玉	讲座	10	医学部	柴洋	讲座
6	化学与分子工程学院	杨伟涛	讲座	10	物理学院	林志宏	讲座
6	数学科学学院	郁彬	讲座	10	物理学院	邱子强	讲座
6	国家发展研究院	约翰·施特劳斯（John Strauss）	讲座	10	生命科学学院	谢晓亮	讲座
7	经济学院	刘伟	特聘/非全职	10	社调中心	谢宇	讲座
7	信息科学技术学院	梅宏	特聘/非全职	10	环境科学与工程学院	张人一	讲座
7	中国语言文学系	陈平原	特聘	10	中国语言文学系	张旭东	讲座
7	化学与分子工程学院	王剑波	特聘	11	法学院	陈瑞华	特聘
7	生命科学学院	王世强	特聘	11	城市与环境学院	胡建英	特聘
7	艺术学院	王一川	特聘	11	医学部	乔杰	特聘
7	历史学系	阎步克	特聘	11	化学与分子工程学院	宛新华	特聘
7	地球与空间科学学院	张立飞	特聘	11	化学与分子工程学院	吴凯	特聘
7	医学部	张毓	特聘	11	信息科学技术学院	夏明耀	特聘
7	工学院	张东晓	讲座/全职	11	数学科学学院	朱小华	特聘
7	教育学院	曾满超	讲座	11	地球与空间科学学院	Guillaume Dupont-Nivet	讲座
7	物理学院	陈勇	讲座	11	化学与分子工程学院	何川	讲座
7	环境科学与工程学院	何玉山	讲座	11	数学科学学院	庆杰	讲座
8	医学部	杜军保	特聘	12	中国语言文学系	陈晓明	特聘
8	城市与环境学院	陆雅海	特聘	12	心理与认知科学学院	方方	特聘
8	历史学系	彭小瑜	特聘	12	社会学系	郭志刚	特聘
8	工学院	任秋实	特聘	12	哲学系（宗教学系）	韩水法	特聘
8	法学院	朱苏力	特聘	12	经济学院	黄桂田	特聘
8	地球与空间科学学院	宗秋刚	特聘	12	医学部	黄晓军	特聘
8	地球与空间科学学院	费英伟	讲座	12	生命科学学院	蒋争凡	特聘
8	数学科学学院	韩青	讲座	12	化学与分子工程学院	裴坚	特聘
8	物理学院	李浩	讲座	12	城市与环境学院	朴世龙	特聘
8	物理学院	涂豫海	讲座	12	化学与分子工程学院	施章杰	特聘
8	历史学系	王晴佳	讲座	12	数学科学学院	史宇光	特聘
8	医学部	徐清波	讲座	12	工学院	谭文长	特聘
9	数学科学学院	姜明	特聘	12	工学院	夏定国	特聘
9	生命科学学院	瞿礼嘉	特聘	12	建筑与景观设计学院	俞孔坚	特聘
				12	地球与空间科学学院	李宝生	讲座

(续表)

批次	单位	姓名	岗位类别	批次	单位	姓名	岗位类别
12	物理学院	张 冰	讲座	14	化学与分子工程学院	徐东升	特聘
13	工学院	段志生	特聘	14	国际北京国际数学研究中心	许晨阳	特聘
13	光华管理学院	龚六堂	特聘	14	信息科学技术学院	张 路	特聘
13	环境科学与工程学院	胡 敏	特聘	14	城市与环境学院	朱东强	特聘
13	化学与分子工程学院	李 彦	特聘	14	城市与环境学院	Philippe Ciais	讲座
13	中国语言文学系	钱志熙	特聘	14	物理学院	吴军桥	讲座
13	物理学院	孙庆丰	特聘	14	分子医学研究所	许春辉	讲座
13	政府管理学院	王浦劬	特聘	15	医学部	邓旭亮	特聘
13	医学部	王 韵	特聘	15	物理学院	胡小永	特聘
13	哲学系（宗教学系）	王中江	特聘	15	信息科学技术学院	黄铁军	特聘
13	化学与分子工程学院	张 锦	特聘	15	医学部	焦 宁	特聘
13	生命科学学院	张泽民	特聘	15	数学科学学院	李 若	特聘
13	国家发展研究院	赵跃辉	特聘	15	光华管理学院	吴联生	特聘
13	医学部	周德敏	特聘	15	历史学系	辛德勇	特聘
13	心理与认知科学学院	周晓林	特聘	15	国家发展研究院	姚 洋	特聘
13	信息科学技术学院	胡振江	讲座	15	化学与分子工程学院	余志祥	特聘
14	工学院	段慧玲	特聘	15	中国语言文学系	袁毓林	特聘
14	数学科学学院	范辉军	特聘	15	光华管理学院	周黎安	特聘
14	地球与空间科学学院	傅绥燕	特聘	15	法学院	常鹏翱	青年
14	心理与认知科学学院	韩世辉	特聘	15	法学院	车 浩	青年
14	工学院	侯仰龙	特聘	15	化学与分子工程学院	陈 兴	青年
14	地球与空间科学学院	黄清华	特聘	15	城市与环境学院	程和发	青年
14	国家发展研究院	刘国恩	特聘	15	物理学院	傅宗玫	青年
14	化学与分子工程学院	刘海超	特聘	15	数学科学学院	关启安	青年
14	光华管理学院	刘 俏	特聘	15	中国语言文学系	贺桂梅	青年
14	物理学院	刘运全	特聘	15	心理与认知科学学院	李 晟	青年
14	光华管理学院	陆正飞	特聘	15	物理学院	彭良友	青年
14	哲学系（宗教学系）	王 博	特聘	15	社会学系	渠敬东	青年
14	光华管理学院	王 辉	特聘	15	医学部	汤新景	青年
14	历史学系	王奇生	特聘	15	信息科学技术学院	王兴军	青年
14	物理学院	王新强	特聘	15	生命科学学院	徐冬一	青年
14	国际关系学院	王正毅	特聘	15	国家发展研究院	余淼杰	青年
14	物理学院	吴 飙	特聘	15	工学院	张艳锋	青年
14	工学院	吴晓磊	特聘				
14	社会学系	谢立中	特聘				
14	心理与认知科学学院	谢晓非	特聘				

（人事部）

具有正高级职称的教师及专业技术人员名单

数学科学学院

教授

艾明要　安金鹏　蔡金星　蔡天文　陈大岳　邓明华　丁　帆　范辉军　方新贵　房祥忠　冯荣权　甘少波　高　立
耿　直　关启安　胡　俊　姜伯驹　姜　明　蒋美跃　李　若　李铁军　李伟固　李治平　林作铨　刘力平　刘培东
刘旭峰　刘　勇　刘张炬　柳　彬　马尽文　马　翔　莫小欢　庆　杰　任艳霞　史宇光　宋春伟　孙文祥　谭小江
汤华中　田　刚　王保祥　王冠香　王诗宬　王正栋　文　兰　吴　岚　伍胜健　夏壁灿　夏志宏　徐　恺　徐茂智
杨家忠　杨建生　杨静平　郁　彬　张恭庆　张继平　张平文　张志华　章志飞　郑　浩　周蜀林　周　铁　朱小华
宗传明

研究员

蔡云峰

物理学院

教授

班　勇　陈　斌　陈佳洱　陈建生　陈晓林　陈　勇　陈志坚　陈志忠　崔　琦　戴　伦　杜瑞瑞　樊铁栓　范祖辉
付遵涛　甘子钊　高家红　龚旗煌　胡小永　胡晓东　胡永云　华　辉　霍裕平　季　航　蒋红兵　李定平　李东海
李　浩　李　焱　林志宏　刘　川　刘富坤　刘克新　刘晓为　刘玉鑫　刘运全　刘征宇　马伯强　马中水　冒亚军
孟　杰　牛　谦　欧阳颀　钱维宏　秦国刚　邱子强　冉广照　沈　波　施　靖　史俊杰　孙庆丰　谭本馗　汤　超
田光善　涂豫海　王恩哥　王福仁　王宏利　王楠林　王若鹏　王新强　王宇钢　吴成印　吴军桥　吴学兵　肖立新
谢心澄　徐仁新　徐至展　许甫荣　薛惠文　薛建明　颜学庆　杨海军　杨金波　杨应昌　叶恒强　叶沿林　尹　澜
于彤军　俞大鹏　张　冰　张朝晖　张国辉　张　酣　张宏昇　张焕乔　张家森　张庆红　赵柏林　赵春生　赵光达
赵　清　郑汉青　周又元　朱世琳　朱守华　朱　星　Adam Peter Showman

研究员

陈建军　方哲宇　何琼毅　李新征　林　晨　卢海洋　裴俊琛　施均仁　施可彬　王大勇　韦　骏　吴　飙

正高级工程师

陈　晶　葛愉成　鲁向阳　陆元荣　全胜文　任晓堂　王洪庆　徐　军

化学与分子工程学院

教授

陈尔强　陈　鹏　陈　兴　程正迪　范星河　甘良兵　高　松　高毅勤　郭雪峰　何　川　黄春辉　黄富强　黄建滨
金长文　来鲁华　黎乐民　李　娜　李星国　李　彦　李子臣　梁德海　林建华　刘春立　刘　锋　刘海超　刘虎威
刘文剑　刘元方　刘志荣　刘忠范　马玉国　裴　坚　彭海琳　齐利民　其　鲁　邵元华　沈兴海　施章杰　施祖进
唐有祺　宛新华　王剑波　王颖霞　王　远　王哲明　吴　凯　吴云东　席振峰　夏　斌　徐东升　严纯华　杨伟涛
杨　震　余志祥　袁　谷　翟茂林　张　锦　张文雄　张新祥　张亚文　赵达慧　赵美萍　赵新生　周其凤　邹德春

研究员

陈家华　孙聆东

正高级工程师

谢景林　周　江

生命科学学院

教授

安成才　白书农　蔡　宏　柴　真　昌增益　陈建国　陈章良　邓宏魁　范六民　顾红雅　贺新强　纪建国　孔道春
李沉简　李　毅　吕　植　秦跟基　秦咏梅　瞿礼嘉　饶广远　饶　毅　苏都莫日根　苏晓东　陶　伟　滕俊琳
王家槐　王世强　王忆平　魏丽萍　吴　虹　谢晓亮　翟中和　张　博　张传茂　张　研　张泽民　赵进东　郑晓峰
朱玉贤　朱作言　庄小威

研究员

高　歌　蒋争凡　刘　东　唐世明　谢　灿　徐冬一　姚　蒙　张　晨　朱　健

正高级工程师

郝雪梅　李兰芬

城市与环境学院

教授

曾　辉　柴彦威　陈效述　陈彦光　邓　辉　方精云　冯长春　傅伯杰　韩茂莉　贺灿飞　贺金生　胡建英　蒋有绪
李本纲　李双成　李有利　林　坚　刘耕年　刘鸿雁　刘文新　陆雅海　莫多闻　朴世龙　秦大河　阙维民　沈泽昊
唐晓峰　唐艳红　陶　澍　王红亚　王学军　王仰麟　吴必虎　徐福留　杨小柳　张家富　周力平　朱东强
Philippe Ciais

研究员

刘峻峰　万　祎

地球与空间科学学院

教授

白志强	鲍惠铭	陈鸿飞	陈秀万	陈衍景	陈永顺	陈运泰	传秀云	费英伟	傅绥燕	高克勤	关 平	郭召杰
韩宝福	侯贵廷	侯建军	胡天跃	黄宝春	黄清华	季建清	江大勇	赖 勇	李宝生	李江海	李培军	李 琦
刘建波	刘树文	刘 瑜	鲁安怀	马学平	马永生	毛善君	宁杰远	潘 懋	秦其明	秦 善	宋述光	孙元林
童庆禧	涂传诒	王德明	王河锦	王彦宾	魏春景	邬 伦	吴朝东	吴泰然	徐 备	晏 磊	叶大年	曾琪明
张东和	张进江	张立飞	张弥曼	张培震	张志诚	章 云	赵永红	周仕勇	朱永峰	宗秋刚		

研究员

法文哲　林 沂　张 勇

心理与认知科学学院

教授

方 方　甘怡群　韩世辉　李 量　钱铭怡　苏彦捷　王 垒　魏坤琳　吴艳红　谢晓非　余 聪　周晓林

建筑与景观设计学院

教授

汪 芳　王 浩　俞孔坚　John Keith Zacharias

信息科学技术学院

教授

蔡进一	曹永知	陈 竞	陈景标	陈 清	陈向群	陈徐宗	陈章渊	陈中建	陈 钟	程 旭	程玉华	丛京生
代亚非	党安红	邓志鸿	丁文华	杜 刚	段凌宇	封举富	傅云义	高 军	高 文	郭 弘	郝一龙	何 进
何新贵	侯士敏	胡薇薇	胡振江	黄 罡	黄 如	黄铁军	焦秉立	焦文品	解思深	金玉丰	金 芝	康晋锋
李红滨	李红燕	李文新	李晓明	李正斌	李志宏	梁学磊	廖怀林	林宙辰	刘爱群	刘 宏	刘力锋	刘濮鲲
刘晓彦	刘新元	陆汝钤	罗 武	罗英伟	马思伟	梅 宏	彭练矛	穗志方	谭少华	谭 营	田永鸿	汪国平
汪小林	王捍贫	王厚峰	王金延	王立威	王腾蛟	王 玮	王兴军	王阳元	王 漪	王志军	王子宇	邬江兴
吴建军	吴文刚	吴玺宏	夏明耀	谢 冰	谢昆青	徐洪起	许 超	许 进	许胜勇	杨芙清	杨振川	姚建铨
叶安培	英向华	于晓梅	查红彬	张大成	张大庆	张 帆	张耿民	张海霞	张锦文	张 路	张 铭	张 兴
张 岩	张志刚	张志勇	赵建业	赵玉萍	周小计	周治平	朱柏承					

研究员

蔡一茂　陈　婧　杜朝海　盖伟新　何燕冬　解晓东　黎　明　李廉林　魏贤龙　熊英飞　张盛东

正高级工程师

段晓辉　冯梅萍　高成臣　何永琪　金　野　李　婷　王兆江　于敦山

工学院

教授

白树林　包　刚　包为民　陈　峰　陈国谦　陈　璞　陈十一　程承旗　楚天广　戴志飞　丁希仑　董蜀湘　段慧玲
段志生　方岱宁　方　竞　甘晓华　耿志勇　韩平畴　贺贤土　侯仰龙　黄　琳　黄岩谊　李存标　李德仁　李军凯
励　争　廖荣锦　刘才山　刘　锋　卢海龙　米建春　任秋实　佘振苏　史建军　史一蓬　侍乐媛　孙　强　谭文长
唐少强　陶建军　王建祥　王健平　王金枝　王　龙　王习东　王　勇　魏悦广　吴立新　吴晓磊　席建忠　谢广明
谢天宇　熊春阳　徐　昆　杨　槐　杨　莹　俞梦孙　占肖卫　张东晓　郑春苗　郑　强　郑　焰　郑玉峰　朱怀球

研究员

陆祖宏　王蓁祥　夏定国　杨剑影

计算机科学技术研究所

教授

彭宇新　孙　俊　肖建国

研究员

陈晓鸥　郭宗明　汤　帜　万小军　赵东岩　周秉锋

环境科学与工程学院

教授

蔡旭晖　陈忠明　郭怀成　何玉山　胡建信　胡　敏　黄　艺　籍国东　李文军　李振山　刘阳生　马晓明　毛志锋
倪晋仁　邵　敏　宋　宇　唐孝炎　温东辉　谢绍东　叶正芳　张剑波　张军锋　张人一　张世秋　张远航　赵华章
郑　玫　朱　彤

研究员

刘　娟　刘思彤　陆克定

正高级工程师

曾立民

软件工程国家工程研究中心

教授

柳军飞　王　平　王亚沙　吴中海

研究员

李　影　张世琨　赵　文

中国语言文学系

教授

曹文轩　常　森　车槿山　陈保亚　陈连山　陈平原　陈晓明　陈泳超　陈跃红　戴锦华　董秀芳　杜晓勤　傅　刚
高远东　葛晓音　龚鹏程　郭　锐　韩毓海　贺桂梅　胡敕瑞　计璧瑞　金永兵　康士林　孔江平　孔庆东　李　简
李　杨　廖可斌　刘　萍　刘勇强　刘玉才　刘子瑜　潘建国　漆永祥　钱志熙　邵永海　孙玉文　王　岚　王岳川
王韫佳　吴晓东　项梦冰　杨荣祥　于迎春　袁行霈　袁毓林　詹卫东　张　辉　张　鸣　张　沛　张旭东　张颐武

研究员

顾永新　李　铎

历史学系

教授

包茂红　陈苏镇　邓小南　董经胜　高　岱　高　毅　郭润涛　郭卫东　何　晋　黄春高　李新峰　刘一皋　陆　扬
罗　新　牛大勇　欧阳哲生　彭小瑜　钱乘旦　荣新江　尚小明　王立新　王奇生　王晴佳　王　希　王新生
王元周　吴小安　辛德勇　徐　健　许　平　阎步克　颜海英　臧运祜　张　帆　赵冬梅　赵世瑜　朱凤瀚　朱青生
朱孝远　朱玉麒

研究员

陈侃理

考古文博学院

教授

陈建立　董　珊　杭　侃　胡东波　雷兴山　李崇峰　林梅村　齐东方　秦大树　沈睿文　宋向光　孙　华　孙庆伟
王幼平　韦　正　魏正中　吴小红　徐天进　张　弛　张　辛　赵　辉

研究员

陈　凌

哲学系（宗教学系）

教授

陈　波　陈少峰　杜维明　丰子义　干春松　韩林合　韩水法　何怀宏　李　猛　李四龙　刘华杰　刘壮虎　聂锦芳
尚新建　孙尚扬　王　博　王　颂　王中江　王宗昱　吴　飞　吴增定　先　刚　徐　春　徐凤林　徐龙飞　杨立华
杨学功　仰海峰　姚卫群　叶　闯　叶　朗　张广保　张学智　张志刚　章启群　赵敦华　郑　开　周北海　周　程
朱良志　Roger Thomas Ames　　　Thomas Rockmore

外国语学院

教授

薄文泽　陈岗龙　陈　明　程朝翔　褚　敏　丁宏为　丁　莉　董　强　段　晴　付志明　高峰枫　高一虹　拱玉书
谷　裕　韩加明　黄必康　黄燎宇　姜景奎　金景一　金　勋　李昌珂　李　强　李　玮　李　政　林丰民　凌建侯
刘　锋　刘建华　刘树森　罗　炜　马小兵　毛　亮　宁　琦　潘　钧　彭　甄　钱　军　秦海鹰　申　丹　滕　军
田庆生　王邦维　王　丹　王东亮　王　浩　王继辉　王　建　王　军　王辛夷　王一丹　魏丽明　吴杰伟　谢秩荣
杨国政　喻天舒　查晓燕　湛　如　张　敏　张世耘　张　薇　赵白生　赵桂莲　赵华敏　赵　杰　周小仪

对外汉语教育学院

教授

李红印　刘颂浩　刘元满　王海峰　辛　平　徐晶凝　杨德峰　张　英　赵　杨

艺术学院

教授
陈旭光 陈宇 丁宁 顾春芳 侯锡瑾 李道新 李松 李洋 林一 彭锋 王一川 翁剑青 向勇 邹惠

歌剧研究院

教授
蒋一民 金曼

教学教授
戴玉强

研究员
周笑莉

国际关系学院

教授
查道炯 丁斗 贾庆国 孔凡君 李寒梅 李义虎 连玉如 梁云祥 罗艳华 牛军 潘维 尚会鹏 唐士其 王缉思 王联 王逸舟 王勇 王正毅 韦民 许振洲 叶自成 袁明 翟崑 张光明 张海滨 张清敏 张小明 张植荣 朱文莉

法学院

教授
白桂梅 白建军 陈端洪 陈瑞华 陈兴良 邓峰 傅郁林 甘培忠 葛云松 龚刃韧 郭雳 郭自力 贺卫方 蒋大兴 李鸣 李启成 梁根林 凌斌 刘剑文 刘凯湘 刘燕 马忆南 潘剑锋 钱明星 强世功 饶戈平 邵景春 沈岿 汪建成 汪劲 王成 王磊 王锡锌 王新 吴志攀 徐爱国 薛军 尹田 张平 张骐 张千帆 张守文 赵国玲 朱苏力

研究员
李红海 叶静漪 易继明

信息管理系

教授

陈建龙　李常庆　李广建　李国新　刘兹恒　祁延莉　申　静　王继民　王　军　王延飞　王余光　王子舟　张浩达
张久珍　赵丹群　周庆山

社会学系

教授

蔡　华　方　文　高丙中　郭志刚　李建新　刘爱玉　刘　能　卢晖临　卢云峰　陆杰华　马凤芝　马　戎　钱民辉
邱泽奇　渠敬东　佟　新　王铭铭　谢立中　熊跃根　张　静　周飞舟　周　皓　周　云　朱晓阳

政府管理学院

教授

包万超　傅　军　高鹏程　顾　昕　关海庭　何增科　黄恒学　江荣海　金安平　李国平　陆　军　路　风　沈明明
沈体雁　宋　磊　王丽萍　王浦劬　萧鸣政　徐湘林　薛　领　燕继荣　杨开忠　俞可平　郁俊莉　赵成根　周志忍

马克思主义学院

教授

白雪秋　程美东　郭建宁　黄小寒　康沛竹　李少军　李翔海　李毅红　刘　军　刘志光　孙蚌珠　孙代尧　孙熙国
王文章　王在全　魏　波　郁庆治　杨　河　宇文利

研究员

夏文斌

教育学院

教授

陈洪捷　陈向明　陈晓宇　丁小浩　郭建如　贾积有　蒋　凯　刘云杉　马万华　闵维方　施晓光　汪　琼　文东茅
阎凤桥　岳昌君　赵国栋

研究员

哈　巍　秦春华

新闻与传播学院

教授

陈　刚　陈汝东　程曼丽　胡　泳　刘德寰　陆　地　陆绍阳　吕　艺　师曾志　吴　靖　谢新洲　许　静　杨伯溆
俞　虹

体育教研部

教授

董进霞　郝光安　何仲恺　赫忠慧　李德昌　张　锐

经济学院

教授

曹和平　董志勇　杜丽群　何小锋　胡　坚　黄桂田　李　虹　李连发　李庆云　李绍荣　李心愉　刘民权　刘　伟
刘　怡　平新乔　施建淮　宋　敏　苏　剑　孙祁祥　陶　涛　王大树　王曙光　王一鸣　王跃生　夏庆杰　叶静怡
张　博　张　辉　张　延　章　政　郑　伟　周建波

编审

于小东

光华管理学院

教授

蔡洪滨　陈丽华　陈松蹊　陈玉宇　符国群　龚六堂　黄　涛　贾春新　江明华　姜国华　金　李　雷　明　李怡宗
厉以宁　廖　卉　林莞娟　刘　力　刘　俏　刘晓蕾　刘　学　刘玉珍　陆正飞　路江涌　彭泗清　沈俏蔚　涂　平
王汉生　王　辉　王立彦　王明进　吴联生　武常岐　徐信忠　杨云红　姚琦伟　姚长辉　于鸿君　虞吉海　张国有
张红霞　张建君　张一驰　张　影　张　峥　张志学　周黎安　周长辉

人口研究所

教授

陈 功　李涌平　穆光宗　裴丽君　乔晓春　宋新明　郑晓瑛

国家发展研究院

教授

海 闻　胡大源　黄益平　霍德明　李 玲　林双林　林毅夫　刘国恩　卢 锋　马 浩　沈 艳　宋国青　唐方方
汪 浩　徐晋涛　杨 壮　姚 洋　余淼杰　张 黎　张维迎　张晓波　赵跃辉　朱家祥

研究员

范保群

基础医学院

教授

陈英玉　崔彩莲　崔德华　崔庆华　杜晓娟　方伟岗　高子芬　葛 青　韩济生　韩晶岩　韩文玲　孔 炜　李学军
刘国庆　刘昭飞　鲁凤民　罗光湘　罗建沅　马大龙　马治中　毛泽斌　梅 林　倪菊华　彭宜红　齐永芬　邱晓彦
沙印林　尚永丰　邵根泽　沈 丽　宋学军　谭焕然　田新霞　童坦君　万 有　汪南平　王 凡　王 玲　王 露
王文恭　王 宪　王 应　王 韵　王月丹　吴立玲　邢国刚　徐国恒　杨宝学　杨吉春　尹长城　尹玉新　于常海
云彩红　张 波　张 君　张 毓　张宏权　张炜真　张卫光　张晓伟　张永鹤　章 京　章国良　赵红珊　郑 杰
钟 南　周春燕　朱 毅　朱卫国　祝世功　庄 辉

研究员

刘新文　吴鎏桢　祝 虹　郑乐民

主任医师

刘从容　石雪迎

编审

安晓意

药学院

教授

蔡少青　姜 勇　李润涛　李中军　梁 鸿　凌笑梅　卢 炜　吕万良　蒲小平　刘俊义　齐宪荣　史录文　汤新景

屠鹏飞　王　超　王　夔　王　璇　王坚成　王克威　王银叶　徐　萍　杨晓达　杨晓改　杨秀伟　杨振军　叶　加
叶　敏　叶新山　曾慧慧　张　强　张　烜　张礼和　张亮仁　张庆英　张天蓝　周德敏　周田彦

研究员
车庆明　陈世忠　杜　权　付宏征　郭敏杰　贾彦兴　焦　宁　梁建辉　林文翰

编审
黄河清

公共卫生学院

教授
安　琳　曹卫华　常　春　陈　娟　陈大方　邓芙蓉　郭新彪　郭　岩　郝卫东　何丽华　胡永华　贾　光　康晓平
李立明　刘　民　吕　筠　马　军　马冠生　马谢民　马迎华　钮文异　潘小川　孙昕霙　王　红　王　旗　王　燕
王海俊　王培玉　王晓莉　王志锋　吴　明　许雅君　詹思延　张宝旭　张拓红　张玉梅　朱文丽

研究员
陈晶琦　李可基　李　勇　刘建蒙　任爱国　王京宇　武阳丰　叶　荣　余小鸣

主任技师
欧阳荔

护理学院

教授
郭桂芳　李明子　陆　虹　路　潜　尚少梅　孙宏玉　王志稳

公共教学部

教授
丛亚丽　高　嵩　郭莉萍　贺东奇　洪　炜　贾炳善　李　菡　刘大川　刘继同　孙秋丹　王　玥　王一方　吴任钢
张大庆　甄　橙

研究员
王红漫　谢　虹

第一临床医学院（第一医院）

教授

包新华　曹永平　陈　旻　陈　明　陈育青　迟春花　崔一民　丁　洁　丁文惠　董　捷　杜军保　冯　琪　高献书
高　莹　龚　侃　郭晓蕙　郭应禄　洪　涛　黄一宁　霍　勇　贾志荣　姜　毅　姜玉武　金红芳　金　杰　李建平
李海潮　李若瑜　李　挺　李　岩　刘　刚　刘梅林　刘　伟　刘新民　刘荫华　刘玉村　刘玉和　刘朝晖　吕继成
潘英姿　乔岐禄　秦　永　阙呈立　任汉云　涂　平　万远廉　王朝霞　汪　欣　王东信　王广发　王贵强　王荣福
王薇薇　王蔚虹　王维民　王霄英　王学美　温宏武　吴　林　吴问汉　吴　晔　吴　艳　席志军　薛　晴　肖水芳
辛钟成　熊　晖　徐小元　严仁英　晏晓明　杨慧霞　杨　柳　杨艳玲　杨尹默　杨　莉　杨　勇　姚　晨　于　峰
于岩岩　袁　云　郑　波　张　宏　张学智　张彦芳　张月华　张卓莉　赵明辉　周利群　周应芳　朱丽荣　朱学骏
邹英华

研究员

李惠芳　敬　伟　李六亿　李　岩　吕　媛　马兰艳　潘　虹　戚　豫　王静敏　王颖辛　殿　祺　张春丽　张庆林

主任医师

白　勇　毕　蕙　才　瑜　蔡立新　岑溪南　柴卫兵　常杏芝　陈　建　陈路增　陈　倩　陈喜雪　陈永红　成　虹
董　颖　段学宁　冯珍如　高　枫　龚艳君　韩文科　何志嵩　贺占举　侯新琳　黄　真　季素珍　蒋　捷　金其庄
李淳德　李　航　李海丽　李　简　李　良　李　梅　李巧娴　李淑清　李晓清　李　昕　李学松　梁芙蓉　梁丽莉
梁卫兰　林　健　刘凤君　刘　洪　刘玲玲　刘秀芬　刘雪芹　刘占兵　柳　萍　卢宏章　陆海英　牟向东　孟　磊
马　靖　马晓伟　米　川　年卫东　聂红平　聂立功　潘义生　庞　琳　齐慧敏　齐建光　秦乃姗　曲　元　盛琴慧
时春艳　孙洪跃　孙伟杰　孙晓伟　孙　瑜　佟小强　汪　波　文立成　王爱平　王　刚　王化虹　王建中　王　进
王　军　王宁华　王　玉　王鹏远　王晓敏　王　平　王全桂　王素霞　王文生　王　颖　吴士良　肖　锋　肖慧捷
肖江喜　肖云翔　熊　辉　徐　阳　许　幸　杨建梅　杨海珍　姚红新　姚　勇　邑晓东　尹　玲　余　进　于晓兰
袁振芳　张　红　赵桂萍　赵　鸿　张宝娓　张家湧　张路霞　张　骞　张俊清　张　凯　张澜波　张　渺　张宪生
张晓春　张志超　章小维　赵卫红　周福德　周　菁　庄　岩　曾　争

研究馆员

黄明杰

主任药师

孙培红　周　颖　赵　侠　梁　雁

主任护师

陈建军　丁炎明　耿小凤　王　群

主任技师

李雪迎　刘静霞　卢桂芝　杨宏云　郝洪军　艾　乙　王　彬

编审

高雪莲　单爱莲

第二临床医学院（人民医院）

教授

白文俊　鲍永珍　常英军　陈　红　崔　恒　冯传汉　冯　艺　高承志　高旭光　高　燕　高占成　关振鹏　郭淮莲
郭静竹　郭　卫　韩　芳　洪　楠　黄晓波　黄晓军　纪立农　姜保国　姜冠潮　姜燕荣　李建国　李　澍　栗占国
梁梅英　林剑浩　刘广志　刘海鹰　刘　健　刘开彦　刘文玲　刘玉兰　刘元生　陆道培　穆　蘭　秦　炯　沈　浣
苏　茵　孙铁铮　王　辉　王建六　王晶桐　王　俊　王乐今　王秋生　王　杉　王　屹　魏　来　徐　涛　许克新
许兰平　许清泉　燕太强　杨　欣　叶颖江　余力生　张建中　张庆俊　张小明　张晓辉　张学武　赵明威　赵　彦
朱继业　朱家安　左　力　冯婉玉

研究员

昌晓红　陈红松　戴谷音　黄　锋　李翠兰　李　红　李小平　刘　帆　刘艳荣　路　阳　潘孝本　阮国瑞　赵　越

主任医师

安海燕　安友仲　白　文　蔡　林　蔡美顺　陈　宜　曹宝平　曹照龙　陈　欢　陈　坚　陈江天　陈　雷　陈陵霞
陈琦玲　陈　适　陈　彧　陈育红　陈源源　陈　周　程　琳　程翼飞　戴　林　董霄松　杜　娟　封　波　傅中国
高　杰　关　菁　郭丹杰　郭　杨　韩红敬　韩学尧　何晋德　何燕玲　侯宪如　黄　磊　黄　迅　贾　玫　贾　园
贾月萍　江　滨　江　浩　江　倩　蒋　绚　姜可伟　寇伯龙　赖悦云　李帮清　李大森　李剑锋　李明武　李　琦
李　涛　李学斌　李　艺　李永杰　李　运　梁　斌　梁建宏　梁旭东　梁　勇　刘　波　刘春兰　刘国莉　刘　杰
刘　捷　刘　靖　刘　军　刘兰燕　刘　淼　刘　鹏　刘士军　刘献增　刘彦国　刘月洁　陆爱东　路　瑾　鹿　群
马　慧　马　鑫　马艳良　毛　汛　苗榕生　穆　荣　倪　磊　潘　芳　裴秋艳　齐慧君　钱　彤　曲进锋　曲星珂
饶慧瑛　任泽钦　沈晨阳　沈丹华　申金霞　申占龙　石　璇　孙宁玲　孙秀丽　孙艺红　汤小东　唐　军　唐　顺
陶　勇　田　莉　佟富中　王　波　王朝华　王　东　王福顺　王　豪　王　旻　王　茜　王少杰　王　殊　王天兵
王伟民　王　昱　王　悦　王智峰　王志启　韦　洮　吴　夕　吴　彦　吴　燕　夏瑞明　谢启伟　邢志敏　熊六林
徐海林　徐　燕　许俊堂　严荔煌　杨　帆　杨　力　杨荣利　杨松娜　杨铁生　杨晓东　姚　兰　叶雄俊　尹东辉
尹　虹　尹慕军　于文贞　袁燕林　曾超美　张殿英　张海澄　张乐萍　张立红　张培训　张荣葆　张挺杰　张万蕾
张熙哲　张晓红　赵　辉　赵　辉　赵晓涛　赵永平　周　波　周殿阁　周　蓉　周翔海　朱凤雪　朱继红　朱天刚

主任药师

方　翼　冯婉玉　顾　健　于芝颖　张海英

主任护师

王　泠　吴晓英　应菊素　张海燕

主任技师

李　丹　马丽萍

编审

李静然　李燕华　林文玉　尚永刚　王　黛　张立群

第三临床医学院（第三医院）

教授

敖英芳　陈亚红　陈跃国　陈仲强　崔　鸣　丁士刚　段丽萍　樊东升　付　卫　高　炜　郭向阳　韩鸿宾　韩启德
贺　蓓　洪　晶　洪天配　姜　辉　景红梅　克晓燕　李　东　李　蓉　李学民　李昭屏　凌晓锋　刘剑羽　刘湘源
刘晓光　刘忠军　马彩虹　马芙蓉　马潞林　么改琦　齐　虹　乔　杰　孙永昌　汪　涛　王贵松　王金锐　王俊杰
王　薇　王　侠　王　颖　王　悦　王振宇　吴玲玲　修典荣　徐　智　杨　孜　余家阔　袁慧书　翟所迪　张爱华
张　纯　张　捷　张燕燕　张永珍　赵扬玉　郑丹侠　周　方　周丽雅　周谋望　朱　曦

研究员

艾　华　常翠青　耿　力　金昌晓　李树强　李子健　林　丛　刘薇薇　秦泽莲　沈　韬　宋纯理　徐　明　许　锋
张小为　张幼怡　计　虹　赵一鸣　周洪柱　周　瑞　闫丽盈

主任医师

毕洪森　陈宝霞　陈　文　陈朝文　陈新娜　崔国庆　崔立刚　窦宏亮　冯新恒　冯学峰　傅　瑜　高洪伟　葛辉玉
葛庆岗　龚　熏　顾　芳　郭长吉　郭红燕　郭丽君　郭秦炜　郭昭庆　韩江莉　韩劲松　韩庆烽　郝燕生　和　岚
洪　锴　侯纯升　侯小飞　胡跃林　黄雪彪　黄　毅　黄永辉　霍则军　姬洪全　姜　亮　姜　薇　焦　晨　李　比
李　东　李东明　李海燕　李红真　李　华　李　民　李卫虹　李危石　李小刚　李　选　李在玲　李志刚　黎远皋
梁　莉　凌云鹏　刘桂花　刘　平　刘书旺　刘延青　刘瑜玲　刘仲奇　卢　剑　鲁　明　鲁　珊　栾景源　马力文
马青变　马勇光　孟秀丽　苗立英　牛　杰　潘　滔　朴梅花　齐　强　沈　宁　沈　扬　史成和　宋清华　宋世兵
宋为明　孙　宇　田　华　田彦杰　田　耘　童笑梅　万　峰　王爱英　王昌明　王　超　王海燕　王继军　王健全
王　军　王　丽　王丽娜　王立新　王少波　王圣林　王　涛　王天成　王　霄　王新利　王雪梅　王永清　韦　峰
魏　玲　魏　瑗　邬海博　夏志伟　肖春雷　肖卫忠　谢京城　熊光武　胥　婕　徐　雁　徐迎胜　许艺民　闫　辉
闫　明　闫天生　闫　燕　杨雪松　姚宏伟　伊　敏　原春辉　袁　炯　曾　辉　曾　岩　张春雷　张凤山　张福春
张　克　张　立　张　莉　张立强　张利萍　张璐芳　张　俊　张树栋　张卫方　张　巽　张　媛　张　喆　赵　军
赵素焱　赵　艳　郑亚安　周劲松　周庆涛　朱　红　朱　丽　朱　昀　庄申榕　祖凌云

主任药师

杨毅恒　赵荣生

主任护师

郭　莉　李葆华　朴玉粉　张洪君　张会芝

主任技师

吕志珍　游　珂

研究馆员

田新玉

口腔医院

教授

蔡志刚　邓旭亮　董艳梅　冯海兰　傅开元　甘业华　高学军　高雪梅　高　岩　葛立宏　谷　岩　郭传瑸　胡文杰
华　红　贾绮林　姜　婷　李翠英　李　刚　李铁军　李巍然　梁宇红　林久祥　林　野　刘　鹤　刘宏伟　刘　宇
栾庆先　吕培军　马　莲　毛　驰　孟焕新　聂　琼　彭　歆　秦　满　谭建国　唐志辉　王伟建　王晓燕　王新知
欧阳翔英　王　兴　魏世成　谢秋菲　许天民　徐　莉　徐　韬　伊　彪　俞光岩　岳　林　张　刚　张　杰　张建国
张　益　张震康　郑树国　周彦恒　周永胜　李自力　江久汇

研究员

李盛林　林　红　郑　刚

主任医师

安金刚　陈　洁　崔念晖　邱　萍　丁　云　樊　聪　高　娟　何秉贞　和　璐　侯建霞　胡　炜　胡晓阳　姬爱平
纪志农　姜若萍　姜　霞　江　泳　晋长伟　康　军　李健慧　李彤彤　梁　成　柳登高　刘瑞昌　刘　怡　刘亦洪
刘玉华　骆泉丰　罗　奕　马　琦　马文利　潘　洁　邱立新　荣文笙　孙　凤　佟　岱　王世明　王晓霞　王泽泗
王尊一　魏　松　夏　斌　阎　燕　杨亚东　翟新利　张汉平　张　豪　张　雷　张　清　张　笋　张万林　张　伟
张祖燕　赵　奇　赵燕平　赵玉鸣　周爽英　杨旭东　张　晓　胡秀莲　孟娟红　李小彤　韩　劼　刘　峰　李良忠

主任技师

陈智滨　吴美娟

主任药师

郑利光

主任护师

李秀娥　杨　悦

正高级工程师

王　勇

临床肿瘤学院（肿瘤医院）

教授

陈克能　邓大君　方志伟　顾　晋　郭　军　郝纯毅　季加孚　柯　杨　李惠平　李萍萍　李子禹　林冬梅　刘宝国
吕有勇　潘凯枫　沈　琳　寿成超　苏向前　解云涛　邢宝才　杨　勇　游伟程　张力建　张青云　张志谦　朱广迎
王子平　梁　军　刘　巍　孙应实　吴　楠　张　宁

研究员

胡亚洲　隗铁夫　许秀菊　徐国兵　杨　志　张焕萍　邢　沫　韩淑燕　吴健民　詹启敏

主任医师

安彤同　步召德　蔡　勇　陈晋峰　陈衍智　陈　晓　迟志宏　邸立军　杜　鹏　范志毅　方　健　高雨农　胡永华
李　健　李　洁　李金锋　李　明　李　萍　李　燕　林宁晶　陆爱萍　马丽华　那　加　欧阳涛　宋国红　宋玉琴
孙　红　孙　艳　唐　磊　谭宏宇　唐丽丽　王洪义　王宏志　王　崑　卫　燕　武爱文　吴梅娜　吴　齐　吴　薇
吴晓江　徐　博　薛卫成　严　昆　杨　跃　郑　文　张　霁　张连海　张乃嵩　张晓东　张小田　赵爱莲　郑　虹
朱步东　朱　军　朱　旭　涂梅峰　赵　军　陈　辉　陈冀衡　崔　明　高顺禹　王晓东　杨　薇　廖盛日

主任药师

张艳华　杨　锐

主任护师

陆宇晗

精神卫生研究所（第六医院）

教授

沈渔邨　黄悦勤　钱秋谨　司天梅　王华丽　于　欣　张　岱　孙洪强　岳伟华

研究员

李晓霓　孙　黎　汪向东

主任医师

丛　中　贾美香　孔庆梅　李　冰　李雪霓　刘　粹　刘建成　刘　靖　马　弘　唐登华　唐宏宇　田成华　王希林
原岩波　程　嘉　王向群　闫　俊　姚贵忠　张大荣　张鸿燕　周　沫

主任护师

马　莉　耿淑霞

元培学院

教授

孙　华

前沿交叉学科研究院

教授

陈东敏　David Allanweitz

分子医学研究所

教授
肖瑞平

研究员
程和平　梁子才　汪阳明　周　专

科维理天文研究所

教授
樊晓晖　Luis Chi Ho　Spurzem Rainer

研究员
李立新　理查德　于清娟　Gregory Joseph Herczeg

北京国际数学研究中心

教授
鄂维南　郭　岩　韩　青　刘小博　许晨阳　许进超　周晓华　James Andrew Carlson

研究员
葛　颢　文再文

现代农学院

教授
邓兴旺　黄季焜　王金霞

画法研究院

教授
范　曾

教育财政科学研究所

教授
刘明兴　王　蓉

社会科学调查中心

教授
李　强　谢　宇

先进技术研究院

教授
李启虎

党办校办

教授
郝　平　马化祥　王　杰　吴树青　许智宏　朱善璐

研究员
郭丛斌　郭　海　雷　虹

组织部

教授
李文胜

统战部

教授
张晓黎

学工部

教授
杨爱民

保卫部

研究员
冯支越

保密办

研究员
刘旭东

教务部

研究员
金顶兵　卢晓东

科研部

研究员
蔡晖　贺飞　周辉

社会科学部

编审
刘曙光　郑园

研究生院

研究员
贾爱英

人事部

研究员
刘 波　王红印

财务部

研究员
闫 敏　郑 庄

审计室

研究员
王 雷

工会

研究员
孙 丽

国际合作部

研究员
李岩松　夏红卫　郑如青

总务部

研究员
张宝岭

基建工程部

正高级工程师
莫元彬

产业管理办公室

正高级工程师
王　川　周亚伟

图书馆

研究馆员
陈　凌　关志英　胡海帆　李　云　刘大军　刘素清　聂　华　汤　燕　王　波　肖　珑　姚伯岳　姚晓霞　张春红　张红扬　张明东　朱　强　邹新明

计算中心

正高级工程师
陈　光　陈　萍　李庭晏　马　皓　张　蓓　种连荣

出版社

编审
杜若明　冯益娜　符　丹　高秀芹　耿协峰　金娟萍　李　东　林君秀　刘　方　刘乐坚　马辛民　商鸿业　沈浦娜　王明舟　杨立范　杨书澜　张　冰　张凤珠　张弘泓　张黎明　周雁翎

校医院

主任医师
李 华　李卫菊　沈 嵩　云 虹　张宏印

北大附中

正高级教师
李冬梅　王 铮　张思明

北大附小

正高级教师
尹 超

方正集团

研究员
蒋必金　张兆东

正高级工程师
黄肖俊　汪岳林　王国印

未名公司

研究员
张 华

正高级工程师
潘爱华

北大青鸟

研究员
杨　明

正高级工程师
叶智勇

基金会

研究员
邓　娅

医学部党政机关、后勤、直属及产业

教授
方　海　孟庆跃　田佳

研究员
蔡景一　陈立奇　程化琴　崔　爽　戴　清　邓艳萍　樊建军　范春梅　郭艳花　贾忠伟　李　红　李　鹰　刘穗燕
陆　林　时　杰　刘志民　王春虎　王　青　王翠先　王军为　徐白羽　徐善东　殷晓丽　张　蕾　张　翎　张　明
朱树梅

主任医师
阮　晶　王晓军　王振宇　易　英　张素敏

研究馆员
王金玲　谢志耘

主任技师
吴后男　袁　兰　周淑佩

正高级工程师
何其华

编审
白　玲　暴海燕　冯智勇　王凤廷　曾桂芳　张其鹏　赵　莳

（人事部、医学部人事处）

2016年逝世人员名单

姓名	单位	出生日期	姓名	单位	出生日期
陈 炎	外国语学院	1916年12月	董葆珊	中国语言文学系	1918年10月
邓保强	国际合作部	1922年9月	杨博民	心理与认知科学学院	1922年9月
任利泰	人事部	1923年1月	王如璋	校医院	1923年1月
张常明	化学与分子工程学院	1924年1月	严 杜	化学与分子工程学院	1924年6月
赵新月	图书馆	1924年10月	傅素冉	化学与分子工程学院	1925年1月
李馨兰	校园服务中心	1925年7月	唐子健	物理学院	1925年12月
杨淑姜	北大附小	1926年2月	韩化南	北大附小	1926年3月
梁 毅	科研部	1926年3月	王二杰	经济学院	1927年12月
赵学谦	动力中心	1928年2月	于板成	动力中心	1928年11月
孟昭容	国际关系学院	1928年11月	孙 淼	历史学系	1929年4月
司鸿德	房地产管理部	1929年5月	杨联洁	数学科学学院	1929年6月
汪永铨	教育学院	1929年8月	王连和	餐饮中心	1929年10月
尚振海	化学与分子工程学院	1929年11月	赵桂珍	校园服务中心	1929年12月
李 严	信息管理系	1930年4月	刘泰樵	生命科学学院	1930年5月
谢 龙	马克思主义学院	1930年8月	于爱玲	校园服务中心	1930年9月
朱飞云	继续教育部	1930年12月	李怀玉	体育教研部	1930年12月
任清玉	国际关系学院	1931年1月	马志诚	外国语学院	1931年2月
黄子都	国际关系学院	1931年2月	潘乃穆	社会学系	1931年11月
咸乐文	校园服务中心	1931年12月	张嘉郁	化学与分子工程学院	1932年5月
宋静安	人口研究所	1932年6月	李声崇	化学与分子工程学院	1932年9月
梁俊梅	校园服务中心	1932年10月	尹道乐	物理学院	1932年11月
叶国柱	会议中心	1933年1月	张茂云	动力中心	1933年4月
徐大笏	马克思主义学院	1933年5月	刘玉力	档案馆	1933年5月
周南京	国际关系学院	1933年6月	李嘉娥	教育学院	1933年7月
刘同喜	出版社	1933年8月	魏振瀛	法学院	1933年11月
王有贵	图书馆	1934年2月	龚镇雄	物理学院	1934年10月
郝维武	动力中心	1934年11月	曲韵笙	北大附中	1934年12月
曾昭垦	物理学院	1934年12月	方向法	地球与空间科学学院	1935年6月
林炳雄	化学与分子工程学院	1935年9月	赵光普	餐饮中心	1935年10月
陈辰嘉	物理学院	1935年11月	陈玉兰	校园服务中心	1936年2月
叶奕良	外国语学院	1936年3月	贾新华	信息科学技术学院	1936年4月
徐保全	动力中心	1936年6月	李裕德	北大附中	1936年9月
马云章	总务部	1936年11月	巩连锁	出版社	1936年11月
林福亨	方正集团	1936年12月	陶 琅	北大附中	1937年5月
李慰曾	北大附中	1937年7月	马树孚	人事部	1937年7月
胡玉敬	信息科学技术学院	1937年7月	戚世昆	北大青鸟	1937年10月
董致平	动力中心	1937年12月	黄湘友	物理学院	1938年1月

(续表)

姓名	单位	出生日期	姓名	单位	出生日期
姜同光	法学院	1938年2月	方 晴	物理学院	1939年1月
王舒民	物理学院	1939年1月	张国生	外国语学院	1939年3月
程久恒	物理学院	1939年3月	黄永念	力学系	1939年4月
汪秀茹	物理学院	1939年9月	田昆玉	信息科学技术学院	1939年10月
刘满泉	餐饮中心、	1940年2月	赵建文	马克思主义学院	1940年12月
李玉花	校园服务中心	1941年6月	张世荣	北大附小	1941年9月
张敏秋	国际关系学院	1942年9月	凌佩舜	北大附中	1943年1月
赵西翠	公寓服务中心	1945年7月	范庆增	社区服务中心	1945年12月
陈喜太	校园服务中心	1946年7月	蒯宝棣	北大附中	1946年10月
刘至文	方正集团	1948年3月	肖东发	新闻与传播学院	1949年11月
刘华祝	历史学系	1950年5月	金利明	校产办	1953年10月
田彦清	党办校办	1954年2月	葛顺健	总务部	1954年3月
刘淑萍	街道办	1955年1月	孙桂霞	生命科学学院	1955年5月
廖岩晨	餐饮中心	1955年8月	马占贵	北大青鸟	1955年12月
刘凯欣	力学系	1956年5月	王 鸣	数学科学学院	1959年2月
张永生	餐饮中心	1963年12月	朱 涛	化学与分子工程学院	1964年4月
张丽平	社区服务中心	1964年4月	沈芸芸	图书馆	1972年2月
闫如冰	动力中心	1979年10月			
陶蛰生	医学部	1918年3月	李秀琴	医学部	1919年11月
张丽珠	北京大学第三医院	1921年1月	赵 轩	医学部	1921年5月
马松山	北京大学第一医院	1922年12月	吴湘修	北京大学人民医院	1922年4月
李振生	北京大学第一医院	1922年5月	张振澎	北京大学口腔医院	1922年5月
冯永约	北京大学第一医院	1923年11月	邓庆棠	北京大学人民医院	1923年11月
周彩铭	医学部	1925年1月	辛小东	医学部	1925年1月
王菊芳	北京大学口腔医院	1925年3月	胡 坤	北京大学第一医院	1925年4月
唐慕德	北京大学第一医院	1925年9月	付燕生	北京大学第六医院	1925年9月
李恩钰	北京大学第一医院	1926年10月	宋克强	北京大学第一医院	1926年12月
宋文雪	北京大学人民医院	1926年12月	武明禄	北京大学人民医院	1926年2月
李宝云	医学部	1926年3月	杜水伯	医学部	1926年6月
张羽	北京大学第一医院	1926年8月	计瑞珠	北京大学第一医院	1927年10月
窦士秀	北京大学第一医院	1927年11月	窦义方	北京大学第一医院	1927年11月
齐英	北京大学口腔医院	1927年1月	蔡孟深	医学部	1927年1月
唐执行	北京大学第一医院	1927年1月	高 钰	北京大学第三医院	1927年8月
杨秀农	北京大学人民医院	1928年11月	詹殿文	医学部	1928年2月
云景焕	北京大学第三医院	1928年2月	于 彬	北京大学第一医院	1928年9月
李庆奎	医学部	1929年1月	李哲生	北京大学第三医院	1929年2月
王泽芳	北京大学第一医院	1929年6月	张 晖	医学部	1929年8月
吴铁铃	北京大学肿瘤医院	1929年9月	徐慧文	北京大学第一医院	1930年12月
蔡志基	医学部	1930年1月	沈守洪	医学部	1930年1月
张枢贤	医学部	1930年6月	胡延秀	北京大学第一医院	1930年6月

(续表)

姓名	单位	出生日期	姓名	单位	出生日期
嵇静德	医学部	1930年6月	刘凤	医学部	1931年11月
秦玲	医学部	1931年12月	杨金辉	医学部	1931年12月
邵珍珠	北京大学第一医院	1931年5月	谢重邈	北京大学人民医院	1931年7月
任倩霞	北京大学第一医院	1932年10月	姜毓南	北京大学第一医院	1932年1月
王德	医学部	1932年7月	李秀实	北京大学人民医院	1932年8月
胡綝	北京大学肿瘤医院	1932年8月	韩旭	医学部	1932年9月
温守庸	北京大学第一医院	1932年9月	徐志华	北京大学第一医院	1933年10月
海德起	医学部	1933年6月	袁硕	北京大学第三医院	1934年10月
周道	医学部	1934年12月	董超仁	医学部	1934年1月
吴瑞渊	北京大学人民医院	1934年7月	苏瑞	医学部	1934年8月
李月光	北京大学人民医院	1935年11月	孟庆生	医学部	1935年12月
汪斌	北京大学肿瘤医院	1935年1月	李肇基	北京大学第三医院	1935年5月
徐树新	北京大学第一医院	1935年6月	高云生	医学部	1935年9月
梁淑云	北京大学人民医院	1935年9月	杨之敏	北京大学人民医院	1936年9月
余光明	北京大学第一医院	1937年12月	陶成	医学部	1937年1月
陈秉枫	北京大学第三医院	1937年5月	王宝书	医学部	1937年7月
周家英	北京大学第三医院	1937年8月	李五岭	医学部	1937年8月
李玉芝	北京大学第三医院	1937年9月	张玉华	北京大学人民医院	1937年9月
薛彬	医学部	1938年12月	安宝贵	北京大学第三医院	1938年2月
王嘉德	北京大学口腔医院	1939年12月	张茂	北京大学第六医院	1939年1月
周郁芬	医学部	1940年5月	张淑兰	医学部	1940年7月
李瑞琴	医学部	1940年9月	张亚男	北京大学第一医院	1942年12月
李俊英	北京大学第六医院	1942年8月	储晓白	北京大学第三医院	1946年11月
康德义	北京大学第一医院	1946年11月	李砚林	北京大学第三医院	1948年11月
戴红玉	医学部	1949年8月	虞毫非	北京大学口腔医院	1949年8月
张世琨	北京大学第一医院	1950年10月	赵春起	北京大学第一医院	1950年12月
刘静洁	北京大学人民医院	1950年5月	林华芝	北京大学第一医院	1951年10月
于福才	北京大学肿瘤医院	1952年1月	杨琴	北京大学第一医院	1953年3月
霍芳霖	医学部	1953年5月	张利国	北京大学第三医院	1953年9月
龚春玲	北京大学第三医院	1954年3月	白小薇	医学部	1954年7月
朱力	北京大学第三医院	1957年9月	赵毅强	医学部	1962年5月
张才义	医学部	1962年9月	王虹	北京大学第三医院	1963年7月
曹静	北京大学人民医院	1970年8月	赵玲	北京大学第三医院	1971年2月
沈霞	医学部	1974年5月	李晓光	北京大学第三医院	1977年6月
邓芒	北京大学人民医院	1980年11月			

(人事部、医学部人事处)

2016年授予的名誉博士

序号	授予人员姓名	国籍/地区	职业/职务	授予时间
1	朱棣文	美国	斯坦福大学教授	2016年12月

（研究生院）

2016年授予的名誉教授

序号	授予人员姓名	职业/职务	授予日期	申报单位
1	阿马蒂亚·森 Amartya Sen	美国哈佛大学校级讲席教授	2016年3月	经济学院
2	陆克文 Kevin Rudd	澳大利亚第26任总理、亚洲协会政策研究所主席	2016年3月	国际关系学院

（党办校办）

2016年聘请的客座教授

序号	姓名	职务	聘任时间	申报单位
1	池内克史 Katsushi Ikeuchi	微软亚洲研究院首席研究员	2016年4月	信息科学与技术学院
2	戴勇	瑞士保罗·谢尔研究所高级研究员	2016年11月	物理学院
3	葛惟昆	香港科技大学荣休教授	2016年7月	物理学院
4	关美宝 Mei-Po Kwan	美国伊利诺伊大学厄巴纳-香槟分校地理及地理信息科学系教授	2016年3月	城市与环境学院
5	刘家铭 William K. M. Lau	美国宇航局哥达德空间飞行中心地球科学部荣休主任	2016年5月	物理学院
6	欧思聪 Kostyantyn strikov	澳大利亚昆士兰科技大学教授	2016年1月	化学与分子工程学院
7	山下正广 Masahiro Yamashita	东北大学教授	2016年11月	化学与分子工程学院
8	丸山茂夫 Shigeo Maruyama	日本富勒烯碳纳米管石墨烯研究学会会长	2016年11月	化学与分子工程学院
9	维托德·纳查威次 Witold Nazarewicz	美国密歇根州立大学Hannah杰出讲习教授、美国FRIB首席科学家、中国-美国奇特核物理理论研究所发起人	2016年7月	物理学院
10	尾崎幸洋 Yukihiro Ozaki	日本关西学院大学副校长	2016年7月	化学与分子工程学院
11	文安立 Odd Arne Westad	美国哈佛大学肯尼迪政府学院李成智美国亚洲关系史讲座教授	2016年10月	历史学系
12	翁玉林	美国加州理工大学行星科学系教授	2016年11月	物理学院
13	杨强	香港科技大学计算机系教授、系主任	2016年7月	信息科学与技术学院

（党办校办）

党发、校发文件目录

2016年部分党发文件目录

党发〔2016〕1号	关于成立北京大学党委教师工作部的通知
党发〔2016〕2号	关于北京大学软件与微电子学院党委副书记选举结果的批复
党发〔2016〕3号	关于中共北京大学对外汉语教育学院党员大会选举结果的批复
党发〔2016〕5号	关于中共北京大学医院党员大会选举结果的批复
党发〔2016〕6号	关于春节及寒假期间贯彻落实中央八项规定精神纠正"四风"问题的通知
党发〔2016〕7号	关于胡建信免职的通知
党发〔2016〕8号	关于陈永利、阮草职务任免的通知
党发〔2016〕9号	关于刘德英、柴真职务任免的通知
党发〔2016〕10号	关于霍晓丹、刘力平职务任免的通知
党发〔2016〕12号	关于张莉鑫免职的通知
党发〔2016〕13号	关于张莉鑫、陈永利职务任免的通知
党发〔2016〕14号	关于詹启敏任职的通知
党发〔2016〕15号	关于北京大学医学部党委书记任免的通知
党发〔2016〕17号	关于成立北京大学"学党章党规、学系列讲话,做合格党员"学习教育协调小组的通知
党发〔2016〕18号	关于纪念中国共产党成立95周年及北京大学早期党组织成立96周年主题活动的通知
党发〔2016〕19号	关于卢亮任职的通知
党发〔2016〕20号	关于董志勇、章政职务任免的通知
党发〔2016〕21号	关于沈鹏、焦岩职务任免的通知
党发〔2016〕23号	关于同意李靖辞职的通知
党发〔2016〕24号	关于成立中共北京大学心理与认知科学学院委员会的通知
党发〔2016〕25号	关于郭红勇免职的通知
党发〔2016〕26号	关于中共北京大学城市与环境学院党员代表大会选举结果的批复
党发〔2016〕27号	关于印发《纪念中国共产党成立95周年及北京大学早期党组织成立和马克思主义研究传播96周年活动近期工作方案》的通知
党发〔2016〕28号	中共北京大学委员会关于加强和改进新形势下统一战线工作的意见
党发〔2016〕29号	北京大学党政领导班子落实"三重一大"决策制度实施办法
党发〔2016〕30号	关于成立北京大学统战工作领导小组的通知
党发〔2016〕31号	中共北京大学委员会关于表彰优秀共产党员和先进党支部的决定
党发〔2016〕32号	关于中共北京大学信息管理系党员大会选举结果的批复
党发〔2016〕33号	关于李海燕、周志忍职务任免的通知
党发〔2016〕34号	关于成立北京大学政策法规研究室的通知
党发〔2016〕35号	关于陈宝剑、任羽中任职的通知
党发〔2016〕36号	关于印发《北京大学2016年重点工作督办方案》的通知
党发〔2016〕37号	关于樊志、刘德英职务任免的通知
党发〔2016〕38号	关于成立北京大学"学党章党规、学系列讲话,做合格党员"学习教育督导组的通知

党发〔2016〕39号	关于冯支越、安国江职务任免的通知
党发〔2016〕40号	关于印发《北京大学关于加强执行力建设的实施意见》的通知
党发〔2016〕42号	关于宇文利任职的通知
党发〔2016〕43号	关于在党委各工作部门开展党风廉政建设责任制暨管党治党主体责任落实情况专项检查通知
党发〔2016〕44号	关于表彰2015—2016学年获奖教师的决定
党发〔2016〕45号	关于学习贯彻习近平总书记在庆祝中国共产党成立95周年大会上的重要讲话精神的通知
党发〔2016〕46号	关于在中秋、国庆节期间进一步严明纪律祛除"四风"问题的通知
党发〔2016〕47号	关于印发《北京大学基层党组织活动经费管理实施细则》的通知
党发〔2016〕48号	关于熊校良、卢亮职务任免的通知
党发〔2016〕49号	关于转发《北京市学习贯彻〈中国共产党问责条例〉工作方案》的通知
党发〔2016〕50号	中共北京大学委员会关于认真学习贯彻党的十八届六中全会精神的通知
党发〔2016〕51号	关于萧群、孟庆焱、胡新龙职务任免的通知
党发〔2016〕52号	关于生玉海任职的通知
党发〔2016〕53号	关于北京大学党政管理部门整体换届部分单位领导班子任职的通知
党发〔2016〕54号	关于张婧任职的通知
党发〔2016〕55号	关于中共北京大学人民医院第四次党员代表大会选举结果的批复
党发〔2016〕56号	关于胡新龙任职的通知
党发〔2016〕57号	关于中共北京大学药学院第三次党员大会选举结果的批复
党发〔2016〕58号	关于北京大学党政管理部门整体换届部分单位正职任职的通知
党发〔2016〕59号	关于中共北京大学直属单位党员大会选举结果的批复
党发〔2016〕60号	关于印发《2016年度北京大学校级领导班子民主生活会方案》的通知
党发〔2016〕61号	关于认真开好2016年度院系级领导班子民主生活会的通知
党发〔2016〕63号	关于郝平、朱善璐同志职务任免的通知
党发〔2016〕64号	关于陈捷任职的通知
党发〔2016〕65号	关于中共北京大学公共卫生学院第四次党员大会选举结果的批复
党发〔2016〕66号	关于中共北京大学化学与分子工程学院党员代表大会选举结果的批复
党发〔2016〕67号	关于中共北京大学临床肿瘤学院(北京大学肿瘤医院、北京肿瘤医院)党员代表大会选举结果的批复
党发〔2016〕68号	关于谢晓非、吴艳红职务任免的通知
党发〔2016〕69号	关于在元旦春节期间进一步严明纪律深化落实八项规定精神的通知
党发〔2016〕70号	关于成立市校共建北京大学深圳校区领导小组和联合工作小组的通知
党发〔2016〕71号	关于印发《北京大学中层领导人员交流轮岗工作暂行办法》的通知

2016年部分校发文件目录

校发〔2016〕2号	关于规范公务用车管理和开展超标公务用车定点封存工作的通知
校发〔2016〕3号	关于北京大学人民医院(第二临床医学院)行政班子任职的通知
校发〔2016〕4号	关于北京大学药学院行政班子任职的通知
校发〔2016〕5号	关于北京大学临床肿瘤学院(北京大学肿瘤医院、北京肿瘤医院、北京市肿瘤防治研究所)行政班

	子任职的通知
校发〔2016〕6号	关于贺飞任职的通知
校发〔2016〕7号	关于批复国际合作部内设机构负责人招聘结果的通知
校发〔2016〕8号	关于徐善东任职的通知
校发〔2016〕9号	关于同意聘请欧思聪博士为北京大学客座教授的决定
校发〔2016〕10号	关于表彰北京大学2015年优秀博士后的决定
校发〔2016〕11号	关于印发《北京大学人文社会科学研究项目经费管理办法（试行）》的通知
校发〔2016〕12号	关于印发《北京大学理工科民口科研项目经费管理办法（试行）》的通知
校发〔2016〕13号	关于转发北京市关于进一步做好岁末年初火灾防控工作等两个文件的通知
校发〔2016〕14号	关于加强科研项目和经费管理规范科研行为的实施办法（暂行）
校发〔2016〕15号	关于王博任职的通知
校发〔2016〕16号	关于燕继荣等职务任免的通知
校发〔2016〕17号	关于白宇职务级别的通知
校发〔2016〕18号	关于成立北京大学师资人才办公室的通知
校发〔2016〕19号	关于冒大卫、闫敏职务任免的通知
校发〔2016〕20号	关于李晓明免职的通知
校发〔2016〕21号	关于成立北京大学未来城市研究中心的通知
校发〔2016〕22号	关于成立北京大学-特拉维夫大学粮食安全联合研究中心的通知
校发〔2016〕23号	关于成立北京大学大数据科学研究中心的通知
校发〔2016〕25号	关于成立北京大学-暨南大学联合环境资源研究院的通知
校发〔2016〕27号	关于批复校友工作办公室内设机构负责人招聘结果的通知
校发〔2016〕28号	关于北京大学燕京学堂院长任免的通知
校发〔2016〕29号	关于李沉简任职的通知
校发〔2016〕30号	关于北京大学医院行政班子任职的通知
校发〔2016〕31号	关于吴云东任职的通知
校发〔2016〕32号	关于印发《北京大学离退休活动经费使用管理规定》的通知
校发〔2016〕35号	关于转发《教育部关于学习宣传贯彻实施新修订的教育法和高等教育法的通知》的通知
校发〔2016〕36号	关于批复燕园街道办事处内设机构负责人招聘结果的通知
校发〔2016〕38号	关于批复科学研究部内设机构负责人招聘结果的通知
校发〔2016〕39号	关于北京大学医学网络教育学院行政班子任职的通知
校发〔2016〕40号	关于柴真免职的通知
校发〔2016〕41号	关于陈永利、阮草职务任免的通知
校发〔2016〕42号	关于蒋争凡任职的通知
校发〔2016〕43号	关于同意方竞辞职的通知
校发〔2016〕44号	关于表彰北京大学2015年度安全管理标准化建设先进单位、安全管理先进单位和先进个人的决定
校发〔2016〕52号	关于批复总务部内设机构负责人招聘结果的通知
校发〔2016〕53号	关于成立北京大学网络安全与信息化领导小组的通知
校发〔2016〕54号	关于同意聘请池内克史博士为北京大学客座教授的决定
校发〔2016〕56号	关于吴军任职的通知
校发〔2016〕57号	关于北京大学理学部班子任职的通知
校发〔2016〕58号	关于北京大学信息与工程科学部班子任职的通知
校发〔2016〕59号	关于北京大学人文学部班子任职的通知
校发〔2016〕61号	关于批复教务部内设机构负责人招聘结果的通知
校发〔2016〕65号	关于任命郭宗明担任电子出版新技术国家工程研究中心主任的通知
校发〔2016〕66号	关于印发《北京大学本科教育综合改革指导意见》的通知
校发〔2016〕67号	关于印发《北京大学本科教学工作审核评估工作方案》的通知

校发〔2016〕71号	关于柯杨常务副校长不再兼任医学部常务副主任的通知
校发〔2016〕72号	关于北京大学医学部主任任免的通知
校发〔2016〕73号	关于姜国华任职的通知
校发〔2016〕74号	关于成立北京大学本科教学工作审核评估组织机构的通知
校发〔2016〕75号	关于印发《北京大学高精尖创新中心管理办法》(试行)的通知
校发〔2016〕76号	关于印发《2016年学校改革发展重点任务及分工安排》的通知
校发〔2016〕77号	关于同意聘请刘家铭博士为北京大学客座教授的决定
校发〔2016〕78号	关于印发《北京大学关于严格规范举办领导干部参加的培训项目有关事项的实施细则》的通知
校发〔2016〕80号	关于批复房地产管理部内设机构负责人招聘结果的通知
校发〔2016〕82号	关于谭文长、史守旭职务任免的通知
校发〔2016〕83号	关于表彰北京大学第十五届青年教师教学基本功比赛获奖单位及个人的决定
校发〔2016〕84号	关于裴坚任职的通知
校发〔2016〕85号	关于余淼杰、张黎职务任免的通知
校发〔2016〕86号	关于成立北京大学资产清查领导小组的通知
校发〔2016〕87号	关于刘满凤任职的通知
校发〔2016〕88号	关于印发《北京大学教学优秀奖奖励办法》的通知
校发〔2016〕92号	关于调整北京大学本科教学发展战略研究小组的通知
校发〔2016〕94号	关于朱守华、刘玉鑫职务任免的通知
校发〔2016〕95号	关于章政、关海庭职务任免的通知
校发〔2016〕96号	关于董志勇、章政职务任免的通知
校发〔2016〕97号	关于陈兴、付雪峰职务任免的通知
校发〔2016〕98号	关于周曼丽、李洪权职务任免的通知
校发〔2016〕99号	关于印发《北京大学师德教育实施办法》的通知
校发〔2016〕100号	关于印发《北京大学师德考核实施办法》的通知
校发〔2016〕101号	关于傅绥燕、董志勇职务任免的通知
校发〔2016〕102号	关于公布北京大学本科招生组组长名单的通知
校发〔2016〕103号	关于张虹免职的通知
校发〔2016〕104号	关于印发《北京大学本科生交流课程及学分管理办法》的通知
校发〔2016〕105号	关于成立北京大学阳明学研究中心的通知
校发〔2016〕106号	关于表彰2015—2016学年北京大学公益之星的决定
校发〔2016〕107号	关于俞蕖任职的通知
校发〔2016〕108号	关于批复继续教育部内设机构负责人招聘结果的通知
校发〔2016〕109号	关于印发《北京大学博雅讲席教授聘任办法》(试行)的通知
校发〔2016〕110号	关于印发《北京大学博雅青年学者聘任办法》(试行)的通知
校发〔2016〕111号	关于印发《关于老体制正教授聘任新体制职位的实施细则》(试行)的通知
校发〔2016〕112号	关于印发《关于老体制副教授及以下教学科研人员聘任新体制职位的实施细则》(试行)的通知
校发〔2016〕113号	北京大学关于表彰2016届优秀毕业生的决定
校发〔2016〕114号	关于成立北京大学创新创业教育工作领导小组的通知
校发〔2016〕115号	关于王新强任职的通知
校发〔2016〕116号	关于成立北京大学心理与认知科学学院的通知
校发〔2016〕117号	关于北京大学社会科学学部、经济与管理学部班子任职的通知
校发〔2016〕122号	关于批复国际合作部内设机构负责人岗位调整的通知
校发〔2016〕124号	关于常鹏翱任职的通知
校发〔2016〕125号	关于对教学科研人员因公临时出国实施区别管理的通知
校发〔2016〕126号	关于崔芳菊免职的通知
校发〔2016〕135号	关于表彰2016年度北京大学优秀博士学位论文获得者及其导师的决定

校发〔2016〕139 号	关于调整北京大学各学部学术委员会的通知
校发〔2016〕140 号	关于李猛任职的通知
校发〔2016〕141 号	关于张存群任职的通知
校发〔2016〕142 号	关于调整北京大学编码调整工作领导小组的通知
校发〔2016〕144 号	关于印发《北京大学关于促进教师教学发展的若干意见》的通知
校发〔2016〕147 号	关于表彰 2016 年北京大学研究生教育管理奖获得者的决定
校发〔2016〕148 号	关于进一步做好网站与信息系统安全工作的通知
校发〔2016〕151 号	关于同意金玉丰辞职的通知
校发〔2016〕152 号	关于雷洋昆、吴军职务任免的通知
校发〔2016〕153 号	关于成立北京大学理学部办公室的通知
校发〔2016〕154 号	关于成立北京大学人文学部办公室的通知
校发〔2016〕155 号	关于成立北京大学信息与工程科学部办公室的通知
校发〔2016〕156 号	关于批复国际合作部内设机构负责人招聘结果的通知
校发〔2016〕158 号	关于批复人事部内设机构负责人招聘结果的通知
校发〔2016〕159 号	关于表彰 2016 年度北京大学实验室工作先进集体和先进个人的决定
校发〔2016〕160 号	关于公布 2016 年北京大学优秀教材评选结果的通知
校发〔2016〕161 号	关于同意北京大学出版社有限公司申请创办《国际经济法学刊》的批复
校发〔2016〕163 号	关于印发《北京大学关于进一步加强博士后队伍建设的意见》的通知
校发〔2016〕165 号	关于印发《北京大学教研系列教师实行学术假的规定》的通知
校发〔2016〕166 号	关于印发《北京大学关于教师长期离岗的规定》的通知
校发〔2016〕167 号	关于印发《北京大学教师行为规范》的通知
校发〔2016〕168 号	关于印发《北京大学教研系列教师校外兼职管理试行办法》的通知
校发〔2016〕170 号	关于同意聘请尾崎幸洋博士为北京大学客座教授的决定
校发〔2016〕171 号	关于成立北京大学口腔数字化医疗技术和材料国家工程实验室的通知
校发〔2016〕172 号	关于印发《北京大学国内差旅费管理暂行办法》的通知
校发〔2016〕173 号	关于印发《北京大学会议费管理暂行办法》的通知
校发〔2016〕174 号	关于印发《北京大学教学科研人员因公临时出国经费管理暂行办法》的通知
校发〔2016〕178 号	关于同意聘请关美宝博士为北京大学客座教授的决定
校发〔2016〕179 号	关于北京大学第一医院行政班子任职的通知
校发〔2016〕180 号	关于授予王越、任荷等 505 名同学 2016—2017 学年度博士研究生校长奖学金的决定
校发〔2016〕183 号	关于邓小南、渠敬东等职务任免的通知
校发〔2016〕184 号	关于北京大学中国语言文学系行政班子任职的通知
校发〔2016〕185 号	关于同意聘请杨强博士为北京大学客座教授的决定
校发〔2016〕186 号	关于北京大学医学部副主任任免的通知
校发〔2016〕190 号	关于成立北京大学内部控制建设领导小组、管理办公室、监督检查工作小组的通知
校发〔2016〕191 号	关于印发《北京大学内部控制建设与评审实施方案》的通知
校发〔2016〕192 号	关于批复研究生院内设机构负责人招聘结果的通知
校发〔2016〕193 号	北京大学关于表彰 2015—2016 学年招生工作优秀工作者、先进个人的决定
校发〔2016〕194 号	关于同意白智立辞职的通知
校发〔2016〕195 号	关于成立北京大学学科建设委员会的通知
校发〔2016〕196 号	关于印发《北京大学学科建设委员会职责及议事规则》的通知
校发〔2016〕198 号	关于印发《北京大学教学系列职位聘任管理实施细则（试行）》的通知
校发〔2016〕199 号	关于印发《2016 年秋季学期学校重点工作及分工安排》的通知
校发〔2016〕200 号	关于批复总务部内设机构负责人招聘结果的通知
校发〔2016〕201 号	关于批复审计室内设机构负责人招聘结果的通知
校发〔2016〕202 号	关于成立"国家大宗工业固废及资源化产品质量监督检验中心"的通知

校发〔2016〕203号	关于成立"国家大宗工业固废及资源化产品质量监督检验中心"筹建领导小组和指导委员会的通知	
校发〔2016〕204号	关于批复人事部内设机构负责人招聘结果的通知	
校发〔2016〕205号	关于印发《北京大学教学指导委员会章程》的通知	
校发〔2016〕207号	关于同意北京大学交通医学中心更名为北京大学创伤医学中心的批复	
校发〔2016〕209号	关于印发《北京大学师德教育实施办法》的通知	
校发〔2016〕210号	关于成立北京大学教学指导委员会的通知	
校发〔2016〕211号	关于成立北京大学思想政治课改革领导小组和工作小组的通知	
校发〔2016〕212号	关于王思广任职的通知	
校发〔2016〕213号	关于徐信忠任职的通知	
校发〔2016〕214号	关于成立北京大学健康医疗大数据研究中心的通知	
校发〔2016〕215号	关于印发《北京大学校园交通安全管理规定(试行)》的通知	
校发〔2016〕216号	关于仰海峰任职的通知	
校发〔2016〕217号	关于印发《北京大学校园卡管理办法》的通知	
校发〔2016〕218号	关于印发《北京大学太阳卡餐卡审批管理办法》的通知	
校发〔2016〕219号	关于余浚、冯支越职务任免的通知	
校发〔2016〕220号	关于贺灿飞、傅伯杰职务任免的通知	
校发〔2016〕225号	关于印发学科建设办公室"三定方案"的通知	
校发〔2016〕226号	关于北京大学第六医院《事业单位法人证书》业务范围增加"科学研究"的批复	
校发〔2016〕227号	关于丁磊任职的通知	
校发〔2016〕228号	关于徐明、段丽萍职务任免的通知	
校发〔2016〕229号	关于人文社会科学研究院人员岗位的决定	
校发〔2016〕230号	关于成立智库中心管理办公室的决定	
校发〔2016〕231号	关于印发《北京大学"中央高校基本科研业务费"资金支出范围暂行规定》的通知	
校发〔2016〕232号	关于印发《北京大学"引导专项"资金支出范围暂行规定》的通知	
校发〔2016〕234号	北京大学关于表彰2015—2016学年度学生优秀个人和先进集体的决定	
校发〔2016〕235号	关于李沉简任职的通知	
校发〔2016〕236号	关于同意聘请戴勇博士为北京大学客座教授的决定	
校发〔2016〕237号	关于成立北京大学人文社会科学研究院的通知	
校发〔2016〕243号	关于北京大学医学部国内合作与产业管理办公室更名的通知	
校发〔2016〕244号	关于调整从事有害健康工种工作人员营养保健费发放标准的通知	
校发〔2016〕245号	关于表彰北京大学2016年优秀博士后的决定	
校发〔2016〕246号	关于表彰北京大学2016度安全管理先进单位和先进个人的决定	
校发〔2016〕247号	关于杨弘博任职的通知	
校发〔2016〕248号	关于孙基男免职的通知	
校发〔2016〕249号	关于孙基男、苗莉职务任免的通知	
校发〔2016〕252号	关于同意聘请翁玉林教授为北京大学客座教授的决定	
校发〔2016〕253号	关于同意聘请山下正广教授为北京大学客座教授的决定	
校发〔2016〕254号	关于同意聘请丸山茂夫教授为北京大学客座教授的决定	
校发〔2016〕255号	关于北京大学空间科学研究探测中心更名的通知	
校发〔2016〕256号	关于成立北京大学睡眠研究中心的通知	
校发〔2016〕257号	关于成立北京大学中国农业政策研究中心的通知	
校发〔2016〕258号	关于成立北京大学闵嗣鹤数论研究中心的通知	
校发〔2016〕259号	关于印发《北京大学人文社科科研经费管理办法(试行)》的通知	
校发〔2016〕260号	关于调整校办产业管理委员会组成人员的通知	
校发〔2016〕261号	关于印发《北京大学关于校内机构向监察室报送涉嫌违反行政纪律问题线索的规定》的通知	
校发〔2016〕262号	关于印发《北京大学招生工作责任制及违规行为处理暂行办法》的通知	

校发〔2016〕263号	关于印发《北京大学本科招生工作管理规定》的通知
校发〔2016〕264号	关于印发《北京大学硕士研究生招生工作管理规定》的通知
校发〔2016〕265号	关于印发《北京大学博士研究生招生工作管理规定》的通知
校发〔2016〕266号	关于印发《北京大学采用"申请-考核制"招收博士研究生工作办法》的通知
校发〔2016〕267号	关于印发《北京大学合同管理办法》的通知

表彰与奖励

党建与思想政治工作奖励

北京市优秀共产党员（1人）

郭应禄　第一医院名誉院长　中国工程院院士　教授　主任医师

（党委组织部）

北京大学优秀共产党员标兵（10人）

王阳元　信息科学技术学院教授　中国科学院院士　北京大学微纳电子学研究院首席科学家　软件与微电子学院学术委员会主任
曹文轩　中国语言文学系教授
邓小南　历史学系教授
谢立中　社会学系教授　北京大学社会理论研究中心主任　中国社会学会副会长
张　强　药学院药剂学系教授
魏　来　人民医院党委委员　肝病研究所所长　肝病科主任　感染科主任　教授　主任医师
葛立宏　口腔医院儿童口腔科教授　主任医师
赵晓文　第一医院神经外科党支部书记　主治医师
郝雪梅　生命科学学院党委委员　公共仪器中心党支部书记　教授级高级工程师
程　丰　地球与空间科学学院2011级博士生

（党委组织部）

北京大学优秀共产党员（294人）

艾明要　数学科学学院党委委员　统计学教研室主任　教授
董镇喜　数学科学学院退休教授
张喜悦　数学科学学院2013/2014/2015级本科生联合党支部书记 2013级本科生
郑　直　数学科学学院2011级博士生党支部书记
陈建军　物理学院现代光学所教工党支部副书记　研究员
郝建奎　物理学院重离子所教工党支部书记　副教授
张　焱　物理学院大气和海洋科学系教工党支部组织委员　高级工程师
陈伟华　物理学院凝聚态物理教工第一党支部组织委员　工程师
韩景智　物理学院凝聚态物理教工第二党支部副书记　高级工程师

张海君　物理学院普通物理教学中心工程师
林　炜　物理学院 2013 级本科生党支部书记
唐美雄　物理学院重离子所研究生党支部书记　2013 级硕士生
胡柏山　物理学院技术物理系研究生党支部书记　2012 级博士生
刘海超　化学与分子工程学院物理化学研究所副所长　教授
李星国　化学与分子工程学院无机化学研究所所长　教授
高　珍　化学与分子工程学院基础实验教学中心副主任　高级工程师
时　征　化学与分子工程学院机关后勤党支部组织委员　物业办公室副主任　助理研究员
李翠娟　化学与分子工程学院退休副教授
李先江　化学与分子工程学院 2011 级研究生党支部书记
陈　超　化学与分子工程学院 2012 级研究生党支部书记
马　雯　化学与分子工程学院 2014 级研究生党支部书记
蒋争凡　生命科学学院副院长　研究员
郑晓峰　生命科学学院教授
阮小娟　生命科学学院党委秘书　助理研究员
焦　航　生命科学学院校友办公室助理　2013 级本科生班长
纪玉锶　生命科学学院 2010 级博士生
郭红山　生命科学学院 2011 级博士生
袁　野　分子医学研究所学生党支部书记　2014 级硕士生
曹广忠　城市与环境学院大人文地理党支部组织委员　副教授
刘　萍　城市与环境学院党委委员　教工行政党支部书记　助理研究员
武欣玫　城市与环境学院 2013 级本科生
韩　杰　城市与环境学院研究生会副主席　2014 级硕士生党支部书记　校研究生会转化科学部部长
郑天立　城市与环境学院 2012 级博士生党支部书记
刘蓓蓓　城市与环境学院 2014 级博士生党支部书记
何国琦　地球与空间科学学院退休教授
何建森　地球与空间科学学院空间物理与应用技术研究所党支部书记　副所长　研究员
李　艳　地球与空间科学学院矿物岩石矿床所党支部书记　副教授
张显峰　地球与空间科学学院遥感与地理信息系统研究所党支部书记　副所长　副教授
王新茹　地球与空间科学学院党委委员　行政党支部书记　党团人事办公室主任　工会副主席　院友会常务副秘书长　助理研究员
邵　枫　心理学系教工党支部书记　副教授
吴玺宏　信息科学技术学院教授　北京大学言语听觉研究中心主任　信息科学中心副主任
薛增泉　信息科学技术学院教授
边凯归　信息科学技术学院网络与信息系统研究所副所长　副教授
杨川川　信息科学技术学院电子学系教工第一党支部组织委员　副教授
丁雪芹　信息科学技术学院研究生教务办公室副主任　助理研究员
陆俊林　信息科学技术学院党委宣传委员　计算机系教工第二党支部宣传委员　系统结构研究所副所长　助理研究员
赖舜男　信息科学技术学院教学所党支部书记　工程师
关淘淘　信息科学技术学院微电子系机械系研究生党支部书记　2014 级博士生
黄鑫玉　信息科学技术学院 2013 级硕士生
栾　添　信息科学技术学院量子电子博士生党支部书记　2011 级博士生
廖　凯　信息科学技术学院微电子系统集成芯片研究生党支部书记　2013 级博士生
郑峰屹　信息科学技术学院研究生会宣传部部长　2015 级本科生 3 班辅导员　2015 级博士生
荣起国　工学院党委委员　副教授
朱若珊　工学院教务办公室主任　助理研究员

张晏硕　工学院2013级硕士生党支部书记
杨婷云　工学院团委副书记　2011级博士生
代　冲　工学院团委副书记　2013级博士生
王绍鑫　工学院团委副书记　2014级博士生1班党支部书记
魏　朋　前沿交叉学科研究院团委书记　前沿交叉教工党支部书记　讲师
李应龙　前沿交叉学科研究院2013级研究生党支部书记
田永路　前沿交叉学科研究院生命联合中心2014级研究生4班党支部书记
赵东岩　计算机科学技术研究所直属党支部委员　研究员
庞　莹　软件与微电子学院综合办公室副主任
刘严鸿　软件与微电子学院2015级经管一苑党支部书记
张凯云　软件与微电子学院2015级科技二苑党支部书记
陈　尧　软件与微电子学院2015级科技三苑党支部书记
任建新　软件与微电子学院2015级科技五苑党支部书记
户国栋　环境科学与工程学院团委书记　讲师
王　剑　环境科学与工程学院团委副书记　2014级硕士生党支部书记
汪卓群　环境科学与工程学院2015级硕士生党支部书记
唐作藩　中国语言文学系退休教师
樊桔贝　中国语言文学系团委副书记　2015级硕士生班长
李浴洋　中国语言文学系2014级博士生班长
钱乘旦　历史学系教授
李东辉　历史学系2012级本科生班长
王健丁　历史学系2014级硕士生团支部书记
王书林　考古文博学院党委委员　助理研究员
王　博　校长助理　哲学系宗教学系主任　社会科学部部长　人文社会科学研究院常务副院长（兼）　教授
李　林　哲学系团委书记　讲师
王　莅　哲学系2014级博士生党支部书记
林丰民　外国语学院阿拉伯语系党支部书记　主任　教授
王邦维　外国语学院教授　教育部文科重点研究基地北京大学东方文学研究中心主任　东方学研究院院长　印度研究中心主任
李　政　外国语学院教授
韩加明　外国语学院教授
刘　军　外国语学院行政党支部组织委员　《国外文学》编辑部秘书　助理研究员
王虹元　外国语学院俄语系2012级本科生团支部书记
张忞煜　外国语学院博士生党支部书记　2012级博士生
王京晶　艺术学院2012级本科生党支部组织委员　团支部书记
刘立新　对外汉语教育学院副教授
邢　思　对外汉语教育学院2014级汉语国际教育硕士生班长
许振洲　国际关系学院比较政治学系主任　教授
雷少华　国际关系学院比较政治党支部宣传委员　助理教授
曲一铭　国际关系学院党委办公室主任　助理研究员
吴　珊　国际关系学院2013级博士生党支部书记
叶静怡　经济学院经济学系主任　教授
崔　巍　经济学院金融保险教工党支部书记　副教授
吕　赫　经济学院国际经济与贸易系2012级本科生团支部书记　校团委学生课外活动指导中心咨询委员
黄国桂　经济学院人口研究所2013级研究生党支部书记
李西振　经济学院2015级学术硕士生班长　团支部书记

郑晓瑛　人口研究所所长　教授
张志学　光华管理学院教授
罗　炜　光华管理学院党委委员　副教授
杨东宁　光华管理学院副教授
姜万军　光华管理学院副教授
秦晓蒙　光华管理学院党委秘书　助教
张炎蒸　光华管理学院 2014 级本科生党支部书记
张健韬　光华管理学院 2014 级工商管理硕士生党支部书记
赵玮璇　光华管理学院应用经济系研究生党支部书记　2015 级硕士生
王　成　法学院党委委员　民商法党支部书记　教授
王　磊　法学院宪法行政法党支部书记　社会科学部副部长（挂）　教授
白建军　法学院教授
江　溯　法学院刑法党支部书记　副教授
侯　猛　法学院法理法史党支部组织委员　副教授
王　桔　法学院行政图书馆党支部组织委员　助理研究员
王晓萱　法学院 2012 级本科生第二党支部组织委员
王钰灵　法学院 2013 级本科生第二党支部书记
刘雨晴　法学院 2013 级本科生第三党支部书记
潘驿炜　法学院 2014 级法律硕士生（法学）党支部书记
马玉松　法学院 2014 级法律硕士生（非法学）第二党支部书记
徐　扬　信息管理系情报学党支部书记　副教授
焦长权　社会学系 2012 级博士生党支部组织委员
沈体雁　政府管理学院城市与区域管理系党支部书记　首都发展研究院副院长　教授
严　洁　政府管理学院政治学系教工党支部书记　副教授
邹瑞阳　政府管理学院团委副书记　本科生联合党支部书记　校团委组织部副部长　2013 级本科生
郭宏樟　政府管理学院研究生会副主席　校学生工作部助理学校副秘书长　2014 级硕士生
李翔海　马克思主义学院副院长　党委组织委员　学术委员会主任　教授
孙代尧　马克思主义学院副院长　教授
魏　波　马克思主义学院马克思主义基本原理研究所所长　教授
魏建国　教育学院教育财政研究所党支部书记　副研究员
杨亚晨　教育学院 2015 级普通硕士生党支部书记
陈开和　新闻与传播学院院长助理　新闻学系副主任　副教授
惠济州　新闻与传播学院 2015 级学术硕士生党支部书记　校团委社会实践（志愿者工作）部常务副部长　校学生助理学校秘书长
田　丽　新媒体研究院副教授
邢惠清　国家发展研究院党委副书记　党委秘书　副研究员
吴定锋　体育教研部宣传与信息办公室主任　副教授
王文彦　昌平校区管理办公室副主任　工程师
盛大林　元培学院 2012 级本科生 3 班班长
杨宝学　基础医学院药理学系主任　教授
王　露　基础医学院免疫学系教授
任彩霞　基础医学院党委委员　人体解剖与组织胚胎学系党支部书记　讲师
周　勇　基础医学院机关科研与研究生办公室副主任　助理研究员
孟漱石　基础医学院本科生党总支副书记　2013 级本科生
钟丹丹　基础医学院药理学研究生党支部书记　2013 级硕士生
沈　晖　基础医学院研究生党总支副书记　免疫学研究生党支部组织委员　2009 级本博连读生

房　煊	基础医学院生理学与病理生理学研究生党支部
管晓东	药学院药事管理与临床药学系讲师
孟祥豹	药学院化学生物学系副教授
乔　康	药学院党委院长办公室干部　助理研究员
王　义	药学院天然药物学系2013级博士生
康晓平	公共卫生学院流行病与卫生统计学系教授
简伟研	公共卫生学院卫生政策与管理系副教授
罗　昊	公共卫生学院党委院长办公室主任　助理研究员
曹　炜	公共卫生学院学生党总支组织委员　卫生政策与管理系研究生党支部书记　2014级硕士生
孟　莹	公共卫生学院学生党总支宣传委员　2013级本科生党支部书记
王亚亚	护理学院基础护理系2013级博士生
韩英红	公共教学部哲学与社会科学系党支部书记　副系主任　副教授
郭建光	公共教学部医用理学系计算机教研室主管技师
马兰艳	第一医院纪委书记　督查室主任　研究员
王鹏远	第一医院院长助理　党委院长办公室主任　人事处处长　副主任医师　副教授
向　宇	第一医院科研处干部　副研究员
刘玉村	医学部党委书记　第一医院院长　党委委员　大外科主任　教授　主任医师
孙　葳	第一医院神经内科医生　副主任医师
牟向东	第一医院呼吸和危重症医学科党支部委员　副主任医师　副教授
李　奎	第一医院妇产科党支部委员　副主任医师
李敬伟	第一医院党委委员　副院长　医院管理办公室副主任　研究员
杨尹默	第一医院党委委员　普通外科党支部副书记　教授　主任医师
张慧婧	第一医院2009级学生党支部书记
陈路增	第一医院超声诊断中心党支部书记　副主任医师
赵予涵	第一医院设备处党支部书记　助理研究员
赵明辉	第一医院党委委员　肾脏内科主任　科研处处长　教授　主任医师
郝　瀚	第一医院泌尿外科主治医师
郭应禄	第一医院名誉院长　中国工程院院士　教授　主任医师
郭晓蕙	第一医院大内科副主任　内分泌内科主任　临床营养科主任　教授　主任医师
郭冀帆	第一医院实验研究生第二党支部书记　2014级博士生
盛琴慧	第一医院心内科医生　主任医师　副教授
崔一民	第一医院药剂科党支部书记　主任　主任药师　教授
韩晓宁	第一医院心内科党支部副书记　副主任医师
程苏华	第一医院门诊部党支部书记　主任　副研究员
潘义生	第一医院党委委员　副院长　主任医师　副教授
黄晓波	人民医院应用碎石技术研究所所长　泌尿外科副主任　教授　主任医师
高　杰	人民医院肝胆外科党支部书记　主任医师　副教授
付中国	人民医院创伤骨科副主任　主任医师
刘国莉	人民医院妇产科党支部宣传委员　主任医师
张　素	人民医院内科护士长　副主任护师
黄晓军	人民医院血液病研究所所长　血液学系主任　血液科主任　教授　主任医师
董　燕	人民医院党委院长办公室副主任　助理研究员
李春英	人民医院退休研究员
杨　帆	人民医院胸外科主任医师
潘　芳	人民医院手术麻醉科党支部宣传委员　主任医师
柳　鹏	人民医院医务处党支部青年委员　副主任技师

郭淮莲	人民医院神经病学系副主任　神经内科党支部委员　教授　主任医师
吕　萌	人民医院血液病研究所党支部宣传委员　医师
张媛媛	人民医院消化科党支部宣传委员　主治医师
常桂菊	人民医院财务审计党支部书记
白楠竹	人民医院党委院长办公室科员　护师
郑小伟	人民医院心脏中心心血管内科护士长　主管护师
李　蓉	第三医院生殖医学中心副主任　妇产科副主任　教授　主任医师
么改琦	第三医院危重医学科党支部书记　主任　主任医师
黄永辉	第三医院消化科副主任　主任医师
余　翔	第三医院临床医学专业2010级八年制博士生
王　军	第三医院麻醉科党支部书记　副主任　主任医师
马芙蓉	第三医院耳鼻喉科主任　教授　主任医师
袁晓宁	第三医院感染管理科副主任　副主任护师
乔红梅	第三医院呼吸科党支部组织委员　工会主席　呼吸重症监护病房护士长　主管护师
葛宝兰	第三医院急诊科护士长　主管护师
庹　琳	第三医院医务处党支部书记　副处长　助理研究员
刘晓光	第三医院党委委员　副院长　骨科副主任　疼痛中心主任　教授　主任医师
张志鹏	第三医院普通外科主治医师
汪大伟	第三医院人事处干部　助理研究员
胡晋平	第三医院护理部副主任　眼科护士长　主管护师
雍　磊	第三医院研究生4班党支部书记　2014级博士生
葛　霖	第三医院妇产科护士长　主管护师
李晓光	第三医院感染疾病科党支部书记　副主任　副主任医师
李　颜	第三医院学生党总支书记　助理研究员
韩江莉	第三医院心内科党支部组织委员　干部保健处副处长　主任医师　副教授
王鸿颖	口腔医院退休医生　教授
牛春华	口腔医院口腔医学会党支部书记　中华口腔医学会学术部副部长　研究实习员
沈曙铭	口腔医院医务处干部　副研究员
张震康	口腔医院名誉院长　教授　主任医师
林　琴	口腔医院检验科主管技师
郑　刚	口腔医院材料室研究员
禹　勤	口腔医院第四门诊部办公室主任　技师
高　岩	口腔医院病理科教授
郭传瑸	口腔医院党委委员　院长　教授　主任医师
温　河	口腔医院后勤党支部技师
崔　明	肿瘤医院胃肠外四病区党支部书记　副主任医师
杨永波	肿瘤医院胸外一科主治医师
薛　冬	肿瘤医院中医科党支部书记　医务处副处长　副主任医师
高顺禹	肿瘤医院医学影像科副主任医师
岳海振	肿瘤医院放疗科技师　工程师
张丽燕	肿瘤医院消化营养党支部组织委员　主管护师
何英剑	肿瘤医院乳腺中心党支部书记　助理研究员
仲西瑶	肿瘤医院党委院长办公室主任　副研究员
陈冬雪	精神卫生研究所纪委委员　研究室第一党支部书记　科研处处长　助理研究员
刘　靖	精神卫生研究所党委副书记　纪委书记　儿童心理卫生中心主任　主任医师
柳学华	第六医院护理部副主任　临床心理科护士长　副主任护师

杨　震	深圳研究生院党委委员　化学生物学与生物技术学院院长　教授
何凌燕	深圳研究生院教授
崔小乐	深圳研究生院信息工程学院党支部组织委员　副教授
于长江	深圳研究生院人文学院执行院长　副教授
向杜春	深圳研究生院学生工作干部
黄贤睿	深圳研究生院经济2013级研究生党支部书记
南　菁	深圳研究生院社会学2014级研究生党支部书记
蒋一峰	深圳研究生院计算机2014级研究生党支部书记
张　祺	深圳研究生院环境与能源学院2015级研究生党支部书记
袁红利	机关党委副书记　助理研究员
胡少诚	党委办公室校长办公室副主任　副研究员
王　杨	纪委办公室副科级纪检员　党支部委员　助理研究员
虎翼雄	党委组织部副部长　党校办公室主任（兼）　副研究员
郭俊玲	党委宣传部宣传工作办公室主任　助理研究员
林思聪	学生工作部学生管理办公室副主任　讲师
李　钢	燕园派出所所长
董南燕	教务部综合办公室主任　副研究员
李　楠	社会科学部党支部青年委员
黄宗英	研究生院党支部宣传委员　学位办公室副主任　助理研究员
曹冠英	人事部综合办公室主任　助理研究员
周勇义	实验室与设备管理部副部长　党支部书记　副研究员
李　君	先进技术研究院综合办公室主任　副研究员
刘宝栓	后勤党委书记　总务部副部长（兼）　副研究员
尹双石	房地产管理部公用房与土地管理办公室主任　助理研究员
白利明	肖家河项目建设办公室常务副主任　基建工程部副部长　高级工程师
李建富	会议中心党总支副书记　助理研究员
张剑岷	校园服务中心副主任　研究实习员
王建华	餐饮中心主任
谭晓白	产业管理办公室综合事务部主任　企业管理部副主任（兼）　助理研究员
许　颖	方正集团工会委员　党群工作部总监
苏　婕	北京北大科技园建设开发有限公司北大博雅国际酒店管理分公司总经理助理　北大科技园党支部副书记
王心环	北京北大方正软件技术学院电子信息工程技术教研室主任　副教授
史建华	北京北大方正电子有限公司副总裁兼数字媒体业务部总经理
杨　伟	北京北达盛业物业管理有限公司青鸟楼项目部经理
朱宏涛	北京北大临湖科技发展有限公司董事长　副研究员
刘　静	校史馆综合办公室主任　助理研究员
赵文莉	基金会副秘书长　副研究员
周春霞	图书馆党委委员　学习支持中心主任　副研究馆员
王　燕	图书馆信息化与项目党支部书记　副研究馆员
徐丹丽	出版社编辑　副编审
王　艳	出版社人力资源部主任　副编审
朱建华	校医院党委书记　副院长（兼）　主管护师
张　晋	校医院外科党支部组织委员　副主任医师
解利艳	燕园街道办事处综合办公室主任　助理研究员
林思会	燕园街道办事处居民民政办公室主任　助理研究员
王同利	燕园街道燕东园社区党支部书记

杨　兵　附属中学预科部党支部书记　中学高级教师
王　冰　附属中学艺术中心主任　中学一级教师
王利宁　附属小学教师　小学高级教师
李　洁　医学部人事处劳资调配办公室主任　副研究馆员
李海峰　医学部主任办公室党委办公室副主任　副研究员
杨韶军　医学部机关党委办公室主任　助理研究员
张燕蕾　医学部图书馆办公室主任　副研究馆员
钟丽君　医学部分析中心党支部宣传委员　助理研究员
姜　辉　医学部继续教育处处长　主任医师
赵　军　医学部校园管理中心副主任　高级技工
孙　静　医学部房地产管理办公室主任　主管技师
安红波　医学部产业党总支国内合作与产业管理办公室副主任　会计师

（党委组织部）

北京大学先进党支部（101个）

数学科学学院数学中心党支部
数学科学学院2013/2014/2015级本科生联合党支部
物理学院技术物理系教工党支部
物理学院基础教学教工党支部
物理学院凝聚态物理博士生第一党支部
化学与分子工程学院物理化学研究所党支部
化学与分子工程学院2014级研究生党支部
生命科学学院植物与生物技术党支部
生命科学学院2013级研究生第一党支部
城市与环境学院大人文地理党支部
城市与环境学院2014级硕士生党支部
地球与空间科学学院地空本科生党支部
地球与空间科学学院2012级地质博士生党支部
心理学系教工党支部
信息科学技术学院信息科学中心与数字媒体教工党支部
信息科学技术学院行政党支部
信息科学技术学院电子学离退休党支部
信息科学技术学院计算机软件所2014级硕士生党支部
工学院2014级本科生党支部
工学院2014级硕士生党支部
工学院2014级博士生1班党支部
前沿交叉学科研究院生命联合中心2012级研究生党支部
软件与微电子学院2015级科技一苑党支部
软件与微电子学院2015级科技三苑党支部
环境科学与工程学院2015级硕士生党支部
中国语言文学系2014级本科生党支部
中国语言文学系2014级创意写作硕士生党支部
历史学系本科生联合党支部

考古文博学院博士生党支部
哲学系本科生党支部
外国语学院2014级本科生党支部
外国语学院俄语系党支部
艺术学院教工党支部
对外汉语教育学院2015级硕士生党支部
国际关系学院比较政治学系党支部
国际关系学院行政党支部
国际关系学院2014级硕士生党支部
经济学院2013级本科生党支部
光华管理学院行政教辅党支部
法学院2014级本科生党支部
法学院2014级法律硕士生（非法学）第三党支部
法学院2015级法律硕士生（非法学）第三党支部
信息管理系硕士生党支部
社会学系2012级本科生党支部
政府管理学院本科生联合党支部
马克思主义学院2015级硕士生党支部
教育学院2015级普通硕士生党支部
新闻与传播学院教工第二党支部
国家发展研究院2013级硕士生党支部
继续教育学院第四教工党支部
元培学院2013级本科生党支部
基础医学院神经生物学系党支部
基础医学院研究生党总支生化研究生党支部
基础医学院生理与病生理学系党支部
药学院研究生第四党支部
药学院药剂学系党支部
公共卫生学院营养与食品卫生学系教工党支部
公共卫生学院生育健康研究所教工党支部
护理学院教工第一党支部
公共教学部哲学与社会科学系党支部
第一医院妇产科党支部
第一医院肾内科党支部
第一医院泌尿科党支部
第一医院党委院长办公室党支部
第一医院检验科党支部
人民医院急诊科党支部
人民医院机关第一党支部
人民医院机关第二党支部
人民医院血液病研究所党支部
第三医院儿科党支部
第三医院骨科党支部
第三医院普通外科党支部
第三医院运动医学研究所党支部
口腔医院药剂科党支部

口腔医院财务审计党支部
口腔医院第一门诊部党支部
肿瘤医院乳腺中心党支部
肿瘤医院机关第二党支部
精神卫生研究所机关党支部
深圳研究生院教工机关党支部
深圳研究生院城市规划与设计学院2013级学生党支部
深圳研究生院环境与能源学院2015级学生党支部
机关党委党委办公室校长办公室党支部
机关党委保卫部党支部
机关党委继续教育部党支部
机关党委国际合作部党支部
机关党委工会党支部
后勤党委校园服务中心党总支
后勤党委房地产管理部党支部
产业党工委方正集团方正电子印艺党支部
产业党工委方正软件学院通识教育中心党支部
直属单位党委计算中心党支部
图书馆资源建设党支部
出版社行政第二党支部
校医院内科党支部
燕园街道党工委机关第一党支部
附属中学第五党支部
医学部机关党委组织部、党校党支部
医学部机关党委研究生院党支部
医学部后勤党委饮食服务中心党支部
医学部产业党总支国内合作与产业管理办公室党支部

（党委组织部）

北京大学十佳学生党支部书记（10人）

谢宇程阳	中国语言文学系2013级本科生党支部书记
王　剑	环境科学与工程学院2014级硕士生党支部书记
李　想	哲学系本科生党支部书记2012级本科生
曹　炜	公共卫生学院卫生政策与管理系研究生党支部书记2014级硕士生
孟　莹	公共卫生学院2013级本科生党支部书记
伍昕钰	地球与空间科学学院地空本科生党支部书记2013级本科生
范麈京	对外汉语教育学院2014级硕士党支部书记
杨文韬	城市与环境学院2015级硕士生党支部书记
韩晨宇	经济学院2015级博士生党支部书记
侯天云	基础医学院生化与分子生物学研究生党支部书记2013级博士生

（党委组织部）

2015—2016年度北京大学优秀德育奖名单

获奖者	单位	获奖者	单位
董子静	数学科学学院	裴剑锋	前沿交叉学科研究院
李奇特	物理学院	何仲恺	体教部
张 岩	地球与空间科学学院	徐金灿	新媒体研究院
依 那	信息科学技术学院	韩 波	深圳研究生院
王 菲	化学与分子工程学院	谷士贤	北京大学第三医院
白书农	生命科学学院	徐 燚	北京大学人民医院
赵昕奕	城市与环境学院	张景怡	公共卫生学院
刘沐轩	环境科学与工程学院	刘 杰	北京大学口腔医院
张 昕	心理学系	郑凌冰	医学部教育处
周 昀	中国语言文学系	刘德英	学生工作部
陈方俊	考古文博学院	魏培徵	学生工作部
施润茜	国际关系学院	张 莹	学生工作部
杨 筝	经济学院	张 勇	青年研究中心
李彦恺	法学院	黄 冠	学生就业指导服务中心
许 欢	信息管理系	庄明科	心理健康教育与咨询中心
贾润东	政府管理学院	石运佳	校团委
陶冶旭	外国语学院	冯 宁	校团委
杨柳新	马克思主义学院		

（学生工作部）

2015—2016年度北京大学优秀班主任标兵名单

获奖者	单位	获奖者	单位
高东旭	数学科学学院	史 诗	法学院
宗秋刚	地球与空间科学学院	张长东	政府管理学院
郝 丹	信息科学技术学院	安晶丹	新闻与传播学院
孙育杰	生命科学学院	伍叶露	元培学院
占子玉	环境科学学院	管晓东	北京大学药学院
程苏东	中国语言文学系	刑 燕	北京大学第三医院
王 鑫	哲学系	张继英	北京大学护理学院
雷少华	国际关系学院	张红梅	北京大学药学院
孙启明	经济学院	易哲星	深圳研究生院

（学生工作部）

2015—2016年度北京大学优秀班主任名单

获奖者	单位	获奖者	单位
王福正	数学科学学院	吴宇婷	生命科学学院
刘双龙	数学科学学院	常子烨	生命科学学院
甘 锐	数学科学学院	张家富	城市与环境学院
王小溪	数学科学学院	李宜垠	城市与环境学院
周 伟	物理学院	卢晓霞	城市与环境学院
王逸伦	物理学院	冯 健	城市与环境学院
张益豪	物理学院	韩 凌	环境科学与工程学院
邵文静	物理学院	张俊云	心理与认知科学学院
杨 栋	物理学院	赵 昱	中国语言文学系
蒋 伟	物理学院	周 燕	中国语言文学系
黄 舟	地球与空间科学学院	陈侃理	历史学系
吕 增	地球与空间科学学院	金 英	考古文博学院
许 成	地球与空间科学学院	刘壮虎	哲学系
崔 莹	地球与空间科学学院	刘 璐	国际关系学院
濮国梁	工学院	项佐涛	国际关系学院
毕卫涛	工学院	陈 凯	经济学院
莫凡洋	工学院	李 权	经济学院
孙红芳	工学院	刘 冲	经济学院
曹安源	工学院	马 麟	经济学院
易江芳	信息科学技术学院	李 琦	光华管理学院
曹东刚	信息科学技术学院	刘传茵	光华管理学院
黄少云	信息科学技术学院	卢瑞昌	光华管理学院
王金延	信息科学技术学院	冯泰来	法学院
宋国杰	信息科学技术学院	李媛媛	法学院
王兴军	信息科学技术学院	李启成	法学院
杨小雨	化学与分子工程学院	费海汜	法学院
陈 盼	化学与分子工程学院	陈一峰	法学院
白书农	生命科学学院	黄文彬	信息管理系
王 娟	社会学系	马曦业	深圳研究生院
周 强	政府管理学院	张一爽	深圳研究生院
纳 海	外国语学院	杨 睿	深圳研究生院
王 丹	外国语学院	赵亚波	深圳研究生院
李昌珂	外国语学院	徐美虹	公共卫生学院
王彦秋	外国语学院	武轶群	公共卫生学院
熊 燃	外国语学院	苏 琳	北京大学人民医院
段映红	外国语学院	宝 辉	北京大学人民医院
郭 童	外国语学院	徐开秀	北京大学口腔医学院
高 博	外国语学院	王 燕	北京大学口腔医学院

（续表）

获奖者	单位	获奖者	单位
黄淳	外国语学院	刘璐	北京大学第六医院
胡旭辉	外国语学院	孔俊彩	第五临床医院
盖伟江	外国语学院	侯欣迪	医学部研究生工作部
李健	马克思主义学院	王传社	北京大学基础医学院
文东茅	教育学院	韦日生	北京大学基础医学院
席天扬	国家发展研究院	段瑞阳	医学部教育处
崔华山	对外汉语教育学院	李晗	医学部教育处
刘晨	艺术学院	李峰	医学部教育处
王洪喆	新闻与传播学院	佟巍	医学部教育处
郭利	元培学院	冯时	北京大学第三医院
王申	元培学院	田鹤	北京大学基础医学院
陈乃修	前沿交叉研究院	韩健	北京大学药学院
葛鉴桥	前沿交叉研究院	王心彤	北京大学公共教学部
孟令伟	前沿交叉研究院	岳思峰	第二临床医学院
陈兴	前沿交叉研究院	左孝光	医学部台港澳学生办公室
田丽	新媒体研究院	梁国平	航天临床医学院
成懿笑	燕京学堂	宋雅然	口腔医学院
崔岩	深圳研究生院	太善花	第四临床医学院
段漫漫	深圳研究生院	高芳	北京医院
吴文怡	第九临床医院		

（学生工作部）

北京大学"学生工作先进单位"

外国语学院
信息科学技术学院
地球与空间科学学院
化学与分子工程学院
法学院
生命科学学院
护理学院
第三临床医学院

（学生工作部）

第八届"全国高校辅导员年度人物"提名奖

姓名	单位
李 颜	医学部

（学生工作部）

2015—2016年度北京高校十佳辅导员

姓名	单位
贾润东	学工部

（学生工作部）

集体和教师奖励

北京大学获第十二届北京市教学名师奖名单

姓名	单位
苏彦捷	心理与认知科学学院
刘凯湘	法学院
乔 杰	医学部

（教务部）

北京大学2015—2016年度教学优秀奖名单

姓名	单位
蒋美跃	数学科学学院
甘 锐	数学科学学院
黄克服	工学院
穆良柱	物理学院
曹庆宏	物理学院

(续表)

姓名	单位
蒋婷婷	信息科学技术学院
罗定生	信息科学技术学院
高毅勤	化学与分子工程学院
杨娟	化学与分子工程学院
佟向军	生命科学学院
龙玉	生命科学学院
陈斌	地球与空间科学学院
董琳	地球与空间科学学院
童昕	城市与环境学院
李天宏	环境科学与工程学院
魏坤琳	心理与认知科学学院
林幼菁	中国语言文学系
黄卉	中国语言文学系
李新峰	历史学系
孟庆楠	哲学系
王彦晶	哲学系
王幼平	考古文博学院
句华	政府管理学院
王联	国际关系学院
宋芳秀	经济学院
袁诚	经济学院
罗炜	光华管理学院
张闫龙	光华管理学院
白建军	法学系
刘哲玮	法学系
刘畅	信息管理系
陈开和	新闻与传播学院
方文	社会学系
黄必康	外国语学院
李强	外国语学院
王在全	马克思主义学院
魏波	马克思主义学院
李爱国	艺术学院
王敏	国家发展研究院
曹晓培	体育教研部
房兵	国防大学战役教研部军训教研室
李毓龙	生命科学学院
邱凌云	光华管理学院
段晓辉	信息科学与技术学院

（续表）

姓名	单位
罗冬根	生命科学学院
张 研	生命科学学院
吴侨玲	经济学院
吴 靖	新闻传播学院
陆 剑	生命科学学院
宋 艳	生命科学学院
梁 云	信息科学技术学院
秦雪征	经济学院
曲 波	物理学院
佟佳家	艺术学院

（教务部）

2016年度北京大学优秀教材名单

序号	教材名称	主编	主编单位	出版单位
1	数值线性代数（第二版）	徐树方　高 立　张平文	数学科学学院	北京大学出版社
2	多复分析与复流形引论	谭小江	数学科学学院	北京大学出版社
3	数学分析（第一册，第二册，第三册）	伍胜健	数学科学学院	北京大学出版社
4	大气物理学（第2版）	盛裴轩　毛节泰　李建国　葛正谟　张霭琛　桑建国　潘乃先　张宏升	物理学院	北京大学出版社
5	大学物理通用教程（力学、热学、电磁学、光学、近代物理）（第二版）	钟锡华　陈熙谋	物理学院	北京大学出版社
6	固体物理基础（第三版）	阎守胜	物理学院	北京大学出版社
7	现代光学基础（第二版）	钟锡华	物理学院	北京大学出版社
8	原子核物理（修订版）	卢希庭	物理学院	原子能出版社
9	Quantitative Chemical Analysis	李娜　John J. Hefferren　李克安	化学与分子工程学院	北京大学出版社
10	分析化学——定量化学分析简明教程（第3版）	彭崇慧　冯建章　张锡瑜　编著　李克安　赵凤林　修订	化学与分子工程学院	北京大学出版社
11	无机材料化学	林建华　荆西平　等	化学与分子工程学院	北京大学出版社
12	中级有机化学	裴 坚	化学与分子工程学院	北京大学出版社
13	结构化学基础（第4版）　结构化学基础（第4版）习题解析	周公度　段连运	化学与分子工程学院	北京大学出版社
14	普通无机化学（第二版）	严宣申　王长富	化学与分子工程学院	北京大学出版社
15	基础分析化学实验（第3版）	北京大学化学与分子工程学院分析化学教学组	化学与分子工程学院	北京大学出版社
16	普通化学实验（第3版）	北京大学化学与分子工程学院普通化学实验教学组	化学与分子工程学院	北京大学出版社
17	普通化学原理（第4版）	华彤文　王颖霞　卞 江　陈景祖	化学与分子工程学院	北京大学出版社
18	细胞生物学（第4版）	翟中和　王喜忠　丁明孝	生命科学学院	高等教育出版社

（续表）

序号	教材名称	主编	主编单位	出版单位
19	生物化学教程	王镜岩　朱圣庚　徐长法	生命科学学院	高等教育出版社
20	遗传学（第2版）	戴灼华　王亚馥　粟翼玟	生命科学学院	高等教育出版社
21	微型计算机基本原理与应用（第二版）	王克义	信息科学技术学院	北京大学出版社
22	计算语言学概论	俞士汶	信息科学技术学院	商务印书馆
23	硅集成电路工艺基础	关旭东	信息科学技术学院	北京大学出版社
24	面向对象分析与设计（第2版）	麻志毅	信息科学技术学院	机械工业出版社
25	自然资源学原理（第二版）	蔡运龙	城市与环境学院	科学出版社
26	土地评价与管理（第二版）	蒙吉军	城市与环境学院	科学出版社
27	自然地理学原理	陈效逑	城市与环境学院	高等教育出版社
28	地貌学原理（第3版）	杨景春　李有利	城市与环境学院	北京大学出版社
29	普通地球化学	郑海飞　郝瑞霞	地球与空间科学学院	北京大学出版社
30	晶体学基础	秦善	地球与空间科学学院	北京大学出版社
31	现代地震学教程	周仕勇　许忠淮	地球与空间科学学院	北京大学出版社
32	矿产资源经济概论	朱永峰	地球与空间科学学院	北京大学出版社
33	心理咨询与心理治疗	钱铭怡	心理学系	北京大学出版社
34	实验心理学（第二版）	朱滢	心理学系	北京大学出版社
35	音韵学教程（第四版）	唐作藩	中文系	北京大学出版社
36	比较文学原理新编	乐黛云　陈跃红　王宇根　张辉	中文系	北京大学出版社
37	中国文学理论批评史教程（修订本）	张少康	中文系	北京大学出版社
38	中国当代文学史（修订版）	洪子诚	中文系	北京大学出版社
39	文学概论	杨铸	中文系	北京大学出版社
40	中国古文献学	孙钦善	中文系	北京大学出版社
41	语言学纲要（修订版）	叶蜚声　徐通锵　著　王洪君　李娟　修订	中文系	北京大学出版社
42	现代汉语（增订本）	北京大学中文系现代汉语教研室	中文系	商务印书馆
43	中国现当代文学专题研究（第二版）	温儒敏　赵祖谟	中文系	北京大学出版社
44	比较诗学导论	陈跃红	中文系	北京大学出版社
45	二十世纪中国文学史（上册、中册、下册）	严家炎	中文系	高等教育出版社
46	现代汉语语法研究教程（第四版）	陆俭明	中文系	北京大学出版社
47	中国民间文学概要（第四版）	段宝林	中文系	北京大学出版社
48	明清小说（第二版）	周先慎	中文系	北京大学出版社
49	新编中国历史文选	何晋	历史系	北京大学出版社
50	简明中国古代史（第五版）	张传玺	历史系	北京大学出版社
51	中国史纲要（增订本）（上下）	翦伯赞　吴宗国	历史系	北京大学出版社
52	国学教程	张衍田	历史系	中华书局
53	20世纪的中国与世界	臧运祜	历史系	北京大学出版社
54	欧洲文艺复兴史 政治卷	朱孝远	历史系	人民出版社
55	科技考古学	陈铁梅	考古文博学院	北京大学出版社
56	简明考古统计学	陈铁梅　陈建立	考古文博学院	科学出版社

(续表)

序号	教材名称	主编	主编单位	出版单位
57	世界遗产	晁华山	考古文博学院	北京大学出版社
58	中国美学十五讲	朱良志	哲学系	北京大学出版社
59	宗教研究指要（修订版）	张志刚	哲学系	北京大学出版社
60	西方哲学简史（修订版）	赵敦华	哲学系	北京大学出版社
61	政治学基础（第二版）	王浦劬 等	政府管理学院	北京大学出版社
62	政治学十五讲（第二版）	燕继荣	政府管理学院	北京大学出版社
63	国际关系与国际法	梁云祥	国际关系学院	北京大学出版社
64	消费者行为学（第二版）	符国群	光华管理学院	高等教育出版社
65	微观经济学十八讲	平新乔	经济学院	北京大学出版社
66	财政学（第二版）	刘怡	经济学院	北京大学出版社
67	行为经济学原理	董志勇	经济学院	北京大学出版社
68	宏观经济学（中国版）	苏剑	经济学院	北京大学出版社
69	发展经济学	姚洋	国家发展研究院	北京大学出版社
70	战略管理学精要	马浩	国家发展研究院	北京大学出版社
71	行政法与行政诉讼法（第五版）	姜明安	法学院	北京大学出版社 高等教育出版社
72	现代刑法学（总论）	王世洲	法学院	北京大学出版社
73	中国法律思想史（第二版）	李贵连 李启成	法学院	北京大学出版社
74	国家赔偿法：原理与案例	沈岿	法学院	北京大学出版社
75	会计法（第二版）	刘燕	法学院	北京大学出版社
76	税法学（第四版）	刘剑文	法学院	北京大学出版社
77	民法（第五版）	魏振瀛	法学院	北京大学出版社 高等教育出版社
78	信息媒体及其采集（第二版）	刘兹恒	信息管理系	北京大学出版社
79	信息分析与决策（第二版）	王延飞 秦铁辉 等	信息管理系	北京大学出版社
80	社会工作导论（第二版）	王思斌	社会学系	北京大学出版社
81	社会性别研究导论（第二版）	佟新	社会学系	北京大学出版社
82	视听语言	陆绍阳	新闻与传播学院	北京大学出版社
83	国际传播学教程	程曼丽	新闻与传播学院	北京大学出版社
84	媒介经营与管理	谢新洲	新媒体研究院	北京大学出版社
85	艺术学概论（精编本）	彭吉象	艺术学院	北京大学出版社
86	影视鉴赏	陈旭光 戴清	艺术学院	北京大学出版社
87	美学原理	叶朗	艺术学院	北京大学出版社
88	博雅汉语	李晓琪	对外汉语教育学院	北京大学出版社
89	网络调查研究方法概论（第二版）	赵国栋	教育学院	北京大学出版社
90	语言学教程（第四版）	胡壮麟	外国语学院	北京大学出版社
91	越南语教程（一至四册）	傅成劼 利国 编著 傅成劼 咸蔓雪 修订	外国语学院	北京大学出版社
92	阿拉伯语基础教程（1—5册）	张甲民 景云英	外国语学院	北京大学出版社
93	泰语教程（一至四册）修订本	潘德鼎	外国语学院	北京大学出版社

（续表）

序号	教材名称	主编	主编单位	出版单位
94	缅甸语教程（1—6）	汪大年	外国语学院	北京大学出版社
95	《圣经》文学阐释教程	刘意青	外国语学院	北京大学出版社
96	新编英语专业口语教程（1—4册 第二版）	齐乃政	外国语学院	北京大学出版社
97	韩中翻译教程（第三版）	张 敏 朴光海（韩） 金宣希	外国语学院	北京大学出版社
98	大学英语视听说教程（1—4）修订版	刘红中	外国语学院	北京大学出版社
99	俄罗斯文学史（俄文版）	任光宣 张建华 余一中	外国语学院	北京大学出版社
100	美国文学选读	陶洁	外国语学院	北京大学出版社

（教务部）

第二十届"我爱我师——最受学生爱戴的老师"暨"十佳教师"获奖名单

姓名	单位
郑 伟	经济学院
宗秋刚	地球与空间科学学院
周黎安	光华管理学院
王一川	艺术学院
高 炜	北京大学第三医院
孙文祥	数学科学学院
蓝 宇	医学部
张 强	药学院
杭 侃	考古文博学院
陈 江	信息科学技术学院

（团委）

北京大学获2016年度国家科学技术奖名单

奖励类别	获奖等级	项目名称	主要完成人	所在单位
自然科学奖	2	奇点量子化理论研究	范辉军	数学科学学院
自然科学奖	2	具有重要生物活性的复杂天然产物的全合成	杨 震 陈家华 唐叶峰 龚建贤	深圳研究生院
自然科学奖	2	碳基纳米电子器件及集成	彭练矛 张志勇 丁 力 王 胜 梁学磊	信息学院
自然科学奖	2	乳腺癌发生发展的表观遗传机制	尚永丰 王 艳 石 磊 孙露洋 杨笑菌	基础医学院
科技进步奖	2	中国脑卒中精准预防策略的转化应用	霍 勇 李建平 徐希平 张 岩 秦献辉 唐根富 何明利 陈光亮 刘 平 王滨燕	第一医院
科技进步奖	2	中国严重创伤救治规范的建立与推广	姜保国 周继红 张 茂 刘佰运 王正国 王天兵 黎檀实 张殿英 都定元 张进军	人民医院

（科学研究部 郑英姿 王纬超 整理）

北京大学获 2016 年度高等学校科学技术奖名单

奖项	获奖等级	项目名称	主要完成人	所在院系
自然科学奖	1	挥发性有机物来源及在大气二次污染生成中的作用	邵 敏 张远航 陆克定 胡 敏 谢绍东	环境科学与工程学院
	1	手性液晶材料的多层次结构与光学性能调控	杨 槐 曹 晖 何万里 杨 洲	工学院
	1	细胞钙信号原理及病理调控	王世强 程和平 徐 明 魏朝亮 张幼怡 刘 杰 王秀杰 王 刚 陶 瑾 朱小君 王显花 王 猛	生命科学学院
	1	古元古代大氧化事件与成矿响应研究	陈衍景 翟明国 汤好书 郭庆军	地球与空间科学学院
	1	具有界面效应的复合材料等效性能研究	段慧玲 王建祥 黄筑平	工学院
	2	激光驱动离子束稳加速方法研究	颜学庆 盛政明 林 晨 陈 民 陈佳洱	物理学院
	2	口腔癌颈部淋巴结转移的诊断及治疗规范研究	郭传瑸 冯芝恩 俞光岩 彭 歆 王衣祥 张 晔 浦寅飞 王 琳 牛力璇	口腔医院
	2	系统性红斑狼疮及狼疮性肾炎遗传易感基因研究	张 宏 周绪杰 赵明辉 吕继成 侯 平 于 峰	第一医院
技术发明奖	1	视觉特征紧凑表示方法及高性能图像搜索技术	段凌宇 高 文 黄铁军 纪荣嵘 张史梁 陈 杰	信息科学技术学院
科技进步奖	1	（内部公告）	陈中建 于 民 张雅聪 纪新明 金玉丰 李翔宇 鲁文高 田大宇 王 玮 郭俊敏	信息科学技术学院
	1	单倍体造血干细胞移植的关键技术建立及推广应用	黄晓军 常英军 赵翔宇 刘启发 王 昱 张晓辉 许兰平 刘开彦 闫晨华 莫晓冬 陈 瑶 陈育红 宣 丽 孙于谦 赵晓甦	人民医院
	1	胃癌综合防治体系关键技术的创建及其应用	季加孚 游伟程 陈 凛 沈 琳 梁 寒 吕有勇 潘凯枫 李吉友 邓大君 柯 杨 寿成超 叶颖江	肿瘤医院
科技进步奖-推广类	1	管花肉苁蓉及其寄主柽柳高产稳产技术与大规模推广	屠鹏飞 郭玉海 姜 勇 郭永军 孙永强 王新意 陈庆亮 杜 友 王信宏 买提库尔班·玉素甫 尔肯·买提肉孜 宋月林 赵明波 阿不都艾尼·买买提明 阿卜杜塞麦提·库尔班	药学院
青年科学奖			陈 鹏	化学学院

（科学研究部 郑英姿 王纬超 整理）

北京大学获 2016 年度中华医学科技奖名单

获奖等级	单位排序	项目名称	获奖人	完成单位
1	1/2	单倍体造血干细胞移植的关键技术建立及推广应用	黄晓军（1/15）、王 昱（2/15）、常英军（3/15）、赵翔宇（515）、张晓辉（6/15）、许兰平（7/15）、刘开彦（8/15）、闫晨华（9/15）、莫晓冬（10/15）、陈 瑶（11/15）、陈育红（12/15）、孙于谦（14/15）、赵晓甦（15/15）	人民医院
1	1/4，4/4	胃癌综合防治体系关键技术的创建及其应用	季加孚（1/12）、游伟程（2/12）、沈 琳（4/12）、吕有勇（6/12）、潘凯枫（7/12）、李吉友（8/12）、邓大君（9/12）、柯 杨（10/12）、寿成超（11/12）、叶颖江（12/12）	肿瘤医院 人民医院

(续表)

获奖等级	单位排序	项目名称	获奖人	完成单位
2	1	类风湿关节炎发病机制、早期诊断及免疫治疗的系列研究	栗占国、何 菁、郭建萍、苏 茵、李 茹、穆 荣、孙晓麟、胡凡磊、李 春、刘 栩	人民医院
2	1	狼疮性肾炎特异性生物学标记物与临床-病理表型相关性的研究	赵明辉、于 峰、谭 颖、陈 旻、刘 刚、宋 迪、曲 贞、张 颖、王素霞、邹万忠	第一医院

(医学部科研处 汪 立 整理)

北京大学获第十四届北京市人文社会科学研究优秀成果奖名单

序号	成果名称	申报人	单位	所获奖项
1	超越市场与超越政府——论道德力量在经济中的作用（汉英对照）	厉以宁	光华管理学院	一等奖
2	社会资本与国家治理	燕继荣	政府管理学院	一等奖
3	未完成的转型：高等教育影响力与学生发展	鲍 威	教育学院	一等奖
4	世界现代化历程（10卷）	钱乘旦	历史学系	一等奖
5	Style and Rhetoric of Short Narrative Fiction: Covert Progressions Behind Overt Plots（短篇叙事小说的文体与修辞：显性情节后面的隐性进程）	申 丹	外国语学院	一等奖
6	中国国家图书馆藏西域文书于阗语卷（一）	段 晴	外国语学院	一等奖
7	1844年经济学哲学手稿劳动观辨析	林 锋	马克思主义学院	二等奖
8	内外之间：屏风意义的唐宋转型	李 溪	景观设计学院	二等奖
9	柏拉图的本原学说：基于未成文学说和对话录的研究	先 刚	哲学系	二等奖
10	性别观念现状及其影响——基于第三期全国妇女地位调查	刘爱玉	社会学系	二等奖
11	中国残疾预防对策研究	郑晓瑛	人口研究所	二等奖
12	Processing Trade, Tariff Reductions, and Firm Productivity: Evidence from Chinese Firms	余淼杰	国家发展研究院	二等奖
13	小国与国际关系	韦 民	国际关系学院	二等奖
14	中国网络教育政策变迁——从现代远程教育试点到MOOC	郭文革	教育学院	二等奖
15	外来规则与固有习惯：祭田法制的近代转型	李启成	法学院	二等奖
16	占有概念的二重性：事实与规范	车 浩	法学院	二等奖
17	契丹小字词汇索引	刘浦江	历史学系	二等奖
18	京津冀区域发展报告	李国平	政府管理学院	二等奖
19	International Experience and FDI Location Choices of Chinese Firms: The Moderating Effects of Home Country Government Support and Host Country Institutions	路江涌	光华管理学院	二等奖
20	历史语言学方法论与汉语方言音韵史个案研究	王洪君	中国语言文学系	二等奖
21	唐诗近体源流	钱志熙	中国语言文学系	二等奖
22	经学文献的衍生和通俗化——以近古时代的传刻为中心	顾永新	中国语言文学系	二等奖
23	话本小说叙论——文本诠释与历史构建	刘勇强	中国语言文学系	二等奖
24	互联网等新媒体对社会舆论影响与利用研究	谢新洲	新媒体研究院	二等奖
25	革命式改革：改革开放时代的电影文化修辞	王一川	艺术学院	二等奖
26	北京大学图书馆藏"大仓文库"书志	朱 强	图书馆	二等奖
27	悖论研究	陈 波	哲学系	二等奖

(社会科学部 整理)

教师奖教金

人文杰出青年学者奖

中国语言文学系

陈晓兰　杜晓勤　顾永新　姜　涛　金永兵　李　更
李鹏飞　林幼菁　潘建国　邵燕君　宋亚云　汪　锋
王　风　王丽丽　王韫佳　吴国武　詹卫东　张　沛
朱　彦

历史学系

党宝海　韩　巍　何　晋　李隆国　李　维　李新峰
牛　可　王元周　叶　炜　赵冬梅　昝　涛

考古文博学院

崔剑锋　何嘉宁　胡　钢　雷兴山　秦　岭　孙庆伟
韦　正

哲学系

程乐松　李　猛　李四龙　刘华杰　刘　哲　聂锦芳
吴　飞　吴天岳　吴增定　先　刚　杨立华　仰海峰
周学农

唐立新奖教金

物理学院
樊铁栓　刘玉鑫

地球与空间科学学院
侯贵廷

心理与认知科学学院
陈立翰

国际关系学院
李安山

经济学院
章　政

光华管理学院
董小英

法学院
陈瑞华

信息管理系
刘兹恒

外国语学院
董　强　刘树森　王　丹　赵白生

体育教研部
张　戈

对外汉语教育学院
徐晶凝

信息科学技术学院
许　进　张大成

教育学院
陈向明

人口所
宋新明

城市与环境学院
邓　辉

餐饮中心
刘同祯

会议中心
白焕荣

社区服务中心
刘晓明

动力中心
翁正明

校园服务中心
李有钢

公寓服务中心
黄传军

保卫部
张少林

房地产管理部
林永兴

基建工程部
王云鹏

总务部
王　霜

黄廷芳/信和青年杰出学者奖

数学科学学院
孙　猛

	物理学院
毛有东	
	地球与空间科学学院
许　成	
	社会学系
王　迪	
	外国语学院
范　晔　古市雅子　廉超群　卢　炜　沈一鸣　王　靖	
	马克思学院
林　锋	
	艺术学院
贾　妍	
	对外汉语教育学院
邓　丹	
	信息科学技术学院
王永锋	
	国家发展研究院
余淼杰	
	工学院
王启宁	
	环境科学与工程学院
邱兴华	
	医学部
卢庆彬　王　云　王志稳	

曾宪梓优秀教学奖

工学院
陈　璞

物理学院
李定平　彭逸西

心理与认知科学学院
王　莉

国际关系学院
钱雪梅

光华管理学院
刘晓蕾

法学院
张　骐

社会学系
刘爱玉

外国语学院
刘洪波　王　浩　咸蔓雪

对外汉语教育学院
张文贤

信息科学技术学院
熊英飞　许　超

城市与环境学院
陆雅海

环境科学与工程学院
温东辉

绿叶生物医药杰出青年学者奖

化学与分子工程学院
李　琦　林　坚　张　洁　郑　捷

生命科学学院
陈浩东　高　歌　肖俊宇

分子医学研究所
何爱彬　马　淇　赵　扬

医学部
曾克武　姜长涛　王平章　夏　青　张　宇　朱维莉

嘉里集团郭氏基金树人奖教金

数学科学学院
李铁军

物理学院
肖立新

地球与空间科学学院
何建森

经济学院
王跃生

光华管理学院
彭泗清

法学院
沈　岿

政府管理学院
袁　刚

外国语学院
赵华敏

信息科学技术学院
李正斌　王厚峰

方正教师奖

化学与分子工程学院
刘忠范

数学科学学院
程　雪

物理学院
刘晓阳　张庆红

新闻与传播学院
王洪喆

姓名	单位
张 伟	信息管理系
滕 军	外国语学院
李翔海	马克思主义学院
黄彬彬	体育教研部
刘晓雨	对外汉语教育学院
易江芳 张耿民	信息科学技术学院
卢 锋	国家发展研究院
杨 钋	教育学院
刘 卉	环境科学与工程学院
张妙妙	党办校办
张 婧	组织部
张 旭	人事部
陈 虎	教务部
徐善东	医学部

杨芙清-王阳元院士教师奖

姓名	单位
倪晋仁	环境科学与工程学院
王保祥	数学科学学院
张文雄	化学与分子工程学院
何 姝	新闻与传播学院
苗庆红	政府管理学院
罗 浩	外国语学院
李爱国	艺术学院
盖伟新 罗国杰	信息科学技术学院

姓名	单位
邹 磊	计算机科学技术研究所
李振山	环境科学与工程学院
苗 莉	软件工程研究中心
郭向阳 刘 靖 刘梅林 王 凡 吴 燕	医学部

正大教师奖

姓名	单位
徐茂智	数学科学学院
杨 莹	工学院
蒋莹莹 许福军 郑 纹	物理学院
童廉明	化学与分子工程学院
陈建国	生命科学学院
杜世宏	地球与空间科学学院
徐金灿	新闻与传播学院
陈长伟	国际关系学院
王大树	经济学院
刘 琦	光华管理学院
王 慧	法学院
包万超	政府管理学院
张炳奎	马克思主义学院
唐 彦	体育教研部
陈中建 彭 翔	信息科学技术学院
张维迎	国家发展研究院
冯 健	城市与环境学院

王选青年学者奖

数学科学学院
安金鹏

物理学院
林　熙

外国语学院
胡　蔚

环境科学与工程学院
刘　永

宝钢教师奖

医学部
陈　红

数学科学学院
刘建明

化学与分子工程学院
张奇涵

经济学院
郑　伟

信息科学技术学院
唐大仕

北京银行教师奖

物理学院
张双全

地球与空间科学学院
张海明

心理与认知科学学院
李　健

经济学院
何小锋

光华管理学院
翁　翕

法学院
强世功

社会学系
谢立中

政府管理学院
李国平

信息科学技术学院
吕国成　杨振川

树仁学院教师奖

经济学院
宋　敏

光华管理学院
陈　磊

体育教研部
张　冰

信息科学技术学院
严　伟

教育学院
沈文钦

宝洁教师奖

数学科学学院
蒋达权

物理学院
徐　军

化学与分子工程学院
刘小云

信息科学技术学院
李廉林

东宝教师奖

生命科学学院
冯仁青　王大军　王青松

（人事部）

学生奖励

北京市三好学生

姓　名	专　业	年　级	姓　名	专　业	年　级
龙子超	计算数学	2015	张泽轩	微电子科学与工程	2013
陈　旭	物理学	2013	王　然	通信与信息系统	2014
王希睿	物理学	2014	胡夏蒙	计算机系统结构	2013
张永亮	有机化学	2013	吴红斌	教育经济与管理	2014
朱诗优	生物化学与分子生物学	2012	徐小志	凝聚态物理	2012
刘庆彬	构造地质学	2015	孙永奇	力学（能源动力与资源工程）	2012
席可颂	心理学	2014	关汉岳	生态学	2013
任建新	软件工程	2015	王　剑	环境科学	2014
刘　璨	计算机技术	2015	赵宇恒	中国学（经济与管理）	2015
于子悦	新闻学	2014	成羽溪	药学	2015
刘家玮	中国现当代文学	2015	赵　然	临床医学	2009
董　彪	马克思主义哲学	2013	胡梦雨	临床医学	2010
刘念鸿	国际关系	2015	郑汉龙	临床医学	2010
郭佳奇	西方经济学	2015	钟文龙	临床医学	2010
李嘉缘	金融硕士	2015	廖美霞	生物医学英语	2013
朱　珠	金融学	2013	曾剑英	预防医学	2013
金雪儿	经济法学	2015	王敏敏	预防医学	2012
包康赟	法学	2013	余欣鑫	护理学	2014
涂志芳	图书馆学	2015	李新飞	临床医学	2014
邹瑞阳	行政管理	2013	张　顿	临床医学	2014
何英杰	阿拉伯语语言文学	2015	沈琳慧	口腔医学	2011
毕照卿	国外马克思主义研究	2015	于　鹏	口腔医学	2009
邹昀瑾	体育人文社会学	2015	林凤闺蓉	药学	2013
范麾京	汉语言文字学	2014	倪冰玉	药学	2014
曾　莹	心理学	2013	刘　强	运动医学	2014
刘同超	先进材料与力学	2014	夏　楠	生物化学与分子生物学	2012
胡　宽	化学生物学	2012	徐相蓉	劳动卫生与环境卫生学	2014
高迎红	金融	2014			

北京市优秀学生干部

姓 名	专 业	年 级	姓 名	专 业	年 级
季 策	数学与应用数学	2014	张行昊	汉语国际教育硕士	2015
张 玺	凝聚态物理	2014	邓博文	保险学	2013
盛 开	化学生物学	2013	李科浇	计算机应用技术	2015
刘嘉辉	固体地球物理学	2016	江忻玺	计算机软件与理论	2015
潘靓慧	汉语言文学	2014	徽晓兵	临床医学	2011
刘晟宇	考古学	2015	熊芳菲	护理学	2014
武 达	金融学	2013	肖晶莹	临床医学	2014
李 越	法学	2013	代 旭	营养与食品卫生学	2014
祝子建	广播电视编导（戏剧影视文学方向）	2014	曲佳菲	口腔组织病理学	2012

北京市先进班集体

新闻与传播学院 2015 级本科班
信息科学技术学院 2014 级本科 3 班
数学科学学院 15 本 6 班
外国语学院 2014 级俄语本科班
城市与环境学院 14 级硕士 2 班
环境科学与工程学院 2015 级硕士班
教育学院 2015 级硕士班
光华管理学院 2015 级一班
中国语言文学系 2015 级本科生班
物理学院本科 2015 级 4 班
对外汉语教育学院 2015 级汉语国际教育硕士班
信息管理系 2014 级本科班
心理与认知科学学院 2014 级本科生班
深圳研究生院环境与能源学院 2015 级硕士班
第三临床医学院临床 2012 级 5 班
第三临床医学院临床 13 级 5 班
医学部公共教学部 2014 级医学英语班
第三临床医学院研究生五班
第三临床医学院研究生二班

第十届学生"五·四"奖章

姓 名	院 系	年 级	类 别
王光熙	基础医学院	2008	本博
王晓玮	数学科学学院	2012	本科生

姓 名	院 系	年 级	类 别
李尽沙	艺术学院	2015	硕士生
杨 烽	化学与分子工程学院	2014	博士生
张婉愉	法学院	2012	本科生
陈正勋	燕京学堂	2015	硕士生
侯逸凡	国际关系学院	2012	本科生
郭红山	生命科学学院	2011	博士生
蒋仁正	中国语言文学系	2011	博士生
程 丰	地球与空间科学学院	2011	博士生

第十届班级"五·四"奖杯

数学科学学院2014级本科生1班	本科
化学与分子工程学院2012级本科生1班	本科
地球与空间科学学院2013级本科生地质地化2班	本科
光华管理学院2012级本科生工商4班	本科
信息科学技术学院2013级本科生6班	本科
对外汉语教育学院2014级汉语国际教育硕士生班	硕士
城市与环境学院2013级本科生人文地理与城乡规划班	本科
环境科学与工程学院2014级硕士生班	硕士
第三临床医学院2011级临床5班	本科
药学院研究生5班	研究生

2015—2016学年北京大学学生个人奖励名单

三好学生标兵

数学科学学院

林志明	金 晓	龙子超	蒋雨辰	黄丽晶	刘智静
张样攀	黄 开	陈嘉杰	顾 超	段资政	沈 澈
杨浩艺	姚嘉豪	张子筠	徐子睿	程 晨	龙吉昊

物理学院

刘兰雕	郑飞鹏	王礼先	程建朋	颜世莉	王 波
柴 真	蒋 宁	盛 倩	徐新荣	龙 凤	赵莹莹
王宇飞	张 允	田海东	宋雪洋	徐昊伟	金晨子
陈 旭	张 昊	王希睿	张亦康	沈学简	王柄荃
王 峻	路裕焜	李克谦	易近民		

化学与分子工程学院

张达奇	李 甜	张永亮	张云飞	李元鹤	武振强
郑雨晴	付翔宇	吴小慧	祁晓月	董建桐	庄方东
崔智昊	马丽娜	俞之骅	贺麒霖	谢芳柏	徐紫菀
崔竞蒙	董学洋	黄兆和			

生命科学学院

李静宜	李昆仑	朱诗优	陶建立	薛瑞栋	魏梦萍
杨策励	刘悦晨	朱晨旭	冯素敏	赵毅超	张紫剑
刘斯敏	房 苑	言浩雄	黄宇翔		

地球与空间科学学院

张修远	刘世然	杨 柳	李 壮	彭 杨	姚 稀
赵 鹏	黄亦磊	刘庆彬	冯雨宁	王佳曦	卢思奇
刘志扬	张家港	周思阳			

心理与认知科学学院

| 姚泥沙 | 张 翼 | 吕美祯 | 邵艺多 | 席可颂 |

软件与微电子学院

陈正龙	戴 维	彭俊伟	张 鹏	蒋 也	张伟超
邓 磊	董 荻	冯新月	顾思雅	李富生	李永赫
刘 璨	任 怡	宋 鹏	王天云	王宇琪	王玉建
杨爱萍	杨 彬	任建新	王奕超	袁 琳	张凯云

周志奋　徐　宇

新闻与传播学院
张　啸　张雪晶　张　皓　张洪瑶　于子悦　杜羿萱
许慧娟　谭诗颖　林　松

中国语言文学系
焦一和　林　品　李浴洋　陈子丰　张庆雄　濮　玥
林悠然　刘家玮　韩思琪　黄舫漫　郑　媛　张　正
刘晓晗　黄馨怡　刘丁宁　王可心　张泽宇　李文曦

历史学系
张慕智　赵　宇　熊昕童　何天白　尹敏志　陈　希
蒋　悦　龚立雯　李梦怡　韦　翔

考古文博学院
刘　翔　魏子元　张　夏　王静雪　何柯欣　吕雪妍

哲学系
董　彪　兰　洋　林　啸　冯嘉荟　邱　羽　张琬容
孔博琳　刘名再　张高博

国际关系学院
牟　舣　于宏通　缪琳娟　刘雪彬　刘念鸿　杜　帅
严澄峰　董欣媛　何宛玲　郭声霖　段陶然　胡昕阳
陈震坤

经济学院
李雯轩　张晓云　何西龙　郭佳奇　蒋欣芯　刘晨冉
刘雪吟　叶怡君　庄麟升　武学姝　尚用馨　王梦瑶
樊思鸣　王一凡　张皓辰　谢方岩

光华管理学院
赵秋运　李志冰　周若馨　蒋海涛　姜静妍　包正钰
李嘉缘　赖伟杰　梁志图　薛　潇　唐轶一　黄　昇
丛溢明　朱　珠　蒲定磐　田乙豆　何昕迪　朱婧姝
寇雨婷　董吉洋　邵冠棋　赵芸笛　杜佳宸　常啸天

法学院
胡　斌　吉冠浩　耿　颖　郭　璇　黄　啸　吕欣桐
沈晓雨　张家帅　陈文昊　金雪儿　尤保暖　葛蔚宁
姜　军　彭粒一　翟志杰　方　策　刘燎原　包康赟
孔维园　邹星光　李梦梅　张仕锦　吴俞阳　丁　卉
陈　扬　李昕航　李昊林

信息管理系
涂志芳　王明朕　王冰璐　刘姝雯

社会学系
庄家炽　王伶鑫　张雨晴　黄诗曼　王嘉钰　许一鸣
王子昭

政府管理学院
董志霖　梁　宇　李春晓　宁　晶　林　禾　邹瑞阳
王博文　吴笑葳

外国语学院
沈安妮　金美玲　关　迪　吴石磊　万秭兰　何英杰
陈　希　李雪菲　王　骞　吴奕凯　曾敬诚　宋　高
何凤仪　吴张心安　陈　炜　田思伟　陈　博　刘高辰

邱承豪

马克思主义学院
韩致宁　毕照卿

体育教研部
邹昀瑾

艺术学院
郝　哲　李诗语　李斯扬　倪范晶

对外汉语教育学院
范鏖京　阚　靓　冉　兰

元培学院
沓钰淇　韩欣天　何臻智　曾　莹　熊熙然　邱丽颖
黄殊晏　胡　琳　李星辰　沙　非　李　健　窦鹏飞
安桂沁　王宇飞　倪彦俊

深圳研究生院
陈惠渝　胡　宽　王劲卓　赵　辉　张乐陶　刘同超
林雄斌　徐　鹏　吴　谦　李梦诗　王弼宇　尼玛顿珠
高迎红　罗美钰　杨　洋　赵苑君　赵月圆　邓志聪
朱留声　曹祺文　肖　颖　李俊茂　李　阳　董一荻
吴少煌　范庆辉　商雪莹　苏九卉　王心一　张　伸
张　熙　贾靖雷　朱　继　应振强　王海峰　许雯祯

信息科学技术学院
陈冰炎　朱哌锟　邢星星　潘　多　胡夏蒙　林锦坤
王宗巍　陆光易　程晓亮　刘永强　蒋　逸　张晓东
王　然　王　哲　陈志鹏　吴昊泽　臧琳飞　陈方平
范非凡　胡　帆　黄诗尧　牟文龙　张泽轩　石昊悦
段亚文　杨至轩　郭天魁　李昀烛　王　迪　李一龙
戴望之　李　芊　王　尧　张　爽　张　睿　左　任
李祝祺　潘丽晨　胡敬植　周　荆

国家发展研究院
沈仲凯　陈　赟

教育学院
吴红斌　王辞晓

人口研究所
温　煦

前沿交叉学科研究院
黄　波　张　功　陈硕冰　徐小志　周　平　魏　静
刘　莉　王奕蓉　傅　瑶　熊旭深

工学院
孙梦荷　孙永奇　史建平　吴旭东　陈轩泽　陆建洲
付俊杰　李锡英　邓亚骏　张亚飞　范润东　陈　煜
徐致远　唐昊宇　王子琦　刘沛婧　李　帅　汪　靖
朱孟泽

城市与环境学院
许重阳　刘焱序　刘茂甸　张　甜　史秋洁　王　悦
邱　爽　卫　俊　关汉岳　郑　黛　王黎越　孟丽婷
于国帅

环境科学与工程学院
翟紫含　吴　丹　盛安旭　王　剑　汪卓群　唐宇石
李垚纬

分子医学研究所
宋　颖　李　杰

歌剧研究院
裴修文

建筑与景观设计学院
徐传语

新媒体研究院
梁皓云

燕京学堂
赵宇恒　田　梦

基础医学院
侯　超　侯郡潇　于子杨　张　姗　陈佳慧　王佳佳
李珂璇　杨　珂　高嘉翔　戴一博　常徐尧　袁艺琳
杨馨蕊　孙静雯　原　昊　张　顿　张高祺　曾婉嘉
李新飞　王银浩　龚　晨　张城林　王雨楠　陈霁云
李　扬　原婉琼　曹　帅　贾英丽　王　麟　刘小锋
刘　坤

公共教学部
郑　国　廖美霞　魏　佳

药学院
成羽溪　王　贺　杨　晔　王新童　杨　睿　林凤闰蓉
孙家琦　韩　琳　倪冰玉　陈　恳　陶鹏宇　刘　焕
刘　伊　李红星　宋　玮　李苏昕　叶索夫

公共卫生学院
周佐邑　叶艺璇　王敏敏　曾剑英　李昕怡　方　喆
莫云辉　黄亚阳　马　媛　倪娜娜　徐婷婷　刘　睿
徐相蓉

护理学院
焦勇勇　李　君　余欣鑫　陆薪莲　温俏睿　邹凯乐
武　杰

第一临床医学院
崔　璨　林乐涛　衷弘熙　钟文龙　叶　欣　李　超
李博雅　黄　红　刘振华　张月苗　张霞霞　王　晨
薛　姣

第二临床医学院
张苏杰　李佳卿　胡梦雨　梁海杰　张雅薇　张加敏
刘中砥　周　娇　徐郑丽

第三临床医学院
赵　然　张稚琪　温　越　肖琪严　刘梦苑
阿达克·赛肯　陶连元　孙　洋　张金露　刘　强

第四临床医学院
郑汉龙　张　晗

第五临床医学院
陈　沁　李　佳　于雪婧

口腔医学院
于　鹏　文　曦　沈琳慧　魏迪洋　王　玥　李冰清
陈慧中　李小曼　赵　菲

航天临床医学院
梁嘉慧

医学人文研究院
孙浩令

临床肿瘤学院
周　婷　夏　楠　何曦冉

精研所
王　慧

中日友好临床医学院
陈有荣　张　铖

世纪坛医院
肖萌萌

深圳医学中心
姚宁宁

三好学生

数学科学学院
陈明娟　楚健春　王　越　谢芳芳　林　锋　雷燕军
余海江　陈　里　张　楠　龚世华　王亚平　吴昌晶
何　迪　傅晶雪　张　倩　杨雪芹　刘双龙　吴　迪
黄译旻　潘　昊　王钰铭　郑朋坤　代洪龙　田　田
杨　丰　杜　燕　木英心　朱玮之　梁德才　李　特
吕梦帆　艾广阔　田　祺　张　丽　卢　晶　卢唯阳
陆逸波　朱　挺　李　璐　刘智彬　魏诗韵　严　堃
陈　康　刘　璐　邱日明　王　翔　阎霄汉　蔡　期
骆钇滢　谢雨杉　魏宏济　柳何园　李大为　李远治
冯一晗　康　展　王皓婷　徐芦泽　陈宇航　刘　峥
陈嘉豪　孙成章　陈浩宇　何家兴　丁允梓　周　鑫
王飞骋　陈　成　浦鸿铭　李佳颖　包诚杨　刘浩然
张　铖　柳伊扬　朱泱辰　谢　玙　董子超　房正阳
唐　敦　姜杰东　姜德青　马思源　郭润晨　李卓琳
李冠淳　李亚强　辛天屹　俞辰捷　窦泽皓　傅瑞得
陈子昂　武夷山　陈子恒　陆一平　黄海文　徐杨见琛
叶　帆　韦静蓉　李华宇　陈中柱　仇嘉泽　王子轩
罗金玥　刘镇源　李泽兴　石茂国　赵朝熠　姚超竞
周国庆　付博铭

物理学院
吕柄江　杜小珍　申　晨　张冬明　吴浩强　张照茹
赵桐可　陈振兴　张冯望东　何　晟　石米杰　孙传奎
张文龙　黄　浦　侯孟军　王　平　张立胜　宋志刚
蒋庆东　鹿　鸣　吴幸军　李朝恺　糜　健　宋庆军
孙成伟　熊伟浩　贺盈波　俞骁翀　孙　惠　王飞格

孙宁晨	旷 烨	张 贺	梁 赢	赵继飞	周美林			**生命科学学院**			
陈 婷	冯 俊	李晨光	臧宏亮	祖 帅	程玉田	陈祖龙	李 黎	李笑雨	刘禹兵	朱曼璐	雷 莹
王立晨	王 帅	魏祎雯	赵 辉	王逸伦	刘堂昊	苏 乾	张金喆	崔 韶	凌俊杰	刘 哲	马翠艳
程宇清	王 栗	高 桦	李明婷	陈 运	燕莹莹	李荣琴	杨佳怡	管 哲	范小英	侯 宇	李若岩
赵园红	盛经纬	曾 凌	王辰宇	付宝迟	申时行	侯 玫	王 萌	刘晓萌	邵世鹏	吴辉辉	任 合
杜进隆	单 葳	沈晓飞	吴倩红	万 逸	包燕军	张樱腊	汪加军	曾 虎	陈西茜	刘 旺	徐佳伟
李晓晴	岳 莉	李任重	刘校强	周丽颖	王 猛	遇 赫	朱 颖	何 涛	荆碧洋	巨 艳	戴雄风
于文韬	刘明明	石 剑	寿寅任	张景丰	孟 璐	徐至韵	于 洋	蔡甜甜	刘仁路	郭冬姝	鞠艳敏
韩晓亮	陈逸航	侯 哲	陈 平	张慕容	王旌旭	刘竞泽	杨超娟	董 骥	柳美玲	宁少楷	马梦迪
温 琴	林本川	张彩凤	谭敬丰	薛宇航	张志温	王 琪	丁良工	迟王菲	杨威威	张 禾	郝丽宏
李泽阳	王语馨	鲍依木	赵一帆	刘圣鹏	王抒阳	朱 盼	景誉庆	黄 盖	李 雯	孟柳映	高士洪
王少莘	叶柄天	费沉毅	张正兴	余佳晨	张 彤	林美希	张天宇	谢冠旖	米昱芯	严方雪	易雪灵
刘新宇	孙溢凡	祝睿豪	罗金铭	梁 宇	李海龙	房 巧	焦 航	王琬越	王璐璐	董铭棋	李嘉冕
薛尚捷	吴晓晗	孟 晞	王彦琦	刘童童	谢 雨	曹 铄	刘周泽蕊	郑昱豪	李诗源	艾宇熙	夏宁静
程安齐	侯 尧	张景云	李嘉宇	戴必玮	陈兴炎	王逸颖	王玉阁	王诗莹	杨明钰	黄司昊	杨闰晴
白岸斯	陆跃辉	龙卓青	于天旻	李瑞鹏	袁智扬	董梓琪	梅文彬	李思扬	朱鼎天	鲁双嘉	全宇轩
洪佳韵	张昊文	罗杨程	赵辰宇	韩兆宇	孙彰昊	王依琛	杨靖锋	金婉婷	方美琛	丘光昱	李 博
王军霞	杨 光	王李鹏	曹睿枭	李智慧	张光帅			**地球与空间科学学院**			
何震子	冯钰庭	黄佳旺	张 铱	胡京津	王元康	郭 舟	王建华	郭博然	周 敏	王洪浩	于 璇
胡杨林	鲁双源	李齐治	赵今超	蔡之远	张亦依	赵文智	岳 俊	安圣培	陶佳玮	段站站	胡方泱
杨 帆	李佳宸	邱露颐	孙运生	倪成卓	曾嘉熙	李芳兵	葛茂卉	李世林	李 嘉琪	张 璐	李显伟
毕泉智	王秉琰	王天乐	许昭鉴	刘格良	刘 越	王家林	刘沛显	黄 璞	张华添	徐 蕾	杨 婷
李聪乔	刘 苗	胡胜昊	唐佳奕	彭 朋	朱 杰	施 力	王为中	高 静	陈 彦	张东海	彭立华
		化学与分子工程学院				杜书恒	张鑫龙	秦 敏	钟 翔	刘天时	毛守迪
黄彦捷	秦青松	张治平	刘 旭	林丽利	徐林楠	杨诗琴	张彦垚	李 鹤	张红伟	张立杨	陈继伟
李彦邦	王 熠	石 可	唐 娟	姚肖男	陈 超	郑鸿云	程 静	汪晓楠	冯 禧	黄圣轩	王明粲
张 骏	张振宇	孟 晓	阚晓伟	邱方亿	戴晶鑫	崔一鑫	王 喆	何 勇	刘钰洋	刘 典	马文婷
高 鑫	潘 巍	王章远	王子宽	许佳儒	于静雯	蒋一然	王莉晶	曹文溥	邸彦昆	李 蒙	刘证源
袁浩森	张 丰	张先浩	周 胜	陈 影	郭亦坙	谭凤周	孙翌馨	魏子寒	刘子璇	李 彤	陈冠潼
何姗姗	侯颖钦	张 简	邓 兵	董 斌	陈 起	徐祎贺	张 琪	梁 菊	龚旭日	苏瑞冰	周 杰
谢佳君	邓毓晨	郭 毓	金 灿	林廷睿	卢 阳	韩甲源	段鉴书	康峻侥	黄知劼	柳晓萱	陆 杰
权 慧	施昌霞	施蒂儿	尹东晓	张 璇	魏 晨	朱英杰	华思博	赵泽严	李京寰	黄 杰	郭惠昀
吴疃勃	宋环君	文 豪	张录录	袁晓涛	林若韵	凌 坤	武于靖	王 宁	卢国军		
娄 宁	高智悦	闫鹏起	于秋红	葛 韵	曹 可			**心理与认知科学学院**			
陈召龙	董武杰	李明智	马 骋	王 孟	吴 珂	沈 波	白麒钰	高晓雪	颜志强	张 丽	尚思源
常文英	王丰鑫	张旻烨	赵冰璐	赵银花	郑黎明	丁 宇	陈慧菁	郑楚华	张曼莉	刘天舒	陈斯琪
杨晶辉	冯轩宇	周旭豪	孙维维	张隽晔	黎俊岑	陈丽君	张吉远	魏 祺	毕宇晴	谷静阳	唐 潮
苏忆青	薛一斌	曹梦雪	陈天阳	范 围	张 超	田 琳	吴 薇	龚曦紫	朱 晗	邓希童	黄韵榛
乔泽宇	蔡 童	王嘉禹	曹 阳	陈 旭	汉 露	王灵微	万熙宇	曹馨月	田 玥	朱镜榆	顾 相
沈一航	张陆昊	吴锐恒	来天成	周浩文	柳晗宇	吴芯婵	曾昱顺	张金铭			
黄禹铖	刘四维	陈世祺	谢丰羽	周涵韬	彭 超			**软件与微电子学院**			
胡俊男	靳汝湄	金 瑜	张 宁	封 凡	李辰帅	杨 勇	樊子嫣	阮 羽	张宥凯	曹露阳	陈愉快
商纪元	陈昱光	周家华	刘 畅	欧阳一夫	张 睿	丁 然	黄爽爽	李言言	刘佳琦	覃 浩	王淑惠
陈梓鸿	王子奕	孙泽昊	杨 成	罗 雪	夏义杰	翁 健	徐敬亚	杨 敏	叶振旭	和 喆	贾修毅
朱理源	林恒宇	樊宇成	贺 鑫	李皓宇	毕晓天	刘 君	唐菲雪	杨佳文	张江南	周妍玲	鲍 强
王健博	李和昀					蔡明荣	蔡 卓	曹圣明	曾 灏	陈方诺	陈锦培

陈银恺	程思洲	丁海玲	丁一凡	董雪	窦福成	张沙洲	俞明雅	李泽凡	涂琬洋	苏鑫	肖吉雅
冯洋	高峰	高京霞	高静怡	郭政	韩进	赵诗情	郭伊阳	张亿	范雯玲	汪芯竹	任子珂
韩邑康	何智超	赫嘉欢	胡弦和	吉培轩	金寿鹏	姜蕾	李佳媛	王远平	詹婧	王钰琳	金琪然
金兴	李贺	李慧敏	李梅娟	李田田	李文婷	萧歆怡	张家昱	文家辉	张颖惠	舒心	张帆
李轩	李忆秋	蔺志虹	刘芳兵	刘昊	刘佳颖	杨思思	叶唯简	林子	韦楚祎	覃芬芬	张菁洲
刘新星	刘新正	刘昱含	刘玥杉	刘泽	刘哲	杨熙程	陈晓蓓	于汇文	蔡婧怡	彭一沁	柳元华奈
刘志超	吕坤	马官正	梅鹏翔	倪维材	邱鸿淼	傅其豪	林爱霓				
曲淼	荣岩	施梦怡	税丹丹	宋雅雯	孙弘莉	**历史学系**					
孙洁	孙沛鑫	田泽文	涂梦	完欣玥	汪楚楠	赵永磊	严智德	郭宁	刘祥	陈业诗	卢雅怀
王标悦	王岑	王士彬	王欣悦	王乙闲	魏焓颖	陈新元	申斌	张蒙	姜涛	高翔宇	盛仁杰
乌天骄	谢凌霜	徐超越	徐靖凯	徐潇萌	闫晓丽	单敏捷	许梦阳	杨坤	高曦	宋昊	王跻崟
严彬	阎泽群	杨璨	杨池	尹雨	于婵	蔡佳宏	王尔	王敬	杨光	张辞修	张良
余斌	余明霞	张程茜	张恩发	张然	张润峰	李睿毅	卿倩文	肖艺伟	李伟玉	李彦楠	林飖宇
张田宇	张新蕾	张璇	赵侦蓉	郑晨骏	钟梦俐	张弛	赵茜	邓哲远	姚念达	李天宁	张钰鑫
钟沁芳	朱闪闪	朱智彬	左梦巧	何宗翰	李佳虹	程援探	顾菱洁	吕沭阳	卿子凡	曾芬甜	苏俊敏
马依莲	唐伟菁	陈静	成莉婧	丁伟杰	郭转转	王子芊	亓浩然	刘佑民	布依宁	宋舒杨	李沛霖
韩旭雯	华希希	黄惠贞	李海涛	李立敏	刘鹤群	王溥	徐一臻	陈思危	傅雪鸢	李孟泽	王苗
普筱越	邱玉钦	邱源	任慈阳	沈康君	盛啸然	王牧遥	王竣				
王伟男	魏世嘉	夏天	宣梦雨	杨宗睿	易欣欣	**考古文博学院**					
余康	张晗	邹勇杰	崔广英	崔迎迎	李璇	林壹	何月馨	卢亚辉	王思渝	卢一	李云河
马群	郑薇	曹毅	韩颖慧	邹瑜强	唐子立	王倩	陈豪	蔡毓真	赵献超	周杨	梁鑫蕊
宋伟博	李然	牟冠宇	马逢艺			刘百舸	刘思源	郑贝贝	胡毅捷	张含悦	李罗敏
新闻与传播学院						陶源	黄泽方	王玥	杨若梅	黄子文	杜圣伦
张好	王小敏	赵琳	冯美娜	刘松岩	姚怡云	陆文琦	林忻	邓阿莲	崔孟龙	吴琪瑶	范宗平
张梦鸽	冯少杰	韩霜	李娜	宁昕	邵安琪	李春霞	蔺诗芮				
王淼	岳佳琪	周思妤	叶茂源	胡元潇	白春阳	**哲学系**					
李梦迪	景彤	杨尚冀	邓玉成	张涵	郑深宇	任劭婷	李震	王淼	王坤	王皓	姜帆
肖杰	王丹丹	段雨濛	马芹芹	刘婵	佟金恒	江欣城	周努鲁	杨虹帆	李天赐	钟治民	种方
田蔓菁	何珺瑶	金越	孔煜也	杜松涛	吴悠	周丰董	侯杰耀	杨祖荣	王钊	秦晋楠	宫志翀
明淳露	艾新雅	张宏璟	任雅菲	赵坤	田林鑫	刘沁	金一苇	邵世恒	贾祯祯	夏钊	孙逸超
贡雨婕	甘诗卉	周洁	年欣	郑江浩	肖瑜景	李兵	曾馨	贺敢硕	杨啸尘	冯子杰	谢清露
苏杭	邓方梓琳	张泽钰	张良	于雅茹	蔡依依	张崇宁	罗双双	蔡震宇	柳帅	孟雨桐	董皓
余静寒	张艺					张帅	韩慧云	陈潇潇	孟繁昊	赵洪彬	马卓文
中国语言文学系						张光福	吕东壑	黄北南	巩天成	廖志民	刘勉衡
田祥胜	曹东	林少芳	董婧	赵昱	梁苍泱	唐心怡	符悦	王艺洁	梁时	李浩田	山冲
朱姗	成桂明	孔凡娟	黎潇逸	丁彧藻	刘彬	彭子琛	钟孔鹭	杨致东			
高虹飞	宋雪	陈琳琳	高寒凝	王玉平	薛静	**国际关系学院**					
朱佳艺	刘文	程悦	刘雨晨	寇鑫	李凌云	王冠玺	刘均	修光敏	周冰鸿	李尧星	刘妍辰
周旻	王昕	张驰	程梦稷	崔璨	贾晓华	陈永	曹德军	王钊	胡宝艺	梁健	李坤
汪春涛	王平夷	李哲美	刘杰	高思	叶栩乔	梁鸿	王瑜贺	孙大权	辛诗旸	章一柳	范佳睿
李瑞	宝诺娅	张明瑟	张帅	程珊珊	刘倩	梁筱璇	乌昵尔	董聪利	计明洲	罗烨	秦肯
夏雪	向筱路	孙巧智	宋爽	丁文静	李涛	夏雨佳	杨晨桢	周玫琳	周晓丽		Grim Victoria Edith
陈焕文	丁鹏	洪哲熙	吉云飞	栗念跃	孙瑀蔓	Oliver Steindler	元晶涣	陈剑煜		李恒	吴其阳
谢雨新	张哲茜	徐韬琪	王文忆	王佳琪	刘派	黎恒山	李婷婷	刘孟禹	何婉筠	伍灏殷	张琇玲
刘雅琦	陈昌媛	周昕晖	王雨桐	崔颐超	杨加玉	朱镇	伊诺	李欣达	张晓伟	刘雷蕾	李依菲
王浥尘	陈昭玉	蔡彦恒	陈惠琳	李艳琪	曹蕾蕾	付越	张一鸣	李雪妍	秦琳	余雯雁	金佳莉

王牧良	徐雨佳	胡斌祺	董榕	余物非	余欣
杨子欣	王立波	李晓蒙	宋婉玲	何山	梁宝月
庞祎	李典易	符雪纯	王璐	李志谦	梁旭琳
姚思嘉	赵修杰	买玲	贾九鹏	于脱颖	李子沛
张琪琪	李佳璇	郭玉瑶	博尔琛		

经济学院

张涛	张钟文	潘水洋	陈丹	顾思蒋	张轶龙
宋煜	王耀东	李睿	梅亚冲	唐琦	杨珺晖
王任远	杨敏	程万里	范雯琪	胡哲妮	姜宁馨
李思婕	李婉婧	李文广	刘云恒	王晓蕾	王颖青
陈同舟	荆旗	李锦晔	苏莉	廖君君	肖羽莎
朱杨昆	许弘毅	曾伟盈	吴爽	卢思竹	赵伟嘉
董明志	杨紫涵	刘璞	刘正铖	沈瑞	金家骅
杜震啸	隋诗华	刘筝	姜彦文	李雪娇	张沛阳
丁雪瑜	王雪斐	李冠儒	赵晚嘉	刘丹	王天娇
韩甜甜	刘思源	苏炫昊	冯达	韩清扬	吴雨桐
成琪然	李文康	段埋郴	邹海宁	赵煦风	承子珺
梁义钦	魏文晗	黄泽瑞	郝俞植	王志明	狄伊烜
刘源	谢潘宜	贾蕾	龙上邦	朱可彦	唐家平
唐思勋	毕悦	项凯	黄苏荣	张蓝月	牟星奕
潘思成	毕子珑	李东霖	孔曦晨	张可心	何佳
许玚	陈晨	陈炜	李静昀		

光华管理学院

陈靖	汪小圈	万飞	胡诗阳	封世蓝	陈戴希
陈康	高铭	江嘉骏	李沙浪	唐瑄	王江
何捷	张林	郑玮	周咏龙	梁萱	毛日佑
黄楠	刘畅	金苗	吴敏	辛星	胡琼晶
姜舒文	靳菲	李世豪	薛晓诺	许可	李晓萱
魏冬	罗英华	温馨	延续	仇心诚	陈磊
陈健雄	刘婧	陆维翔	吴仪扬	许嘉捷	薛子钊
杨芳音	杨宇	张少强	罗楼心	张芩珲	陈睿哲
杜都	胡中游	刘婧	吴晶晶	谢万彬	杨丹
杨坤	张典	张国玺	郑闻莺	艾美	凯文
吴学桐	白静雅	杨韶爽	岳鑫	王宇飞	金彦琳
沈悦然	伍启航	滕雨薇	黄佳琰	罗丽娟	唐嘉
顾政昊	胡苏倩	黄灿	巴萃敏	陈泽阳	孙亦非
马晓峰	袁玮婷	张冰	刘晨曦	章葳	宋奕欣
王月	龚昕月	罗兆棠	孙逸非	刘明辰	王文博
木乙羽	冷文浩	林心悦	魏卓	李佳奇	赖贝琪
李琳	邱昕瑶	杨巍	毕新宇	欧阳萌淞	宋甘霖
耿宗泽	郑怡婧	傅小勇	谢昀廷	柴冰倩	李任平
彭思皓	翟祎雯	晏子清	马婵	郭宁	宋佳
刘旭阳	黄一泓	胡靓婧	张馨文	孙锡萌	林奎朴
朱宇昕	李永箭	朱佳铭	冯涵嫣	龙小鹏	杨洪智
王一凡	王若愚	齐雯	梅一伦	张凌瑄	赵梓博
汪川	郝若男	王宏浩	孟舜英	沈士恒	陈晓珩

| 王福瑶 | 李一铭 | 颜康平 | 刁翊航 | | |

法学院

潘佳	张为易	李潇潇	何婧	李思羽	李真
朱学磊	王春蕾	金曼	胡星昊	徐可	张钰羚
彭宁	王栋	谢宇	蔡元培	孔令勇	蔡国保
曹如冰	陈俊光	杜楠	韩嘉怡	何旦番	何平
李浩	李秀秀	刘晨龙	颖	彭丽君	尚东
石冰洁	王琳	王梦晓	王茜	武旋	夏婧
谢春辉	许一君	闫云	杨雯	杨芸	张嘉艺
张倩	张苏楠	张伟	章璐	周霞	周莹
庄瑜	邱遥堃	叶开儒	蔡培如	张天白	徐成
韩越	李檠	武晓艺	谭晨	于子豪	徐晋阳
季冬梅	邵明潇	黄曼兮	胡瑞琪	艾慧	陈思齐
陈毓坤	程娇	邓博文	高舜子	葛迎	郭鹏
韩康麒	韩笑	何昕	黄其杰	解琛	黎俊志
欧恬	邵旖旎	沈凯月	沈祎	施洁雯	孙经纬
王慧群	王楠	徐励楠	杨春白雪	于若楠	张蓉蓉
赵轶君	钟雯	周诚欣	周锦琳	庄晓月	陈嘉希
董怡岑	何清	胡皓	刘俞含	赵睿璇	张心雨
李佳益	刘梦馨	王昕佳	李斯琪	林惠妮	陆雯菁
秦钰洁	乔静漪	蔡丹彤	郭幸芝	严婉怡	魏然
金珊珊	周欣	马晨轩	周志鹏	杨苏豫	王之栋
符怡然	吴亦九	马层思	苏林璐	杨祖睿	许文韬
余今朝	袁东筱	马一丹	刘力帆	陆迪	徐蕾
黄雅冰	陈陶	于娜	贺予希	王雪薇	阙涵宇
刘颖	朱子琳	范晓璐	李晓璇	朱梦圆	胡敏喆
张萌萌	王艺楠	张宇诗	吴可婷	田园	严丹华
包思雨	梁雯菁	刘静涵	丁当	钟鑫雅	刘二源
李婷婷	李志恒	温宇璇	李妮	杭雅伦	苏为韬
何红岩					

信息管理系

祝振媛	何芳	王晓笛	赵元斌	苗美娟	刘芝玮
张璐	卢晓航	李沁芯	黄唯	杨凡	余贝迪
刘涵蕊	王道弘	梁昌豪	张亮	油梦圆	杜婉莹
白浩东	彭悦	蒋天骥	黄骁	张瑶	车尚锟
尚闻一	杨子傲				

社会学系

徐宗阳	陈锦航	宋庆宇	王雅静	马征	郭冉
刘小天	唐元超	王斯敏	金婧怡	吴美琦	牟思浩
孙朔晗	赵晓航	周颖	王文澜	谌青	李振玮
周思丽	陈思玉	刘璇	邵巍	樊仁敬	周玉婷
罗佳燕	祝宇清	黄秋慧	张雨欣	林楠	符安之
李澄一	张昆贤	曾卓	卓越	吴而为	代小雪
赵启琛	钟萌之	袁琳	杨锐	孙梦圆	善禹菁
李彧强					

政府管理学院

| 王维华 | 蔡潇彬 | 董杨 | 刘江远 | 王哲 | 郭科 |

金紫薇	高波	唐秀锋	郭宏樟	张薇	郭莉莉	雷渌瑨	马瑞敏	张成飞	高丽烨	王彬旭	王馨
罗心然	王志文	王丽娜	王茂林	王怀乐	王丽雅	郭勉	班效勐	付伟龙	钟晨扬	何旻浩	詹若涵
杨倩	周宏露	马柯	范若曦	李君然	毛丽娟	周诗培	袁宏霖	任昶宇	赵宇飞	吴明琨	谭祎宁
彭金波	赵倩	朱溢珂	张远	蒋锡泰	李曦纳	袁一泮	黄北辰	王子蔓	赵伊曼	常颖	温心怡
吴细艳	黎钧宇	陈小凡	陈斯惟	杜鹏	刘星圻	程宬	李佳怡	黄文力	许心晴	张玉滢	孙菲
张晓林	马乐	郑雅文	陈俊廷	陈耕	袁旋宇	王钦	孙雨东	闫丙松	马大任	陈一潇	李嘉文
马若凡	郑韵含	苏楠	巫曼琳	李颖妍	李照青	胡梦雪	罗欣雨	王孟儒	苏涵	伏贵荣	葛楠
郭晨	王明	牟春晖	牟林翰	张竞元		秦家旺	朱一鑫	郭曜	王一鼎	梁璐琪	祝宇晨

外国语学院

						梅鑫洋	王东宇	蔡雨玹	窦文韬	张冠鹏	罗延桢
陆一琛	沈玉婵	张凌燕	唐嘉薇	暴凤明	孙晓雯	邓唯	郭奕	刘德欣	段浩东	郑粤	李倩怡
张晴晴	远思	李桂东	喇奕琳	李雯蕊	刘微	张煜婕	楚显琨	张宏毅	汪文靖	王雨薇	田童话
虞雪健	边慧媛	马学敏	郑友洋	张梦	吴扬	谢璐阳	郭嘉明	张烨垁	伍维晨	张怡文	刘昊棠
严赋憬	董欣然	刘岑	欧阳诗怡	王梓	蒋骏	彭念念	燕逸铭	张剑尧	秦林峰	毛展	

深圳研究生院

张雅能	包尉歆	王诗敏	李豪	刘畅	申明钰						
闫敏佳	张磊	卜晓晖	白艺茹	万晓璋	张乐	毛瑜	陈萍	朱琳瑜	曹晓峰	张馨	王飒飒
张容	朱鸽	薛芳	葛培媛	徐倚天	赵令君	赵冰川	李洋	翁振宇	李付琸	吴晓君	杨丹
司雨萌	陈煦	王知为	祁佳浩	方初	胡羽乾	郑维豪	耿浩	胡钊	李豪	肖舒	钟钰
黄金	林依莉	朱晨	李宜霖	张伊欣	欧琨	乔创	孙天宇	汪鲁顺	张春晓	范逵	胡江涛
王倩	游雅	李天娇	费都	支玉晨	李雨梦	范天举	徐汀	周华庆	陶卓霖	陈柱文	冯燕
后博文	李一杨	尹子尤	龚哲浩	陈志男	杨宁	顾月青	廖林萍	王珍	崔岁寒	梁园梅	刘易
裘蓉蓉	郭奕佶	叶田恬	孟夏伊	朱亚洲	王漪清	王冬卉	王宇石	吴悠然	姚植洪	姜姗	李佳星
席琪婧	李楚冰	杨洋	黄田依	杨婧	熊畅	刘文园	史抒鑫	王腾	夏志毅	范一鸣	吴越
李瑾	李雪冰	刘思聪	夏方波	许文迪	张宇航	张浩东	张霖	戴雨横	高梦泉	何雪翔	李倩雯
王乾宇	江澜	王嘉璐	胡榕	朱芷萱	邹文卉	刘大路	王艺馨	王祝怡	吴雨航	毕滢垚	陈陈
唐羽影	范开歆	邵梦琪	刘汐雅	郭笑遥	孟瑶	陈治翰	丁柯利	杜晓彬	黄云琪	李抗	梁爽
章烨雷	单晨	张怡轩	李旖旎	曹雨婷	陈庭羲	刘梦颖	刘怡君	孟迪	庞昊	唐超	汪雅琪
庄思腾	葛思嘉	李陶源	卢宇嘉	郭锐	孙启	王冠琳	谢婷婷	许宜哲	杨浚哲	尹晨坤	张青
王润	曹书航	蒋天若	宋唯亮	孙一		张幸佳	赵峻峰	厉越然	刘国威	王冉	伍惠子

马克思主义学院

						袁子焰	周怡彬	周臻畅	李淑君	孙栋瑜	郑欣嘉
李成家	黄淦	谢超林	梁爽	汪越	陈欣	王冬园	袁鹏飞	张同欢	钟秀梅	陈君娴	陈昕
张群	刘思源	刘辰硕	何惧			乐晓辉	刘祥	张惠璇	邓艳艳	董云鹏	范佳

体育教研部

						韩婷	王晗昱	文才	文镭	张欢	周天宇
陈靖	李娜					黄晓林	林源鑫	刘辰巍	孙淼	孙小虎	王毅

艺术学院

						张若楠	范红蕾	申一蕾	廖雅君	赵晨旭	吴海龙
刘文文	王烜	王汉	刘润坤	石小溪	赵雅杰	杨帆	赵畅	曹文	陈虹宇	陈敬钰	陈美诗
焦傲	甄敏	范萍萍	杜若飞	王也文	陈雨人	李宣晔	李雅莹	孙雨石	高源鸿	高洋	刘一鸣
张锐	白浩然	付煊屿	冯舒	刘芳宁	黄露莹	吴敏	谢肖容	赵可欣	胡媛媛	蒋毅	李思洋
黄羽婷	岳思宇	刘家辰	金韵竹	朱钧霞	高琰	李哲	牛冬晓	汪思慧	周凯文	朱玉娟	陈恬
王伊	何愉棋					邓梦雨	江悦婷	金吻	金晓月	李英祥	刘玉宁

对外汉语教育学院

						马国凤	邵哲文	苏子健	孙嘉昊	孙翼	王若林
李培毓	葛锴桢	陈晨	李水	林楠	芮旭东	王卓	危孟浃	徐梦辰	徐卓楠	杨薛融	尹文欣
邢思	陈婧	吕中华	陈诗琦	黄欣雨	李鑫	张琪	赵利建	周基明	左孙立	陈炜琳	刘宸缨
田晓萌	谢晓萌	王珊珊	杨鸿禄			卢奥博	潘丹阳	秦士杰	任玥玮	王雅昕	蔡金兰

元培学院

						郭馨	孙艺心	刘艳娇	孟令男	吴开元	张涵
罗翔鹏	谢韵	郑天行	段雅琦	霍进一	吴志成	康艺馨	田璐	佟圣楠	徐媛	钟奕纯	陈浩
张浙航	李雨晗	林雨晨	祁箫	彭思涵	刘佳佳	季沫含	简子云	林忠敏	罗文	马一华	辛晨

张晓东	陈诗雁	董培磊	黄艺驰	楼燊航	马佳瑶	孙闽旎	胡晗	张浩波			
朴雪威	王迪松	王秀玲	杨力维	张运崇	范怡			国家发展研究院			
王传胜	张祺	王经臣	张园眼	韩辞	李凤清	张佳梁	王赫	殷戈	陈鹿鸣	崔含笑	郭巍
李鑫	汤学章	夏子乔	杨霁芳	关晓思	王晓天	黄家林	万凤	王可	王梦琦	魏金霖	衣雪洁
赵伟						夏凡	李宇				
		信息科学技术学院						教育学院			
姚金戈	杨保国	黄乐	陈喆	蒋晓波	刘大河	周丽萍	董璐	郭胜军	谭洁羽	万蜓婷	于思化
张彦彬	张立	张灵倩	孟凡琛	郭化盐	邓清中	仇冠楠	余韧哲	程启帆	降初卓玛	吕莘	麻嘉玲
陈维政	任仕儒	蔡华谦	许宇光	黄艳香	周新杰	徐颖	游杰				
熊晓亮	董思维	穆晶	胡巍巍	林旸	熊俊宇			人口研究所			
韩宇翔	张雪	王昊	王积银	徐晶晶	杨帆	高嘉敏	石超	石旸	纳菌	宋嘉楠	阮航清
官勇	顾小影	郑重	周龙飞	李心白	马靖寰	袁倩兰	耿聆				
唐浩	曹成坤	沙磊	王云鹤	李洁	李骏之			前沿交叉学科研究院			
赵帅	张恒	郑永安	吕垠轩	关淘淘	刘靖骞	陈碧清	董璐	多丽娜	胡玥	林玮	舒小婷
戚向波	汤恒河	姜通晓	邸博雅	关义金	张炜其	朱文桢	朱子建	祝融峰	王秋月	秦山山	云泰康翔
王宏宇	张衍	施晨	周畅	赵天琪	张豁然	王成彦	康义敏	李梓维	田莹	高爽	吕骏
李元春	游山	宋宇	尹雪帆	蒋飞	宋伊萍	江卓灵	刘旸	陈露	陈乃修	贺腾	李柯楠
张宇霞	许晶晶	黄庆博	李欢	张泓亮	刘天林	梁浩	刘红博	马士清	时旼旼	汪慧君	吴浩
曹一童	郭航燕	郝鹏	杨雪	崔一凡	李敏	谢鑫宇	黄甜	刘佳卉	熊盼	李童	王慧敏
厉颖	王智鑫	邹恺蘅	李晓光	杨芳华	杨文娟	白金义	陈一欧	杜逸飞	高玲	韩翔	冷赫
赵鹏	郝蔚琳	胡文翔	马子昂	倪燎	潘惊治	李瑞风	刘爱国	栾绪科	宁通	秦为	宋阳
王杰	范志巍	黄鑫	林镇安	刘赵梁	瞿经纬	孙鑫	王英英	袁卫	张珂	赵伟	胡启万
谢利娟	鄢科	张东辉	杜思臻	何成海	林萍萍	梁晶	孙禄钊	刘婷婷	沈靖翔	郑涛	孔含静
戎江鹏	杨蕴伦	叶唐陟	易芸皑	刘力俊	贾放	朱马光					
敬杰	林逍	舒浩文	田树一	严石伟	段祎纯			工学院			
韩志鹏	周岚	陈修司	贾灏	李文鹏	王一博	赵彬	苗鸿臣	曲兆亮	吴小芳	钟芳盼	周凯
辛超	厉扬豪	杨帅	张建敏	黄亚蒙	马阳	牛天晓	陈燕	吴诗婷	周坤	徐明泽	马朝阳
杨嘉辰	高飙	东帅亮	杨子岳	戴舒琪	陈玮婕	王培育	王长显	张兴玉	姚松柏	吕跃祖	刘洋
郭秭含	陈思杰	金天成	刘兆恺	钟泽轩	林星宇	郭亚光	徐文静	周协波	赵亚萍	冯仰刚	于学成
成羽丰	孙嘉裕	郑泽宇	仇涵	吴钰婷	薛阶祺	相耀磊	赵耀民	刘鲁峰	任云鹏	国晋菘	林峰
唐沁宜	张宇	曲祺	孙韬	杜若谷	王曼晨	樊婷婷	张存志	邹明初	王嘉宇	王倩	杨振洲
黄乐玫	钟震	岳宇	史舒扬	何杭峰	张欣勃	李彪	夏仲弘	张健鹏	杨旭三	赵丹	董可
徐梓楠	何宸锐	苟向阳	邵典	张先耀	孟钊	周志浩	江伟权	金炜炜	高飞	黄旭	严岑琪
孙周易	章玄润	张梦晓	庄泽浩	方旭旸	李鹏程	李肖音	方浩明	李腾飞	唐天宇	胡战超	鲍垠桦
董镇	唐翔昊	余启航	黄舒婷	郑佳慧	林泽辉	赵雨浓	侯文达	杨艳涛	王迪	李海东	孙仕琦
黎才华	吴萤西	周昱杉	王海滨	曾书豪	张峻伟	陈梅	杨柳思	张新意	陈曦	李金国	朱孟广
谢佩辰	高嗣昂	于晓凡	张子璐	白荻	高俊	陈斌	袁野	周斌	郑兴文	何叶冰	韩乃琪
杨东升	张可欣	李泽凡	王欣欣	关玉烁	谢旭	李颖	杨欢	赵淞迪	朱朕田	傅文泽	王冠邦
田得雨	尉方音	刘春晖	高敬月	李恬	卢帅	龚思琦	汪毅卿	蒋涵宇	毛诗琦	周开	李冠男
朱嘉迪	丁哲章	杨宇喆	魏来	陈鹏	孙新昊	刘超一	张宏源	吴经	丁瀚	曹迪	司济沧
伍奕锜	赵子栋	陈睿聪	叶天	王雨琦	薛犇	龚盛	周金辉	吴林佳	石哲	侯江东	薄童
顾亦宁	邹佩	朱锐东	田晶晶	吴越	张之远	周佳慧	翟锦鹏	胡枭汗	孙北奇	邹宇	钱佳琛
钱昊	钱瑞	汪畅	徐晟	李卓翰	代达劢	陈婉雯	高晓荃	胡依雯	滕郁骏	符哲瀚	庄煜洲
熊慧鑫	游优	陈颖婕	刘葭蔚	罗睿轩	李希贤	王天骄	张琨	谭天禹	刘嘉牧	任行斯	饶诗杭
刘泽群	刘辉	于力军	周新哲	张茂森	林阳			城市与环境学院			
肖特特	沈博文	李贺	魏晨	林远振	胡艺	林笠	张海韵	任小林	王超	朱文博	陶胜利

刘文秀	后希康	李　跃	应凌霄	陈天鸣	杜　伟	杨雨卉	杨明媚	陆思萌	陈旭豪	陈晓清	张文浩
肖文杰	李耀琪	柳　絮	李德龙	王艺臻	刘　强	王鼎予	杨梦婷	韩雅婷	陈　曦	宁　昕	陈依民
刘洁敏	张浩然	马志远	胡晓旭	王　雅	刘　鑫	陈盈宇	杨致远	喻　言	程　功	符师宁	肖　丹
代　莹	张梦竹	李　超	邓春燕	高婷婷	高硕硕	刘雨诗	付佳钰	胡　静	王馨怡	隗思媛	于春子
郦天昳	黎　明	李　羿	孔　璐	李圣晓	要伊桐	李芷晴	李竹君	魏绮珮	冯　峥	李　爽	邵达明
熊冠男	余　彤	张释义	刘霁轩	王　泱	向　林	史安腾	朱雨桐	于昕洋	刘苋菲	蔡　勐	张露辉
肖　灵	张　路	武欣玫	李　东	徐　郡	张子骄	伏紫冰	白青云	阿曼妮萨·图尔苏托合提		马珂楠	
陈思创	张世东	向一凡	王思雨	刘素素	黎一鸣	戴　心	方思宁	孔钦胜	张　轩	李小哲	胥切实
白梦灵	吴婧一	刘松瑞	王照宇	吴子晔	申子靖	王迦南	高雅晴	敖晓晴	欧阳大方	曾宇麟	董永强
赵　晔	黄紫东	权　璟	冯晰睿	徐　帅	杨天铭	刘　晶	朱娟娟	赵桂珍	叶菁菁	于瑞丽	马　伟
汤　鑫	齐飞翔	刘　瑞	王　婷	吴隆昊	孙轶斌	张艳菲	郭　欣	陈　聪	朱素杰	孔璐璐	姚　倩
胡陶钧	黄　楠	张晨杨	邓鲁川			汪　盼	周骏拓	田　辰	张唯早	夏妙然	苗广艳

环境科学与工程学院

谭照峰	李　灿	别鹏举	王艺淋	庄明浩	李梦仁	马骏凡	张树松	蔡　娟	秦晓丹	郭成立	陈青芳
郑　竞	文　雯	郭峻瑜	刘宇心	刘心怡	王文杰	孙昊昱	刘玲瑜	宋天佳	王　娜	岳路鹏	张　钰
刘玥晨	王佳文	王　航	杨裕茵	陈越月	樊　灏	钟丹丹	耿晓强	柳江枫	艾思志	李英杰	张晨冉
姜　博	马玉芳	苏　榕	张雨宇	陈灏轩	刘艳秋	张　欣	李立强	高玉华	沈从乐	刘永振	范雪营
提博雯	熊富忠	张照男	葛　智	王　位	张沥月	张　晶	许炜智	李睿智	王　哲	马　腾	韩　烁
朱琴丹	赵佳茵	董舒心	徐晔楠	虞雪筠	胡偲妍	袁富文	汤　明	朱　骞	李婉津	王　乐	李　秀
井泽华	张朴正	吴　坤				李　颖	曹正意				

分子医学研究所

公共教学部

刁举鹏	张会远	于　鹏	山　丹	谷俊中		汪睿瑞	殷若宇	汤恩泽	陈　晨	王安意	申舒廷
Younus, Muhammad		吴鸿昆	饶蓁蓁	焦睿颖	彭继光	张森冰	周逸儒	牛一锋	来晓真	顾晴晴	陆亦凡
赵士群	段菲菲	杨帼一	邱雅姿			张春峰	宗纪元	韩明月	颜志颖	孙一冰	沈　莹

歌剧研究院

药学院

朱　茜	毕　航					魏泽盟	涂心宇	熊剑亮	张　诚	张晗玙	丁旭阳

建筑与景观设计学院

郭　嘉	胡文颖	郦宇琦	袁振宇	朱丹妮	

赖俊勇	柏　林	董　理	王海东	刘晓莺	郑哲涛
孔维恺忻	李飘飘	范洪玮	彭光华	张文杰	李子圆
杜筱雯	傅孟元	孟　帅	江　澜	杨岸蒲	单宇婷

新媒体研究院

丁煜堃	李　冰	马鑫磊	夏　金	张　政	赵丹彤

王　璐	康　颖	侯宇泽	芦春洋	祝　嵘	李轶凡
陈　迪	李展韬	李佳佳	齐立君	贾盼盼	王　喻
凌鑫宇	谭　畅	秦　川	薛雨晴	易向玺	李紫鹏

燕京学堂

冯　雪	刘霄临	杨　天	张俊斓	萧蝴蝶	陈正勖
郭永沛	陈祺祺	韩　鑫	刘　畅	肖琳琳	张泽坤

陈　逸	胡利明	戴偏玥	李玥璇	魏绍鹏	蔡冠星
万方劼	褚丹彤	梁钧鋆	李佳朋	刘　阳	范丽萍
刘泽辉	戈梦佳	邹武捷	郭志刚	刘　彬	吴　勇

基础医学院

刘家诚	宋凤岐	郑丹蕾	张健维	朱梓铭	郭怀珠	刁愿坤	李润润	张　硕	王志鹏	卢东渤	潘良坤
郭心卉	苏坤旎	关筱媛	李雪滢	李林蔚	彭扬帆	邹文星	张津皓	王晓阳	李宏月	陈　庄	朱月洁
王一铭	杨再目	张浩筠	韩冠鹏	苏晓凤	潘雁楠	孙婧菁	牛燕燕	陈月梅	王　君	管颜青	吕海宁
王博浩	李拟东	黄　岳	夏雨奇	张钰洋	贺　淼	程仲彬	陈金凤	陈斌龙	张　爽	毛蓓蓓	林少辉
王　浩	汪星霖	王子乔	曾巧珠	黄博轩	丁朝伟	郝方然	覃小雅	陈　镕	刘白璐	郑小青	吴一鸣
苏　同	刘耘充	孙　彤	韩耕愚	孙仰仰	敖进涛	张精亮	杨思敏	努尔艾买提江·阿布来提			李茹一
马一凡	蔡晨希	范　祺	陈思运	周小婷	陈紫晗	梁　达	徐仁洋				
王宇鑫	王鼎元	李　可	孙祎喆	宁　静	宋　蕊						

公共卫生学院

杜明昊	彭康宁	何以琳	杨建潇	李如菲	何舒雅
张银连	汪雨晴	刘帅帅	陈同生	李思煜	王琰璞
刘元亘	呼延天如	史　真	杨　迪	李笛天	章琳琪
刘一昀	卢　巍	孟素坤	宋　佳	刘显平	吕那云
杨泽亮	邵玉子	赵　昳	陈　鹏	张亦非	刁　婧

段宇祺	肖　楚	张　玥	张佳伟	洪昱廷	王　瑞
王　硕	徐凌璐	贺冰洁	陈暲烨	吴　曼	李甲森
李　曼	魏伊慧	任中夏	杨晓淳	康文博	程志浩
陈霄萌	杨淞淳	张天惟	周　仁	刘　扬	曲雪琪
于孟轲	刘雨宁	陈春屹	朱垚吉	李淑惠	朱　路

魏玉虾	贺鑫	孟陆	罗冬梅	李小卉	杨若彤	聂丹	杨林承	高妍	周明新	金笑	白铭宇
周庆欣	王实	王紫荆	王宗斌	姚晓莹	张文楼	刘露	宗源	崔应谱	马新然	周思宇	王震宇
陈松建	杨帆	吴俣	马雨佳	史薇	阳益德	张启鸣	张季蕾	曹汐	邢继尧	马靖玥	张梦倩
王政和	王海雪	程兰	胡贵平	曹冰	徐华东	林矗	王子仪	丁楚凌	周祎	高娟	崔宁
董文坦	梁凤超	丁呈怡	李振江	刘莹颖	郑棒	徐玲	乔钰惠	于菲	刁文琦	魏慧	刘文正
孙可欣	张洋	刘志科	孙凯歌	高倩	何永欢	张璐	吴超	陈宣伶	王冰炎	李熊辉	曲小辰
任巧萌	李谦	李珍	吴梦凡	臧英	李雅秋	刘冰川	杨晓松	马云龙	刘丽思	王晓晓	贾婉璐
侯晓鸿	何婷超	李烨	潘子奇	陈启贺	任金威	赵玥	齐新宇	潘宁宁	姚丽红	刘嫣	闫慧敏
樊萌语	廖紫珺					胡伟倪	王时尧	李晨曦	张正政	赵逢源	李丹

护理学院

廖冉	刘晓瑞	杨婷婷	鲁寒	韦惠	王明宏
张心怡	王佳慧	马淑敏	寸待丽	焦紫成	卜悠媛
姜春云	苟华君	金秀丹	唐项涛	林倩	魏霞
张楠	谢威富	赵雅洁	秦丹	王玉洁	陈红
李妞妞	秦莉媛	李吉云	赵静	李梦诗	张靓因
李昱龙	于淼	王祉豪	蔡燕	王迪	杨鹏
张阳	杜叶繁	吕瑾茛	马晓雯	周伟娇	杜佳敏
李朝煜					

第四临床医学院

任新华	周报春	陈思霨	黄勇	马驰	王颢
果佳	伍庭芳	谢通	邬茜		

第五临床医学院

陈新旺	李怡婧	张静	候越	陈锦文	邓旺
居家宝	程嗣达	林萍萍	王贝宁	刘东明	

口腔医学院

李静文	唐琳	汪晓彤	柳玉树	夏文棣	柳英
徐灵巧	彭丽颖	李晓蓓	杨榕	魏冬豪	刘若曦
王睿捷	詹凌璐	孙瑶	钟雯婕	刘朋	杨洋
冯梦绮	游浪	胡鑫浓	郑静蕾	富晓娇	陈浩天
曾文敏	胡耒豪	王安琪	徐田松	黄华明	张云帆
衡墨笛	李雪	焦剑	李越	张理伟	吕欣
荀喆	樊灿灿	周维	朱建华	朱文瑄	薛竹林
吕鸣樾	屈凌寒	魏泰	何临海	王越	金婵嫒
陈青筱	易小松	袁临天	黄一平	付玉	王高南
吕文馨	吕婉琪				

第一临床医学院

曹爽婕	巩皓琳	张晓明	王旭	许婷	洪鹏
孙祎赢	陈佳琰	翟凌云	张慧婧	香钰婷	陈咏冰
王雨蒙	王斯云	杨梦璐	苏晓鸿	张文晴	刘奕君
王若珺	姜雅楠	周斌	郝清清	刘勤一	李泽华
李斯言	崔东	冷方达	王兆伦	许珍真	杜小曼
黄晓芳	张丹凤	李璟	李倩茜	王慧慧	方筱静
汤韵	董锦沛	余勋	安萌	张倩茹	田小娟
陈曦	胡洋	郭芳芳	姜一梦	冷凤	梁荣月
朱丽娜	塔拉提百克·买买提居马	祁祯楠	侯启圣		
戎欣	郑嘉堂	王清雅	闫淼	唐博	王佳
张璋	王璐	周继远	宁向辉	李婷	刘爱杰
于善栋	陈善稳	徐丹慧	赵晨旭	刘秀娟	蔡青
魏骐骄	王紫薇	易圣果	王飒	丁方睿	王峰
崔韵					

航天临床医学院

许雍棠	薛毓琦	刘雪娇	李超	孟晓暄

医学人文研究院

李津淼	王晓蕊	陈翠婷

临床肿瘤学院

胡俊刚	崔璨	孟玥	吴帆	乔梦	杨洁
张超亭	王天怡	付静静	张理意	张盼盼	张大奎
尤静	陈心怡	甘盈	贾静	于欢	蒋姗彤
韦青|				

第二临床医学院

李浩	林维成	刘凯琳	智慧	龙泽	王姊娟
黄思议	孟漱石	王超	张沛阳	康冠楠	刘涛瑞
陈曦	黄子雄	田周俊逸	孙泽文	张玮	李文睿
周之伟	钟晓珠	钱幼蕾	韩侨宇	冒丹丹	李晓未
胡萍	张泽宇	何云	佘泽华	陈小丽	李天琦
彭芬	叶春祥	甘雨舟	翟瑶	王斌	付强
邢丹	盛正祚	徐丽玲	殷华奇	陈溢勋	朱振杰
王晓晓	鲁宇青	张维宇	焦守斐	向雅娟	马艳茹
伍满燕	王超	薛倩	陆美秋	丁唤飞	曹婷婷
杨素行	徐帅	钟珊珊	李伟浩		

中日友好临床医学院

刘瑜婷	朱义江	邱娇娇	张瑜廉	韩华	赵自芳
原亚莉	杜雷	高桐	王涛		

世纪坛医院

赵晟	厉祥涛	刘志晨	冯宏达

深圳医学中心

罗红学	周靖程	程茑	徐旭	李青霞	张真真

精神病研究所

吉兆正	苗齐	王瀚	李卉	杨柳	张晓
孟颖	黄芳				

第三临床医学院

吴舟桥	管祎祺	陈民	姚响芸	王丁然	伍楚君

积水潭医院
詹惠荔　来佑青

北京医院
曹　原　韩　玉　刘光年　姜雨薇　郑婷婷　刘一洲

首都儿科研究所
万春蕾　李晶晶

北京大学首钢医院
刘　欢

地坛医院
种雪静　张一帆

解放军302医院
史继静

解放军306医院
范　欣

北京回龙观医院
于　婷

优秀学生干部

数学科学学院
周沛劼　吴梁羽　张喜悦　陈　喆　季　策

物理学院
刘力谱　杨德宇　张　玺　张　帆　王子超　郭雨源
张云皓

化学与分子工程学院
马　雯　王瑞琦　董逸帆　盛　开　尹　航

生命科学学院
吴宇婷　常　蕾　马韵羽　燕国智

地球与空间科学学院
孙　鹏　刘嘉辉　曹　越

心理与认知科学学院
王　惟　侯芊宇

软件与微电子学院
李成明　陈　尧　刘严鸿　马嘉桧　徐　鑫　赵栖泽
吕思捷

新闻与传播学院
惠济州　王龙啸　曹　星　刘彦君

中国语言文学系
樊桔贝　韩维正　刘　东　潘靓慧

历史学系
翟　岳　信　宁

考古文博学院
刘晟宇　方铭璐

哲学系
韩　蒙　于晓磊　张翊彬

国际关系学院
陈傲寒　杨起帆　王雨濛　苏建文

经济学院
王　镝　朱佳楠　周　彭　侯　戎

光华管理学院
马海超　姜海纳　武　达　白礼晴　孔维诚

法学院
曹俸瑜　焦文娟　马玉松　付明燕　王钰灵　朱煜琪
李　越

信息管理系
林子婕　闫增旺

社会学系
王延涛　孟　奇

政府管理学院
雷明昊　徐　鹏　岑松皓

外国语学院
孙　羽　马宇晨　冯一帆　李泽昊　杨国昊

马克思主义学院
王志芳

艺术学院
张　萌　祝子建

对外汉语教育学院
张行昊

元培学院
汤鑫雯　宋玉婷　邓博文　王伟涛　户俊鹏

深圳研究生院
安金晨　王冠森　刘添添　单　良　罗步景　赵宜博
贺思颖　李科浇　张　琪　葛建梅

信息科学技术学院
章嘉玺　袁晨阳　陈菲雅　江忻玺　廖　媛　张天宇
虞湛源　王　冲　李天一　陈　瑀

国家发展研究院
傅秋子

教育学院
杨宇潇

人口研究所
丁冠文

前沿交叉学科研究院
孟令伟　余跃洲　程赟绿

工学院
王添洁　陈军伟　顾佳亮　史美程　唐鹏飞

城市与环境学院
马昕琳　梁千里　杨文韬　熊　韦　焦梦菲　杨　婕

环境科学与工程学院
赵旭飞　陈　翔

分子医学研究所
高晗

新媒体研究院
张翼

燕京学堂
艾文

基础医学院
刘雪松	陈一铭	马欣蓉	肖晶莹	宁洁	刘千祺
许晨彤	侯天云				

公共教学部
刘淙

药学院
田振宇	宋再伟	武瑞君	孔维崎	桑晓冬

公共卫生学院
袁硕	高晓莹	刘琪	石慧峰	代旭

护理学院
叶丽媛　熊芳菲

第一临床医学院
徽晓兵　刘亚雷　余丹

第二临床医学院
秋宇典　李扬

第三临床医学院
邵睿　雍磊

第五临床医学院
崔佳宁

口腔医学院
杨乔林　曲佳菲

临床肿瘤学院
石琦

精神病研究所
张记春

优秀科研奖

数学科学学院
邬龙挺	简高鹏	王文龙	甘庭	朱景龙	李季
苗旺	李照男	孔祥顺	殷云剑	强喆	周慧
方文毅	刘思序	郦言	张静茹	李蔚明	刘芸
李伟	韦东奕	李徽	任偲骐	王超	王渝西
户将	李屹	周圆	陈冲	赵洪鑫	

物理学院
田芳	陈艺灵	李骥	彭金波	谢子昂	郭震
上官晋沂	李荣凤	谢柯盼	牛晨阳	杨大能	周小朋
张银峰	张成龙	吴嘉懿	罗睿	陈晓菲	王鹏飞
庄德浩	陈霖	朱璐瑶	张振韬	任政学	陈志强
黄璜	龙云飞	陈先丽	骆佳伟	闪普甲	张梦瑶
张瑞丹	舒琦	赵刚	章亮	张东良	金晗
窦晶	汪碧涛	徐紫嫣	周文可	国唯唯	洪浩
孙术仁					

化学与分子工程学院
谢蒙琪	苏凡	陈风华	谢肖	李照伟	刘卡尔顿
曹朋飞	曹亭	杜山山	高雪	林之	齐玥

生命科学学院
王卓	侯林	金凤	汤赞	郝冬冬	韩静丹
万俊男	李颖星	刘晓琴	姬亚朋	胡博强	马琪
郑良珺	鲁崇建	吕梦泽	林晓雅	王小康	郑正高
刘铭玉	杨佳宁	张健	杨碧莹	刘阳	张超群
降帅	李梦尧	王思策	徐瑞丹	李祎曼	张园园
潘颖	杨本灿	宫赟赟	郭红	李亚娟	丁洁女
武照伐	林巧玉	秦青青	陈金琳	刘立洋	田梦
王雨纯					

地球与空间科学学院
张慧茜	叶昕	王璐	杨彬	张成业	翟卫欣
刘鹰	刘仲兰	秦霏	崔鑫	赵姗姗	李爽
冯玮	潘东晓	冯梦	冯婉仪	郑波	王洋
舒弥	吴自华	匡伟康	肖彦君	任杰	胡传胜
周弋涛	王冠玉	张博	李骞	倪培刚	郑淳方
姜璐璐	熊紫倩	朱递	胡开颜	胡燕	周恩波
刘婷	刘爽	孟楚洁	杨再巧	韩凯莉	刘茂林

心理与认知科学学院
高雅玥	印丛	孔改清	鲁君实	史超	汪南伯
杨鹏程	周雨青	刘国臻	汪诗雨	周崧	刘影
韩扬眉	黎玮轩	张冬雪	赵晨	张梦茹	王笑楠

新闻与传播学院
陈思	王帆	孙欣	王紫祎	金文恺	曲韵
陈颖	郭晓康	靳亚聪	刘嘉怡	王小羽	吴丹彤
张月朦	邓陈晖	石林	毛殷平	邓泽苗	严正宽
李维维	简萌	陈之殷	高乔	肖贤明	陈佳鑫
张虹	杨凡	李长鸿	斯姝华	吴萌	田丹迪
薛精华	谭媛	任玲	何丽琼	何芷桐	吴心怡
马静雅	罗毅	孙静文	黄凯欣	王东雷	李彤

中国语言文学系
李林芳	黄河	曾静涵	张学谦	罗静	吴沂澐
金涛	巩淑云	余德江	李远达	秦雅萌	葛旭东
李亚祺	李轶男	赵绿原	倪志佳	黄思思	王晓娟
叶青	龚世琳	李敬儒	董璐	龚希劼	李煊
李安然	董晨	李琬	吕丽萍	卢意芸	张鹏瀚
樊佳燕	王志浩	唐姵嘉	杨宸	邓溪瑶	刘达
潘逸飞					

考古文博学院
邓婉文	黄莹	刘亦方	张舒也	杨佳帆

哲学系
朱薇	王帅	张茂钰	苗玥	刘莹	佟欣妍

孙海科	周小龙	柳舟			

国际关系学院

希望	陈晓径	马嘉鸿	戴元杰	杜哲元	白瑞东
张晓晖	彭华				

经济学院

黄昕	梁银鹤	陈广	王开	司念	沈博
陈帆	侯婉薇				

光华管理学院

李野	朱雪宁

信息管理系

梁宵萌	陈慰	耿瑞利	程珊珊	李宇佳	孙静
钱丰	赖婷				

社会学系

刘浩	申超	申秋	李隆虎	孙超	郑观蕾
曹何稚	方洪鑫	金炜玲	田志鹏	张阳阳	常人文
陈莹骄	韩礼涛	林斯澄	彭书婷	求羽雁	邢建立
郭钰	黄鹏	倪羌頔	樊欣然	薛淇	

政府管理学院

周文通	李锋	刘浩	季程远	郭晟豪	叶隽彤
赵琦	陈天和				

马克思主义学院

裴植	黄斐

体育教研部

温培钧

艺术学院

谢亦晴	年悦	吴键	白晓晴	刘颖	陈艺婕
李尽沙	黄钧妍	娄逸	李苑彤	张泽君	

对外汉语教育学院

裴伯杰	邓彧君

深圳研究生院

李爽	唐光辉	孟高帆	杜晓霞	刘蓓	王倩倩
林青松	梁学锋	闫加磊	鄢春华	高博文	曹阳
陈家辉	贺巧巧	张子春	周亚琪	余敏	郁文
江意翔	吴松柏	陈诚绀	程子豪	巨鑫	卢红娟
孟伟	任重阳	王焕	肖宇翔	张强	陈锦
金彦含	李志豪	柳俊宏	陶树宁	杨帆	姚文彬
岳梦荻	谷硕	潘伟一	谭瑞	滕高烽	邵姗
史晶晶	许盼盼	朱小思	刘朝坤	胡丹	王刚
张毅伟	闫柯旭	牛昭			

信息科学技术学院

刘姚萍	方孺牛	尹珺	郑何	许坤	李刚
李星	刘欢	丛瑛瑛	王翠翠	毛逸飞	刘宇玺
牟力立	潘成伟	李想	葛涛	李萌	马晓
马宇轩	黎文浩	吴功涛	夏继业	李云	唐良晓
赵猛	樊姣荣	苏宗明	谈仲纬	罗荣亚	吴忠英
李盛龙	孔祥宇	许晨	张盼盼	石琳琦	阮恒心
陈颖玚	张文泰	陈俊浩	吴建龙	洪申达	宋涛
王田	刘泽学	杨丰赫	张洁	马钧轶	李晟洁
袁珂	贾川民	司佳	陆璇	王钊	马泽
赵至真	刘鸿瑞	田帆	彭啸锋	郑晴	聂旭辉
邱亚星	张萌	何天健	刘宇琼	乔子健	王卓
张骁	周洋洋	沈熳婷	丁宇辰	焦振宇	元玉慧
吕彬彬	商浩森	侯党鑫	蒋禹	王羚宇	王然
朱纪乐	李帮怀	姚丽丽	高山	林丽静	林宇澄
尚泽宇	沈戈晖	王皓	田菁曳	郑子威	汪若崴
张彧	付宏宇	朱雅轩	何昊	李各	冯振
吴先	孙然	王子祎	杜大有	崔磊	赵若远
蒋瑞珂	陈希	胡俊杰	王天明	宋伟楠	孟彤
曾繁辉	吴皓敏	周子凯	朱兆成	任泓宇	顾家远
金万琳	黄文豪	吴庭熙	上官昊凡	吴振南	白子轩
马荣	林正晗	王子辰	师浩然	李彦锟	刘芳辰
陈一茹	陆怀希	朱路阳	陈海涛	徐达	张路歆
陈牧歌	张煜皓	肖博文	金旭统	邬榄鸽	吴侃
姜宇航	戎燕				

国家发展研究院

高恺琳	刘浩

人口研究所

张远

前沿交叉学科研究院

李珍珠	刘祥	解晓雯	张冰馨	张璐	张智宏

工学院

张琦	刘白伊郦	赵艺	孙俊勇	吴燕	刘传琨
朱贵之	赵云红	谢肇恒	封雪	刘俊杰	张珅
陈旭东	吴金根	高闯	刘仁发	周蜀钦	王潘丁
杨乐	王元	勾志宏	梁霄	高延子	于泽宽
俞玥	史忠顺	鹏乃夫	肖越	郑方毅	段培虎
胡子伦	程斌	陈奕君	王允松	刘乔	徐晓晓
李立	黄智宇	赵羚伊	冯韵迪	姜汉博	付雪峰
王欢	王国昌	史朝义	曲娜	牟江涛	张闻熙
赵泽	章盛祺	贺俊峰	韩逸伦	吴家伟	

城市与环境学院

崔桂鹏	李昭	郑天立	严正兵	吴佳雨	王蓓丽
王琛	赵繁荣	李悦天	谢帅	侯懿珊	贾玉婕
张虹	王洪波	罗耀	刘蓓蓓	赵明月	李晶
徐鑫	梁博毅	王辉	王臻真	胡秀蓉	苏香燕
张雪	黎婕	孙岩	邱安安	尤南山	陈康琳
杨雯	周莹	黄珊蕙	卫然	蒋锡辰	何毅鹏
李佳鸣	杨凌	董英伟	李瑞	方博文	熊云海
陆金磊	刘玉晨	武心依	贺勇	任雨昂	吴婉金
承书颖	郭金鑫	王一萌			

环境科学与工程学院

杜卓菲	李悦	王彦文	尚冬杰	冯秋园	黄倩倩

陈 曦	史芳天	申恒青	贺晨旻	汪 琦	王玉珏
屈 坤	黄木柯	王海珍	武慧慧	王琼禾	范蕴非

新媒体研究院

黄 莹	白映莎	王茂林	张华麟		

基础医学院

熊晨奥	马祝一	安苑铭	许丁文	李 婧	吕思霖
王迎宝	陈真真	张兴中	陈 霁	刘 亮	刘 宇
王 鹏	王玉飞	黄丹丹	陈 文	李 松	田纳西
王新娟	赵子方	郑 杰	姜 涛	张志远	高立权
向宽辉	姚明解	卢剑飞	张 莹	杨 鑫	刘明慧
孙 强	何静宇	朱 枫	许柏森	胡 涵	江 路
梁敬敬	郑丹凤				

公共教学部

全 芳	赵英希				

药学院

俄日斯	汪明睿	张高兰	陈 颖	王 锰	王元强
杨博威	杨佳佳	颜婉君	邱百灵	赵玉琼	夏梦婕
贺佳楠					

公共卫生学院

李晴雨	王 楠	杨 阳	李 鹏	潘 璐	单 娇
刘 丹	朱 雷	王同瑜	杨燕芬	潘昱廷	高 莹
刘冬静	孙洪亚	梁思园	周 倩	阎思瑾	曹 炜
李春燕	刘 阳	马娜娜	刘 琰	毛阁琦	冯金秋
李 敏	朱一丹	黄 芸	张代均		

护理学院

叶 甜	郭冠辰	杨 媛	张铃亚		

第一临床医学院

徐 铌	司 高	梁 磊	樊 勇	范成河	高 歌
李东晓	李 军	彭双鹤	尚晨光	张瑞珺	韩莎莎
宫坤婧	刘 誉	段 楠	易 亮	杨婉娜	范燕彬
沈智洲	王云霞	魏天桐	王晓慧	刘 敏	费沛沛
宋运佳	章清萍	王 琦	张婧薇	柴晓宇	齐媛媛
夏瑞雪	叶 夏	王 雪	刘媛媛	姜 健	

第二临床医学院

洪凡凌	张天宇	王倬榕	张亦文	陈海清	魏 晋
管 添					

第三临床医学院

何艺磊	冀 拓	邹 达	弓伊宁	刘珺玲	于若寒
刘 晰	景子洋	叶 辰	吴 敏	王 丰	褚红玲
李天杰	易雁鸿	赵琰誉	胡乐林	徐连萍	

口腔医学院

张茗茗	詹雅琳	赵 琛	赵 璐	林倚帆	金姗姗
赵 甜	魏 菱	汤祎燧	李晓旭		

医学人文研究院

李志芳	管泽宇				

临床肿瘤学院

王家圆	吴晓雯	章 程	于佳怡	胡 博	韩雪迪

中日友好临床医学院

毛天立	赵珊珊	左 伟	马金辉	时利军

深圳医学中心

朱玉霞

精神病研究所

王菲菲	程维秋

北京医院

崔芦伟	杨路焕

地坛医院

隆 靖

解放军302医院

张 可

解放军306医院

沈白玉

北京回龙观医院

宋丽丽

学习优秀奖

数学科学学院

申 佳	任贤峰	赵晗琮	许文昌	郭志腾	史亚伟
张 诚	张栩川	赵启程	唐 岚	王奇超	付建婷
谢永嘉	肖泰洪	陈景林	谢雨彤	金 辉	钱 鑫
安圣美	肖非依	仝 宇	林盛超	顾荪蔚	吴 凡
黄士菡	王誉铖	陈天罡	李泽茜	徐 舜	刘诗霄
张浩文	何家豪	洪伟疆	徐启东	赵梓文	李少晗
刘齐家	辛 未	李 翔	沈剑豪	林大超	陈辰阳
欧阳嘉林	王祎竹	于 鹏	严煜凌	汪懿洲	甘 坦
罗明康	张钊森	孙天宇	张海翔	黄一山	周康杰
余 璞	柏旻皓	王刚华	姜志承	朱志成	吴俊威
何胜毅	魏笑寒	刘 博	李昊亚	孙元逊	张佳昕
孙家进	刘德斌	王许涛			

物理学院

刘雅琪	潘凯强	冯晓辉	蒋盛翔	纪子衡	孙旭飞
王 鹏	陈弘毅	胡 芹	李 渝	王 坤	谭晓晓
周 阳	欧伟科	张 靖	方 鑫	陆 星	戴攀曦
黄亦鹏	葛红星	廖 庆	王 星	李泽宇	汤雪杰
袁 颖	钟循启	方 苑	屈 苗	郭 鑫	谭巍巍
梁艳霞	刘 洋	吴早明	杨肖易	任娟娟	刘聪越
檀望舒	杨国元	张树昕	吴嘉瑞	叶冯俊	薛兴泰
万 晟	范瑞华	王 恩	杨 航	章灿洵	梁 昊
王海闻	蒋经纬	陈 彦	李 晨	谢亦奇	李云炀
李丹杨	张知然	岑哲航	于志特	祁 周	王子之
郭见青	马骏超	戴嘉为	丁雪浩	郭阳观	朱子杰
梁致源	李兆涵	王 雯	王天也	吴天玮	喻 佳
曾俊邦	朱哲毅	汪 前	俞旭东	廖思棋	邓翔天

娄　媛　张湛伯　王朕铎　王国庆　王子鹏　王劼文
李宇帆　江嘉杰　王宇初　刘耀忠　李奕锋　李浩川
陈伟杰　袁嘉豪　陈满堂　王启东　王泽宸　王　中
陆　易　舒昱滔　傅浩宸　党郅博　张哲宇　赵靖邦
张文杰　韩雪扬　仝　鑫　潘书航　吴天海　魏　啸
刘玮扬

化学与分子工程学院
董　浩　孟银杉　张志坤　王　洋　林　立　马邦俊
毕慧敏　朱蕴韬　陈　思　韩梦婷　胡世超　来　旸
李方园　马汪洋　祁丽亚　王　腾　谢　霞　杨驰远
赵秋辰　周　奇　杨　烽　陈　维　马玉芳　任家桐
史　歌　王　帅　温晓杰　杨　晓　张梦陶　李云龙
郁凯文　于雪荣　陈　均　代林秀　申森森　王旭升
张晓辉　王铭展　魏　莹　张玉哲　过新炎　叶曦翀
陈　南　陈庆鑫　洪伟耀　齐立也　杨　颖　葛洪鑫
李　响　陈翔宇　陈天昊　罗沁钰　张隽之　廖思安
田　磊　刘荣莉　罗翌阳　张清韵　杨　潞　张红星
杜帅靖　谭　惠　李思麒　吴佼弈　陶子煦　时佳乐
王建鑫　刘逸芸　王　哲　曹子颖　杨中天　柳何栩
饶　禹　谌东伟　米天雄　彭零航　杜锦超　谢泽威
成　挺　周劲松　严正一方　蓝　童　陈俊含　彭　诚
高文昊　张亦弛　常丹琪　胡铭秋　罗天佑　靳鹏飞
邹钟毓　刘　晟　鲁　亮　常泰维　宋楚涵　高田昊
朱家祺　贾国赓　张瀚垚　李家毅　王　棣　徐　植
蔡兴瑞

生命科学学院
邵光灿　岳宗伟　江庆龄　李晨煜　杨俊生　曹智杰
陈逸坤　端韵成　石鹏双　郑欣妍　杨　安　陆晓雨
白　珂　田一杰　彭晓韵　张明嘉　魏静怡　范操琦
陈麒安　李　慧　王荣羿　胡梦玮　张智昱　张宇博
张云帆　谈嘉程　李　瑞　宋凯宏　马鹏翔　黄润洲
林婧颖

地球与空间科学学院
张慧超　李　岩　刘书元　翟俪娜　王　媛　王　娜
李　杰　梁耀欢　王雪琪　徐劭懿　朱逸馨　李嘉政
王冠之　郭晓晔　张一宁　陈鸣飞　徐旺达　贺旋妮
王旭辉　郝　明　熊建学　温景充　龚世泽　王　静
赵琰喆　兰云飞　彭玉恒　赵芳珩　唐钰开　仇立松
崔　博　毋轩琦　徐运铎　赵兴鑫　尹泽藩　夏　运
仲子奇　杨江南　魏麟懿　张思源　黄　鑫

心理与认知科学学院
金晓雨　张　晔　唐文杰　王一丹　王楚伦　马鸣新
牛泽萱　陈苏雅　陈冠鹏　赵　楠　刘一羽

软件与微电子学院
濮阳天　范小烨　胡　翼　黄怿晟　刘　璐　王凯莉
王亚薇　吴丽曼　陈俊熹　葛一凡　刘　凯　罗永鸿

欧阳新荣　屠晨峰　王鑫宇　薛周鹏　杨思佳　姚　尧
赵建斌　郑胜群　许嘉安　曹一唱　陈若薇　丛睿娇
戴晓静　邓春纲　方一凡　冯砚博　付筱嵛　刚占慧
高泽波　何宗辉　侯义茹　胡　江　胡云川　江振滔
李　飞　李　贺　李　蒙　李迎春　李子胤　林凤怡
林仙源　刘　俊　刘相兰　卢华南　吕晨曦　马　婧
梅寒晴　宋　鑫　苏　丹　苏新峒　隋春宁　童岚涛
童忠斌　王海宇　王君妍　王　顾　王　烨　王永立
谢丽玲　杨　梦　杨智淳　翟　东　张国栋　张启东
赵　什　郑　浩　周宸伊　洪琴雅　刘永晴　谢亚廷
徐嫚君　赵宽居　甘　泽　郭凌云　李　婧　李小璐
马熠东　宁旭冉　石化顺　姚　远　张守一　朱思敏
陈亚辉　李　明　梁丽芳　刘亚锋　路莹碧　吕丛锁
欧阳玮妮　潘希龙　任绪果　赵才慧　张　权　孙文亮
陈邦泰　王　超　张　亮

新闻与传播学院
侯韶婧　王亚杰　龚恋雯　刘彤桥　王一戎　王　昱
刘之湄　王文超　郭婉卿　王泽华　王冰洁　吴尹君
郭文君　王　洁　胡怡帆　李欣遥　韩宇星　廖梦茹

中国语言文学系
片昭英　罗茂轩　田九七　杨心仪　陈　珊　刘敏旗
余聪颖　刘馨遥　李润楠　张郁晖　吴侑津　林淑琴
王敏琪　向思琦　毛士奇　孙慈姗　陈芳荣　杨小又
徐　懿　杨李佳　王艺遥　颜嘉慧　朴龙熙　朴茶愿
罗　倩　马露戈　张钰涵　廖香玉　鄢予晨　林　玲
钟灵瑶　赵晨蓉　缑清睿　邹赛云　黄竹莎　刘运晨
杨子程　裴蕙莲　朴素美

历史学系
黄　桢　闫建飞　求芝蓉　蒋凌楠　李　洋　刘　芳
赵秀宁　王　倩　刘梦佳　靳亚娟　田卫卫　苗润博
乔　娜　吴文浩　印　驰　徐　鹏　张柏惠　章名未
王　超　侯英博　张悠然　常宇鑫　陈　凯　高　源
徐维焱　严旋萍　张凯悦　谢帼英　黄明浩　惠　波
刘　彤　干润森　黄承炳　蒋四伟　彭诗画　邵琳琳
王四维　项浩男　岳昕灿　马智博　张心童　沈丽颖
童　瑶　郝仁娜　徐欣悦　井永馨　李丹阳　姜瑞雯
黄　甜　孙唯瀚　王泽钧　王琚媛　杨诗语　朱旭文
王紫薇　唐慧伶　陈锐霖　李　芬　林咏莎

考古文博学院
范星盛　徐斐宏　张　冉　李博扬　刘　婷　张保卿
钟燕娣　温建华　冯　玥　王　音　李　唯　姜圣芃
娃斯玛·塔拉提　王铂涵　赵冰清　李孔昭　张乐城
席雅卿　马仁杰　许丹阳　王藏博　管文韬　王诗雨
王路凝　郭　婧　杨雪琪　苗　政　邹钰淇　项丽宇
石琬莹　李卓朋

哲学系
王圆中　朱　雷　皮迷迷　朱　雀　彭杉杉　张　娴

吴 湘	沈抒寒	史少秦	王生云	王 涵	刘 欢	刘芯蕊	李启萌	吴怡静	马牧春	蒋 露	白书豪
吕存凯	文 晗	魏梁钰	赵晓玉	崔兰溪	王其勇	刘峻豪	付 博	朱嘉鑫	张 毅	郑钰云	徐胜佳
杨偲劻	石 珹	栗志恒	田继江	郑 植	黄光旭	高梦璇	张思安	熊庆伟	宋 洁	刘 婧	杜胜楠
林 健	杨 越	王 强	岳圣豪	董书海	韩冬伊	申劲婧	程 杰	李元哲	王梓馨	李泽堃	雷子腾
王 楠	程志翔	陈 栋	关 雷	虎嘉瑞	刘欣蔚	高羽洋	卢欣临	张力培	唐艾妮	黄琬怡	刘德斐
王冠军	王冠霖	方凯成	焦崇伟	杨明晖	杜贵宇	林子晗	杨舒涵	王棋明	程超意	丛泽平	刘子加
张妍炜	郎 青	钟雯娣	王 丹	杨宇静	江浩远	刘闰玖	俞 燕	胡诗雨	何致远	曾颖青	黄静贤
王书文	徐玄灵	汪媛媛	丛孟晗	程明皓		高佳伦	徐 曼	张丛微	梁方仪	王苏欣	齐思涵
						张 贤	付振泽	陈晓旭	黄思川	李 云	杜宜学

国际关系学院

陈宇慧	贺梦真	金贤珍	朱 琳	喻显龙	田田叶
刘晨曦	刘 茹	宋建含	涂纵驰	李卓尔	文 琅
聂 晓	郭柏麟	成泽东	王丹逸	谢 薇	阿迪力江
陈祉吟	傅广鹏	林 玥	吴慧婷	郝曦妍	洪 叶
费 德	蔡璨羽	彭俊傑	金佳贤		
Gomez Marrero, Catalina ana		权允珍	周 璇	王雨珊	
孙小淇	丁北辰	胡 欣	黄 震	杨岚茜	陈子衣
刘 静	刘一然	张婷鸽	白小玉	孙 滢	谢伟健
刘王雨竹	徐凤仪	赵子禹	于飞扬	邵依琳	傅泽雨

						张炎蒸	叶 晗	徐玉颖	王 天	梅邑凯	刘俊言
						袁清晗	陈若冰	章严心	黄冠群	徐安如	冯沁雪
						柯宇琦	汤宇琛	石蠹安	王瑞瑶	阳 磊	张劲哲
						姜梓玥	刘东航	徐洁敏	马 悦	暴嘉伟	俞晨露
						尧旻昊	郭兆祺	刘智昕	高梧桐	史雅菲	马德隆
						梁 煦	欧 一	詹文茜	朱志博	张汉樑	杨婧琳
						乐凌坤	魏占一				

经济学院

黄 昊	李宇轩	张 博	邹 青	刘铠维	何明洋
杨 威	赵仲匡	韩佳伟	张玲玉	张宁川	戴骊颖
金 亮	李治琴	王 哲	殷无弦	尹珂嘉	张 婷
高 鸣	黄 青	赖旖虹	熊 磊	董 博	冯 月
牛晓雨	田露露	王玲焱	柴闫明	徐晓宇	宫 博
杨喆森	张敏琦	杨雯婷	游 捷	林培锴	马怡然
朱媛韬	田静雯	蔡崇伦	朱倩瑜	龚渝涵	刘松果
刘诗惠	王清扬	高子涵	方 悦	牛逸婕	郭占元
边正阳	詹佳佳	汤泽芬	杨 铭	蔡曼琳	谭 祺
赵梓廷	朱慧灵	巫梦洁	张千杨	刘 阳	耿慧敏
钱留杰	冯艳艳	任庆杰	李 真	吴宏毅	李思佳
杜 晗	邹文娇	胡心屹	王中元	姚扬帆	马张驰
周晓畅	章哲沛	谭安然	袁梦雨	张雨萱	

法学院

秦静云	施 刚	张金平	夏丁敏	韩其珍	白 冰
董学智	王首杰	徐 俊	尹 婷	邵博文	邓 颖
王 磊	赵文冰	刘 泽	陈锦烽	崔利娟	董亚军
段英子	葛媛媛	黄 袆	金 鑫	陆徐倩	牛佩瑶
任文倩	盛佳慧	宋晨阳	王洪燕	王秦丽	王晓鹤
吴明华	吴启萌	尹 晴	余梦嘉	袁 林	张现彬
张 莹	胡红舟	张嘉伟	王子晨	马永强	焦钰杰
张露露	梁 晨	吴冬妮	徐温妮	曹 源	曾 理
杨秋宇	邓璐婷	寇梦晨	郭天琦	吉正纯	姜 萌
蒋睿鹏	李仁睿	李云舒	刘小冬	罗 慧	潘月强
潘卓希	万 宇	王北辰	王乐玺	徐榕玲	杨璟颖
于 悦	张皓茹	赵倾伊	赵卿梦	赵 燕	庄慕平
车 晔	范海伟	欧 宇	余大友	林嘉珩	王宥人
陈梦娇	杨济玮	章 波	娜米芽	王帝清	林德铭
林玉萍	林昱睿	路 贺	孙甜甜	徐朝雨	王陶然
田俊鑫	杨 迪	罗 毅	陈楚晗	马子朔	李一鸣
王思琪	汪慧泳	许辰扬	刘利柯	姜 琪	吴 琪
李瑞雪	丁天宇	郝韵珊	杨嘉仪	潘 媛	杨杨冬琪
于浩洋	许有为	张嘉倩	袁艺殷	李枚远	孙笑涵
康 朝	汪逸璇	范月影	田 炼	郝家慧	许译文
王淑馨	林鹰谷				

光华管理学院

魏丽莹	王 征	栾世栋	刘媛媛	郭 琨	贺凯彬
高丹雪	张 竹	刘 岩	余 音	王梓雄	张 楚
廖 博	周楷唐	王雪芳	徐敏喆	张 楠	李江雁
谭 帅	吴宇晨	张澍一	胡燕妮	刘靓晨	孙淑晓
王百强	陈力凡	郎 艺	刘圣明	沈 睿	白惠天
曹光宇	田文佳	续 继	陈文生	胡亚辉	徐 鑫
许 尧	朱菲菲	李 浩	吴素云	陈启慧	赵扶扬
丁 成	方 铭	武韶懋	李云霞	孙常蕾	郭 雪
陈 晨	程振宇	段童琳	范思婕	付英娇	李茳淼
林毅坤	刘文哲	马国源	宋叶青	孙思伟	宛茹雪
王梦妍	游景稀	于天骄	庄睿智	王丹烨	许晓琛
管智爽	李卓恒	马 珂	夏春伟	包 成	王卓然
李克曼	李艺璇	李子晗	陈朝熹	魏卓一	李可纯

信息管理系

徐 敏	郭 鑫	黄俊杰	蒙汪阳	戴丛蔚	付 强
龚成玥	张志豪	吴诗慧	林殷年	张 影	马佳萌
杨明仪					

社会学系

刘 晗	李 静	周倩玉	聂冠华	马占婕	陈 晨
何家鑫	陈阳婧	由人文	龚嘉琛	赵鹏程	周 珏
王嘉鑫	罗兆勇				

政府管理学院

赵 娟	张 骥	吴 攀	路 城	由 健	张 鹏
葛 恬	丁 铃	徐 盼	徐 珊	杨 姣	方若琳
王舒启迪	樊 昕	杨 艺	孙宇辰	王琬莹	黄尧胜
彭志斌	美热义·赛尔江		王 玥	李嘉晖	姚心宜

外国语学院

尚云英	李 颖	王竹雅	王景云	王 珏	林 哲
方晓秋	彭 倩	逯 璐	菅田阳平	乐 恒	潘啊媛
肖楚舟	陈嘉瑜	林博雅	罗雅方	杨心悦	石冬芳
裘宇飞	葛 格	陈 健	王 东	周冠宇	宗 帅
陈静雯	许茜茜	刘昕宇	张佳欣	田文娟	魏珂昕
徐 涵	王 可	王文涛	韩 琼	商小琦	张 楠
翟新超	付超华	刘 洋	郑晓烨	黄少安	熊怡萱
朱 茜	张栋翰	张梦薇	范宇新	贺钰爽	张 凛
吴 頔	顾新亚	史勇平	凌超媚	田雨卉	洪蔚琳
徐秋玉	林欣然	关淑莲	黄修齐	姚安娜	戴 雯
史佳炜	陈歆昱	叶诗瑶	吴品正	刘 岩	王 欢
张家诚	韩宜晴	史雨然	周思吉	陈文基	何健榕
郑雨荷	张童童	王子欣	唐隽雯	张义荀	黄韵颐
邓卓元	戎思蘅	吕江仪	赖坤元	王浩东	王旷辰
张雅迪	张博雅	杨泽琳	柳 媛	张婕妤	张楚璇
赖雨琦	周冯婧	康欣悦	向嘉炜	韩翌旸	杨 茜
王 玥	张斌禄	王子璇	陈雅园	李润华	洪诗羽
杨依然	彭国珍	麦 博			

马克思主义学院

杨 菁	汪 漭	金 梦	张艳萍	易佳乐	任 远
刘 琦	孙梦婵				

体育教研部

海若镜

艺术学院

赵凯欣	冯 晗	陈敬哲	郑珈辰	胡玉颖	姜 来
李晓龙	张 瑜	王思懿	于友嘤		

元培学院

宁安宁	谭振洲	刘毅舟	韩蕙如	尹含玥	王伊昕
徐 佳	汪逸舟	黎拂言	张士奇	彭泽昀	彭 湃
陶松盛	杨明烨	刘子琦	谢晓薇	计启迪	胡逸纯
杨静怡	何雨凡	孙 浩	王 彬	王润坚	沈 聿
徐名琛	吴语嫣	李星宇	王维昊	黄启皓	杨思汀
白 菊	王 欢	李庄威	付佳玉	杨昌恒	骆人杰
赵依阁	方 睿	蔡晓琳	胡慧迪	张明佳美	王晓畅
李明洋	谭俊杰	颜芷邑	王 颉	李芃蓓	段宇光
范 莹	孙家平	宋晨蕾	汤惟曼	张 弛	孟若为
张 良	王博宇	徐敬旭	李 蒙	贾晓文	张宸博
赵心源	周 墨	李卓然	王剑桥	史海钧	

深圳研究生院

袁 浩	张 健	龙茂乾	龚志婷	李文军	杨 冰
胡 甜	朱 乔	刘青蓝	姜婧姝	冯园园	张 婧
高 蕾	龚 翱	梁 晨	裴伊亮	王 玮	吴佳蔓
余亚军	张 艳	唐红波	魏淑媛	叶 昱	张 越
黄 迪	李 通	林梦芸	马永超	张 帆	曾 俊
丛麟骁	贺佳琳	胡皓亮	胡世聪	黄倩倩	李奕熹
宋明悦	唐金萍	陶 丹	王 习	王紫雯	邢剑宁
余 淼	张文琦	左 源	邓静之	杜明怀	姜欣欣
李一丹	卢 晔	齐雪蓉	张杨青	曾薪燚	齐 昕
王昊宸	邬春灵	陈珍启	毛家颖	任永欢	司梦林
赵会娟	马 蕾	郝红珊	马 矗	徐亚茹	陈 琪
陈衣达	林兆祺	罗 蔓	吕惠玲	孙 雯	程炜林
侯馨远	章世园	邱 成	王 菁	王倩雯	徐文静
姚 爽	全嘉慧	白 婧	蔡 轩	蔡 雪	陈思成
丁一凡	黄晓璇	李 玉	林正衡	罗莉莎	宋 扬
徐 韬	杨 阳	杨雨田	张菡兮	张瀛文	钟 洁
山本奈绪子	孙博轩	王萌岚	文纾可	许朝军	张嘉玥
周容宇	马嘉翎	王凤阳	高佳彬	顾志娟	周宇诗
王 伟	武文欢	杨 旸	姚 飞	高立钊	谷江涛
王 刚	许 鹏	张 超	张 英	白 燕	范梦迪
王悦名	姚琦琦	张丽珠	周小群	施 媛	陈斯典
牛志远	张艳婷	曹倩雯	郭夏霖	李 婷	杨 渊
张哲源	陈致霖	胡跃峰	田 兵		

信息科学技术学院

冷鉴霄	刘 跃	顾高臣	王 皓	刘俊成	张 江
胡 栋	陈冰影	张晓刚	肖梦阳	李 睢	李秀红
鲜永章	姜廷松	方亦陈	吕佳欣	王晓阳	陈逸人
汪权彬	严 磊	崔国栋	王 皓	张 弛	张泽亚
高明志	兰 铮	林华山	蔡 康	吕 超	黄智超
陆鸿裕	王 朝	王 玮	魏芳芸	何鸣晓	杨 潍
邓云紫微	骆宇冲	郑淇木	郭 婷	黄祎程	魏 爽
卢思颖	张栌兮	赵 彤	庞博琛	姚 琦	孙 伟
徐 昕	董瑞祎	赵鹏宇	宋梓源	彭方玥	唐 爽
李哲涵	邹良川	魏后民	雷良锋	卫渤林	李昊尘
盛 凯	魏大同	沈 洋	毛书南	魏 薇	衣 壮
李卓津	钟域人	吴文俊	郑舒宇	贾宝雄	龚俊之
姜宛彤	汤玮杰	刘 天	周 航	李佳惠	郭思敏
樊乃嘉	史梽绮	何琦琛	盛 夏	宋永鑫	朱泽宇
陈彦骐	宋博宁	何 龙	关嘉昊	王心茹	于筱涵
朱芃蓉	周清逸	张一舟	黎舜尧	詹 源	康照东
杨皓天					

国家发展研究院

沈诗涵　林大卫

教育学院

康 乐	曾 妮	杨 晋	刘京鲁	丁洁琼	卓 晗
刘 霄	邵婉媞	王赫男	王 洋		

人口研究所

张 旭　罗雅楠　黄国桂　叶徐婧子

前沿交叉学科研究院

陈莹莹	郭 潇	涂星辰	江 海	郝天祎	胡玉琼
刘璐璐	邵丽娃	叶 子	于海昕	余华晟	刘 灿
张金灿	刘 婧	孙 辉	孙汉涛	房 蒙	洪佳音
黄 荣	刘梦豪	麻砚涛	蒙 皓	乔 枫	全天飞
田永路	王惠敏	王 柯	王 锐	吴兴龙	薛婷龄
尹 奇	于欣欣	袁 凯	曾健智	邓兆国	丁 典
郭安南	郝 熠	胡淑美	雷芷芯	刘志恒	秦芳菲
司 雯	魏洋洋	徐咏鑫	严智强	张垚煜	张正元
周 栩	自振滔				

工学院

刘 浩	钟灵煦	张振国	代 冲	滕 瑶	李春志
段高鹏	谭 池	张树杰	游加平	刘 杰	滕益华
杜 娟	郝进华	郭宇飞	邹 呈	孙雨芹	张 月
刘俊义	袁 越	游军杰	韩鹏昊	史迪威	吴心柳
吴志鹏	芮少轩	宋 进	曹袭亚	杨抒展	党向新
沈祎恒	姚雪松	胡颖聪	刘樊琪	于 江	樊福新
张 钰	吴王鸿志	李培豪	孙思嘉	王子琛	徐瑞宇
周 蒙	费 渝	胡 昊	任耘霄	黄 琨	谢书猛
项文心	梁 印				

城市与环境学院

孙道胜	蒋 鹏	黄萌田	李 烨	王 涛	白 羽
姚一帆	龙珂帆	陈远笛	张馨怡	张安迎	尹 远
张容榕	张 玮	顾慧洁	李修頔	何颖雯	关键行
张宏图	康瀚文	张雯逍	郑树杰	白 嵩	

环境科学与工程学院

田 欣	刘明旭	张翔宇	蒋 幸	蔡昕妤	李亚琦
陶怡乐	王 珏	杨松楠	张兆阳	王程斋	魏 赢
李冰心	庄 嘉	王晓静	杨梦溪	陈少祺	孙若男
徐艺辉	崔雅惠	刘福洋	童天丽		

分子医学研究所

冯园庆	王汉明	徐 浩	赵德尧	路福建	李 品
赵 佳	韩晓蕊	高 露	钟晓明	王 潇	韩成盛
聂 超	孙素华	张入峰	杨正浩	郭步静	郝 菁
康云路					

歌剧研究院

王 冬

建筑与景观设计学院

贺 然

新媒体研究院

朱垚颖	李 昊	朱 娟

燕京学堂

马小菲	袁 祎	优丽雅	孟怡然

基础医学院

邓心玥	李 珊	董文欣	李雨轩	闻一凡	程雅雯
谢双莲	刘 创	杨 凡	李 敏	蒙星烨	赵 芃
王振帆	申宗颜	杨舒雅	冯 硕	黄 昕	苗欢欢
王海旭	陈 曦	蔡泽宇	王子凡	武 迪	卢德华
詹江山	张巧玲	牛 瑀	俞双双	夏冯雨	黄深明
龚 泽	金嘉琪	刘小平	闫慧格	王宇琪	牛 迪
王遇琦	王 婕	努尔迪达·努尔布拉提			马玉努
霍燕斐	杨广杰	郭雪媛	游铠强	何广怡	邵广莹
周嘉栋	郑环宇	韦雪梅	汤梓艳	毛思聪	赵泉泉
吴政达	郭燕宁	毕丹丹	张凌云	仲若情	马嘉翼
吕梦轩	彭雅婧	李晓庆	刘应南	孙名帅	张悦怡
李 旭	刘 昊	曹梦琢	谢 宇	蔡 璇	杨文慧
桂若云	刘苗雨	刘 璧	胡丹辰	杨 玥	黄杨钰
温 悦	韦雨策	张 璞	赵晓熠	魏珊辰	郭 义
王 玥	卢亚辉	卞赟艺	袁 梦	高 唯	谢豫豪
孙世俊	李明奕	张 琛	张学红	孙舒宁	顾洁予
曹梦奇	闫嘉洛	高 悦	刘曹毅	张生华	赵世稳
韩镇泽	王文豪	王 磊	邝凯盈	李怡安	林宪娟
孙露露	沈奇杨	张梦倩	戴笑妍	吴星宇	赵 宁
焦运燊	丁羚昱	史俊秀	周 禹	寿小婧	周滋晶
陈曼丽	叶 晖	郭 翔	王 翔	沈晓孟	孙兆猛
原 帅	刘旭骏	李 冉	胡媛媛		

公共教学部

张 羽	徐嘉琪	王 宇	邹旭光	王羽琪	陈素会
马庆华	韩钊敏				

药学院

麦艳娜	莫伊点	黄 涛	卫 晟	夏鹤铭	朱贵旺
姚 烨	张伊楠	郝亚萌	何 娜	詹 威	刘 纯
梁舒瑶	邱凌琪	萧 阔	王玉鹏	杨 亮	秦燕恬
陈永明	侯 宇	聂玉瑶	吴柏林	于 快	雷 阳
马伟豪	李海伟	李 芮	刘 琦	吕锦添	罗 潇
曹丹丹	黄振城	楼亚萌	刘 曼	李明慧	邓运强
杜朝阳	崔家玉	田 华	刘志艳	赵 晶	马凌云
赵 亮	马莉莉	满春霞	蒋柏阳	张 菡	刘燕燕
张亮亮	肖樟平	杨嘉丽	杨凌飞	张逸群	黄 智
刘 爽	王晓婷	胡李坤	王 玲	周梦洁	吴秀稳
林 燕	韩清华	格根塔娜	徐晶晶	李晓丹	刘 磊
马迎聪	张 洋	从双晨	郭 阳	吴佳栓	王子琪
刘卫中	张 毅	司龙龙	卢加琪	赖世荣	靳雪芹
唐叔南	董超然	王 丁	王天畅	何 柳	徐兴农
孙智明					

公共卫生学院

付子璇	陈 璐	彭远舟	庞智屹	吴 瑶	高 迪
宁雪娟	魏 田	章 皓	杨文蕾	顾学琳	赵思宇
赵 桐	乔雨嘉	周一帆	张泽鹏	郭苏影	祁宇泽
郭沫凡	刘 姜	邓思危	柳京伯	彭婷婷	吴静依
赵岚岚	谌静宜	赵光义	温 勃	尹 杨	金楚瑶
吴 瑶	宋沁峰	刘雪晴	王鑫培	徐金辉	孙至佳

武 娟	梅楚楚	高亚东	李子川	刘雅倩	李克远	沈惠丹	朱 林	吴唯伊	胡心怡	何 筝	石冰清
周 川	陈晰雯	金 昱	王 丹	米胜男	赵厚宇	程梦琳	戚芳源	王思雯	白向松	张倩莉	孟沛琦
黄 超	徐荣彬	谢 甜	田 甜	徐子茜	李 慧	邱天成	刘一迪	靖无迪	李 硕	王彦瑾	张一凡
徐 腾	金怡晨	郭 群	宋 菁	李荣佳		蒋亦然	高晓敏	樊壮壮	杨旭岚	白珊珊	郭雨思

护理学院

朱 原	毛铭馨	房硕博	王怡平	盛春辉	赵 笑
栗 佳	李智宇	吴 颖	杨 猛	黄庆莹	张力川
揭壁朦	付肖依	黄丽萍	吕航苗	王心雯	陈奕苨
文钟浒	刘 华	唐 静	王雅辉	原立芳	吴 帆
王 翠	袁晓静	任 雯	周志芳	周 贤	李仕骏
张凯丽	任金颖	李正禹	王晶玭	段玉玉	肖海虹
闫子玉	朱晓鸣	李 峥	刘 云		

航天临床医学院

覃德清	庞欣欣	朱 丹	杨晓爽	王 妮	赵怡然
李 欣	潘海浩	陈相如	王 静	肖红梅	徐 畅
王祥稣	李夏珏	黄 燕	单 勇	李德善	

医学人文研究院

卢 鑫

梁振辉	颜永阳	徐蔚然	刘偲佼	陈俊佳	余海洋
林 川	方 敏	王文玉	张卓越	刘加欧	营 晓
路简羽	田家利	刘聪颖	刘珂珂	王 轶	

临床肿瘤学院

周传永	冯冬冬	张静依	王 震	刘 丹	司加慧
王静远	刘镇涛	许天笑	孙瑞佳		

第一临床医学院

尤 倩	杨凤泊	杜毅聪	徐贝宇	林曼欣	闻洁曦
宋 晗	侯 昌	付 俊	曲 卉	张 瑞	刘 佳

中日友好临床医学院

刘晓妍	魏 锋	白 赟	朱佳琳	谭智超	陈小宇
洪 洪	高 腾	万伏银	刘 会	马路遥	

丁长民	欧阳雨晴	宋帛伦	张 爽	任汐鹰	李思佳

世纪坛医院

李宗翰	许 萌	戴菊华	姚甜甜	殷梦梅	吴 朝
李 倩	李星辰	闫 维	刘 璐	宋继鹏	

郑雅琳	曲琳琳	张 艳	苗志荣	林志勇	孙晓莹

深圳医学中心

李若诗	王池真	秦爱博	倪梦凡	秦 冉	陈 岩
林健静	肖华娟	李玉霞	李艳芬	姚 绿	

陈旭羚	吴雪莲	潘子涵	刘圆圆	孙佳鹏	何晓全

精神病研究所

熊凌川	游 阳

许慧莹	李秋钰	李白冰	李婧婧	刘仕祺	姚旭阳

积水潭医院

第二临床医学院

张 威	黄冬梅	刘 鹏

皇秋莎	郭 苇	鲍雪儿	林天雨	尹伊楠	刘星雨

北京医院

高 铭

张 颖	方 璇	丁 雪	杨志煜	杜依青	边志磊
范丽娟	李 琨	夏会卡	刘 龙	裴旭颖	张芮君

首都儿科研究所

钱 坤

徐 俊	郭延秀	贾元元	李 娜	何 银	王 宁
刘 瑶	张妍欢	刘晓江	李 慧	王 珊	杨 璐

北京回龙观医院

刘 静

洪 扬	赵晓珍	张 鹏	安立哲	王少东	杨庆亚
薛晨红	姚昱欧	马晓路	张 思	钱玉泉	张龙辉
朱静远	王利娟	高学营	刘逸群	李 沼	李以煊
刘以俊	韩 琦				

学习进步奖

数学科学学院

第三临床医学院

蔡晓榕	杨亦晨	叶林发	鲍怀锋

黄 骁	张铁超	张馨雨	孙彬佳	王亚魁	李芙蓉
原 备	张逸璇	周 鹏	张梦泽	靳龙阳	杜佳琳
郭 帅	李思琦	安文成	胡 南	孙晓燕	王纪莲

物理学院

刘昊昱	吕 鹏	龚 畅	李继行	顾强强	陈阳阳
张雪峰	王天宇	张怡雯	方其亮	王浩然	张雄祎
海 宝	罗智超	高丽香	牛蕾蕾	李 莉	张睿怡
谷昊铖	姚雨含	姜 旭	陆家明	袁文强	王得地
王子健	常晓丹	苏 捷	刘子源	崔英秋	鲍文婷
盖 跃	秦光辉	宋天奇	张林枫	武修吉	许英伦

化学与分子工程学院

第四临床医学院

黄瀚林	李 迪	周 颖	黄芙蓉	吴 熙	沈 简
马凌宇	姜金鑫	殷悦涵	陈玉迪	张新宇	钟文耀
钱 驿					
王瑞琪	刘星驿	汤佳骏	薛雅珍	杨 嵩	

生命科学学院

第五临床医学院

陆旻雅	李 桦	黄新绿	续彦婷	马嘉健
徐荣荣	耿 奇	王玉璞	展振振	王含泊

口腔医学院

李 芳	张严妍	周 凤	姜蔚然	冯婷婷	田诗雨

心理与认知科学学院
王浩宇　陈乐天

哲学系
兰　潇　田欣欣　刘　仁

国际关系学院
赵大熙　时伟通　马　媛　阎兴陵　梁浩然　赵江宇
李　峥　黄晓婷　于海莹　陈　勇　和　悦　陈安琪
高绰璟　莫语霏

经济学院
刘欣羽　陈彦博　常一帆　高雯迪　李逸恺　黎　坚

信息管理系
王梦奇　刘千慧

社会学系
宋曼嘉　谭晨昕　曾筱萱　戴权益

政府管理学院
刘思源　单凯雯　许　乐　王一帆　姚智琦　金桢杰
陈思佳　何　琦　康怡安　施　悦　钟林睿　李可航

艺术学院
李黎明　漆袁雯

对外汉语教育学院
郝　冰　谢海金　李婉婷　熊熙廷

信息科学技术学院
敬玉梅　谭继伟　张　翔　刘沛西　王　睿　曲佳萌
何　刚　陈宇辉　薛博文　许兆鹏　王文辉　艾永琦
吴　鹏　吕　骁　张闻涛　谷　丰　韦宇晗　李　懿
邵昱桐　符芳诚　王　伦　温林丰　买钰鑫　倪天炜
金逸伦　陈逸凡　梁　政　陈　静　韩佳良　韩雨泽

国家发展研究院
张　倩　葛婷婷　卢智坤

人口研究所
韦祐新

前沿交叉学科研究院
金璐顿　任华英　徐昊文　黎彦君　董一名　张明亮
王　配

工学院
王林娟　郭兵兵　边　东　罗　东　彭秀辉　魏小倩
郭文翰　杨宏韬　周　梦　丁伟卓　肖志伟　黎子良
陈岩亮　柯旭瑜　陈智雄　郭鑫星　马　鑫　陆政元
李鉴庭　徐　谦

城市与环境学院
刘伟健　钟岳志　黄子川　张琦楠　王铁镇　陈博洋

环境科学与工程学院
郭静远　俞　颖　张丹丹　张时佳

歌剧研究院
方银河

基础医学院
施婵懿　吴照飞　朱梦倩　田雅婧　张哲宁　林芳汝

黎　毅　刘聪聪　史　超　李玫君　严小娥　王亚军
岳冠军　夏　鹏　宋金芝　苏丽敏　王　鹏

公共教学部
武一丹　林　琳

药学院
李奕言　陈炳荣　董伟东

公共卫生学院
王振余　蔡志环

第一临床医学院
向泓雨

第二临床医学院
张　建　陈小锋　花克涵　陈祎霏　曹赛赛

第三临床医学院
庞林涛　申　珅　张明洲　丁　蕾　邵嘉艺　张艺阳
段汝乔　冷俊胜　刘艳艳　沈　涛　杜晓艳　姜　帅

口腔医学院
王贵燕　毛清华　肖　娜　杨　盼　张怡美

航天临床医学院
周　易

临床肿瘤学院
安启明　王海月　闫君雅　石　瑀　高哈尔·卡德尔汉

深圳医学中心
刘　丹　李晓坤

精神病研究所
徐德峰　卢　青　尚莉莉　张于亚楠

北京医院
王晓培　刘晓杰

首都儿科研究所
谢　秋

实践公益奖

物理学院
毛润欣　戴阿灿　敖雨田　钟江南　刘清元　魏　来
陶韫琦　陈夏琨

化学与分子工程学院
王　烨　于　丽　刘　旭　王　荣　刘思琪　张　伟
许晓锐

生命科学学院
李西莹　刘俊娥　谭　钢　孙　磊　唐期望

心理与认知科学学院
王　璇　刘富丽　刘建勋　樊浩雪　马　宁

软件与微电子学院
黄耀毅　林佑禧　冯伟伦　付　鳐　高　参　高志锋
谷　涓　胡　凡　黄涵宇　贾晓鸣　雷文雨　冷春雨
李常实　李　娜　栗耀磊　林文杰　刘　浩　孟业雄

庞华丽　谭紫蝶　万义麟　王哲慧　吴碧薇　吴艳娣
吴煜垠　夏　龙　夏雄尉　许芳芳　尤少华　张耀元
张映林　陈君豪　陈建铭　饶佩芸　张伶仔　陈航航
陈计云　戈　扬　黄义珊　霍凯月　孔祥稀　李建锋
李今晖　李士迪　林国森　刘　翀　王　晨　王康瑾
巫思杏　谢　峰　谢年韬　张　磊　郑黎明　黄子轩
姜碧莹　梁明明　白超群

新闻与传播学院
李静爱　马　遥

考古文博学院
周思言　刘　琦　耿　茜

哲学系
朱江成　张英飒　王君菲

国际关系学院
王丽娜　田　琳　谢　菁　王伊晨　胡玉锦　靳宸楠
纪若楠

经济学院
都田秀佳　武士杰　王昱杰　周奕纯　白柠瑞　陈丽丽
黄　叶　张孟越　方　超　张眉慧　何颖桢　王　昕
曾子扬　陈雨竹

光华管理学院
王　超　鲍　娜　李　扬　王秋懿

社会学系
咸金彤　董秋童　杜艾玲　赵雨红　徐春蕾

政府管理学院
孙　波　刘禹君　黄　琳　刘丛丛　杨文轩

外国语学院
周惠莹　温华翼

艺术学院
黄彬彬

对外汉语教育学院
丁晓旭　简欢欢　赵　帅　李贺昕　马　玥　习　颖
徐　萍

深圳研究生院
马　俊　王　前　薛　晶

信息科学技术学院
徐永驰　杨建楠　潘　石　张舒汇　门　睿　钟　毅
姚思羽　李刘年　周仕林　曹胜操　杨程旭　祁俊昆
叶楚玥　黄曲哲

国家发展研究院
梁　方

人口研究所
杨　翊

前沿交叉学科研究院
王晨曲　汪非凡　李　威　吴　冬　秦　靓　王雨薇

工学院
陈培楷　张　伟　谢雨晨

城市与环境学院
单正英　李沛霖　王　乾　李一溪　唐紫霄　于欣源
彭文奕

建筑与景观设计学院
黄彬凌

基础医学院
张志威　刘昊宇　宋子晗　邱晨义　张　颖　王　晨
安宇昂　张丽媛　赵宗璇　吴明洪　程卫东　王琪龙
张剑姝

公共教学部
邓奥弋　靳亚男　张　晨　杨俏寒　潘叙如

药学院
赵　耀　陈梅芳　李　铮

公共卫生学院
陈思远　王嘉豪　汪亚萍

护理学院
王晨阳　张　欣　温健文

第一临床医学院
赵悦彤　冯川琳　莫　然

第二临床医学院
王　畅　程雅琳　庞仪琳

第三临床医学院
李　琪

第五临床医学院
许燕峰　李梦蕊

口腔医学院
于江利　温兴龙　燕伯希　刘　洋

精神病研究所
王红丽

北京医院
陈　茜

地坛医院
曹卫华

社会工作奖

数学科学学院
魏　亮　张鹏浩　秦　雪　何俊材　传一健　蒋海立
肖一君　张　雨　李佳宝　刘晓倩　李　铭　刘　淼
操甜芯　彭俊菁　胡润杰　隆璐帆　吴　极　余欣航
陈高翔　步　凡　陈漪雯　张　欢　余　彪　黄若谷
牛泽昊　李心雨　钟彦杰　刘倩莹　刘沛江　尹梅妮
杨文昊　霍煜琨　吕世极　韩善鑫　陈鑫犇　李子辉
杜坤盎　孙浩轩　谈忆萱　刘砚芳　陈泽坤　易　广

朱煜琪　陈玮乾

物理学院

李　晶	胡柏山	贾振钊	付海龙	刘　欣	李浩松
燕保明	潘廷瑞	白兰强	金亦帅	张　涵	王　所
王　硕	邹　添	卢　骁	刘轶男	赵　罡	吴　晟
申攀攀	赖有方	孟凤凯	王士博	倪聪健	张开元
刘辰旭	陈东文	潘岱松	孙金钊	焦文裕	赵　帅
范子璞	程浩天	刘芃妤	颜雯璐		

化学与分子工程学院

张　欣	魏保生	孙乾辉	王　俊	王宇豪	杨小雨
王佳辰	俞　超	方思敏	平　静	乔雪玲	刘子超
肖　锐	屈　沛	董陈杰	刘沁哲	毛承杰	孟心甜
殷智斌	陈嘉伟	臧士豪	刘琢玮		

生命科学学院

窦岩梅	黄　宁	黄培鑫	张靖若	朱子云	姜冬青
袁艳芳	关俊宏	卞　展	李　鑫	刘慧思	潘加伟
张　姗	黄晓科	管仪婷	李齐恒	袁　越	唐泽方
张　迪	郭新阳	续　然	郭　羽	吕国良	王梦瑶
张亚鸽	李　颀	谢夏青	杨明轩	李子逸	孙芳妙
程振朝	冯莎莎	施　瀚	李雪阳	余琮煜	温凯隆
唐　韬	金　铃	张弘韬	李小雨	饶思源	曹恭元
翁翊菲	林　沐	张恩萌			

地球与空间科学学院

刘红光	蒋启财	孟繁露	张申健	李韵秀	张　驰
张志强	侯俊涛	李家腾	杨　华	甘立胜	贾舒斐
王世超	刘偌麟	赵　炜	陈　曦	田定方	伍昕钰
张维晟	程楚云	党　卓	杨礼萌	武化雨	刘　杰
韦庆朗	许　严	于曦彤	许午川	齐厚基	孔淑媛
周　哲	方先君	苏克凡	万紫荆		

心理与认知科学学院

| 张　博 | 林令瑜 | 李天晴 | 温　旭 | 孙若铭 | 陈雪瑶 |

软件与微电子学院

钟毅军	李粉英	刘　丽	王立伟	王英智	曹　鑫
候转转	黄　健	夏　延	张志康	包　祺	常林云
陈绪武	陈　颖	韩松澄	郝旻岚	洪　浩	林　畅
刘　畅	刘峥岩	罗锦文	孟凯悦	孟　腾	彭宇嘉
秦　鋆	邵晨阳	宋传江	苏旭昕	汤亚玮	汪恩同
王洁若	王　澜	王彦楠	熊知凡	闫晓靖	张嘉芸
张磊磊	张雪梅	赵　波	赵海威	赵司琪	周　璇
陈玟君	曹　轲	陈宏业	丁文玲	李　聪	李佳佳
刘亚迪	刘艺霞	王文涛	王　喆	周少洋	孙　浩
王圣方					

新闻与传播学院

| 吕佳宁 | 黄　镭 | 彭家苑 | 张　琳 | 熊成帅 | 曾　辰 |
| 杨　钮 | 吴梓硕 | 杨悦言 | 荣赛波 | 谭影子 | |

中国语言文学系

王先云	寇晓丹	王启玮	吴宝林	张一帆	刘　芳
刘欣玥	鄢　虹	周怿培	杜　雪	马娇娇	王柯月
边明江	韩　杨	张　石	李　莹	赵　洁	雷　蓓
李梦梦	王诗雨	文若暄	霍丽婕	王亚男	谢云开
王悉源	勾彦彣	曾繁靖	邓双军	王　璐	高国丽
孙雅馨	胡明哲	泉涟漪	陆正韵	吴妍姝	杨梦媛
郑晴和	何思雨	谢宇程阳	佘典旻	梁洛嘉	江　禾
陈俊旭	高竞闻	石　筝	郑君仪	张　琳	侯沛妤
王永昌	董　越	曾必瑜	李乐怡	孙　慧	杜思佳
朱励瑶	龙清逸	黄冬笑	张　萌	刘家铭	魏舒忆
曹　直	李　征	金昭延	全世勋	陈宋蕙倩	孙永强
田　淼	李　璐	丁　琳	金秀知		

历史学系

周君恺	荆　腾	包晓悦	梁馨蕾	栗河冰	武嘉玥
高梓峻	佳日一史	侯宁静	张莹玥	袁燮扬	林瑞福
刘　妍	陈秋昊	赵文东	李　颖		

考古文博学院

| 王云飞 | 马望博 | 宋怀芃 | | | |

哲学系

| 强文玥 | 付雪航 | 刘雨桐 | 罗杨智 | 吕绚黎 | 彭清露 |
| 王　金 | 王安然 | 陈嘉康 | | | |

国际关系学院

卢灿镐	李思璇	陈悦莹	舒亚若	张博宇	刘迪雅
王碧佳	王　超	丰　峰	刘京乐	胡正琛	陈萌萌
李金洋	李嘉钰	陈柏男			

经济学院

台　航	韩晨宇	张逸昕	郭宇宸	钱丛艺	王方舟
刘志睿	朱丽江	李昀祉	张中旭	刘　璐	黄　兴
关焱天	张守玉	陈政煊	程陶然	苑嘉盛	张涵露
戴哲瑜	洪欣欣				

光华管理学院

张　鹏	李炫知	徐　琪	邹　勇	林芸沁	吕　晓
张诺亚	汪嘉倩	侯　越	江冰森	吴炳蔚	马霄楠
邓玉婷	潘冠维				

法学院

李　晟	贾　元	陈飞鹏	程　影	丁　丁	皇甫泽莹
黄　晟	冀世纪	李钦琪	梁晓红	刘　燕	刘张彬
马驷牧	王晨子	王鸿渐	王　瑛	杨　怡	叶　箋
殷梓介	余晨霄	张　墨	张　蓉	张　旭	张雪雯
朱芯瑶	贾婷婷	徐　亚	苟晨露	周国祥	孙点婧
徐　爽	李婧一	杨　肯	王曦羚	冯时佳	邱舒婷
陈　洁	董　柯	郭易卉	郝杰灵	李杏子	刘安东
刘　涛	刘星雨	宋立伟	苏秋纳	唐俊烈	童志文
王金旺	王阳阳	王　悦	吴　悠	赵继尧	成　越
范　晓	侯美林	刘屹坤	李　澄	卢欣怡	刘　榴
朱明渊	刘　继	刘雨晴	杨诗翰	王为民	苗露阳
杜智宇	杜　漫	沈卓韵	何　铮	李思颖	岳　媛

赵贺怡	庄景琳	曹 远	牛伟强	陈海燕	张 鼎
邓金朋	陆世娇	陈美至	林茵琪	蔡晶潼	赵雪松
张 琦	刘子靖	章旻慧	闫 瑞	张集森	张一舒
姜天成	杜雨林				

信息管理系

姜庆远	朱 婧	王李祥	倪少康	吕瑜婷	焦祎凡
柴 腾	高振宇	严心月	李婧宇	祝 晗	

社会学系

陈 龙	刘少强	杨 霁	张 楠	刘大权	宋丹丹
王 浩	王思远	郭正蒙			

政府管理学院

郭 洁	汪泽波	刘舒杨	孙瑜康	徐梓原	杜 浩
褚 亮	侯 琳	侯亚杰	谭楚妍	杨 舟	于 瀛
高 琳	王佳平	张夏蕊	姚昕言	何鹏宇	梁贞情
林梦瑶	盛姜月	申沁恺	苏中富		

外国语学院

王 芳	陈 肖	黄超然	李潇伊	刘 虹	刘丽文
李庆松	王 婷	张慧生	曾妙妙	敬斐然	李君怡
王世杰	袁若溪	杨 洋	敬海兰	徐鹏航	肖芸芸
黄梦月	庄 妍	高泽宇	叶陈宁	兰 宇	焦易博
杨鹤逸	李金珂	冯舒琦	韦 彤	谢昌立	黄 琳
金泽旭	谢泽中	陈仁靖	王雨晴	董扶摇	刘 昊
史雨晴	李卓缦	王一帆	何斯哲	袁 博	吴柏君
陈瑾怡	唐 倩				

马克思主义学院

周东娜	孙 越	刘 燊

艺术学院

廖中聖	马丽云	艾 欣	闫晓颖	牟晓晨	冯艳丽

对外汉语教育学院

邵明明	刘晶祎	刘婷娜	于春雪	赵成程	李维宸
丁丹妮	郝 雪	郑又嘉			

元培学院

田荟琳	王沁雪	董梓蕙	洪若涌	王斯达	林中王
管宏宇	陈奕彤	谭光瑀	毛 飘	王子豪	邵建隆
王清杉	董怡楠	宣奇汉	柴达目	姜家隆	杨诗园
孙一先	许成伍	吴思婕	黄康佳	秦 臻	居 田
白罗兰	李 研	叶雅晴	陈 畅	黄珏璞	刘 竹
刘人榕	刘 波	许子平	沈浩然	王星程	白沅鹭
曹林菁	何雨辰	牟鸿禹	刘 洵	谢昊洋	惠雅婕
刘堂兴	于涵煦	冯妍慧	张新鹏	高 孜	付紫璇
张文瀚	邱 玮	时 畅	韦铭杰	毛基恒	卢 乾
邓 琨					

深圳研究生院

石林林	裴润雯	卢志强	龙 妍	鲁学振	沈桐羽
诸洁芳	刘道宁	王 宁	林 莉	刘丰将	吴华妹
张添宏	陈 飞	陈昊冉	刘 洋	刘 晔	隋思誉

王 丹	王天祺	杨 彪	余 翔	何 建	宋嘉怡
苏 丹	陈亚杰	姜和明	李松潞	秦 璇	吴庭禄
蒋一峰	卿 崟	林经纬	魏世恩	粟 辉	高雪濛
付博华	唐 诚	余立夫	洪雅雯	侯军威	吴家荣
曹 芮	贾宇亮	王立华	杨依平	常 悦	储 庄
姜培扬	李志姣	林艺杰	潘苏亿	庞雅心	徐 赫
徐凯舟	徐 睿	张瑞昕	郑小兵	曹 阳	江奇睿
梁晨阳	范馥梅	孙佳明	陈燕霞	侯聪逸	安 珂
董美璇	沈 楠	左宜平	李思白	刘艺萌	谈国禹
张光星	高静楠	李育原	梁 婷	马 力	蒲津川
陶欢欢	徐小燕	张泰玮	郭 莎	金永庆	王 萌
温德斯	冯 晓	梁宏飞	刘心雨	徐丽薇	曹美娜
王之芬	李俐娇	徐悦来	张凯帝	原 林	朱志清

信息科学技术学院

张剑坤	林佳宝	郝秀成	谌灼杰	丁圣利	冀 炜
刘婉月	任晋晋	赵天骄	赵 澈	孙海萌	李安然
周晓慧	靖 奇	朱 近	秦汉民	吴 涵	陈 睿
任宣丞	刘新宁	汪益成	徐子扬	高匀丰	黄鑫鑫
奉恒纬	应宗昫	谭伯琛	朱琪豪		

国家发展研究院

崔静远	孙铭佐	周 越

教育学院

毛 君	范逸洲	王 宇	赵婧宏	黄思颖	杨亚晨
张东明	张慧睿	王晶心	曾庆泉		

人口研究所

张茗翔	雷介波	付艳艳

前沿交叉学科研究院

牛晶晶	周 旭	李玲君	李 艳	徐优俊	胡凌寒
秦难寻	周文昊				

工学院

王晴飞	熊 思	陈 更	吴文昊	王绍鑫	杨 伟
徐聪敏	刘泽宇	赵 磊	李月莲	周翼南	胡 喆
黄超宇	张利娜	李师尧	杨艳冉	李 卯	梁子彧
张新宇	章 昊	陈秋怡	李昕宇	张朝晖	钱 敞

城市与环境学院

刘慧颖	王 珺	陈薇晓	梁滟滟	韩 杰	王思阳
邓安琪	楼梦醒	宋 萌	陈培培	林浩茹	郑钞月
宁 静	司雨慧				

环境科学与工程学院

马 源	秦孟儒	孙 文	王 雷	周宇轩	胡可君
吴晓萍	吴雅珍				

建筑与景观设计学院

常贺星	杜舒婷	梁春雪

新媒体研究院

龚淳诺

燕京学堂

黄大卫	陈振兴	何哲硕

基础医学院
毛天皓	佘坚祺	岳慕心	陈欢欢	张天玥	韩茹雪
刘逸杰	刘梦桐	房彦名	郭翼宁	李予靖	王奕卉
于佳弘	张晓涵	张　婷	高佳宁	刘　建	黄　燕
申海洋	王承夏	艾　忻	潘少容	李雯琪	孙一丹
刘中一	彭　越	陈　宸	李柄桦	加焱冰	
马尔马尔·托乎塔尔别克		刘　方	万　朵	李颜行	
李丽丽	刘　轲	郭丽凯	黎　毅	高雨菲	于志雨
柳星宇	班艺倩	沈　晖	徐西占	蔡石鹰	

公共教学部
李明月	沈威宇	杜佳聪	魏　玮	姚秋琦	常　伟
余秀芝|				

药学院
郭相孚	吉　翔	王景茹	熊梦飞	赵　勋	张婧媛
王瑶琪	郝艳丽	黄雨佳	仲家乐	杜姣姣	邓海亮
阳明春	张美琪	仲　亮	李晓桐	刘天碧	江瑶瑶
苏　珊	王大宽	代君健	王彦行	李锴森	崔一诺
赵文健					

公共卫生学院
杜　敏	王廉皓	任贺孟莹	霍家康	郭雪儿
郭　雯	吴筱音	刘国峰	蔡敏章	徐　凤	郑崇远
范爱琴	宋宿杭				

护理学院
靳　帅	葛青青	邓　欢	刘立立	董安红	张晓敏

第一临床医学院
任雪盈	王珂欣	徐文瑞	蒋　欣	尹　路	柳家园
何　姣	史宗明				

第二临床医学院
宋子琪	杨　妮	李　博	徐　晶	喻冠杰	崔浩然

第三临床医学院
何婉毓	韩　钦	张元鸣飞	王　楠	姚卜文	李　赓
于　洲	张　文	李鑫瀛	陈丽雯	张艺伟	吴　寒
徐慧敏					

第四临床医学院
陈盛彬	冯晖雄	李祖昌	卢　鹏	孙伟桐	郭斯翊

第五临床医学院
文　玮	尹若昀	朱思达	鲍予顿	王东旭	周　韵

口腔医学院
郑　燕

航天临床医学院
廖指仪　铃木妙实

医学人文研究院
赵　佳

临床肿瘤学院
吴健伟　丁广宇　吴　蔚

中日友好临床医学院
任　维　张传鹏　姚　函

精神病研究所
孙　霄

北京医院
刘赪阳

北京大学首钢医院
鞠文浩

地坛医院
汪　笛

优秀品德奖

物理学院
摆　展	栗宇航	刘　易	郝鹏翔	宋晨涛	信子鸣
孙　博					

化学与分子工程学院
行凌波	杨程凯	黄　铃	姚宇航	徐　丹

地球与空间科学学院
王　霄

心理与认知科学学院
吴　汉

新闻与传播学院
李　飞

国际关系学院
乌力吉	冯　威	江宣儒	赵同慧	陈博文	侯晓玮
曹定铎	张天禄	章宸月			

经济学院
刘婧滢　唐昱阳　赵新玉

社会学系
黄世芳　迟孟昕　黎书豪　王　屏　康　昕

外国语学院
王慧中　朱珠娜尔

艺术学院
宋昕宸　岑天翔

深圳研究生院
徐文俊　邵明夏　杨维维

信息科学技术学院
王龙刚	张　晴	徐源盛	高诗简	夏　丁	黄　腾
戴鹏飞	高　远	陈淙靓	李鹏程	吴昊泽	戴　拓
王　浩	严思明	李　昊			

国家发展研究院
张皓星　刘　超　王　薇

前沿交叉学科研究院
孙宇婷　陶　宽　谭聪伟　张鲁杰

工学院
翁　翕

城市与环境学院
李森琳　杨家帅

基础医学院
陈长风　孙小砚　冼　伟　王一凡　蒋子健　陈卓婧
温开凤　黄姝伦

药学院
王子翼　刘梦熙

公共卫生学院
王言频

护理学院
陈　静

第二临床医学院
周心宇　彭　鹏　尹　露　马慧云

第三临床医学院
余　翔　范久亿　张旭阳　王子靖

口腔医学院
王伟萍　睢　意　阮梦娇

精神病研究所
史欣欣

五·四体育奖

物理学院
李亚楠

化学与分子工程学院
肖　雨　吕晓林　吴夏泠　江杰章　罗　越　林　畅
张讷敏　宋彭博　黑　白

国际关系学院
孟佳琦　杨诗琦

法学院
冀　放　马毅豪

信息管理系
张劼圻

工学院
顾　达　乔　宏　应亚宸

基础医学院
李国亮

公共卫生学院
李宏宇

护理学院
梁　熠

第二临床医学院
丁镇涛

第三临床医学院
刘　畅　刘　灿

第五临床医学院
左　影

红楼艺术奖

化学与分子工程学院
崔凌智　章　炜

心理与认知科学学院
牟惊雷　刘益瀚

新闻与传播学院
梁新意

国际关系学院
王妤心泓　万姝颖

法学院
徐冰彦

信息管理系
李汉文　杨家鑫

艺术学院
唐　迪　顾艺璇

信息科学技术学院
杨庆龙

国家发展研究院
向　为

工学院
刘开奇

建筑与景观设计学院
高凡茜

基础医学院
杨冠男　张　洁

护理学院
王银平

第二临床医学院
袁梦荷

第三临床医学院
杨嘉瑞

第五临床医学院
王　萌

临床肿瘤学院
韩萌萌

北京医院
王　确

创新奖

学术类

数学科学学院
张　栋　孟　琪　任宪坤　任晓霞　赵龙波　吴　迪
陈嘉杰

物理学院
黄　浦　郑飞鹏　蒋庆东　付海龙　纪子衡　王　波
陈弘毅　柴　真　孙　惠　蒋　宁　盛　倩　杨肖易
祖　帅　任　霄　吴嘉懿　程宇清　燕莹莹　万　逸
赵丽宸　徐昊伟

化学与分子工程学院
李彦邦　林　立　张振宇　何　丹　朱蕴韬　李云龙
郑雨晴　高　鑫　祁丽亚　史刘嵘　辛　娜　郭亦堃
饶海霞　殷雨丹　王旭升　罗翌阳

生命科学学院
朱曼璐　李静宜　李昆仑　李颖星　郝丽宏　刘晓萌
马　琪　邵世鹏　宋靖慧　汪加军　林晓雅　张　健
戴雄风　郭冬姝　郭新阳

地球与空间科学学院
陈　彦　李　壮　安圣培　刘　鹰　秦　霏　张修远
潘东晓　杜书恒　张彦垚　李嘉政

心理与认知科学学院
印　丛　陈斯琪　张　翼

软件与微电子学院
罗　杨　任慈阳　张田宇　赵　波　丁　然

新闻与传播学院
敖　鹏　王　昱

中国语言文学系
李　静　李浴洋　薛　静　陈子丰　王　昕

历史学系
郭　宁　赵　宇　申　斌　李根利

考古文博学院
周逸航

哲学系
兰　洋　钟治民　贾祯祯　林　啸

国际关系学院
修光敏　杜哲元　范佳睿

经济学院
耿志祥　潘水洋　唐　琦　孔　蕊　王　开　杨　敏

光华管理学院
胡诗阳　刘媛媛　张　竹　何　捷　周咏龙　梁　萱
王菲菲　张澍一　朱雪宁　刘海洋　胡琼晶　许　可

法学院
沈　寒　胡　斌　李潇潇　李　真　朱学磊　王首杰
蔡元培

信息管理系
祝振媛　赵元斌

政府管理学院
周文通　郭凤林　蔡潇彬　季程远　刘　浩

艺术学院
蔡一晨　甄　敏　石小溪　白晓晴

对外汉语教育学院
陈诗琦　金沛沛

元培学院
詹若涵

深圳研究生院
肖　颖　朱　兵　邓艳艳　应振强　孙小虎　林　科
胡　宽　赵　辉　耿　浩　吴　谦　陈柱文　孙天宇
顾月青　李付琸　王飒飒　郑维豪　黎　婷　徐　鹏
朱　乔　牛　昭　姚　飞　陈　昕　林雄斌　周华庆
陶卓霖　刘同超　高源鸿　胡江涛　崔岁寒　胡　钊
张静娴

信息科学技术学院
周新杰　李　刚　刘　欢　陈冰炎　吴功涛　张　雪
王积银　夏继业　胡夏蒙　沙　磊　樊姣荣　苏宗明
陈俊洁　施　晨　程晓亮　胡　栋　王智鑫　赵　鹏
陈方平　胡　帆　赵至真　胡智文　司　佳　李祝祺
胡敬植

国家发展研究院
张　睿　刘　浩

教育学院
吴红斌　汪梦姗　王辞晓　李　欣　王小青　刘京鲁

前沿交叉学科研究院
陈硕冰　徐小志　汪非凡　贾昭君　周　平　董　璐
刘　莉　李梓维　田　莹　李佳玉　刘　旸　刘　婧
宋　阳　王英英　张　珂

工学院
李　昆　孙永奇　马小年　史建平　吴诗婷　杨子煜
陈　煜　姚松柏　张　珅　吴旭东　郭亚光　吴金根
周协波　陈轩泽　杨旭三　相耀磊　付俊杰　高延子
王　倩　李　彪　夏仲弘　张亚飞　范润东　李锡英
王允松　邓亚骏　周　开

城市与环境学院
许重阳　郑天立　严正兵　赵红芳　高硕硕　王映辉
刘茂甸　李耀琪　史秋洁　杜悦悦　张　甜

环境科学与工程学院
黄柳斌　魏　恺　李芸邑　吴蓉蓉　李　欢　李　菁
张　丽　李　晶　梁嘉良　郑云昊

分子医学研究所
赵德尧　杨欣壮

新媒体研究院
张华麟　李　冰　赵珞琳

基础医学院
朱素杰　张晨冉　刘　亮　刘小锋　陈霁云　俞欣荷
李　扬　钟丹丹　贾英丽　原婉琼　姚明解　韩　烁
苗广艳　孔璐璐　王　麟　高立权　刘　坤

药学院
杨　琦　司龙龙　梁宇杰　陶鹏宇　吕海宁　申　涛

陈金凤　程仲彬　王晓阳　韦　玮　张西武　杨嘉丽
魏　巍　李佳朋　杨凌飞

公共卫生学院
李　楠　褚洪迁　徐相蓉　张旭熙

第一临床医学院
解新芳　顾晓斌　陈善稳　李建男　黄　盼　张　博
程　茜　苏晓鸿　王斯云

第二临床医学院
胡梦雨　李　浩　张雅薇　张加敏　周　娇

第三临床医学院
吴舟桥　何婉毓　刘　强　刁文琦　陶连元　马云龙
张正政　曲小辰　王少杰　吴　敏

第四临床医学院
万江波

口腔医学院
付　玉　黄一平　赵　琛　陈青筱　李小曼　何临海
孟　贺　詹雅琳

临床肿瘤学院
章　程　孟　玥　甘　盈　张超亭　张盼盼

深圳北京大学-香港科技大学医学中心
周靖程

文艺类
马故渊　李雨谏　张　龙

体育类
朱　琳　王佳慧　刘馨炎　李润雨　王芷嫣　王梦名
韦　维　冯宇萱　陈卓菱　李嘉岳　孟凡辉　孙玉洁
曾亚男

社会活动类
刘宇璠　李子树　刘展宏　刘凌超

团队
数学建模竞赛团队　　　　学术类
大学生数学竞赛团队　　　学术类
北京大学学生交响乐团　　文艺类
北京大学学生舞蹈团　　　文艺类
北京大学女子篮球队　　　体育类

北京大学"优秀班集体"

数学科学学院 15 本 6 班
物理学院本科 2015 级 4 班
物理学院本科 2014 级 1 班
化学与分子工程学院 2014 级本科 1 班
生命科学学院 14 研 1 班
生命科学学院 14 研 2 班
心理学系 2014 级本科生班
新闻与传播学院 2015 级本科班
中国语言文学系 2015 级本科生班
考古文博学院 2013 级本科班
哲学系 2015 级本科班
经济学院本科 2015 级 2 班
经济学院本科 2014 级 5 班
光华管理学院 2015 级一班
光华管理学院 2015 级五班
法学院 2014 级本科 3 班
法学院 2014 级本科 2 班
信息管理系 2014 级本科班
社会学系 2014 级本科班
政府管理学院 2014 级本科班

外国语学院 2014 级俄语本科班
外国语学院 2015 级日语翻译硕士班
马克思主义学院 2015 级硕士生班
体育教研部研究生班
艺术学院 2015 级硕士
对外汉语教育学院 2015 级汉语国际教育硕士班
元培学院 2014 级空飞班
信息科学技术学院 2014 级本科 1 班
信息科学技术学院 2014 级本科 3 班
信息科学技术学院 2015 级本科 1 班
教育学院 2015 级硕士班
城市与环境学院 14 级硕士 2 班
环境科学与工程学院 2015 级硕士班
新媒体研究院 2015 级硕士
深圳研究生院环境与能源学院 2015 级硕士班
深圳研究生院国际法学院 2015 级硕士班
第一临床医学院 2012 级临床 1 班
第一临床医学院 2013 级临床 1 班
第二临床医学院 2013 级临床 4 班
公共教学部 2014 级医学英语班
第三临床医学院 2012 级临床 5 班
第三临床医学院 2013 级临床 5 班
第三临床医学院研究生五班
公共卫生学院流行病与卫生统计学系研究生班
第三临床医学院研究生二班

北京大学先进学风班

数学科学学院 15 硕 3 班
数学科学学院 15 本 1 班
数学科学学院 15 硕 2 班
物理学院本科 2015 级 6 班
物理学院本科 2015 级 3 班
物理学院本科 2015 级 5 班
化学与分子工程学院 2013 级本科 4 班
化学与分子工程学院 2015 级本科 4 班
生命科学学院 13 本 3 班
生命科学学院 15 研 1 班
生命科学学院 14 本 2 班
地球与空间科学学院 2014 级遥感博士班
地球与空间科学学院 2015 级空间物理硕博班
地球与空间科学学院 2015 级遥感硕士班
心理学系 2015 级本科生班
新闻与传播学院 2015 级学术硕士班

新闻与传播学院 2015 级专业硕士班
中国语言文学系 2014 级本科生班
中国语言文学系 2015 级创意写作硕士生班
中国语言文学系 2015 级博士生班
历史学系 2015 级本科生班
历史学系 2015 级硕士生班
考古文博学院 2015 级博士班
哲学系 2015 级硕士班
哲学系 2015 级博士班
国际关系学院 2015 级本科 1 班
国际关系学院 2015 级本科 2 班
国际关系学院 2014 级本科 2 班
经济学院本科 2013 级财政系
经济学院本科 2015 级 6 班
经济学院 2015 级金融硕士班
光华管理学院 2015 级六班
光华管理学院 2015 级二班
法学院 2015 级本科 2 班
法学院 2014 级法律硕士三班
法学院 2015 级法学硕士 2 班
信息管理系 2015 级硕士班
社会学系 2015 级本科班
政府管理学院 2015 级本科班
政府管理学院 2015 级硕士班
外国语学院 2014 级菲律宾语本科班
外国语学院 2015 级西班牙语本科班
外国语学院 2015 级希伯来语本科班
马克思主义学院 2015 级博士生班
艺术学院 2015 级本科
对外汉语教育学院 2015 级汉语言文字学硕士班
对外汉语教育学院博士生班
元培学院 2014 级 4 班
元培学院 2014 级 1 班
元培学院 2014 级 5 班
信息科学技术学院 2014 级本科 5 班
信息科学技术学院物理电子所研究生班
信息科学技术学院 2015 级本科 6 班
国家发展研究院 2015 级硕士生班
国家发展研究院 2014 级硕士生班
教育学院博士生班
教育学院 2014 级硕士班
人口研究所 2015 级研究生班
前沿交叉学科研究院 2014 级研究生班
前沿交叉学科研究院 2014 级 CLS2 班
前沿交叉学科研究院 2015 级研究生班
工学院本科 15 级 3 班

工学院博士 15 级 1 班
工学院硕士 15 级
城市与环境学院 14 级本科生地科生态班
城市与环境学院 13 级博士班
城市与环境学院 15 级硕士 2 班
环境科学与工程学院 2013 级博士班
环境科学与工程学院 2015 级博士班
医学预科 2015 级临床医学 8 班
医学预科 2015 级医学英语班
医学预科 2015 级临床医学 9 班
深圳研究生院汇丰商学院 2015 级金融班
深圳研究生院化学生物学与生物技术学院 2015 级研究生班
深圳研究生院化学生物学与生物技术学院 2012 级研究生班
口腔医院口腔 2013 级 1 班
口腔医院口腔 2013 级 2 班
基础医学院临床 2014 级 1 班
公共卫生学院预防 2013 级 1 班
航天临床医学院研究生班
护理学院研究生班
口腔医学院口腔修复研究生班
药学院研究生二班
基础医学院药理学系研究生班

（学生工作部）

学生奖学金

CASC 奖学金

物理学院
王希睿　庄德浩　李晨光　吴　晟　沈晓飞　张雪峰
陈艺灵

地球与空间科学学院
王为中　王洪浩　王　媛　刘庆彬　杨　柳　邱彦昆
陈冠潼　谭凤周

心理与认知科学学院
顾　相

前沿交叉学科研究院
李梓维

工学院
吴王鸿志　党向新

城市与环境学院
王照宇　白梦灵

ESEC 奖学金

中国语言文学系
曹蕾蕾

考古文博学院
李罗敏

Panasonic 育英奖学金

新闻与传播学院
李长鸿

国际关系学院	SPRIX 奖学金

SPRIX 奖学金

国际关系学院
王　璐

经济学院
何　佳

外国语学院
卢宇嘉　李陶源　葛思嘉

POSCO 奖学金

数学科学学院
杨浩艺　浦鸿铭

化学与分子工程学院
张陆昊　陈天阳

生命科学学院
张天宇

新闻与传播学院
孔煜也

中国语言文学系
俞明雅　彭一沁

国际关系学院
贾九鹏

经济学院
张蓝月

光华管理学院
孟舜英

信息科学技术学院
吴文俊　陈　鹏

城市与环境学院
武欣玫　焦梦菲

三星奖学金

数学科学学院
陈　喆　徐子睿

物理学院
白岸斯　袁智扬

化学与分子工程学院
沈一航

经济学院
刘　璞

光华管理学院
毕新宇

法学院
王雪薇

社会学系
王嘉鑫　罗兆勇　周思丽

外国语学院
李一杨

信息科学技术学院
尹雪帆　朱嘉迪　杨宇喆　林正晗　商浩森

三菱东京日联银行奖学金

化学与分子工程学院
方思敏　杨程凯　徐　丹　曹　亭　章　炜

生命科学学院
马翠艳　李祎曼　李　頔　邵光灿　秦青青

中国语言文学系
刘家玮　李　涛　李　瑞　夏　雪　韩思琪

经济学院
牛晓雨　杨　威　张宁川　张轶龙　殷无弦

光华管理学院
马海超　毛日佑　朱菲菲　吴仪扬　黄　楠

法学院
王春蕾　邓　颖　杨　肯　徐晋阳　彭　宁

SK 奖学金

物理学院
胡京津

化学与分子工程学院
柳晗宇

光华管理学院
何昕迪

外国语学院
孙　启

信息科学技术学院
于晓凡

赵修杰　国际关系学院
杨子傲　信息管理系
陈庭羲　外国语学院
黄曲哲　信息科学技术学院

三菱商事国际奖学金（推荐）

国际关系学院
杨岚茜　邵依琳　徐雨佳　梁旭琳　梁浩然

经济学院
丁雪瑜　王雪斐　李雪娇　贾　蕾　谢潘宜

光华管理学院
李佳奇　李　琳　杨婧琳　张力培　蒲定磐

王家蓉-王山奖学金

光华管理学院
李志冰　何　捷　陈　康　周若馨　姜舒文　蒋海涛

五四奖学金

数学科学学院
丁允梓　王刚华　仇嘉泽　甘　坦　叶林发　申　佳
田　田　吕世极　朱泆辰　朱景龙　传一健　任宪坤
刘诗霄　刘　峥　刘　淼　许文昌　孙天宇　孙元逊
孙家进　严煜凌　杜　燕　李华宇　李泽茜　李　特
李　翔　肖非依　何胜毅　辛天屹　辛　未　张海翔
陈子昂　陈宇航　陈　里　陈景林　林大超　罗明康
赵龙波　郦　言　钟彦杰　姜杰东　洪伟疆　骆钇澐
顾荪蔚　钱　鑫　唐　岚　唐　敦　谢永嘉　谢雨杉
强　喆　简高鹏　魏诗韵　魏笑寒

物理学院
丁雪浩　马骏超　王子鹏　王天也　王抒阳　王国庆
王　恩　王浩然　王　硕　王得地　方其亮　龙卓青
田　芳　刘芃妤　刘　茁　刘　欣　刘清元　刘　越
许英伦　孙术仁　孙　博　李云炀　李宇帆　李荣凤
李浩川　李海龙　李　晨　杨大能　杨　帆　杨　航
吴天玮　吴嘉瑞　岑哲航　邹　添　张哲宇　张梦瑶
张　涵　陆　易　陈　彦　陈夏琨　武修吉　欧伟科
周小朋　赵　刚　赵辰宇　钟江南　钟循启　祝睿豪
秦光辉　敖雨田　袁嘉豪　徐紫嫣　龚　畅　梁致源
程安齐　舒昱滔　曾俊邦　赖有方　颜世莉　潘岱松
戴嘉为

化学与分子工程学院
王子宽　王　洋　王　棣　成　挺　刘卡尔顿　刘星驿
刘逸芸　米天雄　李家毅　杨　晓　吴佼弈　何姗姗
宋楚涵　张晓辉　张隽之　陈　旭　陈　均　陈俊含
罗天佑　洪伟耀　姚宇航　徐　植　高文昊　高智悦
葛洪鑫　谢　肖　谢泽威　谢　霞　蓝　童　蔡兴瑞
戴晶鑫　魏保生

生命科学学院
王依琛　王思策　丘光昱　吕梦泽　刘　阳　刘俊娥
刘晓琴　刘铭玉　刘慧思　汤　赞　孙芳妙　李西莹
李诗源　李　慧　李　鑫　杨佳宁　杨碧莹　张超群
张靖若　林巧玉　金　凤　房　巧　降　帅　郝冬冬
宫赟赟　袁艳芳　袁　越　郭　红　姬亚朋　黄　宁
曹智杰　续　然　鲁崇建　管　哲　潘　颖

地球与空间科学学院
马文婷　王旭辉　王明粲　仇立松　冯　玮　朱英杰
刘沛显　张东海　张立杨　张维晟　赵芳珩　赵姗姗
胡传胜　施　力　秦　霏　徐　蕾　黄　璞　龚世泽
崔一鑫　梁　菊　彭立华　温景充　熊建学　熊紫倩

心理与认知科学学院
丁　宇　王一丹　邓希童　刘建勋　刘富丽　牟惊雷
李天晴　张曼莉　陈慧菁　周　崧　郑楚华　赵　楠
黎玮轩　颜志强　魏　祺

软件与微电子学院
丁伟杰　于　婵　王玉建　王宇琪　王奕超　尹　雨
邓　磊　叶振旭　吕晨曦　朱智彬　华希希　刘　君
刘玥杉　刘　昊　刘佳琦　刘佳颖　刘　泽　刘新正
刘新星　孙　洁　李立敏　李海涛　李　婧　李　蒙
杨宗睿　邱鸿淼　何智超　余　康　邹勇杰　沈康君
张伟超　张恩发　张　晗　陈　静　和　喆　金　兴
周志奋　周妍玲　夏　天　徐潇萌　黄爽爽　曹露阳
盛啸然　阎泽群　韩旭雯　税丹丹　赫嘉欢　蔡　卓
蔡明荣　魏焓颖

新闻与传播学院
马静雅　王　帆　王冰洁　毛殷平　邓泽苗　任雅菲
刘彤桥　严正宽　李维维　杨　凡　杨　钮　吴尹君
吴　悠　张　良　张　琳　罗　毅　金文恺　侯韶婧
郭晓康　谭　媛

中国语言文学系
丁文静　王艺遥　片昭英　文家辉　叶栩乔　田九七
田祥胜　吉云飞　巩淑云　朴素美　朱　姗　向思琦
向筱路　刘　杰　刘敏旗　刘馨遥　孙巧智　李远达
李轶男　李润楠　李哲美　杨心仪　杨李佳　余聪颖
余德江　宋　爽　张　帅　张　驰　张郁晖　张菁洲
陈芳荣　陈宋蕙倩　陈　珊　陈焕文　陈惠琳　林　玲
林爱霓　罗茂轩　罗　倩　赵绿原　钟灵瑶　洪哲熙
秦雅萌　贾晓华　倪志佳　徐　懿　高　思　黄竹莎
萧歆怡　曹　东　龚世琳　梁苍泱　董　婧　谢雨新
缑清睿　鄢予晨　蔡彦恒　蔡婧怡　裴蕙莲　颜嘉慧

历史学系
干润森　王四维　王跻崭　尹敏志　许梦阳　苏俊敏
求芝蓉　张悠然　张　蒙　陈　凯　陈新元　邵琳琳
武嘉玥　岳昕灿　侯英博　姜瑞雯　高　源　黄明浩
常宇鑫　蒋四伟　蒋凌楠

考古文博学院
冯　玥　李孔昭　李博扬　张　冉　张乐城　苗　政

周思言　徐斐宏

哲学系
王　钬　王冠军　刘　沁　孙海科　孙逸超　杨宇静
杨啸尘　吴　湘　佟欣妍　沈抒寒　张妍炜　金一苇
郎　青　种　方　侯杰耀　彭子琛　彭杉杉

国际关系学院
乌力吉　刘晨曦　孙大权　纪若楠　李　坤　李典易
杨起帆　时伟通　何　山　陈子衣　陈傲寒　林　玥
和　悦　莫语霏　高绰璟　涂纵驰　陈祉吟　黄　震
章宸月　博尔琛　彭　华　董　榕　靳宸楠

经济学院
马张驰　王天娇　牛逸婕　田静雯　毕子珑　任庆杰
刘　阳　刘诗惠　许弘毅　巫梦洁　李思佳　杨喆森
张千杨　张可心　张守玉　张雨萱　张敏琦　陈　炜
林培锴　周晓畅　赵梓廷　姚扬帆　黄苏荣　龚渝涵
隋诗华　游　捷　詹佳佳　谭　祺

光华管理学院
王梦妍　龙小鹏　付英娇　丛泽平　冯沁雪　朱佳铭
刘圣明　刘旭阳　刘　岩　刘媛媛　孙常蕾　李元哲
李艺璇　李沙浪　杨　丹　吴晶晶　余　音　沈悦然
宋　洁　张　贤　张澍一　陈启慧　范思婕　胡中游
郭　宁　章　葳　续　继　曾颖青　谢万彬　薛晓诺

法学院
于若楠　马子朔　王为民　王　茜　王思琪　王晓鹤
王　磊　尹　婷　邓璐婷　叶　餕　吉正纯　庄景琳
庄　瑜　刘小冬　杜雨林　杜　漫　李瑞雪　杨秋宇
杨　雯　杨璟颖　吴冬妮　吴启萌　何旦番　沈　祎
张一舒　张　伟　张　琦　张集森　张皓茹　陈俊光
陈海燕　陈梦娇　陈嘉希　林玉萍　林昱睿　林嘉珩
欧　恬　尚　东　罗　慧　罗　毅　周诚欣　赵倾伊
赵卿梦　胡红舟　钟　雯　姜天成　贾　元　徐　成
徐励楠　徐朝雨　殷梓介　郭天奇　章旻慧　章　波
葛媛媛　董怡岑　董学智　韩康麒　蔡晶潼　谭　晨
冀　放

信息管理系
马佳萌　白浩东　刘千慧　严心月　祝　晗　黄俊杰
蒋天骥　蒙汪阳

社会学系
马占婕　王延涛　刘　浩　杜艾玲　李　静　求羽雁
吴美琦　张阳阳　张雨欣　陈阳婧　陈思玉　陈　晨
林　楠　罗佳燕　金婧怡　周　珏　周　颖　赵雨红
赵鹏程　倪羌顿　黄世芳　龚嘉琛　康　昕　彭书婷
樊欣然　薛　淇

政府管理学院
刘丛丛　姚昕言

外国语学院
王　欢　王诗敏　王　梓　方　初　申明钰　史佳炜

朱　晨　朱　鸽　刘　岑　刘　微　李卓缦　李宜霖
李　豪　李旖旎　吴　扬　吴品正　吴　颀　何健榕
沈玉婵　宋唯亮　张　乐　张宇航　张　容　张博雅
张斌禄　陈静雯　欧阳诗怡　宗　帅　赵令君　洪诗羽
费　都　徐倚天　郭笑遥　席琪婧　唐羽影　唐嘉薇
曹书航　曹雨婷　龚哲浩　裘蓉蓉　熊　畅　熊怡萱
薛　芳

马克思主义学院
王志芳　李成家　何　惧　汪　越　易佳乐　黄　淦
谢超林

体育教研部
李　娜

艺术学院
冯　晗　刘芳宁　刘家辰　刘展宏　刘　颖　李苑彤
李黎明　吴　键　岑天翔　何愉棋　张泽君　娄　逸
唐　迪　黄钧妍　黄露莹　谢亦晴　廖中聖

对外汉语教育学院
吕中华　李　鑫　陈　婧　邵明明　林　楠　黄欣雨
谢晓萌　裴伯杰

元培学院
于涵煦　王伊昕　王　欢　王剑桥　王维昊　王　馨
毛基恒　方　睿　计启迪　付佳玉　冯妍慧　任昶宇
刘子琦　刘　竹　刘　洵　刘堂兴　汤惟曼　祁　箫
孙家平　李庄威　李卓然　杨明烨　吴志成　吴明琨
何雨辰　何旻浩　何臻智　张士奇　张明佳美　陈　畅
罗欣雨　周　墨　赵心源　胡逸纯　徐　佳　高丽烨
高　孜　郭　勉　黄珏璞　韩蕙如　谢　韵　雷渌瑁
谭振洲　黎拂言　颜芷邑

深圳研究生院
马一华　王冬园　王立华　王传胜　王宇石　王秀玲
王　珍　王飒飒　王祝怡　王晗昱　王雅昕　文纾可
冯　燕　朴雪威　毕滢垚　吕惠玲　任玥玮　刘一鸣
刘文园　刘辰巍　刘艳娇　刘　祥　齐　昕　齐雪蓉
汤学章　许朝军　杜晓彬　李凤清　李志姣　李奕熹
李　洋　杨　旸　杨　洋　杨浚哲　肖　舒　余立夫
汪思慧　张文琦　张乐陶　张　欢　张　涵　张惠璇
张　祺　张　霖　张瀛文　陈柱文　陈　萍　武文欢
范　佳　林艺杰　林忠敏　周华庆　周基明　赵利建
赵　畅　姚　爽　姚植洪　袁鹏飞　原　林　徐　汀
徐　赫　高迎红　高梦泉　陈致霖　黄艺驰　黄晓林
崔岁寒　商雪莹　梁园梅　曾薪燚　简子云　潘菽亿

信息科学技术学院
王子辰　王子祎　王心茹　仇　涵　方孺牛　叶楚玥
田树一　田菁曳　付宏宇　冯　振　司　佳　戎　燕
师浩然　曲　祺　朱泽宇　任仕儒　邬槭鸽　刘兆恺
刘沛西　刘赵梁　刘姚萍　刘婉月　衣　壮　孙　伟
严　磊　李元春　李　云　李心白　李彦锟　李　敏

李懿	杨嘉辰	何宸锐	何琦琛	谷丰	冷鉴霄
汪益成	沙磊	宋伟楠	宋博宁	张文泰	张泓亮
张盼盼	张闻涛	张晓刚	张路歆	陈凉靓	陈静
陈睿	邵典	奉恒纬	苟向阳	林阳	周子凯
周仕林	周航	郑子威	郑晴	孟凡琛	赵猛
贾放	段亚文	侯党鑫	姜宇航	姚思羽	夏继业
徐达	郭思敏	郭婷	唐沁宜	唐爽	黄艳香
曹胜操	龚俊之	盛夏	康照东	梁政	彭方玥
蒋瑞珂	舒浩文	曾繁辉	谭继伟	薛犇	

国家发展研究院

王梦琦	衣雪洁	夏凡	崔含笑

教育学院

王晶心	杨宇潇	张慧睿	邵婉嫕	卓晗	赵婧宏
康乐	曾妮				

人口研究所

石超	宋嘉楠	袁倩兰	高嘉敏

前沿交叉学科研究院

丁典	于欣欣	王柯	王秋月	王配	王锐
王慧敏	尹奇	邓兆国	司雯	朱马光	乔枫
任华英	自振滔	刘志恒	孙汉涛	孙辉	李珍珠
余华晟	沈靖翔	张冰馨	张明亮	陈莹莹	邵丽娃
金璐頔	周文昊	周栩	赵伟	郝天祎	胡玉琼
胡淑美	洪佳音	秦芳菲	袁凯	徐咏鑫	郭安南
郭潇	麻砚涛	梁晶	曾健智	雷芷芯	薛婷龄

工学院

丁瀚	于江	于学成	马朝阳	王迪	王嘉宇
石哲	朱孟广	朱朕田	乔宏	任耘霄	刘传琨
刘洋	江伟权	孙仕琦	李鉴庭	杨艳冉	吴志鹏
吴燕	呙少轩	沈祎恒	张钰	陈更	陈岩亮
陈培楷	林峰	国晋菘	赵艺	赵泽	赵淞迪
胡战超	胡颖聪	费渝	贺俊峰	顾佳亮	钱敞
徐明泽	徐致远	徐谦	郭亚光	黄旭	黄琨
梁子彧	韩逸伦	樊福新			

城市与环境学院

王思阳	王洪波	王琛	王婷	龙珂帆	白羽
白嵩	权璟	朱文博	任小林	刘玉晨	刘松瑞
刘洁敏	汤鑫	李沛霖	李佳鸣	李昭	李烨
李悦天	李德龙	杨雯	肖灵	吴婧一	应凌霄
张子骄	张海韵	张容榕	张雪	张晨杨	张馨怡
林浩茹	罗耀	周莹	单正英	承书颖	胡晓旭
钟岳志	徐帅	黄珊蕙	梁浠浠	董英伟	黎一鸣

环境科学与工程学院

马玉芳	马源	王晓静	王海珍	王琮禾	刘心怡
苏榕	李芸邑	李灿	吴雅珍	张丹丹	张雨宇
张照男	陈越月	郑竞	胡可君	黄木柯	葛智

分子医学研究所

王汉明	王潇	孙素华	杨正浩	张入峰	郝菁
徐浩	郭步静	康云路	韩成盛		

歌剧研究院

王冬	方银河

建筑与景观设计学院

朱丹妮	袁振宇

新媒体研究院

白映莎

燕京学堂

刘畅	肖琳琳	郭永沛	韩鑫

医学部

丁旭阳	丁朝伟	马一凡	王安意	王浩	王海东
孔维恺忻	邓心玥	邓奥弋	付子璇	关筱媛	孙彤
苏同	苏坤旎	苏晓凤	李可	李林蔚	杨再目
张佳伟	张诚	张健维	张浩筠	张晗玙	陈晨
陈暲烨	周小婷	郑丹蕾	郑哲涛	洪昱廷	贺冰洁
贺淼	郭心卉	郭怀珠	黄岳	黄博轩	彭远舟
董理	蔡晨希	潘雁楠	魏泽盟		

友利银行奖学金

光华管理学院

马晓峰	王天	李可纯	李任平	张汉樾	张劲哲
陈晓旭	柴冰倩	程杰			

外国语学院

朱珠娜尔	张家诚	张梦薇	陈雅园	陈瑾怡	贺钰爽

中营奖学金

深圳研究生院

马永超	马嘉翎	马蕾	王冬卉	王卓	王昊宸
王迪松	王经臣	王萌岚	毛瑜	尹文欣	申一蕾
司梦林	朱玉娟	伍惠子	刘心雨	刘易	江意翔
孙雯	孙淼	杜明怀	李玉	李鑫	杨力维
杨丹	佟圣楠	张同欢	张运崇	张浩东	张熙
张馨	陈陈	陈诗雁	陈诚纽	范天举	范红蕾
范怡	林经纬	郁文	罗文	罗蔓	季沫含
周天宇	庞昊	孟令男	赵伟	赵冰川	赵晨旭
胡钊	胡皓亮	钟秀梅	施媛	姜姗	姚文彬
贾宇亮	徐梦辰	陶丹	陶卓霖	黄迪	黄晓璇
黄倩倩	曹祺文	常悦	梁宏飞	韩辞	曾俊
谢肖容	廖雅君	魏世恩			

冈松奖学金

物理学院

黄佳旺

化学与分子工程学院
马邦俊
生命科学学院
范小英
信息科学技术学院
李一龙
城市与环境学院
孙轶斌　柳　絮
环境科学与工程学院
井泽华　翟紫含

长岛奖学金

中国语言文学系
张家昱
国际关系学院
徐凤仪　董欣媛
元培学院
林雨晨　谢晓薇
城市与环境学院
齐飞翔

方正奖学金

数学科学学院
马思源　卢　晶　付建婷　仝　宇　刘智静　李冠淳
杨亦晨　吴　迪　余　璞　陈子恒　陈嘉豪　赵洪鑫
赵朝熠　俞辰捷　顾　超　郭润晨　阎霄汉　董子超
谢　玛　蔡　期
物理学院
王辰宇　王语馨　李　骥　张冯望东　张彩凤　国唯唯
顾强强　柴　真　徐新荣　熊伟浩　燕保明
化学与分子工程学院
于　丽　叶曦翀　申森森　刘　畅　祁晓月　李方园
陈　起　陈梓鸿　郁凯文　罗　雪　侯颖钦　贺　鑫
黄禹铖　董武杰　董　斌
地球与空间科学学院
张　琪　凌　坤
心理与认知科学学院
田　琳　尚思源
新闻与传播学院
邓陈晖　肖　杰　吴梓硕　何丽琼　张　好　张梦鸽
金　越　郑江浩　黄凯欣　谭影子
中国语言文学系
王远平　王钰琳　韦楚祎　叶唯简　杨熙程　汪芯竹
张　帆　郭伊阳　涂琬洋　舒　心

历史学系
李沛霖　沈丽颖　陈思危　卿子凡
考古文博学院
杨若梅
哲学系
王书文　张　帅　孟雨桐　钟雯娣　宫志翀　董　皓
韩慧云
国际关系学院
付　越　段陶然
经济学院
刘　丹
光华管理学院
林心悦　赵芸笛　常啸天　谢昀廷
法学院
丁天宇　田　园　许有为　严丹华　苏林璐　陆　迪
信息管理系
车尚锟　刘涵蕊　陈　慰　梁昌豪
社会学系
何家鑫　张昆贤
政府管理学院
李可航
外国语学院
李　瑾　杨　宁
艺术学院
王　伊　冯　舒　李尽沙　李雨谏　岳思宇
对外汉语教育学院
李培毓　张行昊
元培学院
马大任　王　彬　韦铭杰　付伟龙　白沉鹭　刘　波
苏　涵　李星宇　杨思汀　沈　聿　张烨垲　张宸博
范　莹　孟若为　徐敬旭　彭泽昀　惠雅婕　谢昊洋
信息科学技术学院
王宏宇　王　皓　毛逸飞　东帅亮　叶　天　田得雨
丛瑛瑛　朱锐东　刘天林　刘葭蔚　关嘉昊　孙闽旎
孙嘉裕　李　刚　李卓翰　李祝祺　宋永鑫　张一舟
张先耀　张　宇　陈一茹　陈牧歌　陈思杰　林星宇
金逸伦　周　荆　周新哲　郑佳慧　赵　帅　胡　艺
钱　瑞　郭柿含　尉方音　谢利娟　臧琳飞　樊乃嘉
潘成伟　潘丽晨　戴望之
国家发展研究院
张　倩　黄家林　梁　方　葛婷婷
教育学院
徐　颖
工学院
刘鲁峰　李　颖　杨艳涛　金炜炜　夏仲弘
城市与环境学院
肖文杰　吴子晔　赵　晔　陶胜利

环境科学与工程学院

王艺淋　文　雯　陶怡乐

新媒体研究院

黄　莹　龚淳诺

燕京学堂

艾　文　田　梦

医学部

王　瑞　汪睿瑞　周佐邑　郑　国　段宇祺　熊剑亮

方树泉奖学金

信息科学技术学院

卫渤林　钟　毅

邓真邓琨奖学金

外国语学院

王乾宇　朱亚洲　陈志男

东宝奖学金

生命科学学院

王　琪　刘仁路　何　涛　荆碧洋

卡儿酷奖学金

化学与分子工程学院

汉　露　陶子煦　曹朋飞　蔡　童　薛一斌

软件与微电子学院

王圣方　王伟男　牟冠宇

经济学院

田露露

光华管理学院

张思安　高羽洋　梁志图

信息科学技术学院

刘宇琼　孙　韬　郑泽宇

田村久美子奖学金

中国语言文学系

王平夷　陈昌嫒　崔颐超

乐生奖学金

外国语学院

尹子尤

元培学院

袁一沣

乐森旬白顺良奖学金

地球与空间科学学院

王　娜

永旺奖学金

数学科学学院

王誉铖

化学与分子工程学院

杨　成　周涵韬

生命科学学院

黄润洲

地球与空间科学学院

张家港

心理与认知科学学院

陈斯琪

新闻与传播学院

田林鑫

信息管理系

刘姝雯

社会学系

祝宇清

外国语学院

司雨萌

艺术学院

顾艺璇

信息科学技术学院

陈睿聪

城市与环境学院

申子靖

医学部

王　贺　陈佳慧

芝生奖学金

历史学系

黄　甜

西南联大吴惟诚奖学金

地球与空间科学学院

崔　鑫

西南联大国采奖学金

经济学院
程万里

光华管理学院
仇心诚　杨　宇

国家发展研究院
张皓星　殷　戈

西南联大奖学金

数学科学学院
罗金玥

物理学院
孙彰昊

化学与分子工程学院
陈世祺

中国语言文学系
刘晓晗

历史学系
蒋　悦

哲学系
朱江成

西南联大曾荣森奖学金

化学与分子工程学院
王铭展　吴锐恒

百人会奖学金

物理学院
贾方健

化学与分子工程学院
张祎玮

光华奖学金

数学科学学院
王飞骋　王许涛　牛泽昊　付博铭　包诚杨　刘镇源
李亚强　李远治　何家兴　张浩文　陈天罡　武夷山
周　鑫　柏旻皓　徐　舜　窦泽皓

物理学院
于天旻　于志特　申时行　申　晨　冯　俊　冯钰庭
吕　鹏　朱子杰　朱哲毅　朱璐瑶　刘圣鹏　刘格良
刘童童　汤雪杰　许昭鉴　李齐治　李佳宸　李泽阳
张亦依　张知然　张景丰　张照茹　张　靖　陈伟杰
陈兴炎　陈晓菲　罗　睿　孟　晰　孟　璐　赵一帆
赵　罡　赵继飞　胡杨林　姚雨含　栗宇航　郭阳观
唐佳奕　黄亦鹏　盛经纬　梁　昊　喻　佳　舒　琦
鲁双源　谢亦奇　谢　雨　鲍依木　窦　晶　廖思棋
檀望舒

化学与分子工程学院
王丰鑫　王　荣　王　俊　王　哲　王健博　王　烨
田　磊　过新炎　朱家祺　刘沁哲　刘荣莉　孙乾辉
严正一方　苏　凡　杜帅靖　杨驰远　邹钟毓　张玉哲
张　宁　张亦弛　张讷敏　张梦陶　张清韵　陈　南
陈　思　林　之　周劲松　胡铭秋　贾国赟　高田昊
曹　阳　常泰维　彭零航　韩梦婷　谢蒙琪　靳鹏飞
廖思安

生命科学学院
王玉璞　王诗莹　王逸颖　艾宇熙　石鹏双　田　梦
冯莎莎　朱鼎天　李小雨　李思扬　李　瑞　杨　安
杨靖锋　张紫剑　林美希　董铭棋　焦　航　鲁双嘉
温凯隆　谢冠旖

地球与空间科学学院
于　璇　王佳曦　王家林　王雪琪　王　喆　卢国军
叶　昕　兰云飞　刘子璇　刘天时　刘世然　刘证源
刘　典　李世林　李　彤　李嘉琪　李　鹤　杨诗琴
何　勇　张思源　张鑫龙　岳　俊　郑鸿云　赵琰喆
秦　敏　夏　运　徐运铎　高　静　郭惠昀　黄知劼
彭玉恒　韩甲源　程　静　潘东晓　魏子寒

心理与认知科学学院
马　宁　王笑楠　吴苾婵　张梦茹　赵　晨　黄韵榛

软件与微电子学院
王乙闲　王　岑　任慈阳　邱玉钦　陈方诺　郑晨骏
袁　琳　高静怡　蔺志虹

新闻与传播学院
王一戎　王文超　王东雷　王泽华　王　昱　石　林
田丹迪　吕佳宁　任　玲　刘彦君　孙静文　贡雨婕
杨悦言　肖贤明　吴丹彤　吴心怡　何芷桐　佟金恒
张宏璟　张　虹　陈之殷　陈佳鑫　赵　坤　荣赛波
高　乔　龚恋雯　斯姝华　简　萌　蔡依依　廖梦茹

中国语言文学系
王敏琪　毛士奇　刘　派　孙慈姗　李艳琪　杨小又
杨子程　张颖惠　陈晓蓓　林　子

历史学系
王子芊　朱旭文　李丹阳　张心童　张　弛　惠　波
程援探

考古文博学院
马望博　王诗雨　王路凝　王藏博　邹钰淇　耿　茜
郭　婧　席雅卿

国际关系学院

于宏通　丰　峰　王丽娜　文　琅　刘一然　刘王雨竹
刘　均　刘迪雅　刘京乐　李子沛　李志谦　李卓尔
李依菲　李金洋　李　恒　吴其阳　余雯雁　张天禄
张琇玲　陈　勇　罗　烨　金佳莉　周　璇　赵子禹
赵江宇　郝曦妍　郭玉瑶　舒亚若　谢伟健　缪琳娟

经济学院

许　玚　郭占元

光华管理学院

万　飞　王若愚　王棋明　王福瑶　木乙羽　艾　美
叶　晗　史雅菲　付振泽　付　博　冯涵嫣　延　续
刘子加　刘闻玖　刘峻豪　刘晨曦　刘　婧　齐思涵
汤宇琛　孙亦非　孙逸非　杜胜楠　李世豪　李永箭
李克曼　李启萌　李泽垩　杨　坤　杨舒涵　吴怡静
何致远　冷文浩　辛　星　汪小圈　陈泽阳　陈健雄
邵冠棋　欧　一　周咏龙　郑闻莺　赵梓博　柯宇琦
袁玮婷　高佳伦　黄思川　龚昕月　彭思皓　董吉洋
雷子腾　翟祎雯　颜康平

法学院

王昕佳　王首杰　王陶然　王淑馨　车　晔　刘子靖
刘　泽　许译文　孙甜甜　李一鸣　李　洁　李斯琪
杨　芸　杨济玮　杨嘉仪　吴　琪　何　昕　沈凯月
宋晨阳　张心雨　张蓉蓉　张嘉艺　陈楚晗　林茵琪
林鹰谷　赵轶君　赵贺怡　胡瑞琪　段英子　姜　琪
郭　鹏　曹　源　康　朔　彭丽君　解　琛　潘　佳

信息管理系

王道弘　卢晓航　闫增旺　李沁芯　余贝迪　张　亮
张　瑶　姜庆远　郭　鑫　黄　骁　彭　悦

社会学系

王思远　王雅静　由入文　牟思浩　陈　龙　卓　越
徐宗阳　黄秋慧　樊仁敬　戴权益

外国语学院

万晓璋　马学敏　王知为　王　倩　王漪清　朱芷萱
庄思腾　闫敏佳　江　澜　许茜茜　李天娇　李雨梦
李桂东　杨　洋　杨　婧　邹文卉　张伊欣　张怡轩
张童童　林依莉　欧　琨　周冯婧　黄田依　黄　金
游　雅

体育教研部

陈　靖

艺术学院

白晓晴

对外汉语教育学院

陈　晨　范麾京　阚　靓

元培学院

王彬旭　王　颉　史海钧　刘毅舟　许成伍　孙一先
邱　玮　宋晨蕾　周诗培　郑天行　赵依阁　胡慧迪
段宇光　段雅琦　贾晓文　郭　奕　陶松盛　彭思涵
韩欣天　蔡晓琳

深圳研究生院

马国凤　王海峰　文　镭　左孙立　卢奥博　史抒鑫
朱　继　朱琳瑜　乔　创　刘大路　刘梦颖　江悦婷
吴少煋　吴海龙　吴　越　汪雅琪　张　青　张若楠
陈衣达　陈君娴　范　逵　罗莉莎　郑维豪　胡江涛
钟奕纯　姜欣欣　袁子焰　夏志毅　顾月青　徐　鹏
翁振宇　蒋　毅

信息科学技术学院

于筱涵　上官吴凡　王　伦　王　浩　王　皓　方旭旸
方亦陈　卢　帅　朱芃蓉　朱兆成　朱琪豪　朱路阳
刘　欢　刘　辉　汤恒河　严石伟　苏宗明　杜大有
李卓津　李鹏程　杨子岳　杨　潍　肖博文　吴　先
邱博雅　邹恺蘅　汪若咸　沈博文　张欣勃　张　彧
张　爽　陆怀希　陈彦骐　陈逸凡　陈维政　林镇安
金天成　周　畅　周清逸　郑　重　赵鹏宇　胡敬植
钟　震　姜通晓　姚金戈　高　飙　唐良晓　戚向波
韩佳良　曾书豪　熊俊宇　魏　来　魏　薇

教育学院

刘　霄

工学院

王长显　王培育　冯仰刚　刘白伊郦　孙俊勇　李金国
李腾飞　吴家伟　侯文达　袁　野　梁　印　熊　思

城市与环境学院

向　林　杨天铭　宋　萌　陈培培　徐　郡　黄紫东
黄　楠

环境科学与工程学院

史芳天　刘福洋　徐艺辉

建筑与景观设计学院

胡文颖　郭　嘉

新媒体研究院

王茂林　朱　娟　李　昊

燕京学堂

刘霄临　杨　天　陈正勋　陈祺祺

医学部

王一铭　王宇鑫　王　硕　王鼎元　朱梓铭　刘耘充
刘晓莺　汤恩泽　李拟东　肖　楚　宋凤岐　张天玥
张　玥　张钰洋　陈思运　陈紫晗　柏　林　闻一凡
敖进涛　徐凌璐　殷若宇　涂心宇　曾巧珠　赖俊勇

休斯顿校友会奖学金

化学与分子工程学院

刘四维

地球与空间科学学院

王莉晶　康峻侥

元培学院
孙雨东　李芃蓓　张新鹏
信息科学技术学院
成羽丰　杜若谷
医学部
刘家诚　刘雪松

优衣库奖学金

国际关系学院
梁宝月
经济学院
杜　晗
光华管理学院
胡靓婧
政府管理学院
美热义·赛尔江
外国语学院
郭奕佶　焦易博

苏州工业园区奖学金

化学与分子工程学院
乔泽宇　刘思琪　齐立也　杨晶辉　张　伟　张隽晔
郑黎明
生命科学学院
全宇轩　李嘉冕　郑昱豪　黄司昊
信息科学技术学院
马　泽　王　杰　王　朝　王　然　左　任　叶唐陟
田　帆　李安然　何成海　何鸣晓　张子璐　范志巍
林泽辉　林萍萍　周　岚　胡文翔　崔国栋　谢佩辰
工学院
王　欢　史朝义　李培豪　杨柳思　宋　进　张亚飞
陈　梅　陈　曦　郑兴文　姚雪松　黎子良

李彦宏奖学金

数学科学学院
张喜悦
物理学院
王天宇
化学与分子工程学院
周浩文
生命科学学院
曹铄
地球与空间科学学院
李嘉政

心理与认知科学学院
龚曦紫
新闻与传播学院
刘　婵
中国语言文学系
金琪然
历史学系
宋舒杨
考古文博学院
黄泽方
哲学系
赵洪彬
国际关系学院
刘　静
经济学院
金家骅
光华管理学院
邱昕瑶
法学院
严婉怡
信息管理系
杨　凡　油梦圆
政府管理学院
李曦纳
外国语学院
胡羽乾
元培学院
黄殊晏
信息科学技术学院
石昊悦　朱雅轩
工学院
李冠男
城市与环境学院
卫　俊
环境科学与工程学院
王　位

李惠荣奖学金

数学科学学院
任贤峰　邬龙挺　张　倩　林志明　龚世华
物理学院
于文韬　王　所　王旌旭　闪普甲　孙成伟　寿寅任
吴嘉懿　张瑞丹　金　晗　周丽颖　胡柏山　俞骁翀
骆佳伟　葛红星　曾　凌
化学与分子工程学院
王　腾　代林秀　李云龙　张　丰　魏　莹

地球与空间科学学院
张华添

心理与认知科学学院
张　丽

国际关系学院
马嘉鸿　王冠玺　刘　茹　李雪妍　秦　肯　梁　鸿

法学院
周　欣

元培学院
王孟儒　王润坚　王博宇　叶雅晴　牟鸿禹　李　健
李　蒙　时　畅　张文瀚　张玉滢　张　弛　张宏毅
张　良　张浙航　居　田　赵宇飞　段浩东　程　崴
楚显琨

信息科学技术学院
王　田　邓清中　李　欢　李　洁　李　睢　杨保国
张　衍　张　洁　张晓东　陆　璇　胡巍巍　顾高臣
倪　燎　黄智超　曹成坤　谌灼杰　敬玉梅　鄢　科

前沿交叉学科研究院
孙宇婷　张智宏　郝　熠　秦山山　魏洋洋

工学院
任云鹏　严岑琪　李春志　吴小芳　邹明初　周协波
赵云红　赵亚萍　樊婷婷

环境科学与工程学院
姜　博

分子医学研究所
李　品　韩晓蕊

杨芙清-王阳元院士奖学金

数学科学学院
步　凡　吴　凡　黄海文

生命科学学院
方美琛　金婉婷

软件与微电子学院
张　鹏　宣梦雨

中国语言文学系
丁　鹏　王佳琪　李亚祺　葛旭东

历史学系
李孟泽　郝仁娜

信息管理系
刘芝玮　徐　敏

信息科学技术学院
王曼晨　李骏之　吴钰婷　黄　鑫　戴舒琪

工学院
张宏源　陈婉雯　徐文静　谢书猛

城市与环境学院
马志远　王　超　向一凡　邱安安　张　路　陈思创
熊云海

环境科学与工程学院
孙若男

杨辛荷花品德奖

数学科学学院
李卓琳

化学与分子工程学院
来天成

生命科学学院
杨闰晴

中国语言文学系
王湜尘　刘雅琦

历史学系
王紫薇　布依宁

考古文博学院
邓阿莲　李春霞

哲学系
巩天成　江浩远　杜贵宇　彭清露

国际关系学院
孙　滢

经济学院
牟星奕

光华管理学院
朱婧姝

外国语学院
李楚冰　胡　榕

信息科学技术学院
孟　钊

城市与环境学院
刘　瑞

吴达元-陈穗翘奖学金

信息管理系
王梦奇

外国语学院
章烨雷

沈同奖学金

生命科学学院
岳宗伟

社会育才张海燕奖学金

历史学系
王　苗

哲学系
杨致东

张昀奖学金

生命科学学院
王梦瑶　张　禾　徐荣荣　燕国智

地球与空间科学学院
周　敏

张景钺-李正理奖学金

生命科学学院
万俊男　韩静丹

林振芳奖学金

中国语言文学系
王玉玉　王　昕　成桂明　陈子丰　陈琳琳　林少芳
赵　昱　程　悦

历史学系
刘　芳　宋　昊　苗润博　单敏捷　赵秀宁　黄　桢
盛仁杰

考古文博学院
王思渝　王　倩　刘亦方　李云河　李　唯　林　壹
周　杨　蔡毓真

哲学系
王圆中　吕存凯　朱　雷　李天赐　张茂钰　周丰堇
栗志恒

林超地理学奖学金

地球与空间科学学院
张修远

城市与环境学院
王　泱　王　涛　冯晰睿

奔驰奖学金

物理学院
王　坤　王秉琰　卢嘉威　吕柄江　李智慧　陆跃辉
胡泽远　郭行健

中国语言文学系
杨加玉　张丰楚　张　钊　徐芷冰

哲学系
王艺洁　任　晋　俞天诚　唐心怡

经济学院
刘　源　张　博　陈　晨　韩佳伟

光华管理学院
刁翊航　马牧春　王梓馨　方　铭　张馨文　陈朝熹
欧阳萌淞　赖伟杰

法学院
马一丹　马晨轩　邹史超　金珊珊

外国语学院
叶田恬　刘汐雅　远　思　范开歆　孟夏伊　俞　婕
施丹旖　黄超然

信息科学技术学院
马　阳　郭天魁　黄乐玫　熊晓亮

工学院
李　彪　邹　宇　相耀磊　饶诗杭

欧阳爱伦奖学金

生命科学学院
陈西茜

外国语学院
严赋憬　李雯蕊

国家奖学金

数学科学学院
王炜飚　王钰铭　艾广阔　龙吉昊　任偲骐　刘浩然
刘智彬　李　屹　李　伟　李蔚明　杨雪芹　肖泰洪
谷青春　张子筠　张　栋　罗金玥　周国庆　周　慧
赵梓文　姚超竟　姚嘉豪　殷云剑　黄丽晶　蒋雨辰
程　晨　楚健春　魏宏济

物理学院
王飞格　王礼先　王彦琦　王　栗　王　峻　石　剑
田海东　付海龙　刘兰雕　刘明明　刘堂昊　孙　惠
孙彰昊　杜小珍　李克谦　李泽宇　李嘉宇　吴洁强
宋庆军　宋志刚　宋雪洋　张文龙　张　允　张冬明
张成龙　张　彤　张　昊　张树昕　金晨子　周美林
单　葳　赵今超　赵莹莹　赵桐可　祖　帅　盛　倩
彭金波　蒋　宁　蒋庆东　韩兆宇　程建朋　路裕焜

化学与分子工程学院
于雪荣　马丽娜　王旭升　石可平　静　付翔宇
毕慧敏　朱理源　朱蕴韬　刘　旭　祁丽亚　张达奇
张志坤　张　欣　张振宇　张　骏　张　睿　陈世祺

陈庆鑫	林 立	孟 晓	孟银杉	赵秋辰	胡俊男
俞之冪	高 鑫	唐 娟	黄兆和	崔智昊	谢芳柏

生命科学学院

丁良工	马梦迪	王 萌	王琬越	巨 艳	朱诗优
朱 盼	朱晨旭	刘 哲	苏 乾	李昆仑	李笑雨
杨佳怡	邵世鹏	房 苑	郝丽宏	侯 宇	夏宁静
高士洪	郭冬姝	黄宇翔	董梓琪	薛瑞栋	戴雄风

地球与空间科学学院

王建华	毛守迪	冯雨宁	华思博	刘志扬	安圣培
李 壮	李显伟	李 蒙	汪晓楠	张红伟	张彦垚
陈 彦	赵 鹏	胡方泱	柳晓萱	段站站	姚 稀
郭 舟	郭博然	陶佳玮	黄圣轩	黄亦磊	

心理与认知科学学院

白麒钰	吕美祯	张吉远	张 翼	邵艺多	姚泥沙
高晓雪	席可颂				

软件与微电子学院

丁海玲	丁 然	马嘉桧	王天云	王标悦	王淑惠
乌天骄	田泽文	冯 洋	冯新月	成莉婧	吕 坤
吕思捷	任 怡	任建新	刘严鸿	刘鹤群	刘 璨
李永赫	李成明	李 贺	李富生	杨佳文	杨 勇
杨爱萍	杨 彬	邱 源	余 斌	完欣玥	宋 鹏
张凯云	张润峰	张 璇	陈 尧	郑 薇	赵侦蓉
赵栖泽	钟沁芳	顾思雅	徐超越	徐 鑫	高 峰
郭转转	郭 政	黄惠贞	彭俊伟	董 荻	董 雪
蒋 也	鲍 强	戴 维			

新闻与传播学院

马 遥	王 洁	冯少杰	冯美娜	宁 昕	李 彤
何珺瑶	陈 思	郑深宇	赵 琳		

中国语言文学系

王可心	王志浩	王晓娟	刘丁宁	刘 文	刘晓晗
李浴洋	李 煊	杨 宸	张泽宇	张学谦	宝诺娅
栗念跃	徐韫琪	高寒凝	唐海嘉	崔 璨	寇 鑫
程梦稷	焦一和	樊桔贝	黎潇逸	濮 玥	

历史学系

王 倩	韦 翔	田卫卫	齐 群	闫建飞	严旎萍
李梦怡	张凯悦	陈 希	赵 宇	赵 茜	徐维焱
高 曦	蒋 悦	熊昕童			

考古文博学院

卢亚辉	刘 翔	邹冠男	张 夏	林 忻	赵献超
胡毅捷	魏子元				

哲学系

于晓磊	王 丹	冯嘉荟	兰 洋	皮迷迷	朱江成
朱 雀	李浩田	张 娴	张崇宁	张琬容	林 啸
柳 帅	钟治民	夏 钊			

国际关系学院

刘念鸿	严澄峰	杜 帅	杜哲元	何宛玲	陈剑煜

陈震坤	范佳睿	庞 祎	修光敏	洪 叶	曹德军
符雪纯					

经济学院

王一凡	王梦瑶	叶怡君	庄麟升	刘晨冉	李文广
何西龙	张中驰	张钟文	张晓云	陈同舟	武学姝
尚用馨	郭佳奇	蒋欣芯	谢方岩	廖君君	樊思鸣
潘水洋					

光华管理学院

王 月	王宇飞	巴萃敏	丛溢明	包正钰	朱雪宁
伍启航	刘 畅	刘 婧	许 可	许嘉捷	李嘉缘
杨芳音	杨韶爽	宋奕欣	张少强	陆维翔	陈 靖
陈 磊	罗棱心	封世蓝	赵秋运	胡苏倩	胡诗阳
姜静妍	唐轶一	黄 灿	黄 昇	梁 萱	管智爽
薛子钊					

法学院

丁 卉	王秦丽	王 琛	尤保暖	方 策	孔令勇
孔维园	邓 伟	邓博文	石冰洁	包康赟	吉冠浩
吕欣桐	刘燎原	李昊林	李昕航	李佳倩	李梦梅
李潇潇	吴俞阳	沈晓雨	张仕锦	张家帅	陈文昊
陈 扬	陈陌阡	金雪儿	胡 斌	姜 军	耿 颖
徐 可	徐源璟	高舜子	郭 璇	黄 啸	彭粒一
葛 迎	葛蔚宁	靳澜涛	翟志杰	潘 宁	

信息管理系

王明朕	张 璐	赵元斌	祝振媛	涂志芳	黄 唯

社会学系

王子昭	王文澜	田志鹏	庄家炽	许一鸣	宋庆宇
张雨晴	赵晓航	黄诗曼	谌 青		

政府管理学院

马若凡	王丽娜	王博文	苏 楠	李 锋	李 磊
杨 翔	陈小凡	罗心然	季程远	周文通	蔡潇彬

外国语学院

卜晓晖	田思伟	白艺茹	包尉歆	刘高辰	关 迪
李雪菲	肖楚舟	吴石磊	吴张心安	吴奕凯	邱承豪
何凤仪	何英杰	沈安妮	宋 高	张凌燕	张 磊
陆一琛	陈 希	陈 炜	陈 博	郑友洋	曾敬诚
虞雪健					

马克思主义学院

毕照卿	黄 斐	裴 植

体育教研部

邹昀瑾

艺术学院

石小溪	付煊屿	杜若飞	赵雅杰	甄 敏

对外汉语教育学院

王珊珊	田晓萌	陈诗琦	葛锴桢

元培学院

户俊鹏	李星辰	李倩怡	邱丽颖	张成飞	张怡文

张冠鹏	陈一潇	钟晨扬	袁宏霖	倪彦俊	詹若涵

深圳研究生院

王劲卓	王菁	王毅	牛昭	文才	邓艳艳
左源	田璐	付博华	白婧	丛麟骁	乐晓辉
尼玛顿珠	邢剑宁	朱留声	刘同超	许盼盼	许雯祯
孙小虎	孙天宇	李付琸	李阳	李佳星	李俊茂
李通	李梦诗	李淑君	杨帆	杨阳	杨渊
肖颖	吴开元	吴敏	吴悠然	吴谦	余淼
余翔	应振强	宋扬	张帆	张哲源	陈昕
林正衡	林梦芸	林雄斌	林源鑫	周臻畅	赵辉
胡宽	姚飞	秦士杰	耿浩	徐文静	徐韬
高源鸿	唐金萍	唐诚	曹倩雯	董云鹏	韩婷
蔡轩	蔡金兰	廖林萍	潘丹阳		

信息科学技术学院

马靖寰	王云鹤	王文辉	王迪	王智鑫	王皓
王然	王睿	厉扬豪	田晶晶	史桀绮	白荻
兰铮	邢星星	戎江鹏	朱哌锟	任晋晋	刘永强
刘泽群	刘鸿瑞	牟力立	杜思臻	李芊	李秀红
李星	杨至轩	杨雪	肖特特	吴功涛	何昊
余启航	邹佩	宋伊萍	张之远	张可欣	张泽轩
张峻伟	张梦晓	张舒汇	陆光易	陈方平	陈志鹏
陈喆	范非凡	林锦坤	周新杰	赵至真	赵鹏
胡帆	胡夏蒙	郭化盐	崔一凡	蒋晓波	谭伯琛
樊姣荣	潘多	潘惊治	穆晶	魏晨	

国家发展研究院

万凤	王赫	沈仲凯	陈赟	高恺琳	

教育学院

王辞晓	吕莘	吴红斌	董璐		

人口研究所

石旸	叶徐婧子	罗雅楠			

前沿交叉学科研究院

王成彦	王奕蓉	云泰康翔	宁通	刘旸	刘莉
吴昊宇	汪慧君	张功	张珂	陈硕冰	周平
徐小志	黄波	董璐	傅瑶	熊旭深	魏静

工学院

史忠顺	史建平	付俊杰	付雪峰	曲兆亮	刘沛婧
刘超一	孙永奇	孙梦荷	杨旭三	杨振洲	吴旭东
吴金根	吴诗婷	何叶冰	张坤	张琦	张新意
陈轩泽	陈斌	陈煜	苗鸿臣	范润东	周开
钟芳盼	姜汉博	姚松柏	唐昊元	龚盛	傅文泽

城市与环境学院

王思雨	王悦	王黎越	史秋洁	刘文秀	刘茂旬
刘焱序	刘强	关汉岳	严正兵	李东	李圣晓
李耀琪	张甜	陈远笛	郑天立	郑黛	高硕硕
黄萌田					

环境科学与工程学院

王剑	李垚纬	吴丹	吴蓉蓉	汪卓群	唐宇石

黄倩倩	梁嘉良	提博雯	樊灏	魏恺

分子医学研究所

冯园庆	钟晓明	聂超	高露

歌剧研究院

张龙			

建筑与景观设计学院

徐传语			

新媒体研究院

朱垚颖	张华麟	顾嘉杨

燕京学堂

赵宇恒		

国睿奖学金

数学科学学院

户将	代洪龙	李徽	孟琪

物理学院

王宇飞	陈振兴	梁赢	谭晓晓

软件与微电子学院

魏世嘉	濮阳天		

光华管理学院

许晓琛	薛潇		

信息科学技术学院

杨帅	张建敏	郑淇木	段祎纯

季羡林奖学金

新闻与传播学院

周思妤			

外国语学院

边慧媛	刘思聪	李雪冰	张晴晴

佳能奖学金

数学科学学院

周康杰	郑朋坤	傅瑞得

物理学院

汪碧涛	罗杨程	戴必玮

化学与分子工程学院

金瑜	郭毓	

哲学系

汪媛媛	秦晋楠	

信息管理系

杜婉莹	耿瑞利	

外国语学院

郑雨荷	葛培媛	

信息科学技术学院
任泓宇　许晶晶　杨东升　魏　爽
环境科学与工程学院
刘艳秋　赵佳茵

金龙鱼奖学金

生命科学学院
刘周泽蕊　刘斯敏　言浩雄　赵毅超　梅文彬
经济学院
刘思源　李冠儒　张沛阳　张皓辰　韩甜甜
光华管理学院
田乙豆　白书豪　孙锡萌　张凌瑄　寇雨婷
信息科学技术学院
王欣欣　沈　洋　张　睿　周昱杉　黄文豪
工学院
朱孟泽　吴林佳　汪　靖　钱佳琛　符哲瀚
环境科学与工程学院
张沥月　胡偲妍　徐晔楠　董舒心　虞雪筠

宝钢奖学金

数学科学学院
孙成章
物理学院
徐昊伟　潘凯强
生命科学学院
李静宜
新闻与传播学院
曾　辰
国际关系学院
胡昕阳
光华管理学院
罗英华
国家发展研究院
沈诗涵
前沿交叉学科研究院
胡启万

钟天心奖学金

历史学系
王琚媛　李伟玉
外国语学院
支玉晨　喇奕琳

侯桂芳-李计忠奖学金

中国语言文学系
陈昭玉

帝人奖学金

数学科学学院
卢唯阳　田　祺　赵晗琮
地球与空间科学学院
刘钰洋　陈继伟　钟　翔
心理与认知科学学院
刘天舒
城市与环境学院
邱　爽　黎　婕

费孝通奖学金

国际关系学院
乌昵尔　买　玲
社会学系
王斯敏　郭　钰
政府管理学院
由　健　杨　艺

莉都奖学金

经济学院
冯　达　苏炫昊
光华管理学院
刘俊言
外国语学院
祁佳浩

顾温玉生命科学奖学金

生命科学学院
张园园　张樱腊

唐立新优秀学生干部奖学金

化学与分子工程学院
吴夏泠
生命科学学院
常　蕾
心理与认知科学学院
王　惟

中国语言文学系
潘靓慧

历史学系
信　宁

国际关系学院
苏建文

经济学院
朱佳楠

光华管理学院
武　达

城市与环境学院
马昕琳

环境科学与工程学院
赵旭飞

唐立新优秀学生标兵奖学金

数学科学学院
段资政

物理学院
易近民

地球与空间科学学院
彭　杨

外国语学院
王　骞　金美玲

马克思主义学院
韩致宁

艺术学院
于友嚶

信息科学技术学院
蒋　逸

人口研究所
温　煦

工学院
李　帅

唐立新奖学金

数学科学学院
王　翔　吴昌晶　张　钺　陈嘉杰　周沛劼　单敏捷
胡润杰　黄　开

物理学院
王　星　叶柄天　付海龙　吴晓晗　张正兴　项晶罡
韩兆宇

化学与分子工程学院
孙维维　陈翔宇　范　围　崔竞蒙　董　浩

生命科学学院
王玉阁　朱诗优　严方雪　杨　云　林　睿　房　苑

地球与空间科学学院
华思博　李　蒙　陈卫东　郝以鑫　柳晓萱　徐旺达

心理与认知科学学院
邵艺多　席可颂

软件与微电子学院
樊子嫣

新闻与传播学院
冯美娜　宋明真

中国语言文学系
王文忆　刘　东　郑　媛　黄舫溇

考古文博学院
王　玥　王静雪　陆文琦　管文韬

哲学系
韩蒙

国际关系学院
边　旭　刘念鸿　牟　舣　李尧星　余　欣　张　硕
周灿灿　韩　旭

经济学院
丁匡达　王梦瑶　王清扬　刘铠维　张　帆　范雯琪
周　彭　赵仲匡

光华管理学院
王一凡　王　月　朱雪宁　伍启航　杜佳宸　宋甘霖
张　楚　岳　鑫　郑钰云　赵秋运　耿宗泽　徐　琪
唐　瑄　唐　嘉

法学院
孔维园　朱学磊　李梦梅　邱遥堃　余今朝　邹星光
周志鹏　耿　颖　崔格非

信息管理系
王冰璐　尚闻一

社会学系
王嘉钰　邵　嶷　郭正蒙

政府管理学院
孙宇辰　邹瑞阳　林　禾　尚俊颖　徐梓原

外国语学院
卜晓晖　王歆䶮　叶诗瑶　肖楚舟　吴张心安　张义荀
陈　炜　周思吉　单　晨　郭　锐　商小琦　曾敬诚

马克思主义学院
裴　植

艺术学院
李斯扬　倪范晶　黄羽婷

对外汉语教育学院
田晓萌　李　水

元培学院
伍维晨　刘佳佳　陈一潇　倪彦俊　彭　湃　曾　莹

詹若涵	霍进一				

深圳研究生院

刘同超	刘怡君	寻桑妮	李　豪	肖　颖	陈君娴

信息科学技术学院

李　军	李昀烛	李　佩	李泽凡	李豁然	张彦彬
张　超	赵至真	钟泽轩	顾家远	董　镇	谢新锋

国家发展研究院

张　睿	崔静远

人口研究所

阮航清	纳　菌

前沿交叉学科研究院

王　杰	贾昭君	徐小志

工学院

代　冲	刘超一	张新宇	陆建洲	周　开	俞　玥

城市与环境学院

刘焱序	李朴涵	贾智舒

环境科学与工程学院

朱琴丹	刘明旭	张朴正

分子医学研究所

梁生辉

建筑与景观设计学院

郦宇琦

医学部

王韦迪	李珂璇	宋　佳	袁　硕

唐仲英德育奖学金

数学科学学院

黄若谷

物理学院

张恩浩	张程皓	赵嘉佶	耿　磊	梁　宇	傅周天
鲁　霓					

化学与分子工程学院

刘琢玮	时佳乐	陈　铎	董学洋

生命科学学院

刘彦韬	米昱芯	宋凯宏

地球与空间科学学院

朱　贺	武于靖

心理与认知科学学院

田　玥

新闻与传播学院

邓玉成	周　洁	黄　镭

中国语言文学系

邹赛云	周昱均	詹　婧

历史学系

李　芬	龚　哲

国际关系学院

格桑卓玛

经济学院

刘雪吟	肖　荷	赵煦风

光华管理学院

李　云	袁清晗	程超意

法学院

杨牧野

社会学系

刘　璇	徐春蕾

政府管理学院

彭桂蓉

外国语学院

王　琪	张　凛	周秋余	孟　瑶	蒋天若

艺术学院

黄思嘉

元培学院

王伟涛	刘人榕	杨昌恒	吴语嫣	徐名琛

信息科学技术学院

叶　元	李　恬

工学院

李笑含	彭　欣

城市与环境学院

吕品妍	张世东	谢　杨

环境科学与工程学院

吴　坤	陈成康

医学部

许志浩	李嘉浩	苗慧军

海亮奖学金

数学科学学院

康　展

物理学院

邓翔天	沈学简	戴攀曦

化学与分子工程学院

马汪洋	杨　烽	来　旸	袁浩森	谢佳君

生命科学学院

江庆龄	杨本灿	杨俊生	郑良珺

地球与空间科学学院

苏瑞冰	杜书恒	张志强	陆　杰

新闻与传播学院

邵安琪

历史学系

亓浩然	童　瑶

信息管理系

程珊珊

社会学系
李澄一
外国语学院
夏方波
马克思主义学院
刘思源
信息科学技术学院
杨蕴伦　陈俊洁　游　山
前沿交叉学科研究院
严智强　李　童　房　蒙
工学院
牛天晓
城市与环境学院
崔桂鹏
环境科学与工程学院
王　航
医学部
王子乔　孙仰仰　汪星霖　范　祺　夏雨奇　韩冠鹏
韩耕愚

陶氏化学奖学金

物理学院
上官晋沂
化学与分子工程学院
邓　兵　周家华
光华管理学院
张林
元培学院
梁璐琪
教育学院
万蜓婷

黄昆李爱扶奖学金

物理学院
万逸

章文晋奖学金

心理与认知科学学院
王灵微　朱镜榆
历史学系
刘佑民　林氍宇　傅雪鸯　谢帼英
国际关系学院
王瑜贺　朱　镇　张婷鸽　陈宇慧

社会学系
李振玮　吴而为　聂冠华
外国语学院
王　润　孙　一　孙晓雯　暴凤明
教育学院
游　杰
工学院
吕跃祖　张兴玉

鸿升奖学金

考古文博学院
崔孟龙

韩亚金融集团奖学金

国际关系学院
王牧良　刘雪彬　李欣达　张晓晖　胡　欣　姚思嘉
经济学院
尹珂嘉　司　念　刘正铖　李锦晔　邹海宁　项　凯
赵晚嘉　段埋梆　梁义钦　熊　磊
光华管理学院
白静雅　李一铭　杨　巍　沈士恒　张芩晖　徐洁敏
黄一泓　魏　冬
法学院
王慧群　朱梦圆　杭雅伦　周　霞　郭幸芝
外国语学院
王子璇　叶陈宁　后博文　刘　畅　范宇新

曾宪梓奖学金

数学科学学院
刘德斌　易　广　姜志承　鲍怀锋
物理学院
朱　杰　宋天奇　陈满堂　袁文强
化学与分子工程学院
毕晓天　杨　嵩　林恒宇　樊宇成
生命科学学院
饶思源　唐期望　展振振
地球与空间科学学院
王　宁　李京寰　杨江南　赵兴鑫　黄　杰
中国语言文学系
孙永强　张沙洲　覃芬芬
国际关系学院
李嘉钰　胡玉锦
光华管理学院
王宏浩　阳　磊　汪　川　徐玉颖

信息科学技术学院
李昊　韩雨泽　熊慧鑫　戴拓
城市与环境学院
于欣源　郑钞月

湘商奖学金

物理学院
刘新宇
化学与分子工程学院
杨俊峰
新闻与传播学院
杨梦茹
光华管理学院
黄琬怡
法学院
刘继
社会学系
黄林
外国语学院
谢昌立
艺术学院
龙媛
元培学院
宁安宁
信息科学技术学院
符尧

谢培智奖学金

历史学系
邓哲远

福光奖学金

数学科学学院
林浩彬
物理学院
张昊文　陈俊延　赖文昕
光华管理学院
朱志博　江冰森　邹勇　林子晗　林芸沁　詹文茜
元培学院
曾霜旖
信息科学技术学院
詹源

廖凯原奖学金

数学科学学院
王文龙　孔祥顺　张楠　陈成　金辉
物理学院
王天乐　王平　王波　李瑞鹏　陈旭　郑飞鹏
化学与分子工程学院
王熠　孙泽昊　欧阳一夫　胡世超　徐紫菀　董浩
黎俊岑
生命科学学院
朱曼璐　刘悦晨　陆晓雨　端韵成　魏梦萍
地球与空间科学学院
王洋　周思阳　郑波　赵文智　段鉴书　徐袆贺
心理与认知科学学院
沈波　张金铭　陈丽君　曹馨月
新闻与传播学院
王龙啸　李梦迪　吴萌　姚怡云
中国语言文学系
王先云　李文曦　李林芳　杨思思　张正　张哲茜
黄馨怡
历史学系
王牧遥　王溥　何天白　龚立雯
考古文博学院
吕雪妍　刘思源　何柯欣
哲学系
山冲　王帅　文晗　丛孟晗　朱薇　刘名再
李兵　杨明晖　杨祖荣　邱羽　张高博　陈潇潇
邵世恒　罗双双　孟繁昊　钟孔鹭　贾祯祯　徐玄灵
梁时　蔡震宇
国际关系学院
于脱颖　刘妍辰　李晓蒙　宋婉玲　胡宝艺　胡斌祺
经济学院
王任远　王志明　王玲焱　王晓蕾　王颖青　王镝
孔曦晨　龙上邦　卢思竹　成琪然　毕悦　朱可彦
朱杨昆　刘云恒　刘筝　苏莉　杜震啸　李文康
李东霖　李治琴　李思婕　李婉婧　李静昀　李睿
杨珺晖　杨敏　杨紫涵　肖羽莎　吴雨桐　吴爽
何明洋　狄伊烜　邹青　沈瑞　宋煜　张玲玉
张涛　张婷　陈丹　金亮　承子珺　赵伟嘉
郝俞植　荆旗　胡哲妮　姜宁馨　姜彦文　顾思蒋
钱留杰　唐思勋　唐家平　唐琦　黄泽瑞　梅亚冲
董明志　董博　韩清扬　曾伟盈　潘思成　魏文晗
光华管理学院
吴敏
法学院
丁当　王之栋　王栋　王梦晓　包思雨　朱子琳

乔静漪	庄晓月	刘力帆	刘俞含	刘梦馨	刘　晨
刘　颖	许文韬	孙经纬	苏为韬	李志恒	李佳益
李思羽	李　真	李婷婷	李　棨	杨苏豫	吴亦九
张天白	张宇诗	张钰羚	张　倩	张萌萌	陈思齐
陈　陶	邵明潇	邵旖旎	武　旋	林惠妮	周锦琳
赵睿璇	胡星昊	胡敏喆	钟鑫雅	秦钰洁	袁东筱
夏　婧	徐　蕾	黄其杰	黄雅冰	曹如冰	符怡然
章　璐	梁雯菁	韩　笑	程　娇	温宇璇	谢春辉
阙涵宇	蔡元培	蔡国保	蔡培如	黎俊志	魏　然

信息管理系
何芳

社会学系
唐元超

政府管理学院
马　乐	马　柯	王怀乐	王　玥	王　哲	王维华
王琬莹	王舒启迪	毛丽娟	方若琳	叶隽彤	宁　晶
朱溢珂	刘星圻	刘禹君	刘　浩	刘舒杨	杜　鹏
巫曼琳	李春晓	李照青	李颖妍	李嘉晖	杨　姣
杨　倩	吴笑葳	岑松皓	何　琦	汪泽波	张　远
张晓林	张竞元	张　鹏	张　薇	陈天和	陈俊廷
陈斯惟	金桢杰	郑雅文	郑韵含	赵　倩	赵　娟
侯亚杰	姚心宜	袁旋宇	高　波	郭宏樟	郭　洁
郭晟豪	郭　晨	黄尧胜	盛姜月	葛　恬	董志霖
董　杨	蒋锡泰	雷明昊	路　城	谭楚妍	樊　昕

外国语学院
王嘉璐	许文迪	陈　煦	董欣然	蒋　骏

马克思主义学院
刘辰硕

艺术学院
白浩然	年　悦	李诗语	祝子建

对外汉语教育学院
冉兰

元培学院
付紫璇	姜家隆	黄启皓	谢璐阳

信息科学技术学院
于力军	代达劢	陈修司	高匀丰	黄诗尧	黎才华

国家发展研究院
张佳梁

教育学院
余韧哲

前沿交叉学科研究院
田　莹	朱子建

工学院
邓亚骏	任行斯	李锡英	鲍垠桦	薄　童

城市与环境学院
于国帅	代　莹	刘素素	孙　岩	孟丽婷

环境科学与工程学院
杨裕茵	陈灏轩

分子医学研究所
赵　佳	路福建

医学部
杨晔

戴德梁行奖学金

数学科学学院
李　季	何家豪	张　丽	陆一平	陈　冲	陈明娟

物理学院
李朝恺	张东良	陈　婷	彭　朋

化学与分子工程学院
李和昀

地球与空间科学学院
蒋一然

心理与认知科学学院
朱晗

中国语言文学系
汪春涛	张庆雄	林悠然	周昕晖

历史学系
李天宁

考古文博学院
范宗平

社会学系
刘小天

信息科学技术学院
王翠翠	刘大河	刘春晖	孙周易	黄亚蒙

工学院
张存志	周　坤	赵　丹	赵耀民

城市与环境学院
邓鲁川

巍璘奖学金

物理学院
罗金铭	薛尚捷

化学与分子工程学院
谢丰羽

生命科学学院
杨明钰	易雪灵

地球与空间科学学院
周　杰	曹文溥	龚旭日

心理与认知科学学院
万熙宇	曾昱顺

中国语言文学系	信息科学技术学院
王雨桐	何杭峰
历史学系	工学院
徐一臻	刘嘉牧　孙北奇　孙思嘉　周　蒙　徐瑞宇　曹袭亚
考古文博学院	章盛祺　翟锦鹏　滕郁骏
杨佳帆	城市与环境学院
社会学系	吴隆昊　熊　韦
周玉婷　符安之	
元培学院	
孙　浩　沓钰淇　骆人杰	

共青团系统奖励

2016年度北京市五四红旗团委

北京大学团委

2016年度北京大学获北京市优秀共青团员名单

王宥人　法学院2013级本科生

2015—2016年度北京大学获首都大学、中职院校"先锋杯"优秀基层团干部名单

王明远　数学科学学院2013级本科生2班团支部
屈　苗　物理学院重离子所团支部
盛　开　化学与分子工程学院2013级本科生1班团支部
燕国智　生命科学学院2014级1班团支部
王　尧　信息科学技术学院2013级本科生智能8班团支部
刘嘉辉　地球与空间科学学院地球物理硕博班团支部
田定方　地球与空间科学学院15级遥感硕士生团支部
耿炎焱　城市与环境学院行政党支部
杨薏璇　中国语言文学系2015级本科生团支部
黄　鸿　历史学系2013级本科生团支部
陈方俊　考古文博学院团委

程明皓	哲学系 2014 级本科生团支部
苏建文	国际关系学院 2013 级本科生团支部
周　彭	经济学院 2013 级经济学系本科生团支部
武　达	光华管理学院 2013 级本科 2 班
朱煜琪	法学院 2013 级本科生第二团支部
李梦梅	法学院 2013 级本科第四团支部
柴　腾	信息管理系 2014 级本科生班团支部
杨国昊	外国语学院 2013 级本科生阿拉伯语系团支部
王丽雅	政府管理学院 2015 级硕士班
金　越	新闻与传播学院 2014 级本科生班团支部
刘思源	马克思主义学院 2015 级硕士生团支部
赵婧宏	教育学院 2014 级普通教育硕士生团支部
田晓萌	对外汉语教育学院 2015 级硕士研究生团支部
俞荔琼	基础医学院 13 级临床四班团支部
关　婷	人民医院机关团支部
陈　平	药学院 2012 级 1 班团支部
李　峰	2015 级基础医学 2 班支部
田　鹤	基础医学院医学检验 2014 级
龚元昆	临床肿瘤学院行政后勤团支部

2015—2016 年度北京大学获首都大学、中职院校"先锋杯"优秀团员名单

史美程	工学院 2013 级能源班团支部
郑黎明	化学与分子工程学院 2013 级本科生 5 班团支部
张子瑞	生命科学学院 2014 级本科生 4 班团支部
王　丰	信息科学技术学院 2014 级计算机 4 班团支部
许　酌	地球与空间科学学院 2012 级本科生地质 2 班团支部
焦梦菲	城市与环境学院 2013 级城乡规划本科生班团支部
汪卓群	环境科学与工程学院 2015 级硕士研究生团支部
陈思危	历史学系 2015 级本科生团支部
黄子文	考古文博学院 2014 级本科生团支部
张翊彬	哲学系 2014 级本科生团支部
王雨濛	国际关系学院 2013 级本科生团支部
张沛阳	经济学院国际经济与贸易系 2013 级团支部
王梦晓	法学院 2014 级法律硕士第三团支部
王李祥	信息管理系 2013 级本科生班团支部
杨　锐	社会学系 2015 级本科生团支部
韦　彤	外国语学院 2014 级法语系本科生团支部
马楷原	政府管理学院 2015 级本科支部
杨旷奇	新闻与传播学院 2014 级本科生团支部
刘辰硕	马克思主义学院 2015 级硕士班团支部
贺芸柯	元培学院 2015 级本科生 3 班团支部
陈　尧	软件与微电子学院 2015 级科技三苑团支部
张如菡	人口研究所 2015 级团支部

张行昊　对外汉语教育学院 2015 级团支部
余跃洲　前沿交叉学科研究院生命科学联合中心 2013 级 1 班团支部
吕博雅　北京大学第六医院团委
车　颖　北京大学第三医院团委
王　岳　北京大学第一医院医学影像科团支部
曾剑英　公共卫生学院 2013 级预防 1 班团支部
王雅辉　护理学院 2013 级 5 班团支部
赵梦娖　口腔医学院药剂科团支部

2015—2016 年度北京大学获首都大学、中职院校"先锋杯"优秀团支部名单

数学科学学院 2015 级本科生 1 班团支部
工学院博士 2014 级 2 班团支部
物理学院 2015 级本科生 4 班团支部
化学与分子工程学院 2013 级本科生 4 班团支部
生命科学学院 2014 级本科生 1 班团支部
信息科学技术学院 2014 级本科计算机 3 班团支部
地球与空间科学学院 2015 级地质硕士生团支部
城市与环境学院 2013 级本科人文地理与城乡规划团支部
环境科学与工程学院 2015 级硕士团支部
中国语言文学系 2015 级本科生团支部
历史学系 2014 级本科生团支部
哲学系 2015 级硕士班团支部
国际关系学院 2014 级本科 2 班团支部
经济学院 2014 级本科 2 班团支部
光华管理学院 2014 级 5 班团支部
法学院 2015 级本科 2 班团支部
信息管理系硕士团支部
政府管理学院 2014 级本科生团支部
新闻与传播学院 2015 级本科生团支部
马克思主义学院 2015 级硕士班团支部
元培学院 2013 级本科生 1 班团支部
教育学院 2015 级普硕团支部
对外汉语教育学院 2015 级硕士团支部
前沿交叉学科研究院 2013 级党支部
公共教学部 2014 级医学英语班团支部
公共卫生学院 2012 级预防医学 2 班团支部
护理学院 2014 级护理 2 班团支部
基础医学院 2013 级基础 2 班团支部
基础医学院 2015 级基础医学 2 班团支部
药学院 2013 级 3 班团支部

2015—2016年度北京大学共青团系统先进集体表彰名单

北京大学红旗团委（共6个）
共青团北京大学数学科学学院委员会
共青团北京大学经济学院委员会
共青团北京大学光华管理学院委员会
共青团北京大学新闻与传播学院委员会
共青团北京大学深圳研究生院委员会
共青团北京大学人民医院委员会

北京大学先进团委（共7个）
共青团北京大学信息科学技术学院委员会
共青团北京大学城市与环境学院委员会
共青团北京大学哲学系委员会
共青团北京大学法学院委员会
共青团北京大学元培学院委员会
共青团北京大学基础医学院委员会
共青团北京大学第三医院委员会

北京大学优秀团支部（共47个）
数学科学学院2015级本科6班团支部
工学院2014级博士2班团支部
物理学院2015级本科4班团支部
化学与分子工程学院2013级本科4班团支部
生命科学学院2015级研究生2班团支部
信息科学技术学院2014级本科3班团支部
地球与空间科学学院2013级本科地质地化2班团支部
城市与环境学院2013级人文地理与城乡规划团支部
环境科学与工程学院2015级硕士生团支部
中国语言文学系2015级本科生团支部
哲学系2015级本科生团支部
国际关系学院2014级本科2班团支部
经济学院财政学系2013级本科团支部
经济学院2013级本科风险管理与保险学系团支部
经济学院2014级本科1班团支部
经济学院2014级本科2班团支部
经济学院2015级保险硕士团支部
经济学院2015级本科4班团支部
经济学院2015级本科6班团支部
光华管理学院2014级本科5班团支部
光华管理学院2015级本科1班团支部
法学院2014级本科3班团支部
外国语学院2014级本科俄语系团支部

新闻与传播学院2015级本科生团支部
马克思主义学院2015级硕士班团支部
教育学院2015级普硕班团支部
人口研究所2015级团支部
对外汉语教育学院2015级硕士生团支部
前沿交叉学科研究院2015级综合班团支部
深圳研究生院2015级环境与能源学院团支部
后勤会议中心团支部
第一医院急诊科团支部
人民医院检验病理科团支部
第三医院财务处团支部
口腔医院第二门诊部团支部
肿瘤医院手术室团支部
第六医院青年职工第一团支部
基础医学院2013级基础2班团支部
药学院2013级1班团支部
公共卫生学院2012级预防2班团支部
护理学院2014级2班团支部
公共教学部2014级医学英语团支部
青年摄影协会团支部
青年马克思主义发展研究会团支部
学生书画协会团支部
中国音乐学社团支部
阿卡贝拉清唱社团支部

2015—2016年度北京大学共青团系统先进个人表彰名单

北京大学共青团标兵（共10名）
段陶然　国际关系学院
耿炎焱　城市与环境学院
韩　蒙　哲学系
李　佩　信息科学技术学院
刘温文　第三医院
潘　援　光华管理学院
王怀乐　政府管理学院
王圣博　经济学院
王宥人　法学院
郑方圆　政府管理学院

北京大学优秀基层团委书记（共10名）
董子静　数学科学学院
高　静　国际关系学院

何小璐　第六医院
李　林　哲学系
王　菲　化学与分子工程学院
王佳荣　附属中学
王　冕　口腔医院
王一涵　信息科学技术学院
王宜然　经济学院
赵　宁　第一医院

北京大学十佳团支部书记（共10名）
曹雁彬　信息科学技术学院
程明皓　哲学系
董　斌　化学与分子工程学院
段陶然　国际关系学院
范庆辉　深圳研究生院汇丰商学院
黄子雄　人民医院
李柄桦　基础医学院
李嘉冕　生命科学学院
秦难寻　前沿交叉学科研究院
詹　婧　中国语言文学系

北京大学优秀新生团支部书记（共10名）
邓鲁川　城市与环境学院
顾佳亮　工学院
刘艳秋　环境科学与工程学院
林奎朴　光华管理学院
李　彤　新闻与传播学院
刘行云　基础医学院
杨雁麟　信息科学技术学院
袁　硕　公共卫生学院
张哲茜　中国语言文学系
张宇诗　法学院

北京大学优秀团支部书记（共92名）
数学科学学院
刘晓倩　仇嘉泽　杨　丰　詹添旭
工学院
顾佳亮　周金辉　朱贵之
物理学院
刘芃妤
化学与分子工程学院
蔡　童　董　斌　李皓宇　廖思安　毛　威　彭　超　施昌霞　夏乂杰
生命科学学院
李嘉冕　李静宜　宋凯宏　谭　钢　杨明轩
信息科学技术学院
曹雁彬　陈颖婕　金万琳　潘　成　杨雁麟　于筱涵　钟泽轩　朱路阳

地球与空间科学学院
陈铭飞
城市与环境学院
邓鲁川
环境科学与工程学院
刘艳秋
中国语言文学系
白　玲　刘雨晨　向雯琪　余萌萌　詹　婧　张明瑟　张哲茜
历史学系
王健丁
哲学系
程明皓　唐炜琛　施世泉
国际关系学院
段陶然　李典易　李　涵
光华管理学院
韩艺华　林奎朴　罗丽娟　梅一伦　王春萌　赵芸笛　郑怡婧　朱宇昕
法学院
张宇诗
外国语学院
高泽宇　韩翌旸　李　豪　曲翔前　严赋憭　叶诗瑶　周惠莹
新闻与传播学院
金　越　李　彤
元培学院
李星宇
教育学院
张智鑫
对外汉语教育学院
陈诗琦
前沿交叉学科研究院
蒋婉莹　李应龙　秦难寻　张鲁杰
深圳研究生院
范庆辉
医学部
陈　晨　董　佳　方　喆　冯沛琦　黄子雄　焦　霸　李柄桦　李展韬
刘行云　牟　培　覃德清　孙现涛　王俊人　闫美玲　杨振楠　易向玺
袁　硕　张春峰　张浩然　张　臻

北京大学优秀团干部（共100名）
数学科学学院
高　嵩　李　越
工学院
陆建洲　孙北奇　张朝晖
化学与分子工程学院
毛承杰　乔雪玲　王瑞琦
生命科学学院
刘周泽蕊　马韵羽

信息科学技术学院
吴　涵　吴　先　徐梓楠　张天宇
地球与空间科学学院
刘嘉辉　张　岩
城市与环境学院
梁湉湉　马昕琳
环境科学与工程学院
赵旭飞
心理与认知科学学院
侯芊宇
中国语言文学系
李泽凡　龙清逸
历史学系
亓浩然　史方正
考古文博学院
李家福　李　唯
哲学系
张翊彬
国际关系学院
曹定铎　秦　琳　张婷鸽
经济学院
何思思　王　镝　张沛阳
光华管理学院
马霄楠　齐　雯　唐艾妮
法学院
高　嵩　李　越　刘雨晴　苗露阳　王宥人　朱煜琪
信息管理系
杜婉莹　闫增旺
社会学系
杨　珏
政府管理学院
陈方俊　贺承然　雷明昊　刘丛丛
外国语学院
冯一帆　王加骥　杨璐萍　朱　鸰
艺术学院
陈舒萍
新闻与传播学院
李欣遥　刘彦君　于子悦
马克思主义学院
毕照卿
元培学院
吴明琨　袁一沣
国家发展研究院
张佳梁
教育学院
张皓宇

软件与微电子学院
李永赫　任　怡　赵栖泽
人口研究所
石　旸
对外汉语教育学院
田晓萌
前沿交叉学科研究院
陈乃修
燕京学堂
冯　雪
深圳研究生院
李科浇　罗步景　王博文　王传胜　张　琪
北大附中
甘晓璐　周博洋
后勤
由晓婷
校医院
杨　洁
医学部
丁子尧　郭志旭　侯晓莹　胡　硕　李旭明　刘　金　刘立立　吕博雅
孟　陆　孟　圆　毛瑞雪　桑晓冬　申海洋　王雅辉　熊芳菲　杨　帆
于佳弘　余秀芝　张文思　张一繁　赵　艳　祝　嶒

北京大学优秀团员（共204名）
数学科学学院
李大为　李心雨　隆璐帆　周国庆　邹昊霖
工学院
丁　瀚　彭　欣　石　哲　张仕琦
物理学院
黄代强　汪子龙　赵今超
化学与分子工程学院
邓毓晨　范　围　张梦陶　周振汉　周浩文
生命科学学院
段光兴　李小雨　杨　涵　张子瑞
信息科学技术学院
樊乃嘉　姜宛彤　李哲涵　刘新宁　孙小涵　徐玉麟　张　弛　张峻伟
张可欣　张梦晓
地球与空间科学学院
曹　越　陆　杰　孙　鹏　武化雨　杨诗琴
城市与环境学院
郭金鑫　何颖雯　黄博浩　刘松瑞　彭思源
环境科学与工程学院
李垚纬　刘宇心
心理与认知科学学院
郭婺卿　万熙宇
中国语言文学系
曹汶静　陈　婕　董　越　江　禾　刘　派　王培洁　曾必瑜　朱建强

邹赛云

历史学系
刘 钘　王 溥　袁春红

考古文博学院
侯柯宇　季 宇　王静雪

哲学系
江浩远　经 晶　廖志民　彭清露

国际关系学院
博尔琛　侯晓玮　林小暖　王立波　吴其阳　吴 谆　严澄峰　伊 诺

经济学院
侯 戎　刘家瑞　王昱杰　吴鹿其　巫梦洁

光华管理学院
梁 煦　马霄楠　肖 静　徐玉颖　杨洪智　曾颖青　詹文茜

法学院
曹俸瑜　曹 远　胡敏喆　黄 祎　焦文娟　刘 继　牛伟强　欧阳妤璐
苏秋纳　孙甜甜　张仕锦

信息管理系
柴 腾　王冰璐

社会学系
开 源　吕士龙

政府管理学院
郭 晨　郭宏樟　何鹏宇　黄 琳　黎钧宇　彭志斌　苏中富　涂仕涛
王 玥　肖静雅　徐 蕾

外国语学院
李木子　马宇晨　王海燕　王 洁　王世杰　王舟飏　温华翼　徐慧麟
曾敬诚　张书嘉　支玉晨　朱晓雪

艺术学院
刘家晨　闫晓颖

新闻与传播学院
邓方梓琳　李长鸿　任 玲　吴心怡　张洪瑶

马克思主义学院
何 惧　刘 琦

元培学院
贺芸柯　李 健　马梓涵　王 钦　徐银櫍　杨 曦　张冠鹏

国家发展研究院
陈 赟　王 赫

教育学院
宋宇齐　王 洋

软件与微电子学院
陈 尧　马嘉桧　彭俊伟　宋 鹏　王宇琪　吴雨坤

人口研究所
丁冠文　雷介波

对外汉语教育学院
郝 雪　罗 浩

前沿交叉学科研究院
程赟绿　郝天祎　王雪征

燕京学堂
韩　鑫
深圳研究生院
柏卓辰　曹美娜　范馥梅　冯　晓　葛建梅　梁晨阳　蒲津川　苏九卉
吴少媲　朱振民
北大附中
俞　露　郑　煜
后勤
李艳华　张　淼
校医院
邓　爽　张国丽
医学部
卜庆萍　陈春屹　陈　榾　陈咏冰　冯　迪　冯江星　付　玮　巩师毅
洪昱廷　姜　芳　李光宇　李吉云　林凤闺容　刘雪松　马淑敏　宁　洁
单　戈　孙一冰　孙正圆　佟一多　王亚慧　杨钟玮　杨　珂　于　菲
张　梦　张　楠　张　蕊　张　岩　张一鹏　赵　然　赵文健　朱星昀

北京大学2015—2016年度青年文明号获奖集体名单

集体名称	所在单位	推荐单位
阅读推广小组	图书馆	图书馆党委
研究生院培养办公室	研究生院	机关党委
督查室 信访办公室	党委办公室校长办公室	机关党委
教学服务大厅	研究生院、教务部	机关党委
北大招生办公室	教务部	机关党委
BBS咨询团队	图书馆	图书馆党委
对外交流中心会议与交流部	会议中心	后勤党委
特殊用房管理中心前厅部	公寓服务中心	后勤党委
计算中心校园网络运行团队	计算中心	直属单位党委
公用房与土地管理办公室	房产管理部	后勤党委
基建工程部综合办公室	基建工程部	后勤党委
劳动合同与社会保险办公室	人事部	机关党委

（团委）

毕业生名单

本科生毕业生名单

一、概 况

2016届本科及第二学士学位毕业生毕业审查和学历证书发放工作，在各院系和教务部的共同努力下，于7月初基本结束，现已总结统计完毕。

北京大学校本部2016届应届普通本科毕业生总数2805人，经审查：

——本科毕业2678人，其中毕业并获得学士学位2668人（含软件工程二学位37人），毕业但不符合授予学位条件的10人。

——本科结业106人，其中102人可按规定在一年内修满学分申请换发毕业证书，符合学位授予条件的，可授予学士学位。

——专科毕业19人。

——肄业2人。

北京大学校本部2016届外国留学生应届毕业生282人，经审查：

——本科毕业258人，其中毕业并获得学士学位258人。

——本科结业22人，其中21人可按规定在一年内修满学分申请换发毕业证，符合学位授予条件的，可授予学士学位。

——专科毕业2人。

校本部本科毕业并获得学士学位的共计2926人，具体分布如下：

——法学学士436人（含留学生82人）；

——工学学士170人；

——管理学学士198人（含留学生39人）；

——经济学学士390人（含留学生30人）；

——理学学士1117人（含留学生7人）；

——历史学学士80人（含留学生5人）；

——文学学士493人（含留学生92人）；

——艺术学学士1人；

——哲学学士41人（含留学生3人）。

北京大学医学部2016届应届普通本科毕业生总数600人，普通专科毕业生2人，经审查：

——本科毕业590人，其中毕业并获得学士学位的589人。

——本科结业10人，其中10人可按规定在一年内修满学分申请换发毕业证书，符合学位授予条件的，可授予学士学位。

——专科毕业2人。

北京大学医学部2016届外国留学生应届毕业生50人，经审查：

——本科毕业49人，其中毕业并获得学士学位46人。

——本科结业1人，可按规定在一年内修满学分申请换发毕业证，符合学位授予条件的，可授予学士学位。

北京大学医学部 2016 届港澳台应届毕业生 19 人，经审查：
——本科毕业 18 人，其中毕业并获得学士学位 18 人。
——本科结业 1 人，可按规定在一年内修满学分申请换发毕业证，符合学位授予条件的，可授予学士学位。

医学部本科毕业并获得学士学位的共计 653 人，具体分布如下：
——理学学士 182 人；
——医学学士 471 人（含港澳台、留学生 64 人）。

学校共授予 1169 人双学士学位，有 155 人获得辅修专业证书。其中：
——社会学系社会学专业双学位 58 人，辅修 2 人；
——国际关系学院国际关系与对外事务专业双学位 51 人，辅修 5 人；国际政治专业双学位 16 人（早稻田大学项目）；
——国家发展研究院经济学专业双学位 706 人，辅修 25 人；
——经济学院经济学专业双学位 1 人；
——数学科学学院数学与应用数学专业双学位 52 人，辅修 15 人；统计学专业双学位 56 人，辅修 14 人；
——物理学院物理学专业双学位 3 人，辅修 1 人；
——心理学系心理学专业双学位 75 人，辅修 18 人；
——信息科学技术学院电子信息科学与技术专业双学位 1 人；计算机科学与技术专业双学位 7 人，辅修 7 人；计算机软件专业双学位 19 人，辅修 4 人；微电子学专业辅修 2 人；
——历史学系历史学专业双学位 27 人，辅修 6 人；
——中文系汉语言文学专业双学位 32 人；
——艺术学系艺术学专业双学位 34 人，辅修 2 人；
——哲学系哲学专业双学位 21 人，辅修 1 人；
——光华管理学院工商管理专业（创新创业管理方向）双学位 10 人，辅修 6 人；
——外国语学院日语专业辅修 16 人；德语专业辅修 11 人；法语专业辅修 17 人，西班牙语专业辅修 1 人；
——生命科学学院生物科学专业辅修 2 人。

二、校本部普通本科毕业生授予学士学位名单

法学学士学位 354 人

法学专业 174 人

陈欢	陈新	程宇	高航	高照	葛红	
何南	江磊	金花	李翔	李扬	刘嘉	
刘烨	吕韵	罗欢	马健	秦洋	沈莹	
宋璇	孙珂	谭锋	汪帆	王莉	王昊	
王靓	吴凡	吴胤	武宁	谢捷	辛欣	
熊典	许多	许可	许明	颜欣	杨城	
杨爽	姚洁	叶磊	易鸽	虞悦	章琪	
张晨	张硕	张巍	张雪	郑媛	周全	
博昊楠	蔡心怡	蔡一能	陈安妮	陈陌阡	陈欣妍	
陈雪祎	陈琰琳	狄延超	董汝洋	范星宇	方若冰	

冯泽林	符舒程	傅程榆	高赫聪	高山青	郭经纬
郭文嘉	郭小以	郭玉璇	韩圣与	韩屹青	韩妍婷
何俊莹	何妍君	洪芷莹	侯笑妍	胡玲玲	胡怡静
黄超怡	黄富霖	黄蓬北	黄易旻	见煜辉	姜子骞
蒋振馨	焦永秋	孔存策	孔清扬	兰海莹	李金龙
李梦依	李明哲	李明之	李熙泽	李夏怡	李一茗
李雨瑶	李玉珍	李则达	梁倩倩	林咏茵	刘耕蒲
刘佳汇	刘鸣赫	刘尚志	刘雪临	刘雪莹	刘正鸽
陆一岑	吕雅馨	牛馨雨	欧恩双	欧红宇	彭龄萱
钱志航	任孝民	施忆尘	宋伊歌	孙乐怡	谭伊姝
谭伊麟	唐慧娟	唐褚怡	拓菲菲	汪晋楠	汪怡安
王超群	王楚昭	王江华	王金夫	王美月	王盟茹
王晓萱	王宇博	王仲璞	王俪璟	魏顾瑶	吴嘉桐

肖予诺	肖炜霖	谢天鸽	姚方舟	姚一凡	易亮程
义灿旻	游园园	俞皓南	袁晓辰	张冰凌	张博睿
张隆基	张美怡	张宁宁	张赛磊	张婉愉	张笑怡
张雁楠	张恺箖	张潇予	张瀚天	赵佳琦	赵森杰
赵树青	赵悦蓉	周庭伟	周文成	朱靖雯	朱时瑶
朱致远	佟雨珂	平措卓玛	土登加措		
凯海尔·麦麦提江		塔巴热克·沙合达提			

社会学专业 57人

宾颖	陈钘	丛雪	贺凌	黄林	黄鹏
蒋鑫	李毓	刘畅	罗祎	罗曼	汪琴
王力	王松	向鸿	肖阳	杨帆	张双
郑彪	蔡嘉琪	陈红宇	丁朋辉	方田野	符式婵
高明柔	郭奕冲	何李霸	何紫芹	何婷婷	吉砚茹
蒋紫晗	可黎明	蓝星宇	李小雨	李芊黛	梁维聪
刘阳春	马若楠	毛书琼	倪笑君	任鹤坤	申春雨
苏婷婷	王思明	王子宇	徐思怡	颜燕华	杨舒晗
于晓萌	曾格子	曾彦琪	张瑾文	张颢骞	赵晓依
赵友伦	周瑞宇	庄秋玲			

社会工作专业 2人

黄曰诚	苑子文

国际政治专业 41人

甘甜	郭凯	韩阳	李婷	吕楠	粟琳
谭蕾	张亮	闫榕	陈应杰	陈正楠	陈奕铭
丁思劼	丁文婷	冯英子	郝依然	胡金妍	李家福
梁俊杰	毛思源	宁雨轩	冉红丽	沈雨菲	宋昊天
孙倩楠	孙茜蕊	万鹏程	王浩臣	王嘉成	王珈玥
韦冲霄	魏国华	吴璧君	杨晟子	苑子豪	张小萌
张宇博	张志豪	张潇艺	覃文婷	黄元权	

政治学与行政学专业 4人

韩婧	王俊	杨翔	李佳璐

外交学专业 4人

高启慧	侯逸凡	杨黎泽	张梦露

国际政治经济学专业 53人

丁艺	郭澜	李琳	蒲乐	宋琦	苏兰
王玥	王慧	王未	邢玥	许可	杨旸
蔡雨晴	陈楚珂	陈轩昂	程梦圆	承燕语	池广杰
丁凌霄	方竹喧	甘楚巾	顾嘉杨	何思思	黄思雪
李凯钰	李斯淼	连心怡	刘思雨	刘欣然	刘一璇
刘婧妍	罗撮玲	欧舒婷	庞林立	汤晓路	吴诗卉
吴一凡	吴芷洁	肖冰洁	肖涵今	欣芷如	严云扬
杨丹妮	杨笑笑	杨逸凡	杨治洪	曾资文	张云起
赵玥辉	赵春晖	赵林群	庄斐雯	闫盈盈	

政治学、经济学与哲学专业 19人

高珏	顾思	李想	王越	徐杨	曾阳
阿思汗	陈启凡	成希希	程木樨	刘东奇	马诗琦
毛天白	吴丁一	吴泽民	熊延深	徐竹西	杨楚笛

施阮正浩

工学学士学位 170人

能源与资源工程专业 16人

黄欧	王勃	张军	郑重	陈蔚玮	陈雅桐
陈延奇	陈懿楠	李慧颖	李嘉伟	沈心宜	王安琪
王之凡	吴月珥	余卓燃	张鹏宇		

航空航天工程专业 7人

汪烨	白程安	陈钧伟	陈望桥	侯闫华	廖正松
宋坤明					

航空与航天工程（航空科学与技术方向）专业 24人

杜聪	杜鹏	高烁	韩坤	黄见	李威
牟涛	齐晨	沈其	石衡	吴震	夏奇
崔明明	耿华东	贺家乐	胡任重	黄爱华	沈健平
隋东明	谢兆鹏	严丞峰	杨鹏波	张大力	张永正

工程结构分析专业 17人

赵克	周昊	庄涵	陈婷菲	储成杰	付思睿
冷二宝	林人瑞	罗建阳	马凯夫	马树铭	钱伟志
宋旭东	吴大卫	杨晨歌	张力天	郑天航	

环境工程专业 6人

李勉	刘枫	胡耀千	王祖辉	徐僮言	周丽玮

材料科学与工程专业 14人

陈琪	刘璐	伍垚	徐露	张聪	周东
郭宝印	梁子彬	马树灯	孟名扬	沈丹妮	翁逸帆
武逸峰	朱斯亚				

生物医学工程专业 8人

牛越	刘俊诚	刘子元	孙雅稚	许令玮	许逸灵
张成九	张振羽				

软件工程二学位专业 37人

曹旭	方潇	郭虎	刘庆	刘璐	田乐
王嘉	王伟	杨婷	余波	张飞	赵婧
柴景熙	陈艺夫	郭浩然	贺振涛	胡妍佳	纪延君
孔维鹏	孔文博	李查德	李长骏	罗天炎	钱文静
邵宏轩	沈丽梅	王林波	王彦超	王一君	章译文
张佳雨	张家钰	张蕊楠	张宇翔	郑鹏程	左建华
窦祥峰					

城市规划专业 41人

甘雨	郝爽	健也	刘茗	吕吉	宿莽
万岱	王竞	张宇	郑智	蔡雅垠	苍司宇
陈冬冬	方嘉雯	冯思源	谷月昆	何东旭	黄玥娴
兰筱萱	李极恒	李宁汀	林华希	刘佳妮	刘萍萍
刘奕彤	龙先伟	吕丹妮	潘佳佳	彭瑶瑶	时航宇
谭心怡	谭卓立	王瑀琦	王一凡	王艺颖	吴尘染
吴思思	杨光临	俞方舟	袁玉玺	张艳晗	

管理学学士学位 159 人

会计学专业 35 人

陈　冉	凤　晴	何　平	姜　雪	李　雪	刘　超
倪　慧	乔　璇	杨启超	陈泽萍	董小华	韩冬琳
胡秀莲	靳海若	李培琳	李盛楠	李隽卷	刘克秀
刘小盟	刘伊恬	吕伯乾	马俏俏	蒲劲秋	石谷雨
唐盼盼	王九云	杨纯子	姚柳合	张林蔚	张诗佳
张苏秦	张翔雁	郑林壮	郑秋月	周百灵	

市场营销专业 22 人

常　乐	李　想	陆　惠	张　羽	安蔚然	蔡涵柔
高英桐	贺子桐	侯志腾	江露阳	靳雯琪	李雨竹
刘子健	吕仲坤	孙菡浥	吴戴维	曾雨馨	张鹏光
张轩豪	钟姝宇	卓泽民	亓悉蓉		

行政管理专业 53 人

贺　璇	金　津	柯　杰	梁　莎	罗　飞	莫　屈
童　炜	王　蕊	徐　曼	曾　键	张　祎	钟　京
周　璐	温咏仪	蔡静雯	车静屏	范文琦	付胜南
高千茜	何鹏杨	衡世霖	黄海燕	贾茗涵	姜子莹
蒋欣佳	李广兴	李若然	刘龚熠	刘芸芸	陆思岑
毛东玥	孟星园	王明晓	王晓琦	王雅慧	王卓汝
温倩倩	吴沁俣	武雪健	徐沁仪	杨明杰	姚俊超
叶霄麒	张钦惠	张若耘	甄虹宇	瞿湘玉	格桑央拉
泽仁拥宗	紫仁桑姆	米拉·居尼斯	麦合丽娅·买修尔		
依力亚尔·牙力昆					

图书馆学专业 3 人

张　歌	杨玉宇	张莹莹

信息管理与信息系统专业 27 人

步　一	李　然	娄　丹	王　伟	杨　帆	印　航
张　帆	赵　瑜	周　菊	卜宇超	陈润文	何逸洲
贺易之	刘天祎	刘正南	庞江舸	彭秋雅	王伟佳
王照寒	魏一鸣	许人杰	姚玲苗	姚郁诗	赵安圆
赵怡然	赵骁宇	图尔顺江·阿合买提江			

城市管理专业 19 人

贺　佳	李　磊	李　同	李　昶	刘　恒	易　辉
周　璇	鲍星宇	李佳巍	林靖欣	刘海文	刘欣铭
罗舒丹	秦艺航	谭炜杰	王公博	吴晓玥	阎晓韵
余梦露					

经济学学士学位 360 人

经济学专业 32 人

纪　元	邱　媛	粟　敏	孙　宇	王　婕	希　伦
许　聪	朱　悦	陈雪瑶	程儵然	樊千瑜	江曜民
李劲林	李炜钊	李鑫宇	刘华山	刘晟亚	吕昊天
邱庆宁	孙金铸	唐轩宇	汪文正	王佳琛	王柯评
王倩倩	吴思雨	徐令仪	袁直毅	章释启	张晓萌
张宇轩	周吴夏朗				

国际经济与贸易专业 24 人

姜　婧	鹿　溪	吕　赫	沈　颖	坛　洋	徐　瀚
杨　顿	曾　婧	章　森	张　彤	赵　妍	郑　晔
蔡柠檬	高雨晴	郝孟源	金雅贝	李奇石	谭雪儿
王秉劼	吴维德	夏怡然	杨远沛	张筱钰	瞿斯嘉

金融学专业 201 人

陈　昉	陈　玚	陈　实	陈　娱	丁　晖	傅　康
龚　波	郭　齐	郭　鑫	韩　超	韩　伊	贺　凯
黄　鑫	姜　江	李　喆	梁　爽	林　俊	刘　力
刘　洋	吕　晔	申　飞	孙　菁	孙　璐	万　扬
王　宁	王　鹜	徐　帆	许　孜	杨　光	杨　俊
杨　上	余　舟	张　弛	赵　薇	周　桐	蔡总熙
曹润寰	陈碧萱	陈宽永	陈欣蕊	陈志浩	陈祖玉
代玉川	翟达琦	董力夫	杜驰原	杜云舟	樊樵枫
付鸿博	高鹏飞	高溢彤	顾心怡	顾煜鎏	郭文韬
韩博伦	何佳铭	何晓玥	贺震雯	华天韵	黄浩然
黄清扬	兰天琪	黎明原	李安然	李大可	李佳楠
李君涵	李然明	李少文	李世豪	李晓琳	李雪钒
李泽地	李绯悦	梁鹤也	林恒阳	林嘉琪	刘楚欣
刘光耀	刘俊宛	刘一飞	刘羽飞	刘云博	刘允鹏
刘紫莹	刘子豪	吕珺璞	马雨晴	牛耀丹	秦劲风
荣幸子	阮智睿	盛大林	施恒彬	石果平	石书铭
宋纯一	宋宇辰	苏梦泽	苏业捷	唐宇哲	唐婷婷
王博文	王博洋	王怀岳	王文杰	王晓宇	王兴杰
王艺诚	尉进耀	翁凯浩	吴小宇	谢怡然	徐竞然
徐轶垚	许志超	杨鸿源	杨欣媛	姚梦灵	余潇潇
曾元佐	张翰驰	张连登	张思伟	张心怡	张晟宇
赵美顾	赵亿欣	郑剑宇	郑云萌	仲崇然	左咏薇
晏珅熔	曹　怡	高　飞	宫　颖	贺　潇	贾　镐
李炜烽	谌泽昊	金　婧	刘　腾	欧　南	彭　堃
沈　茜	文　景	谢　杰	徐　磊	颜　洁	于　澜
张　悦	赵　菡	周　垚	朱　旭	朱　熠	陈俊光
陈易生	陈宇凡	邓佳倍	邓尚律	邓诗萌	丁碧莹
董文礼	冯薪铫	高兆泉	顾雨斐	韩佳运	侯明威
侯逸湖	鞠坤路	李昕宇	林佳侃	刘建元	刘庆波
马云帆	牛铭梓	邱雪婷	邱彦峰	沙圣洁	尚林玮
孙海梦	唐至睿	唐奕波	田嘉睿	王琼慧	王苡人
王昊博	王钰希	卫昊辰	吴志强	熊诗语	燕宇飞
应京含	袁亦扬	袁哲航	张可慧	张旭慧	朱杰毅
宁龙艾婧	上官康齐	张景若豪			

财政学专业 33 人

白　露	崔　馨	方　悦	郭　睿	李　越	李　怡
刘　玥	刘　畅	乔　宁	沈　童	宋　叶	文　韬
谢　琪	成禹同	郭紫倩	何倩婷	李盛江	李玉婷

刘文超	刘一材	陆晓天	马德芳	孙钟涟	王瑞馨	董明皓	方雨昕	高瑞琦	戈心舟	郭永祎	贺怿楚
王圣博	王晓梦	王雨鸥	王竹韵	张丛笑	张一凡	霍泽恩	焦子瑞	李依格	李璋嫒	刘思雨	任之湄
张屹雪	钟媛媛	朱玉芹				宋星辉	宋梓宇	汤嘉俊	唐涌翔	王安舒	王海明

环境、资源与发展经济学专业 8人

王协盼　吴振国　殷裔安　张光远　张琬葺　周正泽
朱思先　诸正一

石　琳　杜雨桐　李伊旗　漆岳晖　沈士竣　汪忆源
王竟琨　谢冰阳

物理学专业 171人

曹　博	陈　城	陈　磊	陈　艺	陈　曦	陈　鑫
程　威	戴　博	董　灏	傅　豪	高　见	桂　贯
郭　诚	江　燕	蒋　颖	蒋　智	柯　楠	雷　扬
李　冲	李　航	李　通	刘　丰	刘　尚	刘　威
刘　霄	刘　洋	刘　易	刘　璞	毛　丹	孟　聪
苗　栋	钱　进	钱　立	乔　宽	全　柯	王　船
王　浩	温　爽	伍　攀	谢　睿	熊　林	徐　放
徐　越	杨　光	岳　琛	张　程	张　祎	张　霄
张　灏	郑　旭	周　敖	晁　越	艾靖东	白瑞雪
陈东政	陈劲夫	陈明彬	陈松涛	陈文凡	陈智颖
戴彤宇	戴雨桐	单君翌	丁石磊	段晓豪	冯一阳
高智涵	关梓轩	郭兆珩	韩傲雪	韩希之	胡天琦
胡振业	黄河清	黄恒丰	黄康靖	黄文卓	蒋浩然
蒋思奕	蒋展之	靳方伟	乐天昊	李官涛	李贺杰
李怀宇	李佳睿	李立中	李其橦	李述成	李思睿
李文杰	李欣桐	李辛鸣	梁明诚	林则仁	刘典京
刘竟慧	刘坤鹏	刘天仪	刘汀洋	刘希同	刘轩清
刘彦辰	刘彦昭	刘照南	刘芮杉	楼宣宏	吕旭东
吕旭东	马若辰	茅易翔	宁鸿烈	潘志明	乔稼欣
沈钟灵	施文娴	史荻麟	史行风	宋明育	唐静怡
万明阳	万宇轩	王秉诚	王贺明	王锦涵	王延波
王宇晨	王云祥	王致远	魏明杨	魏兆越	卫斯远
吴行中	吴政希	武晨光	夏平宇	肖朝凡	谢超一
谢志坚	熊宇薇	徐启波	徐义尧	徐永琪	徐智怡
杨一博	杨烨晖	姚文杰	叶晨灿	叶伟成	尤戍尘
于戴维	于浩源	于佳明	余翰舟	袁竹君	章鸿飞
章逸飞	张华祥	张剑寒	张林峰	张子豪	张鑫凯
赵伟滨	赵义强	赵正豪	朱晓峰	朱瀛达	诸兆轩
阎婷文	扈鸿业	竺俊博			

理学学士学位 1110人

数学与应用数学专业 92人

安　奇	蔡　阳	陈　龙	陈　麟	高　峰	何　璠
胡　禛	贾　锟	赖　仪	李　由	李　潇	李　逍
梁　爽	罗　闻	苗　宁	庞　硕	戚　鲁	孙　龙
汪　湛	王　智	吴　昊	赵　一	朱　妮	卓　鑫
佟　瑶	白晶晶	班颖哲	陈力涵	陈树强	陈文煜
费嘉彦	葛汤立	谷青春	郭雨桐	胡安然	胡展培
黄翔宇	李櫆辰	李冠楠	李露颖	梁喆晖	刘纪一
刘锦阳	刘双城	刘兆怡	柳红亮	卢运则	陆绎顺
毛运航	牛雪妍	欧天翔	沈宇哲	宋昕玥	万若斯
万雅婷	万政超	汪子冲	王东皞	王佳康	王昕然
王晓玮	王宇辰	王政纲	王炜飚	吴京风	吴锐扬
吴思慧	谢广增	徐昊浩	许泳昊	薛庆源	杨凌波
杨柳绦	杨宇霁	杨壮远	杨子易	易灵飞	尹艺霏
尤之一	虞天龙	喻旭东	曾思孟	曾祥泽	张乐涛
张逸峰	张瑾辉	赵一州	赵辕尊	郑云溢	周逸云
周宇宸	佘毅阳				

信息与计算科学专业 48人

安　冬	安　捷	范　哲	胡　良	姜　雄	马　超
马　力	谢　瑨	杨　浩	杨　煜	余　冰	俞　炳
曹益兴	储翌尧	董佶圣	段俊明	郭向阳	李明新
李沛翰	李心睿	李勇锋	梁逸舟	刘浩洋	刘立伟
龙诺明	罗晨旭	马晶苇	彭小川	孙斌韬	孙月姣
王秋野	王书润	王湘宁	吴秉哲	吴东方	吴艺翀
吴宇宸	徐鹤元	徐俊楠	许开来	尤怀谦	曾梦祺
张逸昊	赵栋杨	郑灵超	周伯洲	朱湘疆	佟延峰

化学专业 79人

程　涛	丛　妍	高　舟	顾　晟	姜　行	李　鑫
刘　畅	牛　哲	商　邈	沈　怡	苏　航	孙　琦
王　聪	王　健	王　珏	易　恒	于　越	袁　堃
战　鸽	张　迪	蔡勇男	陈城杰	陈星烁	封木冬
傅天任	顾飞丹	胡元缘	贾宇博	蒋佳弟	揭鉴澍
金红君	郎海峰	雷浩然	黎正贞	梁方淳	林虹虹
凌云健	刘春怡	刘嘉杰	刘庆龙	刘伟铭	吕睿梁
潘相如	石康捷	史闻悦	陶广宇	王高翔	王静一
王路宁	王佩奇	王仁明	王芊越	吴桢钦	夏泽青
严海涵	杨俊峰	杨慕雯	杨晓雨	杨宇舒	杨晗珺

统计学专业 38人

曹　洋	高　超	李　冰	刘　妍	王　欣	邢　阳
徐　楠	张　超	蔡德安	陈翌扬	陈琪浠	翟毓琦

姚思羽	姚泽凡	叶擎宇	于小淞	曾先哲	张爱西
张美怡	张仕学	张翼飞	张璐婷	赵威元	郑海峰
周宸宇	周钰静	朱志扬	左煜坤	闫梦晨	闫天炜
闵煜鑫					

应用化学专业 11 人

陈 博	王 月	陈肖宇	胡晓阳	亢立群	梁殿京
林志茂	乔雨佳	王正煦	徐开琨	钟广颜	

化学生物学专业 8 人

梅 林	于 晋	张 澈	戴士中	李天然	邱晨虎
张凯琳	赵嗣彰				

生物科学专业 77 人

曹 旸	陈 诚	陈 涛	成 林	董 傲	何 苑
金 琛	荆 艺	赖 欢	林 晨	刘 鑫	倪 畅
彭 凯	石 源	宋 戈	王 迪	王 欢	王 雪
熊 枫	于 爽	岳 顿	张 泽	郑 璞	周 圆
曹镇东	陈诗聪	迟骁灵	戴安婧	冯为栋	高美琪
黄海娜	黄思悦	黄晓雨	江润东	靳兆晨	李安然
李祎男	李丹琳	李丹妍	李宁健	李文聪	李祺君
刘春宏	刘海康	刘嘉伟	刘时昱	骆奕辰	马欣妍
倪士超	商玉冰	师维康	史旭雯	史煜飏	宋梦祎
孙孺傲	孙植成	汤国柱	王牧之	王雪刚	王一飞
王菁杨	吴亦歌	肖卓成	谢嘉恒	徐斯伟	徐璐颖
杨嘉禾	杨泽宇	杨琦嵘	姚升泽	张萌宇	张益豪
张远和	赵吉梅	赵杨博	郑纪元	朱辰麒	

天文学专业 29 人

陈 然	戴 冕	韩 笑	刘 晗	潘 超	彭 斌
齐 昕	王 峥	郑 鸣	胥 恒	程思浩	何天羽
黄天奇	姜沣洋	景琰杰	林良浩	龙沛洵	罗连通
孙唯佳	王超然	王星博	韦正杰	徐贤钧	杨诗楠
于子涵	岳明昊	张逸超	郑泽川	周瑞琳	

地质学专业 47 人

方 鹏	干 胤	廖 岳	刘 娜	刘 威	庞 磊
孙 元	王 彬	许 将	许 酌	杨 扬	张 恒
周 鑫	朱 翀	邹 琳	贝诗彧	段红宇	桂维彬
黄天立	姬泽佳	贾文博	李辰卿	李涛波	刘松吟
刘依苇	刘雨薇	隆松伯	马金保	庞博宸	秦树健
任悦溪	宋文天	孙唯童	王剑男	吴子衿	向伟民
向英豪	邢超超	徐润洲	徐腾达	杨金元	叶诗婷
张虎来	赵浩男	周千裕	周小童	央金拉姆	

地球化学专业 7 人

田 祯	陈哲萌	黎晏彰	刘丽萍	柳政甫	韦春婉
张方华					

地理科学专业 7 人

邓 雷	毛 祺	王 璇	范佳慧	王冀韬	吴梦希
邹冠男					

资源环境与城乡规划管理专业 18 人

杜 瑀	杨 冰	杨 莹	赵 凯	符婷婷	胡邦毅
勉小玲	齐秋桦	祁泽钰	任宣澄	孙艺笑	王梦婷
严天同	杨慎敏	姚一鑫	张元辰	朱昱玮	平措次仁

地球物理学专业 20 人

邓 迪	罗 毅	钱 峰	田 罡	王 雨	鲍铁钊
曹建安	胡安冬	花君临	吉明宇	李明佳	李雪岩
李昊远	马博文	裴玮来	汪凯文	王宏达	王宇麒
吴葆宁	周正阳				

空间科学与技术专业 9 人

段 叠	王 雯	陈奕琪	郝以鑫	雷明达	宋思宇
王梓涵	叶雨光	于芳博			

大气科学专业 13 人

何进阳	季伟文	李子维	里华东	孟祥来	沈传杨
粟天宁	王成功	王皓天	许嘉星	杨晓婷	张敏中
庄佳威					

理论与应用力学专业 17 人

张 磊	张 通	张 越	陈星如	邓志雷	李启正
刘乃嘉	刘舒瑜	田再泓	童思捷	万广超	王梦泽
王哲梁	吴易繁	熊佳铭	徐亚青	张乃卿	

古生物学专业 1 人

安永睿

电子信息科学与技术专业 56 人

段 爽	何 娴	姜 毅	柳 毓	鲁 培	孙 畅
王 笛	王 鑫	徐 豪	徐 战	杨 宇	张 良
张 瑶	赵 丹	白泽冰	陈方源	陈世峰	陈彦斌
陈元杰	陈子钰	高连成	高云峰	韩明轩	姜天宠
姜笑雨	蒋明轩	金高杰	金纪诚	鞠培中	蓝天铭
吕迎迎	蒲永杰	宋利伟	宋昭宪	唐于朝	汪建峰
王君君	王新明	谢宇聪	信颖超	杨凯翔	杨雨成
于润泽	张恩田	张若梦	张舒航	张晓斌	张易凡
张郑洪	张寰宇	赵东平	赵广洋	赵剑戈	周家兴
邹赵雯	阿尔曼·阿卜杜赛麦提				

微电子学专业 33 人

李 成	杨 策	仪 迪	张 圣	张 腾	张 昊
陈青钰	崔兆雄	范元宁	顾颖杰	郭奕呈	姜皓云
金美岑	李金培	李毛川	李斯为	李绪荣	李子今
刘鸣杰	刘旭桐	毛冬元	邱赫梓	任哲玄	王潇月
薛渊博	于博成	于善哲	张辰光	张嘉阳	张进鑫
张哲瑞	赵闻达	刘本元一			

材料化学专业 36 人

程 业	费 饶	黎 翔	刘 奇	鲁 帆	彭 觅
彭 昊	童 晨	吴 越	张 辰	周 易	蔡泽伦
曹正宇	陈景诚	陈纬国	戴汝熙	郭泽昊	胡秋煜
姜雨生	李嘉津	李帅辰	罗叙宜	潘东旭	王若崙
王晓勇	吴晓锋	徐子豪	许剑锋	虞志豪	余侨林
张家康	张智榕	赵宇晨	周彤辉	周振兴	刘歆子建

环境科学专业 21 人

付 博	郭 旋	康 磊	李 玮	李 昀	刘 京

孙 柘　张 悦　张 琪　陈思雨　龚灏宁　李俊禹
李铮铭　林慧铭　孙士涵　薛佳鑫　阎蕴运　于成曜
于铖浩　赵皓琪　高雪胜男

生态学专业 4 人
洪松柏　李依霎　张伯伦　朱梦瑶

环境科学专业 26 人
丛 薇　黄 越　金 瑛　刘 悦　王 出　王 锐
向 婧　肖 瑶　谢 楠　徐 涵　赵 群　陈俊成
程嘉颖　邓佳豪　胡欣莹　纪雪云　蒋青松　李宁宁
刘牧时　刘一格　邱明昊　王友辛　杨皓哲　周启衡
周小丹　闫徐乾

心理学专业 44 人
高 远　李 同　刘 晔　路 浩　路 浩　宋 钰
唐 斌　王 欣　王 婧　王 瑾　杨 森　姚 琳
陈嘉裕　陈智敏　陈炜栋　代博琦　范广川　冯哲道
胡定之　胡浩阳　蒋雨蒙　蒋婧琪　郎峻嵩　李红霞
李思奇　林枭雄　刘菲菲　刘启超　娄宇阁　罗志薇
麦艳芬　米青天　牛安然　沈怀振　汪星宇　王润心
王雪娜　王原野　王知言　魏天铎　尹勇玉　张翼飞
张又文　周兆璇

智能科学与技术专业 42 人
丹 晨　丁 昊　黄 茗　冀 毅　姜 和　刘 垚
刘 畅　刘 泽　石 凡　史 博　王 宁　薛 飞
曹琳琳　曹振锋　郝有峰　金晓晗　来雨轩　李美瞳
李松江　李逸峰　刘韵亭　乔汝坤　秦海芳　秦沐坤
孙海洋　王柏文　王立巍　王其欣　王婉怡　王元方
王泽宇　徐良威　徐乾桐　许子言　杨伊鸣　姚泽荣
易安洁　余金星　张铁舰　郑雅伦　周惠斌　朱奎鑫

计算机科学与技术专业 156 人
常 媛　陈 章　冯 璐　顾 澄　关 宇　何 斐
贾 然　姜 双　蒋 捷　黎 亮　李 超　李 桥
林 可　刘 哲　吕 鑫　马 倩　马 骁　宁 潇
潘 睿　庞 璐　彭 未　彭 昊　秦 煜　沈 琦
孙 超　田 堃　王 丰　王 韵　韦 琬　温 九
杨 洋　姚 畅　叶 韬　于 今　元 棪　曾 立
张 栋　张 龙　张 霞　张 逸　朱 睿　朱 霆
奚 远　窦 芃　覃 天　白金泽　白彦威　蔡少峰
蔡思培　陈海娟　陈佳棋　陈可心　陈敏焕　陈庆英
陈伟腾　陈震鹏　崔东晓　丁博岩　杜宇飞　冯树林
高成良　高健博　郭旸泽　贺心蕊　胡树伟　华晨彦
黄丽明　黄文颖　姜成昱　江道昆　江天源　蒋天夫
金丰羽　兰兆千　黎明阳　黎政宏　李博远　李浩然
李军阳　李天石　李相辉　李旭鹏　李宗伟　李达谦
李昊南　梁黄炫　梁翼显　林宇哲　刘当一　刘洪轩
刘径舟　刘敏行　刘铭名　刘晓玮　刘旭钦　刘永轩
刘雨轩　刘子渊　娄一翎　卢灵姝　鲁梦河　陆超豪

吕广利　罗翔宇　孟泽楠　莫成娴　倪泽堃　裴铭渊
彭广举　祁智博　尚明月　沈业基　史默臻　宋思捷
孙本元　孙哲铖　王金龙　王卿云　王润辉　王维梓
王文军　王雨菲　王钰翔　魏子庄　吴争锴　吴恺东
吴昱东　肖倾城　肖之犀　肖琦琦　邢曜鹏　徐经纬
徐力有　杨光秒　杨俊睿　杨一帆　曾鑫璐　张书豪
张樱凡　张雨思　张子健　赵万荣　赵睿哲　郑志雄
智天成　钟业弘　周昊宇　朱永福　祝啸风　庄勇临
闫学灿　陈嘉辉　胥翔宇　綦金玮　欧阳逸群　史杨勍惟

地理信息科学专业 21 人
陈 宁　陈 越　郭 逸　李 阳　梁 泽　马 博
易 超　张 雯　陈逸然　崔家梁　韩谷怀　何希豪
蒋栋蔚　柯元楚　李丰翔　孙嘉玉　王英杰　袁伟哲
张见闻　郑晓岚　庄育龙

历史学学士学位 75 人

历史学专业 26 人
冯 婧　刘 俊　肖 娇　肖 京　许 盈　薛 颖
余 璐　卓 楠　陈祥军　陈志源　贾月洋　李东辉
李天鹏　李莹萌　李姝凝　刘家玮　刘书含　任超逸
王丹妮　王小芊　王倩男　吴佳健　杨维维　尹晓宇
张佳宁　张家兴

世界历史专业 6 人
田 璐　仲 琼　邓一丁　季欣悦　李慧婷　孙沐乔

考古学专业 22 人
陈 寘　杜 杨　何 康　王 晶　吴 桐　常钰熙
陈婧修　崔秀琳　管晏粉　郭美玲　郭三娟　郭士嘉
郭旭乐　李人福　李寻球　廖润贤　王含元　王伊宁
王宥力　杨旭东　支康杰　热合曼·肉孜

考古学（文物建筑方向）专业 9 人
季 宇　邵 轩　王 宇　吴 筱　伍 扬　罗登科
王一臻　章亿安　周凯南

世界史专业 1 人
王班班

外国语言与外国历史专业 11 人
陈 功　李 超　李 墨　林 茂　范继敏　刘佩韦
祁丽媛　宋宛儒　谢佳艺　庄苑文　左文婕

文学学士学位 401 人

中国文学专业 80 人
陈 祎　韩 潇　黄 颖　蒋 莹　李 珣　李 昀
马 琳　马 宁　孟 蕾　潘 悦　祁 玥　桑 园
谭 菲　唐 丹　王 珮　王 珺　王 浩　王 蕊
王 希　王 婷　王 鑫　魏 榕　吴 比　蔺 芳

闫　皓　白一平　包凯华　迟婧伊　董夕溟　段小寒
郭书仪　韩牧岑　何诗航　胡珉瑞　李超宇　李琳祎
李玫玫　李思言　李煜哲　廖垠雪　刘雯昕　吕安琪
吕思瑶　马子茵　年雪琦　彭笑笑　钱宇航　冉晓宁
任珊珊　任思奇　沈婧楚　施林青　施美均　史佳宁
孙诗盈　谭胜蓝　王登鑫　王佳明　王全武　王雨童
吴泽赛　熊晓旭　修宜云　徐梓岚　宣文玥　杨玉婷
杨紫晨　杨璨瑜　俞培源　袁苗苗　曾笑盈　张安琪
张铭益　张双朋　张文显　张姣婧　郑睿竹　周诗语
朱彦臻　闫嘉钰

汉语言学专业 15 人
郭　婷　鞠　晨　刘　珂　苏　航　杨　柳　张　末
张　烨　范立尧　马秋朔　孙国轩　许迪明　张夏妍
张誉腾　赵雨田　祝晨琳

应用语言学专业 2 人
施　朝　梁昌维

古典文献专业 10 人
池　骋　陈启远　韩易荣　何偲佳　李华雨　刘芳滢
刘隽敏　袁乐琼　章莎菲　张鹤天

葡萄牙语专业 8 人
刘　莹　孙　山　王　乐　陈雪儿　郭凯莉　刘博宇
左倩茜　朱璨小钰

英语专业 39 人
陈　鹏　高　攀　黄　琪　金　笛　刘　敏　罗　琪
王　畅　王　祯　夏　瑞　姚　圣　张　青　安碧君
曹靓宇　陈浩然　陈润曦　陈蓓尔　丁艳丽　葛廷婷
郭彩琛　国颖函　何苏岚　胡思茹　李宛凝　刘思楠
刘远航　马上云　马怡然　聂涵今　裴康娓　唐梦莲
王楚童　王小焓　谢诗琪　颜景奂　张春琳　张欣雨
张泽懿　朱亦红　栾思寒

俄语专业 19 人
邓　艺　何　安　尚　斐　夏　琪　安梦琪　陈玉婷
成梦思　方静一　高延山　韩璨涛　李麟寅　刘紫卉
莫廷婷　盛文杰　王虹元　张寒露　张如涵　紫雨青
李易雨簾

德语专业 16 人
曹　旸　高　爽　钱　赫　任　强　王　和　徐　菲
杨　瑞　张　静　赵　琳　邓海默　胡大炜　胡倩卿
杨春晖　张文静　赵盈盈　闫颂阳

法语专业 12 人
刘　奕　钱　蓓　邓巧彬　黄厦蕊　黄炜鑫　李文亮
刘雅静　孙一晓　王信夫　杨悦辰　张偲偲　周雨思

西班牙语专业 16 人
常　笑　陈　龙　郭　琎　杨　彤　杨　阳　袁　婧
曾　骏　蔡露哲　曹壮壮　冯木子　黄思睿　刘夕冉
吕明鹤　杨鹏宇　张翰雄　赵墨渊

阿拉伯语专业 17 人
黑　荣　刘　旭　万　方　徐　枭　陈翌炜　程智超
葛鸿昌　哈瑞琦　刘昕昕　王东曼　肖天祎　张金金
张学灵　张一览　赵雪莹　周毅成　闫诗梦

日语专业 19 人
谭　政　向　伟　许　靓　张　璐　洪艾菲　刘雅臻
聂晓萌　欧嘉婷　沈惠知　王振行　王子丹　王昊婷
肖由笛　杨霞霞　杨媛淋　叶奕宏　郑思彤　郑心怡
朱雨卉

波斯语专业 8 人
田　唐　韩静仪　刘谊颖　马玉丽　毛可心　肖晓群
朱昱丹　蔺思淼

朝鲜语专业 14 人
陈　庄　李　畅　沙　凡　吴　瑶　余　悦　赵　月
都闻心　巩潇雨　黄逸岑　王杰坤　王怡丹　许诣铃
庄子奇　邹雨浓

蒙古语专业 6 人
石　洁　张　源　焦含章　金德弘　商惟玮　张函毓

泰语专业 10 人
蒋　可　连　漪　周　舸　何凯玲　楼珂珺　鲁雨涵
屈博雅　王玉超　徐源培　杨美祥

越南语专业 8 人
陈　雪　朱　灵　崔梦雅　杜金雨　胡凌彦　唐静怡
杨子扬　曾佳萍

广播电视新闻学专业 27 人
蔡　畋　陈　沫　丁　彤　贺　群　刘　宇　赵　丹
陈宏强　龚展至　侯忻好　江小月　金永辉　康越明
李敬敬　李晓雷　李彦亮　刘程林　马蕴瑶　梅西文
施佳妍　侍佳妮　谭东方　唐国荣　张鑫伟　郑建莉
缑文强　次仁央宗　张魏倩如

广告学专业 38 人
崔　颖　戴　濛　付　君　李　冰　邱　枫　申　薇
师　晨　肖　贝　严　妍　姚　源　张　磊　钟　旺
鄢　红　成可欣　崔炫美　单晓宁　兑妍樑　郭丹阳
何宇宁　胡白雪　胡苗苗　黄雅坤　黎小童　李若曦
刘梦怡　邱悦铭　童淑婷　王梦潇　王甜甜　王泽奇
尹小凡　曾庆浩　张靖鹏　张可欣　张沙沙　张伊妍
朱虹烨　朱政敏

新闻学专业 20 人
及　桐　蒋　通　金　地　李　响　王　琪　魏　明
徐　芮　陈俊涵　崔昆阳　关凌宇　李东玲　李嘉佳
李佳凝　卢南峰　孙曦萌　田维希　杨若兰　杨文轶
黄建莹　甘兰蕙子

广播电视编导（影视编导）专业 2 人
薛　熠　史艺璇

艺术学（艺术史论方向）专业 10 人
黄　强　姜　宇　余　亮　顾华盈　何佩莲　李林宇

李思佳　王京晶　周林槿　庄沐杨

外国语言与外国历史专业 5 人

陈　杨　吴　戈　李相宜　宋祥玉　郁婧婧

艺术学学士学位 1 人

艺术学专业 1 人

牟静雯

哲学学士学位 38 人

哲学专业 33 人

顾　韬　刘　冲　刘　坦　龙　婕　罗　远　秦　雪

唐　诗　田　珂　吴　娱　张　艺　张　怡　赵　欣
仲　威　窦　宁　包莹莹　曹春洋　陈晗倩　陈雯怡
黄天伦　李佳轩　李培炜　李清明　李紫嫣　梁邑铭
潘秋蓉　孙泽宁　唐虹波　唐梦爽　王淏然　张文豪
张晓天　朱子建　朱子杰

宗教学专业 2 人

陈高源　李怀宇

哲学（政治学、经济学与哲学方向）专业 3 人

李　想　金文旺　李晓丹

三、校本部本科留学生授予学士学位名单

法学学士学位 82 人

法学专业 9 人

陈世豪　崔真率　方伟德　林俐莎　罗裕轸　裴廷佑
朴昶炫　吴瑛珠　尹智珉

社会学专业 23 人

白炅来　崔祥洵　韩如玲　黄施内　金成九　金成泰
金基楠　金秀珍　金叙衍　金昭美　李东昱　李周炫
梁慧真　柳吉圣　柳完熙　朴亨浚　朴渊鹤　朴钟赫
任寅盛　宋玟坤　曾永乐　张真娥　郑真景

社会工作专业 1 人

元大喜

国际政治专业 20 人

陈　娟　郭　丹　白俊湖　成昶圭　江南烨　蒋智惠
金成训　李道铉　李艺真　梅富强　那木那　王康威
吴振伟　许良洲　尹盛普　赵恩斌　郑亢僔　郑至媛
庄礼骏　中村笃希子

政治学与行政学专业 3 人

金炯斗　梁智皖　文海丽

外交学专业 6 人

崔琉璃　崔丞杞　金珍遇　吴泰雄　木林莉沙　小松右诗

国际政治经济学专业 19 人

林　晗　彭　婷　车晓腊　黄翰林　黄晟圭　金兑敏
李承珉　李晟援　彭拓宇　朴相珉　朴振熙　全昭炫
饶舒婷　吴贤智　尹相赫　禹炫京　郑裕锡
奥云艾尔登　金泽昭之介

政治学、经济学与哲学专业 1 人

朴宰亨

管理学学士学位 39 人

会计学专业 6 人

白俊烨　韩德英　金秀敏　裴珍延　朴晟延　郑慈允

市场营销专业 14 人

达　培　曹喜政　姜秉秀　金福连　金秀炫　金正宪
李承勋　李凡赞　李尚根　李孝汉　邱紫云　文正润
张善佑　郑迪心

行政管理专业 5 人

黄荣基　朴恩智　朴祉珖　尹喜相　郑炳辰

信息管理与信息系统专业 11 人

崔仁宰　崔印锦　姜龙云　金孝宣　刘戴维　柳智星
裴奎栋　朴俊圭　张舜宁　赵常煜　郑学明

公共政策学专业 1 人

金希妍

城市管理专业 2 人

崔周稀　沈揆范

经济学学士学位 30 人

国际经济与贸易专业 10 人

陈迪生　陈照昀　李珉洙　李榕仁　梅津刚　潘韦佳
朴载允　徐上东　曾增金　张慧英

金融学专业 18 人

金渡训　金荣煜　金戊炅　罗兄俊　孟昇铉　裴珍熹
朴柱松　权守妍　宋凌暄　吴泰完　谢亦颖　张雨濛
朴南松　陈一豪

金学哲　王雪林　郑铁宋　高桥奈介

理学学士学位7人

生物科学专业2人

曹安娜　庄清仿

资源环境与城乡规划管理专业1人

吴震森

古生物学专业1人

侯铭泳

心理学专业3人

陈凯伟　高楷闻　萧欣宜

地理信息科学专业2人

全金成　郑南赫

历史学学士学位5人

历史学专业1人

金秀东

考古学专业4人

傅一嘉　金虔伶　李准烨　汪明哲

文学学士学位92人

汉语言文学专业48人

何　迪　黄　珉　李　洁　安瑞铉　卞钟赞　陈凯乐
高雪梅　洪健城　洪龙基　黄捷敏　黄宇佳　姜秉龙
姜泰勋　金恩慧　金荣凡　金深远　金秀智　金钟源
金周盛　金妍廷　金玟廷　李崇珉　李娥瑛　李敏苑
李仁玉　李唯娜　李宰仁　李在成　李禧祯　梁栋现
吕知恩　朴乘慧　朴志慧　千尚熙　申智润　宋源景
王家芯　文河现　文秀允　翁宇翔　吴受映　辛旻俊
曾静蕾　郑源景　郑智秀　周丽琪　庾基恩　田中悠树

广播电视新闻学专业4人

姜栋雄　姜秀鸿　徐承佑　朱相珍

广告学专业23人

梁　珏　崔秀彬　韩愚敬　姜汉帅　金宝岚　金娥映
金浩天　金秀玟　金炫志　李明珍　李应协　李有敏
林东昀　刘宪相　柳官石　柳廷昊　孟银菲　朴帝旭
宋珍赫　吴采怜　萧小科　张惠智　赵珉莹

新闻学专业1人

岩田文绘

广播电视编导（影视编导）专业16人

安正基　崔武镇　韩在斗　黄宝贝　黄帝雄　金起铉
李惠璘　李在泌　李准永　刘加达　柳至秀　朴志康
申允娥　张惠华　茱莉亚　吉田润一郎

哲学学士学位3人

哲学专业2人

洪昭恩　宋义现

宗教学专业1人

金施贤

四、校本部2015年毕业、2016年授学士学位学生名单

国际政治经济学专业1人

宋璐璐

外交学专业1人

美　娜（留）

化学生物学专业1人

刘恒瑞

环境工程专业1人

葛　智

金融专业1人

全希康（留）

经济学专业1人

纪　洁

外国语言与外国历史专业1人

王可书

希伯来语专业1人

李慧若

俄语专业1人

吴雨阳

电子信息科学与技术专业1人

胥　彤

五、校本部2015年结业、2016年换发毕业证书授予学士学位学生名单

材料化学专业1人
袁浩博

法学专业3人
刘楚芫　周宇澄　阿努达日（留）

国际经济与贸易专业2人
张　洁　权喻螺（留）

汉语言文学专业1人
宋帝昊（留）

化学专业2人
李昀昊　张骋寰

计算机科学与技术专业3人
高嗣淳　程子桐　毛闻宇

金融学专业2人
胡子章　李先镐（留）

考古学专业2人
姜惠正（留）　金董训（留）

历史学专业1人
焦晓龙

社会学专业2人
文东铉（留）　李茂勋（留）

生物科学专业3人
张茂旭　韩瑞杰　王伟宇

生物医学工程专业1人
陈萍萍

数学与应用数学专业6人
李哲轩　韩志涛　袁　航　陈子聪　张乐川　鹿　鸣

外国语言与外国历史专业1人
梁　策

微电子学专业1人
李夷帆

物理学专业4人
王家福　陈子曦　梁剑飞　周　昊

心理学专业2人
王司东　杨亚茹

信息与计算科学专业3人
刘　彧　王　琛　常　安

行政管理专业1人
王　凡

哲学专业1人
王亚琦

政治学、经济学与哲学专业1人
叶　颖

政治学与行政学专业1人
毛锦文

智能科学与技术专业1人
侯继轩

六、医学部获得学士学位学生名单

1、普通全日制本科生授予学士学位653人

理学学士182人

医学实验学专业42人
张天翼　张　豪　肖科南　王碧君　王晔丹　张圣捷
周昊天　王进杰　姜妍馨　张安琪　李悦姗　戴　瑁
谢诗雨　李润嘉　王君逸　张　岳　张明宇　邓子谅
樊茵苡　蒋丽蕾　张喆菁　窦　妍　管　芮　杨明达
贾禹萌　赵旭初　张子嫣　杜成祥　尹　航　佟知宇
蒋瀚佶　李雨晨　吴广浩　高　畅　王怀宇　王宇轩
程光北　李　鑫　苏　怡　齐美玉珍
依尔帕尼江·艾海提　阿达莱提·买买提明

药学专业111人
伊　欣　雷婉钰　刘　啸　贺长栋　王宏智　田　睿
姚　烨　王新童　孙　雪　田振宇　吕海能　孟　坤
李伊丁　范洪玮　张伊楠　王咏诗　程　涛　许　斌
何　娜　朱　凯　陈　欢　徐彬瑗　郝亚萌　李飘飘
郭九州　刘禹希　范朝新　周雨梅　蒋　康　文晓进
崔泽旭　韩　磊　智晓洁　匡　易　唐　琦　李欣然
赵元鹤　彭光华　李子圆　刘一宁　张靖莹　阙梦圆
王怡莲　刘　婷　詹　威　张靖媛　陈　宽　王栩达
艾凌升　刘　纯　周雪莹　李　灏　殷一凡　韦蒙燧
张文杰　张世林　张　最　林垸斌　赵昕毓　梁舒瑶
万　琪　程士轩　王明瑞　王国旭　梁启慧　王岱东
刘圣均　赵　勋　郑怡然　李　岩　赵泽南　杨　睿

毕黛冉	邓运强	杜筱雯	王瑶琪	刘筱茜	傅孟元
林兆晗	梁广楷	薛　杨	尹雅杰	叶尔江·叶尔肯巴依
苏永吉	袁　括	曾　伟	宋　宇	杨　琦	杨岸蒲
陈　曦	裴道勇	卜英子	潘　军	江　澜	王　湉
张漱石	张圃铭	王玉鹏	陈英豪	刘显颖	萧　阔
邱凌琪	蔡晓春	任进宇	李　桢	张羽	孟　帅
卢文博	王增辉	李亦博	刘锦荣		

生物医学英语专业 29 人

董　瀚	邢小京	蒋依兰	米卓琳	吴　奇	周　莉
白　旭	刘霁月	李虹达	樊　星	孔令赫	李　欢
刘　潇	段蛮蕃	代　聪	侯跃隆	茹文臣	唐　尧
李正容	任俊玲	董　伟	张一玮	徐　航	石严洲
周宇奇	高诚诚	艾比布拉·阿不都	郭　磊		
苏里皮哈·帕尔哈提					

医学学士 407 人

护理学专业 23 人

聂志颖	提鑫婧	李　洁	李凤莲	韩京苏	叶
王　尧	傅　誉	刘元圆	刘多奇	殷传伟	谭　雯
张泽堃	郭佩华	曹梦圆	周　楠	邢玉洁	李亚琼
马富一	李　星	高　珊	袁　杨		
阿卜杜力提普江·阿布都热依木					

医学检验专业 26 人

赵雪蓉	李　树	夏雨顿	翟　峥	刘宏超	李丹霓
卓钟灵	马啸龙	吴　桐	姜安娜	张　涵	刘洪淼
刘鑫梦	赵婧晨	娄新琳	黄辰炜	李　畅	郝　运
舒　婷	朱诚锐	杨春晓	尹玉瑶	杜梦梦	
吾米提·肉孜买买提	帕拉沙提·合依力木				

临床医学专业 166 人

杜毅聪	司　高	崔洁琼	肖璐琪	刘贝妮	林乐涛
孙少帅	王迎曦	高于斯	林曼欣	董丁丁	李凌江
何　猛	徐贝宇	周炜杰	彭　东	王珂欣	谢天森
孙祎赢	唐缪田	刘　晓	韦静涛	朱冬冬	莫　若
王向熙	季思涵	翟凌云	章　芮	洪　鹏	张九丰
徽晓兵	黄政翔	赵婧祎	陈佳琰	胡茜玥	王　强
任远方	苏萌萌	林高峰	熊玮珏	陆旻雅	王惠仑
陈锦文	陈拿云	朱思达	沈光前	李梦蕊	张玉秀
朱婉榕	侯　越	杨明子	孙　兴	王　静	崔佳宁
常　远	丁月华	韩　普	杨一峰	彭意吉	王　淼
邢添威	张新宇	卢　鹏	孙　哲	边　涛	童林超
陈思霨	王稼田	任新华	王　帅	周报春	姚东晨
李祖昌	李东航	张一帆	梁静汝	姚兰秋	苗荷佳
乐晓峰	孙伟桐	蔡　伟	陈峥屹	高　畅	尹　露
孙泽文	庞仪琳	林楚童	王　宇	李佳卿	张　玮
尹伊楠	王　熙	林榕城	张　颖	王　锐	冯　昊

陈逸凡	王逸增	邓子玉	徐　晶	黄仲贤	邹　达
王　祎	祝丽宇	刘星雨	巫凯敏	喻冠杰	于钦俊
邓道兴	周晓彬	丁　超	肖蓉心	黄子雄	王芊芸
陈　曦	张亦文	沈胜利	向海东	贾忠旭	李文睿
李　晶	李省辉	武名政	杨子逸	王世鹏	宋　航
范久亿	金　笑	郭　磊	张音洁	顾佳悦	杨　霄
白铭宇	方　可	王岳鑫	王　凯	雷小康	杨嘉瑞
孙彬佳	魏相博	赵志刚	李明真	周明新	陈雨菲
王　奔	梁宇鹏	潘宇宸	崔　悦	周乐群	温　越
袁　磊	王　澍	马闰卓	宗　源	武思乔	李琰霏
王亚魁	郭瑞成	周柏林	刘　露	王关卉儿	
王　楠（1110301516）	王　楠（1110301528）	田周俊逸			
阿卜杜海拜尔·萨杜拉	麦合木提·麦麦提敏				

公共卫生与预防医学专业 80 人

熊秀琴	武　薇	王安琪	杨　俊	赵厚宇	张瑞霖
黄可慧	黄　超	冯　琳	赵　楠	黄　辉	李拂晓
张敏佳	徐荣彬	刘　畅	高雅静	火　达	赵丽君
司亚琴	胡升星	张永亮	周　景	刘佳兴	赵思雨
赵丹妮	甘凤夏	陈　思	王梦楠	乔怡然	殷钰欣
窦长松	郑丹妮	李奕萱	王　裕	谢　婧	董宇琪
任锦丽	黎　力	胡大宇	李浩鑫	程子茜	李雪晨
金冠一	王鑫岩	马　爽	程祎明	李渊博	高　鹏
李嘉琛	张　健	王宇晴	田　园	王　琦	吴震天
钟倩雯	叶　墨	郭铭烟	王　童	米胜男	林燕铭
胡　康	王天星	许　哲	承　钰	周文娟	史　薇
赵晓萌	许艺凡	张博雅	马秋月	黄　尧	蔡源发
贾　旭	邢金栓	黄焕焕	王　丹	秦东亮	燕晶晶
孙美平	赵　屿				

基础医学专业 52 人

张苗苗	孙朝清	祝锦杰	晓　娜	赵小凡	马平川
杨　祎	朱奕彰	季智健	梁贤毅	张辰雨	郑茜宁
董杰斌	于　畅	周兆霖	周长萍	高尔雅	陈　静
李芷晴	杨瑾裕	孟　佳	陈子浩	刘跃峰	赖建豪
陈忠江	郭正阳	孙一喆	陶昶煜	赵晶晶	和晓堃
董一言	杨　越	张靖宇	冯笑雯	计　欣	徐晨忠
王培琰	李丹彤	吴碧涵	王一帆	张　群	郑　申
容颖雪	孙发辉	朱肖琪	徐　昊	张昕玮	闫　颖
张　旭	陈　然	王玉廷	朱羿楠		

口腔医学专业 60 人

李迎莉	娄新哲	潘怡湘	于　敏	程梦琳	宿　骞
张倩莉	张斐然	王　皓	刘雪楠	詹凌璐	王富生
王睿捷	李晓蓓	李　金	刘若曦	刘之宇	刘颖君
李　博	程　喆	范可昂	黄丽东	陈文新	李　强
孙　瑶	蔡天怡	韩高峰	杨　榕	沈琳慧	邱天成
孙　儒	康一帆	靖无迪	刘一迪	郑亚峰	吴志远
粟申平	杜　晴	王　琪	朱宁馨	王思雯	魏冬豪

曾佳骏	张子一	张吉昊	孟　圆	李晓礼	唐　菡
白向松	戚劳源	陈　鹏	闫树东	张　波	孟沛琦
程明轩	冯莎蔚	姚保成	彭　俐	曾　蕾	靳东思奇

2、港澳台及留学生获得学士学位 64 人

医学学士 64 人

临床医学专业 53 人

黄彦书	赵　宽	梁智凯	傅恒峻	尤钧誉	蔡佳蓉
郭佳宜	蒋俊怡	易潞璐	沈瑜庆	王思雯	杜依庭
陈靖媛	赖人杰	杨伊兰	杨　奥	黄靖华	崔　婧
麦尼尔	黄庄顺	廖彩苹	鸣海绚	黄弈达	赵映贤
姜潜庚	李多爱	徐汉赫	韩大评	李成浚	吴受洪
朴贤智	洪淳敏	吴海铉	金时焕	金思瑞	韩宛喜
裴宽洪	丛　霄	金世进	金多荣	杨亚轩	彭欣懿
吴岱芠	谢孟谚	杨庭骅	林　励	黄介廷	金　慧
袁　铭	范乔轩	叶晏其	李丞燃	赵恩始娜	

口腔医学专业 11 人

叶悠悠	胡荃洳	尹祯敏	洪起胤	朴秀英	韩侑璟
洪瑟琪	安哉玟	申东旼	洪章源	康世瑛	

七、医学部 2015 年结业、2016 年换发毕业证书授予学士学位学生名单

临床医学专业 4 人

王丛　刘普乾　陈术溥（港澳台）　奇炫奭（留）

预防医学专业 1 人

单康

药学专业 2 人

黄啸天　闫伟平

八、校本部获得双学位及辅修专业证书学生名单

1、校本部学生获得双学位证书 867 人

法学学士学位 110 人

社会学专业 43 人

贺　群	李　昀	倪　慧	石　琳	孙　珂	唐　诗
王　玥	王　琪	王　瑾	徐　芮	许　孜	薛　颖
姚　洁	张　歌	张　源	朱　灵	陈志浩	符婷婷
郭三娟	郭士嘉	何偲佳	何凯玲	侯志腾	兰筱萱
李华雨	李佳凝	李若曦	齐鹏飞	邱悦铭	谭胜蓝
谭雪儿	唐虹波	王东曼	王昊婷	吴佳倢	吴小宇
吴雨阳	阎蕴运	于铖浩	张剑寒	张翔雁	张一凡
周凯南					

国际政治专业 16 人（早稻田大学项目）

陈旖雯	福泽敏	黄威廉	黄尹颖	金那伶	咸炅旼
槙原慧史	岸俊太朗	北山明亲	川桥天地	今枝静香	
桑原和也	山崎健人	丸山健太	小柳陆人	岩田惠实	

国际关系与对外事务专业 51 人

刘　旭	刘　奕	鹿　溪	夏　琪	徐　磊	徐　枭
杨　瑞	张　磊	张　悦	陈安妮	陈星烁	陈雯怡
邓巧彬	杜金雨	樊千瑜	葛鸿昌	郭彩琛	韩静仪

黄炜鑫	焦含章	康越明	李军阳	李若然	李思佳
李紫嫣	刘紫卉	刘子豪	叶奕宏	毛东玥	毛可心
秦沐坤	孙泽宁	唐宇哲	王公博	王信夫	周冠宇
吴沁俣	肖天祎	杨美祥	杨文轶	杨悦辰	姚俊超
黄建莹	余潇潇	张偲偲	张金金	张如涵	
赵珉莹（留）	郑源景（留）	刘加达（留）	王雪林（留）		

管理学学士学位 9 人

工商管理专业（创新创业管理方向）专业 9 人

吕　楠	尚　斐	谢　杰	陈逸然	俞皓南	倪笑君
谭伊麟	田维希	林俐莎（留）			

经济学学士学位 466 人

经济学专业 466 人

安　冬	蔡　畋	常　媛	陈　诚	陈　宁	陈　然
陈　涛	陈　悟	陈　雪	陈　庄	陈　琪	丛　雪
淡　洋	邓　雷	冯　婧	干　胤	甘　雨	高　峰
高　航	顾　澄	顾　晟	郭　澜	郭　旋	韩　笑
何　南	贺　佳	胡　禛	黄　林	黄　鹏	黄　强

黄越	及桐	贾然	健也	姜行	姜宇	任悦溪	任哲玄	商惟玮	沈惠知	沈宇哲	盛文杰
蒋可	蒋鑫	金地	金津	黎翔	李冰	时航宇	史默臻	宋利伟	宋思捷	宋梓宇	宋昊天
李成	李磊	李琳	李昶	李然	李同	李扬	苏婷婷	孙瑀蔓	孙诗盈	孙一晓	孙植成	孙倩楠
李毓	李昕	李昶	刘畅	李丰	刘嘉	谭东方	谭伊姝	谭卓立	谭炜杰	汤国柱	汤晓路
刘俊	刘坦	刘宇	刘妍	柳毓	娄丹	唐褚怡	万欣钰	汪建峰	汪星宇	汪怡安	王淏然
吕吉	罗祎	罗曼	罗闻	马博	毛祺	王瑀琦	王秉诚	王浩臣	王冀韬	王杰坤	王京晶
孟蕾	彭斌	蒲乐	秦洋	沙凡	邵轩	王梦婷	王其欣	王思明	王婉怡	王伟佳	王文锋
沈莹	宋琦	宋璇	宋钰	童晨	万方	王晓琦	王小芹	王小焓	王雪刚	王宇辰	王宇麒
万岱	汪琴	汪湛	王出	王丰	王晶	王之凡	王子宇	王俪璟	王倩男	王怡丹	王昱杰
王竞	王军	王力	王宁	王蕊	王蕊	魏国华	魏兆越	魏顾瑶	翁逸帆	吴尘染	吴大卫
王伟	王未	王雨	王智	王婧	王靓	吴梦希	吴其阳	吴晓玥	吴艺翀	吴月珥	吴桢钦
王鑫	魏明	吴桐	吴瑶	伍扬	夏瑞	武雪健	谢佳艺	欣芷如	信颖超	徐经纬	徐僮言
向伟	肖贝	肖娇	肖瑶	谢楠	信心	许剑锋	许诣铃	许泳昊	严云扬	阎晓韵	杨广远
徐菲	徐涵	徐战	许多	许盈	许酌	杨若兰	杨慎敏	杨舒晗	杨维维	杨晓雨	杨一博
颜欣	杨旸	杨冰	杨城	杨帆	易超	杨治洪	杨壮远	杨子易	杨琦嵘	杨璨瑜	杨晟子
易辉	于越	余冰	张辰	张祎	张双	杨皓哲	姚方舟	姚玲苗	姚一凡	姚一鑫	殷裔安
张巍	张瑶	张艺	张怡	张璐	张烨	尹玉萍	游园园	于成曜	于芳博	于浩源	余梦露
张雯	赵欣	钟京	仲琼	周敖	周璇	俞方舟	俞培源	袁苗苗	袁玉玺	苑子豪	苑子文
朱翀	朱妮	卓楠	邹琳	佟瑶	窦芃	曾佳萍	曾彦琪	章亿安	张恩田	张光远	张寒露
覃天	安梦琪	白瑞雪	白一平	鲍星宇	博昊楠	张虎来	张佳宁	张家康	张进鑫	张力天	张萌宇
蔡露哲	蔡少峰	蔡心怡	曹琳琳	车静屏	陈冬冬	张舒航	张天玮	张文豪	张艳晗	张雁楠	张伊妍
陈景诚	陈俊涵	陈润文	陈诗聪	陈思雨	陈祥军	张雨思	张元辰	张云起	张志豪	张智榕	张恺箓
陈雅桐	陈震鹏	陈懿楠	程智超	承燕语	储成杰	张寰宇	张璐婷	赵浩男	赵嗣彰	赵万荣	赵晓依
崔梦雅	邓佳豪	丁凌霄	丁朋辉	都闻心	段晓豪	赵悦蓉	赵骁宇	郑灵超	郑云溢	周丽玮	周启衡
兑妍槿	范继敏	范文琦	方静一	方竹喧	冯思源	周逸云	周毅成	周雨思	周宸宇	朱时瑶	朱雨卉
付思睿	高千茜	高瑞琦	高云峰	谷青春	谷月昆	朱子杰	朱昱玮	庄秋玲	蔺思淼	邓舒瀚雅	高雪胜男
顾嘉杨	韩明轩	韩妍婷	郝依然	何进阳	何佩莲	蒋智惠（留）		刘宪相（留）		金娜罗（留）	欧阳逸群
何诗航	何思思	何苏岚	何逸洲	何婷婷	贺心蕊						

理学学士学位178人

数学与应用数学专业49人

衡世霖	洪艾菲	洪松柏	侯忻好	胡大炜	胡浩阳
胡凌彦	胡秋煜	胡元缘	胡展培	胡怡静	黄天立
黄庭昌	黄易旻	黄逸岑	纪雪云	贾宇博	姜笑雨
姜皓云	江道昆	蒋明轩	蒋欣佳	蒋紫晗	金德弘

陈瑒	傅康	付博	贺凯	李喆	李玮
彭堃	孙柘	王锐	王骛	许聪	印航
郑璞	陈劲夫	陈如意	代博琦	单君翌	邓佳佶

金美岑	栾思寒	金晓晗	靳兆晨	可黎明	雷明达
黎政宏	李广兴	闫徐乾	李嘉津	李嘉伟	李金龙
李俊禹	李美瞳	李明哲	李宁健	李宁汀	李斯淼
李文聪	李文亮	李熙泽	李小雨	李彦亮	李勇锋
李则达	李姝凝	李煜哲	李铮铭	连心怡	梁喆晖
梁黄炫	梁俊杰	梁维聪	梁邑铭	林靖欣	刘海文
刘俊诚	刘丽萍	刘敏行	刘鸣杰	刘双城	刘思雨
刘松吟	闫盈盈	刘雪莹	刘一璇	刘依苇	刘谊颖
刘正南	刘奕彤	刘婧妍	柳红亮	楼珂珺	娄宇阁

丁碧莹	樊樵枫	冯树林	郭文韬	何东旭	江韶飞
乐天昊	李大可	李雪钒	李逸峰	李祺君	林则仁
刘俊宛	刘伟光	刘允鹏	宋思宇	孙本元	汪星宇
王柏文	王志浩	魏子庄	夏平宇	谢怡然	徐润洲
杨金元	袁直毅	张翰驰	张连登	张天一	郑雅伦
刘歆子建					

统计学专业48人

鲁雨涵	陆思岑	陆一岑	吕旭东	吕雅馨	罗登科
罗建阳	罗志薇	罗撮玲	马凯夫	马若楠	马树灯
马欣妍	马玉丽	麦艳芬	勉小玲	聂晓萌	欧嘉婷
欧舒婷	潘佳佳	庞博宸	彭龄萱	彭瑶瑶	祁泽钰
钱伟志	邱明昊	屈博雅	任鹤坤	任孝民	任宣澄

曹怡	高飞	宫颖	贺潇	刘腾	路浩
吕晔	欧南	王宁	于澜	张晗	赵菡
周垚	程偹然	代玉川	邓尚律	冯薪铫	冯哲逍
韩佳运	贺震雯	侯明威	胡邦毅	黄清扬	蒋青松
黎明原	李红霞	梁鹤也	刘径舟	刘庆波	牛铭梓

邱雪婷	阮智睿	盛大林	孙海梦	唐至睿	王佳琛
王兴杰	王昊博	王钰希	熊佳铭	应京含	张可慧
张旭慧	张翼飞	赵亿欣	李炜烽	谌泽昊	晏珅熔

物理学专业 3 人

曹春洋　梁方淳　王仁明

电子信息科学与技术专业 1 人

李　航

心理学专业 53 人

丁　晖	韩　阳	林　芳	王　松	王　卓	文　景
杨　晨	杨　阳	姚　源	余　悦	张　泽	赵　群
郑　媛	钟　旺	蔡雅垠	陈翌扬	陈蓓尔	龚灏宁
胡倩卿	黄曰诚	江露阳	江曜民	李慧婷	刘纪一
刘坤鹏	刘云博	马树铭	宁雨轩	紫雨青	尚林玮
沈雨菲	宋梦祎	宋明育	唐静怡	王虹元	王梦潇
王牧之	王琼慧	王艺颖	吴亦歌	肖晓群	杨嘉禾
叶诗婷	袁亦扬	张美怡	张梦露	张誉腾	赵怡然
郑晓岚	祝晨琳	朴柱松（留）	高桥奈介（留）		
上官康齐					

计算机科学与技术专业 7 人

全　柯	熊　典	庄　涵	孙唯童	夏泽青	谢冰阳
张成九					

计算机软件专业 17 人

陈　实	段　叠	邓志雷	侯逸湖	刘天祎	马博文
马晶苇	沈心宜	孙斌韬	王秋野	王昕然	王晓玮
徐璐颖	姚郁诗	尤之一	张疏竹	庄育龙	

历史学学士学位 24 人

历史学专业 24 人

杨　帆	陈楚珂	丁文婷	董汝洋	付胜南	姜子骞
李超宇	廖润贤	毛思源	牛耀丹	漆岳晖	孙曦萌
万广超	王雨童	韦冲霄	徐梓岚	颜燕华	杨丹妮
张方华	张钦惠	张若耘	赵玥辉	周伯洲	周诗语

文学学士学位 28 人

汉语言文学专业 28 人

高　远	郭　睿	李　畅	罗　毅	沈　颖	袁　婧
陈晗倩	崔秀琳	高雨晴	巩潇雨	郭文嘉	华天韵
蓝星宇	李莹萌	刘萍萍	刘紫莹	史行风	宋纯一
王雨菲	王振行	韦正杰	许令玮	杨黎泽	周昊宇
邹冠男	瞿湘玉	张景若豪	岩田文绘（留）		

艺术学学士学位 33 人

艺术学专业 33 人

陈　寊	鞠　晨	李　珣	龙　婕	秦　雪	田　璐
王　俊	赵　丹	包莹莹	蔡一能	苍司宇	陈翌炜
董欣然	胡金妍	胡玲玲	江小月	李梦依	李涛波
李绯悦	刘兆怡	吕思瑶	孙孺傲	孙艺笑	孙茜蕊
孙菡浥	唐梦爽	唐于朝	王登鑫	王佳明	王晓宇
肖冰洁	叶霄麒	亓悉蓉			

哲学学士学位 19 人

哲学专业 19 人

申　思	宿　莽	杨　翔	叶　磊	余　亮	张　亮
蔡总熙	崔昆阳	吉砚茹	李东辉	李君然	林华希
蒲劲秋	钱志航	任思奇	施林青	张予南	李易雨簏
许良洲（留）					

2、外校学生在校本部获得双学位证书 161 人

经济学学士学位 161 人

经济学专业 161 人

白　冰	常　捷	陈　键	陈　琳	陈　威	陈　昕
崔　琳	邓　飞	冯　晴	高　文	高　扬	关　昕
韩　彬	韩　勖	韩　瑾	韩　昱	姬　昱	李　达
李　静	李　玖	李　佩	李　翘	李　珂	刘　赫
刘　嵩	柳　黎	吕　言	罗　彤	孟　鑫	邱　晗
曲　振	师　拓	孙　梅	孙　铭	孙　熠	田　欣
王　玥	王　迪	王　帆	王　翀	王　越	信　欣
徐　驰	薛　晗	颜　韵	杨　茜	叶　丹	尹　珊
于　潇	余　洋	袁　见	张　潮	张　津	张　力
张　瀑	张　为	张　文	张　翔	张　鑫	赵　琳
赵　杨	赵　悦	周　悦	闫　欣	白楠溪	鲍琪琦
曹启齐	曹思远	曹艺丹	茶国吉	陈儒君	陈思佳
陈泽昆	陈嫣然	戴晦明	丁木桥	丁芊文	杜竺珊
段文龙	方茂欢	房丽日	冯显骏	付昭欣	郭大卫
郭旭东	郭子愉	郭婧怡	郭昊鑫	郭曦泽	韩操宇
韩国栋	韩颖慧	何青秋	黄舒锐	黄子峻	惠大亮
姜荣建	李彩英	李明超	李忆时	梁明礼	林青昱
刘天之	刘文心	刘新航	柳亚会	陆长滨	陆留铭
马业萍	马潇南	毛润欣	牛牧遥	钱沈申	秦西彦
饶着译	尚加奇	邵子骏	盛韵心	施润茜	宋春梅
苏日娜	孙雪莹	田笑雪	王邦国	王书剑	王旭辉
王之琦	王馨宜	王婧雯	夏锦清	徐鹏飞	徐远航
杨博闻	姚植译	尹智斌	于伟洁	苑昕铭	张喆深
张亮韬	张琳琪	张舜栋	张天宇	张小溪	张雅琳
张燕磊	张永锋	张宇涵	张志邦	赵奉宣	赵晋锋
赵孟灏	赵彦寒	郑伟业	郑紫云	郑瑜晗	周慧珺
周思蕊	周晗昱	邹翊歆	邹渊源	伊林甸甸	

3、校本部学生获得辅修专业证书 139 人

社会学专业 2 人

曾 键　赵佳琦

国际关系与对外事务专业 5 人

邓 艺　韩 超　刘 洋　唐梦莲　王玉超

工商管理专业（创新创业管理方向）5 人

邱 枫　周 舸　陈红宇　高健博　沈钟灵

经济学专业 22 人

丁 昊　王 琳　张 帆　张 宇　郑 智　陈可心
陈智敏　储翌尧　何李霸　何紫芹　胡安冬　李夷帆
刘立伟　刘思雨　施佳妍　宋伊歌　徐乾桐　章鸿飞
张可欣　赵睿哲　周千裕　庄子奇

数学与应用数学专业 14 人

曹 博　顾 韬　梅 林　宁 潇　唐 斌　卜宇超
杜云舟　吉明宇　李君涵　林恒阳　肖卓成　燕宇飞
余金星　张思伟

统计学专业 14 人

孙 菁　陈宽永　高兆泉　鞠坤路　李思锦　林佳侃
施恒彬　施启璇　唐轩宇　王照寒　谢丽燕　熊诗语
袁哲航　张吉远

物理学专业 1 人

王 宇

生物科学专业 2 人

刘 娜　向英豪

微电子学专业 1 人

李寒曦

心理学专业 18 人

康 磊　李 静　朱 旭　高美琪　郭奕冲　兰兆千
李雪岩　年雪琦　沈丹妮　石谷雨　王博洋　王艺伟
肖由笛　姚柳合　张冰凌　张春琳　钟媛媛　黄子權

计算机科学与技术专业 7 人

沈 茜　李丰翔　林人瑞　刘轩清　孙士涵　王苡人
张宇轩

计算机软件专业 4 人

步 一　龙先伟　薛渊博　杨明如

历史学专业 6 人

翟达琦　高山青　黎小童　刘雪临　王珈玥　张潇艺

德语专业 10 人

丛 薇　李 昀　王 雪　刘海康　倪泽堃　汪欣怡
王政纲　杨诗楠　张子悦　郑纪元

法语专业 12 人

丁 艺　秦 肯　杨 莹　张 彤　范佳慧　符舒程
李乐婷　庞林立　温倩倩　许迪明　颜景央　张欣雨

西班牙语专业 1 人

韩牧岑

日语专业 12 人

程 威　程 宇　冀 毅　陈城杰　陈宇凡　陈志源
王丹妮　尹晓宇　袁乐琼　张家兴　郑林壮
李艺真（留）

艺术学专业 2 人

关凌宇　王佚菲

哲学专业 1 人

王一凡

九、医学部在校本部获得双学位及辅修专业证书学生名单

1、医学部学生获得双学位证书 141 人

法学学士学位 15 人

社会学专业 15 人

白 旭　何 娜　李 畅　刘 潇　许 哲　张 健
张 岳　甘凤夏　李丹霓　李悦姗　刘多奇　吴震天
谢天森　张博雅　张圣捷

管理学学士学位 1 人

工商管理专业（创新创业管理方向）专业 1 人

朱诚锐

经济学学士学位 80 人

经济学专业 80 人

陈 静　陈 宽　承 钰　樊 星　冯 琳　傅 誉
高 鹏　高 珊　黄 超　黄 辉　匡 易　李 星
刘 畅　宋 航　宋 宇　苏 怡　孙 雪　谭 雯
唐 尧　田 园　王 丹　王 锐　王 琦　杨 俊
伊 欣　尹 航　袁 杨　曾 蕾　曾 伟　张 旸
赵 楠　邹 达　陈子浩　邓运强　董宇琪　高诚诚
高雅静　郝亚萌　贺长栋　侯跃隆　贾禹萌　姜安娜
姜妍馨　金冠一　孔令赫　乐晓峰　李拂晓　李虹达
李润嘉　李省辉　李亚琼　李亦博　林燕铭　林垸斌
刘佳兴　刘元圆　刘霁月　苗永青　司亚琴　孙美平

王国旭	王一帆	王逸增	王宇轩	熊秀琴	徐荣彬
燕晶晶	杨岸蒲	杨子逸	张安琪	张敏佳	张明宇
张一玮	张泽堃	赵晶晶	赵丽君	赵晓萌	周柏林
朱奕彰	苏里皮哈·帕尔哈提

理学学士学位 35 人

数学与应用数学专业 3 人
萧　阔　徐　航　邓子谅

统计学专业 8 人
代　聪　马　爽　段蜚蕃　雷婉钰　李鹏程　姚兰秋
张一鸣　赵厚宇

心理学专业 22 人
陈　鹏　陈　霁　崔　悦　高　畅　刘　晓　周　莉
陈雨菲　郭姝珉　洪淳敏　黄子雄　李浩鑫　李雪晨
梁宇鹏　林高峰　刘国臻　马富一　彭意吉　王碧君
王怡莲　杨嘉瑞　钟倩雯　祝丽宇

计算机软件专业 2 人
董　瀚　刘宏超

历史学学士学位 3 人

历史学专业 3 人
娄新琳　米卓琳　赵旭初

文学学士学位 4 人

汉语言文学专业 4 人
黎　力　尹玉瑶　张琳爽　张瑞霖

艺术学学士学位 1 人

艺术学专业 1 人
吴　奇

哲学学士学位 2 人

哲学专业 2 人
陈　琳　蔡晓春

2、医学部学生获得辅修专业证书 16 人

工商管理专业（创新创业管理方向）专业 1 人
王明瑞

经济学专业 3 人
马闰卓　张子嫣　佟知宇

数学与应用数学专业 1 人
刘圣均

电子信息科学与技术专业 1 人
吴　桐

德语专业 1 人
徐　昊

法语专业 5 人
舒　婷　程祎明　马秋月　邢小京　熊玮珏

日语专业 4 人
毕黛冉　刘锦荣　王惠仑　王新童

（教务部）

研究生毕业生名单

硕士毕业生名单

数学科学学院

鲍　为	陈江琦	陈力仲	陈　著	陈子颖	陈灏宏
陈　璞	邓　巧	董暄雨	樊家琛	范若昕	高　嵩
郭留杨	韩东庆	何哲豪	华　龙	黄大冎	黄　杉
冀海宏	蒋松之	蒋　瑶	景芳园	李安琪	李奥琛
李　德	李漫欣	李漫雪	李彦鹏	李　瑾	李　昊
李　晖	梁书环	刘　勋	刘　晨	刘骋宇	刘洪林
刘　森	刘晓康	龙　雪	娄向阳	卢　茜	秦晨翔
邱颖骏	曲　焜	任书琪	石道辰	石　鑫	宋少栋
宋智鑫	孙慧媛	孙　龙	田晓禾	童　涵	涂列捷
王　聪	王家列	王强力	王淑贤	王　翔	王晓宇
王译梧	王　琦	王　钰	魏　雷	吴世威	吴泽彬
谢　鑫	徐　凯	徐鹏超	徐心远	薛　非	杨晓舟
杨雪峰	杨彦煜	杨皓翔	姚　帆	姚　贺	尹　硕

于瀛鑫 袁 豪 曾子权 张 晨 张镭雷 张强翔
张向东 张 怡 赵国宇 郑小驹 朱 波 朱明昊
臧佳玮 瞿佳茜

物理学院

白 晨 白 泉 陈国富 陈晋轩 陈潇驰 何志伟
贺科科 吉文成 李朋杰 李青晟 李 伟 李 旭
李 扬 李卓鹏 凌 云 刘 韵 刘 韬 吕志强
唐美雄 童 瑶 王存贵 王 磊 王 蕊 王少泽
王晓静 王章龙 徐 丽 严 引 杨晓雨 于济洲
于仁杰 袁海宇 张丹霏 张广文 张 欢 张继波
张 骏 张宇导 朱 隆 朱清照 朱亚永 左 全
晏晓东

化学与分子工程学院

常玉珊 陈 旭 陈 烨 邓传东 蒋京呈 陆 宽
宋 岳 王以诚 王永明 杨 涛 于天麟 张一鸣
邹 宇

生命科学学院

梁 清 刘 丹 刘 筱 乔 晗 屈 颖 宋 巍
伍应丹 薛 昶

地球与空间科学学院

艾 晟 陈亚平 陈 艳 陈 洋 陈昕昀 邓珍珍
丁 聪 董佳慧 范锐彦 方媛媛 高 彬 高佳佳
何 晨 侯慧坤 黄 妍 姜 城 姜 丹 姜 源
焦健楠 金玲艳 景 妍 李罗兰 梁雅伦 梁雨薇
廖 闻 林思达 刘甜甜 刘颖超 刘 照 刘 婧
刘 璐 刘 飒 吕雷奇 吕明达 梅可辰 孟晋杰
彭学峰 饶俊峰 阮文治 申 琳 盛英帅 石瀚文
苏星瑶 孙越君 万梦娇 王峰伊 王 凯 王明明
王乾乾 王思理 王 洋 王 英 魏霖荫 魏云鹏
吴金兵 吴尚竹 谢雨晴 熊浪涛 许 丽 杨 艳
叶威惠 于海飞 于泓峰 余靖毅 张 成 张 院
赵 伟 郑培晨 郑小坡 钟 思 周 明 周鹏程
周 毅 朱丹妮 朱 峰 朱 杰 朱尉强 邹学森
闫 东 闫兴亚 闫 鑫

心理学系

安姝睿 楚 晨 戴瑜霆 杜 伟 方银萍 高 歌
郭慧莉 郭向卿 郭效伊 何昀谚 黄逸菲 孔维翊
李娟娟 刘 栋 米田悦 邵爱萍 邵晓琳 沈 佳
谭 鑫 万巨玲 王凌燕 王 萍 王 洋 王 婷
王 璐 王炜龙 温 悦 武亚雪 徐婉尧 许晓敏
薛芳璐 薛 梦 杨剑兰 杨晶晶 杨秀杰 叶怡君
尹茹琳 苑文杰 詹俊雅 张 晨 张 达 张 昆
张 腾 张 庭 张 雪 张 薇 张恺笑 赵晨颖
周 鹏 朱可人 朱 敏 栾尚君

软件与微电子学院

刘子宁 吴碧纹 张硕仁 张绫恩 张廷诚 张欣蓉

张皓轩 白 冰 白 洁 白鹏荣 卢本仁 薄秋磊
鲍 绅 毕业程 毕 益 蔡斌斌 蔡朋睿 蔡文杰
蔡岳勋 蔡智强 曹丁红 曹明亮 曹乃仁 曹盼盼
曹强强 曹圣玫 曹向磊 曹潇予 常 青 车玉媛
陈白琳 陈朝明 陈 晨 陈 诚 陈 涵 陈 吉
陈佳星 陈建坤 陈江玲 陈 杰 陈靖宇 陈君竹
陈 康 陈 梦 陈梦雪 陈 思 陈文杰 陈艺予
陈 宇 陈志军 陈子豪 陈子怡 陈 馨 陈 曦
陈曦钊 陈祯扬 成贺睿 成天壮 程楚夏 程柯柯
程政维 程子航 程薇宸 程 璐 迟 丞 崔哲晖
戴 顺 戴 威 戴雄杰 戴 鑫 代胜飞 丹俊霖
邓宏斐 邓凌宇 邓 英 翟云飞 丁德莹 丁广元
丁 蕊 丁若婷 丁少慧 丁秀金 丁艳芝 董春涛
董 涛 董晓晨 杜 超 杜春辰 杜丰宇 杜秋熳
段 婧 范光宇 范陕珊 范晓亮 范英明 范雨霏
范 睿 方睿帆 方 冀 费 跃 封 舜 冯偲琪
冯 硕 冯向朋 冯雪菲 傅成伯 付 彬 付万良
甘桉妮 高建宇 高 洁 高 山 高 雅 高亚楠
高 月 高志瑞 葛富臻 葛 霄 耿 超 耿 尧
耿 鑫 耿鑫州 关丽丽 关启强 郭 傲 郭焕喜
郭 佳 郭建超 郭晶晶 郭靖东 郭 威 郭艺伟
郭玉婷 韩光亮 韩 萌 韩甜甜 韩一鹏 韩易菲
韩 越 韩婧芝 韩 楠 郝国强 何钧洋 何茂增
贺东杰 贺强强 侯福国 侯云飞 侯 征 候华龙
胡朝峰 胡成建 胡成云 胡殿坤 胡国标 胡佳昕
胡 亮 胡乔平 胡沈东 胡 腾 胡 笛 虎振义
华 松 华晓辰 黄荒原 黄吉春 黄继超 黄盛山
黄 蔚 黄孝彬 黄欣宇 黄星知 黄雅楠 黄盈滢
黄玉海 黄 琪 霍 达 霍华荣 霍亮亮 吉晓琦
吉余道 纪 全 贾爱华 贾 辉 贾 焱 姜 峰
姜 峰 江俊儒 蒋婉莹 焦 芳 揭月薇 金宇琦
荆 斌 寇 敏 蓝天媛 兰 铁 兰为谦 冷孝伟
李柏洁 李 冰 李卜石 李 超 李春光 李 聪
李 峰 李 峰 李冠男 李冠楠 李 航 李 恒
李洪宇 李嘉俊 李建军 李静雅 李敬杰 李 磊
李连波 李琳然 李明初 李名威 李 奇 李 晴
李秋平 李秋宇 李茹蒙 李 莎 李 商 李 帅
李 伟 李文奇 李文源 李文婷 李 想 李晓波
李晓晴 李晓晓 李小军 李星辰 李雪松 李雅慧
李亚州 李艳慧 李 杨 李 洋 李 阳 李一季
李伊旻 李毅超 李永新 李雨凌 李羽佳 李玉卓
李育豪 李 源 李泽众 李振伟 李志刚 李潇奕
李瀚逸 李姗姗 李 琦 李 柯 李 轶 李 昕
李 罡 李 钊 李 铧 李 鑫 李鑫辉 栗 阶
栗 康 廉 烨 梁 超 梁 宁 梁 文 梁云辉
廖卫龙 林丰丰 林汉华 林 俊 林李吉 林 丽

林 伟	林细君	林小嫚	林宣竹	林哲宇	林宥宏	肖 杰	肖陆镝	肖 坦	谢林阳	谢旭东	辛雨非
林玟萱	凌牧野	凌旌凯	刘安浩	刘 滨	刘 波	熊方蕾	徐安琪	徐 飞	徐家棋	徐 骏	徐华忆
刘 博	刘朝霞	刘传飞	刘传毅	刘大华	刘丹琦	徐万泽	徐小倩	徐学良	徐玉静	徐跃会	徐 妍
刘广茂	刘国帅	刘寒寒	刘建伟	刘京园	刘京玮	徐 昊	许博涵	许 栋	许竞丹	许 雷	许善宁
刘静静	刘 靖	刘 娟	刘 林	刘 敏	刘明亮	许仕嘉	许书源	薛 刚	薛 卉	薛惠琴	薛翔翔
刘巧俏	刘仁敏	刘 珊	刘书文	刘 帅	刘 涛	薛 楠	薛 晗	严秋平	杨 倧	杨宝旭	杨冰莹
刘天姣	刘统一	刘 伟	刘 肖	刘兴龙	刘 雄	杨 锋	杨 刚	杨恒杰	杨鸿达	杨宏辉	杨静雅
刘 艳	刘艳珣	刘 杨	刘逸飞	刘逸路	刘颖涛	杨立群	杨路炜	杨 霄	杨晓峰	杨晓靖	杨依凡
刘禹均	刘云涛	刘 哲	刘紫薇	刘 璐	柳鸿涛	杨雨凡	杨 哲	杨政峰	杨 晔	杨 晗阳	晖
柳亚会	柳叶青	柳泽明	隆正伟	娄 颖	卢刘杰	姚 诚	姚金城	姚少博	姚亚飞	易恩和	殷 甦
卢 婷	路靖威	陆昌昕	陆 迪	陆 健	陆普安	尹舒蓬	有 全	于海滢	于鹏程	于天雨	于文博
吕 广	吕培源	吕思蒙	罗 磊	罗 曼	罗绍栋	余东雷	余飞辉	余金鑫	袁 恒	袁诗明	袁心彤
罗阳阳	罗宇峰	罗照军	罗哲雄	罗子君	罗 楠	袁应洁	袁 晖	原菁菁	岳 岗	岳金凤	曾 晖
罗昊天	马霖青	马 能	马启文	马荣荣	马瑞霄	曾稳钢	詹 振	张 波	张晨晨	张诚祐	张 弛
马 特	马 笑	马远程	马 妍	马 麟	毛文兵	张 达	张大柱	张飞宇	张 航	张 浩	张吉祥
孟成真	孟帅楠	孟维宸	孟蔚洋	孟文斌	孟 岱	张坚楠	张 杰	张 靖	张俊锋	张俊杰	张 磊
莫 曲	莫雄剑	穆 青	倪壁东	倪超超	倪 顺	张丽娟	张 琳	张 萌	张 明	张墨含	张 能
倪向男	倪 骁	念小玲	牛 童	欧阳威	欧阳宗慧	张 宁	张仁钊	张 舒	张 爽	张松清	张 腾
潘 冲	潘 滔	潘协灿	潘 阳	盘睿智	庞 涵	张同浩	张巍琼	张 伟	张 伟	张文婷	张新贺
庞进安	庞克俭	裴 鹏	裴秋瑾	彭 博	彭洪涛	张 旭	张 轩	张亚苹	张亚琦	张雨飞	张誉耀
彭金柯	彭伟琪	彭一夫	漆宇飞	祁媛媛	钱超洋	张 振	张 政	张自炎	张 赟	张峥楠	张潇予
秦 策	秦 乐	秦 媛	秦 楠	邱翎忻	曲 璐	张妍喆	张玮莹	张 琨	张瑜婕	张 砣	赵 冬
叶芝宁	饶 齐	任 彬	任理栋	任立峰	任 意	赵冬宇	赵 浩	赵 军	赵俊丽	赵立力	赵立振
阮湘蓉	赛佳男	邵巾芮	邵 帅	申 晴	沈金虎	赵龙龙	赵鹏程	赵生宇	赵圣楠	赵仕荣	赵 烁
沈 翔	沈 悦	沈 昭	沈 妍	施旺	石 晨	赵天浩	赵 彤	赵婉莹	赵 寻	赵洋洋	赵艺康
石佩鑫	石天冶	石月奇	史 乐	史晓枫	舒 龙	赵意娜	赵正博	赵子铭	赵 婷	甄志昊	谢姗婷
宋 军	宋凌云	宋 蛟	苏东相	苏晓璇	孙会春	郑 靖	郑俊杰	郑满意	郑荣乐	郑文景	郑晓娴
孙建丽	孙梦迪	孙庆娟	孙曙光	孙思远	孙 涛	郑艳红	郑英儒	郑志凯	周 丹	周 伐	周淮祺
孙伟骏	孙永征	孙 跃	孙梓洲	塔 娜	苏飒羽	周 欢	周嘉琦	周 琳	周露盼	周梦迪	周鹏程
苏玫瑄	谭 欢	谭鲁湘	谭雪芹	谈 楹	唐 虎	周延冉	周 妍	周 皓	朱灿华	朱单单	朱弘宇
唐 涛	陶 简	陶玺磊	田昌志	田建荣	田 谋	朱津函	朱凌昊	朱瑞沁	朱婉婷	朱夕子	朱旭芬
田 涛	田乙博	同 笛	童信凯	涂加旺	涂润南	朱钰慧	卓 毅	邹 星	左礼骏	佟 凌	佟雪林
涂 琦	万 祥	汪昌海	汪建伟	汪彦冰	汪 洋	谌 力	邬俊斌	邹易澄	郑汇龄	岑伯超	闫 军
汪毅雄	王 璟	王璟玥	王大鹏	王丹丹	王定琛	闫强明	闫 婷	闫 案	陈梅棋	陈昱璇	滕 芸
王东艳	王 芳	王 飞	王桂存	王 涵	王 欢	黄鼎鉴	黄慧修	黄婉瑜			
王剑波	王剑桥	王 洁	王 康	王 可	王克涛			**新闻与传播学院**			
王凌波	王路玉	王梦佳	王梦晴	王梦楠	王敏轻	张耀升	白昱阳	车乐格尔	陈 晨	陈心竹	陈亚迪
王 宁	王青山	王任平	王若帆	王舒蘅	王 威	陈彦蓉	陈潇剑	崔安琪	董维君	朵 兰	方晓恬
王 卫	王卫林	王希姝	王笑寒	王新宇	王旭光	管泽旭	郭 炉	郭芭然	郝思斯	何 萍	胡克凡
王 洋	王一舒	王艺蓓	王 宇	王 越	王志凤	胡馨木	黄清怿	黄 杨	姜 波	蒋若静	金炎霏
王志伟	王智浩	王忠岩	王仲石	王 赟	王 赟	孔 颖	黎 莎	李奥娜	李 飞	梁振宁	刘 甦
王 茜	王妍文	王媛媛	王 琦	王梓漪	王 楠	刘 芳	刘华东	刘君竹	刘 念	刘 宁	刘珊珊
王煜琳	王 頔	韦甲星	魏羚杰	魏 屹	魏志凯	刘时雨	刘晓清	刘怡君	刘 雯	罗春晓	马 珺
魏 婷	魏梓恒	温晓静	翁剑英	吴 波	吴金庭	马 欢	马 婧	孟冉冉	牛雪珺	奇 峰	奇 乐
吴 通	吴 悠	吴增超	武 牧	武溪乔	武欣博	钱一彬	萧 荃	宋 骞	孙 畅	孙燕卫	檀彦杰
伍 剑	伍贻斌	席 珂	夏桂芳	夏 江	项文超	谭 卓	唐超男	唐倩茹	田雨思	王 飞	王丽丽

王勤硕	王天麟	王 星	王亚平	王雨思	王 皓
魏兆阳	巫仕彦	项 思	谢佩宏	徐 阳	徐悦理
许意涵	杨慧珺	杨 薇	姚 尧	应 武	余哲西
袁晓琳	袁 野	袁紫祥	章丽杰	张 强	张菁杭
张 欣	张艳艳	张艺瑾	张 琦	赵黎黎	赵 瑞
赵 恺	赵 鑫	郑 施	周子越	朱国峰	朱若淼
郑凯霖	雒健晴				

中国语言文学系

吴宜谦	蔡雯清	曹 阳	陈 超	陈新欢	程 晨
程海伦	程 蓉	程远图	董亚惠	冯 颖	付泽新
高赛男	高 薇	葛诗卉	桂春雷	郭正平	韩 煦
郝 晨	贺璞薇	呼丹华	胡珈萌	胡琛莹	黄鸿秋
蒋宝杰	蒋 博	蒋思婷	金晓丹	康宇辰	雷瑭洵
李 辰	李建华	李 科	李卿蔚	李少博	李双南
李天豪	李婉君	李 巍	李 想	李晓蓉	李玉长
廖 艳	刘晨智	刘兰芷	刘梦诗	刘翔宇	刘晓茜
刘志航	刘葭子	刘 婧	刘婧婷	卢 涛	陆沁诗
罗雅琳	骆文平	马 琳	苗宇晶	潘庭玉	蒲晓天
齐肇楠	乔 红	曲 楠	尚晓茜	沈雨潇	石澳京
石爽爽	宋凯琳	宋双双	宋 潇	孙 旻	孙大海
田 骏	田 未	童可依	汪 洁	王晨晨	王柑琪
王 丽	王新房	王远哲	王恺文	王 焱	魏域波
尉雯琪	向灵凤	肖映萱	谢大丰	许晓迪	杨思敏
杨卓灵	杨镝霏	叶述冕	于洪清	张 畅	张丹丹
张 卉	张建铭	张 丽	张 力	张琳莉	张迎雪
张雨晴	张跃月	张紫微	赵君楠	赵淑珍	赵雅娇
朱 航	朱瑞婷	谌 幸	闫梦醒	陈姵瑄	黄隆秀

历史学系

曹茜茜	陈洪龄	段舒扬	段维维	韩亚威	黄志超
李继东	李志文	李芸鑫	李 昀	林欢彦	麦继亮
倪 晨	钱栖榕	史嘉伟	孙梦婕	田 天	王宝凤
王 唱	王沁鸥	吴帅帅	姚舒怡	俞莉琪	岳嘉宝
张国帅	赵象察	赖昱州			

考古文博学院

蔡鸿博	丛诗音	达吾力江·叶尔哈力克		方若素	
冯 妍	谷 雨	顾志洋	郭子莉	何 纳	李绚丽
李绮霞	梁根铨	梁 源	林怡娴	刘秋佚	马燕莹
商晨雯	孙雪静	王 星	王诗涵	吴煜楠	夏 涛
于浩然	郑欣荻	周子与	朱 柠	奚牧凉	

哲学系

常 悦	陈柳玮	陈千千	陈 杨	程雨凡	方 冕
付敬辉	高 琪	韩梦迪	韩咏钏	郝颖婷	何腾龙
黄 笛	黄 朵	黄译乐	黄镱铷	黎晓阳	李舒群
李 想	刘任翔	刘 兴	刘珂舟	卢小苹	吕天择
罗广龙	罗晓维	马得草	马 洁	田忠元	王少雄
王茜茜	伍翔凤	徐 超	张桂芳	张燕红	赵 悦

| 郑晓莹 | 周世愚 | 朱 欣 | 褚叶儿 | | |

国际关系学院

艾 鹏	包亦然	陈秉宙	陈菊婉聪	陈美谷	陈 然
崔 圣	崔 莹	戴帼君	杜虹颖	耿殷杰	龚玉婷
谷祥楚	何嘉荣	何 祥	侯星辰	霍雪霏	贾 丁
蒋舒雨	蒋友伦	景 甫	李狄珅	李鸿雁	李洪胜
李秋平	李宛霖	李 妍	梁艺染	林 野	刘秉翰
刘佳宁	刘 乔	刘维杰	刘一鸣	刘 悦	刘宗强
卢雨涵	卢紫烟	罗 芳	毛 懋	牛妙卓	潘竞男
彭 澎	乔镜蜚	任柳佳	沈东谱	师义帆	石静茹
孙 婧	谭仪妮	田 汉	田马爽	王 博	王 琳
王敏钊	王馨安	王菁菁	王 婕	伍雪骏	辛经纬
徐亚男	徐泽宇	杨博允	杨 桦	姚 荷	姚 晴
余欢欢	张梦秋	张紫竹	赵 珣	郑唯实	郑 璐
周彩婷	周惠萍	周学晨	周钰珣	周瑜倩	朱 莉
朱雅仪	闫静雅	龙伟权			

经济学院

刘佩蕙	杨德龙	蔡志伟	曹家鸣	曹 琦	常 军
陈东伟	陈冠宇	陈佳璐	陈 康	陈 盼	陈紫阳
陈 栩	程玉玲	丁泉莉	丁小丹	董雅琼	杜 佳
杜 扬	段嘉炜	范新宇	方 芸	冯嘉会	符晨晨
付亚利	高大亮	高庆昆	高 巍	高 懋	顾倧纶
顾敦辉	顾 萍	郭金杰	郭 晶	郭梦云	郭 焱
韩丽媛	何 佳	何瑞伦	贺 飞	洪一馨	胡佳敏
胡允执	黄天威	黄 政	蒋少翔	金梦华	缪政颖
康培勇	黎思齐	李 迪	李富源	李 晶	李 靖
李明鑫	李鹏跃	李瑞春	李晓玥	李雅雯	李 彦
李 阳	李梓宁	梁 爽	林 硕	刘 畅	刘 辰
刘 晨	刘继龙	刘舰蔚	刘丽兵	刘 立	刘陆宇
刘孟岱	刘鹏飞	刘 硕	刘 伟	刘晓丹	刘 洋
刘子豪	刘子琪	龙显灵	路广平	吕国豪	吕 宁
罗 晨	麻男迪	马 斌	马海方	马 涛	孟天碧
莫华兵	聂 静	彭 澎	钱 坤	钱 尧	乔 伟
秦 枫	邱清乾	曲 鹿	宋克寒	宋 遥	宋泽华
孙金城	唐 捷	唐文成	田向阳	田小改	万琦玮
王本辉	王德健	王敬瑜	王娜娜	王少杰	王艳超
王一琛	王 颖	王 哲	魏 佳	魏 玮	闻春梅
夏 冰	徐天鸿	杨 唯	杨 野	杨 倩	叶新章
虞 佳	许惠婷	袁 野	詹华霖	张忞翀	张 蕾
张凌嘉	张先杰	张月月	张 煜	赵 进	周 斌
周丹丹	周 娜	周 青	朱杰聪	朱姗姗	庄 晨
闫素娟	栾国阳	陈冠谭			

光华管理学院

张浩毓	阿迪力阿不力孜	艾华东		边 源	蔡玲玲
蔡心竹	蔡 蓓	曹 升	常惠丰	常 江	常 菁
车路宽	陈 晨	陈淳桎	陈 佳	陈立京	陈 梁

陈思思	陈天鹏	陈廷阳	陈 桐	陈晓红	陈 兴	魏晓静	巫逸犇	吴 迪	吴 飞	吴 锋	吴 敏
陈 艳	陈元君	陈真洋	程 雯	迟 琳	崔才瑞	吴斯泓	吴思迪	吴思渊	吴 旭	吴玉芹	吴倩然
崔莲花	崔清苑	崔圣日	崔子阳	戴 闯	戴 可	吴 荻	武 烁	武珏臣	夏小龙	夏志军	项传龙
戴 威	邓少玮	翟 磊	丁民杰	董丽丽	董丽雯	项姝蕾	向 淳	肖慧君	肖 阔	肖 政	谢宝雄
董 巍	堵弘杰	杜高红	杜华楠	杜嘉荣	樊江波	谢东良	谢尚华	谢思佳	谢雨辰	邢天龙	徐 宬
范文霞	房林林	封海生	冯炳辰	冯 辉	冯 君	徐冰然	徐加龙	徐凌晗	徐 萌	徐松涛	徐雅萍
冯明杰	冯晓燕	傅俊蕾	傅 蕾	傅 蓉	付少华	徐印科	徐 婧	许 航	许 佳	许可彬	许莉娜
高博楠	高澄莹	高 洁	高 翔	高燕辉	高 杨	许晓岚	颜 金	杨 程	杨 光	杨 浩	杨会娟
高永新	葛晓燕	龚祎程	龚福照	古智维	谷 剑	杨剑辉	杨镜冰	杨觉麟	杨俊刚	杨荔媛	杨孟麟
顾家祺	管韶燕	管振宇	郭少华	郭 宇	郭淼涛	杨勤龙	杨少彬	杨时羽	杨太兰	杨晓棠	杨雅昭
何爱民	何川洋	何 帆	何 翃	何儒斯	何 为	杨沐阳	杨 璐	杨璐羽	姚文龙	姚耀辉	姚 远
何 雨	何雨桐	贺蓝萱	贺 艺	侯庚洋	胡大龙	姚 瑷	叶保秀	叶琳俊	叶青云	叶子葳	易 琳
胡凤潮	胡嘉纳	胡 楠	华 文	黄晨雨	黄海昕	殷 耀	尹海涛	于 超	于丹扬	于东伶	于 锋
黄佩媛	黄 伟	黄 伟	黄 颖	黄宇宸	黄 薇	于佳民	于学强	于 洋	于 瑶	于 淼	余国谋
黄 晟	季 语	贾广宏	姜雯雯	江 浩	金桂娟	元彬龙	袁 方	战 迪	战 明	章舒文	张 澳
金 明	靳建华	景浩源	康 立	孔团有	孔祥一	张 斌	张博骁	张 丹	张 迪	张光明	张健韬
郎加宁	郎佩佩	雷 鸣	雷 霆	冷传世	冷 楠	张娇月	张 洁	张君亦	张丽娜	张力珩	张 萌
李湉湉	李爱华	李 澳	李楚雨	李嘉轩	李建孝	张 萌	张密仲	张 鹏	张 鹏	张清昱	张 擎
李晶晶	李 俊	李俊燕	李 蕾	李林芷	李美平	张庆天	张瑞鑫	张胜哲	张向荣	张肖磊	张亚军
李琼斯	李润楠	李绍龙	李实华	李 帅	李 硕	张以墨	张 艺	张宇驰	张 震	张 昊	赵凤金
李思纯	李 维	李 享	李雅菁	李严冬	李玉法	赵鹏程	赵 帅	赵晓庆	赵 星	赵 莹	赵 韵
李岳阳	李在宽	李 楠	李 楠	李 晔	李 淼	赵曾彬	赵正垚	赵怡玮	赵璐菲	赵昕玥	赵 雯
李 铖	梁 斌	梁 圣	梁 爽	梁星宇	梁琬宁	甄 毅	郑 科	郑立宇	郑 宁	郑艳飞	郑 淼
廖小国	林高攀	林 海	林 涵	林 洁	林 硕	钟 民	周安儿	周晨希	周 恒	周 静	周汝昂
林思聪	林 涛	林 挺	林 昭	刘 朝	刘海军	周 硕	周 艳	周 颖	周 瑜	朱 江	朱曼莎
刘 航	刘 佳	刘晶晶	刘 亮	刘 冉	刘诗琪	朱雅峰	朱一峰	朱 璇	朱 晗	邹玉洋	邹 众
刘 穗	刘卫杰	刘 翔	刘晓鹏	刘 彦	刘 洋	余颖乔	邱加欣	部 勇	闫 实	闫伟伟	闫 婧
刘志华	刘 侃	刘 昕	龙建平	龙 洋	陆 涵	梓 露	陈敏萍	臧鹏飞			
吕元稹	罗一愿	马成辉	马凡雅	马明洁	马牧青			**法学院**			
毛 铮	梅中华	孟璐璐	苗瑞昌	莫子皓	慕文洪	白 荷	白丽煊	毕厚厚	边家欢	蔡 淼	曹丹萍
倪 润	宁江亮	欧凯茜	欧阳燨	潘 喆	潘国林	曹 玲	柴 璐	巢玉龙	陈翠婷	陈丹莉	陈涵煦
潘 援	彭超龙	彭姗姗	祁 璐	祁 昕	钱环宇	陈鸿慈	陈继桦	陈俊杰	陈 磊	陈丽丹	陈立诚
钱 瑶	钱勇军	乔 良	秦 瑶	曲 宁	屈静文	陈 露	陈全思	陈胜男	陈晓航	陈 叶	陈志用
屈澎涛	权会军	全 斌	饶 芳	任 慧		程 涛	程 颖	楚子琪	崔亚会	邓世缘	丁 迎
肉孜买买提·努尔买买提		邵文静	沈大伟	沈志鹏		董 威	董彦萌	董 晗	杜华桥	杜晓璇	杜一凡
盛超然	石 慧	石 萌	石 英	时泽华	史 沫	段 文	范华剑	范晓玥	范学珊	方 舟	方 媛
史维垚	司 巍	宋倩倩	苏 蔓	苏 琛	苏 铖	冯韩美皓	冯 锐	冯雪娇	冯紫灿	傅文隽	傅哲明
孙 奥	孙定云	孙红丽	孙晋安	孙 娜	孙 朋	富 琼	甘凯云	高天艺	高雪莲	高 远	高 珂
孙 双	孙 晓	孙孝思	孙 琪	檀 密	谭婧瑜	葛静宜	葛田雯	古明华	关剑夫	郭 歌	郭迁迁
汤正荣	唐培亮	唐永锋	田海源	童 坤	涂菲娜	郭思锋	郭 霞	郭晓龙	郭晓倩	郭晓婷	韩操宇
涂 健	汪凌燕	王晨曦	王 栋	王 帆	王芳芳	韩方舟	韩冠华	韩瑶瑶	郝 佳	郝 阳	郝竹青
王宏睿	王剑川	王 楷	王 雷	王 磊	王 磊	何冠男	何光远	何慧颖	何雪婷	何昭骅	洪浩淼
王梅郦	王 萌	王 宁	王 鹏	王若婷	王世滔	洪加军	洪旖平	侯慧娟	侯 乐	侯 亚	胡海盼
王舒婷	王 伟	王晓彤	王小飞	王 冶	王 泳	胡金宝	胡 翔	胡泽洋	黄浩荣	黄娇娜	黄敏娜
王有华	王远洋	王云占	王 哲	王中重	王子秋	黄明豪	黄 荣	黄一洲	黄 予	黄雨婷	季宏伟
王 茜	王茜薇	王怡彬	王 琪	王璐璐	韦 炜	季建明	贾茹丹	贾潇寒	姜阿英	姜 涛	姜 婉

姜秀时	姜潇	江灿	蒋怡然	焦露漪	金晶	卓昊洋	左志维	佘录录	芮双双	奚望	闵雪
金琳	金玉	康倩	旷涵潇	赖梦茵	雷芳芳	蹇新华	栾天	臧晓旻	晁译		

信息管理系

雷晶晶	雷亚芸	雷逸舟	雷霭雯	李旻昱	李标
李晨洋	李成杨	李胡兴	李怀瑾	李惠美	李佳鑫
李洁	李晶	李静文	李娟	李俊贤	李乐乐
李利祥	李萌	李萌	李梦帆	李平	李青
李盛根	李涛	李桃	李天嗣	李文杰	李晓杰
李欣	李心旸	李星	李研美	李洋	李仪
李忆朋	李兆俊	李姝君	李璐珊	栗欣悦	梁爽

陈迪	翟佳璐	黄梦婷	黄佩	冷玥	李嘉欣
李美慧	李诗苗	刘菲	刘济群	刘玉洁	刘刘青
卢晓彤	孟晨霞	山姗	苏杰	唐晓莉	汪聪
王东宁	王强	王昊贤	吴家辉	吴素平	吴亚平
武群芳	徐钢	叶颖	曾显越	詹沂蓁	张越
张璐	周青	缪欢			

社会学系

廖锴	林子恒	林怡婷	刘杞涵	刘丙坤	刘超
刘丹	刘佳楠	刘建伟	刘娟	刘峻麟	刘理凡
刘萌	刘敏慧	刘让云	刘若谷	刘世华	刘淑娴
刘思琪	刘文韬	刘西峰	刘星辰	刘幸	刘衍
刘韵迪	刘媛媛	刘璐	娄慧颖	芦星	卢雪铮
卢楠	路致遥	陆平	吕安烨	吕嘉莹	罗男
罗文佳	马超	马超	马纪元	马琳	马梦芸
马倩	马琰	苗露强	莫壮弥	穆晶璐	聂晓昕
潘驿炜	庞雨薇	彭博	彭飞	蒲泓静	齐伟聪
乔敏	秦玉娥	曲祯桢	申一鸣	沈洁	沈竹青
石晓理	史超	史津宁	史王粲	史燕飞	帅凯旋
宋佳	宋捷	宋凯	宋睿宸	苏健伟	苏熙凌
苏晓慧	孙畅	孙川	孙鉴	孙静	孙露
孙天驰	孙文	孙卓超	谭德芳	谭理欣	唐婉伊
唐意如	汪亚辰	王皞	王博文	王曹翼	王甘
王涵	王欢	王欢	王慧敏	王甲举	王金鑫
王晶	王康宁	王丽	王丽娟	王琳	王茂力
王沛嘉	王鹏飞	王秋豪	王树擎	王天娇	王文心
王晓	王晓晨	王兴瑾	王旭	王艳	王洋
王阳	王乙名	王艺伟	王尹	王泽强	王兆琦
王政	王志宇	王子谦	王娅雯	王琪	王璇
王淼	魏艺婷	魏玉洁	吴华琛	吴景健	吴静
吴俊	吴丽丽	吴琼	吴秋兰	吴思云	吴彦臻
吴元涛	武苑	夏江皓	向君	肖丹婷	肖颖龄
谢国帅	谢沁菲	徐洁	徐进	徐南楠	许凯
阎彦璞	杨海鸥	杨华	杨锦程	杨静	杨静文
杨秋平	杨朔	杨亚妹	杨雨菲	杨越	杨瑜
杨晖	杨煜超	叶逸群	尹光辉	于天涛	于雪辰
俞广君	岳鹏	岳苏萌	云霄	曾梦婕	曾文宏
詹惠舒	张玥	张戴旭	张道翔	张关华	张赫
张恒子	张红利	张锦锦	张景怡	张立翘	张敏
张敏	张瑞娟	张晓雨	张欣欣	张雪	张雪冰
张玉乔	张寰	张琛	赵安	赵君瑶	赵霖
赵星星	赵姿昂	赵梓杰	赵旖旎	郑付芹	郑佳萍
郑杰	郑玲玲	郑南	郑玉羽	周杰武	周静
周盈孜	周颖博	周游	周宇	周舟	周倩
周琦光	朱含春	朱翼云	朱元凤	朱琦明	诸颖

曹金羽	曹羽	陈静	陈雪松	程梦玲	杜京帅
范爽	范志英	方草	冯碧波	付华昊	郭舒云
郭亚楠	哈斯乌云	侯安琪	侯郁聪	胡晓	黄静
黄婧	姜楠	焦秋秋	李芳云	李庆	李茸
李晓慧	李晓菁	李远飞	李卓	李栩栩	李晗
罗弘杰	梁瑜	刘继伟	刘斯影	刘韵竹	龙清华
卢镱逢	马江	马璐岩	倪梦薇	冉东升	冉慧林
石云龙	史俊鹏	宋先华	苏荷雅	孙晓琳	孙颖
屠圣洁	万斌斌	王翠	王芳	王俊珺	王俊雅
王敏	王斯恬	王腾	王伟	王雪洋	王子骏
吴柳财	谢园	徐海飞	徐健吾	薛荻枫	杨成成
杨林翰	杨珩	尹亚文	曾俊伟	张立	张龙
张若冰	张耀民	赵达	赵丹丹	郑捷	周福波
周航	周子威	朱婷婷	左罗	左雯敏	赖晓涵
邝继浩	瞿娴				

政府管理学院

白惠鑫	毕翼飞	蔡柏熙	常嘉	常鹏本	陈浩
陈浩宇	陈结玲	陈柯汝	陈罗烨	陈倩倩	陈泓君
陈琪	代启蒙	邓祎顿	丁玉洁	樊旭阳	方晓晖
付南林	高伟	耿洋	顾佳思	郭年顺	韩霄霜
郝芸芸	何孟奇	何书荷	何艺岚	侯玉婧	侯韵
胡鎣鎣	黄江榕	黄金	黄竹修	贾百惠	姜威
姜伟	蒋立忠	蒋佩雯	靳睿	孔斌	孔维
寇冠彪	李超	李玲	李平	李天伶	李亚东
李政隆	李竹辉	李自可	李楠	梁娜	林静
刘畅	刘静	刘玲斐	刘培承	刘威	刘镇杰
刘勖	刘弈含	卢震	马凯	孟庆鹏	苗思安
彭思思	邵寅佳	沈笠	孙杰	孙童	孙响
索天艺	谭卓	汤志贤	王晨舟	王峰	王华伟
王蒙	王腾	王伟玮	王星星	王兴尧	王旭冉
王娅婷	王靓	魏宇佳	文艳	吴思寒	吴兴宏
武岩	席皓	夏珺	夏和轩	夏宇	项子良
肖遥	徐长法	徐迟	徐萌	徐然	徐倩
许磊	许思艺	许艳艳	颜牛	姚璐薇	易超
于岚	章亚静	张德民	张刚	张赫洋	张梦梦
张肃	张一持	张政	张姗姗	张璇	张晔

赵林林　钟绍淇　周　然　周燕楠　佟　强　臧天宇
裘钢明

外国语学院

白　琳　曹雨婷　陈俐利　陈　逸　陈　瑜　成　翔
刀思睿　杜黎明　段　南　樊雨琦　高金华　高　扬
宫　宁　谷文诗　顾　末　郭晨然　郭雅格　郭雅晴
韩　捷　韩真真　韩　璐　郝晓彤　郝悦如　何　庆
何宇菲　何　赟　何　婧　胡南夫　黄怡芸　贾　璐
姜舒译　蒋　露　蒋明彤　焦　博　金思燕　金　姗
黎国权　李辰韵　李　丹　李　浩　李　健　李孟颖
李　霞　李笑薇　励　雯　梁　霞　刘　畅　刘　顿
刘金鹏　刘　凯　刘　然　刘媛媛　刘骁萱　卢君言
卢　珊　马耀鑫　马　悦　马　婷　马晟楠　莫　澜
聂晓霞　牛晶晶　彭之洵　秦　唯　邱　庄　屈　佩
邵晓岩　邵洋颖　沈京淑　沈静思　沈缤云　盛　雪
石昕罗　史文君　史心语　孙　然　孙　双　孙晓芳
孙雨晴　孙婧阳　谭　璐　汤　洁　王红蕾　王嘉伟
王　磊　王梦蕾　王鸣凤　王潘潘　王普聪　王铅铅
王唯斯　王苇双　王新娜　王　星　王星星　王言男
王　燕　王倩如　王媛媛　王　珏　王　琪　王　琰
王　雯　魏　丹　魏　爽　魏主恩　魏子扬　文　豪
吴春成　吴天雨　吴蓓蓓　夏小燕　肖春亮　邢艳茹
徐　希　徐　月　许洪丽　杨衡宇　杨　怡　姚　青
叶　楠　游　潇　于天娇　于晓慧　云　青　张冀津
张　杰　张　路　张庆怡　张思雅　张　璐　张　顾
赵凤枝　赵　英　赵振宇　周湘云　朱立城　朱珍晶
邹逸然　黄君榑

马克思主义学院

保思琪　曹慧敏　房静雅　高　磊　韩常江　黄　龙
黄星尧　李秋冶　李茹佳　李珊珊　李亚萍　林江宗
刘中华　刘忠宝　路　俊　马　昊　梅沙白　彭君辉
沈　越　王丙洋　王　蔚　王　梓　魏　旭　肖　宇
徐　尚　杨　阳　张淀渲　钟　扬　周　雯　朱　红
宗高伟　左　锐　臧晓森

体育教研部

张青华　崔浩宇　李立园　李　梦　李　智　李璐玚
宋新华　王亚静　武欣然

艺术学院

安　铮　蔡迪娜　陈物华　何　灏　胡　宁　胡潇方
黄　哲　靳子玄　李　玲　孙　斐　汤子星　田文聪
汪茹芸　王相宜　王欣怡　王哲凯　吴　萌　肖　杰
张雪寒　张益嘉　赵边疆　周圣崴　祖纪妍　钟玫均

对外汉语教育学院

白　雪　曹祐怡　曹洪豫　陈　娟　程　茗　房　磊
何杰杰　何美芳　何　淼　侯冰岩　季　竞　李采易
李　冉　李梓萌　柳慧娟　吕文杰　穆　聪　沈　冰

史玉娟　唐　静　王　聪　危露露　夏名仪　夏　杨
辛家琳　徐轶玮　张　力　张雪梅　张伊凡　张　婕
张媛媛　赵鹏飞　郑成航　钟　蕾　钟乔睿　钟晓燕
朱艳欣　臧　璇

深圳研究生院

安　然　巴　姗　白安琪　白西尧　白　璐　毕春颖
边文姣　蔡露茜　曹冰洁　曹洪强　曹世杰　曹　琦
柴宏博　陈　喆　陈　彪　陈　畅　陈　晨　陈　诚
陈　冲　陈　淳　陈德坤　陈　栋　陈惠苑　陈纪宇
陈佳佳　陈剑阳　陈建树　陈　俊　陈　丽　陈　玲
陈　墨　陈盛兰　陈诗浩　陈思洁　陈文生　陈西铭
陈晓锋　陈啸飞　陈秀粉　陈　宣　陈　雪　陈雪霏
陈一叶　陈　莹　陈　昭　陈　阵　陈奕彤　陈　钰
程　昕　迟梦阳　迟文卉　仇　欢　楚合玉　储　洁
崔　杰　崔思佳　崔伟锋　崔一民　戴炳存　戴智翔
单译蕈　但　俊　党方园　邓　玡　邓　超　邓荣超
邓志刚　邓荃文　邓璐璐　邓鑫豪　丁文毅　丁　瑶
丁怡婷　董　娟　董少灵　董　石　董致远　董昕颐
杜晨薇　杜实现　杜小叶　杜　洋　杜　雨　段晓桢
段小奇　范　辰　范晓轩　范徐艳　范　依　方建刚
方　进　方少明　费晨仪　冯　超　冯路遥　冯　青
冯小玉　冯振源　冯倩丽　符天娃　傅　昱　付　玥
付锋善　付　斯　高　方　高　佳　高龙飞　高　翔
高　媛　葛鲁禹　龚　欣　公　伟　古丽米娜·阿巴肯尔
郭到鑫　郭　建　郭隆慧　郭明志　郭奇林　郭维佳
郭晓航　郭晓希　郭源园　郭月停　韩朝相　韩文娟
韩　雪　韩雪原　韩彦君　韩　煜　郝文璇　郝祥林
郝砚君　郝玉婷　和五木　何东政　何建山　何　萍
何其洪　何扬骏　何一鸣　何雯晴　贺凤鹏　洪楚扬
洪　屿　侯理想　侯哲灏　候超俊　胡贝蒂　胡独巍
胡慧萍　胡　盼　胡　强　胡荣杰　胡　亭　胡羊羊
胡泽伟　胡雯帅　花银东　黄长江　黄　枫　黄　浩
黄　杰　黄俊博　黄　磊　黄丽萍　黄武龙　黄贤睿
黄　颖　黄子龙　黄　婷　黄　璜　皇甫晓晗　惠雅莉
姬　青　计天红　贾金健　贾　勇　贾　潇　姜海燕
姜　雷　姜伟凯　江　旻　江玲芳　江　燕　江　潇
蒋华雄　蒋佳颖　蒋径舟　蒋开申　蒋　娜　蒋　馨
焦迪飞　解　添　金安达　金宝宝　金　悦　金　鑫
井兵强　景梦龙　景　璨　鞠炜奇　句亚男　康日升
孔中华　乐　勇　雷婷婷　李　彬　李　博　李程程
李　帆　李　刚　李海雁　李　航　李恒博　李洪哲
李佳蔚　李　杰　李金龙　李君豪　李君梅　李峻峰
李　磊　李　霖　李　凌　李玫蓉　李美岑　李梦琳
李明峰　李明科　李　木　李　娜　李　宁　李佩源
李　瑞　李士豪　李世伟　李树一　李　双　李思宇
李　彤　李　伟　李翔飞　李效正　李　欣　李艳虹

李雁英	李 杨	李 漾	李业彬	李一鹤	李艺宸	王 莹	王永强	王玉玲	王驭龙	王智峰	王周驰
李翌宸	李 殷	李禹成	李宇栋	李 源	李泽明	王竹亭	王壮胜	王子然	王胤瑜	王 倩	王泠欢
李 志	李志斌	李 智	李淞毅	李 寰	李婷婷	王 琰	王 璞	王璐犀	王 歆	韦祎炜	魏 刚
李婷婷	李鹜华	李 骥	李昱宏	李睿鹏	李 钊	魏格羚	魏莹荔	卫晓梅	温继业	温柳青	文 雯
李 钰	李鑫鑫	连婧慧	梁碧玮	梁贵名	梁军辉	翁蔚涛	翁 姿	吴 丹	吴 丹	吴 迪	吴冠华
梁齐峰	梁雄飞	廖 培	廖天驹	廖小文	廖 星	吴 豪	吴梦秋	吴 桑	吴 双	吴亚蓉	吴永芳
林楚君	林和生	林惠燕	林俊钦	林霞颖	林英东	吴雨俭	吴越年	吴 萱	吴瑜凡	席江月	夏宇轩
林永红	林招铭	林子群	林瀚驰	林骥原	凌 通	夏中高	夏 璐	相 姜	向志强	肖 航	肖家亮
凌 倩	刘 璨	刘彬蔚	刘 畅	刘 畅	刘 迪	肖景元	肖丽雅	肖森鹏	肖晓丹	谢词龙	谢飞旺
刘 芳	刘红义	刘 慧	刘慧玲	刘吉祥	刘 洁	谢共英	谢举德	谢 俊	谢龙平	谢 曼	谢 攀
刘 军	刘 垦	刘荔园	刘利飞	刘力豪	刘美华	谢舞丹	谢雨豪	谢 媛	辛俊卿	邢 唯	邢晓媚
刘孟雷	刘 蜜	刘 敏	刘 蕊	刘瑞琪	刘 莎	徐 彬	徐佳萱	徐秋阳	徐太霞	徐 特	徐伟东
刘诗涵	刘 爽	刘 通	刘威杨	刘文戈	刘 晓	徐 心	徐志搏	许 忱	许梦婷	许 娜	许青霞
刘晓刚	刘小玲	刘星辰	刘 燕	刘燕平	刘 杨	许旭明	许亚男	许耀刚	许艺严	许雨萌	宣庆玲
刘 杨	刘 洋	刘 洋	刘 洋	刘 洋	刘玉萍	玄福伦	薛 姣	寻云波	颜 煜	杨 珺	杨 晨
刘蕴一	刘泽睿	刘 振	刘潇潇	刘 婧	刘 璇	杨础繁	杨 丹	杨 丹	杨 芳	杨 杰	杨 鹏
龙菊舒	龙澍禾	娄 倩	卢坤涛	卢利佳	卢 威	杨 鹏	杨爽柔	杨雅君	杨亚宁	杨 洋	杨 宇
卢 雨	卢梓烨	鲁 宏	陆 军	陆彦波	陆 游	杨 宇	杨志德	杨姝娜	杨 婧	杨媛媛	杨 梓
吕光一	吕慧玲	吕 佳	吕士杰	吕士瑛	吕 卓	杨 昊	姚柠炎	叶蔚炜	易飞龙	应鸣岐	于承铭
吕芸蕙	吕昕蒙	罗卉馨	罗剑群	罗丽思	罗小廷	于华杰	于林平	于三雅	于宗民	于 淼	于 钺
马晨露	马共强	马嘉文	马 捷	马里千	马 琳	余 飞	余嘉胜	余萌萌	余升文	余 艺	余中华
马万达	马相坤	马翔宇	马 啸	马一宁	马志宏	俞 洁	禹心郭	袁 华	袁 杰	袁 凌	袁 梦
马骥飞	马 钊	马钰嘉	孟天天	孟 雪	米伊雯	袁新艳	袁艳涛	袁 璐	岳小博	曾敬武	曾玖琳
牟 瞻	牟志强	倪高军	倪梦姣	聂彩明	聂居魁	占志霖	战立飞	章莹颖	章钰灵	张佰利	张博雅
聂 鑫	欧阳蕾	欧阳陶旭	欧阳锴	潘文杰	潘音希	张 驰	张 迪	张 迪	张东飞	张 帆	张 帆
庞铭劼	裴长辉	彭久玲	彭庆宇	彭 然	彭释之	张广辉	张汉球	张季萌	张佳佳	张 杰	张敬钊
彭文婷	彭颖芳	彭跃暖	漆亚瑢	漆菁菁	祁建伟	张俊琪	张琳梓	张培远	张 鹏	张秋圆	张 柔
乔 梁	秦 霄	曲春轩	曲 凯	曲 艺	饶德孟	张 申	张世界	张舒婷	张天竹	张天烨	张 伟
任卉青	任宇超	任子奇	任奕蔚	茹伊丽	阮 旻	张文亮	张 晓	张晓鹤	张欣欣	张星星	张学武
阮诗玮	桑 飞	商亚洲	邵海滨	邵舒萍	邵 兴	张雪莹	张 燕	张 燕	张燕琳	张 杨	张 洋
沈 让	沈圆嫒	盛 凯	盛礼理	师马跃	石达菲	张义斌	张 勇	张宇骁	张 元	张云升	张泽涛
石 盼	史鹤飞	史秋阳	舒美琳	司方博	宋 超	张志恒	张 卓	张 娴	张 媛	张婷瑶	张 琪
宋 丹	宋道平	宋 健	宋建锋	宋蕾蕾	宋梦静	张歆阳	张炜阳	张睿智	张 钊	赵风云	赵宏国
宋艳红	宋永琛	宋 振	苏 丹	苏 航	苏智斌	赵建伟	赵凯霞	赵凯云	赵佩珊	赵容慧	赵士权
孙成俊	孙 汉	孙宏昊	孙 慧	孙绍华	孙圣楠	赵 彤	赵向阳	赵兴博	赵 易	赵裕辉	赵 越
孙 彤	孙之光	孙之恒	孙 璐	谭 珊	谭圣林	赵真睿	赵璐璐	赵 睿	镇明敏	郑 辉	郑明凤
谭艺群	谈广才	汤斯奇	汤寓雯	唐 浩	唐 佳	郑舒心	郑 征	郑子欧	郑炜乔	支晓婷	钟英涛
唐凯洋	唐佩君	唐寿林	唐艺丹	陶 溯	陶雨琴	钟铖铖	仲筱竹	周冰洁	周 丹	周凡琛	周 鹤
田浩男	田茂明	田 维	田玉成	田 园	田 源	周 俊	周丽丽	周 青	周子茜	周妍姿	朱方兴
田 悦	田 璐	涂 围	涂婧羚	万海荣	汪 浩	朱恒红	朱继松	朱 金	朱林爽	朱文通	朱 雪
王 珅	王安杰	王兵书	王 超	王 春	王冬琪	朱勇胜	朱 运	朱雯茜	诸 凯	卓 想	宗颖俏
王广谦	王国英	王海立	王浩聿	王 济	王家祥	邹 婧	余 宇	余炀杰	郁 洵	鄢铎淮	阎 菁
王建辉	王坤城	王莉斯	王立根	王玲玲	王 棋	褚芳铭	覃 思	覃 延	黄庆余		
王秋斯	王如慧	王若旭	王 莎	王淑姬	王淑锦	**信息科学技术学院**					
王淑婷	王顺飞	王 硕	王穗丰	王 天	王 彤	艾兴胜	白曈阳	包新启	蔡 蕊	曹 杉	陈 飞
王微婧	王文立	王幸清	王亚洲	王言言	王耀祖	陈 果	陈佳华	陈 凯	陈苗红	陈 鹏	陈庆接

陈若冰	陈诗洋	陈 献	陈晓东	陈 震	陈峥莹	张 万	赵文顿	郑 婕	周昱成	祝 武	

崔 嵬	邓晨曦	翟慧丽	丁家瑞	杜 娇	杜旭东
杜彦涛	段丁瑞	范娟婷	范娜娜	范梓野	方译萌
方玉伟	费 跃	符松平	傅 杰	付 凯	高翔宇
高 扬	高泽群	耿玉峰	管 瑞	郭 聪	郭 峰
郭 颖	韩晓强	郝雨萌	何 鑫	贺文强	侯世安
胡浚逸	胡 然	胡 瑾	黄 达	黄慧良	黄嘉培
黄 杰	黄 雷	黄伶灵	黄章帅	黄鑫玉	贾培申
江海挺	蒋海桑	蒋 凌	接钧靖	鞠曜隆	雷 雨
黎斯达	李 博	李长根	李成伟	李 崇	李德怀
李 多	李嘉锭	李嘉琦	李 佳	李 雷	李灵毓
李 明	李舜阳	李 烁	李星辰	李憎宇	廖恢齐
林键煜	林秋燕	林艺勇	刘 畅	刘晨昊	刘 驰
刘洪元	刘弘也	刘 欢	刘 晶	刘晶晶	刘 凯
刘 力	刘 清	刘 庆	刘希诚	刘晓哲	刘亚雄
刘 洋	刘越颖	刘跃全	刘 真	刘智猷	刘作生
柳 黎	龙 跃	鲁金龙	陆 军	吕 晋	吕梦菲
吕 鑫	罗堃虎	罗 浩	罗雄才	罗韬威	马 驰
马春阳	马文佳	马晓蒙	马晓祯	马鑫冰	梅 祥
孟凡翔	孟庆蕴	孟 骥	米亚晴	聂鑫维	潘 伟
秦若然	秦郑阳	邱 玥	阮 飞	阮坤良	申 鹏
盛达魁	师 阳	石 鑫	史海波	舒清雅	司宏伟
宋 珣	宋丽妍	宋伟康	宋 岳	苏昭棠	孙晓巍
孙徐湛	孙一博	孙 越	孙榕鞠	谭 乐	唐攀攀
唐文懿	唐睿智	田 路	汪 刚	汪艺珂	王 冰
王寒冰	王建彬	王金龙	王俊尧	王李波	王 娜
王秋亮	王润华	王诗君	王诗吟	王天一	王夏冬
王 祥	王亚丽	王一同	王悦涵	王泽瑞	王 臻
王臻皇	王恺然	魏 奎	温世阳	吴柳青	向 玙
谢 超	谢 君	谢怡然	辛永超	邢 远	徐 符
徐焕然	徐 江	徐 强	徐泽骅	许 辰	许 珊
薛 萍	杨 森	杨晚鹏	杨婉怡	杨亚鸣	杨志斌
杨 淇	杨 楠	叶佳奕	叶少强	叶 挺	叶亚鹏
于佳晨	于 齐	于 阳	于 璐	喻晓雪	曾祝青
詹越峰	张 驰	张飞雪	张 庚	张 焕	张佳琦
张 捷	张俊浩	张立成	张 力	张 奇	张清翔
张秋筠	张瑞松	张 雄	张一博	张 翼	张 骐
张 昊	赵 冲	赵军旺	赵 时	赵帅江	郑建宁
郑秀玉	周 攀	周 晟	左 杨	湛国风	邱硕临
郜渊源	闫宝贵	臧 磊	崑 煊	褚 海	

国家发展研究院

鲍 石	蔡 昀	陈博凯	陈箐箐	邓 欢	范晶伟
付雪晴	关盼龙	关 芮	关 楠	雷 雯	李 航
李雪文	李 瑶	李潇潇	刘 通	彭 雪	饶一博
石 森	苏 丹	宿媛媛	万洋坤	王光华	王 晶
熊婉茹	徐 超	杨翱翔	杨春雨	叶林涛	张百平

教育学院

车亚男	崔情情	崔 璨	邓 真	方晔顿	冯 晨
高静静	管清天	郭 欣	何 旋	何昱颉	胡 帅
黄昳婧	黄 辰	李笑秋	李 阳	刘 杰	刘雨轩
刘 玉	马 琳	裴蕾丝	秦一然	孙梦格	王 舒
夏 艳	于津民	禹丽敏	张 桐	张 鑫	邹佳宸
逢 欢				

人口研究所

陈洁茹	程云飞	甘雪芹	李会肖	莊惠婷	王 磊
王 欣	王一菲	薛思荞	詹洛菲	赵文龙	赵 越

前沿交叉学科研究院

曹 亚	李 豪	史裕英	孙 涛	吴秦伟	邢耀光
张晓红	左莎莎				

工学院

安云坤	白银弋	卜宏利	常鹰锋	陈伯君	丁金想
冯吕铭	高红强	葛慕石	古建军	郭 华	郭佳栋
韩 东	韩倩倩	郝继笑	郝立晖	洪 雷	侯连喜
胡博洋	胡雕龙	胡艺术	蒋 仪	康浩坤	兰 兰
李长佺	李家国	李 青	李 文	李 勇	李占峰
李忠敏	李 澍	廖立军	廖 洋	林钦贤	刘 芳
刘立华	刘灵燕	刘 涛	刘亚琼	刘 影	马改芝
马 兰	宁 琳	彭 灏	乔荣学	秦宝运	邱韫哲
沈 千	宋孝河	孙 幵	孙天佑	孙宇翔	汤 槟
田方敏	田瑞波	汪 祺	王洵杰	王成才	王翠莲
王 凯	王力楠	王盼盼	王 维	王志峰	温丽群
吴言润	吴灏林	肖 普	许鑫文	张晏硕	郑小龙
郑增满	郑 智	钟恒森	朱 迪	庄允兵	逄金龙

城市与环境学院

白泽琳	蔡 菲	陈诗弘	陈 卓	陈怡琳	陈 婷
丁雨睬	董 颖	杜文姬	傅 玮	付明达	甘 霖
古 陈	何 飞	贺贤华	贺泽亚	黄柏玮	黄 浩
姜佳奇	江 红	焦世晖	黎敏丹	李京武	李静雅
李竞妍	李南慧	李 晓	李 妍	李靖怡	李斐然
林语涵	林曦怡	刘春云	刘 敏	刘 文	刘 颖
刘 娅	柳巧云	骆逸玲	马国强	妙关素	牟 迪
彭晓茜	任小换	石春晖	石剑桥	宋雅琼	粟丽娟
谭建光	谭 颖	唐宇佳	王乔姝怡	王秋懿	王 祺
魏晋茹	魏陶然	文天祚	吴 迪	肖竹韵	谢 盼
熊忻恺	熊 筱	徐 璐	薛红木	杨 帆	杨晓芳
杨新宇	杨 阳	杨 昕	叶雪洁	张凯烨	张丽娜
张 原	赵 楠	周国强	周一敏	周与茵	闫昱晶

环境科学与工程学院

蔡 虹	曹 燕	陈晶晶	程 典	戴 宇	单迎春
冯 琳	冯 想	高 喆	郭梦婷	郭晓霜	洪礼楠
胡馨月	黄 荷	康雅凝	况文婷	李诗瑶	李志方

刘畅 刘俊 刘蕾 芦婷 马靖 马逸秋
牛贺 秦艳红 任玮 师帅 孙康 谭自强
王磊 王寅 吴浩恩 徐琳 许栩楠 薛瑞
杨澄宇 杨静静 尹力 余梦琪 袁梓文 张天宇
赵东阳 郑丽萍

分子医学研究所

李阳 张勇 赵斌

歌剧研究院

洪晔 李成 吕元杰 王泽南

建筑与景观设计学院

白朕 陈周一琪 陈婕 李想 刘晓宇 宋尚周
王栎 徐翔 于枫垚 赵琦 朱刚露

基础医学院

刘永清 黄思夏 郑利 程海旭 梁慧 孟俊玲
王俊 蔡庆超 刘恩阳 张婧璇 张菁 张娜娜
曹莉 王朝 曾航 杜少静 李永笑 金滋润
王君佩 孙洋 刘玲 田玉瑶 孙蓉蓉 袁铭
陈绮 高铎 孟凡超 苏东强 刘万常 黄河
余龘亿 武亚丽 王婷 苏明泽 于秋晓 邱旭
宋哲 孙浩杰 滕睿頔 杨卫利 阚士凤 任梦梦
李璐 周恩臣 王亚楠 王珍子 谢冰玉 王菁菁
顾亚娟 李双 陈慕华 黄亮亮 顾明月 王鹏峰
陈奕霖 张文 徐璐 陈雪 孙亦雯 杨光
丁立伟 曾浈浈 周萌萌 李京 达娃卓玛 黄向博
王献慧 赵利芳

药学院

张慕禹 李丽丽 陈璟 商金鑫 闫婷婷 蔡晓容
兰晓倩 罗棋耀 赵熙子 周泉 任伟 李瑞
刁怡萍 秦蒙蒙 牟海栋 赵曜 朱玉超 孙奕星
王一珂 郝丽娜 周珊珊 张烨 邱崇 安邦
张肖 胡建星 侯英子 沐黎敏 黄丹 廖理曦
胡霞 邓家荔 邹绵成 李雪 王辰 刘海超
于洋 王冬 余家沛 闫跃鹏 黄国龙 王聪
冯金 何维 王永瑞 郭子寒 李景威 张双
陈晓玲 曾娜娜 董悦 王狄狮 白羽霞 于京艺
江海秀 臧彦楠 田丰 白婧 李虹耀 陈宇
孙雪峰 赵夕岚 黄昌盛 陈诗狄 南希艳 金庆庆
冯超 王丽杰 王功新 张兰馨 陈蒙蒙 刘震
刘扬 刘莉 邢倩倩 房雷 季泠 杨全志
张宇晴 焦文宣 李博闻 刘发旺 王邦 杨鸿鸽
毛润泽 杨小燕 水梦洋 牟珍珍 冯梦柯 桂悦
王欢 花明 李承洧 张晓丹 王弘 李青
孙秀波 郑丹丹 王志轩 石亚娟 袁蒙蒙 李佳林
李欢 周双 梁玉玲 于彩霞 朱尘琪 姚家健
仝令坤 陈婵 刘同舟 吕卓 孙丹 尹安玥
彭耕 庞文浩 马元亨 孟艳莎 刘明龙 姜山
于敏之 陈舒晴 门鹏 王文光 杨雪雁 刘梅仙
刘冰语 贾宇文 谢振伟 赵亮 相宁 杨明东
李沭 张帅 张蕾 胡琴 陈倩雨 吴凡
苏海涛 程青 郑婷婷 梁瑶 何云霞 郭廷杰
李紫薇 施伦勇 李雪屏 陈亚 孙明扬 邓飞阳
陈骏 陈哲 张光普 白力丹 刘金星 曹怡
谢红军 邓丽华 韩旭 卫备 孙丽凤 郭涌斐
黄晓敏 刘伟 姚天卓 高杨亚雅 陈加贝

公共卫生学院

连雨峥 彭晨 温连奎 王楠 万幸 李贺
米新宇 王醴湘 王天晶 战奕巍 李蕾蕾 陈晓文
孙忆萱 袁志伟 李钦 谭圣杰 郭斌 吴志军
曹亚英 章湖洋 蔡文强 孙彬 包竹青 王吟曦
代晓彤 王昕 吉振鹏 李有 于卜一 甄一凡
张翠红 韦冬梅 靳奕 李政 张小龙 唐悦
陈瑜 刘念 张敏敏 李晨阳 张一婷 明迪尧
高雅 李恬静 卓琳 任霄剑 王振星 宁忻
李欣雅 梁洁 霍滢 梁宝婧 杨迪 杨秋月
毛瑞雪 宋菲 张怡宁 王良 于盼 王上上
刘钟 李源 郭新慧 江丽丽 钱捷 赵子涵
黄丹 黄乾 袁园 陈婕 曾梦歆 吴珂
许丹 伍思佳 巩政 周传坤 陈卓然 任政
刘凡 饶超 栾先国 吴旭龙 刘青青 杨帅帅
陈实 武欣 陈小兰 王竹青 王荷 陈京
郁静茹 孙艺 马润镃 王楠 王媛媛 付亚群
徐国超 朱小语 李侗桐 张译天 刘梦娇 杨成
李志霞 白婧 徐明明 宁可 王欣月 马蕊
宋杰 王立芳 方任飞 刘灿 张思奇 李莹
陈威 董莉莎 史少泽 马冬梅 汪颖 王嘉宁
李昊 满塞丽麦 温萌萌 赵杨 张振伟 兰丰铃
金明 杨超 冯孟贤 孙博雅

护理学院

郝薇 肖锟婷 姚家思 黄恒吉 冯冬梅 刘叶灵
刘飞 廖艳芳 史双

医学人文研究院

李昊 王新妍 陈珍晴 葛海涛 陆阳 杨亚端
林楠 杨柠溪

第一临床医学院

靳婷婷 韩烨 单春荣 陈清华 隋雪晴 赵广智
杨明 刘婧 苑倩倩 孙宇 邱荃 董晓琴
田雪 陈贺凯 姚丽敏 郑欣 王灏琛 郭晓敏
于靖 徐海鹏 李翔 隋韬 霍丽丽 王俊杰
张玉 任璐 柯倩 阮亘杰 刘晓雅 邢云超
胡永凯 沈佳佳 刘怡 冯莎莎 张全利 李瑞瑞
刘德华 朱灵平 董冰婉 宋晔娜 尚琨 陈美恋
邓晓燕 高蕾 苗晓琳 王官军 王雯 班婷婷

丁志伟	那日苏	朱梦捷	钱建丹	孙　静	郭　松	陈冬梅	冯一丁	羿海钊	王莹屏		
郑小春	万姝岑	牛丽洁	朱明娇	刘　彤	周　东	北京医院					
白　静						戴　婧	张　娟	张　蕾	宋育佳	侯惠民	赵　聪
第二临床医学院						崔艺耀	赵丽姣	王迎紫	石文征	易　睿	张建华
袁婷婷	郭化虎	李许民	王　震	庞梦端	刘茜莞	杨　慧	赵　鸿			
刘　娜	渠雪峰	杨　康	刘　欣	刘松洋	张克石	中日友好医院					
张　改	李　夏	敖冬慧	张　琛	张　帆	刘文婷	朱太阳	陈　超	路　晓	李　漾	朱小美	苗朝阳
范晶晶	王　璐	吴培华	于　露	白　璐	李旭绵	王　林	叶　彬	卢哲敏	钟方明	张景卫	李海龙
官春兰	姜丽杰	孟宪芬	霍　飞	楠　迪	胡凤战	张晓东	蒋召强	王　谦	李健民	张庆熙	
刘洪江	赵竹然	安　慧	马云晖	伍爱平	邹雅丹	世纪坛医院					
常　远	万媛媛	姚秋妹				卓成龙	赵国敏	唐小龙	罗雷雷	徐一杰	李　龙
第三临床医学院						杨海永	邱　斌	郑　晓	付　聪	宋昭逸	司要然
任一昕	吴　菲	郭　琦	张慧芹	陈　斌	厉晓帆	张　岩	鲍　金	姚小燕	热不开提·地里夏提		
王海玲	马　腾	闫文杰	王　楠	陈虹锡	董小龙	航天中心医院					
宋　钰	邓　会	王文明	何业文	李　晗	杨佩雷	石　琳	梁　君	郭　毅	周　南	范子豫	商梦晴
朱宝玲	付源伟	余慧镭	石媛媛	刘艳霞	周亚彬	吴　涛	申　义	柏　冬		
彭凯月	康卉娴	李朋仙	朴金兰	张跃钟	高美莹	首都儿科研究所					
杨宇卓	陈　诚	何　玄	吴芳妮	张雯雯	侯　林	刘岩岩	高　亢	张慧敏	王艳红	陈　震	郑文娟
王丽丽	闫新星	申　洋	韩肖彤	赵基鹏		民航总医院					
阿克胡·阿勒马斯						孙海勇				
积水潭医院						深圳医院					
吕雪雅	乔　蕾	叶　薇	翟金金			袁　昊	张恩溥	张李娟	游　霞	闫东东	郑文忠
口腔医学院						王战伟	郑云华	刘　冲	于　斐	王　艳	樊春英
彭　靖	杨　萌	李　皓	杜　菲	莫晓菊	王天骄	张园园	岳　巍	孙　凤	郭雪冬	郝颖华	曾玉翠
李伟伟	张　帅	许　宁	张又文	崔　振	杨　爽	魏小燕				
韩淑慧	周　洁	宁　静	孙　侃	石伟华	高　波	首钢医院					
秦思思	王旭冉	郭　岩	黄　鑫	张　婕	王　彤	孙　哲	秦英超			
白雪校	赵　敏	李晓霏	陈　晔			地坛医院					
精神卫生研究所						杨思园	闫改勤	杨　琪	张　钰	徐君君	靳　丽
张素贞	刘　蕊	张海峰	程新雷	王　骁	金嘉郦	解放军第三〇二医院					
范云歌	玉小燕	陈淑燕	于路心	陈　敏	田　野	张龙玉	粘学渊	孙子健		
董　铮	文炳龙					解放军第三〇六医院					
临床肿瘤学院						李雨霏	陈　娜	黄　雪			
张玉洁	谢冰莹	汪爱东	张琪悦	张攀攀	徐晓龙	回龙观医院					
徐　睿	董　智	袁仕琴	阎　靓	林　瑶	孟　桦	刘礼丽	马梦颖	李琼蔚	毛　巧	张　静	陶　然
陈东骥	王笑鹏	宫超凡	赵　灿	杨　天	闫菲菲					

博士毕业生名单

数学科学学院						吴　硕	杨　云	叶时炜	叶　楠	于　双	曾宏波
陈　晨	陈　磊	陈　烨	樊玉伟	方华英	方　腾	张　可	赵　汎	赵国焕	赵振华	郑德强	郑　直
郭培昌	胡婷婷	姜博川	江仕进	江文帅	江云胜	周　江	臧　鑫				
蒋智超	金　威	郎红蕾	李　昊	李筱光	林　锋	物理学院					
刘海英	刘　宁	马一方	孟祥云	任　琰	邵　祥	安　炜	包　健	边宇轩	曹远胜	柴玉辉	陈　洁
沈伟明	王式柔	王晓东	王志明	文　豪	吴开亮	陈孝钿	陈新娟	陈焱高	丁明慧	丁雄傑	范培亮

范 潇	付琪镔	葛韶峰	耿基伟	郭 静	郭 磊
郭 寻	韩 浩	韩旭卿	韩 琪	何晨光	何熊宏
胡 地	胡慧琴	胡小鹏	黄 龄	黄太武	黄 样
黄 韬	纪 骋	贾方健	贾越辉	蒋新贺	焦倩倩
解西国	雷育红	李 恒	李纪伟	李 玖	李俊泽
李 珊	李听昕	李伟森	梁午阳	廖秀秀	刘红娜
刘 亮	刘泽茏	马晨昊	马 力	毛英男	孟祥志
牟晓阳	彭星宇	秦 瑶	荣 新	沈红明	施成龙
石 柳	宋舒娜	孙 刚	孙中浩	陶 利	陶利军
田正阳	王晨旭	王 冲	王 冲	王 贺	王慧超
王 龙	王蒙蒙	王钦生	王 绪	王雪斌	王洋洋
王玉玮	王湛林	王孜博	王 姝	魏 伟	温秋玲
温晓东	文 琪	吴 锦	武柏锋	武凯军	向永春
向 勇	肖成卓	肖 聪	谢风华	谢华木	邢 莉
邢 颖	熊雪宇	杨少丹	杨政权	姚 利	姚 聃
于海旺	于赫夫	于慧珍	詹永川	张从尧	张建东
张瑞斌	张一怒	张云济	张 晖	张 篁	赵东星
赵琳捷	郑晓晨	钟红霞	朱 瑜	缪育聪	

化学与分子工程学院

毕 烨	蔡 康	蔡沛君	蔡元博	曹 程	柴志刚
车 兴	陈洪亮	陈 龙	陈其伟	陈 洒	陈文龙
陈燕平	陈 阳	陈 铖	成 波	翟 鹏	杜 然
范欣欣	方 艳	傅绪飞	付 赫	高 琛	古 婵
顾 均	顾 菁	郭 然	郭芸帆	韩祎昕	郝 伟
纪清清	江新鹏	柯 俊	匡 瑶	雷 震	李晨曦
李弘扬	李 腾	李先江	李 扬	李 洋	栗 则
梁思思	林小欢	刘向晔	刘小琛	刘 莹	刘振兴
刘 婧	娄舒洁	吕 安	吕广明	骆周扬	马志勇
马 骁	毛因因	梅光建	聂 绩	欧阳冰洁	潘 菲
潘金龙	潘 宇	彭 鸣	申红娟	石文娟	宋利娟
孙 耿	谭策恒	谭 伟	唐 沛	王春丽	王文宾
王 尧	王耀宗	王 倩	吴国骄	吴 沣	肖剑白
肖先金	信跃龙	徐立平	徐艳双	杨承旭	游 麟
于 潇	余 辰	禹 钢	张祎玮	张 帅	张文涛
张 弦	张 行	张 云	张振宇	张 昊	赵 博
赵 蔷	朱 琳	卓峻峭	左莹莹	窦锦虎	

生命科学学院

白冬梅	鲍锦涛	卜红亮	曹 晨	常 畅	陈海威
陈 丽	陈智山	程焕义	党玉姣	丁鹏飞	董 杰
冯 莹	傅语思	高 华	高千千	高 珊	郭红山
郭 丽	胡 龙	胡莹莹	胡颖莹	滑 瑞	黄 远
霍 伟	纪玉锶	纪怡冰	姜召芸	景军展	李佳瑞
李文君	李显龙	李 翔	李 祺	梁 林	林 芳
林 青	刘佳峰	刘 奇	刘新星	刘 源	罗 佳
罗 舟	马 菲	祁丹丹	钱永军	孙 宁	唐灵芳
王舒心	王魏然	王晓文	王宇涛	王 妍	王 睿

吴 谦	吴 颖	熊 伟	熊 锴	许司正	薛瑛婷
杨 玫	杨 杨	叶俊青	易学贤	银 行	尹亚飞
余 凯	余腾辉	张会敏	张 俊	张学飞	张 媛
张轶博	赵春月	赵 诞	赵 挺	郑鹏里	钟 声
周海宁	周景峰	宗 乐	左潇含	郜振超	覃思颖

地球与空间科学学院

蔡 彩	曹 曦	陈长健	陈 东	程 丰	崔燕波
房亚男	付宛璐	高大鹏	龚丽霞	龚 俐	顾晓滨
郭家增	郭瑞龙	郭一村	何 连	何怡原	胡 波
黄学猛	贾 佳	贾 科	亢 豆	郎咸国	冷振鹏
李 滨	李怀瑜	李 建	李维波	李 伟	李 勇
李志广	刘 博	刘 乐	罗志文	孟庆鹏	戚国伟
邱 添	申延平	孙为杰	孙永超	孙忠秋	谭玉阳
田 原	王 俊	王 磊	王 林	王梦珏	王 伟
王誉桦	王增振	王 楠	吴飞龙	肖 汉	许 鑫
杨晓雪	杨秀清	于川淇	于 勇	俞红玉	袁学银
章晓洁	张晨晨	张 宫	张晋瑞	张丽娟	张美琼
张 琼	赵文韬	郑佳浩	郑 震	周 钊	朱 贝
朱文萍	朱亚杰	郑䠞谦	闫丽梅	闫 振	

心理学系

丁欣放	贾汇源	姜玮丽	李 曼	李 雅	路 西
苗 淼	尚 哲	王立卉	王 琼	王 玉	王 茜
吴 琼	熊樱子	于宏波	张砚雨	赵春黎	庄明科

新闻与传播学院

安 静	陈 冰	郝建峰	胡 鹏	黄薏文	匡 野
李 玥	刘京雷	刘志一	王成文	王舒怀	余 点
谢雅卉	逯义峰	陈靖霖	黄兆玺		

中国语言文学系

孙敏智	白惠元	车 顺	陈新榜	丁小莺	兑文强
樊长远	高颖君	龚自强	侯晓晨	黄 琪	贾 嘉
蒋仁正	雷 雯	李郭倩	李 强	李树春	廖贯延
刘汭屿	刘海波	刘潇雨	卢 冶	麻治金	潘静如
朴珍玉	桑 塔	宋菲菲	孙海燕	孙 顺	谭清洋
王文颖	王小溪	王学强	魏 航	翁 彪	吴 菡
徐 超	薛晋蓉	杨庭曦	姚 云	袁 丁	张 凡
张锐锋	赵团员	赵 媛	朱锐泉	朱 雯	郑仲桦
闫顺英	覃俊珺				

历史学系

陈春晓	陈希丰	程子航	邓 阳	杜 华	冯 茜
葛 浩	郭桂坤	黄庆娇	刘 晨	吕全义	罗 玮
马清源	任 石	任 伟	邵 声	石 芳	唐 星
王 波	王 苗	许美祺	杨 钊	钟春晖	瞿宛林

考古文博学院

范佳翎	金连玉	黎海超	李宏飞		

哲学系

安文研	陈之斌	陈睿超	崔晓姣	高 飞	高 坤

韩冰	何日生	胡士颖	黄建都	黄素珍	姜明泽
井琪	李国斌	李晓璇	李延军	李瑛	林安鸿
刘翩娇	马欣欣	马永红	彭荣	沈洁	沈满琳
师瑞	孙国柱	孙铁根	孙骞谦	汤元宋	汪亮
王颖杰	王宇迪	卫斯洁	温雪	闻进	夏冬冬
熊义刚	徐文静	杨弘博	杨莎	于文博	张硕
张旭	郑华	邹蕴	黄靖雅		

国际关系学院

刘奕伶	陈参	董成龙	董亮	顾全	郭海龙
郝江东	贾子方	康杰	李芳芳	刘毅	邱东东
曲鹏飞	沈晓雷	孙明霞	孙天旭	孙文竹	吴浩
员欣依	张旗				

经济学院

陈晓飞	杜浩然	耿纯	李舜	林佳	刘博
刘萍萍	刘庆	宁叶	王亚章	曾江	赵景涛
赵廷辰	赵维久	赵旭宏	赵昊东		

光华管理学院

操群	陈东杰	陈思	陈骐	董晶	郭放
韩非池	郝阳	何婧	雷文妮	李博文	李硕
刘圣尧	潘珊	戎晓畅	盛峰	孙宁	谭娅
汪泓	王博森	王曼	王小朋	魏春燕	杨哲
姚晶晶	姚凯	余超	章刚勇	张好雨	张红
张梦云	张曦如	郑彬	周静	邹韬	晏梦灵

法学院

步超	曹亚伟	陈雨松	高涛	郭晶	何阳
侯卓	胡帮达	胡晶晶	黄菁茹	姜波	孔元
李波	李少文	李松晓	李扬	刘敏	刘子平
宁杰	邵六益	宋京霖	宋维彬	苏盼	孙海波
孙那	田磊	王复春	吾采灵	吴才毓	夏戴乐
徐然	薛杉	颜晶晶	杨淑君	杨晓琰	叶瑞
殷秋实	俞祺	张莹	张远和	赵希	赵心泽
周游	邹兵建	左婧	覃甫政		

信息管理系

白兴勇	何官峰	黄开木	李天英	李芙蓉	柳英
孙璐	汤珊红	谢丽娜	俞敬松	赵雪	周佳贵
周亚					

社会学系

张忆纯	陈欣琦	翟淑平	付伟	韩启民	杭苏红
黄雅雯	焦长权	李汪洋	刘保中	吕涛	孙东波
王绍琛	王笑非	夏翠翠	益西曲珍	张琪	郑惠元

政府管理学院

白晨	陈纪稳	陈鹏	陈曦	单灵芝	董亚宁
赫胜彬	黄金	黄敬理	雷雨若	李景华	李修科
李倩	刘凌旗	刘艳	卢亮	邵勇波	王衡
王鹏	王水涣	魏娜	魏文栋	熊道宏	张博
张杰斐	张昊	赵雪冉	赵源	朱萌	

外国语学院

陈西军	崔梦田	高伟	高晓茹	韩志华	金爱华
鞠舒文	李灿	李春兰	李芳	李海鹏	李寒冰
梁晶晶	刘丽娇	卢云	聂凤芝	萨其仁贵	宋海波
唐耀彩	王晓宇	吴蔚琳	肖琳	殷国梁	尹蔚婷
张忞煜	张红云	张若强	张文鹏	张文茹	朱成明
侬常生					

马克思主义学院

白冰	陈超	陈金山	陈铭杰	陈永胜	崔静静
董济杰	段蕾	范鹏	黄晓丹	林乐兴	刘辉
路宽	申森	隋灵灵	孙佩	田洪星	王烨
徐艳	许全林	杨席宇	于玲玲	张传泉	张飞雪
张江芬	张伟	赵东明	钟天娥		

艺术学院

李蕊	李晓唱	李育菁	吕帆	罗洁	潘罡
唐璐璐	于國華	张慧喆	周映辰	闫桢桢	

对外汉语教育学院

李靖华	孟若愚	宋璟瑶	王帅	张未然	

深圳研究生院

韩宇翔	和志奇	雷鸿辉	李静	李静杰	李希建
李奕潼	梁芳	林华灿	茹璟	孙焕	田原
王金琳	王乐明	王雨洁	王璐	袁芳	赵若荷
周经经	朱迪聪	朱东山			

信息科学技术学院

尘福兴	陈特	陈新	陈星	陈琪	陈铖
迟骋	戴少阳	邓伟	丁羽	董秋香	豆浩斌
樊捷闻	范定勋	方熙	费永强	付梦琦	盖孟
高庆	高睿鹏	公韦	郭秋怡	何军	何至军
洪海昆	侯韩旭	侯宇清	后羿	胡国庆	胡治晋
黄明凯	黄晓峰	黄锟	霍晓叶	李辰	李大为
李立	李森	李政宇	李侃	李赓	梁亦然
廖凯	廖楠	林书勋	刘大林	刘冠东	刘文韬
刘展	刘婵娟	吕肖庆	伦志远	罗川	马萌
马蔚	孟博	孟宏伟	孟胜彬	米古月	潘凯
潘越	彭鹏	邱晨光	邱镇	任鹏鹏	邵阳
邵銮侠	施晓罡	孙基男	孙自强	孙倩茹	陶智明
涂芝娟	汪沁	王灿	王晨光	王春雨	王浩宇
王佳鑫	王锦鹏	王骏成	王天宇	王一娇	魏楠
吴春蕾	吴平平	吴腾	武唯康	肖祥	辛博
徐畅	徐宁	薛继龙	薛潇博	杨升	尹美
于文静	余超	余牧溪	郁晨曦	詹杭龙	章双佑
张洪泽	张星	张扬熙	张瑶林	张宇识	赵锐
赵子骏	赵琛	郑金鑫	郑桢楠	周昌令	周夏冰
朱智源	左君	闫林			

国家发展研究院

包锋	边文龙	龚雅娴	胡李鹏	康辰	陆振朋

牛梦琦　谭华清　谢　专

教育学院
曹　华　陈昱屿　董江华　管　蕾　李剑峰　李　璐
李　昀　刘　钊　吕　岚　吕　媛　聂　晶　王少峰
王政忠　翁秋怡　席宇梅　杨占武　于　越　余文武
张立平　张　恺　张宸晖　周华丽

人口研究所
郭　超　胡向阳　姜　雪　王　瑜　杨　宇

前沿交叉学科研究院
蔡秋娴　蔡拓程　陈　斌　陈瑞飞　陈　雪　戴紫薇
邓　怡　郭　盈　何菲菲　李昭君　林　猛　林源为
刘传普　马冬林　马若男　马晓旻　邵　斌　宋秀菊
唐智鹏　王晓娟　王　欣　王　晔　文　学　夏华荣
夏禹超　于　晶　于　双　张亚杰　张　茜　赵　耀
周玉冰

工学院
安　丽　卞　磊　陈保君　陈建霖　陈丽莉　陈　亮
陈　涛　程相孟　邓梓健　董　海　杜金铭　方　卉
房　雷　付　际　盖　杰　韩梦瑶　韩志敏　黄　娜
黄　翔　贾存利　姜　哲　江晓芸　李丹丹　李西宇
梁洁良　刘海龙　刘罗勤　刘　岩　卢闫晔　马　进
马志敏　庞明姝　彭海涛　钱　龙　任　爽　尚菲菲
石花朵　宋潇鹏　汤哲文　王　超　王国鹤　王贺宁
王　凯　王　平　王　伟　王向荣　王晓琦　王瑛琪
魏　航　吴天昊　夏　威　徐　浩　杨　婧　杨婷云
姚莹莹　叶林茂　于　浩　于泽军　曾志平　张青青
张　锐　张顺洪　张先念　张　勇　张　玉　赵洁玉
郑恩昊　朱金阳

城市与环境学院
陈会丽　陈　龙　陈源琛　陈　菌　陈　楠　杜　鹏
冯　喆　郭　琪　郝　倩　姜　来　姜芊孜　孔祥臻
郎　朗　李开阳　李溪然　李　丞　孟　靖　祁兆寰
沈晓芳　孙　楷　王　辉　王旭辉　文　萍　熊建国
许　玥　许　涛　杨　斌　袁冠湘　曾振中　张践祚
张　萌　张一凡　张则瑾　张馨月　郑颖尔　朱江玲

环境科学与工程学院
常　方　代　超　董菲菲　封　颖　贡布泽仁　黄　蓉
黄　颖　李文江　李玉照　刘　唐　马　涛　秦墨梅
唐海龙　王明金　王婉晶　杨宇栋　伊　璇　袁　丽
朱　毅

分子医学研究所
常楠楠　程　强　郭冬青　郭寺乐　韩晓帆　胡美钦
刘　斌　刘楚珺　孟　醒　维力斯　吴　迪　杨　冉
张翠芳　张　茂　张仕坚　郑书全　周　肖　祝飞鹏

基础医学院
王贺成　张　弛　蔡君艳　赵干业　唐　红　王　洋
马　可　孙　逸　于　斌　颜若蓉　黄　明　刘威利
付佳霖　彭新建　范静慧　张　丛　段　昊　张嵩阳
冯佳佳　冯　寒　许鹏飞　王光熙　李　磊　杨　银
杨　楠　陆　杰　曹紫阳　刘　昊　任惠文　孙晓伟
王军凯　刘恺余　徐　超　王美丽　于　森　李　雪
王志鹏　徐　虎　王晓林　张　朦　王　玥　马　博
杜　娟　周　源　张瑞阳　卢　秦　范华昊　康静婷
房　煊　高　成　范秀琴　邢珺月　曹　清　瞿　仪
程迎迎　侯　巍　贾玉棉　杨　丽　张　铭　赵海涛
张洪峰　陈伊凡　姜　锋　李　鹏　王　晖　徐　霆
刘宝财　杜胜男　张云沛　张书婷　缪晓洁　张　曼
梁　会　宋　畅　王永峰　李丹花　胡偌碧　陈迪新
刘　皎　刘　明　吕翠翠　唐　辉　李　歌　陈　洁
韩　盈　徐亚平　何嘉翻　林　梁　李拓坦　程　根
尹　悦　高明明　万军虎　刘书理　赵　阳　邓嘉成
马丽君　石　琼　孟适秋　何　佳　夏　丹　梁　令
王晔凡　邓雪婷　张金胜　张　潏　匡静宇　李　敏
齐光照　曲柳静　黄元利　宫　琦　宋　肖　卫宁宁
张　艳　陈　强　邵丹青

药学院
张　浩　吴　敏　何　珊　马丽媛　王　渊　季　帅
张浩然　刘长城　张建美　王思媛　杨安琪　马微微
薛　雨　曾　凡　季双敏　王　晗　黄旭虎　郦鑫耀
孙　晶　林微微　杨　平　王　琦　阚琳玲　张　群
范鑫萌　石玉杰　斯日古楞　徐　欢　黄　斌　王书成
孙　静　王　斌　张　博　唐从辉　王　丹　信枭雄
吴志生　李　婉　李　伟

公共卫生学院
陈章健　彭波丽　王碧琦　刘　珏　周玉博　蒋　莹
蔡夏夏　何丽霞　李炜修　王旭英　段芳芳　曾庆奇
魏乾伟　房爱萍　盘　瑶　李宏田　王雪茵　陈　茹
陶丽丽　吕艳伟

护理学院
娄方丽　郑晓燕

医学人文研究院
谷晓阳　于舒洋

第一临床医学院
董　颖　崔　玮　赵承琳　马　玲　庞　韵　丁　圆
王　圆　张雨佳　王　林　方　芳　赵　阳　李雪娟
孙少倩　王　艳　朱璐婷　柳　竹　杜　婧　晏红改
董　慧　程冠良　李冰寒　张仁雯　柳　佳　邓永琼
雷洪恩　彭　芬　吕　朴　李辉喜　金苏芹　陈雪祺
陈阳阳　李亚丽　徐康洁　杜　闰　田　甜　刘　瑾
王　蕊　杨小玲　杨　威　宋芳娇　赵艳峰　刘滕飞
于　倩　徐　可　杨开来　梁文奕　邵一珉　黄　达
李嘉欣　黄海超　张淑贞　马　欢　谢　瑶　吴　忧

吴 浩	李 雪	关 宇	苏日娜	冯 慧	王 辰	姜 洋	姚 瑶	刘 晶	郭玉娇	李贝贝	杨 鑫
易 致	虞 浩	胡展维	张 维	夏驭龙	成 功	闫 夏	朱 斌	刘璐玮	李 裴	刘 佳	李 虹
刘世伟	吴伟伟	丁 娟	张秋鹂	路 丹	杨 鹏	殷晓晖	郑 晖	徐啸翔	洪瑛瑛	徐开凡	董丽佳
乔 静	玛丽帕提·马尔旦					李晨霜	章晶晶	肖佳灵	郑云飞	李 熠	田 靖
						谢 尚	梅 梅	王晓飞	吕 品	盛旭燕	戴帆帆
						马 婷	余 湜	史 闻	季晓黎	冯莉舒	刘 玥
						叶 鹏					

第二临床医学院

刘梦茹	韩 龙	李志新	柳小婧	任甡旻	陈文韬
崔 笑	高等会	常 悦	钱景锋	张 琦	王 冲
孔记华	韩端阳	李鄒波	刘小云	高元丰	陶 可
苗俊杰	李凤卫	李明霞	陈 珑	何甘霖	侍明海
蔡 贺	杨 媛	贺改霞	齐 赟	张 凤	徐远坤
张保振	杨 阳	杨团峰	陈 思	郁有来	王宇彤
卢文艺	耿聪俐	王 敏	胡 坚	金恩忠	王 搏
王 澍	王世言	马明太	王 锴		

精神卫生研究所

吕 楠	张峥嵘	周娱菁	高 倩	张婷婷	司飞飞
周书喆					

临床肿瘤学院

田甜甜	丁 宁	邓秋菊	闵 力	李 沈	赵 丹
陈艺伟	李怡倩	王延杰	陈含笑	寇芙蓉	刘新志
徐 凯	王琪玮	孙 洁	郑文献	陈 铎	李 响
李 琳	杨永勇	袁 华	李 娜	张自然	张欣然
司丕蕾	林红梅	潘宏达			

第三临床医学院

仵菲斐	张 慧	王 聪	张 露	陈 瑶	李承玉
连玉贵	丁 婷	安祥博	石春彦	靳 瑛	杨 麟
张雅丽	李正鹏	曹译匀	宁尚龙	刘作静	薛 恒
邵 佳	黄爱兵	余 杰	包丝雨	闫盈盈	周 鑫
王晶晶	修 鹏	武 慧	宋 祝	邢 瑞	钟名金
李燕艳	孟庆阳	朱汇慈	崔婵娟	易 端	王玉洁

北京医院

王淑跃	李 萌	田伟萌

中日友好医院

|杨 炯|刘新光|

积水潭医院

|张 勇|

首都儿科研究所

|曹丁丁|苗春越|

口腔医学院

陈 雪	朱浚鑫	王 振	陈李彤	刘 帅	孙 玥

深圳医院

|刘海洋|马俊轩|陈 晴|

留学生研究生毕业生名单

留学生硕士毕业生名单

物理学院
Robert Yuan Ying Chou（美国）

心理学系
Jenny Chen Li（澳大利亚）
Meng Jessie Zhao（加拿大）

软件与微电子学院
Kevin Lou（美国）

中国语言文学系
Soobin Lee（韩国）
Park Soung Il（韩国）
Ievgeniia Dymchuk（乌克兰）

考古文博学院
Yoo Dongyoung（韩国）
Emi Date（日本）

哲学系
Chin Koon Shin（马来西亚）
Prapakorn Bhanussadit（泰国）
Stefano Gandolfo（意大利）
Phramaha Taneth Sabsomboon（泰国）
Ian Ji-Yui Cheung（美国）

外国语学院
Haerin Kim（韩国）

艺术学院
Hwi Choi（韩国）
Areum Oh（韩国）

对外汉语教育学院
Kang Huntae（韩国）
Seoklim Kong（韩国）
Sulki Lee（韩国）
Soffia Yujing Lin（冰岛）

Reem Mohammed Gamal Abdelhamed Saqr（埃及）
Wariya Intraprasitha（泰国）
Song Hee Joo（韩国）

国际关系学院

Hey Yeung Yoo（韩国）
Edoardo Tancioni（意大利）
Johann Andreas Osbakk（挪威）
Choi, Hea Weon（韩国）
Rodolphe Dougoud（法国）
Pugstaller, Sophie Maria（奥地利）
Gunnlaugsson Helgi Steinar（冰岛）
Pakwan Kulkobkiat（泰国）
Johanna Grusch（奥地利）
Han, Jungmin（韩国）
Manuel Frederik Holtmann（德国）
Akos Palencsar（斯洛伐克）
Jared Mckinney（美国）
Mi Jie（加拿大）
Chowon Kim（韩国）
Sae Bom Kim（韩国）
Kim, Jinmyung（韩国）
Carlstedt Carl-Johan Thomas（瑞典）
Curtis Leonard Tuihalangingie（汤加）
Catherine Margaret Macleod（英国）
Ryutaro Kurihara（日本）
Caroline Jeanmaire（法国）
Toramasa Hayashi（日本）
Sho Hayashi（日本）
Bhargavi Viswanath（印度）
Sunny Liu（美国）
Yuri Tsuyusaki（日本）
Belaunde Vargas Rodrigo Enrique（奥地利）
Lara Grosso（意大利）
Desogus, Martina（意大利）
Giuditta Matilde Serafina Morandi（比利时）
Perez Loyola, Renato Andres（厄瓜多尔）
Nicholas Allan Butts（丹麦）
Park Eunji（韩国）
Park Uh In（韩国）
Piera Regina（意大利）
Wen, Chiaping（美国）
Xu, Huiyun（新加坡）
Aurianne Schuh（法国）
Rachel Yampolsky（加拿大）
Yerbulan Toremuratov（哈萨克斯坦）
Verlare Jikkie Grete Willemien（荷兰）

Deniz Unal（土耳其）
Samantha Zhang（加拿大）
Sonchul Cho（韩国）
Kanok-On Prasaned（泰国）
Chung Haengun（韩国）
Pezzulo, Joseph Augustus（美国）
Biondi Sanda Sima（印度尼西亚）
Giulia Garbagni（意大利）
Julia Zhu（新加坡）
Runchana Sukmonkongsamoe（泰国）

法学院

Kaukenov, Adil（哈萨克斯坦）
Imanaliev, Aibek（吉尔吉斯斯坦）
Turbat, Bat-Amgalan（蒙古）
Renat Baymukhametov（俄罗斯）
Bassem Khaled Abdelsalam Elmaghraby（埃及）
Namita Tangpitukpaibul（泰国）
Ka Fun Susanna Tang（荷兰）
Ilse Bernice Rika Berlamont（比利时）
Bounma Vorasarn（老挝）
Hua Huang（澳大利亚）
Teriwajah, Justin Pwavra（加纳）
LIPANA, Diane Shayne Dela Fuente（菲律宾）
Kongjin Lee（韩国）
Mun Yin Ingrid Lau（英国）
Flores, Reynaldo Lahom（菲律宾）
Zhen Mei（澳大利亚）
Lkhanaajav, Munkhtushig（蒙古）
Murong Tan（加拿大）
Jung Jae Won（韩国）

社会学系

Yu Jung, Jung（韩国）

政府管理学院

Ajaz, Tulip（叙利亚）
Antwi, Akua Serwaah（加纳）
Chulu, Musadabwe（赞比亚）
Francis, Christopher Martin Kelon（格林纳达）
Frazer, Catilda Samantila（牙买加）
Fernandes, Loraine Yvonne（苏里南）
Furtado Mendonca Varela, Adalberto（佛得角）
Galvao Teixeira, Arilde Emilia De Jesus（佛得角）
Frederick James Sebastian Ladbury（英国）
Ly, Chanrainsey（柬埔寨）
Pei Shan Lim（新加坡）
Latorre Aravena, Maria Fernanda（智利）
Mahami, Issah（加纳）

Mayala, Alphonce Nyalali（坦桑尼亚）
Montero Barria, Ana Laura（巴拿马）
Moeurt, Rattanak（柬埔寨）
Clara Nellans（美国）
Ntim, Solomon（加纳）
Prom, Ratanak（柬埔寨）
Lukong, Quinter Ghaila（喀麦隆）
Smith Jr, John Solunta（利比里亚）
Tamim, Ghada（叙利亚）
Tayim, Mercy Awandoh（喀麦隆）
Pak Heng Jonathan Ng（英国）
Styles, Farrah Anita（巴哈马）
Christopher Michael Small（美国）
Giulia Rossi（意大利）

教育学院
Jaruwan Teanmahasatid（泰国）
Modi Li（美国）

新闻与传播学院
Ahn, Na-Hye（韩国）
Xu Claire（加拿大）

经济学院
Zhibek Abdyldaeva（吉尔吉斯斯坦）
Elena Prisich（俄罗斯）

光华管理学院
Ammar Masood（巴基斯坦）
Andrew Burton Weekes（美国）
Peter Brennen Reynolds（美国）
Nakyung Kwak（韩国）
Minho Ha（韩国）
Tae Hong Kim（韩国）
Hongsoo Kim（韩国）
Sae Jun Kim（韩国）
Sanghoon Kim（韩国）
Sung Mi Kim（韩国）
Pilsoo Kim（韩国）
Jae Hun Lee（韩国）
Calvin Kwan Yui Lee（加拿大）
Changju Yeom（韩国）
Wenjie Wendy Mao（加拿大）
Hongchul Park（韩国）
Jung Shik Park（美国）
Sophie Aurore Mannai（法国）
Shon Janghoon（韩国）
Julien Marcel Demeulemeester（比利时）
Kelvin Tang（美国）
Jean Marguerite Alcaraz Ong（菲律宾）

Huajun Wu（加拿大）
Liang Wu（澳大利亚）
Hank Hw Yang（加拿大）
Nick Hung-I Cheng（新西兰）
Matteo Giudice（意大利）
Jaehyun Jo（韩国）
Ariel Van Gorder Margolis Daniel（美国）
Siyang Luan（德国）

药学院
杨程（加拿大）
戚梦露（澳大利亚）

第二临床医学院
赵明福（缅甸）
李水静（韩国）
郭天元（日本）

深圳研究生院
Apichatvorapong Saisang（泰国）
Alihonov Hikmatullo（乌兹别克斯坦）
Aiemsongsak Miss Tanyatorn（泰国）
Aksenov Denis（俄罗斯）
Van Camp Felix Franciscus Marcus Leopold（比利时）
Bang Jin Ho（韩国）
Bah Alhassane（几内亚）
He Xiaofei（加拿大）
Hamish Hu（澳大利亚）
Huang De-Lin Benny（加拿大）
Chemli Khayem（突尼斯）
Piskun Svetlana（俄罗斯）
Michael Li（新西兰）
LEELAWONG Mr PARUAY（泰国）
Hing Yee Lau（英国）
Rood John William（美国）
Mejdoub Marwa（突尼斯）
Gregory Adam Maillis（巴哈马）
Karnfelt Tage Maximilian David（瑞典）
Mersol-Barg Michael Andrew（美国）
Miginis Marius（立陶宛）
Sunny Mewati（印度）
Hyun Wook Nam（韩国）
Park Kyuyoung（韩国）
Shangheta Timothews Tupombili（纳米比亚）
Sungur Sabiha Merve（土耳其）
Shipley Klaus Ken（安提瓜和巴布达）
Schutte Jeremy Michael Ward（美国）
Areesomboon Isara（泰国）
Jia Rong Zhang（加拿大）

留学生博士毕业生名单

数学科学学院
Md. Farhad Bulbul（孟加拉国）
Sriamorn Mr. Kirati（泰国）
Wetayawanich, Mr. Akanat（泰国）

地球与空间科学学院
Karimian, Hamed（伊朗）

心理学系
Kishimoto Tomoko（日本）

工学院
Asif Mahmood（巴基斯坦）

中国语言文学系
Lee, Seul Ki（韩国）
Yumi Ki（韩国）
Sirinun, Wattanasirikiat（泰国）
Juyoung, Jeong（韩国）

历史学系
Vikash Kumar Singh（印度）

哲学系
Kim, Yu Jin（韩国）
Li, Jibing（美国）
Mun, Yeonggeol（韩国）

外国语学院
Kai Amamura（日本）

艺术学院
Shin, Youngsook（韩国）

国际关系学院
Bakota, Ivica（克罗地亚）
Kildong Hong（韩国）
Erfiki Hicham（摩洛哥）
Sangwon Lee（韩国）
Jeong Hak Yang（韩国）
Patcharinruja Juntaronanont（泰国）
Chung Da Hoon（韩国）

法学院
Yeonmi Jang（韩国）
Sindzen Dzao（立陶宛）

政府管理学院
Hwang, Taeyeon（韩国）

经济学院
Kang Hogu（韩国）

光华管理学院
Sojung Lee（韩国）

（研究生院）

附　　录

2016年部分媒体报道索引

主题	副题	作者	作者单位	报刊名称	出版日期	版面
半月自述：我与素人、求人的故事		奚牧凉	北京大学考古文博学院教授	光明日报	2016/1/1	5
谢冕：越老越忙的"80后"		谢冕	北京大学诗歌研究中心教授	光明日报	2016/1/2	5
屠呦呦研究成果24年后申请新药	双青蒿素片可用于治疗红斑狼疮目前已提交国家食药监等待审批			北京青年报	2016/1/2	4
给予我启发和思考动力的十本书		张颐武	北京大学中文系教授	北京日报	2016/1/4	16
用权力扩紧法制"笼子"		姜明安	北京大学法学院教授	人民日报	2016/1/4	7
这一所北京的剧院		谢冕	北京大学诗歌研究中心教授	北京日报	2016/1/17	18
中科院院士许智宏：转基因生物育种处在关键时刻				中国科学报	2016/1/6	1
北大试点本科考试"试卷返还"	学生不服判决分可与老师理论，有理有据成绩有望翻盘			中国教育报	2016/1/12	1
当代学术研究三法		王逢鑫	北京大学英语系教授	人民日报	2016/1/11	7
如何讲述当代中国大故事		陈晓明	北京大学中文系教授	人民日报	2016/1/12	23
2015年度中国十大学术热点				光明日报	2016/1/13	16A、B
我们对商缺还存在哪些误读？		叶自成	北京大学国际关系学院教授中国战略研究中心主任	北京日报	2016/1/18	15
涵养正爱和亲的家风		穆光宗	北京大学人口所	北京日报	2016/2/22	15
北大32门课程登录慕课平台		肖东发		北京青年报	2016/2/23	A5
最能体现中国文化的图书		肖东发	北京大学新闻与传播学院教授	中华读书报	2016/2/24	5
大学生能力发展的变与不变		范皑皑 杨钋	《北京大学教育评论》副编审 北京大学教育学院副教授	光明日报	2016/2/25	15
北京大学创业训练营：用公益心行创断事				科技日报	2016/2/25	8
"两个必然"仍然是时代发展大趋势		杨河	教育部中国特色社会主义理论体系研究中心特约研究员	人民日报	2016/2/26	7
中国经济双重转型的启示		厉以宁	全国政协常委、北京大学光华管理学院名誉院长	人民日报	2016/2/25	7
北京大学推行"师生交流时间"制度	3000名专任教师全员参与多种形式与学生面对面			中国教育报	2016/2/27	2

(续表)

主题	副题	作者	作者单位	报刊名称	出版日期	版面
西方文明的样论		钱乘旦	北京大学历史学系教授	北京日报	2016/2/29	15
深化行政体制改革的新特点		王浦劬	北京大学国家治理研究院院长	人民日报	2016/2/28	5
难在比较客观地看世界		周其仁	北京大学国家发展研究院经济学教授	北京日报	2016/2/29	14
中国经济学如何走向世界		林毅夫（对话人）		光明日报	2016/3/2	15
什么样的教育才能满足需求		秦春华	北京大学考试研究院院长	光明日报	2016/1/19	14
2015年高校毕业生就业状况调查		岳昌君	北京大学教育学院 教育经济研究所	光明日报	2016/1/19	13
"一带一路"对人才培养的新要求		夏文斌	北京大学中国特色社会主义理论研究中心副主任	中国教育报	2016/1/21	3
顶尖大学还需要招收艺术特长生吗		秦春华	北京大学考试研究院院长	光明日报	2016/1/26	13
"法治中国"与"法治社会"的关系		姜明安	北京大学法学院教授	北京日报	2016/1/25	17
林建华：充分释放院系和老师们的潜力	全国人大代表、北京大学校长林建华谈高校改革和去行政化			新京报	2016/3/9	A14
厉以宁：与其亏损企业 不如亲职工	全国政协十二届四次会议召开记者会，5位委员就结构调整、粮食产量、外汇储备、国企改革等问题作答			新京报	2016/3/7	A07
坚定步伐，保持新常态下的中高速增长		厉以宁	全国政协常委、北京大学光华管理学院名誉院长	文汇报	2016/3/9	5
将发展优势转化为话语优势		郭建宁	北京大学社会经济与文化研究中心主任、北京大学中国特色社会主义理论体系研究中心副主任	人民日报	2016/3/7	7
软实也需要一定的"刚性"		姜明安	北京大学法学院教授	北京日报	2016/3/7	15
莫高窟坚守者：保护传承世界遗产的文化自觉与担当		樊锦诗		光明日报	2016/3/8	15
中国政治学者正在经历的"研究转型"		燕继荣	北京大学政府管理学院教授	北京日报	2016/3/14	16
儒学与人权		杜维明	北京大学高等人文研究院院长	中华读书报	2016/3/16	13
打造普惠共享的国际网络空间		谢新洲	北京大学新媒体研究院院长	人民日报	2016/3/17	7
让小班研讨课教室改造成为潮流		卢晓东	北京大学教务部副部长	中国科学报	2016/3/17	5
推动中国传统文化走出去		袁行霈	中央文史研究馆馆长、北京大学中文系教授	文汇报	2016/3/9	6
全面创新正当其时		杨开忠	中国区域科学协会会长、北京大学中文系秘书长	人民日报	2016/3/11	7

(续表)

主题	副题	作者	作者单位	报刊名称	出版日期	版面
确立外国哲学研究的科学导向		聂锦芳	北京大学哲学系教授	人民日报	2016/3/21	16
传承下来的简体字		苏培成	北京大学中文系教授	光明日报	2016/3/20	7
国企改革向着供给侧发力		厉以宁	全国政协常委、北京大学光华管理学院名誉院长	北京日报	2016/3/21	13
谁应当做教师？		秦春华	北京大学考试研究院院长	光明日报	2016/3/22	14
北大清华启动自主招生选拔				人民日报	2016/3/23	23
丁石孙的北大往事				文摘报、中国新闻周刊	2016/3/22 2016	3、第8期
再论法治政府建设		姜明安	北京大学法学院教授	北京日报	2016/3/28	17
发展中国的马克思主义文艺理论		董学文	教育部中国特色社会主义理论体系研究中心特约研究员，北京大学中文系教授	光明日报	2016/3/28	1、8
一室若不治 何以事家国	北京大学学生宿舍文明建设赓续百年"家国"传统			光明日报	2016/4/1	8
话剧《雨花台》在北大上演	将在全国高校巡演百场			中国青年报	2016/4/5	3
"土博士"何以执教"洋大学"	北京大学经济管理博士近年来获得海外名校教职			中国教育报	2016/4/5	1
曹文轩：领奖之旅将成为新绘本开篇	国际安徒生奖获奖现场接受北青报专访 表示今年要完成两个长篇			北京青年报	2016/4/6	A15
"从莫言到曹文轩，这之间是有联系的"	儿童文学的"诺奖"首次花落中国			人民日报	2016/4/6	12
北大清华等高校启动农村学子专项招生计划				光明日报	2016/4/7	9
曹文轩：不是一个人在战斗	2016年国际安徒生奖首度颁给中国作家			人民日报	2016/4/7	12
《创业英雄汇》北京大学站总决赛拉开帷幕				中国科学报	2016/4/7	11
"美的力量丝毫不亚于思想的力量"	对话国际安徒生奖得主、北京大学曹文轩			光明日报	2016/4/7	6
科学是个好东西，唯科学论是个坏东西		钱乘旦	北京大学历史学系教授	北京日报	2016/4/12	5
制造业才是中国的脊梁		姚洋	北京大学国家发展研究院院长，北京大学国家发展研究院中国经济研究中心主任	北京日报	2016/4/11	13

(续表)

主题	副题	作者	作者单位	报刊名称	出版日期	版面
以文为家，以笔为马	国际安徒生奖获得者曹文轩访谈			人民日报	2016/4/14	24
推动物质文明和精神文明协调发展		郭建宁	教育部中国特色社会主义理论体系研究中心特约研究员，北京大学马克思主义学院教授	光明日报	2016/4/14	16
学分学费能否与学年学费并存				中国科学报	2016/4/14	5
总理考察清华北大				北京青年报	2016/4/16	1
哲学视域下的社交媒体		李极冰	北京大学哲学系研究员	光明日报	2016/4/16	8
读懂毛泽东		朱善璐	北京大学党委书记	光明日报	2016/4/19	11
大学招生，行政和学术谁说了算？		秦春华	北京大学考试研究院院长	光明日报	2016/4/19	13
缺教育改革发展和实施创新驱动发展战略李克强考察清华大学北京大学				光明日报	2016/4/17	1、3
寻找未名湖		贺捷生	1959年毕业于北京大学历史学系	光明日报	2016/4/22	14
中国经验对新兴经济体改革的启示		林毅夫	北京大学国家发展研究院名誉院长	人民日报	2016/4/24	5
北京大学工程学院教授朱彤：让基金申请和评审有据可依				中国科学报	2016/4/25	6
现代化研究的"话语权"犹在		钱乘旦	北京大学历史学系教授	北京日报	2016/4/25	16
北大本科教育综合改革再发力	设荣誉学位学士学部内自由转专业			中国教育报	2016/4/28	4
马克思主义哲学创新发展的新探索	黄枬森哲学思想研讨会在北大举行			中国教育报	2016/4/28	5
一个好奇的读书人的日本印象		陈平原	北京大学中文教授	文汇报	2016/4/28	
教育供给从"配给式"到"供给侧"	北京大学本科教育综合改革方案解读			中国教育报	2016/4/29	3
经济学应致力于改变多数人的命运		林毅夫	北京大学国家发展研究院名誉院长	人民日报	2016/4/26	24
温儒敏：踽踽独行的朝阳		肖东发	北京大学新闻与传播学院教授	北京日报	2016/4/26	15
出版是永远的朝阳产业				中国读书报	2016/5/4	6
谈《嘉木怡情——明式家具审美丛谈》		朱良志	北京大学美学与美育研究中心主任	光明日报	2016/5/3	8
北大改革"瞄准"四大差距	学部内可自由转专业；鼓励建设有特色的跨学科本科人才培养项目；构建科学合理的评价体系			光明日报	2016/5/3	8
北京大学南南合作与发展学院成立				光明日报	2016/5/3	8

（续表）

主题	副题	作者	作者单位	报刊名称	出版日期	版面
山鹰社2018年攀珠峰为北大120岁庆生	目前已完成《风险防控管理条例》这将是北大学生首次攀登珠峰			北京青年报	2016/5/5	A5
新常态下中国特色社会主义政治经济学的核心命题和主要任务		刘伟	北京大学原党委常委、常务副校长	光明日报	2016/5/5	16
曹文轩的肯定性美学				人民日报	2016/5/6	24
河南大学与北京大学共建河南文明协同创新中心				光明日报	2016/5/4	14
18世纪法国"中国热"		高毅	北京大学历史学系教授	北京日报	2016/5/9	15
文化养老的指南		穆光宗	北京大学人口所教授	北京日报	2016/5/9	14
公共讨论首先要就事论事		张颐武	北京大学文化资源研究中心主任、北京大学中文系教授	北京日报	2016/5/9	15
新文化运动与西学东渐		厉以宁		光明日报	2016/5/4	11
曹文轩：以"大王书"召唤汉语史诗				中华读书报	2016/5/11	16
史学离不开高远的想象力		罗志田	北京大学历史学系教授	北京日报	2016/5/16	16
超越因材施教将带来什么变化		卢晓东	北京大学教务部副部长	北京日报	2016/5/16	16
"原子论"对马克思思想起源的影响		聂锦芳	北京大学哲学系教授	光明日报	2016/5/11	14
北大肿瘤医院成立胸部肿瘤中心				北京青年报	2016/5/17	A4
续写中国特色社会主义新篇章的内涵和基础		郭建宁	教育部中国特色社会主义理论体系研究中心特约研究员、北京大学马克思主义学院教授	人民日报	2016/5/18	7
牢固树立以人民为中心的研究导向		王浦劬	北京大学国家治理研究院院长	人民日报	2016/5/19	7
"古之学者为己，今之学者为人"		罗志田	北京大学历史学系教授	北京日报	2016/5/23	20
恰如其分地说出人文学的意义		陈平原	北京大学中文系教授	北京日报	2016/5/23	19
城管执法何以不难		姜明安	北京大学法学院教授	人民日报	2016/5/22	5
把政务公开贯穿政务运行全过程		姜明安	北京大学法学院教授	北京日报	2016/5/23	17
钱理群的学问与脾气		温儒敏	北京大学中文系教授	中华读书报	2016/5/18	7
大学为问偏爱体育特长生		秦春华	北京大学考试研究院院长	光明日报	2016/5/24	13
让人才价值得到充分尊重		萧鸣政	北京大学人力资源开发与管理研究中心主任	光明日报	2016/5/24	16
传统文人画的人文价值		朱良志	北京大学美学与美育研究中心主任	光明日报	2016/5/26	16

（续表）

主题	副题	作者	作者单位	报刊名称	出版日期	版面
生态修复如何治标又治本		刘伟	北京大学国家发展研究院端慧高等研究所首席科学家蔡运龙	光明日报	2016/5/27	16
以马克思主义为指导构建中国特色哲学社会科学	访北京大学原副校长、中国人民大学现校长			光明日报	2016/5/28	1、2
化学生物学科"筑梦人"	记北大化学系教授陈鹏			光明日报	2016/5/29	4
不能靠一个制度解决所有类型的腐败		姜明安	北京大学法学院教授	北京日报	2016/5/30	14
走进《资本论》的世界		聂锦芳	北京大学哲学系教授	光明日报	2016/5/31	10
让马克思主义发出时代最强音		孙熙国（嘉宾）	北京大学马克思主义学院院长	光明日报	2016/6/2	7
互联网应传播中国文化的根本精神		楼宇烈	北京大学哲学系宗教学教授、北京大学宗教文化研究院名誉院长	光明日报	2016/6/2	11
"永贞革新" 开启治理体系转变		韩毓海	北京大学中文系教授	北京日报	2016/6/6	15
平等与人休戚相关		张长东	北京大学政府管理学院讲师	光明日报	2016/6/6	10
《历代御批总汇》评析——读理想国		廖可斌	北京大学中文系教授	光明日报	2016/6/7	10
理想的治理者		韩毓海	北京大学中文系教授	光明日报	2016/6/7	11
援疆食堂的笑声		夏文斌	北京大学中国特色社会主义理论研究中心副主任、石河子大学党委副书记	光明日报	2016/6/7	14
跨学科人才培养钱从哪里来		卢晓东	北京大学教务部副部长	中国青年报	2016/6/13	5
一位女科学家的学术生涯	杨芙清	杨芙清		中国科学报	2016/6/13	8
五十七年师情	参加2014年北大五四诗会有感			中国科学报	2016/6/13	8
日本人眼中的中国形象		王缉思	北京大学国际关系学院教授	北京日报	2016/6/15	12
刘玉村：医学教育是我教的挚爱			北京大学第一医院教授，医学部党委书记	中国科学报	2016/6/15	1、2
"老年固化" 理论告诉了我们什么		穆光宗	北京大学人口所教授	北京日报	2016/6/20	18
政策与制度谁重要		潘维	北京大学国际关系学院教授	北京日报	2016/6/20	17
"城管执法难" 的破解之道		姜明安	北京大学法学院教授	北京日报	2016/6/20	18
从地理研究中国		李雯	北京大学中文系教授	北京日报	2016/6/22	20
我没没法像他那样谈论人类的灭绝		吴国盛	北京大学哲学系教授	中华读书报	2016/6/22	16
北大居亚洲大学新加坡国立大学获得头筹	清华位列第五新加坡国立大学获得头筹			北京日报	2016/6/22	14
北大光华连续5年领跑亚洲商学院	2016年英国《金融时报》全球金融硕士榜单出炉			中国教育报	2016/6/21	3

(续表)

主题	副题	作者	作者单位	报刊名称	出版日期	版面
陈岱孙：我的青春时代	陈岱孙：著名经济学家、教育家，被誉为"中国经济学一代宗师"			中华读书报	2016/6/22	12
文本研读是马哲研究的看家本领		聂锦芳	北京大学哲学系教授	光明日报	2016/6/24	7
在化学和生物之间搭一座"立交桥"	北京大学教授陈鹏的故事			中国教育报	2016/6/27	3
中国特色经济学的建设和发展		厉以宁	全国政协常委、北京大学光华管理学院名誉院长	人民日报	2016/6/27	16
寻访"亢慕义斋"旧址和李大钊故居		吕其庆	北京大学马克思主义学院博士生	中国青年报	2016/7/4	2
当代学者的历史责任和精神追求		叶朗	北京大学哲学系教授	人民日报	2016/7/4	20
从问题出发——读毛泽东《关心群众生活，注意工作方法》		韩毓海	北京大学中文系教授	光明日报	2016/7/5	11
现代化研究的理论与实践		钱乘旦	北京大学历史学系教授	光明日报	2016/7/6	14
北大校长毕业典礼致辞"网络时代更需要理性"		林建华	北京大学校长	新京报	2016/7/6	A11
学术研究要不避"冷"		钱乘旦	北京大学历史学系教授	光明日报	2016/8/27	11
对当前我国宏观经济形势的新认识		刘伟	北京大学副校长、中国人民大学现任校长	北京日报	2016/7/11	13
确立有利于社会公正的分配正义原则		姚洋	北京大学国家发展研究院院长、北京大学国家发展研究院中国经济研究中心主任	人民日报	2016/8/26	7
一流牛奶和一流大学管理		陈洪捷	北京大学教育学院教授	中国教育报	2016/8/29	6
发挥新媒体凝聚社会共识的重要作用		谢新洲	北京大学新媒体研究院院长	人民日报	2016/8/29	7
科学研究竟是什么		吴国盛	北京大学哲学系教授	北京日报	2016/8/29	18
中国经济的未来是乐观的		姚洋	北京大学国家发展研究院院长、教授，北京大学国家发展研究院中国经济研究中心主任	北京日报	2016/8/29	13
提倡"文学生活"研究		温儒敏	北京大学中文系教授	人民日报	2016/8/30	14
裁撤教育学折射了什么		王小青 姚荣	北京大学继续教育学院、中国人民大学教育学院博士研究生	中国教育报	2016/9/1	7
北京大学东门：博雅塔之春				北京日报	2016/9/1	13
周培源：一代宗师永流芳				中国科学报	2016/9/5	8
回忆周培源	节选自《祝贺周培源先生90高寿》			中国科学报	2016/9/5	8
不一样的开学第一课	北大清华学子与中国女排面对面			人民日报	2016/9/6	15

（续表）

主题	副题	作者	作者单位	报刊名称	出版日期	版面
北大、清华农村娃更多了	国家贫困地区专项计划，清华自强计划，北大筑梦计划			人民日报	2016/9/5	11
"修昔底德陷阱"的历史真相是什么？		钱乘旦	北京大学历史学系教授	北京日报	2016/9/5	14
北京大学试水"全环境育人"	如何引领网络一代青年学子			中国青年报	2016/9/2	1、3
新常态就是按经济规律办事		厉以宁	全国政协常委、北京大学光华管理学院名誉院长	光明日报	2016/9/7	15
朱光潜学术人生的通达与执着				光明日报	2016/9/8	11
北大南南合作与发展学院举行开学典礼		张守文	北京大学法学院院长	北京青年报	2016/9/11	3
在法制框架内加强和改善宏观调控				人民日报	2016/9/13	7
北京大学启动新一轮本科教学改革				中国教育报	2016/9/10	3
自觉自律精神是中华文化的一个根本特点		楼宇烈	北京大学哲学系教授	北京日报	2016/9/12	15
儒学精华造福现代人生		楼宇烈	北京大学哲学系教授	人民日报	2016/9/11	5
新发展理念丰富发展了入学内涵		丰子义	北京大学哲学系教授	人民日报	2016/9/23	7
吴国盛：追问什么是科学，有现实意义		吴国盛	北京大学哲学系教授	中国科学报	2016/9/23	6
先生暮年壮心不已	追思导师张静如	程美东	北京大学马克思主义学院副院长	北京日报	2016/9/26	15
好的创新"场"是这样吸引人的		周其仁	北京大学国家发展研究院教授	北京日报	2016/9/26	17
程序正义更能让人主动服从法律		侯猛	北京大学法学院副教授	北京日报	2016/9/26	17
全球化时代的本土教育责任		秦春华	北京大学考试研究院院长	光明日报	2016/9/27	15
学者的社会责任和学术责任		袁行霈	中央文史研究馆馆长、北京大学中文系教授	光明日报	2016/9/27	10
从两个层次看国企改革		厉以宁	全国政协常委、北京大学光华管理学院名誉院长	光明日报	2016/9/28	15
北大成立全球大学生创业中心				北京青年报	2016/10/13	A5
名家领读经典在北京大学启动				北京青年报	2016/9/30	A5
北大燕京学堂为世界培养了解中国的优秀人才				光明日报	2016/10/8	4
中国文艺美学如何走向世界		王岳川	北京大学中文系教授	中华读书报	2016/10/19	10
探究马克思思想的原始状况		聂锦芳	北京大学哲学系教授	中华读书报	2016/10/19	9
政治家的教育梦	孙中山关于教育的六次演说	陈平原	北京大学中文系教授	中华读书报	2016/10/19	13
世界一流大学的生源应当来自哪里		卢晓东	北京大学教务部副部长	中华读书报	2016/10/20	5

(续表)

主题	副题	作者	作者单位	报刊名称	出版日期	版面
古代文人为什么偏爱假山		朱良志	北京大学美学与美育研究中心主任	北京日报	2016/10/24	16
英国之所以值得特别关注		钱乘旦	北京大学历史学系教授	北京日报	2016/10/31	17
北大怎么改革法科研究生教育		郭雳	北京大学法学院副院长	光明日报	2016/11/1	13
忆季羡林先生过"米寿"	温不增华 寒不改叶			光明日报	2016/11/4	13
何为城？何为乡？		徐建国	北京大学国家发展研究院教授	光明日报	2016/11/7	14
一场关于未来的学界大讨论	林毅夫、张维迎当面激辩产业政策			中国青年报	2016/11/10	4
如何理解"现代新儒学"思潮		干春松	北京大学哲学系教授、北京大学儒学研究院副院长	光明日报	2016/11/17	11
潘光旦：特立独行士大夫				中国教育报	2016/11/17	4
北大卿瑚医院启动智能采血系统				北京青年报	2016/11/18	A6
我们应该怎样讨论教育问题		秦春华	北京大学考试研究院院长	光明日报	2016/11/22	13
谢冕：这个现状能满意吗？		谢冕	北京大学诗歌研究中心教授	中华读书报	2016/11/23	17
86岁历以宁写万字改革药方		厉以宁	全国政协常委、北京大学光华管理学院名誉院长	北京青年报	2016/11/24	A18
我国有能力解决国有企业杠杆率偏高问题		姚洋 范保群	北京大学国家发展研究院院长、北京大学国家发展研究院助理院长	人民日报	2016/11/25	11
美国国家治理的深层矛盾		叶自成	北京大学国际关系学院教授	人民日报	2016/11/27	5
我们应该怎样讨论教育问题		秦春华	北京大学考试研究院院长	中国教育报	2016/11/28	2
"地理学是一种思想方法"		唐晓峰	北京大学城市与环境学院教授	北京日报	2016/11/28	20
一个北大90后的自白	我不想活在所谓优秀的固定标准里			中国青年报	2016/11/29	2
中国文学风景这边独好		曹文轩	北京大学中文系教授	人民日报	2016/12/1	17
在宪法实施中推进法治中国建设		姜明安	北京大学法学院教授	光明日报	2016/12/5	10
用心从教：教育事业的最高标杆		夏文斌	北京大学中国特色社会主义理论研究中心副主任、石河子大学党委副书记	中国教育报	2015/12/5	5
急救教育，传播要多管齐下		王龙啸	北京大学新闻与传播学院硕士研究生	人民日报	2016/12/6	5
网络文学给写作带来丰富灵感		邵燕君	北京大学中文系副教授	光明日报	2016/12/7	5
探写中国歌剧的世界形态	北京大学首届中国歌剧论坛述评			中国文化报	2016/12/7	4
北京大学歌剧研究院大事记				中国文化报	2016/12/7	4

(续表)

主题	副题	作者	作者单位	报刊名称	出版日期	版面
厉以宁四页手稿找"红利"新源泉		厉以宁	全国政协常委、北京大学光华管理学院名誉院长	北京青年报	2016/12/11	8
北大的精神传统到底是什么		宇文利	北京大学马克思主义学院教授	中国青年报	2016/12/12	2
一场人力资本革命正在悄悄进行		厉以宁	全国政协常委、北京大学光华管理学院名誉院长	北京日报	2016/12/12	13
北大管理,何处是归程		陈平原	北京大学中文系教授	光明日报	2016/12/13	13
"第二堂课":以美育完善人格		李楠	北京大学团委副书记兼组织部部长	光明日报	2016/12/13	13
郝平任北京大学党委书记 十一年后再回北大				光明日报	2016/12/14	6
袁行霈先生的治学风范				光明日报	2016/12/15	9
拓宽对红利的认识		厉以宁	全国政协常委、北京大学光华管理学院名誉院长	光明日报	2016/12/21	15
审省公正内涵的新视角		王浦劬	北京大学国家治理研究院院长	光明日报	2016/12/21	13
高校党委如何在思政工作中发挥好领导作用		程美东	北京大学马克思主义学院副院长	中国教育报	2016/12/22	5
北医三院"80后""男医生画"胃"释疑				北京青年报	2016/12/27	A6
大学要守住根本		任羽中	北京大学政策与法规研究室常务副主任	人民日报	2016/12/27	23
北京大学口腔医学院周永胜:医患同心是抵御疾病的最大力量	陈先达、厉以宁获此殊荣			中国科学报	2016/12/29	1,2
第五届吴玉章奖揭晓				光明日报	2016/12/30	9

(新毅)

校历

第一学期

一、新生报到：9月5日
二、深圳研究生院：8月24日
三、新生体检和入学教育：8月25日—30日，深圳研究生院：9月6日—13日
四、校本部本科生选课指导：9月8日—10日，新生开学典礼：9月11日，深圳研究生院：8月27日
五、上课：
  校本部：9月14日
  医学部：在校本科生9月14日
  本科部本科生和研究生9月14日
  深圳研究生院：8月31日
六、在校学生注册：
  校本部：9月14日—18日
  医学部：9月14日—9月4日
  深圳研究生院：8月31日—9月1日
七、中秋节：9月27日放假，全校停课
八、国庆节：
  10月1日—7日公休，全校停课
  10月8日和10日公休，原有课程照常进行
九、校学位评定委员会会议：11月16日
十、奖教金、奖学金颁奖典礼：12月4日
十一、新生"爱乐传习"项目暨纪念"一二·九"运动师生联欢：12月5日
十二、元旦：2016年1月1日放假，全校停课
  1月2日、3日公休，课程、考试照常进行
十三、停课复习考试：1月4日—17日
十四、深圳研究生院：1月11日—17日，教职工代表大会会议：1月8日，校学位评定委员会会议：1月11日
十五、学生寒假：1月18日—2月21日
十六、（研究生寒假时间由导师妥善安排）
十七、教职工轮休：1月20日—2月17日
  （2月18日上班）

第二学期

一、上课：2月22日
二、在校学生注册：
  2月22日—26日
三、深圳研究生院：2月22日、23日
  校本部运动会：4月22日—24日，
  22日停课
四、校庆：
  5月4日教职工上班，校本部停课
五、停课复习考试：
  校本部：6月13日—26日
  医学部：6月27日—7月10日
  深圳研究生院：6月27日—7月3日
六、学生暑假：
  校本部：6月27日开始
  医学部：7月11日开始
  深圳研究生院：7月4日开始
  （研究生暑假时间由导师妥善安排）
七、毕业教育：6月27日—7月8日
八、办理离校手续：7月4日—8日
  深圳研究生院：7月4日—7日
  托运行李：7月9日、10日
  校学位评定委员会会议：7月4日
  毕业典礼：7月5日、6日
九、深圳研究生院毕业典礼：7月2日
十、校本部暑期学校：7月4日—8月5日
十一、教职工轮休：7月13日—8月24日
  （8月25日上班）
十二、2015级本科生军训：8月16日—29日

清明节、劳动节、端午节放假按待国务院办公厅公布2016年节假日安排后另行通知

北京大学2015—2016学年校历
第一学期（2015.8.27—2016.1.19）

周次	日\月	星期一	二	三	四	五	六	日
	八月	24/31	25	26	27	28	29	30
1	九月	7	1	2	3	4	5	6
2		7	8	9	10	11	12	13
3		14	15	16	17	18	19	20
4		21/28	22/29	23/30	24	25	26	27
5	十月	5	6	7	1	2	3	4
6		12	13	14	8	9	10	11
7		19	20	21	15	16	17	18
8		26	27	28	22	23	24	25
9	十一月	2	3	4	29	30	31	1/8
10		9	10	11	5	6	7	8
11		16	17	18	12	13	14	15
12		23/30	24/31	25	19	20	21	22
13	十二月	7	1	2	26	27	28	29
14		14	8	9	3	4	5	6
15		21/28	22/29	23/30	10	11	12	13
16				24/31	17	18	19	20
17	2016年一月	4	5	6	7	1	2	3
18		11	12	13	14	8	9	10
		18	19	20	21	15	16	17
						22	23	24

第二学期（2016.2.18—2016.7.12）

周次	日\月	星期一	二	三	四	五	六	日
1	二月	15	16	17	18	19	20	21
		22/29	23	24	25	26	27	28
2	三月	7	1	2	3	4	5	6
3		14	8	9	10	11	12	13
4		21	15	16	17	18	19	20
5		28	22	23	24	25	26	27
6	四月	4	29	30	31	1/8	2/9	3/10
7		11	5	6	7	15	16	17
8		18	12	13	14	22	23	24
9		25	19	20	21	29	30	1/8
10	五月	2	26	27	28	6	7	8
11		9	3	4	5	13	14	15
12		16	10	11	12	20	21	22
13		23/30	24/31	25	26	27	28	29
14	六月	6	1	2	3	4	11	12
15		13	7	8	9	10	18	19
16		20/27	21/28	22/29	23/30	17	25	26
17	七月	4	14	15	16	24	2	3
18		11	5	6	7	1	9	10
			12	13	14	8	16	17

校本部、医学部上课时间
第一节 08:00—08:50 第二节 09:00—09:50 第三节 10:10—11:00
第四节 11:10—12:00 第五节 13:00—13:50 第六节 14:00—14:50
第七节 15:10—16:00 第八节 16:10—17:00 第九节 17:10—18:00
第十节 18:40—19:30 第十一节 19:40—20:30 第十二节 20:40—21:30

深圳研究生院上课时间
第一节 08:00—08:50 第二节 09:00—09:50 第三节 10:10—11:00
第四节 11:10—12:00 第五节 13:30—14:20 第六节 14:30—15:20
第七节 15:40—16:30 第八节 16:40—17:30 第九节 18:30—19:20
第十节 19:30—20:20 第十一节 20:30—21:20

北京大学 2016—2017 学年校历

第一学期（2016.8.25—2017.1.17）

星期 月	一	二	三	四	五	六	日
八月	22/29	23/30	24/31	25	26	27	28
九月	5	6	7	1	2	3	4
	12	13	14	8	9	10	11
	19	20	21	15	16	17	18
	26	27	28	22	23	24	25
十月	3	4	5	29	30	1/8	2/9
	10	11	12	6	7	15	16
	17	18	19	13	14	22	23
	24/31	25	26	20	21	29	30
十一月	7	1	2	27	28	5	6
	14	8	9	3	4	12	13
	21/28	15	16	10	11	19	20
十二月	5	22/29	23/30	17	18	26	27
	12	6	7	24/31	25	3	4
	19	13	14	1	2	10	11
	26	20	21	8	9	17	18
2017年一月	2	27	28	15	16	24	25
	9	3	4	22	23	31	1/8
	16	10	11	5	6	7	15
		17	18	12	13	14	22

周次: 1–18

第一学期

一、新生报到：9月3日
  深圳研究生院：8月22日
二、新生体检和入学教育：9月4日—11日
  本科新生训练营：9月4日—6日
  深圳研究生院入学指导：9月4日—12日
三、本科部本科生选课指导：8月23日—28日
  校本部开学典礼：8月29日
  新生开学典礼：9月9日
  深圳研究生院：8月25日
四、在校注册
  本科部：9月12日—16日
  医学部：8月31日—9月4日
  深圳研究生院：8月29日、30日
五、上课：9月12日
六、中秋节：9月15日放假，全校停课
七、全校中层干部大会：9月23日
八、国庆节：10月1日—7日放假，全校停课
  10月8日、9日公休，课程、考试照常进行
九、校学位评定委员会议：11月16日
十、新生"爱乐传习"项目暨纪念"一二·九"运动师生歌会：12月9日
十一、奖教金、奖学金颁奖典礼：12月2日
十二、元旦：12月31日公休，课程、考试照常进行
  2017年1月1日放假，全校停课
  2017年1月2日补休，考试照常进行
十三、停课复习考试：1月2日—15日
十四、校工代表大会年会：1月9日
十五、学生寒假：1月16日—2月19日
  （研究生寒假时间由导师妥善安排）
十六、深圳研究生院寒假：1月9日—15日
十七、教职工代表大会会议：1月12日
十八、教职工轮休：1月18日—2月15日
  （2月16日上班）

校本部、医学部上课时间：
第一节 08:00—08:50　第二节 09:00—09:50
第四节 11:10—12:00　第五节 13:00—13:50
第七节 15:10—16:00　第八节 16:10—17:00
第十节 18:40—19:30　第十一节 19:40—20:30
第三节 10:10—11:00　第六节 14:00—14:50
第九节 17:10—18:00　第十二节 20:40—21:30

第二学期（2017.2.16—2017.7.11）

星期 月	一	二	三	四	五	六	日
二月	13	14	15	16	17	18	19
	20/27	21/28	22	23	24	25	26
三月	6	7	1	2	3	4	5
	13	14	8	9	10	11	12
	20	21	15	16	17	18	19
	27	28	22	23	24	25	26
四月	3	4	29	30	31	1/8	2/9
	10	11	5	6	7	15	16
	17	18	12	13	14	22	23
	24	25	19	20	21	29	30
五月	1	2	26	27	28	6	7
	8	9	3	4	5	13	14
	15	16	10	11	12	20	21
	22/29	23/30	24/31	18	19	27	28
六月	5	6	7	25	26	3	4
	12	13	14	1	2	10	11
	19	20	21	8	9	17	18
	26	27	28	15	22	24	25
七月	3	4	5	29	30	1/8	2/9
	10			6	7	15	16

第二学期

一、上课：2月20日
二、在校学生注册：2月20日—24日
  深圳研究生院：2月20日、21日
三、全校中层干部大会：3月3日
四、校本部运动会：4月21日—23日，21日停课
五、校庆：
  5月4日教职工上班，校本部停课
六、本科生招生开放日：5月20日
七、停课复习考试：
  校本部：6月12日—25日
  医学部：6月26日—7月9日
  深圳研究生院：6月26日—7月2日
八、学生暑假：
  校本部：6月26日开始
  医学部：7月10日开始
  深圳研究生院：7月3日开始
  （研究生暑期时间由导师妥善安排）
九、毕业离校手续：6月26日—7月7日
  办理离校手续：7月3日—6日
十、校学位评定委员会议：6月30日
  毕业典礼：7月4日、5日
  深圳研究生院毕业典礼：7月1日
十一、校本部暑期学校：7月3日—8月4日
十二、教职工轮休：7月12日—8月23日
  （8月24日上班）
十三、2016级本科生军训：8月16日—29日

清明节、劳动节、端午节放假安排按待国务院办公厅公布2017年节假日安排后执行通知

深圳研究生院上课时间：
第一节 08:00—08:50　第二节 09:00—09:50　第三节 10:10—11:00
第四节 11:10—12:00　第五节 13:30—14:20　第六节 14:30—15:20
第七节 15:40—16:30　第八节 16:40—17:30　第九节 18:30—19:20
第十节 19:30—20:20　第十一节 20:30—21:20